Mexique

LE PAYS AUX MILLE VISAGES

Bienvenue au Mexique, pays qui attire le voyageur pour ses villes foisonnantes, sa vie artistique et culturelle intense, ses traditions immuables, ses plages de sable blanc, ses déserts hérissés de cactus ou de dunes de sable, ses forêts tropicales transpercées de rivières et de cascades couleur émeraude, ses chaînes de montagne et ses volcans en activité… Cette incroyable variété de climats et de paysages sert de refuge à de nombreuses espèces animales. En parallèle de cette fabuleuse biodiversité, il y a México, la trépidante capitale qui fait partie du patrimoine culturel de l'humanité, où l'on vit à cent-mille à l'heure. Mais au-delà de ses décors de carte postale, de sa gastronomie qui explose en bouche et de la gentillesse de ses habitants, le Mexique est un pays dont le métissage et les traditions fascinent le voyageur. Il possède une histoire très riche, fruit de la confrontation et du mélange entre des civilisations très différentes, à commencer par la civilisation espagnole et les civilisations précolombiennes, dont les descendants survivent encore aujourd'hui. De ce passé singulier, le Mexique a hérité de plusieurs sites archéologiques majeurs et de magnifiques villes coloniales. Des eaux turquoise des Caraïbes aux étendues désertiques du nord en passant par les petits villages empreints de tradition, que l'on sillonnera à bord d'un *colectivo* bondé, le Mexique est un pays qui vous transportera, vous déroutera et vous laissera des souvenirs indélébiles.

SOMMAIRE

Plage sur Isla Holbox. © ZSTOCK - SHUTTERSTOCK.COM

Pyramide de Kukulcan, Chichén Itza. © VAZHDAEV - FOTOLIA

6 INSPIRER

Les bonnes raisons de partir à la découverte du Mexique, les idées de séjours, les fiches pratiques et les festivités à ne pas manquer.

6 : Quand y aller ?
8 : Les bonnes raisons d'y aller
11 : Les 12 mots-clés
14 : Tableau distance circuler
16 : Idées de séjour
20 : Pratique

39 DÉCOUVRIR

Découvrir les mille facettes du Mexique en se familiarisant avec son histoire, son architecture, sa gastronomie et sa scène culturelle.

40 : Frida Kahlo et Diego Rivera
44 : Géographie
46 : Nature
49 : Climat
51 : Environnement
53 : Histoire
65 : Les enjeux actuels
68 : Architecture
73 : Beaux-arts
76 : Musiques et scènes
80 : Littérature
84 : À l'écran
86 : Population
89 : Société
92 : Religions
95 : Que rapporter ?
97 : Sports et loisirs
101 : Gastronomie
105 : Agenda

111 MÉXICO

Pour partir à l'assaut de la vibrante capitale du pays, ses sites les plus fascinants, ses meilleurs restaurants, ses *cantinas* et ses boutiques.

118 : Se repérer / Se déplacer
125 : À voir / À faire
147 : Se loger
151 : Se régaler
158 : Faire une pause
162 : [se] faire plaisir
164 : Bouger & Buller
165 : Sortir

167 AUTOUR DE MEXICO

Les cinq États qui partagent une frontière avec México sont parfaits pour une petite escapade de quelques jours depuis la capitale.

172 : État de Mexico
178 : État de Morelos
183 : État d'Hidalgo
189 : État de Tlaxcala
190 : État de Puebla

201 CENTRE DU MEXIQUE

Une région qui offre de magnifiques villes à l'architecture coloniale et des espaces naturels faits de paysages vallonnés et de végétation luxuriante.

206 : État de Querétaro
212 : État de Guanajuato
226 : État de San Luis Potosí
235 : État d'Aguascalientes
239 : État de Zacatecas

249 CÔTE PACIFIQUE

D'une beauté époustouflante, la côte Pacifique est le lieu privilégié des fanatiques de la vague, mais elle renferme aussi de jolies cités coloniales et des villages indigènes dépaysants.

256 : État de Nayarit
263 : État de Jalisco
271 : État de Colima
278 : État du Michoacán
294 : État de Guerrero
299 : État de Oaxaca

327 GOLFE DU MEXIQUE

Une petite région où il fait bon vivre, entre plages agréables, villes portuaires à l'ambiance décontractée et joyeuse.

331 : État de Veracruz
345 : État de Tabasco

349 CHIAPAS

Une région mystérieuse, percée de rivières et de canyons, dont les jungles grouillent d'animaux et les villes, souvent montagneuses, sont charmantes.

354 : El Centro
357 : Los Altos de Chiapas
366 : La Selva
379 : Región Comiteca
383 : La Costa
384 : Región Soconusco

Eglise Santo Domingo à Oaxaca. © JMORSE2000 - ISTOCKPHOTO.COM

385 PÉNINSULE DU YUCATÁN

La région la plus touristique du pays est connue pour ses villes ultra festives, ses plages paradisiaques, ses magnifiques *cenotes* et ses sites archéologiques.

391 : Quintana Roo et Riviera maya
422 : État du Yucatán
445 : État du Campeche

457 NORD DU MEXIQUE

Méconnu, le nord du Mexique offre des déserts grandioses mais aussi de précieuses villes, des vallées tropicales et des espaces montagneux et verdoyants.

463 : État de Sonora
469 : État de Chihuahua
481 : État du Sinaloa
489 : État de Durango
495 : État de Coahuila
501 : État du Nuevo León

509 BASSE CALIFORNIE

La péninsule offre des villes côtières charmantes, des stations balnéaires surdéveloppées, des étendues désertiques et, surtout, une faune marine incomparable.

513 : Sud de la Basse-Californie
538 : Nord de la Basse-Californie

551 ORGANISER SON SÉJOUR

Des conseils pratiques et des contacts pour préparer son départ et organiser au mieux son séjour sur place : transports, logements, voyagistes…

552 : Pratique
558 : S'y rendre
559 : Séjours et circuits
565 : Se loger
566 : Se déplacer
567 : S'informer
568 : Rester
572 : Index

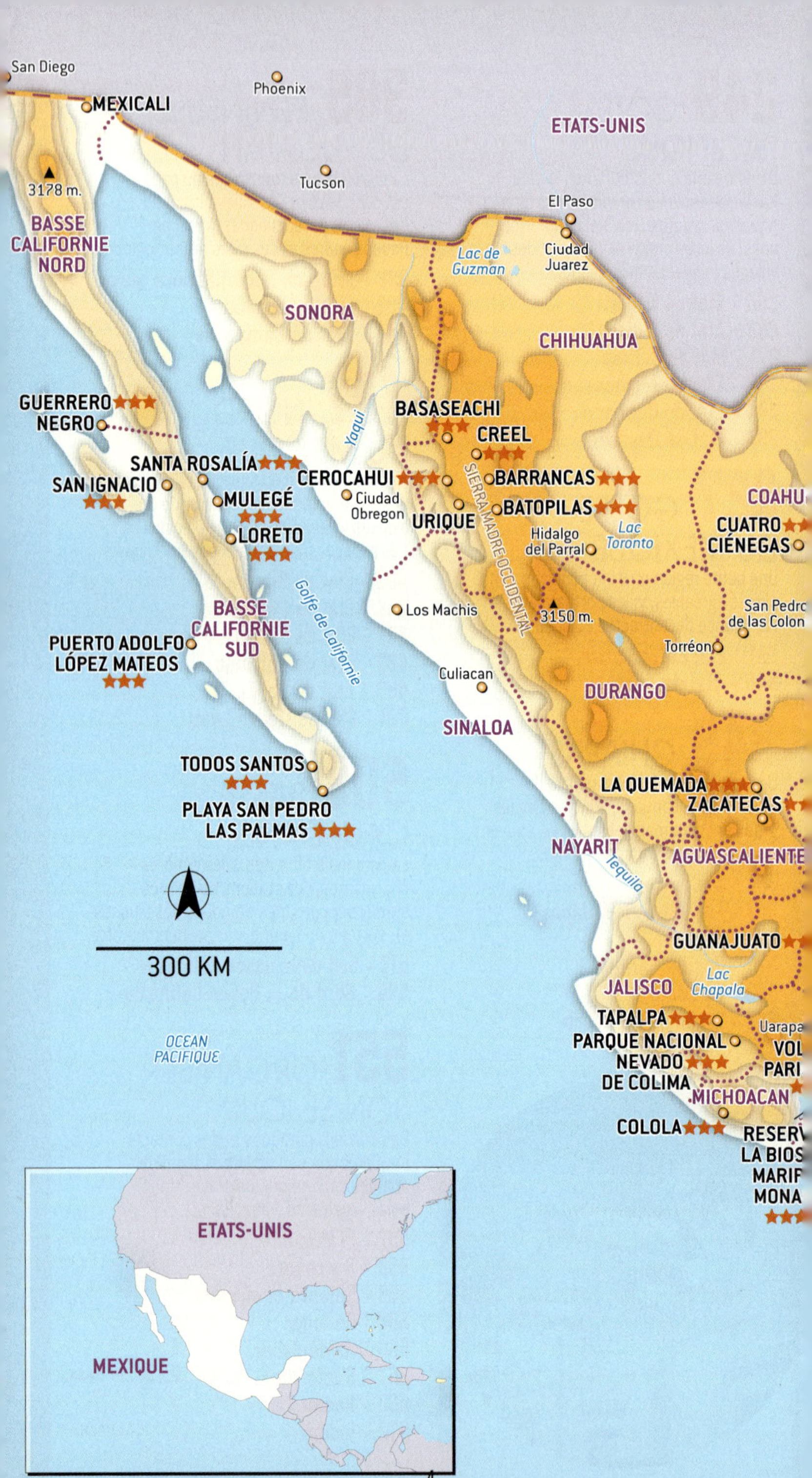
San Diego
Phoenix
MEXICALI
ETATS-UNIS
3178 m.
Tucson
El Paso
BASSE CALIFORNIE NORD
Ciudad Juarez
Lac de Guzman
SONORA
CHIHUAHUA
GUERRERO NEGRO
BASASEACHI
CREEL
Yaqui
SANTA ROSALÍA
CEROCAHUI
BARRANCAS
SAN IGNACIO
Ciudad Obregon
MULEGÉ
URIQUE
BATOPILAS
SIERRA MADRE OCCIDENTAL
Hidalgo del Parral
Lac Toronto
CUATRO CIÉNEGAS
LORETO
Golfe de Californie
Los Machis
3150 m.
San Pedro de las Colon
BASSE CALIFORNIE SUD
PUERTO ADOLFO LÓPEZ MATEOS
Torréon
Culiacan
DURANGO
SINALOA
TODOS SANTOS
LA QUEMADA
ZACATECAS
PLAYA SAN PEDRO LAS PALMAS
NAYARIT
Tequila
AGUASCALIENTE
GUANAJUATO
300 KM
JALISCO
Lac Chapala
TAPALPA
OCEAN PACIFIQUE
PARQUE NACIONAL NEVADO DE COLIMA
Uarapa
MICHOACAN
COLOLA
ETATS-UNIS
MEXIQUE

ALTITUDE (EN MÈTRE)
3000
2000
1000
500
200
Frontières
Limite d'Etat
Villes
Dallas
ETATS-UNIS
San Antonio
Houston
ESCOBILLA
NTERREY
Matamoros
UEVO LEON
TAMAULIPAS
GOLFE DU MEXIQUE
Ciudad Victoria
L DE
RCE
EL NARANJO
Tampico
ERAL
OZOS
SÓTANO DE LAS GOLONDRINAS
XILITLA
Tuxpan
HIDALGO
PACHUCA
PUJAHUA
MEXICO
Toluca
Jalapa Enriquez
SAN PANCHO
O DE PÁTZCUARO
Citlaltepelt 5700 m.
ARO
TAXCO
VOLCANS
POPOCATÉPETL
ET IZTACCÍHUATL
Minatitlan
RRERO
TLACOLULA
3395 m.
MONTE ALBÁN
OAXACA
Tehuantepec
LAGUNAS DE
CHACAHUA
MAZUNTE
Fosse de l'Amérique Centrale
Golfe de Campeche
Banc de Campeche
GRUTAS DE LOLTÚN
PLAYA PALANCAR
MÉRIDA
YUCATAN
Cancun
COBÁ
TULUM
MUYIL
CELESTÚN
UXMAL
RÍO BEC
RESERVA DE LA
BIÓSFERA
SIAN KA'AN
SANTA ROSA XTAMPAK
CAMPÊCHE
EDZNÁ
QUINTANA
ROO
CALAKMUL
LAGUNA DE
BACALAR
Laguna de Terminos
BELIZE
AGUA SELVA
PALENQUE
Rés. Natzahuacoyotl
CHIAPAS
YAXCHILÁN
TONINÁ
BONAMPAK
LACANJA
SAN CRISTOBAL
DE LAS CASAS
LAGUNA MIRAMAR
Grijalva
LAGUNAS DE MONTEBELLO
LAS NUBES
LAS GUACAMAYAS
HONDURAS
TAPACHULA
GUATEMALA
EL SALVADOR
SAN
SALVADOR

QUAND Y ALLER

JANVIER

4° / 21°

MÉRIDA FEST
(MÉRIDA)
Un festival joyeux en l'honneur de la capitale du Yucatán. Dans les théâtres comme dans la rue, musiques, danses, cirque, etc.

$ $ $

FÉVRIER

6° / 23°

CARNAVAL
(VERACRUZ)

© DANIEL CARMONA RUIZ - SHUTTERSTOCK.COM

Festivités avec défilé costumé, concerts, activités culturelles dans le port de Veracruz, à Mazatlán et dans certains villages.

$ $ $

MARS

7° / 25°

$ $ $

JUILLET

11° / 23°

$ $

AOÛT

11° / 23°

FESTIVAL INTERNACIONAL DE MUSICA DE CAMARA
(SAN MIGUEL DE ALLENDE)
Au programme de ce festival, des concerts de musique classique au théâtre Angela Peralta avec des invités internationaux.

$ $ $

SEPTEMBRE

11° / 22°

FÊTE NATIONALE DE L'INDÉPENDANCE
(MÉXICO)

© JADE LATARGERE

Pour commémorer l'indépendance, le chef de l'Etat fait sonner les cloches du Zócalo de Mexico et pousse *el grito de Dolores*.

$ $

Malgré sa grande diversité de latitudes et de climats, le Mexique est un pays agréable à visiter toute l'année. Si les températures restent clémentes quelle que soit la période, on fait la distinction entre la saison sèche, de novembre à mai, et la saison des pluies, de juin à septembre. Les périodes les plus prisées vont de janvier à mai et d'octobre à la mi-décembre. A savoir que le pays, en particulier la côte Atlantique, est vulnérable aux aléas cycloniques de juillet à octobre.

AVRIL

9° / 27°

SEMANA SANTA
Villes et villages commémorent la Passion, crucifixion et résurrection de Jésus, avec représentations théâtrales de cet événement.

MAI

10° / 26°

FESTIVAL DEL CENTRO HISTORICO DE MÉXICO *(MÉXICO)*
Opéra, concerts de jazz, pièces de théâtre, etc., dans les espaces culturels et les places publiques du centre historique.

JUIN

11° / 25°

DESFILE DE LOS LOCOS *(SAN MIGUEL DE ALLENDE)*
Pour cette fête excentrique, les habitants se parent de costumes fous, défilent et dansent en jetant des bonbons à la foule.

OCTOBRE

9° / 22°

FESTIVAL INTERNATIONAL CERVANTINO *(GUANAJUATO)*
Guanajuato accueille des artistes du monde entier qui présentent des spectacles de danse, des pièces de théâtre et des concerts.

DÍA DE LOS MUERTOS *(PÁTZCUARO)*
La fête des Morts est une célébration haute en couleur : offrandes, veillées, danse, repas et musique pour célébrer les défunts.

NOVEMBRE

6° / 21°

DÉCEMBRE

5° / 21°

FIESTA DE LA VIRGEN DE GUADALUPE *(MÉXICO)*
Des milliers de pèlerins affluent à la basilique de Guadalupe pour fêter l'anniversaire de l'apparition de la Vierge de Guadalupe.

POSADAS
Partout au Mexique, pour commémorer l'errance de Marie et Joseph, on fait la fête et on rompt des *piñatas* pleines de friandises.

LES BONNES RAISONS D'Y ALLER

© TIAGO FIALHO SHUTTERSTOCK.COM

DES MERVEILLES NATURELLES

Cenotes, canyons, volcans, cratères, grottes de cristaux : autant de merveilles géologiques.

UNE NATURE EXCEPTIONNELLE

Une faune et une flore exubérantes à découvrir dans de vastes réserves naturelles.

© JONATHAN ROSS - ISTOCKPHOTO.COM

© ROBERTCICCHETTI - ISTOCKPHOTO.COM

DES VILLES FASCINANTES

De la trépidante capitale aux ravissantes cités coloniales, on en prend plein les yeux.

© MATTGUSH - ISTOCKPHOTO.COM

UN PAYS DE CONTRASTES

Ici, les déserts côtoient des forêts tropicales bordées par les eaux turquoise de l'océan.

© SIMON DANNHAUER - ISTOCKPHOTO.COM

DES PLAGES PARADISIAQUES

Les franges côtières, dont la péninsule du Yucatán, offrent des paysages de carte postale.

© ETHAN DANIELS - SHUTTERSTOCK.COM

UN TOURISME D'AVENTURE

Ascension d'un volcan, plongée avec les requins, surf, rafting, VTT… Que de sensations !

© LARISA BLINOVA - SHUTTERSTOCK.COM

UNE EXPLOSION DE SAVEURS

Une gastronomie colorée et savoureuse, qui nous régale d'une grande diversité.

LES BONNES RAISONS D'Y ALLER

DES JOYAUX PRÉCOLOMBIENS

Les cités édifiées par les peuples préhispaniques recèlent de secrets ancestraux.

© GUZEL STUDIO - SHUTTERSTOCK.COM

© LUNAMARINA - ISTOCKPHOTO.COM

UNE POPULATION ACCUEILLANTE

La chaleur, l'humour et la gentillesse des Mexicains rendront votre séjour plus agréable.

© KNAPE - ISTOCKPHOTO.COM

LE PAYS DE LA FIESTA

Quelques verres de tequila, un groupe de mariachis et c'est parti pour la nuit !

LES 12 MOTS-CLÉS

#AGAVE

C'est à partir de cette plante que sont élaborées les deux boissons les plus emblématiques du Mexique : la tequila, indétrônable, et le mezcal, de plus en plus en vogue. Ce dernier se distingue par son arôme fumé très particulier. L'agave prospère dans les régions arides, si bien qu'on la prend souvent pour ce qu'elle n'est pas : un cactus !

© 2ND LOOKGRAPHICS - ISTOCKPHOTO.COM

#AZTÈQUES

A l'origine de l'une des plus grandes civilisations du continent américain, les Aztèques dominèrent le territoire jusqu'à l'arrivée des conquistadors espagnols au XVIe siècle. C'est sur les ruines de la cité aztèque de Tenochtitlán que les Espagnols fondèrent leur nouvelle capitale, Mexico, après avoir provoqué la chute de l'Empire aztèque.

© CLICKSDEMEXICO - SHUTTERSTOCK.COM

#BIODIVERSITÉ

Le Mexique est un pays mégadivers, qui renferme jusqu'à 12 % des espèces de la planète. De vastes réserves de biosphère ont été créées afin de préserver cette incroyable biodiversité. Toutefois, la surexploitation des ressources naturelles, la croissance rapide et l'activité touristique menacent chaque jour un peu plus ces fragiles écosystèmes.

#CENOTE

Cette curiosité géologique se trouve presque exclusivement dans la péninsule du Yucatán, qui en abrite des milliers. Les *cenotes* sont des puits naturels créés par l'effondrement de la plaque calcaire. Considérés comme des lieux sacrés du temps des Mayas, ils font aujourd'hui le bonheur des touristes, qui affluent du monde entier pour s'y baigner.

#DÍA DE LOS MUERTOS

C'est la fête la plus importante du pays, qui a lieu le 1er et le 2 novembre (bien que la date varie selon les régions et communautés). Les Mexicains fêtent leurs morts en réalisant des autels avec des offrandes de fruits et d'objets autour de photos de leurs défunts. Musique, danses et repas partagés rythment le retour des morts parmi les vivants.

© DINA JULAYEVA - SHUTTERSTOCK.COM

#FRIDA KAHLO

Frida Kahlo n'est pas seulement reconnue pour ses peintures qui témoignent de sa vie et affirment une certaine mexicanité, elle est aussi une icône de la pop culture. En avance sur son temps, cette métisse avec sa chevelure ornée de fleurs est devenue la femme la plus importante du Mexique, et une véritable inspiration féministe dans le monde.

#LUCHA LIBRE

Typique du Mexique, la Lucha Libre est un genre de catch à mi-chemin entre le sport et le spectacle. Comme le veut la tradition, les *luchadors* portent un masque lorsqu'ils s'affrontent sur le ring. Ils incarnent des personnages légendaires et effectuent des acrobaties spectaculaires. Scénarisé, le combat n'en est pas moins impressionnant.

LES 12 MOTS-CLÉS

#MÉTISSAGE

La vaste majorité de la population mexicaine a du sang à la fois européen et amérindien. Les populations espagnoles et indigènes se sont rapidement mélangées, donnant ainsi naissance à une grande mosaïque des populations. La plupart des Mexicains étant des *Mestizos*, le concept de métissage est aujourd'hui au cœur de l'identité nationale mexicaine.

#PLAYA

Pour beaucoup, le Mexique évoque avant tout des plages de sable blanc bordées d'une eau turquoise translucide... Il faut dire que le pays baigne dans les eaux de l'océan Pacifique et du golfe de Californie à l'ouest, et de la mer de Caraïbes et du golfe du Mexique à l'est. Le climat, l'ensoleillement, les palmiers et les *palomas* font le reste...

#RUINES

Le Mexique possède un patrimoine culturel considérable, et une grande partie de celui-ci se présente sous la forme de ruines préhispaniques. Les pyramides sont souvent l'élément central de ces anciennes cités qui ont prospéré il y a des centaines, voire des milliers d'années, de Chichén Itzá à Palenque en passant par Monte Albán et Teotihuacán.

#VIE MARINE

Les eaux qui bordent les côtes mexicaines sont peuplées d'une grande variété d'espèces marines. A l'est comme à l'ouest, les sites de plongée sont légion, et le voyageur a la chance d'observer baleines, dauphins, tortues, requins, raies mantas, lions de mer et une multitude de poissons colorés évoluant au sein de récifs coralliens exceptionnels.

#VOLCANS

Les paysages du Mexique sont perforés de très nombreux volcans, dont quarante-huit sont encore en activité. La plupart culminent à plus de 4 500 mètres d'altitude. C'est le cas du Popocatépetl, dans l'agglomération de Mexico et de Puebla, qui est en éruption depuis 2004. Les secousses volcaniques représentent une menace constante pour le pays.

VOUS ÊTES D'ICI, SI...

- **Il y a des images catholiques** partout dans votre maison et parfois jusque dans votre voiture : crucifix, chapelets et portraits de la Vierge de Guadalupe constituent une décoration tout à fait normale à vos yeux.
- **Vous êtes capable de reproduire *el grito***, le fameux cri de la révolution, et faites parfois des concours avec les membres de votre famille.
- **A table comme en voiture, « *donde caben dos caben tres* »** : il y a toujours de la place pour une personne supplémentaire !
- **Vous n'avez jamais eu recours à un traiteur** : mariages, *quinceañeras*, baptêmes... vous avez toujours une cousine pour rapporter une casserole de *frijoles*, une grand-mère pour préparer une délicieuse *birria* ou un tonton qui maîtrise l'art de la *carne asada* à la perfection.
- **Vous savez que *coger* est un verbe trompeur**. S'il se traduit par « prendre » en Espagne, il peut créer bien des quiproquos au Mexique lorsqu'il est utilisé par un étranger ne maîtrisant pas toutes les subtilités de votre langue !

Bas-relief à Palenque.

DISTANCES

TEMPS DE TRAJET

	CANCÚN	CHIHUAHUA	GUADALAJARA	LA PAZ	MÉRIDA
CANCÚN		3039 KM 🚗 35h ✈ 3h15	2150 KM 🚗 26h ✈ 2h45	3280 KM 🚗 44h ✈ 5h50	303 KM 🚗 3h4 ✈ 4h
CHIHUAHUA	3039 KM 🚗 35h ✈ 3h15		1163 KM 🚗 13h30 ✈ 1h45	1111 KM 🚗 23h30 ✈ 5h15	2732 K 🚗 32h ✈ 4h1
GUADALAJARA	2150 KM 🚗 26h ✈ 2h45	1163 KM 🚗 13h30 ✈ 1h45		1135 KM 🚗 20h ✈ 1h45	1844 K 🚗 21h3 ✈ 2h3
LA PAZ	3280 KM 🚗 44h ✈ 5h50	1111 KM 🚗 23h30 ✈ 5h15	1135 KM 🚗 20h ✈ 1h45		2981 K 🚗 41h ✈ 5h3
MÉRIDA	303 KM 🚗 3h45 ✈ 4h	2732 KM 🚗 32h ✈ 4h15	1844 KM 🚗 21h30 ✈ 2h30	2981 KM 🚗 41h ✈ 5h30	
MEXICO	1609 KM 🚗 20h40 ✈ 2h30	1439 KM 🚗 16h ✈ 2h15	551 KM 🚗 5h45 ✈ 1h15	1680 KM 🚗 25h ✈ 2h30	1311 K 🚗 17h ✈ 2h
MONTERREY	2291 KM 🚗 29h ✈ 2h30	808 KM 🚗 9h ✈ 1h30	791 KM 🚗 9h15 ✈ 1h30	1484 KM 🚗 23h15 ✈ 7h	1992 K 🚗 26h ✈ 2h
OAXACA	1669 KM 🚗 21h ✈ 2h	1883 KM 🚗 21h15 ✈ 4h15	995 KM 🚗 11h30 ✈ 1h30	2124 KM 🚗 31h ✈ 7h30	1367 K 🚗 18h ✈ 1h3
PUEBLA	1496 KM 🚗 19h ✈ 2h	1556 KM 🚗 18h ✈ 4h15	668 KM 🚗 7h30 ✈ 1h30	1793 KM 🚗 27h	1197 K 🚗 15h3 ✈ 4h4
PUERTO VALLARTA	2478 KM 🚗 31h ✈ 4h45	1307 KM 🚗 16h ✈ 1h45	333 KM 🚗 5h	1088 KM 🚗 19h45 ✈ 5h30	2179 K 🚗 26h ✈ 4h
SAN LUIS POTOSÍ	2016 KM 🚗 25h ✈ 2h15	1017 KM 🚗 11h30 ✈ 3h15	330 KM 🚗 4h ✈ 3h30	1378 KM 🚗 22h15	1717 K 🚗 21h3 ✈ 4h
TIJUANA	4426 KM 🚗 50h ✈ 4h45	1383 KM 🚗 14h45 ✈ 2h	2233 KM 🚗 25h ✈ 3h	1471 KM 🚗 19h45 ✈ 2h50	4127 K 🚗 46 ✈ 4h3

Le Mexique est un pays immense, grand comme près de quatre fois la France. Pour vous déplacer entre ses différentes régions, vous aurezle choix entre emprunter le bus, prendre un vol d'une compagnie aérienne locale ou circuler en voiture. Les distances seront importantes si vous décidez de conduire. Dans ce cas, il est nécessaire de bien préparer son itinéraire en amont pour éviter les routes sinueuses ou dangereuses et ne pas perdre trop de temps en voiture.

MEXICO	MONTERREY	OAXACA	PUEBLA	PUERTO VALLARTA	SAN LUIS POTOSÍ	TIJUANA
1609 KM 20h40 2h30	2291 KM 29h 2h30	1669 KM 21h 2h	1496 KM 19h 2h	2478 KM 31h 4h45	2016 KM 25h 2h15	4426 KM 50h 4h45
1439 KM 16h 2h15	808 KM 9h 1h30	1883 KM 21h15 4h15	1556 KM 18h 4h15	1307 KM 16h 1h45	1017 KM 11h30 3h15	1383 KM 14h45 2h
551 KM 5h45 1h15	791 KM 9h15 1h30	995 KM 11h30 1h30	668 KM 7h30 1h30	333 KM 5h	330 KM 4h 3h30	2233 KM 25h 3h
1680 KM 25h 2h30	1484 KM 23h15 7h	2124 KM 31h 7h30	1793 KM 27h	1088 KM 19h45 5h30	1378 KM 22h15	1471 KM 19h45 2h50
1311 KM 17h 2h	1992 KM 26h 2h	1367 KM 18h 1h30	1197 KM 15h30 4h45	2179 KM 26h 4h	1717 KM 21h30 4h	4127 KM 46h 4h30
	910 KM 9h15 1h15	462 KM 5h30 1h15	135 KM 2h	879 KM 10h30 1h30	417 KM 4h30 1h15	2764 KM 31h 3h30
910 KM 9h15 1h15		1358 KM 15h45 2h	1031 KM 12h 1h30	1119 KM 14h15 1h30	515 KM 5h45 1h15	2357 KM 23h 2h45
462 KM 5h30 1h15	1358 KM 15h45 2h		340 KM 4h15 5h	1322 KM 16h15 3h30	860 KM 10h 3h30	3270 KM 35h 3h45
135 KM 2h	1031 KM 12h 1h30	340 KM 4h15 5h		991 KM 12h15 1h30	530 KM 6h30 1h15	2939 KM 32h 3h30
879 KM 10h30 1h30	1119 KM 14h15 1h30	1322 KM 16h15 3h30	991 KM 12h15 1h30		627 KM 9h30 1h	2180 KM 27h 2h30
417 KM 4h30 1h15	515 KM 5h45 1h15	860 KM 10h 3h30	530 KM 6h30 1h15	627 KM 9h30 1h		2402 KM 26h 3h
2764 KM 31h 3h30	2357 KM 23h 2h45	3270 KM 35h 3h45	2939 KM 32h 3h30	2180 KM 27h 2h30	2402 KM 26h 3h	

IDÉES DE SÉJOUR

Grand, extraordinairement varié, riche à tous les égards, le Mexique peut se laisser appréhender de multiples manières, en fonction des goûts, des intérêts et du budget de chaque voyageur. Ses portes d'entrée sont nombreuses et ce ne sont pas les idées qui manquent lorsque vient le moment de planifier son voyage. Si l'on recherche les plaisirs de la mer, on ne peut qu'être comblé. Ceux qui sont plus attirés par l'art et l'architecture privilégieront les villes coloniales et les sites archéologiques. Le pays ravira également ceux qui s'intéressent à la faune et à la flore, et aiment les beaux espaces naturels. Notez toutefois que les exemples d'itinéraires indiqués ci-dessous sont complets et plutôt « fatigants », car ils proposent un maximum d'activités possibles. Vous pouvez tout à fait adapter votre itinéraire à vos envies et capacités, ou encore vous adresser à des agences spécialisées.

BASSE-CALIFORNIE : UNE DESTINATION DE RÊVE POUR AMATEURS DE GRANDS ESPACES

Un séjour entre terre et mer, pour ceux qui aiment regarder au large. D'île en île et de port en plage, à travers les plus beaux sites naturels de la région et même, pour les plus chanceux, en compagnie des dauphins, vous pouvez sans vous fatiguer vous offrir une semaine de rêve dans cette magnifique région baignée par le Pacifique.

› Jour 1. Un tour sur les îles

De La Paz ★★ (p.513), capitale de la Basse Californie (p.509), rejoindre en bateau l'île d'Espiritú Santo ★★ (p.516), île volcanique où s'ébattent des colonies de lions de mer.

› Jour 2. Un peu de hauteur

Plus au nord, sur la route de Loreto ★★★ (p.529), vous visiterez la mission de San Javier ★★ (p.531) fondée par les jésuites, à 900 m d'altitude.

› Jour 3. Croisière avec les dauphins

Embarquez pour Isla Coronado et appréciez le ballet des dauphins qui partagent le territoire avec de nombreuses autres espèces marines.

› Jour 4. De port en port

Pour rejoindre la Bahía Magdalena, vous traverserez la Sierra Gigante, avant d'atteindre Puerto San Carlos ★, le port le plus actif de Basse Californie (p.509).

Cabo San Lucas.

› Jour 5. Un très beau site naturel : Cabo San Lucas

Cabo San Lucas ★ (p.523) pour admirer l'arche qui représente la jonction entre le désert et la mer.

› Jour 6. Un jour à la plage

San José del Cabo ★ (p.520) et visite des plages (p.523) vierges avoisinantes.

LE GRAND TOUR DU MEXIQUE

Trois semaines au Mexique : un rêve ! Vous voici avec tout le temps nécessaire pour déambuler dans les musées, arpenter les rues les plus pittoresques, randonner dans les réserves, partir sur les îles, sortir des sentiers battus et… vous reposer sur les plages (p.523). Un circuit pour en prendre plein les yeux !

› Jour 1. Prise de contact avec le Mexique

Arrivée en avion à Mexico ★★★ D.F. Visite du musée d'Anthropologie (p.139) considéré comme un des plus beaux musées du monde ainsi que du château de Chapultepec (p.138).

› Jour 2. Les grands monuments de Mexico City

Visite du Zócalo, du palais du Gouvernement (p.136) avec les fresques historiques de Diego Rivera, de la cathédrale (p.134) et du Templo Mayor (p.134), et surtout de son musée. Parcours en centre-ville.

› Jour 3. Le vestiges de Teotihuacán

Teotihuacán ★★ (p.172) où vous apprécierez les imposantes pyramides de la Lune (p.173) et du Soleil (p.173).

› Jour 4. Sur les pas de Trotsky

Visite de Coyoacán, et/ou de San Angel (si c'est un samedi) et des jardins de Xochimilco (p.144) (surtout le dimanche).

› Jour 5. Ambiance coloniale

Oaxaca ★★★ (p.299) se trouve dans le sud. Visite de la belle ville coloniale.

› Jour 6. Vestiges de la civilisation zapotèque

Visite de Monte Albán ★★★ (p.307) et des environs.

› Jour 7. Vers le Chiapas

Passage à Tuxtla Gutierrez ★ (p.354) pour visiter le cañon du Sumidero. Arrivée à San Cristóbal de Las Casas ★★★★ (p.357), le cœur du Chiapas ★★★ (p.349).

› Jour 8. À la rencontre des indiens

Visite de la belle ville de montagne de San Cristóbal et excursions dans les villages indiens voisins.

› Jour 9. La fraîcheur des cascades

En direction de Palenque ★★★ (p.366), voir les cascades d'Agua Azul ★★ (p.370) d'un bleu turquoise et de la cataracte de Misol-Há ★★ (p.370).

› Jour 10. Au cœur de la jungle

Visite du site de Palenque ★★★ (p.366).

› Jour 11. Le Golfe du Mexique

Campeche ★★★ (p.445), ville très colorée et reposante. Visite du site d'Edzná ★★★ (p.446).

› Jour 12. La capitale du Yucatán

Mérida ★★★ (p.422), la capitale de la péninsule du Yucatán ★★★ (p.385), lieu de prédilection pour l'achat de hamacs.

› Jour 13. Dans la peau d'un archéologue

Visite de la route Puuc sillonnée de nombreux sites archéologiques dont Uxmal ★★★★ (p.431) et Kabah ★★ (p.433).

› Jour 14. Ambiance coloniale

Visite de la belle ville Izamal ★★★ (p.436) aux murs orangés. Escale à Valladolid ★★★ (p.440).

› Jour 15. La perle du Mexique

Visite de Chichén Itzá ★★★★ (p.438).

› Jour 16. «Descanso» et plage !

Playa del Carmen ★★ (p.400), petite ville côtière très décontractée où l'on peut pratiquer la plongée par exemple. Plage, farniente et shopping sur la Quinta (V[e] avenue).

› Jour 17. Dans la peau d'un pirate des Caraïbes

Visite du superbe site de Tulum ★★★ (p.406) qui surplombe la mer des Caraïbes. Hébergement dans des cabanes sur la côte.

› Jour 18. Farniente et plongée tranquille

Visite et snorkeling à Xel-Hà ★★ (p.406) ou à Xcaret ★★ (p.404) (Riviera maya).

› Jour 19. Au bord de la mer

A Cancún ★ (p.391), profitez de la plage et ses dégradés de bleu, lieu parfait pour se décontracter.

› Jour 20. Sur l'île des Femmes

Isla Mujeres ★★ (p.394), l'île aux Femmes.

› Jour 21. Fin de parcours

Dernières promenades et achat de souvenirs à Cancún ★ (p.391) puis décollage.

À LA DÉCOUVERTE DU MEXIQUE COLONIAL

Les palmiers, les couleurs pastel des *posadas*, les plages (p.523), la jungle… Autant d'images évocatrices du passé colonial du Mexique, dont le pays porte toujours une empreinte très forte. Pour ceux qui aiment la culture hispanique, ce séjour constituera à n'en pas douter un vrai régal !

› Jour 1. Aux limites de l'expansion française

Querétaro ★★ (p.206) est une belle ville coloniale où fut définitivement stoppée l'intervention française.

› Jour 2. L'architecture coloniale urbaine

San Miguel de Allende ★★ (p.217) vous permettra d'apprécier la magnifique architecture coloniale aux murs colorés.

› Jour 3. Les viallages de péones

Guanajuato ★★★ (p.212), ville aux petites rues, possède d'anciennes exploitations minières.

› Jour 4. L'architecture s'adapte au climat

Continuez vers le sud jusqu'à Morelia ★★ (p.278) et ses maisons en pierres roses sculptées.

› Jour 5. Un tour sur les îles

De Pátzcuaro ★★★ (p.283), vous rejoindrez aisément le lac du même nom ★★★ (p.286) et visiterez les îles pour profiter de la magie des lieux.

› Jour 6. Vieilles ruelles et artisanat

Avec ses étroites ruelles pavées, Taxco ★★★ (p.295) vous séduira et peut-être vous laisserez-vous tenter par sa vaste gamme de bijoux en argent.

› Jour 7. Xochicalco, la cité précolombienne

Avant de remonter vers la capitale ★★★★ (p.111), visite du site de Xochicalco ★★ (p.181) près de Cuernavaca ★ (p.178).

À LA DÉCOUVERTE DES MYSTÉRIEUSES CITÉS MAYAS

La péninsule du Yucatán abrite des dizaines et des dizaines de sites archéologiques mayas, beaucoup encore enfouis sous la terre et la végétation. La découverte de quelques-uns de ces sites majeurs peut faire l'objet d'un voyage à part entière, un fil directeur pour organiser son circuit, en intégrant bien sûr d'autres joyaux touristiques alentour : plages, cenotes, villes coloniales…

› Jour 1. Tulum, on commence par la plage

Depuis l'aéroport de Cancún, on prend un bus ou sa voiture de location pour rejoindre directement Tulum. La station balnéaire accueille les seules ruines mayas en bord de mer. Un magnifique panorama avec la mer Caraïbe et la plage juste derrière. De nombreux cenotes à découvrir dans les environs. Ces « puits sacrés » mayas étaient la porte d'entrée de Xibalba, l'inframonde maya.

› Jour 2. Cobá à vélo

À 40 km de Tulum dans l'intérieur des terres, Cobá possède l'une des plus hautes pyramides mayas de la péninsule, dénommée Nohoch Mul, 42 mètres de hauteur, du sommet de laquelle le panorama sur la forêt tropicale est impressionnant. Le mieux est d'explorer le site à vélo, car les distances sont longues entre les temples. On a ainsi plus de temps pour se rafraîchir dans les cenotes à proximité !

› Jour 3. Valladolid et Ek' Balam

Après une nuit à Valladolid et une visite matinale de cette charmante petite ville coloniale, le site archéologique Ek' Balam « Jaguar noir » nous attend à 30 km au nord. Découvert tardivement grâce à des photos aériennes, ce site est caractérisé par des bas-reliefs sublimes et bien conservés, qui offrent des informations précieuses sur la civilisation maya.

› Jour 4. La merveilleuse Chitchén Itzá

Après une deuxième nuit à Valladolid, c'est la célèbre Chichén Itzá qui nous attend. C'est le site archéologique le plus visité du Mexique, il faut donc arriver tôt, avant l'afflux des cars touristiques débarquant de Cancún ou Playa del Carmen. Inscrit au patrimoine mondial de l'Unesco, le site est dominé par la pyramide de Kukulcán (ou El Castillo) édifiée en l'honneur du dieu Serpent à plumes.

› Jour 5. Excursion à Izamal

Arrivé la veille à Mérida, direction le *pueblo mágico* d'Izamal, à 1 heure de route. Dans l'un des plus beaux villages du pays, les pyramides mayas coexistent avec des bâtiments coloniaux et des constructions modernes, d'où son surnom de « ville des trois cultures ». À visiter absolument, l'imposant couvent San Antonio de Padua, au cœur du centre historique peint tout en jaune (et un peu de blanc).

› Jour 6. Visite de Mérida

Après une seconde nuit dans la vibrante capitale du Yucatán, visite de cette ville dont l'essor et la grandeur architecturale sont intimement liés au commerce de sisal. On y découvre de magnifiques palais le long du Paseo Montejo. Pour rester dans l'univers maya, visite du Gran Museo del Mundo Maya dont l'architecture, à l'image de la cosmogonie maya, évoque le ciel, la terre et l'inframonde.

› Jour 7. La Ruta Puuc

Un circuit classique à travers de fascinantes grottes et sites archéologiques : Kabah, Sayil, Xlapak, Labná, Oxkintok, et surtout Uxmal, cité d'une grande finesse, classée au patrimoine de l'humanité de l'Unesco. Le style Puuc caractérise aussi bien l'architecture maya que les ornements, peintures et céramiques de cette région, l'un des principaux centres de la civilisation maya.

› Jour 8. Campeche, un joyau d'architecture

Ceux qui ont du temps poursuivront vers Campeche. Une autre cité coloniale construite sur un port maya (Can Pech). À l'écart des flux touristiques, elle offre une architecture exceptionnelle classée au patrimoine de l'Humanité, avec ses fortifications qui la défendaient des pirates, et ses ruelles aux belles façades colorées. Ne pas rater le fantastique coucher de soleil depuis le Malecón !

› Jour 9. Edzná et la Ruta de los Chenes

Autour de Campeche, plusieurs sites d'envergure pour des excursions à la journée : Edzná notamment, qui offre en plus un spectacle de son et lumière superbe, et Tohcok, Xtanpak, Tabasqueño, Dzibilnocac et Hochob, de La Ruta de los Chenes qui se caractérise par le grand travail artistique effectué sur la façade des temples. « Chen » signifie « puits d'eau ». Encore des cenotes pour se rafraîchir !

› Jour 10. Plein sud : Xpujil et Calakmul

De Campeche, on part pour Xpujil (4 heures de route), village autour duquel se trouvent plusieurs sites archéologiques très intéressants, de style Río Bec. Vous serez sans doute seuls sur les lieux, quel plaisir ! Mais le clou du spectacle, c'est Calakmul, à deux heures de route. Ce sera pour le lendemain après une nuit dans une auberge de ce village hors du temps.

› Jour 11. La cité perdue de Calakmul

C'est sans doute le site le plus impactant, car il est isolé en pleine jungle, dans la plus grande forêt tropicale du Mexique, classée réserve de Biosphère par l'Unesco. Cette grande capitale se partageait le contrôle du monde maya avec Palenque et Tikal. Peu de monde et un spectacle inoubliable que ces pyramides envahies par la végétation, loin de tout. Retour à Xpujil pour passer la nuit.

› Jour 12. Retour sur la côte caraïbe

Départ pour Chetumal à 3 heures 30 de route, ou mieux, Bacalar, en poussant un peu plus, pour profiter de la splendide « lagune aux sept couleurs » ; ou encore Mahahual, pour la plage. Place au farniente pendant quelques jours pour terminer le trip en beauté. Mais pour les plus férus de vestiges mayas, il y a encore de quoi faire dans les environs, Kohunlich, Szibanché, Muyil, entre autres.

IDÉES DE SÉJOUR

Edzná.

PRATIQUE

SE REPÉRER / SE DÉPLACER

DE L'AÉROPORT AU CENTRE-VILLE

De nombreuses grandes villes au Mexique disposent d'un aéroport international. L'aéroport de Mexico (www.aicm.com.mx) et celui de Cancún ((www.cancunairport.com) sont les mieux desservis depuis Paris.

Pour rejoindre le centre de Mexico depuis l'aéroport international Benito-Juárez, l'option la plus économique est d'emprunter les transports en commun. La ligne 5 du métro se prend au terminal 1, à l'arrêt Terminal Aerea Station. Si nécessaire, vous pourrez ensuite effectuer un changement, mais assurez-vous auparavant que votre hôtel se situe à proximité d'une bouche de métro. Le ticket coûte 5 $. La ligne 5 du métrobus, le réseau de bus de Mexico, se dirige également vers le centre-ville. Le bus se prend devant les terminaux 1 et 2. Pour pouvoir l'emprunter, il faut acheter une carte de bus à la machine. Depuis l'aéroport, le trajet coûte 30 $. L'option la plus confortable reste toutefois de prendre un taxi. Si vous optez pour cette solution, il faut vous adresser à l'une des compagnies de *taxis de sitio* qui ont leurs guichets à l'intérieur de l'aéroport. Il faut compter entre 250 et 300 $ pour rejoindre le centre. Si vous avez l'application Uber sur votre smartphone, ce sera encore plus pratique et bon marché : entre 100 et 200 $ selon votre destination.

Pour rejoindre Cancún depuis l'aéroport, plusieurs options s'offrent à vous. La compagnie de bus ADO (www.ado.com.mx) offre des liaisons toutes les 30 minutes vers le centre-ville. Le trajet coûte 93 $. Ensuite, vous pourrez emprunter un bus local ou un taxi pour rejoindre votre hôtel. A savoir que la compagnie ADO propose aussi des trajets directs pour Tulum, Merida et Playa del Carmen depuis l'aéroport de Cancún. Plus pratique, le service de navette Cancún Shuttle (www.cancunshuttle.com), à réserver de préférence en avance, pourra vous déposer directement à votre hôtel. Il vous en coûtera autour de 300 $ et vous partagerez le véhicule avec d'autres passagers. Enfin, l'option la plus confortable est de prendre un taxi jusqu'à votre hôtel. Il faut alors compter autour de 600 $.

Vols intérieurs. Pour les destinations les plus éloignées, il est plus avantageux de prendre l'avion que le bus. Les compagnies *low cost*, notamment Volaris (www.volaris.com) et VivaAerobus (www.vivaaerobus.com), proposent des liaisons à des tarifs très abordables.

Vélos en libre-service à Mexico.

ARRIVÉE EN TRAIN

Le réseau ferré du Mexique est réservé au transport de marchandises et ne peut être emprunté par des particuliers.

TRANSPORTS EN COMMUN

Le bus est la meilleure façon de circuler à l'intérieur du pays, et c'est le moyen de transport le plus utilisé par les voyageurs. Les compagnies de bus de première classe, les principales étant ADO (www.ado.com.mx), ETN (etn.com.mx) et Primera Plus (www.primeraplus.com.mx), offrent un service confortable et régulier entre la plupart des villes du Mexique. Dans ces bus, chacun a son siège désigné, celui-ci s'incline, il y a des prises pour charger son téléphone, des toilettes à bord et, parfois, un écran individuel. On peut acheter son billet directement sur leur site ou en passant par un site de réservation, comme BusBud (www.busbud.com). Plus économiques, les bus de deuxième classe sont aussi nettement moins confortables et passent par des routes secondaires pour déposer et récupérer des passagers. Les risques de vol de bagages y sont également plus grands. Souvent, les bus de première et seconde classe ne partent pas de la même gare routière, pensez-y au moment du départ. Pour les destinations les plus éloignées, il est plus avantageux de prendre l'avion que le bus.

Les *colectivos* sont le transport en commun le plus pratique pour les petites distances ou pour rallier deux villes au sein d'une même région. Ces taxis collectifs, qui se présentent parfois sous la forme de minibus, partent dès qu'ils sont pleins et déposent les passagers où ils le souhaitent. Pratique et peu cher.

Métro. Seules les très grandes villes, à savoir Mexico, Guadalajara et Monterrey, sont dotées d'un système de métro et d'un véritable réseau de bus avec des arrêts désignés. Partout ailleurs, il faudra compter sur les bus urbains (à Mexico, on les appelle les *peseros*), qui sont très bon marché mais ne sont pas forcément pratiques lorsqu'on ne connait pas bien la ville. La destination est parfois indiquée mais l'itinéraire réserve souvent des surprises. Ayez toujours de la monnaie sur vous pour payer votre trajet à bord.

VÉLO, TROTTINETTE & CO

La ville de Mexico est dotée de son système de vélos en libre-service, appelé ECOBICI (www.ecobici.cdmx.gob.mx). Il comprend plus 400 stations à travers la capitale. D'une manière générale, le gouvernement tente d'encourager l'utilisation du vélo afin de limiter la pollution liée aux trajets en voiture. Environ 150 km de pistes cyclables ont été créées. Il est dangereux et déconseillé de faire du vélo hors des parcours balisés.

AVEC UN CHAUFFEUR

Mexico est la ville qui possède le plus de taxis au monde ! Equipés d'un compteur, les taxis officiels sont reconnaissables à leur couleur – rose et blanc – et à leur plaque d'immatriculation. Celle-ci doit commencer par A ou B et figurer sur le côté du véhicule, peinte sur la carrosserie. Pour votre sécurité, évitez de héler un taxi dans la rue ; préférez en appeler un par téléphone ou attendre à un *taxi de sitio*. Pour vous orienter, sachez que même s'il y a des embouteillages ou que vous allez loin, une course d'environ 40 minutes ne coûte pas plus de 160 $ (une petite course de 15 minutes coûte environ 60 $).

De plus en plus d'habitants et de touristes délaissent les taxis pour Uber, qui offre sécurité et confort pour des tarifs très similaires, voire plus avantageux. Pour éviter les transactions d'argent liquide, les paiements peuvent se faire directement via l'application sur le smartphone.

En dehors de Mexico, les taxis n'ont généralement pas de compteur et n'acceptent que le liquide. Pour éviter les mauvaises surprises, il est recommandé de négocier le prix de la course avant de prendre la route. Où que vous soyez, il est préférable d'appeler un taxi plutôt que de le héler dans la rue, cela vous évitera de tomber sur un « faux » taxi n'ayant pas d'autorisation de travail. Uber existe dans certaines grandes villes ou zones touristiques en dehors de Mexico, mais pas partout dans le pays. D'autres plateformes de VTC locales existent, notamment Didi et Cabify, et fonctionnent sur le même principe.

EN VOITURE

Conduire au Mexique peut être une bonne idée lorsqu'on est plusieurs (louer une voiture n'est pas particulièrement bon marché), qu'on se déplace beaucoup et qu'on ne veut pas dépendre des transports en commun. Respectez la vitesse et soyez très vigilant : les Mexicains n'ont pas besoin de passer un examen pour obtenir leur permis, et leur conduite s'en ressent. Pour votre sécurité, ne conduisez pas de nuit.

Location de voiture. Le permis international n'est pas nécessaire pour les étrangers visitant le Mexique, cependant le permis de conduire national ainsi qu'une carte de crédit internationale sont indispensables. Les jeunes conducteurs doivent être âgés de 21 ans au minimum pour louer une voiture. Les grandes agences de location sont présentes dans toutes les capitales régionales, ainsi que dans les principales destinations touristiques. Les aéroports disposent toutes d'agences pour récupérer son véhicule à l'arrivée.

Etat des routes. L'état des autoroutes est globalement bon et le développement du réseau important. De nombreux travaux ces dernières années permettent de relier de grandes villes sur des voies en excellent état. En revanche, étant donné la superficie du pays et la géographie, les trajets sont longs et parfois sinueux. Attention également à la qualité du revêtement et à l'entretien défaillant, qui font que les routes peuvent se dégrader rapidement : les nids de poule peuvent être légion sur certains trajets.

En cas de contrôle. Il faut discuter calmement avec l'officier de police, lui expliquer par exemple qu'on conduit depuis peu sur le territoire. Dans une grande majorité de cas, les officiers de police souhaitent avant tout vous soutirer quelques billets. Pour autant, ne leur offrez pas de pot-de-vin (tous les policiers au Mexique ne sont pas corrompus !), la conversation pourrait mal tourner. Essayez de prolonger la discussion et gardez votre calme.

En cas de panne ou d'accident. Contactez les Angeles Verdes, des dépanneurs financés par le gouvernement, qui viendront à votre rescousse 24h/24. Pour les joindre, tapez 078 sur votre téléphone portable ou depuis une cabine téléphonique.

ACCESSIBILITÉ

Le Mexique a encore beaucoup de progrès à faire pour que ses villes soient accessibles aux personnes à mobilité réduite. Les transports en commun ne possèdent pas les aménagements adaptés aux fauteuils roulants ou aux poussettes, et les trottoirs sont souvent en mauvais état. Les grands hôtels et les centres commerciaux font figure d'exception et sont généralement équipés d'ascenseurs et de rampes d'accès.

LES ATTRAPE-TOURISTES

Environ 20 % des taxis qui offrent leurs services dans les rues de Mexico n'ont pas d'autorisation pour travailler. Dans la capitale comme ailleurs, le véritable risque est que l'on vous fasse payer un tarif plus cher que la normale. Pour éviter cela, négociez le prix de la course avant le départ et faites en sorte de ne monter que dans des taxis officiels. Lorsque c'est possible, optez plutôt pour Uber ou les équivalents locaux. Pour ceux qui choisissent de louer une automobile auprès d'une grande compagnie, il est conseillé de le faire via Internet, les prix pratiqués sur la toile étant souvent plus avantageux que ceux proposés en agence (entre 600 et 700 $ par jour pour une voiture économique). Attention cependant à bien vérifier que le tarif comprenne l'assurance obligatoire, qui peut être exorbitante.

LES PHRASES CLÉS

Bonjour, comment puis-je me rendre à…
Hola, ¿cómo puedo llegar a….?

Est-ce loin à pied ? Y a-t-il le métro ou un bus… pour y aller ?
¿Está lejos a pie? ¿Hay metro o autobús… para llegar allí?

Pouvez-vous me montrer cet endroit sur la carte s'il vous plait ?
¿Puede mostrarme el lugar en el mapa, por favor?

Où puis-je acheter les tickets de transport ? Est-ce que je peux payer en carte de crédit ?
¿Dónde puedo comprar los billetes de transporte? ¿Puedo pagar con tarjeta de crédito?

Où est la sortie ? A gauche, à droite ou tout droit ?
¿Dónde está la salida? ¿A la Izquierda, derecha o todo recto?

Je suis perdu et je suis en retard, s'il vous plait, aidez-moi ! Merci beaucoup !
Estoy perdido y llego tarde; ¡ayúdeme, por favor! Muchísimas gracias.

HORAIRES

En règle générale, les musées sont ouverts du mardi au dimanche de 10h à 17h. Dans les plus petites villes ou les régions moins touristiques, il arrive que les musées soient également fermés le mardi ou le dimanche et pendant la pause déjeuner, de 14h à 16h. En temps normal, les zones archéologiques ouvrent tous les jours de 9h à 17h ; il est recommandé d'arriver dès l'ouverture pour éviter la foule et avoir du temps devant soi. A savoir que les sites archéologiques ne laissent plus entrer les visiteurs environ 1h30 avant la fermeture.

A RÉSERVER

Il n'est généralement pas nécessaire de réserver, sauf pour les sites très touristiques et les rares endroits qui l'exigent (par exemple, le Museo Frida Kahlo à Mexico). Si vous souhaitez partir en excursion en petit groupe, il peut être judicieux de réserver avant le départ, surtout si votre temps sur place est limité et que votre emploi du temps n'est pas flexible.

BUDGET / BONS PLANS

La plupart des sites ont un droit d'entrée entre 50 et 100 $, parfois plus du double pour les endroits très touristiques. Certains sites offrent des tarifs privilégiés aux Mexicains ou aux résidents de leur Etat. Les étudiants, les professeurs, les enfants et les personnes âgées (65 ans et plus) bénéficient souvent de tarifs réduits, quel que soit leur pays d'origine, sur présentation d'une carte d'identité et/ou professionnelle.

LES ÉVÉNEMENTS

Le Mexique propose des festivals, spectacles et performances tout au long de l'année. En février, on fête carnaval dans de nombreuses villes, mais c'est à Mazatlán et Veracruz que les célébrations sont les plus impressionnantes. La fête nationale de l'indépendance est célébrée en septembre. A cette occasion, le chef de l'Etat fait sonner les cloches du Zocaló à Mexico et pousse *el grito* pour commémorer les héros de la révolution. Enfin, la fête la plus importante du pays a lieu début novembre : El Diá de los Muertos est pour les Mexicains l'occasion de célébrer leurs défunts dans une grande explosion de couleurs et de joie.

VISITES GUIDÉES

On ne saurait trop vous recommander de prendre les services d'un guide pour découvrir les zones archéologiques. Malheureusement, les notices explicatives sont souvent limitées (pour ne pas dire inexistantes) et on passe à côté d'informations fascinantes sur les peuples préhispaniques et leurs coutumes.

La fête des morts à Mexico.

Les circuits organisés sont une excellente façon d'explorer les multiples facettes du Mexique et de rencontrer les acteurs des communautés locales. C'est une option particulièrement intéressante pour ceux qui ne sont pas véhiculés et ne peuvent pas partir d'eux-mêmes à la découverte d'une région. Dans chaque ville où il y a des touristes, des agences de voyages proposent diverses excursions sur plusieurs heures ou plusieurs jours. Renseignez-vous également auprès de votre hôtel ou de votre auberge de jeunesse. Dans certaines villes, enfin, des visites guidées à pied sont proposées gratuitement par Free Tour (www.freetour.com). S'il faut toujours laisser un pourboire à son guide, montrez-vous particulièrement généreux lorsque vous prenez part à une visite guidée gratuite.

FUMEURS

Il est strictement interdit de fumer en intérieur. Les zones archéologiques, réserves naturelles et certaines zones protégées sont entièrement non-fumeurs. A Mexico, fumer dans le Centro Historico est, depuis peu, passible d'une amende. Il n'est pas interdit de fumer sur les plages, bien que certains députés essaient de faire changer la loi. Dans tous les cas, soyez respectueux de l'environnement et ne laissez pas traîner vos mégots.

LES ATTRAPE-TOURISTES

Si vous souhaitez faire appel à un guide pour la visite d'une zone archéologique ou d'un site touristique, méfiez-vous de ceux qui vous démarchent à l'entrée, ce ne sont pas des guides officiels et leurs compétences ne sont pas garanties. Si vous ne trouvez pas de guide officiel, n'hésitez pas à engager la conversation avec les guides qui vous ont sollicité à l'entrée pour jauger leur niveau de connaissances, leur anglais (si vous n'êtes pas suffisamment à l'aise en espagnol) et pour connaître leurs tarifs.

LES PHRASES CLÉS

Bonjour, puis-je avoir deux entrées adultes et un enfant s'il vous plait ?
Hola, ¿me da dos entradas de adulto y una para niño, por favor?

Le tarif enfant est jusqu'à quel âge ? Et pour les seniors, est-ce qu'il y a une réduction ?
¿Hasta qué edad comprende la tarifa infantil? Y ¿hay descuento para los mayores?

Est-ce qu'il y a des visites guidées en français ou un audioguide ?
¿Hay visitas guiadas en francés o una audioguía?

Combien de temps faut-il pour faire la visite ?
¿Cuánto tiempo se tarda en visitarlo?

J'ai du mal à monter les escaliers, avez-vous un ascenseur ?
Tengo problemas para subir las escaleras, ¿hay ascensor?

Excusez-moi, pouvez-vous me dire où sont les toilettes ? Merci beaucoup.
Disculpe, ¿puede decirme dónde está el baño? Muchísimas gracias.

PRATIQUE

SE RÉGALER

HORAIRES

Les Mexicains ont un rythme de vie très différent des Français. Sachez tout d'abord qu'il est possible de manger à toute heure de la journée, sur le pouce en commandant quelques tacos dans un *puesto*, ces échoppes de rue qui attirent du monde dès 8h du matin, ou dans un *comedor* si vous vous baladez dans un marché. Le principal repas de la journée est le déjeuner, appelé *comida*. Il se prend assez tard, aux alentours de 14h, et est relativement copieux. De nombreux restaurants n'ouvrent pas avant 13h, sauf s'ils proposent le petit déjeuner. Enfin, le dîner est un repas traditionnellement léger, qui se prend aux alentours de 21h. Cela n'empêche pas les restaurants d'ouvrir pour le dîner et de le servir dès 18 ou 19h. Notez que de plus en plus d'établissements proposent un service continu et restent ouverts toute la journée ou toute l'après-midi.

BUDGET / BONS PLANS

Le Mexique est un merveilleux pays pour se régaler sans se ruiner. Un repas dans un restaurant sympa en ville vous coûtera rarement plus de 250 $ par personne (10 euros). Dans les *fondas*, ces petits restaurants qui servent une cuisine traditionnelle bon marché, vous vous en tirerez facilement pour moins de 100 $ (4 euros) pour un repas complet. Quant aux stands qui vendent la *street food*, et dont l'odeur nous fait saliver toute la journée, vous trouverez facilement de quoi satisfaire une petite faim pour moins de 50 $ (2 euros). Bien sûr, le Mexique compte aussi d'excellentes tables qui servent une cuisine raffinée que l'on peut accompagner de bons verres de vin. Dans ce genre d'établissements, les plats peuvent coûter 300 $ ou plus, ce qui reste somme toute assez abordable.

EN SUPPLÉMENT

Il est coutumier de laisser un pourboire au restaurant et au café, de l'ordre de 10 ou 15 % (jusqu'à 20 % si le service vous a vraiment conquis). Si vous payez en carte bleue, le serveur vous demandera si vous souhaitez laisser un pourboire (*propina* en espagnol) au moment de régler, auquel cas la somme sera directement ajoutée sur le terminal. Si vous payez en liquide, vous pourrez laisser le pourboire sur la table après avoir réglé.

C'EST TRÈS LOCAL

L'une des choses que vous remarquerez au Mexique, c'est que les portions servies dans les restaurants sont gargantuesques ! Dans les *fondas* comme dans les *taquerias* et les restaurants branchés de milieu de gamme qu'on trouve dans les villes, mieux vaut éviter de commander trop de plats, même lorsque le menu vous fait saliver. Si, malgré toute votre volonté, vous n'arrivez pas à terminer votre assiette, sachez que demander un *doggy bag* est une pratique courante au Mexique. Faites simplement savoir à votre serveur que vous désirez le reste de votre plat à emporter (« *para llevar* »).

© MSTUDIOIMAGES - ISTOCKPHOTO.COM

Taco sur le pouce.

A ÉVITER

Si vous avez envie d'une boisson fraîche pour accompagner votre repas, évitez à tout prix les glaçons, car l'eau du robinet peut vous rendre malade. De la même manière, pour éviter les ennuis, ne demandez pas un verre d'eau mais une bouteille d'eau. L'eau est purifiée à la source et est censée être potable, mais il n'est pas rare qu'elle soit contaminée avant d'arriver jusqu'au robinet.

ENFANTS

Les enfants sont les bienvenus dans tous les restaurants et cafés. Les Mexicains ont l'habitude de sortir en famille et la plupart des établissements sont équipés de chaises hautes, et parfois même de jeux ou d'un coin avec des jouets.

Certains proposent également des menus enfants. D'une manière générale, il est très facile de manger au restaurant avec des enfants en bas âge.

FUMEURS

Au Mexique, il est interdit de fumer dans tous les espaces fermés, y compris les restaurants. L'interdiction se prolonge parfois jusqu'à la terrasse, même si ça n'est quasiment jamais indiqué explicitement. Certains établissements proposent toujours des zones fumeurs, en particulier dans les régions rurales, mais c'est de plus en plus rare.

LES ATTRAPE-TOURISTES

Les restaurants touristiques incluent parfois directement le pourboire à l'addition, tout simplement parce que de nombreux étrangers (en particulier les Européens, chez qui l'usage du pourboire est peu répandu) ont tendance à oublier d'en laisser un. Il en va de même si vous êtes un groupe de six personnes ou plus, auquel cas le pourboire est souvent inclus d'office. Vérifiez bien votre note avant de régler, et si le mot *propina* apparaît à la fin de l'addition, c'est que le pourboire a déjà été pris en compte.

LES PHRASES CLÉS

Bonjour, je voudrais réserver une table pour deux personnes pour ce midi ou ce soir.
Hola, me gustaría reservar una mesa para dos personas para este mediodía o esta noche.

Avez-vous un menu en français ou en anglais ?
¿Tiene una carta en francés o en inglés?

Je suis végétarien, y a t-il des plats sans viande ?
Soy vegetariano, ¿hay platos sin carne?

Je n'ai vraiment plus faim mais avez-vous une carte des desserts ?
No tengo más hambre, pero ¿tienen carta de postres?

Puis-je avoir l'addition s'il vous plait ? Je peux payer par carte ou en espèces ?
¿Me pasa la cuenta, por favor? ¿Puedo pagar con tarjeta o en efectivo?

C'était très bon, nous reviendrons. Merci et à bientôt.
Estaba todo muy bueno, volveremos. Gracias y hasta pronto.

HORAIRES

Les cafés sont ouverts tous les jours, en particulier en ville, souvent à partir de 8h jusqu'en début de soirée. Les bars ouvrent leurs portes vers la fin d'après-midi et peuvent rester ouverts jusqu'à 1h ou 2h du matin. Toutefois, puisqu'elles servent également de la nourriture, les *cantinas* ouvrent le plus souvent dès le déjeuner et ne ferment pas avant 23h ou minuit. Certains bars proposent un *happy hour* à l'ouverture, en particulier en semaine.

BUDGET / BONS PLANS

Comme la nourriture, les boissons sont bon marché au Mexique, bien que les tarifs soient plus élevés dans les lieux touristiques. Pour une bière, comptez de 20 à 50 $ (les bières locales et artisanales sont les plus chères). Pour un jus de fruit frais : autour de 30 $. Pour un café : 20 $ pour un café noir, 50 $ pour un cappuccino. Pour un cocktail : autour de 170 $. Dans les bars, les *beach clubs* et les cafés où le serveur vient à votre table, il convient de laisser un petit pourboire 20 $ par boisson (ou 10 % de l'addition).

A PARTIR DE QUEL ÂGE

L'âge légal pour consommer de l'alcool au Mexique est de 18 ans. On ne vous demandera pas automatiquement votre carte d'identité dans les bars, sauf si vous faites plus jeune que votre âge.

C'EST TRÈS LOCAL

On ne peut pas faire plus local que les *cantinas*, ces bars auparavant uniquement fréquentés par les hommes qui venaient y boire de l'alcool, manger des *botanas* (des petits plats à grignoter, qui s'apparentent à des tapas) et jouer aux dominos ou aux cartes. L'époque où les femmes avaient l'interdiction de s'y rendre est fort heureusement révolue, mais les *cantinas* ont gardé leur charme d'antan et leur atmosphère populaire. La capitale Mexico en compte à elle seule plusieurs centaines, certaines restées fidèles à la tradition et d'autres, modernisées, attirant une clientèle « gentrifiée ». Pour une expérience authentique, citons par exemple El Tío Pepe, La Faena et Salón Tenampa, toutes situées dans le centre historique de Mexico.

ENFANTS

Les parents peuvent venir accompagnés de leurs enfants dans les endroits servant de l'alcool.

FUMEURS

Il est interdit de fumer en intérieur, que ce soit dans les bars ou dans les cafés. Ne tentez pas non plus d'allumer une cigarette en terrasse, ce n'est pas quelque chose qui se fait au Mexique. Les bars à cigares sont les seuls endroits où il est encore possible de fumer en intérieur.

LES ATTRAPE-TOURISTES

Vérifiez toujours votre addition avant de payer, en particulier le nombre de consommations, et assurez-vous que le pourboire n'ait pas été inclus d'office.

LES PHRASES CLÉS

Bonjour, quelle est la spécialité de la maison ? Nous voulons découvrir.
Hola, ¿cuál es la especialidad de la casa? Nos gustaría probarla.

Avez-vous de la place en terrasse ?
¿Tiene sitio en la terraza?

Quel est votre nom ? Je m'appelle… Ravi de vous rencontrer !
¿Cómo se llama? Mi nombre es.... ¡Encantado de conocerle!

A votre santé ! Zut, j'ai renversé mon verre… pouvez-vous m'aider ?
¡A su salud! ¡Maldita sea!, se me ha derramado la bebida.... ¿puede ayudarme?

C'était très bon. Nous allons reprendre la même chose s'il vous plait.
Estaba muy bueno. Tomaremos lo mismo otra vez, por favor.

(SE) FAIRE PLAISIR

HORAIRES

Les heures d'ouverture des commerces peuvent varier en fonction de la saison et de la région. Néanmoins, la plupart des magasins ouvrent du lundi au samedi de 9h à 20h. Les boutiques ferment plus tôt dans les zones rurales. Dans les régions très touristiques, les commerces ont souvent des horaires étendus en pleine saison et ferment certains jours en basse saison. Les marchés locaux ouvrent généralement tous les jours, à partir de 7h jusqu'à 21h, au plus tard.

BUDGET / BONS PLANS

Les *mercados* sont toujours un bon endroit pour acheter des souvenirs et des pièces artisanales à des tarifs abordables. On y trouve évidemment beaucoup de babioles mais à qualité égale, vous vous en tirerez pour moins cher que si vous faites vos achats dans une boutique de souvenirs pour touristes. Les cartes bancaires sont rarement acceptées dans les marchés, prévoir des espèces.

C'EST TRÈS LOCAL

Le Mexique possède un artisanat très riche et très coloré ! Vous n'aurez aucun mal à dénicher de belles pièces à rapporter en souvenir ou à offrir à votre retour. Si vous le pouvez, achetez vos pièces directement auprès des artisans, dans les villages où vous allez pour en faire profiter les communautés locales. Les *mercados* vous permettront de faire des trouvailles typiques. Parmi les objets artisanaux les plus authentiques : les *alebrijes*, sculptures en bois de créatures fantastiques qui font partie du folklore mexicain ; les *huipils*, très beaux vêtements traditionnels ornés de broderies et portés par les femmes indigènes ; les hamacs, dont les plus beaux se trouvent à Mérida, sur la péninsule du Yucatán. Au Mexique, vous trouverez aussi de beaux bijoux traditionnels en argent ou en ambre (à Simojovel, au Chiapas, où il est produit). Profitez également de votre séjour pour rapporter une bonne bouteille de tequila ou de mezcal.

Broderies typiques du pays.

LES ATTRAPE-TOURISTES

Le principal risque que vous encourez est d'acheter du faux artisanat, en particulier auprès de vendeurs ambulants. Cela n'arrivera pas si vous achetez vos pièces auprès d'un artisan ou d'un producteur, c'est pourquoi cette pratique est encouragée. Si vous achetez des bijoux, soyez particulièrement vigilant : bracelets et colliers en argent de Taxco peuvent très bien être des faux, tout comme l'ambre, qui est parfois coupé avec d'autres résines avant d'être vendu en pendentifs sur les étals des marchés.

LES PHRASES CLÉS

Bonjour, c'est superbe, mais combien ça coûte ?
Hola, es genial, pero ¿cuánto cuesta?

Vous auriez ma taille ? Où se trouvent les cabines d'essayage ?
¿Tiene uno de mi talla? ¿Dónde están los probadores?

Est ce que je pourrai vous le rapporter et l'échanger si ça ne va pas ?
¿Puedo devolverlo y cambiarlo si no está bien?

J'ai trop dépensé aujourd'hui, pouvez-vous me faire une réduction sympa ?
Hoy he gastado demasiado, ¿puede hacerme un buen descuento?

Je prendrai celui-ci. Pouvez-vous me faire un paquet cadeau ?
Yo me quedo con este. ¿Puede envolvérmelo en papel de regalo?

Vous prenez la carte de crédit ? Où puis-je trouver un distributeur de billets ?
¿Aceptan tarjeta de crédito? ¿Dónde puedo encontrar un cajero automático?

BUDGET / BONS PLANS

L'exceptionnelle variété de paysages que l'on trouve au Mexique a permis le développement du tourisme d'aventure et de découvertes. Les activités sportives et écotouristiques, principalement adressées aux touristes, représentent généralement un coût plus élevé que le reste. Alpinisme, pêche sportive, plongée sous-marine, rafting, sortie en mer pour observer les baleines, excursion de plusieurs jours, etc. : il faut souvent débourser entre 50 et 100 US$ par personne (parfois bien plus) pour ce genre d'activités avec guide ou équipement. Fort heureusement, les paysages du Mexique se prêtent aussi très bien à une découverte en solo et avec peu (ou pas) de matériel : snorkeling (pensez à emporter votre propre masque pour faire des économies), vélo tout terrain ; observation de la faune et de la flore dans les réserves naturelles ; randonnées ; baignade dans les *cenotes*...

VOS PAPIERS SVP

Pour les sorties plongée, une carte de plongeur certifiée délivrée par un organisme agréé est nécessaire. Si vous débutez, sachez que de nombreuses agences proposent des cours pour apprendre la plongée avec certification PADI (organisation reconnue de formation à la plongée).

A RÉSERVER

En saison et dans les lieux hautement touristiques, il est recommandé de réserver certaines activités telles que les sorties en mer pour observer les animaux marins ou faire de la plongée. Le mieux est encore de réserver avant le départ, bien que s'y prendre quelques jours à l'avance soit généralement suffisant.

LES ATTRAPE-TOURISTES

Si vous prévoyez de louer un jet ski pendant votre séjour, adressez-vous uniquement à des agences officielles. Ne vous laissez pas convaincre par les prix très abordables que font miroiter certains vendeurs sur la plage. Une arnaque répandue consiste à louer aux touristes des jet skis déjà abîmés, puis à les accuser d'être responsables des dégâts en leur demandant des sommes exorbitantes en dédommagement. Ne louez pas un jet ski sans l'avoir vu à sec, inspectez-le avec vigilance ou, encore mieux, prenez des photos ou des vidéos comme vous le feriez avec une voiture de location. C'est valable pour tous les types de location de matériel.

LES PHRASES CLÉS

Bonjour, comment puis-je me rendre à… ? Est-ce loin ?
Hola, ¿cómo puedo llegar a...? ¿Está muy lejos?

J'aimerais aller courir. Il y a un coin sympa pour cela dans la ville ?
Me gustaría salir a correr. ¿Hay algún buen lugar en la ciudad para hacerlo?

J'adore cuisiner. Savez-vous où je peux trouver des cours de cuisine ?
Me encanta cocinar. ¿Sabe dónde imparten clases de cocina?

Vous pourriez m'indiquer une salle de sport pas très loin ?
¿Podría indicarme un gimnasio que no esté muy lejos?

Quel est le sport national ?
¿Cuál es el deporte nacional?

Pensez-vous que nous pourrions voir cela ou même participer ?
¿Cree que podríamos verlo o incluso participar?

SORTIR

HORAIRES

Les Mexicains vivent tard et aiment faire la fête. En fin de semaine, dès le mercredi dans certains cas, les bars et les *cantinas* sont pleins à craquer et ne désemplissent pas jusqu'à la fermeture. Pour autant, les bars dans les villes ferment rarement après 2h et les boîtes de nuit ne sont pas ouvertes jusqu'au petit matin : à quelques exceptions près, les clients sont gentiment éconduits à l'approche de 4h. Les boîtes de nuit sont rarement ouvertes du dimanche au mardi, certaines n'ouvrant leurs portes qu'en fin de semaine.

Les spectacles ont généralement lieu le soir et démarrent entre 18h et 20h, avec parfois des performances supplémentaires en début d'après-midi le samedi et le dimanche.

Enfin, certains endroits au Mexique sont réputés comme de hauts lieux de la vie nocturne, c'est le cas de Cancún et de Playa del Carmen, qui attirent depuis de nombreuses années les fêtards du monde entier pour leurs soirées déjantées et leurs DJ mondialement connus. C'est là-bas que la vie nocturne est la plus folle et que la fête se prolonge jusqu'aux premières lueurs du jour.

BUDGET / BONS PLANS

Les discothèques ont parfois un droit d'entrée, qui s'applique cependant rarement pour les femmes. Les clubs les plus cotés auprès des touristes, en particulier dans la péninsule du Yucatán, font quant à eux payer le prix fort : de 10 à 30 US$ l'entrée, ce qui inclut généralement une ou plusieurs consommations. Les boissons sont relativement bon marché dans les bars et boîtes de nuit (à l'exception, encore une fois, des établissements touristiques qui s'adaptent au niveau de vie de leur clientèle et pratiquent des tarifs exorbitants). Si vous assistez à un spectacle (pièce de théâtre, concert, performance artistique...), il ne devrait pas vous en coûter plus que quelques centaines de pesos, à moins qu'il ne s'agisse d'un événement d'envergure internationale.

A RÉSERVER

A moins que vous ne comptiez assister à une performance donnée par une star mexicaine internationale pendant votre séjour ou à un spectacle dans une salle prestigieuse comme le Palacio de Bellas Artes à Mexico, vous n'aurez pas besoin de réserver vos sorties à l'avance.

TRANSPORTS NOCTURNES

A Mexico, le métro ne circule pas entre minuit et 5h du matin. Si vous sortez le soir, il est de toute façon préférable de prendre un taxi ou un VTC. Vous ne risquez pas grand-chose dans les transports en commun, si ce n'est vous faire voler votre portefeuille, mais prendre un taxi est bon marché, confortable et beaucoup plus rapide que circuler en métro. La meilleure solution pour rentrer à son hôtel après une nuit de

fête est sans aucun doute de prendre un Uber. Dans la capitale, ils circulent à toute heure du jour et de la nuit et vous n'attendrez jamais votre chauffeur plus de 10 minutes. C'est très pratique et niveau sécurité, il n'y a pas mieux. Ailleurs au Mexique, dans les endroits où Uber, Didi ou Cabify ne sont pas implantés, les taxis restent votre meilleure option si vous rentrez tard. Dans les quartiers où les gens sortent dans les bars ou en boîtes de nuit, vous n'aurez aucun mal à trouver un taxi. Pensez à négocier le prix de la course avant de partir.

A PARTIR DE QUEL ÂGE

L'âge légal pour consommer de l'alcool au Mexique est de 18 ans. Pour rentrer dans les bars et boîtes de nuit ou vous servir de l'alcool, on ne vous demandera que très rarement votre pièce d'identité. Prévoyez quand même d'emmener une photocopie de votre passeport, au cas où.

C'EST TRÈS LOCAL

Les Mexicains aiment être élégants et prennent plaisir à s'habiller lorsqu'ils sortent. Le *dress code* ne sera évidemment pas le même dans un bar qu'en boîte de nuit, mais il est bon dans tous les cas de faire un petit effort vestimentaire et de laisser vos tongs au placard pour la soirée !

FUMEURS

Il est interdit de fumer dans les bars, cafés et boîtes de nuit.

LES PHRASES CLÉS

Bonsoir, comment puis-je me rendre à…
Buenas noches, ¿cómo puedo llegar a….?

Est ce que cet endroit est tranquille ? Il n'y a pas de problème de sécurité ?
¿Es un lugar tranquilo? ¿Hay problemas de seguridad?

J'aimerais voir un spectacle typique ! Qu'est-ce qu'il y a en ce moment ?
Me gustaría ver un espectáculo típico del lugar. ¿Hay alguno programado para hoy?

Je ne comprends pas… pouvez-vous répéter s'il vous plait ? Merci.
No entiendo… ¿puede repetirlo, por favor? Gracias.

Est-ce que je peux vous offrir un verre ? Quel est le meilleur cocktail de la maison ?
¿Puedo invitarle a una copa? ¿Cuál es el cóctel especialidad de la casa?

J'ai la gueule de bois, auriez-vous quelque chose pour que j'aille mieux ?
Tengo resaca, ¿tiene algo que me haga sentir mejor?

SE LOGER

BUDGET / BONS PLANS

On peut se loger quel que soit son budget au Mexique. Le tout est de savoir si l'on préfère la piscine privée ou la salle de bains commune (sur le palier)... Les plus petits budgets peuvent opter pour le camping ou la cabane sur la plage au confort rudimentaire. La classification des hôtels se retrouve dans un schéma de 1 à 5 étoiles, suivi des catégories Grand tourisme, Catégorie spéciale et Hôtel-boutique s'appliquant aux hôtels de luxe. Néanmoins, aucun organisme ne contrôle le classement des établissements et, très souvent, les prestations d'un hôtel 3-étoiles au Mexique sont inférieures à celles d'un établissement de la même catégorie en France. La carte bancaire est généralement acceptée, sauf dans certaines régions reculées ou villes de bord de mer qui ont une culture du *cash* (c'est par exemple le cas à Puerto Escondido, dans l'Etat de Oaxaca, mais les choses changent peu à peu et les cartes bancaires commencent à y être acceptées). A noter que l'utilisation de la carte bancaire entraîne parfois des frais supplémentaires, autour de 5 %. Voici quelques indications sur les types d'hébergement au Mexique et les tarifs pratiqués :

- **Les haciendas** restent l'hébergement de luxe le plus typique du Mexique. Les chambres, souvent peu nombreuses, se nichent dans une atmosphère gorgée d'histoire, surtout lorsque le mobilier est d'origine. Le prix des chambres est souvent supérieur à 150 US$.

- **Les hôtels de classe économique** sont souvent situés en centre-ville ou aux abords des sites touristiques. Le confort y est sommaire mais suffisant pour quelques nuits. On y trouve des chambres de 20 à 40 US$. Une chambre avec un grand lit revient souvent moins cher qu'une chambre avec deux petit lits.

- **Les motels,** un héritage nord-américain, se trouvent sur le bord des routes, aux abords des villes. Il vaut mieux prévoir du liquide car il est assez rare qu'ils acceptent les cartes de crédit. Prix des chambres entre 30 et 50 US$ par nuit. Attention toutefois, beaucoup de motels sont de réels hôtels de passe, où la discrétion est de rigueur (voitures cachées dans un box derrière un rideau et accès direct à la chambre). On y vient avec son ou sa partenaire, officiel(le) ou non ; les chambres peuvent d'ailleurs se louer par tranche horaire. Ouvrez bien les yeux, il y a des indices qui ne trompent pas !

- **Chambres d'hôtes.** Dormir chez l'habitant ne fait pas partie des us et coutumes du pays. Les quelques établissements de ce type sont souvent tenus par des étrangers. Néanmoins, les hébergements proposés par certains villages de campagne s'en rapprochent, dans le sens où ils sont construits et entretenus par la communauté des villageois. Les repas sont alors concoctés par les habitants du village, ce qui permet pour le coup d'être immergé dans la culture locale.

- **Auberges de jeunesse.** Appelées hostel ou *hostal*, elles proposent des chambres individuelles ou des lits en dortoirs (mixtes ou entièrement féminins), le plus souvent avec salle de bains partagée. Prix des lits en dortoir entre 10 et 15 US$. On a généralement accès aux parties communes : cuisine, salon avec télévision et parfois jardin aménagé. Le confort et la propreté varient d'un établissement à l'autre. Pour beaucoup, les auberges de jeunesse sont aussi l'occasion de rencontrer du monde et de faire la *fiesta*. Les nuits sont courtes et bruyantes, surtout en dortoir.

- **Le camping** se pratique sur les plages ou dans les espaces naturels. Pour des raisons de sécurité, il convient d'éviter le camping sauvage et de se limiter aux campements officiels. L'emplacement d'une tente coûte entre 5 et 10 US$. Dans les villes balnéaires, il est généralement possible de demander à un hôtel l'autorisation de camper sur sa plage ou dans son jardin, moyennant quelques pesos. On peut aussi louer un hamac et dormir à la belle étoile. Quoi qu'il en soit, se méfier des bestioles : araignées, scorpions, moustiques, fourmis. Il faut toujours s'assurer avant de dormir que personne n'a élu domicile dans son sac de couchage... Même précaution pour les chaussures au petit matin. C'est le genre de choses qu'on regrette d'avoir oublié de faire !

A RÉSERVER

En haute saison, ou si vous visitez le Mexique pendant un événement qui attire du monde (*Spring Break* à Cancún ou Acapulco, carnaval à Veracruz, Semaine sainte, etc.), il est nécessaire de réserver votre hébergement bien à l'avance.

C'EST TRÈS LOCAL

La petite poubelle à côté des toilettes de votre chambre sert à recueillir le papier hygiénique, qui ne doit pas finir dans la cuvette. Le système de canalisation au Mexique n'est pas aussi performant qu'en Europe, et les toilettes risquent de se boucher si l'on y met du papier. Dans les *resorts* et hôtels de luxe, les canalisations sont souvent en meilleur état ; toutefois, la règle implicite dans tout le pays reste de mettre le papier usagé à la poubelle.

POUR LES GOURMANDS

Dans les établissements *todo incluido* (*all inclusive*), très nombreux dans les stations balnéaires, tous les repas sont compris dans le prix du *package*. Dans les auberges de jeunesse, le petit déjeuner est souvent inclus dans le prix et se présente sous la forme d'un buffet continental léger, avec jus de fruit, toasts et café. Dans les hôtels de gamme un peu plus élevée, le petit déjeuner est plus copieux et comprend aussi un plat chaud, souvent des œufs ou une spécialité mexicaine salée. Le *desayuno* est souvent proposé mais n'est pas toujours inclus dans le prix de la nuitée.

FUMEURS

Il est interdit de fumer à l'intérieur dans les établissements hôteliers au Mexique, que ce soit dans les chambres ou dans les parties communes. Le plus souvent, l'interdiction s'applique également en extérieur, dans les jardins et au bord de la piscine. Certains hôtels proposent encore des chambres fumeurs, mais cela reste assez rare.

LES PHRASES CLÉS

Bonjour, avez-vous de la disponibilité pour une chambre double pour ce soir ou demain soir ?
Hola, ¿dispone de una habitación doble para esta noche o para mañana por la noche?

Avez-vous un code wifi… les enfants ne tiendront pas sans !
¿Tiene wifi? ¡Los niños no pueden estar sin él!

C'est bruyant, est ce que je peux changer de chambre ?
Hay mucho ruido, ¿puedo cambiar de habitación?

Jusqu'à quelle heure est-ce que nous pouvons aller à la salle de sport et à la piscine ?
¿Hasta qué hora podemos ir al gimnasio y a la piscina?

Est-ce que je peux laisser mon bagage et revenir plus tard le récupérer ?
¿Puedo dejar mi equipaje y volver más tarde a recogerlo?

Est-ce que vous pouvez nous appeler un taxi ? Merci beaucoup.
¿Puede llamarnos un taxi? Muchísimas gracias.

ALLO ?

Le code pays du Mexique est le +52. Les régions de Mexico, Guadalajara et Monterrey (les trois plus grandes villes du pays) ont un indicatif de région à 2 chiffres ; respectivement 55, 33 et 81. Tout le reste du pays a un indicatif de région à 3 chiffres. Par exemple, 744 pour Acapulco et 998 pour Cancún.

Pour téléphoner vers un fixe au Mexique depuis l'étranger : 00 52 + indicatif région + numéro local (7 ou 8 chiffres selon les cas). Vers un portable : 00 52 + indicatif région + les 10 chiffres du numéro local.

Pour téléphone du Mexique vers la France : 00 33 + indicatif région sans le zéro + 8 chiffres restant du numéro local (exemple : 00 33 6 23 45 56 89). Pour un appel d'un fixe à un autre en local au Mexique, entrez simplement le numéro local (7 ou 8 chiffres). Vers un autre État du Mexique : 01 + indicatif région + numéro local (7 ou 8 chiffres). Pour appeler un portable de la même région, faire les 10 chiffres du numéro. Pour appeler un portable d'une autre région, faire : 045 + les 10 chiffres du numéro.

La plupart des grandes entreprises au Mexique, notamment les hôtels et les compagnies de bus, disposent d'un numéro d'appel gratuit. Tous les numéros gratuits ont la même structure, ils comprennent 12 chiffres et commencent par 01 800.

Pour éviter des frais importants liés aux appels téléphoniques depuis votre portable, le mieux est d'acheter une carte SIM à votre arrivée au Mexique. Plusieurs compagnies en proposent comme Telcel, AT&T et Movistar. Elle coûte environ 150 $, et 50 $ de communication sont généralement offerts. Il faudra ensuite acheter des recharges de crédits (en vente dans les kiosques à journaux et les dépanneurs type Oxxo). Avec Telcel, compter 3 $ pour une minute de communication en local ou un appel « longue distance » à l'intérieur du pays. Si votre portable n'accepte pas les cartes SIM mexicaines, vous pouvez acheter des téléphones portables basiques avec une carte SIM pour moins de 500 $.

ACCESSIBILITÉ

Le Mexique est loin d'être le pays le mieux équipé en matière d'infrastructures adaptées pour les personnes à mobilité réduite, que ce soit pour les transports ou l'hébergement. A l'exception des grandes villes, les trottoirs sont souvent en mauvais état et présentent de nombreux obstacles aussi bien pour les personnes en fauteuil roulant que pour les poussettes. Les structures modernes font cependant des efforts depuis peu et de plus en plus d'hôtels, de restaurants, de boutiques et de sites touristiques disposent de rampes d'accès.

SANTÉ

Aucun vaccin n'est exigé pour les voyageurs venant de France et d'Europe ; cependant, en plus des vaccins universels qui doivent être à jour (tétanos, diphtérie, poliomyélite, hépatite B et coqueluche), il est fortement recommandé

de se faire vacciner contre l'hépatite A, la fièvre jaune et la typhoïde, notamment en cas de séjour prolongé ou dans des zones reculées.
Le principal problème de santé auquel vous risquez d'être confronté est la diarrhée du voyageur, ou la revanche de Montezuma (en référence au souverain aztèque Moctezuma II). Pour éviter d'attraper la *turista*, il est impératif de suivre quelques règles d'hygiène élémentaires : ne buvez pas l'eau du robinet, évitez les glaçons et les boissons coupées à l'eau. Si vous décidez de commander à manger dans les marchés ou dans la rue, sachez que la nourriture est rarement réfrigérée et que les légumes et crudités peuvent avoir été nettoyés avec une eau souillée. Veillez à ce que les plats soient bien cuits, en particulier la viande. Ce genre de problèmes est peu fréquent dans les établissements plus formels. Les moustiques peuvent également être porteurs de certaines maladies exotiques, notamment la dengue et, plus rarement, le paludisme, zika et le chikungunya. La prévention reste le meilleur moyen de se prémunir contre celles-ci, en utilisant un antimoustiques et en portant des vêtements couvrants dans les zones particulièrement à risque.

En cas de forte fièvre ou de maladie, consultez un médecin sans tarder. Autre réflexe à avoir : contacter le consulat de France (tél. +52 55 9171 9700). Il se chargera de vous aider, de vous accompagner et vous fournira la liste des médecins francophones dans la région où vous vous trouvez. En cas de problème grave, c'est aussi lui qui prévient la famille et qui décide du rapatriement. Pour connaître les urgences et établissements aux standards internationaux, consulter les sites www.diplomatie.gouv.fr et www.pasteur.fr.

URGENCES SUR PLACE

En cas d'urgence, peu importe la nature (accident, agression, incendie, blessure…), contactez le 911. C'est un numéro gratuit et accessible 24h/24 dans tout le pays.

SÉCURITÉ

Le Mexique est un pays violent, qui reste toutefois globalement sûr pour les visiteurs. La vague de violence liée aux cartels de la drogue et au contexte de répression sociale épargne généralement les touristes ; ni les criminels ni l'État ne souhaitent s'attirer trop de publicité. Cependant, les touristes peuvent être une proie facile, surtout dans le métro, les taxis ou les rues à la nuit tombée. Le risque le plus courant est de croiser la route d'un *pickpocket*. Dans la rue, les règles ordinaires de prudence s'imposent : ne pas exhiber son appareil photo, sa « banane » ou son portefeuille ; ne pas avoir trop de liquide sur soi et laisser sa carte bancaire en sécurité à l'hôtel. Bien qu'il touche rarement les touristes, le *secuestro exprés* est un phénomène qui reste relativement répandu au Mexique. Celui-ci se produit lorsqu'un voyageur monte sans le savoir dans un faux taxi et se fait emmener à un distributeur automatique où on lui demande de vider son compte en banque. Il arrive parfois que les criminels contactent la famille pour obtenir une rançon. Dans tous les cas, donnez toutes vos possessions et n'opposez aucune résistance. Pour éviter ce genre de désagréments, il est impératif de n'emprunter que des taxis officiels ou d'utiliser uniquement Uber.

Pour contacter la police en cas de problème, composez le 911.

LGBTQ

Le mariage homosexuel est autorisé dans la majorité des États au Mexique (20 l'autorisent depuis 2019). Toutefois, l'homosexualité reste un sujet tabou dans le pays et les actes de violence envers les couples homosexuels sont malheureusement répandus, en particulier en dehors des grandes villes et des stations balnéaires les plus touristiques. Il n'est pas conseillé de s'embrasser ou de se balader main dans la main en public.

AMBASSADE ET CONSULATS

Les ambassades de France (www.mx.ambafrance.org), de Belgique (www.mexico.diplomatie.belgium.be) et de Suisse (www.eda.admin.ch/mexico) sont situées à Mexico. La France dispose en outre de 17 agences consulaires au Mexique, dont vous trouverez la liste complète sur le site officiel de l'ambassade.

POSTE

La Poste, ou Oficina de Correos, est ouverte du lundi au vendredi à partir de 8h, et le samedi matin, mais ferme souvent tôt. Lente et peu efficace, elle fonctionne cependant un peu mieux dans le sens Mexique > Europe. Il faut compter environ deux à trois semaines pour la réception du courrier.

MÉDIAS LOCAUX

Télévision. Deux grandes entreprises possèdent et gèrent la plupart des chaînes de télévision au Mexique : Televisa et TV Azteca. Ce duopole joue le rôle de quatrième pouvoir au Mexique, favorisant ouvertement certains candidats en période électorale. La plupart des chaînes de télé sont dominées par la logique mercantile, leur objectif étant de générer un maximum de bénéfices à travers la publicité. Les émissions sont donc entrecoupées de centaines de publicités et n'ont aucune visée éducative ni informative. La programmation se compose principalement de matchs de football et de boxe, de films et de séries nord-américaines et de *telenovelas*.

La presse écrite mexicaine compte plus de 300 titres de journaux nationaux et locaux, dont la qualité informative est en règle générale bien meilleure que la télévision. L'essentiel des revenus des journaux provient de la publicité gouvernementale et beaucoup de quotidiens sont donc obligés de s'autocensurer pour obtenir les fonds dont ils ont besoin pour fonctionner. Les trois quotidiens nationaux les plus importants au Mexique sont *La Jornada* (www.jornada.com.mx) à la ligne éditoriale de gauche, *El Universal* (www.eluniversal.com.mx), plutôt centriste, et *Reforma* (www.reforma.com), plutôt de droite.

La radio est sans doute le support de communication le plus démocratique au Mexique, car il existe de nombreuses chaînes de radio communautaires et locales qui diffusent des informations indépendantes. L'une des émissions de radio les plus écoutées au niveau national est celle de Carmen Aristegui, qui diffuse depuis son propre portail web (aristeguinoticias.com) après avoir été licenciée pour avoir dénoncé un scandale de corruption impliquant l'ex-président Enrique Peña Nieto.
Il faut savoir qu'exercer le journalisme au Mexique est dangereux. Selon l'organisation Reporters sans frontières, le Mexique est le pays le plus meurtrier au monde pour les professionnels de la presse, après l'Afghanistan et la Syrie. Depuis 2006, plus de 150 journalistes y ont été tués et 99 % de ces crimes restent impunis.

LES PHRASES CLÉS

Bonjour, mon téléphone ne fonctionne pas, pouvez-vous m'aider s'il vous plait ?
Hola, mi teléfono no funciona, ¿puede ayudarme, por favor?

Je ne me sens pas bien, pouvez-vous m'amener à l'hôpital le plus proche ?
No me siento bien, ¿puede llevarme al hospital más cercano?

Est-ce que vous avez un médecin qui parle français ?
¿Hay un médico que hable francés?

Je viens de me faire voler mes papiers, où est le poste de Police le plus proche ?
Me acaban de robar la documentación, ¿dónde está la comisaría más cercana?

Est-ce un quartier dangereux ou je peux y aller sans crainte ?
¿Es un barrio peligroso o puedo ir allí sin problema?

Avez-vous des timbres pour une carte postale à envoyer en France ? C'est combien ?
¿Tienen sellos para enviar una postal a Francia? ¿Cuánto cuesta?

DÉCOUVRIR

Le Mexique est un pays aussi complexe que fascinant. Divisé en 32 Etats administratifs qui s'étendent sur une superficie de 1 964 375 km², partagé entre des traditions indigènes profondément ancrées et un héritage colonial très bien préservé, cet immense pays n'est pas des plus simples à apprivoiser. Plongez-vous dans les dossiers qui suivent pour vous familiariser avec le Mexique, son passé singulier, sa gastronomie, son mode de vie, son patrimoine culturel, son architecture ou encore son art et ceux qui sont les représentants les plus emblématiques de ce qu'on appelle parfois la « mexicanité ». A lire pour découvrir en profondeur ce pays aux nombreuses facettes et mieux comprendre ses habitants, illustres ou méconnus... Le voyageur curieux, celui qui cherche à aller au-delà des décors de carte postale, des soirées enivrantes et de la chaleur contagieuse des Mexicains, ne regrettera pas d'avoir entrepris cette démarche.

FRIDA KAHLO ET DIEGO RIVERA

Qui ne connaît pas Frida Kahlo, icône mexicaine célèbre pour ses autoportraits et ses peintures au style si particulier ? De son vivant, pourtant, l'artiste à la colonne vertébrale brisée était bien souvent éclipsée par Diego Rivera, son colosse de mari qui n'était autre que l'un des peintres mexicains les plus importants de son époque. Si Diego jouit très tôt d'une grande notoriété pour ses fresques murales épiques, Frida ne sera reconnue pour son art qu'à la fin de sa vie, et ne connaîtra véritablement la gloire qu'à titre posthume. Le couple d'artistes aux convictions socialistes mènera une vie tumultueuse, passionnante, ponctuée de rencontres avec Léon Trotski, André Breton, Henry Ford... Leur mariage sera marqué par les infidélités et la santé fragile de Frida, qui souffrira toute sa vie suite à un terrible accident dans sa jeunesse. Zoom sur ce couple hors norme, entre mexicanité, passion, art et révolution.

Frida et Diego, l'art de la révolution

Frida Kahlo voit le jour le 6 juillet 1907 à Coyoacán, quartier dans le sud de Mexico. Elle est la fille de Matilde Calderón, une métisse avec des origines indigènes et espagnoles, et de Guillermo Kahlo, un photographe allemand ayant émigré vers le Mexique en 1891. Dix-neuf ans la séparent de Diego Rivera, jeune peintre fraîchement diplômé de l'École Nationale des Beaux-Arts de San Carlos, où il s'est initié auprès de maîtres reconnus. L'année où Frida naît, Diego obtient une bourse d'État et s'envole pour l'Europe, où il passera la majeure partie des quatorze années à venir. Après des études en Espagne, il s'installera à Paris où il fréquentera un groupe d'artistes établis à Montmartre, dont Modigliani et Picasso. Pendant que le jeune Diego se confronte aux œuvres de ceux qui marqueront les siennes, la révolution éclate au Mexique. En 1910, Francisco Madero lance un appel à l'insurrection générale, inaugurant la révolution. Frida et sa famille assistent au soulèvement populaire contre Porfirio Díaz, qui gouverne le pays en dictateur depuis 1876, puis à l'arrivée en 1914 à Mexico des révolutionnaires Pancho Villa et Emiliano Zapata. Frida n'est alors qu'une enfant et Diego est en Europe, mais les deux artistes seront profondément marqués par cet événement et resteront sensibles à l'idéal de justice sociale tout au long de leur vie. Lorsque Diego rentre au Mexique en 1921, la lutte est terminée mais la révolution continue à transformer le pays. Frida, qui rêve de devenir docteur, intègre en 1922 la prestigieuse Escuela Nacional Preparatoria, où elles ne sont que 35 femmes. C'est ici qu'elle rencontre pour la première fois Diego, chargé de réaliser une fresque murale, *La Creación*, sur l'un des murs de l'école, sise dans l'Antiguo Colegio de San Ildefonso (p.126). Diego fait partie d'un groupe d'artistes révolutionnaires appelé El Sindicato Revolucionario de Obreros Técnicos, Pintores y Escultores et est l'un des chef de file du muralisme, aux côtés d'Alfredo Siquieros ou Gabriel Orozco. Soutenu par l'État mexicain, notamment par le ministre de l'Éducation José Vasconcelos, ce courant artistique est l'un des continuateurs de la révolution. Diego est invité à peindre les murs de bâtiments publics à travers toute la ville, comme la Secretaría de Educación pública (p.133). Il délaisse ce qu'il a appris en Europe pour explorer des concepts et des thèmes typiquement mexicains, devenant l'un des fondateurs de l'école mexicaine. Les œuvres des muralistes racontent l'humanité en marche et retracent la riche histoire du Mexique (comme au Palacio de Cortés (p.179) à Cuernavaca, ou au Palacio Nacional (p.136) avec son chef d'oeuvre *Epopeya del pueblo mexicano,* et bien plus tard son *Sueño de una tarde dominical en la Alameda central*, qui orne le Museo Mural de Diego Rivera (p.129)), des traditions indigènes jusqu'au soulèvement des classes ouvrières pendant la révolution, en mettant l'accent sur des populations et thèmes jusqu'ici délaissés par les artistes. Diego peint dans la capitale les fresques les plus emblématiques de son œuvre, bien qu'il se consacre aussi à développer une impressionnante collection d'œuvres de chevalet. Cette nouvelle voix authentiquement mexicaine qu'est le muralisme est favorable au socialisme. Diego rejoint d'ailleurs le parti communiste à son retour au Mexique.

La rencontre

En 1925, la vie de Frida bascule lorsqu'elle est victime d'un tragique accident de la route. Le bus qui la ramène chez elle après ses cours à la Escuela Nacional Preparatoria fait une embardée et percute un tramway. La collision fait plusieurs victimes et lui laisse des séquelles physiques irréversibles. Frida, qui souffre déjà d'un handicap à la jambe après avoir contracté la polio à 6 ans, échappe de peu à la mort. Sa colonne vertébrale, ses côtes et sa jambe sont brisées, sa cavité pelvienne est transpercée par une barre de métal. Elle apprend qu'elle ne pourra jamais avoir d'enfants à cause de son bassin, fracturé en trois endroits. Jusqu'à sa mort, la douleur fera partie de son quotidien et son état de santé n'ira qu'en se dégradant, malgré la trentaine d'opérations très lourdes qu'elle sera amenée à subir. Pendant les mois d'alitement qui suivent l'accident, Frida n'a pour objet de contemplation que son reflet, grâce au miroir que ses parents ont installé au-dessus de son lit, et le ciel dont elle aperçoit le bleu par la petite fenêtre de sa chambre. Elle commence à peindre des autoportraits, des portraits de ses proches et des natures mortes sur des toiles de petite taille, qui lui permettent de dessiner en position allongée. Après sa convalescence, lorsque sa santé lui permet à nouveau de sortir de la Casa Azul (p.146), la maison familiale de Coyoacán aujourd'hui transformée en musée, Frida constate que la renaissance artistique et culturelle enclenchée par la révolution de 1910 bat toujours son plein. Si le Mexique reste ancré dans la tradition, la capitale représente le progrès et la modernité. Mexico devient la Mecque des artistes et des réformateurs. À 21 ans, Frida s'entoure d'une communauté de marxistes, de communistes, d'anti-impérialistes, d'artistes, d'étudiants et d'exilés politiques. Elle rejoint la Ligue des jeunes communistes et découvre le plaisir du débat et des longues conversations sur l'art, la politique, la culture. C'est dans ce contexte qu'elle revoit Diego, devenu l'un des artistes les plus influents du Mexique. Frida lui montre ses peintures pour qu'il lui donne son avis, et Diego décèle immédiatement du talent chez cette jeune femme, dont les œuvres sont pourtant aux antipodes des siennes. Là où les fresques de Diego sont grandes, symboliques et portées par un souffle épique, les toiles de Frida sont intimes, personnelles et souvent très petites. La révision épique de l'histoire du Mexique n'intéresse pas Frida, dont les toiles représentent avant tout ses souvenirs d'enfance, ses proches, le folklore mexicain, et parfois des images catholiques. Très rapidement, le sentiment d'admiration mutuelle que se vouent le peintre accompli et l'artiste en herbe évolue en sentiment amoureux, et ils se marient en 1929. Leur alliance n'aura cependant rien de très traditionnel : outre leur différence d'âge, Diego collectionnera les liaisons dès la première année de mariage et Frida mènera elle aussi, un peu plus tard, une vie libertine. Malgré les infidélités et

© ARINA YASTREBOVA - SHUTTERSTOCK.COM

Portrait en hommage à Frida Kahlo.

les difficultés du couple, qui se séparera à plusieurs reprises, Frida et Diego ne pourront vivre l'un sans l'autre et resteront liés jusqu'à la mort.

De Rockefeller à Trotski

Tout au long des années 1920, la renommée de Diego grandit à mesure que ses fresques, commandes publiques, retracent l'histoire du peuple mexicain. Ce géant fabulateur aux proportions épiques s'intéresse tout d'abord au développement physique et matériel de l'homme, et aux effets du progrès technologique sur celui-ci. L'histoire et le futur de l'humanité le passionnent : la révolution industrielle pose la question de la relation entre l'homme et la machine, et la lutte des travailleurs devient pour lui un thème privilégié alors que se consolide le capitalisme. À partir de 1930, les cendres de la révolution sont froides et des mesures réactionnaires sont mises en place au Mexique. Les communistes sont jetés en prison, les socialistes sont mal vus, les artistes fuient. C'est le moment que choisissent Frida et Diego pour quitter le pays. L'idée de créer de l'art révolutionnaire au sein du royaume du capitalisme plaît beaucoup à Diego : il s'envole avec Frida pour les États-Unis, à San Francisco tout d'abord puis à Détroit, à l'invitation d'Henry Ford, où il peint une série de fresques sur le thème de l'industrie moderne. Le muraliste reçoit également une commande de la famille Rockefeller, cette dernière collaboration ne voyant finalement jamais le jour en raison de divergences idéologiques profondes. *El Hombre controlador del universo*, que l'on peut admirer au Palacio de Bellas Artes (p.131), est une reprise de cette fresque non achevée et détruite car elle représentait Lénine guidant une foule d'ouvriers.

© BONDROCKETIMAGES - SHUTTERSTOCK.COM

La Casa Azul.

En 1931, Diego est exposé au Musée d'Art Moderne de New York. Pendant ce temps-là, Frida, qui ne jouit d'aucune notoriété et ne se considère pas comme une artiste, subit l'une de ses nombreuses fausses couches. C'est ici, à Détroit, qu'elle découvre qu'elle peut utiliser la peinture comme un exutoire à sa douleur. Elle peint la toile *Henry Ford Hospital*, dans laquelle elle se représente sur un lit d'hôpital, se tenant le ventre et gisant dans des draps ensanglantés, son fœtus mort s'échappant d'elle par un fil rouge. Cette peinture est la première dans laquelle elle représente le sang, mais elle ne sera pas la dernière. Cet événement la traumatise et la transforme, d'un point de vue psychologique autant qu'artistique. Cette oeuvre fait partie de l'importante collection du **Musée Dolores Olmedo Patiño** (p.145) consacrée à ces deux artistes.

Frida prend son envol

De retour à Mexico, Frida et Diego s'installent à San Angel, dans une maison conçue par l'architecte Juan O'Gorman. La demeure, aujourd'hui transformée en **musée** (p.144), est composée de deux édifices reliés par une passerelle, l'un abritant les quartiers et le studio de Frida, et l'autre ceux de Diego. L'ambiance au sein du couple n'est pas au beau fixe, d'autant que Frida vient de vivre une énième fausse couche. Elle considère désormais que la fidélité est une vertu bourgeoise et elle mène, à l'instar de Diego, une vie très libertine. Pourtant, lorsqu'elle découvre qu'il entretient une liaison avec la plus jeune de ses sœurs, Cristina, elle ne le supporte pas. Elle quitte la demeure de San Angel pour s'installer, seule, dans un appartement de la capitale. Elle coupe ses longs cheveux habituellement ornés de fleurs et délaisse les vêtements mexicains traditionnels que Diego affectionne tant. Malgré les difficultés rencontrées par le couple, la séparation ne sera que de courte durée. Fin 1935, Frida est de retour au domicile conjugal. Réconciliés, Frida et Diego décident néanmoins d'un commun accord que leur relation ne peut pas être soumise aux contraintes traditionnelles du mariage. Cette même année, avec l'élection à la présidence du général Lázaro Cárdenas, le Mexique tourne la page du régime de répression de son prédécesseur et redevient un refuge pour les socialistes. Beaucoup voient le communisme comme un moyen de redonner du souffle aux réformes de la révolution. La maison de Diego et Frida devient un lieu de réunion d'une intelligentsia internationale qui pense que le Mexique va suivre le chemin de la Russie. De nombreux artistes de Mexico soutiennent les bolchéviques et rêvent d'un soulèvement contre les classes aisées. Diego joue de son influence pour convaincre le président Cárdenas d'accueillir Léon Trotski, qui obtient l'asile politique en 1937. Le révolutionnaire russe que Staline cherche à faire assassiner s'installe dans la Casa Azul aux côtés de Guillermo Kahlo, le père de Frida. Il y passera deux ans, avant que Frida n'entame une relation avec lui. Il s'installera ensuite dans une maison un peu plus loin, où il sera assassiné en 1940. À partir de 1937, Frida, qui avait arrêté de peindre depuis sa séparation avec Diego, se remet à la peinture. Elle réalise une douzaine de toiles, dont elle doute qu'elles puissent intéresser quiconque car elles traitent de thèmes qui lui sont personnels. Pourtant, poussée par Diego, elle envoie à la Galería de Arte quatre de ses peintures, dont *Mis abuelos, mis padres y yo*, qui sont exposées dans le cadre d'une exposition consacrée à plusieurs artistes. Les retours sont positifs et les œuvres de Frida se font remarquer par Julien Levy, un marchand d'art américain. Enthousiasmé, Levy lui propose d'exposer certaines de ses œuvres dans sa galerie new-yorkaise, ce qu'elle accepte immédiatement.

Paris et les surréalistes

Le talent de Frida est ensuite remarqué par André Breton, le pape du surréalisme venu à Mexico avec sa femme pour rencontrer Trotski. Il qualifie ses œuvres de surréalistes, ce qu'elle réfutera toute sa vie. En réalité, le style de peinture de Frida Kahlo est assez difficile à définir. Elle mélange plusieurs styles pour peindre sa réalité et s'intéresse à des thèmes souvent délaissés par les artistes. Elle représente l'intime, la souffrance et peint parfois de manière très crue, très anatomique, avec néanmoins une dimension onirique. Sur les 143 tableaux qu'elle a réalisés, 55 la représentent. Peu à peu, celle qui a si longtemps vécu dans l'ombre du grand Diego Rivera s'émancipe et s'affirme dans ses peintures comme dans sa vie de femme. Frida retourne à New York, sans Diego cette fois, pour assister à l'exposition de ses œuvres dans la galerie de Julien Levy, puis est invitée à Paris par Breton. Elle est traitée comme une artiste à part entière et, bien qu'elle ne les supporte pas, elle fréquente les surréalistes qui, selon elle, passent des heures à refaire le monde dans des cafés. À Paris, partout où elle se rend, elle devient le centre de l'attention, avec ses robes traditionnelles de Tehuana et ses bijoux imposants. Dix-sept de ses œuvres sont exposées dans le cadre d'une exposition sur le Mexique, dans la galerie surréaliste Pierre Cole. Seule une de ses toiles trouve preneur : le Louvre lui achète *El Marco*, un autoportrait qui devient la première peinture mexicaine d'art contemporain du musée. Épuisée par son séjour en France et par ses nombreux voyages, qui nuisent à sa santé déjà fragile, Frida retourne au Mexique en 1939. Sa relation avec Diego se détériore, à tel point que celui-ci finit par demander le divorce. Frida en souffre et peint beaucoup, notamment son tableau *Les deux Frida*, visible au Museo de Arte Moderno (p.137). Mais les deux artistes ne resteront pas séparés très longtemps : l'année suivante, Diego accepte une nouvelle fois d'épouser Frida, à condition que les relations intimes soient exclues du mariage et que Frida paye la moitié des frais du couple. En 1941, après la mort de Guillermo Kahlo, Frida et Diego s'installent dans la Casa Azul. Bien loin de trouver l'apaisement, le couple traverse une nouvelle crise quelques années plus tard, lorsque Diego souhaite la quitter pour s'installer avec l'actrice Maria Felix, dont il se dit fou amoureux. En 1949, il la représente dans une peinture, *La Doña Maria Felix*, dans laquelle elle apparaît très peu vêtue. Hors d'elle, Frida prévient la presse, et le public mexicain, très à cheval sur les valeurs catholiques, se range immédiatement de son côté. Pour sauver sa carrière, Maria Felix met un terme à son histoire avec Diego, qui restera finalement aux côtés de Frida.

Viva la Vida

À partir de 1950, la santé de Frida décline à une vitesse alarmante. Elle souffre énormément et sombre dans la dépression. Dans un petit carnet, elle partage ses émotions, dessine des croquis et écrit des poèmes pour Diego. Cette année-là, elle subit sept opérations à la colonne vertébrale, porte d'encombrants corsets en métal et passe la majeure partie de son temps alitée. Elle peindra une quinzaine de peintures en l'espace de deux ans, principalement des natures mortes de fruits et légumes qu'elle arrange sur sa table de chevet. La voyant proche de la mort, son amie Lola Alvarez Bravo décide d'organiser une exposition pour honorer ses œuvres à la Galería de Arte Contemporáneo. Artiste reconnue aux États-Unis et en Europe, Frida n'a jamais eu le droit à une exposition solo dans son propre pays. L'exposition en son honneur a lieu du 13 au 27 avril 1953. Son médecin la dit trop faible pour y assister, mais Frida insiste : son lit est installé au milieu de la galerie et on l'y emmène sur un brancard le soir de l'ouverture. Sa présence fait forte impression et, pour beaucoup, Frida fait elle-même partie de l'exposition. Les derniers mois de la vie de l'artiste n'ont rien de très réjouissant : amputée du pied droit à cause de la gangrène, accro aux antidouleurs et à l'alcool, elle est emportée par une pneumonie le 16 juillet 1954, à l'âge de 47 ans, dans la maison qui l'a vue naître. Diego est à ses côtés. Le dernier tableau de Frida représente des pastèques découpées et porte l'inscription « Viva la vida ». En 1957, Diego peindra lui aussi son dernier tableau, quelques mois avant sa mort. Il l'appellera *Las Sandías* (*Les Pastèques*). L'influence de Frida Kahlo n'a cessé de gagner du terrain après sa mort. À travers les années, elle est passée du statut d'artiste méconnue à celui de trésor national, pour devenir l'un des personnages clés de la pop-culture, une source d'inspiration dans le monde de la mode et une icône féministe récupérée par les médias, jusqu'à éclipser Diego Rivera, son géant de mari à jamais dans son ombre.

GÉOGRAPHIE

Grand comme près de 4 fois la France, le Mexique est un pays de montagnes, traversé par la Sierra Madre (occidentale et orientale) et perforé de nombreux volcans. Ce vaste territoire, dont la forme rappelle celle d'une corne d'abondance, offre une grande richesse de paysages et déborde de merveilles géologiques. C'est une terre de contrastes au relief accidenté, où les sommets volcaniques parmi les plus hauts d'Amérique du Nord côtoient de spectaculaires canyons et de vastes plateaux. Mais c'est aussi, sur les côtes, un pays profondément tropical. Le Mexique partage ses frontières avec trois pays et est baigné par des océans – l'océan Pacifique à l'ouest et l'océan Atlantique à l'est. Scindé en deux par le tropique du Cancer et d'une superficie de 1 964 375 km² (ce qui en fait le cinquième plus grand pays du continent américain), le Mexique fait d'une certaine manière le lien entre l'Amérique du Nord et l'Amérique Centrale.

Un pays de contrastes

Le Mexique partage ses frontières avec trois pays : sa frontière nord avec les États-Unis est de 3 152 km, dont 2 493 correspondent au cours du fleuve Bravo, ou río Grande, de Ciudad Juárez jusqu'au golfe du Mexique. La frontière sud, limitée par le Belize et le Guatemala, s'étend sur 1 149 km dont 85 km correspondent au fleuve Suchiate, et 300 km aux fleuves Chixoy et Usumacinta. Le Mexique baigne dans les eaux de l'océan Pacifique et du golfe du Mexique à l'ouest, et de la mer de Caraïbes et du golfe de Californie à l'est. Grâce à cette situation géographique particulière, le pays possède 9 219 km de côtes (6 608 km côté Pacifique et 2 611 km côté Atlantique). Ses frontières maritimes sont, par conséquent, plus importantes que ses frontières terrestres. Au Mexique, le voyageur est confronté à une grande variété de paysages, entre les plaines verdoyantes des côtes ; le nord sec et rocheux où le visiteur peut admirer les époustouflantes gorges des Barrancas del Cobre et les paysages lunaires de la réserve du Pinacate, dans le désert de Sonora ; le Sud, luxuriant et humide, avec ses forêts tropicales qui abritent des milliers d'espèces d'animaux ; et le centre, tempéré ou froid selon l'altitude, qui donne à voir les sommets les plus hauts du pays.

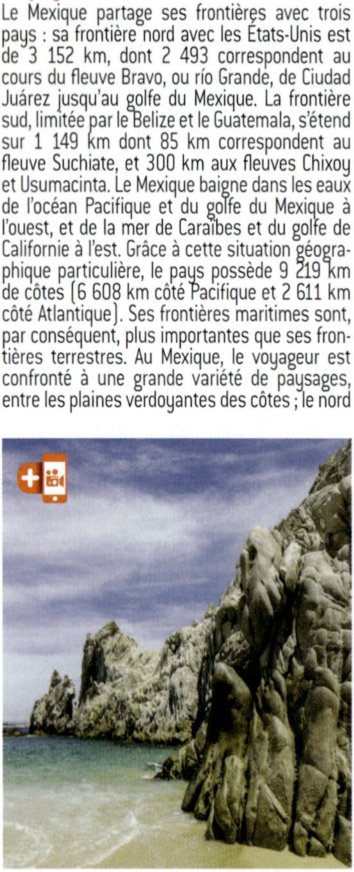
© DAVIDWITTHAUS - ISTOCKPHOTO.COM

Paysage de Cabo San Lucas.

Un relief accidenté

À peine 32 % de la superficie du Mexique se situe à moins de 500 m, 37 % entre 1 000 et 2 000 m, et 42 % au-dessus de 2 000 m. Trois grandes chaînes de montagnes, la Sierra Madre orientale (où se trouve Pico de Orizaba, le point culminant du pays), la Sierra Madre occidentale (qui abrite le lac de Chapala, le plus vaste du Mexique), et la Sierra Madre del Sur divisent le pays parallèlement aux deux océans. Ce relief montagneux est composé de volcans, dont certains sont encore en activité. Des rivières s'écoulent dans ces montagnes et viennent alimenter les forêts qui recouvrent 33 % du territoire mexicain, le long des côtes et dans le sud, sur la péninsule du Yucatán. Ces chaînes de montagnes convergent vers le centre du territoire et entoure le plateau mexicain, qui occupe une gigantesque superficie de 601 882 km² et abrite notamment Mexico D.F. Celle-ci se situe à environ 2 300 mètres d'altitude, ce qui en fait l'une des capitales les plus élevées au monde. Bâtie sur le lit d'un ancien lac salé, Mexico D.F. s'enfonce inexorablement dans le sol, à raison de 50 cm par an. Son affaissement irréversible est précipité par le pompage intensif des nappes souterraines afin d'alimenter la ville en eau potable.

Une terre sismique et volcanique

Le Mexique fait partie de la ceinture de feu du Pacifique, vaste zone correspondant au pourtour de l'océan Pacifique qui concentre les trois quarts des volcans de la planète et où se

© JEJIM - SHUTTERSTOCK.COM

Barrancas del Cobre.

produit la vaste majorité des séismes. Le pays appartient à la plaque tectonique nord-américaine, sous laquelle s'enfonce la plaque océanique de Cocos, formant ainsi une zone de subduction. Lorsque ces morceaux de croûtes terrestres se déplacent, grincent, se frottent et se chevauchent, on assiste à des tremblements de terre. La rencontre entre les plaques tectoniques entraîne en outre des éruptions volcaniques parfois dévastatrices. Le Mexique abrite 44 volcans, dont la plupart culminent à plus de 4 500 m d'altitude. Le Nevado de Toluca, situé au sud-ouest de Mexico D.F., s'élève à 4 583 m. L'Iztaccíhuatl (« la femme endormie »), au sud-est du Distrito Fédéral, atteint les 5 286 m. Le plus connu, le Popocatépetl, la montagne fumante, situé près du précédent, culmine à 5 452 m. Enfin, le plus haut volcan du pays, le Pico de Orizaba, à mi-chemin entre Puebla et Veracruz, ne passe pas inaperçu avec ses 5 636 m d'altitude. Au même titre que les secousses sismiques, les phénomènes volcaniques représentent une menace constante pour le pays. En 1943, un nouveau volcan est né dans l'État du Michoacán : le Paricutín. Après avoir déversé pendant près de dix ans de la lave sur les villages environnants, il n'a laissé du passé qu'un clocher d'église émergé d'un océan noir. Le Paricutín est l'un des volcans les plus récents de la planète. Si les coulées de lave sont l'élément le plus redouté des phénomènes volcaniques, il arrive aussi que leur réveil provoque des tremblements de terre. C'est ce qui se passa en 1973 dans l'État de Colima, lors d'un sursaut du Nevado de Colima et du Volcán de Fuego.

Merveilles naturelles du Mexique

Le Mexique est un pays fascinant, qui déborde de curiosités géologiques. Les cénotes, bien connus des touristes qui envahissent chaque année la péninsule du Yucatán pour s'y baigner, sont l'une des singularités géologiques les plus emblématiques du pays. Ces puits naturels d'eau douce formés par l'effet de l'érosion peuvent atteindre plusieurs mètres de profondeur. Ils abritent tout un écosystème et offrent un accès à un réseau aquatique souterrain qui débouche sur l'océan. Les cénotes ne se trouvent que dans quelques endroits de la planète, et la péninsule du Yucatán est la région au monde qui en abrite le plus : quelque 5 000 cénotes ont été cartographiés, mais les images satellites indiquent que la péninsule pourrait en abriter près de 10 000. La péninsule du Yucatán abrite également le cratère de Chicxulub, qui s'est formé il y a environ 66 millions d'années suite à la collision d'un astéroïde de 10 km de diamètre avec la Terre. Cet impact est vraisemblablement à l'origine d'un phénomène d'extinction de masse et de la disparition des dinosaures. Autre curiosité géologique, cette fois-ci dans l'État du Chihuahua, au nord du Mexique : les cristaux de sélénite de la mine Naica, considérée comme l'une des plus belles merveilles souterraines de la planète. Située à 1 000 mètres sous terre, cette mine de plomb, d'argent et de zinc abrite des cristaux de gypse pouvant mesurer jusqu'à 11 mètres ! Les conditions de températures (pouvant atteindre 58 °C) et d'humidité (jusqu'à 99 %) ont rendu possible la formation de ces cristaux. Enfin, la ville d'Aquismón, dans l'État de San Luis Potosí au centre du Mexique, renferme la cavité naturelle de Sótano de las Golondrinas, ou gouffre des hirondelles. Ce lieu est bien connu des adeptes du base jump, qui aiment se jeter de son point le plus haut pour dévaler ses 350 mètres de profondeur.

NATURE

Grâce à la variété de son climat et de son relief, le Mexique est doté d'une biodiversité exceptionnelle. Il est le foyer de 10 à 12 % de la biodiversité mondiale, ce qui en fait un pays mégadivers, où la majorité des espèces animales et végétales de la planète sont représentées. Pour protéger son incroyable biodiversité, le Mexique possède de gigantesques réserves de biosphères : on dénombre dans le pays 181 zones naturelles protégées qui couvrent au total une superficie de 21 millions d'hectares sur la terre ferme. Certains problèmes compliquent cependant la protection de la faune et de la flore. Avec l'augmentation de la population, qui atteint déjà les 120 millions, la croissance rapide de l'économie, la surexploitation des ressources naturelles et la pression de plus en plus grande qui pèse sur l'environnement, le pays doit encore relever le défi de la préservation de ses écosystèmes et de la biodiversité qu'ils renferment.

Une biodiversité exceptionnelle

La position géographique du Mexique, zone charnière entre les régions tropicales du sud et celles tempérées du nord, en fait un pays unique au monde. Sans parler de l'influence des deux grands océans, et de son relief, entre plaines côtières et chaînes montagneuses qui dépassent les 5 000 mètres d'altitude. Au total, le pays est l'habitat de plus de 33 000 espèces de plantes ou de fleurs, dont 1 000 sortes de cactus et autant d'orchidées, plus de 2 900 espèces de vertébrés dont 520 de mammifères, plus de 1 400 espèces d'oiseaux parmi lesquelles 50 espèces de colibris. Le Mexique abrite une douzaine d'écosystèmes végétaux différents, 58 types de végétation – soit bien plus qu'États-Unis et Canada réunis – et un bon nombre d'espèces endémiques qu'on ne trouve nulle part ailleurs sur la planète. C'est le cas du marsouin du Pacifique, du loup du Mexique, du jaguar de Chiapas ou encore de l'Amazone du Yucatán, au magnifique plumage vert. Parmi les autres espèces que l'on peut observer au gré de ses explorations au sein des zones naturelles, on peut citer de manière non exhaustive :

Amazone du Yucatán.

- **Les iguanes, crotales et scorpions** cohabitant avec les rongeurs et les coyotes sur les hauts plateaux désertiques et semi-désertiques du Nord. La réserve de Janos, dans l'État du Chihuahua, donne à voir quant à elle des troupeaux de bisons et d'antilopes d'Amérique.
- **De grands troupeaux de cervidés** sont à observer dans le nord, en Basse-Californie, en particulier dans le parc national de San Pedro Mártir . Pour les ours noirs, les jaguars et les perroquets à front brun, c'est dans la réserve des Cumbres de Monterrey qu'il faut se rendre.
- **Tatous et lièvres** peuplent les versants des montagnes du Centre et de l'Est, tandis que les pumas et les mouflons préfèrent les hauteurs peu accessibles, dont le ciel est dominé par l'aigle, symbole du pays. On peut entendre le coyote et le loup hurler le soir sur les hauteurs reculées de la Sierra Madre occidentale.
- **Les cervidés des hautes terres** se trouvent aussi dans les brousses tropicales de la Péninsule du Yucatán, dont le ciel des lagunes côtières se remplit de grands vols de hérons bleus, de flamants roses et des cigognes ; dans les lagunes et rivières s'ébattent des caïmans et des tortues. La forêt tropicale humide bruisse d'une grande variété d'oiseaux, de singes (essentiellement hurleurs et araignées), de tapirs et de fourmiliers, de reptiles et d'insectes. Le jaguar et le quetzal, deux animaux mythiques pour les civilisations précolombiennes, se font rares, mais sont encore présents dans les forêts du Chiapas et de Campeche, et certaines zones de la Huasteca Potosina ou de la sierra Gorda de Querétaro.
- **Les baleines** sont à observer dans l'océan Pacifique. Chaque année, au mois d'octobre, baleines grises, bleues et à bosses redescendent

© GUMMYBONE - ISTOCKPHOTO.COM

Singe araignée.

le long de la côte et peuvent être observées de la Basse-Californie jusqu'à l'État de Oaxaca. La réserve de Vizcaíno, en Basse-Californie, est un sanctuaire pour les baleines. Toute l'année, dauphins, tortues et raies mantas peuvent accompagner vos balades en bateau dans le Pacifique. Le golfe de Californie est aussi le territoire des cachalots, orques et requins-baleines et est, au même titre que la mer des Caraïbes, un véritable aquarium de poissons multicolores.

Côté flore, le Mexique est là aussi particulièrement riche. La plante vedette du pays, le cactus, est présente en abondance dans les zones désertiques et semi-désertiques du Nord et du Centre, ainsi que dans les régions peu irriguées des hauts plateaux, notamment l'État de Oaxaca. Là-bas, un autre succulent foisonne : l'agave, à partir de laquelle sont produits le mezcal et la tequila. Le Sud et les régions côtières sont quant à eux recouverts de forêts tropicales, de mangrove et de marécages. Y poussent une grande quantité de fruits tropicaux, tels que les mangues, les pastèques, les ananas et les litchis. Les zones plus tempérées du Centre, notamment dans la Sierre Madre occidentale et la Sierra Madre Orientale, sont recouvertes de forêts de chênes et de conifères. Sur les hauteurs, prospèrent une cinquantaine de variétés de pins.

Les plus belles réserves naturelles du pays

Au Mexique, le voyageur amoureux de nature sera époustouflé par la richesse de la faune et la flore sauvages. Partout où vous irez, vous serez confronté à des écosystèmes variés, entre les déserts du nord, les jungles et forêts tropicales du sud et des franges côtières et les zones de culture du centre montagneux, sans parler des écosystèmes océaniques.

Parmi les zones naturelles les plus spectaculaires du Mexique, citons la Réserve de Montes Azules au Chiapas qui renferme la biodiversité tropicale la plus riche du pays : elle occupe seulement 0,16 % du territoire national, mais compte près de 20 % de sa biodiversité. Ses rivières et lagunes grouillent de poissons et d'amphibiens, et dans ses forêts vivent certaines espèces en voie de disparition, dont le jaguar et le tapir.

Au Quintana Roo se trouve l'île de Cozumel et le Parc national Arrecifes de Cozumel, dont l'exceptionnel écosystème océanique renferme plus de 1 000 espèces marines et un magnifique récif corallien que l'on peut admirer en faisant de la plongée ou du snorkeling. L'État du Yucatán n'est pas en reste, avec la biosphère de Río Lagartos où, parmi les nombreuses espèces d'oiseaux, vous croiserez la vedette du coin : le flamant rose des Caraïbes, qui évolue dans son environnement naturel et qui vient ici construire son nid au printemps. C'est aussi la zone d'habitat de certains mammifères en danger d'extinction, tels que le singe-araignée et le tamanoir. Bien qu'extraordinairement riche, la péninsule du Yucatán est cependant loin de renfermer toutes les merveilles naturelles du Mexique.

Dans l'Etat de Coahuila, la Réserve de Cuatro Ciénegas accueille une centaine d'espèces animales et végétales endémiques. La réserve est malheureusement en danger à cause de l'exploitation de son système hydraulique. À Nayarit, se trouve le Parc national d'Islas Marietas, composé de deux îles et deux îlots inhabités qui renferment un écosystème marin et une faune terrestre très riche. On pourra y apercevoir de nombreux oiseaux migrateurs, mais aussi des orques, des baleines et, sous l'océan, des milliers de poissons et mollusques.

© TETIANA TUCHYK - SHUTTERSTOCK.COM

Le cactus est très répandu au Mexique.

Côté insectes, c'est dans le Michoacán que ça se passe ! La réserve de la biosphère de Maripose Monarca s'étend sur une gigantesque forêt de conifères dans laquelle des papillons monarques viennent se reproduire. Ils sont quelques centaines de millions à recouvrir les arbres et, lorsqu'ils prennent leur envol, le ciel se remplit de leur belle couleur orange. C'est un spectacle enchanteur que l'on peut observer chaque année entre octobre et avril. Enfin, dans le Sanctuaire des Lucioles de Tlaxcala, on peut admirer l'un des rares insectes qui, avec le papillon, ne fait peur à personne ! À la tombée de la nuit, on contemple en effet le ballet lumineux de milliers de lucioles qui viennent se reproduire entre juin et août dans cette forêt de conifères. La plupart de ces réserves naturelles sont ouvertes au public et, si l'on est accompagné d'un guide, on pourra y voir de nombreuses espèces animales.

Les défis de la protection de la faune et la flore

Malgré la création de zones protégées, la protection d'animaux en danger d'extinction et la mise en place de législations par le gouvernement, on ne peut pas dire que le Mexique se montre véritablement à la hauteur pour ce qui est de la préservation de ses sanctuaires naturels. Actuellement, 33 % des espèces d'oiseaux et 55 % des espèces de mammifères recensées au Mexique se trouvent menacées, comme l'aigle Arpia, le faucon pèlerin, le quetzal, le loup gris mexicain, le lamantin, le singe araignée, et le jaguar. La faune marine est également menacée du fait de la pêche non réglementée et de la pollution liée aux activités touristiques. Même les reptiles, qui ont pourtant su traverser les millénaires (ce sont les espèces les plus vieilles de la terre), figurent sur la liste des animaux en danger d'extinction. La surexploitation touristique et la pollution engendrée par celle-ci sont parmi les facteurs qui mettent en danger la faune et la flore du Mexique. Le gouvernement tente de contrôler l'afflux de visiteurs en interdisant l'accès à certains sites ou en le contrôlant, mais les mesures appliquées sont rarement suffisantes. Les grands complexes hôteliers sont toujours plus nombreux, en particulier sur les côtes où les sites naturels paradisiaques attirent les voyageurs du monde entier, et polluent les océans et les cours d'eau qui les entourent. La déforestation est également un problème majeur dans le pays, et est l'une des conséquences de l'avarice des industriels et de l'Etat. En 2010, près de 50 millions d'hectares, soit 26 % du Mexique, étaient occupés par des forêts. Dix ans plus tard, on constate une perte de près de 300 hectares de forêt sur l'ensemble du territoire. Malheureusement, un grand nombre de zones naturelles se situent sur des terres de propriété privée, appartenant parfois à des populations en situation de pauvreté qui ont besoin de l'artisanat du bois pour survivre. L'agriculture intensive, notamment la culture de l'avocat, fait aussi des ravages environnementaux. La culture des avocatiers est extrêmement gourmande en eau, les agriculteurs sont ainsi contraints d'avoir recours à une irrigation massive. Le Mexique est, en outre, l'un des pays à utiliser les plus fortes concentrations de pesticides au monde. Certes, des projets visant à préserver la biodiversité sont timidement et peu à peu mis en place par l'Etat mexicain, avec l'aide de certaines associations écologiques internationales telles que la WWF. Mais la protection de l'environnement représente un coût important, et le Mexique ne se donne pas réellement les moyens financiers, ni humains, d'y parvenir.

CLIMAT

Scindé en deux par le Tropique du Cancer, le Mexique est un pays riche de transitions et de contrastes. C'est ici que se trouve la deuxième région la plus aride du continent (après le désert de l'Atacama, au Chili) : le désert de Altar, dans le Sonora, reçoit annuellement moins de 100 mm de précipitations ; mais c'est aussi là que se situe la région la plus pluvieuse : au nord de la ligne équatoriale, dans le bassin de Grijalva à Usumacinte, qui reçoit, elle, plus de 5 m de précipitations annuelles. Du fait des différences de latitude et altitude, il existe une grande variété de microclimats au Mexique. Néanmoins, on distingue trois grands ensembles naturels : le Sud, et les franges côtières, tropical humide ; le Nord semi-aride, chaud et sec ; et le Centre montagneux et volcanique, doux ou frais selon l'altitude. Les régions des deux côtes sont par ailleurs susceptibles d'être balayées par des ouragans et des tempêtes tropicales.

La météo au fil des mois

Le climat du Mexique offre de très bonnes conditions pour une visite durant toute l'année, quelle que soit la saison. Ce pays offre une grande diversité de climats, avec des températures moyennes qui restent toutefois clémentes. L'altitude, la latitude, l'éloignement de l'océan et la situation des montagnes par rapport aux vents dominants sont autant de facteurs qui expliquent que différents types de climats cohabitent dans ce vaste pays. Les zones tropicales se trouvent au sud (toute la région maya), sur les côtes du Pacifique et celles du golfe du Mexique. Toute la partie centrale du pays est en haute altitude, donc plus fraîche en soirée et la nuit. Le nord est semi-désertique et désertique, chaud et sec. Partout, les journées sont tempérées ou chaudes selon la saison, en raison d'un soleil omniprésent. Au Mexique, le passage des saisons n'est pas aussi marqué que dans les autres régions du monde ; 93 % du territoire national connaît des températures qui oscillent entre 10 et 26 °C. En hiver, la température baisse presque partout, mais il ne fait réellement froid que dans certaines régions montagneuses. En fait, comme dans beaucoup de pays tropicaux, on fait surtout la distinction entre la saison sèche, qui s'étend de novembre à mai, et la saison des pluies, qui s'étend de juin à septembre. Durant la saison des pluies, il pleut très fort presque partout dans le pays, mais il s'agit généralement d'averses relativement courtes, qui durent au maximum une demi-journée. On peut donc visiter le Mexique en toutes saisons, les climats étant relativement différents d'une région à l'autre, mais les périodes les plus prisées vont de janvier à mai et d'octobre à la mi-décembre. Par contre, si vous partez au Mexique dans le seul but de bronzer sur la plage, il est bon de savoir que le pays est vulnérable aux aléas cycloniques de juillet à octobre. Pendant cette saison, les ouragans peuvent se montrer dévastateurs, particulièrement sur la côte du Golfe du Mexique.

Le Sud tropical humide

Les zones de climat tropical recouvrent les États de Campeche, Yucatán et Quintana Roo, qui constituent la péninsule du Yucatán ; les plaines du Chiapas à la frontière avec le Guatemala ; et l'isthme de Tehuantepec, constitué de la partie la plus étroite entre le Golfe du Mexique et l'océan Pacifique. Cette région baigne dans un climat chaud et humide toute l'année, avec des températures supérieures à 17 °C même les matins d'hiver. Selon la classification climatique de Köppen, la plus grande partie de la péninsule du Yucatán possède les caractéristiques d'un climat « tropical de savane », avec deux saisons – sèche et humide – bien marquées. Il faut s'attendre à un hiver relativement sec, malgré le vent frais venant du nord, et à de fortes précipitations pendant la saison des pluies, qui apporte chaque année son lot de tempêtes tropicales.

Caïque à capuchon sous une pluie tropicale.

© IREN KEY - SHUTTERSTOCK.COM

Tempête tropicale dans le Golfe du Mexique.

Le climat est plutôt uniforme sur l'ensemble des trois États mexicains de la péninsule. Quelques variations cependant, entre le littoral donnant sur le golfe du Mexique (États de Campeche et Yucatán), et la côte orientale, donnant sur la mer des Caraïbes (Quintana Roo). On peut partir à la découverte de la péninsule à n'importe quelle époque de l'année, mais certains mois seront à éviter si l'on craint la chaleur. La saison des pluies et certaines époques sujettes à d'éventuelles tempêtes tropicales seront aussi à prendre en compte dans la planification d'un séjour. Quant aux plaines de Chiapas, à l'État de Tabasco et au sud-est d'Oaxaca, ils bénéficient d'un climat tropical humide ; les pluies y sont abondantes toute l'année. Il n'y a pas vraiment de saison sèche dans cette région, il est donc préférable de glisser un k-way dans votre valise, quelle que soit la période de votre visite.

Le Centre montagneux

Le Mexique est un pays montagneux : 42 % de sa superficie est située au-dessus de 2 000 mètres. Dans le centre du pays, les variations de température sont dues à l'altitude. Les zones tempérées, ou *Tierra Templada*, se trouvent à une altitude supérieure à 800 mètres et jusqu'à environ 2 000 mètres. La plupart des fermes se trouvent dans cette région, ainsi que l'une des plus grosses villes du pays, Guadalajara. Mexico D.F., l'immense capitale, se trouve sur un plateau dont l'altitude moyenne est de 2 400 mètres. Elle jouit d'un climat subtropical, avec des températures agréables toute l'année. En hiver, elles oscillent entre 6 °C la nuit et 21 °C la journée. Les températures augmentent progressivement au printemps, pour ne dépasser que rarement les 27 °C, puis diminuent de nouveau à partir de juin, lorsque la saison des pluies commence. Jusqu'en octobre, il faut s'attendre à de fortes précipitations, qui surviennent le plus souvent l'après-midi et ne durent que quelques heures. Techniquement, Mexico D.F. fait partie de la *Tierra Fría*, ces terres froides qui se trouvent à plus de 1 800 m d'altitude. Encore plus haut, à partir de 3 600, ce sont les terres gelées, *Tierra Helada*. Ici, rien ne pousse, les montagnes sont couvertes de neige tout au long de l'année. Dans ces terres hostiles, on observe un grand écart de température entre le jour et la nuit.

Le Nord semi-aride

Une vaste zone aride et semi-aride recouvre le nord du territoire mexicain sur plus de 1 million de km², entre le tropique du Cancer et la frontière avec le voisin états-unien. On distingue deux grands déserts dans cette région : le désert de Sonora à l'ouest, qui occupe une partie de l'État de Sonora et l'essentiel de la péninsule de Basse-Californie ; et le désert de Chihuahua, le plus vaste d'Amérique du Nord qui s'étend jusqu'à l'État de Zacatecas, traversé par le Tropique du Cancer. Tous deux se trouvent à cheval sur les États-Unis et le Mexique. Dans cette région, le climat est chaud et sec toute l'année, même s'il varie en fonction de la latitude. La péninsule de Basse-Californie et la Sierra Madre Occidentale traversent une période de mousson plus ou moins intense de juillet à octobre. Dans ces régions qui connaissent des précipitations pendant les mois d'été, le climat n'est pas désertique, mais semi-aride. Le climat du nord du Mexique est peu propice à l'agriculture ; peu de gens vivent dans ces régions, la majeure partie de la population étant installée dans les zones tempérées du centre.

ENVIRONNEMENT

Le Mexique présente une grande variété d'écosystèmes. Haut lieu de la biodiversité, il accueille 10 % des différentes espèces de la planète. Ses ressources naturelles (eau, forêts, métaux précieux, pétrole) font l'objet d'une exploitation qui a largement contribué à la dégradation des milieux et au déclin de la biodiversité. La monoculture industrielle d'avocat s'est faite au prix d'une déforestation massive et d'un usage important de pesticides, tandis que la privatisation de l'eau a aggravé le stress hydrique du territoire. Le pays semble cependant s'être engagé dans la voie de la transition écologique. Treizième émetteur de gaz à effet de serre au monde, il s'est fixé en 2012 l'objectif de réduire 50 % de ses émissions de gaz à effet de serre en 2050 (par rapport au niveau de 1990). En 2020 le pays a également annoncé l'interdiction du glyphosate et des OGM d'ici 2023. La gestion des déchets et de l'eau demeure une problématique importante dans le pays.

Parcs nationaux

Le Mexique compte plus de 66 aires protégées (réserves naturelles, parcs nationaux), qui entendent concilier préservation des milieux et tourisme. Cependant le commerce illicite d'animaux est toujours présent dans un pays qui manque de moyens pour protéger sa biodiversité. Le pays a également réintroduit deux troupeaux de bisons américains, en 2014 et 2020 (Coahuila et Chihuahua), afin de reconstituer l'écosystème présent un siècle auparavant.

On citera parmi les parcs nationaux les plus emblématiques :

- **Parc national de la cascade de Basaseachi** : situé dans le Chihuahua, il préserve la cascade éponyme, d'une hauteur de près de 250 mètres, son profond canyon et sa riche biodiversité.
- **Parc national Cumbres de Monterrey** : situé dans le Nuevo León, il protège les écosystèmes de la Sierra Madre Orientale, longue chaîne de montagne, et ses paysages somptueux, qui raviront les randonneurs.
- **Parc national de la Sierra de Órganos** : situé dans le Zacatecas, il est réputé pour sa géologie mais aussi la variété de ses écosystèmes et de ses paysages.
- **Parc national de la Lagunes de Chacahua** : situé dans l'Oaxaca, et classé site RAMSAR (zone humide remarquable), il préserve des écosystèmes fragiles, tels que des mangroves, et constitue un habitat pour de nombreuses espèces d'oiseaux. Il est accessible par bateau.
- **Parc national du Canyon du Sumidero** : situé dans le Chiapas, il a été également désigné comme site RAMSAR. Il préserve des paysages à couper le souffle et recèle une biodiversité remarquable.
- **Parc national Arrecife Alacránes :** situé dans le Yucatán, et inscrit au patrimoine mondial de l'Unesco, il protège le plus vaste récif corallien du golfe du Mexique. L'une des îles constituant le parc est accessible par bateau et il est possible d'y faire du snorkeling.

Vers la transition agro-écologique

Premier producteur mondial d'avocat, l'« or vert » est exploité à un prix environnemental élevé, celui d'une déforestation massive, et souvent clandestine, contribuant à l'érosion de la biodiversité, la surconsommation d'eau et l'épandage de pesticides. Les monocultures – avec l'aide du changement climatique - ont contribué à la dissémination de pathogènes, comme le champignon responsable de la rouille du café (qui a conduit à la destruction d'environ 70 % des récoltes en 2014 dans le pays), et à l'assèchement du lac Chapala exposé aux prélèvements agricoles et pollutions. Le pays a cependant décidé de changer d'orientation. Des pratiques agro-écologiques se développent et la production biologique y est en forte croissance. Après s'être lancé dans la réduction de l'usage des pesticides, un décret présidentiel paru en 2020 interdit l'utilisation du glyphosate et le maïs OGM au plus tard en 2023. Pour être suivi d'effets durables, ce décret devra toutefois être accompagné de moyens et de mesures permettant cette transition dans les délais impartis.

Déforestation

La déforestation qui a débuté pour la construction des bateaux au XVIIIe siècle, puis la création du chemin de fer au siècle suivant, est aujourd'hui principalement liée à l'agriculture, à l'élevage et au développement urbain, mais aussi aux coupes illégales. Face à ce constat, des initiatives existent. Ainsi l'ONG Nukuch Kaax développe-t-elle des projets d'agroforesterie au Yucatán. La gestion forestière communautaire mise en place à Ixtlán de Juárez (Oaxaca), sous l'impulsion des indiens zapotèques, constitue un exemple probant de pratique soutenable.

© ESDELVAL - SHUTTERSTOCK.COM

Parc national de la cascade de Basaseachi.

La question cruciale de l'eau

La gestion de l'eau, aux mains des entreprises, participe à la surconsommation de la ressource, dans un pays déjà soumis au stress hydrique. Parmi les gros consommateurs on trouve Coca-Cola, qui a acquis le droit d'exploiter 50 nappes d'eau mais aussi les industries minières, gazières et pétrolières et ce, alors même que 9 millions d'habitants n'ont pas accès à l'eau potable.

A Mexico, les pénuries en eau sont récurrentes et les habitants doivent dans certains quartiers être approvisionnés par camions. Autre impact notable, la sécheresse contribuerait à la déstabilisation des fondations mêmes de la ville. A cela s'ajoute la problématique de pollution des eaux, agricoles, industrielles mais aussi domestiques, en l'absence de systèmes de traitement des eaux résiduaires. En 2015, le Mexique comptait 9 millions d'habitants non reliés à un système d'assainissement. La question du traitement de l'eau est indissociable de celles des déchets, dans un pays qui figure comme l'un des premiers consommateurs d'eau et de Coca-Cola en bouteille plastique, et où le traitement des déchets est encore insuffisant. Quant aux industries (pétrole, mines), elles ne sont pas exemptes de pollutions des milieux aqueux, à l'image du déversement accidentel de 40 000 m^3 d'acide sulfurique dans le fleuve Sonora survenu en 2014, issu d'une activité minière.

Face au changement climatique

Les effets du changement climatique sont déjà palpables et multiformes dans le pays. Il se traduit à la fois par une plus grande fréquence et une intensité des événements extrêmes (inondations, ouragans, sécheresses) mais aussi par la montée des eaux, qui pourraient submerger le littoral et entraîner la migration d'espèces. Face au changement climatique, le Mexique a promulgué en 2012 une loi climat, qui, si elle fixe des objectifs de réduction de ses gaz à effet de serre, ne permettra pas d'atteindre la neutralité carbone d'ici 2050 afin de contenir le réchauffement climatique en deçà de +2 °C.

Voyager autrement

Le tourisme de masse a un impact environnemental. Il génère une artificialisation des sols et une fragmentation des milieux naturels via l'urbanisation quasi continue du littoral, notamment entre Cancún et Tulum. On estime ainsi que les complexes hôteliers sont responsables de près de 95 % des eaux résiduaires à Cancún où les installations sont insuffisantes pour traiter quantitativement et qualitativement ces effluents avant rejet dans le milieu naturel, en l'occurrence l'océan. Ce tourisme conduit également à une surexploitation des ressources, notamment halieutiques. D'autres formes de tourisme - et d'habiter le monde - existent, plus sobres et plus authentiques. Pour aller plus loin : www.tourisme-durable.org/bonnes-pratiques.

HISTOIRE

L'histoire du Mexique est fascinante. Elle commence il y a quelques millénaires, avec l'arrivée de peuplades nomades venues d'Asie, puis la naissance de grandes civilisations méso-américaines : olmèque, maya, toltèque et aztèque, parmi tant d'autres. Un monde de rituels, d'invasions, d'architecture, d'astronomie… Puis débarquent les conquistadors, emmenés par un certain Hernán Cortés qui soumettra l'empire aztèque en cinq ans. Les trois siècles de la période coloniale peuvent se résumer en trois mots : évangélisation, pillage et métissage. Le XIXe siècle, par indépendance, guerres civiles et interventionnisme du voisin étasunien et... de la France ! La célèbre révolution mexicaine marque le début du XXe, avec des personnages hauts en couleur comme Pancho Villa ou Emiliano Zapata. L'époque contemporaine voit s'installer un parti unique au pouvoir jusqu'en 2000 et l'impuissance d'un État corrompu face à des cartels devenus incontrôlables.

30 000-16 000 AV. J.-C.

Les premiers peuples d'Amérique

Durant la dernière ère glaciaire, des *Homo sapiens* traversent la Béringie qui reliait la Sibérie et l'Alaska. La date d'arrivée des premiers groupes humains sur le continent est régulièrement débattue au gré des découvertes. En 2007, des archéologues trouvent le plus vieux squelette humain du continent, dans une grotte sous-marine près de Tulum (*Hoyo Negro*, Sac Actun). Naia aurait 12 000 à 13 000 ans. L'analyse ADN des ossements confirme que les descendants des Indigènes actuels sont bien arrivés d'Asie.

7000-2500 AV. J.-C.

La « domestication » du maïs

Les tribus nomades se dédiaient à la chasse, à la pêche et à la cueillette. La découverte de la culture de la courge, du haricot, du piment, et surtout du maïs, va favoriser l'organisation de sociétés plus sédentarisées, prémices des civilisations méso-américaines.

2500-500 AV. J.-C.

Les Olmèques

Du développement des échanges entre sociétés sédentarisées va naître la première civilisation du continent, celle des Olmèques. Apparue sur le littoral du golfe du Mexique, à San Lorenzo (Veracruz) et La Venta (Tabasco), elle va s'étendre jusqu'à des régions lointaines : Tlatilco (Mexico), Chacatzingo (Morelos) et sur la côte pacifique. Cette civilisation aux sculptures de têtes colossales et énigmatiques, va disparaître cinq siècles avant notre ère. Son organisation théocratique, ses rituels et le culte du jaguar, la construction de sanctuaires, ses glyphes et son calendrier basé sur la connaissance des astres, vont grandement influencer les civilisations ultérieures.

© ZBIQ - SHUTTERSTOCK.COM

Statue Olmèque.

DÉCOUVRIR

500 AV. J.-C.- 200 AP. J.-C.

L'architecture, la sculpture, la céramique, ou l'astronomie, vont évoluer avec l'apparition de royaumes régionaux. La cité antique de Monte Albán sera le cœur de la civilisation zapotèque qui s'épanouira dans la vallée d'Oaxaca. Cuicuilco deviendra le centre civil et religieux le plus important du haut plateau mexicain. Au sud, les Mayas édifient de grandes cités (Nakbé, El Mirador...), avec d'imposantes pyramides.

200-650

Teotihuacán, la cité des Dieux

Teotihuacán s'impose comme le centre politico-religieux de la région centrale. La cité prospère grâce à l'exploitation de l'obsidienne, une roche volcanique qui servait à la fabrication d'armes et d'outils tranchants. A son apogée, Teotihuacan est l'une des villes les plus peuplées au monde, avec plus de 150 000 habitants. Les Pyramides du Soleil et de la Lune, le Temple de Quetzalcóatl et la Chaussée des Morts, vont marquer l'histoire urbanistique de la Mésoamérique.

© BENEDEK

Pyramides de Teotihuacan.

650

La destruction de Teotihuacán et le déclin de cette civilisation correspondent à la période de l'apogée maya (classique récent 600-900 après J.-C.).

900-1200

L'empire toltèque

La civilisation toltèque se développe autour de Tula, dans la vallée de Mexico. Ces « maîtres bâtisseurs » construisent des édifices à l'architecture majestueuse. Les Toltèques vénèrent les éléments dans une conception de type chamanique, mais Quetzalcoatl, le « Serpent à plumes » reste la divinité centrale. La civilisation toltèque va s'étendre du sud maya jusqu'au nord chichimèque. La destruction de Tula en 1168 marque le début de son déclin.

1325

Fondation de Mexico-Tenochtitlan

Guidés par Huitzolopotchtli, le dieu de la Guerre et du Soleil, les Aztèques (ou Mexicas), peuple nahua venu du Nord, fondent Mexico-Tenochtitlan sur une île du lac Texcoco. La ville est quadrillée autour du Templo Mayor, pyramide dédiée à Huitzolopotchtli et à Tlaloc (Dieu de la pluie). Dans ce milieu lacustre, on cultive maïs, haricot, courge, amarante, chia...

1426-1521

L'Empire aztèque

Tenochtitlan s'allie avec les cités voisines de Texcoco et Tlacopan, pour former la Triple Alliance et conquérir de grands territoires, notamment sous le règne de Moctezuma. Le seul empire à pouvoir rivaliser est celui des Tarasques de Michoacán, dans la région occidentale. La société est organisée en castes, séparant les gens du commun (paysans, artisans, commerçants), des nobles et prêtres, qui gèrent les tâches de gouvernance et les cérémonies religieuses. On recourt aux sacrifices humains pour calmer la colère de dieux avides de sang. Les peuples soumis devaient fournir des vies humaines et une kyrielle de tributs (coton, textile, plumes de quetzal…).

LA CIVILISATION MAYA

NAISSANCE, APOGÉE ET DÉCLIN

Depuis leurs découvertes au XIXe siècle, les grandes cités mayas n'ont cessé d'intriguer les hommes. Cette civilisation était l'une des plus brillantes de son temps, les Mayas connaissaient mieux que personne les astres et avaient inventé des systèmes de calcul et d'écriture parmi les plus sophistiqués de l'histoire de l'humanité ; sans parler de ces immenses pyramides édifiées sans l'usage de la roue ou du métal ! La civilisation maya empreinte de mystères, fascine et continue d'interroger, à commencer par les raisons de son déclin.

L'émergence de la civilisation maya

Vers 2000 av. J.-C., l'agriculture primitive (maïs, courge, haricot, piment) a favorisé la sédentarisation et les échanges. De grandes avancées techniques et culturelles apparaissent : écriture en glyphes, calendrier maya, voûte en encorbellement… Les premières villes sont bâties au préclassique moyen (1000-350 av. J.-C.). Nakbé, El Mirador et Tikal, dans la région de l'actuel Petén, puis Kaminaljuyú dans les hautes terres, Chocolá et Takalik Abaj sur la côte pacifique, et Komchén et Dzibilchaltún dans la péninsule du Yucatán. La culture maya se disperse sur un tiers du territoire méso-américain, dans les actuels Mexique, Guatemala, Belize, Honduras et Salvador.

L'âge d'or

Les cités s'embellissent au cours de l'époque dite classique (250-900 apr. J.-C.). Il n'y a pas de capitale maya, mais une multitude de cités-États, chacune soumise au pouvoir d'un souverain (*halach uinic*) qui agissait au nom d'une divinité particulière. La société était très hiérarchisée : la classe dirigeante incluait les prêtres, les chefs militaires et les fonctionnaires chargés de collecter le tribut auprès des cités soumises, puis venaient les commerçants et artisans, les paysans, et enfin les esclaves et prisonniers de guerre. Le VIIe siècle est celui de l'apogée de Palenque, Yaxchilan, Tikal et Calakmul. Les édifices sacrés sont construits en harmonie avec les cycles solaires et astronomiques, et sont ornés de motifs géométriques et d'inscriptions datées. Sur les murs des temples et palais, sculptures et peintures narrent l'histoire des dynasties, qui sont aussi racontées en glyphes sur des stèles ou des feuilles en *amatl* (les fameux codex). Au début du millénaire, une partie des populations mayas abandonnent les cités des Basses-Terres du sud pour le nord de la péninsule du Yucatán. La région est contrôlée par les Itzaes, Tutul Xiúes et Cocomes, dont les cités respectives, Chichén Itzá, Uxmal et Mayapán, s'unissent en 1007 dans la « Ligue de Mayapán ». Chichén Itzá refondée vers l'an 1000 incorpore des éléments toltèques de Tula : portiques, piliers sculptés, *chac-mool*, et la représentation du Serpent à plumes, appelé ici Kukultán. Mais comme les autres, Chichén Itzá va décliner à la fin du XIIe siècle, après la guerre contre Mayapán. Cette dernière sera, elle, abandonnée après un soulèvement vers 1450.

Le déclin de la civilisation maya classique

À la différence des Aztèques, les conquistadors ne sont pour rien dans la disparition des grandes cités mayas, puisqu'elles ont été abandonnées bien avant leur arrivée ! Par contre, les colons et missionnaires de l'époque, fidèles à leur délicatesse habituelle, ont brûlé les documents écrits qui auraient pu expliquer ce déclin, les codex (seuls quatre ont été sauvés). La disparition des cités mayas suscite toujours des doutes. Les chercheurs ont néanmoins apporté quelques pistes. Le premier facteur probable est une guerre généralisée, avec des conflits toujours plus violents à la fin du classique (800-900 apr. J.-C.). Les archéologues ont noté que les cités étaient beaucoup plus fortifiées à cette période. Copán est en guerre avec Quiriguá, Tikal avec Calakmul, Palenque avec Toniná… Les prisonniers servent d'esclaves, ou sont sacrifiés lors de cérémonies rituelles très imaginatives. Si l'hypothèse d'un cataclysme climatique est généralement écartée, la pression humaine sur l'environnement semble être la principale raison de l'effondrement des grandes cités. La surpopulation a entraîné une surexploitation des sols, et donc leur appauvrissement, puis des famines et des guerres pour s'accaparer les ressources... La déforestation pour obtenir des terres cultivables, mais aussi pour produire le stuc (qui servait à blanchir les temples et chemins), a également dû jouer sur la baisse des précipitations et les longues sécheresses constatées à cette époque via l'analyse des stalagmites. C'est donc probablement une combinaison d'une crise écologique et de la guerre qui explique l'abandon des cités mayas par leurs habitants partis dans les campagnes.

1511

Deux destins opposés

Une chaloupe de naufragés espagnols s'échoue dans la péninsule du Yucatán. Deux d'entre eux ne sont pas massacrés par les Mayas : Gonzalo Guerrero et Gerónimo de Aguilar. Le premier épousera une Indigène et luttera plus tard contre les Espagnols aux côtés des Mayas. Le second s'échappera en 1519 pour rejoindre l'équipage de Cortés, devenant son interprète de la langue maya.

1517-1518

Premières explorations

L'expédition de Francisco Hernández de Córdoba, partie de Cuba, explore la péninsule du Yucatán : Isla Mujeres, Punta Catoche, Can Pech... L'année suivante, Juan de Grijalva débarque à Cozumel, Zamná (Tulum) et dans la Baie de l'Assomption. Il rapporte de l'or et une grande nouvelle : un empire dans les hauts plateaux abriterait d'innombrables trésors...

1519

L'expédition d'Hernán Cortés

Hernán Cortés quitte Cuba à la tête de cinq vaisseaux. Cet aventurier de 33 ans va transformer une mission d'exploration en véritable entreprise de conquête. A l'embouchure du río Grijalva, les Espagnols affrontent les Indiens maya-chontales. Vaincus, ces derniers remettent aux Espagnols bijoux, tissus, peaux de jaguar... et vingt femmes esclaves nahuas. Cortés choisit Malintzin (ou Malinche). La jeune femme qui parle nahuatl, maya et bientôt l'espagnol, devient l'interprète de Cortés et sa conseillère de guerre. Cortés comprend vite qu'il peut jouer des divisions entre les peuples indigènes, dont beaucoup voudraient se défaire de l'emprise aztèque.

AOÛT-NOVEMBRE 1519

Rencontre entre deux mondes

En août, Cortés quitte la côte pour Tenochtitlan. L'expédition de 400 fantassins et 15 cavaliers dispose d'un armement limité. Mais le bruit de tonnerre de l'artillerie et des trompettes, les armures en métal brillant sous le soleil, et les chevaux (animaux inconnus dans ces terres), vont terrifier les Indiens qui voient se confirmer une prophétie : le retour de Quetzalcóatl sous les traits d'un homme blanc et barbu. Les conquistadors sont accueillis sans animosité à Tenochtitlan par l'empereur Moctezuma II.

30 JUIN 1520

La Noche Triste

Une révolte indigène qui fait suite à la tuerie d'une partie de l'élite aztèque par les Espagnols, oblige ces derniers à fuir dans la nuit la capitale aztèque, en concédant de lourdes pertes.

Illustration de La Noche Triste.

30 MAI-13 AOÛT 1521

Le siège de Tenochtitlan

Avec l'aide des Tlaxcaltèques et de renforts espagnols, Cortés organise le blocus de Tenochtitlan. Des brigantins quadrillent le lac pour empêcher tout ravitaillement de la cité. La famine a raison de la résistance aztèque en quelques semaines. Le reste de l'Empire aztèque est écrasé en cinq ans.

1521-XVIᴱ SIÈCLE

De la conquête à la colonisation

Cortés fonde Mexico à l'emplacement de la cité aztèque. Le système de l'*encomienda* est mis en place, offrant aux colons une main-d'œuvre servile en contrepartie d'un devoir d'évangélisation. Les Indiens sont convertis de force au catholicisme, nouvelle arme d'acculturation massive. Un système de castes est établi : au sommet, les Espagnols « péninsulaires », puis les « créoles » (Espagnols nés en Amérique) suivis des métisses, et enfin des indigènes et des esclaves africains.

1523

Les premiers moines franciscains arrivent d'Espagne pour évangéliser les Indiens.

1527-1535

Les Mayas de la péninsule du Yucatán résistent avec succès aux différentes tentatives de conquêtes de Francisco de Montejo.

1535

Création de la vice-royauté de Nouvelle-Espagne

La Nouvelle-Espagne s'étend du sud des Etats-Unis actuels jusqu'au sud du Costa Rica. Sa capitale est Mexico.

1590-1650

Esclavage

Les esclaves africains sont amenés par centaines de milliers pour remplacer les 25 millions d'indigènes décimés en moins d'un siècle par la variole et d'autres virus, apportés par les Européens sur le continent.

1683

Des pirates hollandais pillent les cargaisons d'argent du port de Veracruz destinées à l'Espagne. A l'époque la Nouvelle-Espagne est le premier producteur d'argent au monde.

1734-1737

Révolte des Pericúes

Ces indigènes nomades de Basse-Californie du Sud s'attaquent durant trois ans à plusieurs missions religieuses.

1761

Révolte de Cisteil

Rébellion maya menée par Jacinto Canek dans la péninsule du Yucatán. Torturé puis exécuté, Canek est toujours considéré comme un héros maya.

1759-1788

Réformes du roi Bourbon Charles III pour développer l'économie coloniale, afin d'accroître ses recettes fiscales et contenir le pouvoir grandissant des élites créoles.

1808

Poussées indépendantistes

Napoléon envahit l'Espagne. Le roi Ferdinand VII est destitué et remplacé par Joseph Bonaparte. La Nouvelle-Espagne reste fidèle à Ferdinand VII, mais certains créoles influencés par l'indépendance américaine (1776) aspirent à la propre indépendance du Mexique.

16 SEPTEMBRE 1810

« El Grito de Dolores »

Les « conspirateurs de Querétaro » préparent un soulèvement qui débute le 16 septembre : le curé Hidalgo sonne les cloches de l'église de la ville de Dolores et lance : « *Vive la Vierge de Guadalupe ! Vive Ferdinand VII ! A mort le mauvais gouvernement !* ». Dans son « Cri de Dolores », Hidalgo fait référence à Ferdinand VII uniquement dans le but de rallier le peuple à sa cause finale, l'indépendance.

© BPPERRY - ISTOCKPHOTO.COM

Statue de Miguel Hildalgo à Mexico.

1811-1820

La guerre d'indépendance

La guerre d'indépendance mobilise les masses métisses et indiennes face aux troupes royalistes. Les massacres ont lieu des deux côtés. Les principaux leaders à l'origine de l'insurrection sont maîtrisés et fusillés, Hidalgo est même décapité et sa tête exposée pour l'exemple. Le mouvement poursuit malgré tout sa lutte dans une guerre de guérillas, emmenée par deux chefs emblématiques : Guadalupe Victoria et Vicente Guerrero. Au bout de quelques années, les insurgés ne font plus le poids face à l'armée espagnole. Ils perdent par ailleurs le soutien des élites créoles, lassées par cette longue guerre civile.

24 FÉVRIER 1821

Le plan d'Iguala

En décembre 1820, lors de ce qui s'annonçait comme l'ultime bataille d'anéantissement des troupes de Guerrero, à Oaxaca, le général créole Agustín de Iturbide décide de se joindre à la cause rebelle, mais en leur imposant sa propre conception de l'indépendance, avec trois principes : l'indépendance, la religion catholique comme unique religion du pays, et l'égalité sociale entre Espagnols et créoles. Une indépendance basée en partie sur le modèle colonial, avec un poids de l'Église important, mais sans l'Espagne. Le « plan d'Iguala » est accepté par les rebelles. De là va naître l'Armée des Trois Garanties (pour les trois principes) emmenée par Iturbe.

27 SEPTEMBRE 1821

Proclamation de l'indépendance

Après d'impressionnantes démonstrations de force de l'Armée des Trois Garanties, le Vice-roi de la Nouvelle-Espagne, Juan O'Donojú, se soumet au retrait des troupes espagnoles en septembre. L'indépendance du Mexique est proclamée le 27 septembre et une junte emmenée par Iturbe est créée pour diriger le pays.

1822-1823

De l'Empire à la République

En mai 1822, le Congrès nomme Agustín de Iturbide à la tête de l'Empire mexicain. Mais l'empereur Agustín Ier doit abdiquer quelques mois plus tard face à une révolte de l'armée.

4 OCTOBRE 1824

Première Constitution du Mexique, qui devient une République fédérale.

1836

Avec la Constitution de 1835, les États fédérés deviennent de simples départements. Face au centralisme, le Texas, peuplé à 85 % de colons américains, déclare son indépendance.

AVRIL 1838 - MARS 1839

La Guerre des Pâtisseries

Dans les années 1830, beaucoup de commerces d'étrangers sont pillés. L'attaque d'une pâtisserie française en 1832 provoque un conflit inattendu entre la France et le Mexique, appelé « *Guerra de los Pasteles* ». Pour obliger le Mexique à indemniser son ressortissant, la marine française bloque le port de Veracruz durant 11 mois avec quelques combats.

1841-1843 ET 1846-1848

Indépendances éphémères du Yucatán

La Yucatán prend son indépendance avec l'appui des États-Unis à deux reprises.

1846-1848

Guerre américano-mexicaine

L'annexion du Texas par les États-Unis en 1845 déclenche la guerre américano-mexicaine, perdue par le Mexique qui cède la moitié de son territoire par le traité Guadalupe-Hidalgo de 1848.

1857-1861

La Guerre de Réforme

La constitution de 1857 et les réformes libérales provoquent la révolte des conservateurs soutenus par l'Église. Après la victoire libérale, le président Benito Juárez nationalise les biens du clergé.

1861-1867

L'Expédition du Mexique

Napoléon III envahit le Mexique et instaure en 1864 le Second Empire mexicain. L'objectif est d'installer sur le continent un contrepoids politique à l'impérialisme nord-américain, libéral et protestant. Maximilien de Habsbourg est proclamé empereur, mais les forces républicaines de Benito Juárez résistent. La pression des États-Unis fait fuir les troupes françaises et l'empire tombe peu après. Maximilien est fusillé.

1868-1872

La République de Benito Juárez

Benito Juárez est réélu président de la République en 1868, puis en 1871 jusqu'à sa mort en 1872, mandats sous lesquels il consolide le système d'éducation publique et laïque.

1876-1911

Le Porfiriato

Le général Porfirio Díaz prend le pouvoir en 1876 par un coup d'État. Il va le conserver pendant 35 ans. Après des décennies d'instabilité, les Mexicains aspirent à la devise « paix, ordre et progrès » du régime porfiriste, un pouvoir centralisé et quasi patriarcal. Le pays se modernise, mais la politique agraire se fait au détriment des petits paysans dépossédés de leurs terres. 12 millions d'entre eux iront travailler dans quelques centaines d'*haciendas,* comme ouvriers agricoles, dans des conditions de quasi-servage. Révoltes et grèves sont réprimées dans le sang.

1910

L'appel à l'insurrection de Madero

Le libéral Francisco Madero élabore le Plan de San Luis Potosi, un manifeste qui clame la redistribution foncière et appelle au soulèvement contre la dictature porfiriste.

1911

Les débuts de la révolution

La révolution éclate. Elle fera deux millions de morts en dix ans. Des chefs révolutionnaires apparaissent, comme l'ancien bandit Francisco « Pancho » Villa, qui s'empare de Ciudad Juárez. Le mouvement s'étend. Porfirio Díaz démissionne et s'exile à Paris. Madero, élu président, démobilise les forces révolutionnaires. Mais la redistribution foncière promise tarde à venir. Emiliano Zapata, chef révolutionnaire de l'État de Morelos, lance le « Plan de Ayala » qui réclame la restitution immédiate des terres aux paysans spoliés.

9-18 FÉVRIER 1913

La Décade tragique

Lors d'une attaque du Palais présidentiel, le général Victoriano Huerta censé protéger le président Madero le fait arrêter, puis fusiller. Il fait de même avec le vice-président, Pino Suárez, et s'autoproclame président.

1914-1916

Guerres fratricides

La révolution reprend de plus belle. Les troupes de Huerta sont débordées face aux attaques de Pancho Villa, Álvaro Obregón, Venustiano Carranza et Emiliano Zapata. Mais des divisions apparaissent entre les révolutionnaires qui finissent par s'affronter dans des combats sanglants.

1916

Pancho Villa attaque la ville de Columbus (États-Unis) pour se venger du soutien des Nord-Américains aux troupes de Carranza et Obregón. C'est la dernière attaque militaire que les États-Unis ont vécue à l'intérieur de leurs frontières continentales.

1917

La constitution de 1917

Carranza fait adopter une nouvelle constitution qui instaure un État fédéral, laïc et anticlérical, et annonce des réformes agraire et sociales. Carranza est élu président en mai.

1919

Emiliano Zapata est assassiné sur ordre du président Carranza.

1920

Le président Carranza est assassiné par les hommes du général Herrera, proche d'Obregón.

1920-1924

Le président Obregón procède à la redistribution des terres tant attendue.

1923

Pancho Villa est assassiné alors qu'il avait officiellement renoncé à la lutte armée.

1924

Le président Plutarco Calles, qui succède à Obregón, poursuit les réformes sociales et anticléricales.

1926-1929 — **Guerre des Cristeros**
Les réformes anticléricales déclenchent la révolte de l'Église catholique. Une guerre civile éclate entre les « *Cristeros* » et l'État. Elle fera 240 000 morts en trois ans, dont 150 000 civils. Un accord de paix est obtenu en 1929 grâce à l'entremise des États-Unis.

1928 — Tout juste réélu, Obregón est assassiné par un militant catholique.

1929 — Fondation du Parti national révolutionnaire, qui devient en 1946 le Parti révolutionnaire institutionnel. Le PRI va dominer sans partage la vie politique mexicaine durant sept décennies.

1934-1940 — Sous le mandat de Lázaro Cárdenas, les conditions de vie s'améliorent, notamment la santé et l'éducation. Les relations avec l'Église s'apaisent et le pays se modernise.

1940 — **Léon Trotski assassiné à Mexico**
Exilé politique au Mexique depuis 1936, Trotski est assassiné sur ordre de Staline par un communiste espagnol infiltré dans son cercle le plus proche.

1942 — **Seconde Guerre mondiale**
Après le torpillage de deux pétroliers mexicains par des sous-marins allemands, le Mexique entre en guerre aux côtés des Alliés. Ses forces aériennes interviennent durant la Guerre du Pacifique.

1945-1970 — La croissance économique et le niveau de vie augmentent, mais le PRI reste peu enclin à l'ouverture politique. Le clientélisme et la corruption maintiennent son emprise sur la société mexicaine.

2 OCTOBRE 1968 — **Massacre de Tlatelolco**
Massacre de centaines d'étudiants qui manifestaient sur la place des Trois Cultures. Dix jours plus tard, s'ouvrent les Jeux Olympiques de Mexico.

10 JUIN 1971 — **Massacre de Corpus Christi**
Nouveau bain de sang : 120 étudiants manifestants sont massacrés par un groupe paramilitaire, devant des forces antiémeutes restées passives.

19 SEPTEMBRE 1985 — **Tremblement de terre de Mexico**
Mexico est secoué par un violent séisme de magnitude 8,2 sur l'échelle de Richter. Énormes dégâts, plus de 10 000 morts et 50 000 blessés.

1986 — **Mexico 86**
16 ans après la coupe du monde de football Mexico 1970, où le Brésil de Pelé s'était imposé, c'est l'Argentine cette fois qui remporte la Copa. La « Main de Dieu » de Maradona, en quart de finale contre l'Angleterre, va marquer l'histoire !

1988-1994

Le PRI passe à droite

Politique néolibérale et clientéliste du président Carlos Salinas, avec des privatisations massives. Les membres les plus à gauche du PRI fondent en 1989 le Parti de la Révolution Démocratique (PRD). Mais le recours à la fraude électorale et aux assassinats politiques (notamment le candidat présidentiel Luis Colosio en 1994) maintient le PRI au pouvoir.

1994

ALENA et EZLN

L'accord de libre-échange entre le Canada, les États-Unis et le Mexique, entre en vigueur le 1er janvier. Le même jour, l'Armée zapatiste de libération nationale (EZLN) se soulève dans le Chiapas pour dénoncer les conditions de vie des indigènes et la politique néolibérale du PRI. La guérilla du sous-commandant Marcos devient un symbole de la lutte altermondialiste. Une guerre de basse intensité se poursuit les années suivantes, avec notamment le Massacre d'Acteal en 1997, où 45 Indiens sont assassinés par des groupes paramilitaires à la solde du gouvernement.

1997

Le PRI perd la majorité absolue à l'Assemblée. Cuauhtémoc Cardenas (PRD) remporte la mairie de Mexico.

2000

Vicente Fox du Parti Action Nationale (PAN), à droite, est élu président. Première élection présidentielle perdue par le PRI en 70 ans.

FÉVRIER-MARS 2001

Marche zapatiste du Chiapas, jusqu'au Congrès de Mexico.

2006

La guerre contre les cartels

Felipe Calderón (PAN) remporte la présidence avec 0,7 % de voix de plus qu'Andrés Manuel López Obrador (PRD). Mexico est paralysé durant 48 jours jusqu'au recomptage des voix. Calderón déclare la guerre au crime organisé. L'armée est envoyée dans les rues et des moyens considérables sont employés contre les barons de la drogue. Mais la situation empire, institutions et forces de sécurité étant profondément infiltrées.

2012

Durant le mandat présidentiel d'Enrique Peña Nieto (PRI), le pays aux mains des cartels devient toujours plus violent et la corruption explose.

2014

Arrestation d'« El Chapo »

La personne la plus recherchée au monde par le FBI et Interpol, Joaquin « El Chapo » Guzmán, chef du cartel de Sinaloa, est arrêté en février.

26-27 SEPTEMBRE 2014

Les « 43 » d'Ayotzinapa

À Iguala (Guerrero), les forces de police et l'armée font disparaître par un cartel 43 étudiants de l'école normale rurale de Ayotzinapa, qui voyageaient en bus. La version officielle est rejetée par les enquêtes indépendantes qui concluent que la police et le gouvernement sont directement impliqués dans cette affaire politico-mafieuse qui symbolise l'impunité et la collusion entre les institutions et le crime organisé.

11 JUILLET 2015

Évasion d'« El Chapo »

Déjà auteur d'une évasion rocambolesque en 2001, « El Chapo » s'évade par un tunnel partant de sa cellule ! Recapturé en janvier 2016, Guzmán est extradé aux États-Unis où il est condamné et emprisonné à vie.

7 ET 9 SEPTEMBRE 2017

La terre tremble

Deux séismes de 8,2 et 7,1 sur l'échelle de Richter font des centaines de morts dans les États de Chiapas, Oaxaca, Morelos et Puebla.

1ER JUILLET 2018

Élection d'AMLO

L'ancien maire de Mexico (2000-2005), Andrés Manuel López Obrador, candidat d'une coalition de partis de gauche (dont Morena qu'il a créé), remporte les élections présidentielles avec 53 % des voix, un record. La coalition obtient également une large majorité au Congrès et aux élections locales.

DÉCEMBRE 2018-2020

AMLO prend des mesures radicales d'austérité dans la vie publique, dont les fonds sont destinés à financer des programmes sociaux, hausse sensible du salaire minimum, lutte contre la corruption… Son approche dans la lutte contre le crime organisé n'a pas le succès espéré, la violence reste plus forte que jamais.

28 FÉVRIER 2020

Premier cas de covid-19 enregistré au Mexique.

9 MARS 2020

Un jour sans les femmes

22 millions de Mexicaines délaissent la rue, les bureaux et commerces, dans une « grève générale des femmes » pour dénoncer les violences et l'attentisme du gouvernement face à une vague record de féminicides.

1ER JUILLET 2020

ACEUM

Entrée en vigueur de l'Accord Canada–États-Unis–Mexique (ACEUM) qui remplace l'ALENA.

1ER JANVIER 2021

Précurseur

Le gouvernement mexicain bannit le maïs OGM et le glyphosate d'ici 2024.

14 JANVIER 2021

Impunité

Flambée de critiques au Mexique comme aux États-Unis après l'abandon des poursuites contre l'ancien ministre de la Défense, Salvador Cienfuegos, accusé de narcotrafic par Washington.

3 FÉVRIER 2021

Le Mexique devient le 3e pays le plus endeuillé au monde derrière le Brésil et les États-Unis. La contamination d'AMLO attise les critiques sur sa gestion permissive de la pandémie.

TOP 10

PERSONNAGES HISTORIQUES

Parmi tant d'autres, ces dix personnalités ont marqué l'histoire du Mexique, chacune à leur manière, de la fin de la période précolombienne, jusqu'à la révolution mexicaine, en passant par la conquête et les luttes indépendantistes. La plupart sont morts pour leur cause.

FRANCISCO MADERO

A l'origine de l'insurrection contre Díaz, il fut président au début de la période révolutionnaire.

CUAUHTÉMOC

Le dernier empereur aztèque ne put sauver Tenochtitlán de la conquête d'Hernán Cortés en 1521.

MIGUEL HIDALGO

Le curé auteur du célèbre « Grito de Dolores » qui marque le début du soulèvement indépendantiste.

PANCHO VILLA

Cet ancien voleur de bétail devient l'un des chefs les plus puissants de la révolution mexicaine.

HERNÁN CORTÉS

Célèbre conquistador qui a soumis le puissant Empire aztèque pour le roi Charles Quint.

BENITO JUÁREZ

Président qui résista à l'occupation française et restaura la République et ses valeurs libérales.

EMILIANO ZAPATA

Ce personnage charismatique est une icône de la révolution mexicaine et s'est marié au moins 27 fois.

LA MALINCHE

Symbole de la trahison et mère du peuple mexicain, elle aida Cortés à conquérir l'Empire aztèque.

PORFIRIO DÍAZ

Ce général qui lutta contre l'intervention française dirige sans partage le pays de 1876 à 1911.

LÁZARO CÁRDENAS

Président de 1934 à 1940 il réalisa des réformes importantes notamment dans l'éducation et la santé.

LES ENJEUX ACTUELS

Le Mexique a connu un virage à gauche inédit en 2018. Andrés Manuel Lopez Obrador (AMLO) a hérité d'un pays en proie à de graves problèmes de violence, de pauvreté et d'inégalités sociales. Un pays dont les institutions et partis politiques souffrent d'un manque cruel de légitimité, résultat d'une corruption endémique et de la collusion d'élus de tous bords avec les cartels de la drogue, entre autres. L'ancien maire de Mexico, qui se réclame de figures progressistes comme Benito Juárez ou Lázaro Cárdenas, a annoncé une ambitieuse « quatrième transformation » du Mexique, après l'indépendance, la réforme et la révolution, qui ont marqué l'histoire du pays. Un immense élan d'espoir a accompagné son début de mandat, mais les mesures symboliques ou radicales prises n'ont pas montré le changement tant attendu. Certes, la Covid-19 est passée par là, ne facilitant pas les choses. AMLO reste malgré tout populaire, il a jusqu'en 2024 pour convaincre.

La lutte contre la corruption

Selon l'ONG Transparency International qui publie un indice annuel de perception de la corruption de 180 pays, le Mexique occupe la 124e place mondiale en 2020, et la dernière place des 37 pays membres de l'OCDE. La police est, pour 87 % des Mexicains, l'institution la plus corrompue, suivie des partis politique et de la justice. La corruption gangrène en effet tout le système socio-économique : passe-droits auprès des administrations, financement illicite des campagnes électorales, impunités... La Banque du Mexique a évalué en 2015 que le coût de la corruption pour les finances publiques (détournements, gaspillage de fonds publics...) représentait 9 % du PIB, soit l'équivalent de 80 % des ressources fiscales nationales ! La lutte contre la corruption a toujours été le cheval de bataille d'AMLO. Lors de ses conférences de presse matinales un brun populistes (les fameuses *mañaneras*), le président ne manque pas de dénoncer ce fléau qui touche toutes les strates de la société. Parmi les cas récents, trois anciens présidents de la République (Enrique Peña Nieto, Felipe Calderón et Carlos Salinas) ont été mis en cause en août 2020 par l'ancien directeur de Pemex (lui-même accusé), dans des pots-de-vin versés par Odebrecht, le géant brésilien de la construction, contre l'obtention de marchés publics. Seront-ils condamnés un jour ? AMLO a par ailleurs bien compris que pour réduire la corruption, il faut s'attaquer d'abord à la pauvreté et aux inégalités sociales. Les disparités sont telles, en effet, qu'il est facile pour un criminel de corrompre un policier pour qu'il fasse disparaître un corps, en lui versant l'équivalent de quelques semaines de salaire.

Le président mexicain Andrés Manuel López Obrador, dit AMLO.

© MILANKLUSACEK - ISTOCKPHOTO.COM

Jeunes jouant dans la rue.

Réduire la pauvreté et les inégalités

Le Mexique traverse une situation délicate depuis la crise financière de 2008. La deuxième économie d'Amérique latine, déjà au bord de la récession en 2019, devrait se contracter de 8,3 % en 2020, selon l'INEGI. Une situation que n'avait évidemment pas prévue AMLO et qui complique le financement de ses programmes sociaux. Début 2020, un Mexicain sur deux vivait sous le seuil de pauvreté. Selon le rapport de février 2021 du Coneval (organisme national d'évaluation de la pauvreté), la crise économique liée à la Covid-19 pourrait faire tomber 9,8 millions de personnes de plus dans la pauvreté (56,7 % de la population) et 10,7 millions de personnes de plus dans l'extrême pauvreté, c'est-à-dire que plus du quart de la population n'aura pas les revenus suffisants pour manger chaque jour (16,8 % avant la crise). Le gouvernement a fait le choix d'un déconfinement rapide pour enrayer la chute de l'économie et la destruction de millions d'emplois. Environ 60 % des Mexicains travaillent dans l'informalité, avec des revenus au jour le jour, et sans protection sociale. Ce sont les premiers touchés par la crise économique et les plus vulnérables sur le plan sanitaire et social. Heureusement pour certaines familles, les *remesas* (argent transféré par la diaspora mexicaine depuis l'étranger, principalement des États-Unis) ont amorti les conséquences de la crise. Elles ont atteint un niveau record en 2020 avec plus de 40,6 milliards de dollars (36,4 milliards en 2019).

Des cartels incontrôlables ?

Entre le début de la guerre contre les cartels lancée en 2006 et fin 2020, le Mexique a recensé 80 000 disparitions et près de 300 000 morts, dont 35 000 rien qu'en 2020 ! Avec un homicide tous les quarts d'heure, le Mexique est considéré comme le pays le plus meurtrier au monde après la Syrie. Il est aussi l'un des plus dangereux pour les journalistes, les femmes, les migrants, ou encore pour les étudiants, comme l'illustre l'affaire des 43 étudiants d'Ayotzinapa « disparus » en 2014 (mettant en cause la police, l'armée et une bande criminelle). La répression militaire contre les cartels a été contreproductive. L'arrestation de grands *capos* comme « El Chapo » Guzmán, n'a fait que diviser les clans et produire plus de violence. Désormais, ce n'est plus l'État qui fait la guerre aux narcos, mais les cartels qui s'en prennent à l'État quand celui-ci se met sur sa route. L'option du « laisser-faire », comme avant 2006, avec un pacte de non-agression entre groupes criminels et autorités politiques, n'est plus envisageable aujourd'hui, les acteurs locaux étant devenus trop puissants. Les cartels ne se contentent plus du trafic de drogue, ils ont aussi recours à d'autres trafics (traite humaine, bouteilles d'oxygène durant la pandémie !), aux enlèvements, au racket... Alors, comment enrayer cette dynamique ? AMLO a pris le parti de lutter frontalement contre la corruption et la pauvreté, terreau des bandes criminelles. Il a aussi créé une garde nationale, nouveau corps censé être purgé de la corruption. Mais contrairement à l'approche démilitarisée qu'il avait annoncée dans sa campagne pour lutter contre la criminalité, la garde nationale est dirigée par un militaire et bon nombre des recrues sont issues de la police fédérale et de l'armée... Quoi qu'il en soit, le bilan des deux premières années d'AMLO dans le domaine de la sécurité est le pire depuis 1997, avec environ 95 homicides par jour, et une impunité indécente : 90 % des crimes ne font même pas l'objet d'une enquête ! Une défaillance criante des institutions censées protéger le citoyen, qui engendre un sentiment général d'impunité, laissant place à tous les excès, y compris au niveau de la petite délinquance : on tue pour un simple téléphone sans être inquiété… Et les armes de guerre arrivent par millions des États-Unis (en cela le voisin du nord est moins réticent à fermer la frontière que pour les migrants qui arrivent dans l'autre sens !). Il va donc falloir du temps au Mexique pour éloigner la jeunesse désœuvrée des cartels, et du temps aussi pour faire le ménage au sein d'institutions profondément infiltrées. Encore une fois, il semble que la lutte contre la corruption fasse partie des armes les plus efficaces pour contrer le pouvoir des cartels.

La question migratoire au cœur des relations Mexique-Etats-Unis

Les relations politiques, économiques et culturelles entre États-Unis et Mexique ont toujours été très étroites. Sur le plan économique, les deux pays sont liés par l'Accord de libre-échange États-Unis, Mexique, Canada (ACEUM), qui a remplacé l'ALENA en juillet 2020. Plus de 80 % de la production mexicaine est exportée aux États-Unis, et on ne parle pas ici des tonnes de drogue (dans le sens sud-nord) et des millions d'armes (dans le sens nord-sud)… 36 millions de Mexicains vivent aux États-Unis, ce qui en fait la première communauté étrangère chez l'Oncle Sam. Des millions d'autres (et pas seulement des Mexicains) aimeraient les rejoindre, pour fuir la misère et la violence dans leur quartier. Le thème migratoire est un enjeu primordial dans les rapports Mexique-Etats-Unis. Avec l'arrivée au pouvoir de Donald Trump en janvier 2017, les relations se sont durcies. Celui qui traitait les Mexicains de narcotrafiquants, criminels et violeurs a fait construire un mur le long de la frontière et a même demandé au Mexique de le financer lorsqu'il s'est aperçu qu'il n'avait pas le budget pour le réaliser… Au final, le Mexique n'a pas donné un centime, et sur les 735 km de mur édifiés (sur 3 152 km de frontière), seuls 8 km l'ont été dans des zones où il n'y avait pas déjà une enceinte de protection ! Trump a été plus efficace avec ses pressions économiques en menaçant le Mexique d'instaurer des barrières douanières sur les produits mexicains en cas de non-coopération dans la lutte contre l'immigration. Sans marge de manœuvre, vu l'importance du marché nord-américain pour un Mexique déjà mal en point économiquement, AMLO a dû faire stopper les caravanes de migrants, venus par milliers du Guatemala, Honduras ou Salvador. La nouvelle garde nationale a été déployée à la frontière sud (Guatemala) et 180 000 migrants ont été renvoyés dans leurs pays d'origine. Obligé de stopper les migrants pour le compte des États-Unis, le Mexique a tenté de mettre en place des alternatives au tout répressif, avec des aides au développement destinées aux pays centraméricains. La prise de fonction du président Joe Biden en janvier 2021 a apporté une lueur d'espoir pour les migrants et un souffle nouveau à la relation entre les deux pays, dont les représentants sont désormais plus proches idéologiquement. Parmi les premiers décrets signés par Biden, il y a l'abandon du mur. Biden a également annoncé une réforme migratoire pour régulariser les 11 millions de clandestins présents sur le sol américain (dont la moitié de Mexicains). Il est également disposé à accompagner le Mexique sur les aides au développement en Amérique centrale pour contenir à terme l'exode migratoire.

Un repositionnement du Mexique dans la géopolitique régionale

L'arrivée en décembre 2018 d'un parti de gauche au pouvoir, après trois décennies de politiques néolibérales, aura sans doute des conséquences géopolitiques en Amérique latine. La diplomatie mexicaine a pour l'instant fait preuve de neutralité sur beaucoup de sujets, mais ne reste pas les bras croisés. L'une des premières dispositions d'AMLO a été le retrait de son pays du groupe de Lima, une organisation multilatérale créée en 2017 pour trouver une solution à la crise politique au Venezuela. Le Mexique s'est positionné à contrecourant de la plupart des autres pays de la région en ne reconnaissant pas Juan Guaidó comme président légitime. Nicolás Maduro, comme les autres chefs d'État de la région, a par contre été invité à la cérémonie d'investiture d'AMLO en décembre 2018. La seconde intervention marquante du pays aztèque a été la proposition d'exil à l'ex-président de Bolivie, Evo Morales, dans la crise post-électorale d'octobre 2019, qui l'avait obligé à fuir le pays. Là encore, en soutenant Morales, le Mexique montre une position opposée à celle de l'Organisation des États américains (OEA).

© SYLVIE LIGON

Tropique du Cancer.

ARCHITECTURE

Le Mexique est le pays d'Amérique qui abrite le plus grand nombre de sites classés au patrimoine mondial de l'Unesco. Et c'est sans doute celui qui opère la fusion la plus étonnante entre passé et présent. Tout commence avec les trésors des civilisations précolombiennes dont les monumentales pyramides recèlent encore bien des mystères. Vous serez ensuite emporté dans le tourbillon coloré de l'architecture coloniale. Autour des *plaza mayor* se dressent églises au foisonnant décor baroque et somptueuses demeures qui font écho aux haciendas des campagnes. Les XIXe et début du XXe siècle se font, eux, résolument éclectiques, avant de céder la place à une effervescente modernité portée par la grande figure de l'architecture mexicaine : Luis Barragan. Une vitalité qui se fait sentir aujourd'hui encore dans ce que les créateurs ont appelé le « Moment Mexicain » ou comment s'appuyer sur les acquis du passé pour dessiner l'avenir !

Architecture de légende

Les Olmèques bâtissaient déjà des pyramides au cœur de grands centres cérémoniels. A ces imposantes structures de terre s'ajoutait une grande richesse décorative tout en pierre et mosaïques. Les centres cérémoniels de Monte Alban et **Mitla** ★★ (p.311) sont, eux, les grands représentants des civilisations mixtèques et zapotèques. Le premier est une véritable prouesse d'ingénierie, la montagne ayant été nivelée pour aménager le site, qui s'organise autour d'une vaste esplanade. On y retrouve des pyramides, souvent à degrés, imaginées pour se rapprocher des dieux. Ces dernières ne sont pas des sépultures, comme le sont les pyramides d'Égypte, mais sont des plateformes destinées à supporter un temple que l'on érige à leurs sommets. Le site de Mitla abrite également de somptueux décors en pierre sculptée aux motifs géométriques complexes. Teotihuacán, la « Cité des dieux » était, elle, divisée en 4 quartiers aux fonctions bien précises (religieuse, administrative, artisanale résidentielle) avec en son centre une puissante citadelle où trône le somptueux Temple de Quetzalcoatl, autrefois recouvert de rouge et de bleu. Ses 4 niveaux sont couverts de glyphes et sculptures. La colonne vertébrale du site est une immense chaussée desservant temples et pyramides, dont celle du Soleil, la 3e plus haute du monde. Autant d'éléments que l'on retrouve dans les puissantes cités mayas. Reliées entre elles par des *sacbes*, voies de circulation rectilignes construites en calcaire et légèrement surélevées, ces cités-Etats re-

Monte Alban.

DÉCOUVRIR

© ANNA ART - SHUTTERSTOCK.COM

Couvent forteresse de San Francisco à Campeche.

prennent le découpage urbain séparant centres cérémoniels et habitations populaires, ces dernières consistant en des huttes ovales et allongées à la structure de bois et de chaume. Les Mayas développent également une architecture de l'eau, créant canaux d'irrigation et citernes pour alimenter les villes. Astronomie et mathématique président à la construction de leurs édifices, les observatoires en tête reconnaissables à leurs petites ouvertures calculées pour permettre une observation précise des astres. Les Mayas ont également inventé un système de « fausse voûte » à encorbellement, unique exemple du genre en Amérique précolombienne. Leur style épique se lit dans les bas-reliefs et mosaïques ornant les crêtes et linteaux des édifices. Le style Puuc, dont le site d'**Uxmal** ★★★★ (p.431) est le chef-d'œuvre, se caractérise par des murs sobres à leur base mais richement décorés de mosaïques aux motifs géométriques complexes dans leur partie supérieure. Le style Rio Bec, visible à **Xpujil** ★★ (p.450), se caractérise par des édifices tout en longueur et flanqués de tours aux angles arrondis. Le style Chenes est, lui, célèbre pour ses façades couvertes de masques Chaac (le dieu de la pluie), tandis que le site de **Chichén Itzá** ★★★★ (p.438) présente une fusion des influences mayas (richesses géométriques du décor) et toltèques (sobriété des volumes). D'avantage militarisés, les Toltèques ont influencé la création de véritables cités-forteresses à l'image de Tulum. Une architecture défensive que l'on retrouve dans les cités totonaques, telle **Quiahuiztlán** ★ (p.340). A ces chefs-d'œuvre de pierre, le site de Paquimé oppose une structure reposant entièrement sur des édifices d'adobe. Cet étonnant labyrinthe, dont les édifices aux murs épais pouvaient atteindre jusqu'à 5 étages, possède aussi l'un des systèmes de gestion des eaux les plus évolués. Une maîtrise de l'eau que l'on retrouve chez les Aztèques, fondateurs de la légendaire Tenochtitlan. Cité lacustre, elle était reliée au rivage par 3 imposantes chaussées. Son cœur, divisé en quartiers distincts, était quadrillé par un réseau géométrique de rues, avec au centre une large esplanade dominée par le Templo Mayor. Composé de 6 structures superposées, il illustre une règle d'or de toutes ces grandes civilisations : reconstruire toujours en même endroit pour s'enraciner et perdurer dans une nature qui, elle, ne cesse de changer.

Héritage colonial

La conquête espagnole est d'abord religieuse. Rudimentaires, les premiers édifices sont faits de bois, d'argile et de chaume. Puis ils sont remplacés par des édifices en pierre, aux allures de forteresses, dont tours crénelées et contreforts sont destinés à protéger les missions, villes dans la ville abritant église, cellules des moines, école, hôpital, jardin... Parmi les plus beaux exemples de ces couvents-forteresses, notons le Couvent San Francisco de Campeche et le Couvent de Actopan. Les 14 couvents au pied du Popocatepetl en sont également de beaux exemples et témoignent d'une architecture défensive aux élans gothiques. Pour capter l'attention des indiens, les Espagnols vont créer un étonnant syncrétisme entre cultures indigène et chrétienne.

Les premières églises sont ainsi construites sur d'anciens sites mayas ou aztèques, voire avec des pierres des anciens temples sacrés, et disposent d'une chapelle ouverte plus adaptée aux traditions indiennes des cérémonies de plein air. Ceci est particulièrement vrai dans la presqu'île du Yucatan, comme le montre le Couvent Saint-Antoine de Padoue à Izamal. Les églises vont ensuite se tourner vers les styles en vogue en Europe. Cela commence avec la Renaissance plateresque aux colonnes ornées de guirlandes, arabesques, motifs floraux et héraldiques, dont le portail du couvent de San Agustin à Acolman est un superbe exemple. L'harmonie Renaissance va ensuite faire place au baroque culminant avec le style churrigueresque débordant de stucs et de dorures dans un foisonnement décoratif enrichi par les pierres et métaux précieux extraits des mines. Colonnes torses, trompe-l'œil et jeux de lumière caractérisent ce baroque qui fait de l'architecture une mise en scène. Parmi les grands chefs-d'œuvre baroques, notons : le Temple de San Cayetano à Guanajuato, le Temple de Carmen à San Luis Potosi et bien sûr les églises de la ville de Puebla, célèbres pour leur étonnant décor de céramique multicolore, inspiré des azulejos. Ce style *poblano* a souvent été surnommé « style confiseur » du fait des couleurs chatoyantes des carreaux de faïence ! La conquête du territoire passe aussi par la maîtrise de l'urbanisme. Les nouvelles villes espagnoles sont organisées selon un plan en damier dont rues et avenues convergent vers l'espace central : la *Plaza Mayor*, communément appelée *Zocalo*. Bordée d'arcades ou portales, elle regroupe tous les pouvoirs de la cité. Le Zocalo de Mexico opère une étonnante fusion avec l'héritage aztèque... En matière d'urbanisme, les Espagnols n'ont ici rien inventé ! Ils ont repris la structure de base de Tenochtitlan et utilisé le tezontle ou roche volcanique des temples pour édifier leurs bâtiments, la cathédrale et le Palais National en tête !

La maison coloniale allie, elle, décor et fonctionnalité. Son organisation autour d'un patio bordé de galeries permettant intimité et ventilation et ses balcons ajourés et jolies ferronneries de façades sont directement empruntées à la tradition mudéjare (tout comme le sont les plafonds à caissons de certaines églises). Sa structure en adobe sur soubassement de pierre rappelle les techniques indigènes, tandis que le décor emprunte aux codes en vogue en Europe, passant de l'harmonie Renaissance à l'exubérance baroque, avant de céder à l'appel de la sobriété classique. Ces maisons colorées sont l'âme des villes coloniales, ce qui a valu à nombre d'entre elles d'entrer dans le réseau des *Pueblos Magicos*, les villages magiques, à l'image de Coatepec. Les splendeurs coloniales sont nombreuses, parmi elles ne manquez pas Lagos de Jalisco surnommée « l'Athènes du Jalisco » du fait de ses nombreuses colonnades, Guadalajara baptisée « la perle de l'Ouest » et qui abrite le plus grand édifice colonial des Amériques, l'Instituto Cultural Cabañas aux 23 patios, ou bien encore Morelia et Querétaro. Ces dernières abritent également des chefs-d'œuvre de l'architecture de l'eau. L'aqueduc de Morelia alimentait 30 fontaines publiques et 150 points d'eau privés, tandis que celui de Querétaro était surnommé *Los Arcos*, du fait de ses 74 arches de 23 m de haut. Pour asseoir leur pouvoir, les Espagnols ont aussi quadrillé les campagnes avec les haciendas. Imposants murs d'enceinte et tours de guet protègent ces entités économiques et agricoles autonomes. Le bâtiment le plus important est la *Casa Grande*, la demeure du propriétaire, aux allures de château français ou de manoir anglais. Les Espagnols ont également développé une architecture militaire. Campeche, unique ville fortifiée du Mexique, est un chef-d'œuvre défensif avec ses remparts polygonaux ponctués de 8 *baluartes* ou bastions.

Palacio de Bellas Artes à Mexico.

Éclectiques XIXe et début XXe siècles

La présence incongrue de Maximilien d'Autriche a laissé une empreinte architecturale tout aussi insolite. C'est à lui que l'on doit la restauration du château de Chapultepec à Mexico, dans un étonnant mélange de styles rococo, Louis XV et napoléonien ! Et c'est à lui que l'on doit le percement de la plus célèbre artère de Mexico, le

© INSPIRED BY MAPS - SHUTTERSTOCK.COM

Bibliothèque centrale de Mexico, recouverte de mosaïques, oeuvre de Juan O'Gorman.

Paseo de la Reforma. Sous le régime autoritaire de Porfirio Diaz, l'architecture va connaître une étonnante effervescence aux couleurs résolument éclectiques. Dans la presqu'île du Yucatán, à Mérida notamment, les riches familles agricoles et industrielles se font construire de somptueuses demeures le long du Paseo de Montejo surnommé les Champs-Élysées de Mérida. Les architectes y sont souvent français ou italiens, d'où un décor très européen fait de colonnes doriques et ioniques, de grands escaliers de marbre et de médaillons sculptés. Les *Plaza Mayor* se dotent de kiosques aux ferronneries joliment ouvragées, tandis que théâtres et musées font l'objet de toutes les attentions décoratives. Les premiers empruntent à l'harmonie et aux proportions du néoclassicisme, à l'image du Teatro Juarez de Guanajuato (p.215) dont on admire le portique à colonnes cannelées, autant qu'à l'Art nouveau comme en témoigne le Teatro Ricardo Castro de Durango qui possède, dit-on, l'un des plus grands reliefs en bois sculpté du pays. Les seconds fusionnent les styles. Voyez comme le célèbre Palacio de Bellas Artes de Mexico (p.131) mêle éléments néoclassiques, Art nouveau et motifs précolombiens, à l'image de sa façade couverte de marbre italien et de ses dômes couverts de céramiques. Achevé en 1934, il possède également quelques éléments géométriques Art déco qui annoncent le modernisme à venir. Des nouveautés formelles permises également par l'émergence d'une architecture métallique dont le Palais de Fer, grand magasin de Mexico, est le plus beau représentant. Il est indissociable de la légende des habitants de Barcelonnette qui firent fortune dans le textile au Mexique et qui se firent ériger de somptueux édifices à la gloire de leur réussite ! Cette période est aussi celle de la construction de villes nouvelles à proximité des mines, à l'image de Batopilas et surtout de Santa Rosalia ★★★ (p.534) construite par une entreprise française… L'église de la ville, à l'ossature métallique, a ainsi été imaginée en France sur des plans de Gustave Eiffel !

Laboratoire du modernisme

La Loteria Nacional de 1936, dont la structure et la silhouette Art déco sont un emprunt aux gratte-ciel new-yorkais, ouvre le bal du modernisme. Juan O'Gorman, qui contribua à la réalisation de la pyramide en tezontle qu'est le Musée Anahuacalli (p. 144) à Mexico, est l'un des pères de l'architecture moderne au Mexique. C'est à lui que l'on doit la première maison fonctionnaliste, inspirée des théories du Corbusier, et sise dans le quartier de San Angel à Mexico. Il travaille souvent avec Luis Barragan, chantre du modernisme mexicain et seul architecte du pays à avoir été récompensé du prestigieux Prix Pritzker (le Nobel d'architecture). Barragan prône une architecture émotionnelle où règnent couleurs et lumière dans un respect absolu des matériaux et de l'environnement. C'est à lui que l'on doit l'étonnant projet urbain du quartier El Pedregal à Mexico. Fasciné par ce terrain rocailleux couvert de lave, Barragan décide d'en faire un terrain de jeu architectural où il pourra exprimer son style à la géométrie simple et épurée.

La Casa Pedregal, sobre volume rouge ocré, en est le chef-d'œuvre. Autre création emblématique : sa maison-atelier. La sobriété de ses volumes de béton s'anime sous les jeux d'ombres et de lumières. Autre figure phare du modernisme : José Villagran Garcia, architecte du Stade National de Mexico mêlant brutalisme et historicisme, mais surtout concepteur du masterplan de l'Universidad Nacional Autonoma de Mexico. En trois ans seulement, de 1949 à 1952, l'UNAM est devenue le symbole du modernisme mexicain. Parmi les bâtiments incontournables, ne manquez pas la Bibliothèque Centrale entièrement couverte des mosaïques de Juan O'Gorman ou bien encore l'immense cercle de béton de l'Espacio Escultorico. Cette période est aussi celle de la croissance démesurée de Mexico. Pour remédier à cette situation et pour continuer dans cet élan moderniste indissociable d'une volonté de progrès social, le gouvernement mexicain s'intéresse à de nouvelles formes urbaines, dont Mario Pani sera le grand architecte. C'est à lui que l'on doit les plus célèbres grands ensembles de Mexico, dont le Complexe Miguel Aleman de briques et de béton, comprenant 1 080 habitations réparties dans 15 immeubles (6 de 3 étages et 9 de 13 étages). Inspiré par Le Corbusier, Pani imagine aussi des équipements collectifs et intègre des œuvres d'art, des fresques surtout, au sein de la structure. Un fonctionnalisme classique au service de l'amélioration des conditions de vie… seulement ces grands ensembles ne sont pas adaptés à la tradition mexicaine qui fait de la maison la mesure de toute chose. Les trois tours fuselées et colorées, chefs-d'œuvre plastiques et fonctionnels de Luis Barragan, abritant des châteaux d'eau et marquant l'entrée de Ciudad Satelite, et la Torre Latinoamericana (p.134), à la structure métallique dominant Mexico de ses 182 m de haut, font figure d'exception dans ce paysage de maisons basses.

Effervescence contemporaine

Les années 1960 marquent l'avènement des grandes stations balnéaires du pays, Cancún et Acapulco. Construites de toutes pièces pour accueillir le tourisme de masse, elles souffrent d'une bétonisation presque irraisonnée de leur littoral. Certaines stations tentent pourtant de conserver un aspect plus « humain », à l'image de Careyes où un entrepreneur italien a créé un savant mélange de styles méditerranéens et mexicains avec de grandes maisons aux toits de palmes organisées autour de grands espaces publics. Dans les années 1980, l'architecte Pedro Ramirez Vazquez imagine une architecture faisant le lien avec la riche histoire du Mexique, comme le montrent son Musée National d'Anthropologie (p.139) de Mexico, dont la grande cour centrale possède l'une des plus grandes structures en béton du monde soutenues en un seul point, et son Musée du Templo Mayor, étonnante réinterprétation du célèbre temple aztèque. C'est à Vazquez que l'on doit également la nouvelle basilique Nostra Señora de Guadalupe de Mexico à la toiture évoquant une tente et au plan intérieur circulaire libre de tout pilier porteur, ou bien encore l'étonnant centre culturel de Tijuana à l'étonnante silhouette sphérique. Aujourd'hui, les créateurs contemporains s'appuient sur toutes ces richesses passées, tout en tirant les leçons des colères de la Terre qui ont si souvent meurtri le pays. Cette effervescence créatrice a été baptisée le « ME-MO », le Moment Mexicain. Elle applique à la lettre le précepte du poète Octavio Paz affirmant la nécessité de lier tradition et modernité. Les designers mettent à l'honneur les savoir-faire ancestraux (tissage, céramique), tandis que les architectes imaginent des habitations parfaitement ancrées dans leur environnement, à l'image de toutes ces villas contemporaines aux lignes épurées faisant la part belle aux matériaux naturels, béton et bois en tête. Les éco-lodges mettant à l'honneur bungalows aux toits de palmes et *cabanas* en bois et chaume participent aussi de ce respect de la nature et de l'environnement. En parallèle, nombreux sont les architectes à travailler sur le logement individuel afin de contrer les dérives de la croissance urbaine. Tatiana Bilbao, récompensée pour son architecture durable, a imaginé des maisons modulaires à bas prix adaptables aux contraintes topographiques et climatiques des différentes régions du Mexique. Un respect de l'environnement profondément ancré dans la culture mexicaine, ce qui explique la levée de boucliers des habitants contre le gigantesque aéroport de Mexico dessiné par Norman Foster. Peu nombreux sont les architectes étrangers à avoir construit au Mexique : Mies van der Rohe avait dessiné les bureaux de la société Baccardi à Mexico dans les années 1950, et dans les années 2000, David Chipperfield, lui, a imaginé le Musée Jumex dont la couverture en dents de scie évoque une architecture industrielle, tandis que Tadao Ando a donné vie à la fondation artistique Casa Wabi (qui possède également un pavillon réalisé par Alvaro Siza et un poulailler conçu par Kengo Kuma !). Les autres édifices contemporains incontournables du pays sont des œuvres 100 % mexicaines. Ne manquez pas la magnifique Bibliothèque Vasconcelos d'Alberto Kalach qui fait harmonieusement dialoguer bois, acier, verre et béton ; le Musée Soumaya (p.138), de Fernando Romero, dont l'étonnante torsion est inspirée des sculptures de Rodin ; ou bien encore le Grand Musée du Monde Maya de Mérida, dont la façade formée de rubans métalliques entrelacés évoque le tronc et le feuillage du Ceiban, l'arbre sacré des Mayas. Tradition et modernité toujours !

BEAUX-ARTS

Célèbre pour ses plages idylliques et ses cités anciennes, le Mexique est le berceau des formes artistiques les plus novatrices. Des personnalités au caractère fort jalonnent son histoire comme la fascinante Frida Kahlo, ou Diego Rivera, fondateur d'un art des rues engagé. A leur suite, chaque génération a repris le flambeau de la créativité pour l'emmener toujours plus loin sur la scène internationale. Désormais, Mexico occupe une place essentielle dans le paysage de l'art contemporain. La ville s'appuie pour cela sur un solide réseau d'institutions culturelles comme le Musée Tamayo ou le MAM (p.137). Il faut aussi compter sur un foisonnement de lieux privés, de collectifs et de galeries d'art résolument axés sur l'art d'aujourd'hui et le marché international. Depuis 2013, le Jumex (p.138) s'impose comme un phare de la scène contemporaine mexicaine. Entre projets locaux et espaces d'envergure internationale, le souffle créatif du Mexique ne faiblit pas.

Art précolombien

Le Mexique attire les foules pour ses vestiges hérités des civilisations précolombiennes, c'est-à-dire antérieures à la découverte du continent par Christophe Colomb en 1492. Les sculptures en pierre mayas et aztèques évoquent des civilisations qui restent auréolées de mystère. Le début de la reconnaissance d'un art préhispanique est marqué par la Pierre du Soleil, datée à 1479. Formé de huit cercles concentriques, le disque creusé dans un bloc de lave renferme de précieuses références à la cosmogonie aztèque. Découverte par hasard en 1790, elle est conservée au Musée national d'anthropologie (p.139) de Mexico. Il faut ajouter, aux œuvres sculptées, les peintures élaborées à partir de teintures végétales et minérales, et parfois de sang. Les scènes représentées glorifient les dieux et les sacrifices humains qui leur sont dédiés. Cette première période de l'art pictural mexicain est suivie par la peinture coloniale, un art religieux qui reprend les codes de l'esthétisme européen. Les églises et monastères regorgent de scènes illustrant les différents épisodes de la Bible.

Révolution picturale

La troisième période de l'histoire de la peinture mexicaine suit la révolution de 1910. La peinture de chevalet est délaissée au profit de l'œuvre murale. Ce phénomène pictural est soutenu par le gouvernement qui finance de jeunes artistes pour décorer les murs et façades des édifices publics. Trois peintres muralistes se démarquent : Diego Rivera, David Alfaro Siqueiros et José Clemente Orozco.

L'emblématique Diego Rivera (1886-1957) se forme aux Beaux-Arts de Mexico puis de Madrid. De 1913 à 1918, Rivera s'inspire du cubisme dans ses peintures de format classique mais il rompt bien vite avec ce courant pour revenir à la figuration.

Sculpture murale aztèque en pierre.

© CALI - ICONOTEC

Palacio Nacional, fresque de Diego Rivera.

En 1920, il découvre en Italie un art de la fresque qui bouleverse sa conception de la démarche picturale. De retour au Mexique, il produit d'immenses peintures murales en employant des pigments traditionnels en cours à l'époque préhispanique. Il exécute sa première fresque, *La Création*, en 1922, pour la Escuela Nacional Preparatoria (Antiguo Colegio de San Ildefonso (p.126)). Peintre prolixe, Rivera répond à des commandes officielles. Avec José Clemente Orozco, David Alfaro Siqueiros et Rufino Tamayo, il compose sur de vastes murs des œuvres aux couleurs vives et au style simplifié. Ce marxiste convaincu entend montrer au peuple l'étendue des maux qui rongent le Mexique. Par leur engagement social et politique, les muralistes participent à la construction d'une nouvelle identité mexicaine.

José David Alfaro Siqueiros (1896-1974) s'engage activement dans la révolution mexicaine et met son œuvre au service de ses engagements politiques. Contrairement aux autres artistes de sa génération, il reste optimiste quant à l'évolution du Mexique. Moins engagé que ces derniers, José Clemente Orozco (1883-1949) s'attache à retranscrire la condition universelle de l'homme, sans distinction de frontières. Pour Orozco, il s'agit de montrer au monde les souffrances engendrées par la guerre et toutes formes de violence. Dans ses œuvres sombres, il utilise des métaphores pour s'indigner contre la guerre, la corruption, l'injustice.

Autour des muralistes

Rufino Tamayo (1899-1991) appartient à la seconde génération des muralistes mexicains. C'est lors d'un séjour à New York qu'il découvre la peinture moderne et décide d'enseigner ce nouveau courant à Mexico. Dans son œuvre, le message politique s'efface au profit des formes abstraites et décoratives. Sa peinture souligne la difficulté des Mexicains à définir leur identité. Le destin de Frida Kahlo (1907-1954) est intimement lié à Diego Rivera. Femme libre et moderne, elle n'a que 18 ans quand elle fait la connaissance de son futur mari, Diego, de vingt-deux ans son aîné, qui l'encourage sur la voie artistique. Dès lors, ils unissent leur engagement pictural et politique autour de leur attachement au Mexique. Ils se marient en 1929. André Breton décrira l'art de Frida Kahlo « comme un ruban autour d'une bombe. » Malgré les tentatives du pape du surréalisme, Frida refuse catégoriquement d'être assimilée à son groupe. Célèbre pour ses autoportraits, Kahlo est une artiste au style reconnaissable, à l'image de sa personnalité métissée et complexe. *La Casa Azul* (la Maison bleue), ou musée Frida-Kahlo (p.146), située dans le centre de Coyoacán, est la maison natale de la peintre. L'amie du couple et photographe américaine Lucienne Bloch a souvent immortalisé les deux artistes, ensemble ou séparément. Parmi tous ceux qui ont fait le portrait de Frida Kahlo, Bloch a su capturer son humour et la solitude de ses souffrances.

Tradition photographique

Peu de pays au monde ont généralisé l'usage de la photographie depuis ses balbutiements comme le Mexique. Très tôt, la population mexicaine, urbaine et rurale, se passionne pour cette technique. Elle témoigne ainsi de son quotidien, de sa vie sociale ou des événements historiques. Né en Allemagne en 1882, le photographe Hugo Brehme est mexicain dans l'âme. Ses clichés, essentiellement en noir et blanc, documentent les traditions du pays, ses habitants, les sites archéologiques et les paysages naturels. A la suite de la photographe et militante Tina Modotti, dont l'œuvre est saluée par les surréalistes français, les femmes jouent un rôle prépondérant dans l'émergence d'une poétique photographique. Hugo Brehme incite Manuel Álvarez Bravo (1902-2002) à se lancer dans la photographie. Il est désormais considéré comme l'un des fondateurs de la photographie mexicaine. Cet autodidacte invente un genre qui combine regard documentaire et imaginaire pour refléter l'âme mexicaine. Dans sa lignée, Pedro Meyer (1935) secoue les frontières entre fiction et réalité. Pionnier de la photographie contemporaine, on lui doit le fonds ZoneZero devenu le premier portail dédié à la photographie. Pedro Valtierra (1955) fonde l'agence et la revue *ClaroOscuro*, dédiée aux reportages photographiques. Il a été témoin des guerres civiles d'Amérique centrale des années 1970-80 et des vagues migratoires qui se sont dirigées vers le Chiapas. Ses œuvres sont exposées autour du globe.

L'art des rues

Le muralisme s'est doucement imposé comme un art populaire. Dans les années 1950, la « Generación de la Ruptura » rejette les valeurs du muralisme pour se tourner vers de nouvelles thématiques, plus cosmopolites. Leur objectif est d'élargir la liberté créatrice et d'accéder à une universalité picturale en créant des ponts avec leurs homologues européens. Bien entendu, l'art urbain s'inscrit dans le prolongement direct des premiers muralistes mexicains. Enraciné dans la culture populaire, il est tout sauf un phénomène de mode. Dans toutes les villes du Mexique, il continue de se mettre au service de la réalité quotidienne. Le *street art* connaît une explosion à Mexico entre 2010 et 2012. Il est désormais porté par les néo-muralistes menés par Saner, Cix ou Spaik, artistes de renommée internationale. Leurs fresques puisent dans les couleurs et les motifs des textiles, dans l'artisanat et les légendes locales. Désormais, les quartiers de Roma Norte et Condesa concentrent les pépites de l'art urbain. On peut apprécier des collages de Groenewold, des fresques de Simtheone et du très acclamé Jorge Tellaeche. Ses paysages oniriques élaborés dans des tons pastel autour de visages sombres sont d'une grande sensibilité. L'artiste s'investit dans des associations caritatives, en parallèle de commandes qu'il réalise pour de grandes enseignes. Dans les rues de la ville, les hommages aux femmes se succèdent sous toutes les formes possibles. Des messages laissées par Cristina Maya, originaire de Mexico, ou de Cuatrosiete, calligraphe de premier ordre, conjuguent mots et images.

De nombreuses œuvres murales sont issues de concours officiels. A cette occasion, artistes mexicains et étrangers se voient alloué un espace par la municipalité avec pour mission l'éveil des consciences sur des thèmes essentiels, notamment l'environnement. Parmi les centaines de fresques ainsi réalisées, la plupart sont soutenues par des sponsors. Ce qui explique la présence de noms de marques ou de petites baskets dans ces peintures.

Art contemporain

Portée par des artistes phares de l'art contemporain comme Gabriel Orozco et Francis Alÿs, la génération d'artistes nés dans les années 1960 a secoué la scène artistique mexicaine. Le pays se distingue par ses nombreux collectifs d'artistes très actifs sur les scènes nationales et internationales. Leurs préoccupations et axes de travail peuvent être intimement liés à la situation d'urgence que vivent certaines régions du pays, mais ils développent aussi des thèmes plus généraux. Enfin, on assiste depuis quelques années à un renouveau de la *grafica* (gravure, lithographie, xylographie) dans de nombreux ateliers qui prolongent l'héritage de la *grafica popular* des années 1930 et 1940, mais cette fois pour créer des œuvres plus détachées de la lutte sociale qui prévalait l'époque. Au niveau de la scène locale, Mexico et Monterrey restent les places fortes du marché national, mais les villes frontières du nord (Tijuana, Ciudad Juárez) ainsi qu'Oaxaca sont de plus en en plus actives depuis les années 2000. A la fin des années 1980, Orozco monte le *Taller de los viernes* ou Atelier du vendredi qui participe à la formation d'artistes innovants. Parmi eux, Damián Ortega ou Abraham Cruzvillegas qui a récemment exposé au Carré d'Art de Nîmes. Par la suite, des artistes boudés par les institutions entreprennent de monter des espaces indépendants. Le premier, fermé depuis, fut la Panadería, de Yoshua Okón et Miguel Calderón. La génération suivante regroupe Minerva Cuevas, Tania Pérez Córdova, Mario García Torres, ou encore Martin Soto Climent, tous présents sur la scène internationale. Peu à peu, le marché de l'art contemporain évolue et voit émerger des collectionneurs mexicains. Parmi les galeries d'art qui donnent le ton, Kurimanzutto voit le jour à Mexico en 1999 sous l'impulsion d'Orozco. Tenue par le couple José Kuri et Mónica Manzutto, elle a commencé par représenter les artistes du *Taller de los viernes*. Un mélange d'artistes reconnus et de dynamisme typiquement local. Outre les galeries, les foires, les musées privés et les lieux alternatifs se multiplient de nos jours. Le **Jumex** (p.138), la foire Zona Maco qui réunit la crème des galeries, Proyectos Monclova ou encore Labor. La jeune Parque Galería a été montée par deux trentenaires désireux de faire entendre les artistes qui n'avaient pas voix au chapitre : leur artiste vedette Yoshua Okónmais mais aussi Allen Ruppersberg ou Didier Faustino. Le collectif Bikini Wax symbolise la formidable énergie qui fait de Mexico un épicentre des arts visuels. Depuis 2013, l'espace dirigé par Cristóbal Gracia invite des artistes de partout à investir les lieux. L'objectif ? Montrer l'art autrement. Car au Mexique, tous les styles s'épanouissent !

MUSIQUES ET SCÈNES

Dense et intense concentration de civilisations, le Mexique a trouvé dans sa culture un terrain de confrontation, juxtaposition et mélange pour ces dernières. À commencer par les civilisations espagnoles et précolombiennes, deux grands piliers des expressions artistiques locales. Quiconque se rend au Mexique s'aperçoit instantanément quel amour le pays porte à la musique. Ici, elle est omniprésente. Dans les grandes villes, les chauffeurs de bus et les vendeurs ambulants n'hésitent pas à l'écouter à tue-tête, afin d'en faire profiter les passants. Aussi, sur pratiquement toutes les places publiques du pays, des groupes de musiciens – les fameux mariachis - attendent qu'on sollicite leurs services. La musique mexicaine est aussi variée et surprenante que son territoire est vaste. Et il faut sans doute autant de temps pour explorer l'un et l'autre.

Les musiques et danses traditionnelles

À l'origine de toute musique mexicaine, il y eut celles des civilisations préhispaniques. Dépourvues d'instruments à corde, ces dernières utilisaient seulement des percussions comme le *teponaztli* (tambour), des flûtes, crécelles, conques ou encore leurs voix. Certaines formes de musique préhispanique ont survécu jusqu'à nos jours, servant généralement d'accompagnement lors de danses rituelles, telles que l'impressionnante *Danza de Los Voladores* ou la très ancienne *Danza del Venado*. Elles orchestrent aussi la *Danza de Los Concheros*, moins authentique mais plus visible, car pratiquée quotidiennement sur les places du Zócalo et de Coyoacán à Mexico. Au cours de ce rituel, les concheros, qui sont vêtus à la manière aztèque, dansent en formant un cercle pour honorer les dieux de leurs ancêtres, au rythme du tambour et des bracelets de coquillages qui entourent leurs mollets. La *Danza de Los Voladores* est quant à elle la plus épatante, voyant quatre danseurs l'exécuter suspendus par les pieds à un mât de 30 à 40 mètres et tournoyant au son d'un petit tambour et d'une flûte.

Depuis la colonisation espagnole, la musique mexicaine s'est construite autour de la musique indigène, mariant cette dernière aux divers imports hispaniques. En général – et ce, depuis le XIXe siècle - elle est traditionnellement interprétée par des ensembles géants dans lesquels les instruments à cordes prédominent, la guitare étant présente dans tous les sous-genres mexicains. Et des sous-genres, justement, le pays en est criblé, chaque région cultivant des esthétiques singulières.

Un des exemples les plus notables se trouve dans l'État de Veracruz avec *el son jarocho*. Cette rythmique d'origine rurale a été importée par les Espagnols et puise ses influences dans la musique afro-cubaine des XVIIIe et XIXe siècles, les arpèges pincés rappelant les sons de la lointaine Andalousie. Les instruments de base de la musique *jarocha* sont la harpe, la *jarana*, une petite guitare à huit cordes qui dégoulinent de rythmes saccadés, le *requinto*, une petite guitare à quatre cordes, et la *tarimba*, une petite estrade en bois où les danseuses marquent le rythme du pied. Les ensembles *jarocho* sont fameux pour leur capacité à improviser des strophes adaptées à n'importe quelle situation. Les chanteurs s'exécutent alternativement, l'un entonne une phrase, l'autre y répond. L'air de son *jarocho* le plus connu est *La Bamba* – la fameuse chanson popularisée par la version de Ritchie Valens et le film américain du même nom. De nos jours, on rencontre ces ensembles *jarocho*, reconnaissables à leurs costumes blancs, non seulement à Veracruz mais partout au Mexique. À noter que certains artistes contemporains cherchent à faire revivre le son *jarocho* dans leurs morceaux comme Lila Downs ou le groupe *Angelino de revival Las Cafeteras*.

Toujours à Veracruz - mais aussi à Hidalgo, San Luis Potosí, Tamaulipas, Querétaro ou Puebla – on peut entendre *el huapango*. Issue de la musique de chambre importée par les Espagnols, cette esthétique serait une adaptation de l'instrumentation d'origine européenne du XVIIe siècle aux traditions musicales indigènes, y apportant le chant (en voix de fausset) et le *zapateo* (roulements de talons sur le plancher). L'ensemble *huapanguero* traditionnel, appelé « trio huastèque », voit le violon assurer la ligne mélodique du morceau tandis que deux autres instruments à cordes soutiennent le rythme et l'harmonie. Le chant est, quant à lui, généralement assuré par deux voix en duo. Deux œuvres notables ont permis au *huapango* de toucher une audience dépassant les frontières mexicaines : le film *Les Orgueilleux* d'Yves Allégret en 1953 ainsi que la célèbre chanson *America*, composée en 1957 par Leonard Bernstein pour sa comédie musicale *West Side Story* (qui est un *huapango*).

© KOBBY DAGAN - SHUTTERSTOCK.COM

Groupe de mariachi à Oaxaca.

Si elle est aujourd'hui populaire dans tout le Mexique, la *musica norteña* est par essence la musique du nord du pays. Un de ses signes distinctifs est le style *cow-boy* de ses ensembles, conviant tout une panoplie faite de chapeau haut aux bords étroits, chemise à carreaux, gilet en peau et bottes. L'instrument principal est l'accordéon, auquel s'adjoignent guitares, contrebasses et percussions. Le chant est nasal et les textes parlent d'amour, des difficultés du quotidien ou de la vie des migrants. Tant au niveau du son qu'à celui du rythme, la *música norteña* affiche des similitudes avec certaines musiques européennes comme la polka. Avec plus de 32 millions de disques vendus et cinq Latin Grammy Awards remportés, *Los Tigres del Norte* sont de loin les plus grandes stars du genre. Ils se sont également rendus célèbres en popularisant l'un des sous6genres les plus sauvages de la *música norteña* : le *narcocorrido*. Ces chansons à la gloire des narcotrafiquants et de leurs exploits (violence, richesse, procès, etc.) ridiculisent également les forces de l'ordre dans leur texte et affolent les autorités qui ont cherché par le passé à les interdire. Sans succès, le *narcocorrido* est toujours aussi vivant et populaire au Mexique.

Parmi les autres formes régionales courantes dans le pays, citons la musique *abajeño*, esthétique traditionnelle des communautés indigènes de Jalisco, Colima et Michoacá ; les *Istmeños*, chants originaires des Zapotèques d'Oaxaca – notamment popularisés par la pop star Lila Downs ; le son *calentano*, une musique pour violon complexe provenant du bassin de la rivière Balsas, dans le sud du Mexique ou encore le *son jalisciense*, originaire de Jalisco et de Colima et dont la musique mariachi dérive.

Justement, les Mariachis, parlons-en : gigantesque tradition musicale du Mexique, les Mariachis sont devenus avec le temps des emblèmes nationaux. Natif de l'État de Jalisco au XIXe siècle, ce genre folklorique synthétise une bonne partie des musiques régionales précédemment mentionnées et convie indifféremment musiques *ranchera*, *huapan*, polka ou encore *corrido*. En général, un groupe de mariachis se compose de violon, vihuela, guitare, *guitarrón* (grande guitare basse) et d'une trompette. Reconnaissables à leurs « *traje de charro* » - grand chapeau brodé, pantalon orné de deux rangées de boutons en argent, veste courte et grande malla en guise de cravate – les Mariachis sont visibles à peu près partout sur le territoire. À Mexico, leur lieu de prédilection est la **Plaza Garibaldi** (p.132). Si le genre a multiplié les grands noms au travers des générations, certains cultivent une aura particulière comme Jorge Negrete, Pedro Infante, Javier Solís, Alejandro Fernández, Aida Cuevas ou encore le groupe Mariachi Vargas de Tecalitlán (actif depuis 1898).

Pays amoureux de sa tradition musicale, le Mexique ne manque pas d'occasions ou d'endroits d'en écouter. À commencer par Cumbre Tajin, festival instauré en 2000 et qui depuis tâche de faire rayonner la culture totonaque via des concerts de musique traditionnelle (et contemporaine). Côté fête, la Feria De San Marcos est l'une des principales attractions de la ville d'Aguascalientes.

Ce festival, dont les origines remontent au début du XIXe siècle, rend hommage aux spectacles de la culture populaire mexicaine et comporte de nombreux concerts. Notons également le festival de Son Jarocho de Tlacotalpan qui a lieu tous les ans fin janvier ou début février et demeure depuis un immanquable. Enfin, côté scène, à Morelia, le Cactux est un bar accueillant aussi bien des concerts de noise punk, de reggae que de musique traditionnelle.

La musique populaire

Si l'on veut pleinement embrasser la musique mexicaine, il est indispensable de connaître quelques icônes locales. À commencer par Lucha Reyes (1906 – 1944), autrefois surnommée « la mère de la musique *ranchera* », elle est aujourd'hui un des piliers du patrimoine musical mexicain. Autre immense icône, Juan Gabriel (1950 – 2016) incarne à lui seul le romantisme mexicain, traversant via son répertoire l'ensemble de la musique nationale, du ranchero, au boléro en passant par la pop. Le succès de celui que les Mexicains surnommaient « El Divo » (masculin de « Diva ») a transcendé toutes les générations et classes sociales. Autre personnalité de la musique mexicaine, Paquita la del Barrio est la vedette des quartiers populaires et du public féminin grâce à ses textes abordant la misère, les violences domestiques ou l'infidélité. Plus récemment, c'est Natalia Lafourcade (née à Mexico en 1984) qui a massivement conquis le public avec sa chanson d'auteur, Lila Downs qui est devenue célèbre pour ses chansons en zapotèque, maya et nahuatl ou encore, plus rock, le duo Rodrigo y Gabriela qui a connu un carton mondial grâce à sa virtuosité à la guitare.

La musique classique

Aux XVe et XVIe siècles, l'entreprise évangélisatrice espagnole draine dans son sillage de nombreux compositeurs et interprètes de la musique baroque alors en vogue en Europe. C'est à cette époque que Pedro de Gante (1480-1572) fonde la première école du genre à Mexico. Les villes de Mexico, Puebla, Oaxaca, Tepotzotlán et l'actuelle Morelia deviennent rapidement les fers de lance de ce style musical qui conserve toute sa force aujourd'hui. Au XIXe siècle, le Mexique est soumis aux mêmes influences que les autres pays occidentaux. En ce temps - celui de la présidence Porfirio -, ce sont la valse et la polka qui sont à la mode. Le plus connu des compositeurs de l'époque est sans aucun doute Juventino Rosas (1868-1894) pour son œuvre *Sobre las olas*, écho intense aux valses viennoises. Une période également marquée par Ernesto Elorduy (1853-1912), alors l'auteur de délicates *mazurcas* mélangeant la forme traditionnelle polonaise aux mélodies hispano-mexicaines et Ricardo Castro (1864-1907), compositeur des premières symphonies du Mexique moderne.

Le XXe siècle est celui de la reconnaissance pour les compositeurs et théoriciens locaux, qui emboitent le pas du modernisme alors en vogue en Europe : Julián Carrillo (1875-1965) est encore étudié de nos jours pour son approche et ses expérimentations instrumentales du microtonalisme (le « treizième son »). Mais à cette époque d'exaltation des racines locales spon-

Statue du musicien Juan Gabriel à Acapulco.

© CHRISTIAN BERTRAND - SHUTTERSTOCK.COM

Rodrigo y Gabriela.

sorisée par le gouvernement, ce sont surtout les compositeurs nationalistes qui retiennent l'attention avec leur style s'imprégnant de thèmes musicaux folkloriques ou populaires : Carlos Chávez (1899-1978) qui devient la figure de proue du nationalisme musical en créant le (prédécesseur de) l'Orchestre national symphonique et l'Institut national des beaux-arts ainsi que Silvestre Revueltas (1899-1940), considéré comme le compositeur le plus représentatif et le plus talentueux de sa génération. À partir de 1940, l'arrivée de nombreux réfugiés politiques au Mexique propulse le paysage musical vers de nouveaux horizons. La musique mexicaine se pétrit d'avant-gardisme, portée par des compositeurs visionnaires tels que Mario Lavista (né en 1943), auteur d'opéras et de multiples essais, Manuel Enríquez (1926-1994), qui a développé un intense répertoire pour cordes et percussions accordant une importance primordiale à la texture de la musique, ou encore Julio Estrada qui fut l'élève de grands esprits tels que Boulanger, Messiaen, Xenakis ou Stockhausen. Plus récemment, c'est Javier Torres Maldonado (1968) qui s'est imposé comme le compositeur mexicain important de la musique contemporaine avec ses recherches sur la spatialisation du son et les illusions acoustiques.

Aujourd'hui, beaucoup d'interprètes mexicains figurent parmi les plus courus de la scène internationale, comme le ténor Rolando Villazón (1972), né à Mexico (et naturalisé français), Javier Camarena (1976), considéré comme le ténor des opéras impossibles, la mezzosoprano Cassandra Zoé Velasco (1990), spécialiste du bel canto. Citons également la chef d'orchestre Alondra de la Parra (1980), étoile à la fois confirmée et toujours montante de la scène internationale. En dépit de son jeune âge, elle est régulièrement invitée à diriger les plus prestigieux orchestres des cinq continents. N'oublions pas de mentionner non plus Simon Ghraichy, pianiste franco-libano-mexicain (né en 1985), futur très grand de son instrument.

Que les mélomanes se rassurent, au Mexique les occasions ne manquent pas d'écouter de la grande musique. Par exemple, durant les fêtes de Pâques et la Semana Santa, le Festival Cultural de Zacatecas propose des concerts offrant une belle place à la guitare classique, l'opéra et la musique de chambre. Un peu plus tard dans l'année, en août, le Festival Internacional de Musica de Camara de San Miguel de Allende programme des concerts de chambre (d'envergure internationale) au **théâtre Angel Peralta** (p.488) et dans les différentes églises de la ville. Encore un peu plus loin dans l'année, durant les deux dernières semaines de novembre, c'est le Festival de Música de Morelia qui propose de nombreux concerts de musique classique. Hormis le fameux **Palacio de Bella Artes** (p.131) de Mexico (maison de l'Orchestre Symphonique National devenu impressionnant entre les mains de son directeur actuel, Carlos Miguel Prieto), à Puebla, le centre culturel **Capilla del Arte** (p.191) programme musique de chambre et opéra et à Xalapa, la **Sala Tlaqná** (p.332), réputée pour sa perfection acoustique, accueille très souvent l'orchestre symphonique national.

LITTÉRATURE

Il est vertigineux de constater à quel point la littérature mexicaine contemporaine est riche d'audace et de publications, combien elle a su s'ouvrir au monde et faire porter sa voix au-delà des frontières terrestres, comment elle s'est réinventée. Elle est finalement à l'image d'un pays qui possède une histoire intense faite d'une colonisation extrêmement rapide et de multiples conflits, mais surtout d'une population qui n'a jamais hésité à remettre sur table les cartes de son identité pour tenter de définir, au plus près, ce qui constitue son âme collective. Du poète couronné par le prix Nobel de littérature Octavio Paz à la nouvelle génération qui s'incarne parfaitement sous les traits du désormais incontournable Jorge Volpi, chaque lecteur aura la possibilité de tenter de discerner entre les pages ce je-ne-sais-quoi qui marque à jamais la passion et la curiosité. L'insatiable littérature mexicaine se déguste et se dévore, dans le même élan.

Métissage et créolisation

En terre sud-américaine, la littérature n'a certes pas attendu l'arrivée des Conquistadors pour commencer à s'écrire comme en témoigne l'œuvre de ***Nezahualcóyotl***, une poésie étrange qui chante Dieu tout autant que le destin de l'Homme et se découvre en français aux éditions Arfuyen. Le « Coyote famélique », fils du roi de Texcoco, serait né une année Un-Lapin, soit en 1402 selon notre calendrier, un peu plus de cent ans avant que les Espagnols ne franchissent l'océan et ne décident de s'emparer du territoire. Cette colonisation a une spécificité, très vite elle se pare d'une volonté de métissage. La Malinche, qui fut rebaptisée Doña Marina, est restée le symbole de cette ambiguïté qui marquera de son sceau le destin du pays. Cette femme, d'origine nahua, fut donnée à un colon, Hernán Cortès, dont elle eut un fils. Son rôle ne se limita pourtant pas à la maternité car elle servit d'interprète - ajoutant rapidement l'espagnol au nahuatl et au yucathèque qu'elle maîtrisait déjà - et bientôt de conseillère aux colons. Tour à tour considérée comme traitresse ou, au contraire, comme négociatrice qui a su préserver les siens, elle est aussi la mère d'un peuple en devenir et la traductrice, c'est-à-dire celle grâce à qui les langues se mêlent et le processus de créolisation se pressent. Affublée de divers surnoms, elle est désormais un personnage mythique et ne cessera de resurgir dans l'imaginaire populaire.

Mais, pour l'heure, l'assimilation culturelle reste une priorité, du moins pour l'Église qui encourage l'implantation d'une technique fort récente, l'imprimerie, dans laquelle est vue la possibilité de fournir sur place les outils nécessaires à la conversion des peuples natifs. Mexico devient ainsi la première ville des Amériques où un ouvrage sort de presse dès 1539. Bien qu'il ne reste aucun exemplaire de ce tirage inaugural, il

© KANEL BULLE - SHUTTERSTOCK.COM

Statue de Juan Rulfo à Mexico.

© VKILIKOV - SHUTTERSTOCK.COM

Sœur Juana Ines de la Cruz.

est dit qu'il s'agissait certainement de *L'Échelle céleste* de saint Jean Climaque. Malgré tout, c'est bien le Nouveau Monde qui inspire les premières œuvres originales, des chroniques nées, par exemple, sous la plume de Fernando Alvarado Tezozómoc, petit-fils d'un empereur aztèque, qui rédigea 110 chapitres sur le passé et la conquête du pays, ou de Fernando de Alva Cortés Ixtlilxóchitl qui s'intéressa, parmi tant d'autres choses, au peuple toltèque. Cultiver la mémoire n'empêche en rien de produire une œuvre littéraire, et c'est bien cette symbiose que réussira Antonio de Saavedra Guzmàn avec *El Peregrino Indiano* qui eut l'honneur d'être le premier poème composé en Nouvelle Espagne à être imprimé à Madrid (1559). Enfin, la fiction s'invite aussi très vite dans le paysage - la vie culturelle est d'ailleurs très riche - pour preuve Juan Ruiz de Alarcón, né à Real de Taxco en octobre 1581, qui aura pour ambition de se dévouer à sa passion pour le théâtre, quitte pour cela à essuyer les basses moqueries de ses pairs sur son physique, ou Juana Inés de la Cruz, qui vit le jour au mitan du XVIIe siècle et décida de se détourner du vaste monde en intégrant les ordres afin de pouvoir, en toute quiétude, se consacrer à l'étude et à la poésie.

L'indépendance

Néanmoins, durant le XVIIIe siècle, la production reste fortement marquée par l'influence de la péninsule, il faut attendre le début du XIXe siècle pour que s'ébauche ce qui deviendra véritablement une littérature nationale. En tout état de cause, son apparition coïncide avec la guerre d'indépendance (1810-1821) et avec la publication d'un roman qui est considéré comme le premier écrit en Amérique latine. Or, indubitablement, les deux sont liés. Magistrat déchu, José Joaquín Fernández de Lizardi (1776-1827) se lance dans le journalisme pour subvenir aux besoins de sa famille. Il est délicat d'interpréter ses pirouettes politiques de façon rétroactive, mais il faut lui concéder que l'époque est fort complexe et n'a en rien simplifié la publication de son œuvre qu'il avait choisi de faire paraître en feuilleton dès 1816. S'il se doutait certainement que la parution serait rapidement interrompue par la censure - n'osait-il pas aborder la question de l'esclavage ? -, sans doute n'avait-il pas deviné que les derniers épisodes ne seraient livrés aux lecteurs qu'en 1831, soit quatre ans après sa mort. Dans *El Periquillo Sarniento*, il campe les pérégrinations de Pedro Sarmiento à la poursuite d'un emploi qui lui permettrait de gagner sa vie. À la limite du picaresque, ce roman a su séduire les foules et n'a, depuis, jamais cessé d'être réimprimé.

Bien qu'il débute sur la signature de l'acte d'indépendance en 1822, le XIXe siècle n'aura pourtant rien de paisible, les guerres se succèdent, contre l'Espagne qui tente une dernière reconquête, puis contre les Etats-Unis qui annexent le Texas, enfin contre la France pour des raisons financières. À l'arrivée de Porfirio Díaz en 1884, le pays est à bout de souffle, sa présidence s'achève par une révolution qui débute en 1910 et se prolongera durant dix ans. En un mot comme en cent, le siècle n'est donc que guère propice à la littérature, il faut pourtant lui concéder une œuvre d'importance : *Los Mexicanos pintados pos sí mismos*. Cet ouvrage collectif, publié entre 1854 et 1855, s'inspire de ce qui s'était fait ailleurs en Europe : des auteurs - dont Hilarión Frías y Soto (1831-1905) ou Pantaleón Tovar (1828-1876) - s'interrogeaient sur leur identité nationale, remettant par là-même la figure du métis au cœur du débat.

Quand les auteurs ne sont pas des religieux, tel Anastasio Maria de Ocha y Acuña dont les *Poesías de un Mexicano* paraissent à New-York en 1828, ils frayent avec les milieux politiques, à l'image du dramaturge et diplomate Manuel Eduardo de Gorostiza (1789-1851), du journaliste écrivain particulièrement fécond que fut Manuel Payno Flores, ou de Florencio Maria de El Castillo (1828-1863) qui additionna à ses responsabilités en tant que député l'écriture de novellas, comme le fit également Ignacio Manuel Altamirano (1834-1893). Le romantisme, introduit tardivement au Mexique, se conjugue au réalisme et devient volontiers études de mœurs ou romans historiques, tels ceux qu'écrivent Justo Sierra O'Reilly (1814-1861) ou Vicente Riva Palacio (1832-1896). Mais le nouveau siècle à venir allait se révéler bien plus novateur.

Modernisme et révolution

En 1894, deux hommes décident de fonder un magazine, *La Revista Azul*, qui allait révolutionner la littérature mexicaine et devenir le porte-parole d'un nouveau courant, le modernisme. Le premier s'appelle Manuel Gutiérrez Nájera, il est né à Mexico en 1859 et exerce dans le civil la profession de chirurgien. Pourtant, c'est la littérature qui agite son monde intérieur depuis sa prime jeunesse, il rédige aussi bien des critiques que des notes de voyages, des poèmes ou des nouvelles qui paraîtront en recueil en 1883 sous le titre de *El Duque*. Usant de plusieurs pseudonymes dans sa carrière journalistique, Nájera vouait une vraie admiration aux auteurs européens, et rêvait de concilier l'inspiration des deux continents dans un seul souffle. À l'issue de sa courte existence qui s'est achevée des suites d'une maladie en 1895, son corps a été déposé au Panthéon français de sa ville natale. Son comparse, Carlos Diaz Dufoo (1861-1941), a vu le jour à Veracruz mais a grandi en Espagne. À son retour au Mexique, il se consacra au journalisme et à ses œuvres personnelles : pièces de théâtre, essais mais aussi biographies et nouvelles. *La Revista Azul* ne survivra pas à l'année 1896 durant laquelle le journal qui l'hébergeait disparaît, mais en deux années seront publiés les textes d'une centaine d'écrivains et tout autant d'expérimentations auxquelles s'ajoutaient des traductions d'auteurs français. Un second magazine prendra le relais de 1898 à 1903, *La Revista Moderna*, qui accueillera entre ses pages foultitude de plumes novatrices d'alors, que ce soit Luis Gonzaga Urbina, poète d'envergure et futur directeur de la Bibliothèque nationale, José Juan Tablada qui excella dans l'art du calligramme et dans celui de la métaphore symbolique, ou Amado Nervo qui s'abandonna à la mélancolie et à son amour pour la rime.

Le modernisme s'éteint tandis que s'embrase le feu de la révolution, celle-ci donnant naissance à un nouveau courant qui porte son nom et se réalise dans la publication de romans réalistes nourris par le journalisme. Cette approche, quasi photographique, s'incarne parfaitement dans *Ceux d'en bas* (*Los de abajo*, 1915) de Mariano Azuela, des tranches de vies qui se dévorent aux éditions de L'Herne, mais aussi dans l'œuvre d'Alfonso Reyes Ochoa ou de Martín Luis Guzmán (*L'Ombre du Caudillo*, éditions Folio). Tandis que Rafael Felipe Muñoz (1899-1972) s'empare dans les années 1920 du mythe qu'est devenu le révolutionnaire Pancho Villa, Rodolfo Usigli Wainer se voit censurer sa pièce de théâtre *El Gesticulador* en 1938. La même année est créé un périodique, *Taller*, qui rassemble des plumes qui s'interrogent sur les problématiques sociales. Cette nouvelle génération d'écrivains tranche avec la précédente, les Contemporáneos publiés dans la revue éponyme fondée en 1928, qui se préoccupaient surtout des questions stylistiques. Très vite un nom émerge, celui d'Octavio Paz. L'histoire ne le sait pas encore mais le jeune homme, né à Mexico en 1914, est appelé à devenir prix Nobel de littérature en 1990, une récompense qui semble toute justifiée à l'aune du retentissement que rencontreront dans les années 1950 d'une part sa poésie, réunie sous le titre de *Liberté sur parole*, d'autre part son essai *Le Labyrinthe de la solitude*. Protéiforme, son travail ne cessera d'explorer maintes pistes poétiques. L'homme, quant à lui, restera fidèle à ses convictions et s'engagera en politique.

Pour l'heure, le milieu du XXe siècle assiste à deux autres publications d'importance, *Al filo del agua* (*Demain la tempête*) d'Augustín Yáñez en 1947, un roman presque joycien qui campe la vie d'un petit village, et *Pedro Paramo* (éditions Folio) en 1955, grâce auquel Juan Rulfo a été comparé à William Faulkner. Ces nouvelles voix - qui englobent parfois le mouvement de « l'indigénisme » mais posent la question plus globale de la définition d'une identité nationale, et se nimbent d'une certaine désillusion - augurent du « Boom » des années 1960, cette explosion de talents dont Carlos Fuentes (1928-2012) fut une figure tutélaire du Mexique. Ses romans, critiques et politiques, lui assureront rapidement une reconnaissance internationale et sont nombreux à avoir été traduits en français par Gallimard (*La Frontière de verre*, *Le Bonheur des familles*, *L'Instinct d'Inez*, etc.). Pour sa part, José Agustín publie en 1966 *De Perfil* (*Mexico midi moins cinq*, éditions La Différence) et devient l'instigateur du courant de la contre-culture qui n'hésite pas à bousculer les règles et à user de l'argot. Enfin, dans les années 1990, c'est l'œuvre de Jorge Volpi - né en 1968 - qui annonce le « Crack », la volonté manifeste d'une nouvelle génération d'écrivains de sortir d'un ancrage purement mexicain et de se frotter à des problématiques plus universelles.

TOP 10

LECTURE

Serait-ce la proximité de la langue, une longue histoire, une richesse de style, ou l'âme passionnée et passionnante du pays qui incitent les éditeurs français à laisser la part belle aux traductions d'œuvres mexicaines ? Il n'y a en tout cas que l'embarras du choix pour qui veut découvrir le Mexique par les livres !

LES OMBRES DE LA SIERRA MADRE

Dans les années 1920, un jeune mormon traumatisé par la guerre est envoyé au Mexique. Il y sauve une petite indienne mais réveille de vieux démons. *Philippe Nihoul et Daniel Brecht*, éditions BD Must.

LE SAUVAGE

Qu'ont en commun un Mexicain qui veut venger son frère dans le Mexico des années 1960 et un Inuit à la poursuite d'un loup ? Une certaine férocité. *Guillermo Arriaga*, éditions Le Livre de poche.

PLIER BAGAGE

Après lui avoir offert un livre sur l'origami, la mère du narrateur disparaît. À 10 ans, il doit composer avec la méchanceté de son père et l'indifférence de sa sœur. *Daniel Saldaña Paris*, éditions Métailié.

MEXIQUE

Pas moins de 700 recettes faciles à reproduire chez soi, tacos ou tamales, sucré ou salé, tous les gourmands s'y retrouveront. *Margarita Carrillo Arronte*, éditions Phaidon.

MON AMI LE SERPENT À SONNETTES

Dans la lignée des *Quatre accords toltèques* écrits par son père, José livre son enseignement et ses prises de conscience personnelles. *Don José Ruiz*, éditions J'ai lu.

FRIDA, LA REINE DES COULEURS

Troisième album pour enfants inspiré (de loin) de la vie de la plus célèbre des peintres mexicaines, magnifique ! *Sophie Faucher et Çara Carmina*, éditions Édito.

LA RÉVOLUTION SANS FIN

Plus qu'un guide, le décodeur d'un pays où la mort est moquée durant les fêtes populaires et où l'art de la révolte reste toujours bien vivant. *Emmanuelle Steels*, éditions Nevicata.

L'AUTRE ESCLAVAGE

En 1542, les monarques ibériques ont interdit l'esclavage des Amérindiens, mais celui-ci a pourtant perduré durant des siècles. *Andrés Reséndez*, éditions Albin Michel.

MEXIQUE

Le pays comptabilise 12 % des espèces existant dans le monde mais peut se targuer aussi d'héberger quelques formidables sites archéologiques. Une belle visite illustrée. *Stephen West*, éditions Place des Victoires.

DICTIONNAIRE AMOUREUX DU MEXIQUE

La découverte intime d'un pays aux multiples facettes par un auteur touche-à-tout dont la disparition a laissé un grand vide. *Jean-Claude Carrière*, éditions Plon.

À L'ÉCRAN

Le cinéma mexicain est parmi les plus développés d'Amérique latine. Le premier film tourné au Mexique, *Le Président en promenade,* est réalisé par Gabriel Veyre, un opérateur Lumière (nom donné aux cinéastes mandatés par les frères Lumière pour réaliser des prises de vue tout autour du globe), huit mois après la première projection de Paris. Le Mexique devenait ainsi le premier pays d'Amérique latine à recevoir le cinématographe. L'industrie s'y développe jusqu'à connaître, à la même période qu'Hollywood, son âge d'or, qui s'achève à la fin des années 1950. C'est à cette époque que Luis Buñuel réalise certains de ses plus beaux films. Une baisse de qualité se fait alors sentir et peu de réalisateurs se démarquent. Il faut attendre une nouvelle génération de cinéastes, dont les films, au tournant du XXIe siècle, vont redonner au Mexique une place majeure dans la production internationale avec parmi eux Alejandro Iñàrritu et Alfonso Cuaròn.

Une production marquée par la propagande

Le cinéma se développe sous la présidence de Porfirio Díaz, dictateur qui voit dans l'invention des frères Lumière un nouvel outil de propagande. Il orchestre donc sa mise en scène par les opérateurs français. La révolution mexicaine qui éclate en 1914 va encourager les cinéastes internationaux à s'intéresser aux forces d'opposition. Ainsi, Pancho Villa signe un contrat avec une société américaine afin que ses opérateurs puissent filmer ses affrontements depuis le meilleur poste. Il autorise des reconstitutions, ayant compris que ces mises en scène faisaient de lui le premier héros du cinéma mexicain. Son pari est réussi : l'image du cavalier moustachu au sombrero a circulé partout dans le monde. Sergueï Eisenstein (*Le Cuirassé Potemkine*) se rend au Mexique dans les années 1930. Il y prépare un long métrage sur la révolution mexicaine, et les groupes de travailleuses zapatistes : *Que Viva Mexico*. Mais le film est détourné du souhait du réalisateur… La révolution est déjà loin, et son souvenir n'est pas bien vu dans les sphères de pouvoir. Cet héritage attire aussi des réalisateurs américains engagés, à l'image d'Elia Kazan qui réalise *Viva Zapata* en 1952. Le célèbre révolutionnaire est incarné par Marlon Brando, et le scénario est signé John Steinbeck.

Le cinéaste Alejandro Gonzalez Iñárritu.

De l'âge d'or à l'ère des « charros »

Des années 1930 à la fin des années 1950, le cinéma Mexicain connaît son âge d'or. Les films de Luis Buñuel, les contes poétiques d'Emilio Fernández, mais aussi les comédies des stars Tin-Tan et Cantinflas comme les drames quotidiens avaient une profondeur et une qualité qui n'ont plus leur équivalent aujourd'hui.

Luis Buñuel, né en Espagne, est naturalisé mexicain en 1951. Le réalisateur a traversé l'histoire du cinéma, de sa période surréaliste aux côtés de Dali, à la fin des années 1920, jusqu'à ses dernières comédies absurdes tournées en France au cours des années 1970. L'œuvre emblématique de sa période mexicaine est *Los Olvidados* (1950).

Cet âge d'or est malheureusement suivi d'une période de films « charros », ainsi baptisés du nom des pâtisseries insipides, produites à la chaîne. De rares grands films voient cependant le jour : Buñuel signe notamment son dernier film au Mexique avec *L'Ange exterminateur* (1962), et Alejandro Jodorowsky y réalise son chef-d'œuvre, *La Montagne sacrée* (1973). Un autre réalisateur mexicain se démarque, Paul Leduc. Après des études à Paris, il rentre en 1967 au Mexique et fonde le groupe Ciné 70. Il réalise son premier long-métrage *John Reed Mexico Insurgente*, tourné avec peu de moyens et à la manière d'un véritable documentaire. En 1976, son deuxième long métrage *Etnocidio, notas sobre el mezquital* ouvre les yeux sur la situation déplorable des paysans indigènes au Mexique.

© ANDREA RAFFIN - SHUTTERSTOCK.COM

Guillermo del Toro.

DÉCOUVRIR

Des œuvres politiques

Le contexte géopolitique du Mexique, et notamment sa frontière avec les États-Unis, est un sujet de prédilection pour le cinéma des dernières décennies. *Rêves d'or* (2013), de Diego Quemada-Díez, nous plonge dans le périple des migrants centraméricains à travers le pays. La frontière est aussi le sujet de certains films étrangers réalisés en coproduction avec le Mexique, à l'image de *No Country for Old Men* (2007) des frères Cohen. La série Netflix *Narcos Mexico* (diffusée depuis 2018) met l'accent sur le Mexique comme porte d'entrée des États-Unis pour les narco-trafiquants. Diego Luna incarne Felix Gallardo, l'homme qui unifia le cartel de Guadalajara.

Cinéaste engagée, María Novaro participe, de 1979 à 1981, au collectif Cinéma Féminin. Elle réalise plusieurs courts-métrages, dont *Una Isla Rodeada de Agua*, en 1985. *El Jardin del Eden* (1994) traite du thème de l'immigration clandestine. *Tesoros* (2017), tourné dans un village du Guerrero et destiné au jeune public, a été projeté en avant-première à la Berlinale.

Les stars du cinéma contemporain

Le cinéma mexicain connaît un certain renouveau au début des années 1990. Jaime Humberto Hermosillo défraie la chronique avec *La Tarea* (1991) qui obtient un succès fou. Le réalisateur s'attaque à l'hypocrisie des classes moyennes mexicaines. L'actrice et femme politique Maria Rojo a le premier rôle. Mais c'est à partir de la fin des années 1990 que nombre de très bons films sont produits, et un trio de réalisateurs se démarque alors nettement. Alejandro González Iñárritu, Alfonso Cuarón et Guillermo del Toro qui ont tous réussi à s'exporter à l'international et à maintenir un cinéma d'auteur dans le circuit *mainstream*.

Iñárritu met d'abord en scène des films polyphoniques : on y suit le parcours de plusieurs personnages, qui se croisent autour d'un événement : un accident de voiture dans *Amours chiennes* (2000), une balle perdue dans *Babel* (2006). Ses autres succès sont *21 grammes* (2003), *Biutiful* (2010) puis *The Revenant* (2015). *Amours chiennes* lance à l'étranger la carrière du comédien mexicain Gael Garcia Bernal.

Alfonso Cuaròn gagne sa renommée avec *Y tu mama tambien (2001)*, qui remporte le prix du scénario à la Mostra de Venise. Son premier film hollywoodien, *Les Fils de l'homme*, présente un récit d'anticipation dans une humanité en guerre et devenue stérile. Il réalise ensuite *Harry Potter et le prisonnier d'Azkaban* (2004), où il développe un goût prononcé pour les mélanges de mouvements de caméra mécaniques et virtuels, qui atteint son apogée avec *Gravity* (2013). Il signe son retour au Mexique sur Netflix en 2018 avec *Roma*, un film qui suit la vie d'une famille de la classe moyenne dans le Mexico des années 1970.

Guillermo del Toro s'est illustré à la fois avec des *blockbusters*, comme *Blade 2* (2002), *Pacific Rim* (2013), qu'avec des films fantastiques d'auteurs, à l'image du *Labyrinthe de Pan* (2006) ou encore plus récemment *La Forme de l'eau* (2017, Lion d'Or à Venise). Son premier long-métrage, le film fantastique *Cronos*, remporte le prix de la critique au festival de Cannes en 1993. Il signe aussi la série fantastique *The Strain,* diffusée sur FX depuis 2014.

Enfin, Carlos Reygadas est un jeune cinéaste au futur très prometteur. *Post Tenebras Lux* a fait scandale au festival de Cannes de 2012, tout en raflant le prix de la mise en scène. Il a l'habitude de tourner avec des acteurs non-professionnels. Son dernier film *Nuestro Tiempo* est sorti fin 2018.

POPULATION

Le Mexique est le pays le plus peuplé de l'Amérique hispanique, avec 126 millions d'habitants en 2020. Une population majoritairement urbaine, après un exode rural massif dans la deuxième moitié du XXe siècle. La zone métropolitaine de Mexico est l'une des plus grandes au monde, avec près de 22 millions d'habitants, et l'on compte dans le pays une dizaine de villes de plus d'un million d'habitants. La population est jeune - la moitié des Mexicains a moins de 29 ans - et métisse. Un métissage, indien-européen principalement, qui a débuté au XVIe siècle et fut ensuite encouragé par l'État, pour former une société nationale homogène. Mais aujourd'hui, le pays ne cache plus la grande diversité de ses peuples indigènes, ni son héritage africain récemment reconnu. Au Mexique, on parle un espagnol truffé de mots nahuatl ou mayas, mais aussi 68 langues indiennes, qui sont considérées comme langues nationales, au même titre que l'espagnol.

Le premier pays hispanophone au monde

Le Mexique compte plus de 126 millions d'habitants, ce qui en fait le 11e pays le plus peuplé au monde et le deuxième pays d'Amérique latine (derrière le Brésil). La population a presque doublé en 40 ans : elle n'était « que de » 75 millions en 1980, et 15 millions il y a un siècle, après la révolution mexicaine. À ces chiffres, il faudrait ajouter ceux des Mexicains vivant en dehors du Mexique, et en particulier aux États-Unis. Chez le voisin du nord, les *Mexamericanos*, ou Mexico-Américains, sont plus de 36 millions. Ils représentent la première communauté étrangère et 63 % des 57 millions de latinos dans le pays !

Retour au Mexique, où près de 80 % de la population vit en zone urbaine. La moitié dans l'une des 112 villes de plus de 100 000 habitants et 37 % dans l'une des 10 métropoles dépassant le million. La *Zona Metropolitana del Valle de México* (ZMVM), dont la dénomination remplace l'ancien *Distrito Federal*, ou D.F., est une mégalopole de plus de 21,8 millions d'habitants comprenant la ville de Mexico et ses banlieues. C'est la troisième ville la plus peuplée du continent, après São Paulo et New York. Derrière ce monstre, on trouve Monterrey et Guadalajara qui dépassent chacune les 5 millions d'habitants.

La densité de population est de 65 hab./km^2 (contre 122 hab./km^2 en France), mais le Mexique présente une grande disparité, entre des zones très densément peuplées, comme Mexico (6 000 hab./ km^2) et d'autres beaucoup moins, comme la Basse-Californie du Sud (9 hab./km^2), Chihuahua, Durango ou Campeche (14 hab./km^2).

Le Mexique est un pays à la population plutôt jeune, mais qui n'échappe pas au vieillissement constaté dans toutes les sociétés occidentales. Les plus de 60 ans représentent 12 % de la population (autour de 25 % en France), contre 7 % en 2000, et l'espérance de vie est de 75 ans, avec une différence importante entre les sexes (près de 78 ans pour les femmes et 72 ans pour les hommes). L'âge médian est aujourd'hui de 29 ans (41 ans en France), il était de 22 ans en 2000. On fait effectivement de moins en moins d'enfants : le taux de fécondité était en 2020 de 2,1 enfants par femme en âge de procréer, contre 2,8 enfants en 2000, 4,8 en 1980 et autour de 7 dans les années 1960. Bien sûr tous ces chiffres sont des moyennes et il existe d'énormes différences entre régions et entre les zones urbaines et rurales, ces dernières ayant des familles beaucoup plus nombreuses, notamment dans les communautés indigènes.

Une nation métisse

La population mexicaine est majoritairement métisse, autour de 80 % selon la plupart des études réalisées sur ce thème. Un mélange de groupes ethniques qui a commencé quand les conquistadors espagnols ont envahi le Nouveau Monde. L'un des premiers métis est d'ailleurs le fils d'Hernán Cortés et de l'Indienne Malintzin, Marina ou « La Malinche », l'une des figures les plus controversées de l'histoire mexicaine. Les Européens vont se mêler d'abord avec les femmes indiennes, puis également avec les esclaves africaines. Peu à peu la population métisse va devenir majoritaire et ces *mestizos* vont être placés par la Couronne espagnole entre la catégorie des « Créoles » (Espagnols nés en Amérique) et celle des Indiens. Ce système de castes va être le terreau des aspirations indépendantistes. Avec la République, puis la révolution, les Mexicains ont vu la nécessité de fonder une identité nationale en effaçant les différences ethniques. Cette identité nationale va se forger à travers l'idéologie du métissage linguistique et culturel, qui sera au centre du discours politique tout au long du XXe siècle. Si le brassage génétique est bien là, malheureusement les inégalités héritées de la colonie sont toujours flagrantes et la situation n'a fait qu'empirer depuis la révolution... Les Indiens et les Noirs sont toujours au bas de l'échelle, tandis que les descendants d'Européens, qui ne se sont jamais mélangés, conservent crânement le pouvoir politique et économique. Le leitmotiv « Nous sommes tous des métis » va par ailleurs être un obstacle à la reconnaissance de la diversité culturelle et notamment de ses minorités indiennes et afrodescendantes.

L'héritage africain

Les Afromexicains sont les descendants des centaines de milliers d'esclaves africains amenés au Mexique, entre 1590 et 1650, pour remplacer la main-d'œuvre indienne décimée par les maladies apportées par les colonisateurs. Certains esclaves qui se sont échappés des *haciendas*, ont fondé des communautés autonomes et se sont soulevés contre les autorités coloniales. La plupart se sont métissés, avec des Indiens ou des Blancs, et aujourd'hui beaucoup de Mexicains ne se doutent pas qu'ils ont du sang africain dans leurs veines. Les *Afroméxicanos* représentent aujourd'hui plus de 2,57 millions de personnes. Pourtant, ils ont très longtemps été ignorés par l'État et ses institutions. Ce n'est qu'en 2020, pour la première fois, que l'INEGI va distinguer dans son recensement décennal les personnes se considérant comme afrodescendantes. Le fruit d'années de mobilisation d'organisations civiles comme *México Negro* ou *Alianza para el Fortalecimiento de las Regiones Indígenas y Comunidades Afroméxicanas (AFRICA)*, entre autres. Les Afromexicains sont surtout présents dans la région de Costa Chica, sur la côte pacifique des États d'Oaxaca et de Guerrero, ainsi que, dans une moindre proportion, en Basse-Californie du Sud, dans le Veracruz, le Yucatán et le Quintana Roo.

25 millions d'Indiens

À l'arrivée des Espagnols au XVIe siècle, 25 millions d'« Indiens » (comme les appelèrent les Européens), de différentes ethnies, occupaient l'ensemble du territoire de l'actuel Mexique. La conquête a décimé cette population, par la guerre, le travail forcé et les maladies contre lesquelles les indigènes n'étaient pas immunisés. C'est seulement aujourd'hui que l'on retrouve ce chiffre de 25 millions d'Indiens, tout du moins de personnes se reconnaissant comme appartenir à l'un des 68 peuples indigènes du pays. Ils représentent 21,5 % de la population totale du Mexique. Les Indiens sont présents sur tout le territoire, mais se concentrent surtout dans les États d'Oaxaca (1,16 million) et Chiapas (1,4 million). Veracruz, Puebla et Yucatán ont également des minorités indigènes importantes. Les peuples autochtones les plus nombreux sont les Nahuas (24 %), les Mayas (13,7 %), les Mixtèques (6,8 %), les Zapotèques (6,8 %) et les Tzeltal (5,7 %), qui concentrent ensemble plus de la moitié de la population indigène du Mexique.

68 langues indigènes

Tutunakú, ayyujk, bats'il k'op tseltal, otetzame, kickapoo, tének, wixárika, chatino, awakateko, chinanteco, ixil, bot'una... : ce ne sont que quelques-unes des langues du pays ! Le Mexique est une nation multilingue qui ne compte pas moins de 68 langues indigènes, appartenant à 11 familles linguistiques, et dont dérivent 364 dialectes. Cette diversité en fait le deuxième pays d'Amérique latine en nombre de langues originaires, derrière le Brésil, et le dixième au monde. Le Mexique n'a pas de langue officielle, même si l'espagnol l'est devenu *de facto*.

DÉCOUVRIR

Femme maya devant une maison traditionnelle.

Danses aztèques.

Depuis la loi sur les Droits linguistiques des peuples indigènes (2003), les langues indigènes ont toutes le statut de « langues nationales », au même titre que l'espagnol, parlé par plus de 99 % des Mexicains. Les principales langues indigènes sont le nahuatl (1,72 million de locuteurs, la plupart originaires du centre du pays) ; le maya (859 000), dans le Chiapas et la péninsule du Yucatán ; le tzeltal (556 000) et le tzotzil (487 000) dans le Chiapas ; et le mixtèque (517 000) et le zapotèque (479 000), dans l'Oaxaca. Au total, 7,4 millions de Mexicains parlent une langue indigène et la plupart sont bilingues (moins d'1 million d'indigènes ne parlent pas l'espagnol). Une quarantaine de ces langues sont en danger et des centaines ont déjà disparu durant la colonisation, mais surtout après l'indépendance. En effet, à partir du XIXe siècle, la *castellanización* (hispanisation) de la société, promue par l'État républicain, avait pour objectif de faire disparaitre les langues indigènes, qui constituaient un obstacle à l'intégration dans la société nationale. Au Mexique, le principal critère historique pour définir ce qui relève de l' « indigène » est la langue. Pour cette raison, la consolidation d'une nation métisse homogène devait passer par l'interdiction de l'usage des langues indigènes, notamment à l'école ou au travail. Les mentalités vont peu à peu évoluer et, à la fin du XXe siècle, le multiculturalisme est reconnu comme une richesse nationale. À partir des années 1980, l'éducation bilingue est mise en place dans les municipalités à forte présence indigène, mais elle est restée limitée aux groupes linguistiques principaux. L'Institut national des langues indigènes (INALI) est chargé de développer des programmes et services culturels et linguistiques, avec par exemple la formation de traducteurs et interprètes indigènes pour faciliter l'accès des communautés aux systèmes de santé, d'éducation ou à la justice.

¿hablas Mexicano wey?

Quant à l'espagnol parlé au Mexique, il est bien différent dans son vocabulaire, ses expressions, accents ou intonations, de la langue de Cervantes. Des différences que l'on retrouve aussi, dans une moindre mesure, entre les différentes régions du Mexique : vu la taille du pays et les différences ethniques et culturelles entre les États, on distingue de nombreux régionalismes linguistiques. Ces régionalismes ont été influencés par les langues et dialectes locaux des peuples originels. Le nahuatl, la langue des Aztèques, a beaucoup influencé l'espagnol mexicain, et cela même dans des régions où on ne le parlait pas (nord et sud du pays). Le champ lexical espagnol (et universel) s'est enrichi de mots nahuatl, pour désigner des fruits (*tomate, jitomate, zapote, aguacate, cacahuate, chayote*, etc.), des plantes (*achiote, quelite, jocote*, etc.), ou des boissons et aliments (*guacamole, mezcal, vainilla, cacao, chocolate*, etc.) qui n'existaient pas en espagnol. Le maya quant à lui a eu une influence sur l'espagnol parlé dans le sud-est du Mexique et dans la péninsule du Yucatán, ainsi qu'en Amérique centrale.

Au-delà des langues indigènes, sous l'influence nord-américaine de nombreux mots anglais sont rentrés dans le langage courant. Si l'on dit facilement *ok* et *bye*, on trouve aussi des mots calqués sur l'anglais et adaptés à l'espagnol : au Mexique, *los carros se rentan* (« *cars are rented* ») alors qu'en Espagne, *los coches se alquilan*… Enfin, le parler mexicain est loin d'être figé, il évolue avec des mots d'argot pleins d'humour inventés tous les jours. Il y a également beaucoup de jeux de mots et d'expressions à double sens, les fameux *albur*, avec lesquelles les Mexicains aiment se divertir, et c'est encore plus drôle avec les touristes !

SOCIÉTÉ

Venir au Mexique, c'est se plonger dans une nouvelle culture, latine et tropicale, informelle et amicale. D'un côté, on tombe sous le charme des contacts humains faciles, de l'hospitalité chaleureuse, des sourires naturels... De l'autre, on est choqué par les inégalités sociales, les injustices contre les minorités indigènes ou LGBTI, ou encore par la place de la femme dans une société patriarcale et conservatrice. Il faut aussi s'attendre à des chocs culturels : une perception du temps radicalement différente, le côté tactile et notamment le fameux *abrazo* qui peut en déstabiliser certains, des questions qui peuvent sembler indiscrètes, le fait aussi qu'au Mexique on a du mal à dire « non » (pour rester aimable) ou « je ne sais pas » (par fierté)... Venir au Mexique, c'est donc découvrir des coutumes différentes d'une région à l'autre, mais c'est aussi explorer sa propre ouverture d'esprit et apprendre à voir la vie d'une autre façon !

La famille

Les Mexicains sont très attachés à la famille. On se réunit régulièrement et dès qu'une occasion se présente : la fête des Mères, les anniversaires, le diplôme du neveu, les 15 ans (*Fiesta de los quince años*) de la cousine... Il y a un fort sentiment d'appartenance au cercle familial, au sens large, qui inclut les oncles et tantes, les cousins, les neveux, et parfois les amis. Les maisons de retraite ne font pas recette : les grands-parents vivent souvent sous le même toit que l'un de leurs enfants, et jouent alors un rôle important dans l'éducation des petits-enfants. Quant à la prise d'indépendance, on reste tard chez ses parents (30-40 ans, voire plus), pour des raisons économiques ou par commodité. Lorsque l'on quitte le cocon familial, c'est souvent pour se lancer dans la vie conjugale, dès le mariage célébré. Il s'agit évidemment d'une vision traditionnelle qui ne s'applique pas à toute la population : certains jeunes gens quittent la maison très tôt pour étudier dans une autre ville, d'autres vivent en couple sans être mariés... Les situations varient selon le milieu social ou le lieu de vie. Il n'en reste pas moins que dans un pays où les mesures de protection sociale sont dérisoires, la famille signifie aussi entraide financière et réconfort psychologique. Il est donc de coutume dans la vie quotidienne de demander des nouvelles des uns et des autres, avant d'engager toute discussion avec son interlocuteur.

Oubliez votre montre !

Les Mexicains ont un rapport au temps bien particulier. On ne s'en rend pas forcément compte lors d'un séjour touristique, car les opérateurs savent qu'il est important pour leurs clients étrangers de respecter des horaires précis (encore que...). Mais quand on reste un moment sur place, ce rapport au temps fait partie des premiers chocs culturels. Ici, la conception du temps est de type polychronique, c'est-à-dire floue, flexible, moins soumise à un agenda. La *hora mexicana* facilite l'adaptation aux changements, indispensable pour faire face à l'improvisation qui prend souvent le pas sur la planification. Du coup, un retard ou un rendez-vous annulé au dernier moment, ce n'est pas grave. Il ne s'agit pas ici d'un manque de respect, et il n'est donc pas indispensable de s'excuser... *Mañana* (« demain » en espagnol) ou *ahorita* (« dans un petit moment ») signifient rarement « demain » ou « dans un instant » dans la tête de celui qui le prononce. Le moment présent, l'enthousiasme et la spontanéité sont plus importants que l'agenda. Cette élasticité temporelle peut générer beaucoup d'incertitude pour un Européen ou un Nord-Américain. Mieux vaut s'y habituer si l'on vit au Mexique, pour éviter les montées de stress et surtout profiter du moment présent comme le font si bien les Mexicains !

Une société classiste

Au Mexique, les inégalités sont criantes et les classes sociales identifiables par de multiples codes : la façon de s'habiller, de parler, l'endroit où l'on vit, où l'on étudie, etc. Mais le plus choquant est que la stratification sociale est très liée à la couleur de peau ou au groupe ethnique d'appartenance. Plus on a la peau blanche et des traits européens, plus on a de chance d'appartenir à une classe aisée. Plus on présente un type indigène, moins on aura la possibilité de monter dans l'ascenseur social. Le Mexique affiche fièrement ses origines mayas ou aztèques, mais la population indigène vit souvent comme à l'époque coloniale, dans une situation de grande vulnérabilité sociale. Les discriminations raciales sont normales pour une partie de la population, la même qui dénigre les Afro-descendants et les migrants Centro-Américains.

Le film *Roma* (2018), aux nombreux prix internationaux, a mis en lumière de façon subtile cette problématique classiste, en abordant le sort des employées domestiques, les fameuses ***muchachas***, soumises à des discriminations quotidiennes souvent invisibles et héritées de l'époque coloniale. Certains rapports de soumission ressortent également dans des expressions que l'on n'entend qu'au Mexique. Par exemple, le populaire *¿Mande?* qui sert à faire répéter (équivalent de « Comment ? ») signifie littéralement « Donne-moi un ordre », comme l'exprimait autrefois l'esclave à son maître...

A estudiar !

Depuis la Constitution de 1917, l'éducation scolaire est obligatoire, gratuite et laïque. Les écoles gérées par des organisations religieuses ne reçoivent aucuns fonds publics. Le système éducatif comporte les niveaux de maternelle (*preescolar*), primaire (*educación inicial*), collège (*educación básica*), lycée (*educación media superior*) et université (*educación superior*). L'année scolaire s'étend de septembre à juin, avec des vacances autour de la Toussaint, Noël et la Semaine sainte. Les cours ont lieu en semaine, de 7h-8h jusque 13h-14h. On se rend à l'école en uniforme (bien repassé !), mais les relations élèves-professeurs sont amicales, en tout cas moins formelles qu'en France. Malheureusement, le niveau éducatif est parmi les plus bas des pays de l'OCDE, ce qui explique que les familles aisées envoient leurs enfants dans des écoles privées, aux mensualités exorbitantes. Le taux de scolarisation a progressé ces dernières années (95 % pour les 5-14 ans) et l'analphabétisme a été divisé par deux en 20 ans (4,7 % de la population mexicaine en 2020). Néanmoins, les disparités régionales sont importantes : 2 % d'analphabétisme à Mexico, contre 18 % dans le Chiapas ! Dans cet Etat comme dans d'autres à fortes minorités indigènes, des programmes scolaires bilingues ont été mis en place, avec plus ou moins de succès. Quant à l'éducation supérieure, les universités publiques ont un bon niveau, mais manquent cruellement de places, et ceux qui ne peuvent se payer l'inscription dans un établissement privé doivent renoncer à étudier.

Une vie sans filet

Au Mexique, 35 heures hebdomadaires et 5 semaines de congés payés, ça fait rêver ! Ici c'est du 48 heures par semaine, 6 jours de congé par an (un peu plus avec de l'ancienneté). Même si le salaire minimum a augmenté sensiblement depuis la prise de pouvoir du président López Obrador, il n'atteint pas les 6 €... par jour ! Il n'y a pas de prestation chômage en cas de perte d'emploi, à part une petite indemnisation qui doit être payée par l'entreprise en fonction du temps travaillé (pas toujours facile à récupérer). Les pensions de retraite sont faibles et ceux qui en ont les moyens cotisent à un fonds de pension additionnel. Mais pour 60 % des Mexicains qui travaillent dans le secteur informel, la situation est encore plus précaire. Un programme de médecine sociale, le *Seguro Popular,* a cependant été mis en place pour protéger la population la plus vulnérable. L'hôpital public bénéficie d'un personnel soignant compétent mais très mal payé, et les installations

DÉCOUVRIR

Agriculteur dans un champ de sisal.

sont souvent vétustes et les files d'attente infinies. Les cliniques privées offrent quant à elles des soins de qualité, mais les tarifs sont très élevés et moins de 10 % de la population peut en bénéficier. La santé privée au Mexique est un véritable business, et un révélateur de plus des profondes inégalités dans le pays.

Mariage homo : un Mexique à deux vitesses

Mexico a été la première ville d'Amérique latine à autoriser l'union civile entre personnes de même sexe, en 2007, et à légaliser le mariage homosexuel, en 2010. Un séisme médiatique à l'époque ! Ces dernières années, plus de la moitié des États mexicains ont adapté leurs législations pour légaliser le mariage homosexuel et accorder aux personnes en union civile les mêmes droits qu'à ceux mariés. Malheureusement, les discriminations, menaces et violences physiques sont toujours d'actualité envers la communauté LGBTI. Il est rare de voir des couples homosexuels montrer des signes d'affection en pleine rue, à part dans certains quartiers de Mexico, Guadalajara, Acapulco, ou Cancún, ou encore dans la station balnéaire de Puerto Vallarta dont la réputation *gay friendy* n'est plus à faire.

© SYLVIE LIGON

Un jour sans femmes !

Les femmes sont de plus en plus indépendantes au Mexique. Elles n'hésitent pas à se lancer en politique par exemple, et pour la première fois une femme, Claudia Sheinbaum, a été élue maire de Mexico en 2018. La différence entre sexes s'est réduite également dans le domaine éducatif, mais les femmes continuent d'occuper des postes moins qualifiés et à toucher des salaires inférieurs, à diplômes et emplois équivalents. En ville surtout, les valeurs conservatrices, concernant la place de la femme dans la société, commencent à évoluer. Il était impensable il y a encore quelques années qu'une femme quitte le foyer parental pour s'installer en couple sans être mariée, ou de ne pas souhaiter avoir des enfants. Mais le machisme est toujours bien présent au Mexique. Le travail domestique reste largement de la responsabilité de la femme, tandis que l'homme représente le « chef de famille » qui doit soutenir financièrement le foyer. Certains lieux comme les *cantinas* sont strictement réservés aux hommes. Depuis peu cependant, certains de ces bars accueillent également des femmes. La société évolue donc, mais *poco a poco*… Au Mexique, l'avortement est toujours considéré comme un crime et n'est autorisé qu'en cas de viol. Seul Mexico (depuis 2007) et l'État d'Oaxaca (depuis 2019) ont légalisé l'IVG, jusqu'à la 12e semaine de grossesse. Ailleurs, beaucoup de femmes ont recours à des « remèdes » maison pour avorter clandestinement, au péril de leur vie. Par ailleurs, si les Mexicains sont généralement galants et attentionnés, la violence envers les femmes est courante, en raison d'une culture machiste et patriarcale omniprésente. On parle de violences conjugales, physiques, émotionnelles, sexuelles, ou économiques. On parle surtout de féminicide : l'assassinat de femmes pour le simple fait d'être femmes. Le Mexique détient des records en la matière. Des noms de villes font frémir, comme Ciudad Juárez, où des centaines de femmes ont été violées, torturées et assassinées depuis les années 1990. À l'échelle du pays, on comptait en 2020 près de 10 femmes assassinées par jour, dont un tiers se sont révélées être des féminicides. La plupart des victimes sont issues des secteurs les plus vulnérables : migrantes, indigènes, enfants et adolescentes en situation de pauvreté… Face au désintérêt de l'État et à l'impunité (50 % des féminicides ne sont pas élucidés, 99 % dans certains États), des groupes de femmes manifestent régulièrement pour réclamer justice. En 2020, le 9 mars (lendemain de la Journée internationale des femmes), suite à l'appel d'un groupe d'activistes féministes, un grand nombre de femmes a déserté la rue, les bureaux, les transports, les écoles, les cafés, les centres commerciaux, etc., pour protester contre le machisme qui tue. *#UNDIASINNOSOTRAS* (#UNJOURSANSNOUS) a eu un écho impressionnant, toutes classes sociales, origines, et orientations religieuses ou politiques confondues.

RELIGIONS

Lors de votre voyage au Mexique, vous verrez probablement votre chauffeur de taxi se signer dès qu'il passe devant une chapelle, sans même tourner la tête, comme s'il avait un radar à temples religieux ! Dans ce grand pays catholique, la religion est omniprésente, toute classe sociale et génération confondues. On célèbre, par conviction ou tradition, toutes les fêtes catholiques, avec parfois des particularités bien mexicaines. On vénère aussi une ribambelle de saints, de la Vierge de Guadalupe à la beaucoup moins officielle « Santa Muerte » ! Cette ferveur religieuse peut surprendre dans un État qui revendique officiellement sa laïcité. C'est en effet l'un des premiers pays à avoir organisé la séparation de l'État et de l'Église, et les relations entre gouvernement et clergé n'ont jamais été simples, menant même à la guerre. Une relation complexe qui n'a cependant pas affecté la grande religiosité des habitants.

Une population majoritairement catholique

Avec 97,8 millions de fidèles, le Mexique est le second pays le plus catholique au monde, derrière le Brésil. Les messes sont presque quotidiennes et les églises réunissent toutes les générations, y compris les plus jeunes. Dans la vie de tous les jours, la religion est facilement perceptible : on se signe en montant dans sa voiture ou en passant devant une église, on fait bénir son bus ou sa maison, on se tatoue sur le corps le visage de Jésus ou la Vierge de Guadalupe… Les fêtes chrétiennes comme Noël, la Chandeleur (Día de la Candelaria), ou la Semaine sainte (en particulier le Vendredi saint) sont célébrées avec une grande ferveur. Certaines célébrations sont spectaculaires, comme celles de Notre-Dame de Guadalupe, patronne du Mexique, qui attire des millions de pèlerins le 12 décembre à la basilique du même nom (la plus visitée au monde après la basilique Saint-Pierre du Vatican). L'Église catholique a évidemment une influence sur toute la société, en particulier sur la famille. C'est souvent une conception traditionnelle qui est prêchée, correspondant de moins en moins à la réalité de la société moderne. Les questions sur l'avortement ou la pilule du lendemain dérangent les pratiquants, qui y ont pourtant souvent recours, légalement ou non. Le mariage entre personnes du même sexe reste également un sujet tabou, même s'il est autorisé dans une vingtaine d'États.

Le recensement de la population de 2020 indique qu'une grande majorité des Mexicains est catholique (77,7 %), mais ce pourcentage s'est beaucoup réduit en vingt ans (88 % en 2000), autant qu'entre 1950 et 2000 (de 98 % à 88 %). Dans le même temps, le protestantisme (baptistes, méthodistes, presbytériens et surtout pentecôtistes) passe de 7,5 % de la population en 2010, à 11,2 % en 2020. Une augmentation certes, mais pas une vague massive comme au Brésil ou dans les pays d'Amérique centrale. Les églises chrétiennes évangélistes, au prosé-

Basilique Notre-Dame-de-Guadelupe à Mexico City.

DÉCOUVRIR

lytisme actif et sachant jouer de l'émotionnel, comptent davantage d'adeptes dans les zones rurales isolées. Les États du sud du Mexique, à la population indienne importante, sont les plus sensibles à la poussée évangéliste, également forte au Guatemala voisin. Les évangélistes représentent près du tiers des habitants du Chiapas et du quart des habitants du Tabasco et de Campeche. Ces églises ont la faculté de créer davantage de communautés d'entraides entre fidèles, par contre elles restent encore plus fermées que l'Église catholique sur les questions sensibles, comme l'homosexualité ou l'avortement. Les autres religions (judaïsme, islam, bouddhisme…) représentent à peine 2,2 % de la population du Mexique, et de plus en plus de Mexicains (un sur dix) se déclarent aujourd'hui sans religion, athées ou agnostiques.

Les relations ambiguës entre un État laïc et l'Église catholique

La religion catholique est arrivée au Mexique avec les conquistadors espagnols. Durant les trois siècles de l'époque coloniale, l'Église a été proche de la monarchie et de l'aristocratie conservatrice et s'est opposée continuellement aux aspirations indépendantistes. Après l'indépendance, elle a fait front aux réformes progressistes des libéraux. Ces derniers ont donc réfléchi au milieu du XIXe siècle à un modèle de séparation entre l'État et l'Église. Plusieurs lois vont être adoptées entre 1855 et 1861 pour poser les bases de cette séparation. Mais il ne s'agit pas d'interdire la religion, qui reste pratiquée à l'époque par 99 % de la population. Plus tard, la Constitution révolutionnaire de 1917 va nier la personnalité juridique de l'Église et sa participation dans la vie politique. Le clergé sera également privé du droit de propriété. Ainsi, les lieux de culte et couvents appartiennent désormais à l'État, et les écoles catholiques sont interdites. L'application ferme des mesures anticléricales du président Calles va provoquer la sanglante Guerre des Cristeros (1926-1929) qui opposera les rebelles catholiques au gouvernement libéral. Les relations vont s'apaiser dans les années 1930-40, et le culte et les écoles catholiques vont reprendre du service, mais la personnalité juridique de l'Église ne sera rétablie qu'en 1992. Les relations avec le Vatican vont également s'améliorer. Jean-Paul II sera le premier pape à poser le pied au Mexique, à Puebla, en 1979. Il reviendra quatre fois (1990, 1993, 1999 et 2002) dans ce pays qu'il qualifiait de « *siempre fiel* » (toujours fidèle). Benoît VI fera une visite en 2012 et François, en 2016. Aujourd'hui, malgré un principe de laïcité bien ancré (inscrit en 2012 dans la constitution), l'Église catholique reste toujours très influente dans la vie publique, influant ses valeurs conservatrices dans les débats de société (contraception, IVG, etc.). En même temps,

© LOESKIEBOOM - ISTOCKPHOTO.COM

Autel illuminé à Merida.

depuis les années 1960, elle est souvent aux côtés des mouvements pro-démocratiques, pour la défense de la liberté d'expression ou la protection des migrants par exemple.

De la Vierge de Guadalupe à Jesús Malverde

Malgré la conversion des Indiens au catholicisme à partir du XVIe siècle, de nombreuses croyances préhispaniques persistent et se sont immiscées dans les pratiques catholiques. Le syncrétisme religieux est omniprésent au Mexique, surtout dans les régions rurales, où des rites « païens » se perpétuent parfois à proximité des églises. L'un des exemples de syncrétisme les plus parlants est la Fête des morts (Día de Muertos), célébrée le 1er et 2 novembre (parfois avant dans certaines communautés). Inscrite en 2008 au patrimoine culturel immatériel de l'humanité de l'Unesco, elle se distingue des autres célébrations rendant hommage aux défunts, par son caractère festif et la réalisation d'autels dédiés aux morts. Ces autels sont couverts de bougies, de *pan de muertos* (pains sucrés en forme de crâne ou de squelettes), de petites têtes de mort en sucre (*calaveritas de azúcar*), d'encens, et d'offrandes diverses autour de la photo du défunt : objets familiers, un plat qu'il appréciait, un cigare, de la tequila... Un élément ne peut manquer : les pétales de cempasúchil (du nahuatl sempôwalxôchitl qui signifie « vingt fleurs »). L'arôme puissant de cette variété d'œillet d'Inde embaume les tombes et les allées des cimetières. La « fleur des morts », à la couleur jaune-orange intense, était déjà utilisée par les Aztèques pour décorer les sépultures, ou enduire le visage des prisonniers avant leur sacrifice, afin qu'ils ne « sentent » la mort venir !

DÉCOUVRIR

Marionnette pour le Dia de les Muertos à Mérida.

Un grand soin était apporté au rituel, car le pouvoir des morts est puissant, capable d'apporter aussi bien une bonne récolte que le malheur sur la famille. Les Espagnols sont arrivés en Amérique avec la fête de la Toussaint. Au fil du temps, les rites précolombiens et catholiques ont fusionné pour donner le Día de Muertos. Le 1er novembre est le jour des enfants disparus, le 2 des adultes. Mais la tradition veut que les esprits arrivent dès le 28 octobre. Ce jour est dédié aux personnes décédées d'un accident, le 29 à ceux qui sont morts pendus. Le 30 et 31, aux enfants partis sans avoir pu être baptisés, ainsi qu'aux morts qui n'ont pas de famille pour se souvenir d'eux. Toute la nuit les bougies guident le retour des esprits des morts vers les vivants, pendant que l'on chante et boit à la « santé » des morts.

Le culte très populaire à la Vierge de Guadalupe est aussi le fruit du syncrétisme. La Vierge à la peau brune est apparue en 1531 à l'Indien Juan Diego Cuauhtlatoatzin, au pied de la colline de Tepeyac, proche de Mexico. Elle lui demanda de faire construire une chapelle à cet endroit. Pour convaincre l'évêque de le faire, la Vierge indiqua à Juan Diego où il pourrait trouver des roses, alors que ce n'était pas la saison de floraison. Quand Juan Diego étendit la cape qu'il portait pour donner les roses à l'évêque, ils y virent apparaître l'image de la Vierge brune. L'événement a convaincu l'évêque du miracle, et on trouve aujourd'hui sur le site de l'apparition la célèbre basilique de Notre-Dame de Guadalupe. Un détail intéressant est le fait que la colline du Tepeyac avait été un lieu sacré d'adoration de Tonantzin, la déesse aztèque de la fertilité. Le fait que la Vierge parle le nahuatl et présente des traits indigènes a favorisé la conversion au catholicisme des peuples indigènes, tout en intégrant la figure de l'Indien dans la religion catholique.

Une « sainte » beaucoup moins catholique a gagné en popularité ces dernières années : Santa Muerte (« Sainte Mort »). La personnification de la mort est populaire au Mexique, mais n'a jamais été aussi visible, en particulier à Tepito, quartier de Mexico très affecté par la violence, où elle a son sanctuaire. C'est la patronne des délinquants et de tous les déshérités, qui se tournent vers elle pour une guérison, un emploi, ou une sortie de prison, quand aucune réponse n'a été apportée par des figures religieuses plus « traditionnelles ». Le culte à Santa Muerte est influencé à la fois par des croyances préhispaniques, la santeria et le catholicisme. Il serait pratiqué par environ 6 millions de personnes au Mexique ! Il est évidemment rejeté par les Églises catholique et protestante, qui le considèrent démoniaque.

Les plus désespérés se tournent également vers Jesús Malverde, surnommé le « Saint des narcos ». Les narcotrafiquants à la vie généralement courte et intense ont en effet bien besoin d'une protection supplémentaire ! Malverde était un bandit de grand chemin du XIXe siècle, une sorte de Robin des Bois mexicain, né et mort à Sinaloa, la « Mecque » des cartels de la drogue. Certains ont édifié des chapelles en son honneur, notamment à Culiacán, Tijuana, Chihuahua, mais aussi à Los Angeles ou à Cali en Colombie. Les croyances populaires attribuent de nombreux miracles à Malverde. Il a aussi des pouvoirs de protection, notamment pour les migrants qui tentent de passer illégalement la frontière avec les États-Unis. Des pouvoirs que Malverde partage avec un certain « Juan Soldado », mais c'est encore une autre histoire…

QUE RAPPORTER ?

On trouve au Mexique de beaux vêtements, des objets faits main et de nombreuses douceurs qui vous permettront de vous évader une fois de retour : quel plaisir de se replonger dans son voyage grâce à ces souvenirs ! Il y a tant d'artisanat dans ce pays que c'est à chacun, selon ses goûts et ses couleurs, de choisir ce qu'il désire rapporter de son séjour. Il suffit d'écumer les *mercados* pour dénicher des objets régionaux, qui sont souvent faits de manière artisanale et sont vendus à des prix abordables. C'est le cas par exemple de la Ciudadela (p.163), à Mexico, du Mercado Coral Negro à Cancún et du Mercado Hidalgo (p.213) à Guanajuato. Déambuler au milieu des stands colorés de ces marchés locaux est une expérience en soi. À titre indicatif, voici donc quelques objets faciles à transporter, qu'il peut être intéressant de rapporter du Mexique, parce qu'on ne les trouve pas facilement en Europe ou à des prix très chers.

Artisanat

Céramique. La céramique est l'artisanat le plus pratiqué au Mexique et remonte à plusieurs milliers d'années. Les traditions précolombiennes ont en grande partie disparu avec l'invasion des Européens, et la plupart des pièces en céramique sont le résultat d'un mélange de techniques européennes et de styles indigènes. Pichets, cruches, bols, répliques de sculptures mayas et autres objets décoratifs sont le plus souvent réalisés à la main par des artisans et peuvent être d'une grande beauté grâce à leurs couleurs vives et leurs motifs, qui varient d'une région à l'autre.

Molinillo. Cet ustensile de cuisine en bois traditionnel est utilisé comme un fouet dans la préparation de certaines boissons chaudes, en particulier le chocolat. Décoré à la main et constitué de plusieurs anneaux sculptés dans une seule pièce de bois, il permet de produire une belle mousse bien aérée. Le *molinillo* est souvent utilisé pour mélanger la boisson chaude dans un grand récipient, mais il en existe également de petite taille pour faire mousser votre chocolat chaud dans une tasse ou une casserole.

Hamac. Le hamac est une vraie passion mexicaine ! On en vend dans tout le pays, mais c'est dans le Yucatán qu'il a été inventé, et Mérida reste sans doute l'endroit où vous en trouverez au meilleur prix. Car la capitale du hamac, c'est Tixkobob, petite ville à une vingtaine de kilomètres à l'est de Mérida. On y trouve des hamacs de toutes les tailles et de toutes les couleurs. Leur prix dépend de la qualité du tissage et du matériau utilisé (coton, nylon ou polypropylène).

Alebrijes. Originaires de l'État de Oaxaca, les *alebrijes* sont des sculptures en bois peintes de couleurs vives avec maints détails, qui représentent le plus souvent des créatures fantastiques. Ils font partie du folklore mexicain et peuvent se trouver dans les étals des marchés de tout le Mexique.

Vêtements et bijoux

Huipils. Ce sont les tuniques brodées que portent les femmes indigènes. Ce vêtement traditionnel faisait partie de la panoplie des femmes de tous les rangs sociaux bien avant l'arrivée des conquistadors dans la région. Son prix varie selon le travail de couture. Il y en a de très beaux dans les États du Chiapas et d'Oaxaca.

Guayaberas. Ce sont les chemises traditionnelles originaires du Yucatán, que portent les hommes au Mexique et dans quantité de pays d'Amérique latine. En coton, en lin ou en soie pour les plus opulentes, elles sont décorées de broderies verticales et ont des poches au niveau de la poitrine et de la ceinture.

Chapeaux. À Campeche et dans le Yucatán, on vend de très beaux chapeaux appelés *jipi*, parce qu'ils sont fabriqués avec des fibres extraites de la palme de *jipijapa* ; il s'agit en fait des chapeaux qu'on appelle habituellement panamas.

Molinillo, fouet traditionnel du pays.

© AINDIGO - SHUTTERSTOCK.COM

Vente d'Alebrijes à Oaxaca.

Dans le nord du pays, la spécialité ce sont plutôt les chapeaux de cow-boy. L'autre indémodable, c'est évidemment le *sombrero charro*, ce large chapeau de paille traditionnellement utilisé par les cowboys mestizos du centre du Mexique, mais aujourd'hui surtout porté par les mariachis.

▶ **Robes de Tehuana**. Vous connaissez forcément ce style de robes pour l'avoir vu porté par Frida Kahlo sur des photos ou autoportraits la représentant. Originaire de Tehuantepec, ville dans l'État de Oaxaca réputée pour abriter une société matriarcale, ce vêtement régional est le plus souvent chargé de fleurs brodées. C'est folklorique et très coloré, on vous l'accorde, mais certains modèles aux motifs sobres ou certaines robes inspirées du style Tehuana peuvent très bien faire l'affaire une fois de retour en Europe.

▶ ***Huaraches***. Ces sandales traditionnelles qui datent de l'époque précolombienne sont constituées de lanières de cuir tressées à la main. Elles ont été popularisées par les hippies aux États-Unis dans les années 1960. Beaucoup de sandales sont vendues avec cette appellation, mais elles ne sont considérées comme des *huaraches* que si elles ont été réalisées à la main.

▶ **Bijoux en ambre**. Le village de Simojovel dans l'Etat du Chiapas est réputé pour sa production d'ambre. Du coup, autant à Simojovel qu'à San Cristobal de Las Casas, on trouve des bijoux en ambre à des prix défiant toute concurrence. Mais attention, il n'est pas rare qu'on vende du faux pour du vrai !

▶ **Bijoux en argent de Taxco**. La ville de Taxco, dans l'État de Guerrero, a longtemps été l'un des plus grands centres miniers d'argent du Mexique. Si ses mines sont aujourd'hui épuisées, on peut toujours y acheter de très jolis colliers et bracelets confectionnés à partir de l'argent extrait dans la région.

Quelques douceurs

▶ **Mezcal**. C'est la boisson alcoolisée emblématique du Mexique, avec la tequila. Elle est élaborée à partir de l'agave, ce cactus typique d'Amérique centrale et du Sud. Les cœurs de l'agave, appelés *piñas*, sont cuits pendant plusieurs jours dans des fours en pierre creusés dans la terre et dont les parois sont recouvertes de pierre. C'est ce mode de cuisson unique qui confère au mezcal son arôme fumé très particulier. Plus de 70 % de la production de mezcal se fait dans l'État de Oaxaca, mais vous pourrez en acheter absolument partout dans le pays.

▶ **Épices et sauces piquantes**. Si vous aimez manger épicé, un voyage au Mexique sera l'occasion de faire le plein de sauces piquantes, artisanales de préférence. Elles sont souvent vendues dans de petites bouteilles faciles à transporter. Profitez-en également pour rapporter des épices que l'on ne trouve pas facilement en Europe, comme l'*achiote*, cette épice de couleur rouge à l'arôme poivré qui est aussi un puissant colorant naturel.

▶ **Chocolat**. La majeure partie du chocolat mexicain est produit dans les États de Tabasco, de Chiapas et de Oaxaca, mais les Mexicains étant de grands gourmands, vous n'aurez aucune difficulté à en trouver, quelle que soit la région où vous vous trouvez. Les fèves de cacao sont parfois agrémentées de cannelle ou d'amarante. Goûtez-en un maximum et rapportez votre préféré !

▶ **Miel**. Dans la péninsule du Yucatán, la production du miel est une tradition ancestrale qui remonte à la civilisation maya. Les Mayas récoltaient le miel de la mélipone, abeille sans dard, bien avant l'arrivée des colons sur le continent. Plus soyeux que le miel auquel les Européens sont habitués, le miel de mélipone a un goût plus prononcé, légèrement acide.

SPORTS ET LOISIRS

Au Mexique, les grands sports nationaux très populaires sont le football – comme dans toute l'Amérique latine – et le basket. Mais il existe aussi des sports et jeux plus traditionnels, comme la corrida, les fameux *charreadas* (les rodéos), les combats de coqs et la *lucha libre*, le catch folklorique local. Côté activités, là aussi il y a de quoi faire ! La géographie du pays se prête en effet à de nombreuses activités. Les côtes du Pacifique ou la mer des Caraïbes offrent des spots incroyables aux amateurs de plongée sous-marine, alors que dans les terres, on peut se faire plaisir en kayak ou lors de sessions de rafting ou de canyoning. Sur terre, certains se régalent lors de randonnées inoubliables ou avec de sportives descentes en VTT, alors que d'autres s'attaqueront à des parois adaptées à tous les niveaux. Enfin, comment ne pas se régaler de tous ces paysages lors d'un vol en parapente ou d'un saut en parachute ?

Le football, le grand sport populaire

Au Mexique, le football est LE sport national. Le rêve de tous les enfants mexicains est de remporter un jour la Coupe du monde de foot ! D'ailleurs, tous les quatre ans, la plupart des employés des entreprises interrompent leurs activités pour pouvoir regarder les matchs de l'équipe nationale, la Tricolor (ou la Tri). Lorsque ce n'est pas possible, il y a toujours quelqu'un pour installer un écran dans les bureaux et ainsi ne pas manquer le spectacle. A défaut d'avoir déjà soulevé la Coupe du monde, le Mexique peut se targuer d'avoir formé quelques excellents footballeurs, parmi lesquels Hugo Sánchez, Jorge Campos, Rafael Márquez, l'un des seuls joueurs au monde à avoir joué lors de cinq Coupes du monde (2002, 2006, 2010, 2014, 2018), Javier Hernández « Chicharito » ou Giovani Dos Santos. La nouvelle génération, entrevue lors du Mondial 2018, semble prometteuse malgré son élimination en 8e de finale face au Brésil (défaite 2-0). Au niveau local, les matchs se succèdent à un rythme effréné puisque pas moins de deux championnats se déroulent au cours d'une année civile, chacun suivi d'une phase de play-offs, les fameux matchs à élimination directe qui déchaînent les passions dans tout le Mexique. Le club le plus populaire est sans nul doute celui des Chivas de Guadalajara, qui a pour particularité de n'aligner sur le terrain que des joueurs mexicains, jouant ainsi sur la fibre patriotique. Avec le Club América (propriété du géant audiovisuel Televisa), ce sont eux qui ont remporté le plus de titres nationaux. Leurs affrontements marquent d'ailleurs les temps forts de chaque saison, même s'il ne faut pas oublier les fameux Pumas (club de l'UNAM, la grande université de Mexico), le FC Monterrey (vainqueur de la Ligue des Champions d'Amérique Nord en 2019) ou les Tigres de Monterrey (vainqueurs de la Ligue des Champions d'Amérique Nord en 2020), le club où l'ex-Marseillais André-Pierre Gignac est devenu une idole, et qui a disputé la finale de la Coupe du monde des clubs en février 2021 face au Bayern Munich (défaite 1-0). Des clubs qui voient leurs tribunes trembler à chaque fois que leurs protégés rentrent sur le terrain. Attention les yeux et les oreilles, chants et tifos grandioses garantis !

DÉCOUVRIR

Rodéo mexicain.

Les sports traditionnels, le vrai folklore

Lucha libre. La lucha libre est un combat de catch haut en couleur. Plus technique que physique (à l'inverse du catch américain), le spectacle a lieu aussi bien sur le ring que dans la salle où le public est l'un des acteurs principaux du combat. En provoquant un vacarme tonitruant à base de cris, de huées, de sifflets ou d'encouragements, les spectateurs se veulent protagonistes de ce combat entre le « bien » et le « mal », représentés par les différents lutteurs. Si c'est toujours le représentant du « bien » qui l'emporte, les lutteurs (les *luchadores*) et leurs masques colorés (toujours délicieusement kitsch), pour la plupart originaires de quartiers ou régions pauvres, représentent un exemple pour les jeunes et sont souvent élevés au rang de héros, voire de demi-dieux (comme les célèbres Blue Demon, El Santo, El Hijo Del Santo, etc.). Un spectacle, entre sport et théâtre, immanquable si l'occasion se présente d'y assister, à l'Arena México (p.164) par exemple !

Charreadas. Les *charreadas* sont les fameux rodéos mexicains. Le but est de montrer les capacités du cavalier et de sa monture. L'une des épreuves consiste à arrêter le cheval au galop sur un trait marqué au sol. L'épreuve la plus impressionnante est celle où le cavalier doit mettre à terre un petit taureau en enroulant une corde autour de ses jambes. Contrairement aux rodéos américains, aucune récompense pécuniaire n'est prévue. Seule la gloire est promise au vainqueur, toujours amateur.

Combats de coqs. Les combats de coqs (*peleas de gallo*) sont encore organisés un peu partout sur le territoire. Quoi qu'on en pense, ces cruels combats déchaînent souvent les passions et font l'objet de nombreux paris.

Sous l'eau, le grand spectacle

Au Mexique, le monde du silence attend les amateurs de plongée sous-marine. Ceux qui voudraient balader leurs palmes et leurs bouteilles dans les eaux mexicaines ont surtout le choix entre deux sites majeurs : la mer des Caraïbes, face aux plages de l'Etat du Quintana Roo et autour de l'île de Cozumel, au milieu de la deuxième plus grande barrière de corail du monde, et la mer de Cortés en Basse-Californie (Isla Espíritu Santo, Loreto, Cabo Pulmo). D'autres sites mineurs incluent la côte pacifique et le golfe du Mexique. Il ne faut pas non plus négliger la plongée en eau douce : Laguna de la Media Luna (Rio Verde, San Luis Potosi), *cenotes* ouverts et lagunes proches des Lagunas de Montebello (Chiapas). La plongée dans les nombreux *cenotes* et autres rivières souterraines de la péninsule du Yucatán (Quintana Roo, de Tulum à Puerto Morelos) est une expérience magnifique, mais réservée aux plongeurs expérimentés.

Sur l'eau aussi, on se dépense !

Canyons, *cenotes*, lagunes, les options sont nombreuses pour profiter des sports aquatiques à l'intérieur des terres.

Kayak. Si vous êtes à Tulum, ne manquez surtout pas de faire une balade en kayak à la tombée du jour sur les lagunes de la Reserva de Sian Ka'an, là où les couleurs de l'eau et du ciel se rejoignent ; la découverte de la Laguna de Bacalar est aussi idéale par ce biais. Au niveau du kayak de mer, bien plus exigeant, les sites de La Paz et Loreto (Basse-Californie) se prêtent à la découverte des îles au cours d'expéditions de plusieurs jours. On peut même rejoindre Loreto à La Paz en longeant la côte.

Rafting. Les meilleures régions où pratiquer le rafting et autres sports aquatiques sont la Huasteca Potosina, dans l'Etat de San Lus Potosí, et un peu partout dans l'Etat de Veracruz. À noter que les descentes tranquilles en rivière sont également possibles, sans que ce ne soit nécessairement au milieu de turbulences infernales comme à l'Arco del Tiempo dans le Chiapas.

Canyoning. Cela consiste à s'aventurer dans des canyons pour redescendre à pied les lits de rivière en pratiquant à la fois le rappel ou le saut de cascades. Direction le canyon de Matacanes (Santiago, non loin de Monterrey) ou ceux que l'on découvre dans la région de Agua Selva (Tabasco). Pour ces activités, pensez à vous munir de chaussons d'eau aux semelles antidérapantes.

Sur terre aussi, l'aventure au rendez-vous

Au Mexique, les sportifs se font plaisir sur ou sous l'eau, mais aussi dans les terres où les amateurs de randonnées et les fanas de descentes en VTT trouveront des spots de choix.

Randonnée. Le Mexique compte des milliers d'endroits d'une grande beauté où pratiquer la marche, que ce soit pour quelques heures ou plusieurs jours. Partout, nous ne saurions que trop vous recommander d'être guidé par des locaux et des gens ayant une bonne connaissance de la région et du terrain. C'est le cas notamment dans les Pueblos Mancomunados de la Sierra Norte de Oaxaca, qui proposent des excursions de plusieurs jours (camping, refuges dans les villages) très bien organisées dans ces montagnes aux paysages magnifiques.

Plongée à la Cénote El Pit.

Kayak dans une cénote à Tulum.

Pensons aussi à la traversée de la Sierra de la Laguna (Basse-Californie du Sud), un périple de quatre jours qui vous emmène au sommet d'un pic qui vous offre une vue panoramique sur le cap où se rejoignent les eaux de la mer de Cortès et celles de l'océan Pacifique. Les balades dans les fameuses Barrancas del Cobre de Chihuahua sont aussi époustouflantes ; vous pourrez aussi y pratiquer la course de montagne avec les Tarahumaras.

Vélo et VTT. On rencontre sur les routes du Mexique quelques passionnés qui le traversent à vélo : la descente de la Basse-Californie, région réputée sûre, est une formidable aventure. De nombreux endroits, spécialement en montagne, louent aussi des VTT pour se démener dans les alentours, comme autour de la ville de Oaxaca. On trouve également beaucoup d'activités liées au VTT dans différents sites des Barrancas del Cobre de Chihuahua. Les Pueblos Mancomunados de la Sierra Norte de Oaxaca proposent également des parcours au long cours permettant de visiter de nombreux sites sans jamais repasser par le même endroit. Sensations garanties !

A l'assaut des parois

Au Mexique, les amateurs d'escalade et d'alpinisme peuvent également se faire plaisir sur de nombreuses parois un peu partout.

Les grimpeurs expérimentés ne doivent pas passer à côté du Canyon de la Huasteca dans l'Etat du Nuevo León. Ce superbe canyon comporte des falaises de plus de 300 m de hauteur et près de 180 voies d'escalade. D'autres zones du nord du pays (Chihuahua) sont propices à ce sport. Plus centrale, la Peña de Berna, dans l'Etat de Querétaro, est également un magnifique site d'escalade. A noter que le village de Mineral del Chico (Hidalgo) permet d'effectuer une bonne montée sur un pic rocheux par une via ferrata bien conçue.

Pour les alpinistes chevronnés, le site incontournable à visiter est le volcan Iztaccíhuatl, à la frontière de l'Etat de Puebla et de l'Etat de Mexico. Une autre destination possible est le pic d'Orizaba, qui culmine à 5 610 m d'altitude.

Parent pauvre de l'escalade, le rappel est également de plus en plus pratiqué au Mexique, notamment dans de magnifiques cavernes ou gouffres ; les difficultés varient énormément, depuis les descentes en vertical de 100 mètres dans des gouffres (Cima de Las Cotorras près de Tuxtla Gutierrez, Chiapas), jusqu'aux plus tranquilles descentes de cascades de cinq ou dix mètres de hauteur (Reserva Ecologica Villa Luz, Tabasco).

Le Mexique vu du ciel

Quel bonheur de profiter des paysages mexicains en s'envolant au-dessus des spots les plus courus du pays !

Parapente. On peut pratiquer le parapente dans de bonnes conditions de sécurité, à Valle del Bravo (à 2 heures de la ville de Mexico) ou dans le village de Tapalpa (à 2 heures de Guadalajara). Panoramas et souvenirs uniques assurés !

Parachute. Sport à la réputation dangereuse, le parachute assure néanmoins des sensations uniques et se pratique surtout le long des côtes dans des endroits très touristiques, comme Puerto Escondido (Oaxaca) et Playa del Carmen (Quintana Roo).

GASTRONOMIE

Souvent confondue en France avec une cuisine tex-mex aux accents nord-américains, la véritable cuisine mexicaine – classée au patrimoine de l'humanité depuis 2010 – est mal connue en Europe. Voyager dans le pays sera donc une bonne occasion de découvrir des parfums et un savoir-faire millénaires. Centre de biodiversité d'une grande richesse, le Mexique est un berceau agricole qui a permis la domestication de nombreuses plantes et a aussi été le point de départ d'une quantité de fruits, de légumes et d'épices vers l'Ancien Monde. Si bien sûr les tacos ou le guacamole ne sont même plus à présenter, la cuisine locale est riche d'un nombre incalculable de recettes mêlant à la fois la chaleur du piment, l'acidité du citron vert, la fraîcheur de la coriandre ou la rondeur du cumin et de la cannelle. En plus de plats riches en couleurs et de desserts savoureux, impossible de ne pas citer la tequila et le mezcal, les deux alcools emblématiques du pays.

Aztèques, mayas et maïs

Bon nombre d'aliments que nous consommons à l'heure actuelle en Europe furent importés du Nouveau Monde au moment de la conquête espagnole à partir du XVe siècle : maïs, pomme de terre, haricot, piment, patate douce, manioc, cacao, tomate, vanille et bien d'autres produits sans lesquels nos gastronomies européennes sembleraient bien plus fades.

Le maïs est consommé au Mexique depuis au moins 9 000 ans. Cultivé par les Aztèques, puis par les Mayas, il atteint par la suite le reste du continent américain grâce aux échanges avec les Incas il y a 3 000 ans alors que les variétés moins frileuses furent plantées par les Indiens Pueblos dans le sud des USA actuels. Le Mexique est considéré comme le centre de diversité de cette céréale et on dénombre officiellement 64 variétés de maïs dans le pays. Une diversité génétique d'ailleurs menacée depuis l'instauration de l'Accord de libre-échange nord-américain (ALENA), le gouvernement mexicain ayant favorisé l'importation de maïs en provenance de États-Unis, conduisant de nombreux paysans à abandonner sa culture. Un maïs jaune, OGM et bien calibré, à l'inverse des variétés paysannes blanches, noires, violettes, brunes, rouges, bleues ou même arc-en-ciel, permettant aux Mexicains de préparer leurs spécialités depuis des millénaires. Ces grains de maïs sont traités avec du nixtamal, un mélange d'eau et de chaux qui les attendrit avant d'être moulus pour confectionner une pâte (*masa*) utilisée pour les tortillas.

Variétés de maïs.

© DARIOGAONA - ISTOCKPHOTO.COM

Huitlacoche.

Le piment (*chile*) – originaire d'Amérique tropicale – fait partie intégrante de la culture mexicaine et le pays dénombre pas moins de 150 variétés aussi bien utilisées fraîches que séchées. Le puissant *jalapeño* est vert, croquant et lisse. Une fois fumé et séché, il prend le nom de *chipotle*. Le *poblano* ressemble à un petit poivron et est généralement farci. Ce dernier est surnommé *ancho* lorsqu'il est séché. Le *bola* – appelé *cascabel* quand il est sec – a la forme d'une petite boule. Le *habanero*, ressemblant à un petit poivron fripé jaune ou rouge, est aussi très commun dans les Antilles. C'est l'un des piments les plus forts du monde. Enfin l'*árbol* – aussi connu en France sous le nom « piment langue-d'oiseau » - est aussi extrêmement piquant. En plus du piment, on retrouve d'autres condiments comme le cumin, la coriandre, l'origan ou l'épazote, aussi appelée « fausse-ambroisie ». Le Mexique produit quelques fromages comme le *queso fresco*, léger et à peine affiné. Le *queso añejo* est plus affiné, à pâte dure, alors que le *queso Oaxaca* ressemblerait à de la mozzarella, souvent filé en pelote.

Il est probable que ce soit les Aztèques qui furent les premiers à cultiver les tomates et qui nous ont donnés également le mot « tomatl ». A noter qu'au Mexique le terme « tomate » désigne une tomate verte, on dit « jitomate » pour une tomate rouge classique. On dénombre aussi plus de 70 variétés de frijoles ou haricots dans le pays : noirs, beige, blancs, rouges ou tachetés. De nombreuses espèces sont en effet originaires du Mexique et les Aztèques consommaient ces légumineuses depuis des millénaires. Cultivé dans le centre du pays depuis plus de 7 000 ans, l'avocat est l'un des fruits les plus connus du Mexique qui contrôle environ un tiers de la production mondiale. Plus de 90 % des avocats du pays viennent d'ailleurs du petit Etat de Michoacán. On n'oubliera pas les autres fruits tropicaux (agrumes, litchi, ananas, banane, papaye, goyave, noix de coco, zapote, mamey, pitaya, tomatillo, etc.).

Le Mexique est aussi le berceau de quelques bizarreries culinaires. Citons le *nopal* (feuille du figuier de Barbarie) qui peut être cuit à l'eau ou grillé au feu de bois et dont le goût rappelle un peu les haricots verts ou alors le *huitlacoche* ou charbon du maïs, un champignon parasite qui transforme les grains de maïs en grosses boules spongieuses et grises. C'est un mets de choix en garniture de tortilla ou en soupe. Les insectes sont également communs. Le *chapulin* (sauterelle), spécialité d'Oaxaca, se mange généralement grillé dans un taco avec du guacamole, mais on n'oubliera pas les *escamoles* (larves de fourmis), les *chinicuiles* ou *gusano* (appelé « ver d'agave », c'est en réalité une chenille) ou encore la salsa de *hormiga*, préparée avec des piments et des fourmis de l'espèce *chicatana*.

La street-food mexicaine

Souvent appelés *antojitos*, les encas – plus ou moins copieux – de la street-food locale sont généralement confectionnés à partir de tortillas. Les tacos sont de petites galettes que l'on garnit de viande, de poisson et de légumes. Les *tacos al pastor* («du berger») par exemple sont préparés avec du porc longuement mariné que l'on émince finement avec du *queso fresco*, de l'oignon haché et de la coriandre. Les tacos dorados ou taquitos sont aussi appelés *flautas* à cause de leur forme de flûte. Ils sont roulés avec une garniture, puis frits. Les *chalupas* sont similaires aux tacos, mais dans des galettes briochées plus épaisses. Les gorditas sont des petits chaussons garnis à la manière d'un taco. Les molotes sont des beignets de pâte de maïs ou de pomme de terre, farcis et frits. On n'oubliera pas bien sûr les *tamales*, l'un de plats mexicains les plus emblématiques, préparés avec une purée de maïs que l'on fait cuire à la vapeur emballée dans les feuilles qui entourent l'épi de maïs. Ils sont parfois garnis de viande avant la cuisson.

Les *antojitos* peuvent être parfois très copieux. Le *pambazo* est un sandwich composé d'un pain imbibé d'une sauce au piment *guajillo*, puis garni de pomme de terre au chorizo. Ces encas sont souvent servis avec l'incontournable *frijol refrito*, une purée de haricots noirs. On pense par exemple au *huarache*, une sorte de large galette de maïs, nappé de *frijol refrito* avec du *queso fresco*, des oignons et de la langue de bœuf émincée, ou aux *chilaquiles* (tacos frits coupés en triangle, nappés de sauce, avec haricots noirs, fromage et œuf frit). Sans oublier les quesadillas, des tortillas pliées en deux, fourrées avec de la viande et des légumes et surtout beaucoup de fromage, alors que le burrito est une tortilla roulée sur une farce à base de viande, de riz épicé et de haricots noirs. Pour finir on n'oubliera pas le *chile relleno*, une recette de piment farci avec du fromage et/ou de la viande, puis pané et frit.

Les classiques de la cuisine mexicaine

La sauce d'accompagnement la plus répandue est le *pico de gallo*. Ce mélange de tomate, oignon, ail, citron, coriandre et piment est très frais. Plus riche, le *mole* est préparé avec différents piments secs et moulus auxquels on rajoute du cacao et diverses épices. La plus connue est le *mole poblano* (originaire de Puebla), mais il y a aussi le *mole verde* (préparé avec de la tomate verte) ou *rojo* (tomate rouge). Cette sauce accompagne généralement la volaille.

Le poulet est en effet une viande populaire, qui peut être préparée de bien des façons, du simple *pollo asado* (poulet grillé au barbecue) jusqu'au *pollo encacahuatado*, nappé d'une riche sauce à la cacahuète. On le retrouve sous forme d'escalope panée (*pechuga de pollo empanizada*) pour un prix dérisoire. Les recettes d'œufs ne manquent pas pour le petit-déjeuner : *huevos a la mexicana* (œufs brouillés avec tomate-piment-oignon), *a la ranchera* (œufs au plat avec compotée de tomate à la coriandre, sur une tortilla) ou *motuleños* (œufs au plat avec haricots noirs, fromage, sauce piquante, banane plantain et jambon sur une tortilla).

Parmi les plats de porc les plus répandus, citons les *carnitas* (viande cuite plusieurs heures dans du saindoux et effilochée), le *chilorio* (porc effiloché agrémenté de piment, cumin et ail) et le *calabacitas con puerco* (ragoût de porc épicé aux courgettes). La *cochinita pibil* est un plat originaire du Yucatán, composé de porc mariné dans du jus d'agrumes et des graines de roucou (un colorant rouge naturel) longuement cuit dans des feuilles de bananier. On picore aussi des *chicharrónes*, de la couenne de cochon grillée, comme des chips

Dans le nord du pays, on consomme le *machaca*, du bœuf séché mijoté dans une sauce tomate épicée puis effiloché, souvent pour garnir des burritos. Le terme « bistec » désigne de la viande de bœuf grillée finement tranchée et servie en sandwich. Les *albóndigas* sont des boulettes de viande servies dans une sauce au piment *chipotle*. On retrouve d'autres plats de viande comme le *barbacoa* (un type de barbecue au-dessus de la braise ou d'un trou rempli de pierres chaudes préparé avec du bœuf ou du mouton), la *birria* (soupe épicée de mouton) ou le *cabrito al pastor* (chevreau grillé à la braise).

Avec plus de 9 000 kilomètres de côtes, le Mexique est un vrai paradis pour les amateurs des produits de la mer. Poissons (espadon, thon, mérou, daurade coryphène, vivanneau) et fruits de mer (crevettes, crabes, langoustes, huîtres, calamars, etc.) sont souvent servis avec du *mojo de ajo* (beurre et ail) et du *mojo a la veracruzana* (sauce tomate, oignon, ail, olives, câpres). Le *ceviche* (poisson cru saisi dans le jus de citron ou de piment), l'*aguachile* (crevettes et avocat marinés avec jus de citron et coriandre) ou le *pescado zarandeado* (poisson finement épicé au barbecue) sont également appréciés.

Les potages sont aussi prisés. Le *caldo de siete mares* est une soupe de fruits de mer et le *caldo tlalpeño* est un potage de poulet, de légumes et de pois chiches. Le *pozole* est une soupe épaisse de maïs garnie de porc effiloché, de radis, d'oignon et de piment. L'*arroz a la tumbada* est une spécialité de riz aux fruits de mer alors que l'*arroz poblano* cuit dans une purée de piment vert, de coriandre et d'oignon avec du porc effiloché.

Sauce mole.

Douceurs et boissons

Parmi les desserts mexicains, on retrouve le *tres leches* (gâteau à la génoise imbibée de lait concentré sucré et nappé de chantilly), les *sopapillas* (beignets au sucre, parfois nappés de miel, à base de farine de blé, mais contenant parfois aussi de la purée de courge), les *buñuelos* (petits beignets ronds au sucre), les *conchas* (brioche couverte d'une croûte de sucre), *roscón de reyes* (anneau en brioche type gâteau des rois de l'Épiphanie), le *pan de muerto* (brioche à l'orange et à l'anis décorée d'une croix pour le *Día de Muertos*, le 1er novembre), le *pastel de elote* (gâteau moelleux au maïs), l'*alfajor* (biscuits au *dulce de leche* nappés de chocolat), les churros et bien sûr le flan (crème caramel). Côté sucreries traditionnelles, pour n'évoquer que les plus célèbres, vous pourrez goûter le *muégano* (petits cubes de pâte frites agglomérés en boule avec du caramel) et les *alegrías* (nougat au miel et aux graines d'amarante).

Le *chocolate de agua* est un chocolat chaud typiquement mexicain, à l'eau et non au lait, que l'on prépare avec un chocolat noir très corsé, le tout parfumé de cannelle, noix de muscade et clous de girofle. Sinon on savourera une *horchata*, une boisson laiteuse d'origine espagnole à base de riz ou d'avoine, parfumée à la cannelle, et servie glacée. Enfin, le café fut importé depuis l'Ethiopie sur le continent américain au début du XVIIIe siècle, il entre au Mexique par l'Etat de Veracruz puis sa culture se répand dans les Etats du Sud (Oaxaca, Chiapas) et de la côte pacifique (Colima, Jalisco). Ici, le café est le plus souvent préparé à l'américaine, c'est-à-dire très dilué. Le café *con leche* (café au lait) est une spécialité du petit déjeuner. Le *cafe de olla* quant à lui est typique du pays : c'est une tisane à base de café, d'épices (principalement de la cannelle) toujours servie dans des tasses en forme de cruches en terre. Parmi les boissons fraîches citons les *licuados*, ces délicieux jus de fruits préparés avec du lait, vendus sur des échoppes à des prix dérisoires. Sinon testez la *chamoyada*, un granité à la mangue, au jus de citron vert et au chamoy (sauce acidulée au piment) ou l'*agua de Jamaica* (une infusion glacée à l'hibiscus).

Café de olla.

Tequila, mezcal y cerveza

La tequila est l'alcool mexicain par excellence. Cet alcool blanc, qui titre au minimum à 35°, prend une couleur ambrée avec l'âge. Cette eau-de-vie d'agave bleue, une plante succulente native du Mexique, est élaborée avec les cœurs d'agave (appelés piñas), pouvant atteindre jusqu'à 100 kg. Ils sont cuits à l'étouffée dans des fours géants appelés autoclaves, avant d'être broyés pour en extraire un jus qui sera distillé. Il faut minimum 2 mois pour obtenir une tequila blanco et jusqu'à 10 ans pour une tequila añejo. Produite depuis la colonisation espagnole, cette boisson doit son nom à la ville de Tequila (Etat de Jalisco) et aujourd'hui la région compte près de 120 distilleries. Sa dégustation à l'état pur s'accompagne d'un véritable rituel qui consiste à mettre sur le dos de la main une pincée de sel qu'on lèche avant de boire une gorgée de tequila, pour enfin croquer dans le quartier de citron vert. Elle est utilisée dans l'élaboration de nombreux cocktails comme la margarita (tequila, citron vert, triple-sec, glace pilée) ou la tequila sunrise (tequila, jus d'orange, grenadine). On peut visiter plusieurs distilleries comme la Destilería La Rojeña, fondée en 1758, la plus vieille d'Amérique latine, la Destileria Herradura (créée en 1870) ou la Casa Orendain (fondée en 1926).

Comme la tequila, le mezcal est un alcool élaboré à partir de l'agave, mais sa production est généralement beaucoup plus artisanale : dans les fameux palenques familiaux de l'Etat de Oaxaca, les cœurs d'agave sont cuits dans des fours traditionnels en terre avant que leur jus ne fermente puis soit distillé. Contrairement à la tequila, le mezcal peut être produit avec plusieurs espèces d'agaves. Pour se protéger des dérives industrielles de la tequila, il existe une appellation d'origine depuis 1994 limitées à quatre Etats : Guerrero, Durango, San Luis Potosi et Zacatecas. Pour le différencier de la tequila, les producteurs ont eu l'idée d'ajouter un gusano dans la bouteille c'est-à-dire une chenille de papillon de l'agave, à partir des années 1940. On le déguste sec, avec des quarts d'orange à croquer et du piment en poudre. La bière (cerveza) accompagne souvent les repas mexicains. Les meilleures blondes (claras) ont pour nom Corona, Tecate, Bohemia, Superior, Carta Blanca. Pour les brunes (oscuras), la Negra Modelo. Depuis quelques années, on observe une montée en puissance de la fabrication de la bière artisanale. Pour ceux qui se demandent d'ailleurs, la marque Desperados est une création française et non mexicaine. La production vinicole n'est pas négligeable.

AGENDA

Quelle que soit la période de votre séjour au Mexique, vous trouverez de quoi vous amuser ! Les Mexicains sont des bons vivants qui aiment faire la *fiesta* et célébrer en grande pompe toute la richesse de leur culture. Les célébrations mexicaines sont un intéressant mélange de traditions indigènes, de fêtes à caractère religieux et de festivals culturels plus récents qui font le bonheur des touristes et des locaux. Costumes, maquillage, rituels, danse et alcool sont des éléments récurrents de ces célébrations. Certaines festivités typiquement mexicaines se sont fait connaître dans le monde entier ces dernières années, notamment Cinco de Mayo, qui célèbre la victoire des milices mexicaines contre les troupes françaises en 1862, et le Día de los Muertos, jour où les Mexicains mettent à l'honneur leurs défunts dans une grande explosion de couleurs. Voici un calendrier des principales festivités et festivals célébrés au Mexique.

MÉRIDA FEST

MÉRIDA

Du 5 au 24 janvier.

Le festival de Mérida célèbre la fondation de la ville le 6 janvier 1542, par Francisco de Montejo y León. Au programme : cinéma, théâtre, danse, concert, cirque et conférences académiques, à la portée de tous, puisque les événements sont gratuits. Tous les lieux culturels de la cité participent à ce festival emblématique qui se déroule aussi dans la rue, avec des défilés en musique. Le festival 2021, en partie virtuel, a rendu hommage au maestro Armando Manzanero, originaire de la ville, décédé en décembre 2020 peu après avoir inauguré un musée en son honneur.

AMBULANTE

www.ambulante.com.mx

Du mois de mars au mois de mai.

Ce festival itinérant de films documentaires, créé en 2005 à l'initiative des acteurs mexicains Diego Luna et Gael García Bernal, a pour particularité de se déplacer dans plusieurs régions du Mexique : ville de Mexico, Chihuahua, Basse-Californie, Coahuila, Jalisco, Michoacán, Puebla. Plus de 100 documentaires sont présentés chaque année, dans autant de lieux. Les projections ont lieu aussi bien dans des cinémas traditionnels que dans des espaces culturels ou à l'air libre. Consulter le site Internet pour connaître la programmation.

CARNAVAL

VERACRUZ

Une semaine avant le mercredi des Cendres ; 40 jours avant Pâques.

Le carnaval le plus important du Mexique a lieu dans le port de Veracruz. Toutefois, d'autres villes célèbrent aussi le carnaval, comme Mazatlán, Mérida et Campeche. Les festivités comprennent le plus souvent un défilé costumé, des concerts et différentes activités culturelles, mais dans certains villages du Mexique la célébration reste beaucoup plus traditionnelle et populaire. C'est le cas dans la ville d'Ocozocautla, dans le Chiapas. Ici le carnaval tire son origine d'un rite préhispanique, à travers lequel les Indiens zoques rendaient hommage à leurs dieux.

CUMBRE TAJIN

PAPANTLA

www.cumbretajin.com

Fin mars.

Cumbre Tajin est un festival culturel qui a été instauré en 2000. Aussi appelé festival de l'identité, son objectif était de faire connaître la culture totonaque et d'aider ainsi à sa préservation. Les évènements sont répartis sur 3 sites : la ville de Papantla, la zone archéologique El Tajín et le parc d'expositions Takilhsukut. Au programme : concerts de musique traditionnelle et contemporaine, spectacles de son et lumière, dégustations gastronomiques, conférences, ventes d'artisanat, et réalisations de thérapies et cérémonies autochtones.

VIVE LATINO

MÉXICO

www.vivelatino.com.mx

2 à 3 jours en mars.

L'un des plus importants festivals du Mexique se tient dans le stade de baseball de la capitale, à Foro Sol. C'est la grand-messe des fanatiques de rock, qui s'y réunissent chaque année pour fêter stars internationales et nationales. L'occasion d'écouter du rock en espagnol (mais pas que) pour la première fois de votre vie. D'autres styles musicaux sont représentés, notamment des groupes de ska et reggae. Chaud devant pendant deux jours et face à cinq scènes. Vive Latino est l'un des plus grands festivals de rock d'Amérique latine.

SEMANA SANTA

MÉXICO

La semaine précédant Pâques.

De nombreuses villes et villages au Mexique commémorent la Passion, crucifixion et résurrection de Jésus, en réalisant des représentations théâtrales de cet évènement religieux. La représentation la plus impressionnante est sans nul doute celle d'Iztapalapa, à Mexico. La représentation, qui a lieu depuis 1843, commence sur la place principale d'Iztapalapa (métro « Iztapalapa »), continue à travers les rues d'Iztapalapa et finit sur le Cerro de la Estrella, où sont crucifiés Jésus-Christ et les deux voleurs. A ne pas manquer !

FESTIVAL CULTURAL DE ZACATECAS

ZACATECAS

www.festivalculturalzacatecas.com

Durant les fêtes de Pâques et la Semana Santa.

Créé en 1987, ce festival artistique propose concerts, représentations théâtrales, spectacles de danse, créations d'arts plastiques... Il accueille certes des pointures nationales et internationales mais également des évènements plus discrets de jazz, guitare classique, opéra et musique de chambre. Les activités ont lieu à l'air libre ou dans les salles de spectacle de la ville. Les célébrations religieuses se font aussi en nombre : chemins de croix, actes liturgiques et processions.

COMMEMORATION DE LA BATAILLE DE PUEBLA

MÉXICO

Le 5 mai.

Le 5 mai, les habitants du quartier de Peñon de los Baños à Mexico réalisent une représentation théâtrale de la bataille de Puebla de 1862, au cours de laquelle l'armée mexicaine, dirigée par le général Zaragoza, vainquit l'armée française de Napoléon III. Un spectacle haut en couleur à ne pas manquer ! Parallèlement, le parc qui renferme les anciens forts de la ville accueille une fête foraine alors que le centre-ville est dédié aux expressions artistiques.

FESTIVAL DEL CENTRO HISTORICO DE MÉXICO

MÉXICO

www.festival.org.mx

2 semaines entre fin mars et début avril.

C'est l'un des événements culturels majeurs de la capitale. Les différents espaces culturels du centre historique – théâtres, musées, amphithéâtres – tout comme les grandes places publiques – l'Alameda, le Zócalo, l'explanade de Bellas Artes – sont pris d'assaut par des centaines d'artistes mexicains et internationaux. Au programme : opéra, concerts de jazz et de différents genres musicaux, pièces de théâtre, bref, tout ce dont on a envie alors qu'arrive l'été.

DESFILE DE LOS LOCOS

SAN MIGUEL DE ALLENDE

Du 13 au 20 juin.

Le *Desfile de Los Locos* se célèbre le week-end qui suit le jour de Saint Antonio de Pádua (13 juin). A cette occasion, les habitants de San Miguel de Allende réalisent un défilé costumé à travers la ville, déguisés en animaux, en hommes politiques, en travestis, pour remercier San Antonio de Pádua pour les faveurs concédées durant l'année. Durant le défilé, les rues de la ville se remplissent de mille couleurs et les participants dansent et jettent des bonbons à la foule. Du fait de son excentricité, cette célébration a reçu le nom de « Fête des Fous ».

GUELAGUETZA

OAXACA

Les deux premiers lundis qui suivent le 16 juillet.

La plus importante manifestation culturelle de la ville d'Oaxaca. Lors de cette fête, Oaxaca reçoit les communautés représentatives des 7 régions environnantes (Sierra Juárez, Tuxtepec, la Cañada, La Costa, La Mixteca, Los Valles Centrales, Istmo de Tehuantepec). Celles-ci viennent présenter un aperçu de leur culture, à travers des spectacles de danse et de musique et, avant de repartir, elles distribuent au public des objets représentatifs de leur région. Ces dons symboliques sont connus sous le nom de Guelaguetza (mot zapotèque signifiant « participation »).

FESTIVAL INTERNACIONAL DE GUITARRA DE MORELIA

MORELIA

Mi-septembre.

Le Festival Internacional de Guitarra de Morelia est né en 1991 à l'initiative du guitariste Raúl Olmos. Durant une semaine, la programmation inclut un concours de guitare, de nombreux concerts, des cours, mais aussi des expositions d'instruments et de photos sur cette thématique. Les festivités ont lieu dans leur vaste majorité au Teatro Ocampo de Morelia, à quelques minutes du Zócalo, mais d'autres salles à travers la ville accueillent certains événements.

FESTIVAL INTERNACIONAL DE MUSICA DE CAMARA

SAN MIGUEL DE ALLENDE

www.festivalsanmiguel.com

3 semaines en août.

Ce festival instauré en 1978 programme des concerts au très beau théâtre Angela Peralta et dans les différentes églises de San Miguel de Allende. Le festival fait surtout la part belle à la musique de chambre. La programmation inclut des participants internationaux : une centaine d'invités venus de différents pays s'y produisent chaque année. Des étudiants d'Amérique du Nord et du Mexique sont invités à participer à des ateliers et des cours magistraux.

ENTIJUANARTE FESTIVAL CULTURAL

TIJUANA

3 jours début octobre.

Entijuanarte est un grand festival multidisciplinaire d'art actuel qui invite principalement des artistes locaux et régionaux. L'idée : célébrer l'art et la culture sous toutes leurs formes, grâce à des concerts de musique, des performances de danse, des pièces de théâtre et des événements littéraires. Inauguré en 2004, il attire près de 100 000 participants chaque année. C'est la grand-messe de cette ville hyper dynamique au niveau artistique et créatif.

FÊTE NATIONALE DE L'INDÉPENDANCE

MÉXICO

Le 15 septembre.

Le 15 septembre 1810, le curé Miguel Hidalgo appelle les fidèles à se soulever contre les autorités coloniales. Cet évènement marque le début de la guerre d'Indépendance mexicaine. Le soir du 15 septembre, à 23h, le chef de l'Etat fait sonner les cloches sur la place du Zócalo de Mexico et crie « *¡Viva nuestra Independencia ! ¡Vivan los héroes que nos dieron patria ! ¡Viva México !* ». La foule répond à chacune de ces harengues par un « *Viva* », puis on fait éclater un feu d'artifice.

FESTIVAL INTERNACIONAL DE CINE DE MORELIA

MORELIA

www.moreliafilmfest.com

La deuxième semaine d'octobre.

Ce festival est né en 2003 pour faire connaître les nouveaux talents du cinéma mexicain. Quatre catégories sont en compétition à l'occasion de cet événement réputé à travers le monde pour la qualité de ses projections : court-métrage mexicain, documentaire mexicain, long-métrage mexicain, et section Michoacán. C'est un peu l'équivalent de notre festival de Cannes ! Des artistes internationaux de l'envergure de Werner Herzog ou Gus Van Sant participent toujours à l'événement.

FESTIVAL INTERNACIONAL DE TEATRO DE LA CALLE

ZACATECAS

Deuxième ou troisième semaine d'octobre.

Le festival international du théâtre de rue est né en 2001 à l'initiative de l'Institut de la culture de Zacatecas pour faire revenir le théâtre où il est né – la rue – et permettre au grand public de découvrir cette discipline à travers les œuvres et mises en scènes spectaculaires de compagnies nationales et internationales renommées. Seul hic pour les passionnés d'arts vivants : il est parfois programmé aux mêmes dates que le Cervantino de Guanajuato...

FESTIVAL INTERNATIONAL CERVANTINO

GUANAJUATO

www.festivalcervantino.gob.mx

Du 15 au 30 octobre.

Le festival culturel le plus important du Mexique. Plus ou moins l'équivalent de notre festival d'Avignon. Durant les deux dernières semaines d'octobre, la ville de Guanajuato accueille des centaines d'artistes du monde entier qui viennent présenter des spectacles de danse et de théâtre, ou jouer des concerts. Les spectacles ont lieu aussi bien dans les centres culturels et les théâtres que dans la rue. Pour les spectacles les plus attendus, réserver sa place plusieurs mois à l'avance.

DÍA DE LOS MUERTOS

PÁTZCUARO

Du 31 octobre au 2 novembre.

De fin octobre à début novembre, les régions d'héritage culturel préhispanique (presque toutes, sauf la frange nord du pays peut-être), toutes les familles, tous les individus célèbrent et s'unissent à leurs êtres chers disparus. Rien à voir avec la Toussaint. Ici, la fête des Morts est une fête haute en couleur, héritière du syncrétisme spirituel et mystique entre traditions préhispaniques et catholiques. Les marchés de tout le pays se remplissent de squelettes en papier mâché, de fleurs de cempasuchil, de friandises, de copal. Après avoir installé un autel dans leur maison et déposé des offrandes sur les tombes de leurs morts, la tradition de certaines régions veut que les vivants veillent dans les cimetières, mangent, boivent, rient et pleurent à la mémoire de ceux qui sont partis.

C'est particulièrement le cas à Pátzcuaro, dans le Michoacán. Dans cette ville, la fête des Morts donne lieu à toutes sortes d'activités culturelles et touristiques : artisanat place Vasco de Quiroga, conférences et concert sur le thème de la mort à la basilique de Nuestra Señora de la Salud. Sur la zone lacustre (principalement à Tzintzuntzán et sur l'île de Janitzio) se déroule la fameuse célébration des morts avec des offrandes et veillées sur les tombes le 31 octobre et dans le courant de la nuit 1er au 2 novembre. Les rites se sont peut-être mieux conservés ici qu'ailleurs du fait de la collaboration des élites tarasques de Pátzcuaro avec l'envahisseur espagnol, et surtout la présence de Vasco de Quiroga.

FIESTAS DE OCTUBRE

GUADALAJARA

www.fiestasdeoctubreguadalajara.com.mx

Du 15 octobre au 30 novembre.

L'événement majeur de la ville de Guadalajara se déroule en octobre avec Fiestas de Octubre. Un grand nombre de festivités sont organisées pour l'occasion : défilés de toutes les couleurs, vente d'objets artisanaux ou de babioles, expositions, stands de spécialités locales, concours de beauté... Le tout se déroule en musique, avec des concerts de musique traditionnelle et de mariachis. C'est une fête très populaire auprès des familles, qui se veut réjouissante et qui déborde généralement un peu sur le début du mois de novembre.

FERIA INTERNACIONAL DEL LIBRO GUADALAJARA

GUADALAJARA

www.fil.com.mx

Du 30 novembre au 10 décembre.

Le festival international du livre qui se tient à Guadalajara est le plus grand événement littéraire d'Amérique latine. Il attire chaque année un public de plus de 700 000 personnes. Cet événement est l'occasion de découvrir les publications de près de 200 maisons d'édition originaires de plusieurs dizaines de pays différents, d'assister à des débats et conférences littéraires, mais aussi de participer à différentes activités culturelles et artistiques.

© AURORA ANGELES - SHUTTERSTOCK.COM

Piñata lors des posadas, Oaxaca.

FESTIVAL DE MÚSICA DE MORELIA

MORELIA

www.festivalmorelia.mx

Du 15 au 30 novembre.

De nombreux concerts de musique classique sont organisés à Morelia dans le cadre du festival de musique Miguel Bernal Jímenez (ainsi nommé en hommage au célèbre compositeur et organiste mexicain), qui a vu le jour en 1989. Egalement axé sur les échanges et l'éducation, le festival a reçu en 2009 le prix Mozart de la part du gouvernement autrichien. De grands orchestres se produisent pour l'occasion, notamment l'orchestre philharmonique de Mexico.

PASTORELAS

PÁTZCUARO

Du 18 au 25 décembre.

Les *pastorelas* sont des sortes de mystères médiévaux relatant le voyage des rois mages allant voir l'Enfant Jésus. Elles ont lieu sur la place Vasco Quiroga, pendant les fêtes de Noël. Huit villages y participent à travers des danses de masques simulant la lutte entre anges et démons, notamment San Lorenzo, Santa María Huiramangaro et Sevina. Il est intéressant de visiter ces communautés, car chacune d'entre elles possède ses propres danses, rituels et costumes. Réalisés par des artisans, les masques sont impressionnants de couleurs et de diversité.

FIESTA DE LA VIRGEN DE GUADALUPE

MÉXICO

Le 12 décembre.

Le 12 décembre, les Mexicains fêtent l'anniversaire de l'apparition de la Vierge de Guadalupe, dans chaque chapelle ou église du pays qui lui est dédiée. Des dizaines milliers de pèlerins affluent des quatre coins du pays à la basilique de Guadalupe à Mexico pour remercier la Vierge des faveurs accordées. Si vous êtes à Mexico, rendez-vous à la basilique. Dans tout le pays, vous aurez l'occasion de voir des périnatales et d'assister à des actes de dévotion.

POSADAS

MÉXICO

Du 1er au 25 décembre.

C'est au mois de décembre que se célèbrent les *posadas*. Supposément, il s'agit de commémorer l'errance de Marie et Joseph, qui cherchaient un abri où passer la nuit. Mais les *posadas* au Mexique sont surtout une occasion de faire la fête et de rompre les *piñatas*, ces objets en papier mâché remplis de friandises. Les *posadas* se célèbrent dans tout le Mexique, aussi bien chez les particuliers, que dans la rue. Une preuve de plus que les Mexicains n'ont pas leur pareil pour célébrer tous les événements dans une explosion de joie et de couleurs !

VERSION NUMÉRIQUE
OFFERTE
Obtenez votre guide numérique en scannant ce QR code
ou rendez-vous sur le site
www.ebookfute.com
avec le code avantage
EBM9C5
petit futé
2022
Mexique
VERSION NUMÉRIQUE OFFERTE
COUNTRY GUIDE
OFFRE VALABLE JUSQU'À L'ARRÊT DE COMMERCIALISATION DU TITRE EN FRANCE MÉTROPOLITAINE
ET DANS LE MONDE ET SOUS RÉSERVE QUE LE NOMBRE DE TÉLÉCHARGEMENTS SOIT INFÉRIEUR

MÉXICO

Avec plus de 2 000 ans d'âge, Mexico est la capitale d'un des pays les plus fascinants au monde et fait partie du patrimoine culturel de l'humanité. Elle est un concert de cultures, de traditions et de modernité. La ville est un enchevêtrement de constructions préhispaniques et coloniales. Sous chaque église ancienne reposent les restes de temples de l'ancienne civilisation. La ville en elle-même compte 9 millions d'habitants mais sa mégapole, qui court jusque dans les États d'Hidalgo et de Mexico, rassemble près de 22 millions d'habitants, ce qui en fait la plus grande ville hispanophone au monde. La capitale du Mexique mérite sans aucun doute que l'on s'y arrête le temps de prendre le pouls des différents quartiers, authentiques ou huppés, vibrants ou reposants. Découvrir les richesses de la capitale, ses vestiges, ses musées et sa palette d'ethnies permet de mieux comprendre l'âme du pays.

Centro historico et ses alentours
Garibaldi-Lagunilla
Lagunilla
Plaza Gregorio Torres Quintero
EL PATIO 77
MUSEO EL CHOPO
PLAZA GARIBALDI
SALÓN TENAMPA
TEMPLO SAN HIPÓLITO Y SAN CASIANO
MUSEO NACIONAL DE SAN CARLOS
CANTINA LA DOMINICA
TEMPLO DE LA SANTA VERACRUZ
MUSEO FRANZ MAYER
MUSEO NACIONAL DE ARTE (MUNAL)
TEATRO DE LA CIUDAD
SECRETARÍA DE EDUCACIÓN PÚBLICA
LABORATORIO ARTE ALAMEDA
LOS GIRASOLES
MUSEO DE LA TORTURA
HOTEL CATEDRAL
Plaza de la República
MUSEO MURAL DE DIEGO RIVERA
MUSEO NACIONAL DE LA REVOLUCION
PARQUE ALAMEDA CENTRAL
PALACIO POSTAL
Allende
PALACIO DE BELLAS ARTES
NACIONAL MONTE DE PIEDAD
CATEDRAL METROPOLITANA DE MEXICO
ZINCO JAZZ CLUB
CARDENAL
MUSEO NACIONAL DE LAS CULTURAS
EL BÓSFORO
CANTINA DEL TIO PEPE
MUSEO DEL ESTANQUILLO
MUMEDI MUSEO MEXICANO DEL DISEÑO
CIUDADELA
ZÓCALO
PALACIO NACIONAL
Zócalo
Plaza Tenochtitlán
San Juan de Letrán
CANTINA LA FAENA
Jardin del Arte
MERCADO SAN JUAN
MUSEO DE LA CIUDAD DE MEXICO
Plaza la Ciudadela
HOSTAL CENTRO HISTÓRICO REGINA
Parque Balderas
MERCADO DE LA CIUDADELA
Balderas
Salto del Agua
Pino Suárez
Eje 1 Norte
Calle Libertad
Carlos J. Meneses
Avellano
Calle Naranjo
Jaime Torres Bodet
Santa María la Ribera
Doctor Atl
Avenida Insurgentes Norte
Av. Jesús García
Aldama
Arista
Guerrero
Calle Héroes
Calle Magnolia
Calle Lerdo
Po. de la Reforma
Paseo de la Reforma
Lázaro Cárdenas
Calle Allende
Calle Comonfort
Avenida República de Brasil
Av. República de Argentina
Ribera de San Cosme
García Icazbalceta
Violeta
Calle Mina
Calle Violeta
República de Perú
Avenida México-Tenochtitlan
Calle F. Javier Mina
Calle Belisario Domínguez
Callejón Girón
República de Cuba
República de Venezuela
Av. Hidalgo
Ezequiel Montes
Martín Gómez Farías
Justo Sierra
Loreto
Avenida Juárez
Avenida 5 de Mayo
Calle Maestro Antonio Caso
Sadi Carnot
Avenida Insurgentes Centro
Donato Guerra
Avenida Morelos
Av. Morelos
Calle Iturbide
Calle Humboldt
Luis Moya
Artículo 123
16 de Septiembre
Av. I. la Católica
Calle Palma
Correo Mayor
Jesús María
Roldán
Metrobus 4
Victoria
Río Lerma
Atenas
Gral. Prim
Lucerna
Calle Roma
Bucareli
Abraham González
Tres Guerras
Avenida Balderas
Calle Ayuntamiento
República de Uruguay
Avenida República de El Salvador
20 de Noviembre
Avenida José María Pino Suárez
Las Cruces
Ernesto Pugibet
Revillagigedo
Calle López
Eje Central
Aldaco
Calle 5 de Febrero
Calle de Mesones
Calle Regina
Delicias
San Jerónimo
Versalles
Londres
Berlín
Dinamarca
Nápoles
Havre
Niza
Hamburgo
Marsella
Avenida Insurgentes Sur
Turín
Avenida Chapultepec
Arcos de Belén
José María Izazaga
Metrobus 3
Doctor Río de la Loza
Nezahualcóyotl

Zona Rosa et l'ouest
CIUDAD DE MÉXICO
600 M
HOTEL IMPERIAL
TIENDA FONART
AMAYA
HANKY PANKY COCKTAIL BAR
CASA FUSION
CAFE NIN
HOTEL MARIA CRISTINA
ANGEL DE LA INDEPENDENCIA
ROKAI
BISTRO ARLEQUIN
SALON RIOS
LOS PANCHOS
MUSEO NACIONAL DE ANTROPOLOGÍA
MUSEO DE ARTE MODERNO (MAM)
CASTILLO DE CHAPULTEPEC MUSEO NACIONAL DE HISTORIA
CASA DEL LAGO JUAN JOSÉ ARREOLA
MUSEO DEL CÁRCAMO DE DOLORES
ENO
PUJOL
QUINTONIL
PASAJE POLANCO
MAISON BELEN
BASICO
BUTCHER & SONS
AGUA Y SAL CEBICHERIA
TIENDA DEL MAP
PARQUE LINCOLN
LAS ALCOBAS
PUG SEAL ALLAN POE
GUZINA OAXACA
MUSEO FUNDACIÓN JUMEX
MUSEO SOUMAYA
Jardinera Insurgentes
Jardin Insurgentes
Paseo de la Reforma
Avenida Chapultepec
Avenida Insurgentes Sur
Avenida Presidente Masaryk
Calzada Gral. Mariano Escobedo
Avenida Ejército Nacional
Anillo Periférico
Calzada Chivatito
Gran Av.
Circuito Int.
Eje 3 Poniente
Eje 2 Sur
Eje 1 Poniente
Avenida Sonora
Avenida Constituyentes
Boulevard Miguel de Cervantes Saavedra
Calle Lago Alberto
Avenida Homero
Avenida Horacio
Calle Polanco
Calle Tres Picos
Avenida Campos Eliseos
Avenida Rubén Darío
Calzada Mahatma Gandhi
Río Atoyac
Río Pánuco
Río Tíber
Calle Río Nazas
Río Rhin
Río Balsas
Londres
Hamburgo
Tokio
Sevilla
Liverpool
Niza
Nápoles
Berlín
Versalles
Calle Roma
Lucerna
Gral. Prim
Madrid
Puebla
Córdoba
Mérida
Colima
Durango
Sinaloa
Av. Oaxaca
Avenida Yucatán
Monterrey
Jalapa
Tonalá
Guanajuato
Av. Álvaro Obregón

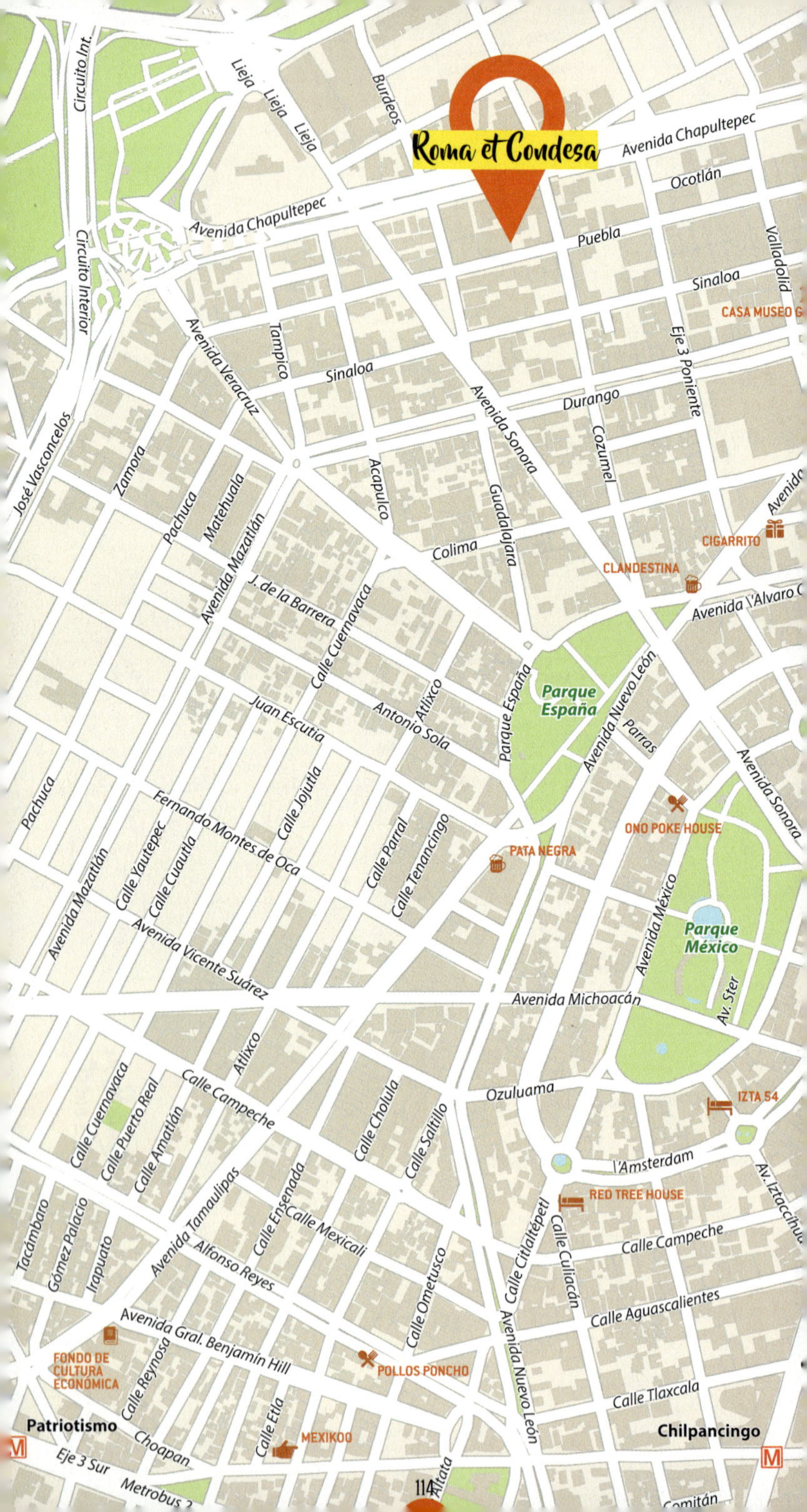
Roma et Condesa
Avenida Chapultepec
Ocotlán
Puebla
Sinaloa
Valladolid
CASA MUSEO G
Circuito Int.
Circuito Interior
Lieja
Burdeos
Avenida Chapultepec
Avenida Veracruz
Tampico
Sinaloa
Durango
Eje 3 Poniente
Cozumel
Avenida Sonora
José Vasconcelos
Zamora
Pachuca
Matehuala
Acapulco
Guadalajara
Colima
Avenida
CIGARRITO
CLANDESTINA
Avenida Álvaro O
Avenida Mazatlán
J. de la Barrera
Calle Cuernavaca
Atlixco
Antonio Sola
Parque España
Parque España
Avenida Nuevo León
Parras
Juan Escutia
Avenida Sonora
ONO POKE HOUSE
Pachuca
Fernando Montes de Oca
Calle Jojutla
Calle Parral
Calle Tenancingo
PATA NEGRA
Calle Yautepec
Calle Cuautla
Avenida Mazatlán
Avenida México
Parque México
Avenida Vicente Suárez
Avenida Michoacán
Av. Ster
Atlixco
Calle Campeche
Ozuluama
IZTA 54
Calle Cuernavaca
Calle Puerto Real
Calle Amatlán
Calle Cholula
Calle Saltillo
l'Amsterdam
Av. Iztaccíhuatl
RED TREE HOUSE
Avenida Tamaulipas
Calle Ensenada
Calle Mexicali
Calle Citlaltépetl
Calle Culiacán
Calle Campeche
Tacámbaro
Gómez Palacio
Irapuato
Alfonso Reyes
Calle Ometusco
Calle Aguascalientes
Avenida Gral. Benjamín Hill
FONDO DE CULTURA ECONÓMICA
Calle Reynosa
POLLOS PONCHO
Avenida Nuevo León
Calle Tlaxcala
Patriotismo
M
Choapan
Calle Etla
MEXIKOO
Chilpancingo
M
Eje 3 Sur
Metrobus 2
Altata
Comitán

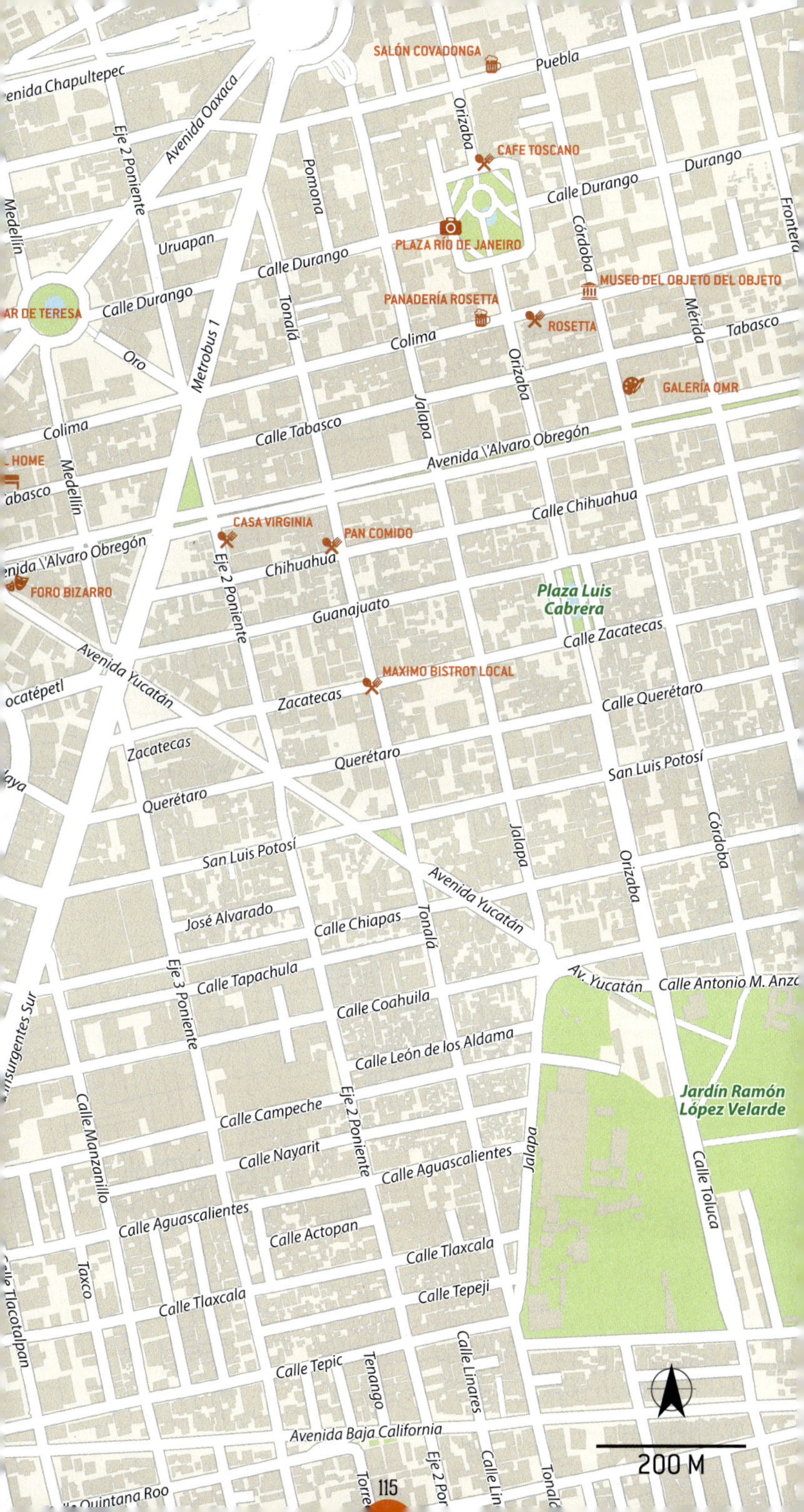

SALÓN COVADONGA
Puebla
Avenida Chapultepec
Avenida Oaxaca
Eje 2 Poniente
Orizaba
CAFE TOSCANO
Durango
Calle Durango
Medellín
Pomona
Frontera
Córdoba
Uruapan
Calle Durango
PLAZA RÍO DE JANEIRO
MUSEO DEL OBJETO DEL OBJETO
PANADERÍA ROSETTA
ROSETTA
Tonalá
Mérida
Tabasco
Colima
Metrobus 1
Oro
Orizaba
GALERÍA OMR
Jalapa
Colima
Calle Tabasco
Avenida \'Alvaro Obregón
HOME
Medellín
Calle Chihuahua
CASA VIRGINIA
PAN COMIDO
Chihuahua
FORO BIZARRO
Eje 2 Poniente
Plaza Luis Cabrera
Guanajuato
Calle Zacatecas
Avenida Yucatán
MAXIMO BISTROT LOCAL
Zacatecas
Calle Querétaro
Zacatecas
Querétaro
San Luis Potosí
Querétaro
Jalapa
Córdoba
San Luis Potosí
Orizaba
Avenida Yucatán
José Alvarado
Calle Chiapas
Tonalá
Av. Yucatán
Calle Antonio M. Anza
Calle Tapachula
Eje 3 Poniente
Calle Coahuila
Calle León de los Aldama
Jardín Ramón López Velarde
Calle Manzanillo
Calle Campeche
Eje 2 Poniente
Jalapa
Calle Nayarit
Calle Aguascalientes
Calle Toluca
Calle Aguascalientes
Calle Actopan
Taxco
Calle Tlaxcala
Calle Tlaxcala
Calle Tepeji
Calle Linares
Calle Tepic
Tenango
Avenida Baja California
200 M

Coyoacán et le sud

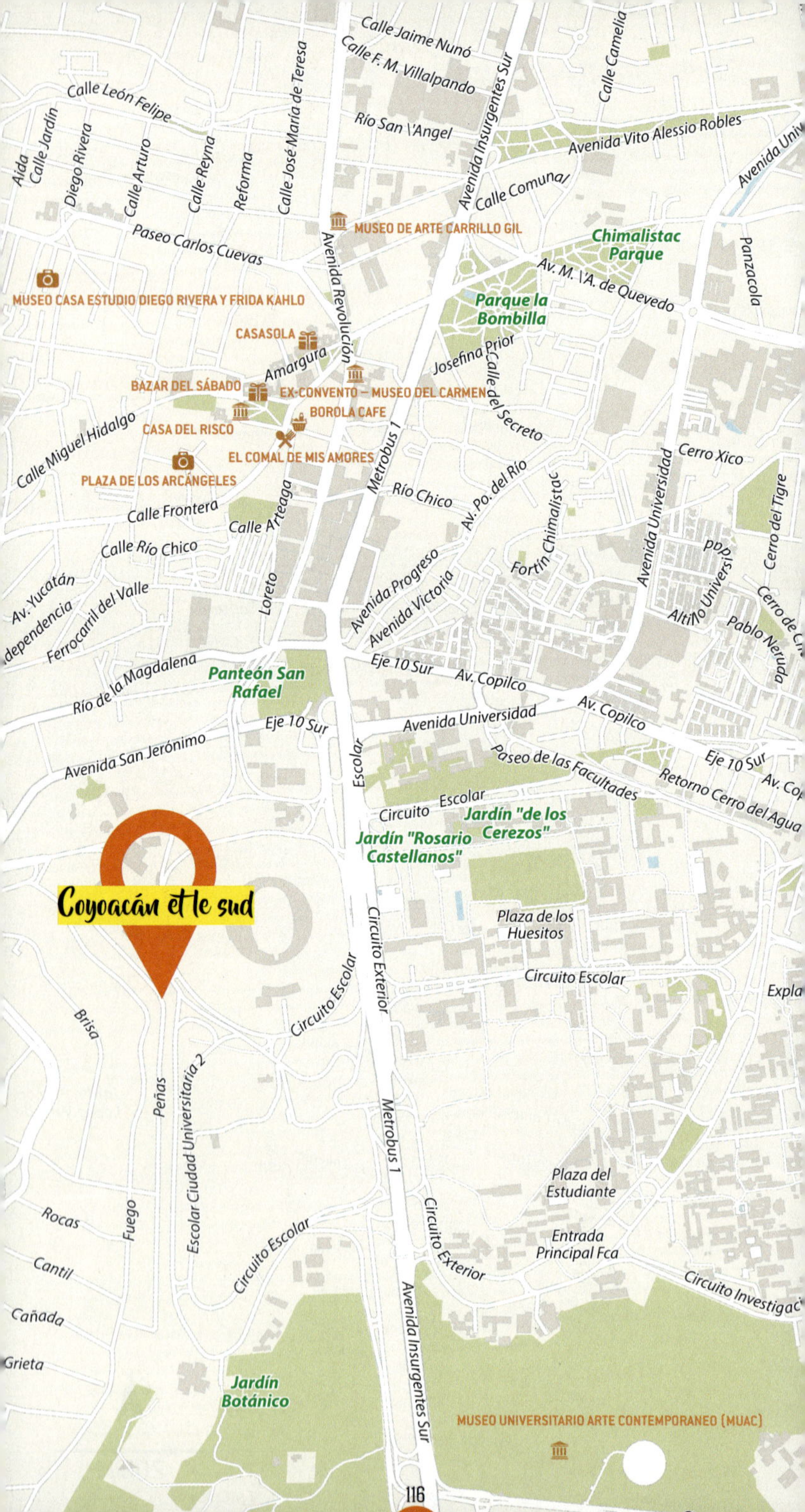

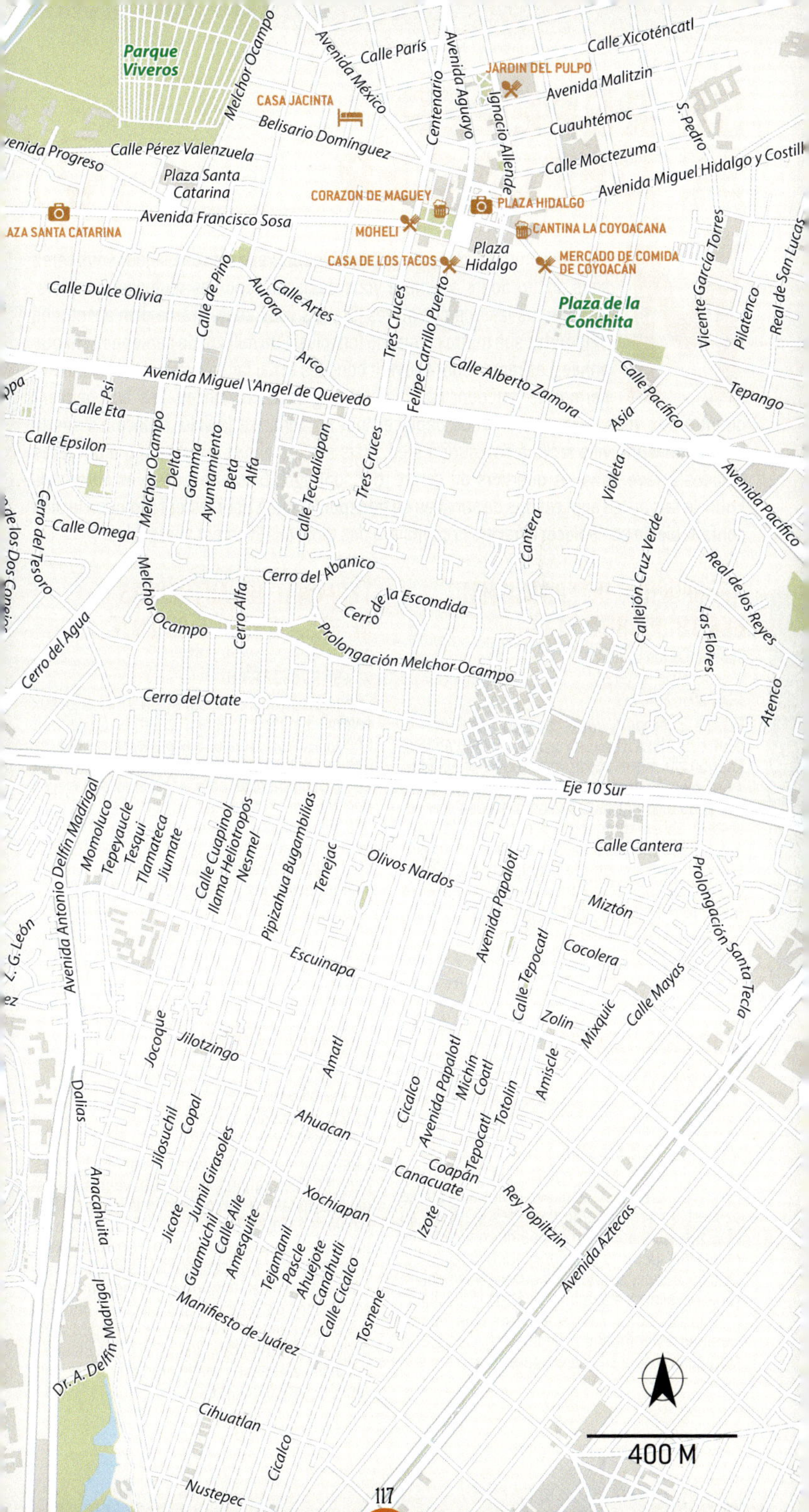
Parque Viveros
Melchor Ocampo
Avenida México
Calle París
Avenida Aguayo
Centenario
Calle Xicoténcatl
JARDIN DEL PULPO
Avenida Malitzin
Ignacio Allende
CASA JACINTA
Belisario Domínguez
Cuauhtémoc
S. Pedro
Avenida Progreso
Calle Pérez Valenzuela
Calle Moctezuma
Avenida Miguel Hidalgo y Costill
Plaza Santa Catarina
CORAZON DE MAGUEY
PLAZA HIDALGO
Avenida Francisco Sosa
AZA SANTA CATARINA
MOHELI
CANTINA LA COYOACANA
Plaza Hidalgo
CASA DE LOS TACOS
MERCADO DE COMIDA DE COYOACÁN
Vicente García Torres
Calle Dulce Olivia
Calle de Pino
Aurora
Calle Artes
Tres Cruces
Felipe Carrillo Puerto
Plaza de la Conchita
Pilatenco
Real de San Lucas
Arco
Calle Alberto Zamora
Calle Pacífico
Avenida Miguel \'Angel de Quevedo
Psi
Calle Eta
Tepango
Asia
Calle Epsilon
Melchor Ocampo
Delta
Gamma
Ayuntamiento
Beta
Alfa
Calle Tecualiapan
Tres Cruces
Violeta
Avenida Pacífico
Cerro del Tesoro
Calle Omega
Cantera
Callejón Cruz Verde
Real de los Reyes
Melchor Ocampo
Cerro del Abanico
Cerro de la Escondida
Cerro Alfa
Las Flores
Cerro del Agua
Prolongación Melchor Ocampo
Atenco
Cerro del Otate
Eje 10 Sur
Avenida Antonio Delfín Madrigal
Momoluco
Tepeyaucle
Tesqui
Tlamateca
Jiumate
Calle Cuapinol
Ilama Heliotropos
Nesmel
Pipizahua Bugambilias
Tenejac
Olivos Nardos
Avenida Papalotl
Calle Cantera
Prolongación Santa Tecla
Miztón
L. G. León
Escuinapa
Cocolera
Calle Tepocatl
Calle Mayas
Zolin
Mixquic
Jocoque
Jilotzingo
Amatl
Amiscle
Dalias
Cicalco
Avenida Papalotl
Michín
Coatl
Totolin
Jilosuchil
Copal
Ahuacan
Tepocatl
Coapán
Canacuate
Anacahuita
Jumil Girasoles
Jicote
Guamúchil
Calle Aile
Amesquite
Xochiapan
Izote
Rey Topiltzin
Avenida Aztecas
Tejamanil
Pascle
Ahuejote
Canahutli
Calle Cicalco
Dr. A. Delfín Madrigal
Manifiesto de Juárez
Tosnene
Cihuatlan
Cicalco
Nustepec
400 M

SE REPÉRER SE DÉPLACER

México est une ville immense et très étendue. Pendant votre séjour, vous serez sans aucun doute amené à vous déplacer dans ses multiples quartiers, si différents les uns des autres. Si vous vous sentez l'âme d'un aventurier, empruntez son métro comme le font plus d'un milliard de personnes chaque année. Les rames sont souvent bondées et il y fait très chaud, mais le métro permet de parcourir rapidement de grandes distances. Les bus peuvent quant à eux vous permettre de vous déplacer tout en admirant la ville. México n'a pas la réputation d'une ville facile à parcourir à pied, mais si vous aimez marcher, il y a de belles balades à faire dans les quartiers du centre, qui sont agréables et accessibles entre eux. Enfin, le taxi ou les applications de services de transport comme Uber restent le moyen le plus confortable de se déplacer à travers la capitale, à des tarifs relativement abordables.

AEROPUERTO INTERNACIONAL BENITO JUAREZ

Capitán Carlos León s/n
✆ +52 55 2482 2424
www.aicm.com.mx

Depuis l'aéroport, vous pouvez rejoindre le centre de Mexico en métro, métrobus ou en taxi. L'option du métro et du métrobus est évidemment bien plus économique, mais le taxi ou le VTC vous offriront plus de confort à des prix qui restent assez abordables. A noter que la compagnie ADO dispose également de son propre terminal juste à côté de l'aéroport, qui permet de rejoindre des destinations secondaires telles que Tepoztlán, dans l'Etat de Morelos.

TERMINAL DE AUTOBUSES DE PASAJEROS DE ORIENTE

Calz. Ignacio Zaragoza #200
✆ +52 55 5522 9381

Cette gare routière est connue parmi les locaux comme La Tapo. Elle est énorme, on croirait une ville dans la ville. Sur place, on trouve de nombreux commerces, y compris un excellent centre commercial pour acheter des bagages bon marché. Un bureau du tourisme s'occupe des réservations d'hôtels (de 8h à 21h). Bus pour les régions qui se trouvent à l'est de Mexico : Puebla, Veracruz, Oaxaca, Mérida, Cancún, Villahermosa, San Cristóbal et le Yucatán.

TERMINAL CENTRAL DEL NORTE

Eje Central Lazaro Cardenas #4907
✆ +52 55 5587 1552
www.centraldelnorte.com

Le Terminal del Norte est la plus grande des gares routières de la capitale. Il faut dire qu'elle dessert un grand nombre de destinations, au Mexique mais aussi, en temps normal, vers les Etats-Unis. Départs réguliers pour Hidalgo et Estado de Mexico, la côte Pacifique via Guadalajara (Puerto Vallarta, Mazatlán) ; le Bajio (San Miguel et Guanajuato) ; Zacatecas, San Luis Potosí, Durango et Chihuahua ; Monterrey. Service et commerces 24h/24 dans la gare.

TERMINAL PONIENTE

Avenida Sur #122
✆ +52 55 5271 4519
www.centralponiente.com.mx
Ouverte 24h/24.

C'est la plus petite des gares routières. Elle dessert les destinations qui se trouvent à l'ouest de la capitale, à savoir essentiellement l'Etat de Mexico (Toluca) et l'Etat du Michoacán, avec quelques départs pour Jalisco, San Luis Potosí, Querétaro ou Aguascalientes. Les départs sont fréquents tout au long de la journée. Le mieux est encore de réserver son billet par Internet quelques jours à l'avance. Les bus des compagnies ETN, Primera Plus et Estralla Blanca y circulent. Attention, les environs de cette gare routière sont dangereux.

QUARTIERS DE MÉXICO

Cette gigantesque ville est divisée en 16 délégations (*delegaciones*), qui se subdivisent à leur tour en *colonias* (2 150 au total). La plupart des attractions touristiques se concentrent dans 4 grands quartiers : le Centre historique (incluant les *colonias* San Rafael et Santa Maria La Ribera), Zona Rosa et l'ouest (*colonias* Juarez et Cuauhtémoc, le Paseo de la Reforma ainsi que le quartier de Polanco et le Bosque de Chapultepec), Roma et Condesa et, pour finir Coyoacán et le sud (dont font partie la *colonia* San Angel et les quartiers de Tlalpan et Xochimilco). Dans la suite de ce guide, tous les hôtels, restaurants, et lieux à visiter à Mexico sont classés en fonction de leur appartenance à l'une de ces quatre grandes zones touristiques. Avec plus d'une centaine de musées, dix zones archéologiques et des centaines de monuments coloniaux, vous n'avez guère de raisons de vous ennuyer !

Centro histórico et ses alentours

Déclaré patrimoine culturel de l'humanité par l'Unesco en 1987, le centre historique est le fruit de la rencontre des cultures aztèque et espagnole. Il s'étale sur près de 10 km² (668 pâtés de maison, ou *cuadras* en espagnol) et compte 1 500 édifices classés. Même si aujourd'hui c'est surtout la richesse du passé colonial espagnol qui saute aux yeux lorsque l'on se promène dans les rues du centre, personne au Mexique n'a oublié que la plupart des immeubles coloniaux ont été édifiés sur les ruines des anciens palais aztèques, dont les pierres ont été recyclées. Les ruines du Templo Mayor, qui ont été mises au jour du côté droit de la cathédrale, sont là pour rappeler aux visiteurs la grandeur des anciennes constructions.Mais au-delà de la richesse de son patrimoine architectural (également composé des tendances néoclassiques de la fin du XIXe et d'édifices Art déco), le centre historique de Mexico est avant tout le cœur du commerce populaire, avant d'être un lieu de promenade en famille pour les *Chilangos* (habitants de la ville de México). Ici, la ségrégation économique existe moins qu'ailleurs et vous rencontrerez aussi bien des femmes indiennes qui viennent d'arriver du sud du pays, que des riches politiques en voitures blindées, ou des touristes étrangers. C'est surtout cet aspect qui fait la richesse du centre historique, ainsi que son intense vie politique : *marchas* (manifestations) et *plantones* (occupations des places publiques) rythment la vie du quartier.

Templo Mayor à México.

© ABERU.GO - SHUTTERSTOCK.COM

El Angel sur Paseo de la Reforma.

Depuis une vingtaine d'années, le centre historique est en pleine restructuration, certaines artères ayant été fermées à la circulation (la calle Madero et la calle Regina). Bref, les rues sont plus belles et plus éclairées. Mais ces aménagements, issus d'accords d'investissements publics/privés, ont une contrepartie : la tendance à une certaine acculturation due à l'implantation d'enseignes internationales de restauration ou de prêt-à-porter. Car ce qui fait traditionnellement le charme du centre historique, ce sont surtout ses petites rues commerçantes thématiques, bondées de stands et noires de monde. Une vraie fourmilière.

▸ **Accès** : le centre historique est accessible par plusieurs métros. Hidalgo (sortie face au jardin de l'Alameda), Bellas Artes (sortie face au Palacio de Bellas Artes et la tour Latinoamericana), Allende (sortie rue Allende), Zócalo (sortie face à la cathédrale et au palais du Gouvernement), Isabel la Católica et Pino Suárez. Le métro Revolución débouche sur le monument du même nom ; la jolie et populaire colonia Tabacalera se trouve juste à côté. En passant l'avenue Insurgentes, vous arriverez dans la colonie San Rafael, qui est en passe de devenir une alternative à la colonia Roma, de même que la colonia Santa María la Ribera, un peu plus au nord. S'y rendre à pied depuis les quartiers alentour (Bosque de Chapultepec, Zona Rosa, Roma ou Condesa) est un *must* qu'il faut vous autoriser.

Zona Rosa et l'ouest

▸ **La Zona Rosa** (dans la colonia Juarez) désigne le quartier de México compris entre le Paseo de la Reforma, l'Avenida Insurgentes, l'Avenida Chapultépec et la calle Florencia. Le triangle enserre deux rues importantes, Hamburgo et Londres. La colonia, dans sa physionomie actuelle, date des années 1950. Lorsque la Zona Rosa est créée à la fin du XIXe siècle, elle est conçue comme un quartier très chic, réservé à l'élite mexicaine et aux diplomates étrangers. En raison de son caractère exclusif, le quartier est même déclaré zone neutre durant la Révolution mexicaine. Mais à partir des années 1950, l'apparition de nouvelles zones résidentielles pour les classes aisées et la présence du métro Insurgentes contribuent à rendre le quartier plus populaire. Aujourd'hui, la Zona Rosa est aussi réputée pour ses boîtes de nuit et bars gay. Les commerces sont moins élégants qu'avant, mais la zone est encore touristique.

▸ **La *colonia* Juarez** s'étire également de l'autre côté de l'avenue Insurgentes, servant de zone tampon avec le centre historique. Restée longtemps plus besogneuse et populaire (voire à l'abandon), elle subit actuellement, comme nombre de *colonias* aux alentours des quartiers les plus emblématiques de la ville, une politique de réhabilitation (bâtiments anciens et voies de communication) et *gentrification*. L'avenue Bucarelli, l'une des plus belles zones résidentielles de la ville au XIXe siècle avant d'être laissée à l'abandon est actuellement en cours de réhabilitation.

▸ **Le Paseo de la Reforma**, l'avenue qui borde la Zona Rosa au nord, remonte au XIXe siècle ; elle marque la limite entre les *colonias* Juarez (au sud) et Cuauhtémoc (au nord). L'empereur Maximilien de Habsbourg la fait ouvrir pour relier le Palacio Nacional à sa résidence aristocratique d'El Castillo de Chapultépec. Tous les ronds-points sont ornés de statues et sculptures en bronze qui relatent divers épisodes historiques. Ne ratez pas El Angel qui est le symbole de la ville. Le Paseo de la Reforma est aussi un important couloir financier et économique. De nombreuses corporations internationales y ont installé leur siège. Des tours de verre modernes et anciennes résidences avec jardins se succèdent.

Polanco est le quartier marchand le plus chic de Mexico, aussi appelé la Zona Dorada (« la zone dorée »). Vous y trouverez toutes les boutiques des marques les plus prestigieuses. La rue Presidente Masaryk est à Mexico ce que sont les Champs-Elysées à Paris. La rue parallèle, Horacio, possède aussi plusieurs restaurants chics. Beaucoup se trouvent autour du joli parc Lincoln, cœur du quartier.

Le Bosque de Chapultepec, le plus grand espace vert de Mexico, sépare le quartier Polanco de celui de la Condesa. D'une superficie de près de 600 hectares, ce parc comprend de nombreux musées et attractions touristiques, parmi lesquelles le Musée d'Art moderne, un centre culturel très actif (La Casa del Lago), un jardin botanique et plusieurs lacs où l'on peut se promener en barque ou en pédalo. Ce bois a par ailleurs une histoire intéressante. A l'époque préhispanique, l'empereur Moctezuma construisit à cet endroit un ingénieux système hydraulique qui acheminait l'eau qui descendait de la montagne jusqu'à une espèce de piscine en pierre où il prenait son bain. Les vestiges des Baños de Moctezuma perdurent encore aujourd'hui. C'est aussi à cet endroit qu'au XVIIIe siècle les gouverneurs de la Nouvelle-Espagne firent construire sur une élévation un imposant château qui devait leur servir de résidence de repos. Mais vint l'indépendance du Mexique, et le château fut converti en collège militaire. Lors du Second Empire, le Castillo de Chapultepec devint la résidence de l'empereur Maximilien de Hasbourg et, par la suite, il continua à servir comme résidence officielle du chef de l'Etat mexicain jusqu'en 1939, date où le président Lázaro Cárdenas décida de s'installer à la résidence de Los Pinos, avant qu'elle-même soit abandonnée par le président Andrès Manuel Lopez Obrador en 2019, afin d'être transformée en centre culturel ouvert à tous. Longeant le Bosque de Chapultepec, l'avenue Reforma accueille ici deux musées de premier plan, el Museo Nacional de Antropologia et le Museo Tamayo (art contemporain).

Accès : le quartier est accessible par la ligne de métro qui longe l'avenue Chapultepec (Chapultepec, Sevilla, Glorieta Insurgentes et Cuauhtémoc) ou par le métrobus qui parcourt l'avenue Insurgentes (Glorieta de Insurgentes, Hamburgo, Reforma). À pied, il est aisé de rejoindre le Bosque de Chapultepec par l'avenue du même nom et le quartier de Polanco en remontant l'avenue Reforma. Pour vous rendre dans le centre-ville, rien de plus facile que de traverser la colonia Juarez et de découvrir ce quartier par la même occasion. Depuis l'avenue Insurgentes, les rues Londres, Liverpool et Hamburgo débouchent sur la rue Versalles qui remonte vers Reforma juste avant de déboucher sur la Alameda. Depuis l'avenue Chapultepec, remonter l'avenue Bucarelli permet de découvrir tout un pan de l'architecture résidentielle méconnu de la ville, pour déboucher sur l'avenue Reforma, à quelques dizaines de mètres de la Alameda. Quant aux quartiers de Polanco et au bois de Chapultepec, ils sont accessibles par 3 métros. Auditorio et Polanco sur la ligne 7 et Chapultepec sur la ligne 1 (à une extrémité du quartier de La Condesa). Si vous pensez visiter d'abord le bois et les musées alentour, descendre de préférence aux stations Chapultepec ou Auditorio ; si vous voulez d'abord découvrir les boutiques de Polanco et ses restaurants, descendre à la station Auditorio ou Polanco.

Bosque de Chapultepec.

© STOCKCAM - ISTOCKPHOTO.COM

Trajineras dans le quartier de Xochimilco.

Roma et Condesa

Séparées par l'avenue Insurgentes, les *colonias* Roma et Condesa sont très appréciées des jeunes Mexicains. Ce sont des quartiers arborés où l'on trouve de belles maisons et immeubles du début du XXe siècle, plusieurs jardins, de nombreuses boutiques, des bars et restaurants. Bien que la Roma et la Condesa possèdent peu de musées, ces deux *colonias* valent le détour pour s'y promener, manger ou prendre un verre. L'ambiance est bohème et branchée. Alors que la Condesa surfe sur le style et la fête (que de bars le long de l'avenue Nuevo León !) le quartier de la Roma se veut plus intellectuel ; de nombreuses galeries d'art y ont ouvert leurs portes au cours des dix dernières années.

▶ **Le quartier de la Condesa** est créé vers 1902 sur une partie des terrains de l'hacienda de la Condesa de Miravalle. L'idée du gouvernement était d'y installer plusieurs grands équipements sportifs, dont deux hippodromes et une arène de taureaux. Dans les années 1920, confronté à la demande croissante de logements, le gouvernement décide de convertir la zone en un quartier résidentiel : suite à la guerre civile d'Espagne, de nombreux réfugiés espagnols s'y installent, et aussi des juifs venant d'Europe de l'Est. Du fait de ce mélange culturel, le quartier n'a jamais cessé d'accueillir les étrangers venant vivre à Mexico. Aujourd'hui encore, la Condesa est conçue comme un quartier très européen et la superficie des espaces verts est la plus grande de Mexico. Après le tremblement de terre de 1985, sa physionomie se transforme. Beaucoup d'habitants fuient cette zone à risque (danger maximal en cas de tremblement de terre). Les propriétés se vendent à bas prix, et des intellectuels, des écrivains et des artistes investissent ce quartier auparavant populaire de la ville de Mexico ; c'est désormais un des plus chers de la ville, très prisé des étrangers qui y vivent.

▶ **La *colonia* Roma** date aussi du début du siècle dernier. C'est la compagnie immobilière Compañía de Terrenos de la Calzada de Chapultepec SA qui commença à fractionner et urbaniser cette zone en 1903. L'un des membres du conseil d'administration était Walter Orrin, qui était propriétaire du cirque Orrin, très célèbre au Mexique à l'époque. Il décida de baptiser les rues de ce nouveau quartier du nom des villes où le cirque avait remporté le plus de succès : Durango, Orizaba, Chihuahua, Coahuila... L'un des autres dirigeants de la compagnie était l'architecte Lewis Lamm. S'inspirant des styles architecturaux qui étaient en vogue en Europe, il construisit de magnifiques demeures pour attirer les classes aisées de la société, dont la Casa Lamm, qui était destinée à devenir sa résidence particulière. Cette maison qui abrite aujourd'hui un centre culturel est considérée comme l'un des édifices les plus emblématiques de la Colonia Roma. Le quartier est divisé en deux zones, Roma Norte et Roma Sur, cette dernière conservant encore son caractère plus populaire que sa voisine, nettement plus branchée.

▶ **Accès** : pour se rendre à la Condesa, descendre au métro Chilpancingo ou aux stations de métrobus Sonora ou Campeche. Pour se rendre à la Roma, descendre au métro Insurgentes ou aux stations de métrobus situées entre Chilpancingo et Insurgentes. Il est très facile de se déplacer à pied entre ces deux quartiers, de même que de rejoindre la Avenida et Reforma et le centre historique en transport, taxi ou même à pied.

Coyoacán et le sud

▶ **C'est à Coyoacán** qu'Hernán Cortés établit sa demeure après la chute de Tenochtitlán et c'est aussi ici que, le 7 mars 1524, la première mairie de la Nouvelle-Espagne est installée. Au début du XXe siècle, le village de Coyoacán était encore séparé du centre de Mexico, à 12 km, par des champs de pâture. Dans les années 1950, il est absorbé par l'urbanisation galopante, alors qu'il était auparavant devenu le lieu de résidence de Frida Kahlo et Leon Trotsky. Coyoacán est un quartier vivant et arboré. Il a conservé son caractère colonial, notamment dans la rue Francisco Sosa où les maisons des XVIIe et XVIIIe siècles offrent de magnifiques façades colorées aux proportions harmonieuses. Les rues étroites et pavées, les petites places ombragées, contribuent à faire de ce quartier un havre à échelle humaine. Situé non loin de la UNAM, la plus grande université du pays, c'est un quartier reconnu pour son effervescence intellectuelle, bien différente de l'ambiance arty et branchée des quartiers de la Roma et Condesa.

Le quartier de San Angel (Tenanitla à l'époque préhispanique), conserve aujourd'hui encore un air provincial comparable à celui de Coyoacán (en nettement plus petit), de belles rues pavées et de magnifiques demeures coloniales. La *colonia* est très prisée pour son marché d'art et d'artisanat le samedi (plaza del Carmen). Les premiers à s'installer à Tenanitla sont les dominicains, qui y construisent un petit ermitage. Puis les moines carmélites commencent en 1615 la construction d'un couvent et collège religieux dédié a San Angel. Cet ordre religieux partageait son temps entre la pénitence, la prière et le travail, et pour faciliter le recueillement spirituel de ses membres, avait coutume de construire de grands jardins autour des couvents. Les fleurs et les fruits qu'ils récoltaient se vendaient à Mexico, à 15 km de là. Les riches Espagnols commencent alors à y construire de belles maisons de campagne pour passer le week-end ou la saison d'été. Aujourd'hui encore, la plupart des fêtes du village de San Angel tirent son origine des activités horticoles des moines carmélites, comme la Feria de Las Flores qui se célèbre chaque année au mois de juillet.

Tlalpan était autrefois un village situé hors de la ville de Mexico, de la même façon que Coyoacán et San Angel. Situé à une vingtaine de kilomètres du centre historique, il a été englouti par la ville dans les années 1950. Le village se développe au XVIIe siècle, lorsque l'aristocratie de la Nouvelle-Espagne commence à construire dans la région de magnifiques demeures pour passer la saison d'été. Le village se nomme alors Villa de San Agustin de Las Cuevas. Lorsque le Mexique conquiert son indépendance au début du XIXe siècle, le village est désigné capitale de l'Etat de Mexico, ce qui entraîne la construction d'imposants édifices publics. Mais Tlalpan ne conserve ce titre que très peu de temps et redevient rapidement un petit village de campagne. On déambule dans ses petites rues pavées pour tomber sur sa place ombragée et son kiosque.

Le quartier de Xochimilco, qui en langue náhuatl signifie « lieu où poussent les fleurs », est absolument à voir. Surnommé « La Venise mexicaine », c'est l'un des seuls endroits de la ville de Mexico où a survécu le lac qui s'étendait autrefois dans la vallée de Mexico, et avec lui les *chinampas*, ces îlots flottants artificiels que les civilisations mexica et xochimilca construisaient pour cultiver. Même si les *chinampas* conservent aujourd'hui encore une vocation agricole, les canaux de Xochimilco sont avant tout devenus l'une des principales attractions touristiques de la ville. Tous les jours, des milliers de bateaux multicolores, appelés « *trajineras* », attendent la venue des touristes pour réaliser une agréable promenade sur les canaux. La balade est rythmée par les nombreux groupes de musique qui attendent dans leur barque que quelqu'un leur fasse signe de jouer un morceau, et les cris des vendeurs ambulants qui proposent toute une gamme de produits : aliments, artisanats, fleurs… Un endroit tout à fait surréaliste à découvrir et en danger de disparition du fait de la réduction hydraulique et de la pollution générale de la zone lacustre de Xochimilco-Tlahuac-Milpa Alta.

Accès : Coyoacán est entouré de trois stations de métro : Coyoacán, Viveros, Miguel Angel de Quevedo (ligne 3). Si vous voulez visiter le joli parc Viveros, descendez à la station de métro du même nom ; de là, rejoignez le centre par la rue Francisco Sosa et la jolie place Santa Catarina. Idem depuis la station de métro Miguel Angel de Quevedo ; une autre balade est possible en descendant à pied l'avenue Miguel Angel de Quevedo puis en prenant sur votre gauche la rue Tres Cruces ou Carrillo Puerto (ou prenez un des bus qui indiquent Tasqueña et dites au chauffeur qu'il vous descende à l'angle de l'une d'entre elles). Pour aller à San Angel, descendre au métro Miguel Angel de Quevedo et marcher jusqu'à l'avenue Insurgentes, puis prendre la rue La Paz. Après avoir traversé l'avenue Revolución, vous rencontrerez la Plaza del Carmen et la Plaza San Jacinto. Sinon, prendre la ligne de Metrobus qui descend l'avenue Insurgentes et descendre à la station Bombilla. San Angel est assez proche de Coyoacán. On peut très bien prévoir de visiter les deux quartiers dans la même journée. Pour les quartiers plus au sud, il faut prendre le tramway qui part de la station de métro Taxqueña (ligne 2). Pour les jardins flottants de Xochimilco les plus visités, descendre à la station Xochimilco. Des racoleurs vous guideront jusqu'aux embarcadères. Pour le centre de Tlalpan, descendre à la station Huipulco puis prendre un taxi ou bien s'y rendre en empruntant la ligne de métrobus qui parcourt l'avenue Insurgentes jusqu'au sud de la ville (station Fuentes Brotantes).

TERMINAL SUR

Avenida Taxqueña #1320
✆ +52 55 5689 9745

Comme son nom l'indique, cette gare routière dessert les villes qui se trouvent au sud de la capitale. La gare en elle-même est assez petite. Prévoyez des provisions avant de vous y rendre, car il n'y a ni commerce ni restaurant sur place. Les compagnies de bus ETN, Costaline et Turistar Lujo y ont des liaisons quotidiennes. Les bus desservent Tepoztlán, Acapulco, Taxco, Cuernavaca et Zihuatanejo. Quelques bus sporadiques pour d'autres destinations dont Oaxaca, Morelia et le nord du Mexique. Se renseigner sur www.busbud.com en amont.

MÉTRO

www.mexicometro.org

Ticket : 5 $. De 5h du matin à minuit en semaine, de 6h à minuit le samedi et à partir de 7h le dimanche.

Le métro de la capitale mexicaine est une réalisation française. La première ligne fut inaugurée en septembre 1969. Le réseau n'a cessé de s'agrandir depuis. Il compte actuellement 195 stations réparties sur 12 lignes de métro, soit un réseau de 226 km, qui accueille quotidiennement plus de 4 millions de passagers. Le métro reste le moyen le plus rapide pour se déplacer à Mexico, surtout aux heures de pointe. Par contre, du fait de la taille de la ville, il est souvent nécessaire de prendre un autre moyen de transport une fois descendu à la station.

HERTZ

Mexico Aeropuerto
✆ 01 800 709 5000
www.hertz.com

24h/24. Location à partir de 56 US$ par jour + assurance.

Si vous souhaitez louer une voiture à votre arrivée à Mexico, Hertz est une agence internationale qui est très fiable et qui propose une grande variété de véhicules, la plupart avec boîte de vitesses automatique. Au prix de la location s'ajoute celui de l'assurance, pas obligatoire, mais très fortement recommandée (en cas d'accident, on peut vite se retrouver avec des factures très salées à régler). L'avantage de cette agence est que l'on peut réserver sur Internet et payer sur place, au moment où l'on vient récupérer son véhicule.

METROBÚS

✆ +52 55 5761 6858
www.metrobus.cdmx.gob.mx

Tarif : 6 $; 30 $ pour l'aéroport.
Il faut acheter une carte (10 $) pour pouvoir utiliser ce moyen de transport.

En 2005, le gouvernement de la ville de Mexico a mis en place un nouveau réseau de transport, connu à Mexico sous le nom de métrobus, qui se trouve à mi-chemin entre le bus et le tramway. Il comprend sept lignes, mais seulement cinq d'entre elles sont susceptibles d'intéresser les voyageurs de passage. Le prix du billet de métrobus est un peu plus cher que celui du métro, mais le trajet est aussi plus agréable puisque vous pouvez admirer la ville depuis le wagon. Attention à la foule en début et fin de journée, cela pousse et se bouscule dans tous les sens.

ECOBICI

Plaza de la Constitución
www.ecobici.cdmx.gob.mx

Tarif : 112 $/24h, 223 $/3 jours.
Les 45 premières minutes sont incluses dans le prix, puis on paye un supplément.

Début 2010, le gouvernement mexicain a mis en place un système de location de bicyclettes appelé Ecobici. Plusieurs dizaines de stations ont été installées depuis Polanco jusqu'au centro historico en passant par toutes les colonies intermédiaires telles que le paseo Reforma, la Roma et Condesa ; le service inclut désormais toutes les colonies le long de Insurgentes Sur, jusque dans le centre de Coyoacán. Un système non seulement écologique, mais aussi très attractif pour les touristes étrangers, qui peuvent désormais découvrir les quartiers du centre.

TAXIMEX

✆ +52 55 9171 8888
www.taximex.com.mx

App. téléchargeable sur la page web.

Très pratique : ils viennent vous chercher n'importe où dans la ville. Pour être une compagnie donnant un service haut de gamme, ils sont bien sûr plus chers que les taxis que l'on trouve dans la rue, mais bien moins chers que les taxis qui offrent leurs services devant les hôtels. Le prix de la course dépend du temps du trajet (les taxis fonctionnent avec un compteur), sauf pour aller aux différentes gares routières de Mexico et à l'aéroport, auquel cas le prix est fixe. Parfait si vous devez circuler dans Mexico avec des objets de valeur.

À VOIR / À FAIRE

Vaste, peuplée et polluée, México est une ville intimidante, qui peut décourager les amoureux de nature et les angoissés des grandes villes. Pourtant, au-delà de son image avérée de ville trépidante et éreintante, la capitale renferme de multiples trésors, parcs reposants, musées fascinants et quartiers charmants à l'architecture remarquable, où il fait bon se balader. L'essentiel de vos visites se déroulera dans les quartiers du centre, qui abritent la majorité des sites touristiques, à savoir le Centro Histórico, Roma et Condesa, Polanco et le Bosque de Chapultepec et, légèrement plus excentrés, les quartiers de Coyoacán et San Angel. Les musées et monuments sont nombreux, acceptez dès maintenant que vous ne pourrez pas tout voir. Allez-y doucement, évitez de vous disperser et concentrez-vous chaque jour sur une zone précise de la capitale, afin de ne pas passer trop de temps dans les transports et finir épuisé dès les premiers jours.

MUSEOS DE MEXICO - NOCHE DE MUSEOS

www.museosdemexico.com

Cette page web recense l'ensemble des musées de la Ville de Mexico, avec possibilité de recherche par thème, quartier, type d'exposition, jours d'ouverture, etc. Le site donne également la liste des musées participant à la Noche de Museos. Cette dernière est organisée le dernier mercredi de chaque mois. Les musées participants n'ouvrent que deux ou trois heures en plus de leurs horaires habituels, mais proposent généralement des évènements spéciaux.

ECOTURA

La Noria #21

✆ +52 55 55 55 9382

www.ecotura.mx

Excursion d'une journée au départ de Mexico à partir de 1 100 $.

Cette agence est spécialisée dans les destinations montagneuses aux environs de la ville de Mexico : plus de 15 voyages à choisir (de un à trois jours) selon votre niveau et votre condition physique. Les excursions d'une journée incluent le Nevado de Toluca, sept cascades dans la Sierra Norte de Puebla, la Malinche (Tlaxcala / Puebla), Parque Nacional el Chico et Cañáda del Bosque, Pasó de Cortès et Iztachihuatl etc. Les voyages de deux ou trois jours se font vers Hidalgo (rafting), la Sierra Gorda de Queretaro, le Santuario de las Luciérnagas, etc.

MX CITY

www.mxcity.mx

Ce site internet est une excellente ressource pour tout savoir sur ce qu'il se passe au Distrito Federal : expos, arts et culture, festival, gastronomie, mode... L'essentiel des tendances actuelles de la ville est accessible sur MXCity. Une section est dédiée aux différents quartiers de la ville, à leur histoire et aux principales attractions qui s'y trouvent. Enfin, la page Agenda vous permettra de connaître les événements ayant lieu pendant votre séjour à México. Le site est accessible en espagnol et en anglais. Très utile.

WAYAK TOUR

República de Guatemala #4

✆ +52 55 5652 9331

www.wayak.mx

L'agence Wayak, située à l'intérieur de l'Hostel Catedral, en plein centre historique, organise des visites à pied du centre historique et vous amène partout en ville, depuis Xochimilco jusqu'aux spectacles de *lucha libre*. Elle propose également des excursions dans les alentours (notamment les pyramides de Teotihuacan que l'on peut survoler, en montgolfière, Taxco, Puebla, Nevado de Toluca, etc.), ainsi que des services de *shuttles* dans le sud-est du Mexique (Oaxaca, Puebla, San Cristobal) et depuis certains aéroports jusqu'à votre hôtel.

ANTIGUO COLEGIO DE SAN ILDEFONSO ★★

Justo Sierra #16
✆ +52 55 5702 2991
www.sanildefonso.org.mx
Ouvert de mercredi à dimanche de 10h à 18h. Entrée 50 $. Entrée libre le dimanche.

Ce splendide collège a été fondé par les jésuites en 1588 puis occupé par l'Ecole préparatoire nationale. Orozco et Diego Rivera y réalisèrent des peintures murales dramatiques qui font encore aujourd'hui sa renommée. Ne manquez pas *La Creación*, première fresque murale de Rivera après son retour d'Europe. L'édifice accueille aussi de très bonnes expositions d'art actuel au commissariat souvent impeccable, ainsi que diverses manifestations culturelles (récitals, lectures, etc.).

BASÍLICA DE GUADALUPE ★★

Calzada de Los Misterios
www.virgendeguadalupe.org.mx
La basilique d'origine se visite de 9h à 18h30, jusqu'à 19h le jeudi. Entrée libre.

La Vierge de Guadalupe est la sainte patronne du Mexique et de toute l'Amérique latine. Juan Diego Cuauhtlatoatzin (1474-1548), un Amérindien converti au christianisme, la vit apparaître le 12 décembre 1531 là où se trouve actuellement la basilique moderne, construite entre 1974 et 1976. Également appelée la Vierge noire, de par sa couleur de peau, elle a favorisé la conversion au catholicisme des peuples indigènes (la religion a pris les traits de ceux qu'elle devait convaincre). La basilique d'origine a été bâtie en 1706, et peut de nouveau se visiter après de longues années de rénovation, tandis que l'édifice moderne juste à côté, de forme circulaire, a été construit en 1976, afin d'accueillir un plus grand nombre de pèlerins. Le 12 décembre est le jour de la fête de cette Vierge noire, une véritable célébration dans tout le pays mais spécialement ici, où plus de 7 millions de personnes s'y rendent ce jour. Certaines y viennent en se déplaçant sur les genoux et cette foule laisse au passage des tonnes et des tonnes d'ordures en plastique le long de leur chemin ; agoraphobes s'abstenir. Il n'en reste pas moins que tous les autres jours de l'année, l'ancienne comme la nouvelle basilique sont prises d'assaut par des fidèles désireux d'admirer la fameuse cape de l'Indien sur laquelle la Vierge a laissé son image. En 2002, le pape a canonisé cet indigène, une première dans l'histoire. Autour de la Basilique de nombreux vendeurs proposent des images de la Vierge : calendriers, statues, tableaux, bracelets, etc. Très kitsch…

CASA DE LOS AZULEJOS ★★

Madero #4

Ancienne demeure des comtes de la vallée d'Orizaba, construite au milieu du XVIIIe siècle, c'est l'un des édifices emblématiques de la ville. Des carreaux de faïence de Puebla couvrent entièrement la façade de cette maison de style baroque, d'où son nom. Dans l'escalier d'origine, on peut apprécier une fresque de José Clemente Orozco, appelée *Omniciencia*. On aurait aimé que la Casa de los Azulejos soit convertie en musée, mais elle abrite un restaurant de la chaîne Sanborn's, ainsi qu'un kiosque à journaux, ce qui est bien dommage !

LA CIUDADELA ★

Calle Balderas

L'ensemble architectural dénommé « la Ciudadela » fut construit au début du XIXe siècle pour abriter la fabrique royale de tabac de la Nouvelle-Espagne. Mais la guerre d'indépendance éclata et, en raison de sa position stratégique, l'immeuble fut converti en prison puis en garnison militaire. Plus tard, lors de la Révolution mexicaine, ce lieu joua un rôle funèbre puisque c'est là que se réfugièrent les généraux Félix Díaz et Manuel Mondragón, qui assassinèrent le président Francisco Madero. Face à la Ciudadela se trouve la place José María Morelos, très fréquentée le week-end par les *chilangos* d'âge moyen car on y donne des classes de danse gratuites. De l'autre côté de la place Morelos se trouve l'intéressant marché artisanal de la Ciudadela. C'est ici qu'il faudra vous arrêter pour acheter des souvenirs typiques du Mexique ! Actuellement, la Ciudadela abrite deux institutions culturelles :

- **Le Centro de La Imagen,** centre culturel spécialisé dans la photographie qui propose des expositions variées. Ouvert du mardi au dimanche de 11h à 18h. Entrée libre.
- **La Bibliothèque de Mexico Vasconcelos.** Si gigantesque qu'on s'y perdrait (elle s'étend sur plus de 38 000 m^2), elle tient son nom du philosophe et candidat à la présidentiel José Vasconcelos (1882-1959). La bibliothèque, qui a été inaugurée en 2006, a été conçue par l'architecte mexicain Alberto Kalach. Elle mérite absolument une visite pour son superbe design tout en hauteur, qui laisse entrer la lumière naturelle. Ouverte tous les jours de 8h30 à 19h.

EX TERESA ARTE ACTUAL ★

Licenciado Verdad #8
✆ +52 55 5522 2721
www.exteresa.bellasartes.gob.mx
Ouvert du mardi au dimanche de 11h à 17h.
Entrée libre.

Installé dans l'ancien couvent Santa Teresa situé à 50 mètres du Zócalo, l'édifice et son immense coupole valent vraiment le détour ; il s'agissait du couvent abritant la première congrégation de Carmelitas Descalzas de la ville. Depuis 1994, cet espace dédié à l'art actuel accueille de très belles expositions et installations artistiques mais aussi des performances et des concerts. L'endroit a pour objectif de présenter et diffuser l'art contemporain du Mexique et d'ailleurs. On apprécie beaucoup le contraste entre les œuvres et le lieu qui les accueille !

IGLESIA DE JESÚS NAZARENO ★★

Pino Suárez #34

Il s'agit d'une église ainsi que du plus vieil hôpital du continent (1524), dont la construction a été ordonnée par Cortés en personne, à l'emplacement supposé de sa première rencontre avec l'empereur aztèque Moctezuma. L'hôpital est toujours fonctionnel, bien qu'il soit désormais abrité dans un édifice plus récent dont la façade moderniste recouvre celle du bâtiment d'origine. L'église en elle-même a été érigée aux XVIIe et XVIIIe siècles, subissant quelques modifications au XIXe siècle ; son portique est celui de la première cathédrale de Mexico et date du XVIe siècle (c'est un des plus vieux vestiges architecturaux de la ville). Les édifices sont dotés d'une architecture coloniale espagnole. A l'intérieur de l'église, on peut admirer une fresque de José Clemente Orozco, sur laquelle l'artiste travailla entre 1942 et 1944, mais qu'il n'achevât jamais. Elle représente les horreurs de la Seconde Guerre mondiale et a pour inspiration religieuse *Apocalypse*, le dernier livre du Nouveau Testament. Mais l'église est surtout (mé) connue pour abriter les restes du conquistador Hernán Cortés depuis 1947. En quatre cents ans, ce personnage refoulé de l'histoire mexicaine a connu une dizaine de sépultures, entre l'Espagne et le Mexique ; cette errance posthume est autant due à des interprétations testamentaires litigieuses qu'au fait que personne ne semble vouloir l'accueillir... Une petite plaque discrète à côté de l'autel indique l'emplacement des restes, dans les murs du bâtiment.

IGLESIA SAN FRANCISCO ★★

Madero #7

© JADE LATARGERE

Cette église est l'ultime vestige de ce qui fut au XVIIIe siècle l'un des plus grands couvents de la Nouvelle-Espagne, le couvent de San Francisco. Elle fut le quartier général des douze premiers moines franciscains envoyés par le Pape pour évangéliser la Nouvelle-Espagne. L'édifice actuel, construit entre 1710 et 1716, est le troisième à avoir été bâti à cet endroit. Les deux églises précédentes ont dû être détruites car elles s'enfonçaient dans le sol. On célébra dans cette église la fin de la guerre d'indépendance par un Te Deum.

LABORATORIO ARTE ALAMEDA ★★

Dr Mora #7 ✆ +52 55 5510 2793
www.artealameda.bellasartes.gob.mx
Ouvert du mardi au dimanche de 9h à 17h.
Entrée : 30 $, ou selon les expositions.

Installé dans une partie de l'ancien couvent San Diego, dans des espaces aux volumes impressionnants, ce musée propose un concept particulièrement intéressant, puisqu'il accueille uniquement des projets d'exposition créés spécialement pour le lieu. L'ensemble des projets mêle allègrement art et technologie au sein d'installations souvent très réussies, qui changent tous les deux ou trois mois. Situé sur l'Alameda, ça vaut la peine d'aller y jeter un œil. Le musée a été fondé en 2000 par le biais de l'Instituto Nacional de Bellas Artes.

MEXICO

MUMEDI MUSEO MEXICANO DEL DISEÑO

Av Francisco I. Madero #74
✆ +52 55 5510 8609
Ouvert du lundi au vendredi de 10 à 18h, le week-end de 9h à 21h.
Entrée libre.

Le musée du *design* de México est situé à deux pas du Zócalo. Il propose des expositions temporaires consacrées au *design* graphique et industriel avec des œuvres réalisées par des artistes mexicains comme étrangers : illustrations, bijoux, tissus, photographie, architecture, etc. Des visites guidées sont organisées toutes les trente minutes. Le musée renferme également un petit café et une boutique, très agréables, ainsi qu'un hôtel résolument *design.*

MUSEO DE LA CIUDAD DE MÉXICO ★

Pino Suárez #30
✆ +52 55 5542 0083
www.cultura.cdmx.gob.mx
Ouvert du mardi au dimanche de 10h à 18h.
Entrée : 34 $, gratuit le mercredi.

Dans l'ancien palais des comtes de Calimaya construit en 1547, le Musée de la Ville accueille des expositions et des évènements organisés par le ministère de la Culture de Mexico. Sauf exception, un accent y est mis sur les artistes qui travaillent en étroite relation avec la ville, souvent avec une dimension immersive, son urbanisme et son évolution. L'escalier qui monte à l'étage de la cour principale présente des lustres absolument magnifiques.

MUSEO DE ARTE POPULAR [MAP] ★★

Calle Revillagigedo #11 ✆ +52 55 5510 2201
www.map.df.gob.mx
Ouvert du mardi au dimanche de 10h à 18h.
Entrée 60 $.

Le premier musée d'Art populaire (MAP) de Mexico a ouvert ses portes le 28 février 2006 dans un très bel édifice Art déco construit en 1927. On devine encore les anciennes installations de la station de pompiers qui allait occuper les lieux jusque dans les années 1980, dont la grande tour extérieure où brillait la lumière d'alarme. Les parties basses de la façade sont décorées de motifs préhispaniques. Depuis 2006, il accueille ce musée dont la mission est de promouvoir et faire apprécier l'art populaire mexicain à sa juste valeur, en le valorisant dans des espaces vivants et dynamiques. Le musée compte 2 600 objets, passés et présents, qui témoignent de la créativité et de l'ingéniosité des artisans mexicains, dont une belle collection d'Alebrijes (animaux hybrides réalisés en carton-pâte, typiques de l'Etat de Oaxaca). Vous serez impressionné devant la beauté des pièces. Le musée accueille également de nombreuses expositions temporaires. Une visite à ne pas manquer, qui plaira aux adultes autant qu'à leurs enfants grâce à ses couleurs et ses ateliers.

▶ ***La noche de los Alebrijes.*** Tous les ans à la fin du mois d'octobre, un grand concours national d'*alebrijes* géants débute par un défilé qui passe par le Zocalo de la ville puis remonte l'avenue Reforma jusqu'à l'Angel de la Independencia. Les immenses sculptures aux couleurs et contours hallucinants restent exposées le long de Reforma durant une quinzaine de jours. A voir si vous êtes à Mexico à cette période !

MUSEO DE LA TORTURA

Calle de Tacuba #15
✆ +52 55 5521 4651
Ouvert tous les jours de 10h à 18h.
Entrée : 60 $.

Un musée pour ceux qui ont le cœur bien accroché ! Il propose six salles d'exposition consacrées à la torture sous l'inquisition, juridiction créée par l'église catholique au XIIIe en Europe pour combattre et punir l'hérésie sous toutes ses formes. On peut y voir plus de 70 objets barbares, dont le but était d'infliger la pire des douleurs sans toutefois entraîner la mort. Protestants, femmes accusées d'être des sorcières, mystiques et homosexuels étaient parmi les victimes de cette sombre période de l'humanité, sur laquelle revient ce petit musée bien agencé.

MUSEO DEL ESTANQUILLO ★

A l'angle des rues Isabel La Católica et Francisco Madero
✆ +52 55 5521 3052
www.museodelestanquillo.com
Du mercredi au lundi de 10h à 18h. Entrée libre.

Ce musée expose la collection très hétéroclite d'objets qu'a réunie l'écrivain mexicain Carlos Monsiváis au cours de sa vie (1938 - 2010) : jouets, affiches, gravures et lithographies, photographies, calendriers, tirelires, etc. L'ensemble nous renseigne sur l'identité des habitants de Mexico et les mœurs du pays. Quant à l'édifice où se trouve le musée, il fut construit à la fin du XIXe siècle pour abriter la fameuse galerie « La Esmeralda Hauser-Zivy et compagnie », spécialisée dans le vente de pièces exclusives de joaillerie, œuvres d'art et boîtes à musique.

MUSEO DEL JUGUETE ANTIGUO ★★

Dr. Olvera #15
✆ +52 55 5588 2100
www.museodeljuguete.mx
Du lundi au vendredi de 9h à 17h, samedi jusqu'à 16h et dimanche de 10h à 16h. Entrée : 75 $.

Le MUJAM est une merveille de capharnaüm, une caverne d'Ali Baba kitsch, un cabinet de curiosités vintage... Depuis 40 ans, le créateur de ce musée collectionne des jouets : 40 000 exemplaires provenant du Mexique, d'Europe et du Japon sont exposés ici, les pièces datant essentiellement des années 1920-1960. Ses entrepôts en contiendraient au total plus d'un million… Une salle est spécialement dédiée à la *lucha libre* et le musée organise aussi des présentations thématiques.

MUSEO EL CHOPO ★★

Dr. Enrique González Martínez #10
✆ +52 55 5546 3471
www.chopo.unam.mx
Du mercredi au dimanche de 11h30 à 19h. Entrée : 30 $.

Voilà un bel édifice Art nouveau, édifié au début du XXe siècle dans le sillage des constructions européennes de métal et de verre. Son apparence ressemble plus à celle d'un cathédrale que d'un musée, fonction qui lui fut pourtant destinée dès son ouverture. Tombé à l'abandon à la fin des années 1960, il renaît en tant que musée en 1975. C'est un espace qui se veut contemporain, vivant et mouvant, ancré dans son quartier en accueillant volontiers des expressions des cultures souterraines, mélangeant allègrement arts de la scène, arts visuels et littérature.

MUSEO FRANZ MAYER ★★★

Avenida Hidalgo #45
✆ +52 55 5518 2266
www.franzmayer.org.mx
Ouvert du mardi au dimanche de 11h à 17h. Entrée : 70 $.

Jadis hôpital de San Juan de Dios, inauguré par un médecin espagnol en 1582, dans le dessein de pouvoir prendre soin des enfants abandonnés et de la population non espagnole qui n'avait pas accès aux soins, il évolua et fut agrandi au cours des deux siècles suivants. Depuis 1986, ce musée expose la principale collection d'arts décoratifs du pays (la collection comprend un total de 11 000 œuvres), avec une prédilection pour la période coloniale. Une salle attenante accueille des expositions temporaires plus actuelles, axées sur le design et la photographie.

MUSEO MURAL DE DIEGO RIVERA ★★

Balderas & Colon
✆ +52 55 5512 0754
Ouvert de mardi à dimanche de 10h à 18h. Entrée 35 $.

Ce musée a la particularité d'avoir été construit tout spécialement pour une seule œuvre, réalisée par l'un des chefs de file du muralisme mexicain, Diego Rivera : la peinture murale intitulée *El Sueño Dominical en la Alameda*, peinte initialement dans l'hôtel del Prado en 1947, mais qui a dû être déplacée suite au tremblement de terre de 1985. Cette fresque murale a été cachée derrière un rideau pendant neuf ans (de 1948 à 1956) à cause d'une inscription de Diego Rivera : « Dieu n'existe pas ». Cette fresque de Rivera se découpe horizontalement en trois parties, de 1521 à 1947 : la partie de gauche correspond à l'époque coloniale (Hernán Cortès, Fray Juan de Zumarraga, Sor Juana Inés de la Cruz et Luis de Velasco II) et à l'Indépendance (le général Santa Ana donnant les clés du territoire au général nord-américain, la Réforme et le Second Empire où l'on retrouve les figures de Benito Juárez et Maximilien de Habsbourg). Le panneau central correspond à la période du dictateur Díaz : on y trouve une représentation de Diego Rivera enfant, enlacé par Frida Kahlo et mené de la main par la Catrina, ce fameux personnage de squelette féminin de José Guadalupe Posada, un des mentors de l'artiste durant sa jeunesse. La troisième section illustre les mouvements paysans et ouvriers durant la Révolution mexicaine, leurs rêves de justice, le Mexique à l'époque moderne étant représenté par la figure présidentielle corrompue par la religion et la finance.

MUSEO NACIONAL DE LA ESTAMPA ★★

Av. Hidalgo #39
✆ +52 55 8647 5220
Du mardi au dimanche de 10h à 18h. Entrée : 55 $.

Dans un magnifique édifice historique, ce musée concentre quelque 12 000 œuvres d'artistes essentiellement mexicains, qui ont élevé la pratique de l'estampe (gravure, lithographie, xylographie…) au rang de fierté nationale : José Guadalupe Posada, Leopoldo Méndez, Adolfo Mexiac, Mariana Yampolsky, Angelina Beloff, Julio Ruelas, David Alfaro Siqueiros et Rufino Tamayo. Le musée étant idéalement situé près de l'Alameda, il serait dommage de ne pas y faire un saut.

MUSEO NACIONAL DE ARTE [MUNAL] ★★

Tacuba #8

✆ +52 55 5130 3400

www.munal.mx

Du mardi au dimanche de 10h à 17h30.

Entrée : 70 $. Visites guidées les jours d'ouverture à 12h et 14h.

Fondé en 1982, le musée présente un vaste panorama d'art mexicain du XVIe au XXe siècle. Le bâtiment, alors siège du ministère des Communications, peut être considéré comme l'expression ultime de l'architecture de l'époque de Porfirio Díaz ; il présente un style éclectique typique du début du XXe, avec néanmoins une prédominance néoclassique. L'entrée dans son immense hall marque d'emblée le visiteur, qui doit ensuite monter ses magnifiques escaliers pour atteindre les différents niveaux d'exposition. Ceux-ci sont divisés en trois périodes distinctes : Assimilation de l'Occident (1550-1821), Construction d'une nation (1810-1910), Stratégies plastiques pour une nouvelle nation (1910-1950). Les plus grands artistes du pays y sont représentés, depuis les peintres religieux jusqu'aux « muralistes » mexicains, notamment Diego Rivera et José Clemente Orozco, en passant par les paysagistes tels que le Dr Atl ou Jose Maria Velasco. Une visite très complète, qui vaut véritablement le détour. Outre sa collection permanente, le musée accueille aussi de grandes expositions internationales au rez-de-chaussée. Le Museo Nacional de Arte est reconnaissable à la grande statue représentant le roi d'Espagne Charles IV à cheval, réalisé par le sculpteur espagnol Manuel Tolsá, qui se trouve devant l'entrée et accueille le visiteur. En face se trouve le Palacio de Minería (Calle Tacuba #5), chef-d'œuvre de l'architecture néoclassique en vogue au Mexique au début du XIXe siècle.

MUSEO NACIONAL DE LA REVOLUCION ★★

Plaza de la República

✆ +52 55 5592 2038

www.mrm.mx

Ouvert du mardi au dimanche de 9h à 17h.

Entrée : 20 $.

A l'origine, le dôme devait faire partie d'un vaste ensemble destiné à abriter le Congrès national. Le bâtiment, inachevé, est devenu le tombeau de la révolution. Ils sont tous enterrés ici : Madero, Pino Suárez, Obregón, Pancho Villa, Zapata. Le musée, situé au-dessous du Monument à la Révolution retrace l'histoire de la révolution et l'impact que cet événement a eu dans la vie nationale. En haut du Monument à la Révolution se trouve un mirador, auquel le billet d'entrée donne accès.

MUSEO NACIONAL DE LAS CULTURAS ★

Moneda #13

Du mardi au dimanche de 10h à 17h.

Entrée libre.

Anciennement la Casa de Moneda de la Nouvelle-Espagne, c'est un grand musée dont l'origine remonte aussi loin qu'à l'époque de l'Indépendance, quand on commençait tout juste à s'intéresser au passé préhispanique du pays. Administré par l'Institut national d'Histoire et Anthropologie (INAH), c'est une fenêtre ouverte sur le monde, la diversité culturelle et les échanges. Un peu vieillissant mais immense collection et expositions temporaires de grande qualité.

MUSEO NACIONAL DE SAN CARLOS ★

Puente de Alvarado #50

✆ +52 55 5566 8085

www.mnsancarlos.inba.gob.mx

Ouvert du mardi au dimanche de 11h à 17h.

Entrée : 55 $. Gratuit le dimanche.

Une superbe collection d'art européen est abritée dans cette demeure du XIXe siècle : baroque, gothique, Renaissance,, rococo, néoclassique, romantisme, etc. Les tableaux comprennent un vrai Bellini et une très rare *Annonciation* d'Overbeck, quelques autres tableaux et une poignée de travaux d'étudiants mexicains lors de leurs voyages d'études en Europe, amusants, en particulier les statues de nus. Au rez-de-chaussée, des meubles et des objets d'artisanat remplissent les pièces.

NACIONAL MONTE DE PIEDAD ★

Calle Monte de Piedad #7

En 1770, le comte de la Regla sollicita auprès du roi d'Espagne Carlos III la création d'un Mont de Piété comme celui de Madrid. Il fut créé en 1775 et changea plusieurs fois d'adresse avant d'être définitivement établi en face de la cathédrale. N'hésitez pas à visiter ce lieu où les gens viennent déposer et faire évaluer leurs biens auprès des guichets. En échange de ce dépôt, ils reçoivent de l'argent liquide. Si au bout de quelques mois, les dépositaires ne viennent pas racheter leurs biens, ils sont vendus à des prix dérisoires.

PALACIO DE BELLAS ARTES ★★★

Place de l'Alameda ✆ +52 55 5512 2593
www.palacio.bellasartes.gob.mx
Du mardi au dimanche, de 11h à 17h.
Entrée : 75 $. Visites guidées du mardi au dimanche à 12h et 17h.

La construction de ce bâtiment a commencé sous la présidence de Porfirio Díaz, qui fit appel à l'architecte italien Adamo Boari pour édifier le Théâtre National en prévision du centenaire de l'Indépendance du pays. La première phase des travaux se déroule de 1904 à 1912, suivant les canons de l'Art nouveau ; le squelette en acier du bâtiment est recouvert de marbre de Carrare. Les sculptures de la façade, qui représentent les beaux-arts, sont commandées à des artistes étrangers. La construction est retardée par l'instabilité des sols et devra être interrompue du fait de la Révolution. Elle redémarre néanmoins en 1928 sous la direction de l'architecte mexicain Federico Mariscal, suivant l'évolution vers le style Art déco, qui caractérise l'intérieur du bâtiment. L'ensemble est inauguré en 1934, comme forum pour les arts de la scène et les arts plastiques. À l'origine, sa collection comprenait des œuvres religieuses du XVIe, des sculptures préhispaniques, des estampes et les pièces de la collection Montenegro réunies au sein d'un Musée d'art populaire ; le tout complété par les fresques de Rivera (*El Hombre Controlador del Universo*), Orozco (*La Lucha, la Guerra y la Desintegración*) et Siqueiros (*La Nueva Democracia*). De la collection originelle, aujourd'hui dispersée dans différentes institutions, le musée conserve aujourd'hui 17 fresques réalisées par sept artistes mexicains entre 1928 et 1963. Les expositions temporaires et les concerts de musique classique et contemporaine complètent le tableau.

PALACIO DE ITURBIDE ★

Avenida Madero #17
www.fomentoculturalbanamex.org
Ouvert du mercredi au lundi de 10h à 19h.
Entrée libre.

Cette belle demeure de style baroque fut construite à la fin du XVIIIe siècle par les comtes de San Mateo Valparaiso en guise de dot pour leur fille. Quelques années plus tard, cette demeure devint la résidence d'Agustín Iturbide, un militaire qui joua un rôle important dans l'indépendance du Mexique et fut proclamé empereur sous le nom d'Agustín Ier en 1822. Aujourd'hui, l'édifice est occupé par la fondation Banamex, qui y a ouvert des salles historiques au premier étage, en même temps qu'elle accueille des expositions temporaires top niveau au rez-de-chaussée.

PALACIO POSTAL ★★

Calle Tacuba #1
✆ +52 55 5510 2999
Ouvert du lundi au vendredi de 8h à 19h30, le samedi de 10h à 16h et le dimanche de 10h à 14h. Entrée libre.

Aussi appelé le Palacio de Correos de México, ce magnifique palais fut construit en 1907 par l'architecte italien Adamo Boari, celui-là même qui a débuté l'édification du Palacio de Bellas Artes (les deux bâtiments se trouvent à côté l'un de l'autre). La superbe façade de l'édifice est du style Renaissance italienne. À voir aussi bien de l'extérieur que de l'intérieur, qui fonctionne encore de nos jours comme bureau de poste : il a conservé ses guichets originaux en bois et tout y est absolument fabuleux. C'est d'ici qu'il faut envoyer vos cartes postales !

Le Palais de Bellas Artes vu de la Torre Latinoamericana.

PARQUE ALAMEDA CENTRAL ★★

L'Alameda est le parc le plus ancien de la ville. Il fut créé par les Espagnols en 1592 et appelé Alameda parce que les premiers arbres à être plantés furent des *alamos* (« peupliers »). L'Inquisition avait son bûcher à l'ouest du parc, sur la place San Diego, où elle pratiquait de nombreuses exécutions publiques. Au sud, face à l'avenue Juárez, se trouve le Grand Hémicycle à Benito Juárez. Ce monument en marbre de Carrare a été inauguré en 1910 à l'occasion du centenaire de l'indépendance. C'est le lieu traditionnel de promenade en famille durant les week-end.

PLAZA GARIBALDI ★

Métro Garibaldi ou Bellas Artes.

Place incontournable du centre historique, renommée pour ses groupes de *mariachis* qui jouent des sérénades aux passants. L'ambiance est généralement plus sympathique le soir, lorsque les Mexicains sortent du travail, et les différents groupes de musiciens ne cessent de jouer de la guitare. Si vous vous y rendez le vendredi et le samedi soir, vous serez surpris par l'ambiance de fête qui y règne ! La place n'est pas dangereuse mais, l'alcool aidant, soyez tout de même vigilant (Plaza Garibaldi est le seul endroit de México où il est permis de boire dans la rue).

PLAZA SANTO DOMINGO ★

Calle Belisario Dominguez

Cette place est très ancienne et agréable. Au XIXe siècle, la Plaza Santo Domingo était surtout connue pour ses écrivains publics, qui se chargeaient d'écrire cartes et lettres pour les nombreuses personnes analphabètes. Aujourd'hui, les scribes publics ont été remplacés par des imprimeries bon marché, qui vendent des cartes d'invitation de mariage et de baptême, mais aussi des faux diplômes et titres scolaires et universitaires. Pour les habitants de la capitale, Santo Domingo fait aussi référence à l'église portant ce nom, située sur la place.

PLAZA DE LAS TRES CULTURAS ★

Métro Tlatelolco ou Garibaldi.

www.tlatelolco.unam.mx

Ouvert de mardi à dimanche de 10h à 18h.
Entrée : 30 $.

La place des Trois-Cultures est située à environ 13 pâtés de maison (*cuadras*) au nord du Zócalo. Elle tire son nom de la chronologie architecturale de l'endroit : l'époque précolombienne, l'époque coloniale et l'époque de la nation indépendante à partir du XXe siècle. Près de la place des Trois-Cultures se trouvent en effet les ruines de l'ancienne cité préhispanique de Tlatelolco (on peut visiter la pyramide). Cette cité, bâtie sur la rive nord du lac Texcoco, a vraisemblablement été fondée par des mexicas qui décidèrent de se séparer du groupe qui s'installa sur l'île au milieu du lac pour fonder Tenochtitlán. D'abord alliée de Tenochtitlán dans la guerre contre Azcapotzalco, Tlatelolco fut finalement conquise par les Aztèques, qui utilisèrent la ville principalement comme un réservoir en cœurs humains destinés à nourrir Huitzilopochtli, le dieu de la Guerre. Après la conquête, les Espagnols rasèrent les bâtiments et en 1535 érigèrent une église, Santiago de Tlatelolco, qui existe encore aujourd'hui. Plus tard, en 1964, le gouvernement ordonna la construction de logements sociaux en béton aux alentours de la place, fortement inspirés de Le Corbusier. Voilà pour l'histoire. Sachez aussi que la place des Trois-Cultures fut le théâtre d'un autre événement historique dont le pays ne cherche pas à honorer la mémoire : un véritable massacre y a eu lieu le 2 octobre 1968, lors des manifestations étudiantes. Alors que Mexico accueillait les Jeux olympiques, les étudiants manifestaient pacifiquement au centre de la place entourée de hauts bâtiments, une fusillade éclata. Des tireurs reconnaissables grâce à un petit foulard blanc bandé autour de la main droite s'étaient positionnés sur les toits et aux fenêtres des appartements et ouvrirent le feu sur la foule. Aujourd'hui, on ne sait toujours pas à combien se monte le nombre de tués au cours du massacre de Tlatelolco. Les corps ont été dissimulés et l'armée a retiré aux journalistes leurs pellicules photographiques. Le tremblement de terre de 1984 allait quant à lui provoquer la chute d'un des édifices, provoquant entre 500 et 1 000 décès parmi les occupants. Le Centro Cultural Universitario Tlatelolco, face à la Plaza de las Tres Culturas, vous permettra d'en savoir plus aussi bien sur la cité préhispanique de Tlatelolco, que sur les événements tragiques de 1968, puisqu'il accueille un musée d'Archéologie et un mémorial multimédia à la mémoire des victimes de 1968.

SECRETARIA DE EDUCACIÓN PÚBLICA ★★

República de Argentina #18

Du lundi au vendredi de 9h à 15h. Entrée libre.

Le ministère de l'Education est inauguré en 1922, dans ce bâtiment de deux patios au style néoclassique, édifié pour l'occasion. Si ce bâtiment public est ouvert aux visiteurs et mérite véritablement que l'on s'y arrête, c'est pour les œuvres qu'il abrite, réalisées sous l'impulsion de José Vasconcelos. Celui-ci est le Secrétaire de l'Education Publique du Mexique de 1921 à 1924, alors que les cendres de la révolution sont encore tièdes. Répondant à l'idéal révolutionnaire d'éducation populaire, Vasconcelos commande à une jeune génération de peintres de recouvrir les murs de ses patios, escaliers, plafonds et étages de fresques qui rendent accessible à tous l'épopée nationale, depuis l'époque préhispanique jusqu'à l'exaltation des héros nationaux. Diego Rivera en sera le principal maître d'œuvre de 1923 à 1928, aux côtés d'interventions moindres de David Alfaro Siqueiros, Roberto Montenegro, Amado de la Cueva, Jean Charlot, Erick Mosse et Federico Canessi. Diego Rivera y développe les thèmes chers à l'exaltation de la culture indigène et de la diversité régionale du pays, aux fêtes populaires et aux coutumes, sans oublier de faire l'apologie des arts et des progrès techniques. La figure des travailleurs (ouvriers et paysans) et de leurs luttes est omniprésente au moment d'évoquer, sur 26 tableaux situés au deuxième étage, les différentes étapes de la Révolution. Pour sa pensée, José Vasconselos est souvent surnommé le « *Caudillo* culturel de la révolution ».

TEMPLO DE LA SANTA VERACRUZ ★

Plaza de la Santa Veracruz

La Iglesia de la Santa Veracruz est l'une des plus anciennes églises de la ville. A l'origine, sa construction fut ordonnée par Hernán Cortès pour remercier Dieu de son heureuse arrivée dans le Nouveau Monde, et fut achevée en 1586. Suite aux inondations, aux tremblements de terre et à l'affaissement des sols, l'église dut être reconstruite au XVIIIe siècle, et est encore debout aujourd'hui. Le célèbre architecte espagnol Manuel Tolsá est enterré à l'intérieur.

TEMPLO DE SAN FELIPE NERI LA PROFESA ★★

A l'angle des rues Madero et Isabel La Católica

Voici l'une des églises de la plus grande valeur artistique de la ville. Cet impressionnant temple, de style baroque, construit au début du XVIIIe siècle, abrite de nombreuses œuvres d'art religieux, dont un retable de Manuel Tolsá et une peinture de Juan Correa qui représente la Vierge de Pópolo. D'autres œuvres, notamment une grande collection de peintures réalisées entre les XVIIe et XIXe siècles, sont conservées dans la pinacothèque adjacente à l'église.

TEMPLO SAN HIPÓLITO Y SAN CASIANO ★

A l'angle du Paseo de La Reforma
et de la rue Puente de Alvarado

Aussi connue sous le nom de San Judas Tadeo, cette église coloniale a une histoire particulière puisqu'elle est construite juste à l'endroit où un grand nombre de soldats espagnols perdirent la vie le 30 juin 1520, lors de la Noche Triste, alors qu'ils essayaient de sortir de Tenochtitlán avec l'or qu'ils avaient volé. En chemin, ils furent rattrapés par les guerriers aztèques qui tuèrent presque la moitié de la troupe. Après la conquête, Hernán Cortés décida de construire une église à cet endroit, en hommage aux martyrs espagnols tombés durant le combat. Pour sceller la vengeance espagnole, l'église fut dédiée à San Hipolito, car c'est le 13 août 1521, jour de la Saint-Hippolyte, que les Espagnols s'emparèrent de Tenochtitlán.

Actuellement, cette église est l'une des plus fréquentées de la capitale, car outre l'image de saint Hippolyte, elle abrite aussi une image de San Judas Tadeo, le saint des causes perdues, pour qui les Mexicains ont beaucoup de dévotion. Le 28 de chaque mois, des milliers de croyants se rendent à cette église à pied depuis les coins les plus reculés de la ville, habillés comme le saint ou portant des statues de lui, pour demander une faveur à San Judas Tadeo ou le remercier pour les services rendus. C'est une procession pleine de couleurs. A cette occasion, il est presque impossible de rentrer dans l'église tellement il y a de monde, mais l'expérience en vaut la peine. A ne pas manquer si votre séjour à Mexico tombe en fin de mois !

TORRE LATINOAMERICANA ★★

Calle Francisco Madero #1
www.torrelatinoamericana.com.mx
Ouvert du lundi au jeudi de 10h à 22h ; du vendredi au dimanche de 9h à 22h.
Entrée : 170 $.

La Torre Latinoamericana, qui fut autrefois la plus haute tour de la ville et de toute l'Amérique latine, possède un mirador au 43e étage. De là-haut, on a une très belle vue panoramique sur la tentaculaire capitale. Si vous en avez l'occasion, privilégiez de vous y rendre pendant le coucher de soleil. Quand les jours sont clairs, on observe au loin les volcans Iztaccíhuatl et Popocatépetl. Pour ceux qui veulent profiter au maximum de la vue, il existe un restaurant au 41e étage de la tour et qui n'est pas trop cher : le Miralto.

TEMPLO MAYOR ★★

Seminario #8
✆ +52 55 4040 5600
www.templomayor.inah.gob.mx
Du mardi au dimanche de 9h à 17h.
Entrée : 70 $, gratuit le dimanche.

C'est une monumentale construction aztèque dont il ne reste malheureusement que des vestiges : lorsque Hernán Cortés fit raser la ville, il détruisit le temple Teocalli (comme l'appelaient les indigènes), centre de la vie aztèque au Mexique. Le premier temple Mayor fut commencé en 1375 et élargi à plusieurs reprises. Chaque agrandissement s'accompagnait de sacrifices des soldats capturés. Il ne reste pratiquement rien de la septième et dernière version du temple datant d'environ 1502. On peut voir en revanche une pierre des sacrifices en face du sanctuaire de Huizilopochtli, divinité à laquelle les sacrifices humains étaient dédiés. Remarquez, plus spécialement, une sculpture en pierre illustrant deux cent quarante squelettes et des bas-reliefs montrant des processions militaires. Le site fait partie du centre historique de Mexico et est listé au patrimoine mondial de l'UNESCO depuis 1987, année à laquelle le musée adjacent au Templo Mayor fut inauguré.

Celui-ci donne un extraordinaire aperçu de la civilisation aztèque : pratiques guerrières et sacrifices humains, commerce et gouvernement, faune et agriculture, mais aussi Tláloc – dieu de la Pluie et de la Fertilité – et Huizilopochtli – dieu de la Guerre et seigneur du Templo Mayor –, les deux divinités pour lesquelles le temple avait été consacré. L'une des pièces importantes du musée est la sculpture de Coyolxauhqui, déesse de la Lune et sœur de Huizilopochtli. Elle a été trouvée au coin du palais du Gouvernement. Elle est brisée et porte la mort à sa taille.

CATEDRAL METROPOLITANA DE MEXICO ★★

Sur le Zócalo

Les Mexicains considèrent que c'est le monument catholique le plus impressionnant d'Amérique. Cette imposante cathédrale a été bâtie sur la Plaza de la Constitución. La variété de ses styles architecturaux vient du fait que sa construction commença en 1532 pour ne s'achever qu'en 1813, sous la forme d'une église tout d'abord, sous l'impulsion d'Hernan Cortes, puis d'une cathédrale selon la volonté de Charles Quint et du pape Clément VII. Sa façade combine les styles baroque et Renaissance. Outre les quinze chapelles lourdement décorées, l'intérieur se distingue par un superbe autel des Rois de style churrigueresque. De nombreuses peintures et sculptures furent, hélas, détruites lors d'un incendie en 1967. Ses deux tours jumelles de style néoclassique, qui mesurent 64 mètres, supportent seize cloches, dont la plus imposante, la Santa Maria de Guadalupe, pèse douze tonnes.

La cathédrale a été construite sur une pyramide de la cité aztèque de Tenochtitlan, en prenant appui sur les pierres de cette dernière. C'était une pratique courante chez les conquistadors espagnols pour faciliter l'évangélisation du peuple indigène. Avec le sol anciennement marécageux peu stable et le chœur de la cathédrale reposant peut-être sur le sommet de la pyramide, l'édifice entier a tendance à basculer. Il existe d'ailleurs un pendule qui permet de mesurer l'inclinaison. Le monument est maintenant contrôlé par des vérins pilotés par ordinateur pour l'équilibrer en temps réel.

Palacio nacional sur Zócalo.

ZÓCALO ★★★

La chute de la capitale aztèque Tenochtitlán en 1521 marque le début des grandes manœuvres symboliques et architecturales qui allaient marquer durablement l'urbanisme mexicain : les temples et palais des civilisations préhispaniques sont méthodiquement démontés et l'on recycle leurs pierres pour y édifier sur leur ancien emplacement églises et bâtiments publics. A Mexico, ce qui constituait le cœur de la capitale aztèque allait devenir ainsi le centre de la nouvelle capitale de la colonie espagnole. Le Palacio del Virrey est construit sur les ruines du Palacio de Moctezuma Xocoyotzin à l'est de la place : c'est l'ancêtre de l'actuel Palacio Nacional. La partie nord de l'actuelle place allait accueillir la cathédrale, sur une partie de l'emplacement du Templo Mayor, dont les ruines sont encore visibles à ses côtés.

A partir de la toute fin du XVIIIe siècle, la place est l'objet de nombreux aménagements : nivellement, pavement, installation de fontaines. On y exhume alors la fameuse Piedra del Sol, qui restera longtemps exposée sur la place avant de devenir cette icône du Museo de Antropologia. C'est à cette époque qu'elle acquiert son nom officiel de Plaza de la Constitución, en hommage à la Constitution de Cadíz promulguée en Espagne en 1812. On y installe aussi une statue du roi Charles IV, déboulonnée après la guerre d'Indépendance (1810-1821) et que l'on trouve désormais en face du Museo Nacional de Arte. L'appellation de *zócalo* trouve son origine dans le projet de monument commandé en 1843 par le général Santa Anna pour commémorer l'Indépendance. Mot d'origine grecque puis latine associé aux chaussures que portaient alors les acteurs de théâtre, son sens a été rattaché au registre architectural pour désigner la base sur laquelle reposent les édifices. Et comme le monument du général Santa Anna ne vit jamais le jour et que seule sa base circulaire fut visible durant longtemps au milieu de la place, on prit l'habitude de désigner celle-ci par le terme de Zócalo. Le mot devint dans tout le pays synonyme de place centrale. Ce n'est finalement qu'en 1878 que la base fut recouverte d'un kiosque en fer forgé similaire à celui du bois de Boulogne, à Paris. En 1914, les frênes, alors centenaires, furent déracinés et l'ensemble fut redessiné en jardin avec des palmiers aux extrémités. En 1956, la place acquiert son austère aspect actuel : pour la première fois en 400 ans, elle devient un immense espace vide, où surgit seulement le mât métallique qui porte le monumental drapeau national.

Aujourd'hui, le Zócalo est encore une place constamment en mouvement. Traditionnellement, tous les ans, le président y rejoue la fameux Grito (cri) de l'Indépendance devant une foule nombreuse (généralement réquisitionnée pour l'occasion) : « ¡ Viva Mexico, Viva Mexico, Viva Mexico ! » Si la place est le symbole du pouvoir exécutif national et municipal, elle est aussi largement investie par les manifestations et les nombreuses protestations inhérentes à la gestion politique du pays. Ici déboulent les *marchas* et les plus courageux s'y installent dans des campements de fortune qui peuvent durer des jours et des semaines. De grandes manifestations culturelles y sont aussi organisées, ainsi que des concerts massifs. Plus traditionnels, les *concheros* y dansent toute l'année, rejouant un rite syncrétique circulaire, au son du tambour et des clochettes que portent les danseurs à leurs chevilles. Les vendeurs ambulants sont omniprésents.

PALACIO NACIONAL ★★★

Zocalo
www.palacionacionaldemexico.mx
Ouvert du mardi au vendredi de 9h à 17h.
Entrée libre.

Épicentre de la vie politique du pays depuis la Vice-Royauté espagnole, le Palais présidentiel est encore le siège du pouvoir exécutif du pays, là même où tous les matins à 7h le président Lopez Obrador discute durant une heure trente avec la presse lors de la désormais fameuse *mañanera*. Au-dessus du monumental porche central se trouve la fameuse cloche de la Liberté que le curé Hidalgo fit sonner pour la première fois à Dolores (dans l'État de Guanajuato) le 15 septembre 1810, marquant le début du processus indépendantiste mexicain. Pour commémorer cet évènement, la cloche retentit chaque année ce jour-là à 23h, tandis que le président de la République en exercice fait une apparition publique sur le balcon et lance le « Grito de Dolores ». En 2010, un nouvel espace d'exposition a été inauguré à l'intérieur du complexe : la Galería Nacional présente des documents institutionnels liés à l'histoire du pays.

C'est surtout ici que l'on peut voir les fresques que Diego Rivera a peintes entre 1929 et 1935 et qui représentent plus de deux cents personnages historiques, et sont censées exalter l'identité nationale, du glorieux passé indigène aux luttes des ouvriers et paysans atteignant leur apogée durant la Révolution.

▶ **C'est dans le cube formé par l'escalier principal** que se trouve son œuvre majeure. Côté nord de l'escalier, la culture toltèque y est centrale, comme représentative de l'ensemble des civilisations préhispaniques : le prêtre Quetzalcóatl y enseigne à son peuple avant de devoir s'exiler vers l'est, symbole de la défaite annoncée face aux Espagnols, atténuée par sa renaissance en tant que serpent à plumes.

Sur la partie centrale de l'escalier, dominée par l'aigle national, la Conquête espagnole est représentée par la prise de Tenochtitlan et l'imposition spirituelle prend la forme de moines franciscains et dominicains. Puis on retrouve des scènes du Mexique cette fois indépendant : l'intervention nord-américaine de 1847 ; la seconde intervention française et l'exécution de Maximilien de Habsburg ; la Reforme libérale de 1857 ; la Révolution.

Sur l'aile sud de l'escalier, Diego Rivera développe ses thèmes de prédilection : le passage d'une économie capitaliste à une société socialiste, où ouvriers et paysans reprendraient leur destin confisqué par la propriété privée des moyens de production, aux mains des élites nationales et internationales. La revanche intellectuelle face au pouvoir de l'Église est symbolisée par l'éducation populaire et obligatoire pour tous. Sous un soleil naissant, Karl Marx en personne indique à un paysan, un ouvrier et un soldat l'idéal d'égalité fondateur de cette nouvelle société.

▶ **Le long du couloir nord**, Rivera démontre sa vaste connaissance des cultures préhispaniques : le marché de Tlatelolco ; la culture du coton, du cacao, du maïs et de l'agave qui produit le *pulque* ; l'art de l'orfèvrerie et de la plume ; le paiement du tribut en espèces ; l'interprétation des oracles ; la construction des pyramides et le traçage des routes ; le rite sacré des *voladores*, originaire de Veracruz.

▶ **Le dernier espace se trouve le long du couloir est,** connu comme « le débarquement des Espagnols » ; Rivera y traite de la décadence et de la chute des civilisations préhispaniques symbolisées par le métissage, les maladies, l'introduction des animaux de ferme européens et d'un nouveau système de production caractérisé entre autres par l'arrivée des esclaves africains.

© MARIO - FOTOLIA

« La gran ciudad de Tenochtitlán », l'un des panneaux de la fresque « Epopeya del pueblo mexicano ».

ANGEL DE LA INDEPENDENCIA

Paseo de la Reforma,
à l'angle de la rue Río Tiber

Conçu par l'architecte Antonio Rivas Mercado, l'Ange de l'Indépendance est l'emblème de la ville. La colonne mesure 36 m. Les angles de sa base sont occupés par des statues symbolisant la Loi, la Justice, la Guerre et la Paix, ainsi que d'autres représentant des héros mexicains comme Guerrero, Morelos, Mina et Bravo. L'Ange, ou la Victoire ailée, sculpture en bronze de 7 tonnes couverte d'or, couronne la colonne de l'Indépendance qui commémore la bataille de 1810 pour la liberté.

AVENIDA PRESIDENTE MASARYK ★

On surnomme parfois cette avenue les Champs-Elysées de Mexico, et pour cause : les marques de luxe internationales et les restaurants y sont pléthoriques. C'est le président Lázaro Cárdenas qui baptisa cette rue Masaryk en 1936 en hommage au président de Tchécoslovaquie, Tomás Masaryk, grand défenseur des droits de l'homme et de la communauté juive dans son pays. Une forme d'hommage à la nombreuse communauté juive qui a toujours habité le quartier.

BOSQUE DE CHAPULTEPEC ★★

www.chapultepec.org.mx

Ouvert du mardi au dimanche de 5h à 19h (20h en été).

© JADE LATARGERE

Avec une superficie de près de 700 hectares, le Bosque de Chapultepec est le plus grand parc urbain de la ville et de toute l'Amérique latine. Divisé en trois sections, il comprend de nombreux musées, centres culturels et attractions ; on y trouve également de quoi se restaurer et les habitants de la ville viennent y pratiquer leur sport favori ou bien pique-niquer en famille. On y trouve également plusieurs lacs que l'on peut parcourir en barque ou en pédalo. En réalité, il y a tant de choses à voir et à faire que l'on peut facilement y passer la journée.

CASA DEL LAGO JUAN JOSÉ ARREOLA ★★

Bosque de Chapultepec
✆ +52 55 5211 6086
www.casadellago.unam.mx/sitio
Du mercredi au dimanche de 11h à 17h30.
Entrée libre.

Trois espaces distincts forment cet ensemble dédié à l'expression artistique en relation avec l'environnement. La très belle maison de style français, construite en 1906, accueille la majeure partie des expositions temporaires et autres présentations (théâtre, musique, danse). Un bâtiment plus moderne accueille des ateliers et dispose aussi d'espaces de diffusion. Enfin, et non des moindres, une scène à ciel ouvert offre des concerts plusieurs jours par semaine.

MUSEO DE ARTE MODERNO (MAM) ★

A proximité du métro Chapultepec.
✆ +52 55 8647 5530
www.mam.inba.gob.mx
Du mardi au dimanche de 10h15 à 17h30.
Entrée : 70 $.

Lors de son inauguration en 1964, le musée devint le symbole de l'entrée du Mexique dans l'ère moderne et du volontarisme de ses politiques publiques. Il comprend un centre majeur d'expositions temporaires et une collection permanente d'art du XXe siècle. On peut y voir de belles œuvres des peintres mexicains Remedios Varo, Rufino Tamayo, Manuel Felguérez, Diego Rivera, Vicente Rojo ou Juan Soriano. Ne manquez pas les œuvres d'Abraham Angel, qui fut et reste la star de l'art mexicain.

CASTILLO DE CHAPULTEPEC MUSEO NACIONAL DE HISTORIA ★★

✆ +52 55 4040 5214
mnh.inah.gob.mx
Du mardi au dimanche de 9h à 17h. Entrée : 80 $.

Construit en haut d'une colline, ce château de style néoclassique servait en partie de résidence aux vice-rois de la Nouvelle-Espagne avant d'être transformée en académie militaire en 1843. Si vous arrivez à pied, il vous faudra monter la colline, mais c'est une agréable balade qui vous attend, au cœur du Bosque de Chapultepec. Le château fut défendu par les cadets du collège militaire – connus comme *Niños Héroes* – lors de l'attaque de l'armée américaine en 1847 et devint également la résidence de l'empereur Maximilien et de son épouse Charlotte, en 1866, puis la maison du président Porfirio Díaz. Aujourd'hui, le château a été réaménagé tel qu'il était aux temps de l'empereur Maximilien. On peut donc visiter la chambre de Carlota, la salle de lecture, le salon de réunion. Plus récemment, le château a servi de décor pour le film *Romeo + Juliet*, sorti en 1996 et inspiré de l'œuvre théâtrale de William Shakespeare. Dans le film, le château était représenté comme étant la demeure des Capulet, la famille de Juliette.

Le château abrite en outre le Musée national d'histoire. On peut y voir des peintures et divers objets, qui illustrent l'histoire du Mexique, depuis l'époque coloniale jusqu'à la révolution mexicaine. Après la visite du château et de son musée, prenez le temps de vous balader dans les splendides jardins. De là-haut, on profite d'un panorama exceptionnel sur Mexico, bien que la vue soit rarement dégagée à cause du brouillard de pollution.

LOS PINOS

Bosque de Chapultepec
✆ +52 55 5093 5300
www.lospinos.gob.mx
Ouvert du mardi au dimanche de 11h à 17h.
Entrée libre.

Los Pinos était depuis 1934 la résidence du président de la République mexicaine, le Castillo de Chapultepec, considéré comme trop représentatif des présences étrangères, étant abandonné par le président Lazaro Cardenas. Fait amusant, le président actuel Obrador a décidé de renoncer à son tour à la résidence présidentielle, Los Pinos symbolisant à ses yeux le régime politique corrompu et autoritaire avec lequel il souhaite rompre. En témoigne le pillage d'œuvres d'art et meubles historiques effectué par son prédécesseur Enrique Peña Nieto à son départ... Dès le 1er décembre 2019, date de l'investiture du nouveau président, la population s'y est rendue en masse, les images rappelant celle de la foule roumaine entrant dans la résidence des Ceaucesu. Obrador a décidé de faire de l'ancienne résidence présidentielle un centre culturel, accessible à tous. Au cours de la visite, on emprunte tout d'abord la Calzada de los Presidentes, arborant les statues en bronze des quatorze présidents y ayant résidé (dans un style autocratique très nord-coréen, il faut en convenir). Sur place, deux bâtiments sont accessibles au public : la Casa Miguel Alemán et la Casa Lázaro Cárdenas. L'ensemble de l'espace actuel accueille les centres et bureaux liés à l'administration culturelle du pays. Ayant ainsi choisi de faire preuve d'humilité et de rompre avec l'image luxueuse associée à la présidence en délaissant la somptueuse demeure de Los Pinos, le président Obrador a établi sa résidence dans le Palacio Nacional, au cœur du centre historique.

MUSEO FUNDACIÓN JUMEX ★

Miguel de Cervantes Saavedra #303
www.fundacionjumex.org
Du mardi au dimanche de 11h à 17h.
Entrée libre.

C'est le bâtiment principal de la Colección Jumex, plus grande collection d'art contemporain du pays. L'édifice flambant neuf, reconnaissable à son toit ciselé, a été créé par l'architecte britannique David Chipperfield et a ouvert ses portes en 2013. Chipperfield a eu la volonté de créer un bâtiment s'intégrant parfaitement à son environnement, en faisant principalement appel à des matériaux d'origine locale. Dans le musée, œuvres d'artistes nationaux et de stars internationales se côtoient, d'Andy Warhol à Gabriel Orozco en passant par Marcel Duchamp.

MUSEO SOUMAYA ★

Blvd Miguel de Cervantes Saavedra #303
✆ +52 55 4976 0173
www.soumaya.com.mx
Ouvert tous les jours de 10h30 à 18h30.
Entrée libre.

Ce récent musée, qui a été inauguré en 2011, appartient au multimillionnaire mexicain Carlos Slim. On y expose sur 6 étages plus de 6 000 œuvres de la collection d'art universel du magnat qui s'étend sur trente siècles (vous avez bien lu !), de l'époque précolombienne jusqu'au XXe siècle. L'immeuble conçu par l'architecte Fernando Romero est original, avec ses tuiles hexagonales en aluminium. La collection (dont les sculptures d'Auguste Rodin) est très belle, mais la muséographie inexistante. Dommage, même si la visite reste intéressante.

MUSEO DEL CÁRCAMO DE DOLORES ★★

✆ +52 55 5515 6304

Du mardi au dimanche de 10h à 17h.

Le Cárcamo del Río Lerma (ou Cárcamo de Dolores) servait autrefois à stocker l'eau qui arrivait du fleuve Lerma avant de la distribuer aux trois millions d'habitants de Mexico. Cette curiosité se trouve actuellement dans l'enceinte du Museo de Historia Natural, dont il fait partie. Cette pièce d'ingénierie hydraulique (1942-1951) a la particularité d'être décorée d'une magnifique fresque du muraliste mexicain Diego Rivera, appelée *L'Eau, l'origine de la vie*. L'œuvre fut conçue pour être vue à travers la transparence de l'eau et touche à la science, l'architecture, l'urbanisme, l'ingénierie, la plastique et la sculpture. Au sol sont représentés les animaux microscopiques à l'origine de la vie sur terre. Plus on remonte le long des murs, plus les animaux issus de la vie marine grandissent. Puis deux humains, un homme d'origine africaine face à une femme de type asiatique. A l'extérieur, face à l'édifice du Cárcamo, se trouve une autre œuvre de Diego Rivera, une fontaine qui représente le dieu de la pluie Tláloc. Elaborée à l'aide de mosaïques de couleurs, elle fut conçue pour être vue depuis le ciel, telles les lignes de Nazca, au Pérou.

La rénovation et la réouverture du complexe en 2010 ont été l'occasion d'y ajouter une installation sonore (*Cámara Lambdoma* de l'artiste mexicain Ariel Guzik). Ce dispositif transforme et décompose les fréquences inaudibles (*white noise*) du cours de l'eau, du vent et du soleil. A voir absolument lors d'une visite du Bosque de Chapultepec.

PARQUE LINCOLN

Calle Oscar Wilde, à l'angle de la rue Emilio Castelar

Cet agréable jardin au cœur de Polanco tient son nom d'Abraham Lincoln. On peut d'ailleurs y admirer la réplique d'une célèbre statue du président américain, intitulée en anglais *Abraham Lincoln : The Man*, dont la version originale, en bronze, se trouve à Chicago. A voir également, une statue de Martin Luther King Jr., installée en 2013. Le parc en lui-même n'est pas très grand, mais il est plaisant avec ses nombreux bancs, ses plantes et ses bassins. Tout autour, on trouve des restaurants et cafés pour faire une pause déjeuner.

MUSEO NACIONAL DE ANTROPOLOGÍA ★★

Paseo de La Reforma et Calzada Gandhi

✆ +52 55 4040 5300

www.mna.inah.gob.mx

Ouvert du mardi au samedi de 10h à 17h.

Entrée 80 $.

Construit au début des années 1960, ce musée, fascinant et vaste, est l'un des plus importants du monde. Une journée entière ne suffirait pas à en apprécier toutes les richesses. Les explications sont rédigées en espagnol, mais il y a quelques commentaires en anglais. C'est un bâtiment moderne de deux étages, avec vingt-cinq galeries contenant les plus beaux objets émanant des temples et des tombes de tout le territoire. Parmi d'autres trésors, on y verra le célèbre calendrier aztèque. Le musée est divisé en une section anthropologique et une section ethnologique, chaque civilisation ancienne y possède son espace, tandis que l'artisanat des peuples contemporains se voit affecter une salle particulière.

- ***Introducción a la Antropología*** : le champ d'investigation de l'anthropologie et de l'ethnologie, un aperçu des cultures hispaniques en général et de la zone culturelle méso-américaine dans la salle attenante.
- **Sala Origenes** : les origines asiatiques des premiers habitants du Mexique.
- **Sala Preclásica** : de 1500 avant J.-C. à 250 après J.-C., transition du nomadisme à la sédentarisation.
- **Sala Teotihuacána** : vestiges de la capitale de Teotihuacán.
- **Sala Tolteca** : statue de Tula, capitale des Toltèques de 900 à 1200 après J.-C.
- **Sala Mexica** : le calendrier aztèque, la statue de Coatlicue, la mère des dieux aztèques.
- **Sala Oaxaca** : les Zapotèques et les Mixtèques, deux tombes de Monte Albán.
- **Sala Golfo de México** : les Olmèques, les Totonaques et les Huastèques, une tête géante olmèque.
- **Sala Maya** : productions mayas du Mexique, Guatemala, Belize et Honduras. Remarquer les répliques des murs peints de Bonampak, bien plus que les murs originels endommagés. Sans contexte, une des plus belles salles du musée.
- **Sala Norte** : Paquimé de Casas Grandes à Chihuahua.
- **Sala Occidente** : les cultures de Nayarit, Jalisco, Colima, Guerrero et des Tarascos de Michoacán, seuls peuples à avoir repoussé l'invasion aztèque.
- **Visite du musée...** Choisissez un itinéraire selon votre intérêt et les régions que vous allez visiter.

CASA DE LA BOLA ★★

Av. Parque Lira #136
✆ +52 55 2614 0393
www.museoshaghenbeck.mx
Visites guidées le dimanche de 11h à 17h. Entrée : 30 $.

L'histoire de cette maison est surréaliste, à l'image du pays tout entier. La propriété de style *virreinal* date du début du XVIIe, fonctionnant alors comme *finca* (propriété) agricole. Elle passe entre les mains de 18 propriétaires avant d'être achetée en 1942 par don Antonio Haghenbeck (1902 - 1991), en petites coupures selon la légende. Collectionneur hors pair et avisé, il décide de remodeler et redécorer la maison en rachetant des éléments de décor, des œuvres et objets d'art provenant d'autres maisons en démolition (ce qui vaut à la demeure le surnom de « maison faite à partir d'autres maisons »), en ramenant d'autres de ses voyages, afin de lui donner le style francisé et éclectique des demeures de maître de la seconde moitié du XIXe. Le résultat est époustouflant et l'on visite ici la maison telle qu'il l'a habitée jusqu'à sa mort. Au cours des déambulations dans 13 salons, on découvre des tapis européens, porcelaines, horloges, peintures et une grande collection de mobilier allant du XVe au XXe siècle, des livres anciens, chandelier de cristal de Murano, des trophées de chasse et autres objets précieux et raretés. L'histoire de cette maison est aussi celle de María Nájera Ortiz, qui durant son enfance accompagnait ses parents, domestiques, durant leur labeur dans la maison de don Antonio. À sa surprise, le testament du maître lui laissa le droit de continuer à vivre et veiller sur la maison et ses objets jusqu'à sa mort ; elle-même est présente dans le musée les jours de visite et en est devenue la mémoire vivante.

CASA LAMM ★

Alvaro Obregón #99
www.casalamm.com.mx
La galerie est ouverte du lundi au vendredi de 9h à 15h. La bibliothèque est ouverte du lundi au vendredi de 8h à 20h.

Cette belle maison du début du siècle dernier a été construite par Lewis Lamm, l'architecte à l'origine de l'urbanisation de la colonia Roma. Elle reflète bien la période pendant laquelle les habitants riches de la capitale quittaient le centre historique pour s'installer dans ce quartier, alors en développement. La demeure est aujourd'hui un lieu incontournable de la colonia Roma. On y donne des cours et des conférences (culture, art et médecine alternative). La Casa Lamm abrite aussi une galerie d'art, une bibliothèque, une librairie et un restaurant.

CASA MUSEO GUILLERMO TOVAR DE TERESA

Valladolid #52
✆ +52 55 1103 9800
Ouvert tous les jours de 10h30 à 17h. Entrée libre.

On découvre ici la maison de Guillermo Tovar y de Teresa, un historien mexicain qui était aussi un avide collectionneur d'œuvres d'art. Reconvertie en musée en 2018, cette magnifique demeure de l'époque porfirienne offre des pièces décorées de milliers d'œuvres et d'objet faisant partie de sa collection, notamment des peintures et une impressionnante bibliothèque remplie de livres rares et antiques. Bon nombre de ces peintures sont exposées dans le beau couloir en damier.

CORREDOR CULTURAL ROMA-CONDESA ★★

www.ccromacondesa.mx

Deux fois par an, au printemps et en automne, cette association organise les portes ouvertes de nombreuses galeries d'art et de design, et de restaurants dans ces deux quartiers emblématiques de la vie artistique et culturelle de la ville. Elle organise désormais en parallèle de nombreux événements dans des espaces publics rénovés des quartiers. À ne pas manquer si vos dates coïncident ! La page web regorge en outre d'informations sur l'actualité du quartier.

GALERÍA OMR

Córdoba #100 ✆ +52 55 5207 1080
www.omr.art
Ouvert du mardi au jeudi de 10 à 19h, le vendredi de 10 à 16h et le dimanche de 11h à 16h. Entrée libre.

Fondée en 1983, Galería OMR est l'une des plus anciennes, mais aussi l'une des plus prestigieuses galeries d'art de la ville, installée dans le quartier très *arty* de Roma Norte. On peut y admirer des œuvres contemporaines et avant-gardistes, réalisées par des artistes émergents et confirmés, principalement mexicains ou originaires d'Amérique latine. Citons par exemple Rafael Lozano-Hemmer, Julieta Aranda et Iñaki Bonillas. La galerie participe à de nombreux événements reconnus dans le monde entier. Les expositions sont renouvelées plusieurs fois par an.

MUSEO DEL OBJETO DEL OBJETO

Colima #145
✆ +52 55 5533 9635
www.elmodo.mx
Ouvert du mercredi au dimanche de 10h à 18h. Entrée libre.

Ce musée se charge de raconter la riche histoire du Mexique d'une autre manière, en mettant en avant des thèmes spécifiques tels que le football, le divertissement, la santé, la religion ou le foyer. Les milliers d'objets, dont certains ont plus de deux siècles, donnent un aperçu des diverses facettes du Mexique et du mode de vie ses habitants à travers les décennies : boîtes d'allumettes, machines à écrire, timbres, outils de la ferme... Pour les nostalgiques !

PARQUE MÉXICO ★

Métro Chilpancingo.

Le plus grand parc de La Condesa. A l'origine, ce terrain devait constituer l'aire centrale d'un hippodrome, d'où la forme ovale du parc. Il comprend de nombreux éléments Art déco, style qui était en vogue l'époque. L'un des plus remarquables est le théâtre à l'air libre Charles-Lindbergh, et la fontaine monumentale qui représente une femme nue portant deux jarres d'eau. A signaler également, la fontaine qui simule une rivière courant entre les roches pour finir dans une marre aux canards. Ce parc accueille de nombreuses activités culturelles le week-end.

PLAZA RÍO DE JANEIRO ★

Plaza Rio de Janeiro

Cette place est emblématique de la colonia Roma, notamment parce qu'en son centre, se trouve une fontaine avec une réplique en bronze de la sculpture *David* de Michel-Ange. Autour, sont alignés plusieurs immeubles à l'architecture intéressante. Prenez le temps d'observer l'édifice de briques rouges le long de la Calle de Durango. Il est connu populairement comme la *Casa de las Brujas*, car la forme du toit et la disposition des fenêtres évoquent la tête d'une sorcière coiffée d'un chapeau. Au rez-de-chaussée de cet édifice se trouve un agréable café avec terrasse.

POLYFORUM CULTURAL SIQUEIROS ★

Insurgentes Sur #701
✆ +52 55 5536 4520
www.polyforumsiqueiros.com.mx
Du lundi au dimanche de 10h à 18h. Entrée : 15 $.

Ce centre culturel abrite un théâtre et des galeries, mais il est surtout connu pour l'œuvre qui l'habille : ses murs extérieurs et intérieurs sont décorés d'une gigantesque fresque réalisée par le peintre David Alfaro Siqueiros. C'est à ce jour la peinture murale la plus grande du monde (8 700 m²). La fresque représente la marche de l'humanité, *La Marcha de La Humanidad*, pour le titre de l'œuvre en espagnol. La salle appelée Forum Universal en abrite la majeure partie.

MÉXICO

© JADE LATARGERE

Parque México, quartier de la Condesa.

CASA DEL RISCO ★

Place San Jacinto #15
✆ +52 55 56 16 27 11
www.museocasadelrisco.org.mx
Du mardi au dimanche de 10h à 17h.
Entrée libre.

Construite à la fin du XVIIIe siècle par l'architecte espagnol José Eduardo de Herrera, cette belle demeure possède dans sa cour intérieure une splendide fontaine recouverte d'assiettes, tasses, coquillages, fragments de miroir et morceaux de porcelaines. Chacune des pièces qui la constituent raconte une histoire. Au début du XXe siècle, la propriété fut rachetée par le diplomate Isidro Fabela et restaurée par ses soins ; il la meubla et la décora avec des œuvres d'art de l'époque coloniale. Les pièces de la collection sont réparties dans 7 salles.

CENTRAL DE ABASTOS ★★★

Colonia San José Aculco
✆ +52 55 5694 3797
www.ficeda.com.mx

La *Central de Abastos* est le frigo de Mexico, considéré comme l'estomac du pays : c'est l'endroit où arrivent toutes les marchandises dont les 25 millions d'habitants de la ville de Mexico ont besoin avant d'être distribuées entre les petits commerçants de la ville. À l'heure des transactions, entre 9h et 11h, plus de 500 000 personnes envahissent ce marché géant de 350 hectares ; l'espace dédié aux fruits et légumes comprend pas moins de 8 sections, 1934 entrepôts et 1 222 locaux de distribution ; les effluves sont enivrantes à souhait. Ici, pas moins de 10 000 travailleurs informels déchargent les camions chaque jour. Les mouvements d'argent sont impressionnants : ils sont censés être plus volumineux que dans n'importe quelle banque d'Amérique latine. En quelques heures, des négociants gagnent jusqu'à 50 000 US$. À noter que les poissons et fruits de mer se distribuent dans une section spéciale du marché, la *Nueva Viga*, décrite comme le plus grand port du Mexique !

▸ ***Central de Muros*** est un projet artistique destiné à faire recouvrir de fresques cet immense marché aux murs grisâtres. Depuis ses débuts en 2017, plusieurs dizaines de fresques de 20x6 m ont vu le jour aux quatre coins du marché. Soutenu par l'ONU, elles abordent des thèmes tels que le travail quotidien des *diableros* (qui transportent les marchandises entre les étals sur leurs diables), les problématiques de genre ou celle de l'eau. À votre arrivée, des *diableros* vous proposeront d'ailleurs leurs services pour les découvrir.

EX-CONVENTO - MUSEO DEL CARMEN ★★★

Av. Revolución #4
✆ +52 55 5550 4896
Ouvert du mardi au samedi de 10h à 15h, le dimanche jusqu'à 14h. Entrée : 65 $.

Le 19 juin 1615, les Carmélites *descalzos* (« deschaux » ou pieds nus, en référence à cette branche de l'ordre qui souhaitait retrouver l'austérité de leurs ancêtres religieux du couvent de Mont Carmel, en Palestine) posent la première pierre du collège de San Angelo Martir, dans ce qui est alors une zone boisée aux riches terres agricoles. Peu de temps après, le regroupement en village autour du couvent allait devenir San Ángel. Les études y étaient réservés aux garçons, autour d'une bibliothèque dont le volume allait atteindre 12 000 ivres. Fermé comme l'ensemble des établissements religieux après la Réforme de 1858, il devint musée dès 1929. Ce musée d'art colonial retrace tout d'abord l'histoire de l'ordre du Carmel en Nouvelle-Espagne et son austérité, que l'on retrouve dans les proportions du cloître et sa sobriété. Cette retenue disparaît totalement dans la sacristie, dont le plafond est recouvert de motifs mudéjars dorés ; des peintures de Cristóbal de Villalpando et quelque mobilier pour le moins ostentatoire. La même abondance décorative se retrouve dans la magnifique chapelle mortuaire, recouverte d'azulejos aux tons bleus et de fresques aux arabesques mauresques. Les salles d'exposition de peintures coloniales ont elles aussi conservé leur charme d'antan, un charme plus rustique dont les murs sont couverts de peintures grand format, entre poutres et parquet ou dalles en terre cuite vernies ; les restes d'un aqueduc en pierre sont visibles dans les jardins.

LOS VIVEROS DE COYOACÁN ★

Calle Progreso

Voici le plus grand parc de Coyoacán. Il peut constituer un bon point de départ pour visiter le quartier puisque l'une des sorties de ce parc est située tout près de la rue Francisco Sosa et de la place Santa Catarina. La grande attraction de ce jardin, ce sont les écureuils, pas timides pour un sou. Le parc de 584 hectares abrite également un arboretum, fondé au début du XXe siècle par l'architecte et environnementaliste mexicain Miguel Angel de Quevedo. L'objectif était alors de produire de jeunes plants pour repeupler les forêts autour de la capitale.

CIUDAD UNIVERSITARIA ★

Métro Copilco et Universidad ; Metrobus sur l'avenue Insurgentes.

Construit entre 1950 et 1954 et conçu par les architectes mexicains Mario Pani et Enrique del Moral, le campus principal de la cité universitaire de l'Universidad Autónoma de Mexico (UNAM) comprend une quarantaine de facultés et d'instituts. La Ciudad Universitaria est inscrite sur la liste du Patrimoine mondial de l'humanité de l'Unesco. Cet immense campus possède en effet une grande valeur historique et écologique. Plusieurs de ses édifices ont été décorés par de grands peintres mexicains. Ne manquez pas de voir notamment l'édifice de Rectoría, recouvert d'une fresque réalisée par David Alfaro Siqueiros ; la bibliothèque centrale, dont l'une des façades présente un superbe mural de Juan O'Gorman ; ou encore l'Ecole de Médecine, qui donne à voir une œuvre de Francisco Eppens, représentant les quatre éléments. Le campus comprend plusieurs grands jardins, dont une réserve écologique et un espace artistique à l'air libre, l'Espacio Escultórico, où sont exposées de grandes sculptures (à ne manquer sous aucun prétexte). On y trouve aussi, en plus des bâtiments des facultés : un stade de football pour l'équipe professionnelle (Pumas), dont la partie sud est recouverte d'une fresque murale de Diego Rivera ; un centre culturel avec plusieurs salles de cinéma, de danse et de théâtre ; ainsi que plusieurs musées, dont le Museo Universitario Arte Contemporáneo (MUAC) et le Museo Universitario de Ciencias y Artes (MUCA). Pour circuler au sein du campus, l'université a mis en place sa propre ligne de bus, la Pumabus.

© JADE LATARGERE

JARDINES DE XOCHIMILCO ★★

Xochimilco

Le tarif horaire pour une embarcation est autour de 500 $.

« La Venise mexicaine », comme certains aiment à appeler Xochimilco, est absolument à visiter ! L'endroit où se trouve actuellement la ville de Mexico était au temps des Aztèques un grand lac. Pour y faire pousser des légumes, les civilisations précolombiennes élaborèrent des jardins flottants – connus au Mexique sous le nom de *chinampas* –, ce qui constituait un réseau de canaux très important. Après la colonisation, les Espagnols asséchèrent la plupart des lacs, à la recherche du trésor des Aztèques, et seule une partie du lac a survécu, dans le quartier de Xochimilco. Catalogués Patrimoine de l'humanité par l'Unesco, les canaux de Xochimilco sont aujourd'hui l'une des principales attractions touristiques de la ville, bien que l'ensemble soit de plus en plus pollué et manque – par endroits – quelque peu d'entretien.

- **Embarcadero Nativitas.** Tous les jours, des milliers de bateaux multicolores, appelés *trajineras*, attendent la venue des touristes, leur offrant toutes sortes de parcours (de 1h à 5h) : elles abordent généralement d'autres *trajineras* où jouent des groupes de *mariachis* alors que d'autres sont de véritables épiceries flottantes (les visiteurs aiment y boire jusqu'à plus soif). Il y a certes beaucoup de touristes et l'expérience n'est pas des plus authentiques, mais l'ambiance sur les bateaux est unique. Vous n'aurez aucun mal à rencontrer une embarcation, car c'est elle qui vous trouvera. Dans le centre de Xochimilco, les possibilités de balades sont plus ou moins les mêmes, quel que soit l'embarcadère où vous abordez la *trajinera*.

- **Embarcadero Cuemanco.** Celui-ci se situe en bordure de la zone écologique, ce qui a plusieurs conséquences : les canaux sont plus calmes et plus propres, et à certaines périodes de l'année, on y voit même de nombreux oiseaux se désaltérer. Ici, on est encore dans les champs, et la balade prend des allures bucoliques pour peu que l'on y aille en semaine au petit matin (magique !). Ici, le tour de 4 heures permet de visiter la Isla de Las Muñecas, et de s'arrêter découvrir les *axolotes*, petits amphibiens endémiques de la zone.

- **Depuis peu, les tarifs des balades en *trajineras* sont contrôlés par la mairie de Xochimilco.** Actuellement, l'heure de balade en *trajinera* coûte autour de 500 $, et ce peu importe le nombre de personnes qui montent dans la *trajinera*. Il est toujours possible de négocier si vous optez pour une longue balade. Par contre, puisqu'il s'agit d'un service, il est bien vu de laisser un pourboire au rameur de la *trajinera* qui, bien souvent, n'est pas le propriétaire de la barque.

MERCADO DE COYOACÁN ★

Calle Abasolo

Ouvert tous les jours de 8h30 à 18h30.

Le marché de Coyoacán est l'un des emblèmes du quartier. On y trouve de tout : fruits, légumes, bonbons, épices, vêtements et de nombreuses pièces d'artisanat (céramiques, piñatas, etc.). Ici, vous trouverez sans aucun doute quelques babioles à ramener en souvenir. A l'angle, en extérieur, se trouve un très bon petit restaurant qui sert des poissons et fruits de mer. Il donne une idée de la structure des marchés que l'on trouve dans tous les quartiers de la ville de Mexico. Une visite folklorique et colorée, à ne pas manquer.

MUSEO ANAHUACALLI ★

Calle del Museo #150

✆ +52 55 5617 4310

www.museoanahuacalli.org.mx

Du mardi au dimanche de 11h à 17h30.

Entrée : 80 $.

L'Anahuacalli, ou encore « maison entourée d'eau », est une pyramide conçue par Diego Rivera. Ce lieu rempli d'énergie est construit en pierres noires volcaniques. Le musée présente quelque 2 000 pièces des cultures de Teotihuacán, Olmèques, Toltèques, Nahuas, Zapotèques et du nord-est du pays, collection personnelle et courtoisie de l'artiste. Moins visité que la « maison bleue », ce musée vaut cependant le détour, autant pour la beauté des pièces archéologiques présentées que pour découvrir un aspect moins connu de la vie du peintre.

MUSEO CASA ESTUDIO DIEGO RIVERA Y FRIDA KAHLO ★

Calle Diego Rivera #2

✆ +52 55 5550 1518

Ouvert de mardi à dimanche de 11h à 16h30.

Entrée : 30 $.

C'est la maison dans laquelle Diego Rivera et Frida Kahlo ont vécu de 1934 à 1940. Conçue par l'architecte Juan O'Gorman, elle est composée de deux édifices qui se trouvent reliés entre eux par une passerelle : l'un abritait l'atelier de Frida Kahlo, l'autre celui de Diego Rivera. Ce dernier y vécut seul pendant un temps après sa séparation d'avec Frida, qui s'installa seule dans un appartement de la capitale. Quelques œuvres de Rivera y sont exposées ainsi que des souvenirs personnels.

© AUTHOR'S IMAGE

Jardins flottants de Xochimilco.

MUSEO CASA LÉON TROTSKY ★

Av. Río Churubusco #410

✆ +52 55 5554 0687

www.museotrotsky.com

Ouvert du mardi au dimanche de 10h à 17h.

Entrée : 40 $.

Quand Trotsky s'échappe de Norvège, le seul leader politique au monde désireux de l'accueillir était le président Cardenas. Trotsky vécut un an dans cette maison. Poursuivi par Staline, il essuya une première tentative d'attentat, qui échoua. Vous verrez que les fenêtres de la maison ont été barricadées et les murs rehaussés. L'assassin de Trotsky dut donc avoir recours à la ruse. Il gagna la confiance des gens de maison et tua Trotsky alors qu'il travaillait à son bureau. Le révolutionnaire et sa femme sont enterrés dans le jardin.

MUSEO DE ARTE CARRILLO GIL ★

Revolución #1608

✆ +52 55 5550 6260

www.museodeartecarrillogil.com

Du mardi au dimanche de 10h à 18h.

Entrée : 50 $.

Ce musée possède une large collection d'œuvres de peintres et artistes mexicains, fruit de la passion du collectionneur et médecin yucatèque à qui l'endroit doit son nom, et qui a toujours insisté pour que sa collection ne soit pas dispersée. La première œuvre acquise par Carrillo Gil fut un dessin du peintre et caricaturiste José Clemente Orzosco, dont il devient ensuite le plus grand collectionneur, avant d'acquérir d'autres œuvres de peintres mexicains du XXe siècle.

MUSEO DOLORES OLMEDO PATIÑO ★

Av. México #5843

✆ +52 55 5555 1221

www.museodoloresolmedo.org.mx

Ouvert de mardi à dimanche de 10h à 18h.

Entrée : 100 $.

Installé dans l'ancienne hacienda La Noria, le musée Dolorès Olmedo possède la plus grande collection d'œuvres des peintres Diego Rivera et Frida Kahlo. Celles-ci ont été réunies par Dolorès Olmedo Patiño (1908-2002), femme d'affaires mexicaine, ancien modèle de Diego Rivera et grande amie du peintre durant plusieurs années. La collection est régulièrement envoyée aux quatre coins de la planète pour y être présentée, renseignez-vous avant de vous y rendre.

MUSEO NACIONAL DE LAS INTERVENCIONES ★

A l'angle des rues 20 de Agosto et Général Anaya

✆ +52 55 5604 0699

intervenciones.inah.gob.mx

Ouvert du mardi au samedi de 10h à 16h.

Entrée : 80 $.

L'ancien couvent de Churubusco est un lieu symbolique de la résistance des armées mexicaines à l'invasion des États-Unis : en 1847, les moines fuient le couvent pour laisser place aux garnisons qui défendront en vain la capitale du pays. Le musée comprend la visite des anciens espaces monastiques et leur magnifique verger, une véritable oasis au cœur du quartier. Les étages retracent les interventions armées de différentes puissances étrangères au Mexique lors du XIXe siècle.

MUSEO FRIDA KAHLO - LA CASA AZUL ★★★

Londres #247 ✆ +52 55 5554 5999
www.museofridakahlo.org.mx
Ouvert du mardi au dimanche de 10h à 17h. Entrée : 270 $. Réservation conseillée car le nombre de visiteurs est limité.

Le musée Frida Kahlo est l'ancienne demeure de la célèbre artiste, appelée aussi la Casa Azul (« Maison Bleue »). C'est ici qu'elle a vu le jour, le 6 juillet 1907, et qu'elle s'est éteinte le 13 juillet 1954 à l'âge de 47 ans, après une vie de souffrance. On peut admirer tous les objets et tous les souvenirs du couple qu'elle formait avec Diego Rivera. En plus des peintures des deux artistes et de celles de quelques-unes de leurs nombreux amis, le musée montre aussi une intéressante collection de pièces précolombiennes, d'objets de l'artisanat mexicain ou encore d'ex-voto (petites plaques servant d'offrandes dans la religion catholique dont Frida faisait la collection). Une partie du musée est dédié aux vêtements régionaux que portait Frida, et donne à voir certains de ses habits folkloriques les plus grandioses et colorés. La visite des jardins colorés dans lesquels Frida aimait se prélasser est particulièrement agréable. Elément central du culte voué à Frida Kahlo (1886-1957), ce musée contient à peu près tout ce qui se rapporte à l'artiste, du petit lit dans lequel elle est restée alitée pendant de longs mois après l'accident qui l'a laissée handicapée, jusqu'au poteau téléphonique qui la reliait au reste du monde. De fait, le musée est très visité et la queue s'annonce désespérante le week-end et en période de vacances scolaires : pensez à réserver.

▸ **Pensez à conserver le ticket d'entrée du musée.** En effet, celui-ci vous donne le droit de visiter gratuitement le musée Diego Rivera Anahuacalli (validité : 30 jours).

MUSEO UNIVERSITARIO ARTE CONTEMPORANEO (MUAC) ★★

UNAM
✆ +52 55 5622 6972
www.muac.unam.mx
Ouvert du vendredi au dimanche de 11h à 17h. Entrée : 40 $.

Inauguré en 2008, ce musée est entièrement dédié à l'art contemporain, mexicain et international. Ce qui vaut surtout le détour, c'est le très moderne édifice du musée, que l'on doit à l'architecte mexicain Teodoro González de León. A l'intérieur, vous vous rendrez compte que les salles sont agencées sans aucune logique linéaire, et reliées entre elles par un système de patios. Résultat : le visiteur s'y perd et est amené à choisir l'ordre dans lequel il visitera les salles du musée.

PLAZA DE LOS ARCÁNGELES ★★

Plaza de Los Arcangeles

Une très jolie place envahie de plantes de toutes sortes, qui vous donnera l'occasion de réaliser une jolie balade dans les ruelles de San Angel, en passant par ses ruelles pavées emblématiques. Depuis la place San Jacinto, remontez la rue Benito Juárez et faites d'abord une pause dans les jardins de la jolie paroisse qui se trouve sur votre gauche. Puis, au bout de la rue, prenez sur votre gauche la calle Arbol puis encore à gauche la Segunda Cerrada de Frontera. Redescendez ensuite vers la Calle Frontera, qui débouchera à son tour sur la place principale.

PLAZA HIDALGO ★

C'est la place principale où se trouve la paroisse et l'ex-couvent de San Juan Bautista, l'un des centres catholiques les plus anciens de la vallée de Mexico (XVIe siècle). Elle est adjacente à la Plaza Centenario. Au milieu de cette dernière, on peut admirer une fontaine avec des coyotes sculptés, qui fait référence à la toponymie de Coyoacán, « lieu de coyotes ». Autour, plusieurs restaurants et une librairie très bien fournie. L'ensemble de ces deux Plazas, qui sont très animées le week-end, forme le cœur du quartier de Coyoacán.

ZÓCALO DE TLALPAN ★

Metrobus Insurgentes Sur,
arrêt « Fuentes brotantes ».

La place principale de Tlalpan est entourée par l'église San Agustín de Las Cuevas (fondée en 1547 par les moines dominicains), le joli marché La Paz, la Casa Frissac et le palais municipal où l'on peut admirer une fresque de 70 m de long qui retrace l'histoire du village. Tout autour de la place, dans des maisons particulières ou sous les portiques, s'étirent de nombreux restaurants et bars. Cette place est très animée le week-end et se transforme en soirée en piste de danse au son du *danzón*. C'est le cœur vivant du quartier.

SE LOGER

Pour vous loger, vous avez surtout le choix entre le centre historique, le quartier Polanco-Bosque de Chapultepec, la Roma-Condesa et le quartier de la Zona Rosa-Paseo de la Reforma. En effet, il n'y a pas d'hôtels à San Angel et seulement quelques options destinées au tourisme à Coyoacán. Tous ces quartiers sont pareillement accessibles. Le choix du quartier dépendra donc de votre budget (Polanco, avec ses hôtels chics et chers, est par exemple réservé aux voyageurs aisés) et de vos goûts. Si vous voulez être au cœur de la vie bohème de Mexico, la Condesa et la Roma constituent une bonne option. Si vous préférez les quartiers plus populaires, optez de préférence pour un hôtel dans le centre historique. La Zona Rosa quant à elle constitue une option intermédiaire, à la fois pour sa position géographique et le type de population qu'on y côtoie (bien que la colonie Juarez soit en voie de *gentrification* accélérée).

DOWNTOWN BEDS €

Isabel La Católica #30

✆ +52 55 5130 6855

Chambre double avec salle de bains partagée : 900 $; lit en dortoir : 250 $.

Pour loger dans le centre historique sans se ruiner, cette auberge de jeunesse est une excellente option. Installée dans un édifice colonial du XVIIe siècle, elle offre des chambres modernes et très bien entretenues, avec salle de bains sur le palier. Les dortoirs de 8 lits sont également propres et confortables. Petit plus : le petit déjeuner continental est inclus dans le prix de la nuitée. Les parties communes comprennent un salon, un beau jardin aménagé et un bar sur le toit. Idéal pour rencontrer du monde, un peu moins pour être au calme.

HOSTEL HOME €

Tabasco #303

✆ +52 55 5511 1683

www.hostelhome.com.mx

Autour de 300 $ le lit en dortoir, 700 $ pour la chambre privée avec salle-de-bain partagée. Petit déjeuner compris.

La première auberge de jeunesse de la ville se situe dans un bien bel édifice possédant un très beau salon avec parquet et grande baie vitrée, terrasse et cafétéria. Idéale pour rester à Mexico dans un quartier vivant. On aime beaucoup les couleurs vives à la réception, dans les pièces partagées, mais aussi dans les dortoirs. Les chambres sont partagées (l'auberge n'en compte qu'une seule privative, pensez à réserver en avance) ainsi que les salles de bains et les toilettes. Une option vraiment économique, chaleureuse et éclectique.

HOSTAL CUIJA €

Berlin #268

✆ +52 55 5659 9310

www.hostalcuijacoyoacan.com

Compter entre 280 et 320 $ pour un lit en dortoir. Chambre privée à partir de 950 $. Petit déjeuner inclus.

Idéalement située près de la maison de Frida Kahlo, l'Hostal Cuija est une bonne option pour les petits budgets qui désirent profiter du quartier bohème de Coyoacán. Ce très joli établissement offre une ambiance agréable : petite salle à manger qui donne sur un jardin, terrasse et coin salon équipé d'une télé et d'un lecteur DVD. Il comprend des chambres privatives avec salle de bains privée et des lits en dortoir avec salle de bains partagée. Un service de petit déjeuner est proposé, ainsi qu'un service de laverie (payant) et une cuisine. Internet wi-fi.

HÔTEL ISABEL €

Isabel La Católica #63

✆ +52 55 5518 1213

Avec salle de bains : 1 220 $ pour une chambre double. Avec salle de bains partagée : 380 $ pour une chambre double.

C'est un grand classique de la ville de Mexico qui se cache derrière cette belle façade, dans le plus pur style du centre historique, fréquenté par de nombreux Mexicains et touristes. L'accueil y est à la fois chaleureux et formel, l'ambiance décontractée. Les chambres sont certes anciennes mais spacieuses : salle de bains rénovée et propre, coffre-fort, télé et wifi (en théorie...). Plus on monte dans les étages, plus les chambres sont agréables ; au niveau bruit, préférez celles qui donnent sur le patio plutôt que sur la rue. Excellent rapport qualité/prix.

HOTEL MONARCA €

Av. Álvaro Obregón 32
✆ +52 55 5584 0461
www.hotelmonarca.com.mx
Chambre double à partir de 660 $.

Voici une très bonne option pour loger dans le quartier vivant de Roma Norte. Idéalement situé le long de l'avenue Alvaro Obregón, l'hôtel Monarca se trouve à deux pas des meilleurs restaurants du quartier. Les chambres sont décorées de manière très simple et bénéficient d'un confort sommaire. Quant à la propreté, elle est irréprochable. Les chambres supérieures, qui ne coûtent pas beaucoup plus cher que les chambres standards, sont vastes et dotées d'une salle de bains plus spacieuse. Seul bémol : l'isolation entre les chambres n'est pas optimale.

CASA JACINTA €€

2da. Cerrada de Belisario Domínguez # 22
✆ +52 55 7098 9384
www.casajacintamexico.com
Chambre à partir de 1 700 $.

Situé à trois pâtés de maisons du centre de Coyacán, dans l'une de ses ruelles les plus charmantes, cet endroit a du cachet à revendre. C'est un peu une maison de campagne en pleine ville, avec ses portes et fenêtres en bois, son jardin d'intérieur, ses salles de bains en carrelage coloré traditionnel, son parquet et tout un tas de petits détails décoratifs qui rendront votre séjour des plus agréables. Chacune des chambres est très propre et décorée de manière sobre, mais avec une agréable touche colorée. Excellent rapport qualité-prix.

CASAI €€

Calle de Durango #357
✆ +52 1 415 358 0084
www.casai.com
Appartement 1 chambre : 1 000 à 1 700 $ par nuit ; 2 chambres : de 1 500 $ à 4 000 $.

Le concept génial de Casai : offrir des locations avec le *design* d'un hôtel-boutique et le confort d'un appartement particulier dans de superbes condos. Les logements sont spacieux et modernes ; ils comprennent une cuisine tout équipée, un salon et de 1 à 3 chambres. Casai propose des locations dans les quartiers les plus désirables de la ville (Polanco, Roma Norte, Condesa...). Les instructions vous sont envoyées en amont par email et, à votre arrivée, vous n'avez qu'à vous présenter au gardien qui vous attend. Idéal pour découvrir la ville comme un local.

CASAI €€

Calle de Durango #357
✆ +52 1 415 358 0084
www.casai.com

Le concept génial de Casai : offrir des locations avec le *design* d'un hôtel-boutique et le confort d'un appartement particulier dans de superbes *condos* à Mexico. Les logements sont spacieux et modernes ; ils comprennent une cuisine tout équipée, un salon et de 1 à 3 chambres. Casai propose des locations dans les quartiers les plus désirables de la capitale (Polanco, Roma Norte, Condesa...). Les instructions sont envoyées par email et, à votre arrivée, vous n'aurez qu'à vous présenter au gardien qui vous attend. Idéal pour découvrir la ville comme un local.

EL PATIO 77 €€

Joaquín García Icazbalceta #77
✆ +52 55 5592 8452
www.elpatio77.com
8 chambres. Chambre avec salle de bains partagée à 100 US$ et 140 US$ avec salle de bains privée, petit déjeuner inclus.

Ce charmant boutique-hôtel écologique est reconnu pour son design et est installé dans une belle maison du XIXe siècle, non loin du monument à la Révolution. Il est situé dans le joli quartier de San Rafael, moins touristique que le centre historique, mais très bien placé et plus tranquille et arboré. Les chambres avec plancher sont magnifiques et chacune est décorée avec goût selon un Etat de la République mexicaine. On prend son petit déjeuner dans un joli patio. Un des meilleurs établissements en ville, convivialité en plus.

HOTEL CATEDRAL €€

Calle Donceles #95
✆ +52 55 5518 5232
www.hotelcatedral.com
Chambres doubles à partir de 1 000 $.

Idéalement situé derrière la cathédrale, en plein cœur du centre historique, les chambres de cet hôtel récemment rénové sont toutes équipées d'une climatisation, d'un coin salon, d'une télévision par câble et d'un coffre-fort. La décoration est relativement basique et la qualité digne d'une chaîne internationale : la propreté et le confort sont donc au rendez-vous, mais pas les chichis. Le restaurant propose, quant à lui, une cuisine mexicaine (excellentes *enchiladas catedral*) et internationale dans un cadre sympathique. Efficace.

HÔTEL GILLOW €€

Isabel La Católica #17 ✆ +52 55 5510 0791
www.hotelgillow.com

Chambre à partir de 840 $ pour 1 personne et 950 $ pour 2. Suites entre 1 300 et 1 800 $ selon le nombre de personnes.

Ce grand hôtel de tradition (ouvert pour la première fois en 1869), au charme Art déco, offre un très bon rapport qualité-prix, d'autant plus que l'ensemble est impeccablement entretenu. Les chambres sont réparties autour d'un large patio – véritable puits de lumière – dont les balcons sont ornés de rambardes en ferronnerie. Certaines peuvent être très lumineuses puisque donnant sur les rues alentour, et décorées sobrement avec notamment de la moquette épaisse. Pour la différence de prix, laissez-vous tenter par une suite, et plongez dans un bain bouillonnant.

HOTEL IMPERIAL €€

Paseo de la Reforma #64
✆ +52 55 5705 4911

Comptez 1 200 $ la chambre standard double et 3 500 $ la master suite.

Bel hôtel classé, d'architecture francisée, remodelé Art déco, qui se veut « la mémoire d'une ville hors du temps ». Il a été le témoin de nombreux événements (hôtel particulier de Porfirio Diaz pour ses amis, ambassade des États-Unis) et a vu passer d'illustres personnages de la littérature, de la politique, des arts (Orson Welles, Frida Kahlo, Diego Rivera…). Les installations sont décorées dans un style classique, les chambres disposant quant à elles de tout le confort moderne, bien que certaines aient tendance à avoir vieilli un peu plus vite que d'autres.

HOTEL MARIA CRISTINA €€

Calle Rio Lerma #31
✆ +52 55 5703 1212
www.hotelmariacristina.com.mx

Chambre double à partir de 1 225 $.

Cet agréable hôtel datant de 1938 est situé sur une rue parallèle à Reforma, donc proche des Champs-Elysées mexicains mais dans une zone calme ; les quartiers de la Roma et du centre historique sont accessibles à pied pour ceux qui aiment marcher. Immeuble ancien et très bien rénové, il dispose d'une bonne exposition à la lumière. Son jardin et sa pelouse procurent un peu de vert dans ce monde de béton. Les chambres sont équipées de ventilateur ou d'air conditionné. Boutique, restaurant, parking et accès wifi à votre disposition.

IZTA 54 €€

Iztaccihuatl #54
✆ +52 55 7588 5240

Chambres et appartements à partir de 115 US$.

Idéalement situé dans une rue calme et arborée, cet hôtel est abrité dans un magnifique immeuble des années 1930 entièrement rénové et fraîchement décoré de plantes. Il offre chambres simples (qui comprennent toutes une salle de bain privée), de beaux studios ou des appartements lumineux, parfaitement équipés pour vous sentir mieux qu'à la maison. La décoration y est épurée et reposante, légèrement bohème sur les bords, et l'on trouve même une terrasse-jardin aménagée sur le toit. C'est juste parfait, à l'instar du rapport qualité-prix.

THE RED TREE HOUSE €€

Culiacán #6
✆ +52 55 5584 3829
www.theredtreehouse.com

Comptez 2 000 pour une chambre 1 personne et 2 600 pour une chambre 2 personnes.

Coup de cœur pour cette belle maison d'hôte installée dans une demeure des années 1930, en plein cœur de la Condesa. Le concept ? « Comme à la maison ». Vous pouvez regarder vos mails après le petit déjeuner le matin, partager un verre de vin dans le salon commun la nuit venue. Toutes les chambres, sauf une, ont une terrasse ou une fenêtre avec vue sur le jardin. Chacune d'entre elles est décorée avec goût. Mention toute particulière pour la chambre Treehouse, au dernier étage, qui dispose d'un balcon privé. Elle est petite, mais très bien conçue.

BRICK HOTEL €€€

Orizaba #95
✆ +52 55 9155 7610

Chambre double à partir de 6 000 $.

Dans le quartier vibrant de Roma Norte, voici un hôtel qui va plutôt bien avec l'ambiance locale. Le Brick Hotel est installé dans une superbe demeure de style anglais du XXe siècle. Dans ses 17 chambres et suites, la modernité rencontre l'élégance du passé. Lignes épurées, couleurs sobres, mobilier et matériaux de qualité… Après une longue journée de visite, on se glisse entre les draps en coton égyptien, et on oublie tout… Il règne ici une atmosphère bohème-chic très reposante. Un établissement qui a beaucoup de cachet.

MEXICO

DOWNTOWN MEXICO €€€

Isabel La Católica #30
✆ + 52 55 5130 6830
www.downtownmexico.com
Compter entre 150 et 500 US$ la chambre double ou suite.

Installé dans un édifice du XVIIe siècle, l'hôtel mélange audacieusement architecture coloniale et industrielle, créant un concept unique et singulier. Et pour permettre aux clients de vivre pleinement l'expérience du centre historique, l'hôtel a installé une piscine et un bar sur le toit. Magnifique. Un conseil pour les petits budgets : une auberge de jeunesse, appelée Down Town Beds, a été créée dans une cour à l'arrière de l'immeuble. Son design est moins soigné, mais il s'inspire du même concept, et les prix sont bien sûr plus abordables.

LAS ALCOBAS €€€

Masaryk #390
✆ +52 55 3300 3900
www.lasalcobas.com
A partir de 350 US$ la nuit, petit déjeuner compris.

Situé sur l'avenue la plus cotée de Mexico, ce magnifique boutique-hôtel qui appartient à la chaîne Marriott (gage de qualité assuré) possède des installations ultra-raffinées conçues par le très prestigieux cabinet d'architecte canadien Yabu Pushelberg. Le mobilier des chambres est en bois de rose, les salles de bains en marbre, les oreillers remplis de plumes d'oie... Le confort est évidemment plus qu'au rendez-vous : il surpasse toutes nos attentes. Bref, tout pour se sentir comme chez soi, ou même mieux (et les prix s'en ressentent).

GRAN HOTEL CIUDAD DE MEXICO €€€

Av. 16 de Septiembre #82
✆ + 52 55 1083 7700
www.granhoteldelaciudaddemexico.com.mx
Chambre pour 2 personnes à partir de 3 000 $.

Le meilleur hôtel du Zócalo : les chambres sont spacieuses et la décoration soignée. Il est installé dans un édifice Art nouveau qui a été construit à la fin du XIXe siècle. Pour ne rien perdre de cette histoire, les chambres et les espaces communs sont décorés dans un style ancien, bien que rénové de façon à offrir tout le confort moderne. Si vous en avez les moyens, optez pour une junior-suite avec vue sur le Zocalo, qui vous permettra de vivre toute la magie du centre historique.

MUMEDI DESIGN HOTEL €€€

Av Francisco I. Madero #74
✆ +52 55 5510 8609
Chambre double à partir de 6 000 $.

Voici un hôtel qui change vraiment des options que l'on trouve habituellement dans les alentours du Zócalo. Installé dans un édifice construit il y a plus de 400 ans, il fait partie du Museo Mexicano del Diseño, le musée du design mexicain, et ça se voit : ses six chambres réussissent le pari de proposer une décoration à la fois épurée et sophistiquée, et de mélanger l'ancien et le moderne avec goût. On apprécie le beau mobilier, les œuvres contemporaines accrochées aux murs en brique, les motifs graphiques, les détails raffinés... Magnifique.

HOTEL CONDESA DF €€€

Avenida Veracruz #102
✆ +52 55 5241 2600
www.condesadf.com
A partir de 6 000 $ pour une chambre double.

Cet agréable hôtel est situé au cœur de la colonia Condesa. Une intéressante *french touch* avant-gardiste (minimaliste) que l'on doit à la décoratrice parisienne India Mahdavi. Fusion classique et moderne dans les chambres qui sont disposées autour d'un patio faisant office de resto-bar. Grande terrasse sur le toit où vous pourrez apprécier le Parque España et le Castillo de Chapultepec. Business center, club. Le soir, la jet-set et le monde *fashion* de la capitale s'y retrouvent, les prix sont en conséquence, vous êtes prévenu.

PUG SEAL ALLAN POE €€€

Edgar Allan Poe #90
✆ +52 55 75721142
www.pugseal.com
Suites à partir de 5 000 $.

A votre arrivée, vous êtes accueillis dans une très grande maison du début XXe, où chaque chambre a fait l'objet d'une décoration personnalisée : papier peint, meubles et pièces d'artisanat de très belle facture donnent le ton. Cet hôtel respire le luxe de bon goût, à des prix qui restent abordables. L'emplacement pourrait difficilement être mieux : ici, on n'est qu'à 20 min à pied du musée d'Anthropologie, et au cœur du quartier le plus chic de la ville. Magnifique, d'autant que les espaces communs sont aussi chaleureux que les chambres.

SE RÉGALER

L'une des très bonnes raisons de visiter México, et le Mexique en général, est de découvrir la riche et savoureuse gastronomie du pays. Dans la capitale, on se régale autant dans les *fondas* familiales qui proposent des plats typiques que dans les restaurants des quartiers branchés qui servent une cuisine internationale ou mexicaine revisitée. C'est dans le centre historique que vous trouverez les établissements les plus authentiques, au décor pas toujours affriolant mais qui permettent de se régaler pour peu cher. Partout, les *taquerias* répondent efficacement aux gargouillements des estomacs et aux besoins des petits budgets, à l'instar des stands des *mercados* dont l'odeur nous met irrémédiablement l'eau à la bouche. Pour manger japonais, coréen, italien, oriental ou même français, les quartiers de Roma, Condesa, Polanco et Zona Rosa sont tout indiqués. Ces derniers renferment également les tables les plus raffinées de México.

Plat typique de la cuisine mexicaine : piments fourrés.

CAFÉ DE TACUBA €

Tacuba #28
✆ +52 55 5521 2048
www.cafedetacuba.com.mx
Ouvert tous les jours de 8h à 22h.
Repas aux alentours de 200 $.

Merveilleux endroit qui a donné son nom au groupe mexicain Café Tacuba. Sur deux étages et dans des salles agréablement et sobrement décorées, les cuisines envoient des *antojitos mexicanos* pour picorer en buvant, ainsi que de nombreuses spécialités mexicaines pour les trois repas de vos longues journées de marche dans le centre : soupes, viandes (porc, bœuf, volaille), poisson, *enchiladas, chilaquiles, tamales*... bref tout ce qu'il faut. Ce restaurant emblématique est l'un des plus vieux de la capitale, et bien peu de choses ont changé depuis l'ouverture en 1912.

EL CARDENAL €€

Palma #23
✆ +52 55 5521 8815
www.restauranteelcardenal.com
Ouvert tous les jours de 8h à 18h30, à partir de 8h30 le dimanche. Petit déjeuner 200 $; repas complet autour de 450 $.

Voici un restaurant très agréable, piano au rez-de-chaussée et musiciens au premier étage, boiseries et cuisine mexicaine traditionnelle avec une touche provinciale généreuse. On peut certes y déjeuner, mais sachez que cet établissement est également réputé pour ses délicieux petits déjeuners, dont des œufs aux *escamoles* (larves de fourmis). El Cardenal est également l'endroit idéal où s'essayer à la *nata*, crème grumeleuse à déguster avec le pain de la maison. Une excellente adresse, service à l'ancienne et nappes blanches de rigueur.

DZIB €

Regina #54
✆ +52 55 5709 2015
Du lundi au jeudi de 8h à 22h.
Vendredi et samedi jusqu'à 2h. Menu du jour à 75 $. Grande bouteille de bière : 50 $.

Dans la rue Regina, où tous les jours s'ouvrent des établissements faussement branchés et véritablement insipides, celui-ci résiste encore et toujours à l'envahisseur... C'est une fonda typique qui répond aux critères des trois B : *bonito, bueno, barato*. La formule déjeuner est servie à toute heure à partir de 13h et on y vient aussi bien manger que boire une bière bien fraîche en toute simplicité. Le vendredi, c'est poisson : les gens se pressent pour en profiter. Si vous cherchez à fuir les touristes, Dzib est l'adresse tout indiquée !

LIMOSNEROS €€

Allende #3
✆ +52 55 5521 5576
www.limosneros.com.mx
Ouvert du lundi au samedi de 13h30 à 22h, dimanche jusqu'à 18h. Menu dégustation tacos 380 $, plats à partir de 300 $.

C'est une référence gastronomique de la ville, puisqu'on y travaille les traditions culinaires du pays en leur donnant un bol d'air frais contemporain. Au menu ou à la carte, vous trouverez des créations plus qu'originales : elles sont délicieuses, que l'on opte pour les tacos ou pour les assiettes de poisson frais, en passant par les viandes grillées. On accompagnera le tout d'un verre de mezcal, évidemment. En plus, l'inventivité du chef se poursuit jusqu'au dessert. À ne manquer sous aucun prétexte, d'autant que le cadre est chaleureux et agréable.

LOS GIRASOLES €€

Plaza Manuel Tolsá
✆ +52 55 5510 0630
Ouvert tous les jours de 10h à 22h.
Compter 500 $ pour un repas.

Bel endroit, raffiné et élégant, juste en face de la place Manuel Tolsá et tout proche de la Chambre des sénateurs. La cuisine est mexicaine avec des racines métisses et préhispaniques : les *huazontles en tortita* sont à découvrir (plat à base d'une plante typiquement mexicaine), de même que la *cazuelita de tuetanos* (moelle), sans oublier le classique *ceviche* (poisson cru mariné). Au dessert, vous n'aurez que l'embarras du choix (c'est rare !) : le dessert préféré de l'impératrice Carlotta (gâteau aux pétales de roses) est à la carte.

MERCADO SAN JUAN €

Av. Arcos de Belén et Calle Pugibet
Ouvert tous les jours de 9h à 17h.

C'est un marché dont l'emplacement remonte à l'époque préhispanique. Il est aujourd'hui constitué d'étals destinés à la vente à emporter et de petits restaurants spécialisés dans la nourriture « extraordinaire » et visité chaque jours par chefs cuisiniers, artistes, politiques et quiconque souhaitant déguster des mets proprement peu courants : iguane, crocodile, autruche, fourmis, sauterelles, scorpions, insectes... On trouvera au détour des étals de ces marchés des baguettes de bonne qualité, charcuterie et fromages d'importations.

AGUA Y SAL CEBICHERIA €€

Campos Elíseos #199 -A
✆ +52 55 5282 2746
www.aguaysal.com.mx
Ouvert du lundi au samedi de 12h à 22h ; le dimanche de 12h à 18h. Plats de poisson entre 200 et 300 $.

Agua y Sal figure parmi les meilleurs endroits de la ville pour se délecter d'une cuisine latine exclusivement dédiée aux produits de la mer. Etant donné leur qualité, l'emplacement du restaurant et son cadre soigné, les prix sont loin, voire très loin d'être exorbitants, bien qu'ils restent supérieurs à la moyenne des restaurants au Mexique. Si vous ne vous sentez pas l'appétit pour un plat (thon sauce aux figues… miam !), rabattez-vous sur les aguachiles, tacos, quesadillas, ceviches et autres gourmandises très bien concoctées.

AMAYA €€

Calle General Prim #95
www.amayamexico.com
Ouvert lundi-mercredi de 14h à 22h, jeudi-samedi de 14h à 23h, fermé le dimanche. Plats autour de 250 $.

Œuvre du chef Jair Tellez, ce local de type industriel (briques et poutres de métal, coloré par une belle fresque sur le mur du fond) est une ode au bien-vivre, puisque tout ou presque est avant tout un hommage au bon vin. On y trouve une carte de type brasserie (tartare en entrée, salades un brin sophistiquées), des options végétariennes et une tendance à privilégier les produits de la mer (ceviche, crabe, pétoncles), même si on trouve deux plats à base de viande de lapin et d'agneau. Profiteroles, crumble et panna cotta pour finir son dernier verre de vin.

BASICO €

Virgilio #8-local C
✆ +52 55 7095 6246
www.sebasico.com
Ouvert de 8h à 22h, le week-end de 9h à 20h. Salade et bols autour de 150 $.

Voici une excellente adresse pour qui souhaite manger sainement. Ce bar à salade propose également de nombreux et savoureux plats pour le petit déjeuner : gaufres, œufs comme les aimez, *chilaquiles*, fruits frais, toast avocat et œuf au plat, etc. Côté salades, la variété est là aussi au rendez-vous, et vous pouvez même composer votre propre salade avec les ingrédients proposés. Les plats sans viande et sans ingrédient d'origine animale sont indiqués sur le menu. Parfait si vous êtes végétarien ou si vous avez des restrictions alimentaires. Bon et sain.

BISTRO ARLEQUIN €€

Río Nilo #42
✆ +52 55 5207 5616
Ouvert du lundi au samedi de 13h30 à 23h30, le dimanche jusqu'à 17h. Plats aux alentours de 200 $.

A deux pas de l'Ange de l'Indépendance, voilà un vrai bon petit bistrot français. On trouve de très bonnes spécialités bien de chez nous, entre les filets de bœuf aux sauces typiques (poivre, moutarde, bourguignonne, etc.), le saumon à la dijonnaise, les escargots, quenelles, agneau Pondichéry, salade niçoise ou encore la crème brûlée pour finir en beauté. Bref, que du beau monde. Bistro Arelquin est indémodable à la qualité constante. D'ailleurs le lieu ne désemplit pas. Parfait si vous êtes en manque de spécialités de l'Hexagone !

BUTCHER & SONS €€

Virgilio #18, Local B
✆ +52 55 5280 4247
www.butcherandsons.com
Ouvert tous les jours de 8h30 à 23h. Plats autour de 200 $.

Si vous avez envie d'un bon burger bien juteux, là maintenant, voici une adresse à tester de toute urgence ! Il se murmure que le meilleur *cheeseburger* de la ville est préparé dans les cuisines de ce restaurant qui marche fort, et on aurait tendance à être d'accord. Ici, le burger se décline sous une multitude de formes : avec du fromage à raclette, des champignons, du bleu ou encore du guacamole. Pour les petits creux, les trois mini burgers à partager (ou pas) font très bien l'affaire. Plusieurs adresses dans la ville, notamment à Roma et Coyoacán.

CAFE NIN €

Havre #73
✆ +52 55 9155 4805
Du lundi au samedi de 8h à 21h, le dimanche de 7h30 à 18h. Petit-déjeuner et déjeuner entre 100 et 200 $.

Cet adorable café est l'endroit idéal pour un copieux brunch entre amis, qui débute naturellement avec un excellent cappuccino orné d'un cœur. On se régale avec les plats à base d'œufs, parfaits pour bien commencer la journée, les sandwichs, quiches et autres croque-monsieur. Les viennoiseries valent également le détour : croissants, roulés à la cannelle et muffins mettent l'eau à la bouche. Sans parler des desserts, en particulier les tartes, très raffinées. Le cadre bohème est aussi sympa à l'intérieur que sur la terrasse.

ENO €

Petrarca #258
✆ +52 55 5531 8535
www.eno.com.mx
Du lundi au samedi de 8h à minuit, le dimanche jusqu'à 18h. Petit déjeuner complet et sandwiches de 150 à 200 $.

On aime le style rustico-contemporain (ou néo-champêtre) de ce spot qui accueille aussi bien familles aisées avec les bambins à la sortie de l'école que cadres pressés de retourner bosser après une courte pause. Tout est bon, très bon, et cela fait un bien fou de manger un vrai sandwich dont la qualité repose sur la saveur du pain et des ingrédients. Vu la qualité et la fraîcheur des produits, on n'est pas surpris d'apprendre que l'homme derrière Eno n'est autre qu'Enrique Olivera, le chef de Pujol, l'un des restaurants les plus renommés de la ville.

GUZINA OAXACA €€

513 Presidente Mazaryk Col. Los Morales
✆ +52 55 5282 1820
www.guzinaoaxaca.com
Ouvert du lundi au samedi de 9h à 23h, le dimanche jusqu'à 18h. Plats entre 150-200 $.

Le chef Alejandro Ruiz importe dans la ville de Mexico le meilleur de la cuisine de Oaxaca, une référence en matière de gastronomie mexicaine. Au menu figurent les traditionnelles *tlayudas*, les délicieuses *enfrijoladas* et des plats à base de *huitlacoche* (aussi appelé charbon de maïs) et *mole*. Le chef donne bien entendu une touche personnelle à chacun de ses plats, pour une expérience culinaire innovante. Pour s'y plonger encore plus, les plats sont accompagnés de *mezcal*, de café et bières artisanales et d'eau de source de la région.

MAISON BELEN €

Galileo #31-Local B
✆ +52 55 5280 3715
Ouvert de 8h à 18h, jusqu'à 20h du jeudi au dimanche. Plats autour de 150 $.

A deux pas du Parque Lincoln, ce joli petit restaurant à la décoration colorée et éclectique propose une carte variée qui met l'accent sur les plats mexicains, *chilaquiles*, *enchiladas* et *enfrijoladas* en tête. Le matin, le menu fait la part belle aux œufs : Bénédicte, façon norvégienne avec du saumon fumé ou *poblanos*. On trouve également quelques plats d'inspiration française, notamment un bon croque-monsieur ou un croissant surmonté de jambon de dinde et fromage. Les jus de fruits frais sont excellents. Bonne adresse, surtout pour le petit déjeuner.

PUJOL €€€

Tennyson #133
✆ +52 55 5545 4111
www.pujol.com.mx
Ouvert du lundi au samedi de 13h à 22h. Menu dégustation à 2 000 $ par convive, boissons non comprises.

Selon plusieurs classements, ce restaurant du chef Enrique Olvera fait partie des meilleures tables du monde. La capacité de cette cuisine avant-gardiste et profondément mexicaine à se réinventer est sûrement la clef d'un succès qui perdure. Les plats du menu dégustation varient au gré des saisons et des envies du chef. Le restaurant propose aussi un menu *omakaze* de tacos de saison avec des produits du jour : ainsi, celui qui commande ce menu n'a aucune idée de ce qu'il va savourer, le long d'un bar central qui peut accueillir 15 personnes.

QUINTONIL €€€

Newton #55
✆ + 52 55 5280 2680
www.quintonil.com
Du lundi au samedi de 12h30 à 23h. Plats à partir de 500 $. Menu de saison à 2 700 $, 4 600 $ avec les boissons.

Jorge Vallejo souffle un vent d'air frais sur la gastronomie mexicaine. Elevé dans les cuisines d'Enrique Olvera (Pujol), il reste attaché aux saveurs locales. Mais il les adoucit par l'usage de multiples légumes, qui font de ses plats des délices de légèreté, une singularité dans le contexte culinaire mexicain. Le restaurant est accueillant et chaleureux, le service impeccable et la sélection de vins mexicains imparable. Une des meilleures tables de la ville, attachée à laisser une empreinte écologique infime en s'approvisionnant dans son potager non loin de là.

ROKAI €€

Rio Ebro #87
✆ +52 55 5207 7543
www.edokobayashi.com
Ouvert du lundi au samedi de 13h à 23h, le dimanche jusqu'à 19h. Compter un minimum de 250 $ par personne.

On ne va pas vous le cacher, on est fans de ces deux petits locaux où le bar règne en maître. Car il s'agit en fait de la même enseigne divisée en deux concepts et espaces distincts. Sur votre droite, le Rokai est le bar à sushis et poisson cru par excellence (tout y est délicieux) ; sur votre gauche, le Rokai Ramen offre des plats chauds et élaborés, inspirés de la cuisine populaire japonaise (menus et formules sont disponibles). Bien spécifier dans lequel de ces deux espaces vous souhaitez vous restaurer lors de votre réservation.

LA BUENAVIDA FONDA €

Merida #94

Ouvert du lundi au vendredi de 10h à 22h ; le samedi de 10h à 0h ; le dimanche de 12h à 18h. Plats : 100 $.

Voici une petite *fonda* très sympathique en plein cœur de la Roma, d'inspiration mexicaine et yucatèque. C'est joli, un poil hipster alternatif, copieux et, surtout, c'est bon ! Les assiettes sont relativement sophistiquées et recherchées. L'ardoise vous indiquera les spécialités du jour. Faites-vous plaisir, c'est frais et bon marché ! Au menu également, *chilaquiles*, *molletes*, œufs sous de multiples formes. Le burrito végétarien vaut le détour. On déguste le tout dans la petite salle chaleureuse ou sur l'agréable terrasse. Que demander de plus ?

CONTRAMAR €€

Durango #200

✆ +52 55 5514 3169

www.contramar.com.mx

Ouvert du lundi au vendredi de 12h à 20h ; le week-end de 11h à 20h. Plats : 200-400 $.

Le Contramar est l'une des meilleures tables de Mexico pour manger des fruits de mer et du poisson ultra frais. L'établissement propose, entre autres, des spécialités d'Acapulco et de Veracruz. Que vous soyez plutôt huîtres, brochettes de crevettes, *ceviches*, poissons entiers grillés ou *tacos al pastor* version poisson, vous ne serez pas déçu. En dessert, ne manquez pas la tarte aux figues. En plus, le cadre est ouvert et lumineux, idéal pour passer un agréable moment. Les serveurs sont élégamment vêtus, à l'instar de la clientèle, plutôt aisée. Impeccable.

CAFE TOSCANO €€

Orizaba 42

✆ +52 55 5533 5444

Ouvert de 9h à 0h30 du lundi au jeudi, jusqu'à 1h jeudi/vendredi et 22h dimanche. Plats de 150 à 250 $.

Cafe Toscano propose avant tout de bonnes spécialités italiennes : *carpaccio* et *ribollita* en entrée ; pâtes, paninis et pizzas pour le plat principal ; et, pourquoi pas, tarte à la ricotta en dessert. Si vous avez plutôt envie de rester au Mexique, quelques spécialités figurent également au menu, notamment les *chilaquiles*, les *molletes* (petit pain découpé en deux et recouvert de fromage gratiné) ou encore les *enfrijoladas*. A l'intérieur, l'ambiance se veut rustique, entre le plancher qui craque et la grande table communale en bois. Sympa.

EL AUTÉNTICO PATO MANILA €

Culiacán #91

Ouvert tous les jours de 12h à 22h. Plats de 2 ou 4 tacos à 70 $.

La carte la plus simple de l'univers pour ce restaurant qui se réclame être la *taqueria* la plus authentique de la capitale. On a le choix entre les tacos au style oriental ou mexicain, les croustillants *wonton* ou les rouleaux de printemps. Le tout avec du canard, un vrai régal. On dévore tout ça sur place, à l'intérieur de ce minuscule restaurant qui ne compte que quelques chaises hautes face à la cuisine et le long du mur. L'endroit fait un carton, tant et si bien qu'il compte deux autres adresses dans Mexico, à Polanco et Centro Historico.

CASA VIRGINIA €€

Monterrey #116

✆ +52 55 5207 1813

www.casavirginia.mx

Ouvert le mardi et le mercredi de 13h30 à 22h30 ; du jeudi au samedi de 13h30 à 23h30 ; le dimanche de 13h30 à 17h30.

C'est une cuisine de haute volée que l'on sert dans cette maison des années 20, dans cette salle lumineuse et recouverte de parquet. La blancheur des nappes et la simplicité du mobilier libèrent les sens pour les concentrer sur l'essentiel : cette gastronomie familiale d'inspiration européenne, exclusivement concoctée avec des produits de saison. Le menu change constamment et l'on y privilégie la culture « maison » en servant des plats au centre de la table, à partager entre convives. Encore une réussite indiscutable de la chef Monica Patiño.

MAXIMO BISTROT LOCAL €€

Tonala #133 esq. Zacatecas

✆ +52 55 5264 4291

www.maximobistrot.com.mx

Du lundi au samedi de 13h à 23h, le dimanche jusqu'à 18h. Plats aux alentours de 500 $.

Un concept simple : tous les jours, le menu change en fonction des produits du marché (viandes, poissons, légumes, épices, champignons), qui n'auront pas voyagé plus de 24h depuis leur lieu d'origine. La cuisine est saluée comme une des meilleures de la ville. Les plats sont sophistiqués sans tomber dans l'ostentatoire ; à titre d'exemple, citons les délicates moules à la noix de coco et au safran ou le *huachinango* sur lit de lentilles et rissoto. Excellente adresse, qui propose en outre une excellente carte des vins et des alcools.

MERCADO MEDELLÍN €

Medellín entre Coahuila et Campeche
Ouvert tous les jours de 11h à 18h.
Plats à partir de 70 $.

Mercado Medellín est le marché mexicain typique où, en plus de faire ses courses en tout genre, on trouve à manger à toute heure : jus et salades de fruits, nourriture typique, grillades, stands cubains (à chercher absolument dans le dédale) et stands de fruits de mer. Le midi, de nombreux *comedores* souvent bondés qui donnent sur la rue Coahuila proposent des formules déjeuner, toutes à peu près équivalentes au niveau du rapport qualité-prix. Baladez-vous entre les stands et laissez-vous guider par les variations quotidiennes des menus !

PANADERÍA ROSETTA

Colima #179
✆ +52 55 5207 2976
www.rosetta.com.mx
Ouvert tous les jours de 7h à 22h, le dimanche de 7h30 à 22h30. Viennoiseries à 30 $.

Le restaurant Rosetta connaît un tel succès que la Chef Elena Reygadas a décidé d'ouvrir, juste à côté, une boulangerie pour régaler les becs sucrés. Et le pari est tenu ! Ici, tout est excellent, du croissant au *scone* en passant par les muffins, sans oublier le pain (en baguette ou aux céréales, entre autres). Même les pâtisseries nous laissent songeurs ; laissez-vous tenter par le mille-feuille. L'endroit propose également quelques plats, notamment de très bons sandwiches. Encore une fois, c'est un franc succès, et l'endroit ne désemplit pas du matin au soir.

ONO POKE HOUSE €€

Av México #27
✆ +52 55 7822 9064
www.onopokehouse.com
Du lundi au jeudi de 13h à 22h.
Dimanche jusqu'à 20h. Plats autour de 200 $.

C'est le temple du *poke*, cette spécialité hawaïenne d'inspiration japonaise à base de riz, de poisson cru et de condiments au choix. Certains plats ont une petite touche mexicaine que l'on apprécie beaucoup. Possibilité de créer son propre *poke* à partir des produits proposés : choix de riz ou quinoa pour la base ; choix de thon, crevettes, tofu, poulet, saumon, etc., pour les protéines ; algues, avocat, piments, *edamame*, tomate, mangue, brocoli, etc., pour la garniture. Les ingrédients sont de toute première fraîcheur. Rafraîchissant.

POLLOS PONCHO €

Alfonso Reyes #215
✆ +52 55 7158 8283
Tous les jours de 11h à 21h.
Autour de 150 $ par repas.

Admirez les poulets en train de griller sur la broche et dites-nous que vous n'avez pas l'eau à la bouche ? Le concept de Pollos Poncho est simple : ici, le poulet est roi, et on le déguste sans chichis, juste rôti, avec la peau qui croustille sous la dent. Pour les grosses faims ou si vous êtes plusieurs, vous pouvez le commander entier. Pour une personne, un quart de poulet suffit généralement. Les tacos, tortas et burritos (au poulet, naturellement) sont excellents. On accompagne le tout de pommes de terre ou de riz, et on se régale.

PAN COMIDO €

Tonalá #91
✆ +52 55 4398 4366
Ouvert du lundi au jeudi de 10h à 20h ;
le vendredi et le samedi de 10h à 22h ;
le dimanche de 9h à 20h. Plats : 100 $.

Pan Comido est une chaîne de restaurants végétariens qui fait du bien ! Il faut dire que les plats sans viande ne courent pas forcément les rues au Mexique. Le restaurant se fait un point d'honneur à opérer la distinction entre *vegano* et *ovolactovegetariano* (ici, il est possible de manger des produits issus des animaux tels que les œufs). Qu'importe ces subtilités philosophiques, puisque le tout se sert sur une très agréable terrasse et est absolument délicieux et copieux à la fois. Les sandwiches sont excellents. À découvrir.

ROSETTA €€€

Colima #166
✆ +53 55 5533 7804
www.rosetta.com.mx
Du lundi au samedi de 13h30 à 23h.
Plats entre 300 et 500 $.

La chef Elena Reygadas a investi cette belle maison à la française pour y planter le décor d'une cuisine d'inspiration italienne raffinée, agrémentée comme il se doit d'ingrédients locaux. La cuisine au beurre est dominée par les saveurs d'origan et de basilic, les produits sont d'une fraîcheur inouïe et les temps de cuisson parfaits. Son os à moelle est aussi célèbre que les clients qui se pressent dans son joli patio fleuri. Les plats à la carte changent en fonction de la saison et de la disponibilité des produits. L'une des plus belles adresses de Roma Norte.

LA CASA DE LOS TACOS €

Felipe Carrillo Puerto #16
✆ +52 55 5554 9492
www.lacasadelostacos.com.mx
Ouvert du lundi au samedi de 8h à 20h. Petit-déjeuner complet pour moins de 100 $. Repas de tacos à peine plus cher.

Tacos de barbacoa, *sopes*, *enchiladas*, *chilaquiles*… Ici, tout est préparé avec la sûreté des saveurs locales, le tout complété par quelques propositions de plats d'origine préhispanique, dont ce *plato botanero* à base d'insectes en tous genres. En déjeunant ici, on a véritablement l'impression de goûter à la cuisine mexicaine familiale et authentique telle qu'on se l'imagine. Ici, vous ne risquez pas de croiser des touristes, car le restaurant est situé légèrement en dehors de la zone touristique de Coyoacán. Une excellente *tacoterapia*.

MERCADO DE COMIDA DE COYOACÁN €

Higuera #30
✆ +52 81 2870 9572
Ouvert du dimanche au jeudi de 9h à 20h ; le vendredi et le samedi de 9h à 23h. Plats autour de 50 $.

C'est le marché du quartier, qui comprend une multitude de *puestos* tous plus appétissants et authentiques les uns que les autres. Vous serez sollicités de toute part par les vendeurs et ne saurez plus où donner de la tête. On mange ici de délicieuses *quesadillas* et d'exquises *gorditas* et *tostadas*. Faites confiance à votre odorat, vous ne pourrez de toute façon pas vous tromper ! Pas mal pour se restaurer sans se ruiner après sa visite de Coyoacán.

EL COMAL DE MIS AMORES €

Frontera #2
www.elcomaldemisamores.mx
Ouvert tous les jours de 9h à 18h, jusqu'à 21h du vendredi au dimanche. Plats à la carte autour de 150 $.

Au cœur du quartier de San Angel, voici un endroit qui ne paye pas forcément de mine, mais qui est idéal pour un petit tour d'horizon culinaire ! Il est constitué d'une grande salle lumineuse et ouverte aux quatre vents, où l'on ne sert que des plats typiques de la gastronomie mexicaine. Au menu : assortiment de *tacos*, *huaraches*, *enchiladas*, salades, mais aussi de nombreux plats à partager. Les *cazuelas* (casseroles), à base de viande ou de crevettes, sont idéales pour toute la tablée, de même que les excellentes *chalupitas* de Puebla.

MERENDERO LAS LUPITAS €

Plaza Santa Catarina #4-C
✆ +52 55 5554 3353
www.merenderolaslupitas.com.mx
Ouvert tous les jours de 8h30 à 21h, 22h ou 23h selon les soirs. Repas aux alentours de 100 $.

Bel endroit chaleureux à la jolie façade blanche et bleue, ouvert depuis 1959. On peut prendre place, au choix, sur l'agréable terrasse équipée de parasols, ou à l'intérieur pour profiter du cadre coloré. La propriétaire originaire de Chihuahua propose sa cuisine du nord du pays : *machaca*, *burritos* et *chivichangas* à découvrir, le tout accompagné d'un *atole* brûlant à souhait. Idéal pour dîner léger en soirée. Le restaurant est idéalement situé à quelques encablures du Viveros, un agréable parc et arboretum, et à moins de 20 minutes à pied du Museo Frida Kahlo.

EL JARDIN DEL PULPO €

A l'angle des rues Hidalgo et Malintzín
✆ +52 55 5339 5708
Ouvert du mardi au dimanche de 11h à 18h. Plats entre 100 et 200 $.

Ce restaurant est installé à l'angle du marché de Coyacán, en extérieur ; on y mange autour de grandes tables à partager. On y sert de très bons plats de poissons et de fruits de mer : les *caldos* ou bouillons sont excellents, de même que les toutes simples et ultra-fraîches *tiritas de pescado*. Vous n'avez pas encore goûté les fameux *cockteles de camarón y/o ostiones* ? C'est l'occasion. Selon les saisons, on trouve des palourdes (*almejas*), des huîtres (*ostiones*), des pétoncles (*callo de hacha*) et autres *patas de mulas y abulón* (ormeaux).

MOHELI €€

Francisco Sosa #1
✆ +52 5554 6221
www.moheli.mx
Ouvert tous les jours de 9h à 22h, jusqu'à 23h du jeudi au samedi. Plats de 150 à 250 $.

Ce qui attire les gens du quartier, ici, ce sont ces quelques tables en terrasse, sur le trottoir, à l'ombre de plantes rampantes. On y vient prendre un petit café d'excellente facture accompagné d'un très bon gâteau (strudel, tarte tatin, fondant au chocolat…), autant qu'on s'y arrête pour les trois repas. Les plats sont généreux et ne pêchent pas par désir de sophistication excessive : la carte très complète propose aussi bien des salades pour les cœurs légers que de très bonnes viandes et poissons pour les appétits tourmentés.

FAIRE UNE PAUSE

México nous gâte pour ce qui est des plaisirs coupables : que l'on soit plutôt pause sucrée ou apéro (ou les deux à la fois), la capitale ne manque pas de lieux qui font les choses bien. Le grand classique consiste évidemment à s'arrêter dans l'une des *cantinas* du centre historique. Ces bars qui auparavant n'acceptaient pas les femmes sont riches en histoires et en anecdotes. Dans ces lieux typiques, tout tourne autour de la boisson, mais on ne vous laissera pas non plus mourir de faim : à vous les *botanas*, ces petits plats à grignoter que l'on se partage dans la bonne humeur. Moins traditionnels, les bars à cocktails sont aussi très sympas et attirent une clientèle plus jeune et plutôt branchée. Enfin, pour vous permettre de patienter entre la *comida* et la *cena*, petits cafés avec viennoiseries, *pastelerias* aux propositions décadentes, boutiques de bonbons et churros n'attendent que vous !

LA BIPO

Malitzín #155

✆ +52 55 5484 8230

Tous les jours de midi à minuit.
Plus tard le week-end.

Propriété de l'acteur Diego Luna, l'endroit se déroule sur deux niveaux, dans un décor à la fois populaire, kitsch et branché. La Bipo mérite bien son nom, qui lui vient de bipolaire : au rez-de-chaussée, l'atmosphère est détendue et minimaliste, avec de grandes tables en bois communales ; tandis que le second étage offre un décor plus travaillé et une ambiance chaleureuse et festive. Concerts, terrasse sur le toit à l'air libre, cocktails réussis et bons petits plats. À n'en pas douter un endroit incontournable du quartier.

LA BOHEME €

Alejandro Dumas #125

✆ +52 55 6676 4901

www.laboheme.com.mx

Ouvert tous les jours de 8h30 à 20h.
Viennoiserie autour de 30 $.

La Bohème est une boulangerie-pâtisserie artisanale fondée par trois Français en 2014. On vient y acheter son pain ou faire le plein de viennoiseries à la française : croissants, pains au chocolat, torsades au chocolat, cannelés, palmiers, madeleines ou encore cronuts. Côté pâtisserie, là encore, les classiques répondent à l'appel, de l'éclair au mille-feuille en passant par les nombreuses tartes aux fruits. L'endroit fait également café, on peut s'attabler pour boire son expresso ou manger un petit déjeuner, un sandwich ou une salade.

CAFE AVELLANEDA

Higuera #40-A

✆ +52 55 6553 3441

Ouvert tous les jours de 9h à 21h.

En remontant la charmante rue pavée Higuera, vous remarquerez de nombreux commerces qui font très envie... ce petit café à la devanture bleue en tête de liste ! Il sert le meilleur café du quartier, voire de la capitale. Si vous rêvez d'un bon latte avec une divine mousse, d'un cappuccino orné d'un cœur ou d'un café noir bien corsé, Café Avellaneda vous comblera. Quelques surprenants cocktails également. L'endroit est tout petit, mais on peut tout de même s'installer le long du comptoir et déguster sa boisson chaude servie sur un plateau en bois. Charmant.

CAFEBRERIA EL PENDULO

Alejandro Dumas #81

✆ +52 55 5280 4111

www.pendulo.com

Ouvert tous les jours de 8h à 22h, de 9h à 21h le dimanche. Plats autour de 150 $.

Cette grande maison accueille sur plusieurs étages le meilleur de la littérature et des beaux livres sur le Mexique, sans oublier son caractère universel. Le lieu sert aussi de café, avec ses nombreuses tables et ses gros fauteuils. Mention particulière pour l'agréable terrasse, bien qu'on ait une préférence pour les tables en intérieur qui permettent de profiter du cadre. Au menu, des plats simples et plutôt réussis : œufs sous toutes leurs formes et jus frais pour le brunch, tandis que le menu journée propose des burgers, salades et autres tacos.

LA CANTINA DEL TIO PEPE

Av. Independencia #26

Ouvert du lundi au samedi de 12h à 23h.

Son histoire remonte à la fin du XIXe. De son Âge d'or, elle a conservé son grand bar taillé dans le bois, des luminaires bricolés avec des choppes de bière allemandes et des vitraux. À l'intérieur trône toujours l'ancien panneau interdisant l'entrée aux « femmes, mineurs, cireurs de chaussures et gens en uniforme ». La clientèle est constituée de locaux et de touristes curieux de connaître l'endroit où William Burroughs venait s'en jeter quelques-uns. On y sert encore de très traditionnels *calditos de camarón* et tacos qui changent tous les jours.

CANTINA LA FAENA

Venustiano Carranza #49B

Ouvert tous les jours de 11h à 23h.
Ferme plus tard le week-end.

La clientèle de cet établissement hors-norme fondé en 1954 ressemble à s'y méprendre au Bateau Ivre de Rimbaud... On y accède par un couloir de faïences bleues criblées d'inscription de sagesse populaire, pour débouler littéralement dans une grande salle illuminée de néons et au carrelage ancien. Pendant ce temps-là le mobilier en plastique est habillé de nappes faussement brillantes et une Vierge de Guadalupe clignote au rythme d'une guirlande de Noël. Ici, on peut encore se sustenter de petits plats traditionnels à mesure que l'on s'enquille les verres.

CANTINA LA COYOACANA

Calle Higuera #14

✆ +5255 5658 5337

Ouvert à partir de 12h ou 13h selon les jours, jusque tard.

On aime beaucoup cette *Cantina* traditionnelle, qui propose en outre de bons plats à déguster. L'atmosphère est toujours décontractée et chaleureuse. Les habitants du quartier se réunissent ici pour passer un moment convivial en famille, aidés par la grande carte des boissons. Des concerts sont souvent organisés, et le lieu possède même son propre trio de mariachis ! Ambiance authentique garantie dans cette *Cantina* à deux pas de la Plaza Hidalgo. Autre atout du lieu : il possède un agréable jardin à l'air libre, au fond du bar.

CHURRERIA EL MORO

Eje Central #42

✆ +52 55 5512 0896

www.elmoro.mx

Tous les jours de 7h à 22h.

Formules chocolat/churros aux alentours de 70 $.

Ouvert en 1935, ce petit établissement qui ne paie pas de mine est une véritable institution en ville. On y vient en soirée se régaler de différents chocolats chauds : l'espagnol (épais et très sucré), le mexicain (plus léger), le français (à la vanille), le spécial (semi-amer), le suisse (avec de la crème chantilly). Mais le lieu est surtout connu pour ses churros, moelleux et croustillants à souhait. Le succès est tel que Churrería el Moro compte désormais huit autres adresses à travers la ville, de Roma à Polanco en passant par Zona Rosa. Bon appétit.

CANTINA LA DOMINICA

Belisario Domínguez #61

Ouvert du lundi au samedi de 12h à 22h.

À la bonne franquette. Ici, on ne fait pas comme si on était au XXIe siècle, même si cette *cantina* est déjà sexagénaire : elle a su rester en enfance, au tournant des années 70 et 80. Rien n'est surfait et on ne s'est pas laissé entraîner par la mode ; derrière cette façade coloniale, le décor est si austère qu'on va à l'essentiel : ses voisins de table, sa boisson et ses petits plats. À 14h, on commence à servir un menu en trois temps qui vous sera offert si vous commandez trois verres. Et autant vous dire que la bière est très bon marché. Authentique.

LA CLANDESTINA

Álvaro Obregón #298

✆ +52 55 5212 1871

Ouvert du lundi au mercredi de 18h30 à 1h et du jeudi au samedi de 18h30 à 2h.

A côté du Parque España, la Clandestina est un petit bar qui présente sa quarantaine de mezcals dans de grosses bonbonnes de verre suspendues au mur derrière le bar ; l'effet visuel est magique. À moins que ce soit déjà l'effet des délicieux *mezcals* qu'on sert ici, purs et accompagnés de quelques tranches d'orange saupoudrées de chili… Pour commencer en douceur, vous pouvez vous laisser tenter par l'un des excellents cocktails, notamment celui à l'avocat. On le boira au bar, debout dehors ou assis dans l'arrière-salle. Clientèle du quartier. Très sympa.

CORAZON DE MAGUEY

Jardín Centenario #9 A
✆ +52 55 5659 3165
www.corazondemaguey.com
Ouvert tous les jours de 12h30 à 22h. Ouvre plus tôt le week-end.

Au cœur de Coyoacán, voilà un très beau bar qui se veut être la cathédrale du *mezcal* artisanal. On y sert notamment des cocktails à base de *mezcal* et du *pulque*, mais aussi des bières artisanales. Des concerts y sont souvent organisés. Il est également possible de se restaurer sur place d'une cuisine aux accents traditionnels, avec des plats copieux et plutôt réussis (la spécialité est l'os à moelle servi avec une soupe de haricots). La décoration des lieux, à grand renfort de murs colorés, rappelle l'architecture coloniale traditionnelle de Coyoacán.

HANKY PANKY COCKTAIL BAR

Turin #52
Ouvert du mardi au samedi de 17h à 2h. Ferme à minuit le dimanche.

Tamisé, intimiste et raffiné, voilà un bon spot pour démarrer la soirée en douceur, à base cocktails créatifs et originaux. Idéal pour de bonnes petites conversations entre amis dans ce bar qui reprend le concept des *speakeasies*, bars clandestins durant la prohibition aux États-Unis : on y pénètre par la porte de la cuisine, occultée dans un frigo... L'endroit étant très populaire, pensez à réserver votre table quelques semaines à l'avance. Si vous le pouvez, nous vous recommandons de vous rendre à Hanky Panky en semaine, car il y a foule le week-end.

DULCERÍA DE CELAYA

Calle 5 de Mayo #39
✆ +52 55 5521 1787
Ouvert tous les jours de 10h à 19h.

Cette délicieuse confiserie a été fondée en 1874. Elle se trouvait à l'origine sur la Calle Madero, mais fut transférée au début du siècle dernier à son emplacement actuel, dans la rue 5 de Mayo. Elle vend toutes les confiseries traditionnelles du pays : *beso de nuez*, *alegrías*, *piñoninas*, *bocados reales*, *aleluyas*, *reinas*, *picones*, *puerquitos*.... et bien d'autres ! Certaines sont aujourd'hui en voie de disparition et vous aurez du mal à les trouver ailleurs au Mexique. Une véritable institution qui dispose d'une autre boutique dans la Roma.

HOSTERÍA LA BOTA

San Jeronimo #40
✆ +52 55 5709 9016
Ouvert tous les jours de 1h à 23h.

Cet établissement vaut absolument le détour pour sa loufoque décoration, qui fait plus penser à un magasin d'antiquités ou à un grenier qu'à un bar. Sur les murs, des peintures de la Vierge de Guadalupe jouxtent des statues de Malverde et de luchadors, des affiches de corridas et des plateaux Corona. En plus, ce bar ouvert et doté d'une belle terrasse sert non seulement des bières, mais aussi du vin et une grande quantité d'*antojitos*, *botanas* et plats plus copieux et meilleur marché les uns que les autres. Tout pour passer assurément une bonne soirée...

EL BÓSFORO

Luis Moya #31
Ouvert du mardi au samedi de 18h à 2h.

Un petit bar sombre et épuré, doté d'une belle sélection musicale, séparé de la rue par un épais rideau rouge. Ici pas de carabistouille, *mezcal* pour boire et bière pour se rafraîchir. Et pour les *botanas* (*tapas*), rendez-vous sur le trottoir où l'on vend des *quesadillas*. L'endroit est très populaire (la clientèle est plutôt jeune) et souvent bondé, nous vous recommandons d'arriver tôt, surtout les soirs de week-end, pour avoir une place au bar ou à l'étage, dans la petite mezzanine où l'on s'installe sur de gros coussins à même le sol.

LA NACIONAL

Calle Orizaba y Queretaro
✆ +52 55 5264 3106
Ouvert de lundi à mercredi de 17h à minuit, de jeudi à samedi de 17h à 2h du matin.

Voici une *mezcalería* qui sert, tout naturellement, une grande variété de *mezcals*. On peut également y déguster d'autres alcools typiquement mexicains tels que la *raicilla* et la *bacanora*, également issues de l'agave, et le *sotol*, un alcool de plante originaire du Chihuahua. Le décor est sobre, l'ambiance est sombre et la lumière tamisée. On aime l'atmosphère intime et détendue qui règne dans ce bar, à mille lieues de l'ambiance survoltée des *Cantinas* ! Le bar est ouvert sur la rue, ce qui permet de profiter tout à loisir des nuits tièdes de Mexico.

MEXICO

LA OPERA

Av. 5 de Mayo #10
✆ +52 55 5512 8959
Ouvert tous les jours de 9h30 à 23h. Fermé à 18h le dimanche.

On aime beaucoup ce resto-bar qui a su conserver son décor de la fin du XIXe siècle et qui est chargé d'histoire. A l'époque, ce lieu était fréquenté par diverses personnalités, dont le président Porfirio Díaz. Pour la petite histoire, Pancho Villa, voulant faire sentir le pouvoir de « ceux d'en bas », entra à cheval dans La Opera et tira une balle au plafond ! Pendant la révolution, Zapata est aussi passé ici avec ses soldats. Il est conseillé de prendre un verre de tequila (la spécialité de la maison), le soir, mais pacifiquement… Magnifique.

PULQUERÍA INSURGENTES

Av. Insurgentes #226
✆ +52 55 5521 6536
Ouvert tous les jours de 13h à 0h.

Comme son nom l'indique, ce bar fréquenté par une clientèle jeune et décontractée est l'endroit idéal pour les amateurs de *pulque*, alcool mexicain fabriqué de manière traditionnelle et obtenue à partir de la fermentation de la sève de divers agaves. Le *pulque* est ici garanti de la meilleure qualité puisqu'il vient de l'Etat de Tlaxcala. Il peut se déguster pur ou « curado », c'est-à-dire mélangé avec des jus de fruits. Le bar comprend une grande terrasse très sympa à l'étage, ainsi qu'une petite salle chaleureuse qui accueille régulièrement des concerts.

PANADERÍA ROSETTA

Colima #179
✆ +52 55 5207 2976
www.rosetta.com.mx
Ouvert tous les jours de 7h à 22h, le dimanche de 7h30 à 22h30. Viennoiseries à 30 $.

Le restaurant Rosetta connaît un tel succès que la Chef Elena Reygadas a décidé d'ouvrir, juste à côté, une boulangerie pour régaler les becs sucrés. Et le pari est tenu ! Ici, tout est excellent, du croissant au *scone* en passant par les muffins, sans oublier le pain (en baguette ou aux céréales, entre autres). Même les pâtisseries nous laissent songeurs ; laissez-vous tenter par le mille-feuille. L'endroit propose également quelques plats, notamment de très bons sandwiches. Encore une fois, c'est un franc succès, et l'endroit ne désemplit pas du matin au soir.

SALÓN COVADONGA

Puebla #121
✆ +5255 5533 2922
Ouvert du lundi au samedi de 13h à 0h. Fermé à 19h le dimanche.

Si vous êtes à la recherche d'un bar à la mode fréquenté par une clientèle jeune et branchée, vous pouvez passer votre chemin ! Ici, le mot d'ordre est l'authenticité. Jusqu'au début des années 2000, l'endroit n'était qu'une paisible *cantina* espagnole de joueurs de dominos ; depuis cette *cantina* accueille aussi depuis quelques années journalistes, artistes et écrivains mexicains, qui se pressent ici tous les jeudis soir (soirs de vernissages dans le quartier) pour se réunir autour de bons petits plats à partager et s'abreuver de bières ou shots de tequila.

PATA NEGRA

Tamaulipas #30
✆ +5255 5211 5563
Ouvert du mardi au dimanche de 20h à 2h.

Au cœur de la Condesa, voici un endroit très prisé par les habitants de la capitale, principalement des jeunes actifs qui viennent se détendre après une semaine de travail. Pata Negra dispose d'un long bar et de quelques tables au rez-de-chaussée, ainsi que d'une salle de concert au premier étage. À partir du mercredi soir s'y produisent des groupes de *salsa* et *cumbia*, mais aussi des DJ. L'endroit se veut d'inspiration espagnole, on y déguste donc de bonnes tapas. Grosse réputation, attendez-vous à une ambiance conviviale et alcoolisée !

SALÓN TENAMPA

Plaza Garibaldi #12
✆ +5255 5526 6176
www.salontenampa.com
Ouvert tous les jours de 14h à 2h.

L'une des *cantinas* incontournables du centre historique, ouverte en 1925. Ici, on mange et on boit au rythme du son *jarocho* et de la musique *mariachi*. Musique en *live*, et la bonne nouvelle, c'est qu'il n'y a pas de droit d'entrée. Vous payez vos consos et votre nourriture, et ça suffit pour profiter de la musique. Le décor, avec ses murs ornés de grandes peintures de *mariachis* et de fermiers mexicains portant des sombreros, donne le ton. Quant au plafond, il est recouvert de *papel picados*, ces petits drapeaux perforés et multicolores typiques du Mexique.

(SE) FAIRE PLAISIR

Le choix ne manque pas pour assouvir vos envies shopping ! Les propositions varient selon les quartiers. Le centre historique est idéal pour trouver des souvenirs à rapporter de votre séjour, notamment en faisant escale au Mercado de la Ciudadela. Objets artisanaux et pièces fines sont à dénicher dans les belles boutiques de San Angel, Zona Rosa et Paseo de la Reforma. A Polanco, la rue Presidente Masaryk propose de nombreuses marques de luxe de prêt-à-porter, d'accessoires et de voitures. C'est en partie pour cette raison que le quartier est parfois surnommé le « Beverly Hills du Mexique ». Il abrite aussi plusieurs petits centres commerciaux regroupant restaurants, boutiques et cinémas. Au cours des dernières années, de nombreuses boutiques de design, de mode ou d'artisanat contemporain ont ouvert dans les quartiers de Roma et Condesa. Flânez et déambulez, vous trouverez sûrement votre bonheur !

CASA FUSION

Londres #37
✆ +52 55 5511 6328
www.casafusion.com.mx
Ouvert du mardi au dimanche de 11h à 19h.

Voici l'endroit idéal à visiter si vous devez faire un cadeau à quelqu'un. Dans ce bazar, on ne vend que des créations de designers mexicains : bijoux, chaussures brodées de motifs indiens, cahiers artisanaux, jouets, etc. Il y a vraiment de belles pièces et les prix sont très abordables lorsqu'on vient d'Europe. Le bazar ouvre toute la semaine, mais il y a beaucoup plus d'exposants le week-end. Ne manquez pas d'y faire un tour si vous vous trouvez dans la Zona Rosa un samedi ou un dimanche. Vous ne le regretterez pas, sauf si vous souhaitez faire des économies !

CASASOLA

Amargura #17
✆ +52 55 5554 0609
www.casasolamexico.com
Ouvert du mardi au samedi de 10h à 14h et de 15h à 18h, et le dimanche de 10h à 18h.

Casasola est le nom d'une maison d'édition et d'archives photographiques qui comprennent des centaines de clichés pris au Mexique au début du XXe siècle, jusqu'en 1970. Certains de ces clichés furent pris par Agustín Victor et Miguel Casasola, d'autres par des photographes anonymes. Comme c'est la famille Casasola qui a veillé à la préservation de ces photos, l'archive porte son nom. L'éditorial Casasola a ouvert une boutique dans le quartier de San Angel, où l'on peut acheter des copies de ces photos, mais aussi des sacs, des coussins et divers objets.

EL CIGARRITO

Av. Oaxaca #116-A
✆ +52 55 5511 8392
www.elcigarrito.com.mx
Ouvert du lundi au samedi de 11h à 18h.

Si vous êtes un amateur de cigares (ou que vous en comptez parmi vos proches), ne manquez pas de pousser la porte de cette élégante boutique nichée au cœur de la Colonia Roma Norte. En vitrine, on trouve des cigares de différentes marques, surtout étrangères, provenant notamment du Panama, du Nicaragua, de la République dominicaine et même de Cuba (ce qui explique pourquoi de nombreux Américains font une escale ici !). Les vendeurs sont extrêmement sympathiques et sauront répondre à toutes vos questions. Les prix sont particulièrement intéressants.

BAZAR DEL SÁBADO

Plaza San Jacinto #11
www.elbazaarsabado.com
Ouvert le samedi de 10h à 19h.

Dans cette très grande et belle maison coloniale qui offre une atmosphère bohème, on trouve des dizaines de petites échoppes triées sur le volet. Ici, on pourra dénicher de très beaux objets de l'artisanat, design vintage, vaisselle, œuvres d'art et objets inclassables. Et ça dure depuis 1960 ! Petit plus de l'endroit : les excellentes propositions gastronomiques dans le patio avec musique traditionnelle (guitares, marimba) et des *margaritas* à base de *mezcal*. Une étape agréable du Mexico colonial à ne manquer sous aucun prétexte.

MERCADO DE ARTESANÍAS COYOACÁN

Felipe Carrillo Puerto #25

Horaires variables.

Si jamais vous n'en aviez pas assez des marchés, faites étape dans celui-ci qui est grosso modo l'équivalent de la Ciudadela pour cette partie sud de la ville. Sur deux étages, on y trouve des objets d'artisanat provenant de tout le Mexique : vaisselle, paniers, ou, un peu moins typique, des *tote bags* et figurines à l'effigie de Frida Kahlo (la Casa Azul se trouve à quelques rues de là). Comme toujours, on prend plaisir à déambuler dans ce joyeux bazar aux mille et une couleurs.

TIENDA DEL MAP

Aristóteles #8

www.tiendamap.com.mx

Ouvert du mardi au dimanche de 11h à 17h.

Tous les jours de 10h à 18h.

Voici le meilleur de la production manuelle du Mexique, et pour cause : la sélection a été opérée par le Musée d'Art populaire. Ici, poteries et céramiques, créations végétales, ***alebrijes***, bijouterie, bois, métaux et cuirs ont été façonnés par la crème des créateurs traditionnels du pays. Vous y trouverez également des vêtements traditionnels. Un très bel endroit pour soutenir les artisans et ramener chez soi des souvenirs de qualité. Pour ceux qui oublient de faire leurs achats en ville, il existe aussi une boutique à l'aéroport.

MERCADO DE LA CIUDADELA

Emilio Donde, à l'angle de la rue Balderas

www.laciudadela.com.mx

Ouvert tous les jours de 10h à 18h.

C'est un important marché artisanal ouvert il y a plus de 50 ans. A la Ciudadela, il y a tout l'artisanat mexicain et à des prix très raisonnables : textiles, jouets traditionnels, hamacs, articles en osier et en cuir, céramique noire de Oaxaca... proviennent des moindres recoins du pays. Avant de prendre l'avion du retour, c'est vraiment l'endroit où il faut aller pour les cadeaux de dernière minute. Il ne fait aucun doute que vous trouverez votre bonheur à de bons prix. On peut y manger (petit restaurant sur la place à l'intérieur) ou boire un bière fraîche.

TIENDA FONART

Paseo de la Reforma #116

✆ +52 55 5546 7163

www.fonart.gob.mx

Ouvert du lundi au vendredi de 11h à 17h.

Le but des boutiques Fonart est de promouvoir le travail des artisans mexicains, et ce depuis 1974. Cette boutique gouvernementale offre donc une large sélection de pièces d'artisanat de qualité provenant de tout le pays. Les pièces sont généralement chères, mais on comprend pourquoi lorsque l'on voit le travail qu'a demandé leur élaboration : les tissus comme les céramiques sont de véritables œuvres d'art. Dans la boutique située sur l'avenue Patriotismo, vous aurez l'occasion d'acheter des pièces légèrement abîmées à prix cassé.

PASAJE EL PARIAN

Alvaro Obregón #130

Ce très agréable passage abrité sous une verrière a été complètement rénové et regroupe des restaurants, des cafés ainsi que des boutiques et des galeries d'art. On peut se reposer sur l'un de ses bancs quelques instants. Il a un intérêt historique puisqu'il a été créé pratiquement en même temps que la Colonia Roma, entre 1907 et 1920. A l'époque, il abritait un petit marché qui n'a plus grand-chose à voir avec les élégantes boutiques qui y sont aujourd'hui nichées. Ne manquez pas de jeter un œil aux détails de sa façade avant d'y pénétrer. A voir !

LIBRERIA EL PENDULO

Av. Alejandro Dumas #81

✆ +52 55 5280 4111

www.pendulo.com

Ouvert du lundi au samedi de 8h à 21h ; de 9h à 22h.

Cette grande maison accueille sur plusieurs étages le meilleur de la littérature et des beaux livres sur le Mexique, sans oublier son caractère universel. Les étagères, qui sont pleines à craquer, recouvrent les murs dans leur quasi-totalité et grimpent jusqu'au plafond, donnent aux lieux un petit côté enchanteur. Si c'est le genre d'atmosphère qui vous parle, sachez que la librairie renferme un très joli café au dernier étage. On peut manger à l'intérieur, autour des quelques tables posées au milieu des livres, ou sur l'agréable terrasse.

BOUGER & BULLER

Au Mexique, les grands sports nationaux très populaires sont le football – comme dans toute l'Amérique latine – et le basket. Lorsqu'ont lieu les plus grands événements footballistiques, notamment la Coupe du monde (qu'ils rêvent de remporter !), la Copa América ou même le Championnat d'Europe, les Mexicains se rassemblent chez eux ou dans les bars pour assister aux matchs. N'hésitez pas à vous joindre à eux pour faire la fête dans une ambiance survoltée ! Mais il existe aussi des sports et jeux plus traditionnels, notamment la lucha libre : pour assister à ce spectacle typique et haut en couleur, rendez-vous à l'Arena Mexico ! Côté pratique sportive, faites comme les Chilangos (habitants de Mexico), qui sont nombreux à faire du footing dans les parcs de la ville. Enfin, pour joindre l'utile à l'agréable, le vélo est une excellente option, en particulier dans les quartiers du centre et de l'ouest.

LUCHA LIBRE

La *lucha libre* est un sport de catch mexicain, où des lutteurs masqués s'affrontent par des acrobaties. Les lutteurs appartiennent à deux camps adverses : les *rudos* et les *técnicos*. Les *rudos* ont la caractéristique d'attaquer leurs adversaires dans le dos, à travers des prises et des acrobaties non autorisées. Malgré tout, la *lucha libre* n'est pas un sport violent, c'est plutôt un spectacle (les lutteurs répètent les acrobaties durant toute la semaine), où il existe des règles, des champions et un code vestimentaire. La salle se divise en deux camps, encourageant les siens et conspuant les autres : grossièreté et fous rires fusent de part et d'autre des tribunes.

ARENA MEXICO ★★

Dr. Lavista #197

www.cmll.com

La plus grande scène de *lucha libre* est l'Arena Mexico. Ces spectacles de catch mexicain ont généralement lieu le vendredi soir à 20h, mais des combats sont aussi parfois organisés en semaine. Vous pouvez acheter les billets en vous rendant directement à l'Arena un peu avant le début du spectacle (il y a généralement de la place) ou à l'avance par le système TicketMaster (www.ticketmaster.com). Sachez juste que les appareils photo sont interdits à l'Arena ; n'insistez pas, vous risquez de vous faire confisquer la batterie, voire l'appareil photo !

ECOBICI

Plaza de la Constitución

www.ecobici.cdmx.gob.mx

1 journée avec trajets illimités de 45 min : 112 $. Supplément : 14 $ par tranche de 15 min, 44 $ par tranche de 60 min.

ECOBICI est le système de vélos en libre-service de la ville de Mexico. Le réseau comprend plus 400 stations à travers la capitale. C'est une très bonne manière de découvrir Mexico en brûlant quelques calories, puisque près de 150 km de pistes cyclables ont été créés par le gouvernement (voir la carte correspondante sur le site d'ECOBICI), qui tente d'encourager l'utilisation du vélo afin de limiter la pollution liée aux trajets en voiture. Evitez toutefois de sortir des pistes balisées, les automobilistes ayant parfois des comportements dangereux.

ESTADIO AZTECA

Calzada de Tlalpan #3465

www.esmas.com/estadioazteca

A la périphérie de Coyoacán, l'Estadio Azteca est l'un des plus grands stades de football du monde. Il peut recevoir jusqu'à 105 000 spectateurs. Sa construction, œuvre de Pedro Ramírez Vázquez et Rafael Mijares Alcérreca, commença en 1962. C'est l'un des seuls stades de foot du monde à avoir reçu deux finales de la Coupe du monde : en 1970 entre le Brésil et l'Italie, et en 1986 entre l'Argentine et l'Allemagne. Les fans de football peuvent consulter la programmation des matchs sur le site. Le tramway qui part de Tasqueña vous laisse juste en face du stade.

SORTIR

Le Distrito Federal ne dort jamais ! Ici, on trouve toujours un endroit ouvert pour sortir. Les discothèques de Polanco, Roma-Condesa et Zona Rosa vous offriront de quoi vous défouler sur le *dancefloor* pendant une bonne partie de la nuit. La salsa, quant à elle, se danse partout et – détail important ! – à tout âge. Côté spectacles, l'offre est très variée, entre les salles qui proposent des concerts de rock, de musique alternative ou électronique et les lieux où l'on vient écouter du jazz ou de la musique classique. Enfin, pour une sortie culturelle, pourquoi ne pas passer la soirée au théâtre ou au cinéma ? Le Palacio de Bellas Artes propose lui aussi de nombreux événements culturels à la nuit tombée : ballets, opéras, danse contemporaine... Bref, vous aurez de quoi occuper vos soirées dans la capitale. Voici une sélection de quelques bonnes adresses pour sortir et se trémousser durant son séjour à México.

KINKY BAR

Amberes#1
✆ +52 55 5514 4920
Ouvert de jeudi à samedi à partir de 21h.

Kinky Bar est l'un des meilleurs bars gays de la capitale. Il est très bien agencé et possède plusieurs espaces avec des ambiances différentes : une terrasse pour les fumeurs, une salle karaoké, une salle obscure et une salle *cantina*. Les serveurs et les danseurs sont torse nu et se trémoussent au milieu de la clientèle plutôt jeune. La programmation musicale, plutôt des tubes pop, est idéale pour se déhancher. Une excellente adresse pour sortir parmi les nombreuses options de la rue Amberes. Soirée très festive au programme !

SALÓN LOS ANGELES

Av. Lerdo #206
✆ +52 55 5597 5181
www.salonlosangeles.mx
Horaires et tarifs en fonction des événements. Se référer à la page Internet.

Ouvert en 1937, Salón Los Angeles est la cathédrale du *danzón* (pratiqué à Cuba, Veracruz et Mexico), un tango mexicain romantique et très élégant accompagné d'un orchestre de 40 personnes. Les gens affluent les mardis à partir de 17h uniquement pour danser. Le dimanche, c'est le *son* cubain qui est à l'honneur. Des locaux de tous les âges viennent se déhancher et passer des soirées endiablées. On dit que « *El que no conoce el Salón Los Angeles no conoce México* » (« Celui qui ne connaît pas le Salón Los Angeles ne connaît pas Mexico »). Alors ?

CENTRO CULTURAL DE ESPAÑA

Guatemala #18
✆ +52 55 5521 1925
En fonction des événements.

Des concerts sont très souvent organisés au dernier étage du centre culturel d'Espagne (inauguré en 2002 par le roi d'Espagne *himself*), qui se trouve en plein coeur du centre historique. La musique est variée, et va du jazz à la musique électronique. Attention, ces soirées attirent de plus en plus de monde, si vous arrivez trop tard, on ne vous laissera pas rentrer par manque de place. Sur place se trouvent également un bar et un bon restaurant qui sert des spécialités espagnoles.

CINE TONALA

Tonalá #261
✆ +52 55 5264 4101
www.cinetonala.mx
Ouvert du mardi au dimanche de 13h à 22h.

Cine Tonalá est un espace unique dans la zone : surtout cinéma indépendant, l'endroit présente des œuvres de théâtre et de musique également. L'ambiance vintage est très sympa, et la programmation est vraiment super. Vous pourrez y voir quelques blockbusters, mais aussi des films mexicains indépendants. Si vous avez envie d'assister à un one man show, jetez un œil au site Internet pour voir la liste événements. Sur place, vous trouverez aussi un restaurant et un bar, pour vous détendre avant le spectacle ou en débriefer après.

FORO BIZARRO

Av. Yucatan #10

✆ +52 55 5264 3411

Ouvert le vendredi et le samedi de 18h à 0h. Prix d'entrée selon les concerts (de 50 à 300 $).

Ouvert en 2016, l'endroit est la nouvelle Mecque des musiques rock extrêmes, tendance punk ou psychédélique, avec aussi quelques événements techno dans le style libre et décadent des années 90. C'est vraiment là que ça se passe. Le cadre se prête assez bien au concept des lieux : crânes et ossements sur les murs et autour du bar, petite scène aux motifs psychédéliques, banquette Colette en faux velours ou en cuir, ambiance très *underground*... Foro Bizarro est vraiment un ovni dans la vie nocturne de Mexico. Résolument alternatif.

CINETECA NACIONAL

Av. México Coyoacán #389

✆ +52 55 4155 1200

www.cinetecanacional.net

La cinémathèque nationale de Mexico a été fondée en 1973, dans le but de préserver l'art du cinéma mexicain et de promouvoir la cinématographie dans le pays. Le bâtiment d'origine a été détruit par un feu, et l'édifice actuel, très beau avec son plafond futuriste et ses espaces ouverts, date de 1983. Y sont présentés beaucoup de films en avant-première, mais surtout une exigeante sélection de films nationaux et internationaux. L'endroit est en outre connu pour présenter des films controversés. Un véritable repaire de cinéphiles.

TEATRO DE LA CIUDAD

Donceles #36

✆ +52 55 1719 3000 2021

A quelques rues du Palacio de Bellas Artes, ne manquez pas de jeter un œil à la façade de ce petit théâtre. Son histoire est intimement liée à celle de la vedette, chanteuse et actrice Esperanza Iris (1884-1962) qui donna les instructions pour l'édification d'une salle de spectacle sur le modèle de la Scala de Milan. Il fut inauguré en 1918 et il est toujours aussi majestueux. L'endroit accueille encore nombre de concerts et de récitals. Assister à l'un d'entre eux est le meilleur moyen de découvrir son magnifique intérieur.

MAMBOCAFE

Av. de los Insurgentes Sur #644

✆ +52 55 5523 9521

www.mambocafe.com.mx

Ouvert le vendredi et le samedi de 17h à 23h. Ouvert également d'autres soirs de la semaine en fonction des événements.

Sur l'Avenue Insurgentes, Mambocafé est l'endroit idéal pour danser la salsa toute la soirée ! Selon les soirs et les préférences du DJ, on peut aussi se trémousser sur du disco, du mambo, du bachata et d'autres rythmes latinos enivrants. La piste de danse n'est pas très grande, ce qui favorise les rencontres ! Mambocafé propose également des cours de danse. Les prix des consommations sont un peu élevés (à certaines tables, il est obligatoire de commander au moins une bouteille), et on ne recommande pas de faire son repas sur place.

ZINCO JAZZ CLUB

Calle Motolinia #20

✆ +52 55 5512 3369

www.zincojazz.com

Ouvert du mercredi au samedi à partir de 21h.

Pour changer un peu des rythmes latins, voici un agréable club de jazz en plein cœur du centre historique. S'y produisent aussi bien des groupes mexicains que des groupes étrangers. On se sent bien dans son ambiance feutrée, avec rideaux de velours, néons rouges et tables éclairées à la bougie. Pour connaître la programmation, rendez-vous sur le site Internet ou sur les réseaux sociaux du club. Réservation conseillée, en particulier les vendredis et samedis en soirée. Pas mal pour passer une soirée romantique avec de l'excellente musique.

SALÓN MALAFAMA

Michoacan #78

✆ +52 55 5553 5138

salonmalafama.com.mx

Tous les jours à partir de 13h.

Le nom de l'établissement se traduit littéralement par « salon de mauvaise réputation ». Rien à voir avec la réalité puisque c'est une salle de billard emblématique de la ville. Elle compte plus d'une dizaine de billards, ce qui vous évite une attente trop longue (essayez quand même de venir avant le début de soirée, surtout du vendredi au dimanche). Le cadre industriel est sympa et dans l'air du temps. L'endroit accueille en outre de magnifiques expositions de photographies d'auteurs reconnus. On y trouve, bien sûr, à manger et à boire.

AUTOUR DE MEXICO

Cinq Etats partagent une frontière avec la ville de Mexico : Mexico, Morelos, Hidalgo, Tlaxcala et Puebla. Certains sont considérés comme une extension de la capitale et sont une destination de week-end pour des milliers d'habitants. Les Etats situés autour de la mégapole de Mexico présentent une histoire commune : leur destin préhispanique est directement lié à celui des grandes civilisations de l'Altiplano Central qui se succédèrent ici, depuis Cuicuilco et Teotihuacán jusqu'à la Triple Alliance établie autour du lac de Mexico à l'arrivée des Espagnols. Partout, les paysages sont vallonnés et montagneux, et l'éventail de climats est large : montagnes couvertes de forêt d'altitude, plaines et sierras aux contours tropicaux, plateaux semi-désertiques et sommets enneigés. Si l'on y ajoute les vestiges coloniaux, ces Etats sont idéals pour une petite escapade de deux ou trois jours depuis la ville de Mexico.

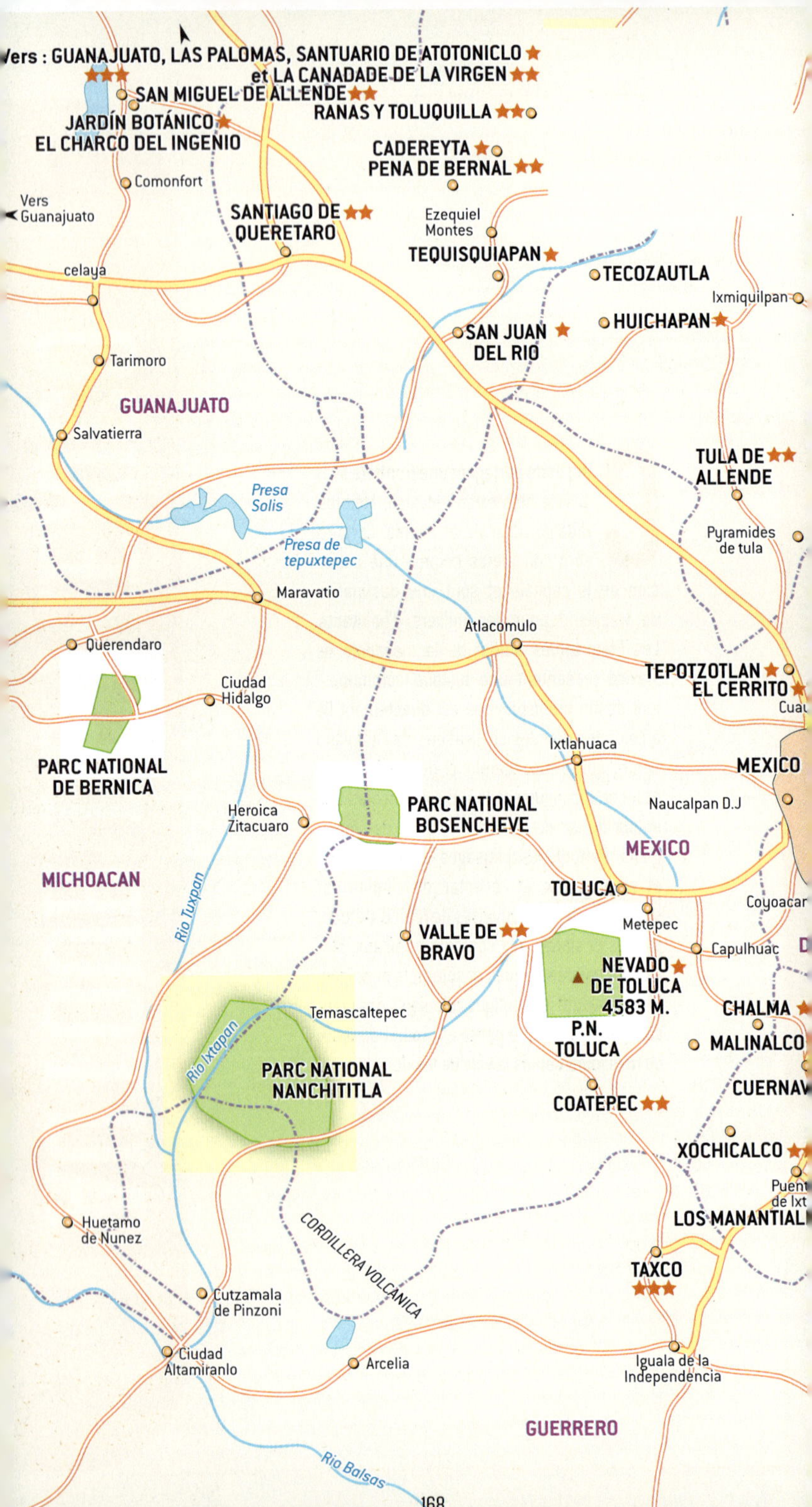

Vers : GUANAJUATO, LAS PALOMAS, SANTUARIO DE ATOTONICLO
et LA CANADADE DE LA VIRGEN
SAN MIGUEL DE ALLENDE
RANAS Y TOLUQUILLA
JARDÍN BOTÁNICO
EL CHARCO DEL INGENIO
CADEREYTA
PENA DE BERNAL
Comonfort
Vers Guanajuato
SANTIAGO DE QUERETARO
Ezequiel Montes
TEQUISQUIAPAN
celaya
TECOZAUTLA
Ixmiquilpan
HUICHAPAN
SAN JUAN DEL RIO
Tarimoro
GUANAJUATO
Salvatierra
TULA DE ALLENDE
Presa Solis
Presa de tepuxtepec
Pyramides de tula
Maravatio
Atlacomulo
Querendaro
Ciudad Hidalgo
TEPOTZOTLAN
EL CERRITO
Ixtlahuaca
PARC NATIONAL DE BERNICA
MEXICO
Naucalpan D.J
Heroica Zitacuaro
PARC NATIONAL BOSENCHEVE
MEXICO
MICHOACAN
Rio Tuxpan
TOLUCA
Metepec
Coyoacan
VALLE DE BRAVO
Capulhuac
NEVADO DE TOLUCA 4583 M.
CHALMA
Temascaltepec
P.N. TOLUCA
MALINALCO
Rio Ixtapan
PARC NATIONAL NANCHITITLA
COATEPEC
XOCHICALCO
Huetamo de Nunez
CORDILLERA VOLCANICA
LOS MANANTIAL
TAXCO
Cutzamala de Pinzoni
Ciudad Altamiranlo
Arcelia
Iguala de la Independencia
GUERRERO
Rio Balsas

Autour de Mexico
Tuxpan
Canali
Rio Vinasco
VERACRUZ
Matztitlan
GROTTES DE TOLANTONGO ★★
Poza Rica de Hidalgo
SIERRA MADRE ORIENTAL
HIDALGO
HUASCA DE OCAMPO ★★
Xicotepec de Juarez
Actopan
MINERAL DEL CHICO ★★
L DEL MONTE ★★
Huauchinango
PACHUCA DE SOTO
Tulancingo
CUETZALAN ★★
ZACATLAN ★★
Teziutlan
Cholula
Tizayuca
Tepeapulco
Santa Maria tonantzintla
Zaragoza
TEOTIHUACAN ★★
Tlaxco
Perote
PUEBLA
TEXCOCO DE MORA ★
SANTUARIO DE LAS LUCIERNAGAS ★★
CANTONA ★★
TLAXCALA
Lago de Texcoco
P.N DE PEROTE
Nezahualcoyotl
Apizaco
HUAMANTLA
TLAXACALA ★
Tequixquitla
Chiautempan
XOCHITECATL ★
Zacatelco
chimilco
5230 m.
CACAXTLA ★
P.N. ORIZABA
Amecameca de Juarez
CHOLULA ★★
Amozoc
P.N. POPOCATEPELT ★★★
Acatzingo
Orizaba 5760 m.
zumba de Alzate
Popocatepelt 5465 m.
PUEBLA ★★
Tepeaca
ORELOS
SANTA MARÍA TONANTZINTLA ★★
EPOZTLAN ★
ATLIXCO ★
Presa Valsequillo
Tecamachalco
Yautepec
S ESTACES ★★
Cuautla de Mor.
apan
PUEBLA
Tlacotepec
CHALCATZINGO ★★
Izucar de Matamoros
Rio Atoyac
TEHUACAN ★
Atencingo
San Juan Ixcaquixtla
Atenango del Rio
Vers Teotitlan del Camino et Huautla
Acatlan de Osorlo
Rio Mixteco
Tecomatlan
Balsas
50 KM

172 ## ●● ÉTAT DE MEXICO

L'Etat de Mexico est l'Etat voisin de la ville de Mexico, parfois considéré comme son extension tant leurs banlieues se confondent. C'est un Etat certes assez petit, mais sa forme en croissant de lune fait que les sites à visiter sont assez éloignés les uns des autres. Tous se trouvent dans les montagnes et généralement éloignés de la capitale, dont les environs les plus proches sont constitués essentiellement de zones industrielles. Ici, c'est le règne de la grande Teotihuacán, mère des grandes civilisations du centre du pays ; les villages de la région tels que Valle de Bravo ou Malinalco, à l'architecture et aux paysages splendides, sont des destinations de fin de semaine pour les riches familles de Mexico. Enfin, les hautes montagnes alentour (Iztachihuatl et Popocatepetl, Nevado de Toluca) raviront les férus de randonnée.

172 ### TEOTIHUACÁN ★★

A 1h20 au nord de Mexico, Teotihuacán est la mère des civilisations de l'Altiplano Central. La visite de cette zone archéologique de premier plan permet d'appréhender au mieux l'organisation sociale et les cosmogonies des civilisations mésoaméricaines.

174 NEVADO DE TOLUCA ★
174 MALINALCO ★
174 CHALMA ★★
175 TEPOTZOTLÁN ★
175 VALLE DE BRAVO ★★

176 ### VOLCANS POPOCATÉPETL ET IZTACCÍHUATL ★★★

Le Popocatépetl et l'Iztaccíhuatl sont les deux volcans phares du pays ! Le Popo étant en activité, il est impossible d'y monter, mais l'Izta est ouvert au public, bien que son ascension demande de la préparation et de l'expérience. Sinon, se promener en voiture au Paso de Cortés et jusqu'à La Joya permet de découvrir des paysages magnifiques.

178 ## ●● ÉTAT DE MORELOS

L'Etat de Morelos est « la banlieue proche » de Mexico, une destination pour les fins de semaine pour des milliers d'habitants de la capitale, dont les plaines chaudes et humides sont idéales pour la culture de la canne à sucre depuis le temps de la colonie. Situé entre le D.F, l'Etat de Mexico, l'Etat de Guerrero et celui de Puebla, il bénéficie d'un climat chaud et agréable toute l'année. Si Cuernavaca – où s'établit Hernan Cortés après la *conquista* – ne mérite pas nécessairement une petite visite, il est fort conseillé de consacrer une journée ou deux à la visite de ses environs, car Morelos est aussi réputé pour la beauté de ses villages (Tepoztlán et Tlayacapan), ses sites archéologiques (Xhochicalco, Chalcatzingo), et ses nombreux points d'eau.

178 CUERNAVACA ★
180 LAS ESTACAS ★★
180 TEPOZTLÁN ★
181 XOCHICALCO ★★
182 LOS MANANTIALES ★★
182 CHALCATZINGO ★★

PAGES

●● ÉTAT D'HIDALGO

183

L'Etat d'Hidalgo offre des paysages variés : les plaines et plateaux semi-désertiques, hautes montagnes couvertes de forêts de pin, zone tropicale de la Huasteca ; on y trouve des réserves naturelles idéales à la pratique de sports de montagne ainsi que quelques curiosités géologiques, qu'il s'agisse des grottes de Tolantongo ou des pierres basaltiques de San Miguel Regla. On peut aussi passer la nuit dans de jolis petits villages pittoresques, dont l'architecture et l'urbanisme évoquent leur passé minier (Huasca de Ocampo, Real del Monte, Mineral del Chico).

183 REAL DEL MONTE ★★
184 HUASCA DE OCAMPO ★★
185 MINERAL DEL CHICO ★★
187 TULA ★★
188 GRUTAS DE TOLANTONGO ★★
188 HUICHAPAN ★

●● ÉTAT DE TLAXCALA

189

L'Etat de Tlaxcala est une région peu visitée, une zone rurale de hautes terres et plateaux, dominée par le volcan La Malinche (4 460 mètres), principale attraction pour les visiteurs ; l'altitude moyenne de l'Etat se situe au-dessus de 2 000 mètres, favorisant ainsi un climat froid en hiver et plus tempéré durant la saison sèche et chaude. Son activité agricole, outre les traditionnels maïs, haricots et courges, se distingue par la culture de l'orge ; un peu d'élevage extensif complète le panorama. C'est aussi une région traditionnelle de la production du pulque, boisson fermentée à base du jus extrait du cœur d'un agave. En sus du volcan, on visite également deux petites zones archéologiques (proches de Cholula, située dans l'Etat voisin de Puebla). Les villes de Tlaxcala et de Huamantla constituent, sans plus, une halte agréable pour se restaurer.

189 TLAXCALA ★
189 HUAMANTLA
189 SANTUARIO DE LAS LUCIERNAGAS ★★
189 CACAXTLA – XOCHITECATL ★

●● ÉTAT DE PUEBLA

190

Au centre de la République mexicaine et à quelques encablures de la ville de Mexico, l'Etat de Puebla est une terre d'histoire et de couvents. Son territoire est dominé par les silhouettes imposantes des deux volcans phares du pays : le Popocatépetl et l'Iztaccíhuatl, alors que sa capitale, quant à elle, a été inscrite au patrimoine mondial de l'humanité par l'Unesco. Si l'intérêt architectural de l'Etat se concentre dans la capitale et ses alentours, la Sierra Norte jouit d'un climat de montagne enrobé de brumes et de pins (notamment à Zacatlan) : la Sierra Noreste, à la frontière avec l'Etat de Veracruz, est une terre tropicale baignée de rivières et cascades.

190 PUEBLA ★★
195 ATLIXCO ★
195 CHOLULA ★★
196 SANTA MARÍA TONANTZINTLA ★★
196 CANTONA ★★
197 CUETZALÁN ★★
199 ZACATLAN ★★
200 TEHUACAN ★

TEOTIHUACÁN ★★

Teotihuacán (« l'endroit où les hommes se transforment en dieux ») fut bâti et abandonné par un peuple relativement méconnu. A l'instar de Cuicuilco (dans le sud de l'actuelle ville de Mexico), la vallée de Teotihuacán fut occupée dès le préclassique tardif (400 avant J.-C. à 200 après J.-C.) : les populations de villageois se concentrent peu à peu, alors qu'apparaît un embryon de hiérarchie sociale et une division des tâches strictes au sein de la société. A la fin de la période, les premiers monuments et édifices sont construits et le site abrite quelque 30 000 habitants. Durant le classique ancien (de 200 à 600 après J.-C.), la ville se consolide comme l'unique centre urbain de la région, se convertissant en véritable cité-Etat de 20 km² de plus 150 000 habitants : son influence s'étendait jusqu'à Monte Albán, dans l'Etat de Oaxaca, et Tikal, au Guatemala ; une élite maya y avait même son propre quartier. Puis, à partir des années 600, la cité souffre d'une déstabilisation sociale et de destructions sans précédent : sa population chute à 30 000 habitants, avant d'être peu à peu totalement délaissée vers 750 après J.-C. On ignore encore aujourd'hui les raisons qui ont causé l'abandon de la cité, mais certaines théories indiquent qu'une mauvaise administration, ajoutée à la progressive destruction des ressources naturelles environnantes, auraient provoqué le mécontentement des habitants, conduisant à une rébellion massive, puis à l'abandon de la cité. A un peu plus d'une heure de route de Mexico, le site offre l'une des escapades les plus populaires depuis la capitale.

La danse du volador par les indiens Totonaques.

ZONA ARQUEOLÓGICA DE TEOTIHUACÁN ★★

Teotihuacán est relativement facile à atteindre. Outre les coûteuses visites organisées par des agences spécialisées, on peut s'y rendre en bus. Les départs, trois ou quatre par heure, ont lieu au terminal des Autobuses del Norte.

www.teotihuacan.inah.gob.mx

Ouvert tous les jours de 9h à 17h. Entrée : 80 $.

A l'époque classique, cette immense cité rayonnait sur une grande partie des hautes terres du centre mexicain, imposant une influence religieuse et culturelle encore plus lointaine et durable : vers le golfe de Mexique (Totonaques), l'état de Oaxaca (Zapotèques) et le sud (Mayas de Palenque, Tikal et jusqu'à Copan au Honduras). Quand les Aztèques découvrirent les ruines de cette ville, ils crurent que Teotihuacán avait été bâti par une race de géants au temps du premier soleil et la nommèrent donc « la cité des Dieux » ; il semble même qu'ils s'y rendaient pour effectuer des rites et des cérémonies. Lors de la Conquête, après l'échec de la tentative de prendre la capitale des Aztèques (la fameuse *noche triste*), les troupes en déroute de Cortés la traversent.

Le site est probablement le plus exploré de Mésoamérique, et les recherches et découvertes continuent, apportant leur lot de révélations et de découvertes au fil des ans. Au XVIIIe siècle, les premières fouilles et explorations concernent l'édifice adossé à la *Píramide de la Luna.* A la fin du XIXe siècle, les recherches menées par don Leopoldo Batres y Huerta concernent les édifices attenant à la *Calzada de Los Muertos*, où il met à jour fresque et sculptures ; en 1905, sous les auspices de Porfirio Díaz, il se concentre sur la *Píramide del Sol* pour commémorer le centenaire de l'Indépendance du pays. Peu après allait être inaugurée la première zone archéologique du pays, qui en deviendra aussi son symbole culturel et historique à l'international. Depuis les années 60, l'exploration du site est systématique et continue : c'est le premier site du pays à être inscrit au patrimoine mondial par l'UNESCO, en 1987. En 2003, l'archéologue Sergio Gomez découvre le *tunel de la Serpiente Emplumada,* la découverte la plus emblématique des fouilles contemporaines.

La zone ouverte au public correspond à une extension de 264 hectares, flanquée d'un circuit pavé qui en fait le tour. Le cœur de la cité comprend la *Ciudadela* et le *Templo de la Serpiente Emplumada*, la *Calzada de los Muertos* et les ensembles résidentiels qui la bordent, les *Pirámides del Sol y de la Luna*, le *Palacio de Quetzalpapálotl* et quatre ensembles sur lesquels ont été découverts des peintures murales.

Situé dans une plaine dénuée d'arbres et exposée à l'impitoyable morsure du soleil, le site est très étendu et de longues distances séparent les différents monuments. Attendez-vous à consacrer la meilleure partie de la journée à sa visite.

© BENEDEK

Pyramides de Teotihuacan.

CALZADA DE LOS MUERTOS ★★

Sans nul doute, le clou de la visite de Teotihuacán est son chemin monumental à l'origine long de 4 km (2 km se parcourent aujourd'hui sur le site), d'un seul tenant et formant l'une des plus grandes rues du monde : il s'étend entre la pyramide de la Lune et, tout au bout, la *Ciudadela*, une esplanade carrée de 400 mètres de côté comprenant une quinzaine de bases pyramidales et le *Templo de Quetzalcoatl*, à découvrir pour ses nombreux ornements en bas-relief. C'est le chemin que vous emprunterez pour rejoindre les différents sites.

PIRÁMIDE DEL SOL ★★

La pyramide du Soleil est astronomiquement alignée, de manière à faire exactement face au soleil le jour du solstice d'été. C'est un des édifices les plus anciens du site, et de loin le plus imposant : composée de cinq corps échelonnés, elle repose sur une base de 220 m sur 225 m, atteint 64 m de hauteur et contient un million de m^3 de briques. Au début du XXe siècle, les experts ont restauré la pyramide en déblayant une couche épaisse de 7 m de pierres et de stucs. On estime que la construction de la pyramide remonte à 200 av. J.-C.

PIRÁMIDE DE LA LUNA ★★

Située à l'extrême nord de la Calzada, c'est sans doute du sommet de la pyramide de la Lune, égale en hauteur à celle du Soleil parce qu'elle est construite sur un emplacement plus élevé, que l'on a la meilleure vue d'ensemble de Teotihuacán. Sur son côté ouest se trouve l'ensemble résidentiel Quetzalpapálotl. Elle est, après la pyramide du Soleil, le plus grand édifice de Teotihuacán. Il a fallu sept phases de construction, entre 100 et 450 av. J.-C., pour obtenir la pyramide actuelle, qui est le résultat de la superposition de plusieurs monuments.

TUNEL DE LA SERPIENTE EMPLUMADA

Visite virtuelle uniquement, sur le web ou au Museo Nacional de Antropologia à Mexico.

L'entrée du tunnel est découverte en 2003 par l'archéologue Sergio Gómez. Après des explorations à l'aide de robots, plus de mille tonnes de gravas ont été retirées au cours des huit années nécessaires pour libérer le passage d'une entrée à l'autre, 103 mètres plus loin. Au cours des excavations dans ce tunnel qui avait été clos par la main de l'homme, les chercheurs ont localisé plus de 100 000 objets : récipients en céramiques, sculptures, coquillages, obsidiennes et jades, etc.

AUTOUR DE MEXICO

NEVADO DE TOLUCA ★

Connu pour être le quatrième sommet le plus haut du Mexique, le Nevado de Toluca, ou Xinantécatl, se trouve au sud-ouest de la capitale de l'Etat de Mexico et culmine à 4 680 m d'altitude. Ce gigantesque cratère de volcan éteint abrite deux petits lacs, el Lago del Sol et el Lago de la Luna, ainsi appelés, car le premier est rond comme l'astre solaire, et le deuxième a une forme de croissant de lune. Ils sont séparés par un monticule. Ce lieu était un lieu sacré pour les Matlatzincas, groupe ethnique de la vallée de Toluca. On y faisait des offrandes au dieu Tláloc, dieu de la pluie. La zone où se trouve le Nevado de Toluca a été déclarée parc national en 1936. En 2013, un décret présidentiel décide d'autoriser son exploitation à des fins lucratives, seuls 4 % de la superficie du parc originel étant épargnée. Pour l'instant encore, la zone offre offre donc l'occasion de réaliser de belles randonnées pédestres, même si le Nevado de Toluca présente la rare caractéristique d'être accessible jusqu'au sommet en voiture. Cependant, cette situation a provoqué des excès et, devant la dégradation des écosystèmes, les autorités mexicaines ont décidé depuis juillet 2008 de restreindre la circulation des véhicules à moteur : tous les visiteurs ont maintenant l'obligation de laisser leur voiture à 6 km du sommet du cratère et de continuer à pied jusqu'à la cime. Mais sachez que, même fatigués, cette balade vaut la peine : depuis le sommet du cratère, par temps clair, on voit l'Izta à gauche et le Popo qui fume, à droite. Imaginez-vous qu'entre les deux, il y a la mégapole de Mexico.

ZONA ARQUEOLOGICA MALINALCO ★★

Ouvert du mardi au dimanche de 10h à 17h.
Entrée : 60 $.

On doit grimper à flanc de falaise avant d'accéder à ce très joli centre cérémoniel qui culmine à 215 m au-dessus du village et offre une vue magnifique sur les vallées et montagnes alentour. Les constructions sont antérieures à l'invasion aztèque de 1476, eux-mêmes transformant ce sanctuaire en le dédiant à leur caste de guerriers de l'ordre de l'aigle. On y découvre de magnifiques bâtiments ornés de bas-reliefs impressionnants et impeccablement rénovés.

MALIEMOCIONES

✆ +52 1 722 108 1461
www.maliemociones.com.mx
Découverte à la carte ou selon le calendrier pré-établi, consultable sur la page web.

Pour découvrir les montagnes environnantes, rien de mieux que d'enfiler un casque, un gilet de sauvetage, un harnais et se lancer à l'assaut des quatre canyons des environs : sensations inoubliables garanties. Pour les âmes paisibles, préférez les excursions à caractère historique et culturel dans le village et les champs environnants. Possibilité de faire des excursions à la journée ou de faire du camping pour passer la nuit plus près des montagnes. Facilite aussi vos réservations dans des hôtels toutes catégories du village.

MALINALCO ★

Malinalco est un joli petit village situé à une centaine de kilomètres de Mexico et également non loin de Cuernavaca, au cœur de montagnes arborées. Ses ruelles pavées et ses maisons colorées incitent à la flânerie et à la détente. L'endroit est d'ailleurs devenu une zone de villégiature pour citadins aisés qui s'y font construire des villas plus chics les unes que les autres. Ce village possède en outre un beau couvent qui date du milieu du XVIe siècle et une zone archéologique assez vaste, où l'on trouve plusieurs temples. Ce centre cérémoniel important est intimement lié au triangle sacré qu'il forme avec les sites de Xochicalco et Tepoztlán.

CHALMA ★★

A une dizaine de kilomètres de Malinalco, voici le plus fameux centre de pèlerinage du pays, où l'on vient honorer le Señor de Chalma, « el hijo de Dios ». Le village est établi sur un site préhispanique où l'on vénérait les divinités locales ; une des versions de l'origine du culte raconte que des idoles furent trouvées par les clercs augustins dans les grottes avoisinantes en 1537 : commandant la destruction de ces représentations païennes auxquelles, dit-on, on offrait des humains en sacrifice, quelle ne fût leur surprise en découvrant trois jours plus tard la sculpture du Christ en croix avec les idoles détruites à ses pieds ; c'est cette même représentation que l'on honorerait encore aujourd'hui… Le sanctuaire du Señor de Chalma est édifié au XVIIe siècle, puis reconstruit et terminé en

1830 dans un style néoclassique. On vient en masse le remercier de ses bienfaits en se rendant au sanctuaire à pied depuis son lieu de résidence, depuis des Etats aussi lointains que Queretaro, Michoacán, Puebla ou San Luis Potosi : on voit alors des groupes entiers réunis en « villages » marcher le long des routes, accompagnés d'un camion qui transporte le matériel nécessaire au long trajet. Une fois sur place, la tradition veut que l'on prenne un bain purificateur dans la rivière, que l'on se couvre de fleurs pour pénétrer dans l'église puis que l'on y danse.

LOS VIRREYES €€

Plaza Virreinal #32

www.restaurantelosvirreyes.com

Ouvert tous les jours de 8h à 21h.

Plats : 150-200 $. Buffet pour le petit-déjeuner et déjeuner le week-end : 250 $.

Face à la place, c'est un restaurant de tradition divisé en plusieurs espaces ; sa terrasse (le plus formel et élégant d'entre tous) offre une très belle vue sur l'église et le couvent. On s'y presse tous les week-ends pour le buffet qui propose un choix d'une trentaine de plats ; le service peut alors être un peu chaotique mais cela n'est rien compte tenu de l'opportunité de goûter à autant de plats typiques : *sopa de tortilla, pancita, pescado al mixiote, pecho de ternera, chiles en nogada*, lapin en sauce, légumes à la vapeur et desserts.

TEPOTZOTLÁN ★

Situé à seulement 43 km au nord de Mexico, le village de Tepotzotlán mérite une petite halte d'une demi-journée, en route pour des destinations plus lointaines comme Valle de Bravo ou le Michoacán. C'est aussi le point de départ de la visite de la route des Couvents. Lieu hautement symbolique du colonialisme – la Compagnie de Jésus y avait pour mission d'évangéliser les fils des chefs indiens –, ce village s'anime durant les week-ends en recevant nombre de visiteurs à la journée ; son marché se déploie autour de l'église San Francisco Javier (XVIIe siècle), dont la façade est l'une des expressions emblématiques de l'art baroque mexicain.

VALLE DE BRAVO ★★

Situé à 70 km à l'ouest de Toluca, en direction de l'Etat de Michoacán, Valle de Bravo est un gros village aux couleurs coloniales qui se trouve enclavé au milieu d'une épaisse forêt de pins et fait face à un grand lac artificiel. Doté de nombreux restaurants, boutiques et bars plus branchés les uns que les autres, Valle de Bravo est un endroit idéal pour se reposer, faire la fête et pratiquer de nombreuses activités sportives : navigation, VTT, kayak, quad, randonnée, deltaplane, golf, etc. Mais l'activité phare de Valle de Bravo est sans conteste le parapente, que l'on peut pratiquer seul ou en tandem depuis les sommets des environs.

MUSEO NACIONAL DEL VIRREINATO ★★

Plaza Hidalgo #99

✆ +52 55 5876 2770

www.virreinato.inah.gob.mx

Ouvert du mardi au dimanche de 9h à 16h45.

Entrée : 80 $.

Installé dans l'ancien collège jésuite, ce musée retrace l'histoire de la colonie de la Nouvelle-Espagne, à travers l'exposition de peintures, meubles, vêtements et objets d'époque. Votre visite commencera sûrement par celle de l'église attenante de San Francisco Javier, dont les 12 retables baroques rendent hommage à l'opulence mystique de l'époque. La chapelle dédiée à la *Virgen de Loreto* est peut-être le clou du spectacle, pour son retable baigné de feuilles d'or.

COLLECTION O HOTEL VALLE BONITO €

Calle Porfirio Diaz #105

✆ +52 726 262 0445

www.hotelvallebonito.com

Entre 750 et 1 150 $ pour une chambre pour deux personnes.

C'est une grande maison typique du village, dont les chambres se répartissent autour d'une grande cour rectangulaire, sur deux étages, certaines disposant d'un joli balcon avec chaises colorées sur la rue (bruyant en fin de semaine...). La déco se veut à la fois actuelle et traditionnelle, puisqu'au blanc et au sol ancien répond un mur de couleur vive, donnant une touche gaie à l'ensemble. La terrasse sur le toit sera très agréable pour les fins de journée. Emplacement idéal.

CASA RODAVENTO €€€

Calle de las Ratas #18
✆ +52 726 688 5546
www.lacasarodavento.com
Compter 3 600 $ pour une chambre double.

C'est un hôtel à taille humaine, puisque seules sept suites accueillent les heureux voyageurs dans cette maison du début du XXe siècle au cœur du village. Le tout a été totalement réaménagé par des architectes reconnus, qui en ont fait un parfait exemple de la tendance à aménager des espaces d'une contemporanéité soignée à l'intérieur d'édifices à la configuration originelle peu évidente. Tout l'équipement et les services d'une résidence de ce standing sont présents, dont une belle piscine extérieure. Un restaurant et un spa sont également à votre disposition.

LA TABERNA €€

Fray Gregorio Jiménez de La Cuenca #237
✆ +52 726 262 4212
Ouvert du dimanche au jeudi de 13h à 22h ; le vendredi et le samedi de 13h à 23h30.
Plats de 200 à 400 $.

Dans ce bâtiment à l'ancienne, à la fois élégant et décontracté, restaurant et brasserie, voilà plus de vingt ans que le chef Gerardo Arriaga propose *antipasti* et carpaccios aux palais les plus pressés. Si vous lui laissez le temps de confectionner vos petits plats sur le moment, il n'y a aucune raison que vous soyez déçu : tentez donc les *langostinos Fraddiavolo*... Pâtes fraîches, fruits de mer et pizzas, *tiramisù* pour les incorrigibles. Une bonne adresse au cadre chaleureux avec, pour ne rien gâcher, une vue imprenable sur le lac.

ALAS DEL HOMBRE

Fray Gregorio Jimenez de la Cuenca
✆ +52 726 262 6382
www.alas.com.mx
Vol au-dessus de Valle de Bravo (20 mn) : 2 200 $.

Cette agence spécialisée dans le parapente est implantée ici depuis plus de 40 ans, formant au passage toute une génération d'instructeurs. Niveau sérieux et sécurité, vous ne trouverez donc pas mieux ici. Le vol en lui-même permet d'avoir une vue plongeante sur les toits de tuiles du village, son lac et ses forêts. A noter que l'on peut organiser ici votre séjour complet au départ de la ville de Mexico. La visite du sanctuaire des papillons monarque (à la frontière avec le Michoacán) et le trekking jusqu'au sommet du Nevado de Toluca sont également envisageables.

VOLCANS POPOCATÉPETL ET IZTACCÍHUATL ★★★

Vous pouvez les voir peints par Diego Rivera dans le palais du Gouvernement de Mexico. Il les a représentés sur sa fresque murale qui illustre la magnifique ville de Tenochtitlán – sur laquelle a été construite l'actuelle capitale – avec ses canaux et marchés flottants. Affectueusement surnommés Izta et Popo par les habitants de Mexico, Iztaccíhuatl signifie en náhuatl la « Femme blanche » et Popocatépetl, la « Montagne fumante ». Dans la légende aztèque, ils forment un couple : Iztaccíhuatl mourut de chagrin lorsqu'elle apprit que son amant Popocatépetl, qui était parti à la guerre, avait été tué. Une fois de retour, Popocatépetl mourut à son tour de tristesse, quand il sut le sort qu'avait connu Iztaccíhuatl. Mais les dieux prirent pitié des deux amants et les couvrirent de neiges éternelles, pour les transformer en montagnes. Actuellement, seul l'Izta est ouvert au public. Il existe plusieurs façons d'y monter, dont une « facile ». Les autres sont réservées aux experts. Le Popo se trouvant en activité, il est interdit d'y monter, et ce depuis une dizaine d'années. Mais rien n'empêche de se rendre en voiture jusqu'au Paso de Cortés (3 680 mètres) puis à La Joya (3 940 mètres d'altitude) et passer une belle journée à déambuler dans ces paysages magnifiques.

Pratique

La meilleure saison pour entreprendre l'ascension de l'Izta est en hiver. L'accès à l'Izta est restreint en cas d'alerte volcanique, c'est pourquoi il faut consulter le site www.gob.mx/cenapred avant de programmer votre visite. Avant de pouvoir entreprendre l'ascension de l'Izta, il est nécessaire de vous inscrire et remplir un formulaire au Bureau du Parque à Amecameca de Juárez (Plaza de la Constitución #9B, ✆ +52 597 978 3830) si vous partez de la Joya, ou au refuge du Paso de Cortés, si vous entreprenez l'ascension par le côté est du volcan. Enfin, pour entreprendre l'ascension de l'Izta, il est nécessaire d'être équipé pour la randonnée de haute montagne (vêtements thermiques, cordes, piolet). Seuls les alpinistes expérimentés peuvent entreprendre seuls l'ascension de l'Izta. Même si vous programmez d'escalader l'Izta par la voie la plus facile (Ruta Arista del Sol), vous devez impérativement être accompagné d'un guide si vous n'êtes pas un alpiniste expérimenté.

Sports / Loisirs

La voie la plus facile pour réaliser l'ascension de l'Izta est de partir du refuge de La Joya, situé à 3 940 m d'altitude, du côté sud du volcan. Cette route est appelée « Arista del Sol » ou « Ruta de Las Rodillas ». Certains groupes décident d'entreprendre l'ascension de nuit, afin d'arriver au petit matin au sommet. Mais même si vous arrivez très tôt le matin à la Joya, il est possible d'atteindre le sommet de l'Izta vers midi et redescendre le jour même, avant la nuit tombée (il faut pour cela être très bien entraîné). Mais si vous n'êtes pas un alpiniste chevronné, ou n'arrivez à la Joya qu'en fin de matinée, il est fortement conseillé d'entreprendre l'ascension de l'Izta en 2 jours, ce qui vous permettra de vous acclimater à l'altitude et d'éviter d'avoir à descendre l'Izta au milieu du brouillard ou d'une tempête de neige, parce que vous n'avez atteint le sommet qu'en milieu d'après-midi. D'après les recommandations des responsables du parc national Iztaccihuatl, un alpiniste à la marche régulière peut atteindre le refuge « Grupo de los Cien » situé sur la route d'ascension au sommet de l'Izta en environ 4 heures, depuis la Joya. Cela peut donc être une bonne option pour faire une halte avant de continuer l'ascension de l'Izta le lendemain (prévoir de la nourriture ; pour la haute montagne, choisir une nourriture équilibrée et éviter tout aliment lourd ou indigeste). Le refuge « Grupo de los Cien » est à environ 3 heures de marche de la cime de l'Izta. Vous devrez traverser le glacier de La Panza (le ventre du volcan). Il vous faut donc être équipé de crampons et avoir un piolet si le sommet est très enneigé. Après avoir monté le promontoire El Ombligo (« le nombril »), vous redescendrez sur l'Arista del Sol et El Pecho (« la poitrine »), partie plane et facile. Le sommet se trouve à l'extrémité opposée. Comptez environ 4 heures pour la descente. Une autre voie possible toujours en partant du versant sud du volcan, depuis la Joya, est de prendre par la gauche, pour gagner le refuge Ayoloco II. Mais cette route est plus difficile que l'antérieure, puisque vous devrez d'abord descendre la montagne avant d'en entreprendre l'ascension. De plus, le terrain est escarpé et souvent couvert par le brouillard. L'accès par le côté nord du volcan se fait en partant depuis le village San Rafael, dans l'Etat de Mexico, municipalité de Tlalmanalco. L'ascension à l'Izta se fait en 2 jours et vous devrez obligatoirement passer la nuit dans l'un des refuges de montagne. Au choix : le refuge Chalchoapan, ou le refuge de Teyotl. Cette route est réservée aux alpinistes de bon niveau et bien équipés (corde, piolet). Enfin, pour l'accès par l'est, depuis la vallée de Puebla : depuis Cholula, en passant par le Paso de Cortés ou le Fraccionamiento BuenaVista. Ne pas s'y aventurer sans un guide expérimenté qui connaisse la route.

Transports

Pour se rendre dans le Parque Nacional en provenance de Mexico ou Cuernavaca, il faut se diriger en direction du village d'Amecameca. Puis l'ascension de 23 km débute vers le fameux Paso de Cortès. Là se trouvent les bureaux du Parc où payer votre entrée. Un chemin en terre de 7 km vous mène ensuite encore plus haut vers le refuge de La Joya.

PARQUE NACIONAL IZTACCÍHUATL-POPOCATÉPETL

Plaza de la Constitución #9B

✆ +52 597 978 3829

Ouvert du lundi au vendredi de 9h à 16h ; le week-end de 7h à 16h. Entrée : 50 $.

C'est ici que l'on paye les droits d'entrée pour accéder au parc national, que l'on vienne réaliser une visite d'une journée ou entreprendre l'ascension d'Iztaccíhuatl (Popocatépetl étant toujours en activité, il est interdit de s'approcher du cratère à moins de 12 kilomètres). Le personnel est aimable et vous fournira tous les renseignements dont vous avez besoin. Il peut également vous mettre en contact avec des guides pour effectuer des excursions accompagnées.

HIGH GUIDING MEXICO

✆ +52 55 5608 2770

www.hgmexico.com

Depuis 1976, cette compagnie de guides organise des excursions à l'Izta de 2 ou 3 jours et prête le matériel dont vous avez besoin pour pratiquer l'alpinisme de haute montagne. S'y prendre quelques jours à l'avance pour programmer l'excursion. Cet organisme propose également des excursions sur Pico de Orizaba, le plus haut sommet volcanique du pays, entre les États de Puebla et de Veracruz, ainsi que d'autres visites guidées de plusieurs jours permettant d'en apprendre plus sur le pays et sa culture tout en grimpant ses montagnes.

CUERNAVACA ★

Cuernavaca est connu au Mexique comme « la ville de l'éternel printemps », surnom qui lui a été donné par le baron Alexander Von Humboldt du fait de son climat relativement frais et ensoleillé. Il y fait très chaud durant les mois de mars, avril et mai ; la saison des pluies débute en juin, dure trois ou quatre mois, mais il ne pleut généralement que le soir ou la nuit. Elle est depuis longtemps un lieu de villégiature privilégié pour les Mexicains et les étrangers à la recherche d'un air plus pur que celui de Mexico. Elle a vu sa population drastiquement augmenter à la fin des années 80, suite au tremblement de terre de 1985 qui a durement touché la capitale. Bien que la ville de Cuernavaca possède quelques beaux édifices coloniaux – la cathédrale, le Palais de Cortés, le jardin Borda, le musée de la ville –, son centre historique n'est en rien comparable à ceux d'autres villes. Au cours des trente dernières années, c'est une agglomération qui a surtout grandi de manière anarchique ; dans l'ensemble, la ville ne mérite pas une visite de plus d'une journée. Préférez passer la nuit dans le village de Tepoztlán, qui possède une atmosphère beaucoup plus dépaysante.

Transports

A Cuernavaca, il n'y a pas de gare routière centrale, chaque compagnie de bus possède son terminal. Depuis la ville de Mexico, on y accède par la station Taxqueña et il existe également des liaisons directes avec l'aéroport de Mexico. On rejoint facilement Taxco et Acapulco, dans l'Etat de Guerrero.Les destinations locales (Tepoztlan) sont desservies depuis le marché de la ville.

Centre historique de Cuernavaca, avec en arrière-plan le Palais de Cortés.

CATEDRAL DE CUERNAVACA ✝ ★★

Miguel Hidalgo 17

Ouvert tous les jours de 7h30 à 20h.

Cette église catholique, ancien couvent fondé au XVIe siècle, se compose d'un atrium, d'un temple du troisième ordre (qui abrite un retable de style churrigueresque) et d'une chapelle ouverte. L'intérieur de la cathédrale, qui laisse découvrir les restes de peintures murales du XVIIe siècle, est superbement rénové en un heureux mélange entre l'ancien et le contemporain. A l'origine, la cathédrale a été fondée dans le but de favoriser l'évangélisation des peuples indigènes après l'arrivée des conquistadors et la chute de l'Empire aztèque. Minimaliste et surprenant.

MUSEO MORELENSE DE ARTE POPULAR 🏛 ★★

Hidalgo #239

✆ +52 777 318 6200

Ouvert du mardi au dimanche de 10h à 17h30. Gratuit.

Plus qu'un musée, le MMAPO est un bel espace dédié aux arts populaires de l'État de Morelos. Il a pour objectif de préserver et de promouvoir l'art populaire régional de façon ludique et didactique. Ici, vous pourrez admirer de belles pièces sculptées dans le bois, des tissus, de la poterie et d'autres œuvres diverses et colorées. Le musée renferme également une boutique, où l'on pourra acheter de beaux objets réalisés par des artistes régionaux.

MUSEO ROBERT BRADY 🏛 ★★

Netzahualcóyotl #4

✆ +52 777 318 8554

Ouvert du mardi au dimanche de 10h à 18h. Entrée 50 $.

Situé dans la magnifique Casa de la Torre, qui faisait partie du couvent édifié par les franciscains au XVIe siècle, ce musée est riche d'une collection de près de 1 300 pièces d'art et d'art décoratif réunies par l'artiste et collectionneur étasunien Robert Brady (1928-1986) lors de ses voyages à travers le monde. On peut y apprécier certaines œuvres de Rufino Tamayo et Frida Kahlo, le tout dans une ambiance très contrastée où meubles coloniaux mexicains voisinent avec l'art premier d'Afrique, d'Amérique et d'Océanie. Magique et mortifère.

PALACIO DE CORTÉS - MUSEO REGIONAL CUAUHNÁHUAC ★★

Leyva #1000
✆ +52 777 312 8171
Ouvert du mardi au dimanche de 9h à 18h.
Entrée : 65 $.

A deux pas du *zócalo* se tient cet imposant palais. Il est le plus ancien bâtiment civil sur le continent américain datant de l'ère coloniale, puisqu'il a été construit à partir de 1523. La maison-forteresse d'Hernán Cortés, le conquérant de la Nouvelle-Espagne, a été bâtie là où se trouvait un centre où les Aztèques se réunissaient, comme en attestent les ruines préhispaniques. Le musée présente, en vingt salles, l'histoire générale de l'actuel Etat de Morelos, depuis les *tlahuicas* jusqu'à la Révolution, en passant par la conquête et la colonisation. On y verra divers monolithes, le mécanisme de l'horloge de la cathédrale datant du XVIe siècle, des instruments de torture ainsi que de superbes peintures fresques de Diego Rivera sur le thème de la Conquête. La fresque s'appelle *Historia del Estado de Morelos : Conquista y revolución*, et a été peinte entre 1927 et 1930. C'est un projet commandé par l'ambassadeur des Etats-Unis en personne. Cette accointance vaudra à Rivera son expulsion du Parti communiste, qui lui reproche alors de plus de ne pas s'en tenir à l'orthodoxie stalinienne. Cette peinture décrit l'histoire locale, autour des héros que sont Zapata et Morelos : elle dénonce notamment les mauvais traitements subis par les ouvriers travaillant dans les exploitations de sucre qui ont fait la richesse de l'Etat. A noter que l'édifice est toujours en travaux après le tremblement de terre du 19 septembre 2017, et que certaines salles n'ont pas encore rouvert.

ZONA ARQUEOLÓGICA DE TEOPANZOLCO ★

Rio Balsas
✆ +52 777 314 1284
Ouvert tous les jours de 9h à 17h.
Entrée : 55 $.

Les vestiges de ce site dont le nom en nahuatl signifie « vieux temple » s'étendent au milieu d'une zone résidentielle de Cuernavaca, dont le développement a, au fil du temps, englouti les indices de son extension et importance originelles. Ce site a été bâti sur une colline qui doit sa forme aux coulées de lave qui l'ont sculptée à travers les siècles. Il a été redécouvert dans les années 1910, pendant la révolution, par les forces armées d'Emiliano Zapata, dont les coups de canon ont dévoilé une partie des édifices. Teopánzolco était probablement l'un des lieux d'adoration les plus importants de la région : le temple double de Tláloc-Huitzilpochtli fait partie d'un ensemble qui comporte 14 monuments dont le plus grand permet de comprendre comment les anciens érigeaient leurs *adoratorios* tous les cinquante-deux ans. Les premières excavations ont eu lieu en 1921. Jusqu'au tremblement de terre du 19 septembre 2017, qui a malheureusement en partie abîmé les ruines, les chercheurs pensaient que la fondation du site datait de l'invasion de *Mexicas* en provenance de Tenochtitlán, au Postclassique Tardif. Mais les travaux de consolidation des bâtiments ont mis au jour des sous-structures plus anciennes, datant du Postclassique Moyen (1 150 - 1 200 ap. J.-C.) et fruit du savoir architectural d'une autre civilisation, celle des Tlahuicas, dont les techniques de construction auraient inspiré les *Mexicas* lors de l'édification du Templo Mayor de la grande Tenochtitlán...

LUDEL TOURS

Juan Ruiz de Alarcón #13
✆ +52 777 318 1015
www.ludeltours.com.mx

Cette agence francophone de visites guidées culturelles a été créée en 1996 par deux passionnés du Mexique formés à l'archéologie. Elle est idéale pour sortir des sentiers battus et découvrir le Mexique profond en toute sécurité. Les visites et circuits sont faits sur mesure et pour des petits groupes qui cherchent le contact avec les communautés locales. L'agence offre beaucoup de visites de sites du patrimoine de l'humanité, de villages de charme et des belles haciendas de la région. Demandez à prendre part aux visites en français.

CAFE ALONDRA €

Hidalgo #22
✆ +52 777 228 0474
Ouvert tous les jours de 8h à 23h.
Petit déjeuner à 90 $. Formule midi entre 100 et 120 $.

Ne manquez pas de faire une pause dans cet agréable café au décor minimaliste et chaleureux, doté d'une belle terrasse. Que ce soit pour un petit café avant de prendre la route ou pour vous restaurer, vous ne serez pas déçu. Le petit déjeuner comprend jus de fruits frais, café et un plat (par exemple une omelette au jambon et aux champignons). Le midi, la formule comprend une soupe maison ou une salade, des plats typiques revisités et un dessert. Grand choix de sandwichs, toujours avec une petite touche sophistiquée. Sain, délicieux et convivial.

EL MADRIGAL €€

Sonora #115
✆ +52 777 316 7825
Ouvert du mardi au dimanche de 8h à 22h.
Plats aux alentours de 200 $.

A l'écart du brouhaha de l'avenue San Diego (elle-même bondée de restaurants), ce bâtiment de style hacienda ouvert sur une oasis de verdure propose à sa clientèle aisée une belle cuisine mexicaine revisitée à la sauce internationale : *huachinango* à la moutarde et ceviche à la mangue (poisson), soupes, salades et plats de viandes grillées. Une belle étape pour une après-midi tranquille. L'endroit est chaleureux et dispose en outre d'un grand jardin et d'une immense salle de jeux pour les bambins. L'une des meilleures adresses de la ville.

LAS ESTACAS ★★

Près de la ville de Tlaltizapan, Las Estacas est l'un des plus beaux parcs aquatiques de Morelos. C'est une halte reposante qui vous attend, au sein d'un parc naturel axé autour d'une source d'eau minérale de toute beauté. On y trouve plusieurs bassins, et surtout la rivière couleur émeraude qui s'étend dans la végétation exubérante sur plusieurs centaines de mètres. Si vous n'avez pas envie de nager, vous pouvez vous reposer sur ses rives, à l'ombre de plusieurs centaines d'arbres et de fleurs. Si vous en avez la possibilité, allez-y de préférence en semaine pour éviter les foules, car l'endroit est connu et prisé des habitants de la région.

LAS ESTACAS ★★

✆ +52 734 345 0077
www.lasestacas.com
Ouvert tous les jours de 8h à 18h.
Entrée : 435 $. Camping : 630 $ la première nuit puis 380 $/nuit (inclut l'entrée).

L'endroit est plutôt grand et dispose de deux aires aquatiques distinctes : l'une est formée par la rivière naturelle aux eaux translucides qui circule au milieu de la végétation, l'autre par un ensemble de bassins idéals pour les enfants. La rivière a été conservée dans son état naturel, on y nage durant quelques kilomètres, et où l'on peut aussi se reposer sur des aires discrètement aménagées. Activités : kayak, bateau pneumatique, snorkeling, plongée, pêche, balade à cheval. Piscines et restaurants. Préférer une visite en semaine.

TEPOZTLÁN ★

Tepoztlán est un village situé à 18 km au nord-ouest de Cuernavaca, qui s'anime le week-end autour de son grand marché, alors que débarque une foule bigarrée désirant s'échapper le temps d'un week-end ou d'une journée de la capitale. Entouré d'une impressionnante chaîne de montagnes, on y visite l'ex-Convento Dominico de la Natividad, le Museo Arqueológico Carlos Pellicer, et la pyramide du Tepozteco installée en haut d'une montagne. Si vous aimez les endroits calmes, préférez passer la nuit à Tepoztlán plutôt qu'à Cuernavaca. Aux alentours, le village de San Juan Tlacotenco offre des vues encore plus grandioses et celui d'Amatlán de belles promenades.

CONVENTO DE NUESTRA SEÑORA DE LA NATIVIDAD ✝ ★

Ouvert du mardi au dimanche à partir de 10h.
Partiellement fermé depuis le tremblement de terre de 2017.

Construit par les dominicains entre 1559 et 1580. Son église, elle, est achevée en 1588. Ses murs imposants en pierre de couleur claire renferment un très beau patio fleuri, dont les murs du rez-de-chaussée sont encore décorés des peintures originales peintes dans les tons rouges. Le premier étage, où l'on visite les cellules et les parties communes, offre de belles vues alentour. Le couvent de Tepoztlán est le début d'une route connue pour être celle des couvents.

ZONA ARQUEOLOGICA EL TEPOZTECO ★★

Pour y accéder, il faudra monter le long d'une brèche entre les falaises. Compter au minimum 45 minutes pour la montée de ce véritable escalier aux pierres branlantes. Calculez bien votre heure de départ afin de ne pas trouver porte close en arrivant...

Tous les jours de 9h à 17h30.

Entrée : 55 $, à régler à votre arrivée au sommet.

Le village actuel est implanté à l'emplacement d'un village préhispanique édifié au début du XIIIe siècle, sous l'impulsion d'une branche des Xochimilcas ; la ville allait par la suite tomber sous le joug de la Triple Alliance aztèque de Tenochtitlán. Son centre cérémoniel dédié au dieu Tepoztecatl, qui constitue la zone archéologique que l'on visite aujourd'hui, est lui érigé sur une corniche sur les hauteurs de l'imposante *sierra*. Originellement, cette zone avait été totalement nivelée et divisée en terrasses successives. On visite surtout la zone archéologique pour les très belles vues plongeantes qu'il offre sur la vallée. Les restes archéologiques se limitent à une petite pyramide très mal restaurée, dont les murs de la chambre principale sont néanmoins ornés de quelques bas-reliefs à découvrir. La montée vers le temple est assez éprouvante, mais constitue une sorte de passage obligé pour les centaines de visiteurs qui fuient la ville de Mexico pour une journée d'excursion à Tepoztlán les week-ends. Préférez donc la semaine pour vous y rendre, la souffrance de la montée est largement compensée par les beautés du paysage à l'arrivée.

▶ Le 7 septembre, les habitants du village montent durant la nuit vers la pyramide afin de réaliser une cérémonie pour commémorer leurs ancêtres. Ils passent la nuit sur place puis redescendent au petit matin. Au cours de cette seconde journée, des représentations de danse préhispaniques ont lieu sur la place centrale.

HOTEL POSADA DEL TEPOZTECO €€€

Paraíso #3

✆ +52 739 395 0010

www.posadadeltepozteco.com.mx

De 2 800 $ à 5 700 $ selon le type de chambre.

Surplombant le centre-ville et son marché, c'est un ensemble de très beaux bâtiments convertis en hôtel-boutique de 22 chambres avec une vue panoramique à 180 degrés sur la ville et les montagnes de Tepoztlán. Les chambres sont parfaitement équipées, certaines possédant même un bain à remous particulier et une terrasse privée. L'hôtel dispose d'une connexion Wifi, d'une piscine extérieure chauffée toute l'année, d'un billard, d'un parking gratuit et de son restaurant El Sibarita.

XOCHICALCO ★★

Xochicalco, en náhuatl « le lieu de la maison des fleurs », fut l'un des plus importants centres préhispaniques durant la période classique tardive. La cité occupa le vide laissé par la chute de Teotihuacán et fut habitée entre 700 et 900 après Jésus-Christ, jusqu'à ce que Tula devienne la nouvelle puissance du centre du Mexique. La cité est construite sur une colline, une position stratégique qui permettait à la fois aux *xochicalcas* de se défendre de possibles invasions et d'observer les astres. Le site est accessible en transports en commun grâce aux bus qui partent de Cuernavaca pour Miacatlán. Vous pouvez ensuite marcher ou prendre un taxi.

ZONA ARQUEOLÓGICA DE XOCHICALCO ★★

Carretera Federal Xochicalco-Tetlama s/n

✆ +52 737 374 3090

Ouvert du mercredi au dimanche de 9h à 15h.

Entrée : 80 $.

L'existence de ce complexe archéologique est connue depuis l'époque coloniale. Le prêtre Bernardino de Sahagún en fit une description détaillée à la fin du XVIIIe siècle, et l'impératrice Charlotte, épouse de Maximilien de Habsbourg, vint même le visiter au XIXe siècle. Cependant, il fallut attendre le XXe siècle pour que Xochicalco fasse l'objet de fouilles archéologiques systématiques. Catalogué patrimoine de l'humanité par l'Unesco en 1999, ce site offre un très beau point de vue sur les vallées qui l'entourent. La visite du site est une très belle balade sur cette colline aménagée et le parcours vous permettra de découvrir de nombreuses structures, mais la construction la plus spectaculaire est sans nul doute la pyramide du Serpent à Plumes, décorée de bas-reliefs. Le petit plus de la visite se trouve néanmoins enfoui dans les entrailles de la Terre, dans la Gruta del Sol : du 30 avril au 15 août, les rayons du soleil pénètrent dans la grotte par une fente artificielle et marque ainsi les étapes des cycles agraires. Rendez-vous à l'entrée de la grotte (en contrebas de la place principale) et suivez le guide. A ne pas manquer pendant votre visite, pour avoir une compréhension complète des lieux, le Musée archéologique. Celui-ci a été construit sur l'initiative du très controversé président Salinas, qui précéda Zédillo, et il est une merveille d'architecture avec son design aux courbes harmonieuses qui s'intègre parfaitement dans le paysage.

LOS MANANTIALES ★★

Voilà un petit *balneario* aux confins des Etats de Morelos et Guerrero, dont les eaux légèrement sulfureuses se maintiennent à 28 degrés toute l'année. Sous un couvert boisé et en bordure d'une rivière, les eaux de source alimentent des bassins artificiels, mais s'écoulent aussi le long de petits bras de rivières et de bassins naturels délicieux.

Transports

Pour s'y rendre, il faut disposer d'un véhicule. Emprunter l'autoroute Cuernavaca- Acapulco et, au kilomètre 149, sortir de l'autoroute par un chemin en terre ; traverser le pont qui surplombe l'autoroute et continuer tout droit durant une vingtaine de minutes.

CHALCATZINGO ★★

A l'est de l'Etat de Morelos, occupé à partir de 1 650 av. J.-C. (Préclassique Moyen), voilà un centre de culture olmèque de premier plan. Installé sur des terres fertiles au pied de deux montagnes escarpées et rocheuses, l'ensemble domine la vallée et constituait un carrefour important entre la côte du Golfe, la Vallée de Mexico et l'Etat du Guerrero. Les inscriptions gravées dans les roches des pitons rocheux sont de style apparenté à la culture olmèque, alors que les constructions encore visibles aujourd'hui sont le fait de groupes culturels qui occupent le site à partir de la seconde moitié du premier millénaire jusqu'à l'arrivée des Espagnols.

LOS MANANTIALES ★★

Carretera Cuernavaca-Acapulco km 149
www.losmanantiales.com.mx
Entrée : 100 $. Camping : 220 $ la première nuit puis 120 $/nuit (entrée incluse).
Chambres : 1 300 $.

Dans cette région montagneuse et aride, ce couvert boisé représente une excellente pause sur la route entre Mexico, Cuernavaca, Taxco et Acapulco. Le terrain est doté de belles pelouses et de nombreux arbres pour se prélasser à l'ombre dans les bras de rivières aux eaux peu profondes ou dans les bassins en pierre joliment aménagés. L'endroit est surtout idéal en semaine, puisque vous serez quasiment les seuls à en profiter. Installations de superbe qualité pour un endroit si reculé, que ce soit pour les campeurs ou ceux qui préfèrent y prendre une chambre.

ZONA ARQUEOLOGICA CHALCATZINGO ★★

Depuis Cuernavaca et Tepoztlan, prendre la route 160 qui passe par Cuautla, en direction de Izucar de Matamoros (état de Puebla). Sortir à la hauteur de Jantetelco.
Ouvert du mercredi au dimanche de 9h à 16h30.
Entrée : 60 $.

A partir de l'entrée, le circuit consiste à monter assez haut sur la colline pour admirer tout d'abord des figures gravées sous un abri rocheux, signe distinctif du site. Puis le sentier longe la paroi rocheuse sur laquelle pousse un *amate amarillo* de toute beauté et l'on remonte légèrement par quelques marches d'un temple en ruine pour découvrir là encore d'autres gravures. Puis on redescend peu à peu vers le centre cérémoniel à proprement parler. La balade peut durer de 2 à 3 heures.

En saison sèche, le site de Chalcatzingo offre de magnifiques paysages semi-désertiques.

REAL DEL MONTE ★★

Situé à 15 km au nord-est de Pachuca, à 3 000 mètres d'altitude, Real del Monte est un village à visiter, non seulement en raison du charme de ses rues colorées qui invitent à la flânerie, mais aussi parce qu'il abrite de nombreux sites qui permettent de découvrir la passionnante histoire minière du lieu.

Histoire

Sa date de fondation est méconnue mais on commence à en trouver trace à partir de 1552, quand un Espagnol dénommé Alonso Perez de Zamora y découvre d'importants gisements miniers. Le village change alors son nom de San Felipe à Mineral del Monte, puis Real del Monte. En 1739, José Alejandro Bustamante y Bustillo obtient du vice-roi d'Espagne la concession d'un nouveau filon. Celui-ci s'associe en 1744 avec Pedro Romero de Terreros, né en Espagne et devenu commerçant à succès et maire de la ville de Queretaro. En 1750, à la mort de son associé, ce dernier prend possession du filon et amasse jusqu'à sa mort l'une des fortunes les plus colossales de son époque, provoquant l'âge d'or de la ville de Pachuca. Mais sa fortune acquise sur le dos des ouvriers, qu'il traitait comme des esclaves, provoque une forte grève qui en fait l'un des premiers mouvement sociaux de grande ampleur de la présence espagnole au Mexique (1766-1875). Fâché de cette entrave à sa réputation, le comte de Regla se retire dans ses haciendas de Beneficio de Huasca de Campo, à une vingtaine de kilomètres de là. Il y finit ses jours, en 1781. Son fils a ensuite dû mal exploiter un filon de plus en plus profond, se heurtant sans cesse aux risques d'inondations. C'est finalement le troisième héritier qui décide de louer la mine à une compagnie anglaise disposée à investir au Mexique : c'est la naissance de la Compania de Real del Monte y Pachuca. En 1848, la mine passe ensuite sous contrôle mexicain, puis sous pavillon nord-américain en 1906 ; elle continuera à fonctionner bien après la moitié du XXe siècle. Des vestiges matériels de cet incroyable histoire subsistent encore aujourd'hui dans et autour de Real del Monte : architecture et rues pavées du centre du village, deux mines avec tunnels et équipement d'extraction, un hôpital datant du début du XXe siècle conservé tel qu'il a fonctionné durant des dizaines d'années, et un cimetière connu comme le cimetière des Anglais.

MINA DE ACOSTA ★★

Camino Real a Guerreo SN
✆ +52 771 715 0976
Ouvert du mardi au dimanche de 10h à 16h. Entrée : 40 $.

La mine est exploitée depuis 1727 jusqu'en 1985, évoluant dans son agencement en fonction des innovations techniques : pompe à balancier, machinerie à vapeur, arrivée de l'électricité, etc. Son exploitation a commencé lors de la période de la Vice-Royauté espagnole. Une visite passionnante pour avoir un aperçu de l'exploitation minière sur un seul site durant près de deux siècles et demi (l'extraction n'y cesse qu'en 1985). Le clou du spectacle est le passage obligé dans le *socavón* : 400 mètres de marche dans un tunnel à 170 mètres de profondeur.

MUSEO DE LA MEDICINA LABORAL ★★

Calle Hospital #10
✆ +52 771 7150976
Ouvert du mardi au samedi de 10h à 18h ; le dimanche de 10h à 17h. Entrée : 30 $.

Absolument surprenant, depuis le bâtiment jusqu'à la reconstitution à l'identique de cet hôpital qui a fonctionné de 1907 à 1983. On y découvre les installations complètes de ce lieu unique en son genre dans le pays, puisqu'il disposait déjà d'un appareil de radiologie en 1930 : chambres de soins, cabinets de rééducation, pharmacie, salle de chirurgie (une merveille !), instruments et mobiliers d'époque. Un véritable délice pour les yeux, dans cet univers d'une blancheur immaculée.

PASTES EL PORTAL €

Portal del Comercio #2
✆ +52 771 797 1307
Ouvert tous les jours de 7h à 22h. Pastes : 15 $. repas complet aux alentours de 100 $.

À leur arrivée des Cornouailles en 1824, les employés de la compagnie minière anglaise emmènent avec eux la recette d'un petit pain fourré aux pommes de terre et viande dénommé *pasty*. Avec le temps, les femmes des mineurs de toute la région commencèrent à élaborer ce plat, facile à transporter à la mine, en y ajoutant des ingrédients de la région. Ce restaurant offre une belle variété de ces beignets traditionnels, salés (pomme de terre et viande, haricots, *mole*, thon, poulet, légumes) ou sucrés (abricot, mûre, ananas, fraise, chocolat, goyave, etc.).

AUTOUR DE MEXICO

HUASCA DE OCAMPO ★★

À 40 km au nord-est de Pachuca, Huasca de Campo est fondé entre les années 1760 et 1780, autour du travail de transformation des minerais dans les *haciendas de beneficio*. Car pour pour laver, triturer, séparer et extraire les métaux puis les fondre en lingots, il fallait une quantité d'eau phénoménale qui faisait défaut aux mines de Real del Monte. Le fameux comte de Regla qui dominait la région décida alors de fonder dans la région de l'actuel Huasca les dénommées *Haciendas de Beneficio*, qui se chargeaient de tout le processus de transformation des roches extraites des mines de son filon d'or et d'argent : il fait édifier les haciendas de San Miguel Regla, San Antonio Regla et Santa María Regla. Les haciendas survivent à sa mort, passant ensuite sous contrôle d'une compagnie anglaise puis mexicaine. À Santa Maria Regla, le moulin s'arrête définitivement de travailler en 1906. Le village d'aujourd'hui a conservé le charme de son époque dorée : ruelles pavées et jolie place avec maison à portiques en bois. Il est entouré de montagnes au climat frais et de deux ou trois sites naturels qui valent le détour.

Transports

Depuis Mexico, il n'y a pas de bus direct pour Huasca. Pour s'y rendre, il faut d'abord prendre un bus pour Pachuca au Terminal del Norte. A la gare routière de Pachuca, prenez un des minibus qui indiquent Mercado Benito Juárez. C'est de là que partent les bus qui se rendent à Huasca.

HACIENDA SANTA MARIA REGLA ★★★

✆ +52 55 5938 4858

Ouvert tous les jours de 9h à 20h. Entrée : 100 $. Visite guidée sur généreuse donation.

Fondée en 1760 par le richissime et terrible Pedro Romero de Terreros (comte de Regla), Santa Maria Regla est considérée comme l'une des plus importantes constructions du Mexique de l'époque. Elle est installée en contre-bas du canyon des Prismas Basalticos, et alimentée en eau par les eaux du barrage de San Antonio, qui ont recouvert depuis l'hacienda du même nom. Les vestiges sont réellement impressionnants, et couvrent plus d'un siècle d'histoire architecturale et industrielle, depuis l'époque coloniale jusqu'à la reprise en main par les Anglais, qui y font construire de nouveau fourneaux en 1854. L'ensemble est un dédale de murs épais : celui d'enceinte était criblé de pointes d'obsidienne, afin que les travailleurs ne puissent pas s'en échapper (les cachots les attendaient également)… La transformation des minerais qui provenaient de Real del Monte nécessitait de contrôler le flux hydraulique dans l'ensemble des installations : canaux et bassins abondent, autour d'un nombre incalculable de tunnels et couloirs sous-terrains, de grandes salles voûtées, cachots, pont, moulin, et immense fourneaux espagnols à l'ampleur implacable. Derrière eux, n'oubliez pas d'emprunter le chemin jusqu'à la cascade de La Rosa, où débute le canyon des Prismes Basaltiques. Prenez aussi le temps de découvrir ses recoins en vous assurant les services d'un guide affable, qui vous montrera jusqu'aux oubliettes où venaient finir leur jours les malades atteints de variole et rougeole.

PEÑA DEL AIRE ★★

À 12 km au nord-est de Huasca.

✆ +52 1 771 104 0597

Ouvert tous les jours de 9h à 18h. Entrée : 20 $.

On peut venir ici juste faire un petit tour, ou bien prendre le temps de faire une bonne balade à pied le long des précipices qui offrent de magnifiques points de vue sur le canyon où coule en contrebas le fleuve San Sebastian, qui s'enfonce dans la Reserva de la Biosfera Barranca de Metztitlán. Les à-pics sont impressionnants et les vues donnent le tournis. L'endroit marque en fait la limite entre deux ensembles géophysiques distincts : la Sierra Madre Orientale et l'axe volcanique transversal mexicain. Une histoire de millions d'années d'évolution parallèle…

HACIENDA SANTA MARIA REGLA €€€

✆ +52 55 5938 4858

52 chambres et suites, entre 1 500 et 5 000 $.

Idéal pour ceux qui souhaitent résider dans un endroit imprégné d'histoire (morbide) et hanté par les spectres des dizaines de victimes du maître des lieux durant le XVIIIe siècle. Ici, les chambres sont réparties dans les bâtiments originels de l'hacienda, et elles sont peu à peu rénovées avec beaucoup de style et de goût, après une période de décrépitude au début des années 2000. L'endroit dispose d'un restaurant ainsi que de piscines aménagées dans d'anciens dépôts de minerais.

AUTOUR DE MEXICO

PRISMAS BASÁLTICOS OF SANTA MARÍA REGLA ★★

Carr. Federal 105 km 34
✆ +52 771 792 0529
www.losprismasbasalticos.com
Ouvert tous les jours de 8h à 19h. Entrée : 100 $.

La formation des pierres ou prismes basaltiques du canyon de Santa María Regla est une merveille naturelle due à un refroidissement accéléré de la lave lors d'une éruption volcanique. Les pierres basaltiques se trouvent dans le canyon de Santa María Regla et sont arrosées par une cascade de plus de 30 mètres de hauteur, dont l'eau provient du barrage de la Presa San Antonio, à moins d'une centaine de mètres. Comme les pierres ont chacune la forme d'une colonne, l'ensemble fait penser à un orgue d'église. Le baron Von Humboldt est resté si impressionné devant ce spectacle qu'il en a fait un dessin au crayon, lequel se trouve aujourd'hui exposé dans un musée londonien.

La visite : l'endroit a depuis de longues années attiré les visiteurs : on pénètre donc sur la site par un complexe touristique typiquement mexicain (invasion de boutiques de souvenirs, restaurants divers et variés, piscine, terrain de football, etc.). Dommage, car on perd tout de suite la notion de dépaysement, même si l'endroit est très bien entretenu. Le bord du canyon est tout de même épargné, sauf par une tyrolienne (une constante désormais) et un joli pont suspendu qui lui est plutôt agréable. De là on a une belle vue sur les deux côtés du canyon. Une fois traversé, le pont ouvre sur un sentier qui permet d'observer, bien plus bas, l'hacienda Santa Maria Regla. Sachez que de là aussi on peut observer les Prismes, depuis le bas de la cascade de La Rosa (moins impressionnant mais beaucoup plus sauvage).

1910 RESTAURANTE Y BAR €€

Av. Hidalgo SN
✆ +52 1 217 1679
Ouvert du jeudi au dimanche de 12h à 2h.
Plats de 120 à 450 $.

L'endroit dispose de deux locaux dans la même rue, celui-ci ayant l'apparence d'un petit bistro installé sous les portiques : deux petites tables à l'intérieur et les autres – toutes très colorées – sur la terrasse. Le menu propose des plats plus confectionnés et internationaux qu'ailleurs dans le village : cassolettes de fromage fondu, tripes et os à moelle en entrée, viandes et poissons (thon, saumon) remarquablement cuits, et les inévitables truites locales à différentes sauces. Le burger est très bien confectionné (d'autant qu'on peut choisir la cuisson).

MINERAL DEL CHICO ★★

À 2 450 mètres d'altitude, le village est perché au beau milieu du Parc national du même nom, créé en 1898. Il est fondé au XVIe siècle autour de l'exploitation d'un filon d'argent ; celle-ci allait se poursuivre pour quelques siècles encore, Anglais puis Américains succédant aux Espagnols dans l'exploitation des concessions minières de San Antonio et La Guadalupe ; c'est d'ailleurs la présence anglaise qui donne sa physionomie au village : bâtiments de deux étages avec charpente en bois, toits à deux pentes recouverts de tôle ondulée de couleur rouge. Le village et sa nature imposante rassemblent beaucoup d'ingrédients favorables à un excellent séjour : architecture pittoresque et colorée, pics rocheux à crapahuter, canyons à explorer, escalade, randonnée, VTT et grand bol d'air pur en perspective.

Balade

Les possibilités de balade et de visite sont assez infinies dans la région. Elles peuvent inclure la visite des anciennes mines exploitées à partir du XVIe siècle, la pêche dans des lacs ou rivières, la randonnée à pied ou à cheval, mais aussi les visites en 4x4 ou quad vers les nombreux miradors des alentours.

Se loger

Le village étant très visité tous les week-ends, on a aucune difficulté à s'y loger en semaine à tous les prix, que ce soit dans le centre ou dans les environs, où abondent les possibilités de louer des cabanes pour la nuit ou camper.

Mineral del Chico, depuis la Peña del Cuervo.

EL CONTADERO

A 12 km du village. Prendre la route jusqu'à la Estanzuela puis la déviation sur la gauche. Buggies et quads sont disponibles sur la place centrale de Mineral del Chico pour s'y rendre.

Sur les hauteurs, on accède à El Contadero par une magnifique route en terre depuis le village. C'est une zone entière composée de fantasques formations rocheuses qui forment des labyrinthes intriqués (attention à ne pas vous perdre...). L'endroit est propice à la randonnée pédestre et offre notamment un sentier de 7 km de difficulté modérée.Tous les 12 décembre, les habitants des environs y réalisent une procession pour nourrir de fleurs et offrandes l'image de la Vierge à laquelle est dédiée la chapelle qui surplombe le site.

PEÑA DEL CUERVO ★★

Au cœur du Parque Nacional El Chico, c'est un sommet qu'on atteint après environ 2 heures plutôt éprouvantes depuis le centre du village. On culmine ici à 2 770 mètres, avec des vues plongeantes sur le village, la vallée et les pics rocheux de Las Monjas. Au sol se trouve une rose des vents qui indique les points cardinaux. Beaucoup montent jusqu'à Peña del Cuervo en voiture, mais si vous êtes en forme, c'est tout de même dommage de ne pas prendre son temps. La balade est l'occasion de faire le plein de nature et de profiter des paysages du parc.

PARQUE NACIONAL EL CHICO

Carretera a Mineral del Chico km 7,5
✆ +52 771 596 1314

Entrée : 39 $. Quatre campements dans la Réserve, avec aire de camping (150 $ l'emplacement) et cabanes à louer (400 $).

Le parc national dispose d'aires de camping, de cabanes à louer et même d'un refuge à différents emplacements du Parc national. C'est très rustique mais idéal pour rejoindre les nombreux sentiers pour faire une bonne grosse balade au petit matin (pensez à prendre un sac de couchage). On trouve ici toutes les informations concernant les randonnées à pied ou à vélo par des sentiers balisés, ainsi que les conseils et guides pour pratiquer l'alpinisme ou l'escalade (le plus haut sommet culmine à 3 000 mètres). Prévoir d'emmener son propre vélo.

LA POSADA DEL AMANECER €€

Jose Maria Morelos #7 ✆ +52 771 715 0190
www.posadadelamanecer.com

Chambres simples et doubles entre 1 200 et 1 600 $.

Quand on visite un village empreint d'histoire tel que celui-ci, c'est l'hôtel qu'on imagine tout de suite : traditionnel et ancien à souhait. L'ensemble est construit en belles briques de terres ; les poutres et balcons en bois, de même que ferronneries, y abondent. Le tout est construit sur deux étages le long d'un patio couvert, très lumineux et rehaussé de plantes et fleurs. Les chambres sont équipées de moquette (une rareté) pour ajouter à la chaleur ambiante, que l'on peut encore augmenter d'un bon feu de cheminée. Cosy et rustique à souhait.

MAGOS €

Gral Alfonso Corona del Rosal #10

Ouvert tous les jours de 9h à 18h. Petit-déjeuner complet 110 $, plats autour de 150 $.

On ne saurait trop vous recommander de vous arrêter dans ce restaurant, connu comme étant la meilleure table du village (et on a tendance à être d'accord). Locaux et visiteurs confondus viennent ici pour se sustenter allègrement. Le *platillo del bosque* offre un mix de protéines à réveiller un mort : *arrachera*, saucisse, *nopales*, purée de haricot, guacamole et quesadilla. Et le *plato huasteco* n'est pas mal non plus... Pour les timides, la salade avec *arrachera*. Le tout est très copieux, pour un excellent rapport qualité-prix. Ne cherchez pas plus loin.

LA CASA DEL TE

gnacio Zaragoza #3
✆ +52 771 152 4460

Ouvert du jeudi au dimanche de 9h à 22h. Tous les jours durant les vacances scolaires. Plats autour de 100 $.

Très joli café qui envoie une jolie carte de boissons et petites douceurs. L'endroit est idéal pour faire une pause dans l'après-midi ou en fin de matinée, avec sa sélection de thés et tisanes en tout genre, sans oublier les bières régionales et une petite sélection de vins. On peut également y déguster des petits plats pour soulager le palais, simples et plutôt bons : *plato ranchero* complet, charcuterie, *enchiladas*... Mais le véritable atout de l'endroit, c'est sans aucun doute son jardin verdoyant, où l'on se sent au cœur de la nature.

H-GO ADVENTURES

Camino La Presa - Capula
✆ 01 800 839 3895
www.hgoadventures.mx
Via Ferratta : 900 $. Canyoning de 500 à 1 300 $. Montée au sommet par des sentiers : 200 $.

La *via ferrata* est un itinéraire aménagé dans une paroi rocheuse, qu'on parcoure en s'accrochant à des éléments métalliques préinstallés. Ici, elle vous permet de grimper ce pic rocheux d'une hauteur verticale de 200 mètres. On ne passe pas tout droit mais en effectuant quelques diagonales : le parcours a une longueur de 450 mètres et vous êtes constamment encordés lorsque vous franchissez échelles aménagées dans le vide, ponts suspendus ou ponts de singe, et que vous grimpez le long de la paroi grâce à des ancrages. Pour autant, la chose n'est pas nécessairement aisée pour tout le monde, même si le site est ouvert à partir de 12 ans : vous pouvez toujours commencer et dévier de votre route par la suite, car il existe des points de passage permettant l'évacuation vers un chemin plus tranquille qui rejoint aussi le sommet ; attention, la premier passage est une épreuve en soi de sélection, mais sachez que la première route d'évacuation se situe à mi-chemin. Si vous complétez le parcours, vous aurez passé près de 4 heures accrochés contre la paroi rocheuse : équipement de montagne indispensable (grosses chaussures et anorak), en marchant parfois sur un câble suspendu au-dessus de 190 mètres de vide. Âme sensibles s'abstenir : on peut aussi monter par un chemin très relax, si c'est juste la vue qui vous intéresse. Pour les plus jeunes, l'endroit propose également un parcours de *canopy* (ponts suspendus dans les arbres et tyroliennes). Descentes en rappel à tous les étages. Matériel fourni.

TULA ★★

La cité de Tula se situe dans une région connue par les cultures préhispaniques sous le nom de Teotlalpan, la « Terre des dieux ». Tula fut la capitale des Toltèques, qui s'imposèrent comme l'une des civilisations les plus puissantes du centre du Mexique au tournant du premier millénaire : l'activité y débute au VIe siècle le long du Rio Tula, mais c'est au Xe siècle que la ville moderne surgit, selon une orientation et un urbanisme inspirés des cycles cosmiques. Elle succède comme centre impérialiste à Teotihuacán et précède la grande Mexico-Tenochtitlán, à qui elle allait léguer le culte des guerriers dont chaque ordre répondait à un animal-totem. Les puissants Aztèques s'y rendaient comme en un lieu de culte, hantant les ruines de la cité, y déterrant ci et là des objets qu'ils recyclaient ensuite en offrandes dans leurs propres temples. À son apogée (aux alentours de l'an 1 000), son influence s'étendait aussi loin que le golfe du Mexique, la péninsule du Yucatán, l'Amérique centrale et l'Occident mexicain ; vers le nord, elle contrôlait l'approvisionnement de la région en turquoises qui provenaient d'aussi loin que le sud des actuels États-Unis. Son règne comme centre régional s'achève aux alentours de 1 200 ; les peuples qui allaient dominer par la suite la région allaient revendiquer son héritage.

Les célèbres « Atlantes » de Tula.

ZONA ARQUEOLÓGICA DE TULA ★★

Ouvert tous les jours de 9h à 17h. Entrée : 75 $.

Comme à Teotihuacán, l'organisation urbanistique de l'ensemble répond à une division en quartiers corporatistes disposant chacun de son petit centre cérémoniel (pyramide et temple, jeu de balle) et d'unités résidentielles plus ou moins spacieuses selon le rang de la famille. Rues et places pavées connectaient le tout, de même qu'ils reliaient les quartiers entre eux. Entre 900 et 1 150, la ville atteint une extension de 18 km². L'ensemble monumental, que l'on visite de nos jours, est édifié sur une terrasse artificielle qui accueille bâtiments administratifs et cérémoniels. Les Atlantes constituent la principale attraction de la zone archéologique de Tula. Ils ont été découverts en 1940 par l'archéologue Jorge Acosta et se trouvent en haut du Temple de Tlahuizcalpantecutli, d'où l'on a une vue d'ensemble sur la place principale de la zone archéologique. Il s'agit de sculptures en pierre basaltique d'un peu plus de 4 mètres de hauteur qui représentent des guerriers portant des boucliers pectoraux en forme de papillon, des couronnes de plumes et des armes. Il y a au total 4 sculptures et chacune d'entre elle est formée de 4 blocs de pierre. Outre les Atlantes, la zone archéologique est composée des fameux bas-reliefs du mur des Serpents (Coatepantli), de l'Autel Central, de pyramides, du Palacio Quemado, de plusieurs *juegos de pelota*, et d'un *tzompantli*, autel où l'on exposait les têtes encore sanguinolentes des prisonniers qui avaient été sacrifiés pour honorer les dieux.

REAL CATEDRAL HOTEL BOUTIQUE €€

Zaragoza #106
✆ +52 773 732 0813
www.hotelrealcatedral.com
Chambre pour 2 personnes de 750 à 1 200 $.

Cet hôtel historique, dont la construction a débuté en 1868 et l'inauguration a eu lieu quatre ans plus tard, jouit d'un emplacement idéal, à deux pas de la cathédrale et du zócalo de Tula. Il offre vingt-neuf chambres confortables et agréables. Chacune d'entre elles est proprette et possède une décoration simple et soignée, dans les tons pastel. L'établissement comprend en outre un restaurant qui propose une cuisine mexicaine et une salle de sport. Efficace et abordable.

GRUTAS DE TOLANTONGO ★★

Au naturel, c'était sûrement le lieu le plus impressionnant de l'État d'Hidalgo... aujourd'hui envahi par des aménagements malheureux. De l'entrée, on descend un chemin de 8 km qui traverse un *llano*, une plaine habitée de formidables et hauts cactus à l'extrémité blanche. Puis, lorsqu'on s'approche du canyon, d'un coup le spectacle d'une oasis de verdure. En bas, on a accès à des grottes fermées par une cascade. On peut traverser cette dernière et s'enfoncer à l'intérieur. Le clou du spectacle est constitué de petits bassins à même la roche alimentés d'eaux thermales, où la couleur couleur ocre contraste avec le vert-bleu de l'eau.

HUICHAPAN ★

Dans la Vallée au climat semi-désertique du Mezquital, Huichapan est au cœur de l'histoire du pays et de l'État d'Hidalgo ; c'est aussi le seul village de la région qui dispose d'une architecture à proprement parler coloniale (XVIIe-XVIIIe) ou *porfirienne* (XIXe). Depuis les temps préhispaniques, cette région est un couloir de transit entre la Vallée de Mexico, le Bajío et les vastes étendues du nord du Mexique ; c'est une sorte de zone tampon entre les civilisations sédentaires et les tribus semi-nomades qui se sont constamment disputé son occupation, en attestent les nombreux sites de peintures rupestres qui couvrent les parois des canyons des environs (dont les plus récentes datent du XVIIe). L'arrivée des Espagnols marquera l'installation de nombreuses haciendas d'élevage, alors que la petite ville devient une étape importante sur le *Camino Real Tierra Adentro*, entre la ville de Mexico et celle de Querétaro. Son emplacement géographique lui fera souffrir les affres de la guerre d'Indépendance, mais c'est aussi ici qu'elle sera célébrée pour la première fois sous la forme qu'on lui prête aujourd'hui : le 16 septembre 1912, depuis les hauteurs d'un balcon connu comme le *Chapitel*, les autorités municipales lancent le fameux cri qui s'élève désormais partout dans le pays chaque année : ¡Viva México, Viva México, Viva México !

TLAXCALA ★

Fondée en 1524, la ville est relativement petite comparée aux autres capitales régionales du pays, avec ses quelque 90 000 habitants. Par ailleurs, Tlaxcala n'est pas spécialement réputée pour sa beauté ou l'homogénéité de son architecture, bien que son centre historique recèle de quelques bâtiments et musées qui valent un coup d'œil. Il est inutile de consacrer une journée ou plus à la découverte de cette ville ou d'y dormir, mais si jamais vous décidez de faire une petite pause sur la route, citons parmi les sites qui ne sont pas dénués d'intérêt : *Palacio de Gobierno*, *Palacio de Cultura*, *Plaza de Toros* et autres édifices religieux.

HUAMANTLA

Huamantla, c'est ce petit chef-lieu de province qui n'a pas grand intérêt en soi, mais qui a l'avantage d'être suffisamment prêt du volcan de la Malinche pour mériter un petit détour pour une pause déjeuner au marché : on y sert des tacos de *barbacoa* (mouton) et des *huaraches* à tomber par terre. Huamantla est aussi connu pour accueillir une féria traditionnelle en l'honneur de la Vierge Marie. Pour l'occasion, on décore les rues de la ville de tapis en sciure de bois, avec des motifs et de toutes les couleurs, qui peuvent s'étendre sur 6 km ! Mais la ville reste avant tout un bon pied-à-terre pour la visite du Parque Nacional la Malinche.

PARQUE NACIONAL LA MALINCHE ★★

A 13 km de Huamantla, 43 km de Tlaxcala et 150 km de la ville de Mexico. Prendre la route 136 et la déviation vers le volcan au lieu-dit Teacalco. De là, continuer à monter jusqu'au refuge La Malitzín.

Ouvert tous les jours de 7h à 23h.

Le volcan *La Malinche* (4 460 mètres) fait partie de la cordillère néovolcanique *Anahuac* ; sa dernière éruption remonte à plus de 3 000 ans. Dès que la pente s'élève, une magnifique forêt de hauts conifères fait place aux champs de maïs et haricots. Depuis ses hauteurs, on distingue aussi bien le pic d'Orizaba que l'Iztachihuatl et le Popocatepetl. Pour monter, arrivez au refuge tôt le matin et commencez l'ascension. L'aller-retour vers le sommet prend une dizaine d'heures.

HACIENDA SANTA BARBARA €€

Colonia Chapultepec ✆ +52 1 246 196 2570

www.haciendasantabarbara.com.mx

Entre 1 600 et 1 800 $ pour deux personnes, dîner et petit-déjeuner inclus.

Voilà une hacienda du XVIIe siècle qui fait face au volcan de la Malinche. Dans une plaine rurale et sauvage, ce très beau bâtiment à l'apparence d'une forteresse médiévale est un trésor de tranquillité. Seules les ailes du patio sont aménagées : une belle cuisine, quatre chambres (doubles ou de luxe avec bain à bulles), salon, salle de jeu avec billard… L'accueil est familial sans être envahissant ; l'ensemble est aménagé avec goût et simplicité. Le reste de l'édifice est à visiter en déambulant à votre gré dans ce labyrinthe de salles et bâtiments.

SANTUARIO DE LAS LUCIERNAGAS ★★

Dans la région de Nacacamilpa, le Sanctuaire des Lucioles (et oui, ces petits insectes volants qui brillent intensément dans la nuit) est à visiter entre mi-juin et août. Cette réserve de 600 hectares de forêt de conifères (2 800 mètres d'altitude) présente en effet les conditions climatologiques parfaites pour la reproduction de ces petits animaux ; seuls 20 ha de la réserve sont ouverts aux visites. Les visites ont lieu à la tombée de la nuit, alors que les centaines de lucioles illuminent la forêt. Très joli spectacle à découvrir en famille, de préférence en semaine et avant les vacances scolaires qui débutent la première semaine de juillet.

CACAXTLA - XOCHITECATL ★

La cité de Xochitécatl, qui occupait une position stratégique entre la côte du golfe du Mexique et la vallée de Mexico, a été habitée par les cultures olmèques-xicalanques et connut son apogée après la chute de Teotihuacán et avant l'essor de Tula, c'est-à-dire entre 600 et 950 apr. J.-C. L'attraction principale du cette zone archéologique est un édifice dénommé le *Gran Basamento*, qui mesure 200 mètres de long et 110 mètres de large.

Pratique

Le site de Cacaxtla est ouvert tous les jours de 9h à 17h30 (entrée : 75 $).

PUEBLA ★★

Le nom *náhuatl* de la ville sur laquelle s'établit en 1531 *Puebla de Los Angeles* était *Cuetlaxcoapan*, qui signifie « lieu où muent les vipères ». Entourée de trois volcans (le *Popocatépetl*, l'*Iztaccíhuatl* et la *Malinche*), elle est située à 2 160 m d'altitude, ce qui lui confère, sous le tropique du Cancer, un climat tempéré. C'est une ville très espagnole, bourgeoise et conservatrice, par son architecture comme par son ambiance. La ville aux cent clochers est toutefois un peu perturbée par une université à tendance contestataire. Avec l'installation de l'usine Volkswagen en 1964 (la deuxième usine la plus importante au monde après celle de Wolfsburg), la ville de Puebla est devenue un important centre industriel, et compte aujourd'hui un peu plus d'un million et demi d'habitants. Son centre-ville s'anime surtout le week-end, lorsque les antiquaires font déborder leurs échoppes sur les places et ruelles. La ville entière semble également s'éveiller lors des célébrations de la bataille de Puebla. C'est en effet ici que s'enracine le nationalisme mexicain : cette bataille marque la première victoire d'un général mexicain contre une armée étrangère, en l'occurrence l'armée française (5 mai 1862) ; qu'importe si cette victoire est temporaire et finalement anecdotique (l'armée française remporte la guerre et Maximilien de Habsbourg sera nommé empereur du Mexique par Napoléon III deux ans plus tard), cette date est fêtée dans tout le pays avec plus d'exubérance que l'Indépendance, et donne lieu à des festivités culturelles et artistiques de qualité internationale dans toute la ville.

BARRIO DEL ARTISTA ★

Dans ce « quartier de l'artiste », on peut visiter près de cinquante ateliers de peinture et de sculpture, regroupés autour de l'académie des beaux-arts. Avec ses nombreux cafés et ses jeunes inspirés, le quartier présente une atmosphère détendue et bohème, idéale pour une balade reposante en fin de journée. Certains artistes exposent leur travail (des toiles, le plus souvent). Si vous avez un coup de cœur, il est donc tout à fait possible de faire l'acquisition d'une de leurs œuvres ! Le quartier accueille aussi parfois des stands de vêtements et artisanat.

BIBLIOTECA PALAFOXIANA ★★★

5 Oriente #5 ✆ +52 222 246 3186

www.palafoxiana.com

Ouvert du mardi au vendredi de 10h à 17h ; du vendredi au dimanche de 10h à 18h. Entrée : 40 $.

C'est l'une des plus anciennes bibliothèques du continent, reconnue par l'UNESCO depuis 2005 par le titre de Mémoire du Monde. Une grande partie de la collection fut donnée par l'évêque Juan de Palafox y Mendoza en 1646. La nef de 43 mètres de longueur, dotée de magnifiques étagères en bois précieux, fut édifiée en 1773 pour accueillir le public. Peu à peu, la collection s'élargit grâce aux dons des évêques suivants et de l'incorporation des collections provenant des collèges jésuites. Elle compte plus de 45 000 volumes (XVe-XXe siècle), dont trois incunables.

Carnaval de Puebla.

AUTOUR DE MEXICO

CALLEJÓN DE LOS SAPOS ★★

Calle 6 Sur, entre avenida Don Juan de Palafox y Mendoza et 7 Oriente

Cette « placette des crapauds » est l'un des lieux les plus visités de la ville, une zone où se sont installés les antiquaires il y a une vingtaine d'années. Très intéressante brocante et marché aux puces tous les dimanches matin : on y vend des meubles anciens et autres articles artisanaux, jusqu'aux objets domestiques. Les soirs de fin de semaine, l'endroit se remplit de musique et les nombreux cafés, bars et restaurants y font régner une ambiance familiale et bohème. Autre point d'intérêt du quartier : l'église de San Jerónimo.

CATEDRAL DE PUEBLA ★

Sur le Zócalo

Ouvert du mardi au dimanche de 9h à 13h et de 16h à 20h. Accès libre.

Construite à partir de 1575 sur ordre du roi Felipe II, elle est consacrée en 1649 et n'acquiert sa forme actuelle qu'en 1690 : une façade de style Renaissance et un intérieur aux traits baroques. Ses deux tours culminent à 69,36 m. Remarquez les beaux carreaux de faïence multicolores, semblables à ceux utilisés dans le Michoacán. Son intérieur regorge de trésors religieux, entre autels, mobilier et peintures de maîtres. Le week-end est projeté le videomapping « Mosaicos Poblanos », qui présente divers aspects de l'histoire et de la culture de l'Etat de Puebla.

CAPILLA DEL ARTE ★★

2 Norte #6

✆ +52 222 242 2808

www.udlap.mx/capilladelarte

Ouvert du mardi au dimanche de 11h à 19h. Gratuit.

Ce centre culturel présente tout au long de l'année des expositions à la scénographie mouvante, dans ce bel espace de type *loft* du début du XXe, fait de poutres métalliques, de parquet en bois et de larges ouvertures vitrées. C'est aussi un forum artistique vivant de la scène locale. En général, les mercredis sont notamment consacrés à une programmation musicale avec concerts de musique de chambre, opéra ou jazz. Le vendredi est consacré aux projections de cinéma d'auteur et le dimanche aux spectacles divers (théâtre, marionnettes...).

CENTRO CIVICO CULTURAL 5 DE MAYO ★

Calzada Ejércitos de Oriente s/n

Le centre civique de Puebla, au sommet d'une colline arborée, regroupe plusieurs monuments et musées : le fort de Guadalupe et le fort de Loreto, qui jouèrent un rôle important lors de la bataille de Puebla, qui opposa les Mexicains à l'armée française (5 mai 1862) ; le Museo Regional de Puebla, qui présente des pièces et œuvres étroitement associées à l'histoire de l'Etat, de la période préhispanique jusqu'à la Révolution ; et le Museo de la Evolución, dédié à l'histoire naturelle.

CASA DE ALFEÑIQUE ★

4 de Oriente #416

✆ +52 222 232 0458

Ouvert du mardi au dimanche de 10h à 17h. Entrée : 45 $.

Construite en 1790, cette belle demeure doit son nom à la décoration de sa façade, qui semble faite à l'image d'une sucrerie locale, l'*alfeñique*. Convertie depuis 1926 en musée, on y découvre dans ses 19 salles des *codices* du XVIe siècle, des objets anciens dont certains ont appartenu à Porfirio Díaz, et des peintures retraçant la bataille du 5 mai 1862 ou des scènes de l'époque coloniale. A l'étage, on visite la maison telle qu'elle était habitée aux XVIIIe et XIXe siècles. En tout, pas moins de 1 500 pièces présentent l'histoire de la ville et de ses habitants.

EX-CONVENTO DE SANTA ROSA ★★

3 Norte #1203

✆ +52 222 232 7792

Ouvert du mardi au dimanche de 10h à 17h. Entrée : 40 $.

Cet ex-couvent ouvert en 1683 est connu pour abriter la cuisine dans laquelle aurait été inventé le *mole poblano* par la nonne Sor Andrea de la Asunción, à l'occasion d'une visite du vice-roi de Nouvelle-Espagne. Elle aurait été inspirée par une voix lui enjoignant de mélanger les ingrédients donnant naissance à cette sauce emblématique. La cuisine est un endroit magique, entièrement recouvert de faïence locale, la *talavera*. L'édifice est désormais dédié aux cultures natives de l'Etat.

MUSEO AMPARO ★★★

Calle 2 Sur #708
✆ +52 222 229 3850
www.museoamparo.com
Ouvert du mercredi au lundi de 10h à 18h.
Entrée : 35 $. Gratuité les dimanche et lundi.

L'histoire du bâtiment remonte au XVIe siècle, alors qu'il fonctionnait comme hôpital, avant d'être utilisé pour d'autres fonctions, jusqu'en 1871. C'est en 1979 que don Manuel Espinosa Yglesias crée la fondation Amparo, à la mémoire de son épouse. De là dériva le musée Amparo qui fut inauguré en février 1991 avec un mot d'ordre : « Rencontre avec nos racines ». L'idée maîtresse du musée est que l'art et la culture sont fondamentaux pour qu'une société se connaisse, se fortifie et s'estime. Cette belle image a donné naissance à l'un des musées mexicains privés les plus importants du pays, totalement rénové et remodelé en 2010 : quelle surprise de passer sa façade de pierre pour tomber dans un décor digne des *white-cube* des années 80 et 90, avant finalement de pénétrer dans des salles anciennes dotées de parquets et de poutres en bois, que l'on rejoint par des balcons surplombant des patios typiquement coloniaux.... Au niveau de la collection permanente, le musée Amparo expose plus de 2 000 pièces d'art préhispanique provenant de différentes parties de la République mexicaine. On retrouve d'ailleurs une très intéressante carte du pays où l'on peut aisément situer les principaux sites archéologiques. Une gigantesque frise chronologique visuelle permet aussi de comparer les principales productions esthétiques des cinq continents. L'autre gros morceau de la visite concerne cette fois une importante collection d'œuvres et meubles de l'époque coloniale (*Arte Virreinal*), avec une extension vers le XIXe.

MUSEO DE ARTE RELIGIOSO ★★

18 Poniente #103 ✆ +52 222 232 0178
Ouvert du mardi au dimanche de 10h à 17h.
Entrée : 45 $.

Datant de 1606, cet édifice était destiné à accueillir les femmes mariées de la noblesse pendant l'absence de leurs époux. Après la confiscation générale des couvents en 1857, il fonctionna clandestinement jusqu'en 1934. 23 salles présentent des œuvres de maîtres reconnus et abordent des thématiques liées à la vie monastique féminine. L'édifice est le fruit de modifications au fil du temps. Son style baroque dominant est prononcé sur les murs recouverts d'*azulejos de talavera* dans le *patio de las profesas*, alors que la façade principale est de style néoclassique.

MUSEO INTERNACIONAL DEL BAROCO ★★★

Reserva Territorial Atlixcáyotl #2501
✆ +222 326 71 30
www.mib.puebla.gob.mx
Ouvert du mardi au samedi de 10h à 19h ; le dimanche de 10h à 17h. Entrée : 80 $.
Visite guidée : 200 $.

Impossible de ne pas mentionner ce musée excentré, dessiné par l'architecte japonais Toyo Ito (prix Pritzker 2013). Il se veut le temple international de l'art baroque, sous toutes ses expressions, mais c'est autant son coût que son véritable intérêt culturel ou artistique qui ont fait débat lors de son ouverture en 2014 : il est considéré comme un caprice politique des administrations publiques et fédérales. De fait, un certain nombre d'œuvres ont été retirées de musées du centre-ville ou même de la cathédrale pour prendre place dans cet édifice au style très contemporain, alors que ces musées installés dans des édifices historiques, ancrés dans leur quartier, auraient bien besoin d'un coup de pouce financier... Pourtant, il faut dire que le résultat est superbe aussi bien aux niveaux architecturaux que muséographiques. Les pièces exposées sont splendides, et l'ensemble du parcours est très didactique et divertissant. Car c'est ici un voyage pas évident que propose le musée : le voyage au cœur du style baroque, tendance multidisciplinaire (peinture, musique, architecture, sculpture, littérature, théâtre, danse...) qui s'est répandue sur la planète entière entre la fin du XVIe et le XVIIIe siècle. Le terme en lui-même découle du vocable d'origine portugaise «barrôco», qui désigne des perles aux contours capricieux... C'est donc à une rupture des formes et conventions que le style baroque fait écho, lui qui historiquement s'insère entre la Renaissance (perspective et lumière) et le Néoclassique (prédominance des lignes et de la forme, admiration pour les classiques). La première salle fait écho aux débuts de ce style dans les villes européennes qui se consolident à la fin du XVIe siècle comme le siège de pouvoirs très centralisés avec un certain goût pour l'ostentation architecturale, décorative ou cérémonielle. Une belle carte mondiale permet de recenser les centres planétaires du style, à mesure que se déploie la colonisation européenne aux quatre coins du globe. On trouve aussi une maquette interactive du centre de Puebla, agrémentée d'animations vidéos qui n'ont rien à envier à l'art contemporain. L'ensemble des sept salles thématiques, dédiées à des expressions du style (sculpture, peinture, musique...) a en effet le grand avantage de coupler des œuvres magnifiques (peintures, sculptures, instruments de musique, costumes, objets et meubles décoratifs...) avec des dispositifs interactifs qui permettent de littéralement jouer avec les œuvres.

MUSEO JOSÉ LUIS BELLO Y GONZÁLEZ ★★

5 de Mayo #409
✆ +52 222 232 4720
www.museobello.org
Ouvert du mardi au dimanche de 10h à 16h. Gratuit.

Cette demeure faisait autrefois partie du Couvent Santo Domingo de Guzmán. Elle fut acquise à la fin du XIXe siècle par la famille Bello dont un des héritiers, José Luis Bello y Zetina, la transforma en musée. La riche collection (plus de 3 000 pièces au total) de peintures, aquarelles, gravures et sculptures est exposée parmi les meubles d'époque, qui nous donnent une idée sur la vie quotidienne des classes aisées mexicaines au début du XXe siècle.

NUESTRA SEÑORA DE LA CONCORDIA ★★

À l'angle des calle 3 Sur et 9 Poniente
Ouvert tous les jours de 7h30 à 13h et de 16h à 20h.

Dans l'une des dépendances de l'église de la Concordia (dont l'intérieur était baroque avant d'être reconverti en néoclassique en 1831), le Patio de les Azulejos est un magnifique patio construit en 1676. Considéré comme l'un des lieux les plus beaux de la ville, représentatif du baroque *poblano*, vous y trouverez un bel exemple de l'utilisation des *azulejos*, ces faïences bleues originaires du sud de l'Espagne et du Portugal. A ne pas manquer pendant votre visite du centre.

SAN PEDRO MUSEO DE ARTE ★

4 Norte #203 ✆ +52 222 246 6618
www.museospuebla.puebla.gob.mx
Ouvert du mardi au dimanche de 10h à 18h. Entrée : 40 $.

Au cœur du centre historique de la ville, le Musée d'Art de Puebla est installé dans l'ancien hôpital de San Pedro, bâtiment construit en 1542. Le musée a été fondé en 2002 et se divise en 5 salles qui s'étendent sur 1 000 m^2.

Il présente d'intéressantes expositions temporaires, nationales et internationales, aux thématiques variées. Le site officiel vous informera sur les expositions en cours. Le musée abrite également la collection de l'État de Puebla, et également la pharmacie de l'hôpital, reconstituée, qui a fonctionné durant quelque 350 ans.

TEMPLO DE SANTO DOMINGO ET CAPILLA DEL ROSARIO ★★★

5 de Mayo y 4 Poniente #101

Cette église datant de 1690, la première du pays dédiée à la *Virgen del Rosario*, est connue pour abriter la chapelle du Rosario, considérée en son temps comme la « huitième merveille du monde » et de nos jours comme le joyau de l'art baroque mexicain. Ses décorations omniprésentes et incroyablement ciselées sont élaborées en plâtre et en onyx recouvert de feuilles d'or 22 carats. Cette décoration à couper le souffle n'est interrompue que par les peintures de José Rodríguez Carnero.

TERMINAL TREN PUEBLA-CHOLULA

Calle 11 Norte entre Av. 18 et 20 Poniente
Départs en semaine à 7h, 8h30, 16h50. Le WE à 7h. 8h30, 10h, 16h, 17h30. Tarif : 10 $.

Ce petit tram moderne et récent permet de rejoindre le centre de Puebla depuis la Zona Archéologique de Cholula, et vice versa, en 40 minutes. Pratique. Niveau paysage, les zones traversées sont plutôt tristounettes, mais l'essentiel est que cela reste votre meilleure option pour aller visiter Cholula dans la journée. Il circule tous les jours de la semaine, entre 7h et 18h, avec deux départs supplémentaires le samedi et le dimanche. Pratique et sympathique.

HOTEL BOUTIQUE CASA REYNA €€

Privada 2 Oriente #1007
✆ +52 22 2232 0032
www.casareyna.com
Chambre double à partir de 1 700 $.

Les 46 suites de cet agréable hôtel-boutique respirent le raffinement et le bon goût. Elles sont toutes spacieuses, décorées avec sobriété et agrémentées de quelques touches *design*. Mais l'atout charme de Casa Reyna, c'est sa belle piscine entourée de murs roses (histoire de ne pas oublier qu'on est à Puebla !) et encerclée de transats. L'établissement comprend également une salle de sport et un restaurant qui sert une excellente cuisine traditionnelle. Une adresse de charme.

MESON SACRISTIA DE LA COMPAÑIA €€

Calle 6 Sur #304
✆ +52 222 232 4513
www.mesones-sacristia.com
8 suites, entre 1 300 et 2 500 $.

Situé au cœur du quartier des antiquaires, cet hôtel est installé dans une maison coloniale du XIXe, équipée de terrasses espagnoles typiques et de lourdes portes de bois. La peinture des espaces communs y est rose pétard, et les chambranles des portes sont décorés de motifs dorés. Les chambres sont magnifiques, décorées de meubles et d'antiquités en tous genres. Au restaurant, vous bénéficierez, dans un cadre chaleureux et romantique, d'une succulente cuisine *poblana*.

CASONA DE LA CHINA POBLANA €€€

4 Norte #2
✆ +52 222 242 5621
www.casonadelachinapoblana.com
Petit déjeuner inclus. Chambres doubles entre 2 200 et 3 200 $.

Ce magnifique hôtel se trouve dans une demeure du XVIIe siècle, où a vécu la China Poblana – une femme vénérée à Puebla pour son histoire épique. Ce petit hôtel-boutique ne comprend que des suites, dotées de parquet et décorées sobrement. Certaines sont équipées d'un balcon, d'un piano, d'un bain à remous et toutes possèdent un petit coin salon où l'on peut se détendre après une journée de visite. Service de massage en supplément. Egalement un très beau restaurant en terrasse.

HOTEL ANDANTE €€€

2 Oriente #15
✆ +52 222 232 1816
www.hotelandante.mx
Suite. 19 suites, de 1 700 à 5 500 $, petit déjeuner compris.

Voici un hôtel récent très original, dont le concept repose sur la musique classique. Dans ce bâtiment ancien à la façade rose situé à 100 mètres de la cathédrale, chaque suite est une transcription d'un compositeur de musique classique. Les œuvres d'art exposées ont toutes été commandées à des artistes de la ville pour créer un contraste coloré entre l'ancien, le kitsch et le contemporain. Terrasse, bar, salle de sport, massage et… musique classique en toile de fond. Toute une expérience, qui se poursuit dans les chambres, joliment décorées.

FONDA LA MEXICANA €

3 Poniente #316
✆ +52 222 242 28237
Ouvert tous les jours de 9h30 à 20h30. Plats aux alentours de 130 $. Menu à 100 $, plats aux alentours de 130 $.

Voici un très joli restaurant fondé en 1956, dans cette maison du XIXe siècle dotée d'un joli patio. Y sont servis des petits déjeuners complets (*omelet huasteco*), des spécialités de Puebla (*pipián* vert, *mole*) et des plats mexicains (*pechuga al ajillo*), le tout à des prix modérés. Très bonne option pour déguster la cuisine locale, à toute heure de la journée, et on y sert même l'apéritif, vins et cocktails. Une *fonda* traditionnelle qui a su évoluer avec son temps. Le cadre, qui rappelle une cour intérieure bien fleurie, est particulièrement agréable.

MOYUELO €€

Av. Juarez #1914
✆ +52 222 232 4270
www.moyuelo.com.mx
Ouvert du lundi au samedi de 13h30 à 22h30 ; le dimanche de 13h30 à 18h. Cemitas : 100 $. Plats : 250 $.

Ouvert en 2014, cet excellent restaurant s'était donné pour mission de repousser les limites culinaires autour de la *cemita*, ce petit pain traditionnel qui sert à confectionner des sandwichs sur tout le continent latino. Ici, la touche contemporaine est claire, nette et précise. Mission accomplie, le chef sert toujours ses belles *cemitas*, mais adapte et interprète aussi la cuisine de l'autre Puebla : celle des montagnes, des pâturages, de la brume, de la fumée, des cours d'eau glacée, des fruits, de l'air pur et des volcans.

EL MURAL DE LOS POBLANOS €€

16 de Septiembre #506 ✆ +52 222 242 0503
www.elmuraldelospoblanos.com
Ouvert tous les jours de 8h à 22h ; de 8h à 22h. Plats autour de 200 $.

Dans un cadre très agréable, joliment décoré et légèrement haut de gamme, on trouve ici un mélange de spécialités espagnoles et de Puebla. Au menu : agneau au beurre et aux champignons, *pipián* vert, *tacos* fourrés aux crevettes et au fromage, et glaces au *turrón*. C'est ici que pour la première fois aurait été servi le *Chile en nogada*, devenu plat national. L'établissement organise également des ateliers autour de la cuisine locale et des dégustations de vin. Un classique de la ville, toujours aussi bon malgré le passage des ans.

LA PASITA

En face de Callejón de los Sapos

Ouvert du lundi au samedi de 15h à 21h ; le dimanche de 15h à 18h30. Les horaires fluctuent au gré des envies du barman.

C'est la plus vieille *cantina* de Puebla, ouverte en 1916, et sans doute la plus connue également. Dans une ambiance de cabinet de curiosités pétri d'histoire(s), vous pourrez goûter plus de 25 cocktails et préparations à base d'alcools forts : la *pasita* (liqueur de raisin servie avec fromage et fruits séchés), la *sangre de brujas* (sang de sorcière) ou la *dulce monja* (la tendre religieuse). D'autres cocktails sont à base de liqueur d'amande, de noix de coco, d'anis ou d'orange. Véritablement une expérience à ne pas manquer. Bonne chance !

PUEBLA LA CHURRERÍA

Calle 2 Sur

✆ + 52 052 232 1322

Ouvert tous les jours de 9h à 0h. Churros à 4 $, cemitas entre 45 et 60 $.

Les meilleurs *churros* de la ville sont préparés dans cette petite boutique à deux pas du Zocaló. On y fait la queue en soirée pour s'enfourner de délicieux *churros* bien chauds, à accompagner d'une bonne variété de chocolats chauds. Les petits beignets frits espagnols ne sont pas les seules gourmandises à disposition : en vitrine, également de copieux donuts et *conos de crema* (sortes de croissants fourrés d'une crème pâtissière). On peut aussi s'y arrêter du matin au soir pour s'y sustenter de ces petits sandwichs typiques et très nourrissants que sont les *cemitas*.

CHOLULA ★★

Située à 12 km de Puebla, Cholula est une petite ville agréable où résident bon nombre d'étudiants. Le marché de la ville est à voir pour humer les centaines d'arômes des *moles* qui peuplent les étals. Si sur la place trône l'énorme *Convento de San Gabriel Arcángel* (fondé au XVIe), la ville doit sa renommée à son site archéologique, dont le nom vient du náhuatl *Tollan-Chollolan-Tlachihualtépetl*, qui signifie « la ville de ceux qui ont fui et où se trouve la montagne faite à la main ». Le peuplement d'origine mixtèque de Cholula remonte à l'an 500 av. J.-C., et durant l'apogée de Teotihuacán la ville devient déjà un important centre d'échanges commerciaux. Après un relatif déclin lié à la réorganisation territoriale de la région suite à la chute de Teotihuacán, la ville est envahie et conquise au Xe siècle par des habitants toltèques expulsés de la cité de Tula, ce qui ravive l'activité et le dynamisme de la cité. Puis les Mexicas dominent à leur tour la région et Cholula paie alors le tribut à la grande Tenochtitlán, qui la convertit derechef en alliée militaire pour contrer la résistance légendaire de Tlaxcala.

Transports

Des bus pour Cholula partent du centre-ville de Puebla, à l'angle des rues 6 Poniente et 13 Norte. Le moyen le plus rapide reste néanmoins d'emprunter le tramway.

ATLIXCO ★

Atlixco est une agréable petite ville dont le centre historique est parfaitement conservé. Son Zócalo est particulièrement agréable : cafés et restaurants en terrasse se succèdent sous les arcades pendant que le jardin central abrite un café sous la fraîcheur des arbres, dans un kiosque à l'architecture Art déco. Une très jolie église complète le tableau. S'il n'y a pas de monuments exceptionnels à proprement parler, l'ensemble formé par les quelques rues colorées autour du Zócalo est très agréable à parcourir et vous pourrez grimper en haut du cerro San Miguel d'où vous aurez une vue imprenable sur le Popocatépetl, la ville et la vallée.

Rue colorée de Cholula.

Église Nuestra Señora de los Remedios.

ZONA ARQUEOLOGICA DE CHOLULA ★★

Ouvert tous les jours de 10h à 17h30.
Entrée : 80 $.

L'attraction principale du site est la Grande Pyramide, dédiée au dieu de la Pluie *Chiconquiahuitl.* Lorsque Cortés arriva à Cholula, la cité religieuse était toujours en activité et les Espagnols perpétrèrent le premier grand massacre de la population indienne au Mexique. Une fois la conquête consumée, ils firent ériger une église en haut de la pyramide, *l'Iglesia de los Remedios*. Le site abrite des patios cérémoniels à découvrir ou encore un long tunnel dans lequel on peut circuler.

TERMINAL TREN CHOLULA-PUEBLA

Av. Morelos y Esq. 6 Norte
En semaine départ à 7h45, 12h20, 17h40.
Le week-end : 7h45, 9h15, 15h15, 16h45, 18h15.

Ce tram très récent permet de rejoindre le centre historique de Puebla en 40 minutes, et vice versa. C'est une bonne option si vous êtes à l'hôtel à Cholula et souhaitez visiter Puebla dans la journée, d'autant que c'est gratuit. Pendant le voyage, il n'y a pas grand-chose à voir, mais on évite au moins les embouteillages et on se laisse transporter. Il est conseillé d'arriver bien à l'avance, surtout le week-end. Trois allers-retours par jour en semaine et cinq le week-end.

SANTA MARÍA TONANTZINTLA ★★

S'il y a un lieu à ne pas manquer, c'est bien ce petit village au sud de Cholula, dont l'église est l'un des exemples les plus féroces du style baroque de la région, voire même du pays. L'impressionnante église, dont la construction s'étale du XVIIe au XIXe, possède une façade de style naïf, très colorée, mais finalement très sobre en comparaison de ce qui vous attend à l'intérieur. Passez en effet la porte et vous tomberez des nues sous le poids d'une décoration extrêmement chargée : pas un seul recoin de l'église n'est vierge ; murs et plafonds sont recouverts de motifs et de personnages moulés en plâtre et peints de mille couleurs.

CANTONA ★★

Relativement isolée, elle se trouve à une centaine de kilomètres de Puebla, sur la route de Xalapa ; sa visite constitue une belle petite pause sur la route de Cuetzalan. Décrite au XIXe par Henri de Saussure, c'est une zone archéologique qui doit probablement sa dénomination actuelle à une méprise sur la phonétique native, comme cela est souvent le cas depuis la Conquête espagnole : les habitants de la région la dénommaient en effet *Caltonac* (la maison du soleil en Nahuatl). Ouverte au public il y a moins d'une vingtaine d'années, il s'agit ni plus ni moins de la ville préhispanique la plus vaste qu'ait connue la Méso-Amérique, largement parcourue des pilleurs en tous genres avant qu'elle ne soit réhabilitée pour les visites.

On sait encore peu de choses sur cette immense métropole, si ce n'est qu'elle se développa entre 600 et 1 000 apr. J.-C. sous l'impulsion de groupes Olmeca-Xicalanca, et qu'elle participa peut-être au déclin de Teotihuacan en se convertissant en ville fortifiée contrôlant le commerce entre les Hautes Terres de la Vallée de Mexico et le Golfe du Mexique. Elle constituait également un centre de transformation de l'obsidienne extraite dans les montagnes alentour. Puis, au tournant du deuxième millénaire, des changements climatiques semblent alors toucher la région, la disparition des cours d'eau qui alimentaient cette zone alors fertile provoquant son déclin puis sa disparition au XIIIe siècle. Elle est aujourd'hui située sur un haut plateau au climat frais et sec délimité par deux chaînes de montagnes volcaniques qui s'imposent au nord et à l'est.

ZONA ARQUEOLOGICA CANTONA ★★

Sur l'autoroute qui relie Puebla À Xalapa, sortir à Tepeyahualco.

Ouvert tous les jours de 9h à 18h. Entrée : 65 $.

La ville originelle couvrait une vaste étendue dont on ne visite aujourd'hui qu'une infime partie : essentiellement l'Acropolis, située sur une élévation de la coulée de lave sur laquelle était établie la ville. Son agencement global a pris acte de ce terrain accidenté, rompant ainsi avec la symétrie associée à d'autres villes préhispaniques. On y a dénombré un nombre incalculable de rues et chaussées, plus de 3 000 patios d'unités résidentielles et 27 terrains de *juego de pelota*.

© FELIX FRIEBE - SHUTTERSTOCK.COM

Zone archéologique de Cantona.

CUETZALÁN ★★

À 174 km au nord de Puebla (4 heures de route), le village à l'architecture coloniale de Cuetzalán est l'un des plus beaux de la région : rues pavées, maisons blanches au toit de tuiles en terre cuite, souvent baignées dans la brume. Enclavé au cœur de la Sierra Norte Oriental et entouré d'une végétation tropicale et luxuriante, et ses habitants ont su préserver une partie des traditions héritées de leurs ancêtres totonaques puis nahuatl, et perpétuent la *Danza de los Quetzales* ou celle des *Voladores*. On retrouve cet attachement aux racines par la toujours vive tradition artisanale, essentiellement textile. A 7 km de Cuetzalán, vous trouverez un intéressant site archéologique (Yohualichan), témoin du syncrétisme culturel de cette zone à cheval entre les cultures du centre du pays, et celles du Golfe du Mexique (le village est aussi proche de Puebla que de Xalapa, dans l'Etat de Veracruz). En sus de ses trésors culturels vivaces, Cuetzalán constitue une halte idéale si vous voulez découvrir la beauté du Mexique rural, entre grottes à explorer et cascades majestueuses.

Balade

Cuetzalán est connue pour être au cœur d'une région riche en rivières et cascades : on en dénombre pas moins de huit dans les environs immédiats. Mise à part la Pata de Perro, toutes se situent le long de la route qui mène à Mazatlán, à l'est du village. Certaines sont accessibles en transport public, d'autres requièrent les services d'agence ou de guides. Les autres activités se concentrent dans les grottes et systèmes de cavernes, certaines présentant également des rivières souterraines. Mise à part Xalostoc, elles se situent toutes à quelques kilomètres du village, le long de la route qui mène à Puebla.

Pratique

L'office de tourisme municipal, qui se trouve sur la place principale, offre des plans très pratiques de la région, et vous donne tous les renseignements nécessaires sur l'accessibilité des sites, notamment pour ceux qui ne disposent pas de voiture.

Se restaurer

Cuetzalán étant le chef-lieu d'un vaste territoire rural, on trouve de nombreux petits restaus populaires et très économiques (menu à 40 $), destinés aux nombreux habitants des villages voisins qui y viennent régler des affaires.

CASCADA LAS BRISAS ★

À 3 km à l'est du village.

Entrée : 20 $.

L'avantage de cette belle cascade est qu'il est très facile d'y accéder depuis le village (avec ou sans voiture), et que les services d'un guide ne sont pas nécessaires : le chemin qui descend est en partie bétonné et dispose d'escaliers bien entretenus, et n'offre donc aucune difficulté. De là, on trouve des guides pour visiter les cascades plus isolées d'*El Salto* et *Las Golondrinas*. Si vous n'avez pas envie de marcher depuis le village, sachez que des *colectivos* ramassent les voyageurs en face de l'église du Zocaló et vous emmènent à la cascade en 15 minutes.

XALOSTOK - CUEVA DE ARENA ★★

Carretera Cuetzalan-Mazatepec km 1

✆ +52 1 233 121 7288

Le territoire du village est connu pour ses vastes systèmes de grottes, où l'on accède ici par une descente en rappel verticale de 45 mètres. Une fois arrivé en bas, on parcourt les tunnels de deux grottes en empruntant un chemin d'environ 800 mètres. Adrénaline au rendez-vous et fraîcheur bienvenue en bas. Il est indispensable de s'offrir les services d'un guide. Celui-ci vous fournira le matériel : casque avec lampe, équipement pour le rappel, etc.

JARDIN BOTANICO XOXOCTIC ★★

Carretera Cuetzalan-Rayon km. 2.8

Ouvert tous les jours de 8h à 17h.

Entrée : 50 $.

Voilà une bien jolie réserve de 5 ha, sur le versant d'une colline qui offre une jolie vue sur Cuetzalan, où se concentrent l'essentiel des espèces végétales typique de l'écosystème local. On retrouve ici les inévitables orchidées, dont l'incroyable variété qui exhale une odeur intense de noix de coco, les fougères géantes qui prennent l'allure d'arbres imposants, de même que d'autres arbres typiques de la région, comme celui duquel on extrait la cannelle. Visite d'une heure environ, pour apprendre tout un tas d'anecdotes grâce à un guide passionné.

ZONA ARQUEOLOGICA DE YOHUALICHAN ★

À 9 km au nord de Cuetzalan (25 minutes en voiture). Combis depuis le centre-ville pour se rendre au village du même nom.

Ouvert du mardi au samedi de 9h à 17h.

Entrée : 45 $.

Bienvenue dans la « maison de la nuit », dont l'affiliation est apparentée à celle du site totonaque de *El Tajín*. L'histoire du site débute lorsque des groupes provenant de la côte atlantique viennent s'installer dans cette région. Ici, les mouvements de terrain nous ont légué des édifices aux lignes ondulantes, dont ces temples aux niches typiques des cités totonaques. Le nom actuel provient des Nahuatls, qui ont pris possession de la région au XIIIe siècle.

LA PATA DE PERRO ★★

À 4 km au nord-ouest de Cuetzalan.

Ouvert tous les jours. Entrée : 50 $.

S'y rendre avec un guide depuis Cuetzalan.

Pour accéder à ces cascades, il est recommandé de prendre les services d'un guide dans le village, car les sentiers ne sont pas indiqués. Il faut marcher depuis la route environ 45 minutes, pour descendre dans ce canyon de toute beauté, parfois en s'aidant de cordes ou d'échelles en bois. On accède tout d'abord à un premier système de cascades en forme de patte de chiens, avant de descendre au fond du canyon, où l'on trouve la rivière principale. Là, on peut partir à la nage dans une petite gorge étroite pour se rendre sous une autre cascade.

TOSEPAN KALI €

Carretera Cuetzalan - San Miguel Tzincapan km 1.5 ✆ +52 233 331 0925

www.tosepankali.com

Lits en dortoirs (360 $), chambres privés (500 $ par personne) ou cabanes (550 $ par personne), petit-déjeuner compris.

L'endroit est situé à 2 km du centre du village, mais très facilement accessible en transport public. Il a l'avantage de se situer à flanc de collines, dans une zone boisée et verdoyante. La construction principale, imposante, présente une structure en bambous de toute beauté, notamment les chambres du haut ; le tout est doté d'un charme tropical-champêtre certain. Un peu plus haut se trouve aussi une rangée de petites maisons idéales pour les familles. On trouve également un très joli petit restaurant, où l'on sert les petits-déjeuners. Piscine en prime.

LA CASA DE PIEDRA €€

Calle Carlos Garcia #11
✆ +52 233 331 0030
www.lacasadepiedra.com
21 chambres et suites, entre 1 000 et 2 000 $.

Ambiance rustique et vieilles pierres pour cette grande et jolie maison idéalement située à 50 mètres de la place principale. Et ici le confort est de mise, depuis les chambres simples, lit king size ou familiales jusqu'à la suite somptueuse avec baignoire et bain à bulles. Certaines ont une vue plus agréable que d'autres, n'hésitez pas à faire savoir votre préférence. Le patio central, avec son beau jardin verdoyant, est sympathique. Sur place, vous trouverez un restaurant qui propose un excellent petit déjeuner (en supplément). Un établissement qui a du charme.

RESERVA AZUL €€

Calle Principal
✆ +52 1 233 112 6107
www.reservaazul.com
Tentes hyper confortables à partir de 950 $. Chalets à partir de 1 300 $ (deux personnes).

Proche de la zone des cascades, la Reserva Azul est une propriété de 15 hectares dédiée à la production de café, que l'on peut d'ailleurs visiter que l'on y soit hébergé ou pas. Ce serait pécher d'ailleurs que de ne pas goûter le café produit ici ! Côté hébergement, on a le choix de dormir sous de grandes tentes (protégées sous des toits, tout de même, mais avec salle de bain partagée) au milieu de la nature ou bien dans d'agréables petits chalets en bois, quel que soit le nombre de visiteurs. Idéal pour ceux qui, décidément, souffrent d'agoraphobie.

LAS RANAS €

Miguel Alvarado #33
✆ +52 233 331 8116
Ouvert tous les jours de 8h à 19h30. Menu du midi à 70 $, plats entre 60 et 140 $.

Au cœur du petit marché d'artisanat, haut de plafond, lumineux et joliment aménagé, voilà un espace dédié à la cuisine régionale. Ici prime la fraîcheur des ingrédients, fruits et légumes. On trouve des plats typiques à base de viande et volaille, ainsi que quelques propositions de pâtes et salades. Le menu du midi est très bon marché, mais peut-être un peu léger pour soulager les gros appétits. N'hésitez surtout pas à commander les magnifiques *enmoladas*. La salle de restaurant, qui ressemble à une cour intérieure, est lumineuse et agréable.

CAFE TALES D'MILETO

Hidalgo #2
✆ +52 233 331 0563
Ouvert du lundi au jeudi de 8h à 23h ; le vendredi et le samedi de 9h à 2h ; le dimanche de 9h à 0h.

Avant de partir pour votre journée de découverte, pourquoi ne pas marquer un arrêt dans ce très joli petit café où l'on retrouve une assez incroyable carte à base du grain cultivé et torréfié partout dans les environs : café irlandais, écossais, crème, cappuccino, moka, viennois, froids, chauds ou frappés... bref, une vraie caverne d'Ali Baba, dont la diversité s'exprime aussi dans toutes les préparations typiquement mexicaines à base de bière. On peut aussi s'y arrêter pour se sustenter : salades, sandwichs, pâtes ou plats régionaux.

ZACATLAN ★★

Dans la Sierra Norte, à 125 km de Puebla (2h30) et 227 de Mexico (3h30), Zacatlan est un petit village dans les nuages, où la brume va et vient à toute heure de la journée. Installé au bord de la très jolie *Barranca de los Jilgueros*, le village est entouré de forêts de pins et, partout, on y cultive des pommes qui sont ensuite transformées en soda, cidre ou confiture. Le village, sans présenter une richesse architecturale débordante, dispose de quelques jolies rues où flâner et présente quelques édifices intéressants comme l'ex-couvent franciscain, le plus ancien de l'Etat de Puebla. Mais ce sont surtout ses alentours qui raviront les férus de balades et de nature sauvage.

Balade

Si Zacatlan offre une découverte très agréable, la région qui entoure le village mérite elle aussi qu'on prenne un peu de temps pour l'explorer. On se trouve ici dans les profondeurs de la Sierra Norte. Pénétrer dans la Sierra Norte, dont les confins bordent les Etats d'Hidalgo et Veracruz, implique de passer par Chignahuapan, connue pour la fabrication artisanale de boules de Noël. Depuis Zacatlán, les routes de montagnes escarpées se poursuivent ensuite vers d'autres villages perchés au milieu d'une nature sauvage : voilà une petite escapade rurale pour ceux qui ont le temps et le loisir de flâner. Attention, les distances sont courtes, mais les temps de trajet plutôt longs : Huachinango (1h), Xicotepec de Juárez (1h30) et Pahuatlán (2h30). Mais pas de souci, vous pouvez trouver à vous loger sans problème.

CASCADA DE TULIMAN ★

Ejido de Tulimán
✆ +52 1 797 101 2989
www.cascadastuliman.com
Ouvert tous les jours de 8h à 18h. Entrée : 100 $. Cabanes : 250 $ la nuit par personne. Camping : 50 $ par personne.

C'est une cascade de trois niveaux, pour une chute totale de 300 mètres, que l'on peut observer depuis un petit pont suspendu dans le vide. On peut aussi passer quelques heures à se promener le long des sentiers de ce parc de 90 ha, ou réaliser quelques activités comme le tir à l'arc ou descendre un parcours de tyrolienne. Pour une immersion en pleine nature, il est même possible de loger au sein du parc écotouristique. Vous aurez le choix entre passer la nuit dans une cabane tout confort ou dormir au camping. Parfait pour se ressourcer.

MIRADOR DE CRISTAL DE LA BARRANCA ★

Juste derrière le cimetière (panteón).

Juste derrière le cimetière, dont les façades sont recouvertes de graffiti colorés, c'est un petit pont circulaire suspendu le long d'une corniche au-dessus du vide et de la *barranca de los Jilgueros* qui vous attend. Il offre un très beau point de vue sur les montagnes environnantes, et permet aussi d'apercevoir au loin la *cascada cola de caballo*. Si vous avez le vertige, abstenez-vous : la transparence des barrières n'arrangera pas votre peur du vide !

XIC XANAC €€

Domicilio Conocido
✆ +52 797 975 5997
www.xicxanac.com
Chambres doubles à partir de 1 200 $, cabanes à partir de 2 100 $.

Voilà un bien joli hôtel aménagé dans une ancienne hacienda du XIXe siècle : les murs en adobe (briques de terre de couleur claire) combinées aux poutres en bois lui donnent un air authentique agréable à souhait. L'ensemble est aménagé autour d'un concept écolo, où l'on retrouve un jardin potager et une ferme organique, de même qu'un bassin naturel où se baigner. Ici, on récupère l'eau de pluie et on essaie de générer l'électricité avec des panneaux solaires. Vous pourrez loger dans une cabane en bois ou opter pour une chambre dans la maison principale.

TEHUACAN ★

A 120 km au sud-ouest de Puebla. Tehuacán est une jolie ville enclavée à l'intérieur de la réserve de la biosphère Tehuacán-Cuicatlán. Elle est réputée pour son eau minérale (Peñafiel) qui se vend en bouteille dans tout le Mexique, sa cathédrale, l'ex-couvent d'El Carmen et ses nombreux bains publics d'eau froide. A quelques kilomètres de la ville, une fois la vallée de Tehuacán passée, le paysage change et devient soudainement très aride. Le seul végétal qui réussisse à pousser dans cet environnement est un long cactus fait d'un tronc unique. Des millions de ces cactus recouvrent ainsi les collines et les vallées visibles des deux côtés de la route.

VALLE DE LAS PIEDRAS ENCIMADAS ★★

Depuis Zacatlán, prendre la route 119 en direction de Huauchinango durant 20 km, puis prendre un chemin de terre durant 10 km qui vous mène jusqu'à Camotepc. En transport public, des bus partent depuis Base El Pocito de Tlachica à Zacatlán.
Ouvert tous les jours de 9h à 17h. Entrée : 20 $. Aire de camping.

Une vallée de 300 hectares au milieu d'une pinède, où des formations rocheuses intrigantes hautes de 10 à 20 mètres viennent défier les lois de l'imagination. Ces formations trouvent leur origine durant l'époque tertiaire, il y a 60 à 65 millions d'années, lorsque l'activité volcanique était intense dans la région ; puis les roches subissent des réactions chimiques lors de leur refroidissement, et l'érosion fait le reste. Ici, on vient se promener au frais, à cheval, à pied ou à vélo.

JARDÍN BOTÁNICO HELIA BRAVO HOLLIS ★★

À 26 km de Tehuacan.
Ouvert tous les jours de 9h à 18h.

Environ 10 % de ce jardin a été créé de manière artificielle pour rassembler les espèces de cactées les plus emblématiques de la vallée de Zapotitlan. Le reste de ce territoire a été laissé au naturel, où seuls des sentiers interprétatifs et des tours d'observation ont été aménagés. Ici, les cactus en forme de colonne (*Neobuxbaumia tetetzo*) atteignent jusqu'à dix mètres de haut et deux siècles d'âge, formant une véritable forêt qui couvre les collines et la plaine.

CENTRE DU MEXIQUE

Cette vaste région constitue le centre géographique du pays. Elle est historiquement située aux confluences de routes de migration, de cultures et d'échanges commerciaux, et ce depuis des milliers d'années. La visite de cette région correspond avant tout à celle du patrimoine architectural colonial, qui y trouve l'une de ses expressions les plus florissantes. Dans les villes de Querétaro, Guanajuato, San Miguel de Allende et Zacatecas, l'architecture coloniale abonde. Les cités coloniales sont parées d'atours architecturaux qui font aujourd'hui leur richesse : nombre d'entre elles sont cataloguées au patrimoine de l'humanité par l'Unesco. Sans oublier bien sûr que le centre du Mexique offre aussi des attraits naturels indéniables : Sierra Gorda de Queretaro et la tropicale Huasteca Potosina, vallées irriguées du Bajío, espaces semi-désertiques – plats, vallonnés ou montagneux – qui évoquent sans cesse des décors de westerns...

Centre du Mexique
Nieves
Vicente Guerrero
Río Grande
SOMBRERETE
Chalchihuites
Santo Domingo
Charcas
Fresnillo
Villa De Ramos
Venado
Valparaíso
ZACATECAS
Guadalupe
Huejuquilla El Alto
JEREZ DE GARCÍA SALINAS
Mezquitic
ASIENTOS
PINOS
SAN JOSÉ DE GRACIA
Colotlán
AGUASCALIENTES
Tlaltenango De Sánchez Román
CALVILLO
Jalpa
TEÚL DE GONZÁLEZ ORTEGA
San Felipe
Lagos De Moreno
NOCHISTLÁN
La Yesca
León
Yahualica De González Gallo
GUANAJUATO
Tepatitlán De Morelos
Zapopan
Guadalajara
Arandas
Irapuato
TOLUQUILLA
Ameca
Salamanca
Pénjamo
Tlajomulco De Zúñiga
Sahuayo De Morelos
Sayula
Zamora
Zacapu
Morelia
Tamazula De Gordiano
Uruapan
Tacámbaro De Codallos
Tepalcatepec
Apatzingán De La Constitución
Coalcomán De Vázquez Pallares
50 KM

Cruz De Elorza
Padilla
Abasolo
Soto La Marina
Ciudad Victoria
Doctor Arroyo
ehuala
Sierra de Tamaulipas
Ciudad Tula
Xicoténcatl
Aldama
Ciudad Mante
González
Guadalcázar
Golfo De México
EL NARANJO
Ciudad Del Maíz
Altamira
TAMUL
OSI
MICOS
Ciudad Valles
TAMUÍN
Rioverde
MARÍA DEL RÍO
TAMASOPO
SÓTANO DE LAS GOLONDRINAS
HUICHIHUAYÁN
AXTLA DE TERRAZAS
San Luis De La Paz
XILITLA
Tantoyuca
JALPAN DE SERRA
NERAL DE POZOS
Pinal De Amoles
TANCAMA
Huejutla De Reyes
PINAL DE AMOLES
Tuxpan De Rodríguez Cano
GUEL DE ALLENDE
Tepehuacán De Guerrero
PEÑA DE BERNAL
Ixhuatlán De Madero
O DE QUERÉTARO
CERRO SAN PEDRO
Poza Rica De Hidalgo
TEQUISQUIAPAN
Ixmiquilpan
Papantla De Olarte
San Juan Del Río
Pachuca De Soto
Tulancingo
Ciudad De Tlatlauquitepec
EL CERRITO
Heroica Zitácuaro
EL OCOTE
MÉXICO
Toluca De Lerdo
Tlaxcala De Xicohténcatl
Ciudad Serdán
Tejupilco De Hidalgo
Puebla
Cuernavaca
PERALTA
Tecamachalco

PAGES

206 ## ●● ÉTAT DE QUERÉTARO

L'Etat de Querétaro se situe au nord-ouest de la mégapole de Mexico et constitue une belle étape avant de poursuivre vers les Etats de Guanajuato au nord-ouest ou la Sierra Gorda et l'Etat San Luis Potosí au nord-est (Huasteca). La capitale Santiago de Querétaro, Patrimoine Culturel de l'Humanité, est un des symboles de l'architecture coloniale du Mexique. Mais n'oublions pas non plus que la zone semi-désertique autour de la Peña de Bernal – toute proche de la capitale – regorge d'attractions. La Sierra Gorda vous dévoilera aussi bien ses trésors architecturaux et archéologiques que ses beautés naturelles et sauvages.

206 SANTIAGO DE QUERÉTARO ★★
207 EL CERRITO ★
207 SAN JUAN DEL RÍO ★
207 TEQUISQUIAPAN ★
208 PEÑA DE BERNAL ★★
209 CADEREYTA ★
209 RANAS Y TOLUQUILLA ★★
209 PINAL DE AMOLES ★★
210 JALPAN DE SERRA ★★
211 SÓTANO DEL BARRO ★★★

212 ## ●● ÉTAT DE GUANAJUATO

L'Etat de Guanajuato a toujours eu un rôle fondamental dans l'histoire socio-économique du pays : exploitation minière flamboyante, foyer du mouvement indépendantiste au début du XIXe siècle, grenier du pays durant le Porfiriato (agriculture et élevage) puis lieu des ultimes batailles durant la Révolution mexicaine. Etant donné leur histoire comme partie intégrante du Camino Real Tiera Adentro et la beauté de leurs monuments historiques, la capitale minière – qui porte le même nom que l'Etat – est classée au Patrimoine Culturel de l'Humanité de même que la ville de San Miguel de Allende.

212 GUANAJUATO ★★★
217 SAN MIGUEL DE ALLENDE ★★
221 SANTUARIO DE ATOTONILCO ★
221 CAÑADA DE LA VIRGEN ★★
222 MINERAL DE POZOS ★★★
224 EL CÓPORO ★★
224 PERALTA ★
225 PLAZUELAS ★★

226 ## ●● ÉTAT DE SAN LUIS POTOSÍ

Situé dans la partie septentrionale du centre du Mexique, San Luis Potosí partage ses frontières avec sept autres Etats. Au cœur des quatre principales régions de cet Etat incroyablement diversifié, les paysages sont surprenants : déserts, montagnes et forêts exubérantes percées de cascades couleur émeraude. Le centre est le siège de la majestueuse ville coloniale de San Luis Potosí, parsemée de nombreuses églises et de musées ; aux alentours, on peut visiter plusieurs haciendas et le village de Santa María del Río. Sur l'Altiplano se perche le village fantôme de Real de Catorce, entouré de magnifiques paysages désertiques. Dans la région Media se trouve la lagune de la Media Luna, dont les eaux cristallines vous accueilleront pour nager, faire du snorkeling et de la plongée sous-marine.

PAGES

La région de la Huasteca Potosina à l'est, zone chaude et humide, est traversée par un grand nombre de cascades et rivières, où l'on peut pratiquer toutes sortes de sports aquatiques et extrêmes ; le village de Xilitla, lui, abrite un jardin surréaliste conçu par le millionnaire anglais Edward James... En fait, il y a tant de choses à voir que les voyageurs les moins pressés peuvent facilement consacrer une dizaine de jours à la visite de cet Etat.

226 SAN LUIS POTOSÍ ★★
229 CERRO SAN PEDRO ★★
229 SANTA MARÍA DEL RÍO ★
229 REAL DE CATORCE ★★★
230 RÍO VERDE ★★
231 CIUDAD VALLES ★
232 TAMASOPO ★★
232 MICOS ★★
232 TAMUIN ★★
233 EL NARANJO ★★★
233 TAMUL ★★
233 SÓTANO DE LAS GOLONDRINAS ★★★
233 XILITLA ★★★

235 ÉTAT D'AGUASCALIENTES

L'Etat d'Aguascalientes, le second plus petit du pays après Tlaxcala, représente le centre géographique du pays. Il est bordé au nord par l'Etat de Zacatecas (auquel il appartenait avant d'en être séparé en 1835) et au sud par l'Etat de Jalisco. C'est un Etat montagneux, traversé à l'ouest par la Sierra Madre Occidentale, et à l'est par la Sierra de Tepezalá, avec au centre une grande vallée, la vallée d'Aguascalientes, où se trouve la capitale de l'Etat. C'est aussi un Etat peu peuplé, puisqu'il compte seulement un peu plus de 1,1 million d'habitants, dont plus de 85 % vivent dans la capitale. Le climat est sec et la végétation semi-désertique sur la majorité du territoire, sauf dans les régions hautes où domine la forêt d'altitude.

235 AGUASCALIENTES ★
238 EL OCOTE ★★
238 SAN JOSÉ DE GRACIA ★

239 ÉTAT DE ZACATECAS

On peut diviser l'Etat de Zacatecas en trois régions correspondant à la topographie du lieu : un haut plateau (la mesa central) enclavé entre les deux chaînes de montagnes qui transpercent le pays, les Sierra Madre occidentale et orientale. Au XVIe siècle, la découverte de mines d'argent au pied du Cerro de la Bufa conduit à la fondation de la ville de Zacatecas, sise à 2 496 mètres d'attitude. L'extraction de métaux précieux aux quatre coins de l'Etat n'a jamais cessé depuis, et la région est encore de nos jours le premier lieu de production d'argent à l'échelle mondiale, en plus de continuer à extraire de l'or, du plomb, du zinc et du cuivre. Une exploitation des richesses qui profite aux transnationales détentrices des concessions, mais très peu à une population qui continue à vivre de très bas salaires.

239 ZACATECAS ★★★
245 JEREZ DE GARCÍA SALINAS ★★
245 LA QUEMADA ★★★
247 SOMBRERETE ★★
248 PINOS ★

SANTIAGO DE QUERÉTARO ★★

Située à 1 900 m d'altitude, la capitale de l'État jouit d'un climat sec et tempéré. Le XVIIe siècle est celui de la consolidation de la ville, dont la richesse repose bien vite sur les ressources agricoles et d'élevage ; elles permettent l'installation de nombreux ordres religieux qui trouvent ici une base pour la conquête spirituelle en plein essor. En 1671, elle reçoit le titre de Troisième Ville du Règne. Au XVIIIe siècle, l'essor des activités de commerce et de textile (laine) permettent à Santiago de Querétaro de devenir l'une des économies les plus florissantes du pays : sur la route du Camino Real, elle fournit les grandes cités minières des produits indispensables à leur développement, alors que la région elle-même commence à exploiter des filons de métaux précieux dans la région montagneuse de Cadereyta. Les excédents commerciaux sont utilisés pour la construction de beaux bâtiments en centre-ville. La Sierra Gorda est définitivement soumise par les armes à cette époque. A partir du XIXe siècle, l'instabilité qu'endure le pays se traduit par une période de relatif déclin économique ; Santiago de Querétaro joue alors un rôle important dans l'histoire politique mexicaine. C'est de là que part la flamme de l'Indépendance, allumée par une femme, la Corregidora doña Josefa Ortiz Domínguez, qui complotait contre le gouvernement colonial. C'est aussi là que l'empereur autrichien Maximilien de Hasbourg, empereur éphémère du Mexique, soutenu par Napoléon III, est fusillé en 1867, événement qui marque la fin du Second Empire mexicain. La présidence de Porfirio Díaz, comme dans le reste du pays, marque le retour de la prospérité agricole et industrielle, avant que n'éclate la révolution, au cours de laquelle Querétaro est déclarée un temps capitale. C'est dans le Théâtre de la République qu'est promulguée la Constitution des Etats-Unis du Mexique en 1917, encore en vigueur aujourd'hui.

Balade

Le centre historique de Querétaro a été catalogué au Patrimoine Culturel de l'Humanité par l'Unesco en 1996. On y trouve un grand nombre de maisons et d'édifices religieux qui datent des XVIIe et XVIIIe siècles, donnant à l'ensemble un air seigneurial. Flâner au hasard de ces rues pleines d'histoire est sans aucun doute le meilleur moyen de découvrir la ville ; il existe quelques ruelles piétonnes dans le centre-ville, dont l'Andador 16 de Septiembre et l'Andador Libertad, envahies de petits vendeurs le week-end.

Se restaurer

Vous trouverez un grand choix de restaurants en terrasse sur la Plaza de Armas, agréable le soir, et en général dans la zone des Andadores Libertad et 16 de Septiembre. La spécialité « locale », ce sont les gorditas, petites galettes de maïs fourrées : n'hésitez pas à vous aventurer dans les nombreux petits établissements locaux qui en préparent aux quatre coins de la ville.

Sortir

La ville de Querétaro possède de nombreux théâtres. Mentionnons le Teatro de la República, le Teatro Rafael Camacho Guzmán, le Teatro Cómicos de La Legua, le Corral de Comedias, et La Casona del Árbol. Avec ça, pas de quoi s'ennuyer !

Statue d'indien à Querétaro.

EXXI CHALLENGE MEXICO

Boulevard Bernardo Quintana #4, Interior 3
✆ +52 442 2252640
www.exxichallenge.com

C'est à travers l'écotourisme et le tourisme d'aventure que l'équipe d'Exxi México sauront vous faire découvrir un Mexique authentique. Opérant dans tout le pays, ils sauront vous mettre à l'aise pour découvrir la culture mexicaine dans la bonne humeur ! Leur spécialité ? Vous sensibiliser aux merveilles de la nature du pays grâce à des expériences en contact avec la faune et la flore locale et vous aider à surpasser vos limites à travers des activités extrêmes. Toutes les activités sont réalisées avec les plus hauts standards de sécurité.

EL CERRITO ★

A quelque 7 kilomètres au sud-ouest de Querétaro se trouve un site archéologique peu connu mais intéressant, dénommé El Cerrito. Le nom du site, « la petite colline », est dû au fait que la pyramide principale fut durant longtemps cachée sous l'herbe et les cactus, si bien que tout le monde pensait qu'il s'agissait d'un monticule naturel. Il s'agit de la zone de peuplement préhispanique la plus ancienne et importante de la Vallée de Querétaro. La zone fut occupée durant plus de 1 500 ans sous l'influence et en relation avec différentes cultures, le site restant actif jusqu'en 1632, époque où un moine franciscain signale que les populations locales continuent d'y apporter des offrandes aux déités ancestrales. On estime qu'une première communauté agricole voit le jour peu avant le début de notre ère, probablement dans le sillage de la culture de Chupícuaro qui fleurit alors sur les rives du Rió Lerma (Guanajuato). Puis la cité devient un centre politique important entre 450 et 600 ap. J.-C, partie du réseau de la grande Teotihuacán qui s'étendait alors vers le centre-nord du pays et maintenait le contrôle sur la production d'obsidienne. La grande pyramide date de cette époque. Son époque de développement le plus important se déroule pourtant après la chute de Teotihuacán et jusqu'au XIe siècle, alors qu'elle est rattachée à la puissante Tula des Toltèques. En déclin à partir du XIe siècle, la zone allait maintenir une importance rituelle certaine auprès des ethnies Otomis et Purepechas (Empire Tarasque du Michoacán) installées dans la région.

SAN JUAN DEL RÍO ★

La petite ville de San Juan del Río est une halte fort agréable. Elle mérite notamment le détour pour son artisanat intéressant, très réputé dans la région. On y trouve entre autres du textile et des ornements taillés dans des pierres semi-précieuses telles que l'opale, l'*ópalo*, pierre de couleur extraite des mines avoisinantes. C'est à Querétaro que se fait la plus importante production du pays. Le site touristique le plus intéressant de San Juan del Río est sans aucun doute son musée de la Mort. Situé dans l'ancien cimetière de la Santa Veracruz, le *Museo de la Muerte* est un petit musée qui présente la mort en tant que phénomène culturel.

TEQUISQUIAPAN ★

Situé à 20 km de San Juan del Rio, Tequisquiapan est un village coloré, connu jadis pour ses eaux thermales. Le village, lieu de villégiature pour des familles aisées des villes de Mexico et de Querétaro, est essentiellement animé les week-ends et en période de vacances. Il est aujourd'hui connu pour la *feria nacional del Queso y el Vino*, qui a lieu tous les ans entre la dernière semaine de mai et la première semaine de juin. Une mine d'opale, La Carbonera, se trouve à quelques kilomètres, ainsi que plusieurs vignobles et fermes de fabrication de fromage, ouverts au public. Si vous vous y arrêtez, renseignez-vous également sur les vols en montgolfière.

CENTRE DU MEXIQUE

ZONA ARQUEOLÓGICA EL CERRITO ★

Depuis Querétaro : les bus partent de la rue Constituyentes, à hauteur de l'Alameda ; ou par le biais du tramway touristique (les billets sont vendus dans la rue Corregidora, près du Museo Regional).
Ouvert du jeudi au dimanche de 9h à 14h.
Entrée libre.
L'attraction principale est la *Gran Piramide* : haute de 30 m et construite sur une plateforme de plus de 100 mètres de long, elle est surmontée par un édifice beaucoup plus moderne, construit à la fin du XIXe siècle. L'autre édifice emblématique est l'*Altar de los Cráneos*, qui abritait une offrande de plus de 50 crânes humains. La zone comprend également la *Plaza de la Danza* et la *Plaza de Las Esculturas* et des vestiges d'anciens palais. A voir également, un petit musée.

© AUTHOR'S IMAGE

Plaza Miguel Hidalgo et église Santa Maria de La Asunción.

PEÑA DE BERNAL ★★

Ce petit village entouré de collines à la végétation semi-désertique fut fondé en 1647 au centre de l'Etat, à 92 km de Santiago de Querétaro. Il est avant tout connu pour sa formation rocheuse, la Peña, la troisième plus importante du monde après celles de Gibraltar et de Rio de Janeiro. Son sommet culmine à 2 545 mètres d'altitude, soit 515 mètres au-dessus du village. Depuis des siècles, la Peña a été un centre rituel important pour les tribus semi-nomades qui parcouraient la région. Un côté de la Peña est accessible à tous les promeneurs, l'autre est réservé aux alpinistes chevronnés. Le village, aussi petit qu'enchanteur, se déploie autour d'une charmante place ombragée. Autour de celle-ci et le long de rues sinueuses se dressent des constructions typiques des XVIIIe et XIXe siècles dont les façades colorées sont parfois ornées de singulières frises et motifs. Le Palacio Municipal est en soi une attraction digne du conte *Hansel et Gretel*. À l'époque, la prospérité de Bernal, tout comme celle des autres villages de la région, provenait de l'exploitation minière et du commerce. On y fabrique désormais des vêtements et couvertures en laine à l'aide d'impressionnants métiers à tisser. Depuis quelques années, une association d'habitants du village s'active à rénover des édifices emblématiques, tels que la Capilla de las Animas et l'église San Sebastián. Ils ont également créé le petit Museo del Cine Nacional ainsi qu'un Museo de las Mascaras qui présente des masques réalisés chaque année par les habitants dans le cadre d'un concours local. Bernal est définitivement la meilleure base de la région pour prendre son temps et visiter les environs. Il peut aussi constituer la porte d'entrée idéale pour ceux qui souhaitent s'aventurer dans la Sierra Gorda.

Sports / Loisirs

Pour escalader la Peña, rien de tel qu'être accompagné par des guides super professionnels qui assureront votre sécurité à tout moment : l'agence Exxi Challenges de Querétaro dispose de locaux à Bernal, c'est le meilleur choix pour s'y rendre.

Transports

Des bus partent toutes les heures de la gare routière de Querétaro pour Ezequiel Montes. De là, bus fréquents pour Bernal. On peut également accéder à Ezequiel Montes depuis Mexico ou depuis Xilitla, en passant par Jalpan et Pinal de Amoles.

VIÑEDOS AZTECA ★

Carretera San Juan del Río
✆ +52 441 277 2978
www.vinedosazteca.com
Ouvert du mercredi au dimanche de 10h à 18h. Visites guidées et dégustations : 200 à 550 $. Balades à cheval : 200 $.

Pour une activité qui change un peu et que l'on n'a pas l'habitude de faire au Mexique (vous verrez que vous serez plus souvent amené à boire du mezcal que du vin !), pourquoi ne pas découvrir ce petit domaine, qui produit des vins blancs, rouges et rosés de façon artisanale (de 180 à 500 $ la bouteille) ? Il propose des visites guidées de l'hacienda, des vignes et de sa cave ainsi que des promenades à cheval et des démonstrations équestres. Possibilité également de prendre part à une dégustation des vins du domaine. Original.

CASA CECILIA €€

Corregidora
Chambres doubles et suites entre 700 et 2 000 $.

Super bien placé, cet hôtel moderne (à l'allure extérieure néanmoins ancienne) ne vous décevra pas par son confort et ses commodités ; l'accueil y est en outre absolument fantastique et l'on propose depuis ici des excursions un peu partout. Les chambres sont très propres, décorées de manière simple et elles bénéficient de toute la modernité dont vous pourriez avoir besoin (télévision, wifi, etc.). Ceux qui souhaitent escalader la Peña sont chanceux : les bureaux des meilleurs guides pour le faire (Exxi) se trouvent juste à côté.

ARRAYAN €€

Zaragoza #6
✆ +52 441 296 4001
www.casatsaya.com
Ouvert du jeudi au samedi à partir de 13h ; le dimanche à partir de 9h. Entrés et salades 100 $; plats 150-250 $.

Dans une petite salle agréable ouverte sur la rue, vous pourrez déguster plusieurs plats de cuisine mexicaine contemporaine. Le menu est variable, mais retenons le filet de bœuf sauce *chipotle*, l'agneau baigné de sauce *piloncillo* et menthe, ou encore saumon à la sauce de fleur de courge. Pour les plus timides, soupes, potages de légumes et *tacos de cabrito*. Pour finir cet excellent repas, on se tourne vers la tarte à la goyave et autres desserts aux fruits. Bière artisanale ou vin pour accompagner le tout. Une belle expérience gustative.

CADEREYTA ★

Le village de Cadereyta est loin d'avoir le charme de Bernal, mais il vaut néanmoins le détour, ne serait-ce que pour visiter son agréable jardin botanique régional.

Transports

Pour vous rendre au jardin botanique, depuis Ezequiel Montes prenez un des bus, fréquents vers Cadereyta. Une fois arrivé, vous passerez par la place principale du village, qui présente la particularité d'accueillir deux églises et une chapelle construites à des époques et dans des styles distincts. De là, vous pourrez poursuivre votre promenade vers le jardin botanique (à ne pas confondre avec l'Invernadero Quinta Schmoll).

RANAS Y TOLUQUILLA ★★

Les petites zones archéologiques de Ranas et de Toluquilla, distantes de quelques kilomètres l'une de l'autre, se situent autour du village de San Joaquín, dans un paysage de montagnes boisées au climat tempéré. Ils exploitaient des mines de cinabre (sulfure de mercure) et d'almabre (oxyde de fer) dont ils faisaient le commerce ; ces minerais qui permettent de créer des teintures rouges étaient utilisées par les Olmèques, Mayas et Teotihuacanos pour recouvrir les corps de leurs dirigeants, mais aussi pour peindre des édifices ou encore orner les céramiques qui faisaient office d'offrandes. L'origine de ces établissements est encore mystérieuse : tout au long de leur longue histoire, ils ont maintenu des relations commerciales et culturelles aussi bien avec les cultures du golfe du Mexique et les Huastèques qu'avec les civilisations de l'Altiplano central. Le site de Toluquilla semble avoir eu une plus grande longévité (occupé de 300 jusqu'en 1 400 de notre ère), atteignant son apogée à l'époque classique (600-900 ap. J.-C.). Ranas aurait été habité de 400 à 1300 ap. J.-C. environ, pour être ensuite occupé par des groupes chichimèques jusqu'à la conquête espagnole.

Balade

En contrebas de Toluquilla, dont le charme envoûteur provient sans doute de la végétation envahissant les ruines, vous pourrez visiter la petite grotte de *La Esperanza*. Un peu plus loin sur la route se situent les chutes d'eau *Caidas Maravillas*. De San Joaquín, vous pourrez également vous rendre en quad jusqu'à l'ancienne mission *Bucarelli*.

ZONA ARQUEOLOGICA DE RANAS ★

N'est plus accessible pour le moment.

Sise au sommet de deux montagnes, elle est entourée de gorges et n'est dotée que d'un seul chemin d'accès. Les restes de l'ancienne cité couvrent 15 hectares, mais une infime zone a ouvert au public. Ici trônent deux terrains de jeux de balle et les restes du centre cérémoniel ; une quinzaine de tunnels de mines ont été retrouvés sur le site. Partout, la vue est magnifique sur la *sierra* alentour. Malheureusement, le site n'est plus accessible depuis 2021 pour des raisons légales.

ZONA ARQUEOLÓGICA TOLUQUILLA ★

Ouvert du jeudi au dimanche de 10h à 16h. Entrée : 45 $.

C'est le site de l'Etat où l'on a retrouvé les vestiges du plus grande nombre d'édifices (environ 200) ; unités résidentielles, places et temples sont répartis autour de quatre terrains de *juego de pelota*. Il se trouve au sommet d'une montagne aménagée artificiellement. Les étapes distinctes d'occupation du site sont manifestes dans le fait que les bâtiments construits à partir de la seconde moitié du premier millénaire se superposent aux précédents.

PINAL DE AMOLES ★★

Fondé en 1606 pour l'exploration minière, ce petit et pittoresque village de montagne est une excellente base pour explorer les nombreuses réjouissances des alentours : cascades El Salto et El Chuveje, Río Escalena, Cañon del Infiernillo, Misión Bucarelli… Le climat y est frais et très agréable et les maisons colorées aux toits de tôle ondulée peints de rouge lui donnent un petit air alpestre.

Transports

Depuis Querétaro, des bus fréquents partent en direction de Jalpan, en passant par Ezequiel Montes et Pinal de Amoles. Dans l'autre sens, il est aussi facile de s'arrêter à Pinal en venant de Jalpan et Xilitla.

CASCADA EL CHUVEJE ★

Carretera Federal 45 de Cuota Xilitla km 160

Ouvert tous les jours. Entrée : 20 $.

C'est l'une des destinations favorites des voyageurs qui visitent la Sierra Gorda, et pour cause : elle figure parmi les plus belles cascades de l'Etat. Pour y accéder, il vous faudra marcher 20 bonnes minutes depuis le parking. Entourée de végétation luxuriante, elle atteint plus de 30 mètres de hauteur. Vous vous rendrez compte de sa puissance par le bruit qu'elle émet ! La chute d'eau forme un bassin naturel dont l'eau, très fraîche, varie du vert au bleu. Le camping El Chuveje se trouve à moins de 5 minutes à pied de la cascade.

POSADA MESÓN DE BARRETEROS €

✆ +52 441 292 5478

18 chambres, entre 400 et 500 $ pour 2 personnes.

Voici un petit hôtel accueillant, bien que les chambres soient basiques : on a un peu l'impression d'arriver chez le grand-père d'Heidi, mais cela n'empêche pas le confort d'être au rendez-vous ! Les mots d'ordre de cet hôtel sont calme et tranquillité. Situé dans une ancienne demeure, ses balcons en bois lui donnent un air alpin. L'établissement comprend en outre un excellent et chaleureux restaurant, et organise également de superbes excursions dans les alentours.

MISIÓN BUCARELLI ★★

À 27 km au sud de Pinal de Amoles, par un chemin en terre.

Cet ancien couvent est l'un des sites les plus pittoresques et dépaysants de la Sierra Gorda. Située au fond du Cañon du río Extoraz, qui marque le début de la fin des étendues désertiques avant la Sierra Gorda, la Misión Bucarelli fut la dernière mission religieuse fondée dans l'Etat avant l'Indépendance du pays (1797). L'endroit était destiné à évangéliser les dernières tribus semi-nomades ou nomades de la région, *Pames, Jonaces* et *Chichimec* en tête. La mission est en ruine et les paysages traversés sublimes. A voir absolument.

JALPAN DE SERRA ★★

Jalpan, situé au cœur de la sierra Gorda et doté d'un climat tropical à la chaleur parfois étouffante, est un joli village à partir duquel vous pourrez explorer les beautés naturelles et culturelles de la région. C'est ici qu'a été construite la première des cinq missions édifiées par l'évangélisateur Junípero Serra à partir de la deuxième moitié du XVIIIe siècle. La place principale est très agréable.

Se loger

On trouve à se loger aussi bien dans le village, autour de la place centrale, que dans ses environs, mais il vous faudra alors posséder votre propre véhicule.

RÍO ESCANELA ★★

Depuis Pinal, prendre la route en direction de Jalpan. Déviation à 17 km.

Ouvert tous les jours. Guide obligatoire ; 200 $ par groupe (6 personnes au maximum).

Ce site est parmi les meilleurs de la région ! Après avoir passé une mine d'argent en activité, le parcours vous emmènera durant 3 kilomètres le long du río Escanela, parsemé de grosses roches et de ponts de bois. De petites piscines naturelles se forment le long de la rivière, dont la couleur varie du vert au bleu. La première étape sera le passage du canyon de la Angostura, long de 50 mètres, qui vous invitera à la baignade dans ses eaux couleur émeraude. Un peu plus loin, le Puente de Dios est une grotte de plus de 30 mètres de large parsemée de chutes d'eau.

MUSEO HISTÓRICO DE LA SIERRA GORDA ★

Fray Junípero Serra #1

✆ +52 441 296 0165

Ouvert du mardi au dimanche de 9h à 15h et de 17h à 19h. Entrée 10 $.

Ouvert depuis 1991, ce musée est installé dans un des édifices les plus anciens de Jalpan : un fort construit en 1576, qui servit aussi de prison durant 50 ans. On y trouve une sélection du patrimoine artistique et culturel de la région, notamment une présentation des missions ainsi que des pièces archéologiques, documents, photographies et cartes anciennes. Y sont à l'honneur les membres de la tribu *Pames,* dont les descendants survivent aujourd'hui dans la communauté de Tancoyol.

ZONA ARQUEOLÓGICA TANCAMA ★★★

Situé à 13 km du centre de Jalpan, sur la route de Xilitla. Accessible en transport public

Ouvert tous les jours de 9h à 16h. Entrée libre.

Cette surprenante zone archéologique a été un poste avancé et un centre astronomique important associé à la culture huastèque, comme l'attestent les indices retrouvés dans l'une des tombes mises à jour. Son exploration commença à la fin des années 1990. En langage huastèque, « Tancama » signifie la colline de feu. Ce nom proviendrait du fait que pendant le solstice d'hiver, le soleil s'aligne avec le sommet de l'une des collines du site, donnant l'impression qu'elle est en feu. Occupé pendant au moins depuis le Classique Ancien (200 ap. J.-C.), ce site atteint son apogée durant l'époque Classique Tardive (entre 700 et 900 ap. J.-C.) et présente d'importantes similarités avec les sites de Ranas et de Toluquilla, situés plus au sud. Les fouilles ont révélé la présence d'objets de provenance aussi lointaine que la côte pacifique, ce qui suggère que cette cité était également un centre commercial régional, ainsi qu'une zone frontière entre les cultures du Centre et du Golfe du Mexique, également en contact avec les tribus nomades et semi-nomades qui étaient aussi des acteurs importants du commerce continental. Le terrain accidenté a incité les habitants à élever des terrasses et plate-formes pour construire les nombreux ensembles du site ; les trois places principales, en dénivelé l'une par rapport à l'autre, sont construites selon un axe nord-sud. Les restes d'édifices de forme circulaire et les vues panoramiques de la région valent le détour.

SIERRA GORDA ECOTOURS ★★★

Av. La Presa S/N, Barrio El Panteón

✆ +52 441 296 0700

www.sierragordaecotours.com

Cette organisation donne au visiteur l'opportunité de découvrir la région en s'appuyant directement sur la communauté locale. Il propose des tours thématiques de 3 jours et 2 nuits, à réserver sur la page web. Il s'agit d'une excellente source d'information qui pourra de plus vous recommander les meilleures destinations pour votre séjour, ainsi que les personnes qui pourront vous accompagner si vous n'avez pas de véhicule. Propose également une très belle sélection de petits hôtels écologiques (cabanes) au plus proche des meilleurs sites naturels de la région.

HOTEL REAL AURORA €

San Nicolas #25

✆ +52 441 296 0094

Chambres à partir de 620 $.

À deux pâtés de maisons du centre, c'est l'option la plus économique pour disposer, ô merveille, de l'air conditionné, d'un wifi qui fonctionne bien ainsi que d'un cadre confortable et parfaitement entretenu. Certes, la décoration des chambres est assez minimaliste, mais propreté et calme sont au rendez-vous (vous n'entendrez que les cloches de l'église). En plus, les charmants propriétaires sont là pour s'assurer que tout se déroule parfaitement bien. Une adresse efficace, qu'on apprécie surtout pour son emplacement imbattable.

SÓTANO DEL BARRO ★★★

Ce gouffre naturel situé à plus de 1 800 mètres d'altitude figure parmi les plus imposants du monde avec ses 500 mètres de diamètre et ses 450 m de profondeur, dont 400 de chute libre. Formé il y a 1,5 million d'années, il abrite un écosystème complet et la dernière colonie du centre du Mexique de *guacamayas verdes* (ara vert en français, une espèce de perroquet en voie de disparition). Le Sótano del Barro fait partie de la Réserve de Biosphère de la Sierra Gorda. À ce titre, son accès est désormais réservé à l'observation et interdit aux spéléologues. Il faut y arriver au petit matin (à partir de 6h) pour pouvoir écouter monter depuis les profondeurs les cris de réveil et d'envol de ces couples d'oiseaux au plumage coloré qui se lancent pour une longue journée de recherche de nourriture, puis font leur retour en fin de journée. Si l'expérience ne dure que quelques minutes, elle en vaut largement le déplacement.

Pratique

Pour découvrir le site, il faudra obligatoirement vous rendre à Santa María de los Cocos, point de départ obligé pour visiter le Sótano del Barro. Des guides vous y attendront. Prévoyez de passer la nuit dans le refuge communautaire ou dans les Cabañas Guacamayas, car le meilleur moment pour visiter le puits est à l'aube, lorsque les oiseaux prennent leur envol. Pour pouvoir assister à ce phénomène, il y a des départs en mule organisés aux alentours de 4h du matin. Pour les plus motivés, il est également possible de se rendre jusqu'au gouffre à pied, accompagné d'un guide, naturellement.

GUANAJUATO ★★★

Située à 2 080 m d'altitude, la capitale de l'Etat de Guanajuato est surnommée « la perle des villes coloniales ». Construite sur la veine argentifère qui traverse une partie du centre du Mexique (de Zacatecas à Veracruz), elle fit la fortune de nombreux Espagnols. Les premières découvertes de minerais (déjà connus des tribus préhispaniques qui habitaient la zone) ont lieu en 1548 mais le filon principal est finalement trouvé en 1558 : au XVIIIe siècle, plus de 50 *haciendas de beneficio* extraient les métaux précieux et Guanajuato est le plus grand producteur d'argent au monde, ce qui se traduit par un profil urbain labyrinthique, à l'architecture de style baroque et churriguresque somptueuse et exceptionnelle. L'une de ses curiosités, qui témoigne de son ancienne opulence, est un immense réseau de tunnels, qui servaient autrefois à la production minière, et sont aujourd'hui utilisés comme des artères urbaines souterraines. C'est aussi ici qu'a lieu la première véritable étincelle de la guerre d'Indépendance, lorsque le 28 septembre 1810, Don Miguel Hidalgo envoie une sommation aux intendants de la ville, qui débouchera par la prise par la population des entrepôts à grains de l'Alhondiga, dont la porte sera selon la légende mise à feu par le Pipila, personnage devenu un symbole de la ville. Par la suite, la ville souffre d'un certain déclin de l'exploitation minière, alors que les mines sont données en concession à des sociétés européennes ou nord-américaines. Avant qu'elle ne retrouve de sa splendeur sous l'impulsion de l'agriculture et des industries manufacturières sous la dictature de Porfirio Diaz (1876-1911), qui inaugure en personne le magnifique et inénarrable Teatro Juarez en 1903.

Le centre historique de Guanajuato est considéré comme Patrimoine Mondial par l'Unesco depuis 1988 : une des activités principales ici consiste juste à *callejonear*, c'est-à-dire flâner dans les petites rues de la ville en s'arrêtant boire un café sur ses places arborées. C'est une ville jeune, universitaire et dynamique.

C'est aussi la ville où se déroule le très célèbre festival international Cervantino au mois d'octobre (www.festivalcervantino.gob.mx), qui rassemble des centaines de professionnels de la danse, du théâtre et de la musique venus du monde entier, aussi bien dans des salles dédiées que dans la rue. Si vous comptez y aller, réservez plusieurs mois à l'avance et prévoyez d'y mettre le prix car les hôtels doublent voir triplent leurs tarifs à cette occasion.

© AURÉLIEN LEMOINE

Basilique de Notre-Dame de Guanajuato.

BASILICA COLEGIATA DE NUESTRA SEÑORA DE GUANAJUATO ✝ ★

Plaza de la Paz

Église de style baroque maniériste construite à la fin du XVIIe siècle, avant de subir des modifications successives, dont la principale de style néoclassique au XIXe siècle ; seules les façades en pierre rose des trois entrées datent l'époque originelle. C'était une simple paroisse jusqu'en 1957, quand elle fut élevée au rang de basilique. Elle conserve une statue en bois d'une Vierge andalouse datant du XVIe siècle, offerte à la ville par le roi espagnol Philippe II en 1557.

CALLEJÓN DEL BESO ★

La « ruelle du baiser » est une rue très étroite en haut d'une colline. Les maisons s'y touchent presque, si bien que des baisers peuvent être échangés d'un balcon à l'autre. La légende raconte que la fille d'un colon espagnol tomba amoureuse d'un mineur contre la volonté de son père, à la recherche d'un gendre fortuné. Pour continuer à voir sa dulcinée, le mineur acheta la maison face à la sienne, dans cette ruelle. Les tourtereaux purent donc échanger des baisers tous les soirs au balcon, jusqu'à ce que le père s'en rende compte et, furieux, poignarde sa fille.

MERCADO HIDALGO ★★

Avenida Juárez SN

Ouvert tous les jours de 9h à 18h.

Comme chaque ville du Mexique, ou presque, Guanajuato possède son marché local, dans lequel on déambule entre les étals colorés. L'énorme bâtiment a été construit à la fin du XIXe siècle par l'ingénieur Ernesto Brunel. Sa porte d'entrée est une magnifique arche en pierre de taille alors que sa structure est constituée de métal, sur le modèle des gares européennes de l'époque. Il a été inauguré par Porfirio Díaz en 1910 pour commémorer le centenaire de l'indépendance. C'est aujourd'hui le plus grand marché de la ville. À voir absolument.

MUSEO DE LAS MOMIAS ★

Explanada del Panteón Municipal s/n

✆ +52 473 732 0639

www.momiasdeguanajuato.gob.mx

Ouvert tous les jours de 9h30 à 18h. Entrée : 85 $.

Voici un musée à la fois intriguant et terrifiant, qui donne à voir plus d'une centaine de corps momifiés (et non pas des momies égyptiennes) de toutes les tailles, âges et formes. La première fut exhumée en 1865, lorsqu'il fut nécessaire d'enlever quelques squelettes pour dégager de la place au cimetière. En guise d'ossements, on découvrit ces corps aux visages figés dans des expressions grossières. Les minéraux contenus dans le sol et les conditions atmosphériques particulièrement sèches ont contribué à la conservation des corps. Visite guidée très intéressante.

MUSEO CONDE RUL ★★

Plaza de la Paz #77

Ouvert du mardi au samedi de 10h à 18h30 ; le dimanche de 10h à 14h30. Entrée : 25 $.

Voici une maison typique de l'âge d'or de l'exploitation minière de la ville, achevée en 1800. Il s'agit du cadeau de noces du *Conde de Valenciana* au couple formé par sa fille et Don Diego Francisco de Rul y Calero, un Espagnol qui a fait carrière dans l'armée. Bel exemple du style néoclassique au Mexique : façade sobre et élégante rehaussée d'un balcon à la balustrade en fer forgé, patio en pierre de taille rosée. C'est depuis ses larges fenêtres donnant sur la Plaza de La Paz que l'explorateur Alexander Von Humboldt observait la magnificence de la ville.

MUSEO DEL PUEBLO DE GUANAJUATO ★★

Positos #7

✆ +52 473 732 2990

Ouvert du mardi au samedi de 10h à 19h ; le dimanche de 10h à 15h. Entrée : 25 $.

Situé dans l'ancienne demeure du marquis de Rayas édifiée au XVIIe, ce musée ouvert en 1979 expose des pièces archéologiques, des miniatures et des peintures aux thèmes essentiellement religieux (XVIIe et XIXe siècles). L'ensemble architectural est surprenant du fait de la superposition des styles et matériaux, puisque le patio central fait face à la magnifique façade churrigueresque en pierres sculptées de la chapelle, qui abrite elle-même une fresque contemporaine de toute beauté.

MUSEO DE ARTE OLGA COSTA-JOSÉ CHÁVEZ MORADO ★

Pastita #158

✆ +52 473 731 09 77

Ouvert du mardi au samedi de 9h30 à 18h ; le dimanche de 9h30 à 16h. Entrée : 25 $.

Voici l'ancienne demeure du couple de peintres mexicains Olga Costa et José Chavez Morado. On y expose des pièces archéologiques, des céramiques, des meubles, et leurs propres œuvres et aussi celles d'autres artistes nationaux et internationaux. Ce sont aussi les bâtiments de l'*hacienda de beneficio* Guadalupe, datant du XVIIe siècle, que l'on vient voir. À partir du XVIIIe siècle, sa noria et son aqueduc permettaient de transporter l'eau nécessaire aux haciendas situées en contrebas.

MUSEO ICONOGRAFICO DEL QUIJOTE ★

Calle Manuel Doblada #1

✆ +52 473 732 6721

Ouvert du mardi au samedi de 10h à 17h ; le dimanche et les jours fériés de 12h à 17h. Entrée : 30 $.

Ce magnifique musée expose une impressionnante collection d'œuvres d'art relatives à Don Quijote de la Mancha : sculptures, peintures, objets de décoration, des timbres... Le musée en lui-même découlerait de la passion d'un exilé de la Guerre Civile espagnole, Eulalio Ferrer, qui aurait trouvé réconfort dans l'œuvre de Cervantès lors de son transit dans les camps de réfugiés du sud de la France. A voir : une fresque XXL de Pedro Coronel, le *Quijote Cosmique*.

MUSEO PALACIO DE LOS PODERES ★★

Plaza de la Paz #75

Ouvert du mardi au samedi de 10h à 19h ; le dimanche de 9h à 15h. Entrée : 25 $.

L'ancien Palais Législatif est installé à l'emplacement de ce qui fut le Palacio Marquesal de San Clemente, dont la construction avait été ordonnée par Don Francisco Marías de Bustos y Moya, premier Marquis de San Clemente. nationalisé par décret en 1831, il allait être détruit en 1897 pour faire place neuve au nouveau Congrès de l'Etat de Guanajuato. Le siège des pouvoirs législatifs de l'Etat allait être construit par un architecte anglais, et inauguré en grande pompe en 1903.

MUSEO REGIONAL DE GUANAJUATO ★★

Mendizabal #6

✆ +52 473 732 1112

Ouvert du mardi au samedi de 10h à 18h ; le dimanche de 10h à 15h. Entrée : 75 $.

Ce beau bâtiment de style néoclassique, construit entre 1797 et 1809, symbolise parfaitement la prospérité minière de Guanajuato et de la Nouvelle-Espagne juste avant la guerre d'Indépendance. Construit à l'origine pour abriter un grenier et un marché à grains, il symbolisait aux yeux de la population la puissance et le pouvoir central du règne des Bourbons. Il allait devenir huit mois après son inauguration le lieu d'une célèbre victoire des indépendantistes : le 28 septembre 1810, les royalistes retranchés dans le bâtiment plient devant les assauts et l'ingéniosité du prêtre Miguel Hidalgo et du mineur Juan José Martínez (connu localement comme « le Pipila ») : même le Gouverneur de l'époque y trouve la mort. Entre 1811 et 1821, c'est aux quatre coins de cet édifice qu'allaient être exposées les têtes des insurgés fusillés à Chihuahua : Miguel Hidalgo, Ignacio Allende, Juan Aldama et Mariano Jiménez ; un mausolée leur est dédié au rez-de-chaussée. Tour à tour école, fabrique de tabac, résidence populaire puis prison (1864-1949), l'Alhóndiga accueille aujourd'hui le très beau musée régional de Guanajuato, qui couvre une vaste période, des origines préhispaniques de l'Etat au XXe siècle. De la période précolombienne, retenons l'importante collection de cachets en pierre venus des quatre coins de la Mésoamérique, ainsi qu'une présentation exhaustive de la culture de Chupicuaro. Vous y découvrirez les fresques peintes par l'artiste local José Chávez Morado entre 1955 et 1966.

MUSEO Y CASA DE DIEGO RIVERA ★★

Positos #47

✆ +52 473 732 1197

Ouvert du mardi au samedi de 10h à 18h30 ; le dimanche de 10h à 14h30. Entrée : 25 $.

Le muraliste marxiste Diego Rivera naquit dans cette maison de style néoclassique le 8 décembre 1886. Les salles du rez-de-chaussée tentent de reconstituer l'ambiance des maisons de l'époque. Mais ce sont plutôt les salles des étages qui sont à voir : elles décevront peut-être les curieux mais raviront les spécialistes, puisqu'on n'y trouve aucune œuvre majeure, mais sinon le résultat de ses travaux de formation et d'étude de jeunesse, et notamment ses essais cubistes.

EL PIPILA ★★

Accès à pied à partir du Callejón del Beso, un sentier fléché est indiqué, ou via le funiculaire, dont l'entrée se trouve derrière le Teatro Juarez.

Le Funiculaire est ouvert du lundi au vendredi de 8h à 21h30, samedi et dimanche à partir de 9h et 10h. 30 $ le trajet.

El Pípila est un monument édifié en l'honneur de Juan José Martínez, mineur qui mit héroïquement le feu aux portes de l'Alhóndiga le 28 septembre 1810 et rendit ainsi possible la victoire des indépendantistes sur les forces royalistes retranchées à l'intérieur. Cette gigantesque statue de Martínez représenté avec une torche dans la main semble veiller sur la ville. On peut y accéder à pied (ça grimpe un peu) ou prendre le funiculaire. Depuis le monument à Pípila, on a une très belle vue panoramique sur la ville de Guanajuato.

TEMPLO DE SAN DIEGO ★

Calle de Sopeñas

La construction de cet édifice de style baroque fut entreprise par les moines franciscains au XVIIe siècle. Le temple se trouve juste en face du Jardín de la Union et ses arbres touffus. Il conserve une magnifique façade de style churrigueresque, taillée dans de la pierre rose du Mexique. En son sein, on peut admirer une peinture du Christ crucifié offerte par le roi Charles III au comte de la Valenciana. On reconnaît l'édifice à ses superbes dômes de couleur rose, immédiatement identifiables depuis le point de vue d'El Pípila.

TEATRO JUAREZ ★★★

Jardín Juarez

✆ +52 473 732 0183

Ouvert du mardi au dimanche de 10h à 13h45 et de 17h à 19h45. Entrée 35 $.

Le Teatro Juarez est peut-être le monument-phare de la ville, à la fois témoin de son glorieux passé et preuve vivante de son dynamisme culturel toujours intact. Sa construction est décidée en 1872, un an après la mort de Benito Juárez, à qui il doit évidemment son nom. Le théâtre vient alors remplacer un hôtel, qui lui-même était installé sur le site du très ancien couvent de San Diego. Il est inauguré le 27 octobre 1903 par l'opéra *Aïda* de Verdi, joué par une compagnie italienne, et le dictateur Porfirio Díaz en personne, à grand renfort de champagne français et de caviar russe. Au niveau architecture, le style est éclectique, comme le veut alors la mode pour les bâtiments publics. Le plus frappant d'extérieur est son péristyle dorique d'inspiration romaine ; tout en haut trônent huit sculptures de bronze représentant des muses grecques. La salle de spectacle correspond au modèle européen, en forme de fer à cheval avec un parterre et quatre niveaux de balcons ; on remarquera aux extrémités de la scène les loges réservées aux veuves de la haute société, qui disposaient d'une entrée discrète afin de maintenir vivace la bienséance due à leur deuil. La décoration intérieure est proprement spectaculaire, faite de modelages en stuc colorés d'influence mauresque (on dit qu'elle aurait été inspirée du palais de l'Alhambra de Grenade). Tout en haut de l'édifice, ne manquez pas de visiter le fumoir, couronné d'un dôme d'inspiration Art Nouveau. Visite immanquable de l'un des édifices les plus spectaculaires de la ville.

CACOMIXTLE ★★★

✆ +52 1 473 122 5033

www.cacomixtle.com

Visites guidées de 380 à 1725 $.

Un programme de visites et excursions qui ne vous fera pas manquer une miette de la ville et ses environs : balade en ville de 3 heures pour en connaître ses joyaux cachés, VTT ou randonnée dans les montagnes et villages miniers (3h - 4h),, découvertes des mines éloignées des flux touristiques (4h), observation des oiseaux dans la Sierra Santa Rosa, promenades à cheval etc. Peut également vous organiser votre séjour de A à Z et vous intégrer pour quelques jours ou semaines dans son programme de Volontariat dans les communautés de l'Etat.

CALLEJONEADA ★★

Jardín Unión

Les *callejoneadas* sont une tradition de la ville de Guanajuato. Un groupe de musiciens, dénommé *estudiantinas* parce qu'il est composé théoriquement d'étudiants de l'université, vous accompagne à travers les rues du centre de Guanajuato, et s'arrêtent à certains endroits pour chanter et danser. Une façon amusante et ludique de découvrir la ville une fois la nuit tombée. Pour vous joindre à la balade, rien de plus facile, puisqu'à partir de 18h, les membres des *estudiantinas* commencent à arpenter le Jardín Unión pour inviter les passants à participer.

HOTEL DE LA PAZ €€

Callejón del Estudiante #1

✆ +52 473 732 0555

www.hoteldelapaz.com.mx

16 chambres, de une à quatre personnes entre 1 500 et 3 000 $.

La plupart des chambres de cet agréable établissement disposent d'une très, très belle vue sur les environs (essayez la numéro 15, vous ne serez pas déçu). A l'intérieur, le décor est sobrement ancien et l'attention de tous les instants. Si l'on y rajoute l'excellent emplacement en plein centre, on approche de la perfection… Le petit déjeuner, compris dans le prix et se présentant sous la forme d'un buffet, se prend dans un autre très joli hôtel à quelques mètres de là. Un grand classique de la ville, qui est à la hauteur des attentes.

CASA DEL RECTOR €€€

Positos #33

✆ +52 473 732 9200

www.casadelrector.com

13 suites, de 5 000 à 7 000 $.

Maison de maître du XIXe, qui a su pousser intelligemment sur le versant de la falaise attenante pour proposer aux voyageurs de profiter de vues magnifiques, dont un magnifique bar idéal pour admirer les couchers de soleil. Mention spéciale pour la piscine à débordement qui surplombe le centre-ville et les belles terrasses aménagées. Les suites sont spacieuses et ouvertes à la lumière naturelle ; elles dévoilent allègrement leurs poutres en bois et de jolis parquets, pendant que des détails plus contemporains complètent ce style épuré et chaleureux.

VILLA MARIA CRISTINA €€€

Paseo de la Presa de la Olla #76
✆ +52 473 731 2182
www.villamariacristina.net
38 suites de 5 000 à 13 000 $ selon la catégorie.

Une maison vieille de plus de 100 ans convertie en un hôtel de luxe. L'intérieur est composé de couloirs et de patios. Certaines se trouvent dans la partie ancienne de la propriété au style néoclassique, alors que d'autres, disposant de terrasses dominant le paysage, ont été installées dans des bâtiments surplombant la piscine extérieure (car oui, il y a aussi une piscine couverte). Le tout est décoré harmonieusement, entre meubles d'époque et confort moderne. Spa, cinéma, salle-de-sport, salle de jeux pour les enfants ainsi qu'un restaurant réputé en ville.

CASA MERCEDES €€

Calle De Arriba #6,
✆ +52 473 733 9059
www.casamercedes.com.mx
Ouvert du mardi au samedi de 14h à 22h ; le dimanche de 14h à 18h.
Plats entre 250 et 350 $.

Ce restaurant propose une cuisine mexicaine artisanale dans un joli cadre rustique. Réputée comme la meilleure table de la ville, elle est la création d'une femme, la chef Luz María González, qui est aux commandes. Parmi les options toutes très tentantes, ne manquez pas la *sopa negra de huitlacoche y hongos* (soupe aux champignons) ou la version revisitée de *chiles en nogada*, le plat national. Le restaurant propose aussi une très belle carte de vins et desserts... et une belle vue sur la ville. Avis aux gastronomes : voici une table à ne pas manquer.

DELICA MITSU €

Capanero #5
Ouvert du mercredi au lundi de 11h30 à 22h.
Plats entre 70 et 150 $.

Cette jolie salle à l'étage – ou sa terrasse ombragée – accueille une cuisine élaborée par de jeunes ressortissants japonais qui ont un don pour la cuisine et les saveurs douces et originales. Au niveau du menu, on peut choisir une petite formule « bento » au prix très doux (de 40 à 75 $), en fonction du nombre de petits plats que l'on choisit dans la vitrine ; tout est d'une fraîcheur à tomber par terre. Les plus gros appétits se lanceront eux sur les *bowls ou* plats de curry à base de poulet, poisson, tofu ou fruits de mer. Makis et sushis. Absolument délicieux.

LA GUANAJUATENSE CERVECERÍA

Cantarranas #43
✆ +52 473 593 6063
Ouvert du lundi au samedi de 20h à 3h.

Ici, on dirait qu'on est déjà dans le grand nord du pays ! L'endroit accueille régulièrement des événements de musique régionale et traditionnelle, notamment des groupes de mariachis qui mettent l'ambiance jusqu'à tard. La musique de *banda* et *norteña* se joue en *live*, avec santiags et sombrero vissé sur le crâne. Une vraie ambiance de *cantina* : « *¡ Amonos raza !* » Le bar est bien vite bondé et l'ambiance survoltée. En plus la maison réalise sa propre tequila.

PUSCUA €

À l'intérieur de la Casa Museo Gene Byron
✆ +52 473 733 5018
Du mardi au dimanche de 8h30 à 14h.
Ouvert du mardi au dimanche de 8h30 à 14h.
Repas complet : 150 $.

Ce très joli restaurant navigue de manière agile dans l'océan des saveurs ancestrales de Guanajuato : son nom évoque un *atole* (boisson) préparé à base d'une variété de maïs dénommée *cacahuacintle*. Pour l'accompagner, grignotez les petits pains faits maisons et laissez-vous tenter par la salade de fruit accompagnée de mousse de yaourt. Si vous avez très faim, commandez ensuite les *chilaquiles* avec œuf au plat ou la *cecina d'agneau* (cordero). À moins que vous ne passiez directement aux petites douceurs avec le toast de *nata* accompagné de fraises en lamelle.

LA CASA DEL QUIJOTE

Calle Sopeña #17
✆ +52 473 732 8226
www.lacasadelquijote.com
Ouvert tous les jours de 11h à 21h.

Cette boutique vend sur deux étages de magnifiques pièces d'artisanat de différentes régions du pays. Les objets sont organisés par thématique : il y a par exemple une salle consacrée à l'art huichol, une autre aux objets en terre cuite, une autre encore aux textiles. Vous trouverez également de très jolis bijoux traditionnels en argent. A ne pas manquer, ne serait-ce que pour le plaisir des yeux ! On a en effet l'impression d'être dans un musée autant dans une boutique... Pour les cadeaux de qualité, c'est ici qu'il faut faire escale.

SAN MIGUEL DE ALLENDE ★★

Très prisée des Américains (ce sont en tout quelque 10 000 étrangers qui y résident à longueur d'année), la ville accueille aussi nombre d'artistes des régions alentour, qui y trouvent un dynamisme culturel certain et de nombreuses galeries d'art. La ville est classée monument historique et inscrite au Patrimoine de l'Humanité ; certains trouveront néanmoins que ses très belles constructions coloniales très bien entretenues et leurs magnifiques façades peintes de couleur vive ou pastel lui donnent un air un peu surfait, celui d'un Mexique trop américanisé, auxquels les bars et restaurants branchés, galeries de design et boutiques de luxe finissent de donner une ambiance très loin des canons nationaux.

Histoire

La première mission durable est celle de Fray Juan de San Miguel, qui parcourt la région en 1542 en provenance du couvent franciscain de Acámbaro, à 120 km au sud de là. Il établit tout d'abord une mission d´évangélisation auprès de groupes locaux, qui devient le *pueblo de indios San Miguel de los Chichimecas,* sur le lieu connu aujourd'hui sous le nom de San Miguel El Viejo, situé à l'est de la ville. En 1543, Juan Jaramillo, lieutenant d'Hernan Cortès, y reçoit des terres afin d'y établir des fermes d'élevage. Attaquée par les tribus Guamares en 1551, la mission est alors temporairement abandonnée, jusqu'à ce que le vice-roi d'Espagne y ordonne de nouveau la création d'une ville en 1555. Il est vrai que la découverte des mines de Zacatecas et Guanajuato quelques années auparavant avait fait monter en flèche la côte de cet établissement à la position stratégique sur la route de Mexico. Plusieurs garnisons s'y installent alors pour assurer la sécurité des cargaisons de minerais, alors que les activités agricoles, d'élevage, de commerce et de manufacture allaient se développer pour ravitailler les caravanes qui circulaient sur le Camino Real Tierra Adentro. Depuis ses débuts, la ville est une ville mixte où se côtoient Espagnols et Indigènes provenant de divers ethnies : Otomies, Purepechas du Michoacán, Tlaxcaltèques et représentants des tribus nomades qui dominaient alors la région (les fameux *Chichimecas* méprisés par les *Mexicas) :* Pames, Guamares, Guachichiles et Copuces.

Aux XVIIe et XVIIIe siècles, San Miguel est l'une des villes les plus florissantes du *Bajío.* La prospérité des villes minières situées au nord fonctionne comme un appel d'air pour tous les produits de l'élevage pratiqué dans les haciendas aux alentours de la ville : viande, graisse, cuir, laine. Les produits issus de l'agriculture ne sont pas en reste ; fruits et légumes font l'objet d'un juteux commerce, au même titre que les produits manufacturés qui font désormais la réputation de la ville : savons, bougies, ferronnerie, selles et harnais, chapeaux, sandales, couvertures, savant mélange des savoir-faire indigènes et espagnols. En 1750, ce sont 15 000 personnes qui résident dans la ville, le groupe dominant en nombre devenant peu à peu celui des Espagnols américains et des métisses. C'est alors l'âge d'or de l'architecture et de l'urbanisme coloniaux : les grandes familles édifient leurs palais autour de la nouvelle Plaza de Armas en même temps qu'elles font bien attention à ne pas oublier l'Eglise toute-puissante en lui offrante chapelles et églises. On fait appel aux meilleurs architectes et artistes du continent. C'est juste avant que ne souffle le vent de la conspiration indépendantiste, qui allait marquer un coup d'arrêt dans ce monde vivant des richesses extraites des entrailles de la Terre. En 1826, la ville prend le nom du héros de l'Indépendance Allende, et le déclin se poursuit à mesure que l'extraction minière s'essouffle. En 1900, la ville est presque un village fantôme, déclaré Monument National en 1926. A la suite de la Seconde Guerre mondiale, les vétérans nord-américains viennent s'installer massivement dans ce petit village calme et très agréable.

Transports

L'aéroport le plus proche de San Miguel de Allende n'est pas celui de Silao, Guanajuato, qui se situe à 110 km, mais l'aéroport international de Santiago de Querétaro dans l'Etat voisin (à 65 km).

San Miguel de Allende.

© FERRANTRAITE

San Miguel de Allende.

CASA DEL MAYORAZGO DE LA CANAL ★

Canal #4

Ouvert du lundi au vendredi de 9h à 18h ; le week-end de 10h à 18h. Entrée libre.

C'est une magnifique et très ancienne demeure du XVIIIe siècle, ayant appartenu à un très riche notable de la ville, le comte de la Canal. Le bâtiment accueille aujourd'hui la succursale d'une banque (sur la place principale) et l'entrée de l'infime partie du bâtiment ouvert au public (patios du rez-de-chaussée uniquement) se trouve dans la rue adjacente. On retiendra surtout le très beau porche d'entrée, plutôt que les salles d'exposition temporaire.

LA ESQUINA-MUSEO DEL JUGUETE POPULAR MEXICANO ★

Nuñez #40 ✆ +52 415 152 2602

www.museolaesquina.org.mx

Ouvert du mardi au samedi de 11h à 17h30 ; le dimanche de 11h à 15h30. Entrée : 50 $.

Un musée étonnant, dont on pourrait penser qu'il ne plaira qu'aux enfants, mais la richesse de sa collection rend la visite intéressante pour toute la famille ! Sur trois étages sont exposées des dizaines de jouets mexicains traditionnels. Original et instructif, car la fabrication de jouets occupe une place importante dans l'artisanat mexicain, et c'est un savoir-faire qui se perd peu à peu, en partie du fait de l'importation massive de jouets en plastique.

MUSEO HISTORICO CASA DE DON IGNACIO ALLENDE ★

Cuna de Allende #1

✆ +52 415 152 2499

www.casadeallende.inah.gob.mx

Ouvert du mardi au dimanche de 9h à 17h. Entrée : 55 $.

A droite de la cathédrale s'élève la maison où naquit Ignacio de Allende, transformée aujourd'hui en musée et consacrée au fameux insurgé et au mouvement d'indépendance. La visite revient sur la fondation de la ville comme *pueblo de indios* puis *villa española* puis à son développement comme point stratégique sur le Camino Real Tierra Adentro. L'étage de la maison est dédié aussi bien aux espaces familiaux des grandes maisons d'époque qu'au mouvement indépendantiste en lui-même.

PARROQUIA DE SAN MIGUEL ARCÁNGEL ★★

Plaza Principal

Symbole de la ville trônant sur la place centrale, cet imposant monument fut fréquenté par de grands personnages mexicains. Ses fondations datent du XVIe siècle, et c'est aux XVIIe et XVIIIe siècles que fut construite la façade et ses deux tours. Au XIXe siècle, la partie frontale fut reconstruite par le maçon et tailleur de pierres Gutierrez Muñoz à partir d'illustrations provenant d'Europe. Il s'inspira de la cathédrale de Cologne, en Allemagne, dont on retrouve le style gothique.

COYOTE CANYON ADVENTURES ★

✆ +52 415 154 4193

www.coyotecanyonadventures.com

Pensez à réserver ! Tarifs en fonction des excursions.

Cette agence propose de nombreuses activités sportives et d'aventure : randonnées à cheval ou à bicyclette, rappel, moto, quad, montgolfière, etc. Les excursions peuvent durer une demi-journée ou même inclure une nuit de camping dans la pampa. Les visites peuvent aussi être axées sur l'histoire de la région : villages environnants et *capillas de indios*, excursions avec un archéologue à la Cañada de la Virgen ou même plus loin vers les autres sites de l'État. Complet et les guides, super professionnels, ont une connaissance pointue de la région.

CASA MIA SUITES €€

Correo # 61 Int 1
✆ +52 415 152 2757
www.casamiasuites.com
Pour deux personnes entre 1 300 et 2 500 $.

En plein cœur de San Miguel, les vastes chambres-suites de cet hôtel donnent sur une jolie, paisible et fleurie cour intérieure avec tables et chaises. La décoration élégante de style mexicain fait appel à des matériaux nobles : bois, *talavera* et fer forgé. Les chambres sont superbes et chaleureusement décorées. Chacune d'entre elles est équipée d'une cuisine et d'un salon. La vue depuis la terrasse du toit est tout simplement magnifique et l'attention du personnel impeccable. Une superbe option, pour un charmant séjour haut en couleur.

HOTEL CASA ROSADA €€

Cuna de Allende #12
✆ +52 415 152 81 23
www.casarosadahotel.com
16 chambres et suites, entre 3 500 et 6 500 $.

Attenant à la Parroquia de San Miguel Arcángel, l'hôtel est installé dans ce qui fut l'hôpital Los Naturales, édifié au XVIIIe siècle : la réception est installée dans son ancienne chapelle et le patio accueille encore un cyprès centenaire. Le cadre y est absolument magnifique et surprend, avec sa décoration d'inspiration mexicaine, marocaine et indienne. Au nombre de 16, les chambres et suites sont décorées sobrement et avec beaucoup de goût, certaines étant plus lumineuses que d'autres. Un excellent petit déjeuner est inclus dans le prix.

DOS CASAS HOTEL €€€

Quebrada#101
✆ +52 415 154 4073
www.doscasas.com.mx
Suites à partir de 168 US$.

Le plus bel hôtel de San Miguel de Allende est installé dans deux magnifiques demeures coloniales du XVIIIe siècle. Le *design* contemporain se mêle au beau mobilier du milieu du siècle, qui rappelle par petites touches l'héritage colonial de la ville. Les chambres sont incroyablement chics et confortables et les draps en lin sont un vrai bonheur. Certaines suites disposent d'une terrasse aménagée avec une vue magnifique sur la ville et l'église. Pour se croire encore plus au paradis, on se laisse tenter par le spa et ses délicieux soins. Une adresse somptueuse.

KAFEWOW €

Mesones #57
✆ +52 415 121 5306
www.kafewow.com
Ouvert tous les jours de 8h à 20h.
Plats autour de 150 $. Ouvert tous les jours de 8h à 21h.

Ce petit café possède un patio ombragé extrêmement agréable organisé autour d'une fontaine. On recommande tout particulièrement l'endroit pour le petit déjeuner, qui a l'avantage d'être servi toute la journée. On se laissera tenter par les belles omelettes, les œufs *rancheros* bien relevés, les *enfrijoladas* qui peuvent être préparées sans viande, à accompagner d'un délicieux jus de fruits frais ou d'un *smoothie* rafraîchissant. Le café est excellent, lui aussi. Pour la fin de journée, on pourra opter pour une pizza, un burger ou une copieuse salade composée.

CAFE RAMA €

Nemesio Diez #7
✆ +52 415 154 9655
Ouvert du mardi au samedi de 9h à 21h, jusqu'à 18h le dimanche. Fermé le lundi.
Plats autour de 250 $.

Un endroit versatile au décor très éclectique, qui fait à la fois café, bar et galerie d'art. Il comprend deux espaces accessibles aux clients : une terrasse couverte qui s'apparente à un café traditionnel, et un bar à la déco *pop art* et fantaisiste, avec cheminée, piano et bar. Les fondateurs de Café Rama sont un couple d'artistes qui exposent leurs œuvres (des peintures pour lui, des bijoux pour elle) dans cet espace. Tout s'explique ! Le menu offre un joyeux mélange de spécialités mexicaines et de plats aux saveurs internationales.

EL CORREO €

Correo #23
Ouvert du mercredi au lundi de 8h à 22h.
Repas : 150 $.

Voici une adresse populaire qui propose une cuisine familiale, très fréquentée par les habitants de San Miguel. Que ce soit pour le petit déjeuner, un *brunch* ou un dîner tardif, il y en aura pour tous les goûts ; soupes et potages, *enchiladas suizas*, *enmoladas*, œufs, viandes, etc. L'attention aux détails est un bel indice pour évaluer les petits plats mexicains concoctés ici : bouquets de fleurs sur les tables, peintures au mur, service sympathique. Une valeur sûre à base de produits frais. Vous pouvez y aller les yeux fermés.

BERLIN BAR & BISTRO €€

Umaran #19
✆ +52 415 154 9432
www.berlinmexico.com
Ouvert du lundi au samedi de 17h à 23h.
Plats entre 150 et 400 $.

Le rendez-vous préféré de la faune *arty* et bohème de la ville est un endroit branché et très chaleureux. Il fonctionne comme une seconde maison pour bon nombre de ses habitués. L'ambiance est animée, le cadre agréable et la cuisine éclectique et à la carte variée : spécialités allemandes (choucroute en tête), viandes (filet de bœuf) et poissons frais, soupes et salades et une petite touche végétarienne pour compléter le tout. La carte des boissons inclut des cocktails, des bières belges et allemandes et un bon choix de vin au verre.

CUMPANIO €€

Calle Correo #29
✆ +52 415 152 2327
www.cumpanio.com
Ouvert du jeudi au mardi de 9h à 21h.
Plats entre 200 et 450 $.

De très belles propositions dans ce restaurant qui fait l'unanimité à San Miguel. La cuisine servie à Cumpanio se veut franco-italienne, à l'image des origines des propriétaires, et élégante mais sans prétention. Très raffinés, les plats peuvent aller du filet mignon aux ravioles maison à la fleur de courgette, sans oublier le poisson du jour à la meunière. Pour le brunch aussi, c'est un incontournable, surtout qu'il y a une excellente boulangerie adjacente au restaurant. L'endroit est connu, il est préférable de les appeler pour réserver.

ÁPERI €€€

Quebrada #101 ✆ +52 415 152 0941
www.aperi.mx
Ouvert le lundi et du mercredi au samedi de 14h à 21h ; le dimanche de 11h à 21h.
Menu dégustation en 5 temps : 1 200 $.

L'excellent Dos Casas Hotel & Spa renferme un restaurant tout aussi séduisant. Aperi propose une cuisine d'inspiration mexicaine et internationale, concoctée avec des produits frais de la région. Le menu varie donc en fonction des saisons, si bien qu'on ne s'en lasse pas. A la carte, les voyageurs nostalgiques pourront par exemple se délecter d'un magret de canard aux épices, d'une savoureuse assiette de pâtes ou d'une pièce de bœuf parfaitement assaisonnée. Quant au menu dégustation, il est d'un rapport qualité-prix exceptionnel pour une cuisine de ce niveau.

EL GATO NEGRO

Mesones #12

Voilà une vraie *cantina de pueblo,* idéale pour vous rassurer : oui, vous êtes encore au Mexique ! Pour éviter que les *gringos* n'envahissent les lieux, il arrive que les portes (dignes d'un saloon) soient fermées alors que la *cantina* est bel et bien ouverte... Poussez-les et vous découvrirez un lieu figé dans le passé, dont les murs sont recouverts de photos encadrées en noir et blanc et de posters de Marilyn Monroe. Sur le toit, il y a une terrasse qui offre une superbe vue sur la ville. A faire au coucher du soleil de préférence.

EL PETIT FOUR

Mesones #99-1
✆ +52 415 154 4010
www.elpetitfour.com
Ouvert du mardi au samedi de 8h à 20h ;
le dimanche de 9h à 18h.

Cette pâtisserie-confiserie internationale est une escale obligatoire pour un petit shoot de sucre ! Au menu, tartelettes aux fruits sur lit de crème pâtissière, choux à la crème, gâteaux au chocolat blanc ou noir, délicieuses boissons (chocolat mexicain, cappuccino...) et sandwichs élaborés avec le pain fait maison. Préférez tout cela aux viennoiseries, qui sont un peu de dessous. Le chef pâtissier organise aussi des cours de cuisine, vous emmène au marché local et vous fait découvrir les saveurs de son pays. Indispensable.

LA MEZCALERÍA

Correo #47
✆ +52 415 121 5354
Ouvert du lundi au samedi de 9h à 23h ;
le dimanche de 9h à 16h.

Une sélection soigneuse de mezcals d'Oaxaca (*espadín, añejo, cuixe, madre cuixe, tobalá, mexicano, tepestate* et *arroqueño*), des tranches d'orange pour les accompagner et quelques cocktails bien choisis pour ceux qui les préfèrent plus doux : voilà ce que propose ce petit bar au décor minimaliste aux matériaux chaleureux (carrelage d'époque, mobilier de bois et lumière douce). Comme il se doit, on y trouve des tapas raffinées pour y dîner : *ceviche,* moules à la crème, saucisse champêtre faite maison ou tartare de thon. Bière artisanale et bon accueil de rigueur.

FABRICA LA AURORA

Calzada de la Aurora s/n
www.fabricalaaurora.com
Ouvert tous les jours de 10h à 18h.

La Aurora est une immense usine textile qui fonctionna de 1902 à 1991, alimentée en eau par un aqueduc qui descendait à flanc de montagne depuis la Presa Las Colonias, que l'on observe depuis le jardin botanique El Charco del Ingenio. L'impressionnant espace abrite aujourd'hui des dizaines d'ateliers d'artistes, de galeries d'art, de boutiques de design et de décoration. On observe ici et là les restes de stupéfiantes machines qui hantaient ce lieu important de la vie manufacturière locale. Le clou du spectacle restera la grande échoppe d'antiquités mexicaines.

SANTUARIO DE ATOTONILCO ★

A 14 km de San Miguel de Allende, sur la route de Dolores Hidalgo, se trouve le sanctuaire d'Atotonilco, qui date du XVIIIe siècle. Bel exemple d'architecture baroque, ses peintures sont comparées à celles de la Chapelle Sixtine dans les brochures officielles, ce qui est pour le moins très exagéré. Il comprend une église et plusieurs petites chapelles, décorées de très belles peintures religieuses. C'est aussi un lieu de grande importance historique puisque c'est là que Miguel Hidalgo, le leader indépendantiste, prit la bannière de la Vierge de Guadalupe pour en faire l'étendard de l'indépendance.

CAÑADA DE LA VIRGEN ★★

À 30 km à l'ouest de San Miguel, ce site archéologique est installé sur un plateau naturellement protégé par des canyons, entouré de montagnes qui servent de points de référence astronomique, et dominant les plaines de la vallée du Río Laja. Il est relativement isolé des autres 90 sites archéologiques qui ont été recensés dans la zone. La cité est fondée par des populations d'origine Otomí ; on estime que sa principale période d'occupation et de rayonnement se situe entre 550 et 1050 ap. J.-C. (Classique tardif et Post-classique ancien). La céramique retrouvée sur le site correspond quant à elle aux débuts de l'ère toltèque (Xe siècle).

ZONA ARQUEOLÓGICA CAÑADA DE LA VIRGEN ★★

Ouvert du mardi au dimanche de 10h à 16h30.
Entrée : 45 $.

On accède au site après avoir emprunté un minivan qui vous dépose à un peu plus d'un kilomètre des structures : il faut monter pour accéder à la très ample chaussée en escaliers. On pénètre tout d'abord sur l'ensemble dénommé la *Casa de los 13 Cielos*, qui comprend un grand patio au fond duquel s'élèvent les marches qui mènent au sommet d'une pyramide ; de là-haut, la vue sur le reste du site et les paysages environnants est sublime. On aperçoit en effet les formes cursives des structures érigées autour de la *Casa del Viento*, une structure circulaire de 22 mètres de diamètre, qui était dédiée au dieu du Vent Ehécatl ; cet ensemble domine légèrement l'*Estanque*, une œuvre d'ingénierie hydraulique qui servait à stocker l'eau ; derrière le temple de la *Casa de los 13 cielos*, on aperçoit la *Casa de la Noche más larga*, édifice dont la position pourrait être liée au solstice d'hiver.

Les habitants de la Cañada ont planifié l'emplacement des édifices en fonction de la route suivie par le soleil et la lune. Le 25 août – jour important dans le calendrier préhispanique puisqu'on offrait les récoltes aux gouvernants – le soleil s'aligne avec le portique de la *Casa de los 13 Cielos* ; le 4 mars, jour où commence le calendrier préhispanique, le soleil et la lune entrent dans la *Casa de los 13 Cielos*, situation qui pourrait symboliser la semence des graines dans la terre. A différence des sites de Tula et Teotihuacán, les édifices ont ici la particularité d'être orientés vers l'ouest.

XOTOLAR RANCH

Boca de la Cañada
✆ +52 415 154 6275
www.xotolarranch.com
Excursion à cheval d'une journée : 3 390 $ par personne, transport et repas compris.

Ce ranch qui offre des paysages spectaculaires appartient à la famille Morín Ruiz depuis quatre générations. La famille et leurs guides vous proposent, à la carte, diverses randonnées équestres ou pédestres dans les environs de San Miguel, avec possibilité de camper la nuit. On peut également faire la visite de la zone archéologique que l'on aura le choix de combiner (ou pas) avec une randonnée à cheval. Pratique, car à chaque fois le transport aller-retour est inclus depuis le centre-ville de San Miguel. Sérieux et professionnel.

MINERAL DE POZOS ★★★

A 45 minutes de San Miguel de Allende, Mineral de Pozos est un petit village de 3 000 âmes installé dans une région vallonnée semi-désertique, aux nuits étoilées. Dès 1576, les Espagnols installent à 5 km du village actuel un poste de garde dans ce territoire alors dominé par les tribus hostiles à leur présence. Dans le même temps, les envahisseurs prennent connaissance de l'existence de filons exploités à l'époque préhispanique, et c'est ici même que les jésuites fondent quelques années plus tard l'Hacienda Santa Brigida, dont les trois cheminées coniques en pierre deviendront le symbole de la richesse minière du village pour les siècles à venir (or, argent, cuivre, fer, plomb, mercure, etc.). Pourtant, jusqu'à la moitié du XIXe siècle, l'histoire de l'activité minière connaît soubresauts et abandons à mesure des conflits liés à la guerre d'Indépendance, à la Réforme et à l'intervention française. C'est finalement la consolidation du pouvoir du président Porfirio Diaz qui permet une explosion démographique et économique sans précédent, attirant capitaux nationaux et internationaux dans la zone. A la fin du XIXe siècle, plus de 300 mines sont exploitées autour du village ; une grosse trentaine d'haciendas mènent les travaux. Au début du XXe siècle, les 80 000 personnes qui habitent désormais la ville (contre 8 000, 50 ans auparavant) voient l'arrivée du chemin de fer, du téléphone et du théâtre en plus de l'installation de grandes enseignes de l'époque (dont *La Fama*, encore ouverte de nos jours sur la place principale). Mais la révolution qui éclate en 1910 commence et met à mal les plans des industriels miniers, sans compter les ravages provoqués par la Guerre des Cristeros (1926-1929) ainsi que l'inondation accidentelle d'une grande partie des mines en 1923. Une nouvelle époque d'abandon débute, laissant le village avec à peine 200 habitants dans les années 1950, donnant à l'endroit sa réputation de village fantôme… Au milieu des années 1990, quelques artistes commencent à s'y installer, de même que quelques hôtels, mais c'est surtout l'offre d'emploi du bassin industriel de l'Etat voisin de Queretaro qui prélude à la renaissance du village. En 2017, l'école Modelo, fleuron de l'éducation populaire sous la présidence de Porfirio Diaz, rouvre ses portes en tant que centre de formation artistique. Le village n'a pas dit son dernier mot… Pour les visiteurs, son allure est réellement fascinante, puisque Mineral de Pozos a gardé l'essentiel de ses vieilles constructions le long de ruelles pavées. On se promène aisément sur ses petites places, autour desquelles se concentre l'essentiel des hôtels et restaurants. On y vient certes s'y reposer mais aussi découvrir (à pied, en vélo ou à cheval) les ruines de plus de trente haciendas d'extraction de métal qui ont fait la grandeur de la zone dans le passé, et dont les paysages alentour hérissés de ces bâtiments splendides sont un plaisir des sens.

Balade

Déambuler dans les rues désertes du village en se laissant bercer par l'abandon des lieux n'a pas d'égal. La place Centrale (Jardín Juárez) est bien entendu le centre de « l'activité » du village, surtout le week-end lorsque restaurants, cafés et boutiques ouvrent leurs portes. On peut y visiter l'église San Pedro Apostol (XVIIe siècle), dont les fresques miment un impressionnant décor de mosaïques. De là, en prenant la rue Ocampo dans l'autre sens, on longe les murs de l'Hacienda La Purisima pour déboucher sur la Plaza de los Mineros, dont l'église n'aura jamais vu le jour. A noter que cette partie de la rue n'est pas pavée, à l'inverse de toutes les autres, puisque les croyants la parcourent à genoux en signe de pénitence lors de la fête de San Pedro.

Se restaurer

Autour des places Zaragoza et du Jardín Juárez, ainsi que dans les rues adjacentes, se trouvent quelques restaurants dont la plupart n'ouvre qu'à partir du jeudi ou vendredi (sauf pendant les vacances scolaires). Ne manquez pas d'aller faire un tour dans la *cantina* traditionnelle installae sur la place centrale, celle-ci accueille les locaux et est régulièrement ouverte.

CENTRO DE ARTES Y PRÁCTICAS ARTÍSTICAS ★★

Calle Centenario #10
✆ +52 442 348 1333
Ouvert du lundi au vendredi de 11h à 19h.

Voilà un grand centre culturel et artistique qui a pour objet de former une nouvelle génération de créateurs, en faisant surtout appel à des artistes renommés, nationaux et internationaux. L'édifice remonte à l'époque du *porfiriato* (fin XIXe). Le site, aussi connu sous le nom d'Escuela Modelo, n'en est encore qu'à ses balbutiements, mais il accueille des salles d'exposition, une cinémathèque, une bibliothèque ainsi qu'un module d'information pour les touristes.

EX HACIENDA CINCO SEÑORES ★★

Encore plus loin sur la route se trouvent les ruines de l'imposante hacienda Cinco Señores, une des plus grandes et emblématiques de la zone, qui exploitait une cinquantaine de mines sur 45 hectares. Edifiée en 1889 par cinq Européens, on y extrayait le métal et on le transformait aussi sur place : ses magnifiques bâtiments permettent d'imaginer la richesse tirée du sous-sol. Dans le centre du village, près de l'église, des guides proposent des visites du site.

EX HACIENDA SANTA BRIGIDA ★★

A un peu plus de cinq kilomètres du centre du village (on peut s'y rendre en vélo), voici la première hacienda donnée en concession aux jésuites à la fin du XVIe siècle. C'est le site emblématique du village, sauvage et isolé, à ne pas manquer : on y découvre ses trois cheminées et la maison principale de l'hacienda, dont les murs sont encore debout. Sur la route, à un kilomètre de la place principale, vous pourrez vous arrêter dans un ranch qui cultive différentes sortes de lavande.

EX HACIENDA EL TRIANGULO ★★

L'hacienda El Triangulo, qui présente des bâtiments à l'architecture variée, fut fondée par des Français à la fin du XIXe siècle afin d'extraire argent, or et fer. Elle dut être abandonnée en 1923 suite à l'inondation accidentelle de la totalité de ses tunnels, ainsi que ceux de la mine voisine d'Angustias. A la fin du XIXe siècle, celle-ci employait plus de 1 000 personnes qui y travaillaient en continu : on peut encore de nos jours pénétrer dans les entrailles de la terre sur une distance de 300 mètres (30 minutes environ).

MINA EL CENTENARIO ★★

En haut de la place Zaragoza, continuez tout droit puis prenez sur votre gauche. Vous trouverez tout d'abord la mine El Centenario, dont la visite guidée prend une petite demi-heure : on y descend par une corde et le parcours – éclairé – permet de distinguer les anciens filons d'or et d'argent ainsi que la machinerie d'extraction (impossible de la rater, elle se situe à l'arrière d'un très beau bazar de pierres précieuses et de fossiles). Après la visite, en poursuivant votre chemin, vous arriverez à la Mina San Rafael, sur votre droite.

EX HACIENDA SAN RAFAEL ★★

Derrière la *Escuela Modelo*, on accède à la première hacienda imposante, celle de San Rafael : son puits de 120 mètres de profondeur est accessible surtout en dehors de la saison des pluies ; juste à côté se trouve le Centro Agroecologico Mina San Rafael, où l'on peut pénétrer dans un puits de 70 mètres de profondeur à l'aide de marches et d'une corde. Mais c'est à partir d'ici que la balade devient la plus intéressante, lorsque l'on commence la route qui remonte vers les montagnes dans le lointain : haciendas et mines se succèdent, dans un décor semi-désertique.

ZONA ARQUEOLÓGICA ARROYO SECO ★★

À 50 km à l'est de Mineral de Pozos.
Ouvert du mardi au dimanche de 10h à 18h.
Les visites guidées partent toutes les 30 minutes.
Entrée : 45 $.

On va voir ce site pour admirer des peintures rupestres. Les premières sont le fruit de peuples sédentaires (7000 av. J.-C. à 200 ou 300 apr. J.-C.). La seconde étape s'étale de 400 à 1100 apr. J.-C., quand coexistent les tribus de chasseurs-cueilleurs avec les établissements agricoles et sédentaires issus des sociétés hégémoniques. La troisième étape se déroule jusqu'à la Conquête, durant laquelle la zone est abandonnée par les sociétés agricoles et reprise par les tribus *chichimecas*.

MISION BIKE TOUR ★★

Centro de Atención al Visitante
✆ +52 1 468 104 1846

Voilà un guide qui peut aussi bien vous louer des vélos que vous emmener pour une promenade en VTT de 25 km le long du chemin Pista Rocas de la Plata afin de découvrir à la fois les paysages et les haciendas des environs. Le vélo est, selon nous, l'un des meilleurs moyens de découvrir le village et ses mines tout en profitant du paysage. Pour les paresseux, Mision Bike Tour propose aussi des visites plus classiques des haciendas, incluant la descente dans les mines. On trouve aussi des activités un peu plus sportives telles que le canyoning.

POSADA DE LAS MINAS €€

Manuel Doblado #1
✆ +52 442 293 0213
8 chambres et suites, entre 1 200 et 2 500 $.

Ce bâtiment du XIXe siècle superbement rénové et aménagé accueille 6 chambres et 2 petits appartements avec salon et cuisine tout équipée ; leur décoration varie de l'art populaire mexicain au style victorien et certaines chambres offrent de très belles vues sur les alentours. On y trouve un joli jardin de cactus, un très beau salon de lecture ainsi qu'un restaurant qui propose de bons petits plats. Un hébergement de premier choix, qui offre en plus un accès privilégié à une très belle piscine et à un spa situés à 5 minutes de marche de l'hôtel.

LA CASA DEL VENADO AZUL €

Centenario #34
✆ +52 1 468 117 0387
2 chambres pour deux ou quatre personnes, à 750 $.

C'est une drôle de maison qui se cache derrière une jolie façade aux tons pastel, sur la route de l'Hacienda Cinco Señores. Vous voilà chez des artisans, fabricants d'instruments de musique préhispaniques et musiciens eux-mêmes. Ils louent deux chambres, installées autour d'un jardin de cactus, et l'endroit dispose d'un charme certain ; possibilité de profiter d'un *temazcal*, bain de vapeur traditionnel et des espaces de la maison. Une adresse très sympa, idéalement située à quelques minutes à pied de la zone où sont regroupées les mines.

EL SECRETO €€

Jardin principal #4
✆ +52 442 293 0200
www.elsecretomexico.com
3 chambres entre 1 300 et 1 700 $.

C'est un hôtel intimiste d'inspiration rustique, dont les chambres donnent sur un joli jardin. Le tout est construit en matériaux nobles, dans le plus pur style des maisons d'époque : pierre, carrelage en terre, fenêtres et portes en bois. Location de vélos et massage pour un séjour ultra-reposant. Le petit déjeuner est inclus dans le prix. Autre avantage : l'établissement ne compte que trois chambres ; ici, on est à mille lieues des chaînes d'hôtels impersonnelles. Sachez toutefois qu'elles sont souvent occupées le week-end, il est recommandé de réserver.

EL CÓPORO ★★

Aux confins nord-ouest de l'Etat, sur la route qui mène à Ojuelos dans l'Etat de Jalisco puis à Aguascalientes, voici un site archéologique dominé par les contreforts de la *Cordillera de Santa Barbara*. Il ferait partie d'un plus vaste et encore méconnu ensemble culturel dénommé Tunal Grande (200-900 apr. J.-C.), généralement associé à l'actuel Etat de San Luis Potosí, qui maintenait aussi des échanges et relations jusqu'à Zacatecas, Aguascalientes et Los Altos de Jalisco. C'est le *cerro del Coporo*, vocable purapecha signifiant « sur le long chemin », qui donne le nom à cette zone archéologique qui se répand de ses pieds jusqu'à son sommet.

PERALTA ★

Non loin de la ville d'Abasolo, ce site archéologique est l'un des plus vastes de la civilisation qui s'est développée dans le *Bajío* avant le premier millénaire, plus spécifiquement durant le Classique Ancien (300-750 apr. J.-C.). Cette culture méconnue avait développé un système d'agriculture sur des centaines de terrasses aménagées sur les flancs du *cerro Peralta*, aussi bien qu'une agriculture de plaine, en s'appuyant notamment sur les crus du Río Lerma. La fertilité de ces terres bien irriguées, combinée à la présence d'importants gisements d'obsidienne dans les sierras alentour ont favorisé le développement ici d'une vaste cité.

ZONA ARQUEOLOGICA EL CÓPORO ★★

Du mardi au dimanche de 10h à 18h.
Entrée : 40 $.

L'entrée de la zone archéologique se déploie à quelques kilomètres du guichet du petit musée du site qui accueille les visiteurs. Ce site est considéré comme l'un des plus importants de l'Etat de Guanajuato. On vous y emmène à l'arrière d'une camionnette. On a le choix entre plusieurs trajets : le court dure environ une heure et ne concerne que les plateformes situées en bas du pic rocheux. Si vous souhaitez y monter pour découvrir le reste des constructions, l'ensemble de la visite vous prendra de 2 à 3 heures (le chemin étant escarpé, l'accès peut être limité en saison des pluies). Pour accéder au site, on traversera tout d'abord une jolie forêt de hauts *nopales* (cactus qui donnent le fruit dénommé *tuna*). On parvient tout d'abord, en terrain plat, aux unités résidentielles mises à jour (seul 5% du site a été fouillé à ce jour). Puis on continue à monter légèrement jusqu'à atteindre la *Plaza del Ocaso*, restes de vastes places cérémonielles qui conservent encore certains de leurs murs originaux. Réparties sur un vaste espace, on note la présence des restes de colonnes qui devaient maintenir un toit, faisant écho aux sites archéologiques encore plus septentrionaux de La Quemada et Altavista (Zacatecas). De là, un chemin escarpé monte jusqu'au sommet du Cóporo, où se dressent les restes de bases pyramidales de ce qui devait être la zone la plus exclusive de la grande cité. Partout, le vue sur les vastes étendues semi-désertiques alentour est superbe.

ZONA ARQUEOLÓGICA PERALTA ★

Ouvert du mardi au dimanche de 10h à 18h.
Entrée : 45 $.

C'est sur le côté nord de cette montagne qu'a été aménagée la zone accessible au public. *La Mesita* (ou *Recinto de los Gobernantes*) se distingue par une base de 147 mètres sur 30, pour une élévation de 12 mètres. Sa grande place est adossée à une structure circulaire et est entourée d'une place échelonnée en forme de gradins alors que de l'autre côté se déploie une série de pièces d'habitation. L'ensemble nommé le *Divisadero* est quant à lui plus petit et compte deux bases pyramidales.

PLAZUELAS ★★

À 120 km de Guanajuato, ce site est parfaitement intégré à la topographie de cette partie sud de la Sierra Penjamó. Situé au carrefour de nombreuses routes préhispaniques, il a probablement reçu nombre d'influences architecturales et ornementales distinctes, dénotant peut-être la coexistence de populations aux origines diverses. L'apogée de la cité eut lieu entre 450 et 700 apr. J.-C. (ou entre 600 et 900 selon les experts), période qui correspond également à la plus forte densité d'occupation de la région. Par la suite la cité allait être brûlée, détruite et désacralisée, servant alors de lieu de culte où l'on rendait hommage à la mémoire des ancêtres.

ZONA ARQUEOLÓGICA PLAZUELAS ★★

Du mardi au dimanche de 10h à 18h.
Entrée : 55 $.

Le site archéologique de Plazuelas a ouvert ses portes en 2006. Il comprend sept ensembles d'édifices répartis sur trois versants de montagne, eux-mêmes séparés de deux canyons. Ils communiquaient à le fois par de larges avenues et des sentiers serpentant à flanc de montagne, tous convergeant vers une même source d'eau. Chacun de ces flancs présente des influences architecturales distinctes. Le flanc ouest accueille un terrain de *juego de pelota* ainsi que des terrasses à usage résidentiel et c'est au pied de celui-ci qu'ont été retrouvés quatre fragments disséminés d'une grande sculpture présentant des motifs gravés faisant allusion aux éléments naturels ; le flanc est accueille lui un ensemble plus complexe composé de places cérémonielles et base pyramidales. Le versant central est celui qui est actuellement ouvert au public, là où a été édifié l'édifice le plus complexe et vaste du site : las *Casas Tapadas*, doté de plusieurs bases pyramidales et associé à un second terrain de jeu de balle, lui-même entouré d'autres plate-formes. Les parois des canyons comprennent au bas mot 1 200 pétroglyphes, représentant des formes géométriques et abstraites ; des pierres sont gravées de motifs architecturaux, parmi lesquelles le pétroglyphe connu comme La Maqueta, représentation de Las Casas Tapadas. La grande diversité des pièces exposées dans le musée du site témoigne de la vigueur des échanges commerciaux et culturels avec d'autres régions alentour.

SAN LUIS POTOSÍ ★★

Aujourd'hui capitale de l'Etat du même nom, San Luis Potosí est une ville dynamique, relativement ouverte, avec un patrimoine culturel important. La ville, parsemée de jolies places et de jardins, abrite de nombreux édifices historiques ; elle est une bonne base pour découvrir les *haciendas* des alentours.

Histoire

Dans la foulée de la découverte des mines de Zacatecas (1546), les Espagnols se lancent tous azimuts à la recherche de la bonne fortune, se répandant ainsi vers l'est et l'actuelle ville de San Luis Potosi. Vers la fin du XVIe siècle, les Espagnols découvrent d'importants gisements d'argent sur le Cerro de San Pedro ; ils fondent à 20 kilomètres de là la ville de San Luis Potosí. L'exploitation des mines du Cerro de San Pedro contribue à la prospérité de la ville, qui se pare de somptueuses demeures et édifices à l'architecture baroque, néoclassique et éclectique. À la fin du XVIIIe, la ville est la capitale d'une immense région qui s'étend alors jusqu'au Texas. C'est dans les dernières décennies de ce siècle que commence la ruée vers le village minier de Real de Catorce, au nord de l'Etat. La ville se démarque par sa participation dans la lutte pour l'indépendance du pays, tantôt d'un côté, tantôt de l'autre (1810-1821). En 1863 et 1867, elle est nommée à deux reprises capitale du Mexique, alors que s'y réfugie le président Benito Juárez face à l'invasion française. Elle est aussi considérée comme le berceau de la révolution mexicaine car l'appel au soulèvement général armé y fut publié en 1910.

CENTRO DE LAS ARTES CENTENARIO ★★

Calzada de Guadalupe #705 ✆ +52 444 137 4100
www.centrodelasartesslp.gob.mx

Ouvert du mardi au dimanche de 10h à 14h et de 17h à 19h. Entrée 25 $ (50 $ pour le musée Leonora Carringtone en plus).

Ancienne prison construite (de 1904 à 1999) selon le principe panoptique (en étoile, pour que depuis le centre l'on puisse surveiller l'ensemble), elle a été réaménagée de manière à recevoir une grande partie de l'enseignement artistique de la ville (littérature, peinture, sculpture...). Des expositions temporaires et rencontres y sont organisées. Espace dédié à l'œuvre de Leonora Carrington, artiste mexicaine d'origine anglaise qui fut l'une des figures du mouvement surréaliste.

EL MUSEO REGIONAL POTOSINO ★★

Galeana #450
✆ +52 444 814 3572

Ouvert du mardi au dimanche de 9h à 18h. Entrée : 55 $ (gratuit le dimanche).

Ce musée fait partie de l'ancien couvent franciscain construit en 1586 et rassemble une belle collection d'objets préhispaniques, notamment une section dédiée à la culture huastèque. A l'étage, on pourra voir l'extravagante *Capilla de Aranzazú*, une chapelle monastique construite au milieu du XVIIIe siècle dans un mélange de styles churrigueresque et baroque, dotée d'une belle façade jaune. Ses ornements en stuc peint de turquoise et de rose sont surprenants. Superbe.

CENTRE DU MEXIQUE

Eglise de San Luis Potosí.

MUSEO DEL VIRREINATO ★★

Villerías #155

✆ +52 444 812 5257

www.museodelvirreinato.mx

Ouvert du mardi au samedi de 10h à 17h ; le dimanche de 11h à 17h. Entrée : 15 $.

L'ancien couvent des Carmelitas Descalzos, dans lequel vivaient 32 religieuses, fut édifié au milieu du XVIIIe siècle. Il abrite aujourd'hui ce musée qui expose dans sept salles permanentes des meubles, des peintures ainsi que différents objets de la période coloniale. A voir également, une très belle collection d'objets en fer forgé. Ses expositions temporaires, installées dans deux salles dédiées, sont notables. Mais la visite vaut le coup rien que pour l'architecture. Une découverte à ne pas manquer, en plein cœur du centre historique.

MUSEO FEDERICO SILVA ★★

Alvaro Obregón #80

✆ +52 444 812 3848

www.museofedericosilva.org

Ouvert du mardi au samedi de 10h à 18h ; le dimanche de 10h à 14h. Entrée : 30 $.

C'est l'un des musées de sculpture contemporaine les plus intéressants du Mexique. Le rez-de-chaussée accueille les sculptures de Federico Silva, sculpteur autodidacte qui a vu le jour en 1923 à México et qui est devenu l'assistant du peintre David Alfaro Siqueiros. Ses sculptures monumentales ne vous laisseront pas indifférents. Quant au premier étage, dédié aux expositions temporaires, il reçoit les œuvres d'autres sculpteurs reconnus. Il est installé au sein d'un bâtiment de style néoclassique datant du début du XXe siècle. Très belle muséographie. À voir.

TEMPLO DE SAN FRANCISCO ★★

Jardín de San Francisco

Donnant sur un charmant jardin, cet édifice baroque date du début du XVIIIe siècle. Il a été construit par les Franciscains dans le but d'évangéliser les populations indigènes de San Luis Potosi et des régions environnantes. Sur la façade se détache une statue de saint François d'Assise. Ne manquez pas de pousser la porte pour découvrir son intérieur, qui renferme des peintures de Miguel Cabrera et Antonio Torres, une sacristie du XVIIIe siècle (la plus belle de la ville), un orgue tubulaire et une magnifique lampe à huile suspendue en forme de galion.

CORAZÓN DE XOCONOSTLE

5 de Mayo #1040

✆ +52 444 243 9898

www.corazondexoconostle.com

C'est une agence qui prend un malin plaisir à axer la découverte de l'Etat par la pratique d'activités sportives et de sports plus ou moins extrêmes : escalade dans la grotte de Guadalcazar, plongée dans la Laguna de la Media Luna, rafting sur le Río Tampaon, randonnée au pied des volcans, etc. On trouve aussi des excursions un peu plus classiques vers les principaux sites de la Huasteca (un ou plusieurs jours) et Real de Catorce et haciendas de mezcal. Super pro et bien organisé. Excursion d'une journée ou expéditions de plusieurs jours.

CASA CATALINA €€

Calle Arteaga # 270

✆ +52 444 810 0261

www.casacatalina.com.mx

3 chambres, 1 800 $, avec petit-déjeuner. Prix dégressifs à partir d'une semaine de séjour.

Voilà un bien bel hôtel de charme, situé à quelques pas de la Calzada de Guadalupe, dans le quartier historique de San Sebastián. Il s'agit d'une maison du XIXe qui dispose d'agréables espaces très lumineux, d'une salle à manger et cuisine pour vous préparer votre petit-déjeuner à la carte inclus dans le tarif. Le jardin, doté d'une petite piscine saisonnière, est très agréable. L'hôtel ne dispose que de trois très jolies chambres, qui complètent cette maison également dotée d'un patio et d'un espace jardin. On s'y sent comme à la maison… en mieux !

GRAN HOTEL CONCORDIA €€

Morelos #705

✆ +52 444 812 0666

www.granhotelconcordia.com.mx

97 chambres. A partir de 1 000 $.

Ce grand hôtel est idéalement situé à 50 mètres de la cathédrale, dans un bâtiment de 1957 à la façade simple, mais harmonieuse. L'hôtel a été entièrement rénové fin 2016 et dispose d'un parking, salle de gym, salon, restaurant, et terrasse sur le toit. Ici, tout est sobre et propret. On est assez loin du folklore mexicain aux couleurs chatoyantes, mais l'établissement offre un refuge à celles et ceux qui sont en quête de modernité, de calme et de confort. Une adresse fonctionnelle et agréable, digne d'une chaîne internationale.

HOTEL MUSEO PALACIO DE SAN AGUSTIN €€€

Galeana #240

✆ +52 444 144 1900

www.hotelmuseopalaciodesanagustin.com

17 suites, à partir de 3 000 $. Visites guidées tous les jours de 9h à 17h (100 $).

Ce magnifique hôtel à l'architecture néoclassique est installé dans une demeure du XVIIe siècle qui appartenait à l'Ordre de saint Augustin et était jadis utilisée pour héberger les invités d'honneur. Tout le mobilier et les peintures de l'hôtel, chambres comprises, sont des pièces certifiées dont l'origine remonte du XVe au XIXe siècle. On fait un saut dans le passé lorsqu'on passe la nuit ici. Sur place également, un restaurant et un spa pour une vie de roi.

BIFE DEL ALMACEN €€

Vista Hermosa #116

✆ +52 444 151 6009

www.almacendelbife.com

Ouvert du lundi au samedi de 13h30 à 0h ; le dimanche de 13h30 à 20h. Plats de 150 à 350 $.

Vous êtes de ceux qui pensent que seul un gros morceau de viande rouge pourra vous rendre vos forces entachées par une journée à crapahuter en ville ? Ce restaurant argentin aux copieuses pièces de bœuf saura répondre à toutes vos attentes. C'est forcément ce que votre regard alpaguera en premier sur la carte... mais un peu de créativité ne vous fera pas de mal : pourquoi ne pas vous laisser tenter par un morceau de canard rôti, un cochon de lait ou un chevreau ? On déguste le tout dans une élégante ambiance rustico-industrielle.

LA GRAN VIA €€

Av. Venustiano Carranza #560

✆ +52 444 812 2899

Ouvert du lundi au samedi de 13h à 0h ; le dimanche de 13h à 20h. Plats de 150 à 300 $.

La Gran Vía est un restaurant de cuisine espagnole et internationale dans le centre historique. Les bonnes familles de la ville viennent y déjeuner le week-end. Le très beau restaurant est construit autour d'un puits de lumière le long duquel se succèdent des petites salles : pierre, parquet, poutres et musique classique en bruit de fond. Une ambiance léchée pour de bons plats, à la fois raffinés et généreux : tournedos, médaillons de bœuf, crevettes, filets de poisson, etc. Le *jamón serrano* est un petit plus à ne pas négliger.

CALLEJÓN 7B

Universidad #153

✆ +52 444 812 4868

www.callejon7b.com

Ouvert du lundi au vendredi de 18h30 à 1h ; le week-end de 14h à 1h. Bière artisanale de 40 à 60 $.

Le *hit* du moment à San Luis, c'est la bière régionale. Dans ce chaleureux bar, vous n'aurez que l'embarras du choix puisque cette belle masure du XIXe siècle en a fait sa spécialité. Un grand tableau noir accroché au mur détaille les caractéristiques de plus de 25 bières artisanales produites dans l'État. Pour les accompagner, on se régale de petits plats et *botanas* typiques : goûtez les *goyitas*, petits pains sucrés fourrés avec des préparations délicieuses (*huevo rojo y verde, chicharrón*, etc.). Parfait pour une soirée détendue.

REFORMITA

Álvaro Obregón #675

✆ +52 444 244 7071

Ouvert du mardi au samedi de 18h à 0h.

Voici la meilleure terrasse de toute la ville, sans aucun doute possible. Ce petit bar au décor très simple est une vraie cour des miracles : tous les jours, il accueille une foule où se mélangent des gens de tous styles et professions, ce qui rend vraiment l'ambiance à la fois conviviale et très rafraîchissante. Sur deux petites terrasses qui se font face sur le toit de cette vieille maison, vous trouverez en plus la bière la moins chère de la ville. Et pour ne pas mourir de faim, pizzas et tacos à partager. Qui dit mieux ?

LA CASA DEL ARTESANO

Jardín Colón #23

✆ +52 444 814 6999

Ouvert du lundi au vendredi de 8h à 18h ; le week-end de 8h à 16h.

La « maison de l'artisan » porte bien son nom, puisqu'il s'agit d'une boutique qui propose des produits artisanaux des quatre régions de l'Etat de San Luis Potosí. La plus belle pièce concerne probablement le *rebozo*, cette belle étole fabriquée à la main si représentative de la petite ville de Santa Maria del Rio. On y trouve également des laines de l'Altiplano, ainsi que des objets en bois et en cuir et de la vaisselle. On y vient pour admirer les beaux objets et pour dénicher de fines pièces d'artisanat local à ramener avec soi.

CERRO SAN PEDRO ★★

C'est ici que se trouvent les mines qui ont donné lieu à la création de la ville de San Luis Potosí. C'était un village autrefois prospère, mais les activités minières se sont interrompues à la fin des années 1940 et l'endroit s'est progressivement dépeuplé, tant et si bien qu'il ne compte aujourd'hui qu'une centaine d'habitants. Tombé dans l'oubli, le village a de nouveau acquis une grande visibilité médiatique depuis 2000, quand la compagnie minière *Minera San Xavier* a commencé à y exploiter des gisements d'or et d'argent à ciel ouvert, générant un important conflit avec les habitants de la région qui dénoncent la disparition pure et simple du Cerro de San Pedro, symbole important puisque présent sur le blason de l'État de San Luis Potosí. Les effets que ce type d'exploitation minière a sur l'environnement et la santé sont en effet plus qu'indésirables : le mode d'exploitation des gisements consiste à littéralement broyer et concasser la montagne pour en extraire les métaux avec des produits chimiques pour ensuite replacer les résidus (une sorte de terre-poussière morte) à quelques kilomètres de là. Malgré tout, le village de Cerro de San Pedro mérite le détour, non seulement pour son importance historique, mais aussi parce qu'il a le charme d'un village fantôme, dont les maisons gardent encore les enseignes peintes à la main sur les murs. Vous y trouverez deux édifices historiques : l'église de San Nicolás de Tolentino, saint patron des mineurs, et le temple de San Pedro Apóstol. Le week-end, des restaurants et bars ouvrent leurs portes aux visiteurs.

SANTA MARÍA DEL RÍO ★

Situé à 46 km au sud de San Luis Potosí, le petit village de Santa Maria del Rio s'adresse aux voyageurs attirés par le tourisme rural. La première visite peut commencer par la place principale autour de laquelle se dressent de très beaux édifices religieux et civils, telle la mondialement reconnue *Escuela del Rebozo*. L'autre spécialité du village, ce sont les *campechanas*, des biscuits tout en longueur. La dernière attraction concerne la marqueterie : le village est connu pour produire des petites boîtes de cinq bois différents. Pour une vue spectaculaire de Santa María, la meilleure chose à faire est de grimper au sommet du Cerro del Original.

REAL DE CATORCE ★★★

Perchée à 2 750 m d'altitude, Real de Catorce est un petit village minier fondé en 1772. Autrefois prospère, il a été abandonné au début du XXe siècle lorsqu'éclatent les premières salves de la Révolution mexicaine. Il doit son nom aux 14 bandits qui s'y étaient jadis installés et se consacraient à voler la production d'argent qui était acheminée dans la région. Aujourd'hui, Real de Catorce a des allures de ville fantôme, mais c'est justement ce qui fait tout son charme. Ses petites ruelles pavées, ses maisons vieillies et les paysages de far-west alentour attirent un grand nombre de Mexicains et d'étrangers qui apprécient le calme du village et son ambiance magique. Depuis les années 1970, Real de Catorce est également fréquenté par des voyageurs qui sont à la recherche du *peyote*, un cactus aux propriétés hallucinogènes, qui pousse dans le désert de Wirikuta, situé en contrebas du village. Il s'agit d'un petit cactus charnu, sans colonne, surmonté d'un bouton gris vert d'où émerge une touffe de poils blancs. Le *peyote* est depuis longtemps consommé par les Indiens Huichols qui l'utilisent pour entrer en contact avec les dieux et le cosmos.

Balade

Le village est très petit et vous en aurez fait le tour rapidement. La mairie propose des visites guidées très intéressantes qui vous permettront de connaître son histoire passionnante, ses rues et ses bâtiments emblématiques. Le Templo de la Purísima Concepción (XVIIIe siècle) abrite l'image de saint François d'Assise, qui fait l'objet d'un pèlerinage massif tous les ans du 1er au 5 octobre, la Casa de la Moneda – désormais centre culturel – fait office de musée régional, le Palenque de Gallos, qui n'accueille plus guère de combats de coq, est un joli petit amphithéâtre à la grecque ; enfin la Capilla de la Virgen de Guadalupe, la plus ancienne du village, a pour particularité d'être située au sein même du cimetière.

Les promenades à pied ou à cheval sont une bonne manière de découvrir le coin. En partant du village, vous pourrez visiter le *pueblo fantasma* (village fantôme, 2h à cheval) mais surtout le cerro del Quemado, duquel vous aurez une vue imprenable sur le désert en contrebas (3h à cheval). Possibilité de combiner visite des mines et grotte pour arriver en haut du Cerro Grande (6h). Partez tôt le matin et équipé, le soleil est brûlant dans la région. Vous trouverez aussi des guides et des VTT pour faire d'éprouvantes randonnées à vélo.

CENTRE DU MEXIQUE

WILLYS DE REAL DE CATORCE ★★

Estación Catorce
✆ +52 488 88 261 08
www.willysderealdecatorce.com
2 jours, logement et repas compris : 2 700 $ par personne pour un minimum de 8.

Cristino Rodríguez a été le premier à organiser des excursions dans la région, qu'il connait comme personne. Il propose une formule comprenant deux nuits d'hébergement dans sa maison à Estación Catorce, les repas absolument divins préparés par sa femme et deux journées d'excursion à bord de ses petits véhicules brinquebalants. Il vous emmènera découvrir une partie du désert et de sa flore (Reserva ecológica Wirikuta) et poursuivra par une route de montagne. Génial.

CASA CURTOS €€

Zapata #14
✆ +52 488 887 5059
1 studio avec kitchenette, à partir de 1 000 $.

La Casa Curtos est une petite maison en pierre de 30 m² qui donne sur un jardin fleuri : poutres en bois, carrelage ancien, pierres apparentes... Elle est dotée d'une cuisine, d'un coin salon et d'une salle de bains privée. L'endroit possède un charme rustique très agréable, qui n'est pas sans rappeler la Provence... Pour vraiment en profiter, on se prélasse dans le hamac en fin de journée ou on se réunit autour de la table installée devant la maisonnette. L'accueil est charmant. Un lieu dépaysant, avec un petit supplément d'âme.

MESON DE LA ABUNDANCIA €€

Lanzagorta #11
✆ +52 488 887 5044
www.mesonabundancia.com/
4 chambres et 6 suites entre 1 250 $ et 3 000 $.

Cet hôtel est installé dans l'immeuble qui abritait autrefois la trésorerie de Real de Catorce : murs de pierre épais, poutres, portes et parquet en bois, ambiance rustique et originale aux saveurs épurées. Entièrement rénové, il propose des chambres confortables avec d'épais murs en pierre où l'on se sent tout de suite comme chez soi. Ici, pas de décoration impersonnelle : chaque chambre possède une identité propre. Par contre, pas de téléphone ni de télévision : l'hôtel entend préserver la tranquillité de ses clients. Magnifique.

CANTINA TABARES

Sur la route du cimetière, en haut du village.
Du lundi au dimanche de 9h à 1h.

Voici le bar des locaux, très sympa avec une terrasse sur le toit qui offre une vue imprenable sur le *bajio* (désert en contrebas). C'est une vraie *cantina* dans la pure tradition mexicaine, avec ses nombreuses variétés d'alcool et ses indispensables bières – idéales pour une pause rafraîchissante. Plus inhabituel, l'endroit propose même des cocktails, notamment l'excellent Mazapán, à la saveur d'amande. L'atmosphère désuète des lieux nous ramène vraiment dans les années 1800, à l'époque où Real de Catorce était encore un village minier prospère.

RÍO VERDE ★★

A 130 kilomètres à l'est de San Luis Potosí, sur la route 70 qui va à Ciudad Valles. Compter deux heures de route en voiture depuis le centre de SLP. A partir de cette petite ville, qu'on atteint par une route de montagne, on peut aller visiter l'attraction principale de la région : Media Luna, une lagune située à 980 m d'altitude, d'une profondeur de 36 m, d'une température constante de 26 à 28 °C, sans courants ni poissons dangereux, et offrant une visibilité qui va jusqu'à 35 m de profondeur. On y fait de la plongée. On peut également s'y baigner et loger sur une aire de camping. A Río Verde même, plusieurs hôtels et restaurants.

LAGUNA DE LA MEDIA LUNA ★★

Canal principal Media Luna
Ouvert tous les jours de l'année.
Entrée générale : 40 $. Entrée pour les plongeurs : 100 $. Camping : 100 $.

Pour accéder à la lagune, vous longerez pendant 9 km le canal principal, à travers des champs avec les montagnes en toile de fond. La lagune est superbe et son eau on ne peut plus claire puisqu'elle alimentée par des sources souterraines qui naissent dans les contreforts de la sierra Madre visible au loin. Si l'activité principale reste le farniente et la baignade, dans la lagune elle-même ou dans la rivière d'eau cristalline, la plus belle expérience restera la pratique de la plongée. Des fossiles de mammouth ont été retrouvés au fond de son eau peu profonde.

CENTRE DU MEXIQUE

CIUDAD VALLES ★

Située à 265 km à l'est de San Luis Potosí et habitée par 170 000 personnes, la ville de Ciudad Valles est la capitale de la Huasteca. La ville a été fondée au XVIe siècle par le conquistador Nuño de Guzmán sous le nom de Villa de Santiago de Los valles de Oxitipa, mais pour des raisons pratiques son nom a ensuite été abrégé en Ciudad Valles. Bordée par le fleuve Valles, c'est une ville de province sans charme ni attraction particulière, à la chaleur étouffante. Souvent présentée (à tort) comme la porte d'entrée de la Huasteca, elle n'en reste pas moins une base commode pour visiter les nombreuses attractions naturelles situées au nord de la région.

MUSEO REGIONAL HUASTECO JOAQUÍN MEADE ★

Artes y Rotarios #623

✆ +52 481 381 1448

Ouvert du lundi au samedi de 9h à 17h.
Entrée libre.

Inauguré en 1978 sous l'impulsion d'une professeure de la région, ce musée privé offre un aperçu de la culture huasteca, à travers l'exposition de pièces archéologiques, d'objets en céramique, d'instruments de musique et de bijoux réalisés à partir de coquillages. Au total, ce sont près de 10 000 vestiges qui retracent l'histoire de la région, de 600 av. J.-C. jusqu'à l'arrivée des conquistadors espagnols au XVIe siècle. Se renseigner à l'accueil pour les visites guidées.

HUAXTECA.COM ★★

Boulevard México-Laredo #209

✆ +52 481 381 9415

www.huaxteca.com

C'est l'agence spécialisée et la plus professionnelle pour tous les sports d'aventure dans la région. Elle propose des descentes en rappel, du rafting, du kayak, des sauts de cascade... Mieux vaut avoir le cœur bien accroché ! Comme les autres, elle organise aussi des excursions plus axées écotourisme et découverte vers tous les sites de la région. On pourra par exemple prendre part à une visite guidée de las Pozas ou du Castillo de la Salud de Beto Ramón. Possibilité de combiner plusieurs activités sur 2 jours ou plus, logement et repas compris.

SHARET TOURS HUASTECA POTOSINA ★★

Boulevard Lázaro Cárdenas del Río 526

✆ +52 481 366 0335

www.huastecasharet.com

Coup de cœur pour cette agence familiale qui, en plus de proposer l'ensemble des activités de sport extrême, met un accent tout particulier sur l'écotourisme et le tourisme culturel, cherchant à chaque fois à s'attacher les services des communautés visitées afin de soutenir l'économie locale. Sharet Tour propose des séjours à la journée, sur plusieurs jours (hôtel compris) ou à la carte. Accueil sympathique et professionnel. Allez-y les yeux fermés.

CASA ORTIZ €€

Niños Heroes #450

✆ +52 1 481 129 9009

www.hotelcasaortiz.com

12 chambres, à partir de 1 000 $.

Voilà un endroit à taille humaine, puisque joliment installé dans une grande et flambante maison contemporaine, mais néanmoins chaleureuse. L'hôtel comprend un agréable jardin aménagé (sieste obligatoire dans le hamac !) et une piscine, plus qu'indispensable. Les chambres épurées au possible disposent toutes de l'air conditionné. Très pratiques, des chambres familiales sont mises à disposition et peuvent accueillir jusqu'à cinq personnes. Les propriétaires vous réservent un accueil charmant, mais pas étouffant. Un peu de fraîcheur !

HOTEL VALLES €€

Blvd. Mexico-Laredo #36

✆ +52 481 382 0022

www.hotelvalles.mx

100 chambres et suites, de 1 800 à 4 000 $ selon la saison et la catégorie.

Avec son ample jardin arboré et ses deux aires de jeux pour enfants, ce grand établissement, qui est l'un des plus anciens hôtels de la ville, reste l'une des meilleures options d'hébergement à Ciudad Valles. Le cadre est reposant, la piscine est rafraîchissante et pour compléter ses services, l'hôtel comprend deux restaurants et un bar à l'air libre, fort agréables. On apprécie les chambres spacieuses et calmes, décorées simplement mais qui sont agréables avec leurs murs et couvre-lits aux couleurs chaudes. Une valeur sûre de la ville.

TAMASOPO ★★

Le village de Tamasopo, mot qui en langue téenek signifie « le lieu où l'eau goutte », se trouve à une soixantaine de kilomètres à l'ouest de Ciudad Valles et à une distance équivalente de Río Verde. Pour ceux qui souhaitent s'y arrêter une nuit, vous trouverez plusieurs petits hôtels. Ce village porte bien son nom, car il est entouré par de nombreuses chutes d'eau, facilement accessibles en taxi collectif ou privé. Les plus enchanteresses et sauvages restent sans aucun doute celles de *Puente de Dios*, dotées d'une jolie grotte illuminée par les rayons du soleil et submergées dans la végétation ; accessibles après une bonne descente à pied dans la forêt. Les trois cascades de *Tamasopo*, qui forment de petites piscines naturelles très agréables pour nager, sont tout aussi magnifiques, mais elles sont situées dans un joli complexe qui offre également des services de restauration.

Transports

Vous pouvez y accéder par la route qui mène de Río Verde à Ciudad Valles, pratique pour faire une petite pause baignade et commencer à goûter aux joies de la région. Pour ceux qui n'ont pas de véhicule, pas de souci puisque les bus s'arrêtent à l'embranchement ; prenez ensuite un taxi collectif pour descendre au village qui se trouve en contrebas. Une fois votre visite effectuée, remontez sur la route principale : vous n'aurez aucun mal à arrêter un bus pour poursuivre votre chemin.

LA ALDEA HUASTECA €

El Platanito
✆ +52 481 381 7358
www.rutahuasteca.com
Nuit dans une cabane : 600 $ par personne en incluant le petit déjeuner et le dîner.

Ce sont des petites constructions traditionnelles de la culture huasteca dénommées *bohios* (palme, bambou, pierres) réparties dans un joli jardin et en bordure du fleuve. Ces cabanes au cœur de la nature offrent un véritable dépaysement. Ici, on trouve aussi de grandes salles de bain impeccablement entretenues, ainsi que de grands espaces communs. Situées à 30 minutes de Ciudad Valles, l'endroit constitue une bonne alternative si vous ne souhaitez pas vous baser en ville. Bain de vapeur traditionnel, massages et excursions avec l'agence Ruta Huasteca.

TAMUIN ★★

À 50 kilomètres de Ciudad Valles, le village de Tamuín vit essentiellement de l'élevage et de l'agriculture, mais aussi de petits puits de pétrole. Entouré de lagunes où l'on peut pratiquer la pêche, les principales attractions sont néanmoins les deux zones archéologiques qui sont le berceau de la civilisation huaxtèque, dont la langue actuelle est une ramification de la langue maya : El Consuelo (aussi connue comme la Zona Arqueológica Tamohí) et la Zona Arqueológica de Tamtoc. Si vous pouvez facilement vous loger à Tamuín, l'excursion est aussi réalisable depuis Ciudad Valles dans la journée (il faut compter environ 45 minutes de route).

MICOS ★★

Les cascades les plus proches de Ciudad Valles (à 20 min) sont celles de Micos. Il s'agit de 7 chutes d'eau en forme d'escalier : l'eau coule de palier en palier sur plusieurs kilomètres avant de finir sa course dans un bassin à la couleur turquoise. Une véritable merveille de la nature. On peut se baigner et pratiquer différents sports aquatiques comme le kayak ou le saut de cascade (prendre un guide qualifié qui vous fournira casque et gilet).

Transports

Des bus en direction d'El Naranjo partent de la petite station qui se trouve juste à côté du Zócalo. Des taxis collectifs s'y rendent également.

ZONA ARQUEOLÓGICA TAMOHI - EL CONSUELO ★

Du mardi au dimanche de 9h à 17h. Entrée libre.

Son nom *Tamohí*, signifie « lieu d'effervescence ». Il s'agissait en effet d'un important centre cérémoniel de la période Postclassique tardive (la cité fut édifiée entre le XIIIe et le XVIe siècle). Elle est connue pour la découverte en 1917 d'une sculpture en trois dimensions (très rare en Mésoamérique) dénommée *L'Adolescent*, qui présente des mutilations dentaires et crâniennes ainsi que de multiples scarifications. L'original est exposé au Museo Nacional de Antropología à Mexico.

ZONA ARQUEOLÓGICA TAMTOC ★★

Carretera Tamuín-San Vicente, km 8

Du mardi au dimanche de 9h à 17h. Entrée : 70 $.

Cette superbe cité a été édifiée depuis le IVᵉ siècle, par la culture huaxtèque Téenek et aurait connu son apogée entre 900 et 1100 (Postclassique). Sur 200 hectares, les fouilles ont mis à jour près de soixante-dix édifices administratifs et religieux aux contours arrondis, ce qui laisse entrevoir la grandeur de cette société. Outre les pyramides, vous apprécierez la pierre sculptée d'une femme connue comme la Sacerdotisa, qui est en fait une gigantesque pierre calendaire datant du premier millénaire avant notre ère, et qui serait le fait de la culture olmèque.

SÓTANO DE LAS GOLONDRINAS ★★★

Le Sótano de las Golondrinas se trouve à 56 km au sud de Ciudad Valles, près du village d'Aquismón (à mi-distance entre Ciudad Valles et Xilitla). Il s'agit d'une impressionnante cavité de 512 mètres de profondeur (376 mètres en verticale) et 55 mètres de diamètre, située en plein cœur de l'exubérante végétation de la Huasteca Potosina. Chaque jour, au lever du soleil (le site ouvre à 5h du matin, entrée : 40 $), des milliers d'oiseaux semblables aux hirondelles s'en échappent, pour revenir s'y nicher à la tombée de la nuit. C'est un spectacle tout à fait époustouflant, à ne manquer sous aucun prétexte si vous vous trouvez dans la région.

EL NARANJO ★★★

À une centaine de kilomètres de Ciudad Valles (2h de route), l'*ejido* El Naranjo abrite deux magnifiques cascades. La cascade *El Meco* (35 mètres), à quelques encablures du village, n'est pas vraiment accessible mais vous pourrez l'observer depuis un mirador et surtout descendre le río Naranjo en rafting. La cascade de *Minas Viejas*, à 23 kilomètres d'El Naranjo, est une véritable merveille dont l'eau chute de 45 mètres pour tomber dans des bassins d'eau turquoise où l'on peut se baigner à loisir ou, pour les plus aventureux, pratiquer le rappel. À ne manquer sous aucun prétexte !

XILITLA ★★★

Xilitla (« lieu des escargots » en nahuatl) est un village de montagne qui se trouve à environ 70 km au sud de Ciudad Valles. Perché sur les flancs de la Sierra Madre Orientale, au milieu de la forêt tropicale, il offre non seulement des paysages magnifiques, mais aussi de nombreux sites à visiter. Son centre est tout petit et se compose de deux ou trois rues disposées autour de la place centrale et du couvent San Agustín (XVIᵉ siècle). Le dimanche, il accueille des groupes de *huapango*. Mais l'attraction principale restera toujours Las Pozas de Edward James, ce jardin surréaliste conçu dans la forêt tropicale par le milliardaire excentrique britannique.

TAMUL ★★

Située à une quarantaine de kilomètres de Ciudad Valles, la cascade de Tamul, avec ses 105 m de hauteur, est la plus imposante et le joyau de la Huasteca. Atteignant une largeur de 300 mètres, l'eau gronde en chutant dans un canyon escarpé dont les parois sont couvertes de végétation. Parfois durant la saison sèche, la cascade peut être néanmoins asséchée en raison des ponctions excessives d'eau effectuées par les plantations de canne à sucre de la région… Il existe plusieurs zones de camping dans les environs.

NACIMIENTO DEL RÍO HUICHIHUAYÁN ★★

Route Xilitla-Ciudad Valles

Du mardi au dimanche de 9h à 18h. Entrée : 30 $.

Ce n'est pas commun de pouvoir observer de près la naissance d'un fleuve. Ici, l'eau glacée jaillit des profondeurs de la roche pour donner naissance à une rivière couleur émeraude qui s'écoule doucement entre les arbres. Depuis Xilitla, la route est parsemée de litchis, le site est encore sauvage, sans aménagement superflu, et également fréquenté par les habitants et enfants alentour qui viennent se rafraîchir dans le petit plan d'eau qui s'est formé à cet endroit. Superbe.

LAS POZAS ★★★

Camino Paseo Las Pozas s/n, Barrio La Conchita
www.laspozasxilitla.org.mx
Ouvert tous les jours de 9h à 18h. Entrée : 100 $.

Pendant une trentaine d'années (de 1950 à 1980), Edward James, milliardaire anglais excentrique fils d'un magnat américain de l'industrie ferroviaire et d'une Anglaise proche de la famille royale (la rumeur veut qu'il soit le fils illégitime du roi Édouard VII), mécène et ami des plus grands artistes surréalistes, a conçu ici et édifié des constructions en béton peintes de couleurs fantasmagoriques, son jardin surréaliste devenant une source de travail non négligeable pour les habitants alors en proie à la crise des prix du café. La végétation dense, la chaleur tropicale, la conception labyrinthique du site, les sculptures et bâtiments à la géométrie triturée, le bruit des cascades, le chant des insectes et des oiseaux, l'exercice physique (le site est montagneux), tout concourt à procurer une expérience sensorielle déroutante. Depuis le village, une belle promenade vous emmène durant 4 kilomètres sous une futaie jusqu'à arriver au lieu communément appelé Las Pozas, terrain de jeu artistique et architectural d'Edward James, flanqué de cascades situées dans un site naturel d'une grande beauté. A sa mort en 1984, son bras droit Plutarco hérita du jardin surréaliste et le transmit peu de temps après à ses enfants. Sur trois lots, un est fermé au public (celui qui renferme la *Casa de los Peristiles* et le monument à Max Ernst) ; un second, qui comporte la structure la plus récente et une cascade, se visite encore de nos jours, mais par une entrée séparée (*Los Comales*). La troisième partie est la plus vaste et la plus visitée.

MUNDO EXTREME

Jardin Hidalgo # 104
✆ +52 1 489 105 3000
www.mundoextreme.com.mx
Tarifs en fonction des excursions.

Cette agence très professionnelle propose des tours et excursions à caractère culturel ou sportif (extrême !) dans les environs, et jusque dans la Sierra Gorda (Missions de Frau Junipero de Serra). Ici, on pratique le canyoning, rafting, la descente en rappel dans différents gouffres, on découvre les rivières et cascades ou même dans le détail les *pozas* de Edward James. On apprécie le fait que les excursions combinent aventure et découverte de la région de la Huasteca. Pour les amateurs de sensations fortes... A vos marques !

POSADA JAMES €€

Antiguo camino a las Pozas
✆ +52 489 365 0367
www.posadajames.com
10 chambres, à partir de 1 500 $.

A quelques centaines de mètres du jardin surréaliste, voici un très joli hôtel situé dans l'ancienne demeure de l'artiste américain James Reeves (rien à voir avec l'autre James). L'établissement est doté d'une piscine, d'une belle terrasse au milieu d'un jardin, d'un salon très frais avec canapés et livres, d'une grande cuisine et d'une véranda. Les chambres sont agréables, bien que moins ravissantes que les espaces communs. Ambiance champêtre, cosy, hôtel décoré avec goût et vue sur les montagnes. La meilleure option de Xilitla.

AMBAR DE DONA €

Jardín Hidalgo #209
✆ +52 489 365 0405
Ouvert tous les jours de 14h à 22h30.
Plats entre 100 et 150 $.

Ce restaurant est installé dans une superbe maison ancienne, qui a l'avantage de proposer quelques tables sur une terrasse dotée d'une vue panoramique sur la vallée et les montagnes. En plus du panorama exceptionnel, vous serez surpris par la qualité de la cuisine proposée. Le menu est simple, mais l'exécution des plats de très belle facture, avec des propositions d'inspiration italienne : lasagne, pâtes, mais aussi quelques salades et pièces de viande. Les portions sont énormes, en particulier les assiettes de pâtes. Idéal à toute heure.

CASTILLO DE LA SALUD DE BETO RAMÓN

Axtla de Terrazas
✆ +52 489 361 0450
www.herbolariabetoramon.com.mx
Ouvert tous les jours de 8h à 20h.

C'est un centre de confection de remèdes à base de plantes créé par Beto Ramón, un guérisseur traditionnel que l'on venait consulter depuis l'Europe ou les États-Unis. Ce sont désormais ses fils qui ont repris l'endroit, donnant des consultations et développant une marque d'herboristerie distribuée dans tout le pays. Les constructions et l'ensemble, un genre de château de toutes les couleurs, sont assez hallucinants et comme une sorte d'hommage aux Pozas d'Edward James.

AGUASCALIENTES ★

Aujourd'hui capitale d'un Etat qui se distingue par sa production agricole et l'élevage, Aguascalientes est une ville commerciale et manufacturière parmi les plus prospères du pays. Perchée à 1 800 m d'altitude, la cité abrite quelques beaux restes d'édifices coloniaux construits entre les XVIe et XIXe siècles dans des styles baroque, néoclassique et éclectique. C'est aussi la ville natale de José Guadalupe Posada (1852 - 1913), graveur et illustrateur mexicain qui a popularisé le personnage de la *Catrina*, cette longiligne femme-squelette aux habits élégants, associée partout dans le pays à la Fête des Morts.

Balade

La ville d'Aguascalientes possède de beaux restes d'immeubles coloniaux, édifices religieux et de jolie places ombragées, même si l'uniformité de l'ensemble ne peut rivaliser avec d'autres villes du pays. Le cœur du centre historique s'étale le long d'un axe reliant le très beau Jardín San Marcos aux places contiguës de la República et de la Patria, par la rue Venustiano Carranza. En continuant deux kilomètres de plus, on arrive jusqu'à la Plaza de las Tres Centurias et son espace dédié au transport ferroviaire.

Histoire

À l'arrivée des Espagnols, le territoire d'Aguascalientes allait être absorbé dans cette région dénommée *Nueva Galicia*, qui comprenait un vaste territoire incluant les actuels Colima, Jalisco, Nayarit et Zacatecas, ainsi que des parties du Michoacán, San Luis Potosi, Durango et Sinaloa. Ce très vaste territoire fut exploré et brutalement conquis par Nuño de Guzman à partir de 1529. Cet épisode sombre de la Conquête espagnole s'achève militairement avec la Guerra del Mixtón (1538-1541), qui marque la défaite des tribus Caxcanes et Zacatecas dans le sud de l'Etat qui porte aujourd'hui leur nom. Pour assurer la sécurité du transit des richesses extraites des mines de Zacatecas jusqu'à la capitale, les Espagnols construisent ici un poste de garde en 1575, converti en *villa* baptisée originellement *Villa de la Ascensión*. Rapidement, la ville devient un carrefour commercial et une région d'élevage de premiers plans sur le Camino Real Tierra Adentro, utilisée comme base pour consolider l'expansion vers le nord à partir des villes de México ou Guadalajara. Y transitaient des caravanes chargées de métaux précieux, des colons, missionnaires, esclaves, textiles, vaisselle, ravitaillement alimentaire et tous types d'outils et instruments, de même que le bétail qu'on emmenait peupler les grandes plaines du nord.

Se loger

Aguascalientes, à la différence d'autres villes de la région, n'a pas compté uniquement sur l'extraction minière pour assurer son développement. C'est depuis toujours une ville besogneuse et commerciale, qui a continué à se développer lorsque les filons se sont taris. Du coup, le infrastructures touristiques ne sont pas à proprement parler une activité primordiale pour ses habitants et l'on aura du mal à trouver des hôtels de charme installés dans des bâtiments historiques.

© SYLVIE LIGON

Fresque au Palacio de Gobierno.

CENTRE DU MEXIQUE

CATEDRAL BASILICA DE NUESTRA SEÑORA DE LA ASUNCIÓN ✝ ★

Plaza de la Patria

Bâti sur l'ancien emplacement de la Parroquia de la Asunción (1575), cet imposant édifice de pierres de taille achevé en 1738 arbore deux tours, la seconde ayant été ajoutée au XIXe. Des peintures de José de Alcíbar et Manuel Cabrera décorent les murs principaux alors qu'un orgue flambant neuf de la maison italienne Ruffattti y a été installé en 2005. A ne pas manquer, c'est l'un des monuments les plus emblématiques de la ville, et son église la plus importante.

MUSEO DE AGUASCALIENTES ★

Zaragoza #505
✆ +52 449 915 9043
Ouvert du mardi au dimanche de 11h à 18h.
Entrée : 10 $.

Dans ce très beau bâtiment néoclassique du XIXe reconstruit au tout début du XXe sont exposées de manière permanente les œuvres de gloire locale. Parmi les sculptures de Jesús F. Contreras (1866-1902), retenons la réplique de sa sculpture «Malgré tout», référence à l'amputation d'un bras du sculpteur en raison d'une infection ; l'original en marbre est exposé au Museo Nacional de Arte de la ville de Mexico. On y trouve aussi des peintures, gravures et dessins de Gabriel Fernández Ledezma (1900 - 1983) et des œuvres de Saturnino Herrán (1887 - 1918).

MUSEO REGIONAL DE HISTORIA ★★

Avenida Carranza #118
✆ +52 449 916 5228
Ouvert du mardi au dimanche de 10h à 17h.
Entrée : 55 $.

Ce musée dans une magnifique résidence du début du XXe parcourt le passé de l'Etat d'Aguascalientes. La visite vaut le détour aussi bien pour le bâtiment. Ici, on explore le passé lointain (belle sélection de fossiles) et l'on vous présente la coexistence des groupes sédentaires et nomades durant la période préhispanique. La période de la colonisation est également à découvrir. Le clou du spectacle se trouve peut-être dans la chapelle qui présente une magnifique collection d'*ex-voto*.

MUSEO JOSE GUADALUPE POSADA ★★

Trujillo #222
✆ +52 449 915 4556
Du mardi au dimanche de 11h à 18h.
Entrée : 10 $.

Ce musée, de loin le plus intéressant de la ville, est consacré au grand artiste José Guadalupe Posada (1852-1913), infatigable graveur (plus de 20 000 pièces à son actif) qui a vu le jour à Aguascalientes et qui est parfois considéré comme l'un des fondateurs de l'art moderne mexicain. Ses œuvres nous font découvrir sa perception de la société de son époque ; caustique et satirique. Sa marque de fabrique est la *calavera*, tête de mort emblématique du Día de los Muertos.

PALACIO DE GOBIERNO ★

Plaza de la Patria
Ouvert du lundi au vendredi de 8h à 18h.

Palais seigneurial édifié en 1665, dont la façade de *tezontle* (roche rouge volcanique) se fend harmonieusement de balcons de pierre de taille rose, c'est l'unique bâtiment rescapé du XVIIe siècle. Ses deux patios sont soutenus par cent onze arcs en plein cintre, décorés de fleurs taillées. En plus de sa beauté architecturale et ornementale, le palais accueille les fresques d'un disciple chilien de Diego Riveira, Osvaldo Barra Cunningham, dont l'une retrace l'histoire de la ville tandis qu'une autre est l'interprétation des couleurs du drapeau mexicain,.

MUSEO NACIONAL DE LA MUERTE ★★

Jardin del Estudiante s/n,
✆ +52 449 915 4391
www.museonacionaldelamuerte.uaa.mx
Ouvert du mardi au dimanche de 10h à 18h.
Entrée : 20 $. Gratuit le mercredi.

Ouvert dans un cloître du XVIIe siècle, le musée présente deux mille œuvres et objets d'art relatifs à la relation qu'entretient le territoire mexicain avec la mort depuis l'époque préhispanique à nos jours. Plus qu'un musée, c'est un véritable projet de recherche et de divulgation impressionnant, puisque la première salle est entièrement dédiée à l'Histoire de la Mort aux époques préhispaniques, coloniales, après l'Indépendance puis à l'époque contemporaine.

AEROPUERTO DE AGUASCALIENTES

Carretera Panamericana km 22
✆ +52 449 918 2806

A 24 kilomètres au sud de la ville, l'aéroport d'Aguascalientes dessert des destinations au Mexique et aux Etats-Unis. Des vols partent pour les villes de Mexico, Monterrey, Puerto Vallarta, Cancún et Tijuana, régulièrement ou en saison. Il faudra emprunter l'une des compagnies suivantes : Aeromar, Aeroméxico, Magni, TAR, VivaAerobus ou Volaris. Egalement quelques vols pour Houston, Chicago et Los Angeles, avec Volaris ou la compagnie américaine United Express.

PEQUENO GRAN HOTEL €

Av. Convencion Pte. #207
✆ +52 449 915 8511
www.pequenogranhotelags.com
36 chambres et suites, pour deux personnes à partir de 500 $.

À 200 mètres à peine du Jardín San Marco, voilà une très bonne option pour ceux qui ne souhaitent pas se ruiner. L'ensemble est très clair grâce à la grande verrière qui couvre ces deux petits bâtiments qui se font face. Même principe pour les chambres, qui sont dans l'ensemble lumineuses et très fonctionnelles. Et si l'on ajoute le bon petit-déjeuner inclus, la propreté et l'accueil charmant, on se demande si cela vaut la peine d'aller ailleurs. Niveau rapport qualité-prix, on peut difficilement faire mieux que ce « petit » hôtel.

HOTEL FRANCIA €€

Av. Francisco I. Madero #113
✆ +52 449 910 3050
www.hotelfranciaaguascalientes.com
Chambres doubles à partir de 1 300 $.

Derrière sa jolie façade rose pâle de style 1900 se cache un grand hôtel moderne, le tout à deux pas de la *plaza de la Patria* et des principaux monuments de la ville. Ici, place au confort (avec cafetière dans toutes les chambres) pour cet hôtel réputé pour proposer l'un des meilleurs rapports qualité-prix du centre-ville. Les chambres, soignées et très bien entretenues, sont dignes d'une chaîne d'hôtels de renom. Le personnel est particulièrement agréable. En bref : pratique et impeccable, on peut difficilement faire mieux.

FIESTA AMERICANA €€€

Calle Laureles, Col Las Flores
✆ +52 449 910 0500
www.fiestamericana.com
192 chambres, standard à partir de 2 000 $, suites à partir de 3 500 $.

C'est un très grand hôtel aux installations impeccables et sans cesse sujettes à amélioration : restaurant, café, piscine et spa, salle de sport. Il est idéalement situé sur la promenade piétonne où se déroule l'essentiel des festivités de San Marcos, et juste à deux pas du Jardín San Marcos, porte d'entrée du centre historique de la ville. Les deux restaurants servent des menus recherchés et parfois thématiques autour des cuisines mexicaines. Chambres vastes avec grandes salles de bain et belle illumination naturelle. Juste parfait pour un séjour pro ou familial.

CENADURIA SAN ANTONIO €

José Ma. Chávez #607
✆ +52 449 916 6522
Ouvert tous les jours de 17h à 23h. Dîner pour moins de 100 $.

Voici une petite échoppe où il fait bon s'arrêter si l'on souhaite partir à la découverte des spécialités locales, notamment les enchiladas *hidrocalidas* (*hidrocalidas* est un adjectif qui signifie originaire d'Aguascalientes, on dit ainsi d'une personne originaire d'Aguascalientes qu'elle est *hidrocalida*). L'établissement propose aussi une grande variété de *tamales* sucrés, à la cerise, au pignon, à la noix, au rompope. Les plats sont à l'image : simples et sans chichis, mais ils sont bons et les assiettes sont extrêmement copieuses.

LA ESTACIÓN €

Calle 28 de Agosto #210
✆ +52 449 918 6664
www.restaurantlaestacion.com
Ouvert du lundi au samedi de 8h à 17h45 ; le dimanche de 9h à 17h. Plats entre 100 et 180 $.

Envie d'un petit déjeuner de champion avant de prendre la route ? Juste en face de la *Plaza de las Tres Centurias*, La Estación est une véritable institution pour tout ce qui touche à la cuisine typique et régionale. L'endroit idéal pour les petits déjeuners, copieux donc, tels que *huevos rieleros*, *tacos de nata* ou *cecina*. Ici, c'est à la bonne franquette, et on se délecte de plats de fromages fondus, soupes en tout genre, *costillas*, *tacos*, viandes grillées, plats de *mole*. On apprécie l'ambiance légère et familiale et les plats qui tiennent au ventre.

AZUL CATEDRAL €€

Madero #616
✆ +52 449 915 7059
Ouvert du mardi au dimanche de 8h30 à 13h30. Plats de 100 à 200 $.

Voici un joli un café-restaurant fraîchement agencé dans une maison des années 1930 et où l'on s'installe dans l'une des multiples salles qui la composaient originellement. Le décor aux tons bleu ciel est reposant. Ici, les options sont aussi vastes qu'appétissantes : *tapas* de jambon *serrano* ou poire-gorgonzola, lasagnes et pâtes fraîches, salades, sandwichs baguettes, carpaccio, plats de viandes grillées ou fruits de mer (saumon, thon, crevettes) accompagnés de bien jolis légumes. Et en dessert, quoi de mieux qu'une crème brûlée ou des profiteroles ?

YAMBAK BAR

Andador J. Pani #112 Nte,
✆ +52 449 916 0969

Ouvert le jeudi et le vendredi de 16h à 2h ; le week-end de 14h à 2h.

Voici le meilleur bar alternatif de la ville, très impliqué dans la vie artistique et littéraire de la ville. Il organise de nombreuses soirées de musique live : rock, reggae, ska, punk, tout ce qu'il faut pour faire un monde et l'abreuver. La clientèle est jeune et l'ambiance souvent survoltée. On y consomme autant de bières bien fraîches que de cocktails de la maison. Il y a de nombreuses promotions, qui varient selon les jours (deux bières pour le prix d'une le dimanche, réduction sur le mezcal le jeudi, etc.). Terrasse très agréable.

EL OCOTE ★★

À 35 petits kilomètres de la capitale, voici une zone de montagnes Rocheuses et de vallées enclavées qui méritent un peu plus qu'un coup d'œil. Les travaux de l'INAH n'ont débuté sur les flancs et au sommet du Cerro Los Tecuanes qu'au début des années 2000, en parallèle des fouilles effectuées sur trois autres sites de l'Etat, qui démontrent que le territoire n'était pas uniquement un territoire de passage de tribus nomades à l'époque préhispanique, sinon aussi un lieu où s'était établie une population agricole et sédentaire, ayant laissé les vestiges de petits centres cérémoniels entourés de nombreuses unités résidentielles, comme c'est le cas ici.

© AURÉLIEN LEMOINE

Les paysages semi-désertiques reverdissent sitôt apparues les premières pluies.

ZONA ARQUEOLOGICA EL OCOTE ★★

À 2 km à l'ouest du village de El Ocote.

Le site se trouve réparti sur des terres privées, accès possible en demandant gentiment sur l'une des parcelles...

Il vous faudra demander votre chemin aux habitants pour arriver jusqu'au site. La zone archéologique, identifiée dès 1976, comprend 60 ha répartis entre les flancs du cerro Los Tecuanes et de la charmante vallée de la Troja en contre-bas. Les premiers relevés effectués au début des années 2000 ne concernaient que la présence de peinture rupestres, mais les chercheurs ont vite retrouvé des restes de céramiques et des ossements humains et animaux ; peu à peu les traces d'une forte présence humaine dans ce site d'agriculteurs sédentaires ont été mises à jour. On a tout d'abord identifié les restes de deux structures au sommet de la colline rocheuse, et de nombreuses terrasses artificielles sur ses flancs. Enfin, une douzaine de tombes contenant des offrandes (coquillage, turquoises etc.) ont été mises à jour, sans compter les nombreuses unités résidentielles alentour. La seule partie du site accessible aujourd'hui concerne les peintures rupestres, qu'il est désormais difficile d'apercevoir mais qu'importe, car la balade en vaut la chandelle. Pour y accéder, vous passerez tout d'abord devant un terrain hérissé d'un panneau vous enjoignant de ne pas y pénétrer : suivre les indications à la lettre et continuer tour droit où vous tomberez sur une barrière métallique. Le chemin construit pour admirer les peintures rupestres débute sur votre droite et grimpe vers les parois rocheuses. En les longeant, vous arriverez à avoir de magnifiques points de vue sur la vallée en contre-bas.

SAN JOSÉ DE GRACIA ★

Installé sur les bords de la Presa Plutarco Elías Calles, San José de Gracia est une autre destination prisée des habitants d'Aguascalientes, qui s'aventurent parfois plus loin dans la Sierra Fría, jusqu'à La Cogonja et plus loin encore, où l'on trouve quelques cabanes isolées où passer la nuit en toute sérénité, et d'où l'on peut s'adonner à la randonnée ou au VTT. Une autre option pour les plus intrépides est de se rendre derechef non de loin de là au Parque Boca del Túnel, un très beau canyon où ont été installés un bon nombre de ponts suspendus et deux tyroliennes. C'est une région qui plaira aux amateurs de nature et d'écotourisme.

ZACATECAS ★★★

Dotée d'une histoire mouvementée, la ville de Zacatecas est formidablement bien préservée. Elle conserve de nombreux édifices coloniaux de style baroque. Son magnifique centre historique est inscrit au Patrimoine Culturel de l'Humanité par l'Unesco depuis 1993. C'est également une ville dotée de musées parmi les plus beaux et intéressants du pays.

Histoire

En septembre 1546, un petit groupe d'Espagnols dirigé par Juan de Tolosa découvre de riches gisements miniers près du Cerro de la Bufa. Du fait de son rendement, le campement minier de Zacatecas obtient rapidement le titre de ville. Après trois siècles d'une insolente prospérité liée à l'exploitation des métaux précieux, la ville de Zacatecas est la scène d'une importante bataille : en 1835, environ 4 000 hommes dirigés par le gouverneur de l'Etat de Zacatecas, Francisco García Salinas, affrontent les forces du général Santa Ana, pour protester contre les réformes centralisatrices du gouvernement. García Salinas perd la bataille et l'Etat de Zacatecas est privé d'une partie de son territoire, conduisant à la création de l'Etat d'Aguascalientes. Un siècle plus tard, lors de la révolution mexicaine, la ville est à nouveau le théâtre de sanglants affrontements. La bataille, qui tient plus du massacre d'une armée en déroute, oppose cette fois-ci la División del Norte de Pancho Villa aux forces fédérales en fuite du général Victoriano Huerta. Pancho Villa s'empare de la ville le 23 juin 1914. Cet événement, qui change le cours de la révolution mexicaine, est commémoré par d'imposantes statues en bronze érigées en haut du Cerro de la Bufa.

Pratique

Sécurité : au nord de Zacatecas, la ville de Fresnillo, qui accueille l'une des plus grandes mines d'extraction d'argent au monde, est devenue ces dernières années l'une des zones les plus dangereuses du pays. Le crime organisé contrôle le territoire qui se déploie aux alentours. Inutile de prendre des risques et de vous aventurer dans cette région.

Transports

La ville de Zacatecas est facilement accessible depuis l'Etat de Guanajuato, en passant par l'autoroute qui longe Aguascalientes, elle-même reliée facilement à la ville de Guadalajara au sud. A l'est, une voie rapide la relie à la ville de San Luis Potosí alors que l'Etat de Durango se déploie à l'ouest de Sombrerete.

CATEDRAL DE ZACATECAS ✝ ★★

Hidalgo s/n

L'une des plus belles du Mexique, construite entre 1729 et 1752 en pierre de taille rose, bien que ses deux tours soient plus tardives. Elle présente les statues des douze apôtres et une autre plus petite de la Vierge. L'intérieur, d'une grande sobriété comparée à la façade de style baroque, était jadis chargé d'ornementations en argent et en or, de tapisseries et de peintures ; ses retables ont été remplacés au XIXe siècle par des ouvrages néoclassiques et le retable principal est désormais contemporain, orné de sculptures de l'artiste Javier Marín. Magnifique.

CERRO DE LA BUFA ★★

A l'est de Zacatecas, sur cette colline qui domine nettement la ville (du haut de ses 2 610 mètres) et d'où la vue est superbe se trouve le *Museo de la Toma de Zacatecas*, qui commémore la bataille de 1914 où triomphèrent les troupes de Pancho Villa. Juste à côté, la *Capilla de la Virgen del Patrocinio* est un lieu de pèlerinage très fréquenté pour les miraculeuses guérisons imputées à la Vierge ; enfin, le *Mausoleo de los Hombres Ilustres* est le lieu de sépulture des personnages les plus importants de l'histoire de Zacatecas.

EX-TEMPLO DE SAN AGUSTIN ★

Plazuela Miguel Auza y Callejón de San Agustín

Ouvert du mardi au dimanche de 10h à 17h.

Construit au XVIIe siècle par les Augustins, ce temple est doté d'une magnifique façade de style churrigueresque qui fut presque entièrement détruite deux siècles plus tard par la société presbytérienne qui lui trouvait des atours par trop catholiques. Par conséquent, cette église ne conserve aujourd'hui que sa majestueuse carcasse, qui abrite des expositions temporaires et nombre d'événements culturels temporaires. Les samedis à 21h, on peut assister à une projection de *video mapping* sur sa façade, qui retrace l'histoire du bâtiment.

Les rues piétonnes sont l'un des délices du centre de la ville.

MINA EL EDEN ★★

Calle Dovali s/n
✆ +52 492 922 3002
www.minaeleden.com.mx
Ouvert tous les jours de 10h à 18h. Entrée : 100 $.

Durant son âge d'or aux XVIIe et XVIIIe siècles, ce fut l'une des mines les plus riches du pays, un véritable trésor d'argent, d'or, de fer, de cuivre et de zinc dont l'extraction nécessita une importante main-d'œuvre d'indigènes et d'enfants travaillant dans des conditions épouvantables. Exploitée entre 1586 et 1960 sur sept niveaux, la mine est aujourd'hui partiellement ouverte à la visite. Au fur et à mesure de la plongée dans ses entrailles, on en apprend plus sur les conditions de travail dans les mines, grâce à des guides très bien informés.

MUSEO FRANCISCO GOITIA ★★

General Enrique Estrada #101
✆ +52 492 924 0211
Ouvert du mardi au dimanche de 11h à 17h. Entrée : 30 $.

Le musée est un singulier édifice entouré de jolis et amples jardins, dessiné et construit par l'architecte espagnol Máximo de la Pedraja. On découvre ici 170 œuvres réparties en salles thématiques, produites sur une période de cent ans par six artistes natifs de Zacatecas au parcours déroutant et surprenant : Julio Ruelas (1870-1907), Francisco Goitia (1882-1960), José Kuri Breña (1913-2004), Pedro Coronel (1921-1985), Manuel Felguérez (1928) et Rafael Coronel (1931). À découvrir pour connaître tout un pan de l'histoire de l'art locale et nationale.

MUSEO DE ARTE ABSTRACTO MANUEL FELGUEREZ ★★★

Colón s/n esq. Seminario
✆ +52 492 924 3705
Ouvert du mercredi au lundi de 11h à 17h. Entrée : 30 $.

Ce musée se trouve installé dans un édifice qui accueillit d'abord le *Seminario Conciliar* (1888-1914), avant d'être converti en caserne militaire durant la Révolution puis découpé en petits appartements populaires (*vecindad*) pour finalement tomber dans l'abandon. En 1964, le bâtiment souffre alors de multiples transformations pour se convertir en Centre Pénitentiaire de l'état, prenant la suite de l'ancien *Convento de Santo Domingo* (aujourd'hui Museo Pedro Coronel) ; il restera en fonction jusqu'en 1995. Le musée ouvre ses portes dans sa version actuelle en 2001. On y expose une importante collection d'art abstrait, dont une grande de partie appartient à la collection du peintre et sculpteur mexicain Manuel Felguérez, né en 1928 à Zacatecas. La muséographie est superbe ; ne manquez pas la salle où sont exposées les gigantesques peintures du mouvement de la *Ruptura*, qui furent envoyées pour représenter la pavillon mexicain à l'exposition universelle de Tokyo en 1970. Outre les œuvres des artistes représentatifs de ce mouvement, on trouve celles des générations suivantes. Une grande partie du musée est aussi dédiée au travail de Felguerez, entre sculpture et œuvres visuelles présentées dans des espaces conservés quasiment tels quels de l'ancienne prison ou encore au sein d'une très belle chapelle aux contours épurés. Retenons les œuvres du projet *La Maquina Estética*, premier projet d'art digital conçu au Mexique grâce aux premiers ordinateurs de la UNAM (1973).

MUSEO PEDRO CORONEL ★★★

Plaza de Santo Domingo
✆ +52 492 922 8021
Ouvert du mardi au dimanche de 10h à 17h.
Entrée : 30 $.

L'artiste Pedro Coronel, natif de Zacatecas (1923-1985), a réuni dans cet ancien collège jésuite son impressionnante collection d'art ancien provenant du monde entier. Tout autour du patio sont également exposées des œuvres graphiques (gravures, lithographies, xylographies, eaux-fortes) réalisées par des plus grands noms de l'art moderne : Goya, Cocteau, Chagall, Kandinsky ou encore Miró. Un condensé de l'art universel en quelques salles et quelques heures de visites à prévoir pour admirer le tout en détail. A ne pas manquer.

MUSEO RAFAEL CORONEL ★★★

Callejón de San Francisco s/n
✆ +52 492 922 8116
Ouvert du jeudi au mardi de 10h à 17h.
Entrée : 30$.

C'est de cet ancien couvent de San Francisco (fondé en 1583) que partirent nombre d'expéditions et missions vers des territoires aussi lointains que les actuels Texas, Arizona et Colorado. En 1857, les moines franciscains furent contraints d'abandonner ces lieux, qui furent pillés ou vendus comme débris pour édifier de nouvelles constructions dans la ville. Ce n'est finalement qu'en 1987 que débutent les travaux de restauration de l'ensemble. Les salles voûtés en pierre accueillent depuis ce musée du gendre de Diego Rivera, joyau d'art colonial pourvu de très beaux jardins. Ses collections d'art populaire sont exceptionnelles avec, entre autres, plus de dix mille masques mexicains de diverses régions et époques, qui permettent de saisir la richesse des systèmes de représentation du pays. On y trouve également quatre cents marionnettes des XIXe et XXe siècles, ayant appartenu à l'un des plus grands théâtres ambulants du genre : la *compania Roseta Aranda*, considérée au début du XXe siècle comme l'une des plus importantes au monde. La salle rassemblant les œuvres préhispaniques est particulièrement à voir : la statuaire y est classée selon les cultures, les styles et les époques et les brèves et synthétiques explications permettent d'en apprendre beaucoup sans s'emmêler les pinceaux. Retenons aussi la salle dédiée aux *terracotta*, petites sculptures utilisés en médecine traditionnelle dans les vallées centrales du pays. Un véritable cabinet de curiosités à la scénographie attrayante. A voir.

MUSEO VIRREINAL DE GUADALUPE ★★★★

Jardín Juárez Ote. s/n
✆ +52 492 923 2089
Ouvert du mardi au dimanche de 9h à 18h.
Entrée : 65 $.

Ce musée d'une beauté à couper le souffle est installé dans un ancien collège franciscain (*Ex Colegio de Propaganda Fide de Nuestra Señora de Guadalupe*) où l'on formait les religieux pour qu'ils aillent ensuite propager la foi dans les vastes territoires du Nord. Fondé en 1707, il allait fonctionner jusqu'en 1859 et les lois de la Réforme défavorables à l'Église, quand il dut être abandonné par les occupants, qui allèrent s'installer chez les voisins pour, ensemble, tenter de sauver des pillages ce qui pouvait l'être. Peu à peu, le lieu allait accueillir caserne, refuge pour orphelins, hospice, fabrique d'allumettes, logements populaires ou encore étable avant d'accueillir de nouveau un noviciat franciscain en 1953, qui fait encore partie des installations de nos jours. Mais auparavant, en 1939, l'édifice avait été converti en musée : dans une partie des installations est reconstitué le collège religieux tel qu'il était à la fin du XIXe siècle. Dans une autre, pas moins de 27 salles exposent des peintures religieuses du XVIIe, XVIIIe et XIXe siècles, dont des œuvres de Cristóbal de Villalpando et Miguel Cabrera, peintres de grande renommée. Connecté à deux chapelles d'une grande beauté et d'une grande richesse ornementale, c'est un lieu absolument unique sur tout le continent : à aller voir absolument. Le *Festival Barroco del Museo de Guadalupe* a lieu tous les ans entre fin septembre et début octobre. Si vos dates coïncident, ne manquez pas cet événement grandiose !

MUSEO ZACATECANO ★★

Calle Dr. Hierro #307
✆ +52 492 922 6580
Ouvert du mercredi au lundi de 10h à 17h.
Entrée : 30 $.

Situé dans la Casa de la Moneda, ce musée retrace joliment toute l'histoire de l'État de Zacatecas, du passé préhispanique de la région au développement de l'industrie minière et de la métallurgie ainsi que l'histoire plus générale du *Camino Real Tierra Adentro*. La musée abrite en outre une imposante collection d'art huichol et des peintures religieuses populaires du XIXe siècle. Deux salles sont consacrées aux peintures de Manuel Carrasco (1929-) et aux dessins d'Antonio Pintor (1937-1982), considéré comme l'historien graphique de la ville de Zacatecas. A voir.

CENTRE DU MEXIQUE

NOTARÍA DE LA PARROQUIA DE SANTO DOMINGO ★★

Plazuela Santo Domingo

Construite par les jésuites en seulement trois ans (entre 1746 et 1749), cette église a été ensuite reprise par les dominicains après l'expulsion de la Compagnie de Jésus en 1767. Bien que sa façade soit plus sobre que celle de la cathédrale, son magnifique intérieur abrite huit retables de style *churrigueresque* qui scintillent de nouveau depuis leur récente restauration. Un orgue en bois peint de rouge vient clore le spectacle. A ne pas manquer !

TEATRO FERNANDO CALDERON ★★

Av. Hidalgo #503

Construit de 1891 à 1897, sur l'emplacement de l'ancienne enceinte détruite par un incendie, il correspond à la politique du président Porfirio Díaz d'orienter le pays vers un développement à l'européenne, concrétisé ici par une architecture calquée sur les canons des écoles françaises et italiennes d'alors. Après la Révolution, l'enceinte devient tout à tour salle de cinéma, ring de boxe et de combats de coqs, arène politique, etc. jusqu'à ce qu'il tombe dans le giron de l'Université de la ville en 1962, qui lui rend peu à peu ses lettres de noblesse.

ARGNTOURS

Av. Hidalgo #613

✆ +52 492 924 3088

www.argntours.mx

Tarifs en fonction des excursions.

Cette agence traditionnelle permet aux voyageurs sans véhicule de découvrir les richesses de la ville et des environs en étant accompagné de guides compétents. Si vous pouvez toujours réaliser les visites du centre par vos propres moyens, la visite combinée à La Quemada et Jerez est beaucoup plus compliquée sans véhicule. Cette agence organise aussi les désormais fameuses nuits d'Observación Sideral à La Quemada, qui permettent de visiter le site en fin de journée et de participer à une séance magique d'observation des étoiles dans le Salón de las Columnas.

CENTRAL DE AUTOBUSES ROBERTO DIAZ HERRERA

Av. Libramiento Tránsito pesado s/n

✆ +52 492 922 1112

De nombreux bus s'y arrêtent (de paso !) avant de continuer vers : Aguascalientes (130 km, 2 heures de trajet), Durango (290 km, 4-5 heures), Guadalajara (320 km, 5 heures), Leon pour Guanajuato (310 km, 5 heures), Mexico (615 km, 8-9 heures), Monterrey (450 km, 6 heures), San Luis Potosí (190 km, 3 heures). Ce terminal dessert également les destinations régionales : Jerez (40 km, 45 min), Sombrerete (165 km, 2h30), Pino (144 km, 2h), Teúl de González Ortega et Nochistlán (200 km, 3h).

TELEFERICO

Cerro del Grillo S/N

Ouvert tous les jours de 10h30 à 17h30. Selon les conditions climatiques. Tarif : 100 $.

Prenez de la hauteur en grimpant à bord de ce téléphérique qui offre une superbe vue de Zacatecas et des environs. Cette merveille, dont les habitants de la ville sont si fiers, fut réalisée par des Suisses d'octobre 1978 à mai 1979 ; entièrement rénové en 2017, il relie en 7 minutes le Cerro del Grillo à celui de la Bufa, et surplombe la ville d'une hauteur de 85 mètres en un point de son parcours de 650 mètres. On peut redescendre à pied jusqu'à la cathédrale par un chemin spécialement aménagé. A la fois pratique et agréable.

HOSTAL CIELITO DE MARIA €

Aguascalientes #213

✆ +52 492 921 1132

www.cielitolindohostal.com

Dortoirs 200 $, chambres avec salle de bains partagée 400 $, chambres avec salle de bains 550 $.

Ce petit hôtel situé dans une demeure d'époque se trouve en plein centre. Sur deux étages, construit autour d'un patio fleuri qui offre un joli puits de lumière, les chambres ainsi que les parties communes ne vous décevront pas : rustique et chic, propreté impeccable, service avenant ; la construction en pierre, carrelage ancien et bois, donne une touche chaleureuse à l'endroit. Jolie cuisine disposant de réfrigérateurs et fours à micro-ondes à partager. Pensez à réserver car il n'y a que trois chambres privées et une seule qui dispose de sa propre salle de bains.

HOTEL REYNA SOLEDAD €

Tacuba #170
✆ +52 492 922 0790
www.hotelreynasoledad.com-hotel.com
18 chambres, entre 800 $ et 1 200 $.

Voilà une très belle option au rapport qualité-prix excellent. On trouve certes moins cher mais on ne sera alors pas logé dans une belle demeure en pierre du XVIIe siècle, ni reçu avec les égards correspondants comme c'est le cas ici. On trouve au sol un carrelage typique ou parquet ; les chambres sont réparties sur les deux étages de très agréables patios. Celles à l'étage seront bien entendu un poil plus lumineuses mais toutes sont aménagées de meubles anciens, dans le plus pur style local. On s'y sent un peu comme à la maison...

QUINTA REAL €€€

Av. Ignacio Rayón #434
✆ +52 492 922 9104
www.quintareal.com
49 suites, à partir de 2 000 $.

Voici un hôtel magnifique, qui a pour particularité d'être installé à l'intérieur de la Plaza de Toros de San Pedro, qui a vu la dernière corrida s'y dérouler en 1975. Les chambres se répartissent dans les bâtiments attenants, alors que les parties communes se situent autour de l'arène (restaurant, bar, terrasse, etc.). L'établissement offre une expérience pittoresque et dépaysante tout en proposant tout le confort et la modernité d'une chaîne internationale. Une adresse qui conviendra tout particulièrement pour un séjour romantique.

CASA TORRES €€

Primero de Mayo #325
✆ +52 492 9253266
www.hotelcasatorres.com
Chambres et suites entre 1 100 et 1 800 $.

Voici un très bel hôtel contemporain, discrètement installé derrière la façade d'une maison cossue et idéalement situé dans le centre historique. Ici, les suites sont très lumineuses et disposent d'un balcon qui offre une superbe vue sur la ville. On notera également les installations dernier cri mais discrètes et le service impeccable. Un excellent choix dans une rue calme derrière et en amont de la cathédrale. Restaurant avec vue panoramique, où l'on peut prendre son petit-déjeuner (qui est inclus dans le prix de la nuitée).

LOS BURROS DEL GUERO €

Martires de chicago # 324
✆ +52 492 924 3358
Ouvert du lundi au samedi de 8h à 22h ; le dimanche de 10h à 17h. Burros à 60 $.

Voilà une petite échoppe qui, si elle ne paye pas de mine, mérite que l'on s'y arrête pour ses *burros*, qui sont absolument délicieux ! Sandwich typique du nord du pays, ce sont de grandes galettes de farines de blés fourrées de préparations à la viande et/ou légumes puis roulées sur elles-mêmes. Ici, tout est fait maison et les différentes préparations sont épicées juste à point : *machaca, deshebrada, birria, carne de puerco* ou *combinado*, vous pouvez sincèrement goûter n'importe laquelle, sans aucun risque de déception. Incontournable.

MESON DE JOBITO €€

Jardín Juárez #143, Centro
✆ +52 492 924 1722
www.mesondejobito.com.mx
53 chambres et suites, entre 1 500 et 3 000 $.

Doté de deux très beaux accès (entrée principale sur le Jardín Juárez et une autre qui donne sur l'Alameda), l'hôtel Meson de Jobito est en fait un ensemble d'anciennes ruelles privées (*vecindad*) qui se croisent en de petits patios. L'établissement construit en 1700 et récemment rénové, jouit d'un certain standing, en proposant des chambres spacieuses avec baignoire, sèche-cheveux, téléphone, air climatisé et chauffage. On aime les couleurs chaudes de ses façades, que l'on retrouve dans les chambres. Très beau lobby ancien, excellent accueil et service.

TAQUERÍA WENDY €

Plazuela de García #1107
✆ +52 492 924 1765
Ouvert tous les jours de 10h à minuit. Petits déjeuner à 75 $, menu du midi à 75 $, pozole à 50 $.

Dans une salle simple et jolie donnant sur cette petite place calme qui accueille également le musée Rafael Coronel, cette *fonda* sert une bonne cuisine traditionnelle à une clientèle fidèle. On y déguste d'excellents *enchiladas, tacos dorados*, *pozoles* avec des saveurs zacatèques. L'atmosphère et le cadre méritent autant le détour que les bons petits plats : on se réunit dans une ambiance familiale et joyeuse, dans cette salle aux couleurs résolument locales qui ne désemplit pas. L'addition nous laisse un doux souvenir, elle aussi...

LA COFRADIA €€

Plazuela Miguel Auza #308
+52 492 922 1241
Ouvert tous les jours de 10h à 22h. Plats de 100 à 200 $.

En terrasse ou dans l'un des trois espaces de cette vieille bâtisse aux hauts plafonds, joliment réhabilitée, on peut tout d'abord s'arrêter pour goûter une très bonne sélection de cafés ou thés. L'espace aménagé en salon, avec canapés et livres, s'y prête particulièrement. La jolie salle du fond, qui conserve les pierres de ses vieux murs, est parfaite pour un petit en-cas ou plat plus costaud pour le midi. Si les pizzas ne sont pas une vraie réussite, les ***chapatas*** sont un vrai délice (notamment celle d'*arrachera*) et les plats ne sont pas à négliger non plus.

LOS DORADOS DE VILLA €€

Plazuela de García #1314, Centro
+52 492 922 5722
Ouvert du lundi au samedi de 15h à 1h ; le dimanche de 15h à 23h. Plats autour de 150 $.

Menée de main de maître par la patronne, la cuisine envoie ici des petits plats parfaitement exécutés vers deux salles décorées chaleureusement du sol au plafond. Vous n'aurez que l'embarras du choix parmi une incroyable variété d'*enchiladas*, mais aventurez-vous dans la carte et vous trouverez un incroyablement fondant *chamorro de la adelita* (jarret de porc) ou encore le *caldillo duranguense* (viandes et légumes variés). Pour le dessert, ne lésinez pas sur le chocolat chaud de la maison et le *pastel envinado al rompope* (gâteau). À consommer sans modération.

COCINA & CHURRERIA NACIONAL

Genaro Codina #609
+ 52 492 117 1530
Ouvert du lundi au mercredi de 8h à 22h ; du jeudi au dimanche de 8h à 23h. Plats entre 50 et 100 $.

Situé en plein centre, ce café-restaurant dispose d'une très agréable cour intérieure (souvent bondée) qui permet de goûter à ces inénarrables douceurs d'origine espagnole. On peut aussi y commander des petits plats traditionnels aux prix attractifs à toute heure : *molletes, enchiladas, asado de boda, chilaquiles* et plats à base d'œufs. Idéal pour un bon gros petit-déjeuner ou un petit dîner entre amis. Pour le goûter ou en dessert, on se partage les excellents churros.

LA FAMOSA CANTINA TIPICA

Callejón Cuevas #110
+52 492 795 8689
Ouvert du mercredi au samedi de 19h à 1h.

Après votre journée de visite, pourquoi ne pas vous détendre dans cette très belle *cantina* typique ? Un poil plus branchée et chic que les autres, elle offre de quoi abreuver le visiteur assoiffé à grand renfort de bière fraîche, mezcal et autres boissons locales (ou pas, si c'est d'un whisky-coca dont vous rêvez, vos souhaits seront exaucés !). Qu'importe la musique *norteña* à plein volume, l'endroit est régulièrement bondé en soirée et très sympathique. La clientèle est jeune et ouverte aux rencontres. Prenez place au bar et faites-vous des amis !

CASA DE LAS ARTESANIAS

Plazuela Miguel Auza #209
+52 492 943 0338
Ouvert du lundi au samedi de 9h à 20h ; le dimanche de 9h à 17h.

Arrêtez-vous dans cette charmante boutique pour acheter des souvenirs ! On trouve ici tout ce qui se fabrique dans l'état : céramique, objets taillés en pierre et en bois, textiles en laine, objets et accessoires en fibres végétales et en cuir (très belles ceintures), joaillerie. Des artistes huichols de l'état de Zacatecas vendent également de très beaux petits tableaux, idéaux pour emporter un cadeau coloré empreint d'une des plus vivaces cultures préhispaniques du pays. C'est ici qu'on trouve les plus belles pièces artisanales de l'état.

CENTRO PLATERO DE ZACATECAS

Av. Fernando Villalpando #406
+52 492 925 3550
www.centroplaterodezacatecas.com
Ouvert le lundi de 9h à 19h ; du mardi au samedi de 9h à 20h ; le dimanche de 9h à 17h.

Cette belle boutique rassemble le meilleur de la production de cette grande coopérative d'artisans locaux. Vous y trouverez forcément des bijoux à votre goût, pour ce travail d'une finesse inégalable et dont les prix sont affichés en toute transparence. L'adresse dans la petite ville de Guadalupe correspond aux ateliers des artisans, qu'il est aussi possible de visiter pour découvrir les processus d'élaboration des bijoux (il est préférable d'annoncer sa visite).

JEREZ DE GARCÍA SALINAS ★★

Ce village situé à 45 minutes de Zacatecas constitue une escapade de fin de semaine idéale. Vous pourrez profiter de la jolie place ombragée Rafael Páez qui s'anime au son des musiciens, flâner dans les jolies rues et places à la recherche de bijoux en argent et de chapeaux. Vous y trouverez également des petits trésors d'architecture telle l'ancienne *Escuela de la Torre* (œuvre maîtresse de l'architecture néogothique du temps de Porfirio Díaz) ou encore le *Teatro Hijonosa*, Sans oublier le très original *Panteón de los Dolores*, dont les mausolées excentriques semblent former une ville miniature, et les deux jolies églises qui ont poussé ici et là.

TEATRO HINOJOSA ★★

Calle del Reloj #27

Ouvert du lundi au vendredi de 10h à 18h30 ; le week-end de 11h à 17h.

L'ensemble réunit des caractéristiques uniques : sa structure mozarabe est propice à une euphonie, une acoustique et une résonance admirables pour une enceinte de ce type. C'est un théâtre d'une capacité de 469 spectateurs, entre les fauteuils d'orchestre, le parterre, les balcons et galeries ; chiffre surprenant si l'on admet que la première impression en pénétrant sur la scène est d'avoir atterri dans un théâtre de poupées. Il accueille de nos jours des pièces de théâtre, des opéras et récitals, spectacles pour enfants, des conférences ou différentes assemblées.

BOTICA EL CAFE

Calle Del Espejo #3B

✆ +52 494 945 0022

Ouvert du dimanche au vendredi de 9h à 22h ; le samedi de 16h à 22h.

Coup de cœur pour ce charmant petit café idéalement situé dans le centre. On le repère à sa façade rose bonbon et à son joli intérieur dans les tons pastel. En plus d'être très mignon, cet endroit va vous réconcilier avec le café mexicain, puisqu'on le prépare comme partout ailleurs : *moka*, *latte*, *expresso, cappuccino,* etc. L'établissement a donné un petit plus au village, en proposant aussi des pâtisseries dignes de ce nom (les muffins sont extras). Pour le déjeuner, on recommande les sandwiches, aussi copieux que délicieux. Bravo !

LA QUEMADA ★★★

Situé à la frontière des deux zones les moins étudiées de l'archéologie mexicaine (l'Occident et le Nord), les origines de la grande cité fortifiée de La Quemada font toujours débat. Au niveau de la datation, on sait juste que les habitants de cette cité, construite sur les flancs de collines rocheuses dominant de 250 mètres la vallée de Malpaso, l'ont érigée à partir du IVe siècle ap. J.-C. L'apogée de la cité se situe entre 600 et 850 ap. J.-C. et elle sera définitivement abandonnée au XIIe siècle. Les hypothèses et suppositions concernant la filiation culturelle du site vont bon train : serait-ce un poste avancé de la grande Teotihuacán, avec qui le site partage ses époques d'apogée et de déclin (500-900 ap. J.-C.) ? Un comptoir des Toltèques, qui pourtant fondent la cité de Tula à l'époque du déclin de La Quemada ? Une forteresse des combatifs Purepechas du Michoacán, qui résistèrent constamment aux Mexicas de Tenochtitlán puis aux envahisseurs espagnols ? Et sinon, ne serait-ce pas la légendaire Chicomostoc, cette ville où se seraient établis un temps les Mexicas durant leur long exil depuis Aztlán vers les Vallées centrales où ils allaient fonder la grande Tenochtitlán, capitale de l'empire dénommé aztèque ? Les questions vont bon train et les réponses sont peu nombreuses... Précisons juste que la configuration du site évoque certes l'idée d'une place défensive, mais on sait désormais qu'il s'agissait d'une capitale agricole et d'un centre cérémoniel de premier plan. Car l'activité agricole était nécessaire pour maintenir ne serait-ce que la main-d'œuvre indispensable à la construction d'une ville de cette dimension : la région était alors bien mieux irriguée et beaucoup plus humide que ne le laisse penser cette plaine aujourd'hui semi-désertique. On y cultivait alors le maïs, le haricot, la courge, le *maguey* en plus de collecter des graines d'amarante, des tomates et des feuilles de *nopal*. Du fait de la localisation de la cité, on imagine aisément que la cité ait fait partie d'un réseau d'échanges incluant les Chalchihuites (site d'Alta Vista, dans la Sierra de Organos, connu pour extraire les métaux précieux), le cañon de Juchipila et la vallée de Atemajac, le territoire actuel de l'Etat d'Aguascalientes, Los Altos de Jalisco et bien entendu le nord-ouest de l'Etat de Guanajuato. Car c'est une région qui voyait transiter des produits aussi divers que le sel, les minerais ou les coquillages, en passant par la turquoise qui provenait d'aussi loin qu'un millier de kilomètres plus au nord.

© AURÉLIEN LEMOINE

Le site archéologique domine les plateaux semi-désertiques et les vallées alentour.

ZONA ARQUEOLOGICA LA QUEMADA ★★★

Carretera Federal 54 Zacatecas-Villanueva km 56
✆ +52 492 922 5085
Ouvert du vendredi au dimanche de 9h à 16h. Entrée : 60 $.

Le site tel qu'il se visite aujourd'hui se trouve à 250 mètres de hauteur sur un promontoire rocheux. Ce n'est en fait que le centre de plus de 220 structures éparpillées dans les environs. Les intempéries ont depuis longtemps emporté la couverture en terre et chaux des édifices, puis ce sont les conquérants qui se sont fait un plaisir d'emporter les pierres pour construire les haciendas des environs. On distingue encore néanmoins sur cette longue colline plus de quarante plate-formes ou terrasses de différentes dimensions. La première à laquelle on accède mène directement à l'ensemble le plus emblématique du site : el Salón de las Columnas. De là, on peut emprunter l'accès à la forteresse par les escaliers monumentaux qui mènent directement aux restes d'un ancien bâtiment labyrinthique (le *cuartel*) puis au sommet de la colline ; ou bien on peut se rendre directement vers la *Piramide Votiva* en traversant le terrain de *Juego de Pelota*. De là, des escaliers bien plus raides permettent de rejoindre le chemin vers le sommet. Depuis les grandes places hérissées de bâtiments situées au sommet, on peut continuer à grimper encore plus haut par un chemin qu'il vous faut découvrir, en grimpant sur de gros rochers. La vue à 360 degrés y est époustouflante, aussi bien sur la cité que l'on vient de parcourir que sur les restes non restaurés de celle-ci, qui s'étalent plus loin, sur une colline qu'il est également possible de rejoindre grâce à un chemin qui part depuis la Piramide Votiva.

PIRÁMIDE VOTIVA ★

Elle interpelle par la verticalité de ses murs. Elle était originellement recouverte d'un enduit et les pierres plates (*lajas*) étaient scellées par un mortier aujourd'hui disparu sous l'action conjuguée de la pluie et du vent, provoquant ainsi un affaissement certain de cet édifice qui devait être le temple principal de la cité. On observe encore les orifices carrés qui servaient à accueillir les poutres de soutien pour les échafaudages utilisés lors de la construction. Derrière le temple s'étend un sentier qui permet d'accéder à une deuxième colline.

SALÓN DE LAS COLUMNAS ★★

C'est l'édifice restauré, le plus grand du site, installé dans une place de 41 mètres sur 30. Ses murs et colonnes atteignent une hauteur de cinq mètres. Les restes des 12 colonnes de pierres plates qui s'élèvent ici supportaient une charpente de poutres et traverses. Au cours de l'incendie qui détruisit le bâtiment, le toit s'effondra sur le sol, y laissant pour la postérité les restes de terre carbonisés sur ceux des poutres en bois. Les analyses au carbone 14 indiquent que le bâtiment fut construit entre 600 et 750 après J.-C.

SOMBRERETE ★★

À 165 kilomètres de Zacatecas, cette ville vit le jour en 1555 sous l'impulsion de Juan de Tolosa. En sus des activités d'extraction des métaux précieux, elle accueille dès le XVIIe une *Caja Real* qui collecte les impôts, mais devient aussi un centre de fonderie et de transformation des métaux qui provenaient des régions plus septentrionales ; elle installe sa propre *Casa de Moneda* en 1810. C'est depuis sa fondation une zone de transit, point de départ des missions d'exploration et évangélisatrices vers les vastes étendues du nord. Elle conserve toujours fièrement de nombreux monuments coloniaux : maisons de maître, une douzaine d'églises baroques, places et arcades se succèdent le long des larges rues pavées de cette petite ville installée sur les contreforts montagneux. Sombrerete également est la porte d'entrée de la sierra de Órganos et l'endroit idéal d'où visiter le site archéologique d'Altavista. L'ensemble de la zone a été ajouté au Patrimoine Culturel de l'Humanité en 2010.

Balade

Le patrimoine architectural religieux de la petite ville est impressionnant, témoin des rétributions des riches familles du lieu aux ordres religieux et au clergé séculier : le convento de Francisco, édifice emblématique de la ville ; le Santuario de la Soledad ; la Capilla de la Santa Veracruz (XVIe) au magnifique retable doré ; le Templo de Santo Domingo où reposent les restes du Comte de San Mateo et encore bien d'autres églises à découvrir lors de vos déambulations dans le centre historique.

CONVENTO DE SAN FRANCISCO ✝ ★★

Calle de San Francisco s/n

Fondé à la fin du XVIe siècle, le couvent de San Francisco est le symbole de la présence de l'ordre franciscain dans la région. L'édifice originel n'est plus, mais celui-ci date tout de même de 1738. Son style correspond aux canons du style baroque, et en fait le monument phare de la ville. Le couvent possède un grand cloitre de deux niveaux et l'église ainsi que la chapelle contiguë au monastère sont aussi à découvrir. A ne pas manquer pendant que vous déambulez dans le centre.

MUSEO VILLA DE LLERENA 🏛 ★

Av. Hidalgo #207

✆ +52 433 935 1438

Du mardi au dimanche de 8h à 20h. Entrée libre.

Voici une charmante petite maison située dans une bâtisse du XVIIIe siècle qui appartenait jadis à la riche famille Fagoaga, dont le patriarche débarqua en Nouvelle-Espagne au même siècle. Depuis, l'édifice a tour à tour accueilli la poste et les bureaux d'un parti politique. Il retrace en quelques salles l'histoire du territoire de Sombrerete : pièces archéologiques, photographies, objets de la vie quotidienne, etc. Une pièce est dédiée à l'histoire de l'exploitation minière dans la région, et donne à voir des photos et outils de travail.

Formation rocheuse dans la réserve de Sierra de Órganos.

LA NORIA DE SAN PANTALEÓN ★★

À 8 km de Sombrerete, sur la route de la Sierre de Organos.

Située à moins de trente minutes du centre de Sombrerete, la Noria de San Pantaleón est un village fantôme, témoin du glorieux passé minier où l'or et l'argent coulaient à flot, mais où ne subsistent aujourd'hui que quelques familles. Découverte au XVIe siècle, sa mine allait être exploitée jusqu'aux premières décennies du XXe siècle, alors qu'une compagnie anglaise régnait en maître sur une population de 5 000 habitants (difficile à croire, mais la population a même fini par atteindre les 10 000 habitants). Suite au processus révolutionnaire, la mine revient aux mains des travailleurs qui ne parviennent pas à la maintenir en activité, entre mauvaise gestion, éboulements et inondations. Les visiteurs curieux y découvriront le *fortín*, tour de guet des administrateurs de la mine pour surveiller leur butin, la vieille église du village mais aussi *los jales petrificados*, montagne de déchets minéraux biologiquement morts suite au traitement de séparation des métaux. Le village ne reprend vie qu'aux alentours du 27 juillet, jour de fête de San Pantaleón. À noter que le village est également visité pour sa chapelle en honneur à la Santa Muerte : dans les années 20 les mineurs avaient installé dans l'église une image de la dame blanche avant qu'elle n'en soit expulsée par un prêtre ; sa chapelle accueille depuis des dévots des quatre coins du pays, en devenant l'une des chapelles dédiées à la Santa Muerte la plus visitée du pays. Une découverte curieuse.

PARQUE NACIONAL SIERRA DE ÓRGANOS ★★

A une trentaine de kilomètres de Sombrerete.
Entrée : 20 $.

L'érosion provoquée par le vent a modelé de gigantesques roches, créant de spectaculaires sculptures naturelles qui atteignent parfois 80 mètres de hauteur et semblent simuler les tubes d'un vieil orgue. L'imaginaire populaire y associe des ressemblances avec certaines formes : la tête d'apache et de serpent, la baleine, l'aigle ou encore le moine. En cheminant avec précaution sur le site, on pourra apercevoir lièvres, pumas, cervidés, coyotes et grands géocoucous.

ZONA ARQUEOLOGICA DE ALTAVISTA ★★

À une cinquantaine de kilomètres de Sombrerete et à 7 km de Chalchihuites. Des bus s'y rendent depuis Sombrerete, puis il faut prendre un taxi...
✆ +52 492 922 5085
Ouvert tous les jours de 9h à 17h. Entrée : 45 $.

Le site archéologique d'Altavista est un centre cérémonial et astronomique qui appartient à la culture Chalchihuite, dont l'influence s'étendait depuis le nord-est de l'actuel état de Zacatecas jusqu'au sud de l'état de Durango. Le site a été occupé durant près d'un millier d'années, de 200 à 1 250 ap. J.-C., et ses principaux édifices cérémonieux ont été érigés au Ve siècle. La localisation en elle-même du site est étroitement liée à la proximité du Tropique du Cancer ; il est également prouvé que l'édification du site répond à une triangulation topographique précise : le sommet du Picacho Pelón à 11 km à l'est, la montagne Chapín à 7 km au sud-ouest et la colline du Pedregoso située à 5 km au nord-est, dont les positions permettent d'observer avec justesse les déplacements saisonniers du soleil et ainsi s'en tenir aux calendriers agricoles. À noter qu'en haut du Chapín se trouvent deux pierres gravées d'un calendrier solaire semblable à ceux retrouvés sur le site de Teotihuacán et dans la région de la Vallée de México. La zone archéologique comprend les éléments classiques des centres préhispaniques (bases de pyramides, terrasses, terrain de jeu de balle) mais surtout deux constructions totalement uniques et originales que sont le fameux Salón de las Columnas et le Labyrinthe. Son Observatoire est visité chaque 21 mars par des centaines de personnes venant fêter l'avènement du soleil nouveau qui apparaît derrière la cime du Picacho Pelón...

PINOS ★

À 150 km de Zacatecas, le village de Pinos est depuis le temps des grandes explorations et des exploitations minières une étape importe sur cette ramification du Camino Real qui relie Zacatecas à San Luis Potosi. Il est également relié au sud par une route qui se dirige en ligne droite jusqu'à l'extrême-nord de l'État de Guanajuato. Le village a lui-même été fondé en 1594, au cours des explorations des envahisseurs qui cherchaient désespérément. Ce sont donc tout d'abord des *haciendas de beneficio* dédiées à l'exploitation du sous-sol qui virent le jour, avant que d'autres apparaissent à la fin du XIXe siècle, cette fois liées à la production de mezcal.

CÔTE PACIFIQUE

La côte pacifique s'étend à l'ouest de la Sierra Madre occidentale, du Chiapas jusqu'aux Etats de Basse-Californie et Sonora. Pourtant, culturellement, il existe un ensemble plus subtil qui va de l'Etat de Nayarit à l'Etat d'Oaxaca. D'une beauté époustouflante, la côte elle-même bénéficie d'un climat tropical chaud et ensoleillé qui la voue au tourisme marin. Mais la côte – montagneuse, abrupte ou vallonnée – abrite également forêts tropicales et mangroves dignes d'intérêt. Tout le long de cette frange de l'océan Pacifique, les installations sont changeantes : les grosses machines à tourisme balnéaire (Puerto Vallarta, Acapulco, Bahias de Huatulco) voisinent avec des plages aux petits édifices traditionnels en bois et des zones vierges et peu visitées. Mais les Etats de la côte pacifique, ce sont aussi des régions dont l'arrière-pays montagneux renferme cités coloniales époustouflantes et villages indigènes on ne peut plus dépaysants.

SIERRA DEL NAYAR
SAN BLAS
TEPIC
CHACALA
NAYARIT
ZACATECAS
PUNTA DE MITA
LAGUNA SANTA MARIA DEL ORO
SAN PANCHO
SAYULITA
SAN SEBASTIÁN DEL OESTE
TEQUILA
ZAPOPAN
GUADALAJARA
PARQUE NACIONAL ISLAS MARIETAS
PUERTO VALLARTA
MASCOTA
TLAQUEPAQUE
BOCA TOMATLÁN
TALPA
JALISCO
Lac de Chapala
TAPALPA
Sahuayo
ZAMORA
RESERVA DE LA BIOSFERA SIERRA DE MANANTLÁN
PARQUE NACIONAL NEVADO DE COLIMA
CAREYITOS
VOLCÁN PARICUTÍN
NOGUERAS
COLIMA
Parc national Tancitaro
LA HIERBABUENA
MANZANILLO
APATZINGAN DE LA CONSTTITUCION
COMALA
FARO DE BUCERÍAS
LA TICLA
IXTAPILLA
COLOLA
MARUATA
2560 m.
NEXPA
CALETA DE CAMPOS
PLAYA AZUL
LAZARO CARDENAS
LAGOS DE MORENO
LEON
GUANAJUATO
GUANAJUATO
QUERETARO
SALAMANCA
CELAYA
La Piedad de Canavas
Lac de Cuitzeo
CUITZEO
LOS AZUFRES
TLALPUJA
CAPULA
OPONGUIO
MORELIA
PARACHO
IHUATZIO
PÁTZCUARO
URAPAN
SANTA CLARA DEL COBRE
ZIRAHUEN
ERONGARICUARO
P.N. Bosench
Parc national Nanchititla
CORDILLERA VOLCANICA
MICHOACÁN
Las Balsas
Rio Balsas
Cd. Altamirando
SUPER CARRETERA
Infiernillo
2652 m.
Lagunillas
IXTAPA
ZIHUATANEJO
Isla Grande Ixtapa
Petatlan
3703 m.
Tecpan de Galeana
PIE DE LA CUESTA
PIE DE LA CUESTA – PUESTA DEL SOL
150 KM

Côte Pacifique
S POTOSÍ
HIDALGO
Tuxpan
Gutierrez Zamora
POZA RICA DE HIDALGO
PACHUCA DE SOTO
GANGUEO ★★
RESERVA DE LA BIOSFERA MARIPOSA MONARCA ★★★★
MEXICO
ILLA DEL MAR ★★
ERNAVACA ★
XOCHICALCO ★★
GRUTAS DE CACAHUAMILPA ★★★
AXCO ★★★
4460 m.
PUEBLA ★★
Orizaba 5760 m.
P.N. Cofre de Perote
JALAPA
VERACRUZ ★★
LAGUNA DE COYUCA ★★
Cordoba
ORIZABA ★
VERACRUZ
BAIE DU CAMPECHE
P.N. Laguna de Catemaco
S. Andres Tustla
TEHUACAN ★
Atoyac
3658 m.
Res. Miguel Aleman
HUAUTLA DE JIMÉNEZ ★★
CONCEPCIÓN PAPALO ★★
Coatzacoalcos
MINATITLAN
SAN JUAN BAUTISTA COIXTLAHUACA ★★
SANTA MARÍA TECOMAVACA ★★
TLACOLULA ★★★
ZITALA ★
ACATLAN ★
CHILAPA ★
SAN JOSÉ DEL CHILAR ★★
SANTO DOMINGO YANHUITLÁN ★★
SAN PEDRO Y SAN PABLO TEPOSCOLULA ★★
Parc national Benito Juarez
SANTIAGO APOALA ★★
SAN AGUSTIN ETLA ★★
MONTE ALBÁN ★★★
OAXACA ★★★
ZAACHILA ★
HIERVE EL AGUA ★★
MITLA ★★
SAN BARTOLO COYOTEPEC ★★
SAN MARTIN TILCAJETE ★★
CUILAPAM DE GUERRERO ★★
OCOTLÁN DE MORELOS ★
Marcos
Ometepec
Pinotepa Nacional
Atoyac
CHIAPAS
Arriaga
PARC NATIONAL LAGUNA DE CHACAHUA ★★★
Sierra de Miahuatlan
Salina Cruz
LAGUNA DE MANIALTEPEC ★★
HUATULCO ★★
PUERTO ESCONDIDO ★★
MAZUNTE ★★★
SAN AGUSTINILLO ★★
PUERTO ANGEL ★★
GOLFE DE TEHUANTEPEC
ZIPOLITE ★★

PAGES

256 ●● ÉTAT DE NAYARIT

L'Etat de Nayarit, peuplé d'à peine plus d'un million d'habitants, est niché entre les Etats de Sinaloa et la ville de Puerto Vallarta (Jalisco) ; sur la côte, la température moyenne annuelle est de 24 °C. La région est aujourd'hui réputée pour ses plages paradisiaques axées sur la pratique du surf, et pour être le territoire des Indiens Huichols et Coras, qui ont su conserver jalousement leurs traditions au sein de leur Sierra, peu accessible aux voyageurs. Ils sont les héritiers de la longue histoire préhispanique de la région, insérée dans un plus vaste ensemble connu comme les cultures de l'Occident.

256 TEPIC ★
257 IXTLAN DEL RIO ★
257 SAN BLAS ★★
259 SIERRA DEL NAYAR ★★
260 MEXCALTITÁN ★
260 CHACALA ★★
260 RINCÓN DE GUAYABITOS
260 SAN PANCHO ★★★
261 LO DE MARCOS
261 SAYULITA ★★
262 PUNTA DE MITA ★★

263 ●● ÉTAT DE JALISCO

Cet Etat est surtout connu pour abriter une station balnéaire légendaire : Puerto Vallarta. Pourtant, bien d'autres paysages sont à découvrir dans cet Etat marqué par la production minière : dans la Sierra au nord de Puerto Vallarta, les villages de San Sebastian, Mascota et Talpa renferment de petits trésors architecturaux et naturels ; lové dans les montagnes en remontant vers Guadalajara, Tapalpa est un petit bijou méconnu qui mérite plus qu'une visite. La Laguna de Chapala, lieu de villégiature de retraités américains, constitue une jolie alternative pour rejoindre l'Etat du Michoacán, alors que Lagos de Moreno est une charmante ville coloniale à mi-chemin entre les villes de Guadalajara, Aguascalientes et Guanajuato. N'oublions pas non plus de mentionner le site archéologique de Guachimontones, emblématique de le la Cultura del Occidente.

263 GUADALAJARA ★★
263 TLAQUEPAQUE ★★
263 TONALA ★
264 ZAPOPAN ★
264 LAGOS DE MORENO ★★
264 TEQUILA ★★
265 TEUCHITÁN ★
265 TAPALPA ★★★

Perché dans les nuages, le petit village de montagne de Tapalpa, avec ses 7 000 habitants, est situé à 1h30 au sud de Guadalajara. Il mérite une visite pour son l'architecture typique et chaleureuse, ses ruelles pavées et sa jolie vallée des Enigmes.

267 PUERTO VALLARTA ★
268 BOCA TOMATLÁN ★★
268 YELAPA ★★
268 SAN SEBASTIÁN DEL OESTE ★★

PAGES

269 MASCOTA ★★
270 BARRA DE NAVIDAD ★
270 SAN PATRICIO MELAQUE

271 ●● ÉTAT DE COLIMA

L'Etat de Colima, situé, au centre-ouest du territoire, est le quatrième plus petit de la République mexicaine : on le traverse de part en part en moins de deux heures. L'Etat est peu visité par les touristes étrangers, bien que ce soit une région fort agréable, propice au tourisme rural, paradis pour les observateurs d'oiseaux, puisqu'on y recense pas moins de 470 espèces. Avec une température moyenne annuelle de 28 °C et un climat chaud et humide presque partout, sa terre volcanique s'avère propice à la pratique de l'agriculture : citrons et cocos près de la côte, café sur les hauteurs qui bordent le volcan. Si les plages sont essentiellement réservées à la pratique du surf, le site naturel le plus emblématique de la région est plutôt constitué de deux montagnes situées à portée de main de la capitale de l'Etat : le Nevado de Colima (4 335 mètres), sur lequel on peut grimper pour observer de près l'activité constante du Volcán del Fuego, qui culmine, lui, à plus de 3 800 mètres d'altitude.

271 COLIMA ★★
273 COMALA ★★
274 NOGUERAS ★★
275 SUCHITLÁN ★★
275 LA YERBABUENA ★★
276 SAN ANTONIO ★
276 PARQUE NACIONAL NEVADO DE COLIMA ★★★
277 RESERVA DE LA BIOSFERA SIERRA DE MANANTLÁN ★★
277 MANZANILLO ★
277 CUYUTLÁN ★

278 ●● ÉTAT DU MICHOACÁN

Le Michoacán est un Etat très riche, tant pour sa diversité culturelle que pour ses paysages variés. Son territoire est parsemé de villages très anciens. Son artisanat, principalement bois et terre cuite, est l'un des meilleurs du Mexique avec celui d'Oaxaca. En outre, la région est dotée d'une nature exubérante : des millions de papillons monarques ont élu domicile au Michoacán pour hiverner ; et les tortues noires, très exigeantes, pondent uniquement sur ses côtes sauvages. C'est là aussi que se trouve le seul volcan qu'un homme ait pu voir naître...

278 MORELIA ★★
281 CUITZEO ★★
281 LOS AZUFRES ★★
281 ANGANGUEO ★★
282 RESERVA DE LA BIOSFERA MARIPOSA MONARCA ★★★★
282 TLALPUJAHUA ★★★
283 PÁTZCUARO ★★★

Pátzcuaro est une ville spirituelle qui devient superbe en période de fête, notamment pendant le Jour des Morts). A ne pas manquer à cette occasion : la visite de l'île de Janitzio et des villages entourant le lac. Les sites archéologiques se situent autour de Pátzcuaro (principalement Tzintzuntzán).

PAGES

286 LAGO DE PÁTZCUARO ★★★

288 IHUATZIO ★

288 TZINTZUNTZÁN ★★

289 SANTA CLARA DEL COBRE ★★

289 ZIRAHUEN ★★

289 URUAPÁN ★

290 VOLCÁN PARICUTÍN ★★★

Le volcan Paricutín culmine à 2 808 m d'altitude. Situé près du village d'Angahuan, à 45 minutes de bus depuis Uruapán, c'est le volcan le plus jeune au monde. Il surgit le 20 février 1943 devant des villageois stupéfaits. Si vous êtes amoureux du cheval et que vous voulez avoir de superbes sensations de liberté dans de grands espaces, foncez jusqu'au sommet !

290 ZAMORA ★

291 LAZARO CARDENAS

291 PLAYA AZUL

291 CALETA DE CAMPOS ★

291 PICHILINGUILLO ★

291 NEXPA ★★

292 MARUATA ★★

292 FARO DE BUCERÍAS ★★

293 PALMA SOLA ★

293 IXTAPILLA ★★

293 LA TICLA ★

CÔTE PACIFIQUE

294 ●● ÉTAT DE GUERRERO

L'Etat porte le nom d'un héros de l'indépendance, Vicente Guerrero. C'est dans la ville d'Iguala, entre Cuernavaca et Acapulco, qu'a été créé le drapeau mexicain. C'est dans cette même ville que 43 étudiants contestataires ont été enlevés en septembre 2014 avec la complicité des autorités, pendant que d'autres étaient sauvagement exécutés sous les yeux de leurs camarades. Comme de coutume, l'enquête officielle n'a rien donné et les familles continuent de chercher leurs enfants. L'Etat est actuellement en proie au chaos, même si les zones touristiques sont relativement épargnées. Côté réjouissance, depuis déjà plusieurs dizaines d'années, le secteur touristique représente pour l'État 70 % du produit intérieur brut, grâce au triangle du Soleil : Taxco, Ixtapa-Zihuatanejo et Acapulco.

294 ACAPULCO ★

295 ZIHUATANEJO ★

295 IXTAPA ★

295 TAXCO ★★★

Taxco est une petite ville coloniale perchée au milieu des montagnes, qui se situe à 3 heures de Mexico via l'autoroute. Elle se développa au XVIIIe siècle lorsqu'on y découvrit un grand gisement d'argent. Aujourd'hui, elle est réputée pour son artisanat en argent et sa belle paroisse.

298 GRUTAS DE CACAHUAMILPA ★★★

298 CHILAPA ★

PAGES

●● ÉTAT DE OAXACA

299

L'Etat en lui-même est un condensé du pays : la capitale est une petite merveille de ville coloniale. Le site archéologique de Monte Albán, qui domine la ville, fait partie des plus impressionnants du pays. Aux alentours, les villages des Vallées centrales recèlent d'ateliers d'artisanat et vivent au rythme des marchés hebdomadaires. Plus loin, perchés dans les montagnes, d'autres villages sont également à découvrir, autant pour leur patrimoine architectural que naturel : de nombreux projets écotouristiques y voient le jour. Enfin, pour ceux qui recherchent le dépaysement océanique, l'Etat dispose aussi de magnifiques plages sur le Pacifique, idéales pour le farniente ou la pratique du surf. A vos marques...

299 OAXACA ★★★

La capitale de l'Etat est très prisée par les Européens. On pourrait flâner pendant des heures dans ses rues piétonnes colorées, puis se reposer dans ses nombreux parcs ombragés. La vie est douce à Oaxaca, où l'art et la culture occupent une place de choix.

307 MONTE ALBÁN ★★★

Le site de Monte Albán fut habité par les Zapotèques d'influence teotihuacana, puis par les Mixtèques. Dans la galerie des danseurs, on peut observer des influences olmèques ou peut-être eurasiennes. Le site est très dégagé et offre de bons points de vue sur la campagne environnante.

309 ATZOMPA ★
309 CUILAPÁM DE GUERRERO ★★
309 ZAACHILA ★
310 SANTA MARÍA EL TULE ★
310 SAN JERÓNIMO TLACOCHAHUAYA ★
310 TEOTITLÁN DEL VALLE ★
310 TLACOLULA ★★★
311 HIERVE EL AGUA ★★
311 MITLA ★★
312 SAN BARTOLO COYOTEPEC ★★
312 SAN MARTÍN TILCAJETE ★★
312 SANTO TOMÁS JALIEZA ★
312 OCOTLÁN DE MORELOS ★
313 PUERTO ESCONDIDO ★★
317 LAGUNAS DE CHACAHUA ★★★
317 LAGUNA DE MANIALTEPEC ★★
317 MAZUNTE ★★★
319 LA ESCOBILLA ★★★★
320 SAN AGUSTINILLO ★★
321 ZIPOLITE ★★
322 PUERTO ANGEL ★★
323 LA BOQUILLA ★★
324 BAHIAS DE HUATULCO ★★

TEPIC ★

Fondée en 1531, la capitale de l'Etat est aujourd'hui une petite ville loin d'être désagréable, mais dont il ne reste que quelques rues ou bâtiments anciens (datant des XVIIIe ou XIXe siècles). La zone alentour fut un centre de production important pour l'industrie sucrière ou textile, comme en témoignent les nombreuses haciendas – en ruine ou non – situées dans ses environs (dont la très belle hacienda de Bellavista). Il n'en reste pas moins que vous y passerez peut-être si vous souhaitez rejoindre la côte pacifique depuis la ville de Guadalajara ; c'est aussi une étape obligée sur la route de la belle Laguna de Santa Maria del Oro.

CENTRO DE ARTE CONTEMPORÁNEO EMILIA ORTÍZ ★

Miguel Hidalgo #17
✆ +52 311 216 0389
Du mardi au dimanche de 10h à 14h et de 16h à 19h. Entrée libre.

En plein dans le centre, cette bâtisse de deux étages, de style néoclassique typique des constructions de la fin du XIXe siècle, se veut aussi bien un lieu d'exposition des tendances artistiques contemporaines qu'un lieu de production et d'apprentissage en matière d'arts visuels. Les 6 salles d'exposition donnent à voir une belle collection de peintures, sculptures et photographies. A visiter autant pour l'édifice en lui-même que pour le musée qu'il abrite.

MUSEO REGIONAL DE NAYARIT ★

Av. Mexico Norte #91
✆ +52 311 212 1900
Ouvert du lundi au vendredi de 9h à 18h ; le samedi de 9h à 15h. Entrée : 55 $.

Dans ce beau bâtiment achevé en 1762, on trouve la reconstitution d'une tombe verticale (période entre 200 av. J.-C. et 600 apr. J.-C.) et des figurines en terre cuite qui relatent des scènes de la vie quotidienne des civilisations de l'Occident mexicain. Le premier étage fait état de cultures postérieures, où l'on note l'apparition d'urnes funéraires dûment travaillées (culture Mololoa) et des pièces évoquent également la civilisation d'Aztatlan (900-1350 apr. J.-C.).

TRAVESIA CORA

Avenida Palomas #118 int. 6
✆ +52 311 876 1452

Voilà l'agence d'éco-tourisme qui propose de découvrir le Nayarit rural, celui des cascades, des canyons et des villages huichols hors des sentiers battus. Le tourisme de nature et d'aventure est au rendez-vous, avec au programme de multiples activités extrêmes. Vous pourrez notamment faire du canyoning et partir à l'assaut du Cañón del Cora, du Cañón Tecuitata, du Cañón del Tenemache, du Real de Acuitapilco et du Salto Negro (descente en rappel de 40 m pour celui-ci), qui offrent des niveaux de difficulté variables. L'équipement est fourni.

REAL DE DON JUAN €€

Av. Mexico #105 Sur
✆ +52 311 216 1879
www.realdedonjuan.com
53 chambres et suites, entre 1 150 et 1 750 $.

A l'angle de la place où trône le Palais du Gouvernement local, voici l'établissement le plus élégant du centre-ville. Ses chambres sont spacieuses et soigneusement décorées. L'hôtel dispose aussi bien d'un restaurant au rez-de-chaussée qu'un bar lounge sur le toit. Terrasse avec transats et petite piscine pour faire quelques longueurs, salle de sport. On pourra peut-être reprocher à l'endroit, quelque peu vieillissant, son manque d'isolation et le bruit qui provient de la rue. Cependant, le confort est là, et le rapport qualité-prix reste avantageux.

QUETZALCOATL €

León
✆ +52 311 212 9966
Ouvert du mardi au dimanche de 8h15 à 17h. Repas aux alentours de 100 $.

Pour changer un peu, que diriez-vous de faire une escale dans ce restaurant qui ne propose ni viande ni poisson ? Voici un endroit qui fera plaisir aux végétariens, et il ne s'agit pas ici d'un effet de mode puisque l'endroit est ouvert depuis presque quarante ans. Et rassurez-vous : vous n'en ressortirez pas mort de faim puisque les buffets des petits déjeuners et déjeuners sont remarquablement fournis et variés, entre les *quesadillas* à la fleur de courgette, les œufs, les *tamales*, les œufs au plat et la multitude de fruits et légumes frais.

IXTLAN DEL RIO ★

A quelque 90 km de Tepic, soit un peu plus loin sur la route de Guadalajara que le village de Jala, on visite surtout cette petite ville réputée pour ses douceurs de coco avant ou après la visite du site archéologique Los Toriles. Avec une population de 33 000 habitants, la ville possède de nombreuses infrastructures, notamment quelques hôtels installés le long de la route principale. Vous trouverez aussi de nombreux restaurants proposant une cuisine très correcte. Ils sont surtout localisés dans la zone du centre-ville. En bref, Ixtlán del Río est une petite ville agréable qui constitue un bon pied-à-terre pour qui visite Los Toriles.

ZONA ARQUEOLOGICA IXTLÁN DEL RIO ★★

A 9 km à l'est d'Ixtlan, par la route numéro 15.
Ouvert tous les jours de 9h à 18h. Entrée : 55 $.
Aussi appelée Los Toriles, cette zone archéologique est l'une des plus étudiées de l'Occident mexicain (avec Guachimintones, dans l'Etat de Jalisco et les sites de la ville de Colima), et qui a fourni nombre de pièces au *Museo Regional de Tepic* : sur 8 hectares, on découvre sur ce site les restes d'une quinzaine de constructions, dont un bâtiment de forme circulaire dédié au dieu du Vent. Plusieurs pétroglyphes représentant des figures abstraites ont également été découverts en cinq endroits. Cette cité en perpétuelle évolution est d'abord occupée entre 300 av. J.-C. et 600 apr. J.-C. par des groupes identifiables à leurs rites funéraires et à leur mode d'inhumation : les tombes verticales (*tumbas de tiro*). Celles-ci ont été découvertes dans cinq zones du site, contenant des restes humains, des objets de la vie quotidienne en céramique (des poêles, des pichets, etc.) et des figurines en forme d'humains ou d'animaux. Puis on assiste à une évolution culturelle lorsque l'agglomération devient partie prenante d'une plus vaste région connue comme Aztatlán. Les ruines qui tombent sous l'appellation de « Los Toriles » remontent à cette période. Entre 750 et 1100 apr. J.-C., la ville grandit considérablement avec la construction d'amples plates-formes, palais, temples, et devient en même temps un centre manufacturier et commercial de premier plan. On décèle à travers certaines constructions les plus tardives l'influence de cités du centre du pays.

SAN BLAS ★★

La principale attraction de San Blas, ce sont bien sûr ses plages et ses baies alentour (anciens refuges de pirates), bien plus tranquilles que celles de la côte caraïbe, mais le port est aussi entouré par un riche écosystème tropical, où l'on peut aussi réaliser de belles balades le long d'estuaires et de mangroves. Le Cerro del Vigía, sur la Isla del Rey, est considéré comme un lieu sacré par les Indiens Huichols. L'activité principale des habitants est la pêche ; 3 pêcheurs de San Blas sont devenus des héros nationaux après avoir survécu en haute mer durant 289 jours. Ils étaient partis de San Blas le 28 octobre 2005 pour pêcher, mais les courants marins ont entraîné leur barque au large de l'océan, et ils ont été recueillis par un bateau de pêche taïwanais 9 mois plus tard à plus de 8 000 km de chez eux !

Balade

Si le village présente tous les atouts de la langueur tropicale, ses environs offrent des excursions plus qu'attractives : balade en barque dans les mangroves, observation d'oiseaux, pratique du kayak ou du surf. L'embarcadère de San Blas, situé au bout de la rue principale, permet de négocier des sorties en mer. C'est aussi d'ici que partent les barques pour Isla del Rey.

Histoire

La baie de San Blas fut découverte vers 1530, vraisemblablement par le conquistador Nuño Beltrán de Guzmán. Entourée de montagnes verdoyantes, elle présentait un profil idoine pour partir en exploration des côtes californiennes du fait de l'abondance de bois tropical qui allait permettre la fabrication de navires. Le port est officiellement inauguré en 1768, un an après la mise à l'eau des premiers navires. A l'époque coloniale, il joue un rôle commercial important puisqu'une partie des galions de la « route de la Chine » – en réalité les Philippines – y abordent ; il sert aussi de base pour exporter de l'or, des bois précieux et du sel, devançant Acapulco comme principal port de la Nouvelle-Espagne sur la côte pacifique. Pour assurer la sécurité des marchandises, les Espagnols bâtirent un fort sur le mont San Basilio, le Fuerte de la Contaduría, que l'on peut encore visiter aujourd'hui. Après l'indépendance, tout au long du XXe siècle, le port est marqué de nombreuses interdictions qui précipitent son déclin. Devenu aujourd'hui une destination touristique, San Blas reste cependant une ville tranquille, au charme bohème et tropical.

ANTIGUA ADUANA ★

Juarez SN

Ouvert du lundi au vendredi de 10h à 17h.

A mi-chemin entre la place principale et l'embarcadère se trouve le plus ancien édifice du village, construit en 1830, et qui semble aujourd'hui immuable. Désormais, l'endroit fonctionne en théorie comme centre culturel. Il abrite un modeste petit musée dans lequel sont exposés quelques vestiges archéologiques qui datent de l'époque préhispanique. Pendant la visite, on appréciera surtout l'incroyable solidité de cet édifice antique, avec ses murs épais et ses imposantes colonnes qui se rejoignent pour former de belles arches.

CERRO DEL VIGIA ★★

Au sud de la Isla del Rey

La traversée en barque coûte 30 $.

Le Cerro se trouve sur l'Isla del Rey, qui en réalité est une presqu'île, puisqu'elle se trouve reliée à la terre. C'est un lieu de pèlerinage important pour les Indiens Huichols, qui s'y rendent chaque année pour rendre hommage à Tatei Aramara, déesse de la mer et du maïs aux cinq couleurs. La visite de l'île vaut réellement la peine : on y trouve une plage vierge sur plusieurs kilomètres. Pensez à prendre des provisions pour y passer la journée. La traversée se fait en barque au niveau de la jetée et ne prend que quelques minutes.

CERRO DE SAN BASILIO ★

A l'entrée de la ville, facilement accessible à pied depuis le centre en 20 min.

Le Cerro de San Basilio abrite les ruines de deux édifices coloniaux intimement liés à la fondation du port : le Fuerte de la Contaduría, fort construit à la fin du XVIIIe siècle, et l'église de Nuestra Señora del Rosario, qui date de la même époque, et dont les cloches ont inspiré un poème à Henry W. Longfellow, intitulé *The Bells of San Blas*. Le site offre de très beaux panoramas de la ville depuis les hauteurs. Attention, l'endroit est littéralement envahi par les moustiques en toute saison, pensez-y avant de vous y rendre !

SINGAYTA ★★

Situé à environ 6 km de San Blas, sur la route de Tepic, le petit village de Singayta est entouré par une foisonnante végétation tropicale qui sert de refuge à plus de trois cents espèces d'oiseaux. La meilleure période de l'année pour les observer est en hiver, entre le mois de novembre et le mois de janvier. Outre l'observation des oiseaux, les habitants de Singayta ont depuis quelques années mis en place d'autres activités écotouristiques et proposent des balades à cheval, à pied, ou en bateau à travers la jungle. Une escapade sauvage.

San Blas.

LA TOVARA ★★

Embarcadère La Aguada, à 7 km de San Blas.
✆ + 52 323 1169 997
www.latovara.com
Ouvert tous les jours à partir de 7h30.
Excursion de 2h30 : 200 $. Le taxi depuis San Blas coûte 80 $.

La ville de San Blas est enclavée entre deux estuaires, l'estuaire El Pozo et l'estuaire San Cristobal. La Tovara est le nom de l'une des rivières qui débouche dans l'estuaire San Cristobal. Il est possible de la remonter en bateau. C'est une excursion tout à fait fascinante, au milieu de la jungle et sous la futaie des mangroves. L'excursion se termine en arrivant à un petit bassin d'eau cristalline, dans lequel on peut se baigner grâce à l'installation de filets censés empêcher les crocodiles de vous mordiller les extrémités…

HOTEL HACIENDA FLAMINGOS €€

Juárez #105 ✆ +52 323 285 0930
www.sanblas.com.mx/flamingos
20 suites, pour deux personnes : à partir de 1 000 $.

A deux blocs de la place principale et un de l'embarcadère, ce sont deux maisons coloniales du XIXe siècle aux murs épais, bâties autour d'une cour centrale joliment fleurie. Les chambres ont un style certain et sont dotées de tous les équipements modernes : certaines donnent directement sur la cour centrale, d'autres sur le jardin et la piscine. Ô bonheur ! le bar est en libre-service et vous pourrez organiser différentes activités en mer depuis l'hôtel : surf, kayak, etc. La meilleure option de séjour en plein centre du village.

RESTAURANT MCDONALD €€

Juárez #36
✆ +52 323 285 0432
Ouvert du mercredi au lundi de 7h à 20h.
Plats de poisson et fruit de mer de 150 à 200 $.

Rassurez-vous, l'endroit n'a rien à voir avec le fast-food américain. Dans ce restaurant, on prend son temps pour vous préparer la spécialité : les *camarones a la merequetengue* (crevettes aux poivrons et fromage) et les inévitables *sopes*. Les classiques mexicains figurent également au menu, notamment les *enchiladas* et *chilaquiles*. L'endroit se remplit dès le petit déjeuner : locaux et *gringos* s'y rendent pour faire le plein d'énergie grâce aux copieux plats à base d'œufs, accompagnés d'un bon café bien fort. Ambiance conviviale.

PANADERÍA JUAN BANANAS

✆ +52 323 285 0552
www.juanbananas.mx
Ouvert tous les jours de 8h à 19h.

En voilà une bien belle initiative : ici, on ne fait pas semblant de faire du pain à la française, mais on s'adapte avec les produits locaux. Et le résultat dépasse les frontières de l'Etat : le *pan de platano* (pain de banane) est tout simplement exquis depuis les années 70. Le reste fait tout aussi envie, entre les copieux muffins, les cookies et le pain nature. Tout est fait maison et, avec un peu de chance, le pain sortira tout juste du four à votre passage. Une escale idéale pour un bon petit-déjeuner ou pour se ravitailler. Bravo !

SIERRA DEL NAYAR ★★

La Sierra del Nayar est une zone de la Sierra Madre occidentale qui couvre toute la partie orientale de l'Etat, frontalière avec les Etats de Jalisco et Durango, dont les montagnes dépassent régulièrement les 2 000 mètres et couvrent près de 82 % de ce vaste territoire. Sauvage, accidentée et hors des sentiers battus, la Sierra est le berceau de traditions millénaires et le refuge des ethnies Coras, Huichols, Tepehuanos et Mexicaneros. Mais c'est une zone peu accessible et visitée, aussi bien en raison des distances, des routes serpentines qui joignent ses multiples climats que de l'absence quasi totale d'infrastructures d'accueil pour les voyageurs. La zone la plus accessible est probablement celle située aux environs de la retenue d'eau et du barrage d'Agua Milpa, en particulier la communauté de Potrero de la Milpa qui dispose de petites cabanes pour passer la nuit. Les plus aventureux pourront tenter de pénétrer dans la région en prenant la route de Tepic vers le nord jusqu'à Estación Ruiz (environ 60 kilomètres) ; de là, une déviation vous emmène à Mesa del Nayar (ruines de la mission franciscaine), puis difficilement à Santa Teresa (250 kilomètres depuis Tepic, 8 heures de route), qui offre de petites cabanes pour passer la nuit et, si les circonstances se présentent, en apprendre un peu plus sur les coutumes et traditions locales. Avis aux amateurs : en raison des distances et de l'état des routes (notamment en saison des pluies), des petits avions sont disponibles pour visiter la zone depuis Ixtlan del Rio et Ruiz.

MEXCALTITÁN ★

Aux alentours du XIe ou du XIIe siècle, les Aztèques commencèrent leur errance à la recherche de la Terre promise. Une prophétie leur promettait la fin de cette errance le jour où ils verraient, perché au sommet d'un cactus, un aigle tenant dans son bec un serpent. C'est ainsi qu'en 1325 ou en 1345, ils trouvèrent une île sur le lac Texcoco. Ils nommèrent l'endroit Tenochtitlán, dans la vallée de la Lune, ou Mexico. Les spéculations sur le légendaire Aztlán, c'est-à-dire le point de départ des Aztèques, se sont focalisées sur Mexcaltitán. Mexcaltitán est une île de 350 sur 400 m au milieu d'un lagon sur le fleuve San Pedro, non loin de la mer.

CHACALA ★★

A mi-chemin entre San Blas et Sayulita, voici une très, très belle destination, méconnue et préservée des flux touristiques de la côte méridionale. Ici, on peut aussi bien s'adonner au surf qu'à la baignade, puisque l'endroit dispose de trois plages aux houles distinctes. Les rues étroites du village lui-même respirent la tranquillité, transpirant cette sensation d'authenticité due au fait que tout le monde se salue et se connaît. Il y a également deux ou trois hôtels de qualité prêts à vous accueillir. Vous n'aurez qu'à vous soucier de choisir un restaurant où dîner et un transat où vous prélasser toute la journée. On ne vous en dit pas plus…

PETROGLIFOS DE ALTAVISTA

Sur les flancs du volcan Copo.
À 30 minutes de Chacala.
www.nayaritwild.com.mx

Le long de la rivière Las Piletas, c'est un important site archéologique et un musée à ciel ouvert au milieu de la jungle. On y trouve plus de 2 000 motifs gravés dans la roche volcanique par les Tecoxquines, anciens habitants de la zone ; les thèmes semblent avoir trait à la santé, la fertilité, la pluie, les récoltes, les rituels. Différents groupes ethniques de la région continuent de visiter l'endroit de nos jours. La visite du site nécessite les services de guides spécialisés ; le site est également accessible par une excursion organisée depuis San Pancho.

RINCÓN DE GUAYABITOS

Bon, ce n'est pas la station la plus sexy de la côte, mais ce qu'on apprécie surtout à Rincón de Guayabitos (le nom du village se traduit littéralement « au coin des petits goyaviers »), c'est que le développement touristique y reste modéré ; ses eaux sont claires et transparentes et l'on s'y baigne sans danger en raison de l'absence de grosses vagues. La plage est idéale avec les enfants. Quelques hôtels proposant cabanes sur la plage, bungalows ou chambres tout confort pourront vous accueillir à quelques encablures de l'océan. Une escale idéale pour vivre au rythme de la côte et se laisser porter par le va-et-vient paresseux de l'océan.

SAN PANCHO ★★★

A quelques kilomètres au nord de Sayulita et à 45 minutes de Puerto Vallarta, San Pancho doit son charme et son agencement harmonieux à la volonté du président mexicain Luis Etchevarria (1970-1976) qui, amoureux du lieu, fit paver ses rues ; on retrouve ce souci esthétique dans la longue et ample plage vierge, épargnée par l'installation de bâtiments ou bouis-bouis en tout genre. Tranquille, joli, charmant, discret… : les adjectifs ne manquent pas pour qualifier l'endroit, entouré de montagnes à la végétation luxuriante. Le climat tropical y favorise en outre la culture de citron, mangue et papaye, et la pêche familiale y est bien entendu une activité importante. Le village compte à peine 1 600 habitants à l'année, dont une grande communauté internationale, sans compter les résidents de passage nord-américains et canadiens qui viennent y passer une partie de l'hiver. Ce melting-pot fait qu'on y trouve aussi bien tout ce qui fait le charme d'un village typiquement mexicain que des lieux à caractère plus international : *puestos de tacos* et de *birria* se fondent avec les galeries d'art et bijouteries, restaurants gourmands ou organiques, et centres du yoga. Le village compte en outre de nombreux groupes dédiés à la conservation d'espèces en danger. En hiver, l'endroit se peuple d'oiseaux migrateurs et on peut sortir non loin en mer pour observer les pérégrinations des baleines. Enfin, le surf sur les beaux rouleaux aux tons turquoise est une activité à laquelle s'adonner sans modération.

BIRDING SAN PANCHO ★★

✆ +52 322 139 7242

www.birdingsanpancho.net

Marche et observation des oiseaux : entre 75 et 150 US$ par personne.

C'est une ONG qui consacre son savoir-faire à la protection de l'habitat des oiseaux sur le littoral et les hauteurs des Etats de Nayarit et Jalisco, en favorisant un développement des communautés locales en accord avec leur environnement. Et les activités écotouristiques (marche et observation des oiseaux) participent de ce principe, puisqu'elles dégagent des revenus sans endommager les paysages et les ressources naturelles. L'association peut même vous emmener dans des endroits reculés et peu visités, en plus de proposer une excursion aux Islas Marietas.

CASA SAN PANCHO €€

Calle Pakistán

✆ +52 311 2585022

www.casasanpancho.com

9 chambres, à partir de 2 200 $. Excellent petit déjeuner inclus.

C'est une maison de famille aux tons orangés qui vous accueille chaleureusement. Elle a été reconvertie en petit hôtel au décor chaleureux, orné d'œuvres aussi bien mexicaines qu'asiatiques, mais on s'y sent toujours comme chez soi. L'ensemble est ouvert aux quatre vents et les vastes fenêtres donnent un joli aperçu des montagnes verdoyantes alentour. Une petite piscine permet de s'y rafraîchir aux heures chaudes du jour, ou après le très bon petit déjeuner où l'on vous sert des petits pains faits maison. Personnel sérieux et chaleureux.

BARRACUDA COCINA DEL MAR €

Av. Tercer Mundo esq. calle Mexico

✆ +52 322 151 6635

Ouvert du mardi au dimanche de 14h à 21h. Plats 100-150 $.

Sur la rue principale, le Barracuda est un petit local simple et agréable qui propose quelques tables à l'ombre sur le trottoir. C'est de loin l'endroit le plus couru et réputé du coin : on y sert toutes les petites spécialités de la côte pacifique à base de poissons et fruits de mer (crabe, crevettes, poulpe, pétoncles, etc.), à commencer par des *tostadas, tacos* et *aguachiles,* servies en portions énormes. Naturellement, le menu propose aussi le petit mezcal des familles, pour étancher la soif après une journée bien remplie.

LO DE MARCOS

A une heure et demie au nord-ouest de Puerto Vallarta et à moins de 30 minutes de Sayulita, voilà un petit village de pêcheurs à la longue et large plage qui ravira les visiteurs désireux de connaître l'ambiance lancinante des communautés traditionnelles de pêcheurs. Ici, le tourisme n'a pas encore totalement fait son nid, bien qu'on y trouve bien sûr de sympathiques possibilités de logement, en particulier de charmants bungalows et villas dont certains sont situés sur la plage, directement face à l'océan. A Lo de Marcos, on peut aussi déguster les fantastiques *pescafos zarandeados* dans des petits restaurants traditionnels. A explorer sans modération.

SAYULITA ★★

Sayulita est un petit village reconnu pour la pratique du surf et son ambiance de plage festive et bon enfant. S'il s'est récemment beaucoup développé, l'ensemble conserve le style tropical et les couleurs vives mexicaines. C'est une destination très à la mode au Mexique et la proximité avec l'aéroport de Puerto Vallarta incite les Américains à y séjourner.

Quartiers

On peut dire qu'il existe deux Sayulita, celui du centre et celui le long de l'Avenida del Palmar, qui remonte vers le nord parallèlement à la plage et aboutit au centre de protection des tortues. Le centre semble en constante ébullition, puisqu'on y trouve concentrés la plupart des restaurants et bars, beach bars et musique en prime en bord de mer. Pour se loger, il est plus agréable de se rendre plus au nord, le long de l'Avenida del Palmar où, en outre, la plage est bien plus tranquille. A noter que plus au sud du centre-ville se trouve la Playa de Los Muertos, où il fait bon nager au calme.

Transports

La « station » de bus se trouve juste à l'entrée du village, à moins d'un kilomètre de la route principale qui relie San Blas à Puerto Vallarta. On y trouve des transports réguliers pour San Pancho et les petits villages plus au nord sur la côte ; les bus pour Puerto Vallarta passent non loin de Punta de Mita et s'arrêtent à Bucerias et Nuevo Vallarta.

VILLAS SAYULITA €€

Calle Rosalio Tapia s/n
✆ +52 329 291 3063
www.villasayulita.com
14 chambres simples et doubles à partir de 1 000 $.

Voici un endroit plus qu'agréable, en bordure d'un jardinet arboré et d'une bien belle piscine. Les chambres sont au rez-de-chaussée ou au premier étage, et deux *penthouses* installés sur le toit viennent compléter le tableau. Toutes les chambres sont fraîches, confortables et amples, dotées d'un frigo et d'un coin cuisine. Certaines comportent deux lits doubles. Et puis il y a ce petit jardin secret à l'arrière, où l'on vient prendre son délicieux petit déjeuner à l'orée d'un potager… Des séances de yoga sont organisées matin et soir. Un refuge.

LA RUSTICA €€

Av. Revolución #40 C
✆ +52 322 100 7379
www.larusticasayulita.com
Ouvert du mercredi au lundi de 9h à 23h ; le mardi de 15h à 23h. Plats entre 200 et 350 $.

A deux pas de la plage, voici un incontournable de Sayulita. Les bouilles des convives parlent pour la qualité de la gastronomie du lieu : ici, c'est d'une qualité rare pour les restaurants italiens qui abondent sur les côtes du pays, ce qui justifie amplement les prix un peu plus élevés qu'ailleurs dans le village. La grande variété de pizzas permettra de séduire tous les convives. Egalement au menu, de délicieuses pâtes et des entrées très bien réalisées. L'endroit est en plus sympa et sert de bons cocktails et margaritas. Service attentif.

SAYULITA ENTOURAGE

Miramar et Manuel Rodriguez Sanchez
✆ +52 329 291 3839
www.sayulitaentourage.com
Excursion aux iles Marietas : 4h et 140 US$ pour deux plongées. Observation des baleines en hiver : 3h et 75 US$.

C'est le club de plongée sérieux du coin, tenu par un Français qui connaît parfaitement la zone. En sus des excursions « classiques » qui se réalisent en petits groupes (plongée, îles Marietas et observation des baleines), Stéphane peut vous emmener plonger sur des sites à proximité des Marietas, découvrir des plages désertes accessibles uniquement en bateau, et vous emmener vous initier au surf sans prendre la route. L'agence propose également des cours de certification en plongée, des excursions en snorkeling et pour observer les baleines en hiver.

PUNTA DE MITA ★★

Punta de Mita est le nom donné à la péninsule qui se trouve à l'extrémité nord de Bahia Banderas. Elle comprend plus de 10 kilomètres de plages à la mer transparente. Alors que certaines plages sont encore presque sauvages, d'autres sont maintenant équipées de grands complexes touristiques. Ceux qui aiment les plages tranquilles pourront néanmoins apprécier Playa La Manzanilla, Playa Destiladeras ou Playa Anclote. Possibilité de pratiquer le surf à Playa Destiladeras et Playa Anclote. Punta de Mita peut également servir de base pour visiter las Islas Marietas, car c'est l'endroit de la côte qui se trouve le plus proche du sanctuaire marin.

CASA DE MITA €€€

Playa Careyeros
✆ +52 329 298 4114
www.casademita.com
8 suites, entre 700 et 1 000 US$ la nuit, repas et boissons comprises.

L'hôtel a des allures d'une grande villa qui nous fait sentir derechef dans une maison de vacances familiale, à la différence qu'ici le service est exceptionnel ! Et quitte à se loger dans un hôtel de luxe, autant qu'il soit charmant à tous points de vue : vue sur l'océan de toutes les chambres, piscine, beach club, kayaks, masques et tubas, yoga et massages. Quant aux chambres, elles sont très spacieuses et décorées avec de beaux éléments qui donnent le sentiment d'être dans une maison particulière. Un séjour éreintant en perspective.

BOCA DELI €€

Av. Redes
✆ +52 329 291 5012
www.boca-deli.com.mx
Ouvert du lundi au samedi de 8h à 17h. Compter 200 $ pour un repas complet.

Boca Deli propose l'une des plus belles variétés et saveurs de cafés du coin... Cela ne se refuse pas ! Si vous rêvez d'un bon latte ou d'un cappuccino bien mousseux, ne manquez pas d'y faire une escale avant de commencer la journée. Le petit déjeuner se compose de plats de fruits frais, omelettes ou œufs Bénédicte avec saumon, bagels ou encore *chilaquiles*. Pour le déjeuner, ce sera salades, paninis, burgers et quelques spécialités mexicaines bienvenues. Les produits, d'une fraîcheur irréprochable, font la réputation du lieu.

GUADALAJARA ★★

Située à 1 700 mètres au-dessus du niveau de la mer, Guadalajara est la deuxième plus grande ville du Mexique, avec 5,2 millions d'habitants. Réputée pour ses nombreuses places et fontaines, moderne et riche d'un passé de cinq siècles, elle est la ville du pays qui correspond le mieux aux clichés du Mexique : c'est la capitale des mariachis, de la tequila et des *charreadas*, ces démonstrations d'habileté équestre.

Histoire

Alors en pleine conquête militaire, le sanguinaire Nuño de Guzmán, conquérant des territoires de l'ouest, mandaté par Hernan Cortès, souhaitait établir une base solide pour poursuivre ses rêves de grandeur qui consistaient à tenter de créer un grand royaume indépendant, reliant la côte pacifique à celle du golfe du Mexique. Sa capitale Guadalajara n'a finalement trouvé son emplacement définitif qu'après trois échecs de peuplement, dont le premier à Nochistlán (Zacatecas) en 1533. Face à l'hostilité des milieux physiques et humains, les colons espagnols ont en effet dû se replier à plusieurs reprises, avant de fonder sous les ordres de Juan de Oñate l'actuelle Guadalajara, dans la vallée d'Atemajac, en 1542. En 1560, elle devient ainsi la troisième capitale officielle de la *Nueva Galicia*, après Tepic et Compostella dans l'Etat de Nayarit. La ville connut un développement rapide, et devint même le point de départ de nombreuses expéditions et de missions aux XVIIe et XVIIIe siècles. Miguel Hidalgo, le leader de l'indépendance mexicaine, y établit un gouvernement révolutionnaire en 1810, avant de subir une défaite, en 1811, aux portes de la ville.

CATEDRAL DE GUADALAJARA ✝ ★

Plaza Guadalajara

Symbole de la ville, elle a été construite sur l'ordre du roi d'Espagne Philippe II et inaugurée en 1618. Les tremblements de terre de 1815 et 1878 l'endommagèrent à tel point que de nombreuses parties durent être reconstruites au fil du temps ; ses tours datent du XIXe siècle. La façade est un mélange des styles baroque, gothique et néoclassique. Son intérieur est de style gothique et sa sacristie présente une œuvre de Bartolomé Esteban Murillo. La cathédrale voisine avec d'autres monuments importants de Guadalajara, telle la rotonde des hommes illustres (1951).

LE BON PLAN €€

1410 Avenida Alemania

✆ +52 33 2152 2756

Ouvert tous les jours sauf le lundi de 12h15 à 23h45. Dimanche jusqu'à 17h30.

Plats : de 109 à 189 $.

Le Bon Plan, un coin de France convivial et sans prétention, est le projet de Christophe et sa famille qui se sont installés dans la capitale jalisciense. Il a fait de cette maison vouée à être détruite un lieu où Mexicains curieux ou francophiles et Français nostalgiques se retrouvent autour d'une bouteille de vin ou d'un plat, tout en écoutant un air d'accordéon de l'un des groupes qui se produisent le soir. Aussi à découvrir, leur autre restaurant, Amelie, sur l'avenue Terranova, dans le quartier de Providencia, parfait pour le petit déjeuner et le brunch.

TLAQUEPAQUE ★★

Tlaquepaque est un ancien village qui a été absorbé par l'urbanisation. Situé au sud-est de la ville, Tlaquepaque possède encore aujourd'hui un gouvernement autonome, même si, dans les faits, il ne constitue plus qu'un quartier de cette grande agglomération. Le centre de Tlaquepaque se prête à la flânerie et à la fête. Il existe de très nombreuses galeries d'art et boutiques d'artisanat, notamment le long du Corredor Independencia, et de nombreux restaurants-*cantinas*, où l'ambiance bat son plein jusqu'à tard dans la nuit. De fait, un des meilleurs endroits de Guadalajara pour écouter les mariachis est la Plaza El Parián, en plein centre de Tlaquepaque.

TONALA ★

Ce petit village, qui a été lui aussi mangé par l'urbanisation, compte de jolies églises dont une construite sur le Cerro de la Reina, mais il est surtout réputé pour son travail artisanal – verre soufflé et luminaires en ferronnerie – et son grand marché ambulant du dimanche. Les techniques traditionnelles de céramique (*barro bruñido* ou *barro canelo*) qui avaient fait la réputation de la ville sont plutôt en déclin : l'irréductible artisan Nicasio *Pajarito* González est l'un des derniers à concevoir des pièces entièrement à la main, en fabriquant notamment la totalité de ses pigments naturels (ses œuvres sont à vendre dans les boutiques de Tlaquepaque).

ZAPOPAN ★

Cet ancien village, au nord-ouest de la zone métropolitaine de Guadalajara, est désormais une ville qui compte plus d'un million d'habitants. On pourrait la prendre pour une banlieue de Guadalara, mais Zapopan est une municipalité à part entière. La ville possède plusieurs beaux monuments religieux : la basilica de Zapopan, achevée en 1892 dans un style baroque, est l'emblème de cette zone résidentielle. La basilique abrite une Vierge que l'on fête massivement le 5 octobre de chaque année, dans le cadre d'une procession qui est devenue la plus grande fête de la ville. A cette occasion, un grand pèlerinage a lieu depuis la basilique de Guadalajara.

LAGOS DE MORENO ★★

A deux heures de route de Guadalajara, aux confins des États de Guanajuato, San Luis Potosi et Aguascalientes, Lagos de Moreno est une petite ville coloniale très agréable. Dominée par le haut plateau *El Sombrero*, son apogée se situe aux XVIIe et XVIIIe siècles ; son centre est doté de quelques très beaux bâtiments et ses alentours d'un patrimoine architectural constitué de plus de 80 haciendas réparties sur son territoire. L'ensemble lui a valu d'être reconnue comme patrimoine culturel de l'humanité par l'Unesco. C'est en 1542 que s'installent dans cette plaine riche en eau les premières haciendas, dédiées essentiellement à l'agriculture et à l'élevage. Dans les environs, seules deux d'entre elles se consacrent à l'exploitation des métaux précieux, autour de Comaja, à quelques dizaines de kilomètres de l'actuelle ville de Lagos de Moreno. Celle-ci est fondée en 1563 sous le nom de Santa Maria de Los Lagos, après plusieurs expéditions qui incluaient également des marchands portugais et des esclaves d'origine africaine. A noter que la première expédition était également constituée de deux écrivains, prémices de la tradition littéraire de cette ville qui allait vite être considérée comme l'Athènes de Jalisco du fait de sa bouillonnante vie culturelle et artistique : Francisco Gonzalez Leon (1862-1945) et Manuel Azuela (1873-1952), auteur du livre culte *Los de abajo* (1916), en sont les principales icônes. Son nom actuel lui a été donné en 1829, en hommage à Pedro Moreno, héros de l'indépendance.

TEQUILA ★★

A 70 km au nord-ouest de Guadalajara. Comme son nom l'indique, c'est ici que naquit au XVIIIe siècle le fameux breuvage issu de la distillation du cœur de l'agave bleu. Les tons bleutés donnés au paysage par sa plantation intensive dans la plaine du Rio Grande, dominée par le Volcán Tequila, a valu à la région d'être reconnue patrimoine de l'humanité en 2006 : Amatitlán, Tequila et El Arenal sont ainsi considérés comme le territoire originel de la production de la tequila, dont l'autorisation d'appellation d'origine contrôlée a également été étendue à certains États voisins. C'est pourtant sur ce territoire que se concentrent les marques les plus réputées ; plusieurs maisons de production de tequila sont présentes dans le village ou ses environs : Siete Leguas, Herradura, Cuervo, Sauza, El Cascahuín, etc. Pratiquement toutes les marques organisent des visites dans leurs champs d'agave et de leurs distilleries. La Rojeña est la plus vieille fabrique du village, celle de la marque Jose Cuervo : c'est probablement ici que l'on offre les visites les plus complètes et professionnelles. Dans cette fabrique qui a conservé ses alambics en cuivre, on produit chaque jour 50 000 litres de tequila ! La visite du village est plutôt rapide, puisque son centre est tout petit ; vous y trouverez plusieurs options d'hébergement. Pour déjeuner, le marché municipal reste une bonne option. Sur la place principale, de nombreux artisans vendent des objets en obsidienne, extraite des hauteurs du Volcán Colima depuis les temps préhispaniques.

LA RUTA DEL TEQUILA

✆ + 52 33 1002 1960
www.rutadeltequila.mx

Pour tout savoir sur la route de la tequila et les excursions proposées par les différentes marques de tequila.

C'est à Amatitlán, Tequila et El Arenal, considérés comme le territoire originel de la production de la tequila, que se concentrent les marques les plus réputées. Plusieurs maisons de production sont présentes dans le village de Tequila ou ses environs : Siete Leguas, Herradura, Cuervo, Sauza, El Cascahuín, etc. Pratiquement toutes les marques organisent des visites dans leurs champs d'agave et leurs distilleries.

TEUCHITÁN ★

C'est un petit village situé au pied du Volcán Tequila, installé au bord d'une lagune sur laquelle des *chinampas* (surface cultivable installée sur une zone lacustre) étaient aménagées à l'époque préhispanique. On visite de fait l'endroit en raison de la présence d'une zone archéologique située en hauteur, sur le *Cerro Guachimontones*. Petite curiosité gastronomique : les habitants préparent ici de délicieuses cuisses de grenouilles (*anclas de rana*) qui raviveront certaines papilles françaises. On peut le rejoindre depuis le village de Tequila (1h de route) ou depuis Guadalajara (70 km), en empruntant la route qui plonge vers le sud en passant par Ameca.

SITIO ARQUEOLOGICO GUACHIMONTONES ★★

Ouvert du jeudi au dimanche de 9h à 17h. Entrée : 30 $.

Découverte en 1970, cette ancienne zone de peuplement se situe à une soixantaine de kilomètres de Guadalajara. Elle fait partie du patrimoine mondial de l'Unesco depuis 2006. Sur un monticule faisant face au Volcán Tequila, c'est un site de plus de 90 hectares ayant été occupé entre 350 avant et 350 après J.-C. C'est ici que se trouvait le chef-lieu de l'ensemble des établissements originels, qui se caractérisaient entre autres par une exploitation de l'obsidienne. Plus de 24 sites préhispaniques d'extraction ont été retrouvés sur les flancs du volcan qui s'est éteint il y a 220 000 ans, alors que 89 terrains de jeux de balle ont été mis au jour dans les environs. Cette ancienne cité qui se dédiait au culte du vent se caractérise par un agencement original, puisque ses places formées d'une pyramide circulaire, d'un patio et de plates-formes cérémonielles sont organisées en cercles concentriques qui se succèdent. Le site donne à voir trois de ces pyramides circulaires, dont les archéologues estiment qu'elles abritaient des temples. On a également retrouvé une grande production de céramiques qui font office de véritable codex ayant permis de décrypter la vie quotidienne au temps de cette culture de l'*Occidente*. Le site comprend un centre d'interprétation qui présente une superbe fresque contemporaine reconstituant la cité, dont les édifices en pierre dans le village en contrebas. Pour découvrir d'autres pièces archéologiques, rendez-vous au musée situé dans ce même village.

TAPALPA ★★★

Cet incroyable petit village de 7 000 âmes est situé à 2 000 mètres, sur de hautes montagnes aux forêts de conifères, ce qui lui offre l'avantage d'un climat frais en été mais plutôt froid en hiver. Vers la fin du mois de septembre et début octobre, le paysage se couvre littéralement de fleurs, procurant des visions de toute beauté. Tapalpa se caractérise par ses longs portiques en bois rehaussés de balcons, ses ruelles pavées et ses maisons aux toits de tuile uniformément peintes en blanc et rouge. Le village recèle en outre quelques édifices religieux intéressants (ne manquez pas l'*Hospital de Indios*, reconverti en centre de médecine traditionnelle), et ses alentours regorgent de richesses naturelles aussi bien que de vestiges industriels du XIXe siècle (*Herreria de Tula*). A 1h30 au sud de Guadalajara, on y accède par la déviation dans la ville de Sayula, reconnue internationalement pour être un centre de coutellerie de premier plan.

Se restaurer

Ne vous défilez pas devant les spécialités locales que sont le *borrego al pastor* (mouton) et les *tamales de acelga* (blettes) ; sous les portales le long de l'église se vendent également tacos de *chamoro* (viande de porc) et *tostadas* à toute heure, ainsi que des jus de fruits. En dessert : *palanquetas de nuez* et *pegoste de durazno*. Au niveau des fruits, les pitayas multicolores aux saveurs uniques sont en vente sur la place principale.

EL SALTO DEL NOGAL ★★

A 18 km au sud de Tapalpa.

Très belle cascade de 105 mètres de hauteur, à laquelle on accède après une randonnée en descente à flanc de montagne. Au total, il faut compter environ 2 heures d'excursion. Sur le trajet, on découvrira les ruines de sept moulins à blé qui fonctionnèrent jusqu'en 1917, quant une crue et de violentes pluies les détruisirent peu à peu. Attention, l'accès est relativement difficile et il n'est pas inutile d'être accompagné d'un guide, que vous trouverez à Tapalpa ou dans la communauté de La Barranca del Refugio. Les visites guidées occupent la journée.

VALLE DE LAS ENIGMAS ★★

A 6 km de Tapalpa.

Principale attraction des environs proches du village, on peut s'y rendre facilement à pied. Ces très belles formations rocheuses se dressent dans un petit vallon de toute beauté, ancien centre cérémoniel pour les cultures préhispaniques, comme en atteste la présence de nombreux pétroglyphes sur le site ; on devine les vestiges d'anciennes constructions plus tardives, jamais fouillées à ce jour. Sur le chemin pour y accéder, à 1 km après le village, on aperçoit les ruines de l'ancienne fabrique de papier, qui a fonctionné de 1840 à 1923.

FONDA DOÑA RAMONA €

Raul Quintero #10

✆ +52 343 432 0481

Ouvert du mercredi au lundi de 9h à 18h.
Plats aux alentours de 100 $.

Au cœur de Tapalpa, nous vous avons déniché le plus traditionnel des restaurants de cuisine traditionnelle. Ce restaurant est idéal pour un petit déjeuner de champion avant une journée de visites, puisque le tout est concocté par deux chefs amoureux de leurs produits et de la région. La salle de restaurant est chaleureuse, avec ses murs colorés ornés de cadres et de vieilles photos en noir et blanc. On aurait presque l'impression d'être invité à manger chez notre grand-mère mexicaine. Immanquable... et très copieux (vous êtes prévenu).

LA CASA DE MATY €€

Matamoros #69

✆ +52 343 432 0189

www.lacasadematy.com.mx

Chambres entre 1 100 à et 2 000 $.

Sur la place centrale de Tapalpa, on accède à la Casa de Maty par des portiques en bois typiques du village. L'endroit est magnifique, dans cette cour de vieilles pierres et de pavés. Les chambres très chaleureuses se trouvent au fond, dans de petits bâtiments plus récents construits en brique et en bois. On bénéficie de tout le confort moderne dans cette ambiance de maison de campagne. Certaines chambres sont dotées d'une cheminée. Vue sur le jardin ou le village. Une véritable oasis de calme et d'authenticité au cœur de Tapalpa.

MADRE TIERRA €

✆ +52 341 108 5212

Ouvert le lundi et du mercredi au vendredi de 14h30 à 22h ; le week-end de 10h à 22h.
Plats autour de 150 $.

Ne manquez pas de faire un arrêt dans ce sympathique café rustique doté de quelques tables donnant sur la place ou sous le toit de verre d'un joli patio. On peut s'y rendre pour de délicieux cafés et chocolats chauds, et grignoter sandwichs (baguette, burger) ou autres salades. A l'intérieur, le café n'est pas très grand mais il est chaleureux, avec ses détails boisés et ses plantes qui se mêlent au décor. On peut aussi s'arrêter à Madre Tierra en fin de journée, pour goûter aux quelques bières artisanales figurant au menu. Produits naturels et locaux.

LAS PEÑA DE TAPALPA €€

Hidalgo #461

✆ +52 343 432 0212

www.tapalpacabanas.com

Petites maisons avec une ou trois chambres, entre 1 500 et 3 000 $.

Las Peña de Tapalpa est constituée de petites maisons construites en matériaux traditionnels, briques de terre et bois. Malgré leur aspect rustique, elles sont très confortables et dotées des équipements modernes nécessaires. On adore les murs en pierres et la cheminée, pour les soirées plus fraîches. L'endroit est idéal pour un séjour de plusieurs jours au calme et au plus près de la nature. La cuisine est un plus indéniable. Mention spéciale pour la décoration chaleureuse et l'accueil impeccable pour ces logements bucoliques.

PARQUE AVENTURAS LA CEJA

Carretera a Sayula km 19

✆ +52 1 341 108 9337

www.aventuraslaceja.com

Vol d'initiation en parapente 2 000 $.

Très beau spot pour se lancer en parapente du haut de ce promontoire rocheux qui domine la vallée de Sayula. On peut aussi y prendre des cours complets ou pratiquer la descente en VTT (attention, niveau professionnel), la spéléologie (pensez à réserver), l'escalade et le rappel. Pour les plus calmes, il est aussi possible de faire des balades à cheval. Vous trouverez sur place un très bon restaurant, puisque l'instructeur est aussi un chef réputé dans la région ! Possibilité de loger sur place, dans des cabanes écologiques, ou de faire du camping.

PUERTO VALLARTA ★

Il est à peine exagéré de dire que Puerto Vallarta doit son existence au cinéma. Aujourd'hui, c'est un lieu de villégiature parfait. Le centre historique, avec ses maisons blanches aux toits de tuiles, est bien entretenu et possède un cachet particulier dont sont dépourvues la plupart des stations balnéaires mexicaines. Les principales plages de Puerto Vallarta – Playa Los Muertos et Playa Conchas Chinas – sont relativement propres et restent attractives pour la baignade. L'omniprésence à l'arrière-plan des imposantes montagnes de la Sierra Madre contribuent à la beauté du tableau. La ville de Puerto Vallarta offre par ailleurs de nombreuses possibilités d'escapades. Vers le nord s'étendent les plages de Nayarit alors que l'on peut accéder par bateau à de très belles plages encore relativement sauvages un peu plus vers le sud ; dans la Sierra, trois très beaux villages sont accessibles à moins de 100 km pour une escapade loin des sentiers battus (San Sebastian del Oeste, Mascota, Talpa).

Histoire

Puerto Vallarta fut longtemps un gentil petit village endormi à l'embouchure du Río Cuale. Puis le village se dota d'un port pour faire transiter les fabuleuses richesses des mines de San Sebastián, Mascote et Talpa, qui employaient à leur apogée 50 000 mineurs. Mais les mines furent abandonnées à la sortie de la révolution mexicaine et la petite ville retourna à son isolement jusqu'à la construction d'une route en 1968. Cependant, juste à côté, cette plage dans la jungle qu'est Yelapa était déjà connue d'un certain nombre d'Américains qui s'y rendaient alors par la mer. Certains s'y firent construire des maisons, d'autres s'installèrent sur les hauteurs surplombant le Río Cuale, et l'endroit devint connu sous le nom de « Gringo Gulch » (le ravin des gringos). Le premier des célèbres résidents de Puerto Vallarta fut John Huston, suivi bientôt par Elizabeth Taylor et Richard Burton. *La Nuit de l'iguane*, film touné à Puerto Vallarta, acheva d'attirer les regards américains vers l'endroit.

Quartiers

La ville de Puerto Vallarta se divise en quatre grands quartiers :

- **Le centre historique** est traversé au milieu par le Río Cuale. La zone située au sud du Río Cuale est surnommée la « Zona Romántica » et compte de très nombreux hôtels, restaurants et bars, dont un certain nombre sont dirigés vers un public gay. C'est là que se trouve la plage principale de Puerto Vallarta, Playa Los Muertos. La plage est ainsi nommée en souvenir des autochtones qui furent massacrés par des pirates, il y a de cela très longtemps. Les commerçants du coin ont essayé de faire changer son nom, en vain. La zone située au nord du Río Cuale est un peu plus tranquille et traditionnelle, avec son marché d'artisanat et son Malecón, où il fait bon se promener en soirée.
- **Le quartier de Conchas Chinas** au sud du centre historique, que l'on peut rejoindre en empruntant l'autoroute 200 en direction de Barra de Navidad, ou par la plage depuis Playa Los Muertos. C'est là que l'on trouve la plus belle plage de Puerto Vallarta : Playa Conchas Chinas. Les maisons étant construites sur les flancs des montagnes, il existe dans ce quartier chic de nombreuses villas en location, avec un magnifique panoramique sur la mer.
- **Plus au sud**, Boca de Tomatlán est la dernière plage proche de la ville accessible par la route. Ensuite, pour rejoindre les alléchantes plages un peu plus sauvages, il vous faudra grimper dans un *taxi acuatico*.
- **La zona hotelera** au nord du centre historique, où sont concentrés les grands complexes hôteliers. Le quartier n'a pas grand charme.
- **Encore plus au nord commence la Marina Vallarta**, la zone exclusive de la ville. Le quartier comprend un port de plaisance où trônent des yachts tous plus imposants les uns que les autres et un terrain de golf. La frange côtière est occupée par des grands hôtels de luxe. La Marina Vallarta marque la limite septentrionale de la ville de Puerto Vallarta et de l'État de Jalisco, puisque c'est ici aussi que commence l'État de Nayarit. Néanmoins, l'urbanisation et les développements touristiques continuent plus au nord le long de la Bahia Banderas. Après la Marina Vallarta suit le quartier de Nuevo Vallarta, puis celui de Bucerias, jusqu'à atteindre l'extrémité de Bahia Banderas, Punta Mita.

Transports

Les bus locaux en direction du nord partent de la Calle Insurgentes, près de Madero. Ils affichent : Hoteles-Aeropuerto-Marina... Les bus en direction du sud partent près de la Plaza Lazaro Cardenas, entre la Posada Roger et Olas Altas. Leur destination n'est pas indiquée, il faut donc se renseigner avant le départ.

BOCA TOMATLÁN ★★

Boca Tomatlán est située à l'embouchure d'une rivière. Le village ne compte que quelques petits restaurants de plage destinés aux locaux et est peuplé essentiellement de Mexicains qui se consacrent à la pêche depuis cette belle crique. Du côté droit de la plage se trouve un petit d'embarcadère d'où partent les bateaux-taxis en direction des plages situées à l'extrême sud de la Bahia Banderas, car c'est ici que la route 200 s'éloigne de la côte pour suivre les pentes de montagnes de la Sierra Madre. Les plages situées plus au sud – Las Animas, Quimixto, Yelapa – ne sont pas accessibles par route et il n'existe qu'un moyen pour les atteindre : le bateau.

Se restaurer

De nombreux restaurants de fruits de mer sont installés sur la plage, mais en général, ils n'accueillent leur clientèle qu'en journée. Donc si vous restez dormir sur place et avez une petite faim, ne pas hésiter à passer commande vers 17h ou 18h. A Yelapa, c'est loin d'être une heure insolite pour dîner ! Beaucoup de ces restaurants proposent des transats en échange des consommations. Une spécialité de Yelapa est la *raicilla*, un mezcal tiré d'une variété d'agave endémique de Jalisco, la *lechuguilla*.

YELAPA ★★

A 30 minutes de bateau de Boca Tomatlán, après avoir passé entre autres les plages Las Animas et Quimixto, on arrive à Yelapa, un petit village en bordure de mer, qui n'est accessible que par bateau et offre un cadre paradisiaque pour se détendre sur la plage. La baie est divisée en deux par une colline : d'un côté, une grande plage de sable blanc, occupée par des transats, des parasols, et des restaurants de fruits de mer, et de l'autre, le village proprement dit de Yelapa, avec sa petite plage, où sont stationnés plusieurs bateaux-taxis et bateaux de pêche. A l'arrière-plan, une dense forêt tropicale s'étend à perte de vue. Comme il n'existe pas de route pour accéder au village, les principaux moyens de transport sont la marche ou le cheval, si bien que l'on se croit transporté à une autre époque. Outre un cadre paradisiaque pour la bronzette, Yelapa offre la possibilité de réaliser de magnifiques excursions écotouristiques dans la jungle, à pied ou à cheval, et de pratiquer différentes activités sportives, notamment le parapente.

Balade

Il existe de nombreuses cascades autour du village. La plus proche est la cascade de Yelapa, de 30 mètres de hauteur, que l'on rejoint depuis le centre du village après une quinzaine de minutes de marche. D'autres, comme la cascade El Salto et La Catedral, sont situées bien plus au cœur de la forêt, et il est nécessaire de se faire accompagner d'un guide pour s'y rendre. La balade peut se faire aux choix à cheval (300-400 $ la location) ou à pied. Renseignez-vous auprès des restaurants de la plage, qui vous mettront en contact avec les locaux qui offrent ce service.

SAN SEBASTIÁN DEL OESTE ★★

Fondé en 1607, San Sebastián del Oeste est un joli petit village perdu au milieu des montagnes de la Sierra Madre, à environ 70 kilomètres de Puerto Vallarta (1h15 de route). Avec moins de 7 000 habitants dispersés dans les communautés rurales environnantes à l'heure actuelle, il a l'allure d'un village fantôme. Pourtant la très belle nature environnante, le charme de ses ruelles pavées et ses vieilles maisons en font une destination digne d'intérêt. Un Américain a construit un hôtel dans les anciennes mines, l'Hacienda Jalisco, qui a servi de refuge à de nombreuses célébrités, et que l'on peut visiter même si on n'y passe pas la nuit.

LA BUFA ★

A 9 km du centre par un chemin en terre.
On peut y accéder en voiture puis continuer à monter à pied dix minutes. Il faut compter environ 3h pour s'y rendre exclusivement à pied.

La Bufa est le mirador de San Sebastián del Oeste et son point le plus haut. Du haut de ce point de vue culminant à 2 506 mètres, la baie de Puerto Vallarta est visible par temps clair. Les points de vue sont magnifiques au coucher du soleil. Parfois, on peut néanmoins se retrouver au milieu du brouillard, ce qui n'enlève rien à l'expérience, au contraire : cela donne aux lieux un petit côté mystique. Si vous souhaitez vous y rendre à pied, pensez à prendre une lampe torche pour vous éclairer au retour, et à vous faire accompagner d'un guide local.

MUSEO DE DOÑA CONCHITA ENCARNACIÓN ★

Juárez 2

✆ +52 322 297 2860

Le musée présente ce qu'il reste de la puissance financière de la famille Encarnación, arrivée d'Espagne dans les années 1750. A voir : la presse avec laquelle on imprimait le papier-monnaie pour payer les mineurs, qu'ils ne pouvaient dépenser que dans l'épicerie appartenant aussi à l'employeur. Pour préserver ses origines, cette famille s'allia avec deux autres familles pour entretenir le patrimoine génétique espagnol, ce qui donne un arbre généalogique plutôt frondeur.

MASCOTA ★★

Mascota est un très beau village au centre rempli de maisons anciennes datant de l'âge d'or de l'exploitation minière. Petit à petit, le village devient un lieu de visite surtout axé sur l'écotourisme (vélo et randonnée) et le tourisme communautaire : ici, on privilégie le contact avec des habitants qui ont conservé la tradition d'accueil qui fait la réputation du Mexique. En dehors de la visite du village, un passage par les communautés alentour permet d'admirer de très beaux paysages de cette très ancienne région volcanique et vallonnée, où l'on cultive aussi bien du maïs que du blé. Une boucle part de Mascota et permet de réaliser une journée d'excursion en s'arrêtant en différents points. A Hierbabuena, trois petits lacs permettent de s'adonner à la pêche ; ne manquez pas d'aller recharger les batteries au fameux *tubo de luz*. Plus loin, le très authentique village de Navidad est une halte idéale pour déguster une glace aux saveurs incroyablement naturelles. Un peu plus haut, en passant la communauté du même nom, la Laguna de Juanacatlan est située au sommet d'un volcan, où l'on trouve l'un des hôtels les plus exclusifs de la région. En redescendant par son autre versant, on traverse la communauté de Galope, proche du volcan El Molcajete. Si vous n'avez pas de véhicule, l'office de tourisme (Palacio Municipal et kiosque sur la place le week-end) peut vous indiquer des guides motorisés ou à vélo.

MUSEO ARQUEOLÓGICO DE MASCOTA ★

Allende #115

✆ +52 388 3862 202

Ouvert du mardi au samedi de 10h à 19h ; le dimanche de 10h à 13h30. Entrée libre.

Inauguré en 2011, ce musée est unique puisqu'il recèle des pièces archéologiques d'une tribu mystérieuse, appelée « civilisation du marécage » (*pantano*). On ne la connaît que par un cimetière où l'on a retrouvé ses membres enterrés avec leurs objets les plus chers : pots en terre cuite (dont des bains-marie) et surtout, des statuettes représentant des sortes de scènes de la vie quotidienne, comme s'il s'agissait de souvenirs photographiques. Apparentée au vaste ensemble des cultures de l'Occident, mais antérieure à celles-ci, on ne sait que peu de choses sur cette tribu qui aurait vécu il y a quelque 2 800 ans. Probablement nomade ou semi-nomade, on sait juste qu'elle entretenait des contacts pour faire commerce avec des peuples éloignés du fait de la présence de jade d'Amérique centrale parmi les objets retrouvés. Un petit pot contenant des restes de coca suggère des contacts indirects avec les civilisations des Andes, d'où cette plante est originaire. On y visite également une salle dédiée aux sites de pétroglyphes des environs, ceux-ci ayant été réalisés après l'an 1 000 par des groupes culturellement apparentés aux Huichols. Au total, ce sont près de 600 pièces qui sont à découvrir dans ce musée.

▸ **On trouve dans la zone près de 2 000 pétroglyphes** ; trois sites, qui concentrent quelques exemples, peuvent être visités : El Refugio, La Mesa del Durazno et le Cañon de Ocotillo. Ils sont plus ou moins proches du village, il est mieux de s'y rendre accompagné d'un guide local.

TEMPLO INCONCLUSO DE LA PRECIOSA SANGRE ✞ ★★

Voici une magnifique construction qui date du XIXe siècle, signe de la richesse et des idéaux qui animaient les habitants de l'époque. La Révolution allait mettre fin aux rêves de grandeur : ce qui allait être une gigantesque église en croix latine n'allait jamais voir le jour en raison de la Révolution de 1910... C'est maintenant un jardin entouré de ruines, où l'on organise des récitals et présentations d'art vivant, dont la visite vaut vraiment le détour.

CÔTE PACIFIQUE

MESÓN DEL REFUGIO €

Independencia #187
✆ +52 388 386 0767
Chambres à 600 $.

Dans un style néoclassique, cet hôtel a ouvert ses portes en 1847, sa première licence précisant « pour l'hébergement des personnes et leur monture ». Il sera pendant longtemps la seule auberge de la ville. Maintenant, tradition et confort se marient tout simplement ; la grande beauté du bâtiment se caractérise par ses sols originaux et ses colonnes et arches de pierre. Les chambres sont d'une propreté impeccable ; évitez juste peut-être celles qui donnent directement sur la rue, les cloches de l'église ont tendance à s'animer toute la nuit…

MESÓN DE SANTA ELENA €€€

Hidalgo #155
✆ +52 388 386 0313
www.hotelmesondesantaelena.com
15 chambres, à partir de 1 900 $.

Au cœur de Mascota, voici une belle masure du XIXe siècle qui a su conserver tous ses recoins originaux tout en y adaptant de confortables et chaleureuses chambres pour recevoir ses visiteurs : grandes salles de bains, lits douillets et meubles d'époque. Le petit-déjeuner servi dans le patio est tout simplement splendide : ***jocoque, carne con chile, machacado, tamales de elote, chilaquiles*** et les traditionnelles petites douceurs de la région. Les jardins, qui débordent de plantes et de couleurs, sont superbes. Un havre de paix.

CAFE NAPOLES €

Hidalgo #105
✆ +52 388 386 0051
Ouvert tous les jours de 8h à 22h.
Repas entre 100 et 200 $.

Le nom de ce charmant restaurant installé dans une belle bâtisse coloniale à la façade rose provient de l'épicerie du même nom fondée dans le village au début du XIXe siècle. On y sert certes de bonnes spécialités locales (quesadillas, plats à base de mole, etc.), mais aussi des petites gâteries inspirées de la péninsule italienne (d'énormes pizzas mais aussi des plats de pâtes et des lasagnes). Bon et rafraîchissant. L'établissement est également ouvert pour le petit déjeuner et constitue l'escale idéale avant de prendre la route de bon matin.

BARRA DE NAVIDAD ★

Située à un peu moins de 300 kilomètres au sud de Puerto Vallarta, Barra de Navidad est une péninsule étroite entre Bahía de Navidad et la Laguna Navidad. La localité est reconnue pour avoir été un chantier naval important peu après la Conquête, duquel partit en 1563 l'expédition de Miguel López de Legaspi, qui allait ouvrir la voie à la colonisation des Philippines, îles découvertes auparavant par Magellan, qui allait lui-même y perdre la vie dans un combat avec les autochtones. Cette nouvelle voie allait inaugurer une route commerciale de premier plan lors des siècles suivants, reliant les Amériques et l'Europe par l'Asie. A noter que Legaspi emmenait avec lui un équipage essentiellement indigène : dans la langue des Philippines d'aujourd'hui (le *tagalog*), on retrouve encore de nombreux mots d'origine préhispanique, fruit de ce métissage linguistique peu connu.
Le centre de ce petit village de pêcheurs dispose d'à peine six *cuadras*, le long desquelles il est facile de déambuler entre petits restaurants et boutiques de plage. Le village a connu une sorte d'apogée touristique dans les années 70 à 90 ; il ne manquerait aujourd'hui qu'un petit coup de peinture pour le rendre un peu plus attrayant, mais le charme de Barra de Navidad tient à ses prix abordables, à sa taille humaine et à la façon harmonieuse dont elle offre ce que l'on attend d'une station balnéaire – lézarder sur les plages (en face de l'océan ou sur les îles de la lagune) et surtout faire un tour de kayak au lever du soleil sur son lagon.

SAN PATRICIO MELAQUE

Il s'agit de la même plage qu'à Barra de Navidad. On peut marcher d'une ville à l'autre : le vide entre les deux ne représente que deux kilomètres que l'on peut facilement parcourir à pied. La différence entre Barra et Melaque vient de ce que Barra fait face à l'océan, tandis que Melaque est abritée. Barra reçoit de grosses vagues alors que Melaque est aussi calme qu'une baignoire, Barra jouit de magnifiques couchers de soleil, mais Melaque en est privée. Cependant, San Patricio Melaque est une authentique ville mexicaine. On s'y adonnera au farniente et à la baignade (idéale avec des enfants grâce aux eaux calmes) et on pourra même loger sur place.

COLIMA ★★

A une heure de la côte et à trois heures de Guadalajara, Colima est la capitale d'un des États les plus petits et les plus riches du Mexique. Fondée en 1523 par le capitaine Sandoval sur ordre de Cortés, cette ville est encore dotée de belles bâtisses coloniales et de quelques musées dignes d'intérêt. La ville, parsemée de palmiers et baignée d'un climat humide et chaud, est dominée par les deux volcans qui se détachent à l'arrière-plan. L'agglomération de Colima se divise en fait en deux localités : Colima et Villa de Alvarez. C'est aussi une excellente base arrière pour visiter les sites naturels alentour, tous situés sur la route des volcans.

ZONA ARQUEOLÓGICA EL CHANAL ★

A 6 kilomètres au nord de Colima.

Ouvert du mardi au dimanche de 9h à 18h.
Entrée : 45 $.

Ce site considéré comme la zone de peuplement préhispanique la plus étendue de l'État de Colima. Situé sur les berges du Río Verde, il connut son apogée entre 1000 et 1400 apr. J.-C. et comprend plusieurs places, plates-formes, jeux de balle, et une pyramide où sont sculptés des hiéroglyphes qui représentent Tlaloc. Le nom du site « Chanal » provient du mythe d'origine préhispanique selon lequel des divinités appelées « chanos » habitent à proximité des cours d'eau.

MUSEO REGIONAL DE HISTORIA ★★

Portal Morelos #1
✆ +52 312 312 9228

Ouvert du mardi au dimanche de 9h à 18h.
Entrée : 65 $.

Dans ce superbe édifice datant de 1848, organisé sur deux étages autour d'une cour intérieure, ce très beau musée retrace l'histoire de l'Etat depuis l'époque précolombienne jusqu'à la post-révolution. On y trouve notamment une belle reconstitution d'une *tumba de tiro* (chambre mortuaire souterraine), caractéristique des civilisations de l'Occident. Le musée accueille également un ciné-club. Une bonne étape pour commencer votre découverte de la ville.

ZONA ARQUEOLÓGICA LA CAMPANA ★★

Av. Tecnologico

Ouvert du mardi au dimanche de 9h à 18h.
Entrée : 55 $.

Les plus anciens vestiges présents sur le site remontent à 1500 av. J.-C. Il comprend de nombreux édifices religieux et administratifs, des maisons, un système de rues et de drainage, un jeu de balle et une chambre mortuaire souterraine. L'un des attraits principaux du site est l'orientation de la pyramide principale vers le Volcán del Fuego, formant un tableau magnifique. En 2018, les chercheurs y découvrent plus d'une centaine de pétroglyphes s'étalant sur plus de trois millénaires.

PINACOTECA UNIVERSITARIA ALFONSO MICHEL ★★

Vicente Guerrero #35
✆ +52 312 314 3306

Ouvert du mardi au samedi de 10h à 14h et de 17h à 20h ; le dimanche de 10h à 13h.
Entrée libre.

Ne vous fiez pas à l'entrée moderne du bâtiment : son patio et les pièces qui l'entourent datent en réalité du XIXe siècle. Sises dans un ensemble de deux édifices de style porfirien, plus de onze salles sont dédiées aux expositions d'art visuel d'artistes locaux et nationaux, permanentes comme temporaires. L'endroit accueille également récitals, activités littéraires, concerts et conférences. Il s'agit du cœur battant de la vie artistique locale.

CORAZÓN DE COLIMA TOURS ★★

Nayarit #1415 ✆ +52 312 314 0896
www.corazondecolimatours.com

Excursion aux pieds des volcans : 625 $ par personne. Durée : 5 heures.

Florencio Amezcua est incollable sur l'histoire de sa région et du pays en général. Ses excursions couvrent l'ensemble de la route du volcan (sites urbains, Nevado de Colima, lagunes et points d'eau, plantations de café, Sierra de Manantlán) ; elles durent d'un à plusieurs jours et s'appuient sur les acteurs locaux, ce qui vous permet d'entrer en contact privilégié avec les habitants : producteurs de café, de *tuba* et de mezcal, artisans, administrateurs d'haciendas, guides de la Sierra de Manantlán, etc. Se rend également sur la côte pacifique.

CÔTE PACIFIQUE

HOTEL LA MERCED €

Juárez #82
✆ +52 312 312 6969
www.hotellamerced.com.mx
42 chambres. Chambres doubles de 600 à 900 $.

Excellente option : cette jolie maison classée au patrimoine culturel de l'État est située dans le centre de Colima, à côté du Templo Nuestra Señora de la Merced. L'hôtel parfaitement entretenu offre 3 types différents de chambres, à la décoration spartiate : colonial, standard et exécutif. Les chambres dites coloniales n'ont pas l'air climatisé, mais ont l'avantage de donner sur un beau jardin central. Celui-ci est très agréable d'autant qu'il est doté de quelques tables où l'on peut prendre son petit déjeuner le matin et se détendre le soir.

HÔTEL-BOUTIQUE HACIENDA DEL GOBERNADOR €€€

Gildardo Gómez #128
✆ +52 312 312 7964
www.haciendadelgobernador.com
6 suites, de 1 100 à 2 500 $.

Le seul hôtel de cette catégorie situé dans le centre de Colima. Construit à la fin du XIXe siècle et habité par le gouverneur Gildardo Gómez, elle est restée entre les mains de ses descedants jusqu'à la fin des années 1990, mais avait été divisée et louée en différents lots. L'hôtel a maintenant réuni l'ensemble de l'édifice pour créer ce havre de paix : jardin, piscine, massage et surtout 6 chambres à la décoration rustique. En prime, un restaurant qui sert une cuisine originale.

LA BUENA VIDA €

27 de Septiembre #1402
✆ +52 312 323 4018
Ouvert du mardi au dimanche de 8h à 14h.
Petit déjeuner autour de 150 $.

Ce petit restaurant un peu éloigné du centre vaut néanmoins le détour puisqu'il sert des plats élaborés selon les saisons, pour accompagner cafés et pains maison de très bonne facture. Au menu : *French toast* aux fruits, sandwiches, omelettes, pancakes et autres salades de fruits. Vous l'avez compris, c'est une super étape pour prendre un bon petit déjeuner avant de commencer la journée. Les assiettes sont généreuses et soignées. On apprécie en outre le décor champêtre très sympa, l'ambiance chaleureuse et l'excellent accueil.

LOS MOLCAJETES DE VILLA €

Independencia #3
✆ +52 312 311 4455
www.losmolcajetesdevilla.mx
Ouvert du mardi au dimanche de 8h à 23h.
Plats aux alentours de 150 $.

Sur le jardin de la place principale, face à l'église de Villa de Alvarez, ce petit restaurant propose des plats on ne peut plus traditionnels. Au menu : chilaquiles, tacos et mention spéciale pour les *molcajetes*, bols de pierre fourrés à ras bord de préparation à la viande, aux légumes et au fromage. C'est très copieux, commandez le vôtre à partager ! L'endroit offre également quelques salades simples, pour un peu de légèreté, et des burgers. On déguste le tout sur l'agréable terrasse agrémentée de quelques tables et parasols.

CERVECERIA DE COLIMA

Carretera Colima-Guadalajara km. 5
www.cerveceriadecolima.com
Ouvert du mardi au samedi de 18h à 1h.

Pour changer un peu du mezcal, pourquoi ne pas vous mettre un peu à la bière mexicaine ? La Cerveceria de Colima est tout simplement l'une des brasseries indépendantes les plus en vue du pays. On y sert à la pression toutes les variétés du cru qui sont préparées dans la fabrique attenante, de même que des petits plats délicieux à base de viande ou de fruits de mer. On savoure les excellentes bières artisanales dans le jardin aménagé simplement. Des événements musicaux y sont organisés régulièrement. Se référer au site Internet.

ELEVATE

✆ +51 1 312 171 0000
www.lvat.mx

Cette agence, située à douze kilomètre de Colima, est le partenaire idéal pour faire le plein de sensations fortes… Elle propose un certain nombre de sports et activités extrêmes : sauts en parachute, descente en parapente ou, pour y aller plus tranquillement, des tours en montgolfière… Le tout dans des paysages magnifiques, puisqu'on est tout proche du Nevado de Colima et du volcan del Fuego. Vous serez entouré de professionnels compétents, sérieux et ponctuels, qui prendront le temps de répondre à toutes vos questions.

TEATRO HIDALGO

Calle Santos Degollado #96

✆ +52 312 312 1231

Voici le très beau théâtre de Colima, qui se trouve en plein cœur de la ville et qui fut construit à la fin du XIXe siècle (à partir de 1871). Il s'agit du seul édifice centenaire de l'Etat. En 1879, alors que sa construction n'était pas encore achevée, le théâtre accueillit des combats de taureaux. Il n'a depuis pas cessé d'être le cœur culturel de Colima, où se jouent pièces de théâtre, opéras, festivals et performances tout au long de l'année. Grâce à d'importantes rénovations, il a retrouvé sa splendeur après des décennies de décrépitude.

COMALA ★★

Au départ de Colima, dès que les bus ont dépassé Villa de Alvárez, ils commencent à monter jusqu'à Comala. Ce village, où l'on peut doucement s'enivrer des punchs artisanaux fabriqués à partir des fruits de la région, peut constituer une bonne alternative pour visiter les environs. C'est ici que débute la fameuse Ruta del Volcán, constituée de villages se dédiant à la culture de fruits et surtout de café, que vous ne manquerez pas de déguster en allant visiter les nombreuses plantations et haciendas de style porfirien des environs, avant peut-être de découvrir également les villages d'artisans, les lacs volcaniques et les montagnes alentour.

CASA ALVARADA €€

Alvaro Obregon #105

✆ + 52 312 315 5541

www.casaalvarada.com

5 chambres et suites entre 700 et 1 200 $.

Dans une maison particulière, les chambres à la décoration unique et colorée vous font vous sentir d'emblée chez vous. Ici, le confort est de mise. La villa entière avec terrasse, cuisine et coin salon est parfaite pour les couples en quête de tranquillité. Le jardin et le patio sont à vous : ne reste plus qu'à vous coucher dans un hamac ou le lit suspendu pour observer les étoiles… Charmant, d'autant plus que l'on prend le copieux petit déjeuner dans la salle à manger de vos hôtes, qui organisent aussi toutes les excursions possibles et imaginables alentour.

DON COMALÓN €

Progreso #5

✆ +52 312 31 558 88

www.doncomalon.com

Ouvert tous les jours de 12h30 à 19h30.

Si vous êtes à la recherche d'un restaurant authentique, sans chichis et qui saura vous régaler de copieuses spécialités mexicaines, vous êtes au bon endroit ! Don Comalón est une cantina qui a ouvert en 1946, sur le modèle d'autres cantinas du pays : on sert des *botanas* de courtoisie à mesure que les convives commandent des boissons (*sopes*, *burritos*, *tacos*, etc.). Pour les voyageurs pressés, on peut aussi commander la vaste gamme de plats à la carte. Ne manquez pas de goûter au punch de grenade, un délice. Des performances ont souvent lieu sur la grande scène.

La très belle place arborée du village de Comala.

PICCOLO SUIZO €€

Miguel Hidalgo #2

✆ +52 312 690 5937

Ouvert du vendredi au dimanche de 13h30 à 17h30. Plats de 250 à 300 $.

Ce restaurant est le fait du chef Daniel Joho, un des pionniers de l'enseignement de la cuisine internationale au Mexique. La carte aux accents planétaires (Suisse, France, Inde, Italie etc.) fera un bien fou au voyageur qui aura traîné son spleen trop longtemps dans les *fondas* et autres *comedores* de cuisine locale aux quatre coins du pays : pièces du boucher, filets de poisson, curry de poulet, pâtes fraîches, soupe à l'oignon, carpaccio de bœuf et même salade Caesar. Véritables desserts et pâtisseries pour couronner le tout.

COMALALA

V. Carranza #58B

✆ +52 312 152 7612

Du mercredi au lundi à partir de 12h, le jeudi à partir de 16h. Fermeture autour de 20h en semaine et 0h le week-end.

A quelques encablures de la place principale de Comala, voici un petit bar tout de tables de bois vêtu, agréable et aéré. On y vient pour se rafraîchir avec les spécialités de bières artisanales de l'Etat, mais aussi de mezcals on ne peut plus artisanaux. Possibilité d'acheter des bouteilles à emporter. Pour accompagner le tout, on a le choix entre de nombreuses *botanas*. En journée, le bar est lumineux et très agréable, et l'ambiance se réchauffe à mesure que le soleil se couche. L'endroit est populaire auprès des jeunes actifs de Comala.

LA MACADAMIA

Llerenas #12

✆ +52 312 315 6800

Ouvert du lundi au vendredi de 12h à 20h ; le week-end de 12h à 22h.

Derrière un comptoir en bois à l'ancienne, voilà un drôle d'endroit avant tout spécialisé dans la vente de noix de macadamia, plante originaire d'Australie qui a fait son trou dans plusieurs Etats mexicains. On les trouve sous différentes formes : au piment, au sel, au chocolat ou nature. Il y a un joli café installé dans une arrière-cour idéale pour déjeuner ou dîner léger. La glace aux fruits de la passion et avocat est immanquable. Ici, les glaces sont préparées sans ajout de sucre et absolument délicieuses. Parfait pour faire une pause.

NOGUERAS ★★

A deux kilomètres de Comala, c'est un petit bourg absolument charmant, fait de ruelles pavées et débordant de végétation, auquel on accède par une petite route bordée d'arbres fruitiers (*tamarindo* et *mamey*). Il est visité pour son centre culturel et sa maison-musée présentant les œuvres de la fierté locale : le designer et peintre Alejandro Rangel Hidalgo. Les bâtiments de l'hacienda du XVIIe siècle, qui constituaient son domaine, ont été acquis à sa disparition par l'université de Colima. Le village prend des airs de fête le week-end, lorsque de petits restaurants typiques ouvrent leurs portes pour sustenter les visiteurs curieux de saveurs locales.

ECO-PARQUE NOGUERAS ★★

Hacienda San Antonio s/n

✆ +52 312 315 5717

Du lundi au vendredi de 10h à 15h. Le week-end de 10h à 17h. Entrée : 10 $.

En pénétrant dans cette partie de l'hacienda d'Alejandro, vous pourrez découvrir une impressionnante collection de son travail de designer, à travers les nombreux meubles qui habillent ces très beaux espaces (l'artiste a été primé dans les années 60 à Paris grâce à un style bien particulier, sobre et élégant). On découvre tout au fond une grande salle voûtée, vestige de ce qui fut une grande fabrique de sucre de canne en son temps. Les jardins sont également à voir, puisqu'ils mêlent allègrement arbres exotiques et plantes médicinales.

MUSEO UNIVERSITARIO ALEJANDRO RANGEL HIDALGO ★★

✆ +52 312 315 6028

Ouvert du mardi au dimanche de 10h à 18h. Entrée : 20 $.

On accède tout d'abord à l'atelier de l'artiste, deux petites pièces reconverties en musée vivant contenant livres illustrés, collection de malles anciennes, photos d'archives et esquisses. L'autre bâtiment abrite une collection de peintures qui permet d'identifier le style particulier de l'artiste, la série de cartes réalisées pour l'Unicef entre les années 50 et 70 et une très belle salle où est installée la collection d'objets archéologiques régionaux.

SUCHITLÁN ★★

A cinq kilomètres au nord de Comala, réputé pour son café et ses orangers, c'est un petit village aux rues pavées qui a conservé nombre de traditions nahuatl. Les masques en bois taillés d'une pièce qu'on y confectionne à la main, utilisés depuis des générations et internationalement reconnus, sont décorés de couleurs éclatantes et utilisés à longueur d'année. Ces masques ne sont pas uniquement des objets décoratifs, puisqu'ils sont utilisés par les habitants à l'occasion de divers rituels et danses syncrétiques. Le village de Suchitlán constitue une bonne petite étape sur la route des volcans, idéale pour découvrir les traditions locales.

LA YERBABUENA ★★

Yerbabuena est la communauté la plus proche du cratère du Volcán del Fuego (à 7 km), que les autorités tentent sans grand succès d'évacuer en raison des risques pour la population. La fin de la route du Volcan est un endroit magique pour boire un petit café assis sur des billots de bois.

Balade

La Yerbabuena est le point de départ d'une jolie balade. Depuis le délicieux petit café, prendre le chemin qui vous emmène sur les sommets et vers des plantations d'arbres fruitiers. Pour redescendre par un autre chemin bien plus abrupt à flanc de colline, il est préférable d'être accompagné par un guide.

LOS PORTALES DE SUCHITLÁN €

Galeana #10

✆ +52 312 395 4452

Ouvert tous les jours de 8h30 à 18h.
Compter 150 $ pour un repas complet.

Cet agréable restaurant aux nappes colorées est une véritable institution dans la région. Installé dans cette ancienne plantation de café, l'endroit ne désemplit pas le week-end, puisque ses tables se répandent jusque sous les plants de café et les arbres de son grand jardin. La cuisine est rustique et authentique. Au menu : *arrachera, chile relleno* et surtout lapin en *tatemado* (viande marinée dans du vinaigre de coco et épices) à ne pas manquer.

CAFE LA YERBABUENA

✆ +52 1 312 102 1733

Ouvert tous les jours de 9h à 18h.

Ici, on sait y faire avec les variétés créoles. On y prépare deux qualités de café : la « normale » et la « gourmet ». Pour cette dernière, le maestro sélectionne avant tout quelques plants, puis quelques branches, puis quelques rameaux desquels il extrait les meilleurs grains… Ainsi, sur les 6 kilos que produit chaque plant sélectionné, seuls 500 grammes sont réservés à cette cuvée spéciale. Une belle machine à expresso, seul indice de contemporanéité, vous prépare un petit noir délicieux à siroter dans cette petite cabane en bois ouverte sur la montagne.

CÔTE PACIFIQUE

Plantations de café sur les pourtours des volcans.

SAN ANTONIO ★

Après Suchitlán deux options s'offrent à vous : prendre un chemin de terre dont la boucle vous emmène à El Remate pour ensuite redescendre vers Comala, ou filer au nord vers La Becerrera en passant par San Antonio. De nombreux petits cafés sont ouverts sur le bord des routes, pour déguster les productions locales. On y trouve également plusieurs hôtels et *cabañas* de différents standings. Sur cette route, San Antonio est une communauté plutôt éparse que l'on traverse plus qu'on ne la visite : au passage, la Laguna Carizalillo est idéale pour les enfants, avec des aires de jeux, barques et kayaks, tours à cheval, zone de camping et petit hôtel.

HACIENDA DE SAN ANTONIO €€€

✆ +52 312 316 0300
www.haciendadesanantonio.com
23 suites, entre 750 et 1 250 US$.

Vous venez de pousser la porte de l'un des meilleurs hôtels du pays, sis dans les bâtiments du XIXe siècle d'une hacienda de 2 000 hectares encore en activité (ferme et plantation de café bio). Vous pourrez choisir entre des suites toutes aussi magnifiques les unes que les autres, avec vue sur les jardins, la rivière ou le volcan. Au programme de votre séjour hors-norme : natation dans la magnifique piscine, équitation, randonnée, observation des oiseaux. Bibliothèque, bar à cocktails et salle de restaurant. Une adresse d'exception.

EL JACAL DE SAN ANTONIO €€

✆ +52 312 301 50 20
Ouvert du lundi au jeudi de 9h à 18h ; du vendredi au dimanche de 9h à 20h. Plats entre 200 et 400 $.

Magnifique restaurant construit avec des matériaux chaleureux selon un plan contemporain, il offre de très belles vues sur les paysages alentour grâce à ses diverses terrasses et nombreuses ouvertures. Son charme provient certainement de sa construction faite de demi-niveaux et passerelles qui s'intègrent parfaitement au paysage montagneux. La cuisine se veut rustique et traditionnelle, pour une qualité exemplaire. Les viandes braisées sont à essayer absolument. On y vient déjeuner d'aussi loin que Manzanillo, c'est dire que l'endroit est réputé.

PARQUE NACIONAL NEVADO DE COLIMA ★★★

A cheval sur les Etats de Jalisco (83 %) et Colima (17 %), à 33 kilomètres de la ville de Colima, la zone est déclarée parc national en 1936 ; elle comprend les deux sommets que sont le Nevado de Colima (4 280 mètres) et le Volcán del Fuego (3 800 mètres) ; seul le sommet du premier est accessible, l'autre crachant de la lave et des fumées assez régulièrement depuis quelques années.

Le parc se trouve à une extrémité du système néovolcanique transversal mexicain, chaîne montagneuse relativement récente qui débute dans l'Etat de Nayarit pour achever sa course dans l'Etat de Veracruz, en traversant le centre du pays : elle inclut les volcans en activité du Paricutín (Michoacán) et Popocatepetl (Etat de Mexico). Couvrant des altitudes allant de 2 200 à 4 280 mètres, on y observe des changements importants de végétation au fur et à mesure que l'on quitte la zone tropicale de montagne pour les sommets au climat froid : la forêt de pins et de chênes reste néanmoins caractéristique du parc ; à partir de 4 000 mètres, une toundra alpine faite de mousse et hautes herbes devient la norme. La faune locale comprend le cerf à queue blanche, le pécari, le puma, l'oncille, et diverses espèces de serpents et reptiles. La visite est amplement recommandée durant les mois d'hiver, où le ciel et les sommets sont le plus dégagés.

PARQUE NACIONAL NEVADO DE COLIMA ★★★

On rejoint le parc par Ciudad Guzman et ensuite la communauté de Fresnito (Jalisco).
Le chemin en terre qui s'ensuit vous conduit à l'entrée du parc, à 27 kilomètres de là et à une altitude de 3 700 mètres. ✆ +52 341 412 2025
Des aires de camping sont aménagées en divers points du parc. Entrée du site : 50 $.

Il est indispensable de s'informer sérieusement avant d'entamer l'ascension du Nevado, que ce soit pour se prémunir des changements brutaux et radicaux de conditions météorologiques aussi bien que des risques d'éruption de son voisin colérique : le Volcán del Fuego, constamment actif depuis 500 ans. Venir accompagné d'un guide qui entre en contact avec le centre volcanique est une bonne option (cf. agence Corazón de Colima, depuis la ville de Colima).

RESERVA DE LA BIOSFERA SIERRA DE MANANTLÁN ★★

Aux confins des Etats de Jalisco et Colima, c'est une réserve écologique sauvage, la plus importante de l'ouest du pays, autant pour sa superficie que par le nombre d'espèces végétales et animales qu'elle renferme. On peut y pratiquer la randonnée ou le VTT à l'aide de guides locaux, mais c'est surtout un site exceptionnel pour qui s'adonne à l'observation d'oiseaux. On peut y accéder en se rendant dans les communautés de Campo Cuatro, à Terrero ou à Lagunitas. Seul Terrero dispose de petites cabanes à louer, et cela tombe bien car c'est ici que les balades sont peut-être les plus attractives.

MANZANILLO ★

Manzanillo a la forme d'un croissant urbain qui s'étend à la lisière de baies jumelles, Bahía Manzanillo et Bahía Santiago, séparées par la péninsule du même nom. Entourée par de belles montagnes verdoyantes et par une mer d'un bleu intense, la ville est surtout connue pour abriter le port le plus important du pays ; sis à une extrémité de la Bahia Manzanillo. La ville est considérée comme la capitale mondiale de la pêche du *Pez Vela* (voilier indo-américain) et accueille des tournois internationaux. De mai à octobre, elle accueille surtout des visiteurs des Etats voisins, alors qu'Américains et Canadiens la visitent durant les mois d'hiver.

OASIS OCEAN CLUB €€

✆ +52 314 334 8822

www.oasisoceanclub.com.mx

Ouvert tous les jours de 9h à 23h.

Plats à partir de 150 $.

Qu'on se le dise, c'est l'endroit (et de loin) le plus agréable de la ville. Au bord de l'eau couleur émeraude, c'est un petit bar-restaurant de plage plutôt chic, au rapport qualité-prix inégalable. Le décor éthéré est fait de planchers en bois, mais l'on vous sert également les pieds dans le sable, sur des petites chaises longues aux parasols bleu et blanc. Niveau assiette, on trouve un mémorable *ceviche verde,* qui propose un poisson cuit dans du jus de citron accompagné d'avocat et concombre, à accompagner d'une délicieuse *caipirinha*.

CUYUTLÁN ★

Cuyutlán est bordée par l'océan qui frappe la côte de plein fouet ; ses plages de sable volcanique accueillent des surfeurs expérimentés qui viennent y chasser la *ola verde* au printemps. Vers le sud en partant de Manzanillo, c'est la première étape pour ceux qui viennent chercher la vague : un peu plus loin en direction du Michoacán, avec un courant toujours aussi fort, se trouvent Pascuales, El Real, Tecuanillo, Ahijadero et Playa Boca de Apiza. Cuyutlán est tristement connue pour avoir été détruite en 1932 lorsqu'une vague d'une hauteur de vingt mètres pénétra à plus de 100 mètres à l'intérieur des terres, emportant des centaines d'habitants.

CENTRO ECOLOGICO CUYUTLÁN ★

✆ +52 1 313 119 0434

www.tortugariocuyutlan.com

Ouvert du jeudi au mardi de 9h à 17h.

Entrée : 60 $. Tours de 40 minutes en barque sur l'Estero Palo Verde : 50 $.

La visite du centre de protection des tortues vaut surtout la peine entre octobre et novembre, lorsque l'on peut participer à la libération des bébés tortues. Car du fait de la déprédation humaine, des volontaires balaient chaque année des kilomètres de plage pour les regrouper dans un endroit fermé où ils seront protégés. L'autre belle attraction du site consiste à visiter la mangrove de l'estuaire Palo Verde, qui d'admirer de beaux paysages et surtout de nombreux iguanes et oiseaux.

MUSEO DE LA SAL ★★

Benito Juárez #64

✆ +52 313 326 4014

Ouvert du mardi au dimanche de 10h à 18h.

Donation libre.

Exploité depuis le début du XVIIe siècle, le sel de la lagune de Cuyutlán a été nationalisé en 1919. Aujourd'hui, ce petit musée est installé dans un ancien bâtiment en bois appartenant à la coopérative des exploitants de sel de Cuyutlán. Il s'agit d'entrepôts dont la majeure partie reste encore en activité, puisqu'on y observe des énormes dépôts de sel qui n'attendent que d'être emballés pour leur vente. Le musée respecte l'ambiance des entrepôts d'antan et donne à voir maquettes, photographies, outillages et de petits textes sur le produit et son exploitation.

MORELIA ★★

Capitale de l'Etat, Morelia se trouve à 315 km à l'ouest de la ville de Mexico et à 367 km au sud-est de Guadalajara. A 1 951 m au-dessus du niveau de la mer, il y règne un climat tempéré où la température moyenne est de 23 °C. C'est une très belle ville coloniale de pierre rose certes, avec quelques joyaux d'architecture baroque mexicaine, mais c'est surtout une ville dotée d'un dynamisme culturel et artistique intense : une université très active, des écoles offrant des cours d'espagnol pour les étrangers et de nombreux événements tout au long de l'année. Son centre historique de 3 000 m² compte plus de 1 400 édifices classés ! Au XIXe siècle, l'arrivée au pouvoir de Porfirio Diaz allait transformer la ville, puisque ses façades de type espagnol, plus sobres, allaient être modifiées pour lui donner un air plus français, cher au dictateur.

Histoire

La ville de Morelia fut fondée le 18 mai 1541 sur ordre du vice-roi Don Antonio de Mendoza, sous le nom de Valladolid. De nombreuses familles espagnoles furent encouragées à s'y installer. Après l'indépendance, elle changea de nom en 1828 en l'honneur de l'une des figures du mouvement indépendantiste mexicain, le « Generalisimo » Don José María Morelos y Pavón, né à Morelia le 30 septembre 1765. C'est sans doute ce qui fait de Morelia une ville très libérée et ouverte. Ses universités le sont aussi. La ville de Morelia a été inscrite à la liste du patrimoine mondial de l'Unesco en 1991.

CATEDRAL DE MORELIA ★

Sa construction s'étendit sur un siècle (1640-1744). Ce bel édifice dominant la place d'Armes combine les styles architecturaux herreresque, baroque et néoclassique. Ses deux tours jumelles en sont l'illustration parfaite. Les bas-reliefs baroques de l'intérieur furent remplacés par des pièces néoclassiques au XIXe siècle. A signaler, un grand orgue comportant 4 600 tuyaux ou flûtes. Le samedi soir, la cathédrale est illuminée, ce sont d'ailleurs les magiciens de la tour Eiffel qui ont posé les 10 000 ampoules qui lui permettent de scintiller.

CENTRO CULTURAL CLAVIJERO ★★

Nigromante #79
✆ +52 443 312 0412
www.ccclavijero.mx
Ouvert du mercredi au dimanche de 10h à 16h30. Entrée libre.

Anciennement appelé Palacio Clavijero, ce palais de style baroque était une école jésuite fondée au XVIIe siècle. L'édifice a ensuite servi de prison jusqu'en 1970, date à laquelle il fut rénové pour abriter notamment l'office du tourisme de l'Etat et une bibliothèque publique. En 2008, il rouvre ses portes en tant que musée et centre culturel ; il programme des expositions temporaires de qualité internationale. A visiter absolument, autant pour les expositions que pour l'édifice.

CONSERVATORIO DE LAS ROSAS ★★

Calle de Santiago Tapia # 334
✆ +52 443 312 1469
www.conservatoriodelasrosas.edu.mx
Ouvert du lundi au vendredi de 8h à 20h ; le samedi de 8h à 13h.

L'ex-couvent de Santa Rosa, dont le temple date du milieu du XVIIIe siècle, a appartenu aux sœurs dominicaines. Aujourd'hui, il abrite un conservatoire de musique. Celui-ci est considéré comme le plus vieux d'Amérique, car on y donne des cours de musique depuis 1743. La balade au sein de ce labyrinthe de cours et d'escaliers se fait au son des mélodies répétées par les étudiants. Ne manquez pas les récitals du jeudi soir, la programmation est pointue et d'une qualité irréprochable.

PALACIO DE GOBIERNO DEL ESTADO DE MICHOACÁN ★

Av. Madero Poniente, à l'angle de Benito Juárez

Construit à la fin du XVIIIe siècle (entre 1760 et 1770) pour accueillir le séminaire Tridentino, cet édifice est l' un des plus beaux bâtiments de style baroque tablerado de la ville. Dans la cour intérieure, on peut observer les fresques monumentales du peintre michoacano Alfredo Zalce, qui recouvrent la cage d'escalier ainsi que les couloirs du deuxième étage. Le bâtiment abrite aujourd'hui les bureaux des fonctionnaires de l'Etat du Michoacán.

MUSEO REGIONAL MICHOACANO ★★

Calle Allende #305
✆ +52 443 312 0407
Ouvert du mardi au dimanche de 9h à 17h.
Entrée : 55 $.

Installé dans un palais baroque de la fin du XVIIIe siècle, il fut reconstruit vers 1772 par le riche avocat, commerçant et bienfaiteur de la ville, Don Isidro Huarte. Pour les fanatiques d'histoire et d'archéologie, la visite est indispensable puisque la collection présente les cultures préhispaniques du Michoacan, dont les plus anciennes sont associées au groupe des Culturas del Occidente (de 3000 à 200 av. J.-C.). Sur le site d'Opeño (1500-1200 av. J.-C.), on a retrouvé les fameuses *Tumbas de Tiro* (chambres funéraires, reconstituées ici) représentatives de ces Culturas del Occidente (Nayarit, Colima, Jalisco) qui entretenaient depuis bien longtemps des liens avec l'Amérique centrale et du Sud. La collection présente également des œuvres de Chupicuaro (500 av. J.-C.), établissement célèbre pour ses techniques de céramique et ses motifs géométriques. Les Tarasques (ancêtres des Purepechas actuels) sont connus pour leur civilisation dont la consolidation s'étale de 900 à 1500 de notre ère. D'autres pièces, tel ce trône d'Ihuatzio (entre 600 et 900) dénote une influence toltèque certaine. Au total, ce sont douze belles et grandes salles qui retracent l'histoire de la région, depuis ces époques révolues jusqu'au début du XXe siècle : grande variété d'objets d'art préhispanique, de reliques coloniales, de peintures contemporaines réalisées par des artistes locaux comme les peintures murales d'Alfredo Zalce et des expositions portant sur la géologie et la faune de la région.

PALACIO MUNICIPAL DE MORELIA ★

Allende #403

Au XVIIIe siècle, ce bâtiment fut occupé par une institution chargée de contrôler l'achat et la vente de tabac (l'Estanco del Tabaco). Le style baroque de ce palais sur deux niveaux, autour d'un patio octogonal, est remarquable. Au-delà de ses caractéristiques architecturales, l'édifice est entré dans l'histoire du pays car c'est ici que le prêtre Miguel Hidalgo y Costilla a promulgué l'abolition de l'esclavage en 1810. Depuis 1859, c'est le siège de la municipalité.

SANTUARIO DE NUESTRA SEÑORA DE GUADALUPE ★★★

Av. Tata Vasco

Connu aussi comme l'ex-couvent de San Diego, l'édifice fut achevé en 1716 ; du style baroque subsistent sa sobre façade et la tour. Son intérieur fait sa particularité : il a été totalement décoré par l'artiste local Joaquin Ortega en 1915. Ces éléments d'une opulence rare ont été façonnés en terre et plâtre, joyeux mélange de traditions européenne et indigène. Époustouflant : à voir absolument. N'oubliez pas de lever les yeux pour ne rien manquer du spectacle.

TEMPLO Y EX-CONVENTO DEL CARMEN ★★

Av. Morelos Norte #485
✆ +52 443 312 8898
Ouvert du mardi au samedi de 9h à 19h.

Restauré entre 1974 et 1976, le couvent, dont la construction s'étale de la fin du XVIe siècle jusqu'au XIXe siècle, est aujourd'hui le siège de la Casa de la Cultura de Morelia. Cette dernière accueille des spectacles de musique et de danse, des projections de films et des expositions temporaires. On y trouve également le renommé CMMAS, *Centro mexicano para la Musica y las Artes Sonoras*, qui propose des formations, stages et concerts de musique expérimentale et arts sonores.

CASA EUGENIA €€

20 de Noviembre #322
✆ +52 443 312 5988
7 chambres et suites, entre 1 000 et 1 300 $.

Idéalement située non loin du Templo San José, cette très belle maison ancienne vous fera vous sentir comme chez vous. Les murs épais en pierre renferment des chambres à la décoration sobre et rustique, réparties autour d'un patio où il fait bon s'asseoir pour prendre son café. L'endroit a beaucoup de cachet, avec son beau mobilier ancien. On a vraiment le sentiment de rester chez l'habitant. Pour ne rien gâcher, on peut monter sur le toit pour profiter d'une vue panoramique de la ville. Excellente adresse, à des prix qui restent abordables.

HOTEL CASA GRANDE €€€

Portal Matamoros #98
© +52 443 313 2000
www.casagrandemorelia.com.mx
12 chambres, entre 4 000 et 5 000 $.

Voici probablement l'hôtel le plus beau et le plus luxueux de la ville, dans cet édifice du XVIIIe siècle au riche passé historique. Les volumes sont magnifiques : le tout est construit autour d'un vaste patio dont les colonnades en pierre assurent une apparence cossue à l'ensemble ; tout y est décoré avec goût, sans superflu ostentatoire. Si vous ne souhaitez pas y résider, nous vous conseillons au minimum d'aller boire un café dans sa magnifique salle de restaurant installée à l'étage (à ne pas confondre avec le café installé en terrasse au rez-de-chaussée).

HOTEL DE LA SOLEDAD €€€

Zaragoza #90
© +52 443 312 1888
49 chambres et 9 suites. Compter 3 000 $ la chambre standard et jusqu'à 4 000 $ la suite.

L'Antiguo Mesón de la Soledad est un lieu d'accueil des voyageurs depuis le XVIIIe siècle ; on le connaissait comme tel à l'époque où la ville s'appelait encore Valladolid. C'est un édifice ancien qui a subi d'importantes modifications au fil du temps, comme la plantation de ces magnifiques palmiers dans le patio. Les chambres sont sublimes et raffinées. Elles possèdent, pour la plupart, des murs en pierre apparente, ce qui leur confère beaucoup de cachet. Agence de voyages pour faciliter vos visites dans l'Etat du Michoacán.

TATA MEZCALERIA €

Calle Bartolomé de Las Casas #511
© +52 443 312 9514
www.tatamezcaleria.com
Ouvert en semaine de 13h jusqu'à tard, vendredi-samedi de 10 à 1h, dimanche de 10 à 19h. Plats 150-250 $.

L'atmosphère du lieu est sympathique et agréable, le bar en particulier, construit à partir de vieilles malles de voyage, est tout à fait mémorable. On y sert une cuisine fusion originale, dont les produits proviennent d'un commerce local, qui se marie parfaitement avec les cocktails de *mezcal*. Notamment en entrée une terrine de lapin mariné suivie par exemple d'*enchiladas* d'agneau ou d'un saumon en émulsion d'*achiote*, accompagné d'asperges grillées, de betteraves caramélisées et d'un confit de cerise. Original et recherché.

LA CONSPIRACIÓN DE 1809 €€

Allende #209
© +52 443 158 0443
www.laconspiraciondel1809.com
Ouvert du dimanche au jeudi de 12h à 23h ; le vendredi et le samedi de 12h à 0h. Plats de 200 à 300 $.

Sur la place principale, à la fois restaurant et *cantina* chic (en terrasse, sous les arcades de ce bâtiment historique), la chef Cynthia Martinez prépare des *botanas* un tantinet gourmet dont les recettes sont puisées dans l'imaginaire populaire local et des plats plus adaptés à une table habillée d'une nappe blanche. La carte ressemble donc à celle d'une brasserie mexicaine : *uchepos*, langue de bœuf, *chamorro* (jarret de porc), soupe tarasque, soupe à l'ail servi avec jambon serrano et un *mole* à l'interprétation toute particulière.

LU COCINA MICHOACANA €€

Portal Hidalgo #229
© +52 443 313 1328
www.lucocinamichoacana.mx
Ouvert tous les jours de 7h30 à 21h. Plats entre 150 et 250 $.

Ce restaurant est situé à l'intérieur de l'hôtel Casino. Ici, on utilise les ingrédients traditionnels de la cuisine du Michoacán (avocat, maïs, fromage, poivron, tomate) pour créer des plats audacieux, en accord avec l'air et les techniques du temps. Le petit déjeuner propose un délicieux chocolat chaud d'Uruapan, omelettes, *chilaquiles* et d'autres plats originaux. Pour déjeuner ou dîner, lancez-vous sur les préparations à base de truite de Zitacuaro, le *mole blanco* (une véritable innovation) ou encore le plat purepecha *Atápakua de flor de calabaza.*

MUSEO DEL DULCE DE LA CALLE REAL

Avenida Madero Oeste #440
© +52 443 312 1213
www.callereal.mx
Ouvert du dimanche au vendredi de 11h à 19h30 ; le samedi de 10h à 20h30. Entrée avec visite guidée : 25 $.

Belle boutique de confiseries traditionnelles de la région, héritière de la maison Palacio, fondée en 1840. Ici, tout respire le *porfiriato*, cette époque à cheval sur les XIXe et XXe siècles. Possibilité de visiter un petit musée de 5 salles qui retrace l'histoire de la fabrication des confiseries traditionnelles du pays et de la région, depuis l'époque préhispanique à nos jours : *ates* (pâtes de fruits) de *membrillo* (coing), goyave, *tejocote* (aubépine du Mexique)...

CUITZEO ★★

Situé au bord de La Lagune de Cuitzeo, à seulement 34 km de Morelia, c'est un beau petit village entre autres réputé pour l'ex-couvent Agustín de Santa María Magdalena (XVIe siècle), le site de Tres Cerritos, son artisanat et les eaux thermales des environs. Pour ceux qui sont à la recherche de splendeur et de grandeur, le détour par Cuitzeo ne les ravira peut-être pas totalement, bien que ce ne soit qu'un bref détour pour qui se rend de Morelia à Patzcuaro. En revanche, c'est un point de jonction intéressant entre les Etats de Guanajuato (où l'on rejoint les zones archéologiques de Plazuelas et Peralta, puis San Miguel de Allende) et du Michoacán.

© ESDELVAL - SHUTTERSTOCK.COM

Eglise de Santa Maria Magdalena à Cuitzeo.

EX CONVENTO DE SANTA MARIA MAGDALENA ✝ ★★

Ouvert du mardi au dimanche de 9h à 17h.
Entrée : 45 $.

C'est dès le XVIe siècle que les Augustins sont chargés par Vasco de Quiroga de fonder ici un monastère, sur cette frontière entre les Hautes Terres du Michoacán et le Bajío propre à l'Etat de Guanajuato. Sa construction et ses modifications successives lui autorisent un véritable mélange des genres, dont la façade est un bel exemple de l'exécution du style plateresque (transition entre gothique et renaissance) dans les nouveaux territoires espagnols.

LOS AZUFRES ★★

A 25 km de Ciudad Hidalgo (92 km de Morelia), c'est une des régions les plus belles du Michoacán. Cette région d'intenses activités géothermiques possède de nombreuses eaux thermales très prisées pour leurs soins curatifs. La température des eaux oscille entre 21 et 82 °C. En plus de ces aspects thérapeutiques, cette région est connue pour ses montagnes fraîches peuplées de pins. A seulement 10 km de la route de Los Azufres, on trouve le petit village de San Pedro Jacuaro connu pour sa gastronomie (*mole de guajolote*) et ses activités liées au bois. Nombreuses possibilités d'hébergement aux alentours.

ANGANGUEO ★★

C'est un minuscule village créé à la fin du XVIIIe siècle pour l'exploitation minière. Vous pourrez visiter un des anciens tunnels qui se trouvent à côté du *Templo de la Inmaculada Concepción*. Cette église fut d'ailleurs inspirée de Notre-Dame-de-Paris. A mentionner aussi, le musée *Casa Parker*, qui regroupe les objets rassemblés par la famille Parker, une famille anglaise qui vint s'installer à Angangueo pour superviser le bon fonctionnement des machines utilisées dans les mines. Globalement, le village ne se compose que d'une seule (très) jolie rue et Anguangueo est surtout une base idéale pour visiter les sanctuaires des Mariposas Monarca.

HOTEL DON BRUNO €€

Morelos # 92
✆ +52 715 156 0026
www.hotel-donbruno.com
Chambres à partir de 1 000 $.

Étant donné l'offre un peu déprimante d'hébergement dans le village, cet hôtel, construit autour d'un jardin, constitue une option convenable pour qui veut se reposer au calme avant ou après la visite des sanctuaires de papillons. Si les installations sont un peu vétustes, les chambres sont propres et la literie relativement confortable. Petit bémol toutefois : en hiver, lorsque la nuit tombe et la fraîcheur avec, il peut faire froid dans les chambres. La très jolie cour constitue peut-être l'atout principal de cet établissement, avec son emplacement pratique.

CÔTE PACIFIQUE

RESERVA DE LA BIOSFERA MARIPOSA MONARCA ★★★★

La réserve de la biosphère des Papillons monarques (*Mariposa monarca*) se trouve à l'est du Michoacán, à la frontière avec l'Etat de Mexico, et couvre une extension de près de 56 000 hectares de forêts de conifères. C'est dans ces forêts que quelques centaines de millions de papillons monarques viennent se reproduire chaque année vers la fin octobre, avant de repartir, aux environs de la mi-avril, vers les Etats-Unis et le sud du Canada (entre les Rocheuses et les Grands Lacs) pour finalement revenir au Mexique. C'est donc une migration de huit mois qui les attend, qui aura vu passer, naître et mourir quatre générations successives.

L'effet est particulièrement spectaculaire lorsque les papillons couvrent entièrement les arbres de leur flamboyante robe orange. Pour avoir la chance de les voir voler, il faut qu'il y ait du soleil. De fait, il ne sert à rien d'y aller tôt le matin : les papillons se réveillent lorsque les rayons du soleil sont suffisamment forts pour les réchauffer, soit à partir de 11h du matin. Sinon, vous risquez de les observer lorsqu'ils sont blottis et agglutinés en grappes sur les arbres. Quand il y en a partout autour de vous, papillonnant dans tous les sens, vous avez l'impression d'être au paradis ! C'est surnaturel ! Rien de surprenant donc que cette merveille de la nature soit inscrite au Patrimoine mondial de l'Humanité de l'UNESCO.

Les papillons monarques sont répartis dans 5 sanctuaires, ou zones forestières. Deux sont ouverts au public : celui de El Rosario et de Sierra Chincua près du village d'Angangueo. Les autres sanctuaires, Cerro Pelón, Altamirano et Chivati-Huacal, sont fermés, réservés aux scientifiques et… aux papillons ! Les sanctuaires ouvrent pendant la saison de reproduction, du 15 novembre au 21 mars. Obligation d'être accompagné d'un guide pour la visite. Lors de l'achat de votre ticket d'entrée, on vous assignera un guide autorisé (ne pas prendre les services d'un guide dans le village d'Angangueo). Attention : essayez de vous y rendre en semaine pour que votre visite soit plus tranquille. A noter qu'une baisse drastique du nombre de papillons est observée depuis quelques années…

TLALPUJAHUA ★★★

Ce magnifique village typique de la région est plus proche de Toluca (75 km) que de Morelia (156 km), et surtout à moins d'une heure d'Angangueo (50 km), ce pour quoi la visite de ce village peut être couplée avec celle des sanctuaires des papillons monarques. Il est à la fois connu pour l'église de *Nuestra Señora del Carmen* (XVIIIe siècle) et les mines que l'on peut y visiter. Mais ce sont surtout ses charmantes ruelles pavées qui attireront le regard : les maisons anciennes, où se distinguent de très beaux balcons en bois sculpté, n'ont pas été rénovées artificiellement pour plaire à l'œil du visiteur, elles continuent d'exister telles qu'il y a des dizaines d'années, accueillant des petits commerces à l'ambiance atemporelle. Enfin, pour les fanatiques des fêtes de fin d'année, ce village est spécialisé dans la fabrication des boules de Noël en verre soufflé ; on peut y visiter ateliers et boutiques, dont la fameuse Casa de Santa Claus, qui vous donnera l'impression de vous retrouver en Laponie le temps d'une visite. A partir de début octobre se tient un marché artisanal permanent pour qui souhaite acquérir ces petites sphères incroyablement réussies. Vous trouverez aussi de charmants petits hôtels installés dans des maisons anciennes : plutôt que de passer une nuit à Angangueo, vous pouvez le faire ici et partir tôt le matin vers les sanctuaires des papillons monarques. Coup de cœur.

HOTEL EL MINERAL €

Libertad #47

✆ +52 711 158 0197

17 chambres, à partir de 600 $.

C'est un hôtel auquel on s'attache facilement. On y pénètre par une cour fleurie et la gentillesse de la réception donne immédiatement le sourire. Les chambres sont simples et sans prétention, réparties sur trois étages. Le parquet et le plafond boisé leur donnent un certain charme suranné. Elles sont disponibles en plusieurs configurations (un lit double, deux lits doubles, deux lits simples, etc.) et peuvent convenir aux familles. Préférez peut-être celles du haut, qui offrent de jolies vues. En ressortant, vous voilà en plein centre du village.

PÁTZCUARO ★★★

Pátzcuaro – le lieu des pierres noires – est une magnifique petite ville de montagne, à 2 175 m d'altitude, au cœur de la région des Indiens Purépechas. Elle fut fondée par eux en 1324 et s'appelait alors Petatzecuaro, devenant peu avant l'arrivée des Espagnols l'une des trois capitales de l'Empire Tarasque. C'est en 1534, sous le règne des Espagnols, que la ville changea de nom. De son passé colonial, Pátzcuaro a gardé les ruelles pavées et les maisons aux toits de tuiles peintes uniformément de blanc et de rouge. C'est ce qui lui donne le charme d'autrefois et qui en fait l'un des plus beaux villages du pays. L'autre grande attraction du village, c'est le lac de Pátzcuaro et ses quatre îles, que l'on peut visiter en prenant un bateau à l'embarcadère principal ou à l'embarcadère de San Pedrito. Le fameux poisson blanc, poisson typique de Pátzcuaro, n'est pas spécialement comestible à cause de la pollution du lac. Par contre, vous pourrez en trouver dans le lac de Zirahuén (une vingtaine de kilomètres à l'ouest de la ville de Pátzcuaro, près du village du même nom, et géographiquement très proche de l'autoroute qui mène à Uruapán), camper et le déguster sur place. Dans la culture purépecha, ce lac, qui est un des plus profonds de l'Etat, est le « miroir des dieux » pour son bleu intense qui reflète le ciel. Pátzcuaro est le plus grand des villages qui bordent le lac, mais il en existe d'autres dans la région lacustre, plus petite, mais néanmoins intéressants ; si vous le pouvez, ne manquez pas d'y passer. André Breton rendit visite à Diego Rivera et Frida Kahlo qui séjournaient dans le village voisin d'Erongarícuaro, dans une maison qui est maintenant une usine de meubles. Pas par hasard, puisque le travail du bois est la spécialité de l'Etat. L'artisanat ainsi que les meubles fabriqués dans cet Etat sont très demandés, principalement aux Etats-Unis et au Japon.
Deux sites archéologiques majeurs se trouvent également dans ses environs : Tzintzuntzán et Ihuatzio. On se rend facilement à Pátzcuaro depuis Morelia (53 km). C'est une ville très prisée des touristes mexicains ou étrangers, notamment les jours de la célébration des morts, les 1er et 2 novembre (pensez à réserver). Il y fait frais, pensez à emporter des vêtements chauds.

ANTIGUO TEMPLO DE LA COMPAÑÍA DE JESÚS ★★

Calle Alcantarillas

Elle hébergeait les membres de la Compagnie de Jésus, qui arrivèrent au diocèse de Michoacán grâce aux efforts de Don Vasco de Quiroga. On raconte que l'horloge sur sa tour a été bannie d'Espagne pour avoir indiqué une heure malheureuse à l'un des monarques du pays ; l'église renferme encore quelques peintures intéressantes du XVIIIe siècle. L'ancien couvent abrite aujourd'hui la *Casa de Cultura*, un atelier de gravure et de lithographie reconnu et de belles salles d'exposition.

Pécheurs de l'île de Janitzio avec leurs filets papillon.

BASILICA NUESTRA SEÑORA DE LA SALUD ★

Calle Arciga

C'est la plus grande église de la ville, construite en amont du centre sur une butte, en remplacement d'un centre cérémoniel préhispanique. Seule la nef centrale est d'origine ; le reste de l'édifice fut achevé au XIXe siècle. La tombe de Quiroga, ou Mausoleo de Don Vasco, est sur le côté gauche en entrant par la porte ouest. La figure de la Vierge la plus vénérée est la statue de Nuestra Señora de la Salud. Des pèlerinages y attirent des croyants de tout le pays.

MUSEO DE ARTES E INDUSTRIAS POPULARES ★★

Calle Alcantarillas

✆ +52 434 342 1029

Ouvert du mardi au dimanche de 9h à 17h. Entrée : 55 $.

Ancien fief de l'enseignement religieux et des coutumes espagnoles au XVIe siècle, l'édifice que l'on visite aujourd'hui n'a conservé que quelques murs de cette époque. Depuis plus de 70 ans, il est consacré aux arts et métiers pratiqués par les peuples indiens de la région purépecha (pêche, agriculture, céramique, sculpture de la pierre, du bois, lutherie, textile, etc.). Les jardins montrent encore les fondations des bâtiments préhispaniques sur lesquels l'édifice est construit.

EX-CONVENTO DE SAN AGUSTIN ★★

Calle Titer

Cet ancien couvent a été construit en 1576, et il conserve encore son temple qui est actuellement utilisé comme bibliothèque publique. Le mur peint de Juan O'Gorman à l'intérieur de la bibliothèque retrace l'histoire des Tarasques, de la Conquête et représente Don Vasco de Quiroga, le premier évêque de Michoacán qui eut une grande influence sur les peuples indigènes. Juste à côté se trouve le « théâtre Caltzonzin », construit sur les vestiges du monastère.

PLAZA GERTRUDIS BOCANEGRA ★★

Plaza Gertudris Bocanegra

A côté de la Plaza Grande, elle est à visiter si vous souhaitez faire quelques achats de produits artisanaux régionaux ou simplement déguster un bon *licuado* : le marché municipal y a son entrée. Vous pourrez admirer une sculpture en bronze qui rend hommage à Gertrudis Bocanegra, héroïne locale fusillée en 1818, coupable d'avoir soutenu le mouvement indépendantiste. C'est également des rues adjacentes de cette *Plaza Chica* que partent de nombreux Combis vers les villages des environs.

MIRADOR CERRO DEL ESTRIBO ★★

À 45 min à pied du centre-ville.
Demandez votre chemin !

Le mirador d'El Estribo offre l'un des meilleurs points de vue sur le lac et une très belle sensation de prendre de la hauteur. Petit bonus typiquement mexicain, il est situé sur un volcan endormi (Volcán del Estribo Grande) ! On y accède en empruntant un beau chemin pavé entouré d'arbres. En haut, ce sont 400 marches qui vous attendent pour arriver au sommet. Une fois que vous l'aurez atteint, vous pourrez vous détendre sur l'aire de repos et profiter de la vue panoramique.

TEMPLO DEL SAGRARIO ★★

Calle Madrigal de las Altas Torres

Visitez le temple de Sagrario et vous ferez un saut dans le passé... Ses arches couvertes de mousse et les ruelles pavées qui l'encerclent ont quelque chose d'enchanteur. Le début de la construction de cette église date de 1693, elle s'est achevée deux siècles plus tard. Pendant toutes ces années, divers ornements décoratifs ont été ajoutés, ainsi que de nombreuses peintures et sculptures. Dotée d'un parquet ancien, protégée de la rue par une série d'arches délavées, icône de la ville, elle en est peut-être le plus bel édifice religieux.

LA CASA ENCANTADA €€

Dr Coss #15
✆ +52 434 342 3492
www.hotelcasaencantada.com
12 suites dont le prix varie entre 1 500 et 3 000 $.

Cet hôtel est installé dans une belle et vaste demeure coloniale qui date de 1784, à proximité de la place Vasco de Quiroga. Les chambres réparties au rez-de-chaussée ou au premier étage de deux patios fleuris sont impeccables, très bien décorées et chaleureuses. Il faut demander à les voir, car elles sont toutes plus ravissantes les unes que les autres, certaines disposant même d'une cheminée. Coup de cœur pour les couleurs chaudes et vives sur les murs, les couvre-lits, les tapis, qui rendent l'endroit très gai. Petit déjeuner inclus.

HOTEL POSADA YOLIHUANI €€

Calle Dr. Coss # 40 ✆ +52 434 342 1666
www.posada-yolihuani.com
10 chambres, de 1 100 à 1 500 $.
Le petit déjeuner est inclus.

Petite auberge de 10 chambres, installée dans une ancienne maison traditionnelle de deux étages, couleur terre et bois ; elle est tenue par un couple franco-mexicain. Les chambres de la posada sont décorées avec des objets d'artisanat local. Charmantes, confortables et spacieuses, elles offrent une vue sur les patios ou le superbe jardin intérieur. La posada organise régulièrement des spectacles de musique, de théâtre et de danses. Petit marché de produits bio et gourmet les vendredis. Une adresse pour reposer le corps et éveiller l'esprit.

CASA DE LA REAL ADUANA BOUTIQUE HOTEL €€€

Ponce de León #16, Centro
✆ +52 434 342 0265
www.realaduana.com
5 suites, à partir de 3 300 $.

Situé à deux pas de la place Vasco de Quiroga, cet hôtel-boutique est installé dans une demeure coloniale du XVIe siècle ; elle propose 5 chambres superbement décorées : photographies, sculptures, peintures. Elles sont réparties autour d'un patio central, agréable et fleuri. Bref, on se sent comme chez soi, ou mieux encore. Le propriétaire Didier, qui connaît très bien la région, pourra en plus vous conseiller sur les endroits à visiter autour de Pátzcuaro.

CARNITAS DE LAS PLAZAS €

Iturbide #22
Ouvert du mardi au vendredi de 12h à 15h ; le samedi de 10h à 15h ; le dimanche de 10h30 à 15h.

Dès le matin, on s'arrache les fameuses *carnitas* du Michoacán. Ce petit endroit sert sans aucun doute les meilleures du coin, comme en atteste la longue queue qui se forme sur le trottoir dès 9h ou 10h du matin. Il faut parfois patienter jusqu'à 30 minutes pour obtenir le Saint Graal : une viande de porc savoureuse, parfaitement cuite et assaisonnée, servie en tacos. Les puristes peuvent aussi commander les *carnitas* au kilo, à emporter. Il y quelques tabourets pour s'assoir à l'intérieur. Pour un déjeuner copieux et typique !

LA TRADICIÓN DE APATZINGAN €

Arciga #18
✆ +52 434 117 7577
Ouvert du jeudi au mardi de 9h à 18h.
Plats entre 60 et 100 $.

C'est une gastronomie aux saveurs chaleureuses qui vous est proposée ici. La chef propose des plats aux connotations méconnues : *pollo en salsa de carambolo* (fruit tropical), *apporreadillo* (viande accompagnée d'une sauce aux œufs et légumes), *chavindecas* (couenne de cochon en sauce), *morsiqueta con chorizo en salsa de mango* (à base de riz et saucisse concassée), etc. Tout est délicieux. Bref, lancez-vous, il n'y a aucun risque d'être déçu par ces nouvelles saveurs !

EL NARANJO €€

Plaza Vasco de Quiroga #29
✆ +52 +52 434 342 7418
www.hotelcasadelnaranjo.com
Ouvert du mercredi au lundi de 8h à 23h.
Plats entre 120 et 250 $.

Cette grande bâtisse historique à l'angle de la place principale a récemment été rénovée pour accueillir un hôtel agrémenté d'un restaurant installé dans un très joli patio. C'est un concept « historico-chic » assez innovant, qui propose une ambiance plutôt relax et un excellent service. Au niveau gustatif, la tendance est à l'italienne, avec un succulent carpaccio de bœuf, des lasagnes, salades, pâtes maison (recette au citron et à la vodka) et des pizzas à la pâte extra-fine… Un petit coup d'air frais sur la gastronomie locale.

SANTO HUACAL €€

Lerin #23

✆ +52 434 117 2447

Ouvert le vendredi et le samedi de 14h à 21h ; le dimanche de 14h à 17h. Menu à prix fixe autour de 300 $.

Voilà enfin une véritable proposition culinaire et gastronomique, créative et innovante, à Patzcuaro : il était temps ! Le menu changeant chaque semaine, on ne peut que vous donner pêle-mêle quelques exemples pour vous mettre en bouche : soupe froide de fraises à la menthe, coq au vin, salade de poire et proschiutto, fettucine, crème de blettes, médaillon de bœuf, salade d'épinards avec vinaigrette de *maracuya* etc. Après quelques mois d'ouverture, les habitués sont déjà présents chaque week-end pour quelques saveurs qui changent de l'ordinaire.

CASA DE LOS ONCE PATIOS

Calle Madrigal de las Altas Torres

✆ +52 434 342 4753

Cet ancien couvent des religieuses dominicaines de Sainte-Catherine abrita dans ses murs l'un des plus anciens hôpitaux du Mexique. Différents objets artisanaux sont exposés dans les différentes salles de cette belle demeure coloniale, qui ne comprend désormais plus que 5 patios. Mais il faut absolument faire un détour par l'atelier de Mario Agustín Gaspar Rodríguez et Beatriz Ortega, des artisans qui élaborent des Christs et d'autres figures religieuses en utilisant une technique indienne millénaire, la *pasta de caña de maíz*.

LA JACARANDA

Dr Coss #4

✆ +52 434 342 0758

Ouvert le lundi et le mercredi de 12h à 21h ; du jeudi au dimanche de 10h à 22h. Ouvre plus tard selon les événements.

Cette très belle et vieille maison de pierres accueille les évènements culturels de meilleure qualité à Patzcuaro : concerts de belle facture (jazz, *son Jarocho,* blues, etc.), expositions, ventes d'artisanat local, présentation de livres, etc. Le bar est aussi réputé pour servir *pulque*, mezcal, bière artisanale et cocktails dans le beau patio central. On y sert également de petits plats pour assouvir la faim à toute heure. Tout ce qu'il faut pour passer un moment décontracté en compagnie de locaux et gens de passage. Avis aux noctambules.

LAGO DE PÁTZCUARO ★★★

Les rives du lac de Patzcuaro sont habitées depuis des millénaires, et de nos jours parsemées de nombreux villages dont la population se revendique volontiers *purepecha*. Depuis la moitié du XXe siècle, il souffre de problèmes de contamination majeure dus aux activités humaines et au rejet des eaux non traitées (si vous souhaitez vous baigner, rendez-vous au lac de Zirahuen). Les paysages de ce bocage rural où les vaches sont omniprésentes valent néanmoins la peine. Il est en outre entouré de nombre d'attractions, auxquelles vous aurez accès depuis Patzcuaro en transport public. Ceux qui disposent d'une voiture pourront aisément en faire le tour au cours d'une excursion d'une journée, en s'arrêtant en route aux différents points d'intérêt, tout en profitant de jolis points de vue sur la route lacustre. Voici un itinéraire indicatif :

- **De Patzcuaro, rendez-vous tout d'abord à Ihuatzio**, où l'on découvre une zone archéologique à l'ambiance champêtre toute particulière.
- **Continuez sur la route secondaire qui longe le lac,** où vous aurez quelques kilomètres plus loin de jolies vues sur l'île de Janitzio. Vous tomberez alors sur le petit village de Ucuzanasztacua, embarcadère qui permet de visiter les îles de La Pacanda et Yunuen.
- **Plus loin, vous arriverez à Tzintzuntzan,** haut lieu de la Fête des Morts, qui se distingue par son beau couvent, son marché d'artisanat et sa zone archéologique située au sommet d'une montagne, ancienne capitale de l'Empire tarasque.
- **De là, la route suit son cours le long du lac,** en passant par Quiroga, grande ville sans autre attrait que ses célèbres *carnitas* (tacos de viandes grillées). On atteint alors Oponguio, désormais fameux pour la visite de sa fabrique de mezcal (même si les connaisseurs affirment que sa qualité n'est plus ce qu'elle était...).
- **La dernière étape digne d'intérêt réside dans la jolie place centrale d'Erongaricuaro,** gros village qui n'est plus qu'à 18 km de Pátzcuaro. C'est dans ce village que Diego Rivera et Frida Kahlo venaient se ressourcer ; il a également attiré beaucoup de surréalistes, dont André Breton. C'est le moment idéal pour s'arrêter déjeuner, puis rentrer sur Patzcuaro ; à moins que les fanatiques de masques ne s'arrêtent encore une fois en route pour admirer ceux fabriqués artisanalement à Tócuaro.

ISLA DE JANITZIO

C'est l'île la plus touristique, littéralement surpeuplée et bondée de commerces de souvenirs et autres bouis-bouis pour se restaurer. Son attraction est une immense statue de 40 mètres de hauteur de Morelos aux allures de golgoth : un escalier intérieur permet d'y pénétrer pour disposer de belles vues du lac.

Tyrolienne : un câble a été tendu pour relier l'île de la Tecuena, 1,2 km plus loin. On déboule donc à plus de 100 km/h pour une durée de trajet entre une et deux minutes (300 $, transport-retour en barque vers Janitzio inclus).

ISLA DE PACANDA ★

Facilement accessible depuis l'embarcadère de Ucazanasztacua.

C'est probablement l'île la plus traditionnelle et mieux préservée du lac. Ici, les familles vivent encore au rythme de ses saisons : agriculture de subsistance, pêche et élevage. Faire le tour de l'île ne prend pas plus d'une heure, il n'y a rien de spécial à voir mais la balade est reposante et agréable. Pendant le jour des Morts, locaux et visiteurs confondus se rendent au cimetière de l'île pour célébrer le retour des défunts parmi les vivants. Pour se rendre sur l'île, il faut emprunter un bateau depuis la jetée de Ucazanaztacua.

ISLA YUNUÉN ★

Accessible depuis l'embarcadère de Ucazanasztacua.

Bien plus petite que La Pacanda, l'Isla Yunuén s'en distingue par son côté escarpé : c'est une petite colline posée sur le lac Pátzcuaro, à laquelle les jardins bien entretenus donnent un air charmant. C'est aussi un sanctuaire où apprécient de se retrouver les hérons, qu'on peut voir par dizaines. Ici, on peut volontiers venir petit-déjeuner ou déjeuner (pensez à réserver en semaine), aussi bien que passer la nuit dans les jolies cabanes au charme rustique. Contactez le +52 434 106 4402 pour réserver votre cabane et passer une nuit sur l'île.

MUELLE DE UCAZANAZTACUA

De l'autre côté du lac, en face de Patzcuaro.
En voiture, après le village de Ihuatzio. En transport depuis le centre de Paztcuaro, prendre un minivan depuis la Plaza Gertrudis Bocanegra (Plaza Chica).
Tous les jours de 8h à 18h. Aller-retour pour la Pacanda ou Yuñuen : 250 $, Visite des deux îles : 400 $.

C'est tout de même le côté le plus joli du lac, où les barques ne sont empruntées que par les habitants des îles de Yunuen, la Pacanda et Tecuena. N'insistez pas, on ne vous donnera pas le tarif des habitants... L'avantage, c'est qu'on peut décider du temps qu'on souhaite passer sur chaque île (généralement 45 minutes à 1 heure pour faire le tour de la Pacanda) et un peu plus longtemps si vous souhaitez petit-déjeuner ou déjeuner à Yunuen à l'un des restaurants de poisson du coin (réservation préalable impérative en semaine).

MUELLE GENERAL

Tous les jours de 9h à 18h.
Compter entre 70 et 100 $ l'aller-retour pour Janitzio.

C'est d'ici que partent l'essentiel des barques qui se rendent à Janitzio, tranquille en semaine, bondé durant les week-ends, vacances et à l'occasion de la Fête des Morts. La traversée prend environ vingt-cinq minutes. On peut d'ici aussi prendre des barques pour visiter les îles de Yuñuen et La Pacanda, bien que l'embarcadère situé de l'autre côté du lac soit plus tranquille et permette de passer moins de temps sur le bateau. À 5 minutes de là se trouve l'embarcadère San Pedrito (calle Las Americas), qui dessert également Janitzio.

CABAÑAS YUNUEN €

Île de Yunuen
✆ +52 1 434 106 4402
Cabanes pour 2 personnes : à partir de 1 200 $.

Au sommet de la colline de l'île, ce sont de très belles petits cabanes traditionnelles en bois qui vous accueillent ; il y a différentes capacités, ce qui facilite le séjour et la venue des familles (possibilité de cuisine dans certaines d'entre elles). L'endroit est tout de même idéal pour faire un break et bouquiner relax en relevant la tête de temps en temps pour admirer le paysage. Le restaurant fonctionne à toute heure à partir du vendredi au dimanche, mais il faut prévenir de votre venue en semaine. Agréable et reposant.

CAMPESTRE ALEMÁN €€

Carretera Erongaricuaro - Patzcuaro
✆ +52 434 344 0006
Ouvert tous les jours de 7h30 à 20h.
Plats entre 150 et 300 $.

Au bord d'un petit étang, et en bordure du lac, voici un petit coin de Bavière où le goût pour les construction en bois s'est mêlé à la tradition d'ébénisterie locale. On déjeune dehors ou bien dans un grand et plutôt dépaysant chalet. C'est l'une des bonnes tables de Patzcuaro, où les familles se pressent le week-end. Spécialités allemandes (saucisses), plats de fruits de mer et viandes grillées sans oublier soupes à l'allure plus mexicaine et petits plats du coin. Une belle pause pour terminer votre tour du lac (ou le commencer...).

TZINTZUNTZÁN ★★

Ce gros village au nom qui peut faire sourire, capitale de l'Empire tarasque à l'arrivée des Espagnols, est situé à moins de 20 kilomètres de Patzcuaro (un peu plus si l'on suit la route qui longe le lac et passe par Ihuatzio). C'est un haut lieu de l'histoire préhispanique, mais également de l'histoire coloniale, puisque son couvent est vite devenu une place forte de l'évangélisation de la région. Ne manquez pas de faire un tour dans son vaste marché d'objets artisanaux de toute la région.

Transports

Il est très facile de se rendre à Tzintzuntzán en combi depuis le centre de Pátzcuaro.

IHUATZIO ★

Ihuatzio est sis au bord du lac, et réputé pour son artisanat et ses meubles en osier. Le lieu est surtout connu pour la zone archéologique qui porte son nom. C'est un établissement préhispanique probablement édifié dans un premier temps par des habitants de langue nahuatl (Altiplano central) ; la zone allait ensuite passer sous influence de l'Empire toltèque, avant de devenir une des trois capitales de l'Empire tarasque avec Patzcuaro et Tzintzuntzan. Au loin, les magnifiques montagnes typiques de la région couvent l'ensemble. Ce n'est pas la zone archéologique la plus imposante que vous visiterez, mais l'ensemble est tout de même magique.

ANTIGUO CONVENTO FRANCISCANO DE SANTA ANA ✝ ★★

Ouvert tous les jours de 10h à 17h. Entrée : 20 $.

Fondé dés le XVIe siècle, cet ensemble religieux a en partie été construit avec les pierres de l'ancienne capitale tarasque qui la surplombe : c'est la pièce maîtresse de l'entreprise d'évangélisation du Michoacán, composé d'un couvent, de deux églises et d'un très vaste atrium planté d'oliviers qui auraient été importés d'Espagne à la demande de Vasco de Quiroga. Le monastère accueille aujourd'hui un musée dédié à la culture *purepecha* et à la colonisation de la région.

ZONA ARQUEOLÓGICA IHUATZIO ★

En amont du village actuel,
qui lui se trouve sur les rives du lac.
Tous les jours de 9h à 18h. Entrée : 45 $.

Installé sur un plateau, le site est une gigantesque place rectangulaire entourée de murs sur les faces nord et sud. La place est délimitée tout au fond par deux pyramides jumelles de petite taille, le tout étant construit avec des lauzes (petites pierres plates). On peut monter sur les murs latéraux, qui permettent d'apercevoir dans les champs de pâture les restes de la zone archéologique qui reste encore à explorer. Au loin, de magnifiques montagnes couvent l'ensemble.

ZONA ARQUEOLÓGICA TZINTZUNTZAN ★

Ouvert tous les jours de 9h à 18h. Entrée : 65 $.

Ce «lieu des colibris», situé sur le mont Yarahuato surplombant l'actuel village et, au loin, le lac, accueille les vestiges les plus importants de la civilisation tarasque : une plate-forme de 400 mètres pour 250 mètres de large sur laquelle sont érigés en enfilade cinq *Yacatas*, structures semi-circulaires dédiées aux divinités des cinq parties de l'univers cosmogonique local. La balade est sympathique, de même que la visite du musée du site qui expose de très belles pièces.

TouraCancun
Rent a Car

RÉSERVEZ EN LIGNE SANS C.B.
Aucun besoin de communiquer votre n° de C.B. Réservez directement en ligne sans communiquer vos informations bancaires.

TARIFS TRÈS ÉCONOMIQUES
Nous louons des milliers de véhicules chaque année, ce qui nous permet de vous proposer les meilleurs prix tout Inclus.

PRIX SANS SURPRISES
Seul TouraCancun vous fournit un Prix définitif et sans surprise à votre arrivée.

TOUTES LES ASSURANCES SONT INCLUSES
Nous sommes les seuls à inclure toutes les assurances. Rien à ajouter lors de votre arrivée.

ASSISTANCE FRANCOPHONE
Assistance en Français 24/7 : Tél. - WhatsApp - Live Chat - Email. Réactivité et Support unique au Mexique ! Plus notre Assistance Anticorruption.

2ÈME CONDUCTEUR GRATUIT

+(52) 998 287-0528
+(52) 999 504-9649
info@touracancun.com
www.touracancun.com

SANTA CLARA DEL COBRE ★★

Entouré de forêts de pin, ce village est organisé autour d'une très attractive place centrale : deux églises font face à un joli jardin, et les traditionnelles maisons typiques aux tuiles et couleurs de la région disposent de beaux portiques soutenus par des piliers de bois. Ici, l'héritage de Vasco de Gama est prégnant, lui qui s'est évertué à assurer la continuité et à répandre parmi la population les savoir-faire artisanaux ancestraux. Ici, c'est le travail du cuivre qui marque la spécialisation de ce village : des dizaines de familles continuent d'y dédier leurs journées, en témoignent les petits coups de marteau qui émargent ici ou là. Le toit et les rambardes épaisses du kiosque qui orne la place centrale sont aussi faits de cette matière qui donne au village ses lettres de noblesse depuis des siècles. Aventurez-vous dans les rues (moins charmantes) du village et vous tomberez sur bon nombre d'ateliers et de boutiques qui vendent les productions : baignoires sur pied, lavabos, jarres, vaisselle et pièces plus faciles à emporter comme ces magnifiques et discrets plafonniers.

Fêtes. Les deux premières semaines d'août a lieu le Salon national du cuivre. Le 12 du même mois, on y fête Santa Clara.

MUSEO NACIOCAL DEL COBRE ★

Av. Morelos à l'angle avec Pino Suárez

✆ +52 43 343 0254

Du lundi au samedi de 10h à 15h et de 17h à 19h. Dimanche de 10h à 16h. Entrée : 10 $.

Ouvert en 1977, ce très bel espace aux contours traditionnels présente le meilleur des savoir-faire locaux (déjà existant à l'époque préhispanique), notamment les pièces gagnantes des concours nationaux. Certaines sont époustouflantes de détails. La visite de ce petit musée vous permettra d'en savoir plus sur l'évolution de l'industrie du cuivre dans cette petite ville dont c'est la spécialité. On y découvre aussi des pièces anciennes et, dans la jolie cour, on peut y assister à des démonstrations de la part d'artisans locaux. Articles à la vente.

ZIRAHUEN ★★

Une fois à Santa Clara, il est aisé d'accéder à Zirahuen. A 25 km des berges besogneuses du lac de Patzcuaro, il s'agit d'un endroit préservé et sa visite constitue un changement de décor assez radical : entre montagnes boisées, ses eaux fraîches varient du bleu intense au vert de jade et leur propreté en fait un endroit propice à la baignade. On peut ici aisément trouver des cabanes et restaurants de différents standings, mais aussi participer à des activités sportives : louer des VTT, faire des balades à cheval, parcours d'accrobranches, randonnées, aviron et kayak... Une pause nature très agréable, dans un cadre qui l'est tout autant.

URUAPÁN ★

Uruapán qui provient du mot *uruapani* signifie « le lieu où le printemps trouve refuge ». Fondée en 1540 par le frère Juan de San Miguel, la ville doit sa physionomie particulière au río Cupatitzio, sur les rives duquel la végétation reste luxuriante tout au long de l'année. En 1813 (indépendance du Mexique), l'église originelle fut incendiée par les insurgés et le couvent fut transformé en hôpital. Actuellement, c'est le musée d'Art populaire. Uruapán est la deuxième ville la plus peuplée de l'Etat du Michoacán. Son principal attrait touristique est d'avoir un parc à la végétation tropicale attenant au centre-ville, le parc national Barranca del Cupatitzio. En avril 2016, de violents incendies ont ravagé les environs de la ville, laissant un paysage désolé, tout autant que la population locale, qui sait très bien que ces incendies ont été allumés par des exploitants agricoles avec la complicité des autorités : ici, la culture intensive et l'exportation de l'avocat sont roi et l'on recherche sans arrêt des terres pour étendre les superficies… Mais Uruapán est aussi un centre artisanal important spécialisé dans la laque. On y produit plateaux, calebasses, masques, caisses et autres objets en bois ; la décoration des pièces est une technique de l'époque précolombienne qui consiste à les recouvrir d'un mélange d'huiles végétales, animales et de minéraux pulvérisés. A part ça, la ville n'a pas grand intérêt, mais Uruapán est le point de départ pour atteindre Angahuan et le volcan Paricutín. Au nord, le village de Paracho est connu pour ses fabriques de guitares espagnoles.

ZONA ARQUEOLOGICA TINGAMBATO ★

Route de Uruapan a Patzcuaro.
✆ +52 443 312 8838
Ouvert tous les jours de 9h à 18h. Entrée : 55 $.
Voilà une petite zone qui est confortablement située au sein d'un joli site naturel vallonné. Son occupation et ses caractéristiques correspondent à la période antérieure à l'hégémonie des seigneuries tarasques : occupé à partir de 450, son apogée (de 600 à 900) correspond en effet à l'influence de la civilisation de Teotihuacán. A ce jour, seuls quelques bases pyramidales, jeux de balle et quartiers résidentiels ont été mis au jour, sans oublier de multiples tombes.

VOLCÁN PARICUTÍN ★★★

Dans la Sierra de Tancitaro, le volcan Paricutín est né le 20 février 1943 sous le nez d'un couple de fermiers qui inspectaient leur champ de maïs après leur journée de labeur. Aux alentours de 16h, sous leurs yeux ébahis, le sol tremble, la terre gronde et des fumerolles commencent à s'élever à mesure qu'une faille s'agrandit… Quatre jours plus tard, le cône mesure déjà 60 mètres de haut et la première coulée de lave apparaît. Une semaine après l'éruption, le volcan atteint 130 mètres de hauteur. Au total, l'éruption aura duré neuf ans et donné naissance à un volcan de quelque 2 800 mètres d'altitude. Conséquence de l'éruption : les villages de Paricutín et San Juan Parangaricutiro ont été entièrement ensevelis sous la lave. Aujourd'hui, seul le clocher de l'église est encore visible au milieu de la coulée de lave, ultime témoignage du passé. Heureusement, à l'époque, l'évacuation du village n'a pas posé problème et seuls trois décès ont été à déplorer en raison des éclairs provoqués par le panache volcanique. Les personnes qui ont perdu leur maison sous la lave ont par la suite fondé le village Nuevo San Juan Parangaricutiro.

Balade

Le village le plus proche est Angahuan, que vous atteindrez en 45 minutes de bus depuis Uruapán (les bus partent de la Central Camionera). Il est possible d'y dormir dans des bungalows. Il est recommandé d'y dormir si vous souhaitez monter jusqu'au cratère du volcan, puisque la balade aller-retour dure pas moins de 7h et qu'il faut partir tôt. Les environs du volcan sont une invitation aux grands espaces. Le sol fissuré est recouvert d'un sable noir et parsemé de larges chemins que l'on peut parcourir en galopant. Le volcan possède un cratère parfait. Depuis la cime, on peut dévaler le Paricutín en sautant dans le sable fin et noir ce qui donne la sensation d'être un astronaute en apesanteur ! Pour les plus fainéants, une petite balade à pied ou à cheval pour aller découvrir la coulée de lave et les ruines de l'église de Parangaricutiro fera amplement l'affaire. D'autres excursions sont possibles depuis San Juan Parangaricutiro, mais la plus jolie balade est tout de même depuis Angahuan. Le volcan Tancítaro, moins connu, proche du Paricutín, est le pic le plus haut de l'Etat avec ses 3 850 m d'altitude. Il est entouré de quelque 250 petits volcans. Notez qu'il existe plus de 1 000 volcans dans tout le Michoacán.

CENTRO TURISTICO DE ANGAHUAN €

✆ +52 1 452 443 0385
C'est l'endroit de base pour aller visiter le volcan ou ses environs. Les cabanes offrent un confort sommaire. La terrasse du restaurant offre une vue plongeante sur les ruines et on aperçoit au loin le volcan. En descendant du bus le long de la route d'accès au village depuis Uruapan, des guides armés de chevaux vous feront sûrement la cour pour partir derechef en balade, mais il est tout de même préférable de se rendre ici avant tout (à pied, en taxi ou même à cheval).

ZAMORA ★

Zamora, avec la façade de son impressionnante cathédrale et ses environs (le sud), est une région moins touristique et qui offre des intérêts alternatifs à la classique route Morelia - Pátzcuaro - Uruapán, encore plus si vous vous dirigez vers Guadalajara ou Guanajuato. La ville a été fondée en 1540 par le vice-roi Don Antonio de Mendoza. Elle fut peuplée par quatre familles espagnoles, quelques célibataires ainsi que des indigènes. La plupart des Espagnols étaient originaires de la ville de Zamora en Espagne, d'où le nom. Zamora est connue au Mexique pour son importante production de fraises. D'ailleurs, en février, ne ratez pas la foire de la fraise.

LAZARO CARDENAS

Avec quelque 200 000 habitants, c'est la plus grande ville de la côte et surtout le port industriel qui se dispute la première place du commerce maritime national avec Manzanillo. La zone n'est pas très *funky* et la seule attraction pour les habitants, ce sont peut-être ces vingt kilomètres de frange côtière qui s'étalent jusqu'à Playa Azul. Il y a bien eu quelques essais de développement d'infrastructures de tourisme de masse autour de la création de casinos, mais les projets sont au point mort. Pour ceux qui voyagent en bus ou en avion, votre séjour se limitera à changer de mode de transport pour vous rendre vers une destination plus attractive.

PLAYA AZUL

C'est la plage des Michoacanos en visite sur la côte. Le village qui l'abrite compte un peu plus de 3 000 habitants à l'année. Un climat agréable, des poissons à déguster sous les tonnelles, les yeux rivés sur l'océan Pacifique en sirotant une coco bien juteuse suffisent à convaincre. On compte quatre campements qui œuvrent, de juin à décembre, à la préservation des tortues. Justement, si vous êtes de passage en octobre, ne pas rater la fête de la Libération de la tortue (environ 5 000 tortues). Playa Azul compte également des hôtels de charme, dont certains sont posés au bord de l'océan, et quelques restaurants de poisson de bonne qualité.

CALETA DE CAMPOS ★

A 69 kilomètres de Lazaro Cardenas, c'est une toute petite ville (ou un gros village) construite autour d'une baie protégée par une digue naturelle renforcée, qui permet de se baigner en toute tranquillité. Si l'endroit n'est pas nécessairement le plus sauvage que vous trouverez sur la côte, son emplacement à une heure de route de Lázaro Cárdenas est une bonne alternative pour éviter de passer la nuit là-bas, pour déjeuner ou pour une petite baignade avant de monter plus au nord. Quelques hôtels accueillent les touristes qui se décident à passer la nuit sur place. Pour ceux qui campent à Nexpa, c'est ici aussi qu'il est aisé de faire ses courses.

PICHILINGUILLO ★

A 110 kilomètres de Lázaro Cardenas et 60 kilomètres de Caleta de Campos (1h de route), c'est un tout, tout petit village de pêcheurs encastré dans une anse digne des plus réalistes films sur la piraterie ; il n'est donc pas étonnant que l'endroit leur ait servi de refuge dans des temps révolus. Aujourd'hui, ce sont toujours deux petites plages qui accueillent surtout des visiteurs venus de l'Etat de Jalisco ; en semaine, l'endroit est généralement désert. En été, quand la marée monte, les deux plages sont séparées par des rochers. La première, vers laquelle descend la route, accueille les barques de pêcheurs, le meilleur des deux hôtels du coin, et de petits restaurants. La suivante accueille un espace de camping et un hôtel pour le moins inconfortable. Dans tous les cas, l'endroit est propice à la baignade et aux tours en bateau : découverte des grottes qui parsèment la côte et snorkeling dans ces eaux considérées comme un véritable aquarium. Entre janvier et mars, on peut sortir en mer pour observer les baleines. Le reste du temps, on en sort du poisson pour le déposer dans votre assiette.
Un kilomètre plus au sud, la plage vierge de Arenas Blancas accueille un centre de protection des tortues. Possibilité d'y camper.

NEXPA ★★

Longue plage au sable gris balayée par les vents et la fureur des vagues, Nexpa n'est pas le paradis du farniente, mais du surf. Découverte par les surfeurs nord-américains dans les années 70, l'endroit accueille toujours autant de passionnés. Aires de camping et petites cabanes face à la plage s'étalent sur deux kilomètres depuis l'estuaire que l'on peut parcourir en kayak à la levée ou à la tombée du jour (attention aux crocodiles, tout de même). Ici, pas de bars ou restaurants branchés : les surfeurs se préparent leur tambouille et, pour les gens de passage, on trouve de petits endroits où déguster du poisson frais et acheter quelques victuailles.

CABAÑAS MAR DE NOCHE €€

✆ +52 1 753 118 3931
www.nexpasurf.com
Cabane 1-6 personnes : à partir de 1 200 $.
Chambre 1-4 personnes : à partir de 800 $.

C'est l'un des plus anciens hôtels de la plage, mais aussi celui qui propose les options les plus confortables, dont des cabanes face à la plage, équipées d'une salle de bains et d'un coin cuisine pour pouvoir préparer ses repas. Certaines ont une vue sur l'océan, que l'on peut admirer depuis le confort de son hamac... Pour les chambres, les options sont variées entre le ventilateur ou l'air conditionné. Il est également possible de camper. Petite piscine en prime pour ceux qui ne veulent pas se mettre à l'eau avec une planche de surf.

MARUATA ★★

Le paradis perdu de Maruata... Destination hippie à la mode des années 70 au début des années 90, elle était alors fameuse pour sa petite crique nudiste. Aujourd'hui délaissée en raison de son relatif isolement (175 km de Lázaro Cardenas, quelque 3h de route) et des conditions de sécurité précaires propres à l'ensemble de la zone, c'est une grande communauté indigène au paysage maritime époustouflant. Plus qu'une plage, il s'agit surtout ici d'un ensemble de petites criques et d'une baie plus ample où la baignade est possible. Ici, la sierra semble plonger vers l'océan à l'infini : falaises, à-pics et promontoires rocheux aux tons clairs sont balayés par des eaux aux reflets turquoise, donnant à l'endroit une petite touche par instants surréaliste : la roche du Doigt de Dieu (el Dedo de Dios) vient nous rappeler la toute-puissance des forces naturelles. Ici, les pêcheurs peuvent vous emmener découvrir les plages désertiques alentour et autres coins perdus entre terre, ciel et mer ; les balades à pied ou à cheval sur la plage sont mémorables. C'est sûrement ici qu'on trouve les meilleures possibilités de séjour sur la côte : aires de camping, cabanes rustiques et petits restaurants sous des toits de palme au bord de l'eau, et surtout un très beau Parador Turistico jonché en hauteur sur la roche et tenu par quelques familles de la communauté. En dehors des vacances nationales, cet endroit qui reprend vie peu à peu est plus que propice au vagabondage des émotions et de l'imagination...

L'une des plages de Maruata.

CENTRO ECOTURISTICO AYULT €

✆ +52 55 5 150 51 10
14 cabanes, à partir de 500 $. Camping : 100 $.

Perché sur une montagne rocheuse en amont de la plage la plus au nord de Maruata, l'ensemble entretenu avec soin dégage une impression de plénitude incroyable. Les jardins sont choyés et les cabanes, d'une simplicité désarmante sans pour autant négliger le confort, vous accueillent les portes ouvertes. Partout, la vue est majestueuse. Pour ceux qui ne campent pas, c'est l'option de loin la plus confortable et revigorante. Pour un séjour pittoresque.

FARO DE BUCERÍAS ★★

El Faro de Bucerías présente une configuration idoine pour la baignade, le snorkeling ou la plongée (de novembre à février). Ses nombreux îlots et roches émergentes en font un sanctuaire de reproduction pour oiseaux, que l'on visite discrètement de mars à septembre ; l'arrière-pays propose également quelques balades intéressantes. Les petites constructions de bois qui servent de restaurant sur la plage vous laisseront camper ou tendre votre hamac. A quelques encablures plus au sud, ne manquez pas d'aller vous promener sur la plage désertique de la Llorona. A proximité se trouvent également les plages de Manzanillera, Palma Sola et Colorada.

PALMA SOLA ★

Séparée de la Manzanillera par un promontoire rocheux, cette belle plage a la particularité d'accueillir un Parador Turistico un poil plus chic et sophistiqué que les autres. Il accueille des visiteurs aisés venus essentiellement de l'Etat de Jalisco. L'ensemble de ces bungalows construits en enfilade en surplomb de la plage est entouré de végétation (il y a même du gazon, c'est dire à quel point l'élégance est au rendez-vous !). Un petit plaisir à ne pas dénigrer, d'autant plus que son restaurant propose quelques délices qui vous changeront de la gastronomie uniquement locale. On peut même y camper sur la plage, à l'ombre des cocotiers...

CABAÑAS TURISTICAS PALMA SOLA €€

✆ +52 1 313 119 4796

9 petites maisons divisées en 14 chambres, à partir de 1 400 $ la nuit. Camping à 100 $ par personne.

Et voilà, c'est ici que vous pourrez vous reposer après avoir bourlingué sur la côte ou reprendre des forces avant de plonger vers Maruata plus au sud. Les prix sont certes beaucoup plus élevés que sur les autres plages de cette zone nahua, mais étant donné la qualité des installations, c'est plutôt raisonnable. Les cabanes offrent calme, confort et propreté. L'établissement est connu et prisé, il est conseillé de réserver si vous y passez durant un week-end.

IXTAPILLA ★★

Magnifique plage battue de plein fouet par l'océan. Ici, le centre de protection des tortues se trouve à l'extrémité de la plage, sur votre droite, non loin d'une végétation luxuriante qui fait place au doré du sable puis au turquoise de l'eau... Une ambiance réellement enchanteresse. C'est une des plus belles options de la côte pour venir observer les tortues marines (essentiellement de l'espèce *Golfina*). Présentes tout au long de l'année (certaines arrivent, nonchalantes et solitaires, à la tombée de la nuit), les arrivages massifs se produisent surtout à partir de début juillet jusqu'en septembre, le gros de l'activité des volontaires se terminant fin décembre, lorsque tous les œufs ont éclos et que tous les petits ont gagné sans embûches l'océan. Cinq personnes se relaient en permanence sur le site tout au long de l'année, puis une cinquantaine lorsque les tortues arrivent par dizaines et qu'il s'agit de mettre à l'abri et protéger leurs œufs.

Pratique

Un centre d'accueil des visiteurs a récemment vu le jour, juste en face de l'ancien dont les cabanes aux toits de palme se délabrent dans l'indifférence la plus totale. On y trouve des chambres pour environ 500 $ (les tortues arrivant en soirée, il est indispensable de prévoir d'y passer la nuit).

LA TICLA ★

A 20 kilomètres de San Juan de Alima, La Ticla est la dernière des plages de la zone nahua. C'est une plage de fortes vagues et courants violents, sur laquelle se pressent les surfeurs de tous pays. On y trouve quelques options d'hébergement dans des petites cabanes ou on peut tout simplement y louer un hamac pour passer la nuit. Le Parador Turistico de la Ticla est installé sur la plage et dispose de bonnes infrastructures qui le rendent populaire auprès des oiseaux de passage, tout particulièrement des surfeurs. Le centre du village comprend en outre quelques restaurants, qui proposent de bons *tacos* et plats de poisson en toute simplicité.

PARADOR TURISTICO LA TICLA €

✆ +52 1 313 136 7630

12 cabanes de 600 à 1 200 $. Camping 50 $ par personne.

Le grand classique des plages de la côte Pacifique : cabanes en bois aux toits de palme et vue sur les grosses vagues qui déferlent pas loin du rivage et qui font que l'établissement est particulièrement populaire auprès des surfeurs. Après une journée de baignade, quoi de mieux que de se prélasser dans le hamac installé sur le porche de votre cabane ? Possibilité de camper également. L'endroit est propre et plutôt bien entretenu. Bon petit restaurant pour compléter ce tableau.

ACAPULCO ★

A l'arrivée de Hernan Cortés en 1530, Acapulco (« le lieu des roseaux ») devient le port de l'une des principales routes commerciales avec les Philippines : cette colonie espagnole était administrée directement depuis cette ville. Après le départ des Espagnols en 1810, Acapulco retombe dans l'oubli jusqu'à la construction de la première route reliant Mexico en 1927, puis du premier hôtel en 1934 ; une nouvelle route datant de 1955 allait permettre à la ville de devenir une des premières destinations du Mexique : on compte à l'heure actuelle 3,5 millions de visiteurs chaque année, le tourisme *jet set* international des années 40 et 50 étant peu à peu remplacé par un tourisme plus diversifié, largement alimenté par la ville de Mexico. Acapulco compte actuellement environ un million d'habitants et se trouve au centre de conflits violents liés au narcotrafic, l'Etat de Guerrero étant à la fois une zone de production et de transit de stupéfiants. Si vous souhaitez découvrir les splendeurs du Pacifique, d'autres destinations plus méridionales feront largement l'affaire...

Quartiers

L'avenida Costera Miguel Alemán parcourt tout le front de la baie d'Acapulco, depuis le centre (la vieille ville, quelque peu déclassée) jusqu'au club de golf Acapulco. C'est là qu'elle s'arrête finalement, pour laisser place à la Carretera Escenica, une route panoramique construite sur les falaises qui se prolonge jusqu'à la baie de Puerto Marqués et Punta Diamante. La ville peut être divisée en 3 grands quartiers ou zones :

- Zone 1 : l'ancien Acapulco avec le Zócalo, les plages de Caleta et Caletilla, et la fameuse Quebrada avec ses plongeurs. C'est un endroit qui reçoit un tourisme national et populaire.
- Zone 2 : la zone dorée, au centre de la baie d'Acapulco, où l'on trouve La Condesa, le quartier le plus vivant et le plus festif de la ville. Cette zone accumule bars, restaurants et boutiques depuis le parc Papagayo jusqu'à la playa Icacos.
- Zone 3 : le Nouvel Acapulco commence aux alentours de Punta Guitarrón, et comprend la baie de Puerto Marqués, Punta Diamante puis la Zona diamante, la plus exclusive de la ville ; la bande de sable de plusieurs kilomètres de long fait face à la Playa Revolcadero, où l'on peut pratiquer le body-board ou le surf. Quelque 25 kilomètres plus loin en suivant la plage ininterrompue, on débouche sur le village de Barra Vieja.

CLAVADISTAS DE LA QUEBRADA ★★

Av. Adolfo López Mateos s/n
✆ +52 744 483 1400

Les sauts ont lieu à 13h, 19h30, 20h30, 21h30 et 22h30. Droit d'entrée : 40 $.

Depuis 1934, les fameux plongeurs des falaises se jettent du haut de La Quebrada (35 m de hauteur). Les trois secondes de chute libre sont suffisantes pour leur faire toucher les eaux du canal à une vitesse de 90 km/h : le *timing* doit être parfait puisqu'il faut attendre l'arrivée de la vague pour disposer de suffisamment de profondeur d'eau et ainsi éviter de se fracasser sur les rochers ; si aucun mort n'est à déplorer depuis 1935, les lésions à long terme et blessures sont légion.

FUERTE DE SAN DIEGO ★

Calle Hornitos y Morelos s/n
✆ +52 744 482 3828

Ouvert du mardi au dimanche de 9h à 18h. Entrée : 60 $.

Construit en 1615 par l'empire espagnol pour contenir les pirates anglais et français, ce fort a été réaménagé dans sa forme actuelle en 1776, où il continuait à accueillir une garnison de 2 000 hommes. Après avoir été utilisé comme couvent, hôpital et prison, il est restauré en 1986 et abrite désormais le Museo Histórico de Acapulco. Ce petit musée retrace l'histoire de la côte Pacifique du pays et donne à voir des vestiges de l'époque préhispanique et des objets datant de la guerre d'indépendance. L'endroit offre aussi un beau panorama sur la baie d'Acapulco.

AEROPORT INTERNATIONAL D'ACAPULCO

Plan de Los Amates s/n
✆ +52 744 435 2060
www.oma.aero

L'aéroport international se situe à 26 km de la ville. Il est desservi par de nombreuses compagnies aériennes : Aeromar, AeroMéxico Connect, Magni, Volaris et VivaAerobús assurent des liaisons intérieures avec certaines villes mexicaines, à savoir Mexico, Monterrey, Cancún, Tijuana et Guadalajara. Pour se rendre aux Etats-Unis ou au Canada (Dallas, Houston ou Montréal), il faudra emprunter les compagnies American Eagle, United Epxress et Air Transat.

HOTEL LAS BRISAS €€€

Carretera Escénica #5255
✆ +52 744 300 6057
www.suiteslasbrisas.com
251 chambres et suites.
Chambre pour 2 personnes à partir de 2 500 $, petit déjeuner compris.

Cet hôtel surplombe la ville d'Acapulco et possède sans conteste la plus belle vue de la baie. Les chambres sont enchanteresses : écran plat, DVD, bain bouillonnant pour les suites les plus luxueuses, piscine privée ou presque ; les chambres les moins chères partagent la piscine… mais seulement avec la chambre d'à côté ! Bref, l'hôtel Las Brisas est un établissement de rêve. Trois restaurants, dont le fameux Bellavista ; club de plage et piscine aménagée dans la crique pour nager au calme. Un établissement tout simplement magnifique.

CARMENERE €€

Avenida Costera Miguel Alemán #3007
✆ +52 744 484 2561
www.carmenere.mx
Ouvert du lundi au samedi de 14h à 23h30 ; le dimanche de 14h à 23h. Plats autour de 300 $.

Ce restaurant, à la décoration chaleureuse et sans prétention, sert une cuisine internationale de qualité, inspirée de la gastronomie française, italienne et sud-amércaine. Au menu : filet de boeuf et foie gras, saumon grillé, poisson blanc émincé façon péruvienne, quelques salades et plats de pâte, et des bons vins en accompagnement. Le cadre de l'établissement rappelle un peu celui des bistrots de chez nous. On peut regretter que le restaurant n'ait pas vue sur la baie d'Acapulco, mais au moins, on est sûr que le chef cherche à séduire uniquement vos papilles.

ZIBU €€€

Avenida Escénica SN
✆ +52 744 433 3058
www.zibu.com.mx
Ouvert tous les jours de 16h à 23h.
Plats autour de 200 $.

Zibu est un beau restaurant sur les hauteurs, doté d'une belle vue sur la mer et la baie de Puerto Marqués. Ici, on propose de délicieux ingrédients pour cette fusion des saveurs mexicaines et asiatiques, par exemple : poisson fumé avec julienne de mangue, salade thaï aux crevettes, quelques sushis et sashimis, tacos de langoustine, poulpe braisé, pad thaï, saumon au curry… Les plats, pleins de fraîcheur et de saveurs, sont remarquablement bien exécutés. L'une des adresses les plus sympas d'Acapulco, avec une terrasse très agréable.

ZIHUATANEJO ★

Ici, la végétation des montagnes de la Sierra Madre del Sur est luxuriante. La ville, construite en partie à flanc de montagne, est sise le long d'un littoral d'une trentaine de kilomètres qui offre nombre de plages et de criques. Zihuatanejo a l'aspect d'une petite station balnéaire. La plage principale de la ville n'est pas la plus charmante du lot, mais c'est ici que débute le petit quadrillage de rues qui marque le centre touristique. Un marché aux poissons, très pittoresque, est tenu par les pêcheurs tous les jours tôt le matin. Un peu plus au sud se trouve la playa Madera, mais rendez-vous surtout à la playa La Ropa, plus chic et agréable.

IXTAPA ★

Ixtapa veut dire en náhuatl « la ville blanche ». La station est née en 1970 en même temps que Cancún. La baie ouverte accueille une belle plage propice à la baignade ; c'est aussi, par endroits, un spot idéal pour faire du surf (ou du body). De façon générale, Ixtapa a beaucoup moins de charme et de cachet que Zihuatanejo, malgré sa belle plage, car les grands complexes hôteliers et les restaurants de luxe dominent partout le paysage. C'est pourquoi on recommande d'opter pour un hébergement à Zihuatanejo et visiter Ixtapa le temps d'une journée, pour se relaxer sur la plage, faire du snorkeling, du golf ou se restaurer le long de sa jolie marina.

TAXCO ★★★

Taxco de Alarcón est une petite ville coloniale aux ruelles étroites, perchée dans les montagnes. Son nom vient du náhuatl et signifie « lieu du jeu de balle ». Après la conquête, Hernan Cortés se rendit compte que la région était riche en étain et fonda à proximité des mines l'actuelle ville de Taxco. Pourtant, ce n'est qu'au XVIIIe siècle que la ville commença réellement à se développer, lorsque José De La Borda découvrit un grand gisement d'argent. Taxco devint alors un grand centre minier. Aujourd'hui, même si les alentours ne produisent plus d'argent, on trouve à Taxco plusieurs dizaines de boutiques d'argent, à la qualité très inégale.

CASA BORDA ★★

Plaza Borda

Cette résidence à la façade sobre et élégante fut construite au XVIIIe siècle par Don José de la Borda, l'homme d'origine française qui découvrit les grandes mines d'argent près de Taxco. Elle est l'un des édifices les plus anciens de la ville. Aujourd'hui, elle abrite la Casa de la Cultura de Taxco. On y présente des expositions temporaires de sculpture, de peinture et de photographie parfois intéressantes, qui mettent en avant des œuvres réalisées par des artistes originaires de l'État de Gerrero. A voir, surtout pour le bâtiment.

CASA HUMBOLDT - MUSEO DE ARTE SACRO VIRREINAL ★★

Calle Ruíz de Alarcón #12

✆ +52 762 622 5501

Ouvert du mardi au dimanche de 10h à 18h. Entrée : 50 $.

Ainsi appelée car, en 1803, elle accueillit Alexandre Humboldt, explorateur et naturaliste allemand. Sa façade principale est décorée de motifs géométriques de style mudéjar ; son patio, sa fontaine et sa galerie sont caractéristiques des demeures construites au XVIIIe siècle, à l'époque où la production minière était à son apogée. Utilisé successivement comme hôpital, cinéma et couvent, le bâtiment abrite actuellement le Museo de Arte Sacro Virreinal (l'art religieux colonial).

CASCADE DE CACALOTENANGO ★★

À 13 km à l'ouest de Taxco

A 10 km à l'ouest de Taxco se trouve cette belle cascade de 80 mètres, au milieu d'une forêt de conifères. On peut se balader dans les magnifiques paysages naturels qui l'entourent, en suivant les chemins de randonnée. Il y a plusieurs sortes d'activités possibles sur place : faire une balade à dos de cheval, emprunter une petite tyrolienne au-dessus de la cascade (convient également aux enfants), baignade (attention, l'eau est très fraîche, certains ne s'y aventurent que vêtus d'une combinaison !). L'endroit est populaire auprès des familles.

LAS GRANADAS - MIL CASCADAS ★★

A 35 km et une heure de route de Taxco. L'accès est plus direct en venant de la ville de Mexico.

✆ +52 762 621 7067

Ouvert tous les jours de 9h à 19h. Entrée : 50 $. Descente en rappel : 150 $.

Voilà un site magique : dans ces paysages de verdure et de roche aux couleurs hallucinantes, on peut se jeter dans l'eau fraîche de plus de dix piscines entièrement naturelles formées par des rivières, secouées de cascades et transpercées de grottes que l'on peut explorer. Certains font du rappel le long des parois où chutent les cascades. Guide recommandé pour les parcours les plus exigeants et intéressants. Une merveille naturelle à ne pas manquer.

MUSEO ARQUEOLÓGICO GUILLERMO SPRATLING ★

Calle Porfirio A. Delgado #1

✆ +52 762 622 1660

Ouvert du mardi au samedi de 9h à 17h ; le dimanche de 9h à 15h. Entrée : 45 $.

Ce musée met en avant la collection personnelle de William Spratling, homme fortuné doué de divers talents, qui a contribué à la revitalisation du village dans les années 1930 en venant s'y installer. L'une des salles est dédiée à la vie de Spratling, mais l'essentiel du musée est consacré à l'une de ses passions et présente une collection de centaines de pièces préhispaniques de différentes régions culturelles, qu'il a léguées à la ville à sa mort.

PARROQUIA SANTA PRISCA ★★★

Plaza Borda

La légende veut que la construction ait duré sept ans à peine (1751-1758). L'ensemble est une véritable merveille de l'art baroque mexicain. L'édifice, qui était jusqu'en 1806 le plus haut du pays, est construit en forme de croix latine. La façade est flanquée de deux tours de style churrigueresque et son intérieur renferme pas moins de neuf retables de style baroque recouverts de feuilles d'or, construits par les Espagnols Isidro Vicente et Luis Balbas, ainsi qu'un très bel orgue. Les peintures sont l'œuvre du peintre Miguel Cabrera, peintre originaire de Oaxaca.

POZAS AZULES DE ATZALA ★★

À 16 km au sud-ouest de Taxco.
Tous les jours de 9h à 18h.
Entrée : 30 $.

A une quarantaine de minutes en voiture de Taxco vous attend un lieu naturel on ne ne peut plus rafraîchissant… Ici, des eaux cristallines se rejoignent dans sept petits bassins naturels, la tonalité des roches leur conférant une couleur d'un bleu turquoise intense. Pensez à prendre votre maillot de bain, l'eau translucide est trop séduisante pour ne pas s'y plonger. Pour vous rendre à Pozas Azules depuis Taxco, il faut aller au magasin Coppel Plateros, devant lequel sont garés les *colectivos* pour Atzala, qui partent toutes les 30 minutes dans les deux sens.

TELEFÉRICO DE MONTE TAXCO ★

Ouvert du lundi au vendredi de 8h à 19h ; le week-end de 8h à 22h. Tarif : 95 $.

Ce téléphérique, construit en Suisse, conduit au très bel hôtel Monte Taxco, qui surplombe la ville. Une fois en haut, la vue panoramique sur Taxco et les montagnes environnantes est époustouflante. La cabine est toute petite et l'ascension à son bord offre, elle aussi, des panoramas époustouflants. La station de téléphérique se trouve à l'entrée de la ville près de Los Arcos, sur l'Avenida de los Plateros, face à l'Oficina de Convenciones y Visitantes.

LA CASA DEL LAUREL HOTEL €€

Juan Ruiz de Alarcón #25 ✆ +52 762 622 1662
www.hotelentaxco.com
9 chambres. Compter 950 $ pour une chambre double.

Décoré sobrement et avec goût, c'est un établissement de style traditionnel qui vous fera sentir comme à la maison. Il est bien placé et le nombre réduit de chambres, installées en hauteur sur plusieurs étages et demi-étages, permet d'offrir aux clients une attention personnalisée. En fin de journée, pourquoi ne pas faire un tour sur le toit pour profiter du coucher de soleil qui enveloppe la ville d'une belle lumière ocre ? Le week-end, le petit déjeuner est offert, mais il n'est pas gargantuesque. Une excellente et accueillante adresse.

HOTEL LOS ARCOS €€

Juan Ruíz de Alarcón #4
✆ +52 762 622 1836
www.hotellosarcosdetaxco.com
21 chambres et suites spacieuses, à partir de 1 100 $.

Cet hôtel se situe dans un joyau colonial qui date du XVIIe siècle. L'architecture et la cour intérieure à l'espagnole sont étonnantes. Les chambres sont lumineuses et possèdent une décoration à la fois rustique et sobre. On apprécie les petites touches de couleur qui proviennent des belles peintures et des coussins. La très grande terrasse offre une belle vue alentour, tandis que le beau patio fleuri est idéal pour se prélasser à l'ombre. Un établissement décoré avec beaucoup de goût, qui possède un certain cachet. Très, très bonne option.

EL ADOBE €€

Plazuela de San Juan
✆ +52 762 622 1416
www.eladoberestaurante.info
Ouvert du dimanche au jeudi de 8h à 22h ; le vendredi et le samedi de 8h à 23h.
Plats entre 100 et 200 $.

Il fait bon s'arrêter dans ce petit restaurant sans prétention au cœur de Taxco. Il y a le superbe cadre tout d'abord, rustique et authentique plus que purement décoratif. On peut y déjeuner aux balcons, avec vue sur les alentours. On a alors le sentiment étrange d'être installé sur les toits de la ville ! Le service est attentif et discret et surtout, surtout, il y a cette pièce de bœuf au style *guerrerense*, un poil piquant et terriblement original… Une bonne surprise pour un restaurant avant tout destiné aux gens de passage.

BAR BERTA

Plaza Borda #2
✆ +52 762 622 0172
Ouvert du mercredi au lundi de 13h à 22h.

Ouvert en 1930 et situé juste en face du Zócalo, ce bar est un incontournable de Taxco. Poussez la porte et vous vous retrouverez dans un petit endroit à la décoration un peu kitsch et très éclectique. L'un des murs est entièrement recouvert de billets de banque provenant de plein de pays différents. Les boissons sont excellentes ; il faut absolument goûter le fameux cocktail éponyme, inventé par sa fondatrice, qui contient de la tequila, du citron et du miel. Bada-boum. Pour profiter de la vue sur le Zócalo, direction la petite terrasse, à l'étage.

GRUTAS DE CACAHUAMILPA ★★★

Les grottes de Cacahuamilpa sont considérées comme les plus grandes et plus belles de la planète.

Transports

Depuis Taxco, des bus de la compagnie Autotransportes Aguila partent de la gare routière Estrella Blanca toutes les 40 minutes, mais ils vous laissent sur la route, à environ 1 km de l'entrée des grottes (26 pesos). Si vous ne voulez pas marcher, préférez les minibus qui partent de l'Avenida de Los Plateros face à la gare routière, et portent l'indication Grutas (25 $). Ils vous laisseront tout près des grottes et le trajet, qui dure une trentaine de minutes, est plus agréable. En revanche, les minibus ne partent que toutes les heures.

CHILAPA ★

Chilapa est située à 60 km à l'est de Chilpancingo, sur la route 92 qui prend de l'altitude pendant 15 km, le long d'une crête dominant le fond plat d'une vallée. Les vagues de nuages qui roulent du Pacifique se crèvent sur les crêtes rocheuses, laissant une mince brume à la surface de la route. Chilapa est considérée comme la porte d'entrée de la zone Mixtèque-Tlapaneca-Nahua, qui abrite l'habitat montagneux de l'une des plus grandes concentrations d'indigènes du Mexique. Les routes sont rares pour traverser ce territoire. Chilapa, en tant que centre commercial et fer de lance culturel, joue un rôle essentiel dans l'économie de la région.

GRUTAS DE CACAHUAMILPA ★★★

A 30 km de Taxco © +52 721 104 0155

Ouvert tous les jours de 10h à 17h. Entrée : 100 $ pour une visite guidée de 2 heures.

Les grottes de Cacahuamilpa sont considérées parmi les plus belles de la planète. Vous ne pouvez manquer de les visiter si vous vous rendez à Taxco. Elles mesurent plus de 2 km de profondeur et on peut y admirer de belles stalactites et stalagmites de plusieurs mètres de hauteur. A l'intérieur des grottes, l'obscurité est totale sur la majeure partie du chemin, raison pour laquelle un explorateur anglais, qui était à la recherche d'un trésor perdu, y a perdu la vie au début du XIXe siècle. Depuis plusieurs années, le gouvernement mexicain a fait installer des éclairages qui mettent en valeur la beauté des formations calcaires, mais par sécurité les grottes ne peuvent se visiter que dans le cadre des visites guidées : les guides partent à intervalle régulier avec les groupes qui se forment sur place ; la visite privée est tout de même plus sympa. Comme les grottes sont immenses, la visite est longue et prend un peu plus de 2 heures pour parcourir 4 kilomètres aller-retour : plus on s'enfonce, plus la chaleur humide devient suffocante.

▶ **Fleuves souterrains** : En plus de la visite de ces différents salons (qui peuvent mesurer plus de 80 mètres de hauteur), on peut également choisir de se mouiller un peu et de descendre plusieurs dizaines de mètres sous terre, par le lit de deux rivières souterraines : uniquement de février à mai, lorsque les eaux de ces fleuves alimentés par le Nevado de Toluca sont plus clémentes. Attention, de nombreux accidents (parfois mortels) ont lieu chaque année lors de ces excursions.

OAXACA ★★★

Située à l'intersection de trois grandes vallées, Oaxaca est entourée de montagnes de plus de 2 000 m. A leur sommet, s'élèvent des constructions érigées jadis par les civilisations préhispaniques. Le centre historique de la ville ainsi que le site de Monte Albán ont été classés par l'Unesco patrimoine de l'humanité. Ici, la flânerie s'épanouit dans les rues piétonnes et dans les nombreux parcs ombragés où ruisselle une fontaine. Une atmosphère où la culture tient une place de choix grâce aux universités qui ceinturent la ville. Nous vous conseillons vivement de louer une voiture pour visiter les villages et sites avoisinants.

Histoire

La ville de Oaxaca, aussi appelée Oaxaca de Juárez, porte officiellement le nom de l'un des personnages historiques les plus importants, sinon le plus populaire de l'histoire du Mexique, Benito Juárez. Cet Indien zapotèque de souche est né en 1806 à Guelatao de Juárez, à 60 km au nord d'Oaxaca. Très jeune orphelin, il quitte la campagne à l'âge de 12 ans pour la ville de Oaxaca, où sa sœur travaillait comme servante dans la famille espagnole des Maza. Ne sachant pas parler l'espagnol, il travaille d'abord comme domestique et apprenti relieur pour Antonio Salanueva, qui, impressionné par ses qualités et son intelligence, l'aide à entrer au séminaire. Par la suite, n'ayant aucune vocation pour la religion, il délaissa la théologie pour le droit et devint un avocat spécialisé dans la défense des pauvres et des Indiens. Arrivé au poste de ministre de la Justice, il conçut la première grande réforme du pays connue sous le nom de loi Juárez. Il prit la tête du mouvement libéral qui évinça le dictateur Santa Anna, puis mena la résistance nationale contre les Français et contre Maximilien avant d'être nommé président de la République du Mexique, charge qu'il conserva jusqu'à sa mort, en 1872.

L'autre personnage illustre lié à l'histoire d'Oaxaca où il naquit, fut Porfirio Díaz, un métis. Chef de la garde nationale libérale, il assura la réussite du mouvement réformateur en battant les forces conservatrices, ce qui permit à Juárez de prendre le pouvoir. Succédant à Juárez, Porfirio Díaz dirigea le pays en dictateur absolu pendant trente-cinq ans, une période appelée « Porfiriato ». La terrible révolution de 1911 signa sa chute, et il dut s'exiler à Paris (où il mourut). Les deux enfants d'Oaxaca ont tous deux été gouverneurs de l'Etat du même nom.

ARQUITOS DE XOCHIMILCO ★★

Calle García Vigil,

Dans le plus vieux quartier de la ville, le Barrio de Xochimilco, voici les restes de l'ancien aqueduc de Oaxaca. L'aqueduc de San Felipe a été construit au milieu du XVIIIe siècle et a alimenté la ville en eau jusqu'en 1940. Eloigné des foules du centre historique, bien qu'il soit situé à moins de dix minutes de marche du Templo de Santo Domingo de Guzmán, ce quartier offre une agréable balade dans un décor pittoresque. Remontez la rue García Vigil, puis perdez-vous dans les ruelles, sans oublier de vous glisser sous les arches.

BASÍLICA DE NUESTRA SEÑORA DE LA SOLEDAD ✞ ★

Av. de la Independencia #107

Oaxaca ne manque pas d'édifices religieux qui valent le détour, et cette basilique en est une preuve supplémentaire. Situé en face de l'école des Beaux-Arts et en contrebas de la très agréable Plaza de la Danza, l'édifice actuel a vu sa construction débuter en 1682. Sa façade de style baroque date de 1718 : les illuminations en soirée lui offrent une profondeur de toute beauté, en créant des jeux de lumière autour de ses multiples niches et statues.

CATEDRAL DE OAXACA ✞ ★

Sur le Zócalo

Vous ne manquerez pas de découvrir cet imposant édifice en déambulant aux alentours du Zócalo. S'il ne présente pas la même splendeur architecturale et ornementale que d'autres de la région, c'est tout de même un lieu de culte couru, érigé au XVIIIe siècle sur les vestiges de constructions plus anciennes détruites par divers tremblements de terre. Fait intéressant : sa façade a été construite à partir de *cantera*, roche volcanique que l'on trouve dans la région, et qui a servi à la construction de nombreux bâtiments à Oaxaca.

Eglise Santa Domingo à Oaxaca.

CENTRO CULTURAL DE SAN PABLO ★★

Hidalgo #907

✆ +52 951 501 8800

Ouvert du lundi au samedi de 10h à 20h ; le dimanche de 10h à 18h. Entrée libre.

Cet endroit fut le premier couvent dominicain, fondé dans la ville en 1529. L'édifice a été merveilleusement restauré par la Fundación Alfredo Harp Helú Oaxaca, et les ajouts faits à travers les années ont été éliminés. En plus de son architecture, vous pourrez découvrir un centre académique et culturel complet : bibliothèque, ateliers d'art pour enfants, concerts, conférences, expositions, etc. Toutes les activités sont d'accès libre. Très bel endroit à visiter.

INSTITUTO DE ARTES GRAFICOS DE OAXACA (IAGO) ★★

Alcala #507

✆ +52 951 516 6980

Ouvert tous les jours de 9h30 à 20h. Entrée libre.

L'Institut d'Arts Graphiques a été fondé en 1988. L'école accueille un centre culturel et une belle bibliothèque d'histoire de l'art, fondée sur l'initiative de l'artiste Francisco Toledo. Si vous êtes passionné, vous prendrez plaisir à écumer les dizaines de milliers de volumes qui la composent. Le Centro Fotográphico Alvarez Bravo expose quant à lui de très belles œuvres photographiques. Expositions de *grafica* et joli café dans un patio. Excellent et gratuit.

CENTRO DE LAS ARTES SAN AGUSTÍN ★★

A une vingtaine de kilomètres au nord d'Oaxaca. Les taxis colectivos partent du Periferico, à proximité de la Central de Abastos.

✆ +52 951 521 2574

www.casa.oaxaca.gob.mx

Ouvert tous les jours de 11h à 18h. Entrée libre.

Une jolie excursion pour ceux qui souhaitent continuer à profiter de l'intense vie culturelle de la ville tout en sortant un peu de celle-ci. Le village de San Agustín Etla accueille depuis 2006 ce centre culturel abrité dans une ancienne fabrique de textiles fondée en 1883. L'endroit est axé sur la formation, la création et l'expérimentation artistiques. Outre de belles expos temporaires, des séminaires théoriques et pratiques animés par des artistes renommés y sont organisés.

LA MEZCALOTECA ★★

Reforma #506

✆ +52 951 514 0082

www.mezcaloteca.com

Ouvert du lundi au samedi de 15h à 20h. Entrée et dégustation de 3 mezcals : 320 $.

A mi-chemin entre le musée et la *cantina*, cette association recense des dizaines de variétés de mezcal issues de diverses régions du pays. Vous pourrez apprendre tout ce que vous souhaitez savoir sur le processus d'élaboration de cet elixir, le goûter et acheter quelques flacons pour la route. La Mezcaloteca peut aussi vous aider à organiser une visite de *palenques* traditionnels dans la région, plus intéressantes que les visites proposées par des agences de voyages. Pensez à réserver pour que votre visite coïncide avec les étapes de production les plus marquantes.

MUSEO DE LAS CULTURAS DE OAXACA ★★★

Ex-convento de Santo Domingo
✆ +52 951 516 2991
Ouvert du mardi au dimanche de 10h à 18h30. Entrée : 80 $.

Les premiers dominicains arrivent à Oaxaca en 1528. Ils obtiennent dès 1551 une concession de terres pour y édifier un couvent dans un délai de vingt ans mais les travaux traînent en longueur ; il sera finalement inauguré en 1608, alors qu'il n'est que partiellement achevé. Il fonctionne comme tel jusqu'au début du XIXe siècle, l'ensemble étant dès lors constamment réquisitionné par différentes factions militaires jusqu'à l'arrivée au pouvoir de Benito Juárez, qui légitime l'installation d'une caserne militaire. Rendu à l'Eglise en 1902, de nombreuses étapes de reconstruction et aménagement allaient se poursuivre jusqu'au XXIe siècle, pour accueillir dignement le magnifique Museo de las Culturas de Oaxaca. Ce merveilleux musée trouve son origine en 1831, lorsque est créé le *Museo Oaxaqueño* dont la collection d'histoire naturelle était alors installée dans le Convento de San Pablo. Jusqu'en 1933, cette institution allait acquérir des pièces archéologiques et des fossiles, ainsi que nombre de peintures classiques mises en danger par l'expropriation et l'expulsion des ordres religieux du pays. Il devient alors le *Museo Regional de Arqueología e Historia* et s'installe non loin de l'Alameda, accueillant au passage les vestiges et trésors mixtèques de jade et d'or de la fameuse *Tombe VII* de Monte Albán (toujours visibles dans une salle spécialement dédiée). Installé dans l'*Ex-Convento Santo Domingo* depuis 1972, ce n'est qu'en 1994 que l'armée libère finalement la totalité de l'édifice et que de vastes travaux de rénovation ont lieu.

Aujourd'hui, plus de 14 magnifiques salles relatent l'histoire de la région et du pays depuis la Préhistoire jusqu'à nos jours : les premiers habitants nomades et la sédentarisation progressive (10000 av. J.-C. à 200 apr. J.-C.) ; la floraison et la grandeur de la civilisation zapotèque et du site de Monte Alban (200 à 900 apr. J.-C.) ; les fameux trésors de la *Tombe VII* de Monte Alban, découverts en 1932 ; le temps des seigneuries locales et de l'alliance avec les Mixtèques (900 à 1521) ; la Conquête militaire (XVIe siècle) ; la Conquête spirituelle (XVIe-XVIIe siècles) ; la subsistance des cultures locales (XVIe et XVIIIe siècles) et toute la gamme des conséquences des bouleversements politiques nationaux sur l'Etat d'Oaxaca (Réforme, Indépendance, Porfiriato, Révolution, etc.). Un incontournable de Oaxaca, pour une odyssée archéologique et ethnologique à ne manquer sous aucun prétexte.

JARDIN ETNOBOTANICO ★★

A l'angle des rues Reforma et Constitución
✆ +52 951 516 7915
www.jardinoaxaca.mx
Visite guidée : 50 $ en espagnol et 100 $ dans les autres langues.

L'ancien parc et potager du couvent Santo Domingo a été reconverti en un très beau jardin ethnobotanique. Depuis 1998, on y fait pousser des variétés de plantes, en particulier des cactus, provenant des différentes régions de Oaxaca, au climat aride, humide, tropical ou montagneux. Le jardin donne ainsi un bon aperçu de la diversité de la végétation de l'État. L'entrée se fait uniquement dans le cadre de visites guidées : en espagnol du lundi au samedi à 10h, 12h et 17h ; en anglais mardi, jeudi et samedi à 11h ; en français le mardi à 17h.

TEATRO MACEDONIO DE ALCALÁ ★★

Avenida Independencia #900
✆ +52 951 516 8312
Ouvert du lundi au vendredi de 9h à 14h et de 16h à 20h ; le samedi de 9h à 14h.

Édifié en 1904, ce théâtre incarne à la perfection le prototype du bâtiment de l'époque porfirienne, du style Beaux-Arts au style Louis XV. La salle est aussi magnifique que la programmation est excellente, la meilleure de la ville en ce qui concerne les arts de la scène. Pour connaître les événements programmés, il faut consulter Twitter ou Facebook. Le théâtre doit son nom à Madeconio de Alcalá, l'un des plus grands violonistes et pianistes mexicains.

BICICLETAS PEDRO MARTINEZ ★★★

✆ +52 951 914 5935
www.bicicletaspedromartinez.com
Tarifs en fonction des excursions.

Pedro Martinez est un ancien coureur cycliste de circuit mexicain, qui vous emmène avec ses très bons vélos visiter les environs de Oaxaca. Il organise aussi des expéditions de plusieurs jours vers la côte ; le but est d'éviter les routes pour voitures pour n'emprunter que des chemins de terre. Rien de tel qu'une demi-journée (30 km) vers les Vallées Centrales : départ de Monte Alban ou Atzompa, puis on prend des chemins de terre vers Arrazola, Cuilapam de Guerrero et Zaachilan.

TEMPLO DE SANTO DOMINGO ★★★★

Macedonio de Alcalá esquina Gurrión

Il est achevé et inauguré en 1608 en même temps que le couvent, son retable principal installé en 1612, ses tours achevées en 1660, mais son ornementation en elle-même n'a été finalisée qu'en 1666. L'ultime modification intervint entre 1724 et 1721, avec l'édification de la Capilla del Rosario. Son occupation par différentes factions armées, dissidentes ou régulières, tout au long du XIXe siècle vint à bout de sa magnificence : les retables originaux sont brûlés, les œuvres détruites et pillées et des lettrines sont même installées à l'emplacement de l'autel. A partir de sa restitution à l'Eglise en 1902, de nombreuses étapes de restauration lui ont redonné sa splendeur actuelle.

La façade est sobre au regard de son intérieur : haute de 26 m, elle est délimitée de deux tours de 35 m. L'ensemble est construit selon un plan en croix latine et contient pas moins de dix chapelles. Son magnifique plafond en stuc représentant l'arbre généalogique de Santo Domingo de Guzmán, accompagné de 36 peintures représentant des scènes de l'*Ancien Testament*, fait l'orgueil de cette église. Tout l'espace est couvert d'un réseau intriqué de motifs, sculptures et peintures d'où surgissent saints, anges, chérubins et patriarches. La totalité de la voûte est criblée de cercles, ovales et médaillons accueillant des représentations de personnages bibliques en forge, peinture, moulage, bas-reliefs recouverts d'or, etc. Le toit de la croisée du transept est décoré de reliefs représentant des saints issus de cette congrégation de prédicateurs.

LACHATAO EXPEDICIONES ★★★

✆ +52 1 951 159 7194

Organisme communautaire propre au village de Lachatao. La création du village remonterait aux temps de la dernière grande capitale zapotèque, Zaachila. Propose un hébergement dans de superbes *cabañas* et de multiples activités : repas, visites guidées à pied ou à vélo vers les sites locaux, initiation à la médecine traditionnelle, observations de la faune et de la flore, élaboration du *pulque*, etc. Voilà une halte idéale pour ceux qui souhaitent découvrir la culture locale au plus proche des activités quotidiennes de ses habitants.

LAS BUGAMBILIAS TOURS

Reforma #402

✆ +52 951 516 1165

www.lasbugambiliastours.com

Tarifs en fonction des excursions.

L'hôtel Las Bugambilias B&B organise d'excellentes visites guidées de Oaxaca et des environs. René Cabrera Arroyo, votre guide certifié qui parle espagnol et anglais, vous emmènera, au choix : découvrir les sites archéologiques de Monte Albán ou Mitla ; faire une visite guidée d'une distillerie à Santiago Matatlán ; arpenter les villages traditionnels de Tlacolula de Matamaros, Santa María el Tule et Teotitlán del Valle ; emprunter la route des Dominicains ; faire une escapade dans les paysages de la Sierra Norte, etc. Toutes les visites partent de l'hôtel.

HOTEL CON CORAZÓN €€

Calle Division Oriente #129

✆ +52 951 427 7389

www.hotelconcorazon.com/es/oaxaca

Chambres doubles entre 1 500 et 2 500 $ en fonction de la saison.

© DOUGLAS FAVERO

Voici une adresse comme on les aime ! C'est une très belle initiative de tourisme responsable : Hotel con Corazon est une fondation à impact social, qui vise à favoriser l'éducation des jeunes d'Amérique Centrale. L'aventure débute en 2008 avec l'ouverture à Granada, au Nicaragua ; puis c'est en 2018 que le projet frère est lancé à Oaxaca. Le cadre est très agréable, avec plusieurs espaces, tous très lumineux. L'équipe est adorable, et le petit déjeuner est excellent. C'est une très bonne adresse, qui permet de concilier impact positif et belles découvertes.

LESCAS CO TOURS

Francisco Javier Mina #518

✆ +52 951 169 52 42

www.toursinoaxaca.com

Comptez 100 $ l'aller-retour pour Monte Albán.

Si vous n'avez pas de véhicule pour vous rendre à Monte Albán mais que vous ne souhaitez pas pour autant prendre part à une visite guidée, les *colectivos* de Lescas Co Tours sont une excellente option. Il faut se rendre à l'Hotel Rivera del Angel (à 10 minutes à pied du Zócalo), qui possède un kiosque dédié, pour acheter vos billets. Les vans partent toutes les heures, dans les deux sens. Si vous les appelez, ils pourront aussi passer vous chercher au Zócalo. Le bus vous déposera tout près de l'entrée de la zone archéologique.

OAXACA EATS FOOD TOURS

✆ +52 951 557 8534

www.oaxacaeatsfoodtours.com

Visite d'une durée de 4 heures et de 4 restaurants : 92 US$.

Une excellente option pour découvrir la gastronomie et la culture de Oaxaca ! Accompagné d'un guide local et en tout petit groupe, vous effectuez une ballade de 4 heures dans le centre historique, ponctuée de 4 arrêts dans les meilleures adresses culinaires de la ville. Au programme, présentation et dégustation de plus de 20 plats et boissons typiques de la région : moles, mezcals, chocolat, *chapulines* (sauterelles grillées), fromages locaux... tous plus délicieux les uns que les autres ! A noter, des options véganes et végétariennes sont possibles.

AEROPUERTO INTERNACIONAL DE OAXACA

Carretera Oaxaca-Puerto Angel km 7,5
✆ +52 951 511 5088

Plusieurs compagnies aériennes sont présentes à l'aéroport d'Oaxaca, dont Aeromexico, Vivaaerobus Volaris, pour les destinations nationales. United Epress et American Eagle proposent des liaisons vers les USA (Dallas, Chicago, Los Angeles et Houston), et Aerotucan vers la côte Pacifique. A la sortie de l'aéroport, dirigez-vous vers le guichet de l'une des entreprises proposant des *collectivos* jusqu'au centre-ville. C'est le moyen le plus rapide et économique de se rendre à son hôtel.

AEROTUCAN

✆ +52 951 502 0840
www.aerotucan.com.mx
Aller simple Oaxaca-Puerto Escondido : 3 200 $.

En attendant la construction de l'autoroute prévue depuis quelques années, il est malheureusement assez contraignant de rejoindre par la route la côte Pacifique depuis Oaxaca. Heureusement, cette compagnie aérienne s'avère très pratique pour s'éviter des heures et des heures de bus sur des routes de montagne ultra sinueuses... Elle propose des vols pour Puerto Escondido et Huatulco (40 minutes de trajet). Attention, les avions sont tout petits, et les turbulences se font sentir lorsque le temps n'est pas dégagé. Vous voilà prévenus !

TRANSPORTES VILLA DEL PACIFICO

Galeana #322
✆ +52 951 116 5622
Départs pour Puerto Escondido toutes les heures de 4h30 à 23h : 250 $.
Le trajet dure environ 7 heures.

De ce petit terminal partent des minibus pour Puerto Escondido, en passant par la route la plus directe et la plus montagneuse. Les paysages sont superbes et parfois vertigineux, le tout est tout en courbes et la vitesse n'améliore pas les choses... Attendez-vous à ce que le minibus fasse de nombreux arrêts tout au long de la journée, quitte à prendre des passagers même lorsqu'il ne reste plus vraiment de siège libre. On se sert un peu, et ça passe !

HOTEL LAS MARIPOSAS €

Calle de José María Pino Suárez #517
✆ +52 951 515 5854
www.lasmariposas.com.mx
Compter entre 600 et 800 $ pour une chambre double et 900 $ pour un studio.

Dans une rue calme à deux pas du jardin botanique, derrière une belle façade bleue, se cache l'un des établissements les plus charmants de la ville. Les chambres sont jolies, spacieuses et simplement décorées. Certaines sont équipées d'une kitchenette et d'un coin salon. Elles sont organisées autour de plusieurs patios très agréables, aménagés avec des chaises, des hamacs et inondés de plantes. On peut aussi se prélasser dans le salon ou emprunter un livre dans la bibliothèque qui s'y trouve. Le rapport qualité-prix est excellent.

CASA DE LAS BUGAMBILIAS B&B €€

Reforma #402
✆ +52 951 516 1165
www.lasbugambilias.com
Chambre double à partir de 2 500 $.
Petit déjeuner inclus.

Voici une très belle maison d'hôtes en plein centre, à deux rues de la cathédrale. Installé dans une ancienne maison occupée pendant 30 ans par les membres de la famille Cabrera Arroyo, qui restent les maîtres des lieux, l'établissement comprend 10 chambres colorées à la décoration unique. Les parties communes, notamment la salle à manger où le petit déjeuner est servi chaque matin, sont remplies de belles pièces et d'objets artisanaux. Une magnifique adresse au cœur de Oaxaca.

UN SUEÑO - VALLE DE HUAJES €€

Faustino G. Olivera 203, Ruta Independencia
✆ +521 951 514 2964
Comptez entre 800 et 1 300 $ pour une chambre double.

Voici le petit frère du magnifique *Un Sueño - Cabañas del Pacifico* à San Agustillino. 12 très jolies chambres sont disposées sur 3 étages, autour d'un patio fleuri et lumineux. La terrasse, où sont servis le petit déjeuner et quelques rafraîchissements en fin de journée, offre une vue magnifique sur Oaxaca et les environs. Ajoutez l'accueil adorable du staff et une décoration soignée ; vous obtenez une excellente option parmi l'offre d'hébergements à Oaxaca.

BOULENC €

Calle Porfirio Díaz #207
✆ +52 951 351 3648
Tous les jours de 8h30 à 22h30.
Autour de 150-200 $ pour un repas.

Incontournable de Oaxaca, Boulenc attire les foules dès le petit matin ! Ce café flanqué d'une délicieuse petite boulangerie propose des viennoiseries de style européen pour bien attaquer la journée. Leur pain est artisanal et fait maison, et ça se sent. Au café, on se délecte de petits plats internationaux, tels que les pancakes sans gluten, le croque-monsieur et le *bánh mì* (sandwich vietnamien). Les produits utilisés pour les concocter sont de saison et proviennent de la région. Une excellente adresse, un peu *hipster* et dans l'air du temps.

LIBRES TLAYUDAS DOÑA MARTHA €

Calle Libres #212, entre Morelos et Murguía
Ouvert tous les jours de 20h à 6h.

Las tlayudas sont une spécialité de la région de Oaxaca : une grande galette de maïs grillée, garnie de purée de haricots, salade, fromage et de morceaux de viande (chorizo, *cecina* ou autre), le tout recouvert de sauce pimentée. Ce restaurant ouvert toute la nuit est réputé pour servir les meilleures *tlayudas* de la ville, à déguster dans le local aux murs colorés ou sur un bout de trottoir, une fois la nuit tombée. A goûter au moins une fois pendant votre séjour.

PAN : AM €

Calle de Mariano Abasolo #103B
✆ +52 951 514 0132
Du mardi au dimanche de 8h à 21h30.
Autour de 150 $ pour un repas.

Voici une excellente adresse pour un petit déjeuner ou un brunch aux saveurs mexicaines et internationales ! On a le choix entre des œufs Bénédicte très copieux, des *chilaquiles* qui ne le sont pas moins, des gaufres bien dorées, des *enfrijoladas*, des sandwiches et même des viennoiseries très correctes que l'on trempe dans un bon café ou un chocolat chaud de Oaxaca… On apprécie l'agréable patio coloré et fleuri, où sont installées des tables ombragées. Il y a une seconde adresse, tout aussi populaire, dans le Centro de Oaxaca,

HOTEL OAXACA REAL €€

Manuel García Vigil #306
✆ +52 951 506 0708
www.oaxacareal.com
66 chambres entre 1 000 et 1 500 $.

On ne peut pas faire plus central et mieux placé. Dans le patio central, fait rare pour un hôtel du centre, vous trouverez une jolie petite piscine au milieu des plantes, bien agréable pour oublier quelques instants la chaleur du Mexique. Les chambres, toutes décorées avec du textile typique d'Oaxaca, sont très bien équipées (climatisation, téléphone, TV, coffre-fort, sèche-cheveux) et proposent différentes tailles de lits (*king*, *queen* ou double lit). Pour compléter le tout, l'hôtel dispose d'un agréable restaurant à l'étage, *La Terraza de Tita*.

© OAXACA REAL

© OAXACA REAL

CÔTE PACIFIQUE

CATEDRAL €€

Calle Garcia Virgil #105
+52 951 516 3285
www.restaurantecatedral.com.mx
Ouvert du mercredi au lundi de 8h à 23h.
Plats entre 200 et 350 $.

A deux pas du Zócalo, cet excellent restaurant inauguré en 1976 sert spécialités régionales et internationales dans une belle salle lumineuse, élégante et accueillante. Vous apprécierez aussi de vous installer à l'extérieur, dans le patio bercé par la reposante fontaine. El « *lechón al horno estilo tehuantepec* » (« le cochon de lait au four à la manière tehuantepec ») est un véritable délice et à ne manquer sous aucun prétexte. Le personnel est très agréable et saura vous guider pour choisir des plats régionaux qui répondent à vos envies.

LAS QUINCE LETRAS €€

Mariano Abasolo #300
+52 951 514 3769
Ouvert du lundi au samedi de 9h à 22h ; le dimanche de 9h à 19h. Plats de 150 à 200 $.

Une *fonda* traditionnelle de grand-mère, exécutée par des petits-enfants pour une cuisine léchée et à la présentation exemplaire : le décor est planté. Car Celia Florian transmet ici sa passion et connaissance de la vraie cuisine de Oaxaca, celle des villages et des familles en fête : *triologia de moles, chiles de agua, coloradito, tasajo* et quelques petits écarts de conduite qui fleurent bon la côte Pacifique. Le genre de lieu à ne pas manquer quand on veut en savoir plus sur la (bonne) cuisine de la région ; à déguster en salle ou dans un joli patio verdoyant.

ORIGEN €€

Miguel Hidalgo #820
+52 951 501 1764
www.origenoaxaca.com
Ouvert tous les jours de 13h à 22h.
Plats de 200 à 400 $.

Le terroir, ses paysans et ses pêcheurs, est au centre de cette proposition qui invite à faire découvrir aux palais voyageurs une véritable tradition gastronomique, des Vallées Centrales jusqu'à la côte pacifique. Ici, tout est impeccable et l'on s'évite les noms de plats et concepts inutilement ronflants. C'est finalement ce qu'on attend lorsqu'on vient découvrir un terroir : goûter aux herbes aromatiques, piments, sauces et produits phares utilisés dans la confection de plats certes sophistiqués, mais pas trop éloignés non plus de leur origine familiale.

LOS DANZANTES €€€

M. Alcala #403
+52 951 501 1184
www.losdanzantes.com
Ouvert du dimanche au jeudi de 13h à 22h30 ; le vendredi et le samedi de 13h à 23h.
Plats entre 200 et 640 $.

Situé dans un patio rénové et entouré de très belles boutiques, Los Danzantes propose une cuisine mexicaine contemporaine dans un superbe décor mi-lounge, mi-naturel où l'on est entouré de verdure. On apprécie l'alliance originale des saveurs et la justesse des cuissons. Pour un classique de la région revisité, ne manquez pas la *tlayuda* aux crevettes. Le mole, dont vous pouvez faire une dégustation, est excellent. C'est beau et c'est bon, tout simplement ! Le restaurant est une succursale du restaurant du même nom situé à Coyoacán, dans la capitale.

CUISH

Díaz Ordaz #712
+52 951 516 8791
Ouvert du mardi au dimanche de 13h à 21h.

L'endroit était, à l'origine, une échoppe modeste destinée à distribuer des *mezcals* renommés fabriqués par une coopérative de petits producteurs du cru. Le choix est juste et précis : *tobaziche, cenizo, tovala, cuish, tepextate, espadín*… Vous pouvez déguster et boire quelques verres sur place, dans un décor quelque peu *reloaded*. En soirée s'ouvre une terrasse sur le toit où se pressent les habitués. À partir du jeudi, il y a quelques groupes locaux qui s'y produisent. Excellente adresse, à l'écart de l'effervescence touristique.

LA NUEVA BABEL

Porfirio Diaz #224
Ouvert tous les jours de 9h à 2h.

On aime beaucoup ce petit café culturel à l'ambiance intimiste, où sont organisés presque quotidiennement des concerts de jazz, de son *jarocho* ou de *trova*. On y trouve plusieurs petites salles à l'ambiance tamisée, ainsi qu'une petite cour intérieure idéale pour fumer en buvant une bonne pression. L'établissement sert des plats du petit-déjeuner jusque tard dans la nuit (les *tlayudas* y sont particulièrement réussies). C'est le bar le plus bohème et relax du centre d'Oaxaca. Vous y rencontrerez hippies et voyageurs du Mexique et d'ailleurs.

LA CASA DE LAS ARTESANÍAS DE OAXACA

Matamoros #105

✆ +52 951 516 5062

www.casadelasartesanias.mx

Ouvert du lundi au samedi de 9h à 21h ; le dimanche de 10h30 à 18h.

Voici une boutique vivante et colorée. C'est une très bonne option pour avoir un aperçu de qualité de l'artisanat d'Oaxaca : *alebrijes*, céramiques, vêtements, tapis, hamacs, etc. Ici, les prix sont annoncés et affichés : vous pouvez donc acheter en toute confiance. Les prix sont un peu plus élevés que lorsqu'on fait son shopping sur les marchés des villages dans les alentours, mais la qualité est là, et il n'est pas impossible de négocier (sans abuser).

GALERIA LA MANO MAGICA

Andador Macedonio Alcalá #203

✆ +52 951 516 4275

www.lamanomagica.com.mx

Ouvert du lundi au samedi de 12h à 17h.

C'est vrai qu'il y a quelque chose d'un peu magique dans cette galerie d'art qui expose parmi les plus belles pièces d'artisanat de la ville, dans un décor digne des œuvres de Frida Kahlo. Depuis 1987, l'endroit promet le folklore mexicain dans toute sa splendeur. Les tapis, notamment, conçus par des artistes et faits sur commande, sont uniques. Leurs dessins et leurs couleurs ne se retrouvent nulle part ailleurs. L'endroit renferme également une petite boutique, dans laquelle on peut acheter de jolis souvenirs et des cartes. A visiter.

MERCADO JUAREZ

A un pâté de maison du Zócalo.

Ouvert tous les jours de 7h à 21h.

C'est le *mercado* incontournable d'Oaxaca. Il propose de tout : les fruits et légumes, les habituels étals de viande, les produits fins locaux comme les fromages et le sauce *mole*, mais aussi les chaussures, les outils et les vêtements (chapeaux et belles ceintures en cuir). Grand choix de souvenirs et cadeaux régionaux également. Le marché est certes touristique mais il est aussi fréquenté par les locaux. Le samedi est le jour où la foule est la plus impressionnante. Pas mal pour faire un tour d'horizon de la culture locale.

SARA ALMERAYA - CORREDOR CENTRO

5 de Mayo #412-3

✆ +52 951 645 7317

www.corredorcentro.com

Ouvert du lundi au samedi de 11h à 14h et de 16h à 20h.

Cette boutique met en vente de belles pièces créées par Sara Almeraya, jeune créatrice originaire de Oaxaca. A ne pas manquer : les vestes en jean brodées à la main, qui sont sa spécialité. Certaines représentent de belles fleurs, d'autres sont à l'effigie de Frida Kahlo et les plus amusantes portent des messages (*Pa'todo mal Mezcal, pa'todo bien también*, « Quand tout va mal, *mezcal* ; quand tout va bien, *mezcal* aussi »). Egalement des bijoux et des calaveras. Très pop, on adore.

MONTE ALBÁN ★★★

A 2 000 m d'altitude, Monte Albán fut durant plusieurs siècles la capitale de la civilisation zapotèque ; elle en est aujourd'hui le symbole de sa grandeur. Ce site s'est développé en cinq grandes étapes, sur une période de 2 000 ans, à partir du début de l'occupation de la vallée d'Oaxaca (1000-300 avant J.-C). Comme dans toutes les villes de la planète, les nouveaux bâtiments s'érigent sur les anciens. C'est ainsi que Monte Albán I (500 avant J.-C.-100 avant J.-C) est suivi par Monte Albán II (100 avant J.-C. – 250 après J.-C), puis Monte Albán III (250-800 après J.-C.), époque durant laquelle les Zapotèques construisirent la plupart des édifices que l'on observe aujourd'hui sur la Gran Plaza. Monte Albán IV (800-1325) correspond au déclin du site : aucune construction nouvelle n'est édifiée et le nombre d'habitants à Monte Albán diminue drastiquement, à mesure que surgissaient de nouveaux centres urbains dans les vallées centrales, qui contrôlent de plus petits territoires (dont Yagul et Lambityeco, à proximité de Tlacolula). La région est alors en proie à l'expansion des Mixtèques qui investirent Monte Albán lors de la cinquième période (1325-1521), essentiellement pour réaliser des rites funéraires et des cérémonies religieuses. Lorsque les conquistadors arrivent, Monte Albán est déjà définitivement abandonnée.

Monte Albán, ancienne capitale Zapotèque.

ZONA ARQUEÓLOGICA DE MONTE ALBÁN ★★★

A 10 km de Oaxaca.

Ouvert tous les jours de 8h à 16h30. Entrée : 80 $.

Le site est construit au sommet d'une montagne artificiellement aplanie, dominant les vallées avoisinantes. Partout, la vue est spectaculaire. L'ensemble est distribué autour de la *Gran Plaza* (300 mètres sur 200 mètres), les bâtiments les plus imposants se trouvant à chaque extrémité : ce sont la *Plataforma Sur* et la *Plataforma Norte* ; sur le côté sud, le *Palacio* et l'*Edificio de los Danzantes* se font face. L'*Observatoire,* dans le prolongement des édifices centraux, vient rompre la relative symétrie de l'ensemble du fait de sa forme même et de son orientation.

A l'entrée du site est érigée une énorme statue représente l'archéologue mexicain Alfonso Caso Andrade, qui dirigea les fouilles entre 1931 et 1943. S'il mit au jour quelque 172 tombes, on se souviendra surtout du *Septième Tombeau*, gardien d'un des trésors les plus riches jamais découverts en Amérique centrale : plus de deux cents œuvres d'art mixtèques en or, argent, jade, turquoise, cristal, albâtre… Toutes ces splendeurs sont désormais conservées au Museo de Las Culturas de Oaxaca (à l'intérieur du couvent de Santo Domingo). A l'entrée du site, un petit musée commente les différentes étapes de la construction et de l'occupation de Monte Albán. Pour vous rendre au site archéologique de Monte Albán depuis Oaxaca, vous pouvez au choix prendre un taxi (c'est une option intéressante si vous êtes au moins trois), ou emprunter un *colectivo,* notamment ceux de l'agence Lescas Co Tour.

EL OBSERVATORIO ★★

L'étrange design de ce bâtiment est justement ce qui a attiré l'attention des chercheurs et attisé la fièvre de leurs spéculations. Son orientation nord-est est différente des autres édifices du site (nord- sud et est-ouest). Son plan actuel est le fruit de rajouts successifs, lui donnant une forme finale en forme de flèche : la façade postérieure, anguleuse, fait que ses côtés forment une figure géométrique semblable à un pentagone. On estime, de par l'orientation de ses murs et couloirs intérieurs, que cet édifice était employé comme observatoire astronomique.

LOS DANZANTES ★★

C'est un des plus anciens édifices du site, élevé au cours de la phase I de Monte Albán, au début de son expansion (entre 300 et 800). Il se déploie autour d'un patio délimité de plusieurs pièces d'habitation. Il est recouvert de nombreuses stèles qui représentent des personnages, accompagnés d'inscriptions calendaires et anthroponymiques. On les connaît comme *Los Danzantes,* « les danseurs », puisque les personnages sont représentés en mouvement, dans une posture dynamique, surtout en comparaison d'autres représentations humaines propres à la culture zapotèque.

PLATAFORMA NORTE ★★

Elle accueille divers complexes destinés à l'activité cérémonielle. Le très vaste *Patio Hundido* (carré de 50 mètres de large, et 3 mètres de « profondeur ») semble être un héritage de la civilisation de Teotihuacán. C'est l'illustration la plus représentative de l'étape III de Monte Albán : on crée des vides spatiaux en guide d'espace public qui donnent accès aux différents temples. Son centre est marqué par la présence d'un *adoratorio,* destiné aux activités rituelles. L'imposant jeu de balle se trouve dans le prolongement ouest de la plate-forme.

PLATAFORMA SUR ★★

Voici la plus imposante construction de la zone archéologique, qui culmine à plus de 40 mètres de hauteur. Cette plateforme a été construite durant la période d'apogée de Monte Albán (entre 500 et 800). Sa base presque carrée (140 mètres) est ornée de quelques stèles avec l'écriture hiéroglyphique zapotèque. Sur la partie supérieure de la plate-forme se déploient un patio et deux bases pyramidales. Il est permis de grimper les escaliers jusqu'au sommet de la structure. De là-haut, le panorama sur la campagne environnante est à couper le souffle.

ATZOMPA ★

Sise sur le *Cerro El Bonete*, Atzompa est une ancienne cité satellite de Monte Albán, distante d'à peine 4 kilomètres. Elle accueillait essentiellement les dignitaires de cette dernière entre 200 et 900 de notre ère. Atzompa est doté de pas moins de trois jeux de balle, dont un aux proportions monumentales, ainsi que de divers édifices résidentiels, dont la *Casa de Oriente* et le *Palacio de los Altares* dans lequel a été mis à jour un four à céramique, une activité pour laquelle le village de Santa María Atzompa est encore aujourd'hui renommé. Depuis le site, on aperçoit le complexe de Monte Albán et la vue sur la vallée d'Etla est magnifique.

CUILAPÁM DE GUERRERO ★★

A 20 km de Oaxaca, il s'agit d'un village mixtèque isolé dans une région zapotèque. Le lieu est connu pour son monastère dominicain, dont la construction débutée en 1559 n'a jamais été menée à son terme. Vicente Guerrero, héros de la révolution et gouverneur libéral d'Oaxaca, y fut enfermé. Renversé par un complot conservateur fomenté par l'Eglise, Guerrero s'était enfui à Acapulco, où un capitaine de vaisseau le livra aux comploteurs. Il fut emprisonné dans le monastère pendant deux jours avant d'être fusillé le 14 février 1831. Un monument, construit à l'endroit où il est tombé, est visible de sa cellule, devenue entre-temps monument national.

ZAACHILA ★

Le village de Zaachila, à 15 kilomètres d'Oaxaca, abrite une petite zone archéologique, unique vestige du rôle important que joua pourtant cette cité-Etat dans la phase postclassique de la civilisation zapotèque (correspondant à l'abandon de Monte Albán). Construite aux alentours de 1200 et encore active à l'arrivée des Espagnols, on considère généralement que Zaachila fut la dernière capitale de l'empire zapotèque : elle était alors gouvernée par une alliance matrimoniale avec la civilisation mixtèque, qui dominait alors la région.

ZONA ARQUEOLÓGICA DE ZAACHILA ★

Ouvert tous les jours de 9h à 18h.
Entrée : 45 $.

En langage zapotèque, *zaachila* signifie « la première fille de la terre ». Le principal attrait de ce site, vraisemblablement fondé en même temps que Monte Albán par les Zapotèques, réside dans les deux tombes, remplies de riches offrandes, qui y ont été mises au jour. Leur construction rappelle celle des tombes qui ont été découvertes à Monte Albán. Les murs de l'une des tombes sont décorés de figures sculptées, qui représentent différents personnages mythologiques.

SANTA MARÍA EL TULE ★

A une dizaine de kilomètres d'Oaxaca, ne manquez pas de vous arrêter dans le village de Santa María El Tule, qui compte moins de 8 500 habitants. Si les touristes y viennent nombreux, c'est pour admirer *el arbol de Tule* (de l'espèce ahuehuetl, ou cyprès de Monté-zuma) qui, âgé de 1 300 à 3 000 ans, pourrait être le plus vieux du monde. La légende locale veut qu'il ait été planté par un prêtre aztèque pour le dieu du vent, Ehecatl. Son diamètre atteint les 14 mètres à 1,40 mètre du sol ; il dépasse les 40 mètres de hauteur et pèse approximativement 600 tonnes. Il faut plus de trente personnes pour en faire le tour en s'unissant les bras.

SAN JERÓNIMO TLACOCHAHUAYA ★

Les passionnés d'art religieux feront volontiers un petit détour par ce village zapotèque pour y découvrir les *Templo y Ex-Convento de San Jerónimo*, construits au XVIe siècle. Ils conservent jalousement des retables baroques qui se distinguent par le détail de leur décoration. Entre les murs peints de motifs floraux et le sol en damier ancien surgit un orgue magnifique, construit aux alentours de 1730 et décoré d'anges, de musiciens et de motifs floraux. Un long processus de restauration lui a permis de reprendre vie. On peut aussi découvrir un petit musée communautaire qui rassemble quelques pièces archéologiques découvertes dans les environs.

ZONA ARQUEOLÓGICA DE DAINZU ★

Si vous venez en bus, il vous faudra ensuite parcourir 2 kilomètres à pied depuis la route principale.
Ouvert tous les jours de 8h à 17h.
Entrée : 45 $.

Contemporaine de Monte Albán, cette cité lui est pourtant antérieure. Malgré l'émergence de Monte Albán, la cité sut maintenir une certaine importance à l'époque classique (de 200 à 900 apr. J.-C.), pour finalement dépérir peu à peu en même temps que la capitale d'alors. La construction du complexe monumental de la ville semble s'être adaptée à la topographie du lieu, avec des plateformes construites à flanc de colline. La cité est définitivement abandonnée à partir des années 1200.

TEOTITLÁN DEL VALLE ★

Entre El Tule et Mitla, il y a un embranchement pour se rendre à Teotitlán del Valle (25 km d'Oaxaca), village où l'on fabrique des tapis en laine, entre autres douceurs pour les yeux, à l'aide de métiers à tisser et de colorants naturels : le *cempaxóchitl* (œillet d'Inde) pour le jaune, la cochenille pour le rouge et l'indigo (*añil*) pour le bleu. Les motifs sont de tous types, depuis les grecques typiquement zapotèques (qui recouvrent notamment les palais de la zone archéologique de Mitla), jusqu'à des personnages et scènes inspirés de peintres du XXe siècle. Vous trouverez de très belles réalisations dans de multiples maisons-ateliers.

TLACOLULA ★★★

Tous les dimanches, ce village situé à 35 km de Oaxaca accueille le plus important marché des vallées centrales. Ne le manquez surtout pas, il s'agit d'un grand événement où tous les habitants des bourgs des environs viennent y vendre leurs produits. Le marché s'étale sur 8 pâtés de maisons et il est un défilé d'habits et de produits traditionnels ; des centaines d'étals proposent fruits et légumes, animaux de la ferme, fleurs, semences, outils agricoles, accessoires de cuisine, habits, articles en cuir, épices et ustensiles traditionnels. On mange des plats traditionnels à l'intérieur du marché qui est, lui, ouvert tous les jours de la semaine.

ZONA ARQUEOLÓGICA DE LAMBITYECO ★

Ouvert tous les jours de 8h à 17h.
Entrée : 45 $.

On considère que ce site était déjà occupé depuis un peu plus de 2 500 ans, son apogée correspondant au démarrage de la période postclassique de Monte Albán (aux alentours de l'an 800). Parmi les vestiges présents sur place, on trouve un *temazcal* (bain de vapeur traditionnel), des palais décorés de reliefs en stuc et de peintures, des tombes dans lesquelles ont été récupérées des objets façonnés en os et des urnes funéraires. Le site allait être occupé jusqu'en 1200.

ZONA ARQUEÓLOGICA DE YAGUL ★

Si vous venez en bus, faites-vous déposer à l'embranchement puis marchez 1,5 km jusqu'aux ruines.

Ouvert du dimanche au mercredi de 10h à 16h. Entrée : 75 $.

Ce site fait partie du réseau de petites cités qui reprirent le contrôle des vallées centrales après le déclin de Monte Albán (classique tardif et postclassique). Situés sur une jolie colline, les édifices suivent la pente de la colline du nord au sud. On y a retrouvé des restes de peintures sur les murs et les sols *(Palacio de Seis Patios)*. Son apogée se situe entre 900 et 1200, mais on a retrouvé des traces d'occupation beaucoup plus anciennes de groupes de chasseurs-cueilleurs.

MITLA ★★

Le site a été occupé dès le IIe siècle de notre ère, mais sa phase de croissance et d'expansion se situe plus tardivement, à partir de la moitié du VIIIe siècle ; la cité reste un centre de référence jusqu'à la Conquête espagnole. A 46 km de Oaxaca, Mitla est aujourd'hui un gros bourg sans charme où abondent les boutiques de textiles et de mezcal, le long des deux kilomètres que l'on peut parcourir à pied pour se rendre aux ruines. Celles-ci sont éparpillées en cinq ensembles à travers la ville. Seul un des ensembles est d'accès payant *(El Grupo de las Columnas)*, l'autre situé juste à côté étant occupé par la principale église et son patio.

HIERVE EL AGUA ★★

Depuis Mitla, la route serpente et monte dans la sierra vers le village de San Lorenzo Albarradas, puis continue vers le petit bourg La Roaguia, où se trouve le site naturel proprement dit. On le reconnaît entre mille par ses deux grandes cascades d'eau pétrifiées d'un blanc presque immaculé qui plongent dans un vide à la végétation omniprésente. C'est l'une des attractions les plus populaires dans les alentours de Oaxaca. Et pour cause : ici, l'eau surgit de la roche et il est possible de se baigner dans des retenues d'eau aux tons turquoise, devant un panorama magnifique. On peut réaliser une petite balade pour observer les cascades depuis le bas ; vous noterez que l'endroit est creusé de petits canaux qui remontent aux temps préhispaniques. L'entrée du site est comme il se doit envahie de stands de victuailles, et on peut aussi bien y camper que dormir sur place dans des cabanes sommaires. L'endroit est bien entendu plus magique au petit matin, lorsque les visiteurs des divers tours qui proviennent d'Oaxaca n'ont pas encore pris possession du lieu.

▶ Depuis 2020, le site de Hierve el Agua n'est malheureusement plus accessible aux touristes. En cause, un conflit de longue date entre le gouvernement de l'Etat et les villages avoisinant le site, ainsi qu'entre certaines communautés locales. Les habitants déplorent tout particulièrement le fait que les revenus générés par le site naturel (près de 2 millions de pesos par mois avant 2020) ne bénéficient pas aux populations locales.

ZONA ARQUEOLÓGICA DE MITLA ★

Ouvert du jeudi au dimanche de 10h à 16h ; les jours fériés de 11h à 15h. Entrée : 75 $.

A une quarantaine de kilomètres de Oaxaca, ce site est l'un des plus importants de la culture zapotèque. Les ruines de la cité sont éparpillées à travers la ville et tous les ensembles ne méritent pas le détour. Elles se divisent en cinq grands ensembles qui présentent des similitudes dans leur agencement : des esplanades rectangulaires sont bordées de grands salons. Retenons parmi eux le *Groupe de l'Eglise* (à l'actuel emplacement de l'église principale du village, San Pablo Apostol), puisque les Espagnols y construisirent leur temple sur les bases d'une pyramide ; on admire juste à côté la cour avec une enfilade de colonnes monolithiques en pierre, typiques du site, et qui étaient aussi bien des éléments structurels qu'ornementaux. L'autre ensemble (le *Groupe des Colonnes*, la partie du site qui est payante) se trouve dans un magnifique jardin de plantes endémiques où abondent les cactées. Il est constitué de divers patios, entourés de bases échelonnées. Autour du premier, les façades et murs intérieurs des édifices sont ici richement décorés de frises en pierre sculptée et insérées dans la structure : ce sont les fameuses mosaïques grecques, motifs que l'on retrouve sur nombre de textiles de la région. Dans le deuxième patio, un bel escalier mène au fameux *Salon des Colonnes*. Les derniers patios renferment deux tombes cruciformes dans lesquelles il est possible de pénétrer. Leur configuration révèle des connaissances pointues en architecture, ingénierie et astronomie.

SAN BARTOLO COYOTEPEC ★★

A 12 kilomètres de Oaxaca, ce village est spécialisé dans la confection de pièces en céramique, à l'aspect noir et brillant, unique au monde. La moitié de sa population se dédie corps et âme à cet art ancestral, dont les techniques de cuisson trouvent leur origine à l'époque préhispanique. Le travail des artisans est ardu, précis et délicat : le labeur est long. L'argile qui sert à confectionner leurs œuvres est extraite d'une carrière située à quelques kilomètres du village, puis les artisans la nettoient et éliminent les impuretés. Vient ensuite l'étape du modelage, parfois entrecoupée de temps de séchage dans le cas des pièces les plus volumineuses. Puis on la frotte avec du quartz pour la compacter, la brunir et commencer à lui donner ce teint brillant reconnaissable entre tous. Débute alors le travail de ciselage et d'incision des motifs, géométriques à tendance florale. C'est finalement la cuisson qui lui donnera son aspect noir et brillant : on utilise pour cela un four « à deux bouches » : une fois les pièces bien cuites, on bouche les entrées et sorties d'air. Ce processus génère une réaction physique contraire à l'oxydation et produit cette coloration noire ou grisâtre, brillante ou mate (selon le temps de cuisson). Outre les ateliers, on peut aussi découvrir un ample *Museo Estatal de Arte Popular en Oaxaca*, où sont exposés des exemplaires assez exceptionnels.

COPAL MAGICO

Amado Nervo #5
✆ +52 951 524 9082
Ouvert tous les jours de 9h à 19h.

Bienvenue dans la belle petite boutique de ce qui est certainement la famille d'artisans la plus talentueuse de la région. Leurs *alebrijes* sont tous des pièces uniques qui se distinguent par un excellent travail de sculpture et une qualité et un détail inégalés de leurs peintures. Leurs associations de couleurs sont bien plus harmonieuses que dans beaucoup d'autres ateliers. Ils proposent également des ateliers pour apprendre à créer vos propres figurines. L'escale idéale pour dénicher des souvenirs de qualité de votre séjour.

SANTO TOMÁS JALIEZA ★

Plus au sud, vous croiserez Santo Tomás Jalieza (à 25 km d'Oaxaca), spécialisé dans la fabrication de textiles grâce au *telar de cintura*, d'origine préhispanique : une extrémité est attachée à un tronc d'arbre puis une ceinture passe autour de la taille de la tisserande assise à même le sol face à lui. Flânez et arrêtez-vous dans les maisons du village pour observer ce travail impressionnant : la spécialité du village est le tissage de bandes de coton agrémentées de dessins en relief. Elles servent de base à la confection de châles, sacs et napperons, entre autres merveilles. Le marché se tient le même jour que celui d'Ocotlán de Morelos, le vendredi.

SAN MARTÍN TILCAJETE ★★

A 23 km de la ville, ce village se consacre entièrement à l'élaboration des fameux *alebrijes*, des sculptures taillées dans le bois de copal et peintes avec maints détails (selon les ateliers, on utilise des pigments naturels ou des peintures industrielles aux tons plus criards). Les principaux sujets sont des animaux fantastiques, issus du métissage physionomique d'espèces réelles : l'imagination n'a pas de limites et ils sont souvent dotés d'ailes et de membres multiples. Vous verrez ces animaux dans beaucoup de magasins d'artisanat à Oaxaca et dans tout le pays, mais c'est ici que vous trouverez celui qui vous correspond le mieux.

OCOTLÁN DE MORELOS ★

A 33 km d'Oaxaca, Ocotlán de Morelos est connu dans les environs pour son *tianguis* (marché) qui se tient le vendredi. C'est un marché essentiellement rural et populaire, qui vaut vraiment la peine d'être visité, d'autant plus que la *plaza* se recouvre de stands où faire vibrer vos papilles. L'endroit est surtout connu pour ses forges artisanales où l'on fabrique des épées. Profitez de votre visite pour jeter un œil à l'ancien couvent Santo Domingo qui fut aussi une prison. Absorbé par Ocotlán, le village (ou quartier) de **San Antonino Castillo Velasco** est reconnu pour la confection de blouses et *huipiles* brodées, notamment du motif appelé *Hazme si puedes*.

© SYLVIE LIGON

Rencontre à Ocotlán.

PUERTO ESCONDIDO ★★

L'ancienne appellation de *Bahia de la Escondida* tient d'une légende : le féroce pirate Andrés Drake, frère du célèbre Francis Drake, décide de larguer les amarres pour se reposer dans une petite baie totalement vierge, proche de l'embouchure du fleuve Colotepec. Bien sûr, il garde un œil observateur vers le large dans l'hypothèse où un galion espagnol viendrait à passer par là... Une semaine auparavant, il avait capturé et fait prisonnière une jeune et jolie indigène mixteca dans le village de Santa María Huatulco. Un petit moment d'égarement permet à la fille de s'échapper. Bonne nageuse, elle regagne le rivage et part se cacher dans la jungle environnante, sans n'être jamais retrouvée : elle devient ainsi *la escondida* (la cachée), nom qu'elle léguera à la baie. Cet ancien village de pêcheurs a bien grandi, mais est relativement préservé des constructions touristiques massives. C'est la destination privilégiée des voyageurs locaux et internationaux qui sont à la recherche de jolies plages et d'un mode de vie à des prix raisonnables. C'est aussi le rendez-vous des surfeurs, amateurs et professionnels, qui profitent des vagues de la plage Zicatela, où se déroulent chaque année des compétitions de surf de niveau mondial. Ambiance festive tous les jours de la semaine, à l'épreuve des horloges biologiques. Pour ne rien gâcher, la température est de 27 °C de moyenne annuelle, et Puerto Escondido peut se targuer d'avoir 330 jours de soleil garantis... par l'office de tourisme.

BAHIA PUERTO ANGELITO ★

À l'ouest de la baie principale.

A l'ouest de la baie principale se trouve la baie de Puerto Angelito. Elle est envahie par les bateaux de pêcheurs, ce n'est donc pas un super endroit pour se baigner, mais on y tire sa serviette tellement simplement que cela n'a pas d'importance ; le petit plus, c'est que les pêcheurs y ont installé des petits restaurants de fruits de mer (les *Buzos*, notamment), qui passent directement de l'océan à votre assiette. Sympa pour découvrir une ambiance et des recettes un peu plus locales. Location de matériel pour faire du snorkeling.

CARIZALILLO ★★

Depuis la Bahia Principal,
un peu plus loin que Puerto Angelito

La plage de Carrizalillo, à laquelle on accède par un long escalier, réellement magnifique, mais si petite qu'il est préférable de s'y rendre en semaine et en dehors des vacances scolaires. C'est le lieu idéal pour un jour de plage et tirer sa serviette, les eaux de cette petite baie étant bien plus calmes que sur le reste de la côte. À noter que toute cette zone s'est transformée récemment en (joli) quartier résidentiel. On trouve le long de l'avenue Benito Juárez (quartier de la Rinconada) de nombreux petits cafés et restaurants très sympas.

LA CASCADA ENCANTADA

La Reforma

Ouvert tous les jours. Entrée : 50 $.

Rien de tel qu'une belle escapade dans l'arrière-pays montagneux pour s'extirper de la dure existence languissante de la plage. Ici, on découvre de beaux paysages ruraux et on vient se baigner dans le petit étang qui accueille les eaux très rafraîchissantes de cette chute d'eau de 60 mètres de hauteur. Idéal pour se ressourcer au vert pendant quelques heures. Possibilité de se restaurer et même de dormir sur place, puisque la cascade est gérée par la communauté paysanne des environs. Il faut compter environ 1h30 de trajet depuis Puerto Escondido.

PLAYA ZICATELA ★★

Au sud-est de la Baie principale.

C'est le spot préféré des surfers, dont la vague est connue comme étant la troisième la plus imposante au monde, et l'une des plus dangereuses. Si vous n'êtes pas réellement expérimentés, faites confiance aux panneaux portant la mention « *playa peligrosa* » (plage dangereuse), et ne vous y baignez pas. Elle accueille entre août et novembre des tournois internationaux. La calle del Morro longe toute la plage de Zicatela. On y trouve de nombreux hôtels, restaurants et boutiques. C'est aussi le centre de la vie nocturne de Puerto Escondido.

PUNTA ZICATELA ★★

À 4 km de Zicatella.

Tout au bout de la plage de Zicatela se trouve Punta Zicatela, que l'on rejoint en taxis collectifs que l'on attrape sur la route côtière (ou en taxi pour les fainéants). C'est une plage plus calme, spot idéal pour les surfers débutants. La zone s'est pas mal développée ces dernières années et a quelque peu perdu son côté « bout du monde ». On peut louer un transat pour quelques heures et siroter des cocktails. Cela reste néanmoins l'option la plus dépaysante de Puerto pour se loger. Niveau gastronomie créative, ce n'est pas mal du tout non plus.

ROBERTO'S ECOTOURS

✆ +52 954 108 3547

www.robertsecotours.com

Compter 800 $ pour aller voir les dauphins et 1 200 $ pour une visite guidée de Puerto Escondido.

Cette agence locale gérée par Roberto, natif de la région, propose un grand nombre d'excursions à Puerto Escondido et dans les alentours. Les activités sont axées autour de la découverte de la faune et de la flore locales : observation des dauphins (toute l'année) et des baleines (entre décembre et mars), libérer des bébés tortues pour les aider à rejoindre l'océan, pêche sportive, visite de nuit de la Laguna de Manialtepec pour observer le phénomène de bioluminescence, etc. Roberto organise le transport depuis votre hôtel jusqu'au point de départ de l'excursion.

AEROPORT INTERNATIONAL DE PUERTO ESCONDIDO

Puerto Escondido (PXM)

✆ +52 954 582 0491

L'aéroport qui dessert Puerto Escondido ne se trouve qu'à 10 minutes en voiture du centre et de la plage. Il opère des vols réguliers pour Mexico et Guadalajara avec Vivaaerobus, Volaris, Aeroméxico et Aeromar. C'est également d'ici que décollent les petits avions d'Aerotucán à destination de Oaxaca. Possibilité d'arriver à l'aéroport voisin de Huatulco qui est desservi par plus de compagnies aériennes et prendre ensuite un bus jusqu'à Puerto Escondido.

ONE LOVE HOSTAL €

Calle Tamaulipas

✆ +52 954 129 8582

www.hostalpuertoescondido.com

Compter à partir de 770 $ par nuit pour un bungalow avec salle de bains.

Le long de la rue Tamaulipas, à deux pas de la plage et des commerces et restaurants de Brisas de Zicatela, ce petit hôtel propose de charmants bungalows aux toits de *palapa*. Ils possèdent une salle de bains privée, un ventilateur, une petite terrasse et un hamac où se prélasser après une dure journée à la plage ou sur une planche de surf. L'hôtel comprend également un bain à remous, un bar-restaurant, une cuisine commune et propose des lits en dortoir. Des cours de yoga sont organisés sur le toit, ainsi que de nombreuses activités dans les environs.

HOTEL INES €€

Calle del Morro

✆ +52 954 582 0792

www.hotelines.com

Chambres, cabanes et appartements, entre 700 et 3 000 US$.

Cet hôtel fait face à la plage de Zicatela. Il possède une cinquantaine de chambres, réparties entre plusieurs édifices autour d'une piscine. Un grand hôtel donc de par sa taille, mais qui reste malgré tout une référence à Puerto, du fait du charme et de la qualité de ses installations. Les chambres les plus chères sont celles qui ont vue sur la mer, les agréables petites cabanes sont quant à elles sont situées à l'arrière, au fond d'un jardin. Attention, les cabanes sont très prisées, si vous êtes intéressé par cette option, pensez donc à réserver.

HOTELITO SWISS OASIS €€

Andador Gaviotas #1

✆ +52 954 582 1496

www.swissoasis.com

8 chambres. Compter de 700 et 1 200 $ pour 2 personnes.

Voici un charmant petit hôtel, à deux pas de la plage Zicatela. Les propriétaires de l'établissement, d'origine suisse évidemment, gèrent les installations d'une main de fer. Résultat, la piscine est impeccable de propreté, tout comme les chambres, qui ont été entièrement rénovées. Celles du deuxième étage possèdent mezzanine et balcon et peuvent loger jusqu'à 4 personnes. Ici, comme dans beaucoup d'autres établissements, pas d'air climatisé : il faudra se contenter du ventilateur au plafond. Cuisine à disposition des hôtes.

VILLAS CARRIZALILLO €€€

Av. Carrizalillo #125

✆ +52 954 582 1735

www.villascarrizalillo.com

12 villas, à partir de 3 000 $.

Voici un magnifique hôtel niché sur les hauteurs de playa Carrizalillo. Douze suites, toutes différentes et espacées les unes des autres, correspondent à des noms de villes, de lieux ou de pays. Spacieuses et entièrement équipées, dix d'entre elles disposent même d'une cuisine. Certaines comme la « Puerto Escondido » ou la « Mitla » offrent une vue spectaculaire sur l'océan et la plage de Carrizalillo. Piscine, restaurant de qualité, location de matériel de surf et accès direct à la plage depuis l'hôtel par un sentier privé. Parfait.

AMARISA €

Avenida, Heroes Oaxaqueños S/N

✆ +52 954 182 3369

Ouvert tous les jours de 7h à 9h. Pâtisseries à 60 $, plats autour de 100 $.

Pour un petit déjeuner à l'occidentale, qui nous donnerait presque l'impression d'être en Californie, rien de tel que de faire escale dans cet agréable petit café-restaurant. On peut commencer par les viennoiseries, en particulier les croissants, qui se défendent bien. Côté plats, on part sur une copieuse omelette, des œufs brouillés avec du bacon ou un sandwich. Egalement au menu, d'excellents smoothies et jus de fruits frais, parfaits pour se rafraîchir.

L'endroit possède une terrasse et une agréable déco bohème version plage. Très bien pour le wifi, aussi !

LAS JUQUILEÑAS €

8 Norte s/n, sector Juárez

✆ +52 954 582 1231

Ouvert tous les jours de 7h à 17h. Plats de 70 à 100 $.

Pour ceux qui décideraient de s'aventurer à plus de 200 mètres de la plage pour découvrir à quoi ressemble le centre populaire de Puerto Escondido, une petite pause gourmande s'impose juste dans ce petit restaurant : traditionnel mexicain à fond les manœuvres ! On y sert les spécialités régionales de l'Etat d'Oaxaca : *mole, tlayudas, huaraches, etc*. Le tout est excellent et bon marché. L'ambiance locale change considérablement de celle, plus touristique, des restaurants du bord de mer. Pour une escale gourmande et authentique.

LYCHEE THAI FOOD €

Av. Heróes Oaxaqueños

Ouvert tous les jours de 17h à 23h. Plats entre 100 et 200 $.

Voici un excellent restaurant aux saveurs asiatiques, installé sous une *palapa* joliment illuminée le soir. Les pieds dans le sable, vous pourrez laisser fondre sous la langue les produits frais pour préparer cette cuisine fusion d'inspiration vietnamienne et thaïlandaise (pas forcément très authentique mais tout de même savoureuse), carpaccio de poisson en prime. Sur le soir, DJ et bonne musique pour les oreilles, pour faire danser les papilles qui dégustent un cocktail très frais à base de mezcal. Une adresse très agréable.

PIYOLI €

Alejandro Cárdenas Peralta #942
+52 954 688 4802
www.piyoli.com
Tous les jours de 8h à 23h. Plats de 100 à 200 $.

Ce restaurant de La Punta propose d'excellents plats végétariens. Au menu, de délicieux tacos colorés, des salades, différentes variétés de bols remplis d'ingrédients différents (essentiellement des légumes et graines), quelques hamburgers et sandwiches, etc. Les tables sont installées directement dans le sable, sous la fraîcheur des *palapas* et des feuilles de palmiers. L'endroit est aussi doté d'un long bar, et pour cause : les cocktails valent autant le détour que les plats. Le matin, les jus de fruits fraîchement pressés font très bien l'affaire !

PEZAGAVE €€

Alejandro Cardenas Peralta #660
+52 984 105 6196
Ouvert tous les jours à partir de 16h.
Ouvert le week-end pour le brunch.

Les délices de la mer sont mis à l'honneur dans ce restaurant où l'on dîne sous les *palapas*. Tout est franchement délicieux : le guacamole avec les sardines frites, le *ceviche* tropical, les *tostadas* et *tacos* aux crevettes... La fraîcheur des ingrédients explique le prix, un peu plus élevé qu'ailleurs. Le soir, une ambiance festive s'empare des lieux, lorsque les clients se détendent, aidés par le mezcal. Le restaurant organise régulièrement des événements, des concerts et des projections, consultez leurs réseaux sociaux pour les connaître.

SMOKED FISH TACOS EL VIEJO €

Puerto Angelito #2011
+52 954 145 0775
Ouvert du lundi au samedi de 10h à 18h.
Ceviche 80 $, guacamole 50 $,
tacos entre 35 et 45 $.

Cette petite cabane propose de bons tacos de poisson et poisson fumé accompagnés de très bonnes sauces, ainsi que des *ceviche* très frais avec des petits légumes. Ceux qui préfèrent pourront commander un poisson grillé, servi entier dans l'assiette, avec du riz et une salade. On apprécie tout particulièrement la présentation soignée (une rareté) et colorée des plats. Une adresse familiale, simple et agrémentée de plantes vertes en terrasse. À découvrir.

BAR FLY

Avenue del Morro S/N, Zicatela
Ouvert du jeudi au samedi de 22h à 3h.

Ce bar sympa, sur deux étages, surplombe la plage et est l'endroit où faire la fête et se trémousser à Puerto, et ce depuis plus de vingt ans ! Au programme : musique variée, de la salsa à la techno en passant par du R'n'B, écran géant où sont généralement projetées des images de surf. Tables de ping-pong également. L'endroit accueille souvent des DJ, locaux ou venus d'ailleurs. Bières et cocktails permettent de ne pas se déshydrater. *Happy hour* en début de soirée (lorsqu'il n'y a pas foule). Une très bonne option pour sortir à Zicatela.

ALMORADUZ €€

Boulevard Benito Juárez
+52 954 582 3109 - www.almoraduz.com.mx
Ouvert du lundi au samedi de 13h30 à 22h ;
le dimanche à partir de 18h.
Plats entre 250 $ et 350 $.

Ce petit restaurant propose une cuisine d'auteur, techniquement parfaite et délicieusement créative. On retrouve parfois les saveurs des produits *oaxaqueños* mais concoctés et agencés de manière originale, tel ces confits de porc, jarret d'agneau et *tacos* de canard. On y trouve aussi des pâtisseries : si c'est votre jour de chance, vous tomberez sur un fraisier parfaitement exécuté. Jolie présentation et une petite ambiance bistrot à faire couler une larme de nostalgie. Après plusieurs années à régaler les visiteurs, c'est désormais un véritable classique.

PIEDRA DE LA IGUANA

L'avant, le pendant et l'*after* de Puerto Escondido, là où débarque parfois une foule assoiffée à la fermeture du Bar Fly, vers quatre heures du matin… On se trémousse sur le *dance floor* en plein air, musique électronique à fond dans les oreilles et jeux de lumière éblouissants, le tout dans une ambiance résolument très plage. C'est l'endroit idéal pour faire une nuit blanche, puisque le club reste ouvert jusqu'aux premières lueurs du jour. La Piedra de la Iguana se situe un peu plus loin que le Far Bar, le long de l'Avenida del Morro.

LAGUNAS DE CHACAHUA ★★★

Les Lagunes de Chacahua se trouvent à 86 km à l'ouest de Puerto Escondido. Cataloguées parc national par le gouvernement mexicain, elles abritent trois lagunes : Chachua, la Patoría et Salinas. On y trouve une incroyable diversité d'espèces animales et végétales, parmi lesquelles figurent 136 espèces d'oiseaux (dont le pélican canadien, le héron et le spatule rose), 23 de reptiles, 4 d'amphibiens et 20 de mammifères. Les visiteurs peuvent pêcher, nager (attention aux crocodiles), ou suivre le fil de l'eau sur une barque ou en kayak, en admirant la faune locale. Plus loin, à l'endroit où la lagune se mélange à la mer, vous trouverez de jolies plages à découvrir lors de petites randonnées ; celle de Chacahua est réputée pour la pratique du surf. Pour les intrépides, le joyau de l'endroit se nomme Playa Los Azufres.

Transports

Vous pouvez vous y rendre seul ou en excursions organisées, mais si vous voulez faire l'aller-retour dans la journée depuis Puerto Escondido, il faut partir très tôt : depuis le terminal Tur de Puerto Escondido, vous devrez d'abord prendre un van jusqu'au village de Rio Grande, puis un combi jusqu'au petit village de Zapotalito, où vous trouverez des barques qui pourront vous faire visiter les lagunes de Chacahua (tour touristique) ou traverser les lagunes jusqu'à la plage (système de *colectivo*).

LAGUNA DE MANIALTEPEC ★★

A 18 km au nord de Puerto Escondido, les lagunes de Manialtepec, bordées de mangroves, servent de refuge à de nombreuses espèces animales, dont une quantité incroyable d'oiseaux. On peut parcourir l'endroit en barque ou en kayak, ce qui permet de s'arrêter un peu où l'on veut et de se détendre sur la plage. Pendant la saison des pluies, de mai à novembre, le bras de rivière a tendance à déborder et à se transformer en estuaire. On visite alors la lagune à la tombée de la nuit sans lune, lorsque le phénomène de bioluminescence est observable à son maximum (une espèce de plancton est à l'origine de ce phénomène rare, surtout observable au mois d'août).

LALO ECOTOURS ★★

Laguna de Manialtepec
✆ +52 1 954 118 9037
www.lalo-ecotours.com
Prix variables selon les excursions.
Au départ de Puerto Escondido, l'excursion coûte 800 $ (min. 4 persones).

A bord d'une petite barque à moteur, vous parcourrez plus de 9 km sur la lagune de Manialtepec à la découverte des oiseaux. Lalo ou l'un de ses fils vous fera la visite guidée. Experts en ornithologie depuis des années, ils connaissent mieux que quiconque les lieux et peuvent vous faire découvrir, avec une précision impressionnante, chacune des 270 espèces d'oiseaux présentes. Organise également des balades en kayak, à cheval jusqu'aux eaux thermales d'Atotnilco, au campement de tortues de Palmarito, plantations de café, cascades etc.

MAZUNTE ★★★

Durant de nombreuses années, les villages de Mazunte et San Agustinillo se sont consacrés à l'exploitation et au commerce des tortues marines. C'est à Mazunte que se trouvait le plus grand centre d'abattage de tortues de la Côte Pacifique mexicaine. Lors des arrivages massifs durant la saison de ponte, on y abattait jusqu'à deux mille tortues par jour ! Les œufs et la chair de tortue étaient consommés par l'homme ; la peau était utilisée pour fabriquer des portefeuilles, des chaussures, des sacs, des ceintures, etc. Ce commerce très prospère commença néanmoins à mettre en danger la survie des espèces, d'autant que seul un très faible pourcentage des bébés tortues parviennent à l'âge adulte. Devant cette situation, le gouvernement mexicain décréta en 1990 l'interdiction totale de la pêche à la tortue. Mazunte connut alors un appauvrissement tragique. L'ONG Eco Solar proposa alors la mise en place de projets productifs pour communautés rurales, centrés sur la récupération et la conservation des ressources naturelles, en remplacement des activités de chasse et destruction des ressources. Parallèlement, on promut l'écotourisme en créant, en 1992, la réserve écologique paysanne El Mazunte, ainsi que le Centre Mexicain de la Tortue. Pari réussi ! Entouré d'une abondante végétation, le village de Mazunte commença à recevoir de plus en plus de voyageurs, à la recherche d'un vrai contact avec la nature alors que la plage de Zipolite se développait de plus en plus. La plage de Mazunte est connue pour être moins dangereuse que celle de Zipolite.

CENTRO MEXICANO DE LA TORTUGA ★

www.tortugasmazunte.org

Ouvert du mercredi au dimanche de 10h à 16h30. Entrée : 40 $.

L'objectif du centre est, comme son nom l'indique, d'informer les visiteurs sur les connaissances en biologie, la conservation et la législation en matière de protection des tortues et de promouvoir un tourisme écologique. La visite est idéale pour connaître les sept espèces de tortues marines sur les huit que compte la planète. Le centre dispose également de campements temporaires sur les plages alentour, et il sollicite parfois l'aide de volontaires.

PLAYA VENTANILLA ★★

✆ +52 249 5960410

www.laventanilla.com.mx

A 2,5 km de Mazunte s'étend la plage vierge de Ventanilla, où viennent pondre les tortues marines. Derrière la plage se trouve une lagune, qui sert de refuge à de nombreuses familles de crocodiles. Les quelques habitants du village se sont organisés en coopératives et proposent une petite promenade en barque à travers la lagune et son île pour découvrir oiseaux, crocodiles, iguanes et autres cervidés. D'octobre à mars, arrivées massives de tortues ; ce phénomène ayant lieu la nuit, il est mieux de rester camper ou dormir sur place dans l'une des cabanes.

BERTIN SANTOS JUAREZ ★★★

✆ +52 1 958 107 3962

Bertin est l'interlocuteur indispensable pour qui veut se rendre à Escobilla observer el *arribazón*, les arrivages massifs des tortues qui se produisent de mi-mai jusqu'en septembre. Il est l'unique guide certifié par la CONANP (Commission nationale des aires naturelles protégées). Il est généralement prévenu de l'arrivée des tortues trois jours avant, cela vaut donc la peine de le contacter à votre arrivée dans le coin pour qu'il vous tienne informé d'une possible excursion : celle-ci dure environ 2h30, 1h30 aller-retour et une heure sur place.

LA POSADA DEL ARQUITECTO €

Playa Rinconcito

www.posadadelarquitecto.com

Les prix varient selon les cabanes et la saison. Compter 80-120 $ pour un lit en dortoir et 400-2 000 $ pour une cabane.

La Posada del Arquitecto est l'un des tout premiers hôtels de Mazunte. Au départ, il s'agissait juste de pouvoir héberger les amis et les copains dans des petites cahutes en bois. Au fil du temps, les voyageurs augmentant, on a amélioré le confort des cabanes et parfois remplacé le bois par d'autres matériaux, tout en veillant à préserver l'harmonie avec l'environnement. C'est réussi : les espaces extérieurs, aussi bien qu'intérieurs, offrent un cadre paradisiaque, où la nature a toujours sa place. L'établissement offre des options pour différents budgets.

UNA POSADA MAS €

Calle del Rinconcito

✆ +52 958 119 4504

www.unaposadamas.com

7 chambres pour 2,4 et 6 personnes, à partir de 600 $ la nuit.

Voici un petit hôtel très sympathique, joliment décoré dans un style rustique et tropical ; l'endroit est parfaitement aménagé le long d'un petit jardin où l'on peut se détendre à souhait. Les chambres du bas disposent d'un hamac en terrasse. D'autres possèdent un agréable balcon, et certaines encore possèdent un petit coin salon. Les espaces communs sont très agréables ; on y fait des rencontres et on peut y jouer à des jeux. Séjour réussi garanti, d'autant plus qu'il n'est qu'à une centaine de mètres de la plage *Rinconcitos*.

VILLA LUNA DE MIEL €€

Caleljon del Armadillo

✆ +52 1 958 111 3529

www.lalunademielmazunte.com

Trois très vastes bungalows, entre 900 et 1 200 $ selon le nombre d'occupants.

Voici un charmant établissement, doté d'une atmosphère tropicale à souhait. Les bungalows au toit de palme offrent une belle vue sur la mer, sont immergés dans la végétation et sont réellement idéaux pour se faire une idée de la langueur locale. Ils sont confortables, vastes et ouverts sur le monde. Ils comprennent une cuisine et une belle terrasse, pour se sentir vraiment comme chez soi... tout en étant à l'autre bout du monde. C'est exactement le type de logement que l'on recherche lorsque l'on visite cette partie de la côte.

CENZONTLE €

Calle del Rinconcito

Ouvert du samedi au mardi et les jours fériés de 15h à 22h. Burger et botanas : 100 $.

Voici un petit restaurant-bar très sympa, avec deux terrasses (une sur la rue, une à l'étage) qui est un parfait spot pour un déjeuner tardif en fin d'aprèm, un apéro ou même un dîner informel. Ici, le prix des boissons est accessible, les proprios hyper sympas et on sert de très très bons burgers carnivores ou végétariens, ainsi que des *botanas* mexicaines. En fin de journée, l'ambiance y est particulièrement détendue et de plus en plus festive à mesure que l'heure tourne. Un endroit sans prétention, mais terriblement efficace.

LA EMPANADA €

Carretera Federal 175

✆ +52 958 100 1689

Tous les jours de 16h à 23h.
Plats aux alentours de 100 $.

Voilà maintenant plus de quinze ans que cette auberge de jeunesse et restaurant prépare des petits plats internationaux sous son joli toit de palme. Si le mélange des plats est assez hétéroclite (les *enchiladas* côtoient les spaghettis et les filets de poisson s'acoquinent avec les sushis), c'est surtout la pizza qui est ici la reine. Côté boisson, on part sur des mezcals artisanaux et du bon café, en toute simplicité. Un endroit très sympa pour déjeuner tardivement (une fois passées les heures les plus chaudes de la journée) ou pour dîner !

LA MEZCALERIA

Calle Rinconcito

Bon, même si les fêtes organisées tournent de bar en bar dans le village, c'est tout de même ici que ça se passe. Ce jardin hérissé d'une haute toiture en palme qui recouvre une dalle en béton circulaire sert de *dancefloor* à tout ce que Mazunte compte de fêtards. L'avantage, outre ses mélanges de mezcal aromatisés que l'on trouve par dizaines, c'est la musique *live* et les DJ qui se relaient pour créer une ambiance souvent survoltée et toujours conviviale. Les horaires et jours d'ouverture varient selon les événements musicaux, renseignez-vous au préalable.

LA ESCOBILLA ★★★★

Escobilla occupe une place à part dans l'univers des tortues marines, puisque c'est l'endroit le plus important au monde pour la reproduction des tortues *Golfinas* : depuis 1998, on dénombre plus d'un million de nidations par saison. Après l'interdiction de l'exploitation commerciale des tortues marines, les membres de cette communauté côtière créent en 1997 ce centre pionnier de protection de la tortue. La zone ne peut être visitée qu'accompagné de guides certifiés.

Toute l'année, les tortues arrivent sur la plage à la nuit tombée pour y enfouir leurs œufs : c'est la nidation solitaire. Les œufs sont alors conservés par la communauté dans un corral, afin de les protéger des bipèdes peu scrupuleux qui souhaiteraient les gloutonner ou les revendre. Ils sont conservés pendant leur période d'incubation (45 jours) puis relâchés au bord de l'eau.

Entre les mois de juillet et décembre, la plage est le siège d'un phénomène fabuleux, ici dénommé *la arribada* : c'est l'arrivage de milliers de tortues en même temps sur la plage. C'est un phénomène complexe ; les jours d'arrivée sont impossibles à prévoir, ni la périodicité exacte : disons qu'en moyenne, l'arrivage massif a lieu une fois par mois, celui-ci pouvant durer de quelques heures à plusieurs semaines… Les œufs sont alors laissés à même le sable, et les volontaires montent la garde jour et nuit durant 45 jours en attendant que les bébés tortues sortent de l'œuf et détalent vers la mer. Seule une infime partie d'entre eux arrivera à l'âge adulte.

CENTRO ECOTURISTICO LA ESCOBILLA ★★★★

Carretera Federal Pinotepa Nacional - Salina Cruz s/n km 180.5

✆ +52 1 55 11 33 69 42

Patrouille nocturne sur la plage : 150 $; libération des bébés : 130 $; camping : 50 $ par personne.

Tout au long de l'année, on a de bonnes chances de pouvoir observer des tortues et de participer à des activités liées à leur conservation : patrouille nocturne sur la plage et collecte des œufs, libération des bébés... L'expérience de l'arrivage massif des tortues et de l'éclosion des œufs vous laissera béat d'admiration et éternellement reconnaissant envers les forces de l'univers. Il est vivement conseillé de passer au moins une nuit sur place pour en profiter au maximum.

SAN AGUSTINILLO ★★

Le village de San Agustinillo se trouve à un kilomètre au sud de Mazunte. Les habitants qui se consacraient autrefois à la pêche aux tortues marines se sont aujourd'hui reconvertis dans le tourisme. C'est un village agréable, pas encore complètement développé, qui offre une ambiance plus familiale que Zipolite et Mazunte. Les hôtels et restaurants s'alignent le long d'une rue principale, qui longe la plage. Quel que soit l'endroit où l'on se trouve, la mer n'est jamais loin. Les vagues sont plus fortes qu'à Mazunte, ce qui permet de pratiquer le body-surf et même parfois le surf. Une partie de la baie est néanmoins assez tranquille.

LA MORA POSADA CAFE €

✆ +52 958 584 6422
www.lamoraposada.com
3 chambres, entre 700 et 1 000 $.
Appartement complet à louer.

La Mora Posada Cafe possède trois jolies petites chambres, qui partagent une terrasse avec vue sur la mer. Très confortables, elles sont dotées d'un ventilateur de plafond, de la clim, d'une salle de bain avec eau chaude (il est peu probable que vous ayez besoin, mais enfin, qui sait...), et d'une kitchenette pour l'une d'entre elles. L'hôtel loue également un appartement entièrement meublé pour les longs séjours, au dernier étage. Bon restaurant, qui sert une cuisine d'influence italienne et de très très bons petits déjeuners.

CABAÑAS PUNTA PLACER €€

www.puntaplacer.com
8 chambres, aux alentours de 2 000 US$.

L'hôtel Punta Placer comprend 8 chambres, réparties entre 4 bungalows de deux étages, disséminés dans un joli jardin tropical. Les cabanes, qui possèdent des salles de bains privées, sont conçues dans un style minimaliste, qui privilégie les lignes et formes circulaires et cherche à donner une élégance aux éléments de design locaux (toits de palme). La literie est plutôt confortable et tous les lits sont dotés de l'indispensable moustiquaire. Très très bel endroit où descendre où, en plus, on parle le français. Une valeur sûre de San Agustinillo.

LUZ DEL SOL €

✆ +52 958 1111 433
Ouvert du vendredi au mardi de 9h à 17h.
Plats autour de 100 $.

Ce délicieux restaurant végétarien, qui offre en plus massages et cours de yoga et méditation, est un établissement familial. Ici, tout est frais et authentique. Les plats sont modernes, riches en couleurs, mais surtout en saveur : hamburger à la betterave et au curry, salade de quinoa et jus de fruits frais à foison. Egalement au menu, une grande variété de burritos, sandwiches et autres wraps. Les préparations et présentations sont recherchées. Une excellente adresse bien-être, installée sur une terrasse en hauteur face à la mer.

RESTAURANTE ALEJANDRA €

C'est l'avant-dernier restaurant avant que ne se termine la plage, sur la droite de la baie en regardant la mer.
✆ +52 958 117 8932
Ouvert tous les jours de 8h à 18h.
Plats autour de 150 $.

Pourquoi recommander Alejandra plutôt que les autres *palapas* qui s'enchaînent sur cette extrémité de la plage ? Tout simplement parce qu'ici, les cocktails de crevettes sont absolument divins, sûrement grâce à ce petit zeste de pulpe d'orange qui fait tout la différence dans la préparation. Et, comme le reste de la carte est aussi réussi (notamment les plats pour le petit déjeuner, copieux et bien réalisés), c'est ici que ça se passe, sur une chaise inclinée les pieds dans le sable (littéralement), face à l'océan. En pleine immersion.

LA TERMITA €

www.posadalatermita.com
Ouvert à partir de 18h, tous les jours en haute saison et plus sporadiquement en basse saison.
150 $ par personne.

Ici, c'est pizza ou pizza, mais elles sont tout à fait délicieuses – notamment la spécialité aux crevettes –, des ingrédients à la texture en passant par la cuisson au feu de bois. S'il vous venait l'idée farfelue de commander une (énorme) pizza par personne, jetez un œil aux tables voisines... Ajoutez à cela un bon verre de vin et la vue sur la mer et vous voilà bien installés pour passer une excellente soirée. L'établissement sert aussi de nombreux cocktails. Très bien dans l'ensemble, malgré le service qui est assez inégal.

ZIPOLITE ★★

Zipolite a vu le jour à la fin des années 1960, après que quelques hippies venus fêter l'éclipse lunaire de 1968 décident d'y rester, attirés par la beauté de cette bande de sable fin faisant face à l'océan. Quittant leurs plantations de café, quelques habitants de Puerto Angel sont alors venus vivre autour des *gringos*, créant de petits logements sous forme de cabanes rustiques sur la plage et vendant le poisson ramené par les pêcheurs de Puerto Angel. Ce petit village réputé pour le naturisme, la tolérance en matière de consommation de drogue douce, la pratique de la méditation et des massages mérite toujours son surnom de Playa del Amor. Le village aux chemins de sable et de terre a bien grandi ces vingt dernières années et compte désormais plusieurs « quartiers » et de nombreuses rues : la partie gauche du village (en regardant la mer) correspond aux premiers établissements, rustiques à souhait ; la partie droite est la plus récente et a vu s'installer des hôtels et des restaurants un peu plus chics. Une rue commerçante (*el adoquin*) y a même été pavée, créant une sorte de petit centre touristique, parallèle à la plage. Il existe plusieurs endroits où faire la fête, et des soirées sont souvent aussi organisées sur la plage (on y vient de Mazunte et San Agusitinillo, où la vie nocturne est relativement plus calme).

Se loger

L'option la plus économique (aux alentours de 200 $ la nuit) consiste à se loger face à l'océan, dans ces cabanes en bois montées sur pilotis, les pieds dans le sable. Le confort est sommaire (lit et moustiquaire) mais qu'est-ce qu'il est bon de se laisser bercer par le rugissement des vagues et le chant du vent ! On en trouve depuis le milieu de la plage (cabañas La Habana) jusqu'à l'extrémité sud et il est généralement possible d'y planter sa tente pour 50 $.

Transports

Des camionnettes ou des taxis collectifs font la navette vers Puerto Angel (à 2 km) et Pochutla (15 km). Dans l'autre sens, on rejoint San Agustinillo et Mazunte (6 km), puis le bourg de San Antonio (15 km), où la route côtière rejoint la route principale où transitent les bus qui relient Huatulco à Puerto Escondido.

EL ALQUIMISTA €€

✆ +52 958 587 8961
www.hotelelalquimista.com
8 cabanes et 17 chambres, entre 2 000 et 4 000 $.

El Alquimista est l'un des plus anciens et meilleurs établissements de Zipolite. Les cabanes en bois sont confortables et très bien construites, elles ont toute vue sur la mer et une salle de bain privée. Le restaurant et le bar de l'hôtel sont réputés aussi bien pour la qualité de la cuisine et des cocktails que pour le décor : le soir les bougies sur les rochers génèrent une atmosphère magique. La plage en contrebas de l'hôtel est séparée du reste de la baie par des rochers, ce qui confère une certaine intimité. Piscine. Internet. Très bonne adresse.

LA LOMA LINDA €€

Carretera Principal
www.lalomalinda.com
4 chambres et 6 bungalows dont le prix varie entre 700 $ et 1 500 $. Petit-déjeuner compris.

L'hôtel Loma Linda est situé sur une petite colline, en amont de la plage Zipolite et presque au centre de celle-ci. L'endroit est une sorte de labyrinthe de plantes tropicales, construit à flanc de collines, et dans lequel on circule par de nombreux petits escaliers accrochés à la roche. Il comprend 4 chambres et 6 jolis bungalows, plus ou moins amples, certains avec cuisine et salle de bain complète, d'autres avec toilettes et salle de bain partagée. On y organise notamment des retraites de yoga (séances la matin quasiment toute l'année).

SAL Y PIMIENTA €

Au milieu de la plage de Zipolite.
Ouvert du jeudi au lundi de 13h à 22h.
Plats de poisson entre 80 et 200 $.

Gros coup de cœur pour cet endroit qui a su garder une sincère simplicité malgré le succès de sa cuisine : pas de chichis, on s'assoit ici les pieds dans le sable, à l'ombre en journée et éclairé de bougies en soirée. Les plats sont très copieux, tout ce que nous offre la mer s'y retrouve : poulpe servi avec une sauce délicieusement relevée, filet de poisson, crevettes, etc. Également burger accompagné de frites et salades. Cet endroit pourrait vite devenir votre cantine à Zipolite, d'autant que les margaritas sont à tomber.

CÔTE PACIFIQUE

LA PROVIDENCIA €€

Calle Shambala
✆ +52 958 100 9234
www.laprovidenciazipolite.com
Ouvert du mercredi au dimanche de 19h à 22h. Plats à partir de 250 $ par personne.

Voici sans aucun doute le meilleur restaurant de Zipolite. Pas sans raison, puisqu'il est tenu par de véritables chefs de profession, Paco et Javier. On y sert une cuisine mexicaine contemporaine de qualité : crevettes au tamarin, des cœurs de thon en réduction de balsamique et romarin, des médaillons de bœuf... Le restaurant n'est pas sur la plage, mais vu la qualité de la cuisine, la vue n'a plus d'importance, d'autant plus que le cadre en constante évolution vous ravira certainement. Réservations recommandées en haute saison.

PUERTO ANGEL ★★

La légende raconte qu'un pirate décida de s'arrêter dans cette baie, ébloui par sa beauté. C'est alors qu'apparut devant lui un enfant à l'aspect angélique, qui lui demanda de se repentir de ses mauvaises actions. Le pirate était habitué à donner des ordres, mais il s'émut devant les paroles de l'enfant, et pleura jusqu'à remplir tout un vase de ses larmes. Cet enfant, qui avait réussi à émouvoir ce cruel pirate, n'était autre qu'un ange, d'où le nom de « Puerto Angel ». A un kilomètre au sud de Zipolite, le port de Puerto Angel était déjà utilisé au XIXe siècle pour exporter le bois et le café de la Sierra d'Oaxaca.

Puerto Angel est avant tout un village traditionnel de pêcheurs, dont on peut observer quotidiennement le va-et-vient sur la plage principale ou la *Playa Panteòn*, à l'extrémité de cette magnifique baie. C'est le premier endroit du coin à avoir accueilli des visiteurs, nationaux et étrangers, avant d'être peu à peu supplanté par la plage de Zipolite au cours des années 70 à 90. L'endroit ravira néanmoins ceux qui sont à la recherche d'une base d'exploration plus authentique et pas uniquement axée sur le tourisme : Zipolite, San Agustinillo et Mazunte ne sont qu'à quelques kilomètres et facilement accessibles en transport public.

Récemment, afin de concilier l'activité de pêche et le tourisme de baignade et farniente, des zones de baignade exclusives ont été aménagées. Des enfants du village se sont aussi réunis au sein de l'association *Guardianes del mar*, afin de mener des actions de sensibilisation sur la protection du milieu marin et côtier ; les femmes, réunies au sein de l'organisation communautaire *Manos Voluntarias de Puerto Angel*, revendent plusieurs tonnes de déchets plastiques ramassés chaque année au bénéfice des écoles du coin. On attend encore un petit geste de la communauté masculine, par ailleurs très active tous les 1er octobre, lorsqu'il s'agit d'orner de mille parures les barques de pêcheurs pour emmener au large la statue du protecteur du village.

Balade

Les pêcheurs proposent des balades en bateau pour découvrir 4 plages quasi vierges qui se trouvent à proximité de la baie et sont encore méconnues : Playa Estacahuite, Playa de Muerto, Playa Mina et Playa Boquilla. Elles sont accessibles en taxi et transport collectif depuis Puerto Angel (en prenant la route qui mène à Pochutla), mais la balade en bateau est beaucoup plus charmante et reposante. C'est l'occasion d'observer les fonds marins en louant masque, tuba et palmes.

Pratique

Depuis 2015, la zone côtière de Puerto Angel est officiellement reconnue Zone d'observation des baleines par la SEMARNAT (Secretaria de Medio Ambiente y Recursos Naturales). Les pêcheurs, face à la chute drastique des ressources de l'océan, trouvent là une reconversion progressive. D'octobre à mars (avec un pic en décembre et janvier), on peut aborder des embarcations (assurez-vous qu'elles disposent du drapeau bleu de la SEMARNAT) et observer baleines à bosse, baleines bleues et rorquals tropicaux, à une distance réglementaire de 60 mètres maximum. Ces mammifères longent la côte Pacifique dans leur migration annuelle entre le pôle Nord et les eaux d'Amérique centrale.

PLAYA ESTACAHUITE ★

Prendre une camionnette ou un taxi collectif vers Pochutla, qui vous dépose à la déviation, puis marcher 1 km.

Voici Playa Estacahuiteune, à une dizaine de minutes en voiture du centre de Puerto Angel. C'est une petite baie largement ouverte sur l'océan, qui comprend trois mini-plages séparées entre elles par des rochers. L'eau y est translucide, le sable blond, et le tout constitue un bel endroit où se baigner et s'adonner au farniente. On trouve un bon petit restaurant sur la corniche juste en arrivant et des petites *palapas* où se rafraîchir les pieds dans le sable. Idéal pour déconnecter, en particulier en semaine (il y a plus de monde les week-ends).

Puerto Ángel.

PLAYA LA MINA ★

Prendre une camionnette ou un colectivo vers Pochutla. Se faire déposer à la déviation puis marcher 1 km.

Playa la Mina est une plage totalement vierge de construction, divisée en deux par des rochers. Ici, c'est palmiers et compagnies. Les eaux calmes qui la bordent sont idéales pour nager en famille et faire du snorkeling. Pensez à apporter des victuailles si vous souhaitez y passer un long moment, car il n'y a aucune infrastructure dans les environs. Autre plage de Puerto Angel, la Playa La Boquilla est accessible par un autre embranchement sur la route de Puerto Angel, à quelques kilomètres avant d'arriver à la Playa la Mina.

LA BOQUILLA ★★

C'est une des autres plages que l'on visite *via* les excursions en bateau au départ de Puerto Angel. On peut également y accéder *via* la route qui relie Pochutla (depuis l'embranchement, il vous faudra alors marcher un peu moins d'une demi-heure). L'autre solution consiste à s'y installer pour une ou plusieurs nuits, tant l'endroit est véritablement charmant : une petite baie à la végétation exubérante, avec une belle bande de sable blanc en prime. Il n'y a pas grand-chose à faire à La Boquilla, si ce n'est se prélasser sur le sable et, quand on a trop chaud, piquer une tête dans l'océan... A lui seul, le village abrite une bonne dizaine d'hôtels.

CAPY €

Calle Playa Panteon
✆ +52 958 584 3002
12 chambres, entre 400 et 500 $.

C'est un des plus anciens hôtels de la ville, monté par un capitaine de navire il y a fort longtemps. L'endroit a été rénové de fond en comble par sa fille, désormais à la barre. Tout en hauteur, on y accède par une vaste terrasse où la couleur sable est rehaussée du vert chatoyant des plantes. On entend l'océan, non loin, que l'on peut apercevoir depuis l'étage du dessus, où sont installées les chambres douillettes, en enfilade. L'accueil et la bonne humeur sont au rendez-vous de cet établissement à mi-chemin entre l'*hostal* et la *posada* familiale.

HOTEL BAHIA DE LA LUNA €€

✆ +52 958 589 5020
www.bahiadelaluna.com
12 cabañitas, à partir de 1 500 $ la nuit.

Voici le seul petit hôtel de la crique, aux principes écologiques, dont les discrètes cabanes sont installées à la verticale, depuis le niveau de la mer jusque sur une corniche. On en trouve pour tous types de séjour, depuis les plus simples jusqu'à des petites maisons pouvant accueillir 8 personnes. L'endroit est dédié à vous faire passer un beau moment : petit club de plage et, surtout, un restaurant de cuisine fusion oaxaquénienne qui sert des plats du jour aux saveurs renouvelées constamment. Seul inconvénient : il vous sera très dur d'en partir...

BAHIAS DE HUATULCO ★★

Huatulco est une jeune station balnéaire qui se situe à une cinquantaine de kilomètres au sud de Pochutla. Elle voit le jour au milieu des années 80, sous l'impulsion du FONATUR, le fonds national de développement du tourisme, là où l'on ne trouvait que quelques cabanes de pêcheurs, dans la baie de Santa Cruz. Ses neuf magnifiques baies et ses 36 plages s'étalent sur 35 km. Certaines de ses plages sont des réserves écologiques peu accessibles par la route. Pour en profiter, il faut visiter les baies par voie marine. Ici, on peut pratiquer le snorkeling, la plongée, la descente en rafting, jouer au golf sur un des parcours les plus chers au monde, faire des randonnées à pied, à cheval, à vélo, en quad ; l'observation des oiseaux est aussi très prisée des Nord-Américains qui y passent une partie de l'hiver. Le paysage est vert six mois de l'année et couleur café, c'est-à-dire sec les six autres mois. On passe d'un climat humide à 35 °C à un climat sec qui peut dépasser les 40 °C de janvier à juin.

Huatulco est une station balnéaire très cool, où se côtoient aussi bien des familles modestes que d'autres très aisées possédant des villas luxueuses. Cette mixité et ce côté provincial sont aussi ce qui font son charme.

Huatulco est recommandée aux familles avec enfants, aux amoureux de la nature et aux sportifs. Bien que ce soit une station jeune, elle ne souffre pas des excès de béton de Cancún et Acapulco. Ici, les autorités fédérales veillent au grain : les nombreuses plages où se baigner ne souffrent pas de constructions imposantes, les petits restaurants étant construits à bonne distance du rivage ; la plage centrale de Chahue est certifiée *Blue Flag* pour sa propreté et sa surveillance constante par des maîtres-nageurs (ils installent même des rubans de protection pour indiquer les endroits où des tortues sont venues pondre leurs œufs !) ; site Ramsar et réserve de la biosphère Unesco, Huatulco est aussi certifiée par la très exigeante ONG australienne Earth Check, dont les critères sont aussi bien environnementaux (traitement et recyclage des eaux, sources d'énergie, bilan carbone, etc.) que sociaux (implication de la communauté résidente, inclusion de tous, éducation et sensibilisation, etc.). A Huatulco, 90 % de l'électricité vient de l'énergie éolienne provenant de l'isthme de Tehuantepec, les 10 % restants étant hydroélectriques.

Des projets locaux, menés par le Parque Nacional Bahías de Huatulco et des associations locales, s'attaquent au trafic d'oiseaux, les soignent et les relâchent dans les parcs du centre-ville. C'est donc certes une destination touristique où existent aussi de grands hôtels (relativement peu), mais on tente d'y maintenir un bilan carbone à 0, en compensant les émissions par le financement de projets de reforestation au Chiapas.

Pratique

Le Parque Nacional Bahías de Huatulco comprend 9 baies qui comprennent chacune une ou plusieurs très belles plages. Le cœur de l'implantation touristique se situe entre les Bahía de Santa Cruz, Bahía de Chahué et Tagolunda. A partir de Santa Cruz, les baies et les plages plus haut sur la côte disposent au mieux de petits restaurants et certaines sont totalement vierges ; certaines sont accessibles en voiture, d'autres à pied ou à vélo et certaines exclusivement en bateau.

▶ **Le centre est le village de Santa Cruz Huatulco**, communément dénommé *La Crucetita* ; il se situe à moins de deux kilomètres du rivage. C'est un endroit agréable et arboré, avec des rues proprettes, et son Zócalo idéal pour flâner en début de soirée parmi la population locale et les visiteurs ; on y trouve des hôtels aux prix modérés et de bons restaurants. C'est certainement le quartier le plus authentique.

▶ **De là, le front de mer se trouve au sud en empruntant une petite route verte et serpentine, vers la baie de Santa Cruz** ; une voie piétonne la relie également au centre-ville. Ici, une place arborée jouxte l'embarcadère principal pour les excursions vers *les bahías* du parc national. C'est aussi dans cette baie que mouillent les bateaux de croisière en hiver. La plage du lieu, facilement accessible, est aussi très agréable. Dans la même baie se trouve également la paisible plage de *La Entrega*, accessible par voie terrestre. Hôtels et restaurants se trouvent en retrait ou sur les hauteurs qui cintrent la baie. De là, l'avenue côtière file vers Chahue et Tangolunda.

▶ **La baie de Chahue** se trouve un peu plus au sud, derrière la colline. Elle comprend une ample plage presque déserte, ouverte sur l'océan et certifiée *Blue Flag*, avec maîtres-nageurs et surveillance constante ; seul un hôtel y est construit et on y dénombre quelques discrets clubs de plage suffisamment éloignés du rivage pour ne pas dénaturer l'aspect sauvage du lieu. A l'extrémité de la plage, un canal mène à une marina plus exclusive.

▶ En **continuant plus loin, la colline qui sépare Chahué de la Baie de Tangolunda** est une zone résidentielle de luxe qui dispose de deux petites criques aux eaux calmes : El Consuelo et Arrocito. Tongalunda est la seule plage sur laquelle les hôtels (chaînes de luxe, *all inclusive*) ont peu à peu privatisé la plage.

Quatre établissements se suivent sur cette belle bande de sable, sans laisser d'accès aux visiteurs lambda, qui peuvent néanmoins y pénétrer par le Trailer Park au début de la baie. Plus loin se trouve la Bahía de Conejos, où un dernier grand hôtel est implanté, et d'autres plages, encore et encore...

Sports / Loisirs

L'attraction ici, ce sont bien sûr les magnifiques baies et les 36 plages aux eaux translucides ; plongée, snorkeling, kayak, voilier et toutes activités aquatiques n'ont pas de limites. On visite l'ensemble des baies dans le cadre d'excursions d'une journée, qui incluent une pause snorkeling dans l'une d'elles et le déjeuner dans la dernière, la Bahía de San Agustín. Pourtant, certaines de ces plages au nord de Santa Cruz sont accessibles par voie terrestre ; une belle piste cyclable part même de Santa Cruz vers la Bahía Maguey, puis la rejoint de nouveau par la route côtière qui mène au phare, en passant par la plage de La Entrega (8 km).

Transports

Louer un scooter est une belle option pour visiter les baies accessibles par voie terrestre (route ou chemin de terre). Pour ceux qui n'ont pas peur de la chaleur, le vélo est une super option : une belle piste cyclabe de 8 km fait une boucle depuis Santa Cruz en passant par le phare et la plage de La Entrega.

BAHÍA MAGUEY ★★

On accède à la playa Maguey par la route : il existe des services de taxis collectifs qui rejoignent Santa Cruz (4 km), Chahué (6 km) puis Tangolunda par la route principale.

C'est une plage très sympa, car ses eaux sont calmes et elle est pourvue de nombreux restaurants (au menu : poissons et fruits de mer frais) presque tout du long, sans que ces derniers n'aient porté atteinte à la largeur de la bande de sable. Du coup, il est agréable de venir y déjeuner en famille et d'y passer la journée, d'autant qu'elle est facilement accessible. Bon à savoir : pour accéder à la plage El Órgano, qui a l'avantage d'être désertique sauf en haute saison, il vous faudra marcher depuis la route qui mène à la plage Maguey.

BAHÍA SAN AGUSTÍN ★★

À 30 km du centre-ville par la route, par une route en terre qui part depuis l'aéroport. Attention, la route n'est pas pratiquable toute l'année.

A 30 kilomètres de Santa Cruz Huatulco, la très belle baie de San Agustín est la dernière du Parque Nacional. On y trouve des eaux cristallines, habituellement calmes, et de nombreux spots coralliens pour y pratiquer la plongée et le snorkeling. C'est ici que les excursions en bateau depuis Santa Cruz font halte pour le déjeuner des passagers : des petits restaurants sympas y sont installés. Rien de commercial ou qui rappelle les grands *resorts*, mais de simples *comedores* authentiques qui servent surtout des produits de la mer.

BAHÍA CACALUTA ★★

À 6 km de Santa Cruz. Vous pouvez vous y rendre en taxi (80 $) ou en vélo.

Voilà une magnifique balade vers cette plage totalement vierge, qui sert de refuge pour la ponte des tortues. Sur la route vers Playa Maguey, il existe une déviation vers Cacaluta, qui mène à un cul-de-sac. Là commence la végétation sous laquelle il faut pénétrer pour emprunter un petit sentier ombragé de trois kilomètres ; certains bateaux emmènent leurs clients pratiquer le snorkeling ou la plongée, autour de l'îlot qui surnage devant l'immensité océanique. C'est un lieu de ponte des tortues, faites attention où vous mettez les pieds !

CASCADAS DE SAN MIGUEL DEL PUERTO ★★

A une quarantaine de kilomètres à l'intérieur des terres.

Entrée à chacune des cascades : 50 $.

Voilà un endroit où s'éloigner de l'effervescence côtière, puisque le territoire montagneux de San Miguel del Puerto abrite trois groupes de cascades perdues au milieu de cette ancienne zone de production de café, à la végétation exubérante : *Copalitillo*, *Llano Grande* et *Las Brisas*. Dans la région, on les surnomme les cascades magiques. Chacune d'elles est administrée par des associations ou coopératives locales, et proposent en outre balades à pied ou à vélo.

ZONA ARQUEOLOGICA COPALITA ★

Boulevard Copalita - Tangolunda tramo 15

Ouvert tous les jours de 8h à 17h. Entrée : 70 $.

Il s'agit tout autant d'un parc naturel que l'on visite pour ses écosystèmes (en hiver, plus de 200 espèces d'oiseaux migrateurs visitent le parc) que d'un site archéologique dont la première période d'occupation s'étend de 500 av. J.-C. jusqu'aux alentours de 650 apr. J.-C. L'origine ethnique des fondateurs de la cité est incertaine, mais il pourrait s'agir d'une collaboration entre des groupes Zoques du Chiapas et Zapotèques de l'isthme de Tehuantepec.

SECRETS HUATULCO RESORT & SPA €€€

À une petite dizaine de kilomètres du centre-ville

www.secretsresorts.com.mx

400 chambres et suites. Pour deux personnes à partir de 5 000 $ all inclusive.

Si vous souhaitez vraiment passer un grand moment de détente sur une plage privée où il n'y a rien d'autre à faire que se faire servir, c'est ici. Confort à tous les étages de ce très très grand hôtel qui mise sur le service d'une clientèle qui vient faire un break et se ressourcer. L'établissement comprend aussi une piscine, une salle de sport, une multitude de restaurants et un spa. Possibilité d'acheter un package *all inclusive*. Une expérience grandiose.

PARAISO HUATULCO ★★

Calle Darsena, Mza 20, Lote 8

© +52 958 587 2878

www.paraisohuatulco.com

Excursions d'une journée à Huatulco et ses environs.

Si vous avez vraiment envie qu'on vous prenne par la main et qu'on s'occupe de tout, Paraiso Huatulco est l'agence qu'il vous faut. Elle propose un grand nombre d'excursions ; n'oubliant aucun recoin de la région : cascades, rafting, jungle et flore locale, plages et baies, zone archéologique, coucher de soleil en mer, sanctuaires et centres de reproduction de tortues marines (Mazunte et La Ventanilla), etc. Bien sûr on vous emmène en voiture, mais on peut aussi se déplacer en quad ou sur une planche de surf. Complet et sérieux.

CAFE HUATULCO €

Kiosko de Santa Cruz.

© +52 958 587 1228

www.cafehuatulco.com.mx

Ouvert tous les jours de 8h à 23h30. Plats autour de 100 $.

Sur le kiosque de la grande place ombragée à côté de la plage et du port de Santa Cruz, ce petit café tout en extérieur est le meilleur endroit pour déguster un superbe café d'altitude cultivé dans les environs. Que vous soyez plutôt café glacé ou cappuccino, vous serez servis. On y trouve en trouve de très bons petits déjeuners et des plats à toute heure (burgers, quesadillas, œufs au plat, sandwiches, salades, etc.) ainsi que des gâteaux pour accompagner votre boisson. Musique *troba* tous les soirs à partir de 19h. Un rendez-vous incontournable des locaux.

HOTEL MISION DE LOS ARCOS €

Gardenia #902

© +52 958 587 0165

www.misiondelosarcos.com

Chambre standard à partiride 700 $; suites à partir de 1 000 $.

Cet hôtel situé dans le centre Huatulco offre un très bon rapport qualité/prix. Toutes les chambres sont différentes et décorées avec goût. La plupart possèdent une terrasse et sont dotées de l'Internet wi-fi et de la télévision câblée. L'établissement, qui possède un charme certain, a tout d'un boutique-hôtel, sauf son prix. Le patio, aménagé avec quelques tables et chaises, est particulièrement agréable. Une excellente option d'hébergement, pour un doux moment.

EL GRILLO MARINERO €

La Crucecita

© +52 958 587 0783

Ouvert du mercredi au lundi de 13h à 20h. Plats entre 130 et 200 $.

Sous cette *palapa* décorée aux couleurs de l'océan, qui offre une ambiance décontractée à toute heure, voici l'endroit le plus réputé en ville pour déguster ce qu'il y a de plus frais : poissons grillés, filets, crevettes et poulpes. Ici, on pêche (on peut vous emmener, si vous le souhaitez), on découpe, prépare et sert uniquement ce qui vaut la peine d'être cuisiné dans la plus pure tradition côtière mexicaine. La cuisson est invariablement réussie et, ô miracle, on trouve même des crevettes au naturel… Efficace et savoureux.

GOLFE DU MEXIQUE

Le golfe du Mexique est considéré comme le berceau de la civilisation olmèque. Celle-ci se développa de 1200 à 400 avant notre ère, sur le territoire formé par les actuels Etats de Veracruz (avec les sites de Tres Zapotes, Laguna de los Cerros et San Lorenzo) et de Tabasco (le site de La Venta). Xalapa, la capitale du Veracruz, est une agréable ville universitaire perchée dans les nuages. Veracruz, quant à elle, jouit d'une ambiance festive et est une référence dans la gastronomie nationale. Côté nature, le golfe du Mexique n'est pas en reste, avec la zone magique du Parc national Laguna de Catemaco et Agua Salva, une région rurale et gorgée d'eau, pour les fanatiques d'écotourisme. Bien que les côtes de Veracruz ne puissent rivaliser avec les plages du Pacifique et des Caraïbes, elles gardent néanmoins un certain charme. Dans le golfe, il règne une ambiance décontractée et joyeuse, notamment pendant le célèbre carnaval de Veracruz.

TAMAULIPAS
TAMPICO
Ciudad Valles
SAN LUIS POTOSI
Rio Tamuin
Tempoal de Sanchez
Ozuluama
100 KM
TAMAZUÑCHALE
GOLFE DU MEXIQUE
P.N. los Marmolles
Chicontepec
Tuxpan
Tihuatlan
HIDALGO
POZA RICA DE HIDALGO
PAPANTLA
Tecolutla
Ixmiquilpan
SIERRA MADRE ORIENTAL
El Tajin
Gutierrez Zamora
COSTA ESMERALDA
Martinez de la T.
Nautla
PACHUCA DE SOTO
Tulancingo
Vega de Alatorre
Tlapacoyan
Misantla
Filobobos
QUIAHNIZTLAN
MEXICO
Teotihuacan
XALAPA
PLAYA PARAÍSO
Perote
Actopan
P.N. Cofre de Perote
COATEPEC
ZEMPOALA
CHACHALACAS
ZACATLAN
MEXICO
S. Salvador El seco
XICO
LA ANTIGUA
TLAXCALA
Cardel
VERACRUZ
Xochimilco
5465 m. Popocatepelt
Parc national
5760 m. Orizaba
BOCA DEL
VERACRUZ
P.N. Popocatepelt
PUEBLA
P.N. Pico de Orizaba
Presa Valsequillo
CORDOBA
Alvara
CUERNAVACA
ATLIXCO
ORIZABA
Tapeaca
El Zapotal
MORELOS
TLACOTALPAN
Tlaltizapan
PUEBLA
P. N. Cañon de Rio Blanco
Tres Z
Limon
Izucar de Matamoros
Tierra Blanca
TEHUACAN
Cosa maloapan
Rio Atoyac
Acatlan de Osorlo
Res. Miguel Aleman
Rio Stó. Domingo
J. Bautista Tuxtepec
Loma Bonita
Rio Balsas
OAXACA
GUERRERO
Huajuapan de Léon

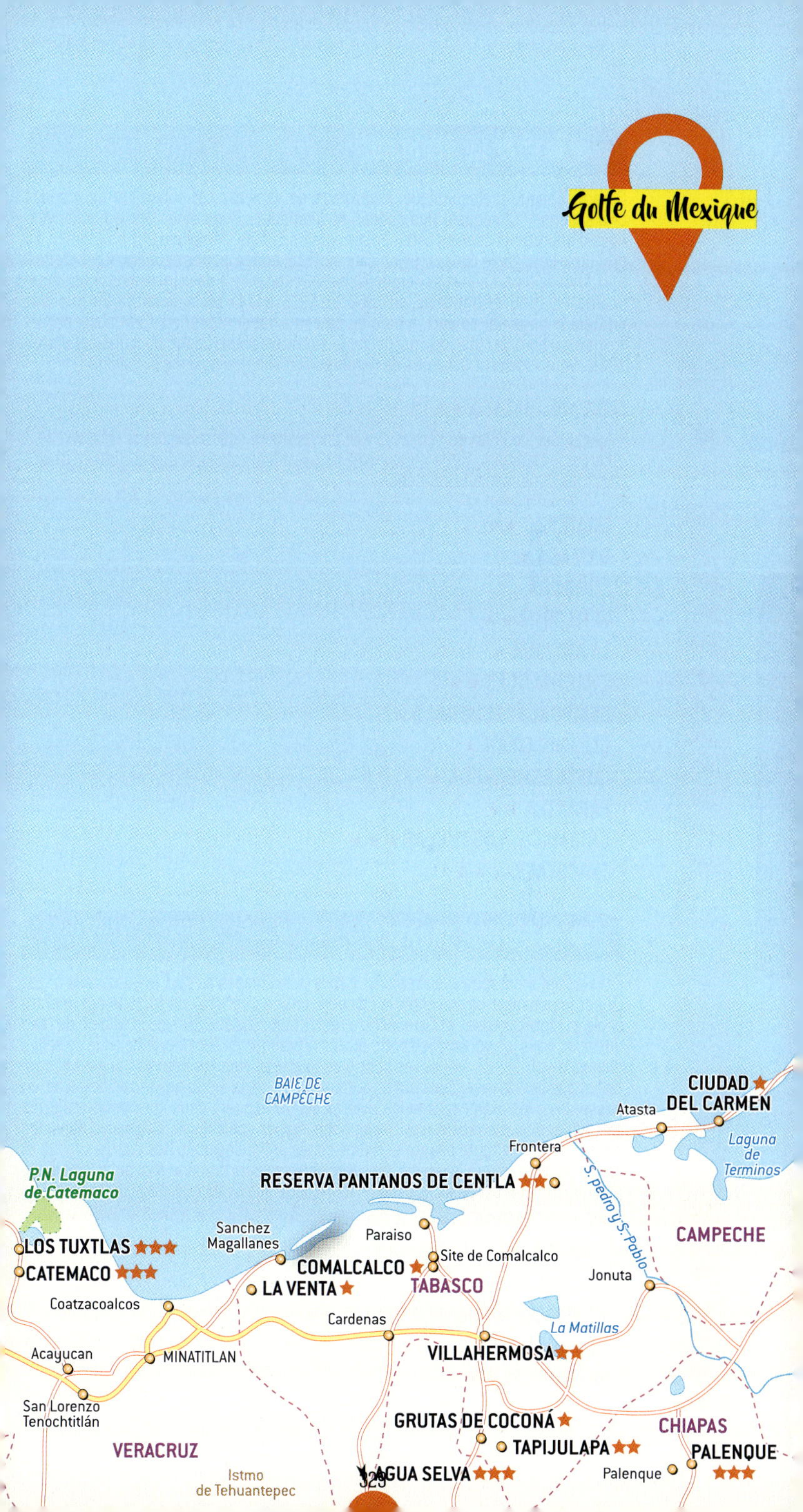
Golfe du Mexique
BAIE DE CAMPÊCHE
CIUDAD DEL CARMEN
Atasta
Laguna de Terminos
Frontera
RESERVA PANTANOS DE CENTLA
S. Pedro y S. Pablo
CAMPECHE
P.N. Laguna de Catemaco
LOS TUXTLAS
CATEMACO
Sanchez Magallanes
Paraiso
Site de Comalcalco
COMALCALCO
LA VENTA
TABASCO
Jonuta
Coatzacoalcos
Cardenas
La Matillas
Acayucan
MINATITLAN
VILLAHERMOSA
San Lorenzo Tenochtitlán
GRUTAS DE COCONÁ
CHIAPAS
VERACRUZ
TAPIJULAPA
PALENQUE
Istmo de Tehuantepec
329
AGUA SELVA
Palenque

PAGES

331 ## ●● ÉTAT DE VERACRUZ

Durant l'époque préhispanique, le territoire de Veracruz est habité par de grandes civilisations – Olmèques, Huastèques et Totonaques – qui nous ont légué les vestiges d'importants centres cérémonials comme El Tajin, Zempoala et Tres Zapotes. La présence espagnole dans la région date de 1518, année où une expédition débarque à San Juan de Ulúa. Le port s'enorgueillit de sa résistance à deux invasions : nord-américaine, en 1846, et française, en 1862. En 1911, à la fin de la dictature, Porfirio Díaz quittera le pays par ce port, à bord du bateau à vapeur Ipirango. C'est aussi depuis Tuxpan, au nord de l'Etat, que partit Che Guevara avec Fidel Castro pour libérer Cuba en 1956 ; vous croiserez d'ailleurs de nombreux Cubains exilés dans la région.

331 **XALAPA - JALAPA ★★**

La capitale de l'Etat du Veracruz, ville universitaire spécialisée dans l'histoire de l'art et les langues, abrite le deuxième musée d'Anthropologie du pays où l'on peut voir les fameuses têtes olmèques.

334 **COATEPEC ★★**
335 **ORIZABA ★**
336 **CÓRDOBA**
336 **VERACRUZ ★★**
340 **LA ANTIGUA ★**
340 **CHACHALACAS ★★**
340 **CEMPOALA - ZEMPOALA ★**
340 **QUIAHUIXTLÁN ★**
341 **COSTA ESMERALDA ★**
341 **PAPANTLA ★★**
343 **CATEMACO - LOS TUXLAS ★★★**
344 **TLACOTALPAN ★★**

345 ## ●● ÉTAT DE TABASCO

Cet Etat est limitrophe avec Veracruz à l'ouest, le Chiapas au sud, le Guatemala à l'est (il est impensable de traverser la frontière pour s'y rendre, car la zone est impraticable et marécageuse) et Campeche à l'est. L'Etat possède 30 % de la totalité de l'eau douce du pays, ce qui favorise entre autres la pratique de l'écotourisme (que de belles choses à voir !) : ici, les visites sont plus tournées vers les fleuves, rivières et cascades que vers la mer. D'un bout à l'autre de l'Etat, de la Sierra aux terres de cacao, en passant par les marécages et les rivières qui s'enfoncent dans la forêt tropicale, les distractions ne manquent pas : randonnée, rappel, spéléologie, baignades dans des sites naturels de toute beauté et même zones archéologiques des cultures maya et zoque qui dominèrent la région. Vous rencontrerez pourtant une tout autre ambiance puisque cet Etat est beaucoup moins touristique que beaucoup d'autres du pays.

345 **VILLAHERMOSA ★★**
347 **LA VENTA ★**
347 **AGUA SELVA ★★★**
348 **RESERVA PANTANOS DE CENTLA ★★**
348 **COMALCALCO ★**
348 **TAPIJULAPA ★★**

XALAPA - JALAPA ★★

Cette jolie ville de province de 700 000 habitants, située à 500 km de Mexico et 100 km de Veracruz, est la capitale de l'Etat, mais sa réputation est surtout fondée sur sa vivace activité intellectuelle. Surnommé « la Atena Veracruzana » (« l'Athènes de Veracruz »), Xalapa se distingue pour ses nombreuses représentations de théâtre, danse, littérature, arts plastiques et musique, notamment un orchestre symphonique reconnu internationalement. Les musées de la ville sont des lieux de rencontre avec les cultures d'origine indigènes qui ont peuplé la zone : la ville était déjà à l'époque préhispanique une étape entre les hautes terres du centre du pays et le golfe du Mexique. C'est également un des lieux de prédilection des étudiants étrangers (nord-américains et européens) qui trouvent ici tant le côté culturel que le côté convivial des échanges linguistiques.

Mais si vous n'êtes pas venu pour étudier, vous pouvez tout aussi bien vous laisser aller à la flânerie dans les allées des nombreux parcs et jardins, où dans les *callejones*, ces ruelles sinueuses qui parcourent la ville. Surnommée la « cité de fleurs » par Alexander von Humboldt en 1804, Xalapa offre une splendide vue sur le Cofre de Perote, volcan enneigé situé dans le parc national du même nom qui culmine à 4 282 m d'altitude. Celui-ci se situe à 51 km de Xalapa et constitue un lieu idéal pour camper et se balader. Non loin de Xalapa se trouve également le Pico de Orizaba, le pic le plus haut du Mexique et le troisième d'Amérique du Nord après le mont McKinley en Alaska et Logan (Yukon) : 5 760 mètres. On raconte que les premiers alpinistes à le gravir en 1848 étaient des soldats américains faisant partie de l'armée du général Winfield Scott. Un guide et une bonne expérience dans le domaine sont nécessaires pour ceux qui désirent s'aventurer sur ces chemins.

Pratique

Sachez qu'il fait parfois frais à Xalapa et il n'est pas rare que la ville perchée à 1 361 m d'altitude soit plongée dans la brume. Par ailleurs, entourée d'un environnement humide et tropical, Xalapa est une excellente base pour visiter les plantations de café de Coatepec et pratiquer le rafting dans le village de Jalcomulco.

CATEDRAL DE LA INMACULADA CONCEPCION ★

Bien qu'érigée à la moitié du XVIIe siècle, cette cathédrale a subi tant de changements à travers les décennies que son style est décrit comme éclectique ; il ne reste quasiment rien de ses éléments originaux. Son intérieur ayant été saccagé en 1977, il ne reste que peu de pièces d'art sacrées. L'ensemble est néanmoins très bien entretenu et vaut largement une petite visite, d'autant que son siège épiscopal est l'une des plus anciennes constructions de la ville.

GALERÍA DE ARTE CONTEMPORANEO DE XALAPA ★

Avenida Xalapeños Ilustres #135
✆ +52 228 817 0386
www.gacxalapa.blogspot.com
Du mardi au dimanche de 10h à 19h.

C'est la galerie d'exposition du ministère de la Culture de l'Etat, installée dans une petite maison typique du XVIIIe siècle connue comme El Mesón de San Bernadardo. Elle présente des œuvres contemporaines d'artistes mexicains et internationaux, dans des expositions d'une qualité surprenante. On y organise aussi des conférences, des projections, des concerts et des performances : danse, théâtre, jazz et musique classique ou traditionnelle sont au programme de cette galerie.

JARDÍN BOTÁNICO FRANCISCO JAVIER CLAVIJERO ★★

Carretera antigua a Coatepec km 2,5
✆ +52 228 842 1827
Ouvert tous les jours de 9h à 18h. Entrée : 10 $.

Sur 38 hectares (dont 30 de forêt), ce véritable musée vivant de la faune et de la flore régionales expose 6 000 exemplaires de plantes appartenant à plus de 700 espèces. Lieu de rencontre et d'activités de détente, le parc aménagé autour d'un lac invite aux promenades. Il se situe sur une ancienne plantation de café. Les week-ends, attendez-vous à y croiser de nombreux locaux qui viennent se promener en famille. Une explosion de végétation : parfait pour se ressourcer.

MUSEO DE ANTROPOLOGIA ★★

Av. Xalapa s/n
✆ +52 228 815 0920
www.uv.mx/max
Ouvert du mardi au dimanche de 9h à 17h.
Entrée : 60 $.

Créé en 1937, c'est le deuxième musée d'Anthropologie du Mexique (civilisations précolombiennes) par sa taille et la richesse de ses collections : plus de 29 000 pièces dont 2 500 sont exposées dans 18 galeries, 6 salles et 4 patios. La collection se focalise sur les civilisations originaires de la zone que couvre actuellement l'Etat de Veracruz : de belles œuvres olmèques (les fameuses têtes géantes), totonaques (El Tajín), huaxtèques. Cadre agréable, parc magnifique. Le bâtiment actuel a été édifié en 1986 par Edward Durell Stone, un architecte new-yorkais.

MUSEO EL LENCERO ★★

Carretera Xalapa-Veracruz km 10
✆ +52 228 820 0270
Ouvert du mardi au dimanche de 10h à 18h.
Entrée : 50 $.

Située à 12 kilomètres de Xalapa, cette ancienne hacienda a été édifiée sur une élévation d'une terrasse naturelle par un soldat d'Hernán Cortés ; le lieu disposait à l'époque du permis Mercedes Reales, qui en faisait l'une des dix *posadas* pour le repos des voyageurs circulant entre la capitale Mexico et la port de Veracruz. On y respire l'ambiance des temps passés lorsqu'on se promène dans les patios et les jardins de l'*Antigua Casona*, d'autant que, un peu partout dans l'hacienda, sont exposés du mobilier et des instruments datant de l'époque coloniale.

PINACOTECA DIEGO RIVERA ★

Calle J. Herrera #5,
✆ +52 228 818 1819
www.ivec.gob.mx
Ouvert du mardi au samedi de 10h à 19h.

Installé à côté du Parque Juárez et inauguré en 1998, ce petit musée présente 36 œuvres du peintre Diego Rivera. L'époux de Frida Kahlo aux convictions communistes, ami du révolutionnaire Léon Trotski, était l'un des peintres muralistes mexicains les plus importants, et l'un des pionniers du mouvement. L'endroit présente également des expositions temporaires d'artistes contemporains, qui changent tous les deux mois et demi. Une belle institution qui promeut les arts plastiques et fait la part belle à l'un des plus grands peintres du pays.

SALA TLAQNÁ ★★

✆ +52 228 842 1700
www.orquestasinfonicadexalapa.com

L'orchestre symphonique de Xalapa a joué son premier morceau en 1939, ce qui en fait l'ensemble de musique classique le plus constant du pays, bien qu'il n'ait jamais disposé de salle propre. C'est en 2006 que débutent les travaux de cette salle unique, dédiée à la perfection acoustique. Huit ans plus tard, la salle est inaugurée et devient le siège de l'orchestre symphonique. Elle accueille aujourd'hui de nombreux récitals : ne manquez pas de vous y rendre, elle se trouve sur le campus de l'université de l'Etat, l'Universidad Veracruzana.

MESON DEL ALFEREZ €€

Sebastián Camacho #2
✆ +52 228 818 0113
www.pradodelrio.com
17 chambres et suites.
Entre 700 et 900 $ pour deux personnes.

Voici un superbe hôtel de style colonial magnifiquement restauré, à un pâté de maisons de la place principale et du Parque Juárez. L'ensemble est impeccable, entre patios fleuris, parquet, poutres et couleurs chaudes. La décoration des chambres est rustique et épurée, avec quelques beaux meubles en bois. C'est le genre d'endroit dans lequel on se sent immédiatement comme à la maison. Le restaurant La Candela offre de bons petits plats et, surtout, l'un des meilleurs petits déjeuners de la ville (inclus dans le prix de la chambre).

POSADA DEL CAFETO €€

Canovas #8
✆ +52 228 817 0023
www.pradodelrio.com
32 chambres et suites entre 600 et 900 $ pour deux personnes.

Coup de cœur pour cet hôtel central aux intérieurs très soignés, qui se situe à dix minutes à pied du centre, dans une rue très calme. Les fenêtres qui donnent sur le patio fleuri – une oasis de verdure ! – illuminent les chambres. Loin du bruit de la rue, celles-ci sont spacieuses et agréables. On aime leur décoration épurée et les arches qui en dessinent les contours avec douceur. L'établissement compte également des suites, avec coin salon et kitchenette, idéales pour un séjour en famille. Très bons petits déjeuners (en supplément).

Église de Xalapa.

EL BROU €

Juan Soto #13
✆ +52 228 165 4994
Ouvert tous les jours de 9h à 17h.
Menu quotidien : 98 $. Plats : 90 - 150 $.

Voici un agréable petit restaurant très lumineux en journée, qui sert une cuisine méditerranéenne et/ou mexicaine, franche et sans prétentions superflues. Ses petits plats font le délice des palais à Xalapa depuis une bonne dizaine d'années déjà (l'endroit a ouvert en 2008), sans que la qualité ou la créativité ne s'en ressentent. Chaque jour, entre 14h et 17h, un menu quotidien est proposé à un tarif très avantageux. Intéressant si cela ne vous dérange pas de manger en décalé ! Décor sympa pour l'une des meilleures tables de la région.

ASADERO CIEN €€

Avila Camacho #118
✆ +52 228 167 0797
www.asaderocien.com.mx
Ouvert du lundi au samedi de 9h à 0h30 ;
le dimanche de 9h à 22h30.
Plats entre 150 et 250 $.

Voici une très bonne table, qui compte plusieurs adresses dans les environs (toutes aussi populaires les unes que les autres). L'endroit est spécialisé en grillades, idéal pour les amateurs de viandes juteuses et tendres. On y trouve beaucoup d'options : *arracheras*, *picanha de las favelas*, *tacos*, *cecina*, burgers et un plat de fromage aux haricots noirs. Le restaurant en lui-même n'a pas beaucoup de charme, l'ambiance est avant tout décontractée et on s'y rend en famille. Un grand classique malgré tout, pour la qualité des viandes.

LA CHIVA CAFE GALERIA PUB

Calle José María Mata #13
Tous les jours de 17h à 2h.

La Chiva, c'est une cour qui a été reconvertie en bar, et un minuscule local décoré d'antiquités et de vieux appareils photo. Mais la musique est bien choisie, et l'ambiance un peu bohème fort sympathique. L'endroit est fréquenté par les universitaires, ainsi que par les étrangers qui vivent à Xalapa. Idéal pour boire un verre, discuter poésie et refaire le monde pendant des heures à la lumière des bougies. Bières, verres de vin et copieux plats.

COATEPEC ★★

Cette ville agréable est située à 8 kilomètres au sud de Xalapa. Son nom signifie « la montagne des couleuvres » en nahuatl. La route qui s'y rend est magnifique. La ville est réputée pour son aromatique café qui se cultive alentour et ses monuments historiques. A ne pas manquer : le Palais municipal, la paroisse de San Jeronimo, le sanctuaire de Guadalupe, les *haciendas* de la Orduna et de Juan Bautista de Tuzamapan, qui figurent parmi les joyaux des édifices coloniaux, à côté des maisons aux murs blancs et aux toits de tuiles. La gastronomie est également à découvrir, comme la soupe de pain et l'estouffade de poule et langoustines (de fleuves).

EL CAFE-TAL APAN ★★

Carretera Coatepec-Las Troncas km 4
✆ +52 228 816 6185
www.elcafe-tal.com
Tous les jours de 9h à 17h. Différentes options de visite, entre 50 et 250 $.

C'est la plantation de café de la famille Apan qui perpétue la culture du très bon café d'altitude dans l'Etat de Veracruz. Visite guidée de la plantation et du musée, en espagnol ou en anglais. Une bien belle escapade à faire dans les cafiers tout près de Coatepec. L'excursion la plus coûteuse inclut la visite d'une cascade et une dégustation de café. Pour ne rien gâcher, le café sert de bons petits plats pour le petit déjeuner et le déjeuner, à déguster sur les tables de pique-nique autour du petit patio verdoyant. Très sympa.

CABAÑAS LA JICARITA €€

Finca la Jicarita
www.fincalajicarita.com
Cabanes à partir de 1 000 $ pour deux personnes.
Villas familiales entre 1 300 et 2 000 $.

Sur les hauteurs et en plein cœur de la forêt tropicale, voilà un superbe coin reculé où se reposer, pratiquer la marche, le vélo ou s'initier à l'agriculture organique. Les cabanes sont construites dans un style éco-rustique très agréable, chacune est équipée de sa propre salle de bains. L'endroit dispose en outre d'une piscine et d'un restaurant où sont cuisinés les produits du potager. De nombreuses activités sont proposées sur site. L'endroit propose à ses hôtes de se reconnecter avec la nature... Pari réussi haut la main.

CASA REAL DEL CAFE €€

Calle 2a. Zamora #58
✆ +52 228 816 6317
www.casarealdelcafe.com
17 chambres, entre 1 000 et 2 000 $.

Cet hôtel est installé dans une maison coloniale très accueillante, avec patio fleuri et arcades, et est doté de hauts plafonds très agréables. Il propose des chambres au décor d'une simplicité désarmante et néanmoins chaleureux. On aime les lignes épurées et les détails boisés, ainsi que la confortable literie. Ici, on vous soignera corps et âme, entre un excellent restaurant et un délicieux spa (soins en supplément). L'établissement est idéalement situé dans le centre du village. Il propose un restaurant et sert gratuitement le petit déjeuner.

LA CABAÑA DEL TÍO YEYO €€

Rimigio Yarza s/n ✆ +52 228 816 3249
Ouvert tous les jours de midi à 19h.
Le week-end, il est préférable d'arriver avant 15h.
Truite 150 - 200 $.

Au bord de la rivière et à l'abri de la forêt, on élève dans ce restaurant des truites *arco iris* qu'on prépare ensuite à votre sauce : épicée, au citron… Le restaurant en bois possède un charme fou et une belle vue sur la nature avoisinante. Le poisson est évidemment bon, d'une fraîcheur incomparable et très bien assaisonné. Quant à l'endroit, très agréable, il contribue lui aussi à la popularité du restaurant. Il y a parfois un peu d'attente avant d'être servi. Au milieu des oies, vous trouverez une petite boutique d'artisanat.

CASA BONILLA €€

Juárez #20
✆ +52 228 816 0374
www.casabonilla.com
Tous les jours de 8h à 20h.
Poissons et fruits de mer entre 150 et 300 $.

La Casa Bonilla est l'un des tout premiers restaurants du village. Ouvert depuis plus de soixante-dix ans, il est spécialisé dans les fruits de mer. Au menu : poulpes à l'oignon, langoustines gratinées, poissons *a la veracruzana*. L'endroit est agréable, avec sa grande salle ouverte aux couleurs chaudes. Il y règne une ambiance décontractée et familiale. Les prix pratiqués sont certes un peu plus élevés que dans les autres restaurants du coin, mais la qualité est là. Pas mal pour se familiariser avec les saveurs de la région.

ORIZABA ★

A mi-chemin entre Veracruz et Puebla, la ville d'Orizaba est installée au pied de la plus haute montagne du Mexique, le pic d'Orizaba (qui est un volcan). Son sommet enneigé culmine à 5 636 mètres, ce qui en fait l'une des destinations favorites des alpinistes expérimentés, mais le volcan est aussi ouvert aux non-professionnels, à condition d'avoir une bonne condition physique et d'être accompagné d'un guide de montagne. Mais si la ville est éclipsée par cette imposante montagne, son centre historique bien préservé mérite aussi une petite halte. Un téléphérique permet de se rendre en haut d'une colline voisine pour admirer la ville et ses environs.

PARQUE NACIONAL PICO DE ORIZABA ★★

Avenida Poniente 20
✆ +52 272 721 5396

Ce parc naturel est riche en espèces végétales et animales. Le pic d'Orizaba, point culminant du pays du haut de ses 5 636 mètres, a pour nom préhispanique Ciltatépetl, qui signifie « montagne de l'étoile ». C'est dans son cratère que le dieu Quetzalcóatl se serait immolé afin de libérer son âme sous la forme de l'oiseau quetzal, se transformant en étoile volant vers les cieux. Il existe 4 routes d'accès pour atteindre le cratère, ainsi que trois refuges pour héberger les alpinistes.

HOTEL DEL RÍO €

Poniente 8 #315
✆ +52 272 726 6625
Chambres à partir de 500 $.

Le long du fleuve et des anciens aqueducs, le plus vieil hôtel de la ville offre des chambres d'une propreté irréprochable. L'hôtel offre une belle vue sur le cerro del Borrego (accessible en téléphérique) et l'on y dort au bruit l'eau qui s'écoule en contrebas. Demandez une chambre qui donne sur le fleuve. Le matin, ce sont les oiseaux qui nous réveillent en chantant. Il faut dire que la propriété est entourée d'une splendide végétation. De quoi faire de beaux rêves… Et malgré sa proximité à la nature, l'hôtel est situé tout près du centre.

MARRÓN COCINA GALERIA €€

Oriente 4 #1265
✆ +52 272 724 0139
Ouvert tous les jours à partir de 14h.
Plats : 150-250 $.

Voilà un superbe petit restaurant, aux lumières tamisées, qui expose sur ses murs et propose dans l'assiette ce qui se fait de mieux et de plus original à Orizaba. Outre les saveurs mexicaines que l'on retrouve dans les tacos, on déguste également des *empanadas* d'Argentine et des *kushiages* du Pays du Soleil levant, des salades et des soupes, ainsi que des plats de thon, saumon ou bœuf très bien préparés. Un menu rafraîchissant, qui change de ce que l'on a l'habitude de voir. Le patio, avec sa belle fontaine, est très reposant.

ORIZABA MOUNTAIN GUIDES

Calle Tizoc 299-B
✆ +52 1 22 2632 5881
www.orizabamountainguides.com.mx
Les tarifs varient en fonction des excursions.

Voilà maintenant 25 ans que Roberto "Oso" Flores Rodriguez grimpe les plus hauts sommets du Mexique et des Andes. Son refuge est basé de l'autre côté du Pico en comparaison avec Orizaba, et il a l'avantage d'être déjà à flanc de montagne. Ici, vous pouvez arriver les mains dans les poches puisque tout le matériel nécessaire peut être fourni, ce qui s'avère très pratique pour voyager léger. Roberto organise aussi des ascensions de l'Iztaccihuatl, de la Malinche, des excursions au Nevado de Toluca, et des balades de plusieurs jours aux quatre coins du pays.

CÓRDOBA

C'est dans cette ville fondée en 1618 que se trouve le Portal de Cevallos où, le 24 août 1821, don Juan O'Doñoju et Agustín de Iturbide signèrent le traité de Córdoba, premier pas vers l'indépendance mexicaine. C'est une petite ville très calme (qui compte tout de même plus de 210 000 habitants, d'après les données de 2010), au rythme doux et nonchalant, dotée d'un centre historique qui renferme quelques beaux bâtiments, au-dessus desquels veille l'église de la Inmaculada Concepción depuis près de 400 ans. Pour ceux qui se verraient bien y faire une petite halte sur la route de Veracruz, le centre-ville renferme quelques beaux hôtels.

VERACRUZ ★★

Le port de Veracruz est le premier qui ait été fondé au Mexique par les Espagnols. C'est en effet non loin d'ici que Cortés fit brûler ses navires afin de couper court au repli de ses hommes. Depuis lors, Veracruz a toujours eu un important rôle commercial, historique et culturel. Depuis les temps de la Colonie, c'est notamment là qu'arrivent la plupart des marchandises qui viennent d'Europe par bateau. Elles sont ensuite acheminées à Mexico par la route qui passe par Cordoba, Orizaba et Puebla. L'autre activité de la région, c'est l'exploitation du pétrole *off-shore*, la contrepartie de ces deux activités étant que les plages de Veracruz sont assez polluées : malgré la chaleur, on privilégiera en ville les balades le long du Malecón plutôt que les baignades.

Si vous aimez le vent, la mer et la musique, la ville de Veracruz, littéralement la « Vraie Croix », vous charmera. C'est une ville relativement étendue dont le très beau *zócalo* vit au rythme des groupes de musique. Aussi connu comme Los Portales, c'est indéniablement le lieu le plus animé de toute la région avec ses *mariachis*, ses trios romantiques et ses traditionnels chants *jarochos*. A la nuit tombée, il n'est pas rare de voir des gens danser dans la rue, alcool de canne aidant ! Au niveau culturel, c'est à Veracruz que se déroule en février le carnaval le plus important du Mexique et sans doute le plus grand du monde après celui de Rio de Janeiro et de la Nouvelle-Orléans. C 'est un événement à ne pas manquer, surtout qu'il ne dure que trois jours.

Le port de Veracruz a connu une croissance démographique importante. Le long de la côte, au sud du Grand Aquarium, de nouveaux quartiers ont vu le jour. L'urbanisation s'étend jusqu'à l'ancien village de Boca del Río (l'embouchure de la rivière), qui se trouve aujourd'hui intégré à la conurbation de Veracruz. Cette zone, qui comprend plus de 14 kilomètres de plage, est considérée comme le quartier touristique exclusif de la ville. On y trouve quelques uns des meilleurs restaurants de la ville, des hôtels, de nombreux centres commerciaux et discothèques.

Quartiers

La ville de Veracruz est très étendue et s'étale sur plusieurs kilomètres le long de la côte. Une fois passée la zone portuaire industrielle, les plages se succèdent les unes aux autres en direction du sud. S'il est agréable d'y boire un verre en dégustant quelques crevettes, il est préférable de s'abstenir de s'y baigner compte-tenu de la pollution ; surtout qu'il existe d'autres plages bien plus belles et plus propres à quelques kilomètres de la ville (la plage de Chachalacas au nord). Les locaux, pourtant, ne font pas tant de chichis... La ville de Veracruz se divise en deux grandes zones :

- **L'ancien Veracruz,** au nord, où l'on trouve le Zócalo et les principaux monuments historiques de la ville : le fort de San Juan Ulua et le Baluarte de Santiago. On y trouve des hôtels bon marché, quelques hôtels de luxe et restaurants de grande tradition. Il faut absolument visiter le Zócalo en soirée, pour profiter de la musique des *mariachis* et des joueurs de son *jarocho*. L'ambiance y est exceptionnelle. La plage la plus fréquentée de l'ancien Veracruz est la plage Villa del Mar, un peu plus au sud du Grand Aquarium, car c'est celle qui possède l'étendue de sable la plus large. C'est de là que partent les petites embarcations pour l'Ile des Sacrifices.
- **Boca del río,** au sud : la zone touristique moderne, qui commence après Playa Martí et se prolonge jusqu'à l'embouchure de la rivière Jamapa, là où se trouve le Zócalo de l'ancien village de Boca del Río. C'est là que se concentrent les restaurants, hôtels et boutiques *trendy*, sans oublier les discothèques à la mode. Bien que présenté comme l'une des attractions touristiques de la ville, le front de mer et le centre de l'ancien village de Boca del Río n'ont pas grand intérêt : grandes tours sur la plage et quelques jolies ruelles et bons restaurants en bordure du fleuve, mais c'est tout. Par contre, chaque année en mai, il est le siège du festival international de la Salsa, un événement à ne manquer sous aucun prétexte. De l'autre côté de l'embouchure de la rivière se trouve la Laguna de Mandinga, l'un des endroits les plus typiques de la ville pour déguster des fruits de mer. Les restaurants donnent sur la lagune et offrent un cadre agréable et dépaysant pour déjeuner ou dîner en fin d'après-midi.

Sortir

Le lieu incontournable où sortir à Veracruz, c'est bien sûr dans les bars des Portales, face au Zócalo (rue Miguel Lerdo) pour profiter de la musique des trios de mariachis, des groupes de son jarocho, et des joueurs de marimba. Ambiance assurée et ce, quel que soit le jour de la semaine. Pour les sorties un peu plus tardives, branchées et déjantées, rendez-vous à Boca del Río.

Marin à Veracruz.

EX-CONVENTO BETLEHEMITA ★

Francisco Canal s/n,
✆ +52 229 931 6994
www.ivec.gob.mx
Tous les jours de 10h à 18h.

Très beau couvent de l'ordre des Betléhémites, typique de l'architecture portuaire du XVIIIe siècle, il accueillait un hôpital jusqu'en 1976. En 1987, il devient le siège de l'*Instituto veracruzano de la Cultura*, ainsi que le premier centre culturel dédié autant aux expressions traditionnelles que contemporaines. Le rez-de-chaussée du bâtiment accueille encore aujourd'hui des manifestations artistiques. Depuis sa création, l'*Instituto veracruzano de la Cultura* a réinvesti et redonné vie à plusieurs édifices historiques dans les villes de l'Etat.

MUSEO BALUARTE DE SANTIAGO ★★

Francisco Canal s/n
✆ +52 229 931 1059
Ouvert du mardi au dimanche de 9h à 17h.
Entrée : 65 $.

C'est le seul rescapé des neuf forts qui parsemaient la muraille construite au XVIIe siècle pour se protéger des attaques maritimes. Celui-ci, achevé en 1635, est connu comme « *el polvorín* ». La principale attraction est la présentation d'un véritable trésor découvert à l'embouchure du fleuve par Raúl Hurtado, un pêcheur qui allait finalement être emprisonné pour « vol à la nation » et décédé dans la pauvreté en 2018... Cette collection rassemble pièces de joaillerie en or et lingots.

FUERTE SAN JUAN DE ULÚA ★★

Zone portuaire
✆ +52 229 938 5151
www.sanjuandeulua.inah.gob.mx
Ouvert du mardi au dimanche de 9h à 16h30. Entrée : 60 $.

© SYLVIE LIGON

Le fort de San Juan de Ulúa est l'un des monuments les plus visités de la ville. Les vestiges de la forteresse datent de l'époque comprise entre 1552 et 1779. Ce lieu a eu de multiples fonctions : embarcadère où accostaient les bateaux ; forteresse pour se défendre contre les pirates ; et même prison sous Porfirio Díaz pour les opposants du régime : de nombreux prisonniers y succombèrent de la fièvre jaune ou de la tuberculose. L'ironie du sort a voulu que ce même dictateur soit envoyé en exil en France depuis le port de Veracruz.

ISLA DE LOS SACRIFICIOS ★★

De 200 à 250 $ par personne depuis Villa del Mar.

Les Espagnols y posent pied au début du XVIe siècle et y découvrent des restes humains, apparemment sacrifiés au dieu Tajín. Ce petit bout de terre, très proche de Veracruz puisqu'il est situé à seulement 2,3 km de la plage de Costa Verde à Boca del Río, fait partie du parc national Sistema Arrecifal Veracruzano. La faune qui la peuple ou l'entoure est riche : en son ciel, le faucon pèlerin et la mouette, sur sa terre le boa constricteur et l'iguane vert ; et dans ses eaux : tortues, poissons-ange, barracudas, thons, marlins et les tarpons qui brillent comme le métal. C'est aussi une autoroute qu'empruntent allègrement les requins-marteaux lors des vacances de la migration en avril, août et septembre. En mai et juin, c'est au tour des dauphins de venir apprécier les jolis coraux.

Depuis plus de 20 ans, l'île est fermée au public car le gouvernement travaille à la restauration de la barrière de corail et à la préservation de son écosystème. Les prestataires qui offrent leur service sur la plage Villa del Mar, près de l'Aquarium, se contentent donc de contourner l'île. La balade vaut néanmoins la peine. Outre le plaisir d'admirer la côte depuis l'océan, vous découvrirez « Cancuncito », un endroit où la mer du Golfe est de la couleur de la mer des Caraïbes. On vous prête masque et tuba pour vous mettre à l'eau.

D'autres prestataires proposent leurs services sur la plage de Regatas et la plage de Antón Lizardo. L'itinéraire des balades varient selon les prestataires, c'est pourquoi il est conseillé de se renseigner au préalable.

MUSEO DE LA CIUDAD DE VERACRUZ ★

Avenida Ignacio Zaragoza #397
✆ +52 229 931 8410
Ouvert du mardi au vendredi de 10h à 19h. Samedi jusqu'à 18h et dimanche 15h. Entrée libre.

Le musée qui raconte l'histoire de la ville est installé dans un très bel édifice, dont l'architecture à elle seule mérite une visite. Ses six salles proposent divers aspects de la ville : volet historique, avec cartes et photos illustrant la conquête de la région et quelques pièces de l'art de la culture préhispanique totonaque. A l'étage, les amateurs visiteront une salle consacrée à deux chanteurs des années 1940 : Toña la Negra et Agustín Lára.

PALACIO MUNICIPAL ★

Zócalo

Le Palacio Municipal est le siège du plus ancien *ayuntamiento* de Mexico et le premier de l'Amérique continentale.

Les deux étages ont été construits en 1627, il s'agit d'un des bâtiments les plus beaux et emblématiques de la ville. Construit en 1608, le bâtiment d'origine fut réaménagé au cours du XVIIIe siècle. Achevée en 1786, sa tour présente la plus vieille horloge publique de la ville. L'histoire raconte que les vigies grimpaient au sommet de celle-ci pour surveiller les arrivées dans le port. L'édifice fut occupé par les troupes françaises en 1862.

HOTEL VERACRUZ CENTRO HISTORICO €€

Av. Independencia S/N
✆ +52 229 989 3800
www.hotelveracruz.com.mx
116 chambres et suites.
Chambre pour 2 personnes à partir de 1 000 $.

Voici un bel hôtel entièrement rénové, dont la moitié des chambres donnent directement sur le zócalo et la cathédrale (les autres donnant sur la piscine située à l'arrière). La décoration penche surtout vers le contemporain et le confort international, le tout présentant un bon niveau de standing ; elles possèdent toutes l'air conditionné ainsi qu'un double vitrage qui permet de ne pas souffrir du bruit de la rue… Une adresse entre efficacité et confort.

GRAN HOTEL DILIGENCIAS €€€

Independencia #1115 ✆ 01 800 505 5595
www.granhoteldiligencias.com
121 chambres et suites.
Entre 1 200 et 3 000 $ pour deux personnes.

Vous êtes dans l'un des plus vieux hôtels du pays, et surtout le plus élégant du centre-ville. Autrefois les clients venaient jusqu'ici en diligence qu'ils garaient en face sur le Zócalo. C'est aussi dans la chambre 85 que l'auteur-compositeur, Agustín Lara, composa la fameuse chanson *Veracruz*. Bien sûr, l'hôtel a été entièrement rénové depuis. Coup de cœur pour les chambres qui offrent un panoramique sur le Zócalo. On aime particulièrement le parquet, qui apporte beaucoup de chaleur. Piscine, bain bouillonnant, restaurant, bar. Un très bel établissement.

GRAN CAFE DEL PORTAL €

Avenida Independencia #1187,
✆ +52 229 931 2759
www.grancafedelportal.com
Ouvert tous les jours de 7h à 23h. Formule déjeuner 100 $. Plats à la carte de 100 à 200 $.

Ouvert en 1929, c'est un lieu emblématique de la ville qui dispose d'une carte fournie. Les visiteurs sont accueillis dans une salle spacieuse aux très hauts plafonds, qui n'a beaucoup changé depuis l'ouverture du café à la fin des années 1800. L'endroit est réputé pour ses petits déjeuners économiques et son délicieux *café lechero* (café au lait). Le midi, l'établissement propose un menu comprenant entrée, plat, dessert. Goûter les délicieux *jericos*, feuilletés au fromage, chorizo, poulet ou pommes de terre. Très traditionnel.

CAVA DE LA CAPSANTINA €€

Fraccionamiento Los Delfines
✆ +52 229 986 0046
Ouvert du mardi au dimanche de 13h à 23h.
Plats de 150 à 300 $.

Dans ce bâtiment moderne mais au décor chaleureux (tout en bois et pierre), cette cuisine créative d'inspiration mexicaine vous propose de balader vos papilles aux quatre coins du pays, sans oublier les spécialités locales, également revisitées. Face à la mer, ce restaurant propose des plats joliment présentés pour vos petits déjeuners, déjeuners et dîners qui ont peu de chance de vous décevoir, de l'entrée au dessert. On peut également se laisser tenter par la planche de charcuterie et fromages, à déguster avec un bon verre de vin.

FUSSIÓN RESTAURANTE & TALLER €€

10 de Mayo #632
✆ +52 229 932 6264
www.restaurantefussion.com.mx
Ouvert tous les jours à partir de 13h.
Plats entre 175 et 300 $.

Dans une vieille maison en bois, on pénètre non seulement dans un autre temps, mais aussi dans une nouvelle proposition culinaire. C'est une très très belle surprise que de découvrir cette saveur locale mâtinée d'une touche contemporaine, qui se répercute aussi dans la présentation des assiettes. Le menu ? Précis et varié, puisqu'en entrée on trouve aussi bien un original *aguachile de pulpo* qu'un *salpicon de venado* (chevreuil). Nous vous laissons la surprise pour les plats…

GRAN CAFE LA PARROQUIA

Av.Valentín Gómez Farías #34
✆ +52 229 932 2584
www.grancafedelaparroquia.com
Ouvert tous les jours de 7h à 22h.

C'est le café-restaurant le plus ancien du pays, puisque ses origines remontent à 1808, lorsqu'un petit local situé face à la cathédrale non loin de là servait pulque, café, vins et autres petits plats aux influences européennes. On raconte même que Porfirio Diaz vint y prendre son petit-déjeuner avant d'embarquer sur le bateau qui allait le mener en exil. Ici, on rentre et on s'assoit directement où l'on veut et l'on fait tinter sa cuillère sur son verre pour appeler le serveur qui viendra servir le lait chaud (tout un spectacle)…

LA ANTIGUA ★

La Antigua vaut bien une petite balade pour ses vieux bâtiments et son charme désuet, mais ne vous laissez pas abuser par les habitants : l'édifice en ruine que l'on appelle *Casa de Cortès* et recouvert d'un bel *amate* n'était nullement la maison de Cortès mais plus certainement l'édifice des douanes.

Histoire

En 1519, Cortès et ses hommes, après avoir longé la côte du Yucatán et de Tabasco, ils fondent le premier établissement espagnol du continent à Villa Rica, à proximité du petit établissement totonaque de Quiauixtlán (à 70 km au nord de l'actuelle ville de Veracruz). C'est en 1525 que le site déménage une nouvelle fois, cette fois-ci sur les rives du río Huitzilapan : La Antigua. En 1527, elle cessa de n'être que *villa* pour s'honorer du titre de « ville », la première considérée comme telle par les conquérants. Elle concentre alors les activités de commerce et de douane tout au long du XVIe siècle. Mais petit à petit, les plages situées face à San Juan de Ulúa se peuplent et, en 1600, le vice-roi Gaspar de Zuñiga décide de créer la Nueva Veracruz, le grand port que l'on connaît aujourd'hui. Celui-ci, accaparant les activités de douane, taxe et commerce, plonge rapidement La Antigua dans l'oubli.

CEMPOALA - ZEMPOALA ★

A 44 kilomètres au nord de Veracruz, près de la plage de Chachalacas, vous trouverez les ruines de Zempoala (ou Cempoala). Ce nom signifie en nahuatl « Vingt » ou « Lieu du vingt », sans doute parce que tous les 20 jours des activités commerciales se réalisaient ici, dans cette ville qui allait compter jusqu'à 20 000 habitants. Ce site fut le premier que les Espagnols découvrirent après leur arrivée au Nouveau Monde. Bien qu'il y ait des traces de l'ancienne culture olmèque qui s'était développée dans la région avant le premier millénaire, son activité architecturale la plus importante se déroula entre le début du Xe siècle et l'arrivée des Espagnols.

ZONA ARQUEOLÓGICA CEMPOALA ★

Tous les jours de 9h à 18h.
Entrée : 55 $.

Ce grand site fut la capitale de la culture totonaque à partir du XIIIe siècle, important centre astronomique et mathématiques. Elle était en son temps la cité la plus importante du Golfe du Mexique, dominant une grande partie de l'État de Veracruz jusqu'au nord de l'État de Puebla. Soumise à la grande Tenochitlán des Aztèques, elle décida de s'allier avec les Espagnols pour faire tomber son ennemi, sans se douter des conséquences dramatiques qui allaient en découler...

CHACHALACAS ★★

A 5 kilomètres au nord de Úrsulo Galván, et à 50 kilomètres au nord de Veracruz, Playa Chachalacas offre de très jolies plages, réputées pour leur propreté, et des dunes qui donnent l'illusion d'un vaste désert. Parmi les sports et activités nautiques réputés dans le village, on pratique en particulier la pêche et la plongée. Dommage que le bruit d'engins à moteur rompe parfois la sérénité du lieu… Le village en lui-même compte à peine plus de 1 000 habitants à l'année. C'est un bon endroit pour faire une escale sur la route en direction de Veracruz. Si vous désirez y passer la nuit, vous aurez le choix entre plusieurs dizaines d'hôtels.

QUIAHUIXTLÁN ★

Un peu plus au nord, en continuant par la route 180 (à 75 kilomètres de Veracruz), se dressent les ruines totonaques de Quiahuixtlán, qui signifie « Lieu de la pluie ». Ces ruines sont construites sur la colline de Los Metates, de laquelle on a une très belle vue plongeante sur la côte de Veracruz. D'ailleurs, la vue sur les environs vaudrait largement le détour à elle seule. C'est en contrebas, sur la côte que Cortès fonde la Villa Rica, où il coule ses navires afin de dissuader ses hommes de battre en retraite. L'alliance avec les Totonaques pour faire chuter la Triple Alliance dominée par les Aztèques de Tenochitlán se décide ici.

ZONA ARQUEOLOGICA QUIAHUIZTLÁN ★

Du mardi au dimanche de 9h à 17h.
Entrée : 45 $.

La chronologie de la cité est semblable à celle de Cempoala, puisque son activité principale se déroule entre 900 et l'arrivée des Espagnols ; la ville allait être dominée tout d'abord par les Toltèques de Tula, avant de devoir par la suite payer un tribut à la grande Tenochtiltán des Aztèques. Le site archéologique, du fait de sa position surélevée, était peut-être une forteresse, mais également une nécropole : 78 tombes y ont été mises au jour, ainsi qu'un centre cérémoniel.

RESERVA NATURAL FILOLOBOS ★★

A quelques kilomètres de Tlapacoyan.
De nombreuses agences ou campements offrent des paquets complets de un ou plusieurs jours.

C'est l'attraction la plus courue de l'arrière-pays : une descente en rafting dans des rapides. Pas de panique, il existe différents parcours, depuis des balades tranquilles en famille jusqu'à une expérience plus remuante pour les aventureux. Le parcours le plus dru, celui de Rio Alto, traverse des canyons et gorges de toute beauté ; les activités proposées par les différents opérateurs incluent aussi des excursions à pied, à cheval et à vélo, des descentes en tyrolienne, etc.

COSTA ESMERALDA ★

Ici se trouvent deux lieux de vacances très prisés par les Mexicains : tout d'abord Casitas, village avec de belles plages parsemées de cocotiers et, une cinquantaine de kilomètres plus au nord, Villa de Tecolutla, village situé au bord de la mer et à l'embouchure du fleuve Tecolutla. Entre Tecolutla et Casitas, il y a de nombreuses plages, presque vierges, connues sous le nom de côte Esmeralda. N'oublions pas non plus que le terme de Costa Esmeralda inclut également l'arrière-pays jusqu'à Tlapacoyan, où l'on découvre plusieurs zones archéologiques. Cette région montagneuse et gorgée de cours d'eau est aussi le paradis de l'écotourisme et du rafting.

PARQUE ESTATAL CIENEGAS DEL FUERTE ★

A 40 km au sud-est de Tecolutla.
✆ +52 232 118 6425
www.cienegasdelfuerte.jimdo.com
Tours en barque et à pied de 3h, 150 $.

C'est une forêt tropicale inondable, qui vit les pieds dans l'eau. Certains arbres de cet espace naturel de 800 hectares ont plus de 300 ans. Outre les nombreuses espèces végétales, les promenades organisées par cette coopérative communautaire incluent l'observation des oiseaux. Pour découvrir le coin, rien de tel que de se lancer dans une petite randonnée sur le sentier sinueux de 4 kilomètres ou de faire un tour en barque. Attention aux crocodiles !

PAPANTLA ★★

Papantla, à 5h de Xalapa, est « la ville qui parfume le monde ». La capitale mexicaine de la vanille offre tous les produits tirés de la gousse magique : sirops, liqueurs, glaces, gâteaux et même des jouets en miniature ! La route qui y mène est sinueuse mais les paysages sont magnifiques et variés, vous faisant passer de la végétation semi-aride à une végétation quasi équatoriale. Une bonne partie du parcours longe la mer. La petite ville, très provinciale, est construite autour du Zócalo. Une grande église surplombe la place centrale joliment aménagée ; on y joue de la musique les dimanches à partir de 14h.

Balade

A une dizaine de kilomètres de la ville se trouve le très beau site archéologique El Tajín, centre cérémoniel le plus important de *Totonocapan,* la terre des Totonaques.A visiter de préférence début juin, lors du traditionnel *Festival Xanath* pour assister aux danses des voladores, des negritos et au couronnement de la reine, ou en mars lors du *Festival Cumbre Tajín*, pour pouvoir profiter des concerts et activités (parcours de VTT) qui sont organisés.

© JOMA_JOMANOX - SHUTTERSTOCK.COM

Voladores à Papantla.

ZONA ARQUEOLOGICA EL TAJÍN ★★

Pour se rendre jusqu'à la zone archéologique El Tajín, prendre un microbus (15 km, 20 minutes) en haut du Zócalo, derrière le marché.

Ouvert tous les jours de 9h à 17h. Entrée : 80 $.

Centre cérémoniel de la culture totonaque, c'est la ville sacrée des morts et l'un des centres religieux les plus importants de la Méso-Amérique. Construit sur une période s'étendant entre 800 et 1 150 après J.-C., le site comporte cent soixante-huit édifices et pas moins de dix-sept jeux de balle. Son monument principal est la *Piramide de los Nichos*, avec ses trois cent soixante-cinq niches qui correspondent vraisemblablement aux jours de l'année solaire. La plate-forme supérieure représente des dieux, des animaux sacrés et le paradis totonaque. La grande place de la pyramide de los Nichos accueillait, jusqu'à ces dernières années, la danse rituelle des hommes-oiseaux de Papantla.

L'existence d'El Tajín est restée jalousement cachée par le peuple totonaque durant l'occupation espagnole jusqu'à ce qu'elle fût accidentellement découverte par Diego Ruiz en 1785. La cité engloutie dans les lianes et la verdure n'a été restaurée que récemment. Tout devait être prêt pour le 12 octobre 1992, anniversaire du jour de la découverte de l'Amérique par Christophe Colomb, qu'on appelle ici le « jour de la Race » (métisse). L'ancien président Salinas devait venir inaugurer le site et le musée, mais devant l'opposition rencontrée par ce projet de célébration du cinquième centenaire, il s'est abstenu.

Un musée attenant au site expose d'assez belles pièces. A l'entrée du site, ne pas manquer l'extraordinaire danse des *voladores* que les hommes volants exécutent sans filet du haut d'un grand mât.

HOTEL TAJIN €

José de J. Nuñez y Dominguez #104
✆ +52 784 842 0644
www.hoteltajin.mx

72 chambres. 500 $ la simple, 600 $ la double.

Cet hôtel de 72 chambres est situé à quelques mètres de la place principale. Il y a une très belle vue sur la ville à partir du salon du premier étage, ainsi que depuis les balcons de certaines chambres. Celles-ci sont proprettes, confortables et spacieuses. Certaines installations sont un peu vieillissantes, mais toutes les chambres sont dotées de l'air climatisé. Le restaurant propose une bonne carte. Petit plus non négligeable, l'établissement possède une agréable piscine. Efficace et avec un excellent rapport qualité-prix.

NAKU RESTAURANTE PAPANTECO €

H. Colegio Militar s/n
✆ +52 784 842 3112

Ouvert tous les jours de 8h à 20h.
Entre 150 et 200 $.

Allez donc découvrir ce restaurant, familial et traditionnel, installé sous une *palapa* (toit de palme) à quelques kilomètres à la sortie du village. On y sert une cuisine inspirée de la gastronomie totonaque, aux herbes et plantes très originales pour nos palais. Le pain est cuit dans un four en argile. Au plus proche de la culture traditionnelle, l'endroit organise des bains de vapeur traditionnels (*temazcal*) les vendredis et samedis (sur réservation).

CATEMACO - LOS TUXLAS ★★★

La zone de Los Tuxtlas est une vaste région du sud de l'Etat de Veracruz, enclavée le long d'une chaîne montagneuse qui longe la côte, et a la particularité d'être totalement séparée de l'axe volcanique qui traverse le Mexique de part en part ; son volcan le plus connu est celui de San Martín (dernière éruption en 1793). La zone était occupée par les Olmèques dès le Préclassique Moyen (ils extrayaient d'ici d'énormes blocs de basalte qu'ils transportaient ensuite plus au nord par voie fluviale), puis allait entrer en contact avec la civilisation de Teotihuacán. A l'arrivée des Espagnols, la région payait un tribut aux Aztèques de Tenochititlán : cacao, plumes, jade, turquoises, etc. L'arrivée des Espagnols allait créer un changement radical dans les activités agricoles, notamment avec l'implantation de la canne à sucre cultivée de manière intensive ; celle-ci, combinée à l'élevage, allait porter jusqu'à nos jours un coup presque fatal aux grandes étendues forestières de la région. De nos jours, la région est habitée – entre autres – par des groupes *nahuas* et *zoque-popoplucas*. C'est une région de très grande biodiversité : 565 espèces d'oiseaux (dont 40 % des oiseaux migrateurs) ; 139 espèces de mammifères ; 166 espèces d'amphibiens et de reptiles ; 109 de poissons et 1 200 d'insectes. Los Tuxtlas est aussi l'une des régions du Mexique avec le plus grand nombre d'espèces d'arbres endémiques. Pour protéger cet écosystème rare des activités prédatrices, le gouvernement mexicain a d'ailleurs classé une partie de la région zone naturelle protégée sous le nom de Réserve de la Biosphère de Los Tuxtlas, pour tenter de préserver la biodiversité autour de trois zones clés que sont le Volcán San Martín Pajapan, le Volcán Santa Marta et le Volcán San Martín Tuxtla.

Catemaco est une petite ville située sur les bords de la très belle lagune du même nom. La zone est réputée pour être habitée de nombreux guérisseurs et sorciers. Chaque 1er mars, les guérisseurs traditionnels de différentes régions du Mexique se rendent à Catemaco pour y célébrer leur réunion annuelle. La région autour de Catemaco est digne d'intérêt et se prête à de nombreuses excursions écotouristiques, qu'il s'agisse de découvrir des plages sauvages protégées par des centaines d'hectares de mangroves, ou de s'aventurer dans la forêt tropicale pour y entrevoir de rares espèces d'oiseaux et de mammifères, et admirer d'exubérantes cascades.

Se loger

Catemaco est un gros village agréable, qui offre de nombreuses options d'hébergement et possède une certaine vie nocturne. Néanmoins, il est aussi possible de dormir dans un des autres villages qui se trouvent sur les rives de la lagune de Catemaco de façon à profiter au maximum de la forêt tropicale et de ses bruits, par exemple la réserve de Nanciyaga, sur la rive nord, ou le village de Pozolapan, au sud de la lagune. Il existe aussi de nombreux centres d'écotourisme gérés par des communautés rurales, qui offrent des options incluant l'hébergement, les repas et les excursions vers les sites naturels des environs.

LAGUNA DE CATEMACO ★★

La grande attraction de Catemaco, ce sont bien sûr les balades en bateau sur la lagune, qui s'est formée suite à une éruption volcanique il y a plus de mille ans. Quel que soit le prestataire que vous choisissez, la balade dure environ 1h30 et inclut : un arrêt à Playa Azul, un masque de boue, une promenade dans la réserve écologique de Nanciyaga et la visite des îles où vivent les singes araignées et les macaques (on voit en fait les singes depuis le bateau, puisqu'il est interdit de mettre pied à terre sur les îles). Très sympa.

RESERVA ECOLOGICA LA OTRA OPCIÓN ★★

Miguel Hidalgo
✆ +52 271 718 0585
www.laotraopcion.com
Sur réservation.

La Otra Opción est un projet de réserve naturelle d'origine privée, destinée à la reproduction de la flore (orchidées) et la faune locales (tapirs, sangliers, colibris, etc.). On peut y faire des balades à cheval, observer la nature et en apprendre plus sur les efforts de reforestation mis en place. Possibilité d'être hébergé sur place, en plein cœur de la végétation luxuriante. Un endroit enchanteur, où les portables ne passent pas et où l'on se sent coupé de la civilisation.

GOLFE DU MEXIQUE

SALTO DE EYIPANTLA ★★

De Catemaco, prendre un colectivo pour le village de Sihuapán et demander à descendre à l'intersection d'où partent les colectivos pour El Salto. Compter au total 30 minutes de route.

Ouvert tous les jours. Entrée : 20 $.

Dans la région de Los Tuxtlas, à une quinzaine de kilomètres au sud-ouest du village de Catemaco, voici une impressionnante cascade d'environ 60 mètres de hauteur – la plus imposante de la région. On peut accéder en bas par un escalier de 244 marches, ou bien s'en tenir à la vue panoramique, qui donne en plus la possibilité d'admirer la rivière et les montagnes environnantes. Le site est très touristique mais il n'en est pas moins beau. Sur place, vous trouverez quelques restaurants et stands de souvenirs. Impressionnant et vrombissant.

ZONA ARQUEOLOGICA TRES ZAPOTES ★★

Tres Zapotes

Ouvert du mardi au dimanche de 9h à 17h. Entrée : 55 $.

Situé sur les berges de la rivière Hueyepan, le site comprend 3 groupes d'édifices. Son importance tient en partie au fait que c'est là qu'on découvrit la première tête géante olmèque en 1862. Le village abrite un musée intéressant. On peut y voir les pierres sculptées qui ont été découvertes sur le site, notamment la tête géante et 3 stèles de pierre volcanique où sont représentées diverses scènes mythologiques ; des objets en argile et céramique ; et des ossements humains.

AVENTUX ★★★

Framboyanes #75

✆ +52 1 294 112 0115

On découvre ici les plus beaux spots naturels en y mettant du sien, même si (mise à part la plongée qui nécessite une certification), tous les niveaux sont les bienvenus : les équipements de sécurité sont au top lors de ces excursions qui sont toujours proches des cascades et rivières du coin (quand ce n'est pas sur la côte). Car il faudra mettre un casque et des gants pour pratiquer le canyonisme et la rappel (des chausson d'eau sont aussi les bienvenus), la spéléo, voire le parapente. Pour le reste, utilisez vos jambes (randonnée et VTT) ou vos bras (kayak).

RESERVA ECOLOGICA NANCIYAGA €€

Sur la rive Nord de la Lagune de Catemaco

✆ +52 294 943 0199

www.nanciyaga.com

Cabanes pour 2 personnes à partir de 1 000 $ la nuit.

Il s'agit d'une réserve, au nord de la lagune de Catemaco, où l'on peut découvrir la flore et la faune tropicale. Mais pour ceux qui souhaitent vivre l'expérience de dormir dans la forêt comme le faisaient nos ancêtres, il existe 10 cabanes dotées d'une terrasse avec hamac, en bordure de la lagune. Dépaysement garanti. A l'intérieur de la réserve, on peut réaliser des visites guidées pour observer la faune et la flore, des balades en kayak ou encore des bains de vapeur traditionnels.

TLACOTALPAN ★★

Tlacotalpan est un beau village colonial situé sur la rive du fleuve Papaloapan, à 1 heure au sud de la ville de Veracruz. Ici se mélangent les traditions espagnole et caribéenne, autour d'un agencement urbain caractéristique du XVIe siècle. Le centre du village est classé patrimoine culturel de l'humanité par l'Unesco depuis 1998, pour ses monuments historiques très bien préservés, hérités de l'époque coloniale. Tlacotalpan est aussi réputé pour son festival de Son Jarocho – une musique traditionnelle de la région – qui a lieu tous les ans fin janvier ou début février. A ne pas manquer si vous vous trouvez à Veracruz à ce moment-là.

Tlacotalpan.

VILLAHERMOSA ★★

Fondée le 24 juin 1569, la ville de Villahermosa, sans être véritablement belle, est cependant agréable dans sa simplicité, surtout lorsqu'on la compare aux grandes cités touristiques artificielles du Yucatán ou d'ailleurs. Capitale de l'Etat de Tabasco, cette ville chaude et humide mérite une escale pour visiter le fameux parc La Venta, où l'on peut voir les originales et légendaires têtes géantes olmèques. C'est en outre le nœud routier de l'Etat.

Se loger

Villahermosa étant avant tout une destination d'affaires, difficile de trouver un hôtel de charme en ville.

Se restaurer

Tabasco est la région du cacao. Au marché, on pourra se procurer du pozol, une boisson à base de maïs et de cacao typique de la région, dont les origines remontent à l'époque préhispanique. Il existe une variante plus rafraîchissante du pozol, appelée chorote. Parmi les spécialités à découvrir, mentionnons la langouste de rivière (les fameuses piguas, qui se terrent dans les lits profonds des fleuves de la région de Tenosique), le pejelagarto grillé (un poisson d'eau douce typique de la région), la tortuga en sangre (la tortue provient normalement d'une grange d'élevage) et le sandwich d'iguane. À faire passer avec la bière artisanale Olmeca.

MUSEO REGIONAL DE ANTROPOLOGIA ★★

Periférico Carlos Pellicer Cámara #511

✆ +52 993 312 6344

Ouvert du mardi au dimanche de 9h à 17h. Entrée : 25 $.

Sur trois niveaux, ce très bon musée expose plus de 700 pièces archéologiques issues des civilisations olmèque et maya : œuvres de céramique, frises décoratives en stuc, objet en os et métal, coquillages et sculptures monumentales en basalte ; les objets proviennent des zones olmèques et mayas : La Venta, Bonampak, Isla de Jaina (Campeche) et bien d'autres. Une grande partie de la collection est une donation de l'écrivain tabasqueño Carlos Pellicer.

JUNGLA EXPERIENCE

Prolongacion de allende #217

✆ +52 1 993 121 0727

www.turismoentabasco.com

Excursions d'une journée et expéditions de plusieurs jours vers de lieux plus reculés.

Cette agence locale combine parfaitement les propositions culturelles, naturelles et extrêmes pour couvrir l'ensemble du territoire de l'Etat. Ils connaissent la région comme leur poche, s'appuient sur des guides locaux, et sont parfaitement équipés pour vous emmener explorer montagnes, grottes, canyons et n'importe quel endroit peu accessible. Les activités sont plurielles : ville de Villahermosa, Comalcalco, Tenosique, Tapijulapa et Villa Luz, Pantanos de Cecentla, la grotte de Kolem Chem (spéléo), rappel, spéléo, escalade, canyoning, *puenting*...

CASA DE LOS AZULEJOS ★

Benito Juárez

✆ +52 993 314 2174

Ouvert du mardi au vendredi de 9h à 17h ; le week-end de 9h à 18h. Entrée : 36 $.

C'est une belle maison dont le sol et les murs sont décorés de céramiques. Elle est reconnaissable à sa façade bleue et ses sculptures. On y reconnaît le dieu romain du Commerce et l'on peut voir des petites Cléopâtre peintes sur des mosaïques. Les sculptures et cet élément pictural présenteraient des analogies avec les membres de la famille du riche commerçant qui fit construire cette maison entre 1890 et 1915. Elle abrite le musée d'Histoire de Tabasco, qui rassemble dans 9 salles des centaines d'objets et documents, les plus anciens datant du XVIe siècle.

HOTEL OLMECA PLAZA €€

Francisco Madero #418

✆ +52 993 358 0102

www.hotelolmecaplaza.com

Chambres pour 2 personnes à partir de 700 $, petit déjeuner compris.

Malgré sa façade tristounette, c'est l'établissement le plus élégant qui existe dans le centre-ville. L'hôtel Olmeca Plaza est un établissement de très bon standing. Il propose des chambres qui, si elles n'ont rien de très original, sont confortables et proposent des équipements modernes : air conditionné, baignoire et télévision. Elles sont douillettes et décorées avec sobriété et simplicité. Une piscine et un restaurant complètent les installations impeccables. Pour le prix et avec un tel emplacement, on peut difficilement faire mieux.

© S.NICOLAS - ICONOTEC

PARQUE MUSEO LA VENTA ★★

Avenida Ruiz Cortines
✆ +52 993 314 1652

Ouvert tous les jours de 8h à 16h. Entrée : 50 $.

Ce parc tropical offre une très agréable et intéressante visite, surtout si l'on bénéficie des explications d'un guide. Il abrite une trentaine de monumentales sculptures de la civilisation olmèque, dont les fameuses têtes géantes provenant du site archéologique La Venta. C'est l'archéologue danois Frans Blom qui y entreprit les premières fouilles en 1925 mais la découverte du pétrole et son exploitation menaçant la pérennité de la zone archéologique, l'écrivain Carlos Pellicer Cámara procéda en 1958 à l'aménagement d'un parc-musée pouvant les accueillir.

QUINTA EDEN VILLAHERMOSA €€€

Paseo Usumacinta #1402,
✆ +52 993 310 1300
www.quintareal.com
114 suites entre 2 000 et 3 500 $.

Le Quinta Eden est un magnifique hôtel, idéalement situé près du Centre de convention de Villahermosa. La construction de l'édifice rappelle celle des haciendas, avec un petit côté néoclassique non négligeable. Le vaste patio ainsi que le lobby, décoré et fleuri avec opulence, sont tous deux grandioses et donnent un avant-goût du confort que l'on va trouver dans les chambres. Celles-ci sont tout simplement spacieuses et hyper confortables, et on appréciera particulièrement les grandes baignoires. Sur place, également piscine, restaurant et bar.

LA CEVICHERIA TABASCO €

Francisco Jose Hernandez Mandujano #14
✆ +52 993 345 0035
Ouvert tous les jours de 12h à 18h.
De 150 à 200 $ par repas.

Dieu que c'est bon... Comment évoquer ce ceviche de mérou, poulpe, graines germées, banane croustillante et avocat ? Les yeux se ferment et on préfère penser à autre chose... Mais les papilles se souviennent alors des *tostadas* de *pejelagarto* et on regrette de ne pas y être retourné pour goûter d'autres préparations qui suivent des recettes traditionnelles. Ce restaurant est également l'endroit tout indiqué pour manger des huîtres fraîches à la douzaine. La Cevicheria remporte un tel succès qu'elle compte une seconde adresse à Villahermosa.

LA VENTA ★

Situé à 125 km de Villahermosa, à la frontière avec l'État de Veracruz, le site archéologique de La Venta est l'un des plus anciens vestiges de la civilisation olmèque et de la région mésoaméricaine : son apogée se situe entre 900 et 400 avant J.-C. La Venta est par beaucoup considérée comme le site précurseur des grands aménagements urbains des cités du sous-continent (orientation nord-sud, base des pyramides échelonnée). La région étant relativement pauvre en roches, les pierres de basalte ont surtout servi à la création de têtes géantes, autels et stèles, dont certaines se trouvent de nos jours à Villahermosa, au Parque Museo La Venta.

ZONA ARQUEOLÓGICA LA VENTA ★

Ouvert tous les jours de 8h à 17h.
Entrée : 55 $.

Le site est installé dans une zone marécageuse aux abords du fleuve Tonalá. Les constructions y ont été édifiées en un savant mélange de terres, argiles et sables, telle cette gigantesque pyramide de forme conique de quelque 120 mètres de diamètre et plus de trente mètres de hauteur. Les pierres de basalte étaient importées de la région de Veracruz et servirent uniquement à l'érection d'œuvres monumentales. Le musée du site offre un aperçu global des cultures de tradition olmèque.

AGUA SELVA ★★★

Agua Selva est une vaste zone de montagne couverte de forêt tropicale, qui se trouve enserrée dans les terres, à la frontière des Etats de Veracruz et Chiapas : on est à mi-chemin entre Villahermosa et Tuxtla Gutiérrez (Chiapas). Autant vous dire que l'endroit est peu visité, les paysages grandioses, la végétation exubérante et l'accueil chaleureux. Le paysage est criblé de canyons, rivières et cascades ; on y visite une zone archéologique perchée sur une montagne, des pétroglyphes et tout un tas d'activités à l'air libre comme le rappel ou le canyoning et les grandes balades à pied. Agua Selva, ce sont 8 communautés qui sont réparties sur ce terrain escarpé.

Balade

La région est gorgée d'eau et de cascades. A Malpasito, les plus faciles d'accès sont celles qui se trouvent sous la zone archéologique et celles du Parque Agua Selva. Il en existe aussi une à proximité du petit village de Playa Santa (Veracruz). Le canyon qui la surplombe est le lieu d'une superbe expédition de canyoning et rappel organisée par l'agence Jungla Experience.

Transports

On y accède depuis Villahermosa par Huimanguillo (route 187). Compter 2h de route depuis Villahermosa. Si vous venez en bus, prendre la compagnie TRT depuis Villahermosa (Terminal de Autobuses Segunda Clase) jusqu'à La Herradura, puis prendre une *combi* jusqu'à Malpasito. On rejoint ensuite facilement Tuxtla par la compagnie Rapidos del Sur.

RESERVA PANTANOS DE CENTLA ★★

Pour découvrir une partie plus sauvage du pays, profitez de votre séjour dans l'Etat de Tabasco pour découvrir la réserve écologique Pantanos de Centla, un territoire de 302 000 ha, traversé par des dizaines de fleuves et rivières, et habité par de nombreuses espèces animales dont des crocodiles, des toucans, des tapirs et des jaguars. L'observation des oiseaux en hiver est immanquable.

Pratique

Pour la visiter, se rendre à Frontera (40 min en bus depuis Villahermosa). De là, aller au village de Tres Brazos. Vous y trouverez des prestataires qui vous proposeront des balades le long du fleuve.

TAPIJULAPA ★★

A l'embranchement de deux cours d'eau navigables se trouve ce joli petit village traditionnel, de population Zoque, de 2 000 habitants, à 70 km au sud de Villahermosa. Il est réputé pour ses parcs naturels percés de grottes et cascades (Villa Luz et Kolem Jaa), pour la puissance du chant des oiseaux en fin de journée et pour son artisanat en osier (meubles, paniers, chapeaux, etc.). Ses ruelles et sa place centrale sont à découvrir. On y pratique la pêche rituelle de la *sardina ciega* (sardine aveugle) depuis des temps immémoriaux. A 15 km se trouve le village de Oxoloán, siège du principal couvent de la région à l'époque coloniale.

COMALCALCO ★

En pleine terre de cacao, Comalcalco est un site maya qui fut sans doute lié à Palenque, après le déclin de la civilisation olmèque. A l'époque classique (entre 200 et 900), il fut probablement le point le plus occidental de la civilisation maya, un relais important sur les routes commerciales de la Mésoamérique. La particularité de ce site est l'utilisation de coquillages et de briques pour pallier le manque de pierres. La visite est agréable et vous pourrez admirer quelques figures en stuc très intéressantes. Établi sur de petites collines, ce site vaut le détour autant pour ses restes architecturaux que pour son contexte naturel.

KOLEM JAA' ★

Carretera Tapijulapa
✆ +52 993 314 3192
www.kolemjaa.com
Entrée pour une journée incluant plusieurs activités et le déjeuner : 320 $.

Le parc écotouristique de Kolem Jaa' est situé dans la sierra de Tacotalpa. Promenades, observation de la faune et de la flore dans ce parc de 30 hectares ne sont que le minimum des possibilités offertes par l'endroit. Il vaut en effet la peine de s'aventurer un peu plus pour découvrir cascades et grottes, et réaliser quelques activités qui font monter le niveau d'adrénaline (réservées aux plus de 13 ans et moins de 55 ans) : tyrolienne au milieu de la forêt, accrobranches, rappel, mais aussi visite de grottes et piste commando.

ZONA ARQUEOLOGICA DE COMALCALCO ★

Carretera Comalcalco-Paraiso, km 1,5
✆ +52 933 337 0274
Ouvert tous les jours de 8h à 16h.
Entrée : 65 $.

En náhuatl, son nom signifie « le lieu de la maison des comals », mais son nom originel maya voulait plutôt dire « Le ciel alentour ». Car il s'agit du site le plus occidental de l'aire maya ; il semble avoir été une extension provinciale de Palenque, malgré 160 kilomètres de distance. Sa période d'occupation est très ancienne (2 000 av. J.-C.) mais l'activité architecturale majeure débute aux alentours du IIIe siècle ; son apogée correspond aux années 550 - 900 ap. J.-C.

PARQUE NATURAL VILLALUZ ★★

A 3 km du village.
Tous les jours : 25 $. Camping : 40 $ par personne.

Zone de grande beauté et d'une importance cruciale pour cette communauté Zoque puisque c'est ici que se trouve la fameuse *cueva de la Villa Luz,* grotte qui constitue l'habitat naturel de la *sardina ciega*, objet d'une pêche rituelle le dimanche des Rameaux (à visiter, c'est sombre, on vous prête une lampe mais c'est très sympa). Depuis la route, on traverse le fleuve Oxolotán par un pont suspendu (un par un, c'est mieux) et on débarque dans une zone bien plus verte. On y trouve cascades où se baigner, puits d'eau sulfureuse, sentiers pour découvrir la forêt.

CHIAPAS

Située à l'extrême sud du Mexique, la région du Chiapas présente une grande variété sur les plans topographique et climatique. San Cristóbal de Las Casas est une charmante ville d'altitude au climat frais (2 200 m), entourée de villages indiens. La capitale Tuxtla Gutiérrez, située à moins d'une heure de route, se trouve à seulement 500 m d'altitude et son climat est particulièrement chaud et humide. Sa région est percée de rivières et de canyons dont le fameux Sumidero. Plus au sud, la petite ville de Comitán domine une région au climat plus tempéré et sec ; on la connaît pour abriter les fameuses Lagunas de Montebello. La région côtière est quant à elle réputée pour ses lagunes et mangroves qui accueillent de grandes colonies de crocodiles et, en hiver, des dizaines d'espèces d'oiseaux migrateurs. Palenque, enfin, est considérée comme la porte d'entrée de la forêt tropicale, qui s'étend tout le long de la frontière avec le Guatemala.

VILLAHERMOSA ★★
TABASCO
VERA CRUZ
187
195
Presa Nezahualcoyotl
Raudales de Malpaso
SIMOJOVEL ★★
PARC NATIONAL CAÑON DEL SUMIDERO
ARCO DEL TIEMPO ★★
SAN JUAN CHAMULA ★★
SAN ANDRÉS
Réserve de Selva de Ocote
CHENALHA ★
Chamula
TENEJAP
SIMA DE LAS COTORRAS ★★
TUXTLA ★ GUTIÉRREZ
ZINACANTÁN ★★
SAN CRISTÓBAL DE LAS CASAS ★★★★
Ocozocoautla
CASCADA EL AGUACERO
Chiapa de Corzo
Cintalapa de Figueroa
GRUTAS ★ DE RANCHO NUEVO
AMATENANGO DEL VALLE ★
VENUSTIANO CARRANZA
190
Suchiapa
TZIMO
Arriaga
LA CONCORDIA ★
TONALÁ ★
PUERTO ARISTA
BOCA DEL CIELO ★★
EL MADRESAL ★★
El Manguito
Pijijapan
CHOCOHUITAL ★
200
Escuintla
RESERVA DE LA BIOSFER LA ENCRUCIJADA
OCEAN PACIFIQUE
100 KM

186
CAMPECHE
Parc national
Sierra de Lacandón
PALENQUE ★★★
Palenque
Tenosique
MISOL-HÁ ★★
CASCADA WELIB'JA ★★
GUA AZUL ★★
Chocotl
199
COSINGO ★
YAXCHILÁN ★★★
SELVA LACANDONA
TONINÁ ★★★
LACANJA ★★★
BONAMPAK ★★★
Tzonconejo
RÉSERVE DE LA
BIOSPHÈRE
MONTE AZULES
★★★
Benemerito
las Americas
SAN QUINTIN ★
AS
ROBERTO BARRIOS ★★
LAS GUACAMAYAS
★★★
PARC NATIONAL ★★★
LAGUNAS DE
MONTEBELLO
LAGUNA MIRAMAR ★★★
itán de
inguez
TENAM PUENTE ★
LAS NUBES
★★★
ENOTE CHUKUMALTIC ★★
307
CADAS EL CHIFLÓN ★★
LAGUNAS DE MONTEBELLO
★★★
CHINKULTIC ★★
190
LÁGOS DE COLÓN ★★
GUATEMALA
Paso Hondo
CIUDAD CUAUHTÉMOC
Chiapas
CHULA
Quezaltenango

PAGES

354 ●● EL CENTRO

C'est l'une des plus grandes régions du Chiapas, pourtant largement moins visitée que Los Altos ou la Selva, qui garde jalousement anciennes cités mayas et trésors naturels. Cela est peut-être dû au fait que la capitale de l'Etat, Tuxtla, ne dispose d'aucun charme particulier et qu'on la fuit aussi vite que possible... Pourtant, on y visite en masse le Cañon del Sumidero en arrivant ou repartant par avion, ou au cours d'une excursion d'une journée au départ de San Critóbal. C'est pourtant oublier que l'ouest et le nord-ouest de la capitale proposent aussi quelques détours qui valent la peine.

354 TUXTLA GUTIÉRREZ ★
355 SIMA DE LAS COTORRAS ★★
356 PARQUE NACIONAL CAÑON DEL SUMIDERO ★
356 ARCO DEL TIEMPO ★★

357 ●● LOS ALTOS DE CHIAPAS

Los Altos, dont les plus hautes montagnes culminent à 3 000 mètres, est une région économique et culturelle qui se distingue par une grande diversité ethnique, dominée en nombre par les Tzotziles et Tzetzales, descendants des anciennes cultures mayas. La majorité de la population y est rurale et la zone est connue pour être parmi les plus pauvres du pays. Les forêts de pins, chênes, oyamels et ocotes dominent le paysage.

357 SAN CRISTÓBAL DE LAS CASAS ★★★★
364 ZINACANTÁN ★★
364 SAN JUAN CHAMULA ★★
365 SAN PEDRO CHENALHÓ ★
365 SAN ANDRÉS LARRAÍNZAR ★★
365 SIMOJOVEL ★★
365 TENEJAPA ★

366 ●● LA SELVA

La *selva*, c'est ce petit mot fantasmagorique qui fait écho à un monde (presque) révolu, à l'ultime frontière civilisationnelle, à l'habitat naturel du jaguar (l'animal totem des seigneurs mayas), des guacamayas et des singes hurleurs. S'y immerger, c'est s'exposer à sa respiration infinie, au chant assourdissant des insectes et des oiseaux, à son humidité envahissante car, bénie par les eaux, rivières et cascades aux eaux turquoise viennent rompre l'étrange monotonie de cette palette de verts qui se déclinent à l'infini. C'est une vaste région dont le poumon se trouve aux confins de la frontière avec le Guatemala ; la Reserva de la Biósfera Montes Azules a été créée au cœur de la légendaire Selva Lacandona, du nom de cette tribu de chasseurs-cueilleurs qui y déambulaient encore jusqu'au premier tiers du XXe siècle, cohabitant (déjà) avec des trafiquants de bois précieux.

366 PALENQUE ★★★
370 MISOL-HÁ ★★
370 AGUA AZUL ★★
371 OCOSINGO ★
371 ROBERTO BARRIOS ★★
371 TONINÁ ★★★
373 CASCADA WELIB'JA ★★

PAGES

373 RESERVA DE LA BIOSFERA MONTES AZULES ★★★
374 LACANJA ★★★
375 BONAMPAK ★★★
376 YAXCHILÁN ★★★
377 LAS GUACAMAYAS ★★★
378 LAS NUBES ★★★
378 LAGUNA MIRAMAR ★★★

379 ●● REGIÓN COMITECA

La région de Comitán est une zone de moyenne altitude (entre 500 et 2 000 mètres), qui jouit d'un climat relativement tempéré. Les pluies sont abondantes en saison, et l'on retrouve de nombreuses rivières et nappes phréatiques qui alimentent cascades, lacs et cénotes. Traditionnellement, on visite la région pour les magnifiques Lagunas de Montebello, à 50 km à l'est de la capitale régionale Comitán de Domínguez.

379 COMITÁN DE DOMÍNGUEZ ★
379 TZIMOL ★★
380 TENAM PUENTE ★
380 CHINKULTIC ★★
380 LAGUNAS DE MONTEBELLO ★★★
382 LÁGOS DE COLÓN ★★
382 CIUDAD CUAUHTÉMOC

383 ●● LA COSTA

Le Chiapas n'est pas réputé pour son tourisme de plage, c'est un fait : ses plages ne sont pas de sable blanc (il tire le plus souvent sur le gris) et sa côte est si rectiligne que l'on n'y trouve pas de baies pour se tremper à l'abri des courants tempétueux qui la frappent de plein fouet. Cela ne veut pourtant pas dire que la zone est dénuée d'intérêt. Au contraire, elle ravira certainement les amants de l'écotourisme et des aires naturelles sauvages, puisqu'elle abrite d'immenses mangroves qui sont le refuge d'une multitude d'espèces animales, dont les oiseaux migrateurs en hiver.

383 BOCA DEL CIELO ★★
383 EL MADRESAL ★★
383 CHOCOHUITAL ★
383 RESERVA DE LA BIOSFERA LA ENCRUCIJADA ★★

384 ●● REGIÓN SOCONUSCO

Le Soconusco, région côtière frontalière avec le Guatemala dominée par le volcan Tacaná (4 064 m), est connu des spécialistes pour être le berceau potentiel de toutes les civilisations mésoaméricaines : les Mixe-Zoques s'y sont installés il y a plus de 4 000 ans et, de là, ont irradié de leurs connaissances des peuples qui allaient dominer plus tard de vastes ensembles, tels les Olmèques ou les Mayas. Du temps de la colonie, son climat chaud, humide et tropical y a très tôt favorisé l'installation de grandes exploitations agricoles, et l'installation de dynasties de riches propriétaires terriens qui profitent des exportations de coton, sucre, cacao, cochenille puis du bétail.

384 TAPACHULA
384 RUTA DEL CAFE ★★

TUXTLA GUTIÉRREZ ★

Capitale du Chiapas, Tuxtla a la réputation d'être un endroit plutôt morne : le nombre des curiosités à y découvrir est limité et nombre de voyageurs n'y font que passer, et souvent uniquement par son aéroport. Il y a pourtant beaucoup à faire dans les environs (cascades, grottes, observation d'oiseaux, VTT, parapente rappel, etc.), mais San Cristobal étant assez proche, il est mieux de se baser là-bas.

Transports

Si vous êtes à Tuxtla et souhaitez prendre les combis qui se rendent à San Cristóbal ou Chiapa de Corzo (Cañon del Sumidero), rendez-vous au terminal qui se trouve à un pâté de maisons du Mercado de los Ancianos, non loin du centre.

AEROPUERTO INTERNACIONAL DE TUXTLA

Chiapa de Corzo
✆ +52 961 615 5060

L'aéroport est situé à 35 min de Tuxtla et à 1h15 de San Cristóbal de Las Casas. Une navette ADO effectue la liaison directement vers et depuis San Cristóbal à votre descente de l'avion. Des taxis sont également disponibles à l'arrivée ; le trajet vous coûtera 20 US$ pour Tuxtlla. Les compagnies nationales Aeromexico, Magni, VivaAerobus et Volaris proposent des liaisons régulières vers Mexico, Guadalajara, Cancún, Mérida, Puebla Monterrey et Tijuana.

MUSEO REGIONAL DE CHIAPAS ★

Calzada de Los Hombres Ilustres s/n
✆ +52 961 225 0881
Ouvert du mardi au dimanche de 9h à 18h. Entrée : 65 $.

Ce musée inauguré en 1985 est malheureusement assez mal entretenu... Dommage car c'est une bonne intro sur l'histoire préhispanique du Chiapas : préhistoire, période Préclassique (adoption de l'agriculture) jusqu'au déclin de la civilisation maya et l'explosion du territoire en chefferies autonomes. On y découvre des pièces très intéressantes des cultures Zoque et Maya : monolithes des autels de Tiltepec, trésors des tombes de Chiapa de Corzo, pierres, os travaillés et coquillages.

TERMINAL DE AUTOBUSES ADO

Boulevard Antonio Pariente Algarín #551
✆ +52 961 125 1585

Toutes les destinations nationales d'une grande gare routière mexicaine, sans oublier les destinations régionales : San Cristobal, Palenque, Comitán, Ciudad Cuauhtémoc (frontière avec le Guatemala), Tonalá, Tapachula. Pour gagner du temps, pensez à réserver vos billets à l'avance sur le site de la compagnie. Si vous ne le pouvez pas, vous aurez toujours la possibilité de le faire au guichet dans le hall de la gare (c'est ce que font beaucoup de locaux).

SECRETARIA DE TURISMO DE CHIAPAS

Boulevard Andrés Serra Rojas #1900
✆ +52 961 6170550
www.turismochiapas.gob.mx

Voici le bureau officiel du tourisme, où vous pourrez poser toutes vos questions et vous faire aider dans la planification de votre séjour et de vos excursions. Vous y trouverez toutes les informations nécessaires sur la région du Chiapas, puisqu'ils éditent de remarquables petits fascicules sur les différentes régions du Chiapas : Palenque, Comitán, Costa, Tapachula, San Cristobal et la région de Tuxtla. Plus facile : le module d'information situé à l'aéroport.

TERMINAL DE AUTOBUSES AEXA

9a. Sur Oriente #1882
✆ +52 961 638 5018
www.autobusesaexa.com.mx

Aexa est une compagnie locale qui dispose de grands bus confortables (parfois moins chers que les bus ADO et OCC). Leur ligne dessert San Cristobal, Tonalá et de nombreux points sur la côte jusqu'à Tapachula. Il y a également des liaisons pour Palenque. Le terminal est propre et agréable. Il comprend un magasin pour acheter des choses à grignoter. Si vous n'avez pas réservé vos billets sur le site de la compagnie, vous pourrez le faire sur place, au guichet.

OH LA LA PASTELERÍA FRANCESA

Calle 16A. Poniente Norte 408 E
✆ +521 961 602 9523
Ouvert tous les jours de 8h30 à 22h.
Si vous prévoyez de passer un peu de temps à Tuxtla, ne manquez pas de faire un petit crochet par cette boulangerie française. Croissant, pain au chocolat, tarte à la fraise, aux fruits ou au citron, opéra, chocolat chaud, café... Tous les classiques sont là et ils sont absolument délicieux ! Si vous avez envie d'une petite douceur à la française, il faut impérativement vous y arrêter. C'est la pause parfaite pour apprécier un véritable petit déjeuner...

BUCEA EN CHIAPAS

Jose Juan Jimenez
✆ +52 961 102 6987
Voilà le meilleur contact pour découvrir le Chiapas sous-marin et la plongée d'altitude en eau douce dans la Región Comiteca : cénote Chucumaltic, Lagunas de Montebello et Lagos de Colón. Possibilité de se certifier également, avec un cours plus exigeant que les traditionnelles certifications des zones touristiques. Si vous débutez, pas de panique : des cours d'initiation sont également proposés par cet organisme. Réservation indispensable, car l'organisation du périple demande un minimum de logistique. Sérieux et professionnel.

SIMA DE LAS COTORRAS ★★

Dans la communauté de Piedras Paradas, à 1h30 à l'ouest de Tuxtla. Il s'agit d'un gouffre de 160 mètres de diamètre et 140 mètres de profondeur, qui s'est formé par l'effondrement du sous-sol en raison de l'action de l'eau souterraine.

Pratique

L'agence Petra Vertical propose des excursions d'une journée au départ de San Cristóbal. En saison, il vous faudra vous lever tôt pour apercevoir les *cotorras* (sorte de petits perroquets) sortir à l'aube de leur refuge nocturne.

SIMA DE LAS COTORRAS ★★

✆ +52 968 117 8081
https://www.simadelascotorras.com/en

Entrée : 50 $. Descente en rappel : 550 $. Cabanes 2 personnes pour passer la nuit (1 000 $).

Le gouffre sert de refuge nocturne pour des centaines de représentants d'une espèce de petits perroquets (*cotorras verdes*). On peut observer sur les parois supérieures du gouffre des peintures rupestres de la culture Zoque, en effectuant une simple marche de moins d'une heure (on descend alors une quarantaine de mètres par un sentier pédestre). Ensuite, il faut s'arnacher car cela vaut vraiment la peine d'effectuer la descente en rappel de la petite centaine de mètres : au fond du gouffre, on laisse les harnais et on continue la visite des cavernes à pied.

PARQUE NACIONAL CAÑON DEL SUMIDERO ★

Le meilleur moyen de voir le Sumidero est incontestablement depuis le fleuve lui-même, même s'il existe quelques miradors qui permettent de l'observer depuis les hauteurs. Sur le Río Grijalva ou Río Grande de Chiapas, de nombreuses excursions partent des embarcadères de Chiapa de Corzo. L'excursion dure deux heures aller-retour, sur des barques qui naviguent à toute vitesse (accrochez-vous !). A l'instar d'un paysage extrait du *Monde perdu* de Conan Doyle, des falaises aux faces nues s'élèvent à près de 1 000 m au-dessus de la rivière. En fin de circuit, le lac atteint 265 m de profondeur. Les guides font plusieurs haltes pour signaler, ici, la falaise recouverte d'une impressionnante cascade de mousse évoquant la forme d'un sapin de Noël, là, un crocodile égaré...

Histoire

Vers 1524, le capitaine Luis Marin tente de conquérir la région montagneuse du Chiapas nord. Les indigènes repoussent alors les Espagnols qui se retirent sans établir la moindre colonie. Quatre ans plus tard, Diego de Mazariegos « pacifie » la région. Lors de la bataille de Tepetchía, les Indiens chiapanecos préfèrent se jeter dans le cañon del Sumidero que de se rendre aux envahisseurs. C'est ici, à quelques kilomètres de Tuxtla, que le Mexique a construit le deuxième ou troisième plus grand barrage du monde, sur le Río Grijalva, à Chicoasen. Résultat : la zone a été inondée sur une étendue de 40 km, jusqu'à la jolie petite ville de Chiapa de Corzo (qui fait maintenant partie de la banlieue de Tuxtla), point de départ des excursions.

Transports

Au départ de Tuxtla, des bus, et notamment des *colectivos*, desservent Chiapa de Corzo toute la journée (depuis le terminal situé juste à côté du Mercado de los Ancianos). Au départ de San Cristóbal, les combis qui partent vers Tuxtla rejoignent le terminal Ancianos ; vous pouvez aussi vous arrêter à Santa Fe (à l'entrée de Tuxtla) et vous n'êtes qu'à 5 min de Chiapa de Corzo en prenant un autre combi : demandez aux chauffeurs en partant de San Cristóbal.

ARCO DEL TIEMPO ★★

Il s'agit d'une arche de pierre naturelle d'une hauteur de 200 mètres sise dans une zone de formation géologique très ancienne (plus de 80 millions d'années). L'arche enjambe le Río la Venta, dans la Selva El Ocote, à environ 120 km au nord-ouest de Tuxtla. Le site en lui-même est accessible au cours d'une expédition de plusieurs jours (entre 3 et 5), qui prend des accents différents selon les agences qui vous y emmènent.

Pratique

- Avec **Petra Vertical**, les excursions se font en saison sèche (de décembre à mai) : on accède au Rio La Venta par l'Ejido Cardenás (à trois heures de San Cristobál), puis il faut encore marcher 3 à 4 heures pour venir camper sur les hauteurs du fleuve. Le lendemain matin, ce sont 15 mètres de parois verticales qu'il faudra descendre en rappel (sans oublier le matériel). A partir de là, on descend une douzaine de kilomètres sur des grosses bouées (*tubbing*) et l'on arrive finalement à l'Arco de Tiempo, où l'on bivouaque pour la nuit.

- **Explora Chiapas**, spécialisée dans le rafting pro, organise ses expéditions de juillet à novembre, lorsque le débit du fleuve est le plus élevé. Là, le départ est beaucoup plus en amont sur le Rio La Venta, à la cascade El Aguacero (à 55 km à l'ouest de San Cristobal), connue pour les 900 marches qu'il faut descendre pour y accéder. On descend ensuite 90 km durant 5 jours jusqu'à la Presa Malpaso, l'Arco del Tiempo étant visitée au cours du troisième jour de descente.

SAN CRISTÓBAL DE LAS CASAS ★★★★

La présence de nombreux Indiens de la sierra donne son originalité à San Cristóbal de Las Casas : chaque communauté possède son propre habit traditionnel distinctif, ce qui permet de les identifier assez facilement. Bien qu'il soit tentant de rester flâner dans cette agréable ville de montagne, dont le vaste centre est littéralement saturé de magnifiques maisons aux tons colorés, il existe de nombreuses attractions aux alentours de San Cristobal.

Climat

Si l'on vient des terres chaudes – la côte Caraïbe ou la jungle entourant Palenque –, on appréciera la différence de température et l'air frais, reposant de San Cristobal. Los Coletos, les habitants de la ville, vivent à 2 220 m d'altitude ; le climat y est frais à longueur d'année. S'il fait souvent chaud en journée, altitude aidant, un chandail sera nécessaire le soir. Dans certains hôtels, les chambres sont même équipées d'une cheminée.

Histoire

La Villa Real de San Cristóbal est fondée en 1528 par le conquistador Diego de Mazariegos dans une vallée que les Tzetlales appelaient *Jovel* et les Tzotziles *Tzequil*. Elle devient en 1824 la capitale de l'Etat de Chiapas, avant que celle-ci ne soit transférée à Tuxtla Gutiérrez en 1892. La ville eut plusieurs noms, avant d'être finalement rebaptisée en 1943 en l'honneur du père Bartolomé de Las Casas, premier évêque de Chiapas et opiniâtre défenseur des droits des Indiens.

Quartiers

- Au centre, deux grandes places publiques : le Zócalo et la Plaza 31 de Marzo, ornée d'un kiosque, face au Palais municipal. Autour, la ville est en forme de croix, orientée suivant les quatre points cardinaux, tout comme les centres de cérémonie mayas. Ces derniers considèrent que l'est est le jour, le monde des vivants, et l'ouest le monde des morts, l'inframonde.
- Le centre est traversé par deux rues piétonnes : l'andador Eclesiástico, qui relie l'arche del Carmen à la très belle église Santo Domingo où se tient un marché quotidien d'artisanat ; et l'andador Real de Guadalupe, qui part de la Plaza 31 de Marzo et mène à l'Iglesia de Guadalupe, qui surplombe la ville. C'est dans ces rues piétonnes que se concentrent la plupart des restaurants et bars de la ville.
- Les autres rues qui partent du Zócalo et de la place du Kiosque sont également à parcourir. Au nord, l'avenida General Utrilla mène au marché municipal José Castillo Tielemans, où les Indiens de la région viennent vendre les produits qu'ils cultivent et acheter ce dont ils ont besoin. Du côté sud, se trouve l'avenida Insurgentes, qui mène à la gare routière OCC.
- La plupart des rues changent de nom d'est en ouest et du nord au sud. Par exemple, la rue 1 de Marzo devient la rue Flavio Panagua après avoir croisé la rue General Utrilla. Cela peut prêter à confusion.
- Le centre est très agréable, on peut facilement y passer une journée entière à flâner. Néanmoins, il est déconseillé de s'aventurer au-delà des rues principales pour sortir des quartiers les plus touristiques.
- San Cristóbal est confronté à des divisions religieuses entre chrétiens, indigènes ayant une religion catholique de façade et autres influences religieuses provenant d'Espagne (musulmane) ou encore des Etats-Unis (évangélistes). C'est pour cela qu'un des quartiers se nomme Palestine. Celui-ci et la Hormiga sont connus pour être quelque peu problématiques, mais situés en périphérie de la ville.

Se restaurer

Les produits phare de la région sont sans aucun doute le café et le cacao, à partir duquel on fabrique le pozol (boisson de maïs et cacao, souvent très sucrée) et le tazcalate (boisson de maïs grillé et moulu avec du cacao et de la cannelle). Au niveau des plats, tentez les sopa de pan et sopa de mumo, ainsi que les différents plats à base de porc (dont le Tachilhuil, préparé avec les abats) ; la région est connue pour ses jambons, ses fromages réputés provenant de la région d'Ocosingo. Les coletos sont aussi friands de tamales : poulet et légumes, chipilín, haricots, etc. A San Cristóbal, vous aurez surtout le choix entre une cuisine internationale variée et de qualité, proposée par les nombreux étrangers qui ont investi de leurs restaurants le centre-ville : italienne, végétarienne, française, catalane, asiatique, etc.

Tourisme

San Cristóbal est notamment une base idéale pour visiter les villages indiens de la région des Altos de Chiapas. Les marchés qu'on y trouve, ainsi que les églises et les cimetières, exemples manifestes de syncrétisme religieux, méritent véritablement le détour. Los Altos de Chiapas (« Les Hauts de Chiapas ») constituent l'une des régions les plus densément peuplées du Mexique, dont les deux principaux groupes sont les Tzotziles et les Tzeltales. Tous deux issus de la civilisation maya, ils parlent des langues similaires et partagent de nombreux points communs.

Ces villages peuvent se visiter seul ou dans le cadre des excursions qu'organisent la plupart des agences de San Cristobal. De nombreuses agences proposent également des excursions d'un ou plusieurs jours dans le reste de l'Etat : Tónina, Palenque et la Selva Lacandona ; Las Lagunas de Montebello et Las Cascadas del Chiflón ; le Cañon del Sumidero, La Sima de las Cotorras et l'Arco del Tiempo.

Transports

La gare routière première classe OCC se trouve à l'angle de l'Avenida Insurgentes et du boulevard Juan Sabines. A proximité, sur le boulevard Sabines, se trouve le terminal des autobus AEXA, qui dessert de nombreuses villes de la région à des prix souvent plus avantageux que les compagnies ADO et OCC.

▸ Autour de ces deux gares routières, plusieurs stations de microbus ou de bus de seconde classe se rendent vers Tuxtla (1h) et Ocosingo (2h30), où l'on change d'embarcation pour continuer jusqu'à Palenque.

▸ Sécurité sur la route San Cristóbal – Ocosingo – Palenque : depuis l'année 2017, la compagnie ADO (à l'inverses des bus OCC et Aexa) ne passe plus par la route directe *via* Ocosingo. Les bus font un large détour par Tuxtla et Villahermosa (entre 9h et 10h de route). De nombreux blocages intempestifs par des populations mécontentes ou encore des vols à main armée justifient cette décision. Ceux-ci se sont premièrement manifestés sur la portion de route entre Agua Azul et Palenque pour s'étendre peu à peu à la route Ocosingo – Palenque dans son ensemble. Les transports spécialement touristiques sont plus souvent visés, mais si vous décidez d'emprunter cette route en transport collectif, préférez toujours voyager de jour.

▸ Les *colectivos* qui desservent les villages situés aux alentours de San Cristóbal partent du marché municipal José Castillo Tielemans. Une fois arrivé à la station des *colectivos*, il suffira d'annoncer la destination voulue et on se fera un plaisir de désigner le véhicule qui s'y rend. Les *colectivos* n'ont pas d'horaires fixes et partent dès qu'ils sont pleins, environ toutes les dix ou quinze minutes. Leurs tarifs sont extrêmement bas : tout en fonctionnant comme des taxis, ils ne coûtent pas plus qu'un bus ordinaire. Si quelques rares bus desservent la plupart des villages voisins, le moyen de transport privilégié reste le *colectivo*.

CATEDRAL DE SAN CRISTÓBAL MÁRTIR ✝ ★

Elle fut construite en 1528, et eut pour premier évêque le moine dominicain San Cristobal de Las Casas, défenseur des populations indigènes. Remodelée au XVIIIe siècle, sa façade est avenante et colorée, décorée de motifs végétaux exécutés en mortier. L'intérieur recèle d'intéressants retables en bois sculpté, ornés de feuilles d'or et de multiples peintures. C'est ici que la foule indigène a dit au revoir à l'évêque Samuel Ruiz en 1999 après 40 ans de loyaux services.

Mexicaine dans les rues de San Cristóbal de Las Casas.

MUSAC - PALACIO MUNICIPAL ★

Zocalo

Ce beau bâtiment qui vient de faire peau neuve propose une histoire de la ville présentée dans neuf salles réparties sur les deux étages. L'endroit accueille aussi des expositions temporaires et une programmation culturelle pour adultes et enfants. Avant sa reconversion, l'édifice accueillait les bureaux du gouvernement de l'État. A faire autant pour découvrir le petit musée que pour admirer l'édifice historique qui l'abrite, qui a été construit en 1885.

MUSEO DE LOS ALTOS DE CHIAPAS ★★★

Lázaro Cárdenas SN

✆ +52 967 678 2806

Ouvert du mardi au dimanche de 9h à 18h.
Entrée : 65 $.

Installé dans l'ancien couvent de Santo Domingo, c'est le plus important musée de la ville. Les salles d'exposition retracent l'histoire de la région : archéologie et géographie maya de Los Altos de Chiapas pendant la Conquête ; le processus de conquête militaire, la fondation de la ville et la résistance locale ; l'évangélisation à travers des œuvres de toute beauté (peintures et objets liturgiques des XVIIe au XIXe siècles) et le récit du pouvoir local développé par les dominicains.

TEMPLO SANTO DOMINGO ✝ ★★

A l'angle des rues Real de Mexicanos et 20 de Noviembre

C'est indéniablement la plus belle église de la ville. Sa construction originelle fut initiée, avec le monastère qui lui est adjacent, entre 1547 et 1560. La façade baroque, finement décorée de modelages en mortier (mélange de chaux, sable et eau), est un ajout du XVIIe siècle. Fortement endomagée par un tremblement de terre en 1902, l'église fut restaurée en 1975 et sa façade remise à neuf en 2006. Son intérieur, dont un magnifique pupitre en bois taillé, se distingue par deux beaux retables et la profusion de décors dorés.

CHULTOT VIAJES TURISTICOS

15C Calle 5 de Febrero

✆ +52 967 120 73 74

www.transportadoraturistica.com.mx

Tours et circuits dans le Chiapas. Réservation en ligne sur le site internet ou par whatsapp.

Une agence sérieuse et professionnelle de plus de 10 ans, qui propose des excursions à la journée depuis San Cristobal de las Casas et des circuits de plusieurs jours dans tout le Chiapas mais aussi vers la Riviera Maya et Oaxaca. Les tours sont variés et d'un excellent rapport qualité-prix, des plus généralistes comme el Cañon del Sumidero à des tours plus spéciaux, comme un survol des paysages du Chiapas dans un petit avion. Vous pouvez les consulter les yeux fermés.

MUSEO DEL AMBAR DE CHIAPAS ★★

Diego de Mazariegos s/n

✆ +52 967 678 9716

www.museodelambardechiapas.org.mx

Ouvert du mardi au dimanche de 10h à 14h et de 16h à 19h. Entrée : 25 $.

Installé depuis l'année 2000 dans l'ancien couvent de la Merced, ce très bel espace est idéal pour en apprendre un peu plus sur cette résine fossilisée datant de 20 millions d'années, de sa formation et son extraction, ses usages dans le temps, sa transformation et son commerce dans le monde. On trouve des pièces de toute taille, à l'état brut ou travaillées, et de très bonnes explications sur comment reconnaître le vrai ambre du faux. Très belle visite.

MUSEO NA-BOLOM ★★

Avenida Vicente Guerrero #33
✆ +52 967 678 1418
www.nabolom.org
Tous les jours de 9h à 19h. Entrée : 60 $.
Restaurant ouvert de 7h à 22h.
Chambres à partir de 1 500 $.

Voici une maison-musée très agréable à visiter. On y voit divers objets évoquant l'histoire et la culture de la région. Cette institution dispose en outre d'un programme de volontariat depuis 1969 et recherche des volontaires ayant étudié l'anthropologie, la sociologie, la médecine, la communication ou l'agronomie. A titre d'exemple, le volontaire peut travailler dans les archives (plus de 5 000 photos), la bibliothèque, le jardin organique ou auprès des Lacandons (prévention, soins, recherche sur la médecine traditionnelle).

NATUTOURS

Cintalapa #17
✆ +52 967 678 8010
www.natutours.com.mx

Nautours est une agence spécialisée dans l'écotourisme qui propose toutes sortes d'aventures depuis San Cristobal : des treks de quelques kilomètres ou sur plusieurs journées, des circuits avec nuits en camping dans les réserves naturelles du Chiapas, du rappel dans les canyons ou proche des sites archéologiques, des visites des villages indigènes de la région… Mais surtout, ne manquez pas leur spécialité, la grimpe d'arbres ! Eli, qui a été formé à cette discipline en France, vous emmène passer la journée dans les pins centenaires des forêts du Chiapas.

TEMPLO DEL CARMEN ★

Calle Hermanos Domínguez

Le Temple del Carmen fut fondé à la fin du XVIe siècle, puis réédifié à la fin du XVIIIe siècle. Les précieuses pièces d'art religieux qui s'y trouvaient ont été détruites par un incendie en 1993. La tour rouge, en face, fut fondée à la fin du XVIIe siècle pour servir de clocher à l'église. On la connaît comme l'Arco del Carmen en raison de l'embrasure qu'elle possède dans sa partie inférieure. A l'époque, l'Arco del Carmen donnait accès au Couvent de l'Incarnation, aujourd'hui converti en Casa de Cultura (galerie d'art, bibliothèque et auditorium).

PETRA VERTICAL

Isabel La Católica #9b
✆ +52 967 631 51 73
www.petravertical.com

Agence sérieuse spécialisée dans les sports extrêmes, avec des degrés de difficulté variables : *Cañon del jaguar* et *Chorreadero* (à San Juan Grivalja, près de Chiapa de Corzo) permettent de s'adonner à la randonnée, la descente en rappel ou la spéléologie. Plus drue, la descente de 40 mètres en rappel de la Sima de Las Cotorras (à 3h de route depuis San Cristobla et 1h30 depuis Tuxtla) vous permettra de découvrir des peintures rupestres à même les parois du gouffre. Enfin, la descente du Río la Venta est une véritable aventure à laquelle dédier entre 3 et 5 jours.

LA TOZI GALERIA HOTEL €

Calle Real de Guadalupe 51
✆ +521 967 674 6991
Accueil 24h/24. Chambres doubles : 900 $.
Appartement 2 chambres : 1 500 $.

Coup de cœur pour ce petit hôtel, qui est en réalité un vrai espace de vie. On viendra pour les jolies chambres, calmes et décorées avec goût ; mais surtout pour l'excellent restaurant, la vue époustouflante sur la ville depuis la terrasse, et la lumineuse galerie d'art qui accueille des performances artistiques et sessions de yoga tous les jours. Le petit déjeuner sur la terrasse au petit matin est un moment de pur bonheur. Si vous choisissez une autre option pour dormir, ne manquez pas de vous y arrêter pour déjeuner et profiter de ce lieu si reposant.

TOMATE QUESILLO

✆ +52 1 55 4363 1936
www.tomatequesillo.com
Visite guidée Walking Food Tour : 62 US$.

Voilà des excursions en ville et alentour qui vous permettront de découvrir le panorama complet de la région. L'escapade *Walking Food Tour* vous plongera au cœur des saveurs et savoir-faire culinaires *chiapanecas*. On vous propose de partir le temps d'une demi-journée à la découverte de divers restaurants de la ville, pour découvrir des plats typiques et populaires comme de haute volée. Au fil des déambulations, vous découvrirez aussi bien la gastronomie locale que les méthodes de culture et d'élevage locales, sans oublier l'histoire de la région et son patrimoine.

CASA VIEJA €€

Ma. Adelina Flores #27
✆ +52 967 678 6868
www.casavieja.com.mx
40 chambres et suites, entre 1 300 $ et 2 500 $.

Coup de cœur pour cet hôtel reposant, à l'écart de la place centrale, dans un style rustique typique des maisons régionales du XVIIIe siècle : patios arborés et salon de lecture feront votre bonheur. Les chambres sont agréables, mais leur luminosité varie suivant leur emplacement : il est donc conseillé de demander les pièces les mieux exposées au moment de réserver. Les suites sont vastes et magnifiques. L'établissement comprend également un petit restaurant idéal pour les journées d'hiver, ainsi qu'une cave à vin bien garnie.

JAGUAR ADVENTOURS

9- A Av, Belisario Domínguez
✆ +52 9671485663 - www.adventours.mx
Tours consultables sur le site internet de novices à experts. Location de VTT.

Vous avez comme une envie de vous dépenser et de vous procurer des sensations ? Cette agence du Chiapas créée en 2007 propose de nombreux tours pour les sportifs de différents niveaux en mélangeant sport, culture locale, nature et paysages. Les nombreux tours combinent VTT, trekking, trail et exploration de cavernes. Possibilité de faire du VTT au Cañón del Sumidero et dans les villages indigènes. N'hésitez pas à les contacter, ils sont connus pour leur professionnalisme. Vous pouvez aussi louer des VTT à l'heure ou à la journée.

MAGNOLIA SUITES €€

Calle Cristóbal Colón #16
✆ +52 1 477 252 3211
8 suites entre 1 000 et 3 500 $ la nuit, en fonction du nombre de personnes.

Voici un ovni dans l'offre d'hébergements à San Cristobal. Le bâtiment, situé dans une jolie rue piétonne, est une oeuvre architecturale incroyable, composée d'une multitude d'espaces et de recoins qui offrent une vue magnifique sur la ville. Les 8 suites sont thématisées autour d'éléments tels que l'eau, le ciel, le bois ou le feu. Elles sont très spacieuses, calmes et ultra équipées (douche italienne, cuisine complète, terrasse, hamacs, enceintes de dernière génération...). Au rez-de-chaussée, spa et joli salon où est servi le petit déjeuner.

HOTEL BO €€€

5 de Mayo #38
✆ +52 967 678 1515
www.hotelbo.mx
Entre 4 000 et 12 000 $ la nuit.

Cet hôtel frôle la perfection... Les amateurs du combo literie haut de gamme et décoration contemporaine seront au paradis. L'alliance du cosy et du design est très réussie, une fois qu'on y est, on ne veut plus en bouger. Cet hôtel parfaitement situé (à 5 minutes de la cathédrale à pied) offre une prestation minutieuse : des draps en coton égyptien aux salles de bains dignes des plus beaux spas. Son élégant restaurant le Lum sert une cuisine mexicaine et internationale de belle qualité, on y remarquera un éclairage doux et très chaleureux.

EL CALDERO €

Av. Insurgentes #5

✆ +52 967 116 0121

Ouvert tous les jours de 8h30 à 22h. Soupes à partir de 90 $.

El Caldero propose des soupes, des potages et des bouillons, parfaits pour se réchauffer après une bonne journée de vadrouille. Au niveau de la composition, vous n'aurez que l'embarras du choix entre les préparations aux légumes, celles au lapin, au mouton, au bœuf, aux crevettes, aux nouilles ou encore à la poule. Un vrai repas complet dans un grand bol. L'endroit offre également des plats traditionnels pour le petit déjeuner, à savoir des *chilaquiles*, des *enchiladas* et des œufs préparés comme vous le souhaitez. Simple et bon marché.

RESTAURANTE EL SECRETO €€€

24 Calle 16 de septiembre #1A

✆ +52 967 674 77 85

www.casadelalma.mx

Ouvert tous les jours de 7h à 23h.

El Secreto, restaurant de l'hôtel Casa del Alma, porte bien bien son nom ; il est peut-être l'un des meilleurs secrets de San Cristóbal... Dans ce cadre à l'ancienne, un poil formel, on vous sert une cuisine fusion avec des ingrédients 100% régionaux, préparés selon l'école mexicaine et des inspirations de haute cuisine internationale. Chaque plat est un régal ; ne pas rater la spécialité de la maison, le *lechón* (cochon de lait). Egalement au menu, un large choix de vins mexicains et internationaux pour accompagner vos plats.

FRONTERA CAFE €

Belisario Dominguez #35

✆ +52 967 631 6285

www.fronteracafe.com

Ouvert du mardi au samedi de 8h à 21h ; le dimanche de 8h à 18h. Plats : moins de 80 $.

Dans ce magnifique bâtiment ancien construit autour d'un patio doté d'un puits et agrémenté de plantes, on s'imagine aisément quelque part loin de tout, dans une petite ferme des montagnes. On y sert tout ce que l'on peut boire à base de café, thé et cacao, en plus de proposer quelques plats, des jus frais et autres gourmandises bien senties. Installez-vous dans l'e magnifique patio verdoyant ou à l'intérieur, pour profiter du confortable canapé et de l'agréable déco rustique. Et en plus, le tout n'est qu'à deux pas de Santo Domingo...

TIERRA Y CIELO RESTAURANTE €€€

Avenida Juárez #1

✆ +52 967 678 0354

Ouvert du mardi au dimanche de 8h à 18h. Plats : de 250 à 350 $. Menu dégustation : 950 $.

La chef Marta Zepeda, reconnue également en dehors des frontières du pays, nous propose une cuisine très raffinée de plats mexicains et régionaux. Son restaurant est l'un des plus réputés de la ville : l'accueil, le service et le cadre sont parfaits. Les prix sont raisonnables par rapport à la qualité du travail et les plats copieux. Ne pas manquez les spécialités comme le *mole coleto con platano macho* ou l'*asado de cerdo con frijoles de la olla*.

ESQUINA SAN AGUSTIN €€

Miguel Hidalgo esq. Cuauhtémoc

✆ +52 967 672 7628

Ouvert tous les jours de 8h à 23h30.

En plein centre, à quelques encablures du Museo del Ámbar, voici un petit ovni dans l'univers gastronomique local, puisque ce vaste patio de deux étages accueille galerie d'art et restaurants gourmets. Le choix est très vaste, avec de nombreuses options internationales : cuisine thaïe, italienne, péruvienne, etc. Faites un tour de l'endroit avant d'arrêter votre choix. Le tout est proposé dans un très chouette décor rustico-contemporain digne des marchés *trendy* nord-américains, avec du joli mobilier et des plantes partout. Avis aux amateurs !

LA ABUELITA

Real de Guadalupe #75

✆ +52 967 631 7387

Ouvert du mardi au jeudi et le dimanche de 12h à 22h ; le vendredi et le samedi de 12h à 23h.

La Abuelita est lieu de vie accueillant du matin au soir où se réunit la jeunesse de la ville et d'ailleurs, qui opte pour une ambiance plus nationale que le reste des bars de la rue. L'attention y est amicale et personnalisée, affable, dans de multiples espaces souvent pleins à craquer en fin de semaine. On y mange beaucoup de plats typiques des *cantinas* à toute heure et on y trouve les traditionnelles bières mexicaines. Musique *live* dans la salle tout au fond ; un endroit véritablement attachant, où l'on se surprend à rester jusqu'à la fermeture.

OH LA LA PASTELERIA

Andador Real de Guadalupe #2
✆ +52 967 674 7647
Ouvert tous les jours de 8h à 22h.

Vous souffrez de sueurs froides au petit matin en pensant à votre petit déjeuner œufs-haricots à venir ? Vous êtes au bon endroit ! Viennoiseries à la française pour accompagner le chocolat chaud façon maman ; tartes aux fruits façon grand-mère ; délicieuses pâtisseries et un très joli cadre... comment ne pas craquer ? L'ensemble est excellent et constitue de quoi se régaler d'un délicieux petit déjeuner ou d'un savoureux goûter aux saveurs de l'Hexagone. Le cadre, bohème et verdoyant, est très agréable.Une institution à San Cristobal.

CARAJILLO CAFE

Andador Real de Guadalupe #53
✆ +52 967 678 4010
www.carajillo.mx
Ouvert tous les jours de 8h à 22h.
Petit déjeuner complet à moins de 100 $.

Voici un agréable petit café à l'allure rustico-branchée qui toaste et moud ses grains de café chaque jour : café organique des Altos de Chiapas, comme vous l'aurez deviné ; avec des explications en prime pour les passionnés. Le café servi ici est un peu plus cher qu'ailleurs, mais il est aussi meilleur. Café noir, cappuccino, expresso, latte... Ils savent tout faire, et ils le font très bien. L'endroit sert également des petits déjeuners à toute heure, ainsi que des sandwichs et diverses gourmandises pour apaiser les petites faims.

COOPERATIVA SNA JOLOBIL

Av. 20 de Noviembre SN
✆ +52 967 678 2646

Sna Jolobil signifie « la maison du tisserand » en toztzil. Cette organisation regroupe huit cents tisserandes issues de vingt communautés tzotzil et tzetzal des hauts plateaux du Chiapas. L'objectif : revitaliser et préserver l'art maya en encourageant ses membres à étudier et reproduire les textiles et motifs anciens, les méthodes de teinture du coton et de la laine, les techniques traditionnelles du tissage... Toutes les pièces sont des créations originales et d'une qualité inégalable, issues de l'interprétation et du renouvellement des motifs ancestraux.

MERCADO DE ARTESANIAS DE SANTO DOMINGO

Ouvert tous les jours de 9h à 20h.

Le marché d'artisanat se tient autour du temple et ex-couvent de Santo Domingo. On y trouve des dizaines de stands, plus colorés les uns que les autres : textiles, sacs en cuir, jouets en bois traditionnels. Les qualités étant variables, prenez le temps de faire un tour ; en plus, c'est un vrai plaisir pour les yeux. Vous trouverez aussi bien des pièces traditionnelles que des pièces adaptées à la mode occidentale : chemisiers, jupes, pantalons, pulls, bonnets, porte-monnaie, etc.

ZINACANTÁN ★★

Situé à 10 kilomètres au nord de San Cristóbal, Zinacantán est un village tzotzil prospère qui se dédie presque exclusivement à la culture de fleurs dans les serres imposantes que vous apercevrez depuis la route qui descend vers le village. Vous remarquerez qu'ici les hommes et surtout les femmes arborent des tuniques et des châles brodés de grosses fleurs, où domine généralement la couleur violette. Il n'existe pas ici de marché d'artisanat, mais les familles vous donnent la bienvenue dans leurs maisons pour découvrir leurs ateliers et leurs productions. Le goût des habitants de Zinacantán pour les fleurs transparaît également dans les cérémonies religieuses : visiter le village lors de la Semaine sainte ou celle de San Lorenzo (trois jours de festivités, autour du 9 août) est une opportunité incroyable de découvrir les magnifiques décorations de l'église de San Lorenzo et des chapelles d'Esquipulas et San Sebastián.

Pratique

Bon à savoir : l'office de tourisme local fait payer un droit d'entrée dans le village de 15 $ à chaque visiteur. Des jeunes filles vous arrêteront probablement aussi pour vous proposer une visite complète du village (pour visiter un atelier familial, des serres, des églises, etc.), mais là, aucune obligation : c'est à vous de voir.

SAN JUAN CHAMULA ★★

San Juan Chamula est connu pour sa résistance opiniâtre aux Espagnols, au clergé catholique et aux autorités extérieures à la commune en général. Les habitants fixent des règles très claires aux visiteurs : payer et ne surtout pas faire de photos !

Si l'église est au cœur de la vie du village, les Chamuliens observent leurs propres rites syncrétiques : ils adorent le soleil et considèrent que le Christ mort en est devenu une partie. Leur culte des saints s'accompagne de l'ingestion d'un alcool extrêmement fort distillé maison, le *posh*. L'intérieur de l'église n'a rien à voir avec l'ordonnancement catholique. La disposition habituelle des bancs a été remplacée par un espace libre. Le sol est recouvert de branches de pins dont l'odeur se mêle à celle de l'encens et de la cire de centaines de bougies allumées. Les murs, le plafond, les statues, les reliquaires en verre, tout est noirci par la suie. Les Chamuliens observent leur culte par petits groupes, auprès d'autels soit déjà établis, soit spontanément créés à partir de bougies disposées en rectangle. Au centre sont placées des offrandes de nourriture ou de Coca-Cola. A la lumière des bougies et du soleil qui pénètre à l'intérieur de l'église, on peut voir s'élever d'épais nuages d'encens. Les adorateurs s'agenouillent, psalmodient et entonnent des chants qui semblent proches des mantras bouddhiques. Un sac rempli d'œufs est destiné à libérer le bébé des mauvais esprits qui l'habitent, après quoi le sac sera jeté derrière l'église et son contenu nourrira les chiens du village. Chamula a connu récemment des troubles considérables. Depuis les années 70, plusieurs milliers de Chamuliens sont victimes de représailles violentes pour leur conversion au protestantisme et plus de dix mille vivent actuellement dans la banlieue de San Cristóbal, renvoyés de leurs communautés pour s'être convertis. En juillet 2016, des affrontements sur fond de protestation contre la gestion de la municipalité y ont fait des dizaines de morts, dont le maire du village.

Pratique

Il est très agréable de se rendre au village dans le cadre d'une excursion à cheval depuis San Cristóbal, qui inclut la visite de l'église et du marché artisanal, réputé pour ses articles en laine et ses chapeaux. Le grand marché hebdomadaire a lieu le dimanche.

Église de San Juan Chamula.

SIMOJOVEL ★★

Situé à 90 kilomètres de San Cristóbal de las Casas, le village de Simojovel de Allende est connu pour sa production d'ambre : 90 % de l'ambre qui est extrait au Mexique vient d'ici. Fondé en 1620, le village est habité par 3 groupes ethniques : les Toztzils, les Tzetzals et les Zoques. Les rues ne sont pas aussi belles qu'à San Pedro Chenalhó, mais cela reste un village typique, perdu au milieu de la forêt et des collines. Et on peut y trouver de l'ambre brut à des prix plus intéressants qu'à San Cristobal. A part la flânerie, il n'y a pas grand-chose à y faire, et le village compte peu d'hôtels. On se contentera d'y faire un arrêt d'une demi-journée.

SAN PEDRO CHENALHÓ ★

Le temple de San Pedro renferme un drôle de cortège de statues vêtues des mêmes vêtements typiques que les habitants du village ; attention, sachez qu'il est strictement interdit de prendre des photos à l'intérieur du temple. Le village, entouré de montagnes majestueuses, est aussi connu pour son marché artisanal, où l'on trouve de très beaux textiles ; le grand marché local a lieu le samedi. Le meilleur moment pour visiter San Pedro Chenalhó est bien entendu en juin pour les fêtes patronales. A cette occasion, les autorités religieuses et civiles du village se parent de leurs plus beaux habits et diverses processions sont organisées.

TENEJAPA ★

Situé à 35 kilomètres à l'est de San Cristóbal (compter 1h15 de route), Tenejapa est enclavé au pied de montagnes rocheuses : on y accède en suivant une route qui traverse plusieurs vallées au sein desquelles sont installées de nombreuses petites fermes traditionnelles. Le village abrite quelques édifices anciens, comme l'église de San Ildefonso et les ruines de l'église San Sebastián. Vous reconnaîtrez les autorités à leurs habits particuliers. Ce village est surtout à visiter le jeudi (tôt en matinée), jour de marché : l'ambiance y est très authentique, les couleurs tout à fait magnifiques : un véritable marché traditionnel et local.

SAN ANDRÉS LARRAÍNZAR ★★

Ce village tzotzil se trouve sur la route qui mène à Simojovel. Il a joué un rôle important durant le soulèvement zapatiste : c'est là que furent signés en 1996 les accords de San Andrés. C'est aussi là que se trouve la tombe de la Comandanta Ramona, qui fut en son temps l'une des leaders de l'Ejercito Zapatista de Liberación Nacional,. Ce village, charmant et verdoyant, est surtout réputé pour son marché du dimanche. A la différence d'autres régions du Mexique, l'artisanat que l'on vend ici n'a pas de vocation touristique et est utilisé et porté par le peuple lui-même. A San Andrés comme ailleurs, la plupart des Indiens portent leur costume traditionnel.

EL ARCOTETE ★★

A 9 km de San Cristobal sur la route de Tenejapa.
Ouvert tous les jours de 9h à 18h.
Entrée : 15 $. Possibilité de camper sur place.
Tyrolienne : 100 $.

C'est une petite escapade champêtre réellement charmante, idéale pour un petit pique-nique au bord de la rivière. Si l'entrée du parc dispose de deux petits restaurants, le mieux est sans aucun doute de passer le pont suspendu et de descendre vers les superbes grottes qui surplombent la rivière, pour vous diriger ensuite vers les petites prairies qui la longe, idéales pour y étirer votre couverture et vous reposer au milieu des troupeaux de mouton qui viennent y paître paisiblement. Une belle escapade dans ce lieu quasiment désert en semaine.

PALENQUE ★★★

A 220 km de San Cristóbal de Las Casas par la route la plus directe (qui passe par Ocosingo), Palenque était il n'y a pas si longtemps un petit village où les paysans des plantations perdues au fin fond des forêts environnantes venaient décharger leurs ballots de café et autres produits agricoles ; depuis, la forêt des alentours a été peu à peu été ratiboisée pour faire place aux pâturages pour l'élevage bovin ou aux petites exploitations familiales des nombreuses communautés alentour. En parallèle, la ville de Palenque a grandi à mesure que se développait le tourisme engendré par le plus fameux site archéologique du Mexique : la majestueuse cité de Palenque dominait de vastes régions du Chiapas et du Tabasco à l'époque classique (250 à 900 apr. J.-C.). Encore aujourd'hui, le site archéologique situé à 9 km du centre-ville se trouve immergé au sein de la jungle, lui conférant une aura toute particulière. La ville de Palenque est aussi devenue le centre de départ pour la visite de nombreuses cascades des environs (Misol-Ha et Agua Azul, vers Ocosingo ; Roberto Barrios et Welib-Ha sur la route la Selva Lancadona), ainsi que des sites archéologiques plus lointains (Yaxchilan, Bonampak), situés à l'orée de la Reserva de la Biósfera Montes Azules, territoire historique des Lacandons.

Climat

La saison des pluies s'étend de juin à octobre et, à cette époque, les averses de fin d'après-midi sont quasi quotidiennes ; mais sachez qu'à l'inverse d'autres régions du pays, il pleut assez régulièrement dans cette zone tropicale, sauf entre les mois de mars et mai. Prévoir donc une protection en plastique ou un bon parapluie.

Quartiers

L'avenue principale est Juárez, c'est la rue commerçante de Palenque. Depuis la Rotonda Cabeza de Maya, elle mène au petit Zócalo où l'on trouve un petit musée dédié aux textiles du Chiapas, aussi insolite qu'intemporel ; le marché de la ville se trouve sur l'avenue Dr Manuel Velazco Suárez. L'ensemble est plutôt sympathique et animé en fin d'après-midi et en soirée. La zone touristique, La Cañada, est située à l'entrée de la ville, juste à côté de la Cabeza Maya. Elle n'est constituée que d'une ou deux rues joliment arborées, exclusivement dédiées aux visiteurs (hôtels et restaurants). De là, on rejoint le centre par l'avenue Juárez ou en traversant le pont puis en empruntant la rue Hidalgo. Le site archéologique de Palenque se trouve à 9 km du rond-point de la tête maya. Il n'y a pas grand intérêt à s'y rendre en marchant le long de la Carretera de la Zona Arqueológica. Mieux vaut garder son temps pour s'aventurer dans la jungle une fois arrivé aux ruines de Palenque.

Transports

Il existe de multiples compagnies de combis qui se rendent jusqu'aux coins les plus improbables des environs et de la région. La plupart se trouvent depuis la Rotonda de la Cabeza Maya (Terminal ADO) tout le long de l'avenue Juárez, et jusque dans les rues du centre-ville et aux alentours du marché. Pas de panique, n'importe quel chauffeur ou officine de transport saura vous renseigner ; n'oubliez pas non plus de vous rendre au bureau d'information touristique dans le centre, vraie mine d'informations sur le sujet.

- **Les combis pour les ruines de Palenque** (Transportes Chambalú) partent du centre-ville, à l'angle des rues Juárez et Allende, tous les jours entre 6h et 19h. Vous pouvez les attraper le long de l'avenue Juárez, sur la Rotonda de la Cabeza Maya puis sur toute la Carretera de la Zona Arqueológica.
- **Les combis pour les cascades de Agua Azul** (Transportes Brisas de Agua Azul) partent depuis l'avenue Juárez, à l'angle avec Hidalgo.
- **Pour Frontera Corrozal** (rejoindre le Guatemala par la ville de Flores et/ou visiter les ruines de Yaxchilan), les combis Chamo'an se trouvent juste à côté du terminal ADO. Ils vous déposent également à proximité des cascades de Welib'Ha et au Crucero San Javier (pour rejoindre Lacanja et Bonampak).
- Du fait des mauvaises conditions de la route, des blocages de la part de populations en colère ou même d'attaques, la compagnie ADO préfère depuis 2017 faire un grand tour par Villahermosa pour rejoindre San Cristóbal ; la compagnie OCC, elle, a repris ses trajets par la route la plus courte qui passe par Ocosingo. A noter que de nombreuses compagnies de combis pour Ocosingo partent depuis l'avenue Juárez ; de là, on change de transport pour rejoindre San Cristóbal. Quelle que soit l'option que vous choisissiez, évitez de voyager de nuit.

© CALI - ICONOTEC

ZONA ARQUEOLÓGICA DE PALENQUE ★★★★

www.palenque.inah.gob.mx
Ouvert tous les jours de 10h30 à 17h.
Entrée : 80 $.

Originellement dénommé *Lacamba* (« le lieu des grandes eaux »), Palenque est une des plus importantes cités maya de la période classique, que l'on considère comme le fleuron de l'architecture associée au style dit du « Rio Usumacinta », qui comprend de nombreux sites dont ceux de Yaxchilan et Bonampak : crêtes décoratives construites sur les édifices utilisés par l'élite, maîtrise des techniques architecturales pour couvrir de toits en dur de vastes espaces supportés par des murs, décoration des édifices avec modelage en stuc. Les Espagnols connaissaient l'existence de Palenque depuis 1784 mais ce fut le Belge Guillaume Joseph Dupaix, un des premiers spécialistes des civilisations amérindiennes, qui en fit le premier un rapport illustré en 1805. Jusqu'à 150 av. J.-C., le site n'était probablement encore qu'un hameau. A partir de 250 apr. J.-C., les premiers édifices importants sont construits, avant d'être surmontés par ceux que l'on observe actuellement dans la zone centrale du site, qui datent tous du classique tardif (entre 600 et 900 apr. J.-C.). Le règne du roi K'inich Janaab' Pakal, connu comme el Grán Pakal et Pakal II (603-683 apr. J.-C.) marque l'apogée architecturale du site. La visite peut prendre de 3h à une journée, selon que l'on souhaite explorer ses recoins ou uniquement voir les bâtiments principaux. A voir : le Temple des Inscriptions, le Palais et la colline où sont implantés les *Edificios de Las Cruces*, l'*Edificio del Conde* et l'inévitable *Juego de Pelota*.

EL PALACIO ★★★

Le palais est le monument central de Palenque, construit et modifié constamment durant 400 ans, conformant un ensemble résidentiel et/ou cérémoniel complexe. On le reconnaît à sa tour originale et unique, dont on suppose qu'elle devait servir d'observatoire astronomique. Ce complexe architectural comprend divers patios et espaces ouverts, des corridors, deux travées qui communiquent par des portes et fenêtres, des galeries souterraines ainsi qu'un système de drainage. La *Casa de la Ascensión* contient la *Lápida oval*, qui représente l'accès de Pakal au trône.

EL TEMPLO DE LAS INSCRIPCIONES ★★★

En pénétrant sur le site, on passe tout d'abord un édifice encore enseveli sous la jungle puis on accède à une première esplanade qui comprend trois temples construits en enfilade : sur la droite, l'édifice de la Calavera est le plus ancien ; puis suit le Temple XIII, connu pour avoir abrité la tombe et les trésors de la *Reina Roja*.

A l'extrême gauche, le Temple des Inscriptions est la pyramide la plus haute du site. Il doit son nom aux trois grands panneaux de pierre recouverts de glyphes qui décoraient la pièce principale : ils mentionnent divers événements du règne de K'inich Janaab' Pakal et apportent également de curieuses informations sur des événements passés et sur des événements futurs de l'année 4772.

En 1949, l'archéologue mexicain Alberto Ruz Lhuillier explore pour la première fois l'intérieur du Temple des Inscriptions et met au jour trois ans plus tard la chambre funéraire du roi Pakal, située 25 mètres sous la base du temple. En son centre se trouve encore son sarcophage monolithique de roche calcaire, entièrement gravé et décoré ; le tout était originellement recouvert de cinabre, un pigment de teinte vermillon obtenu en broyant la pierre du même nom. D'abord ouvert au public, l'accès à la tombe a été fermé pour empêcher sa détérioration. Vous pouvez cependant voir une magnifique réplique de celle-ci et du squelette paré de bijoux et d'un masque de jade au musée du site de Palenque. Le masque original se trouve au musée national d'Anthropologie à Mexico.

GRUPO DE LAS CRUCES ★★★

A la mort de Pakal, son fils Kan Bahlam II, le serpent-jaguar dont la représentation apparaît sur le *Templo del Sol*, accède au trône à l'âge de 48 ans. Il achève dans un premier temps le Temple des Inscriptions et ses grands panneaux couverts de glyphes. Puis il fait construire El Grupo de Las Cruces sur une colline en amont, afin de glorifier son lien avec les dieux, comme l'avaient fait son père et ses ancêtres avant lui. Ce groupe de pyramides, qui forme un triangle parfait dédié à la triade patronale de la ville, est constitué du *Templo de la Cruz*, du *Templo de la Cruz Foliada* et du *Templo del Sol* : chacun d'entre eux est une sorte de bain de vapeur symbolique, représentant le lieu de naissance de chacune des trois divinités qui y sont associées. Les crêtes qui couvrent les parties supérieures des temples, qui ressemblent à de la dentelle, sont une illustration parfaite de ces détails décoratifs des sites de la région. D'autres temples, postérieurs, viendront compléter le sommet de la colline par la suite. A noter qu'une centaine d'encensoirs en céramique ont été retrouvés sur le site, dont une majorité sur l'ensemble de *Las Cruces* : ceux-ci recevaient de la résine et le sang qui coulait de la langue des femmes, qu'elles-mêmes perçaient à l'aide d'aiguilles d'obsidienne ou d'épines de raies mantas. A certaines périodes rituelles, ils étaient remplacés par de nouveaux et enterrés à la base des temples. Les gravures en forme de croix sur certains édifices représentent l'arbre Ceiba, que les Mayas considéraient comme sacré.

MUSEO ALBERTO RUZ LHUILLIER ★★

A 1,3 km avant l'entrée du site.

Ouvert du mardi au dimanche de 9h à 17h.
Entrée incluse dans le ticket du site.

Ce musée, malgré d'autres petites douceurs pour les yeux, se visite surtout pour sa magnifique reconstitution de la chambre funéraire de K'inich Janaab' Pakal. Tout y est présenté avec exactitude, jusque dans les moindres détails. La dalle qui recouvre le sarcophage est gravée d'une scène où l'on voit le souverain émerger à nouveau des entrailles de la terre et renaissant, imitant ainsi le fameux dieu du Maïs à la résurrection cyclique. Immanquable.

LINEA DE PASAJEROS COMITÁN LAGOS DE MONTEBELLO

Calle 5a Norte Poniente
✆ +52 916 345 1260
Ces combis, véritables miracles de la nature, permettent de rejoindre Los Lagos de Montebello et Comitán sans avoir à repasser par Los Altos : ils empruntent la carretera fronteriza qui longe le Guatemala, en léchant constamment la Reserva de la Biósfera Montes Azules. L'intérêt, c'est de pouvoir s'arrêter à Lacanja ou de pousser jusqu'à Benemérito Las Américas d'où l'on transborde vers Las Guacamayas. De là, on pourra poursuivre vers Los Lagos de Montebello.

CENTRO ECOTURISTICO YAXKIN €

À 17 km de Palenque, déviation vers un chemin de terre à la hauteur du restaurant La Chiapaneca puis demandez votre chemin ! L'hôtel peut aussi venir vous chercher pour un prix modique.
✆ +52 916 108 0158
www.yaxkincentroecoturistico.com
Cabanes pour 2 personnes à partir de 550 $.
Si vous souhaitez vraiment du dépaysement tout en étant proche de la zone archéologique, c'est ici que ça se passe. Ambiance rurale et champêtre dans ces cabanes en enfilade, dotées d'un porche relevé sur pilotis pour apprécier votre nouveau domaine (depuis un hamac). Ici, on se rend aux ruines à pied, à vélo, à cheval ou encore en voiture (mais ça serait dommage !). D'autres balades vers rivières et cascades de ce ranch sont bien entendu aussi au programme. Impeccable.

POSADA AGUILA REAL €

Avenida 20 de Noviembre #5
✆ +52 916 345 3116
17 chambres à partir de 650 $.
Cette bâtisse de type colonial a été parfaitement aménagée en hôtel depuis 2004. La lumière qui rentre au centre de la maison est particulièrement appréciable. Les chambres sont plutôt simples, mais soignées et bien entretenues. Plus vous montez, plus votre chambre sera lumineuse. Les espaces sont vastes, et le ménage semble y être fait chaque seconde. Toutes les chambres disposent de la climatisation, du wifi et d'une télévision. L'établissement dispose également d'un billard au dernier étage. Confort et efficacité à des raisonnables.

HOTEL EL COLOMBRE €€

Carretera Palenque Ruinas
✆ +52 1 916 112 3040
www.colombrepalenque.com.mx/en/home
Compter en moyenne 950 $ la nuit dans un bungalow.
Envie de calme et de béatitude ? Quelle que soit l'option d'hébergement choisie, vous avez accès au magnifique jardin où chantent les *guacamayas* rouges au petit matin, accompagnés des cris des singes hurleurs et des millions de petits animaux qui participent à cette symphonie. Autour de la très belle piscine, les iguanes se prélassent à vos côtés. Côté bungalows aux toits de palme, la propreté est impeccable et la sobriété de mise : hamac et fauteuil en terrasse. Très bon accueil et possibilité de prendre ses délicieux repas sur place. Superbe.

MAYA BELL €€

Carretera Palenque – Las Ruinas km 6
✆ +52 1 916 341 6977
Chambre double à partir de 1 000 $.
Situé à l'entrée du parc national où se trouvent les ruines, l'hôtel Maya Bell est l'un des plus vieux lieux de villégiature de sa catégorie. Très original et parfaitement intégré à la végétation, vous aurez peut-être l'occasion de vous baigner dans une grande piscine qui est à la lisière… de la jungle ! Le chant des oiseaux bercera votre sommeil ; attention toutefois à ne pas tenter les animaux avec votre nourriture. Le restaurant est un lieu convivial pour rencontrer d'autres voyageurs. Massage, piscine et *temazcal* en prime.

HOTEL BOUTIQUE QUINTA CHANABNAL €€€

Carretera federal Palenque-Ruinas km 2,2
✆ +52 916 345 5320
www.quintachanabnal.com
Chambre double à partir de 2 800 $.
Situé dans des jardins tropicaux, l'hôtel se trouve à 5 kilomètres du site archéologique de Palenque. Construit comme un ensemble de palais maya, il propose des piscines extérieures avec des cascades, une salle de sport et un spa. Les suites climatisées sont équipées d'une télévision à écran plat et d'un ventilateur. Balcon avec vue sur le jardin, restaurant, bar et organisation d'excursions dans les alentours. Cet établissement est le meilleur de sa catégorie.

LAS TINAJAS €

Avenida 20 de Noviembre esq. Abasolo
+52 916 345 4970
Ouvert tous les jours de 7h à 22h30.
Plats de 100 à 150 $.

Ce restaurant ventilé accueille une clientèle essentiellement locale, ravie de venir se lécher les babines en attendant que les copieux plats se déversent sur les tables. L'adresse est idéale pour partir à la quête de plats ou de saveurs typiques de la région. N'hésitez pas à commander le *filete asado con papas*, car la viande de bœuf est ici tout simplement exquise, ou encore les *camarones al guajillo*, plat légèrement piquant à base de crevettes. Dès la première bouchée, vous comprendrez pourquoi Las Tinajas ne désemplit pas !

BAJLUM €€

Carretera Palenque – Zona Arqueologica km 2.8
+52 916 107 8518
Ouvert tous les jours de 14h à 22h.
Repas autour de 400 $, boissons comprises.

Cet agréable restaurant familial, porté par un chef passionné, propose une authentique cuisine maya, préparée avec les moyens contemporains et les produits des producteurs des environs : manioc, escargots de rivière, plantes et légumes sylvestres, etc. A la carte, on trouve certes du canard, du sanglier et du lapin, mais un des plats emblématiques reste néanmoins la caille à la sauce de cacao, couverte de fourmies… La boisson du lieu se dénomme *sangre de jaguar,* un cocktail à base de mezcal. Inédit, surprenant et délicieux : en bref, à ne pas manquer.

MAYA CAÑADA €€

1ra Avenida Norte Poniente s/n
+52 916 345 0216
www.mayarestaurant.com
Ouvert tous les jours de 7h à 0h.
Autour de 300 $ pour un repas complet.

Voici un restaurait qui propose une bonne cuisine régionale avec une petite saveur contemporaine. C'est une véritable référence locale puisque la maison mère, située dans le centre-ville, a ouvert ses portes en 1958. On y trouve des bons plats de poisson et fruits de mer, des viandes locales et quelques excentricités comme le sanglier ou des escargots de rivière. La carte est si fournie qu'il y en a pour tous les caprices. Cette antenne située dans le quartier touristique de la Cañada propose un cadre plus aéré et accueillant.

MISOL-HÁ ★★

Misol-Há est une longue chute d'eau qui s'écrase dans une piscine d'eau claire, un bijou turquoise dans l'écrin à dominante verte de la jungle.

Tourisme

Le site est ouvert de 6h à 19h. Compter 20 $ par personne. Une petite grotte habitée par quelques chauves-souris peut être visitée contre 10 $. De jolies petites cabanes sont nichées au cœur de la jungle pour ceux qui souhaitent y passer la nuit.

Transports

Les bus pour le site d'Agua Azul partent du croisement de l'avenue Hidalgo et de la rue Allende, dans le centre de Palenque.

AGUA AZUL ★★

Agua Azul est constituée d'une série de chutes d'eau dont la configuration variée se prolonge sur une certaine distance. Le long du chemin menant à travers les collines vers la source des chutes, d'inévitables marchands d'artisanat occupent l'espace ; eux-mêmes ont quelque peu dénaturé l'endroit en bétonnant les berges du bassin principal, dommage. Il est possible de se baigner à peu près partout, mais, attention, à certains endroits les courants sont forts. Les cascades d'Agua Azul sont aussi connues que fréquentées, mais plus on remonte le cours d'eau, moins il y a de monde. Après une bonne heure de marche depuis le parking vers les hauteurs, les gardiens du parc proposent aux visiteurs de poursuivre la découverte du site, moyennant une centaine de pesos pour louer les services d'un guide. En fait, il s'agit surtout d'employer des gardes du corps : cette balade qui permet d'accéder au canyon transpercé par le cours du fleuve est assez risquée puisque des attaques contre des touristes y ont été perpétrées… Au cours de l'année 2017, des vans de tour-opérateurs de Palenque ont également été la cible de bandits de grand chemin. Prudence.

Tourisme

Le site est ouvert tous les jours de 8h à 19h (entrée : 50 $). Attention, le site est particulièrement beau entre mars et mai, durant la saison sèche. De juin à octobre, les pluies font gonfler le niveau de l'eau et celle-ci n'a vraiment pas la couleur attendue…

OCOSINGO ★

A 2h30 de route de San Cristóbal (85 kilomètres), et à 115 kilomètres de Palenque, le village d'Ocosingo est situé au cœur d'une vallée qui est le seul endroit plat à 100 km à la ronde ; considéré comme la porte d'entrée de la *selva*, son territoire comprend une partie de la réserve de Montes Azules (dont les lagunes Miramar, Ocotal et Naja). La ville est délimitée par la route (nombreux arrêts de bus et de *colectivos*) et, plus bas, par la mairie de style porfirien et la grande place où trône l'église San Jacinto de Polonia, dont la construction primitive fut achevée en 1549, mais qui présente maintenant une architecture baroque et néoclassique ; le marché se trouve plus au sud. Si cette ville est négligée par le flot des touristes, il peut néanmoins être intéressant de s'y arrêter, car c'est un point de rendez-vous important pour les Indiens de la région, qui viennent y vendre les légumes et, surtout, les fromages qui font la réputation de cette zone tzeltal. On y trouve quelques hôtels et restaurants corrects. Mais ce sont surtout ses paysages alentour qui valent le détour, tels ceux à découvrir le long des dix kilomètres de la route vallonnée et sinueuse qui se rend à la somptueuse zone archéologique de Tonina. De Ocosingo, il est facile de descendre vers Altamirano et Comitán, située plus au sud.

TONINÁ ★★★

Toniná, « la maison de pierres » ou « le lieu où se lèvent les sculptures en pierre en l'honneur du temps », en tzeltal, est un superbe site maya, dont la configuration et l'architecture originales – et uniques – font écho à sa localisation hybride, à la frontière entre les Hautes et Basses Terres. Le site, habité dès le Ier siècle apr. J.-C., allait être occupé jusqu'au XVIe siècle et l'arrivée des conquérants espagnols, bien que son apogée se situe dans le lointain, entre les VIIe et IXe siècles (période du classique tardif). Sa très longue période d'occupation en fait la contemporaine des cités classiques mayas de Palenque, Tikal ou Copán plutôt que de celles, plus récentes, de la péninsule du Yucatán (civilisation maya-toltèque). Les incessants échanges avec ces cultures voisines, plus ou moins belliqueux, allaient façonner la ville pendant plus de mille ans de formation et d'évolution : Tonina présente aussi bien l'iconographie propre à la culture classique maya (monstres terrestres, déités aquatiques, oiseaux célestes et dragons de l'inframonde) que celle plus tardive des cités Chen ou Puuc, caractérisée par les motifs géométriques en *greca escalonada* et la présence de représentations de Chaac, le dieu de la Pluie. La visite du site permet en outre de découvrir les jolis paysages des environs de Ocosingo, ces plaines vallonnées où vaches et moutons paissent tranquillement, aussi bien lors du trajet de 10 km depuis la petite ville que du haut de son imposante structure pyramidale (75 mètres, soit 10 mètres de plus que la pyramide du Soleil de Teotihuacán).

ROBERTO BARRIOS ★★

A 40 km de Palenque, on y accède par une déviation on ne peut plus bucolique à partir de la Carretera Fronteriza qui rejoint la Selva Lacandona. Ici, on rentre en territoire *tzeltal* et zapatiste, « là où le peuple décide et le gouvernement obéit ». Grand bien vous fasse, puisque, en plus, le site est une série de cinq grosses cascades enchanteresses qui déboulent dans la forêt, percée de multiples bras de rivières ; les gamins du coin se feront un plaisir de vous les faire visiter moyennant quelques espèces sonnantes et trébuchantes (l'entrée du site en elle-même ne vous coûte que 25 $) ; n'oubliez pas votre maillot de bain.

Site maya de Toniná.

Site archéologique de Tonina.
© CICLOCO

ZONA ARQUEOLOGICA TONINÁ ★★★

En partant relativement tôt de San Cristobal le matin, il est possible de visiter Toniná dans la journée puis de reprendre le bus pour y retourner. Mais la visite constitue également une belle pause pour ceux qui empruntent le trajet sinueux entre San Cristobal (85 km) et Palenque (115 km).

Ouvert tous les jours de 8h à 17h. Entrée : 65 $.

La configuration du site est tout à fait originale, puisque sa structure pyramidale de 260 marches s'érige au-dessus de ce qui était peut-être une colline, dominant une vaste place centrale et le terrain de jeu de balles ; le résultat évoque une acropole qui concentrerait l'ensemble des pouvoirs en un seul et même lieu : rois, nobles, prêtres, astronomes, architectes et militaires de haut rang. Cette structure pyramidale est organisée en sept plates-formes sur lesquelles s'élèvent pas moins de treize temples et huit palais, la superposition et la modification de nombreux éléments au fil du temps lui donnant un air de labyrinthe architectural. On peut passer par des tunnels à travers ses entrailles et visiter des salles à l'intérieur, dont certaines offrent d'intéressants jeux avec la lumière naturelle qui y pénètre par des orifices dans la pierre. A noter la présence de nombreux bas-reliefs taillés dans la pierre ou en stuc ; la sixième plate-forme accueille une fresque représentant les ères cosmiques, à travers la danse de l'inframonde exécutée par le dieu de la Mort, qui a décapité les soleils précédents : « El Mural de los Cuatro Soles ». Après avoir passé l'entrée, vous découvrirez un sentier. Celui-ci descend vers un pont qui surplombe un ruisseau et débouche sur un escalier en pierre qui vous emmène vers les premières structures. A noter que les guides qui se trouvent en haut des marches vous proposent des visites par des chemins détournés, permettant d'explorer différentes faces du site.

CASCADA WELIB'JA ★★

A 30 km de Palenque, sur la route qui mène à la Selva Lacandona. C'est l'occasion d'une belle petite pause fraîcheur et une alternative aux autres cascades plus touristiques des environs de Palenque. Hors des sentiers battus, on y accède par un centre touristique géré par un groupe d'habitants du coin (cabanes rustiques et très bon marché, restaurant) et le tout reste très nature : on suit un sentier pour accéder à la belle cascade, à laquelle on descend par un escalier brinquebalant. Avec un peu de chance, vous pourrez apercevoir des groupes de singes accrochés aux branches des arbres et la couleur turquoise des eaux en saison sèche.

RESERVA DE LA BIOSFERA MONTES AZULES ★★★

Au début du XXe siècle, tout le nord-est du Chiapas était recouvert de forêts tropicales ; environ un million d'hectares étaient occupés par les Lacandons, tribu de chasseurs-cueilleurs héritière des civilisations mayas. Ils allaient laisser leur nom à cet immense écosystème tropical, où circulent 33 % de l'eau douce du pays. Sédentarisés par le gouvernement dans les années 60, ils ne sont plus que 1 000 aujourd'hui ; leur principale communauté se trouve dorénavant à Lacanjà-Chansayab, à 150 km au sud-est de Palenque. Depuis le milieu des années 70, l'ensemble de la Selva Lacandona a perdu 70 % de sa superficie, passant de 1 800 000 ha à moins de 500 000. Parmi les zones encore (relativement) préservées se trouve la Reserva de la Biósfera Montes Azules, créée en 1978. Elle est considérée comme une des zones de plus grande biodiversité du pays, correspondant à 20 % de sa biodiversité sur seulement 0,16 % du territoire national : 40 espèces de poissons dans ses rivières et lagunes, 109 espèces d'amphibiens et reptiles, plus de 340 espèces d'oiseaux et 116 espèces de mammifères (29 % de toutes les espèces de mammifères du pays). On y trouve de nombreuses espèces en voie de disparition, dont le jaguar, la *guacamaya roja*, la harpie féroce (aigle forestier) et le tapir. La Réserve en elle-même et ses contours sont truffés de merveilles à découvrir : la communauté des Lacandons de Lacanjá implantée au cœur de la forêt, les zones archéologiques de Bonampak et Yaxchilan ; plus au sud, les cascades Las Nubes et la Laguna Miramar en sont les joyaux les plus accessibles.

Tourisme

Pour contrecarrer les effets de la colonisation chaotique dont souffre la région depuis les années 1960-1970, une des solutions préconisées est le développement d'un tourisme responsable qui permettrait de procurer des revenus aux populations locales tout en préservant les fragiles écosystèmes tropicaux. La CDI (Comisión de Desarrollo Indigena) finance à cet effet la formation des communautés rurales et la construction de centres touristiques gérés par la communauté. On en trouve par exemple dans les communautés de Lacandons de Metzabok et Nahá, dans leurs environs proches et, plus loin, sur le site de Las Guacamayas et autour des cascades Las Nubes.

CHIAPAS

CASCADAS DE LAS GOLONDRINAS

Centro turistico Chen Ulich
✆ +52 1 916 120 0356
Ouvert tous les jours de 6h à 18h.
Chambres : 600 $. Camping : 100 $.

C'est une série de cascades idéales pour passer une journée à se prélasser sous le couvert végétal. Ses grottes abritent des centaines d'hirondelles qui sortent au petit jour pour revenir se réfugier en fin d'après-midi : un spectacle à ne pas manquer. Sentiers, jardin botanique, bassins naturels pour la baignade. Une bien belle journée en perspective. A noter que le site dévoile ses plus belles eaux durant la saison sèche, soit les mois précédant juin.

LAGUNA METZABOK

Depuis Palenque, prendre la déviation à Chancala. Il est préférable d'annoncer sa visite.
✆ +52 1 916 114 8878
Accessible dans le cadre d'une excursion depuis Naha. Location de cabanes : 400 $. Visite guidée : 4 heures, 650 $.

Il vous faudra sortir des sentiers battus pour contempler ce magnifique écosystème gardé par une centaine de membres de la tribu Lacandon, où survivent encore de nombreuses espèces menacées, et où les eaux cristallines semblent se confondre avec le ciel. Les balades en barque sont le passage obligé, et l'on s'arrêtera visiter un site de peintures rupestres, une grotte dédiée aux cérémonies mayas et un site archéologique encore enfoui sous la jungle. On rejoint ensuite un sentier qui mène à un mirador permettant de prendre un peu de hauteur et observer le tout.

NAHA ECOLODGE €€

Depuis Palenque, les combis Pajchiltic partent juste derrière la centrale de bus AEXA.
En voiture, prendre la déviation à Chancalá (2h depuis Palenque). ✆ +52 1 916 1191 407
www.nahajunglelodge.com
3 cabanes avec climatisation, 1 800 $;
7 chambres simples, 500 $.

A mille mètres d'altitude, ce petit coin de paradis jouit d'un climat relativement tempéré. L'endroit ressemble fort à ce que devrait être la vie sur l'ensemble de la planète : vivre bien, en essayant de minimiser l'impact sur l'environnement. Ici, 21 familles Lacandon vivent de ce projet, et réinvestissent dans des aménagements durables. Le logement y est magnifique et les activités multiples : balades à pied dans la forêt et vers les lagunes de Metzabok et Sibal, observation de hiboux et de la voie lactée, pêche, atelier de fabrique de flèches et tir à l'arc...

LACANJA ★★★

Lacanjá-Chansayab est le plus connu (et le plus grand) des cinq villages de Lacandons, dont l'établissement sédentaire fut encouragé par le gouvernement mexicain dans les années 60. Jusque dans les années 90, une piste d'aviation accueillait encore de petits coucous dans ce coin perdu de la forêt, même si l'endroit était déjà accessible par la route. Aujourd'hui, ce bourg tropical construit de manière extensive comprend deux « artères » principales : la première est la route d'accès depuis le Crucero San Javier, qui croise l'ancienne piste d'atterrissage en un endroit qui pourrait être considéré comme le « centre » du village (on y trouve notamment l'école et une épicerie) ; tout au bout de cette route sans issue se trouve une autre épicerie qui dispose de la seule connexion à Internet digne de ce nom (on peut aussi y boire une petite bière sous l'auvent, assis sur de vieilles banquettes de voiture). Depuis ces deux grands axes partent de nombreux chemins exclusivement piétons qui mènent généralement à un *campamento,* l'équivalent local des *centros ecoturisticos* : chaque famille, ou presque, dispose de ses propres installations, généralement au bord d'un bras de rivière où se rafraîchir. L'endroit est d'un calme à toute épreuve, on peut facilement y passer plusieurs jours à ne rien faire.

Sports / Loisirs

Ici, rien de tel qu'une bonne balade en forêt pour faire le plein d'oxygène. Certains campements ont aménagé des sentiers balisés pour faire un petit tour seul dans la jungle, mais rien ne vaut une randonnée un peu plus poussée à l'intérieur de la *matrix* ; vous trouverez un guide sans aucun problème. Les excursions incluent généralement la visite de cascades et des quelques ruines éparpillées et situées à proximité du village, que les habitants dénomment gentiment *la ciudad perdida*. Pour vous rendre seuls jusqu'aux cascades, emprunter le chemin de 2,5 km qui part de l'hôtel Sak Nok (droit de passage : 75 $). Il ne sera pas compliqué non plus de trouver des descentes en rafting (généralement 2h) et des sessions de bain de vapeur traditionnel (*temazcal*). Pour le reste, vous dormirez au son de la symphonie impressionnante des insectes et autres bestioles tropicales. Pour ceux qui souhaitent une expérience proche de l'extase (ou de l'épuisement, c'est selon), l'agence Ecochiapas organise depuis San Cristóbal la descente du Rio Lacanjá en rafting, jusqu'au sud de la Reserva de la Biósfera Montes Azules (6 jours dans l'enfer vert, à faire en saison sèche, entre décembre et mai).

Transports

Pour se rendre jusqu'à Lacanjá depuis Palenque, pas de soucis : de nombreux combis se rendant à Frontera Corozal ou à Benemerito Las Américas vous déposent au Crucero San Javier, 135 km plus loin (2h à 2h30). On a aussi accès à Lacanja en venant du sud de la Reserva de la Biósfera Montes Azules, par la même route frontalière qui vient de Comitán en passant par les Lagunas de Montebello et Benemérito Las Américas. Les agences qui organisent des excursions vers Yaxchilan et Bonampak proposent aussi d'en profiter pour passer une ou deux nuits à Lacanja, avant de vous ramener vers Palenque.

CAMPAMENTO RIO LACANJA €

Tout au bout de l'ancienne piste d'atterrissage.
✆ +52 967 631 7498
www.ecochiapas.com/lacanja
Chambre double avec salle de bains partagée : 830 $, salle de bains privée : 1 200 $.

L'endroit est situé sur le territoire de la famille Obregón K'in, un des premiers Lacandons rencontrés par les anthropologues Frans Brom et Justin Duby dans les années 1940. Ici, on aime la nature et l'endroit est juste ce que vous recherchez : isolées à souhait dans la forêt au bord d'un bras de rivière, les cabanes en bois sont parfaitement intégrées dans la nature environnante, incroyablement bien entretenues. Ici, pas de décoration superflue : elles sont idéales pour passer quelques jours à bouquiner sur votre terrasse en écoutant ruisseler l'eau…

CENTRO ECOTURISTICO TOP CHE €

Sur le chemin principal, après avoir passé l'ancienne piste d´atterrissage.
✆ +52 1 916 107 5053
Cabane pour 2 personnes de 700 à 1 400 $.

Relativement central, ce campement est géré par les onze membres de la famille Paniagua. Un écriteau vous avertit à l'entrée : « en passant cette porte, vous faites désormais partie de la famille » et rien n'est moins vrai. Ici, les cabanes sont réparties dans un petit bout de forêt au bord du chemin principal, et on en trouve certaines plus isolées que d'autres (notamment celles qui se trouvent au bord de la petite rivière où aller se rafraîchir).

BONAMPAK ★★★

L'existence de la cité maya de Bonampak a été révélée en 1946 par Carlos Frey (suisse) et Giles Healy (américain), informés de sa localisation par les Indiens Lacandons qui vivaient alentour. Le site en lui-même ne se démarque pas par sa grandeur architecturale en comparaison des autres zones archéologiques de la région : c'est pourtant une référence unique en matière de linteaux de pierres sculptées, de stèles gravées et de peintures murales. L'apogée de la cité correspond à la période classique (300 à 900 apr. J.-C.), alors qu'elle était étroitement alliée avec la cité de Yaxchilan.

ZONA ARQUEOLÓGICA BONAMPAK ★★

A moins de 10 km de Lacanja.
Ouvert tous les jours et les jours fériés de 8h à 16h30. Entrée : 75 $.

On accède à la zone archéologique de Bonampak par une grande place rectangulaire que domine l'Acropole, construite par aplanissement progressif et terrassement d'une colline, lui conférant ainsi trois niveaux distincts. Le premier niveau est le plus imposant, et renferme le fameux *Edificio de las Pinturas*, situé sur la droite. Le niveau suivant est celui qui rassemble le plus grand nombre de constructions et le dernier niveau correspond au sommet de la colline (qui culmine à 46 mètres de hauteur), depuis lequel on a une vue plongeante sur la marée verte qui entoure le site archéologique. Au milieu de la grande place se trouve l'autre curiosité du site, une stèle gravée dans une pierre d'un seul morceau, qui mesure près de 6 mètres de haut. Celle-ci représente l'apogée du règne de Chan Muwan II (également sujet principal des trois fresques de l'*Edificio de las Pinturas*) : on le trouve debout, de tout le poids de sa charge cosmique, soutenant un bâton cérémoniel. Ses pieds sont soutenus par une créature de l'inframonde, de laquelle émergent les visages de la divinité du maïs. Une visite magnifique.

▸ **Info futée** : Si vous souhaitez visiter le site (et ses environs) avec les révélations avisées d'un véritable Lacandon, prenez contact avec Elías Chambor Yuk (+52 1 916 348 5735), que vous pourrez trouver dans les bureaux de Jaguar Anudado II, sur le parking à l'entrée du site. Cela vous permettra d'appréhender le site Bonampak sous un tout autre jour.

EDIFICIO DE LAS PINTURAS ★★

Voici trois pièces indépendantes, construites en enfilade, qui rendent la visite du site indispensable aux férus de civilisation maya (et aux autres !) : leurs murs et voûtes à deux versants sont recouverts de fresques colorées, uniques et incroyablement bien conservées. Elles ont été peintes à l'extrême fin du VIIIe siècle, décrivant des événements survenus à Bonampak entre 790 et 792. Les linteaux de l'entrée à chaque pièce sont sculptés de scènes de guerre représentant la capture d'ennemis par les gouvernants de Bonampak et Yaxchilan.

Chambre 1 : On y découvre le gouvernant Chan Muwan II en compagnie de ses épouses, qui semblent présenter un petit enfant, probablement le futur héritier. Des personnages vêtus de blanc observent la scène centrale, alors que des musiciens font procession. La scène est datée de décembre 790.

Chambre 2 : On observe ici une scène décrivant la bataille du 2 août 792, jour de victoire et de domination sans partage, où Chan Muwan II, vêtu de peaux de jaguar, soumet un prisonnier principal alors que les autres, nus également, ont du sang qui coule de leurs ongles arrachés sous la torture.

Chambre 3 : Voici venu le temps de la célébration et de la fête avec dignitaires, musiciens, danseurs et prisonniers de guerre en guise de trophée. La famille dirigeante est représentée en train de se livrer à un rituel sacrificiel (mineur, comparé au sort des prisonniers) : on se transperçait alors les oreilles, la langue ou les parties génitales pour offrir son sang aux dieux.

CHIAPAS

YAXCHILÁN ★★★

Yaxchilán, la grande cité alliée de sa petite sœur Bonampak (occupation à l'époque classique, de 250 à 900 apr. J.-C.), est située dans un méandre de roches calcaires sur la rive du fleuve Usumacinta, qui marque la frontière entre le Mexique et le Guatemala. Mangé par la forêt tropicale, c'est un site archéologique incroyable, qui conserve plus de 120 édifices dont seulement quelques dizaines ont été explorés et dégagés, mais aussi des stèles gravées qui recèlent de précieuses informations concernant l'histoire de la dynastie de Yaxchilan. Linteaux, reliefs modelés en stuc et autels sont également caractéristiques de l'architecture maya de la région.

ZONA ARQUEOLÓGICA YAXCHILAN ★★★

A une heure de barque de Frontera Corozal.
Ouvert tous les jours de 8h à 15h. Entrée : 75 $.

La zone archéologique de Yaxchila est souvent considérée comme la grande sœur de Bonampak. Fruit d'une intense activité architecturale, dans un environnement ultra-fertile, cette puissante cité est bordée par le fleuve Usumacinta : on suppose même qu'il séparait son centre politique et cérémoniel (que l'on visite aujourd'hui) de la ville faite de matériaux périssables qui se trouvait sur l'autre rive, dans l'actuel Guatemala. Sur le site, plus de 110 ensembles d'inscriptions hiéroglyphiques ont permis de reconstituer son histoire complexe, dont l'apogée se situe entre 681 et 810 apr. J.-C., cette dernière date correspondant au début de l'effondrement inexpliqué des cités mayas (de 800 à 900). Durant ces 130 années, le site acquiert sa physionomie actuelle puisqu'on y construit plus de 100 monuments sous le règne de trois gouvernants : Escudo Jaguar I, Pájaro Jaguar et Escudo Jaguar II. Ses principales constructions sont distribuées autour de trois grands ensembles : La *Plaza Central* (que longe le fleuve d'ouest en est), la *Gran Acropolís* et la *Pequeña Acropolís*. Ces deux dernières sont parfaitement adossées, moyennant terrasses et plateformes, aux collines basses de roche calcaire qui les soutiennent ; ce qui suppose que de grandes quantités de matériel ont dû être déplacées pour créer cette architecture monumentale et spectaculaire. Ces trois ensembles s'articulent moyennant escaliers, chemins et terrasses de distribution. Une visite à ne manquer sous aucun prétexte.

GRAN ACRÓPOLIS ★★

A l'extrême sud-est de la place centrale, voici le résultat de plusieurs programmes de construction successifs qui consistèrent à modifier et à adapter artificiellement la forme des collines pour y accueillir de nombreuses constructions. On accède à son sommet par un ensemble d'escaliers et de petites plateformes. Le temple à son sommet domine la *Plaza Central* d'une belle hauteur. Les constructions les plus hautes (édifices 39, 40 et 41), accessibles par un sentier à l'arrière du temple principal, sont situées à plus de 90 mètres au-dessus de la place centrale.

LA PEQUEÑA ACRÓPOLIS DE YAXCHILAN ★★

Entrée : 80 $.

© FLACO WILLY

On trouve dans ce site archéologique une douzaine d'édifices distincts construits au sommet d'une colline de 50 mètres de hauteur. Deux places complètent ce magnifique tableau pétro-végétal, moins visité et donc plus solitaire que les autres ensembles du site. Le site, longtemps très isolé (accessible uniquement par bateau) de Yaxchilán, est installé au bord du fleuve Usumacinta, qui l'entoure en formant une boucle et qui sert de frontière entre le Mexique et le Guatemala.

PLAZA CENTRAL ★★

C'est l'un des grands ensembles architecturaux qui organisent la cité : il est même celui qui régit sa planification urbaine. Cette place de 750 mètres de long sur 80 de large a été créée de toute pièce par le rembourrage du terrain effectué avec d'énormes quantités de pierres calcaires. Autour de celle-ci se déploient temples, ensembles résidentiels (dont le fameux *Laberinto*), *juego de pelota*, bains de vapeur et marché. Deux petites places incluses dans l'ensemble sont le siège de stèles monumentales. Les escaliers qui montent sur la *Gran Acrópolis* débutent ici.

LAS GUACAMAYAS ★★★

L'*ejido* Reforma Agraria est un bourg tropical, situé à mi-chemin entre Comitán (210 km) et Palenque (250 km). Ce qu'il est devenu raconte l'histoire d'un projet couronné de succès environnemental initié dans les années 80, lorsque le gouvernement lui octroie un site de 2 500 hectares de forêt tropicale. La moitié sera laissée telle quelle, de sorte qu'il n'est pas rare que les visiteurs dorment dans leurs cabanes et les singes hurleurs quelques mètres plus haut, dans les branches d'un *chicozapote*. Situé à l'extrême sud de la Reserva de la Biósfera Montes Azules, il est de plus connu pour la faune sauvage que l'on peut parfois observer en réalisant des tours en barque sur les rivières Lacantún et Tzendales : singes hurleurs, singes-araignées, cervidés, pécaris, tapirs, ocelots et jaguars, vous aurez déjà de la chance si vous en apercevez les traces… Ici, on vient avant tout pour être au contact de la nature : outre les indispensables tours en barque, on peut prendre un guide pour marcher dans la forêt ou aller se balader en kayak sur la rivière.

Se loger

Aux Guacamayas, l'endroit de tradition reste le centre écotouristique communautaire Ara Macao, impeccable et parfaitement entretenu, qui reste l'endroit idéal pour votre séjour (tous budgets confondus).

Transports

- **En voiture :** on peut y arriver par la Carretera Fronteriza, depuis le nord (Palenque et Lacanja) ou l'ouest (Comitán, Lagunas de Montebello). Depuis le nord, il faudra passer Benemérito Las Américas puis prendre la déviation à Boca Lacantún vers Pico de Oro ; de là, Las Guacamayas sont à 25 km. Dans l'autre sens, depuis le lago Tziscao, ce sont 128 km qui vous attendent, dont une trentaine de kilomètres par des chemins de terre depuis Boca de Chajul. Dans les deux cas, partez tôt le matin, les routes – asphaltées ou non – peuvent être en mauvais état, voire difficilement praticables en saison des pluies (renseignez-vous bien) : le kilométrage n'augure en rien de la durée du trajet.
- **En transport :** La compagnie de combis *Línea de Pasajeros Comitán Lagos de Montebello* relie Comitán à Pico de Oro, en passant par Las Guacamayas (225 km). Depuis Palenque, la même compagnie vous dépose à Benemérito Las Américas (200 km), où l'on vous transvase dans un combi ou taxi collectif jusqu'à Pico de Oro, où se répète le même processus pour vous rendre jusqu'à Las Guacamayas.

CHIAPAS

ARA MACAO €€

✆ +502 5157 9610

Lit en chambre partagée : 350 $.
Chambre avec salle de bains partagée : 800 $.
Chambres et suites : 1 650-2 500 $.

Situé juste au bord de la rivière Lacantún, cet hôtel *lodge* constitue une bonne porte d'entrée de la jungle environnante. Fait de villas colorées au toit de palme, il est parfaitement installé dans la nature : rien que le restaurant en bord du fleuve mérite une petite pause gourmande ! Certaines chambres ont vue côté jardin, d'autres côté rivière : les balcons en bois où sont installés des hamacs sont divins. C'est, en plus, d'ici que partent les balades sur eau ou terre à faire dans le coin. Il ne reste plus qu'à vous souhaiter un excellent séjour.

CENTRO ECOTURÍSTICO LAS NUBES €€

✆ +502 4972 0204
www.lasnubeschiapas.com

Cabane pour 2 à 4 personnes à 1 500 $.

Si vous voulez passer la nuit en écoutant les hululements de la jungle et le brouhaha des chutes d'eau, c'est ici et pas ailleurs qu'il vous faudra crécher. Vous trouverez un confort simple dans les cabanes écologiques qui disposent d'un petit porche où se détendre après une journée d'excursion. Le tout est construit en matériaux de la région, confortable et bien entretenu. Ce centre géré par la communauté dispose aussi de guides pour vous promener en forêt.

LAS NUBES ★★★

S'il n'y avait qu'une seule cascade à visiter au Chiapas, ce serait indubitablement cet ensemble de cascades et de bassins naturels que le Río Santo Domingo forme sur son passage. Les eaux sont d'un turquoise à couper le souffle et transpercent en un doux fracas l'immensité verte en jouant avec les roches sur leur passage. Le site est démesurément apprécié des toucans, canards sauvages, hérons, martins-pêcheurs et autres voltigeurs. Essayez de vous éloigner des rives et détournez vos pas du liquide hypnotisant pour observer le tout depuis le pont suspendu et les hauteurs des miradors naturels.

Transports

- **En voiture :** Le site en lui-même est situé à 129 km de Comitán. Depuis la *carretera fronteriza* il existe un embranchement au lieu-dit Jerusalén ; vous arriverez au centre touristique qui gère l'accès aux cascades (à 12 km) en passant par la communauté de Gallo Giro, qui dispose également de quelques cabanes bon marché et à partir de laquelle on peut réaliser quelques belles descentes en rafting vers les cascades.
- **En transport :** Les combis qui circulent sur la route frontalière peuvent vous déposer à proximité de l'*embarcadero Jerusalén*, duquel vous pouvez descendre en rafting pour rejoindre les cascades (le niveau de difficulté ou la faisabilité sont variables selon l'intensité des pluies). Autre solution un peu plus amicale : des combis rejoignent directement le site depuis Comitán avec la compagnie Tzovol (Av. Cuarta Sur Poniente #1039 ; 3 heures de route).

LAGUNA MIRAMAR ★★★

Difficile d'accès, c'est un des trésors de la forêt vierge… Les eaux de la lagune sont d'une pureté sauvage, à tel point qu'on y trouve des tortues dans leur habitat naturel. L'ensemble est parsemé de petites îles aux vestiges archéologiques qui attestent de l'occupation ancienne de la région ; le tout est entouré de montagnes basses qui émergent entre 600 et 1 000 mètres d'altitude. Une fois arrivé sur ses rives après un périple de plusieurs heures au départ de la communauté d'Emiliano Zapata, on peut camper sur place et découvrir les multiples facettes de la lagune en kayak ou ses alentours en VTT. On trouve des grottes avec des restes de peintures rupestres dans les environs, ainsi qu'un dieu ancien gravé à même la roche. Les espèces endémiques qui y habitent sont le singe-araignée, le singe hurleur, le toucan, le crocodile, le jaguar…

Transports

Il est recommandé de se renseigner auprès d'une des agences de San Cristóbal ou Tuxtla qui peuvent vous emmener sur place. Même si vous avez un véhicule, vous pourrez certes arriver à Emiliano Zapata (à 130 km d'Ocosingo ou 150 km de Comitán), mais vous attend ensuite une dizaine de kilomètres de marche ou de cavalcade pour arriver à la lagune... Soyez organisé si vous souhaitez vous y rendre par vos propres moyens. Possibilité de camper ou de louer une chambre dans le village, service de guides.

COMITÁN DE DOMINGUEZ ★

A deux heures de route au sud-est de San Cristóbal, Comitán est une petite ville dont le centre, agréable et récemment rénové, comprend quelques édifices qui rappellent son brillant passé colonial : la ville est fondée dès les premiers temps de la conquête du Chiapas par les moines dominicains (1528), sur une ville préhispanique datant elle-même de la période classique. Nul doute qu'ils auront été séduits par le climat local : à 1 665 mètres, c'est un climat plutôt tempéré comparé aux basses et hautes terres du Chiapas. C'est un nœud de communication important pour les voyageurs qui se rendent vers les Lagunas de Montebello et plus loin vers Palenque en empruntant la route frontalière qui longe la Reserva de la Biósfera Montes Azules, ou pour ceux qui souhaitent rejoindre le Guatemala *via* le poste-frontière de Ciudad Cuauhtémoc. Quel que soit votre itinéraire, vous y passerez aussi pour visiter les sites d'intérêt situés dans ses environs : cascades el Chiflón, cénote Chukumaltic ou zone archéologique de Tenam Puente.

Transports

Comitán étant la capitale régionale, on a accès depuis ici à toutes les destinations du coin et de l'Etat. Chaque compagnie de combis et bus dispose de son propre terminal, situé dans le centre ou le long de l'avenue principale qui traverse la ville. A titre d'exemple :

- Pour Tzimol et les cascades El Chiflón :Terminal La Angostura, boulevard Belisario Domínguez #103.
- Pour Ciudad Cuauhtémoc (Lagos de Colón) : Rapidos de la Frontera, boulevard Belisario Domínguez #31.

CENTRO CULTURAL ROSARIO CASTELLANOS ★★

✆ +52 963 632 0624

Ouvert du lundi au vendredi de 8h à 20h30 ; le week-end de 10h à 18h.

Installé dans le plus beau bâtiment de la ville constitué de deux étages, le couvent dominicain fondé en 1564 est à visiter absolument si vous faites un petit détour par Comitán. Il fut l'un des cinq couvents établis au Chiapas au XVIe siècle. Le centre culturel, du nom de la fameuse écrivaine originaire de la ville (1925-1974), propose quant à lui lectures, expositions, cours de danse, spectacles, etc. Un buste en bronze de l'écrivaine est à admirer dans le patio.

LINEA DE PASAJEROS COMITÁN LAGOS DE MONTEBELLO

2nda Poniente Sur · 23

✆ +52 963 632 0875

Ces combis permettent de circuler tout autour de la Reserva de la Biósfera Montes Azules pour rejoindre Palenque en empruntant la carretera Fronteriza qui longe le Guatemala, en s'arrêtant en route pour visiter les Lagos de Montebello (1h30, 100 $), les cascades de Las Nubes, Las Guacamayas (direction Zamora Pico de Oro, 5-6h, 190 $) et Lacanja (Selva lacandona, 7h, 285 $). Une jolie route alternative en perspective. Les départs débutent aux alentours de deux heures trente du matin.

TZIMOL ★★

Situé à 13 km de Comitán, Tzimol est un petit village rural béni par les eaux du Río San Vicente, dont les bras forment des piscines naturelles à l'ombre des cyprès. L'endroit constitue une jolie halte pour se reposer et une bonne base pour visiter les environs (cascades El Chiflón ou cénote Chukumaltic).

Transports

Pour se rendre aux cascades, sur la route en provenance de San Cristóbal, on a le choix de prendre la déviation à Amatenango del Valle pour y accéder sans passer par Comitán (route 101 puis 226), ou bien de continuer vers celle-ci et la traverser, et se diriger vers Tzimol pour finalement y arriver.

CASCADAS EL CHIFLÓN ★★

www.chiflon.com.mx

Ouvert tous les jours de 8h à 17h30. Entrée : 35 $.

Voilà une petite pause bien agréable en chemin pour découvrir cet ensemble de trois cascades de 25, 60 et 120 mètres, dont la visite est organisée par une coopérative rassemblant les habitants des environs.

La visite comprend une petite randonnée, dont une bonne montée pour visiter la cascade la plus grande (environ 40 minutes). On peut aussi s'y baigner et observer de nombreux iguanes ; une tyrolienne y a été installée pour observer le tout depuis les hauteurs. Possibilité de louer des cabanes sur place pour y passer la nuit.

CHIAPAS

CENOTE CHUKUMALTIK ★★

Depuis Comitán, traversez Tzimol puis continuer sur 9 km, où vous prendrez la déviation sur votre gauche vers Uninajab ; le cénote se trouve avant l'entrée du village (portail noir sur votre gauche).

Ouvert tous les jours de 9h à 17h. Entrée : 50 $.

A 26 km de Comitán, Chukumaltik est un très beau cénote de 220 m de diamètre pour 70 m de profondeur. Prenez le temps d'admirer sa couleur bleu azur, dont certaines parties tirent vers le turquoise selon l'inclinaison des rayons de soleil. L'eau est parfois si claire qu'on peut voir, depuis la surface, à 40 m de profondeur ! L'endroit est sauvage et peu visité : il est le paradis des plongeurs, qui profitent de la tiédeur de ses eaux et de la superbe visibilité qu'elles offrent. Idéal pour une journée détente au bord de l'eau, bien loin de la foule des touristes.

CANTO DEL AGUA ECOLODGE €

Depuis Comitán, prenez un combi jusqu'au terminus, puis marchez un kilomètre (l'endroit est indiqué par des panneaux).

✆ +52 963 147 1987

www.hotelcantodelagua.com

Entrée du site pour la journée : 100 $.

C'est un endroit perdu au milieu de la nature, où coule en contrebas le Río San Vicente, qui débouche sur les cascades El Chiflón plusieurs kilomètres en aval. On y trouve une belle piscine et on peut y pêcher et faire des balades à cheval ou en kayak ; un espace de jeux pour enfants y est aménagé. Le restaurant, très agréable, s'est fait une spécialité des grillades en tout genre. Tout y est parfaitement entretenu et charmant. Si vous logez sur place ou si vous mangez au restaurant, le tarif d'entrée sera déduit de votre addition.

TENAM PUENTE ★

A 13 kilomètres de Comitán en direction de la Trinitaria (route principale qui mène aux Lagos de Montebello), on accède au site archéologique de Tenam Puente par une déviation qui mène à l'ejido Francisco Sarabia ; des combis vous y emmènent depuis Comitán. Ces derniers laissent généralement les visiteurs à 2 kilomètres des ruines. Si vous ne vous sentez pas l'envie de marcher, vous pouvez aussi vous arranger avec le chauffeur pour qu'il vous dépose au pied de celles-ci et passe vous reprendre après votre visite. Sinon, emprunter un taxi est une option intéressante et qui reste très abordable, en particulier s'il y a plusieurs passagers.

ZONA ARQUEOLÓGICA DE TENAM PUENTE ★

Ejido Francisco Sarabia

Ouvert tous les jours de 8h à 17h. Entrée : 45 $.

Voici un beau petit site archéologique édifié sur une colline aménagée en terrasses, qui offre de très belles vues sur la vallée de Comitán. Son occupation traverse aussi bien le classique maya (300 à 900 apr. J.-C.) que le postclassique (900 à 1200 apr. J.-C.). Située sur la route entre Los Altos de Chiapas et le Guatemala, la cité devait être un important nœud commercial, comme l'attestent les nombreux objets d'origine lointaine qu'on y a trouvés.

CHINKULTIC ★★

Chinkultic est situé à 45 kilomètres au sud-ouest de Comitán, en direction de la Trinitaria (route principale qui mène aux Lagos de Montebello). Juste avant d'arriver aux lacs (ou juste après en être reparti), ne manquez surtout pas la visite de ce très beau site archéologique, qui se caractérise par une acropole construite à flanc et au sommet d'une colline. Il se distingue également par la présence d'un cénote – le seul dans tout l'Etat du Chiapas.

Transports

Depuis Comitán, des combis peuvent vous déposer à l'intersection qui se trouve à 2 kilomètres du site.

LAGUNAS DE MONTEBELLO ★★★

A une cinquantaine de kilomètres de Comitán, les lacs de Montebello constituent l'une des destinations les plus visitées du Chiapas. Doté d'un climat tempéré, le parc national comprend plus d'une cinquantaine entourés de forêts de pins et de chênes. Leurs eaux riches en minéraux, combinées aux rayons du soleil, leur donnent différentes nuances qui vont du turquoise à l'émeraude, du violet au bleu et au vert intense. On peut y louer des petites barques ou des kayaks, pratiquer la randonnée et monter à cheval, pêcher… On trouve de petites cabanes à louer pour passer la nuit ; se renseigner à l'entrée du parc pour savoir où il est possible de camper.

ZONA ARQUEOLÓGICA DE CHINKULTIC ★★

A 45 km de Comitán.
Ouvert tous les jours.
Entrée libre.

La zone de Chinkultic comprend quatre groupes architecturaux : on traverse la Plaza Hundida en pénétrant sur le site, dont la configuration évoque celle des grandes cités mayas de l'ère classique ; l'édifice de Las Lajas, légèrement en amont d'un groupe d'autels circulaires, se caractérise par l'utilisation de grands blocs de pierre qui font écho à ceux utilisés sur le site mixe-zoque de Izapa ; la Grande Plate-forme accueille le Juego de Pelota et l'Acropole domine majestueusement l'ensemble du haut d'une colline, notamment le Cenote Azul.

Le site a été occupé sur de longues périodes, traversant ainsi de nombreuses étapes culturelles de la région : depuis le préclassique tardif (200 av. J.-C.) jusqu'à l'ère postclassique (900 à 1200 apr. J.-C.), ce qui suggère que la cité survécut aussi bien au déclin de la civilisation mixe-zoque qu'à l'effondrement des grandes cités mayas de la région Usumacinta aux alentours de l'an 900. Son apogée architectural correspond néanmoins au classique tardif (600 à 900 apr. J.-C.), comme la plupart des sites les plus connus de la région du Chiapas. Il allait ensuite probablement adopter un rôle non négligeable dans la recomposition géopolitique de la région autour de Los Altos de Chiapas. Les premières fouilles archéologiques du site Chinkultic ont eu lieu en 1966, sous la direction d'un Américain. Des fouilles plus poussées ont été menées par une équipe d'archéologues mexicains en 1970, qui ont trouvé des vestiges dans le *cenote*.

PARQUE NACIONAL LAGUNAS DE MONTEBELLO ★★★

Le parc se parcourt le long de deux routes. Si vous venez de Comitán, celle qui continue tout droit vous emmène aux Lagunas de Colores et s'arrête à la Laguna Bosque Azul. Celle sur votre droite se dirige vers Tziscao en passant par d'autres groupes de lagunes, autour desquelles des activités terrestres ou aquatiques sont proposées. C'est le long de cette route que vous déposent les combis venant de Comitán ; également des services de motos-taxis pour passer d'une lagune à l'autre.

LAGUNAS DE TZISCAO ★★

✆ +502 2578 02775
Accès aux lagunes de cette partie du parc : 25 $.
Balades en radeau, entre 150 et 200 $ par personne (minimum 3).

La route qui part sur votre droite depuis l'entrée du parc mène à une série de lagunes administrées par une coopérative : la *laguna de Montebello* (balades à cheval), *Los Cinco Lagos* (dont la Cañada, la plus jolie de cette partie du parc), la *laguna Pojoj* et enfin la *laguna Tziscao*, sur les rives de laquelle se déploie un gros village qui propose tous types d'hébergement. Sur les berges de chacune de ces lagunes, les habitants de la communauté proposent différentes activités : balades à cheval, en radeau ou kayak. A Tziscao, on peut passer au Guatemala à pied !

Vue depuis le mirador des Cinco Lagos, sur le route de Tziscao.

LAGUNAS DE COLORES ★★

Depuis l'entrée du Parque Nacional Lagunas de Montebello, une route continue tout droit vers 5 lagunes aux tonalités sauvages : *laguna Agua Tinta, laguna Esmeralda, laguna Ensueño, laguna Encantada, laguna Bosque Azul* (cette dernière est la plus grande du parc). Au bout de la route, on tombe sur un petit musée du site, aux horaires variables. Tout droit, un chemin en terre débouche vers un groupe de petites fermes ; en dérangeant gentiment ses habitants, ils pourront vous emmener faire une balade charmante pour découvrir l'Arco de Piedra et deux grottes situées en contrebas, le long de la rivière (celle-ci déborde en saison des pluies, rendant l'endroit inaccessible). En revenant sur vos pas vers le musée, une route en terre continue également sur votre gauche. Elle permet de rejoindre les Cabañas Bosque Azul. En continuant plus loin encore sur quelques kilomètres, on traverse une première communauté rurale (péage de 30 $) puis on atteint une seconde qui dispose d'un petit centre écotouristique (péage : 35 $). C'est l'endroit où l'on s'arrête pour partir à la découverte de trois beaux cénotes : Bartolo (magnifique mirador depuis les hauteurs), Camarón (où la baignade est possible, voire recommandée !) et La Peineta. Pour les explorateurs qui souhaitent sortir encore plus des sentiers battus, d'autres cénotes et lagunes sont accessibles d'ici, à pied ou en barque. Ensuite, il vous faudra revenir vers l'entrée du parc pour parcourir l'autre route et les lagunes plus aménagées. Magnifique.

ECOLODGE AND VILLAS TZISCAO €€

Face au lac de Tziscao.
✆ +502 5780 2775
www.ecotziscao.com
Cabanes ou chambres, aux alentours de 900 $ pour deux personnes. Camping.

Géré par la coopérative Mame, cet établissement au bord du lac vous propose de loger dans de très jolis chalets en bois au toit pointu, au beau milieu d'un très grand jardin. Le tarif de la nuitée comprend un bon petit déjeuner continental. Niveau excursion, la coopérative peut se charger de tout, et c'est donc un endroit idéal si vous n'avez pas de véhicule propre. Location de kayaks et de VTT pour les bols d'air frais alentour, le tout inclus dans le prix.

PARADOR MUSEO SANTA MARÍA €€€

Carretera Trinitaria-Palenque km 21
✆ +52 963 632 5116
8 chambres à la décoration thématique : entre 1 300 et 2 500 $ selon la saison.

Une magnifique hacienda du XIXe siècle restaurée, remeublée et décorée avec des meubles et œuvres d'art des siècles passés. L'hôtel propose 8 chambres doubles et une très grande suite pouvant accueillir 6 personnes. La chapelle a été convertie en musée et présente une large collection d'œuvres sacrées d'artistes du Mexique et du Chiapas, du XVIe au XIXe siècle. L'hôtel possède également un immense jardin, une belle piscine avec bain à remous, une salle de billard et un bon restaurant.

LÁGOS DE COLÓN ★★

Les Lagos de Colón sont un ensemble lacustre créé par un fleuve provenant du Guatemala qui se divise en de multiples bras et forme des bassins d'eau cristalline de couleur bleu-vert. Ces puits sont interconnectés par des canaux, ruisseaux et petites cascades ; on y observe de beaux exemplaires de *ceibas*, *chicozapotes* et palmiers. Situé à 650 mètres au-dessus du niveau de la mer, c'est un site de plongée d'altitude réputé.

Transports

Depuis Comitán, les combis qui se rendent à Ciudad Cuauhtémoc vous déposent à l'embranchement, le long de la route principale. Attention, les bus ADO et OCC ne marquent pas l'arrêt.

CIUDAD CUAUHTÉMOC

A 75 km au sud-est de Comitán, voilà la ville-frontière qui permet de rejoindre Huehuetenango au Guatemala et, de là, le fabuleux petit village de montagne Todos Santos Cuchumatán. D'une manière générale, ce poste-frontière est un bon de départ pour rejoindre directement la partie méridionale du Guatemala, dont le lac Atitlán et la ville coloniale d'Antigua.

Transports

L'accès à Ciudad Cuauhtémoc depuis San Cristóbal et Comitán est aisé, par les bus ADO ou des combis plus modestes.

CHIAPAS

BOCA DEL CIELO ★★

A 20 kilomètres de Puerto Arista, voilà une jolie petite plage facilement accessible, qui se situe en fait de l'autre côté de l'estuaire, sur la Isla San Marcos. Là, on ne trouve que petites maisons de fin de semaine et une longue et interminable plage. Boca del Cielo est ainsi une excellente base pour participer à la protection des tortues marines (notamment la collecte des œufs entre juin et octobre et la libération des bébés entre juillet et décembre), partir à la découverte de l'estuaire et des mangroves en barque et, surtout, observer le spectacle indescriptible des milliers d'oiseaux qui envahissent la *Laguna la Joya* en hiver.

CHOCOHUITAL ★

A 120 km de Puerto Arista et Tonalá en direction de Tapachula, une déviation depuis Pijijiapan vous guide dans ce joli bocage pour arriver à l'embarcadère. Là, vous prenez une barque pour traverser l'estuaire bordé et vous rendre sur la bande de sable qui se situe de l'autre côté. C'est une destination de plage (un peu plus que les autres), mais l'on y vient surtout pour découvrir ses belles mangroves, refuges d'oiseaux exotiques et tortues, et faire un tour en barque sur la *boca barra*, l'endroit où l'estuaire et l'océan se mélangent. On trouve un certain nombre d'hôtels au confort varié, aussi bien au bord de l'estuaire que sur la plage.

EL MADRESAL ★★

A 10 km de Boca del Cielo, voici une mangrove de bord de mer aux caractéristiques tubulaires : on glisse sous la futaie, en silence, on écoute et on ouvre grand ses yeux pour apercevoir iguanes, crocodiles et, si l'on est en hiver, les milliers d'oiseaux migrateurs qui viennent y élire domicile.

Transports

Pour se rendre à El Madresal depuis Tonalá, Arista ou Boca del Cielo, il faut prendre un combi en direction de Manguitos ou Ponte Duro. De là, on emprunte ensuite une mototaxi jusqu'à l'embarcadère.

CENTRO ECOTURISTICO EL MADRESAL ★★

✆ +52 966 666 6147

www.elmadresal.com

Accès en barque : 25 $. Découverte de la mangrove en barque : 800 $ (4 personnes max.).

C'est un petit centre touristique géré par la communauté qui a fait de la protection de la mangrove sa raison d'être. Installé sur la plage aux vagues assourdissantes, on y trouve des cabanes où passer la nuit les pieds dans le sable et au bord de l'eau. Elles peuvent accueillir une à quatre personnes. L'établissement compte un très bon restaurant, une piscine et organise surtout des excursions pour observer les oiseaux et des balades en barque dans la mangrove.

RESERVA DE LA BIOSFERA LA ENCRUCIJADA ★★

La Encrucijada est constituée d'un ensemble d'estuaires déclarés réserve de la biosphère depuis 1995. Ils sont une étape primordiale sur la route migratoire des oiseaux depuis le Canada vers l'océan Atlantique. La réserve possède des mangroves de plus de 35 mètres de hauteur, considérées comme les plus hautes de la côte Pacifique du continent américain. Ici résident nombre d'espèces de mammifères (73), certaines en voie d'extinction : jaguar, cerf à queue blanche ou tamanoir (*brazo fuerte*) ; crocodiles et reptiles y évoluent comme à la maison (61 espèces), de même que des centaines d'oiseaux aquatiques (294 espèces, spatules roses et cigognes comprises).

Pratique

Depuis Acapetahua (à 80 km de Tapachula et 177 km de Tonalá), rejoindre l'embarcadère Las Garzas, qui constitue la porte d'entrée de la réserve. De là, vous pouvez atteindre les plages de Las Palmas ou Barra de Zacapulco ; vous trouverez sans souci quelques options pour passer la nuit et de nombreuses excursions à réaliser. Autre solution : depuis Mapastepec (147 km de Tonalá, 110 km de Tapachula), vous pouvez rejoindre El Castaño, qui propose également un service d'hébergement et des balades.

TAPACHULA

Tapachula, la capitale régionale, ne présente plus que quelques vestiges du passé glorieux de cette terre qui fut jadis riche de l'exploitation de café, dont l'Antiguo Palacio Municipal. De nos jours, c'est avant tout une ville de passage où se pressent les migrants d'Amérique centrale qui tenteront, au péril de leur vie, de traverser le territoire mexicain pour rejoindre le mirage américain. C'est donc aussi une porte importante pour ceux qui souhaitent rejoindre Quetzaltenango au Guatemala (Puente Internacional Talisman-El Carmen à proximité de la ville ou Dr Rodolfo Robles plus au sud) ou d'autres capitales de l'Amérique centrale.

ZONA ARQUEOLÓGICA IZAPA ★

Tuxtla Chico

Ouvert du mercredi au dimanche de 9h à 17h.

Le site est attribué à la culture mokaya, dont on dit des représentants qu'ils furent parmi les premiers peuples à se sédentariser. Occupé depuis au moins 1500 av. J.-C. jusqu'à 1200 ap. J.-C., il présente certaines caractéristiques que l'on retrouvera bien plus tard chez les Mayas de la période classique. Le tracé et l'orientation du site suggèrent une planification systématique, autour de monticules où ont été aménagés places et patios ; les reliefs et stèles représentent des personnages et divinités connus des civilisations mayas postérieures.

RUTA DEL CAFE ★★

A 60 kilomètres au nord de Tapachula, la route qui mène aux *fincas cafeteleras* installées en contrebas du volcan Tacaná vous emmène peu à peu vers un univers à la végétation toujours aussi tropicale, mais jouissant d'un climat plus frais (les *fincas* sont installées entre 600 et 1 200 mètres). L'idéal, pour profiter pleinement de l'expérience, est de passer au moins une journée dans la région et de dormir sur place, dans l'une des *fincas* qui proposent l'hébergement. Aux alentours se trouvent de nombreux sentiers à parcourir pour observer la faune et la flore, faire du VTT et des balades à cheval et apprendre à connaître les processus de production et de transformation du café ; en bref, on ne s'ennuie pas ! Hormis la *finca* Hamburgo, qui est l'une des plus importantes de la région, ne manquez pas la *finca* Irlanda, la *finca* Chiripa et la *finca* San Francisco, qui se trouvent toutes dans un rayon de 15 kilomètres. A noter que la *finca* Irlanda dispose d'une certification de culture de café biologique et biodynamique depuis 1967. En partant vers le sud, sur la route vers Nueva Alemania, profitez-en pour vous arrêter et admirer la cascade San Francisco à El Eden, à partir de laquelle il est possible de faire des descentes en rafting sur le Río Cuilco en saison des pluies. Il est possible de découvrir cette région reculée, et tout particulièrement les *fincas*, dans le cadre d'un circuit guidé, notamment avec l'organisme Chiapas Tours & Travels (www.chiapastoursandtravel.com) qui s'occupe aussi bien des transports que de l'hébergement.

TICA BUS

3a. Avenida Norte #101B

✆ +52 962 625 2435

www.ticabus.com

Très pratique, cette compagnie permet de relier Tapachula à toutes les capitales d'Amérique centrale, à savoir Guatemala (Guatemala, San Salvador (El Salvador), Tegucigalpa (Honduras), Managua (Nicaragua), San José (Costa Rica), Panama (Panama). A savoir que la ville touristique d'Antigua au Guatemala est également parfois desservie. Le bus ne circule pas de nuit et propose d'intégrer l'hébergement à votre billet. Vous pouvez acheter vos billets directement sur le site Internet, où vous pourrez consulter les jours et heures de départ.

FINCA HAMBURGO €€

A 54 kilomètres de Tapachula,
on se chargera de votre transport jusqu'à la finca.

✆ +52 962 626 7578

www.fincahamburgo.com

Chambre double à partir de 1 500 $.

Fondée en 1888 par Arthur Edelmanm, cette *finca* à l'architecture typique (de grands et anciens chalets en bois) est située à quelque 1 200 mètres d'altitude, lui conférant un climat entre 16 et 22 degrés toute l'année. Niveau activité, vous ne serez pas déçu : découverte de la culture du café et de la fabrique de transformation avant export (vers l'Europe et les Etats-Unis), visite de la *finca* La Chiripia et de ses magnifiques formations rocheuses, et découverte de la *finca* San Francisco qui, à 1 500 mètres, cultive des fleurs.

AVEC AMOUR
Bistro Fusión
Parque Santa Lucia
Une oasis franco-mexicaine au coeur de Merida
Petit-déjeuner • Déjeuner • Dîner
Rue 60 x 55 et 53, Centre Ville, Mérida, Yuc.
Réservations: +52 (999) 546 7203 / +52 (999) 750 9686
avecamourbistro.com.mx

AVEC AMOUR
Bistro Fusión
Parque Santa Lucia
Notre menu
avecamourbistro.com.mx

PÉNINSULE DU YUCATÁN

La péninsule du Yucatán est une région bien à part au Mexique. Située au sud-est du pays, ses trois Etats sont séparés par des lignes imaginaires, mais unis par une culture et une histoire commune, celle des Mayas, qui ont élevé des cités magnifiques au beau milieu de la jungle. Les touristes explorateurs se délectent devant ces mystérieuses pyramides, mais aussi devant ses plages de rêves, ses puits naturels dénommés *cenotes*, ses maisons coloniales, ses poissons colorés... Ici la plongée, la fête et la bronzette font partie du quotidien... Au-delà de la carte postale, les pages suivantes apportent quelques pistes pour découvrir toutes les richesses de la péninsule, mais aussi les moments clefs de l'histoire du Mexique et des informations précieuses sur sa population, son mode de vie, sa gastronomie, sa peinture, son architecture... À lire et relire, pour mieux comprendre ce pays, et ainsi échanger plus en profondeur avec ses habitants !

Péninsule du Yucatan
Arrecife Madagascar
Roca Culebra
Arrecife Sisal
PLAGE DE YULCATEPEN
LAGUNA ROSADA
PROGRESO ★★
Dzidza
Sisal
CHICXULUB
DZIBILCHALTÚN ★
EK' BALAM ★★★
MÉRIDA ★★★
Réserve de la Biosphère de Rio Celestín
HOMÚN ★★
IZAM
CELESTÚN ★★★
281
CUZAMÁ ★★
SOTUTA ★★
MAYAPAN
261
Isla Arena
Maxcanú
Tankuché
TICUL ★
GROTTES DE LOLTÚN ★★★
MANÍ ★
UXMAL ★★★★
GOLFE DU MEXIQUE
Isla Piedra
DZIBALCHÉ
KABAH ★★
OXKUTZCAB
SAYIL ★★
LABNÁ ★
184
180
XLAPAK ★★
Tz
261
SANTA ROSA XTAMPAK ★★★
CAMPECHE
Hopelchén
180
DZIBILNOCA
TABASQUEÑO ★★
EDZNA ★★★
188
HOCHOB ★★
CHAMPOTÓN ★
Chencán
CAMPECHE
Desempeño
261
180
CIUDAD DEL CARMEN ★
Réserve de la Laguna de Términos
Lagune de Términos
BALAMKÚ ★★
BECÁN ★★
XPUJ
CONHUAS ★
RÍO BEC ★★★
Fco. Escárcega
CHACANÁ ★★
El Ramonal
HORMIGUE ★★
Buenavista
Caribe
Maruchín
RÉSERVE DE BIOSPHÈRE CALAKMUL
CALAKMUL ★★★★
186
221
Nueva Coahuila
Catazajá
203
GUATEMALA
PALENQUE ★★★
Palenque
Tenosique

Lagune de Yalahan
Rio Lagartos
Chiquillá
Isla Contoy
Isla Blanca
RÉSERVE DE LA BIOSPHÈRE DE RIO LAGARTOS ★★
Punta Sam
Isla Mujeres
PUNTA SUR ★★
CANCÚN ★
Parc de Crococun
TIZIMÍN
180
295
El Cédral
PUERTO MORELOS ★★
YUCATAN
PAAMUL ★★
HÉN ITZA ★★★
VALLADOLID ★★★
PLAYA DEL CARMEN ★★
PUERTO AVENTURAS ★
XCARET ★★
ISLA DEL COZUMEL
SAN GERVASIO
COBÁ ★★★
XCACEL ★★
CHANKANAAB ★
ENOTE COUVERT DE DZITNUP ★★★
AKUMAL ★★
Xpu-Há
SAN MIGUEL ★★
CEDRAL ★★
EL GRAN CENOTE
PLAYA RÍO CHEN ★★
XEL-HÁ ★★
TULUM ★★★
PLAYA PARAÍSO ★★
Tulum
PLAYA PALANCAR ★★★
MUYIL ★★★
307
Lagune de hichancanab
Punta Allen
Ville
Autoroute
Route principale
Route secondaire
Zone protégée
FELIPE CARILLO PUERTO ★
Baie de l'Ascención
184
olyuc
RÉSERVE DE LA BIOSPHÈRE DE SIAN KA'AN ★★★
QUINTANA ROO
293
MER DES CARAÏBES
LÁZARO CÁRDENAS
Cayo Norte
307
LAGUNE DE BACALAR ★★★
Baie de San José
MAJAHUAL
Cayo Centro
Chinchorro
Ucum
CHETUMAL ★
RÉSERVE DE LA BIOSPHÈRE DE BANCO CHINCHORRO ★★
Baie de Chetumal
Cayo Lobos
Orange Walk
Ambergris Cay
La Unión
GOLFE DU HONDURAS
Hicks Cays
BELIZE
60 KM
BELIZE CITY
Turneffe Islands

PAGES

391 ●● QUINTANA ROO ET RIVIERA MAYA

Le Quintana Roo est l'Etat le plus touristique du Mexique, dont Cancún donne une image souvent trompeuse. Beaucoup de voyageurs préfèrent éviter cette station balnéaire ultra touristique pour descendre directement vers Playa del Carmen ou Tulum. La Riviera Maya qui longe la côte caraïbe offre mille et une activités et des sites exceptionnels. On pense à ses plages de rêves, le site maya de Cobá, la réserve de biosphère de Sian Ka'an, aux *cenotes* plus étonnants les uns que les autres, ou à Cozumel pour des plongées de classe mondiale. Au nord, Isla Mujeres, Isla Holbox et Isla Contoy ont chacune une identité propre. Enfin, plus au sud, c'est la Costa Maya, encore épargnée du tourisme de masse, avec ses paisibles villages de pêcheurs, et encore des vestiges mayas et sites naturels magnifiques, comme la lagune de Bacalar. Facile à explorer, la région combine donc parfaitement tourisme balnéaire, écotourisme et découverte du monde maya.

391 CANCÚN ★
394 ISLA MUJERES ★★
396 ISLA CONTOY ★★
396 ISLA HOLBOX ★★★
398 PUERTO MORELOS ★★
400 PLAYA DEL CARMEN ★★

Après Cancún, c'est la deuxième station balnéaire la plus populaire du Quintana Roo, un ancien village de pêcheurs devenu en quelques années une ville champignon accueillant fêtards et plongeurs. L'endroit reste agréable et idéalement placé pour un séjour sur la côte.

404 PAAMUL ★★
404 XCARET ★★
405 PUERTO AVENTURAS ★
405 AKUMAL ★★
406 XCACEL ★★
406 XEL-HÁ ★★
406 TULUM ★★★

L'une des principales destinations touristiques de la côte, à tendance écolo-chic. On y trouve des ruines mayas face à la mer, des plages de rêve, de nombreuses activités, comme la spéléo-plongée ou le kitesurf, et de charmantes infrastructures touristiques. Une bonne base pour rayonner dans les environs, avec notamment la réserve de biosphère de Sian Ka'an et de nombreux *cenotes* à explorer.

411 MUYIL ★★★
411 RESERVA DE LA BIOSFERA SIAN KA'AN ★★★
412 COBÁ ★★★
413 SAN MIGUEL DE COZUMEL ★★
416 CHANKANAAB ★
416 PLAYA PARAÍSO ★★
416 EL CEDRAL ★★
417 PLAYA PALANCAR ★★★
417 PUNTA SUR ★★
418 PLAYA SAN MARTÍN ★★

PAGES

418 FELIPE CARRILLO PUERTO ★
418 CHETUMAL ★
419 LAGUNA DE BACALAR ★★★
420 MAHAHUAL ★★★
421 RESERVA DE LA BIOSFERA BANCO CHINCHORRO ★★

422 ## ●● ÉTAT DU YUCATÁN

L'Etat du Yucatán, au nord de la péninsule, est l'une des principales régions où s'est épanouie la civilisation maya, notamment à Chichén Itzá et Uxmal. Mis à part ces deux sites et certains *cenotes*, massivement visités par des tours d'une journée depuis la côte caraïbe, la région est relativement épargnée de la foule touristique et plaira aux curieux : villes coloniales (Mérida, Valladolid), couvents (Itzamal) et anciennes haciendas productrices de sisal feront le bonheur des amateurs d'architecture alors que *cenotes*, réserves naturelles, refuges de flamants roses et jolies plages raviront les amoureux de la planète.

422 **MÉRIDA ★★★**

Séjourner à Mérida, c'est se plonger dans l'effervescence du centre-ville colonial tout en appréciant la possibilité de s'échapper en direction de l'une des nombreuses attractions touristiques qui se trouvent à moins de 100 kilomètres de cette capitale.

429 DZIBILCHALTÚN ★
430 PROGRESO ★★
430 TELCHAC PUERTO ★★
430 CELESTÚN ★★★

431 **UXMAL ★★★★**

Uxmal a été catalogué au Patrimoine mondial de l'humanité en 1996. Une reconnaissance qui rend sa visite incontournable, tant les quinze groupes d'édifices qui composent son site sont remarquablement conservés, tout comme l'ensemble des détails architecturaux qui caractérisent le fameux style Puuc.

433 KABAH ★★
434 SAYIL ★★
434 XLAPAK ★★
434 LABNÁ ★
435 GRUTAS DE LOLTÚN ★★★
435 OXKUTZCAB ★★
435 CUZAMA ★★
436 HOMÚN ★★
436 MAYAPAN ★
436 TICUL ★

436 **IZAMAL ★★★**

Plus que d'une pause de quelques heures sur la route de Chichén Itzá ou Valladolid, c'est de quelques jours qu'il faudrait bénéficier pour s'imprégner de la personnalité de la ville aux trois cultures. Avec son majestueux couvent et ses pyramides mayas, c'est une base idéale pour rayonner dans les alentours !

PAGES

438 **CHICHÉN ITZÁ** ★★★★

S'il y a bien un site archéologique à ne pas rater, c'est celui de « la ville au bord du puits des Itzáes ». Et si en plus, on a le privilège de s'endormir au pied des ruines... alors il ne manquera pas grand-chose pour combler votre âme d'explorateur.

440 **CENOTILLO** ★★

440 **VALLADOLID** ★★★

442 **DZITNUP** ★★★

443 **EK' BALAM** ★★★

444 **ESPITA**

444 **PARQUE NATURAL RÍO LAGARTOS** ★★

445 **●● ÉTAT DU CAMPECHE**

L'Etat du Campeche se situe à l'extrémité ouest de la péninsule du Yucatán. Il a l'avantage d'être préservé des flots de touristes qui envahissent le Yucatán et les plages des Caraïbes, ce qui lui a permis de conserver une atmosphère authentique et un véritable charme provincial, qu'on découvre notamment en visitant les villages de tradition maya qui se trouvent le long de la route qui relie la capitale de l'Etat à Mérida, anciennement connue comme le Camino Real. Les voyageurs qui choisissent de s'y aventurer ne sont pas à l'abri de très belles surprises, puisqu'il abrite la plus grande réserve de biosphère du Mexique et compte bon nombre de sites archéologiques mayas. Si l'Etat n'offre pas un tourisme de plage à proprement parler, ses quelque 300 km de côte ne sont pas dénués d'intérêt : sa partie située à l'extrême nord abrite des mangroves dont la visite permet de découvrir les flamants roses et des centaines d'oiseaux migrateurs en hiver, et des sanctuaires de reproduction de tortues marines fleurissent ici ou là. Le sud de l'Etat, percé de fleuves et de rivières, est une grande zone humide qui, historiquement, relie la zone tropicale du Chiapas avec celle de Tabasco. Enfin, sa capitale, cataloguée au Patrimoine mondial de l'humanité, est un chef-d'œuvre de l'architecture coloniale.

445 **SAN FRANCISCO CAMPECHE** ★★★

446 **EDZNÁ** ★★★

448 **TABASQUEÑO** ★★

449 **DZIBILNOCAC** ★

449 **HOCHOB** ★★

449 **SANTA ROSA XTAMPAK** ★★★

450 **XPUJIL** ★★

451 **BECÁN** ★★

451 **CHICANNÁ** ★★

452 **RÍO BEC** ★★★

452 **HORMIGUERO** ★★

452 **CONHUÁS** ★

452 **BALAMKÚ** ★★

453 **CALAKMUL** ★★★★

455 **CHAMPOTÓN** ★

455 **CIUDAD DEL CARMEN** ★

CANCÚN ★

Cancún, « nid de serpents » en maya, n'était jusqu'au début des années 1970 qu'un paisible village de pêcheurs. Après les calculs géologiques et climatiques d'une batterie d'ordinateurs savants, on décida de le convertir en capitale du tourisme de masse. La destination est aujourd'hui mondialement connue. Ses plages de sable blanc poudreux et ses eaux turquoise à 27 °C sont effectivement faciles à vendre, tout comme ses fêtes endiablées sous le soleil ou les néons des tropiques. C'est en général par son aéroport qu'on arrive dans la péninsule. On a le choix de rester à Cancún, ou de filer vers des stations balnéaires moins urbaines et plus tranquilles. Pour ceux qui décident de séjourner ici, les activités ne manquent pas, et les environs sont facilement accessibles pour des excursions à la journée : îles de rêve, plongée sous-marine, sites archéologiques... Bref, de quoi passer du bon temps et claquer des dollars.

Shopping

Cancún compte de nombreux *shopping centers*. L'artisanat et les grandes marques de prêt-à- porter sont honorablement représentés dans la zone hôtelière au tarif « touriste sans discussion ». Plus populaire, le Mercado 28 dans le centre-ville propose tout un tas d'articles dont la plupart sont plutôt fabriqués de l'autre côté de l'océan Pacifique. A savoir : Cancún et l'État du Quintana Roo n'appliquent pas de taxes sur les cosmétiques et produits de luxe. Les parfums et cosmétiques y sont 30 % moins chers. Nombreuses boutiques en *duty free* avenue Tulum.

Tourisme

L'activité principale à Cancún, c'est le farniente sur la plage, les sports nautiques et le golf. Mais pour les vacanciers qui ne tiennent pas en place, sachez que Cancún possède 4 petits sites archéologiques et un musée consacré à la civilisation maya. Aucun intérêt cependant si vous avez visité auparavant Coba ou Chichén Itzá. Plus intéressant : la création d'un musée sous-marin, entre Cancún et Isla Mujeres.

Transports

Il est facile de se déplacer dans Cancún. On peut aussi circuler en bus entre le centre-ville et la zone hôtelière, la ligne R1 offre la liaison constante (24h/24) jusqu'à Punta Nizuc, tout au bout du boulevard Kukulcán. Le terminal de bus se situe à l'angle des avenues Tulum et Uxmal, près de la gare routière ADO.

PLAYAS ★★

Cancún compte 22 km de plages de sable blanc pour tous les goûts : eaux calmes, vagues, bondées, festives ou plus tranquilles. Elles sont en principe toutes publiques. La loi prévoit en effet que les 20 mètres de plage à partir de rivage ne peuvent être privatisés. Néanmoins, les hôtels qui ne laissent souvent aucun accès pour y accéder. Burlesque : les plages sont publiques et libres d'accès, pour peu qu'on y arrive par la mer... Pas d'inquiétude toutefois si vous ne logez pas dans un hôtel du coin, plusieurs accès sont tout de même disponibles.

El Mirador.

© JDROSS75 - SHUTTERSTOCK.COM

Playas.

MUSEO MAYA DE CANCÚN & SITIO DE SAN MIGUELITO ★★★

Blvd Kukulcán km 16 ✆ +52 998 8853842
Ouvert du mardi au dimanche de 9h à 18h. Entrée : 80 $. Inclut l'accès au site archéologique de San Miguelito.

Inauguré en 2012 pour remplacer l'ancien musée archéologique de Cancún détruit par des ouragans successifs, le Museo Maya présente une architecture moderne qui s'intègre plutôt bien dans le site, à proximité des ruines mayas de San Miguelito. Le Musée Maya expose l'une des collections les plus importantes du pays, une belle surprise dans cette ville plus connue pour la fête et le farniente que pour son aspect culturel. Y sont exposés plus de 3 500 objets découverts dans le Quintana Roo, ainsi que des pièces de sites plus lointains, comme Palenque, Chichén Itzá, ou Comalcalco. La première salle d'exposition retrace de façon chronologique l'histoire des peuples mayas de la région, tandis que la deuxième salle aborde différents aspects de la culture maya : art, cosmovision, vie quotidienne, architecture... La troisième salle accueille des expositions temporaires sur les Mayas. Juste derrière le musée part un sentier qui rejoint la zone archéologique de San Miguelito. Ce site n'est pas aussi impressionnant que d'autres du Quintana Roo, comme ceux de Tulum ou Cobá, mais peut constituer une bonne introduction au monde maya et illustrer ce que l'on a appris dans le musée. La cité fut habitée durant la période postclassique (1200 et 1550 ap. J.-C.) et est considérée comme la zone d'occupation maya la plus importante de la région. Une quarantaine d'édifices y ont été découverts, dont quatorze sont ouverts au public, comme une petite pyramide et un palais à colonnes.

MUSEO SUBACUATICO DE ARTE (MUSA) ★★★

Sous l'océan, entre Cancún et isla Mujeres
✆ +52 998 810 4508
www.musamexico.org
Compter environ 50 US$ en snorkeling ou bateau. 145 US$ pour 2 plongées avec initiation, 90 US$ sans initiation.

Le plus grand musée sous-marin au monde ! De 2009 à 2013, le sculpteur anglais Jason de Caires Taylor, avec l'aide de plusieurs artistes plastiques mexicains (dont Rodrigo Quiñones Reyes et Karen Salinas Martínez), a installé plus de 500 sculptures anthropomorphes de grandes dimensions sous la mer, entre Cancún et Isla Mujeres. Les œuvres, réparties sur une zone de 420 m², sont construites en ciment alcalin qui facilite la colonisation par les espèces marines et l'implantation du corail. Ces sculptures évoluent donc dans le temps. Elles ont été immergées à différents endroits, dans des «galeries» aux thématiques variées. L'idée est que ces sculptures favorisent la régénération de la barrière de corail, menacée par le tourisme de masse et les ouragans qui touchent la région. On peut explorer les fonds sous-marins de trois façons différentes : la première, à bord d'un bateau équipé d'un fond de verre, permet d'avoir des explications en direct au-dessus des sculptures, mais une bonne visibilité est nécessaire. Bien pour ceux qui ne souhaitent pas se mettre à l'eau, mais on perd beaucoup de l'expérience. La deuxième est en snorkeling, à Punta Nizuc. Les sculptures se trouvent à 4 mètres de profondeur, mais on doit conserver son gilet de sauvetage, ce qui limite un peu l'exploration. La troisième option est la plongée sous-marine via l'un des centres de plongée de la région. L'immersion se fait à Manchones, où la profondeur est de 8 mètres. Une expérience fascinante.

AEROPUERTO DE CANCÚN

Carretera Cancún-Chetumal km 22
+52 998 848 7200
www.cancun-airport.net
Ouvert 24h/24. Distributeurs, bureaux de change, location de véhicules, informations touristiques, Wifi gratuit.

L'aéroport international Benito Juárez est le principal aéroport du sud-est du Mexique. Vols réguliers en provenance d'Europe, des États-Unis, du Canada, de Cuba, du Guatemala, de Colombie ou du Brésil, entre autres, avec Air France, Air Europa, United Airlines, American Airlines, Cubana de aviación... Les compagnies intérieures (Interjet, Volaris, Vivaaerobus, Magnicharters, Aeromar et Aeroméxico) desservent Mexico, Mérida, Villahermosa, Acapulco et d'autres destinations nationales. On peut rejoindre Cancún en taxi, en bus, ou en camionnette partagée de type van.

ULTRAMAR

Avenida Lopez Portillo
+52 998 881 5890
www.ultramarferry.com
Depuis Puerto Juárez : 190 $ l'aller. Depuis Playa Tortugas, Playa Caracol et El Embarcadero : 21 US$ l'aller-retour.

Cette compagnie de ferry dessert Isla Mujeres depuis Puerto Juárez. Départs toutes les demi-heures entre 5h et 20h30, puis à 21h30, 22h30 et 23h30, dans un ferry rapide et climatisé. Ultramar propose également des départs depuis la zone hôtelière, boulevard Kukulcán : El Embarcadero (Km 4), Playa Tortuga (Km 6,5) et Playa Caracol (Km 9,5). Les enfants de moins de 1,20 mètre de haut payent le tarif enfant. Gratuit pour les moins d'un an. Egalement des forfaits transport terrestre + ferry depuis Cancún pour rejoindre Cozumel via Playa del Carmen.

CASA TORTUGAS BOUTIQUE HOTEL €€

Blvd. Kukulcan km 6,5, Calle Cenzotle #4
+52 1 998 186 7894
www.casatortugas.com
Studio à partir de 100 US$, suite avec deux chambres à partir de 180 US$.

Des appartements confortables et bien équipés offrant une solution parfaite pour les moyens budgets. Le calme est absolu dans le petit jardin qui borde la lagune, sur laquelle donne une superbe piscine. Kayaks à disposition et Playa Tortugas (et ses ferries pour Isla Mujeres) à 5 minutes. On peut même s'offrir ici un massage sur demande. La location des appartements est à la journée, à la semaine, ou au mois. Une des adresses les moins chères de la zone hôtelière, pas dénuée de charme.

ECO HOTEL EL REY DEL CARIBE €€

Uxmal #24, SM 2-A, Mz 3, L18
+52 998 884 2028
www.elreydelcaribe.com
A partir de 65 US$, excellent petit déjeuner de courtoisie. Réductions en ligne et pour séjour de plusieurs jours.

Une petite bulle de tranquillité au cœur de Cancún. Architecture coloniale et agréable patio envahi de plantes tropicales. Les chambres confortables donnent sur la piscine et le bain bouillonnant. Les technologies alternatives utilisées font de l'hôtel un modèle en matière d'écologie. C'est aussi un centre de bien-être où il est possible de profiter de massages relaxants, aux huiles, ou bien s'initier à l'aromathérapie. Accueil chaleureux des propriétaires qui vivent dans l'hôtel.

LE BLANC SPA RESORT €€€

Boulevard Kukulcan km10 +1 800 518 5301
www.leblancsparesort.com
A partir de 500 US$ par personne en plan all-inclusive. Certaines suites sont réservées uniquement à parir de 5 jours.

L'un des plus luxueux hôtels de Cancún. Réparti sur 2 hectares et disposant d'une plage magnifique juste devant ses installations. Le décor est épuré et la vue sur la mer incroyable depuis la piscine infinie. L'établissement est *All Inclusive* et réservé aux adultes seulement. Bon choix de restaurants, et spectacles ou activités organisées tous les jours. Les chambres sont belles et spacieuses, avec bain à remous pour deux personnes. Cadre et ambiance romantiques. L'ensemble du personnel est attentionné et d'une grande gentillesse. Un hôtel idéal pour les couples.

MEXIQUE DÉCOUVERTE

8 Calle rinconada Punta Allen
+52 55 4548 0866
www.mexique-decouverte.com
Agence francophone sur site et service de conciergerie.

Brigitte et Jean-Charles, un charmant couple de professionnels du tourisme, organisent des circuits, *road trips* et autotours dans tout le Mexique, de la péninsule du Yucatán jusqu'en Basse-Californie. Forts d'une grande connaissance du pays, d'un service personnalisé et très attentifs aux moindres détails, vous pouvez les contacter les yeux fermés pour dessiner votre circuit sur mesure et connaître en profondeur ce magnifique pays. Idéal pour ceux qui veulent s'offrir un beau voyage en famille ou en lune de miel et laisser les soucis à la maison.

ROLANDI'S RESTAURANTE BAR & PIZZERIA €

Avenida Cobá #12
✆ +52 998 884 4047
Ouvert tous les jours de 13h à minuit.
Plats de 200 à 560 $. Livraison à l'hôtel possible.

Ce restaurant italien sert des *antipasti*, pizzas au feu de bois, plats de pâte et autres préparations plus formelles. Bien que situé sur la bruyante avenue Cobá, le petit patio ombragé et entouré de plantes, au fond du restaurant, offre un cadre agréable. C'est un restaurant traditionnel de Cancún qui a ses habitués, principalement mexicains. L'ambiance est donc familiale et conviviale, ce qui compense une cuisine correcte mais pas exceptionnelle pour les amateurs de cuisine italienne.

PETER'S RESTAURANT €€

Av. Bonampak entre calle Sierra et Robalo
✆ +52 998 251 9310
Du mardi au samedi de 18h à 22h.
Plats de poissons et viandes aux alentours de 350 $. Pièces du boucher 550 $.

Petit bistro qui sert l'une des meilleures et plus sincères cuisines internationales de la ville. Ici, l'accueil est chaleureux et personnalisé et on se croirait presque de retour à la maison. Les incorrigibles conservateurs y trouveront même une terrine et un sauté de foie gras. Mais les références ne sont pas que françaises, puisque la créativité du chef Peter s'étend aussi à la fusion nord et méso-américaine (pork-ribs glacés au tamarin) ou italiennes (raviolis et fettuccine). Excellente adresse à visiter au moins une fois lors de votre séjour.

CUNCRAWL

Boulevard Kukulcán km 9,5
✆ +52 1 984 165 0699
www.cuncrawl.com

Cancún est fameuse pour sa vie nocturne, mais il existe toujours le risque d'opter pour une discothèque qui ce soir-là, est totalement dénuée d'ambiance... C'est pour éviter ce genre de déception que Cuncrawl est né. Cette compagnie prend en charge votre soirée et vous amène faire la tournée des bars et discothèques du coin, en vous garantissant que c'est dans le bar où vous vous trouvez qu'il y a la meilleure ambiance... Le concept est assez innovant, mais a l'air de marcher, surtout qu'on vous garantit en plus un accès VIP au bar, table avec bouteille...

ISLA MUJERES ★★

Selon la légende, Isla Mujeres - « l'île des femmes » - doit son nom au capitaine de Córdoba qui y débarqua en 1517 à la recherche d'esclaves pour travailler dans les mines cubaines. L'île était alors un centre de culte des déesses Ixchel, Ixchebeliax, Ixhunie et Ixhunieta. Lorsque les Espagnols virent la multitude d'idoles représentant des femmes dénudées jusqu'à la taille, ils donnèrent à cette terre le nom d'île des femmes… Une seconde version raconte cependant que les Espagnols l'ont baptisée ainsi parce qu'en débarquant, ils n'y trouvèrent que des femmes, les hommes étant partis pour une longue expédition de pêche. On dit aussi que l'île se nomme ainsi parce que les pirates y cachaient leurs épouses et leurs maîtresses… Quoi qu'il en soit, Isla Mujeres est un endroit privilégié, un centre magnétique de la planète où la volupté semble s'être concentrée à haute dose. L'île n'a pas la sensualité viscérale de la jungle ni celle, culturelle, des plages brésiliennes. Elle ne se traduit par aucune stimulation visuelle tangible. Elle est là, tout simplement. Le stress semble fondre comme neige au soleil, et avec lui tous les préjugés et les idées reçues. Depuis l'apogée touristique de Cancún, le déferlement des touristes a transformé l'île. Le tourisme a remplacé la pêche comme principale source de revenus et on ne peut plus traîner dans le restaurant du coin pour voir les pêcheurs arriver avec leur prise du jour sur l'épaule. Jadis, les rues étaient uniquement faites de sable et l'on ne voyait de véhicules que sur l'unique route pavée de l'île. Maintenant, il y a pléthore de taxis, voiturettes de golf et scooters qui pétaradent d'un bout à l'autre. Et pourtant, le charme d'Isla Mujeres semble indestructible. L'île des femmes reste un endroit magique. Il n'y a rien d'autre à faire que de se détendre et oublier les tensions du monde civilisé. Après un séjour d'une semaine, le risque de se demander s'il est bien raisonnable de retourner à la « vraie vie » est probable ! Isla Mujeres est la bienfaitrice de Cancún : elle constitue une protection naturelle. Ses plages côté nord sont donc fortement exposées au grand large et vous trouverez une mer plus apaisée côté sud. La plus belle d'entre elles se nomme Playa Norte, et au rang des grandes merveilles à contempler, l'île peut servir de point de départ idéal pour partir observer les requins-baleines qui s'installent dans le coin de juin à septembre. Isla Mujeres compte une flopée d'hôtels de toute catégorie et les restaurants ne manquent pas pour déguster les délices de la mer. La spécialité locale est le poisson Tikinxik, poisson grillé avec de l'achiote (roucou) et autres épices.

Argent

On trouve plusieurs banques avec distributeurs devant l'embarcadère du ferry. Elles font aussi bureau de change.

Pratique

Un point d'informations touristiques est situé Avenida Rueda Medina #130 entre Morelos et Nicolas Bravo (✆ +52 998 877 0767 - www.isla-mujeres.com.mx). Ouvert de 9h à 16h du lundi au vendredi.

Transports

- Pour rejoindre Isla Mujeres depuis Cancún, plusieurs options : des bateaux-navettes partent de la zone hôtelière, à hauteur du km 7 du boulevard Kukulcán (Playa Tortuga), mais il y a moins de départs et les tarifs sont plus élevés (Ultramar, 19 US$ aller-retour, départ toutes les heures entre 9h et 17h).
Des bateaux-navettes moins chers partent de Puerto Juárez, sur la route à Punta Sam. Deux compagnies : Magaña (✆ +52 998 877 0382) et Ultramar (www.ultramarferry.com ✆ +52 998 460 3084). Service équivalent. Départs toutes les demi-heures. Compter 300 $ pour un aller-retour.
Le ferry qui part de Punta Sam (6 départs par jour, 21 US$) est pratique si vous voulez transporter votre vélo sur l'île.
- Pour découvrir Isla Mujeres en indépendant, on peut louer vélo, scooter ou voiturette de golf. Compter respectivement autour de 150 $, 450 $ et 800 $ la journée (de 9h à 17h). Les tarifs des courses de taxi commencent à 50 $.

EL MECO ★

Km 2.7 de la carretera Puerto Juárez - Punta Sam
✆ +52 983 837 2411

Ouvert tous les jours de 8h à 16h30. Entrée : 55 $.

Situé sur le continent, en face d'Isla Mujeres, peu avant Punta Sam, c'est un grand site archéologique composé de plusieurs plate-formes de pierre à colonnes, disposées autour d'une pyramides de 12,5 m de hauteur. Les premières ruines datent du début de l'époque classique (300-600 après J.-C.) ; puis le site prend de l'importance dans le sillage de celui de Cobá (600-800 apr. J.-C.), pour sa position stratégique sur les routes maritimes. Il contrôlait l'accès à Isla Mujeres, qui devint durant le postclassique tardif (1200-1500 apr. J.-C.) un sanctuaire important.

SELINA POC NA ISLA MUJERES €

Matamoros #15 ✆ +52 555 351 8338
www.selina.com/mexico/isla-mujeres

A partir de 26 US$ en dortoir, 87 US$ en tipi, 100 US$ la chambre standard. Petit-déjeuner inclus.

Le Poc Na, l'un des premiers hostels du Mexique, a été repris par le groupe Selina qui l'a rénové et mis au goût du jour. L'hostel est situé au fond d'une ruelle calme, à deux pas d'une rue piétonne, et donne directement sur la plage. Installations rustiques et confortables, avec piscine, bar-resto et atmosphère chill out. L'hostel propose excursions et activités : plongée, excursions à vélo, yoga, massages, volleyball, fête sur la plage, cours d'espagnol et espace de coworking.

HOTEL LA JOYA €€

Carretera al Garrafón km 5
✆ +52 998 877 0088
www.hotellajoya.mx

Chambres double à partir de 120 US$, petit-déjeuner inclus.

Petit hôtel intimiste au toit de palme, un peu en hauteur, offrant une vue imprenable sur la mer. Piscine agréable, déco mexicaine sympa. Les chambres sont confortables et bénéficient d'une jolie vue. Celles avec terrasse sont un petit luxe dont il ne faut pas se priver, on peut y prendre son petit-déjeuner en toute tranquillité, ou se poser pour une sieste dans le hamac. L'hôtel est relativement isolé, loin de l'agitation de la partie nord de l'île. Il est préférable de louer une voiturette de golf pour son séjour, car il n'y a pas de plage à proximité immédiate.

LA CAZUELA M&J €

Guerrero y Abasolo
✆ +55 998 877 0734
www.lacazuelamj.com

Ouvert du mardi au dimanche de 7h à 14h. Compter autour de 100 $ la cazuela.

Ce petit restaurant familial sans prétention est réputé comme l'un des meilleurs endroits pour prendre le petit-déjeuner. La salle est joyeuse et colorée, mais il peut y faire chaud, préférez la terrasse ombragée qui offre un peu plus d'air et le spectacle de la rue. Les spécialités de la maison sont les « cazuelas », des œufs cocotte agrémentés de différents légumes, cuits dans des ramequins en terre cuite. Jus de fruits frais, omelettes et crêpes en tout genre, à accompagner d'un très bon café. Les portions sont généreuses et le service est sympa.

ISLA CONTOY ★★

L'île se situe à 30 km au nord d'Isla Mujeres, où se mêlent les eaux de la mer des Caraïbes et celles du golfe du Mexique. Le récif d'Ixlaché, au sud de l'île, marque le début de la grande barrière de corail mésoaméricaine qui s'étend jusqu'au Honduras. Contoy est une petite île de moins de 9 km de long pour 800 m de large. Pourtant, elle est considérée comme le plus important refuge d'oiseaux des Caraïbes mexicaines, raison pour laquelle elle a été déclarée parc naturel. 152 espèces y ont été répertoriées, parmi lesquelles la frégate, le cormoran, le pélican café, le dindon sauvage, le flamant rose et l'oiseau bobo. La totalité de l'île est encore vierge et on peut apprécier la végétation intacte des mangroves, qui sert de refuge à de nombreuses espèces de reptiles et de mammifères. Les eaux marines sont aussi riches en poissons de toutes sortes, dont le requin-baleine (de juin à septembre) ou la raie manta, et trois espèces de tortues qui viennent pondre sur l'île.

Pratique

- **Le nombre de visiteurs sur l'île est limité à 200 personnes par jour.** Seules les activités écotouristiques sont autorisées : balades à pied à travers des sentiers, observation des oiseaux, snorkeling… Il n'y a qu'un seul restaurant, pas de boutique et seule une partie de l'île est ouverte aux visiteurs.
- **On ne peut se rendre à Isla Contoy** que dans le cadre d'excursions organisées, au départ de Cancún ou Isla Mujeres, via des agences autorisées, comme Asterix Tours (www.contoytours.com) ou Kolumbus Tours (www.kolumbustours.com). Les prix, comme les activités au programme, sont similaires dans les agences. Compter autour de 100 US$ par personne pour un trajet en bateau jusqu'à l'île, balade et observation des oiseaux, déjeuner traditionnel, bronzette sur une plage déserte et baignade dans des eaux cristallines. Départ en début d'après-midi. Les embarcations partent généralement à 9h de Cancún et reviennent vers 17h, après une visite libre d'une heure environ à Isla Mujeres (si l'on vient de Cancún). Il faut donc prévoir une journée entière pour l'excursion.
- **A savoir :** dans cet environnement préservé, l'usage de la crème solaire (même naturelle) est interdit ; prévoyez un t-shirt ou une combinaison pour vous protéger du soleil lors des baignades pour ne pas vous transformer en écrevisse. Il est également interdit de fumer.

© INGA LOCMELE - SHUTTERSTOCK.COM

Vue sur Isla Contoy.

ASTERIX TOURS ☛

Marina V&V Playa Mujeres
✆ +52 998 886 4270
www.contoytours.com
Au départ de Cancún, tarif : 110 US$ par adulte. Rajouter 12 US$ pour l'usage du port.

Cette agence organise des excursions à Isla Contoy tous les jours du mardi au dimanche. Le départ a lieu à 9h de la Marina V&V Playa Mujeres à Cancún, et le retour se fait aux alentours de 17h. L'excursion comprend également une courte visite de l'Isla Mujeres. Un petit déjeuner continental est servi à bord du bateau en direction d'Isla Mujeres, et un buffet pour le déjeuner est proposé à Isla Contoy. Possibilité de faire du snorkeling (équipement inclus). Le tarif ne comprend pas l'usage du port. Des sorties pêche en mer sont également proposées.

ISLA HOLBOX ★★★

Située à l'extrême nord de la péninsule du Yucatán, Isla Holbox est le paradis des Caraïbes mexicaines. Son nom est quelque peu trompeur puisque Isla Holbox n'est pas à proprement parler une île, sinon une étroite frange de terre qui se trouve séparée de la péninsule par la lagune de Yalahau. Mais une fois arrivé à Holbox, on y ressent la même sensation d'isolement que si l'on était sur une île au milieu de l'océan. Jusqu'à récemment, les oiseaux étaient presque plus nombreux que les hommes et c'est avec eux principalement que vous partagiez les plages de sable fin de l'île, où l'on trouve la plupart des coquillages qui servent à fabriquer les colliers et les lampes qui se vendent dans les marchés d'artisanat de Cancún. Bien qu'Isla Holbox compte aujourd'hui quelques hôtels, la majorité de l'île reste encore vierge la plupart de l'année et les habitants continuent à se consacrer à la pêche, comme le faisaient leurs grands-parents et arrière-grands-parents... On peut visiter Isla Holbox seul ou dans le cadre d'une excursion organisée à la journée. Si vous choisissez d'explorer l'île en indépendant, il vous faudra passer au moins une nuit sur place, du fait des horaires de bus et de bateau. Les tours organisés permettent de faire l'aller-retour dans la journée depuis Cancún, tout en découvrant les incontournables de l'île (autour de 90 US$ par personne l'excursion d'une douzaine d'heures, repas et boissons compris), mais il est vraiment dommage de ne rester qu'une journée dans ce petit paradis. Prévoir suffisamment de cash car l'unique distributeur sur la place principale est parfois vide (s'y rendre tôt en haute saison).

Transports

Holbox est accessible facilement depuis Cancún ou Playa del Carmen. Il faut d'abord rejoindre le port de Chiquilá (2 heures 30 de bus avec la compagnie ADO, 290 $ depuis Cancún). Si l'on arrive en voiture, on peut la laisser dans différents parkings du village (50-100 $ par jour). De là, deux compagnies de ferry (Holbox Express et 9 Hermanos) rejoignent Holbox en 20 minutes (200 $). Départ toutes les heures entre 6h et 20h-21h. Le quai d'arrivée à Holbox se trouve à 700 m du centre, facilement accessible à pied ou en voiturette de golf-taxi (30 $ en ville, 100 $ jusqu'à Punta Coco).

▶ A Holbox les rues sont sableuses et les voitures sont interdites. On peut louer un vélo (35 $ de l'heure, 250 $ la journée) ou une voiturette de golf (200-300 $ l'heure, à partir de 1 000 $ la journée).

LAGUNA YALAHAU ★★

Découverte en tours organisés.

Durant votre passage à Isla Holbox, vous ne pouvez manquer de visiter la lagune de Yalahau et le célèbre « Ojo de agua », un bassin d'eau cristalline qui servait à revitaliser les voyageurs au temps des anciens Mayas. Au milieu de la lagune de Yalahau, se trouve également une petite île, Isla Parajos, qui abrite près de 140 espèces différentes d'oiseaux et vous permettra de découvrir flamants roses, frégates et pélicans gris. Les visiteurs les plus sportifs pourront choisir de nager avec les requins-baleines (de juin à septembre) ou encore d'apprendre le kitesurf.

HOTEL CASA LAS TORTUGAS €€

✆ +52 984 875 2129
www.holboxcasalastortugas.com
21 chambres. À partir de 300 US$ la nuit en chambre double.

Cet hôtel familial créé en 2003 par un couple d'Italiens est situé en bordure de la plage principale. Un petit coin de paradis où tout est soigné dans les moindres détails, qu'il s'agisse de la décoration des chambres, ou du service efficace et chaleureux. L'établissement propose de nombreuses activités : pêche, kitesurf, promenade à cheval, yoga, observation des requins-baleines, etc. L'établissement dispose d'un restaurant de cuisine internationale, d'une piscine, d'un bain à remous et d'un hammam. Déconnexion du monde garantie !

Flamants roses sur Isla Holbox.

PUERTO MORELOS ★★

Entre Cancún et Playa del Carmen, Puerto Morelos possède une longue et large plage de sable blanc, qui se trouve protégée du courant par une barrière de corail cataloguée parc national. Le village est divisé en deux : une zone résidentielle et commerçante à l'intérieur des terres et la zone touristique en bord de mer, à laquelle on accède par une route traversant une mangrove intacte. Le village aux maisons basses ne compte qu'une dizaine de rues et un petit embarcadère en bois utilisé par les pêcheurs. L'ensemble conserve un charme local unique, ce village de pêcheurs ayant échappé au boom touristique de la Riviera Maya, même si le développement de *resorts* à ses marges est, comme partout ailleurs sur la côte, incontrôlé.
Le village abrite quelques hôtels, mais la principale option d'hébergement de la ville reste la location de studios (*condos*) que les Nord-Américains s'arrachent durant la saison hivernale. De nombreux restaurants sont installés le long de la plage principale, où l'on paie bien souvent plus pour la vue que pour la gastronomie. La plage de Puerto Morelos est très belle et ravira les voyageurs qui fuient la foule et préfèrent les nuits étoilées aux soirées branchées. A sa façon, Puerto Morelos est une destination plus authentique que Tulum. À noter qu'à certaines époques de l'année, la baie est affectée comme l'ensemble de la côte par les algues sargasses, qui viennent s'échouer sur les plages.

Histoire

La création du village remonte au début du XXe siècle. Le havre à l'intérieur de la barrière de corail est alors utilisé par les bateaux qui transportent la gomme du *chicle*, seule richesse alors exploitée. Une ligne de chemin de fer est d'ailleurs posée entre ce village et un autre de l'intérieur, en pleine forêt sur la route des *cenotes*, Central Vallarta. C'est là que les *chicleros* se réunissaient pour concentrer la récolte de la sève blanche du Chico Zapote. Après l'effondrement du cours du *chicle*, Puerto Morelos survécut grâce à la pêche et devient un port d'embarquement des personnes et des biens en direction de Cozumel. Au milieu du siècle se créent la coopérative des pêcheurs et une usine de congélation. Les cyclones font plier le phare, décoiffent régulièrement les cocotiers, mais pas question de partir pour ces hommes de la mer habitués à tirer leurs barques dans les rues du village, à barricader leurs maisons, puis repartir à la pêche une fois la tempête passée.

Tourisme

Mérou, marlins voiliers ou barracudas, les possibilités de pêche sont excellentes. Vous pouvez vous mettre d'accord avec des pêcheurs sur le quai pour passer une journée à bord de leurs *pangas*. L'autre option plus luxueuse est de partir sur un yacht depuis la marina située à 2 km du village. Il faudra alors sortir quelques dollars de plus, mais tout se négocie.

Transports

Puerto Morelos est desservi par la compagnie ADO. Les bus s'arrêtent au pont autoroutier sur la route côtière. Pour rejoindre le centre de Puerto, les taxis prennent en gros 200 US$ pour rejoindre le village, tarif touriste... On peut tout aussi bien attendre le bus, puis prendre un taxi vers son hôtel depuis le centre village.

PARQUE NACIONAL ARRECIFE DE PUERTO MORELOS ★★

Sorties régulières avec masques et tubas depuis la coopérative installée à côté du phare : 40 US$.

Les eaux de Puerto Morelos accueillent une partie du récif de la grande barrière de corail mésoaméricaine. Un parc national a été créé pour protéger le récif, bien conservé, grâce à une prise de conscience de la population et au travail des centres de plongée. Ces derniers proposent leur service pour des plongées bouteille, mais le plus commun reste de partir avec palmes, masque et tuba : la coopérative sise à côté du phare vend les billets pour s'y rendre. Départs constants.

© ZHUZHU - ISTOCKPHOTO.COM

Puerto Morelos.

RUTA DE LOS CENOTES ★★

Carretera Puerto Morelos-Leona Vicario

Ouvert tous les jours de 8h30 à 17h.

Puerto Morelos est une base idéale pour partir à la découverte des cenotes qui se trouvent à l'intérieur des terres. La route de 45 km qui unit Puerto Morelos à Leona Vicario est d'ailleurs connue comme la « Route des cenotes ». Les cenotes sont administrés par des particuliers ou des communautés mayas. Certains ont été aménagés en parc d'aventure, mais cette « disneylandisation » n'a pas grand intérêt car l'aventure reste sans conteste la baignade dans les cenotes vierges de toute installation ostentatoire, qu'ils soient ouverts, semi-couverts ou souterrains. Pour rejoindre les sites, le plus simple est de passer par une agence ou d'avoir son propre véhicule. On peut aussi prendre un *colectivo* pour Leona Vicario, mais certains cenotes sont loin de la route, parfois à plusieurs kilomètres comme ceux de Kin ha ou de La Noria. L'écran solaire est interdit et on vous demandera de vous rincer afin de pénétrer dans ces puits sacrés. En voici une sélection :

- **Cenote Siete Bocas** (km 15,5 / 400 $). Un des mieux préservés de la région, aux installations minimes et rustiques. On trouve sept points d'accès le long d'un sentier de 8 km que l'on peut parcourir en vélo. Les entrées communiquent entre elles et on peut nager de l'une à l'autre. Sous l'eau, on aperçoit des tunnels où pullulent stalactites et stalagmites.
- **Cenote Verde Lucero** (km 17 / 200 $) est un *cenote* à ciel ouvert dont la couleur de l'eau change au fil des heures de la journée. Bucolique et paisible. Tyrolienne, observation d'oiseau, snorkeling et plate-formes pour plonger depuis les hauteurs.
- **Reserva Toh** (km 19 / 120 $). Une réserve biologique de 500 ha qui abrite trois cenotes. Les mesures de conservation ont permis le retour d'une grande quantité d'espèces en danger d'extinction, telles que jaguar, cervidés, singes et tapirs. On y trouve aussi la plantation la plus grande de cèdre rouge de toute la Quintana Roo. Un guide spécialisé peut vous emmener observer les oiseaux (plus de 100 espèces) et si vous arrivez suffisamment tôt le matin (la réserve ouvre à 6h) vous pourrez voir cerfs, singes ou tapirs. L'endroit organise aussi marches nocturnes et séances de méditation.
- **Cenote La Noria** (km 20 / 450 $). Souterrain et un des plus grands de la zone (18 m de profondeur et 47 m de diamètre). On peut camper sur place.
- **Cenote Kin-Ha** (km 20 / 350 $). Peut-être le plus beau d'entre tous, sa grande profondeur (50 mètres) est idéale pour pratiquer la plongée. Les rayons de soleil qui s'y infiltrent créent un merveilleux effet lumineux. On peut y pratiquer le kayak, snorkeling et le plongeon.

RANCHO SAK-OL €€

Super Manzana 7 Lote 3, 77580 Puerto Morelos, Mexique

✆ +52 1 998 871 0182

www.ranchosakol.com

13 chambres, de 95 à 150 US$.

Offres spéciales sur le site.

Le Rancho Sak-Ol est installé face à la mer, à l'écart du village, dans des grandes maisons de deux étages. Coup de cœur pour les lits-balançoires accrochés aux poutres du plafond par des cordes, une expérience sympa ! La conception du lieu est harmonieuse, l'espace commun est ouvert sur la mer et la plage. Une cuisine commune est en libre service et un buffet petit déjeuner inclus. Une très bonne option, avec à disposition vélos, masques et tubas. Jardin et bar sur le toit. La plage de l'hôtel a beaucoup de rochers, prévoir des chaussures d'eau.

BLUE MORELOS €

Av. Javier Rojo Gómez

✆ +52 998 109 0004

Ouvert du mercredi au lundi et les jours fériés de 8h à 21h. Tostadas de poissons et fruits de mer entre 40 et 60 $.

Petit local très sympa, en toute simplicité, qui envoie des superbes *tostadas* (galettes de maïs grillées) de poissons et fruits de mer. Pour les préparations froides, laissez-vous tenter par les *tostadas de ceviche* ou *aguachile* (poulpe, crevette, thon, saumon ou poisson du coin). Envie d'un petit plat chaud ? Rabattez-vous sur les *tostadas* de thon grillé ou mariné, de crevette à la noix de coco ou même de *portobello* (champignon). Dé-li-cieux. Les petits-déjeuners ne sont pas mal non plus, avec omelettes, *molletes* et *chilaquiles* au programme.

OM DELFIN SCUBA DIVE

Calle Rafael E. Melgar SM01 M2 L4, Lot 05

✆ +52 998 108 1683

www.omdelfin.com

Ouvert tous les jours de 8h à 17h.

Petit centre de plongée situé sur la deuxième barrière de corail la plus grande du monde. Delphine et son équipe de passionnés vous feront découvrir les magnifiques récifs de Puerto Morelos, de Cozumel ou les sublimes *cenotes* du Yucatán, dans une ambiance familiale et décontractée. Ils offrent des cours et sorties pour les novices comme pour les plongeurs expérimentés. Excursions en petits groupes uniquement et encadrées par des instructeurs expérimentés et trilingues. Egalement tours archéologiques (Tulum, Coba, Chichen Itza), catamaran, pêche, etc.

PLAYA DEL CARMEN ★★

Mondialement connue, Playa del Carmen, aménagée en lieu et place de l'exubérante forêt du Yucatán, est située au bord d'une eau cristalline et chaude à souhait. En 1562, la zone originellement connue comme Xaman Há est conquise par Francisco Montejo, qui y fonde un établissement à l'endroit où se situe actuellement Xel-Há. C'est finalement durant le XIXe siècle que l'activité s'y développe, autour de campements d'exploitation de bois précieux ; puis la Guerre des Castes repousse vers la frange côtière une partie de la population expropriée de la péninsule. Le village grandit peu au cours du XXe siècle, restant majoritairement un village de pêcheurs. Attirée en grande partie par le bouche-à-oreille, une armée de voyageurs y arrive au début des années 1980 en provenance d'Europe, des États-Unis et d'Amérique latine. Le développement touristique est amorcé, bientôt relayé par les investisseurs et promoteurs immobiliers qui transforment en 20 ans ce petit village en grande ville de 200 000 habitants. Playa del Carmen est ainsi devenue une station balnéaire où l'on vient passer la semaine depuis les quatre coins du globe : elle est considérée à la fois cool, festive, branchée et sportive (pour la plongée).

Shopping

La Quinta Avenida, la Cinquième Avenue, est la rue commerçante de Playa. Pour ceux qui logent près de cette artère qu'il faut de toutes manières traverser pour accéder à la plage, l'overdose se fera vite sentir. Il y a des centaines et des centaines de boutiques, plaisir ou calvaire… Pas de souci évidemment pour trouver des distributeurs bancaires en ville.

Tourisme

Playa del Carmen regorge d'activités, à commencer par celles liées à la mer : voile, plongée, kitesurf... Le succès du Parc Xcaret a aussi conduit à la création de nombreux parcs d'aventure dans la jungle, qui misent sur les sensations extrêmes : Emotions Native Park, Punta Venado Adventure Park, Kantuchi Park à Puerto Aventuras, Rio Secreto... Face à la « disneylandisation » de la jungle (et à sa destruction), des parcs de conservation animale à vocation écologique sont aussi apparus : The Jungle Place, L'Avario Xaman Ha... Avec tout ça, pas de quoi s'ennuyer, mais il faut être prêt à y mettre le prix !

L'office de tourisme municipal (Av. Juárez et Av. 15) ouvre tous les jours de 9h à 20h, le dimanche jusqu'à 17h.

Transports

La compagnie ADO offre un service de navette régulier entre Playa del Carmen et Cancún ou Tulum. Il y a deux gares routières à Playa : l'ADO Terminal Alterna et l'Ado Terminal Turística. Le premier (Av. 20, entre Calle 12 et cClle 14) accueille les bus longue distance (Campeche, Veracruz, Palenque via Chetumal ou San Cristóbal de Las Casas). L'ADO Terminal Turística (Av. Juárez et Avenida 5) accueille les bus régionaux (Tulum, Cancún...). Egalement des navettes de Playa Express (Calle 2 et Av. 20) desservant Puerto Morales (40 minutes, 25 $) et Cancún (1 heure 15, 40 $). Des colectivos (Calle 2 S/N et Av. 20) desservent Tulum et Cancún. Ils partent tous les quarts d'heure environ, en fait dès qu'ils sont pleins. Ils s'arrêtent partout et à la demande, et ne sont pas chers. Pratique pour rejoindre des cenotes ou d'autres sites touristiques proches de la route.

- Pour rejoindre Cozumel, les compagnies de ferries Ultramar (www.granpuerto.com.mx) et Mexico Waterjets (www.mexicowaterjets.com) ont une dizaine de trajets par jour, pour 30 minutes de traversée.

UNIVERS MAYA

✆ +52 984 132 1859 - univers-maya.fr

Excursions en petits groupes seulement, accompagné par des guides certifiés francophones.

Cette agence francophone, créée par Hélène, est orientée vers un tourisme responsable. Trois types de tours, axés sur la découverte de la nature, de la culture et de l'histoire du monde maya. Plus que de simples excursions, ces tours vous font partager les activités quotidiennes des Mayas. Tout est personnalisé en fonction de vos attentes et de votre budget. L'agence propose aussi un appartement pour vous permettre de passer vos vacances en couple ou en famille. Celui-ci est situé dans Playacar, à quelque pas de la plage et dans un cadre idyllique.

H&L TOURS

✆ + 52 1 984 120 3939
www.h-ltours.com
Tarifs à demander par e-mail. Propose aussi des circuits personnalisés sur demande.
Halima et Luciano, des Belges amoureux de la région, proposent des tours de qualité avec des guides francophones. Les excursions se font en petits groupes pour plus de souplesse. Pour le circuit Coba intensif par exemple, la journée se décompose en plusieurs temps : visite de Tulum, baignade dans un *cenote*, repas traditionnel maya dans un resto typique, tours de vélo à Coba, et enfin visite d'un village maya. Les autres destinations incluent les immanquables Chichen Itza, Sian Ka'an, Isla Mujeres, Rio Lagartos - Ek Balam, etc. Service à la carte et super accueil.

PLAGES ★★

Les plages au Mexique sont libre d'accès et gratuites, en théorie. En pratique et en toute illégalité, beaucoup d'hôtels de plage font déguerpir les touristes qui ne sont pas leurs clients. La plage comprise entre la Calle 1 Norte et l'Avenida Benito Juárez est bordée de bars et restaurants qui, en échange de votre consommation, mettent à votre disposition des transats et des parasols, avec musique plus ou moins forte selon les lieux. Ces lieux sont appelés « beach club ». Parmi les plus trendy de Playa del Carmen figurent le Mamita's Beach Club, qui propose une ambiance lounge sur des lits posés à même le sable – agréable et intéressant pour observer les *mamonés* (expression locale pour désigner les snobs) –, et le Blue Parrot. Au sud de l'embarcadère d'où partent les bateaux pour Cozumel se trouve le complexe immobilier et hôtelier Playacar, qui fait face à une belle plage de sable blanc. Cette plage n'est pas envahie par les transats et les restaurants et se prête mieux aux jeux de plage et à la bronzette. Par contre, si vous n'êtes pas logé dans les complexes hôteliers de Playacar, il est difficile d'y accéder. Sachez que l'entrée publique à la plage se trouve au niveau de la rue Retorno Palenque. La plage est aussi plus tranquille vers le nord de Playa del Carmen, à Punta Esmeralda. C'est l'endroit préféré des locaux qui s'y rendent le week-end, en semaine c'est beaucoup plus tranquille. Sur cette plage, on trouve un *cenote* qui, selon le panneau d'avertissement, serait habité par deux crocodiles…

VRM VIVIENDO LA RIVIERA MAYA

✆ +52 998 258 89 48
www.viviendolarivieramaya.com
Excursions et circuits consultables en ligne. Réservations sur WhatsApp ou sur le site web.

© VRM VIVIENDO LA RIVIERA MAYA

Agence écoresponsable tenue par Marine, qui organise des journées authentiques avec la coopérative maya. Ses guides francophones vous accompagnent hors des sentiers battus pour une expérience unique. Une façon chaleureuse et exceptionnelle de découvrir l'univers maya : cuisine, cérémonie, échanges en famille. Marine propose aussi les incontournables : sites archéologiques, îles, réserves naturelles où l'on va de surprise en surprise avec pélicans, dauphins, tortues et singes hurleurs.

MAYA KA'AN

Paseo Coba, Mza 29, Lte 3, Local 309 al 312
www.caribemexicano.travel/maya-kaan

C'est le pendant durable et pro-environnemental du concept de Riviera Maya : bienvenue dans le «royaume des Mayas». Ici, on trouve tous les contacts et informations détaillées concernant les projets de tourisme rural et communautaire du Quintana Roo. Le but est de tenter de compenser la politique de développement du tourisme de masse de la côte et d'impulser le développement local et régional sur le terrain, loin des investisseurs et promoteurs en tout genre : promouvoir l'artisanat, les produits agricoles et médicinaux, etc.

DEL MUNDO TOURS

Avenida 10 Sur ✆ +52 984 198 0927
www.delmundotours.com

Réservations en ligne de préférence ou directement à l'agence de 9h à 19h tous les jours, même le dimanche.

Cette agence francophone, montée il y a quelques années par un photographe belge, offre des excursions à la journée en petits groupes ou en privé, loin du tourisme de masse et en recherchant l'authenticité. On est en général dans les premiers sur les sites, emmenés par une équipe jeune et dynamique. Des excursions incontournables (sites archéologiques, plages paradisiaques, plongée masque et tuba, réserves naturelles, etc.), mais aussi des expériences exclusives, comme le Tour Culturel à la rencontre des populations locales. A découvrir en passant les voir !

THE REEF PLAYACAR €€

Paseo Xaman-Ha, Retorno Sayil, s/n
✆ +52 984 873 4120
www.thereefresorts.com/reefplayacar

A partir de 220 US$ la chambre double avec petit-déjeuner. Offres all inclusives à partir de 180 US$ par personne.

Situé à Playacar, le quartier du golf de Playa del Carmen, The Reef est un resort plus intime que ses voisins, offrant des packages *all inclusive* c'est-à-dire tout compris : hébergement, repas, boissons, activités, spectacles, animations... Belle plage de sable blanc à 1 km du centre de Playa. Les chambres sont bien équipées, avec des terrasses séparées par des plantations tropicales. Cinq bars, trois restaurants, deux piscines. Egalement des activités payantes : catamaran, plongée, snorkeling et de nombreuses excursions proposées dans la région.

HOTEL LA SEMILLA €€€

Calle 38 Norte
✆ +52 984 147 3234
www.hotellasemilla.com

9 chambres, à partir de 160 US$ pour deux, petit déjeuner compris.

Hôtel calme et plein de charme situé dans la zone la plus « in » de Playa et à 50 m de la plage. La décoration, soignée dans les moindres détails, est inspirée par le mouvement « Rough Luxe ». Il faut comprendre par là que la décoration de l'hôtel se compose de meubles et objets anciens, qui créent un contraste avec l'environnement moderne. Le résultat est très réussi ! Les chambres, plus ou moins spacieuses selon les prix, donnent sur un joli jardin tropical, où l'on peut faire connaissance le soir avec d'autres clients et où est servi un petit-déjeuner complet.

LONCHERIA DOÑA MARY €

Av 30 con calle 28, colonia Gonzalo Guerrero
✆ +52 984 142 2882

Tous les jours sauf le lundi de 18h à 1h. Caldos dès 50 $ et délices populaires mexicains entre 10 et 20 $.

Le cadre n'est pas folichon avec ses tables en plastique et sa déco Coca-Cola, mais l'accueil est chaleureux et typique dans cette gargote à l'angle de deux rues. C'est un endroit à connaître si vous souhaitez à la fois goûter à la cuisine authentique de la péninsule du Yucatán et vous plonger dans une ambiance bien plus locale et familiale que celle des quartiers touristiques. Ici, les *caldos de pollo* font fureur et on trouve *empanadas, salbutes et panuchos* au rapport qualité-prix imbattable. De bons licuados au melon ou à la fraise aussi, pour se rafraîchir.

ELITE DIVERS INTERNATIONAL

Centro Maya © +521 998 345 1064
www.elitediversinternational.com
Plongées guidées en mer à partir de 110 US$ et en cenotes à partir de 160 US$, équipement inclus.

Centre de plongée tenu par Anne-Laure et Arthur, deux Français passionnés. Le centre accueille initiés comme débutants désireux de se former. Plongées privées ou en petits groupes dans les *cenotes* ainsi que dans le Parc Marin de Cozumel et la Réserve Marine de Playa del Carmen, avec ses fameux requin-bouledogues. Cours de plongée souterraine pour les plus aventureux. Equipement de location haut de gamme et instructeurs techniques multilingues. Tours avec les requin-baleines en été.

BELLEVILLE €

Carretera Federal Cancún Tulum entre Av Juarez y, C. 1 Sur
© +52 984 801 0115
Ouvert de 8h à 18h du mardi au dimanche. Plats de 65 à 150 pesos. Baguette 24 pesos et croissant 29 pesos.

Belleville est la nouvelle boulangerie-pâtisserie française de Playa del Carmen. On y trouve bien sûr des pâtisseries françaises, des petits déjeuners, des sandwichs, du café et des jus. Elle est certes plus excentrée de la zone touristique que d'autres, mais elle propose des produits de qualité et des prix plus doux. Le pain est au levain naturel avec une longue période de pousse et fermentation, ce qui fait toute la différence. Allez-y les yeux fermés pour vous fournir en pain et pâtisseries ou bien pour manger sur place dans la cafétéria.

THE REEF MARINA

Paseo Xaman Ha, Retorno Sayil, Interior Hotel The Reef Playacar, Playacar Fase2
© +52 984 168 9693
www.thereefmarina.com
Prix préférentiels sur le site. A partir de 80 US$.

Stéphan et Carine, un couple de Français, dirigent ce centre de plongée avec plus de 10 ans d'expérience au sein des hôtels Reef Resort and Spa, dans la zone exclusive de Playacar. Les installations au bord de la plage sont à l'image du professionnalisme et du sérieux de l'entreprise qui a une solide réputation sur la Riviera Maya. Les contacter pour des plongées sur Playa del Carmen, Cozumel ou dans les *cenotes*, pour du snorkeling ou des expéditions avec les requins baleines. Ils proposent de la plongée récréative et de la plongée professionnelle.

K & K DIVING

© +52 984 240 0287
www.doublekdiving.com
Plongées de 85 à 190 dollars. Baptême PADI et cours. Réservations via le site web, e-mail ou WhatsApp.

Kim, biologiste marine, et Kelly, spécialiste des *cenotes*, deux Françaises amoureuses de la Riviera Maya, ont ouvert leur agence après plusieurs années d'expérience au Mexique et ailleurs. Les plongées se font dans des endroits variés : Playa del Carmen, Cozumel, Puerto Morelos, Akumal et dans les *cenotes*. Kim partage ses connaissances au travers de plongées bio. En hiver, plongée avec les requins bouledogues, et, en été, sorties palmes, masque et tuba avec les requins baleines. Service personnalisé, privé ou en groupes réduits, et excellent rapport qualité-prix.

LA CUEVA DEL CHANGO €

Calle 38 Norte Entre la plage et la 5ta av
© +52 984 147 0271
www.lacuevadelchango.com
Du lundi au samedi de 8h à 22h30, le dimanche jusqu'à 14h. Compter 150-250 $ le petit déjeuner, 300-500 $ le dîner.

Sous une *palapa* bercée de végétation tropicale, la «Grotte du singe» propose une cuisine mexicaine saine, préparée à base d'ingrédients naturels. Petits déjeuners variés, dont des crêpes aux fruits, yaourts, céréales ainsi que sept types de *chilaquiles*. Le midi, l'établissement sert essentiellement des salades, sandwichs et quelques spécialités mexicaines, alors que le soir, la nouvelle cuisine mexicaine est à l'honneur avec des spécialités de poissons et de fruits de mer élaborées, accompagnés de différentes sauces à base de piments et fruits.

LE LOTUS ROUGE

Avenida 35 à l'angle avec la calle 2 Norte
✆ +52 984 114 4293
Ouvert du jeudi au samedi de 18h à 1h et tous les jours sauf le lundi en haute saison.

Le Lotus Rouge est un bar-restaurant à la décoration éclectique, mais c'est bien plus que cela ! On y mange plutôt bien et les cocktails sont réussis, mais le Lotus Rouge est surtout un lieu hors du temps, plein de créativité et dédié à la promotion de l'art au sens large avec de nombreux événements culturels : expos, concerts, théâtre, conférences, etc. Le cadre est unique, avec des trampolines, balançoires, instruments de musique, masques de carnaval... et mille petits objets destinés à éveiller les sens et favoriser les échanges.

DUNE MEXICO PLAYA DEL CARMEN

Calle 70 entre Avda 10 y 15
✆ +52 984 803 0660
www.mexicobluedream.com
Centre de plongée PADI 5 étoiles qui propose des formations du niveau débutant jusqu'au niveau instructeur et tec.

Ce centre propose une grande variété de sorties pour tous niveaux. Snorkeling avec les requins-baleines (juillet à septembre), plongée avec les requins-bouledogues (novembre à janvier), excursions dans les *cenotes*... Dans une ambiance familiale, cette véritable équipe de passionnés vous fera découvrir les magnifiques récifs de Playa et de Cozumel. Les excursions se font en petits groupes, encadrées par une équipe de professionnels parlant français, anglais et espagnol.

PAAMUL ★★

A 18 km au sud de Playa del Carmen (20 minutes en *colectivo*), Paamul est une belle plage avec palmiers, logée dans une petite baie encore peu construite. L'eau est complètement transparente et laisse entrevoir les fonds rocailleux et les poissons multicolores qui s'y baladent. L'endroit est paisible, Paamul est en effet encore assez peu connue des touristes. Le restaurant qui donne sur la plage (et en contrôle l'accès) est bon et très sympa, avec une petite piscine qui semble se fondre avec la mer des Caraïbes. Les enfants y sont les rois du monde. On peut l'utiliser, ainsi que les transats, à condition évidemment de consommer dans le restaurant.

XCARET ★★

Xcaret était autrefois une grande place économique pour les Mayas, un centre d'échanges commerciaux dont le nom originel pourrait avoir été « P'ole », un mot dérivé de la racine « P'ol » signifiant marchandise. Depuis 1993, Xcaret a été transformé en un parc éco-archéologique et aquatique, aujourd'hui connu dans toute la Riviera Maya. La création du parc a contribué à la conservation de nombreuses espèces animales et végétales dans leur milieu d'origine, mais constitue aussi une « disneylandisation » de la nature et de la culture maya. Les criques et les rivières naturelles sont balisées pour les touristes, instrumentalisées pour amuser les grands et les petits. Mais cette « disneylandisation » de la nature plaît, et plaît à tel point que de nombreux autres parcs d'aventure ont été créés sur le même modèle. Xcaret reste néanmoins un référent en la matière, en raison de son incroyable milieu aquatique. Situé au sud de Playa del Carmen, le site est formé par de petites criques qui abritent une vie marine tropicale très riche. L'aquarium, le zoo et le parc d'attractions combleront les visiteurs. Pas moins de 25 attractions sont comprises dans le billet d'entrée du parc, qui peuvent être réalisées en un jour ou deux, selon la formule choisie : rivières souterraines et village maya ; criques et plages ; lagune du Manatí (lamantin) ; aquarium du récif corallien ; tortues marines ; apiculture (élevage traditionnel de l'abeille maya) ; grotte de chauves-souris ; ferme de papillons ; îles aux jaguars et pumas ; culture de l'orchidée ; randonnée dans la forêt ; volière. Possibilité également de nager avec des dauphins, contre un supplément. Pour les curieux, une activité est en vogue à Xcaret : le snuba, un mélange de plongée-tuba et de plongée sous-marine. L'activité consiste à respirer à l'aide d'un long tube rattaché à une bouteille d'oxygène comprimé, ce qui permet de se déplacer sous l'eau pour admirer les fonds marins, comme un scaphandrier... Le parc comprend également plusieurs monuments archéologiques et organise des activités censées contribuer à la diffusion de la culture maya, parfois sympas, mais souvent aussi très superficielles.

Transports

Il est facile de s'y rendre depuis Cancún (74 km), Playa del Carmen (6 km) ou Tulum (57 km), avec des services de bus ou de taxi vous emmenant directement à la billetterie. Le parc propose également le service de transport depuis/vers votre hôtel combiné au prix d'entrée au parc (formules sur le site www.xcaret.com).

© PHORTUN - SHUTTERSTOCK.COM

Puerto Aventuras.

AKUMAL ★★

Situé entre Playa del Carmen et Tulum, Akumal fut rendu célèbre par la découverte d'un galion espagnol, le *Nuestra Señora de los Milagros*, qui ne s'est pas révélé d'une grande générosité pour l'équipage, puisqu'il fut coulé en face du récif en 1741. La partie touristique d'Akumal s'étire le long de longues plages de sable blanc, bordées de palmiers et de cocotiers, qui fait face à la barrière de corail. Les VIP ici sont les tortues, que l'on peut observer avec un simple masque à moins de 100 m de la plage ; c'est la principale attraction du coin. Au bout du chemin menant à la zone résidentielle se trouve une jolie lagune, agréable pour la baignade.

PUERTO AVENTURAS ★

Puerto Aventuras, à 20 km au sud de Playa del Carmen, est un complexe touristique et résidentiel de luxe, avec golf, tennis, hôtels et restaurants. Une magnifique marina sur la mer des Caraïbes permet aux résidents permanents et temporaires d'ancrer leurs yachts. Ce port de plaisance possède de belles plages et se trouve dans un cadre naturel préservé, où abondent les activités en tout genre (www.puertoaventuras.com). On peut visiter Puerto Aventuras à la journée pour découvrir la marina, nager avec les dauphins et manger dans un restaurant du complexe, mais impossible d'accéder aux plages si l'on n'est pas résident ou client d'un hôtel.

LAGUNA YAL-KU ★★★

✆ +52 984 875 9065

Ouvert : 9h-17h. Entrée adulte 280 $, enfant 200 $. Location gilet de sauvetage et équipement snorkeling 125 $ chacun.

Une immense crique d'eau douce, comme celles que l'on peut voir dans le parc Xcaret. Idéal pour la baignade et le snorkeling, car l'eau est calme et complètement transparente, et les poissons multicolores nombreux ! Une des merveilles de la baie d'Akumal, à ne pas manquer si vous passez dans le coin, surtout que l'endroit est relativement peu visité. Le prix d'entrée n'inclut pas le gilet de sauvetage (obligatoire) et il est possible de louer l'équipement de snorkeling si vous n'en avez pas. Restaurant sur place proposant des snacks et des plats simples.

ECOPARK KANTUN-CHI ★★

Carretera Cancun Tulum km 266.8

✆ +52 984 803 0143

www.kantunchi.com

Tous les jours de 9h à 17h. Tours guidés à 9h, 10h, 11h et 12h. Plusieurs options à partir de 44 US$ par adulte.

Dans ce magnifique paradis exotique, planté dans la jungle, vous pourrez effectuer un parcours aquatique dans les eaux cristallines d'un système de rivières souterraines. Le parc vous met le matériel nécessaire à disposition et un guide vous raconte l'histoire sacrée de cet « inframonde maya ». Vous découvrirez 4 ou 5 cenotes naturels et la flore et faune environnantes. Votre parcours se termine par un plat typique régional servit dans le restaurant du parc. Une expérience à ne pas manquer pour découvrir les fameux *cenotes*, uniques au monde.

MAYA ECO VILLAGE €€

carretera federal Cancún-Tulúm, km 256

✆ +336 62 08 71 39

Petit dejeuner à la carte inclus. Différents Bungalows disponibles.

Amaya, une Française, est arrivée il y a peu de temps pour tenir ce petit bout de paradis près des plages d'Akumal. On y trouve un lieu reposant avec 7 bungalows autour d'une piscine au cœur de la jungle. Des logements parfaits pour 1 à 5 personnes. L'ambiance est détendue et les invités se retrouvent de manière conviviale dans le restaurant de la partie commune. On y sert aussi un très bon petit déjeuner, et ceux qui le souhaitent peuvent contacter Amaya et demander un séjour en demi-pension. Un lieu idéal pour se reposer et partager avec les autres voyageurs.

LA CUEVA DEL PESCADOR €

Plaza Ukaná
✆ +52 984 875 9002
Ouvert tous les jours de 12h à 22h.
Poissons et fruits de mer entre 100 et 250 $.
Entremets mexicains entre 50 et 100 $.

La «Grotte du pêcheur» est un joli petit restau installé sous des arbres illuminés en soirée. Il se distingue des autres établissements par une plus grande simplicité de l'accueil du patron, sans perdre en amabilité, bien au contraire. L'ambiance est tranquille et familiale. Les plats de poisson et fruits de mer sont réussis et leur prix sont beaucoup plus accessibles que ceux des restaurants situés sur la plage. On y trouve en outre quelques petits en-cas typiquement mexicains, tels que tacos ou quesadillas. Un bon très bon moment en perspective.

XCACEL ★★

À 2 km de Xel-Há, au km 112 de la route 307, après un chemin de 500 m, une belle plage sauvage de sable blanc connue pour être un lieu très important de ponte des tortues vertes et caouannes. Elles débarquent entre juin et octobre. Les biologistes ramassent les œufs pour relâcher quelques semaines plus tard les petites tortues par milliers. Ce sanctuaire de 362 ha est protégé depuis 1998. Il est interdit d'y venir avec de la nourriture. Pas de restaurant non plus, ni de parasol. Le cenote Xcacelito permet de se rafraichir dans l'eau douce (beaucoup de locaux le dimanche). L'accès à Xcacel (de 10h à 16h) coûte 88 US$, destinés à la conservation du lieu.

XEL-HÁ ★★

A 13 km au nord de Tulum, Xel-Há est un parc « écologique » avec formule tout inclus : snorkeling, nourriture, boissons. Organisation à l'américaine. On aime ou on déteste. Le cadre est superbe et l'activité principale est le snorkeling dans la lagune, véritable aquarium, mais qui compte presque autant de touristes que de poissons. Sympa à faire pour une première sortie snorkeling sécurisante en famille. Le prix peut être onéreux étant donné que beaucoup d'activités (tyrolienne, etc.) sont à payer en supplément… Le parc est ouvert tous les jours de 8h30 à 19h. Différentes formules à partir de 90/45 US$ (adulte/enfant), à consulter sur www.xelha.com.

TULUM ★★★

Tulum (nom originel maya : *Zamma*) est une ancienne cité préhispanique située à 128 km au sud de Cancún. A l'époque de la Conquête, elle était encore habitée et constituait un port important sur la route du commerce maritime maya. Un sable blanc, fin et poudreux, une eau aussi transparente qu'un glaçon et une mer turquoise dominée par des ruines magiques font de Tulum un endroit paradisiaque. Jusque dans les années 1990, l'endroit était encore une sorte de petit paradis perdu où l'on trouvait à se loger dans des petites cabanes rustiques sur la plage, le long de laquelle ne se trouvaient qu'ici et là quelques maisons. Aujourd'hui, la station balnéaire au concept écolo-chic et bohème reçoit quelque 2,5 millions de visiteurs par an et ce sont plus de cent hôtels et restaurants que l'on trouve le long de l'étroit chemin côtier. Les hôtels qui s'y sont installés ne sont pas des constructions imposantes, mais souvent des petits hôtels plus intimistes au concept *New Age* et branché (beaucoup de New-Yorkais dans les environs !), qui ont bien souvent sans vergogne rogné sur la plage et la forêt… De nombreux efforts sont maintenant à faire de la part des autorités pour éviter que tout ceci ne se convertisse en un nouveau Playa del Carmen… Les prix y sont calqués sur les standards de consommation nord-américains, mais sachez que se loger dans Tulum Pueblo (à 3 km de la mer) est bien plus accessible et pas désagréable : l'ambiance y est moins surfaite et on a de toute façon accès à la très belle plage El Paraíso.

Quartiers

Tulum dispose de deux villes parallèles. L'une est formée par le centre du village (Tulum Pueblo), où l'on retrouve tous les services : location de véhicules, tour-opérateurs, hôtels et restaurants, pharmacies, distributeurs bancaires (Av. Tulum et au terminal ADO)… C'est la zone la plus populaire et où résident les voyageurs les moins fortunés. La ville est traversée par la route péninsulaire qui relie Chetumal à Cancún : l'entrée de la zone archéologique se trouve 3,5 km au nord du centre-ville. Depuis Tulum Pueblo, l'Av. Cobá est une grande ligne droite de 3 km qui relie le bord de mer, avec une piste cyclable. En arrivant sur la route côtière, vers la gauche, se trouvent les plages accessibles au public et un autre accès à la zone archéologique. À droite, débute la Zona Hotelera, où l'on trouve les hôtels aux prix prohibitifs directement construits sur la plage d'un côté, et bars et restaurants branchés de l'autre côté de la route. Ce sont 7 km à parcourir pour arriver à l'entrée de la Reserva de la Biosfera Sian Ka'an (une dizaine en tout depuis Tulum Pueblo). Sur cette partie de la côte, la plage a été entièrement privatisée et on n'aperçoit même pas la mer depuis la route côtière, tant les palissades ont poussé haut ; pour se rendre ici à la plage, une des uniques options est de se rendre à Taqueria Eufemia, un petit resto au km 8 de la Carretera Tulum-Boca de Paila.

Se loger

À Tulum, il faut distinguer deux zones hôtelières majeures. La première se situe le long de la plage, sur une dizaine de kilomètres depuis les ruines jusqu'à l'entrée de la Reserve Sian Ka'an. La seconde dans le centre du village. Les hôtels de la plage sont bien sûr plus chers qu'au centre-ville, mais les prix n'ont rien à voir avec les notions de confort occidental, ils sont plutôt liés à la rareté et à la beauté naturelle des lieux. Le confort ne rime pas forcément avec électricité, par exemple. Vivre à la Robinson peut être considéré comme un luxe...

Se restaurer

Tulum est une vraie cour des miracles de la gastronomie internationale. On y trouve bien entendu les traditionnels fruits de mer et poissons (*mariscos*) des côtes mexicaines, ainsi que les propositions italiennes et argentines qui font désormais partie du paysage local. Mais la renommée de la cité auprès d'une population jeune et branchée nord-américaine a aussi favorisé l'implantation de restaurants un peu plus conceptuels, et néanmoins délicieux, sur la frange côtière. En soirée, la rue du centre qui s'anime le plus, entre restaurants en terrasse et bars, est la Calle Centauro Sur. Sur la zone côtière, rendez-vous entre les km 7 et 8,5 de la zone hôtelière : c'est ici que se concentrent la plupart des restaurants et bars branchés qui valent le détour.

Sortir

Tulum n'est pas une plage spécialement festive, car plus orientée sur la détente et le bien-être : on ne vient pas ici pour finir en discothèque. À quelques exceptions près, les bars ferment assez tôt. Vous trouverez néanmoins où échouer si votre lit a décidé de ne pas vous tendre les bras de sitôt. Des soirées très sympas sont néanmoins organisées dans des hôtels sur la plage, notamment à l'occasion de la pleine lune (Full Moon Party).

Tourisme

Vu la beauté de la plage de Tulum, il est tentant de ne rien faire... Mais il y a quand même de merveilleuses choses à voir dans les environs ! À commencer bien sûr par les ruines archéologiques de Tulum au panorama fantastique face à la mer, à celles de Cobá non loin, et de nombreuses activités sportives, comme la plongée ou le kitesurf, ou la réserve de biosphère de Sian Ka'an. Il y a également un grand nombre de cenotes situés dans les environs, que l'on peut rejoindre à vélo par exemple. Le long de la carretera Tulum-Boca Paila, en allant vers le sud en direction de Sian Ka'an, se trouvent les cenotes Encantado et Beh Ha. Aux alentours de Tulum, sur la route qui mène à Felipe Carrillo Puerto, il existe deux cenotes : le Cenote Cristal et le Cenote Escondido, et en direction des ruines de Cobá, il en existe trois autres : le Cenote Calavera, le Gran Cenote et le Cenote Carwash, ainsi appelé parce qu'il y a quelques années on y lavait les taxis (ce n'est heureusement plus le cas) ! Un bon moyen de transport pour faire le tour des cenotes, et plus économique que le taxi, est le scooter, ou à défaut le vélo, puisqu'il existe de très beaux cenotes à 4 km du centre de Tulum.

Les ruines de Tulum.

Transports

Se déplacer à Tulum si vous n'avez pas de véhicule peut être onéreux. À votre arrivée, les bus vous déposeront soit au terminal ADO (www.ado.com.mx) au centre-ville, soit près du site archéologique. Pour rejoindre la côte (Zona Hotelera ou plages publiques) depuis le centre-ville (Tulum Pueblo), cela vous coûtera en taxi entre 80 et 200 $ au bas mot, selon la distance sur laquelle il faut vous rendre (au minimum 4 km, au maximum une dizaine) et votre capacité à parler espagnol et à négocier. Sachez pourtant qu'il existe un service de navettes économiques qui longe toute la zone hôtelière depuis l'entrée de la Réserve de Sian Ka'an jusqu'au centre-ville ; il est emprunté essentiellement par les employés des hôtels et restaurants et ne coûte que 15 $. Beaucoup d'hôtels du centre-ville ou de la zone hôtelière prêtent ou louent des vélos pour faciliter vos déplacements (attention à la chaleur !). L'autre option consiste à louer un scooter, qui permettra de vous déplacer vers la zone archéologique de Cobá ou les cenotes dans les environs de Tulum. La voiture est aussi une bonne option, sauf si vous résidez dans la zone hôtelière en haute saison, car les embouteillages y sont devenus légendaires...

GRAN CENOTE ★

A 3,5 km, sur la route de Cobá et Valladolid.

Compter 100 $ l'aller en taxi depuis Tulum.

Tous les jours de 8h à 16h45.

Entrée 180 $, matériel snorkeling 80 $.

© MR. JAMES KELLEY - SHUTTERSTOCK.COM

Le Gran Cenote est particulièrement beau, c'est un superbe puits naturel où l'on se baigne dans une eau incroyablement pure. Ses eaux sont bleu turquoise et le *cenote* est ouvert à l'air libre ou recouvert de parois rocheuses, sous lesquelles on peut passer en faisant du *snorkeling*, sans avoir besoin d'être un nageur expérimenté. Également possibilité d'explorer les couloirs et les fonds du *cenote*, en plongeant avec bouteille, à condition d'être accompagné d'un instructeur certifié. L'endroit étant très visité, il est préférable de s'y rendre dès l'ouverture.

CENOTE ESCONDIDO ★★

A 4 km au sud de Tulum en empruntant la route 307 qui va à Chetumal.

Accès tous les jours de 9h à 17h.

Entrée 120 $ pour les 2 cenotes. Prévoir de quoi boire et manger car rien sur place.

Un cenote ouvert, entouré d'une belle végétation. Assez tranquille, c'est une bonne option pour nager. La transparence de l'eau est telle que l'on voit les poissons nager, comme si l'on était dans un aquarium. On peut aussi sauter depuis un promontoire rocheux qui surplombe le cenote ou jouer à Tarzan avec une corde pendulaire ; il y aurait d'ailleurs une famille de singe araignées qui vit dans les environs ! Pour les plongeurs, il est possible de rejoindre Cenote Cristal, situé à 500 m, un peu plus fréquenté. Il est accessible avec le même ticket d'entrée.

LAGUNA KAAN LUUM ★★★

Carretera Tulum-Chetumal

✆ +52 984 187 0137

De 9h à 17h tous les jours.

Entrée adulte 100 $. S'y rendre plutôt en dehors de la saison des pluies (lac plus sombre).

L'existence de ce petit coin de paradis, à 8 km au sud de Tulum, est gardée secrète par les habitants du coin, et on comprend pourquoi. Une lagune circulaire aux eaux turquoise d'au moins 100 mètres de diamètre entourée par la forêt tropicale qui abrite un cenote. On a de l'eau à la taille sur quelques mètres puis la profondeur s'étend, pour atteindre 85 mètres (la baignade est interdite dans cette partie). Peu d'infrastructures sur place à part un quai pour se poser. Pas de casier à disposition donc ne pas prendre d'objets de valeur.

ZONA ARQUEOLÓGICA DE TULUM ★★★

A 10 minutes de Tulum en voiture (parking 80/150 US$ l'heure/journée) ou en combi (20 US$). Puis 700 m à pied ou petit train (20 US$).
Tous les jours de 8h à 16h30.
Entrée 70 US$, inclut l'accès à la plage du site.
Visite guidée autour de 400 US$.

Cité fortifiée dominant la mer, Tulum est vraiment un port magnifique, unique : c'est l'ensemble archéologique le plus imposant de la côte orientale : il surplombe les Caraïbes du haut des falaises sur lesquelles il repose. Le nom préhispanique de cette cité était Zama, qui signifie « aube », nom logique puisque sa situation géographique permet chaque jour d'observer le lever du soleil. Tulum, nom qui lui fut donné alors que la cité était déjà en ruines, se traduit lui par « palissade », en référence aux trois des côtés du site qui sont entourés par des murailles, avec des tours de surveillance aux coins ; l'autre côté est, lui, ouvert sur une corniche qui domine la mer. Tulum connaît son apogée au postclassique tardif (à partir des années 1200 et jusqu'à la Conquête), habitée alors par environ 8 000 habitants (dont 200 à 300 privilégiés intra-muros). Les activités commerciales s'entendaient à des régions lointaines : le long de la route de cabotage côtier qui reliait alors le Honduras (obsidienne et jade du Guatemala) jusqu'à l'Altiplano central (anneaux de cuivre) en passant par la péninsule du Yucatán (silex et vaisselle en céramique). La cité est représentative du style architectural maya « côte orientale », qui se distingue par ses édifices de petite taille, avec des toits plats. Tulum est l'une des rares villes mayas qui étaient encore habitées à l'arrivée des Espagnols ; parmi elles, citons les autres ports méridionaux de Xelhá et Xcaret.

La visite : On pénètre sur le site par le côté ouest, où l'on tombe tout d'abord sur la Casa de Chultún. Juste en face se trouve le Palacio de los Frescos puis, en enfilade vers le nord, la Casa de las Columnas et la Casa de Halach Uinic se font face ; juste après la Gran Plataforma se trouve la Casa Noreste, presque collée à la muraille. De là, vers la mer, on visite la Casa del Cenote de laquelle on accède au Templo de los Dioses Descendientes en croisant la Plataforma de los Caracoles ; il ouvre la voie au fameux Castillo, plus important édifice du site. La petite crique où se baigner se trouve en contrebas, dominée par le Templo del Dios Viento. Cela vaut le coup de prendre un guide, pour une visite d'environ 45 minutes. La période la plus agréable s'étend de décembre à février. En juillet et en août, difficile de rester attentif aux explications du guide, les températures avoisinent les 40 °C ! Prévoir son maillot de bain pour se baigner ensuite sur le site ! Bon courage… mais c'est tellement beau !

MEXICO KAN TOURS

Calle 3 Sur, Mza 15, Lote 07
✆ +52 1 984 140 7870
www.mexicokantours.com
Tours variés : Punta Allen Sian Ka'an ; canal maya depuis Muyil ; site archéologique de Cobá ; cenotes et mer, etc.

Cette agence d'écotourisme propose des tours responsables dans les environs mais aussi dans toute la péninsule du Yucatán. Des circuits qui mêlent culture, nature et activités sportives (vélo, tyrolienne, snorkeling). On vous propose par exemple d'explorer la Réserve de la biosphère de Sian Ka'an, une magnifique excursion d'une journée jusqu'à Punta Allen, où l'on passe d'abord par des canaux et lagunes où l'on observe oiseaux et lamantins, puis on débouche en mer à Punta Allen pour observer dauphins et tortues. Après la pause baignade, déjeuner dans le village.

MELI-MELO P&B TULUM €€

Carretera Tulum - Coba, km 4,2
✆ +521 984 169 1634
www.melimelotulum.com
Chambres de 50 à 90 €. Petit déjeuner - brunch : 9 € (ou 18 € pour les visiteurs, sur réservation uniquement).

Quentin, un sympathique compatriote français arrivé il y a quelques années, a construit de ses mains son petit paradis dans la jungle de Tulum et le fait partager aux différents voyageurs de passage dans la région. Le contraste entre le calme et le retour à la nature dans ces cabanes avec l´agitation de la nouvelle station balnéaire à la mode est saisissant, et pourtant la ville est toute proche. Un endroit remarquable dans des cabanes éco-chic où l'on peut profiter d´un super brunch frais et végan qui commence à se tailler une belle réputation dans le coin.

CASA DON DIEGO TULUM €€

Calle Tulum – Mza 24 – Lote 3
✆ +52 984 745 9305
www.casadondiegotulum.com.mx
A partir de 72 US$ la chambre double en saison normale, avec petits déjeuners.

Cette maison d'hôtes est une halte délicieuse. A l'origine du projet, deux Français, Charles et Stéphane. Ce dernier, apiculteur en France, a développé un beau projet de sauvegarde des abeilles Melipona avec des familles mayas. Il pourra tout vous expliquer sur ces mignonnes petites abeilles très utiles et qui ne piquent pas. Les huit chambres sont spacieuses, impeccables et lumineuses, disposées autour d'une belle piscine et d'un jardin verdoyant. L'hôtel comprend également deux cabanes-bungalows, très romantiques, au fond du jardin.

COCO TULUM €€

Carretera Tulum – Boca Païla km 8
✆ +52 55 4169 2072
www.cocotulum.com
Chambres double à partir de 270 US$, petit-déjeuner inclus.

En bord de mer, ce boutique hôtel propose de vastes cabanes élégantes et confortables, sur la plage et dans le jardin, ainsi que de belles petites tours avec vue à 360 degrés, pour une expérience romantique ! En fonctionnement 24h/24, l'électricité est générée par le vent et les panneaux solaires. Le restaurant Juanita Diavola propose des spécialités italiennes et locales délicieuses. Egalement un beach club pour s'offrir un bon smoothie ou un cocktail face à la mer. Beach volley, kitesurf, kayak et snorkeling, font partie des activités proposées par Coco Tulum.

EL VEGETARIANO MAR Y TIERRA €

Calle Sol Oriente entre Centauro Sur y Orion sur
✆ +52 985 108 0530
Tous les jours sauf le jeudi, de 11h à 21h30. Compter autour de 140-180 $ le plat.

Quoi de mieux qu'un repas sain et rafraîchissant avant de prendre le chemin de la plage ? Ce petit restaurant végétarien peu connu, au croisement de l'avenue Tulum et de la route à Cobá, propose une belle carte avec falafels, lasagnes, salades, soupes, burgers, glaces, jus naturels, etc. Les portions sont généreuses, les plats pleins de couleurs, appétissants et savoureux. Idéal pour découvrir toutes les richesses de la cuisine végétarienne ou végane.

KITCHEN TABLE €€

Carretera Tulum-Boca Paila km 1.5
✆ +52 984 188 4924
www.kitchentabletulum.com
Tous les jours de 18h à 22h. Entrées entre 150 et 200 $, plats entre 200 et 500 $.

Voilà un restaurant unique et une des meilleures adresses du coin. On pourrait passer des heures à regarder le chef confectionner cocktails et plats dans sa cuisine ouverte sur la jungle. Le menu change souvent, en fonction des saisons et du marché. Juste une petite faim pour faire passer le soleil du jour ? Rabattez-vous sur une salade de mangue, roquette et gorgonzola. Pour les plus gourmands, laissez-vous tenter par le poisson du jour, le homard, ou les langoustes frétillantes. Une cuisine inventive mettant en exergue la richesse des saveurs mexicaines.

BATEY MOJITO & GUARAPO BAR

Andromeda Oriente
✆ +52 1 984 184 2551
Ouvert du lundi au samedi de 7h à minuit, dimanche de 17h à minuit.

Le bar cubain incontournable de la vie nocturne de Tulum. Tous les jours des concerts en *vivo* de groupes locaux et pour les accompagner, de délicieux mojitos au gingembre, concombre ou fruit de la passion, élaborés avec du sucre de la canne fraîchement pressée avec le traditionnel *trapiche* installé sur l'emblématique Coccinelle à l'entrée. Le *guarapo* est le jus de canne auquel on ajoute quelques goutes de citron vert et de la glace pilée, rafraichissant et revigorant !

LA CALYPSO DIVE CENTER

Calle Sagitario ✆ +52 1 984 100 7385
www.lacalypsodivecenter.com
Sorties et formations PADI du débutant au confirmé, en mer et dans les cénotes. Instructeurs francophones.

Tenu par un couple de Français, ce centre de plongée dont le nom fait référence au célèbre navire océanographique du commandant Cousteau, est spécialisé dans l'exploration des cénotes (gouffres naturels donnant accès à la rivière souterraine) ou des massifs coralliens, que ce soit pour les débutants ou les plongeurs confirmés. Ils pourront vous organiser de très belles sorties plongées aux environs de Tulum, ou sur d'autres spots de la région. Formations PADI tous niveaux, avec des instructeurs très pros, rassurants et pédagogues, et du matériel récent de qualité.

MUYIL ★★★

À 23 km au sud de Tulum, Muyil - nom connu depuis l'époque coloniale (aussi appelée Chunyaxché) - est une communauté maya ancienne, établie au bord de la Réserve de biosphère Sian Ka'an. Elle en constitue d'ailleurs une des portes d'accès, qui permet de connaître aussi bien les vestiges archéologiques que les systèmes lagunaires splendides. La cité archéologique de Muyil est située à 12 km de la côte, mais est connectée à la mer par un système de canaux et de lagunes. C'est le plus important de la vingtaine de vestiges archéologiques que l'on trouve à Sian Ka'an. Les origines de la cité qui allait couvrir 40 hectares remontent au IVe siècle av. J.-C. mais ce n'est que vers 250 ap. J.-C. que de nouveaux soubassements sont construits, dans un style apparenté au Petén. À partir du VIIe siècle, l'activité architecturale diminue et tend à disparaître jusqu'au milieu du XIIIe siècle, où l'on observe un renouveau dont le style est propre à toute la côte caraïbe. La cité était encore habitée à l'arrivée des conquistadors espagnols. Puis le lieu allait tomber à l'abandon, jusqu'à ce qu'il soit réinvesti au XIXe siècle par les rebelles mayas, Muyil se situant alors et jusqu'à récemment sur le sentier qui reliait deux des cinq sanctuaires de la *Cruz Parlante* maya : Tulum Pueblo et Chumpón. À l'extrémité du site archéologique, un sentier interprétatif débouche sur l'embarcadère d'où partent les barques vers Sian Ka'an. Les combis au départ du centre de Tulum coûtent 30 $ et vous déposent sur la route principale (Ruta 307), à l'entrée des ruines. Prévoir un répulsif anti-moustiques.

RESERVA DE LA BIOSFERA SIAN KA'AN ★★★

La réserve du Sian Ka'an fut créée en 1986 et incorporée au patrimoine naturel mondial de l'UNESCO. C'est une des plus grandes zones protégées du Mexique avec 652 000 ha. Elle est composée de forêts tropicales humides, de mangroves, de lagunes reliées par des canaux, de cours d'eau douce et de *cenotes*. La réserve est un sanctuaire pour plus de 300 espèces d'oiseaux résidents ou migrateurs (flamants roses, hérons, pélicans, spatules, aigles pêcheurs, aigrettes...). C'est aussi un véritable paradis pour la faune terrestre avec 103 espèces de mammifères (ocelots, singes, pumas, jaguars, renards gris, fourmiliers, pécaris, tapirs...) qui évoluent parmi les 27 vestiges archéologiques recensés. Les lagunes, quant à elles, voient leurs couleurs et tons varier selon les heures du jour ; elles abritent de nombreuses espèces aquatiques, dont deux espèces de crocodiles tropicaux et des lamantins. La côte, protégée par une barrière de corail, est riche en langoustes et poissons tropicaux ; 4 espèces de tortues marines viennent pondre sur le sable. Un véritable paradis sur terre...
Plusieurs agences dont certaines sont communautaires organisent des excursions dans la réserve depuis Tulum. Au menu, visite de vestiges mayas, baignade dans l'ancien canal maya, *birdwatching*, exploration de la mangrove en kayak...

Balade

L'embarcadère de Muyil se trouve au bord de la petite lagune du même nom. Ici attendent les barques de pêcheurs, prêts à vous emmener à toute berzingue découvrir les attractions du coin. La première d'entre elles consiste à traverser un petit canal pour déboucher sur la Lagune de Chunayaxché, beaucoup plus vaste. On la traverse puis la barque vous dépose au bord d'un canal artificiel creusé par les Mayas ; ici, on met pied à terre et on découvre les ruines de ce qui devait être une ancienne douane maya. On enfile des gilets de sauvetage et on se plonge à l'eau pour se laisser porter par le courant durant un ou deux kilomètres. Ceux qui ont choisi l'option d'excursion la plus courte font alors demi-tour. Les autres continuent leur route à travers canaux et mangroves vers la très grande lagune de Capelchen, où l'on vous fait faire un petit tour pour observer lamantins (si vous avez de la chance) et oiseaux, puis accostent à Boca de Paila, où l'on a l'occasion de passer un peu de temps sur la plage avant de rentrer aussi vite que l'on était arrivé.

COMMUNITY TOURS SIAN KA'AN ☛

Le long de la route principale, quasiment en face de l'entrée de la zone archéologique.
✆ +52 984 114 0750 - siankaantours.com.mx
Tours entre 90 et 150 US$ par jour : ancien canal maya, kayak, birdwatching, site archéologique, séjour village maya...

Organisation communautaire qui opère dans la réserve avec des guides certifiés issus des communautés mayas de Chompún ou Muyil. Une bonne option pour explorer la réserve avec de biens meilleurs services et infos que si vous prenez directement les barques depuis l'embarcadère. On peut même vous venir vous chercher directement à Tulum. Le centre d'opération vous prépare un repas après les excursions et on y trouve aussi un intéressant musée sur la nature et la culture mayas.

COBÁ ★★★

Cobá est un important site archéologique maya qui se trouve à 47 km de Tulum, sur la route 109, dans l'intérieur des terres. A l'époque précolombienne, cette cité – qui aurait pu compter jusqu'à 50 000 habitants – rivalisait en grandeur et en beauté avec Chichén Itzá, avec qui elle se battit longtemps pour l'hégémonie de la région. C'est encore vrai aujourd'hui sur le plan touristique ! Bien que Cobá compte moins de constructions que Chichén Itzá, il possède l'une des pyramides les plus hautes de toute la zone maya. Il est aussi bien plus sauvage. Pour y accéder, il faut déambuler sur des sentiers dispersés dans la forêt tropicale, ce qui confère au site un charme de cité perdue... La vue panoramique depuis le haut de la pyramide de *Nohoch Mul* à plus de 40 m de hauteur est impressionnante : les arbres semblent s'étendre jusqu'à l'horizon. Cobá est l'un des rares sites où l'on peut encore grimper sur une pyramide (mais cela pourrait changer prochainement...). Même si une corde facilite la descente, il faut avoir le cœur bien accroché ! Pour se remettre de ses émotions et se rafraîchir, trois cenotes vous attendent non loin du site archéologique.
Cobá dispose d'un grand parking (60 US$). On peut aussi s'y rendre en bus public et bien sûr via des tours organisés. Il est conseillé d'arriver tôt sur le site pour avoir un temps d'avance sur les cars de touristes. La marche dans la forêt ombragée est agréable, mais on peut aussi louer un vélo (50 US$ la location), ou prendre les services d'un vélo-taxi (50 US$). Un guide est un plus pour ceux qui veulent se plonger au plus profond de l'histoire maya.

Site archéologique de Cobá.

ZONA ARQUEOLÓGICA DE COBÁ ★★★

Route 109 km 47
✆ +52 984 206 7166
www.inah.gob.mx
Tous les jours de 9h à 15h (dernière entrée). Entrée 80 $. Location de vélo ou pousse-pousse pour visiter les ruines.

D'après les inscriptions hiéroglyphiques trouvées sur le site, Cobá serait le nom originel de la cité et pourrait signifier en maya « eau trouble » : la ville de Cobá s'est développée autour de cinq lacs fondamentaux pour sa subsistance. La ville couvre une superficie de 70 km² et comprend près de 6 500 constructions, dont la plupart sont encore recouvertes par la jungle, ainsi que des voiries en pierre, appelées *sacbeob*, pluriel de *sacbé*, qui signifie chemin blanc. Le *sacbé* est un chemin surélevé d'une cinquantaine de centimètres situé entre deux murets, rempli de cailloux et revêtu d'un mortier calcaire. Ces chemins étaient blancs en raison du stuc de calcaire qui recouvrait les pierres. Durant la période d'apogée du site, les *sacbeob* reliaient Yaxuná, non loin de Chichén Itzá, parcourant jusqu'à 100 kilomètres.
L'occupation du site de Cobá date de 300 à 100 av. J.-C., mais c'est durant le classique ancien (entre 300 et 600 apr. J.-C.) que la cité commence à se développer, concentrant les pouvoirs économiques et politiques et absorbant peu à peu les villages alentour. Les premières voies de communication sont construites entre 600 et 800 apr. J.-C., à la même époque où sont gravées la majorité des stèles découvertes sur le site. La cité connaît donc son apogée entre 200 et 1000 apr. J.-C., époque de construction des principaux édifices et d'intensification des relations avec les sites du golfe du Mexique, alors que les échanges avec la région du Petén diminuent. Entre 1000 et 1450, Cobá entre dans une phase de déclin et subit l'influence de groupes du centre du pays : un nouveau style architectural voit alors le jour et est incorporé aux constructions existantes.

▶ **La visite :** le site est relativement comble du matin au soir puisque tours et voyages organisés y passent à longueur de journée. Une bonne option pour le visiter est de louer un vélo, qui permet de pédaler sous la futaie et de prendre l'air au passage (il existe également des chemins réservés aux seuls piétons). Depuis l'entrée du site, on passe tout d'abord par le *Grupo Cobá*. Puis une bifurcation indique sur la droite une déviation vers le *Grupo Macanxoc*, situé à quelques centaines de mètres plus loin dans la forêt : c'est l'ensemble le moins visité du site, dont la visite est peut-être la plus agréable. Si on continue sur le chemin principal, on croise la *Grupo de las Pinturas*, le Jeu de Balle, puis le monument le plus visité du site, la pyramide du Grupo Nohoch Mul.

SAN MIGUEL DE COZUMEL ★★

Cozumel, « Terre des hirondelles » en langue maya, est la troisième île du Mexique en superficie (647 km², 48 km du nord au sud et 15 km d'est en ouest). Elle est située à 19 km de la côte de la péninsule du Yucatán, ce qui en fait la terre la plus orientale du Mexique. Située au niveau de la grande barrière de corail, Cozumel est l'un des meilleurs endroits au monde pour pratiquer la plongée, avec des spots à la géographie variée et une faune abondante. On y vient principalement pour cela. La plupart des voyageurs y viennent à la journée, mais y rester deux ou trois nuits vaut vraiment le coup. Il y a une bonne offre hôtelière et pas mal de choses à faire en plus de la plongée et du snorkeling, à commencer par des plages plus belles les unes que les autres. La côte est beaucoup moins bétonnée que du côté de Playa del Carmen. Autre avantage, il n'y a jamais de sargasses sur la côte ouest, où sont les plages où l'on se baigne généralement (la mer sur la côte est beaucoup plus agitée). Par contre, l'île est beaucoup moins festive que la côte au sud de Cancún, l'ambiance est plus paisible et tropicale. San Miguel est le port d'arrivée de l'île, le centre de son activité. C'est une petite ville tranquille qui vit au rythme des saisons touristiques et de l'arrivée des paquebots qui y déversent leur flot de passagers au petit matin. C'est ici que sont concentrés la plupart des hôtels, de même que restaurants, agences de location de véhicules et clubs de plongée. L'île est assez onéreuse en général, mais les petits budgets trouveront toujours de quoi se loger et bien manger pour pas cher.

Tourisme

L'office de tourisme de l'île se trouve dans le centre de San Miguel (Altos plaza del sol local #21 - Ouvert du lundi au vendredi de 8h à 15h). D'autres modules d'informations près du Restaurant Palmeras, sur l'embarcadère, et à Punta Langosta. Des renseignements utiles sur le site : www.caribemexicano.travel/isla-cozumel/

Transports

On arrive généralement à San Miguel en ferry depuis Playa del Carmen (Terminal Maritima Navega, non loin du Parque de los Fundadores). Environ 1 heure de trajet, avec l'une des deux compagnies en service : Ultramar (www.ultramarferry.com) et Winjet Fast Ferry (www.winjet.mx). Départs toutes les heures de 7h à 22h avec chacune des compagnies. Ultramar est plus chère (200 $ par adulte) mais plus confortable que Winjet (160 $). Les deux permettent l'accès aux personnes à mobilité réduite. Il est conseillé d'acheter son ticket en ligne, c'est souvent moins cher qu'au guichet de la compagnie.Si l'on dispose d'une voiture, on peut prendre un autre ferry au port de Punta Venado à Calica, à 20 minutes de Playa del Carmen. Voir avec Transcaribe (500 $ le véhicule avec 4 passagers) ou Ultramar Carga (400 $ avec 4 passagers). Deux ou trois départs par jour pour chaque compagnie.
On peut aussi arriver en avion à San Miguel, avec Mayair depuis Cancún (20 minutes de vol) ou Mérida (1 heure). Depuis Mexico, voir avec Volaris et Interjet (2 heures de vol). Des liaisons internationales également, variables selon la saison, depuis Montréal notamment (5 heures) avec Air Transat, Sunwing et Air Canada Rouge.
Pour circuler dans l'île, les routes sont très bonnes. Les taxis sont chers et cela vaut le coup de louer une voiture. Plusieurs agences de location à San Miguel, qui louent aussi des scooters (autour de 30-40 US$ par jour). Quelques agences de location de vélos aussi (15-25 US$ la journée). L'île est plane, mais les distances sont assez longues et il fait parfois bien chaud.

PRESIDENTE INTERCONTINENTAL COZUMEL RESORT & SPA €€€

Carretera a Chankanaab km 6,5
✆ 01 800 502 0500
www.presidenteiccozumel.com
A partir de 251 US$ la chambre double et 536 US$ la suite.

Situé sur la route de Chankanaab, un grand complexe hôtelier de 218 vastes chambres et suites, construit à l'horizontale, avec un beach club paradisiaque, un club de plongée et un Spa. 40 chambres ont vue sur l'océan, certaines avec accès direct à la plage ; toutes disposent d'une terrasse et d'un balcon. Les 5 restaurants de l'hôtel sont aussi tournés vers la mer et proposent des plats allant des spécialités italiennes aux grillades, en passant par les fruits de mer.

PARQUE NACIONAL ARRECIFES DE COZUMEL ★★★

Partie intégrante de la grande barrière de corail qui s'étend du nord de la péninsule aux Iles de la Baie au Honduras, Cozumel compte pas moins de 26 récifs magnifiques, pour la plupart situés dans la partie sud-ouest de l'île. Voici des sites de plongée majeurs classés depuis San Miguel jusqu'au sud de l'île :

- **Paraíso**. En face de l'embarcadère de San Miguel. Visibilité excellente et des eaux tranquilles. Idéal pour débuter. Des bancs de poissons inégalables et des espèces de corail grand format.
- **Chankanaab.** Cette lagune aux eaux calmes est un véritable aquarium naturel, à découvrir avec masque et tuba.
- **San Francisco.** Sa plaine sableuse couverte d'herbes sert de couloir de jonction entre différents systèmes coralliens. On y croise des prédateurs de grande taille tels que murène et requin-chat.
- **Santa Rosa** se distingue par son mur qui descend jusqu'à une profondeur de 120 m, à partir de sa structure de corail qui débute à 15 m. Entre 20 et 30 m, on observe des gorgones et éponges aux couleurs vives, et une abondante vie marine. Les tortues et raies ne sont jamais loin… Comme sur la plupart des sites de ce type, on plonge à la dérive, en se laissant guider le long de la paroi par les courants marins. Pour plongeurs expérimentés, avec guides sérieux qui connaissent les conditions océaniques changeantes, car les courants descendants peuvent vous aspirer dans les profondeurs.
- **Palancar,** au sud-ouest et à 2 km du rivage, est considéré comme l'un des plus beaux sites de plongée au monde, et de loin le plus populaire du coin : corail en bonne santé, éponges géantes, poissons tropicaux, grottes et gouffres sous-marins. Plongée jusqu'à 20 et 30 m.
- **Colombia.** Réputé pour la plongée en profondeur et ses grandes quantités de poissons, mais aussi pour le snorkeling, puisqu'il y existe un mur aussi bien qu'un jardin de corail ; *El Cielo* est connu pour son sable blanc recouvert d'étoiles de mer.
- **Punta Sur.** Une plongée technique où l'on parcourt des reliefs sous-marins, dont une série de tunnels, longs et obscurs. Lampes recommandées.
- **A l'extrême sud, le mur de Maracaibo** est le site où la plongée est la plus technique de l'île, en raison des forts courants marins. Réservé aux plongeurs chevronnés qui pourront se laisser dériver dans l'océan, un peu à l'écart de la majorité des plongeurs. Un récif de corail au fond plat et aux eaux plus calmes se trouve également à proximité ; on y a de bonnes chances de croiser tortues et raies mantas, et de petits requins-nourrices.

PLAGES ★★★

Outre ses fonds sous-marins, l'île de Cozumel est réputée pour ses plages. Celles de la côte ouest sont plus propices à la baignade, car le littoral abrite de nombreuses criques et les vagues sont moins fortes. Elles sont facilement accessibles depuis San Miguel, à vélo, en scooter ou en taxi. Pratiquement toutes les plages de la côte ouest sont dotées de leur beach club, c'est-à-dire d'un bar restaurant qui met à la disposition des clients des transats et des parasols contre consommation. Dans certains cas, il suffit de commander une boisson ou un plat pour utiliser les installations, dans d'autres il est nécessaire de payer une entrée, mais la gamme de services proposés est généralement vaste : piscine en bordure de plage, douches et vestiaires, embarcadère pour plonger, et jeux gonflables dans la mer. La plupart des clubs de plage vendent des *pass* journaliers incluant le transport aller-retour depuis San Miguel. A partir de Punta Sur, sur la côte est, les plages sont pratiquement vierges, mais avec des vagues beaucoup plus fortes. Si l'on dispose d'un véhicule, il est facile de s'arrêter à plusieurs endroits et de découvrir plusieurs plages dans la même journée. La Playa San Martín, qui sert à la ponte des tortues marines, est tout à fait magnifique, l'eau y est d'une transparence rare. Plus au nord, la Playa Chen Río est très appréciée des locaux, car les rochers forment une espèce de piscine naturelle où l'on peut se baigner. Tout le long de la route, vous trouverez des petits restaurants et bars où faire une pause.

LA CLASICA COZUMEL €

5ta Avenida entre 4 norte y 6 norte
Ouvert de mardi à dimanche de 13h à 22h.
De 49 à 149 US$.

La Clasica est un endroit où l'on mange bien, où les portions sont généreuses et les prix restent très doux. On y retrouve des plats à partager, notamment des *tostadas* pour les plus petites faims et d'autres plats plus copieux comme les *burritos*. On passe un bon moment en buvant une Corona et en écoutant la musique d'ambiance. C'est un endroit jeune et vivant, parfait pour profiter de son séjour à Cozumel. On peut aussi y aller pour seulement boire un verre entre amis. Définitivement un endroit convivial que l'on recommande !

ZONA ARQUEOLÓGICA DE SAN GERVASIO ★

Un peu au nord-est de la Carretera transversal
Tous les jours de 9h à 15h. Entrée adulte 188 $, gratuit pour les moins de 13 ans.

San Gervasio est le principal site archéologique de l'île. Il est loin d'avoir la splendeur de Chitchén Itzá, Cobá ou Tulum pour le visiteur, mais il a une importance historique indéniable puisque c'était un lieu de pèlerinage dédié à la déesse de la fertilité Ixchel. Son origine remonte à 300 apr. J.-C., mais le site se développe surtout à partir du VIIIe siècle, alors que les relations et échanges avec les autres cités du nord de Quintana Roo s'intensifient. Au début du deuxième millénaire, dans le sillage de Chichén Itzá, la cité intègre un réseau commercial encore plus vaste, pour devenir en deux siècles un grand établissement maya. C'est durant le postclassique tardif (1200-1450 apr. J.-C.) que la plupart des édifices actuels sont construits, alors que cette petite capitale administre l'ensemble des communautés insulaires. À leur arrivée, les Espagnols font état d'un lieu de culte dédié à la déesse Ixchel. Son sanctuaire était situé à l'emplacement de l'actuel village de San Miguel. San Gervasio n'a pas grand intérêt si vous avez déjà visité plusieurs sites majeurs de la péninsule, mais on y croise peu de touristes et son côté sauvage est plaisant. Il est intéressant de prendre un guide sur place. La zone est constituée de six ensembles architecturaux réunis par un réseau de *sacbés*, ainsi que d'autres temples isolés, qui donnent une idée de la façon dont les Mayas menaient leurs activités administratives, religieuses et leur vie quotidienne.

KONDESA COZUMEL €€

5 avenida entre 5 y 7
✆ +52 987 869 1086
www.kondesacozumel.com
Ouvert de 17h à 23h. Plats de 140 à 780 US$.

Kondesa est un restaurant mexicain caribéen gastronomique où l'on peut déguster des plats frais, créatifs et avec des produits locaux. Dans un style bohème chic, on dîne sous les étoiles et l'on peut ressentir toute l'atmosphère de Cozumel. Les plats changent au gré des saisons et nous vous recommanderons surtout les plats à base de poissons. Pour les amateurs du terre et mer version locale, vous avez le *surf & turf* qui est une viande Angus servie avec une langouste locale. Très bonne adresse, où l'on déguste aussi de succulents cocktails.

DUNE MEXICO COZUMEL

Avda Rafael E Melgar
entre Calle 6 y 8
✆ +52 987 141 0722
www.mexicobluedream.com
De 60 US$ à 145 US$ la plongée. Dive master 1 350 US$. Location de matériel disponible.

Cette agence propose des sorties plongée dans les coraux de Playa del Carmen, dans les *cenotes*, à Cozumel ou encore au contact des requins-bouledogues (de novembre à mars), etc. Pour ceux qui souhaitent obtenir leur certification, Dune Mexico Blue Dream est aussi un centre de formation PADI. Idéal pour apprendre à plonger ou pour suivre une formation spécialisée : plongée en eau profonde (Deep Diver), plongée en grotte (Cavern Diver), plongée sur épave (Wreck Diver), etc. L'agence offre une accompagnement très professionnel, vous pouvez y aller les yeux fermés.

© DR

© DR

PÉNINSULE DU YUCATÁN

CERVECERIA PUNTA SUR

Avenida 10 entre Calle 3 y Salas
✆ +52 987 111 8642
www.cerveceriapuntasur.com
Du mardi au dimanche de 12h à 23h. Bières artisanales (60 $) et pizzas au feu de bois (100 $).

Pale Ale, *Porter*, rousse, brune ou blonde, il y en a pour tous les goûts dans cette petite brasserie locale qui offre en plus une ambiance et un décor originaux comparés aux autres bars de la ville ; pour monter le volume festif, mezcals et cocktails maison sont disponibles. Niveau restauration, les pizzas au feu de bois sont toujours présentes, avec parfois de bonnes surprises comme *ceviches* ou *aguachiles*. Le seul poisson au menu est le poisson-lion (*pez león*), une espèce invasive dangereuse pour les espèces locales, que l'on incite donc à pêcher et à cuisiner !

CHANKANAAB ★

Au km 9 de la Carretera Costera, Chankanaab est un parc d'aventure établi en bord de mer, autour d'un grand cenote à ciel ouvert. C'est l'une des attractions les plus prisées des touristes et vous aurez donc du mal à y trouver un peu de tranquillité, sauf tôt le matin. Un endroit idéal avec des enfants en bas âge. Organisé à l'américaine, les installations n'y sont pas très discrètes, mais cela reste une option convaincante pour passer la journée avec les petits. Plongée masque et tuba ou bouteille, kayak, paddle, tyrolienne et jardin botanique doté de 350 plantes. Ouvert de lundi à samedi de 8h à 16h. Entrée : 26 US$ par adulte et 18 US$ par enfant.

PLAYA PARAÍSO ★★

À 15 km au sud de San Miguel, voici encore une belle plage largement visitée au cours des journées à la chaleur étouffante. On y trouve plusieurs clubs de plage qui s'occupent de tout pour que vous passiez une journée en paix, notamment avec vos petits. On y trouve en effet un parc de jeux gonflables et flottants installés sur la plage. Par contre, l'accès n'est pas donné : 21 US$ par personne pour le pack d'activités (jeux gonflables, kayak, paddle, snorkeling...), plus 3 US$ d'accès à la plage et 10 US$ de consommation au restaurant. Cela peut valoir le coup avec des enfants, mais pour la tranquillité mieux vaut pousser un peu plus loin.

EL CEDRAL ★★

El Cedral est un petit village rural, situé à 5 kilomètres à l'intérieur des terres, à partir d'une déviation au km 15 de la Carretera Costera Sur (au niveau de la Playa San Francisco). Le village est réputé pour son festival, l'un des plus anciens de la région et du Mexique, où les cérémonies religieuses se mêlent avec les réjouissances païennes. Cette *feria* annuelle rend hommage à une page d'histoire de l'île. Elle a été créée par un survivant de l'un des nombreux massacres perpétrés durant la Guerre des Castes. Ce dénommé Casemiro Cardenás se considérait miraculé d'une attaque contre son exploitation agricole sur le continent en 1847 et initia alors cette fête le 3 mai pour remercier Santa Cruz de l'avoir sauvé. Il faisait partie de la vingtaine de familles de migrants qui s'exilèrent sur l'île. Depuis, sa descendance continue à festoyer avec forces cérémonies catholiques ce jour béni pour leur ancêtre. Mais l'histoire du village commence bien avant : la place était en effet déjà occupée dès le VIIIe siècle, comme l'atteste ce petit temple maya mitoyen de la non moins petite église du centre du village. Mais l'intérêt se situe un peu plus loin, à quelques kilomètres du village, où l'on trouve un *cenote* de toute beauté, où il fait bon passer quelques moments de détente au frais.

Tourisme

A savoir qu'El Cedral fait payer 2 US$ de droit d'entrée aux visiteurs. Si vous souhaitez vous rendre au *cenote*, il vous en coûte alors 7 US$ par personne. Au péage, un guide doit monter avec vous pour vous ouvrir le portail d'accès.

Le village d'El Cedral.

© KEVIN MICKLE - SHUTTERSTOCK.COM

Punta Sur.

PLAYA PALANCAR ★★★

Au niveau du km 19,5 de la Carretera Costera, à 30 minutes de San Miguel en scooter, une belle et longue plage aux airs paradisiaques, avec sable blanc et eau turquoise. Un endroit idéal pour s'adonner au farniente et aux plaisirs de la baignade, tout en pouvant s'allonger à l'ombre d'un parasol sur des transats du beach club. Pour ceux qui ne tiennent pas en place, on peut aller faire du snorkeling ou de la plongée avec bouteille sur le réputé récif de Palancar, juste en face, ou encore faire un petit tour en parachute ascensionnel pour admirer les paysages de l'île depuis les airs ! Le beach club est ouvert tous les jours de 9h à 17h.

PLAYA PALANCAR ★★★

Carretera costera sur km. 19.5

✆ + 52 1 987 118 51 54

Tous les jours de 9h à 17h. Beach club et centre de plongée sur place (le dimanche sur réservation pour la plongée).

Une très belle et longue plage aux airs paradisiaques : sable blanc et eau turquoise. C'est un endroit idéal pour s'adonner au farniente et aux plaisirs de la baignade, tout en pouvant s'allonger à l'ombre d'un parasol sur des transats... Magnifique journée de plage en perspective. Pour ceux qui ne tiennent pas en place, on peut aller faire du snorkeling ou de la plongée avec bouteille sur le réputé récif de Palancar, qui se trouve juste en face, ou encore faire un petit tour en parachute ascensionnel pour admirer les paysages de l'île depuis les airs !

PUNTA SUR ★★

Punta Sur, la pointe sud de l'île, c'est un peu le bout du monde version insulaire. Petit bar-resto de plage à l'ancienne, très caribéen, pour respirer à pleins poumons l'air du large et sentir le vent souffler dans vos cheveux. Punta Sur, c'est surtout une réserve naturelle où l'on peut voir des oiseaux migrateurs, des amphibiens et des reptiles, dont de beaux crocodiles que l'on peut observer depuis un mirador, ou lors d'une balade en bateau. Le parc abrite également le site archéologique maya El Caracol (1200-1400), un phare du nom de Celarain, au sommet duquel on peut grimper pour une superbe vue à 360 degrés, et un musée de la navigation qui mérite une petite visite. Les plages sont magnifiques, avec du sable blanc et fin, où sont installés les traditionnels transats et hamacs. L'eau est calme et transparente, idéale pour le snorkeling. Parmi les activités proposées, on peut notamment faire une balade en bateau sur la lagune de Colombia, des tours de kayak et emprunter le petit sentier de découverte.

Tourisme

Accès du lundi au samedi de 9h à 17h. Les tarifs d'accès sont de 18 US$ pour les adultes, 11 US$ pour les enfants de moins de 12 ans. Les enfants de moins de 3 ans ne payent pas. Ils incluent l'accès au phare, aux ruines mayas et au musée nautique. Sans véhicule, un taxi coûte environ 300 $ pour rejoindre le parc.

▶ Vers le nord, les plages de la côte orientale s'étendent à perte de vue et sont propices à la pratique du kitesurf ou du surf en cas de houle.

PLAYA SAN MARTÍN ★★

Au sud-est de l'île, une grande plage de sable blanc, assez sauvage, qui est une aire de protection de la flore et de la faune. Entre mai et septembre y débarquent des milliers de tortues marines pour y déposer leurs œufs. C'est une plage non fumeurs (pas de mégots *por favor* !) et l'on vous demande de respecter méticuleusement l'environnement. Un beach club loue des transats et propose des snacks et bières fraîches à des prix indécents, méfiez-vous. Vous pouvez bien sûr aller un peu plus loin sans avoir à payer. L'intérêt est surtout que la plage est surveillée, car les vagues peuvent être puissantes à certains endroits. Compter 300 $ pour s'y rendre en taxi.

FELIPE CARRILLO PUERTO ★

Située à quelques kilomètres de la côte, à l'intérieur des terres, la ville de Felipe Carrillo Puerto est la porte d'entrée du monde maya. Elle abrite quelques monuments religieux et musées : l'église Balam Nah, le *Santuario de la Cruz*, le *Museo regional de la música Popol Nah*. Néanmoins, son intérêt principal est surtout d'avoir gardé son identité de ville maya traditionnelle, en partie grâce à l'absence d'attractions touristiques. C'est un endroit à visiter pour mieux comprendre la culture maya, ses traditions et l'adaptation des Indiens au monde moderne. Un peuple fier qui offre toujours aux visiteurs un accueil chaleureux et souriant.

Histoire

La ville naquit en 1850, durant la guerre des Castes, qui opposa les Indiens Mayas aux riches propriétaires blancs et au gouvernement mexicain, à l'endroit où les *Cruzoob* – les Mayas rebelles – virent trois croix sur l'écorce d'un arbre. La croix parlait aux Indiens à travers un interprète et les encourageait à s'insurger contre les Blancs. Les *Cruzoob* nommèrent la ville « Chan Santa Cruz » ou « Pequeña Santa Cruz » et en firent leur capitale. Durant plus d'un siècle, Chan Santa Cruz fut le théâtre des principales batailles qui opposèrent le peuple maya et le gouvernement. C'est en 1930 que la ville reçoit son nom actuel en l'honneur de Felipe Carrillo Puerto, fervent défenseur des droits des femmes et des droits indigènes mayas. Homme politique socialiste, il avait été, deux ans avant son assassinat en 1924, nommé gouverneur du Yucatán.

CHETUMAL ★

Capitale de l'Etat du Quintana Roo, Chetumal fut fondée en 1898 sous le nom de Payo Obispo par le lieutenant Othón P. Blanco, dans le but de contrôler les indigènes mayas qui s'étaient soulevés pendant la Guerre des Castes, commencée cinquante ans plus tôt. C'est aujourd'hui une ville paisible et endormie. Son charme tient à son allure typique des Caraïbes et à ses quelques maisons de bois ayant résisté aux assauts des cyclones qui s'abattent de temps en temps sur la région. Si Chetumal n'a pas un grand intérêt touristique en soi, à l'exception du Musée de la Culture Maya, on peut néanmoins passer une petite journée à visiter les zones archéologiques et naturelles des environs (également facilement accessibles depuis Bacalar ou Mahahual) ou les quelques beautés de la baie comme le *río* Hondo ou les îles de Tamlacab et Dos Hermanos. Chetumal constitue surtout le point d'arrivée de nombreux bus ou avions en provenance d'autres régions. C'est aussi de là que l'on peut se rendre dans le nord du Guatemala et au Belize.

Se loger

Il existe de nombreux hôtels bon marché sur l'avenida Héroes, à proximité du marché, mais souvent sans charme et aux chambres très sombres et désuètes. Prévoyez d'y passer la nuit et rien de plus ! Si vous devez passer la nuit dans le coin pour des questions pratiques, comme la visite de Calakmul le lendemain, vous pouvez tout à fait envisager de dormir dans le village de pêcheurs Calderitas, à moins de 10 kilomètres de Chetumal et en bordure de la baie. Un cadre plus sauvage et dépaysant pour une soirée de vacances !

Restaurants de fruits de mer, village de Calderitas sur la baie de Chetumal.

PÉNINSULE DU YUCATÁN

LAGUNA DE BACALAR ★★★

Surnommée la lagune des Sept Couleurs pour ses eaux cristallines dont la tonalité varie du turquoise au bleu selon l'endroit et le climat, c'est l'un des joyaux méconnus des Caraïbes mexicaines, un site où l'on peut se détendre et profiter des joies de la baignade dans un cadre digne des plus beaux paysages de carte postale. Sur l'une de ses rives se trouve installé le petit village de Bacalar, à l'esthétique typiquement mexicaine. Fondé par les Espagnols au milieu du XVIe siècle, lors de la conquête de la péninsule du Yucatán, il constituait un point stratégique pour les navires qui se dirigeaient vers les lointaines provinces du Guatemala et du Honduras. Au cours du XVIIe siècle, Bacalar fit l'objet constant d'attaques de pirates qui cherchaient à s'emparer du bois de Campeche et des marchandises transportées par les navires espagnols. Pour contrecarrer cette situation, l'intendant de la péninsule fit construire en 1733 le fort de San Felipe, qui est désormais converti en musée. Aujourd'hui, le village de Bacalar compte environ 10 000 habitants. Ses fêtes patronales, en l'honneur de San Joaquín, se déroulent du 10 au 19 août, l'occasion de nombreuses festivités.

Balade

La lagune de Bacalar se prête à de nombreuses activités sportives : baignade, snorkeling, kayak, catamaran, balades en forêt… Certains habitants suffisamment aisés pratiquent le ski nautique et le jet-ski, mais on déconseille vivement d'en faire autant en raison des impacts environnementaux sur l'écosystème. Pensez également à utiliser une crème solaire biodégradable !

Se loger

On peut faire le choix de dormir dans le village ou opter pour un hôtel plus isolé sur les rives de la lagune pour un dépaysement plus complet. Cette destination se prête au camping. De nombreux établissements qui sont installés sur les rives de la lagune permettent de camper dans leur jardin et de faire usage des douches et des toilettes contre une modique rémunération. Même si l'on a les moyens de se payer une chambre d'hôtel, camper dans un endroit aussi paradisiaque est une expérience qui peut se révéler unique et inoubliable. Alors, pensez à mettre une tente dans vos bagages !

FUERTE DE SAN FELIPE DE BACALAR ★★

Av 3, entre les rues 20 et 24
✆ +52 983 832 6838
Ouvert tous les jours de 9h à 19h. Entrée : 70 $.
L'intendant général du Yucatán, Antonio de Figueroa y Silva, donna l'ordre d'ériger ce fort pour protéger la population de Bacalar de l'attaque des pirates particulièrement attirés par le commerce du bois de Campeche. Sa construction dura huit années et s'acheva en 1733. A l'intérieur, un intéressant petit musée retrace l'histoire de la région depuis l'époque préhispanique jusqu'à nos jours, en passant par le récit de la bravoure des insurgés durant la Guerre des Castes en 1858.

LAGUNA DE BACALAR ★★★

La lagune de Bacalar, aux mille nuances de bleu, est un véritable joyau naturel qu'il serait impensable de ne pas découvrir ; d'autant qu'il existe maintes façons de l'approcher et d'en profiter, que l'on soit amateur de sensations fortes, avide de contemplations ou sportif…

On peut choisir d'opter pour une balade en bateau sur ses eaux tantôt tranquilles, tantôt houleuses. Une promenade de deux heures inclut généralement la visite de quelques-uns de ses sites les plus enchanteurs : le *Cenote Negro*, le *Cenote de Cocalitos*, le canal des Pirates et les *rápidos*, cet endroit de la lagune où les eaux deviennent tumultueuses et où se forment des structures rares en pierre appelées stromatolithes. La balade peut se prolonger vers la lagune de Xul-Há à l'eau turquoise, une sorte de prolongation de la lagune de Bacalar.

On peut aussi découvrir ces lieux de façon plus autonome, en se rendant aux différents *balnearios* qui existent sur les bords de la lagune. On peut par exemple prévoir de passer une demi-journée au *balneario* de Xul-Há, puis se rendre à celui de Cocalitos. Comme la plupart des établissements qui sont installés sur les rives de la lagune louent des catamarans, des kayaks ou des paddle, on peut se lancer à la découverte du canal des Pirates ou des *rápidos* d'une façon plus écologique et par soi-même, en demandant simplement quelques indications aux gens du coin (les eaux de la lagune sont peu profondes et sans danger). Du campement Botadero San Pastor par exemple, on peut très facilement se rendre en kayak aux *rápidos*.

VELEANDO ANDO

Carretera Federal 307 km 22,5
✆ +52 983 110 0415
https://www.veleando-ando.com
Tour premium de 3h à 4h à partir de 670 $. Tours privés sur demande. Cours de navigation à voile pour tous niveaux.

C'est définitivement la meilleure option pour découvrir les facettes de l'écosystème aquatique local en compagnie de passionnés, même si le circuit classique est le même qu'ailleurs. Vous serez entraînés dans les coins les mieux conservés de la lagune : *canal de los Piratas*, nage avec masque et tuba, bain exfoliant dans les sables sulfureux d'une mangrove, véritable spa naturel de la lagune, *cenote de La Bruja* (ou *cenote negro*). Enfin, la visite du sanctuaire de la *Isla de los pájaros* pour s'adonner à l'observation des oiseaux, espèces locales ou migratoires.

RANCHO ENCANTADO ECO-RESORT & SPA €€€

Carretera Federal 307 km 24
✆ +52 998 884 2071
www.encantado.com
Chambres doubles, suites et casitas entre 3 415 et 6 645 $. Restauration.

Cet hôtel spa, en harmonie avec la nature environnante, est idéalement situé face aux eaux transparentes de la lagune. Plusieurs formules : les chambres, dans de jolis bâtiments en dur, dont certaines ont un bain bouillonnant privé ; les *casitas* rustiques au toit de palme, dont l'intérieur est confortable et très cosy. Evitez juste les *casitas jardín* situées derrière le restaurant car elles reçoivent quelques effluves. Celles un peu à l'écart, directement face au lac, sont charmantes.

BOTE DE LECHE €€

Avenida 1, entre les rues 28 et 30
https://bote-de-leche.negocio.site/
Ouvert du mardi au dimanche de 17h à 22h30. Entrées, plats et snacks à partir de 100 $.

Le décor est rafraîchissant et chaleureux, on y dîne soit en salle sous une belle fresque représentant le profil d'une Mexicaine lumineuse, soit à l'extérieur. Le chef suisse y prépare une cuisine d'une simplicité et finesse rares, dont un *corte de arrachera*, onglet de bœuf, fondant et quelques délicieuses salades. Des recettes alternatives et inventives combleront également les végétariens. Vous pouvez aussi tout simplement venir y boire un verre et profiter des soirées musicales qui accueillent régulièrement des artistes en direct.

MAHAHUAL ★★★

Le village de Mahahual a été l'un des premiers à bénéficier de l'essor touristique de la Costa Maya, grâce à sa position géographique face à la mer des Caraïbes et au récif corallien de Banco Chinchorro. Il a été équipé d'un complexe portuaire pour pouvoir accueillir occasionnellement les paquebots de croisière qui traversent les Caraïbes, dont les passagers descendent pour la journée. Ce développement n'a heureusement pas gâché tout le charme de l'endroit. Les hôtels et les petits restaurants touristiques se sont installés à plusieurs kilomètres de l'embarcadère en bordure de plage, mais leur style n'est pas celui du tourisme de masse puisqu'ils n'accueillent que les passagers des paquebots durant quelques heures lorsque ceux-ci débarquent. Dans cette partie du village qui ne compte que quelques rues, dont le *malecón* qui est exclusivement piéton, on peut profiter pleinement et en toute tranquillité des beautés de la mer des Caraïbes, tout en dégustant d'excellentes spécialités à base de fruits de mer. Les hôtels ne possèdent pas plus de deux étages. Ce ne sont pas tous des *cabañas* comme à Tulum mais cela donne aussi un air plus authentique à l'endroit. D'ailleurs, les prix de l'hébergement, comme les tarifs des activités et des restaurants, sont au moins deux fois moins chers que sur la Riviera Maya. Il faut donc profiter d'être ici pour réaliser des excursions de plongée et de snorkeling, d'autant que c'est l'un des meilleurs spots de la côte pour partir à la découverte des beautés cachées de Banco Chinchorro. Les adeptes du bout du monde pourront longer la côte sauvage jusqu'à Xcalak et trouver également en route d'autres solutions d'hébergement.

Quartiers

Mahahual se divise en trois grandes zones : la zone portuaire, où arrivent les ferrys et où pullulent les grands magasins *outlet*, le village à proprement parler, avec son *malecón*, ses hôtels et ses petites boutiques d'artisanat et de plongée, et une frange côtière longue d'une dizaine de kilomètres, encore très peu urbanisée, avec des plages quasi vierges, où il existe plusieurs hôtels écologiques. Si vous avez besoin de vous déconnecter du monde, que vous cherchez la tranquillité absolue ou que vous désirez vous retrouver en famille, optez pour un des hôtels à l'extérieur du village. Ce n'est quand même pas tous les jours qu'on a l'opportunité d'avoir une plage pour soi tout seul, il faut en profiter, surtout dans les Caraïbes !

Transports

Le village est situé à 225 km au sud de Tulum et à une centaine de kilomètres au nord-est de Bacalar ; on y accède par une déviation de 60 km depuis la route Chetumal-Cancún. Depuis Chetumal, ce sont 150 km et 2h de route.

En bus : depuis Chetumal, plusieurs options, qui passent toutes par Bacalar, s'offrent à vous ; les bus 1re classe ADO (1 départ en matinée depuis l'aéroport ou le Terminal Central ADO), les bus Caribe (départ depuis le marché Ignacio Manuel Altamirano à 16h30 et 0h30, ce dernier empruntant également la route côtière jusqu'à Xcalak), ou des vans qui partent du matin au soir au niveau de l'avenue Insurgentes #179, derrière le parc.

HOTEL MAYA LUNA €€

Carretera Mahahual-Xcalak km 5.2

✆ +52 983 836 0905

www.hotelmayaluna.com

4 bungalows, à partir de 1 480 $ pour deux personnes. Restauration.

Petit hôtel sur la plage, qui prend soin de nous en récupérant l'eau de pluie et en nous fournissant l'énergie électrique grâce à des panneaux solaires. Le respect de l'environnement est l'un des axes forts de cet hébergement, et cela intègre aussi la formation du personnel. Les quatre charmants bungalows sont très bien aérés et disposent chacun d'une terrasse sur le toit pour regarder la mer à n'en plus finir. Terrasse au rez-de-chaussée, hamacs et excursions en mer et dans les environs. Un service de soins et de massages est également proposé.

PIZZA PAPI €

Avenida Paseo del Puerto

✆ +52 983 104 0667

Ouvert du jeudi au mardi de 15h à 22h30. Compter entre 100 et 150 $ pour une pizza.

Ce restaurant italien est situé dans la zone résidentielle de Mahahual, entre le village et le complexe portuaire et commercial où amarrent les immenses ferries. Du fait de son emplacement, c'est un restaurant qui est surtout fréquenté par les étrangers qui vivent dans le coin. Mais cela vaut la peine de faire le déplacement jusque-là. L'ambiance est sympa, des soirées musicales y sont régulièrement organisées, et les pâtes ainsi que les pizzas au feu de bois vraiment exquises, bien meilleures que celles que l'on trouve sur le *Malecón* !

RESERVA DE LA BIOSFERA BANCO CHINCHORRO ★★

La réserve de biosphère de Banco Chinchorro est une réserve naturelle maritime qui a été classée en 1996 par l'Unesco pour protéger une partie du récif corallien mésoaméricain, qui se trouve à une trentaine de kilomètres face aux côtes du Quintana Roo. La réserve occupe une surface totale de plus de 144 000 hectares et comprend des formations récifales, une lagune récifale, trois îlots rocheux (îlot Lobos, îlot Centro et îlot Norte) et les eaux océaniques alentour. C'est une zone de grande valeur écologique, qui sert de refuge et de zone de reproduction à près de 800 espèces de faune et de flore maritimes. La grande diversité de la réserve est liée à l'irrégularité de la topographie sous-marine et à la complexité du système corallien – il existe une centaine de types de coraux différents – qui permettent la formation de milieux d'habitats très divers. Les activités de pêche, qui constituaient la principale source de revenus des habitants de la région jusqu'à la création de la réserve, sont aujourd'hui très strictement encadrées pour assurer la protection de cette biodiversité. Beaucoup de pêcheurs se sont reconvertis dans les activités de plongée, car Banco Chichorro est, en raison de sa richesse faunistique, l'un des plus beaux spots des Caraïbes où pratiquer la plongée, mais aussi la randonnée palmée, communément appelée « snorkeling ». La zone est d'autant plus intéressante pour la plongée qu'elle fut un haut lieu de naufrage. Près de 40 épaves de bateaux y ont été référencées, dont l'ancienneté fluctue entre le XVIe et le XIXe siècle. Gisant au fond de la mer, à proximité de la barrière de corail qui protège le lagon des vagues de la mer, elles constituent un véritable patrimoine archéologique et culturel à sauvegarder.

Sports / Loisirs

Les villages les plus proches de la réserve sont Mahahual et Xcalak. De nombreux centres de plongée y sont installés et proposent des excursions pour partir à la découverte des fonds sous-marins de Banco Chinchorro (plongée ou snorkeling). On peut y plonger toute l'année, dans une eau qui oscille entre 25 et 30 degrés et qui offre une large visibilité de 10 à 60 mètres, mais la saison optimale s'étale entre les mois de décembre et septembre. Du fait de la concurrence, le personnel est souvent très compétent, le matériel et les équipements sont de qualité.

MÉRIDA ★★★

De réputation, Mérida est incontournable. Son essor et sa grandeur architecturale sont intimement liés à l'explosion du commerce du *henequén*, ou sisal, cette fibre très solide et résistante tirée d'une variété d'agaves. Son commerce se développa aux XVIIIe et XIXe siècles à travers un système d'haciendas hérité du féodalisme espagnol, qui fournissait alors toute la planète en cordages de bateaux. Si la Révolution mexicaine puis l'arrivée des fibres synthétiques ont changé la donne, les magnifiques palais que l'on découvre aujourd'hui témoignent de cet âge d'or. Pour beaucoup convertis en hôtels, ils contribuent à la qualité de l'accueil au sein de la Ville Blanche. Son surnom ne lui viendrait pas de la couleur de ses murs, mais du fait que la ville était originellement séparée et isolée des quartiers indiens pour protéger les Espagnols, « les blancs », d'une éventuelle rébellion maya.

Aujourd'hui, la capitale commerciale du Yucatán est une ville très agréable et dotée d'un beau centre-ville colonial qui fait l'objet d'une constante rénovation. De nombreux Nord-Américains y ont acquis des maisons, les restaurants et bars se sont ouverts sur les places qui s'animent en soirée... Pour les hispanophones, il sera bon d'y distinguer le parler *yucateco*, chantant et lent, très différent de celui de la capitale, et d'apprécier les *bombas*, ces petits poèmes populaires qui sont de courtes histoires où l'on manie le double sens à la perfection.

Quartiers

La simplicité du plan de la ville permet de s'y retrouver très facilement, même s'il peut être déroutant de se repérer avec des noms de rue qui ne sont que des numéros. Les rues *(calles)* nord-sud sont désignées par des chiffres pairs, les rues est-ouest par des chiffres impairs. Les séquences des rues progressent par deux : l'angle des rues 64 et 57 est à deux *cuadras* de celui des rues 60 et 57. La Plaza de la Independencia occupe le centre et pour traverser la ville direction Cancún, on emprunte le moderne Paseo Montejo. Cette avenue à deux fois deux voies, surnommée *Campos Eliseos* (Champs-Elysées), possède de beaux bâtiments coloniaux et un grand mur sculpté avec un drapeau mexicain qui marque son issue. Le centre de Mérida est vaste et composé de nombreux quartiers coloniaux (*barrios antiguos*), construits chacun autour de sa petite église : Santa Ana, Santiago, San Sebastián, San Juan, Ermita, San Cristobál et La Mejorada.

Shopping

Il existe une quantité inimaginable de boutiques d'artisanat, notamment dans le carré compris entre les rues 60, 62, 59 et la Plaza de la Independencia. Les trois produits les plus typiques de la région sont les hamacs, les *jipis* (chapeaux) et les *guayaberas* (chemises).

Sortir

La musique locale *yucateca* est une passionnante synthèse d'harmonies instrumentales inspirée de la tradition mexicaine et des rythmes syncopés des Caraïbes. Elle se distingue fortement de la musique pop contemporaine qui inonde les radios. On ne peut que danser à l'écoute de cette musique entraînante. Il est conseillé de consulter les activités culturelles programmées chaque mois par la municipalité sur le site www.merida.gob.mx/turismo. Cette dernière sponsorise de nombreux événements (recréation de l'ancien jeu de balle maya sur le Zócalo, par exemple), ainsi que des concerts publics gratuits tout au long de la semaine.

Tourisme

Mérida compte plusieurs offices de tourisme. Le kiosque près de l'hôtel de ville, calle 62 sur le côté de la Plaza, fournit des plans et brochures bien conçus avec les listes et prix de tous les hôtels. Il est ouvert tous les jours de 8h à 20h, tout comme le second bureau Paseo Montejo, à l'angle avec l'Avenida Colón. On y distribue gratuitement la revue bilingue *Yucatán Today*, qui donne plein d'informations pour visiter la région. A compléter avec le site www.yucatan.travel.

Transports

Mérida est facile d'accès, par avion, autoroute ou bus pour ceux qui débarquent de Cancún (315 km, 4h) ou Campeche (186 km, 3h). Les villages de la côte sont desservis par des compagnies de bus ou des bus urbains. Mais l'idéal pour se rendre facilement dans les lieux les plus isolés et les moins touristiques est de louer une voiture, permettant ainsi de visiter plusieurs sites dans la journée, sans avoir à repasser par Mérida. La plupart des routes étant gratuites, cela revient moins cher que le bus dès que l'on voyage à plusieurs. Toutes les agences de location ont une antenne à l'aéroport et dans la ville, où elles sont dans la même zone (calle 60 et Avenida Colón, près de l'hôtel Fiesta Americana), ce qui permet de comparer les prix. Les tarifs sont en général équivalents, 600 $ par jour pour une voiture économique, avec assurance dommages aux tiers et kilométrage illimité.

HOTEL HACIENDA MERIDA €€€

Calle 62 #441A, entre les rues 51 et 53
✆ +52 999 924 4363
www.hotelhaciendamerida.com
Chambre double à partir de 150 US$; suite à partir de 215 US$.

En plein cœur du centre historique, à 200 mètres de la place Santa Lucia, c'est un magnifique petit hôtel installé dans un édifice historique datant de 1840. Tenu par un Français, l'établissement a tous les atouts pour séduire. 8 chambres calmes, très spacieuses, à la décoration raffinée et bien équipées, sont disposées autour d'une belle piscine centrale. Juste à côté, l'Hotel Hacienda VIP est tout aussi agréable, en étant encore plus exclusif puisqu'il ne compte que 5 chambres et une suite. Excellent service. C'est une valeur sûre du centre de Mérida.

LOS 7 CENOTES SAN GERONIMO ★★

Calle 22 #98, entre les rues 15 and 17, Itzimná
✆ +52 1 999 645 5722
www.los7cenotes.com
Sur réservation. RDV à Mérida (ou ailleurs) : véhicule indispensable. Adulte : 168 US$, enfant : 99 US$ (repas inclus).

© 7 CENOTES

C'est une aventure découverte d'une journée entière qui se déroule dans une réserve naturelle privée, à 1h30 de Mérida. On est accueilli dans une ferme de la fin du XIXe siècle plantée au milieu d'un écrin magnifique. Après quelques rafraichissements, départ à vélo pour découvrir la réserve et visiter 2 sites : un sublime cenote semi-ouvert, et une caverne. Après la visite, retour au ranch pour profiter d'un déjeuner Yucatèque typique. Une excellente option pour découvrir les cenotes.

MAYAN HERITAGE

Calle 79 # 518-D, entre calles 64 et 64 - A ✆ +52 999 924 8284
www.mayanheritage.com.mx
Organisation d'excursions et de transports touristiques, sur demande et sur mesure.

Mayan Heritage est un acteur du tourisme respecté dans la péninsule du Yucatan. Depuis plus de 15 ans, leur proposition est la même : offrir le meilleur du monde Maya aux visiteurs étrangers et locaux, avec une très haute exigence. Le groupe organise des excursions en groupes à la journée, au départ de Mérida, de Cancún ou de Valladolid ; mais aussi des voyages privés sur mesure de plusieurs journées, autour de la culture, de l'archéologie, de la nature, de la plongée, de l'activité sportive. De véritables experts de la péninsule, vous pouvez tout leur demander !

MANSIÓN MÉRIDA €€€

Calle 59 #498, entre les rues 60 et 58
✆ +52 999 924 4642
www.mansionmerida.com
Chambre double de 350 US$ à 450 US$; suite de 800 US$ à 1 200 US$: Restauration.

L'histoire du lieu remonte au XVIIe siècle, mais c'est au XIXe que Felipe G. Cantón Bachón l'acquiert et le dote de magnifiques atours néo-classiques. La maison appartient toujours à ses descendants, Raul Casares étant aujourd'hui son directeur. On y pénètre par un double escalier circulaire qui mène au balcon, surplombant le patio au dallage d'époque. Le plaisir des yeux est constant : mobilier européen, mosaïques au sol rappelant les ornements des chambres, chacune au caractère unique. Piscine, restaurant en terrasse invitent au farniente au soleil. Magnifique.

GRUPO IZAMAL €€

Calle 33 # 294 por 28 y 30, Centro - **IZAMAL**
✆ +9992171427 - www.grupoizamal.com
Hôtels : prix à retrouver en ligne sur les sites de chaque propriété. Restaurant Zamna : plats à partir de 120 $.

L'un des opérateurs touristiques historiques de la péninsule. Depuis plusieurs décennies, le groupe gère et propose plusieurs propriétés hôtelières à Izamal : la superbe Villa San Antonio de Padua, le grand et familial Hotel Tuul, et la Rinconada del Convento. Chaque établissement possède une identité propose, mais ce sont trois excellentes options pour se loger lors d'une halte à Izamal. Le groupe possède aussi le restaurant Zamna, spécialités yucatèques au cœur du centre historique, et propose l'organisation d'excursions dans la région, privées ou en groupe.

MESONES DE VALLADOLID €€

Calle 39 # 209 entre 40 y 42, Centro. **VALLADOLID** ✆ + 52 985 856 3042
www.mesondelmarques.com

Opérateur touristique de référence à Valladolid, qui opère depuis plusieurs décennies. Le premier hôtel du groupe, Mesón del Marqués, bénéficie d'une localisation exceptionnelle à Valladolid, en plein cœur du centre historique. C'est un grand bâtiment qui propose 100 chambres et 2 restaurants, dont un très beau *rooftop*. Le deuxième établissement du groupe, l'Hacienda Selva Maya, est situé à quelques kilomètres au sud de Valladolid. C'est une magnifique propriété, qui comporte un *cenote* ouvert exceptionnel, un restaurant buffet et un hôtel-boutique intimiste.

© HOTEL MANSION MERIDA

© LOS 7 CENOTES

© HACIENDA SELVA MAYA

YUCATAN UNICO

Calle 79, #518-D entre 64 y 64 - A
✆ +52 999 422 3401
www.yucatanunico.com
Construction d'itinéraires sur mesure, prix à valider en ligne.

Yucatan Unico est un groupement d'acteurs touristiques de l'Etat du Yucatan, créé en 2020 à l'initiative de 5 entrepreneurs et propriétaires Yucatèques. Leur spécialité est la création et l'organisation de voyages très haut de gamme sur mesure dans la péninsule. L'équipe prend en charge chaque détail pour créer des séjours d'exception. Avec des propriétés dans tout l'Etat du Yucatan, mais aussi des experts du transport touristique et de l'organisation d'itinéraires, c'est une excellente option pour les voyageurs en quête d'une expérience exclusive et luxueuse.

© GRUPO IZAMAL

© MAYAN HERITAGE

CASA MONTEJO ★★

Calle 63 #506
✆ + 52 999 253 6733
Ouvert du mardi au samedi de 10h à 19h ; le dimanche de 10h à 14h. Gratuit. Visite guidée. Boutique.

Construite entre 1542 et 1549 par Francisco de Montejo, envoyé par la couronne espagnole pour conquérir la péninsule, cette maison est un exemple unique de construction civile de style Renaissance. C'est en 2010 que la Fondation Fomento Cultural Banamex l'a convertie en musée, dont les 4 salles d'exposition permanente racontent ses 400 années d'histoire. Après avoir déambulé parmi les meubles et objets du XIXe siècle, vous apprécierez les expositions temporaires qui accueillent des artistes mexicains aux disciplines variées (photographie, sculpture...).

GRAN MUSEO DEL MUNDO MAYA ★★★

Calle 60 Norte #299
✆ +52 999 341 0435
www.granmuseodelmundomaya.com.mx
Ouvert du mercredi au lundi de 9h à 17h. Adulte : 150 $. Restauration (cafétéria). Boutique.

Ce musée, inauguré en septembre 2012, a pour objectif de mieux faire connaître et de transmettre la culture maya d'hier et d'aujourd'hui. Son architecture, à l'image de la cosmogonie maya, évoque le ciel, la terre et l'inframonde, et nous plonge d'emblée dans les coulisses de cette civilisation. A travers une muséographie dynamique et interactive se côtoient de magnifiques pièces archéologiques (originales ou reconstituées, telles que la façade du temple de Ek'Balam) et des documents historiques, qui valorisent également la culture contemporaine des Mayas et leur vie au XIXe siècle, avant la Révolution mexicaine. Le musée explique aussi très bien certains aspects de la culture maya qui sont d'ordinaire laissés de côté dans d'autres musées : le fonctionnement du calendrier, la numération et la cosmogonie sont présentés via des films courts très bien faits et une installation d'écrans interactifs. Une visite indispensable et enthousiasmante. Les samedis et dimanches, une visite guidée de 2 heures est proposée, en anglais (à 10h) ou en espagnol (à 12h), et permet d'appréhender la culture maya dans sa globalité. Des parcours thématiques sont également programmés, comme celui consacré à la *milpa*, ce système de production agroécologique ancestral qui continue d'inspirer les paysans aujourd'hui. En amont un détour par le site Internet du musée, très bien conçu, vous renseignera sur son actualité. Les week-ends à 20h30, un *mapping vidéo* est projeté sur la façade du musée...

MUSEO FERNANDO GARCIA PONCE - MACAY ★★

Calle 60 #502B
✆ +52 999 928 3191
www.macay.org
Ouvert du lundi au vendredi de 10h à 17h ; le samedi de 10h à 15h. Gratuit. Boutique.

Le Palais de l'archevêché, de style néoclassique français, situé pratiquement contre le flanc de la cathédrale, est aujourd'hui un espace dédié à la diffusion de l'art moderne et contemporain. Le musée comprend quatre salles d'exposition permanente où sont présentées les œuvres de trois grands artistes yucatèques, Fernando Castro Pacheco, Fernando García Ponce et Gabriel Ramírez Aznar, et quinze salles dont les expositions temporaires sont renouvelées tous les trois mois.

PALACIO DE GOBIERNO ★★★

Plaza de la Independencia
✆ +52 999 930 3100
Tous les jours de 8h à 21h. Entrée libre.

Derrière la façade pistache de ce palais, inauguré en 1892, se cachent de remarquables fresques. Elles n'ont pas été exécutées dans le style héroïque de Diego Rivera mais dans un style plus contemporain et onirique par Fernando Castro Pacheco, peintre local. Celles du *Salón de Historia* mettent en lumière l'esprit éternellement renouvelé du peuple maya qui survit en dépit de l'impitoyable répression exercée par les Espagnols. Elles sont ainsi diamétralement opposées aux sculptures de la *Casa Montejo* représentant un conquistador, le pied posé sur la tête d'un Maya.

SECRETARÍA DE FOMENTO TURÍSTICO DE YUCATÁN

Calle 61, entre calle 60 et 62
✆ +52 999 930 3760
www.yucatan.travel

L'organisme de promotion touristique de l'État du Yucatán, pour tout savoir sur les attractions touristiques de Mérida et sa région. Le personnel est compétent et sympathique, et pourra vous donner un plan de la ville et des infos précieuses. Le site Internet est bien fait et dispose d'une version en français. Les réseaux sociaux habituels sont également intéressants à consulter pour suivre l'actualité touristique et les évènements culturels à venir.

© TRATTORIA LA PASTA

© TRATTORIA LA PASTA

© TRATTORIA LA PASTA

TRATTORIA LA PASTA €

Paseo de Montejo #481
www.trattorialapasta.com
Ouvert du lundi au dimanche de 13h à minuit. Entrées de 120 à 200 $. Pizzas, pâtes et spécialités autour de 200 $.

C'est un très agréable restaurant italien, qui vous apportera un peu de *dolce vita* lors de votre passage à Mérida. Toute la cuisine a été formée à l'italienne par le chef Alessandro Dolfi : vous retrouverez toutes les saveurs authentiques du Vieux Continent dans votre assiette. On viendra pour la qualité de la cuisine et ses spécialités : les pizzas napolitaines, les pâtes artisanales ; mais aussi pour la très belle terrasse, au cœur du Paseo Montejo. Ajoutez-y un service efficace, amical, et des portions copieuses : vous obtenez une excellente adresse !

© TRATTORIA LA PASTA

© TRATTORIA LA PASTA

PASEO DE MONTEJO ★★★

Nommé en l'honneur de Francisco de Montejo, conquistador de la péninsule du Yucatán et fondateur de la ville de Mérida en 1542, le Paseo s'étend depuis le quartier de Santa Ana jusqu'à la route qui mène à Progreso, si l'on considère son extension progressive au fil du temps. Sa construction est décidée en 1888, alors que les grandes familles de la région profitent de l'immense richesse procurée par l'exploitation du *henequen* (le sisal ou l'or vert du Yucatán). Son tracé et son aménagement prennent modèle sur les boulevards européens, notamment français : en atteste la présence des fameuses *casas gemelas*, qui évoquent le style architectural parisien du XIXe siècle. L'une des deux maisons jumelles est, depuis janvier 2021, ouverte au public sous le nom de *Montejo 495 Casa Museo*. On peut notamment y apprécier l'ensemble du mobilier d'origine qui a été conservé en l'état. Le Paseo, flanqué de grands arbres, dispose d'un terre-plein central et est parsemé de nombreux ronds-points et édicules. Il est surtout bordé de magnifiques villas, résidences luxueuses, dont un grand nombre a désormais été converti en hôtels, restaurants, boutiques ou musées. D'avenue résidentielle, elle est devenue une agréable artère commerciale, qui s'étale sur plus de six kilomètres, et le cœur touristique et à la mode de la ville. Tous les samedis à 20h, la ville y organise des concerts de musique mexicaine. Le dimanche, l'avenue est fermée aux automobiles pour laisser la place aux cyclistes ; un marché d'art s'y tient également.

AVEC AMOUR €€

Calle 60, entre 55 y 53, Parque Santa Lucia
✆ +52 999 546 7203
www.avecamourbistro.com.mx

Lundi, mardi 13h-minuit, mercredi à dimanche 9h-minuit. Plats entre 175 et 395 $.

Ouvert à l'été 2020 par un couple franco-mexicain, c'est un restaurant qui apporte un agréable vent de fraîcheur au Parque Santa Lucia. Façon bistro fusion, la carte propose une sélection de plats français et yucatèques, tous préparés à base de produits frais exclusivement : magret de canard, filet de saumon, guacamole, croque Yuca (un croque-monsieur twisté)... Si la terrasse, lovée sous les arcades de la place, est très agréable et romantique, la salle intérieure n'est pas en reste avec un magnifique espace fait de velours, granit et bois massif. On recommande !

AEROPUERTO INTERNACIONAL DE MÉRIDA

Carretera Mérida a Uman km 14.5
✆ +52 999 940 6090

L'aéroport international Manuel Crescencio Rejón est desservi par plusieurs compagnies (VivaAerobus, Volaris, TAR Aerolíneas et Aeroméxico) qui permettent de rejoindre de nombreuses destinations nationales. Les compagnies américaines se chargent des liaisons internationales. Situé à moins de 10 km, le centre-ville de Mérida est notamment accessible par un système de navettes. La faible distance à parcourir garantit d'ailleurs des tarifs accessibles, y compris en taxi ou véhicule privé.

HOTEL MEDIOMUNDO €€

Calle 55 #533, entre les rues 64 et 66
✆ +52 999 924 5472
www.hotelmediomundo.com

Chambre double de 75,50 US$ à 80 US$. Petit déjeuner inclus. Restauration. Vente. Pas de tv.

Coup de cœur pour cette petite hacienda rénovée par un Uruguayen et sa femme qui a peint de nombreux motifs sur des murs colorés. Le style colonial est parfaitement exploité, espace et hauteurs sous plafond très agréables. Le MedioMundo est l'assurance de passer une bonne nuit, au calme ! Belle petite piscine, plantes omniprésentes et bar ; le tout sans télévision. Attention, n'accepte pas les enfants en-dessous de huit ans. A signaler aussi la boutique assurant la promotion d'objets artisanaux locaux, et le petit restaurant *Lo que hay* qui sert une cuisine végane.

EL PALACITO SECRETO €€€

Calle 66 #393
✆ +521 9992244533
www.elpalacitosecreto.com

Suite à partir de 155 US$. Casa privada à partir de 225 US$ pour deux (capacité : 10 personnes).

Dans une rue très calme, à 5 minutes de Santa Lucía et du Paseo Montejo. L'idée des propriétaires d'origine belge et irlandaise a été de recréer le style colonial français du XIXe siècle : un bâtiment avec arches, colonnes et moulures, de beaux balcons... jusqu'au mobilier colonial dans les chambres. De luxueuses et spacieuses suites ainsi qu'une *casa privada* sont disposées autour d'une piscine et d'un agréable jardin. Le petit-déjeuner est bon et copieux, le staff est adorable. Une très bonne option, à compléter avec la gamme de massages et soins à la carte.

DULCERÍA Y SORBETERÍA COLÓN

Calle 61 #500
+52 999 928 1497
Ouvert tous les jours de 9h30 à 23h30.

La Dulcería y Sorbetería Colón est une véritable institution à Mérida, depuis 1907. À toute heure de la journée, les gens se bousculent à l'entrée de l'établissement pour savourer un sorbet à la noix de coco, à la mangue, au pitaya, à… En fait, la carte des sorbets est interminable et compte tenu de la chaleur qu'il fait dans la ville, on peut sans remord essayer chaque jour une saveur différente. L'établissement possède aussi une succursale sur le Paseo de Montejo.

LA NEGRITA CANTINA

Calle 62, à l'angle de la rue 49
+52 999 121 0411
Ouvert tous les jours de 12h à 22h.

C'est l'une des plus vieilles cantinas de la ville, puisqu'elle existe depuis 1917. Bien sûr, l'endroit a été entièrement rénové au goût du jour. L'établissement dispose de plusieurs salles aménagées de façon différente pour créer des ambiances variées, dont un patio arboré et un bar. A la carte : mezcal et bières artisanales locales, pour accompagner quelques bons plats du jour, des *tacos* régionaux. Si vous n'avez qu'une bière à prendre dans le centre historique, c'est là qu'il faut vous asseoir... ou danser (sessions *live* chaque semaine).

DZIBILCHALTÚN ★

Situé à une demi-heure de route au nord de Mérida, Dzibilchaltún (« l'endroit où les pierres plates portent des inscriptions ») a longtemps été considéré comme un site archéologique secondaire. Et pourtant il s'avère que la durée d'occupation du site est l'une des plus longues de la civilisation maya, puisqu'elle s'étend du Préclassique moyen (1000 à 400 av. J.-C.) au postclassique tardif et à l'arrivée des Espagnols. Le site actuel s'étend sur environ 15 km², et devait comprendre à l'époque pas moins de 8 000 structures reliées entre elles par ces chemins de pierre et calcaire que l'on nomme *sacbés*. Il reste donc de nombreux édifices à mettre à jour.

ZONA ARQUEOLÓGICA DE DZIBILCHALTÚN ★★

Carretera Mérida-Progreso
Ouvert tous les jours de 8h à 16h.
Entrée : 227 $.

La construction emblématique du site est dénommée le *Templo de las Muñecas,* ou Temple des poupées, en référence à sept statuettes de terre cuite découvertes par des archéologues dans les années 50 et conservées aujourd'hui sur le musée du site. On lui attribue aussi la dénomination de Temple du soleil, car aux équinoxes de printemps et d'automne, le soleil traverse littéralement le temple au travers d'ouvertures parfaitement alignées avec l'astre solaire. Cette construction complexe rend ainsi hommage aux connaissances astronomiques et mathématiques des Mayas qui leur permettaient d'utiliser le cycle du soleil pour rythmer leur vie agricole notamment. Les semences débutaient lors de l'équinoxe de printemps et la récolte lors de celui d'automne. Aux alentours de l'an 800, ce temple carré, qui a pu servir d'observatoire du ciel, avait été rempli de pierres puis recouvert d'une autre structure dont les restes sont encore partiellement visibles. La zone archéologique de Dzibilchaltún abrite aussi le Musée del Pueblo Maya, dont la visite complète le circuit. Très réussi d'un point de vue architectural, il est conçu pour s'intégrer parfaitement à l'environnement tropical. En guise de dernière étape, une escale pour se rafraîchir dans le *cenote* Xlakah s'impose. C'est le plus grand *cenote* découvert dans la région, et ses importantes dimensions (100 mètres sur 200) abritent des eaux d'une profondeur maximale de 40 mètres. Pensez à votre maillot de bain.

© MASKPIX - SHUTTERSTOCK.COM

PÉNINSULE DU YUCATÁN

PROGRESO ★★

Situé à 36 kilomètres, Progreso est à la fois le port et la plage de Mérida. Les week-ends, la population de Mérida se précipite vers cette station balnéaire qui redevient en semaine une ville fantôme. L'eau, d'un vert irréel, se teinte de toute une gamme d'azur lorsque le sable est troublé par la rencontre des eaux de la mer des Caraïbes et du Golfe du Mexique. Progreso a été bâti vers 1870 pour remplacer Sisal, l'ancien port de Mérida. La pente qui descend de la terre vers la mer est si douce qu'un embarcadère de 5 kilomètres a dû être construit pour permettre aux grands bateaux et navires de croisière d'amarrer. Progreso ne mérite pas une visite d'une journée, mais il est sympa d'y déjeuner ou dîner et de se promener le long du Malecón et de sa plage. Après la chaleur étouffante de Mérida, le vent marin est un luxe appréciable. De l'autre côté de l'estuaire, se trouve Yucalpetén, que certains *Meridanos* privilégient. De nombreuses villas y ont été construites. Néanmoins, cette destination n'a pas grand intérêt pour les étrangers. La plage de Progreso offre une ambiance bien plus sympa. Au large, à 30 kilomètres, se dressent les magnifiques récifs semi-désertiques d'Alacranes, recommandés pour la plongée.

Transports

Les bus *Autoprogreso* partent de Mérida Calle 62, entre les rues 65 et 67. Arrivée à Progreso Calle 29 #151. 55 minutes de trajet, départ toutes les 10 minutes de 5h15 à 22h.

YUM IXPU €

Calle 31 #207,
entre les rues 94 et 96
✆ +52 969 935 5776

Ouvert du mardi au vendredi de 11h à 17h30 ; le week-end de 11h à 18h. Entrées et plats de poisson de 60 à 270 $.

Si vous aimez bien manger, sortir des sentiers battus, faites le détour jusqu'à ce restaurant familial qui se trouve un peu en retrait du quartier touristique, à plusieurs rues de la plage. Les locaux viennent y manger de généreux plats de poissons et crustacés, à des tarifs plus qu'abordables… Le restaurant, qui ne paie pas de mine, se trouve au deuxième étage d'une maison et est reconnaissable à sa façade qui est décorée d'une fresque murale. Vous n'aurez pas de peine à le débusquer, tous les taxis de Progreso connaissent l'adresse...

TELCHAC PUERTO ★★

Le petit port de Telchac se trouve à environ 40 kilomètres au nord-est de Progreso. Telchac signifie « longues racines des mangroves » en maya, et se trouve en effet en bordure de la Laguna Rosada dont l'écosystème est particulièrement riche en biodiversité. La fondation du port remonte à l'époque coloniale, mais aucun édifice n'a été préservé. C'est néanmoins une halte sympathique sur la côte du Yucatán. La mer a, comme partout sur le Golfe, une couleur verte singulière qui fascine et attire. Les alentours sont d'ailleurs, comme à Progreso et Chicxulub, prisés par les riches habitants de Mérida qui y ont acquis de belles maisons. Malgré tout, Telchac Puerto garde une atmosphère authentique de village de pêcheurs. Il compte plusieurs restaurants de fruits de mer qui proposent des plats de poisson frais et savoureux. Et si, malgré sa couleur, la mer du Golfe du Mexique est moins prisée pour le farniente et la baignade que celle des Caraïbes, les points d'intérêt des environs, la Laguna Rosada et la zone archéologique de Xcambo, valent le détour et bénéficient de cette affluence touristique moindre.

Se loger

Pas beaucoup d'hôtels dans le coin, car l'un des modes d'hébergement le plus en vogue sur cette côte est la location de villas. Il y en a des grandes, des petites, la plupart ont vue sur sur la mer et sont dotées de piscines... En plus de consulter les sites Internet, vous pouvez emprunter la route 27 qui longe la côte et relie Progreso au port de Telchac pour voir les villas et choisir celle qui vous plaît le plus.

CELESTÚN ★★★

Celestún est un beau petit village côtier, à 90 km à l'ouest de Mérida. Certains jurent que ses plages sont les plus belles du Yucatán quand d'autres préfèrent celles de Progreso. Cette divergence d'opinion est due sans doute au jour et à l'heure auxquels on visite Celestún. Mais il a un attrait que ne possède pas Progreso : la zone est un véritable sanctuaire ornithologique. Chaque année, des milliers d'espèces d'oiseaux – canards, hérons, pélicans – et surtout une importante colonie de flamants roses sauvages viennent passer l'hiver dans l'estuaire qui se trouve en bordure du village. Cela a conduit le gouvernement mexicain à le cataloguer zone naturelle protégée. L'accès est contrôlé pour garantir la protection de la faune et de la flore, mais un certain nombre de prestataires sont autorisés à réaliser des balades en bateau sur la lagune à des fins écotouristiques. L'observation des flamants roses et de leur envol est un spectacle tout à fait fantastique ; à voir absolument lors de votre séjour dans la péninsule.

Transports

Il est possible de visiter Celestún dans la journée depuis Mérida, mais il faut prévoir de partir tôt, car le trajet prend au moins une heure et demie. L'état des routes est globalement bon, mais le dernier tronçon à partir du village de Kinchil est très étroit, ce qui oblige à réduire la vitesse dès que l'on croise une autre voiture. En bus, depuis Mérida, rendez-vous au Terminal Noreste (calle 50, à l'angle de la rue 67).

RESERVA DE LA BIOSFERA RÍA DE CELESTÚN ★★★

A l'entrée du village de Celestún.

Le prix des tours en barque est fixé par les autorités : 1 900 $ (jusqu'à 6 passagers).

Pour visiter la réserve de la biosphère de Celestún, il faut se rendre à l'embarcadère qui se trouve à l'entrée du village, immédiatement après le pont. Là, une coopérative locale organise des balades en barque dans la réserve. L'excursion de 2h30 environ comprend quatre arrêts ou activités : l'isla de Pajaros (l'île aux Oiseaux), l'observation des colonies de flamants roses, une baignade express dans un *ojo de agua* et la traversée d'un tunnel de mangroves. La balade plus longue, de 3h30 environ, comprend, en plus des quatre activités mentionnées, la traversée de toute la lagune jusqu'à Punta Ninún et la visite du *bosque petrificado* (forêt pétrifiée).

Les flamants roses sont visibles aussi bien le matin que le soir. On peut donc prévoir de visiter la réserve à peu près à n'importe quelle heure de la journée. Néanmoins, si vous faites l'aller-retour dans la journée depuis Mérida, il vaut mieux visiter la réserve assez tôt, pour pouvoir profiter de la plage dans l'après-midi.

Les salines : Elles peuvent se découvrir à pied depuis le village, pour qui s'est levé suffisamment tôt pour marcher les 5 kilomètres en direction du sud à partir du village. Ce sont de petits lacs aux tons rosés desquels on extrait encore aujourd'hui le sel de manière naturelle et traditionnelle. Leur degré d'inondation et l'intensité de leur couleur varie au fil de l'année. Absolument magnifique.

Les plages : Il y en a des kilomètres et des kilomètres, à perte de vue tout le long de la réserve…

UXMAL ★★★★

Uxmal, qui signifie en langue maya « bâti trois fois », est l'un des plus importants sites archéologiques de la péninsule du Yucatán, catalogué au Patrimoine mondial de l'humanité, avec Chichen Itzá. Malgré son nom, Uxmal a été bâti cinq fois et exerça son pouvoir durant quatre siècles, de 600 à 1000 apr. J.-C. Les Espagnols qui connaissaient ces ruines ont donné aux édifices leurs propres noms, c'est le cas du quadrilatère des Nonnes par exemple. Le comte de Waldeck en fournit la première description en y ajoutant ses propres fioritures, mais les ruines ne furent fouillées qu'en 1929 par Franz Blom.

Se loger

Se loger juste à côté des ruines dans une hacienda est un luxe auquel il vaut la peine de succomber... D'autres possibilités existent un peu plus loin, à proximité du village de Muna au nord dans le village de Santa Elena à une quinzaine de kilomètres à l'est.

Transports

A 80 km au sud de Mérida, Uxmal est sur la route principale Uman-Hopelchen. A 20 km plus au sud, se trouve Kabah. Pour les autres sites, il faut encore parcourir 5 km plus au sud et prendre la déviation qui mène à Sayil, Xcalak et Labná. Cette même route se poursuit entre les collines durant 18 km jusqu'à déboucher à Emiliano Zapata, à 3 km des grottes de Loltún et à 10 km d'Oxkutzcab, une bonne base pour visiter les environs.

Il est facile de rejoindre Uxmal et Kabah depuis Mérida : Les bus partent de la Terminal TAME (Départ 6h, 9h, 10h30, 12h et 14h. Retour à 12h, 15h et 17h). Mais pour ceux qui désirent combiner tous les sites dans la même journée, les choses se compliquent, car ils sont situés sur une route construite uniquement à l'usage des touristes. Aucune ligne de bus régulière ne la dessert et il y a peu de circulation pour faire du stop. Marcher ? Le bus qui passe sur la route principale vous déposera à Hopelchen-Uman : de là, Sayil est à 4,5 km, puis ce sont 5 km supplémentaires jusqu'à Xcalak, et 3 km encore jusqu'à Labná.

Pour visiter l'ensemble de la Ruta Puuc en transport public, c'est une solution de compromis. Depuis le Terminal TAME, un minibus dessert Uxmal et les sites de la Ruta. Il part de Mérida à 8h les dimanches et fait la tournée de Labná, Xlapak, Sayil et Kabah, s'arrêtant environ 45 minutes à chaque site. Le dernier arrêt à Uxmal dure 2 heures. L'inconvénient est qu'on ne peut s'attarder nulle part. Seuls les experts aguerris auront assez de temps pour visiter chaque site à fond, mais à un rythme épuisant.

- **Pour les voyageurs pressés**, le plus simple est de visiter l'ensemble des sites dans le cadre d'une excursion organisée. Toutes les agences touristiques de Mérida en proposent. Elles incluent parfois le spectacle son et lumière d'Uxmal et la visite des grottes de Loltún. Certaines proposent aussi de combiner Uxmal avec Kabah ou de se rendre directement sur les petits sites moins visités. Les prix varient peu d'une agence à l'autre. On peut également trouver des guides spécialisés à Oxkutzcab.
- **La solution la plus indépendante** consiste à louer une voiture à Mérida. En étant bien organisé, vous pouvez commencer par visiter les grottes de Loltún à 9h30, poursuivre avec la visite des sites de Labná, Xlapak, Sayil et Kabah, et finir par le Uxmal !

CHOCO-STORY UXMAL

Antigua Carretera a Campeche km. 78
✆ +52 999 289 9914
www.choco-storymexico.com/uxmal.html
Ouvert tous les jours de 9h à 19h. Gratuit jusqu'à 6 ans. Adulte : 150 $. Enfant : 75 $.

Juste en face du site archéologique, au milieu d'une forêt luxuriante qui abrite une plantation de cacao de 2 hectares, c'est une promenade passionnante et reposante. Tous nos sens sont sollicités. On passe par 6 salles qui retracent l'histoire du cacao, ses différents usages au Mexique et dans le monde, mais aussi par des ateliers de découverte et de dégustation. Il est possible d'assister à une cérémonie traditionnelle maya et pour finir, l'éco-parc du musée abrite un refuge d'animaux sauvages de la région. A ne pas manquer lors de votre passage à Uxmal.

ZONA ARQUEOLÓGICA DE UXMAL ★★★★

✆ +52 997 976 2064

Ouvert tous les jours de 8h à 17h.
Entrée : 428 $. Son et lumière à 19h en hiver, 20h en été ; coût additionnel : 103 $.

L'ensemble du site est particulièrement bien préservé et les détails qui composent son architecture rendent admirablement compte de la richesse du style Puuc. Il se caractérise ici par la dimension grandiose de ses édifices, lesquels sont ornés de motifs géométriques et de pierres taillées en forme de mosaïque qui viennent embellir les façades. Dès l'entrée dans le site, on est tout de suite frappé par la *Piramide del Adivino*, haute de 35 mètres et construite sur une base ovale. Les marches des temples se gravissent toujours en diagonale, pour ne jamais faire face au dieu ni lui tourner le dos. Qui plus est, cela rend la montée facile, on a l'impression de marcher sur le plat, ou presque, et en descente, cela évite de voir le vide.

Le chef-d'œuvre architectural d'Uxmal est sans aucun doute le Palais du Gouverneur, avec ses riches façades longues de 100 mètres. Au cours d'une première tentative de conservation de l'édifice, l'archéologue John L. Stephens démonta les linteaux délicatement sculptés et les expédia à New York, où ils furent détruits lors d'un incendie. Heureusement, son collègue Catherwood en avait fait des dessins détaillés qui, sans doute, seront reconstitués un jour. Les poutres du plafond proviennent d'arbres de la jungle de Petén au Guatemala, ce qui a donné lieu à bien des spéculations sur l'origine du site. L'abandon d'Uxmal, tout comme plusieurs autres sites des collines, semble dû au manque d'eau, dont ont fait l'objet bien d'autres cités mayas.

THE LODGE AT UXMAL €€

antigua carretera Merida Campeche km 78, 66-A
✆ +52 1 877 240 5864
www.mayaland.com
Chambre double de 210 US$ à 320 US$.

C'est le dernier-né du groupe Mayaland et aussi l'hôtel le plus proche de la zone archéologique d'Uxmal, situé en face de l'entrée des ruines. C'est un endroit où il vaut la peine de passer la nuit tant l'hôtel est bien conçu, avec ses rampes en bois et ses toits en feuille de palmier. Les 40 chambres, parfaitement équipées, sont réparties dans 5 bâtiments qui sont séparés entre eux par des beaux jardins tropicaux. On se croirait vraiment dans un *lodge* perdu au milieu de la jungle, confort en plus. L'établissement compte en plus un spa et un restaurant. Magique.

KABAH ★★

Kabah, qui a conservé son nom originel, est mentionné dans le *Chilan Balam* de Chuyamel. Signifiant « la main puissante », il fait écho, à l'entrée du site, à la sculpture d'un homme tenant dans sa main un serpent. Le site aurait été occupé dès le début de notre ère, au classique ancien, son apogée se situant entre les années 600 et 1000. Il se caractérise par son style Puuc poussé à l'extrême et combiné avec d'autres éléments Petén (crêtes des temples et décorations modelées en stuc) et Chenes (façades présentant des divinités zoomorphes). On y trouve de nombreux *chultunes,* réservoirs d'eau souterrains qui permettaient de stocker l'eau de pluie.

ZONA ARQUEOLÓGICA KABAH ★★

A 20 km au sud d'Uxmal.
Ouvert tous les jours de 8h à 17h. Entrée : 55 $.

Kabah est le plus grand site archéologique de la Ruta Puuc, après Uxmal. Mais, contrairement à son voisin, on dispose de bien moins d'informations sur son histoire. La cité est construite le long d'un axe nord-sud, qui correspond aujourd'hui à la route principale et qui le divise en deux parties. L'entrée principale se trouve à l'ouest et débouche sur les édifices les plus importants. On tombe tout d'abord sur le *Templo de las Columnas*, construit sur une élévation naturelle, à laquelle on accède par deux bouts d'escaliers. On y pénètre par plusieurs entrées plus ou moins larges, dont deux sont divisées par des colonnes. Le toit, lui-même décoré de petites colonnades, conserve une partie de sa crête. A sa gauche, le *Teocalli* présente des colonnes plus imposantes encore ; son caractère résidentiel est attesté par les nombreux *chultunes* retrouvés à ses abords. Ces constructions étaient essentielles pour retenir l'eau de pluie dans cette partie particulièrement sèche de la péninsule, d'une part pour la consommation des Mayas et d'autre part pour leurs récoltes. Le bâtiment central fait le lien avec le célèbre *Palacio de las Máscaras* (ou *Codz-Poop*). D'ici, un *sacbé* part en direction du côté ouest du site (de l'autre côté de la route) où il se dirige ensuite vers Uxmal, en passant sous une arche grandiose qui marquait l'entrée de la cité. Si la cité a profité de la visite en 1843 de John L. Stephens et de Frederick Cathewood pour être mise à jour, il semble que tous les édifices n'aient pas encore été dégagés de la végétation.

SAYIL ★★

La cité de Sayil, « l'Endroit des fourmis coupeuses de feuilles », était une des principales cités à l'époque préhispanique, puisqu'à son apogée durant le classique terminal (800-1000 apr. J.-C.), cette ville s'étendait sur quelque 4 kilomètres carrés et comptait près de 17 000 habitants. Une promenade dans la forêt vous conduit à El Mirador, avec son toit en crête. Le terrain de pelote se trouve à 1 500 mètres à l'est. Le Palacio, tout au fond du site, est mal signalé et mal localisé sur les plans. Pour l'atteindre, il faut marcher un peu dans une jungle dégarnie, ce qui donne l'impression d'être un explorateur découvrant une fabuleuse cité perdue.

ZONA ARQUEOLÓGICA DE SAYIL ★★

A 4,5 km de la route principale 261.
Ouvert tous les jours de 8h à 17h.
Entrée : 55 $.

© LEV LEVIN - SHUTTERSTOCK.COM

Le site est ici aussi organisé selon un axe nord-sud. Tout au nord se trouve le *Palacio,* et en direction du sud on traverse le jeu de balle duquel un *sacbé* s'enfonce dans la forêt vers l'est, où l'on atteint finalement le *Mirador*. C'est un temple pyramidal de style Puuc ancien, dont le fronton est orné de clairevoies et dont l'immense crête s'érige encore fièrement ; de son sommet, on peut observer l'ensemble du site. A 100 m se trouve une stèle de Yum Keep, le dieu de la fertilité.

XLAPAK ★★

Situé à 6 km de Sayil, Xlapak ou Ixlapak, dont le nom signifie « les vieux murs » a été découvert au XXe siècle et connut son apogée entre 600 et 1000 apr. J.-C. C'est le plus petit des sites archéologiques de la *ruta Puuc*. Seuls deux bâtiments sont visibles parmi la végétation. Des édifices moins imposants qu'ailleurs, mais qui présentent le même style décoratif caractéristique de la région. Pourtant Xlapak fut l'une des zones les plus densément peuplée de la région et était probablement sous la domination d'un autre site plus important. L'entrée du site n'est pas réglementée, sa visite se fait donc sous votre propre responsabilité.

LABNÁ ★

Labná, dont le nom signifie la « vieille maison » ou « maison abandonnée », est à 3 km de Xlapak. Egalement peu exploré, le site doit sa renommée aux restes richement ornés d'une arche aux proportions monumentales, qui marquait l'entrée du centre civique et cérémoniel et assurait la séparation entre deux surfaces quadrangulaires. Situé en face de l'arche et accessible par un pan de *sacbé* restauré, l'édifice principal que l'on nomme le *Gran Palacio* mesure près de 120 m de long, ce qui en fait l'un des plus grands de la région. A proximité, se trouve une pyramide escarpée, *el Mirador*, duquel on domine le paysage et qui offre un joli point de vue.

ZONA ARQUEOLÓGICA DE LABNÁ ★

Ruta Puuc
Ouvert tous les jours de 8h à 17h.
Entrée : 55 $.

Le site se distingue par un *Arco* magnifiquement décoré de motifs géométriques et d'un grand masque de *Chac*, et par un ensemble d'édifices construits à même la roche sur plusieurs niveaux (*el Gran Palacio*) ; chacun comportant plusieurs pièces distinctes pour un total de 60. La décoration, semblable à Sayil, est complétée par des sculptures de serpents dont les gueules ouvertes semblent recracher des crânes humains. Quant au *Mirador*, il présente une crête aux proportions démesurées.

GRUTAS DE LOLTÚN ★★★

Les grottes de Loltún – du maya *lol*, « fleur », et *tún*, « pierre » – sont situées à 8 kilomètres d'Oxkutzcab. Ce sont les plus grandes de la péninsule du Yucatán. L'évidence culturelle voudrait que les grottes aient servi de campement depuis 11 000 ans pour les tribus de nomades qui s'installèrent dans la région. Ensuite, celles-ci pourraient avoir été occupées sans discontinuer, notamment à l'heure où les peuples locaux, ancêtres des Mayas, domestiquèrent animaux et plantes, devinrent totalement sédentaires et commencèrent à édifier leurs premières cités. Peu après le début de notre ère, à l'époque classique, les grottes cessèrent d'être utilisées comme espace d'habitation, mais plutôt comme espace de stockage et réserve d'eau. Il semble aussi que les grottes aient été utilisées au cours de la guerre des Castes par des Mayas qui fuyaient les Blancs et les *mestizos*.

Transports

Si vous comptez visiter les grottes de Loltún le matin avant de vous rendre à Uxmal, le mieux est de s'y rendre en voiture depuis Mérida. Pour cela, prendre l'autoroute 261 et, à hauteur de Muna, sortir de la 261 et emprunter la route 184 jusqu'au village d'Oxcutzcab. Les grottes ne se trouvent qu'à quelques kilomètres. En transport public, vous pouvez prendre un bus pour Oxcutzcab à la gare routière Noreste à Mérida (angle des rues 67 et 50) et une fois arrivé dans le village, demander à un taxi qu'il vous conduise jusqu'aux grottes.

ZONA ARQUEOLÓGICA DE LOLTÚN ★★

Ouvert tous les jours. Visite guidée obligatoire à 9h30, 11h, 12h30, 14h, 15h & 16h. Entrée : 55 $ hors pourboire.

Les grottes de Loltún présentent la plus longue séquence chronologique du nord de la péninsule du Yucatán. Beaucoup plus faciles d'accès que les grottes de Calcehtok, les 2 kilomètres ouverts au public sont éclairés par des lampes de différentes couleurs. De plus, il n'est pas nécessaire d'effectuer des acrobaties pour observer les peintures rupestres, les stalagmites et les vestiges mayas qui y ont été retrouvés. On y dénombre pas moins de 145 peintures rupestres et 42 pétroglyphes.

OXKUTZCAB ★★

À 110 km au sud de Mérida, au cœur de la *ruta Puuc*, Oxkutzcab est une petite ville authentiquement maya fondée en 1550 par le missionnaire franciscain Diego de Landa. Elle compte quelques constructions intéressantes qui valent le détour dont l'église de *San Francisco de Asís*, qui, face à la place principale, possède un retable de style baroque, et l'ancienne gare ferroviaire, construite en 1881, qui dévoile une architecture imitant le style Puuc des anciennes cités mayas. Quant à l'ermitage de la *Virgen del Pilar*, construit en 1681, il domine l'ensemble depuis la cime d'une colline. Le marché de la ville est sûrement le clou du spectacle, car c'est le centre de la production citrique de la région. Aux côtés des citrons et des oranges douces, sont également commercialisés tous les fruits tropicaux – pitaya, mangue, sapote, papaye – qui sont cultivés dans les environs. Par ailleurs, Oxkutzcab est aussi une bonne base pour rejoindre les Grutas de Loltún qui ne sont qu'à 8 km au sud-ouest de la ville.

Transports

Oxkutzcab se trouve à 100 kilomètres au sud de Mérida. Pour s'y rendre en voiture, il faut emprunter l'autoroute 261 et à hauteur de la ville de Muná, bifurquer à gauche pour prendre l'autoroute 184. Il est aussi possible de s'y rendre par la route départementale 18 qui passe par les villages de Mama et de Teabo, mais le chemin est plus long. Cette route n'est à choisir que si vous souhaitez visiter d'autres villages de la route des Couvents.

CUZAMA ★★

A 15 km d'Acanceh, le village de Cuzamá est une très bonne halte pour découvrir et explorer les *cenotes*, ces merveilles naturelles du Yucatán, et ce d'une façon originale et ludique. La coopérative qui organise les excursions depuis l'hacienda de Chunkanán, en retrait de la route principale et donc un peu plus authentique, a longtemps été la seule à proposer la visite de trois *cenotes*. Devant le succès rencontré et le potentiel naturel des environs, d'autres lieux sont aujourd'hui ouverts (Tres cenotes, Parador Turístico X'Tojil). N'oubliez pas d'éviter l'usage de crèmes solaires et d'anti-moustiques si vous comptez plonger dans ces puits d'eau !

HOMÚN ★★

À quelques kilomètres de Cuzamá, Homún se trouve en plein cœur du « cercle de *cenotes* », une dense concentration de puits d'eau souterrains de tous types : ouverts, semi-couverts ou enfouis. Il existe, à l'entrée du village, un centre écotouristique relativement bien organisé (Cenotes & Restaurant Santa Barbara) qui propose une formule idéale (repas + visite de *cenotes*) si l'on souhaite déjeuner sur place, en plus de se baigner. Sinon, les autres *cenotes* du village ont l'avantage de se trouver hors des circuits touristiques et ont donc un peu plus conservé leurs caractéristiques naturelles et rustiques. Les voyageurs qui souhaitent passer la nuit sur place trouveront sans problème à se loger dans des petites cabanes, sans fioritures.

Pratique

Il est conseillé, si vous voyagez en transport public, de s'attacher les services d'un moto-taxi qui vous conduira aux *cenotes* et pourra également vous servir de guide avisé (compter entre 250 et 300 $ selon le nombre de personnes). Si vous êtes déjà véhiculé, les guides locaux peuvent également monter avec vous à bord et vous orienter (autour de 150 $).

Transports

En voiture, il vous suffit de rejoindre Acanceh puis Cuzamá et vous y êtes ! En transport public depuis Mérida, rendez-vous au Terminal Noreste (calle 50, entre les rues 65 et 67). Descendez en face du cimetière et vous trouverez le premier *cenote* juste ici, ainsi que les guides et motos-taxis pour vous accompagner.

MAYAPAN ★

Mayapán fut le centre du pouvoir maya du Yucatán durant deux siècles, de 1250 à 1450, année où les gouvernants de la cité, la famille Cocom, furent renversés et la ville détruite puis abandonnée. La cité fut fortement influencée par la civilisation de Chichén Itzá. D'une superficie de 6,5 kilomètres carrés, elle comptait 12 000 habitants et quelque 3 500 édifices, qui se trouvaient protégés par une muraille. Seule une partie des constructions du site a été mise à jour, comme la *Sala de los Frescos* et le *Templo de los Nichos Pintados* qui conservent des peintures murales. La zone archéologique se trouve un peu plus loin que le village de Telchaquillo.

TICUL ★

Ticul, à mi-chemin entre Oxkutzcab et Muna, est surnommée « la perla del sur », la perle du Sud, de par sa situation géographique dans la partie sud de la péninsule. Ville de la civilisation maya pré-colombienne, elle a été habitée de manière continue au moins depuis le VIIe siècle av. J.-C. Elle abrite le couvent et l'église de San Antonio de Padua, qui datent du début du XVIIe siècle et dont l'intérieur fut pillé durant la guerre des Castes. Ticul peut être une bonne halte gastronomique si vous visitez les Grottes de Loltún ou le site archéologique de Labná, et préférez les petites cantines typiques plutôt que les grands restaurants touristiques.

IZAMAL ★★★

À une heure de route à l'est de Mérida, Izamal est une halte incontournable : c'est à la fois l'un des plus beaux villages du Yucatán, mais aussi un condensé architectural de l'affrontement entre les cultures maya et espagnole qui eut lieu après la conquête : six vestiges archéologiques sont éparpillés au cœur même du village, alors que l'imposant couvent San Antonio de Padua trône en son centre. Le « lieu des collines » fut durant la période classique un centre cérémonial très important. Selon la légende, la cité fut fondée par le dieu céleste Itzamná. Son corps se divisa en trois et chacune des parties fut enterrée sous l'une des trois collines de la ville. Sur chacune d'entre elles, furent élevés des temples, dont le plus important était dédié au dieu-soleil Kinich Kakmó, « l'oiseau de soleil au visage flamboyant ». Lorsque les Espagnols conquirent la cité vers 1540, beaucoup de constructions mayas furent rasées pour bâtir une nouvelle ville, en accord avec les canons architecturaux européens. Le temple de Pap-Hol-Chac, notamment, fut abattu pour édifier le couvent de San Antonio de Padua (1553-1561), qui possède le plus grand atrium du monde après celui de Saint-Pierre-de-Rome. La structure, peinte en ocre, compte soixante-quinze arcades. Néanmoins, certains temples préhispaniques survécurent dans l'arrière-cour des maisons ou au sommet des collines, si bien qu'aujourd'hui, les pyramides mayas coexistent à côté des bâtiments coloniaux et des constructions modernes. C'est pour ça qu'Izamal est surnommée « la ville des trois cultures », mais elle est surtout connue comme la « ville jaune » puisque toutes ses maisons sont peintes de jaune et blanc, en écho à la visite du pape Jean-Paul II en 1993.

Se loger

La petite ville d'Izamal est dotée d'un très bon parc hôtelier. Les établissements sont pleins de charme et affichent des tarifs bien moins chers qu'à Mérida, pour un service et des prestations équivalents !

Se restaurer

En soirée, de petites échoppes ambulantes s'installent sur les deux places centrales du village : l'occasion de goûter aux exquis *tamales colados* avant de grignoter une bonne petite *marquesita* au dessert.

Tourisme

Divers établissements distribuent la brochure d'Izamal éditée par l'office du tourisme du Yucatán, qui situe sur une carte les balades et circuits à effectuer en ville : archéologie, églises et ateliers d'artisanat. Pour plus de questions, rendez-vous au petit bureau de l'office de tourisme municipal, sous les arcades en face du couvent.

Transports

Izamal se situe à environ 67 km de Mérida. En voiture, emprunter l'autoroute 180 qui conduit à Cancún, puis prendre la déviation à gauche après le village d'Hoctún. Izamal est desservi par des compagnies de bus qui partent des Terminaux Autobuses del Centro et Autobuses del Noreste à Mérida, mais aussi de Valladolid (2h de trajet), Chichén Itzá ou Pisté.

CONVENTO DE SAN ANTONIO DE PADUA ✝ ★★

Ouvert tous les jours, selon les activités religieuses. Le petit musée est ouvert du mardi au dimanche de 9h à 17h.

Plus imposant que majestueux, l'établissement a été fondé en 1549 par les moines franciscains mais ce n'est que plus tard, en 1553, que l'Espagnol Fray Diego de Landa allait initier sa construction, sur les ruines du centre cérémonial préhispanique Pap-Hol-Chac. Lui-même allait faire venir depuis le Guatemala l'image de la Vierge, considérée comme miraculeuse dans tout le Yucatán depuis qu'elle avait soigné plusieurs épidémies de peste aux XVIIe et XVIIIe siècles. Cette image est aujourd'hui enfermée dans une vitrine, ayant fait l'objet à plusieurs reprises d'attentats et de tentatives de vol. Elle n'en sort qu'en décembre pour une procession, lorsque les pèlerins viennent de toute la péninsule pour célébrer son anniversaire. En 1993, c'est de plus loin que le Pape Jean-Paul II vint pour célébrer le joyau que représente ce couvent. De sa visite, au cours d'une escale au Yucatán, reste une statue qui trône désormais au milieu de l'atrium.

Le plan originel de l'ensemble était conforme à la politique architecturale des Franciscains dans la région : un grand atrium, une église (dont la façade actuelle date du XVIIIe), le monastère et ses jardins à proprement parler, plus quatre *capillas de indios*, les chapelles dédiées à l'évangélisation des communautés autochtones. On y observe encore des peintures murales datant du XVIe siècle. *El camarín de la Virgen* (chambre de la Vierge) qui se trouve à l'étage derrière l'église n'a été rajouté qu'au XVIIe siècle.

PÉNINSULE DU YUCATÁN

© CINOBY - ISTOCKPHOTO.COM

Izamal.

VIDEOMAPPING SENDEROS DE LUZ ★★

A partir de 20h, les jeudi, vendredi et samedi. Entrée : 110 $.

Le départ du videomapping est donné depuis le Parque de Los Cañones, calle 31. Il s'agit en réalité d'une balade « lumineuse » qui se compose de cinq projections, tour à tour sur les façades d'une grande maison ou d'un bâtiment historique. Chacune d'entre elles raconte une facette de l'histoire de la ville. C'est au moment du bouquet final, quand on pénètre à l'intérieur du *convento de San Antonio de Padua* que l'on règle le spectacle. Puis, la magie opère.

GRUPO IZAMAL €€

Calle 33 # 294 por 28 y 30, Centro
✆ +9992171427
www.grupoizamal.com
Hôtels : prix à retrouver en ligne sur les sites de chaque propriété. Restaurant Zamna : plats à partir de 120 $.

L'un des opérateurs touristiques historiques de la péninsule. Depuis plusieurs décennies, le groupe gère et propose plusieurs propriétés hôtelières à Izamal : la superbe Villa San Antonio de Padua, le grand et familial Hotel Tuul, et la Rinconada del Convento. Chaque établissement possède une identité propose, mais ce sont trois excellentes options pour se loger lors d'une halte à Izamal. Le groupe possède aussi le restaurant Zamna, spécialités yucatèques au cœur du centre historique, et propose l'organisation d'excursions dans la région, privées ou en groupe.

KINICH IZAMAL €€

Calle 27 # 299, entre les rues 28 et 30
✆ +52 988 954 0489
www.restaurantekinich.com
Ouvert du lundi au vendredi de 12h à 18h ; le week-end de 12h à 19h. Entrées à partir de 70 $ et les plats 120 $.

Les hautes fenêtres de la façade de cette vieille bâtisse sont rehaussées de plantes grimpantes dont les couleurs viennent rompre la relative monotonie chromatique des rues du village. On pénètre par une grande salle où les canapés et coins salons invitent à siroter une orangeade glacée et à bouquiner. Le restaurant est installé dans son prolongement, sous une *palapa* où les plantes sont, là encore, omniprésentes. De la cuisine, où l'on aperçoit des fourneaux chauffant au bois, les arômes très locaux font honneur à la gastronomie *yucateca*.

CHICHÉN ITZÁ ★★★★

Située entre Mérida et Valladolid, Chichén Itzá est l'une des plus vastes et imposantes zones archéologiques de toute la péninsule du Yucatán, cataloguée au patrimoine mondial de l'humanité. Étymologiquement, son nom désigne « la ville au bord du puits des Itzáes », en référence à son *cenote* aussi bien qu'au peuple qui la dirigeait.

Histoire

L'occupation du site en lui-même remonte à 500 av. J.-C., mais ce n'est qu'à partir de la fin de l'ère classique (600-800 apr. J.-C.) que les premiers édifices furent élevés, avant d'être recouverts par des constructions plus récentes. Le développement urbanistique commence entre 800 et 1000, selon des caractéristiques similaires au style *puuc* : architecture monumentale voûtée dont les inscriptions hiéroglyphiques font référence au gouverneur *Kak upakal*. Mais c'est au postclassique ancien (entre 1000 et 1200) que la ville allait connaître son apogée, alors que la cité dirige la péninsule aux côtés de Uzmal et Mayapán. Cette période marque un tournant drastique dans son style architectural, puisqu'on note alors l'apparition de colonnades et des techniques de maçonnerie qui font écho au style toltèque de la grande cité de Tula, sans qu'une filiation ethnique ou une relation directe soit établie à ce jour. Apparaissent alors de nombreuses représentations de personnages en bas-relief ou fresques murales, alors que de nombreux objets d'importation ont été retrouvés sur le site. Puis la ville entre dans une période de décadence (1200-1350) et est supplantée par Mayapán. Elle devient petit à petit un site important de pèlerinage, notamment pour la présence de son *cenote* sacré.

Se loger

Se loger aux alentours de la zone archéologique est pour le moins facile. Les hôtels les plus économiques se trouvent dans le village de Pisté, à deux kilomètres, ou encore le long de la route principale qui mène à Valladolid. Les quatre établissements situés dans la *Zona Hotelera* de Chichén Itzá présentent un standing plus élevé et permettent de se rendre directement à pied sur le site, puisqu'ils disposent d'une entrée privée.

Se restaurer

On compte plusieurs restaurants à l'entrée de la zone archéologique, ainsi que des boutiques, où l'on peut acheter de l'eau et des glaces. Ça peut dépanner en cas de besoin, mais comme dans tous les endroits touristiques, les prix sont plus élevés qu'ailleurs.

Transports

- **Depuis Mérida (120 km, 1h30)**, emprunter l'autoroute 180, qui mène à Cancún, et continuer toujours tout droit, jusqu'à ce que soit indiquée la zone archéologique. Elle est aussi desservie par des bus de première classe (ADO) ou de seconde. Ces derniers partent de la Terminal TAME, sur la calle 69, ou depuis le Mercado (un départ à 8h du matin). Les transports collectifs sont relativement simples et plus économiques que les excursions organisées.
- **Depuis Valladolid (50 km, 45 min)**, on peut soit prendre l'autoroute à péage 180D, soit la libre 180 en direction de Mérida. Sans voiture, rien de plus facile que de prendre des *colectivos* depuis la calle 39, entre les rues 44 et 46 (35 $) ; idem pour le retour.

EL CENOTE SAGRADO ★★

Au début du XXe siècle, la propriété de Chichén Itzá fut achetée par le Nord-Américain, Edward H. Thompson, qui, notamment, draina le *cenote* sacré en y plongeant avec son scaphandre. Ses découvertes, divers objets d'or, de cuivre et de jade furent expédiées au Peabody Museum. Il semblerait que les Mayas détruisaient tous leurs objets du culte au passage d'une nouvelle période de 52 ans. Le *cenote* était en effet un lieu d'offrandes important. On y a par ailleurs retrouvé de nombreux ossements qui interrogent encore sur la présence de sacrifices ou rites funéraires.

LA CASA DE LAS LUNAS €

Calle 15 A S/N
✆ +52 985 851 0289
Chambre double à partir de 550 $.

Il est certes possible de trouver moins cher encore dans le petit village de Pisté, mais le rapport qualité-prix est imbattable. Ce petit établissement est de facture moderne et sa décoration plutôt soignée. Le mélange avec les pierres apparentes et la jolie végétation du jardin donne une certaine harmonie au lieu. On préfère bien sûr les chambres qui donnent sur le jardin, même si le tout est très fonctionnel et que l'ensemble des chambres disposent de la climatisation. La piscine, qui invite au farniente, est des plus agréable.

ZONA ARQUEOLÓGICA DE CHICHÉN ITZÁ ★★★★

✆ +52 985 851 0137
Ouvert tous les jours de 8h à 17h.
Entrée : 497 $. Son et lumière 550 $.

Le site préhispanique original est excessivement vaste, plus de vingt kilomètres carrés : divers ensembles sont reliés au centre de la ville par les *sacbés*, ces chaussées de calcaire. La présence d'eau, on dénombre au moins cinq *cenotes*, expliquerait l'établissement de la cité sur ce territoire. Ce qui fait écho avec la signification du nom de l'endroit en maya : *Chi* (bouche), *chén* (puits), *Itz* (sorcier), *ha* (eau). Une seconde traduction est néanmoins proposée, « la ville des Itzáes », qui évoque la classe dirigeante de la cité. Ce qui impressionne tout d'abord, c'est le volume et le caractère imposant des bâtiments : même le jeu de balle semble faire deux ou trois fois la taille de ceux de la région. Étant donnée la durée d'occupation du site, ses édifices monumentaux ont été sans cesse modifiés au fil du temps ; ils se situent autour de grandes places construites par terrassement et nivellement. Le cœur de la cité, correspondant à la zone archéologique que l'on visite aujourd'hui, est dénommé la *Gran Nivelación* et était entouré d'une muraille de protection. Son édifice emblématique reste sans aucun doute la pyramide *Kukulcán* ou *El Castillo*, dédié au serpent à plumes. A noter pour les explorateurs en herbe : étant donnée l'affluence touristique (c'est le site le plus visité de la culture maya, consacré en 2007 comme l'une des sept nouvelles merveilles du monde), aucun des édifices n'est accessible au public depuis 2006 ; ici on touche avec les yeux...

© SCHMID REINHARD

CENOTILLO ★★

À un peu plus de 100 km à l'est de Mérida, à mi-chemin entre Izamal et Tzimin (40 km de Chichén Itzá), cette communauté rurale ploie sous la chaleur ; c'est la commune de l'État qui détient le plus fort ratio de migration, notamment vers les États-Unis. Si l'on trouve quelques édifices anciens dans le village (la mairie date de 1884), le coin est surtout une miniature de la Péninsule : les restes de l'hacienda Tixbacab et les vestiges archéologiques de Tzebtún ne sont qu'à quelques kilomètres. Mais le plus attrayant est sans aucun doute la grande quantité de *cenotes*, plus de 130, que l'on trouve ici. Ils sont pour la plupart situés sur des terrains communaux : douze d'entre eux sont relativement ouverts à la visite, que l'on puisse s'y baigner ou simplement les observer depuis les hauteurs. Le mieux est sans aucun doute de s'attacher les services d'une moto-taxi dans le centre du village, qui pourra vous guider sur les chemins des environs, ou contacter l'organisation Ts'ono'ot Kaaj, qui peut vous louer un vélo et vous emmener à 6 km de là pour découvrir un *cenote*.

Balade

Parmi la multitude de *cenotes* des environs, une douzaine sont enregistrés auprès des autorités environnementales pour recevoir des visiteurs. Certains *cenotes* de type ouvert, Catak Dzonot, Itzamná, Mul'Dzonot et K'ai-pech sont ouverts à la baignade ; d'autres comme A'yin, Xoch et San Miguel ne disposent pas d'accès aménagé et il est juste possible de les observer de haut. L'ensemble de ces puits d'eau sont très bien conservés dans leur aspect naturel.

VALLADOLID ★★★

Valladolid est une petite ville qui a su préserver son aspect colonial et sa douceur de vivre. La majorité des habitants a conservé la tenue vestimentaire traditionnelle de la péninsule du Yucatán et les maisons qui bordent le Zócalo sont de couleurs pastel. La Plaza de Valladolid offre une ambiance très proche de celle qu'offrait la place de Mérida avant sa modernisation : il y a peu de circulation et les gens ne semblent pas pressés d'arriver où que ce soit. Les principales attractions sont ses cenotes – le Cenote Zací en plein milieu de la ville, et les cenotes X'kekén et Samulá aux environs –, ainsi que le couvent San Bernardino, que l'on rejoint depuis la place principale par la calle 41 A (la Calzada de los Frailes), une rue ancienne, pavée et étroite, qui accueille nombre de boutiques ou cafés *trendy*. C'est également un haut lieu de l'histoire mexicaine, car c'est ici que débuta la guerre des Castes en 1849 puis la première étincelle (*chispa* en espagnol) de la Révolution mexicaine, lorsque le 4 juin 1910 la ville fut prise par les rebelles. Tous les ans, la *Semana de Valladolid* se déroule du 28 mai (date de la fondation du couvent de San Bernardino) au 4 juin (début symbolique de la Révolution).

Tourisme

Du fait de sa proximité avec les sites archéologiques de Chichén Itzá (mais aussi Ek'Balam et Cobá), la ville reçoit de plus en plus de touristes ; la centaine de kilomètres de distance avec la Riviera maya n'est pas étrangère à ce boom touristique qui attire les voyageurs qui se basent ici pour visiter les environs.

Transports

Valladolid est à mi-chemin entre Mérida et Cancún. En voiture, il suffit de suivre l'autoroute 180. On peut aussi s'y rendre facilement en transport collectif, car de nombreux bus font la liaison toute la journée. Pour les environs (Ek'Balam et les *cenotes*), des taxis collectifs peuvent se charger de la course.

CENOTE ZACI ★★

Calle 36, entre les rues 37 et 39
✆ +52 985 856 0721
Ouvert tous les jours de 9h à 17h.
Entrée : 30 $.

Grand *cenote* semi-couvert de 28 mètres de diamètre, au plein centre de Valladolid, où l'on peut se baigner dans une eau incroyablement pure. *Zaci* signifie en maya « épervier blanc ». C'était le nom de la ville préhispanique sur laquelle les Espagnols fondèrent la ville de Valladolid. À visiter absolument, il est impressionnant de découvrir un site naturel de toute beauté au milieu d'une petite ville. Nous vous recommandons une halte pour déjeuner ou prendre un verre au restaurant panoramique qui se trouve juste en haut du *cenote*.

CHOCO-STORY VALLADOLID

Calle 40, #190 ✆ +52 999 289 9914
www.choco-storymexico.com
Ouvert tous les jours de 9h à 19h. Gratuit jusqu'à 6 ans. Adulte : 150 $. Enfant (de 6 à 12 ans) : 75 $.

Voici une halte à ne pas manquer : le musée du chocolat en plein centre de Valladolid. On passe par douze salles interactives et immersives, qui retracent de manière très didactique l'histoire du cacao dans le monde et au Mexique ; depuis les usages dans la culture maya jusqu'à l'industrialisation au XXe siècle. On termine bien sûr la visite avec une délicieuse dégustation, pour parfaire ce voyage de la cabosse à la tablette de chocolat. Une excellente visite. Prévoir entre 40 et 60 minutes. Un atelier participatif de 60 minutes est aussi ouvert sur réservation.

CONVENTO DE SAN BERNARDINO DE SIENA ★★★

Barrio de Sisal
✆ +52 985 856 2160
Ouvert tous les jours de 8h à 18h. Entrée : 30 $.

La construction de ce majestueux couvent en pierre et de son église débute en 1552 sur les instructions de l'ordre franciscain ; c'est le deuxième couvent le plus grand du Yucatán après celui de San Antonio de Padua à Izamal. L'ensemble commence à fonctionner en 1560 et c'est ici que débute la mission évangélisatrice dans la péninsule : le couvent lui-même accueille une *capilla de indios*, qui, comme son nom l'indique était dédiée à l'évangélisation des natifs. Son église principale recèle de petites merveilles de style baroque, telles que le retable central ou des niches décorées de sculptures ; les motifs de type végétal sont omniprésents. Le cloître est établi sur deux niveaux et l'un de ses couloirs accueille une ancienne *noria*, qui servait à puiser l'eau depuis un *cenote* (une autre plus importante se trouve dans la partie nord du couvent) ; des restes de fresques qui recouvraient à l'époque l'ensemble des murs y sont encore visibles. C'est aussi ici que débuta l'œuvre botanique de Fray Bernardino de Valladolid, le *Catálogo botánico*, qui concerne les usages médicaux, industriels et domestiques des plantes de la région. Et pour la pose photo, rendez-vous devant le couvent, face aux 10 lettres colorées qui composent le nom de la ville.

▸ **Son et Lumière** : du mardi au dimanche (21h en été, 20h en hiver), la façade du couvent est illuminée d'un très beau spectacle de videomapping, son et lumière, qui permet de découvrir l'histoire de la ville. À ne pas manquer. Gratuit.

MESÓN DEL MARQUÉS €€

Calle 39 #203
✆ +52 985 856 2073
www.mesondelmarques.com

C'est un des plus anciens hôtels de la ville, présent depuis cinq décennies à Valladolid. Le bâtiment central, de style colonial, a su conserver son cachet tout en étant très bien entretenu. C'est une grande maison : 100 chambres, deux restaurants (un agréable patio et magnifique *rooftop*) et une piscine extérieure. L'accueil et le service sont excellents et le cadre est agréable. Finalement, on ne peut pas faire meilleure localisation, avec un accès direct sur la place principale, juste en face de l'église San Servacio. C'est une très bonne adresse.

MESONES DE VALLADOLID €€

Calle 39 # 209 entre 40 y 42, Centro.
✆ + 52 985 856 3042
www.mesondelmarques.com

Mesón del Marqués : à partir de 70 € la nuit en chambre double. Hacienda Selva Maya : entrée dans le cenote, 80 $.

Opérateur touristique de référence à Valladolid, qui opère depuis plusieurs décennies. Le premier hôtel du groupe, Mesón del Marqués, bénéficie d'une localisation exceptionnelle à Valladolid, en plein cœur du centre historique. C'est un grand bâtiment qui propose 100 chambres et 2 restaurants, dont un très beau *rooftop*. Le deuxième établissement du groupe, l'Hacienda Selva Maya, est situé à quelques kilomètres au sud de Valladolid. C'est une magnifique propriété, qui comporte un *cenote* ouvert exceptionnel, un restaurant buffet et un hôtel-boutique intimiste.

ZENTIK PROJECT BOUTIQUE HOTEL & SPA €€

Calle 30 #192C,
entre les rues 27 et 29.
✆ +52 985 104 9171
www.hotelzentik.com

Chambre double à partir de 3 960 $. Restauration.

Coup de cœur pour cette oasis de verdure et de tranquillité. Ici, tout est fait pour votre bien-être : 12 cabanes spacieuses et calmes, chacune décorée par un artiste contemporain mexicain ou international, un jardin tropical parsemé d'espaces de relaxation, une petite bibliothèque, une belle piscine entourée de hamacs, un excellent restaurant... et surtout la magique cave saline ouverte 24h sur 24h, avec une eau à 35 °C et une lumière magnifique... Bref, un véritable havre de paix.

YERBABUENA DEL SISAL €

Calle 54A #217, entre les rues 45 et 49
✆ +52 985 856 1406
www.yerbabuenadesisal.com

Ouvert du mardi au dimanche de 8h à 21h. Plats entre 100 et 150 $.

Délicieux ! Ce petit restaurant juste en face du couvent propose une cuisine à la fois typique, alternative et surtout très saine, avec notamment une belle proposition végétarienne, issue de l'agriculture biologique : sandwich chèvre-pesto, lasagnes, pâtes, légumes cuisinés, omelettes, desserts et glaces maison. Une des meilleures tables de la ville et un rapport qualité/prix inégalé. La salle est charmante et lumineuse, décorée avec beaucoup de goût, tout comme la jolie cour intérieure, au milieu de la végétation foisonnante.

DZITNUP ★★★

A 7 km de Valladolid, se trouvent deux *cenotes* : Ditznup, aussi appelé X'kekén, et Samulá. Ils figurent parmi les plus beaux de la péninsule. Couverts, surmontés de stalactites, leur eau translucide est mise en valeur par un halo de lumière naturelle et un large diamètre, idéaux pour la baignade. Si vous fuyez les touristes, il existe d'autres *cenotes* à proximité, peut-être moins impressionnants, mais plus sauvages : *Saamal*, à l'intérieur du restaurant Selva Maya, et Xux-*há*, en direction de Cobá.

Transports

Taxi *colectivo* depuis le centre de Valladolid (calle 34, entre les rues 39 et 41, à partir de 7h, 35 $).

CENOTES X'KEKÉN ET SAMULÁ ★★

Ouvert tous les jours de 8h à 17h. Entrée : 100 $ pour baignade dans les deux cenotes ; 60 $ pour un seul cenote.

Avec de tels atouts, ces *cenotes* ne pouvaient échapper aux circuits touristiques, et des centaines de visiteurs s'y rendent chaque jour, ce qui a conduit le gouvernement à créer un espèce de parc autour des *cenotes*, dénommé Jungle Park. Des boutiques d'artisanat et des vestiaires ont été édifiés autour des *cenotes*, mais ceux-ci n'ont heureusement pas été impactés et continuent à être gérés par la communauté. A visiter tôt le matin, équipé de ses serviette et maillot de bain.

EK' BALAM ★★★

Le site archéologique d'Ek'Balam, dont le nom signifie « le jaguar noir » ou « l'étoile noire » (selon les interprétations), se trouve à une trentaine de kilomètres au nord de Valladolid. Il fut occupé du IVe siècle av. J.-C. jusqu'à l'arrivée des Espagnols ; son apogée se serait déroulé entre la fin du VIIIe siècle et le début du Xe siècle, une période associée au chef politique et spirituel Ukin Kan Le'k Tok' et à ses descendants. L'endroit a commencé à être cartographié dans les années 80 et aurait été repéré grâce à des photos aériennes : les vestiges recouverts par la végétation faisaient saillie sur ce plateau sans relief. Les fouilles et déblaiements des 45 édifices de ce site encore méconnu, qui n'a pourtant rien à envier aux autres capitales de la région, n'ont débuté qu'en 1994. Ek'Balam représente selon les experts une source précieuse d'informations gravées et un échantillon unique de pièces ornementales issues de la civilisation maya, dont les sublimes bas-reliefs retrouvés sur la façade de son acropole, sans parler des 7 000 offrandes retrouvées dans la tombe de Ukin Kan Le'k Tok' (vaisselle en céramique, objets en coquillage, etc.).

Transports

Depuis Valladolid, prendre un *taxi colectivo* qui se rend au village d'Ek'Balam, sur la calle 44 (non loin de l'angle avec la calle 37). Le taxi part dès que 4 personnes sont réunies pour couvrir le total de 200 $ (50 $ par personne). Si vous êtes pressé, vous pouvez tout aussi bien payer l'ensemble des places et vous y rendre en voyage privé.

CENTRO ECOTURÍSTICO CENOTE X'CANCHÉ ★★★

Le sentier de 1,5 km qui y mène débute juste à l'entrée de la zone archéologique.

✆ +52 985 107 4774 - www.ekbalam.com.mx

Ouvert tous les jours de 9h à 17h. Entrée : 70 $. Pack complet : tyrolienne, rappel et location de vélos, 400 $.

Un splendide *cenote* ! Géré par la coopérative des habitants de la communauté maya d'Ek'Balam, tout y est magnifiquement agencé et organisé. Le *cenote* est découvert et la couleur de son eau varie du bleu au vert selon les rayons du soleil. Ses parois accueillent en outre les nids du *párajo reloj*, oiseau mythologique à la magnifique queue bleutée, en nombre de mai à octobre. On peut déjeuner sur place et filer à la sieste dans un hamac, ou s'élancer en tyrolienne au-dessus de l'eau !

ZONA ARQUEOLÓGICA EK'BALAM ★★★

Attention ! Fermeture temporaire en octobre 2020 due à la tempête Gamma. Si réouverture, de 8h à 17h. Entrée : 413 $.

On y pénètre par l'*Arco*, porte cérémonielle aux quatre arches brisées, reconstituée pour accueillir les visiteurs sur la place sud. Sur la droite, le Palais ovale, dont la partie supérieure aurait servi d'observatoire, comprend dix chambres exiguës. Sur ses côtés, les petites pyramides jumelles et le *Palacio de las Monjas* semblent monter la garde devant la plate-forme des stèles. En remontant vers le nord, on traverse le traditionnel jeu de balle avant d'admirer la grande *Acrópolis*.

ACRÓPOLIS ★★★

C'est le clou du spectacle de la visite de cette zone archéologique ! Et du fait qu'il soit moins fréquenté, il est possible d'y grimper, contrairement aux règles imposées sur de nombreux sites de la région. Faites néanmoins bien attention à cette ascension vertigineuse (mais aussi à sa descente, que l'on estime plus périlleuse encore). L'escalade des marches bancales de cette imposante construction, structurée sur six niveaux et établie sur une base de 160 mètres de longueur sur 70 mètres de large, vous conduira au sommet de ce qu'aucuns considèrent comme l'un des toits du monde maya, culminant à 31 mètres de hauteur : dans l'étendue verte à perte de vue se distinguent les édifices de la place sud et les restes de la muraille qui protégeait la cité.

Les six étages de la pyramide devaient héberger les gouverneurs et hauts représentants de la cité. C'est au quatrième des six niveaux que sont concentrés les trésors les plus précieux du lieu : vous voici devant la magnifique *Sak Xok Nahh* (« la maison blanche de lecture »), qui abritait la tombe du souverain Ukit Kan Le´t Tok, le bâtisseur de l'acropole et de nombreux édifices du site. Sa porte, surmontée du souverain assis sur son trône, figure la gueule d'un monstre aux dents menaçantes. Sur les côtés, se trouvent de splendides bas-reliefs où l'on note la présence sereine de valeureux guerriers ailés. Ces sculptures symboliseraient le passage entre le « monde des humains » et l'inframonde, le « monde inférieur », celui des morts et des esprits.

ESPITA

Situé à 50 kilomètres au nord de Valladolid et à 45 kilomètres des ruines de Chichén Itzá, Espita est un charmant village qui a su garder une tranquille authenticité yucatèque, et dont les jolies rues invitent le voyageur à la flânerie... Au gré de vos pérégrinations, prenez le temps d'admirer ses beaux édifices coloniaux : ne manquez pas la Iglesia de San José de Espita, sa magnifique cathédrale édifiée au début du XVIIe siècle, et l'agréable Mercado Municipal. Avec ses quelque 11 000 habitants, Espita est idéal pour une pause simple et ressourçante sur la route entre Mérida et Cancún, qui se trouvent respectivement à 2h et 2h30 de voiture.

CASONA LOS CEDROS €€€

Calle 26, n°199 23 x 25, Centro,
✆ +529992492191
www.casonaloscedros.com
A partir de 2 600 $ pour une chambre double, 4 000 $ pour une suite avec piscine privée. Restaurant : menu à 550 $.

Coup de cœur pour cette magnifique adresse, qui est située à une demi-heure des ruines d'Ek Balam. Dans le charmant centre d'Espita, c'est une ancienne bâtisse coloniale qui a été superbement restaurée. 8 chambres au milieu d'un jardin tropical, un bassin à débordement, une extension contemporaine ouverte sur la végétation : c'est partout un délice pour les yeux. Pour ne rien gâter, Casona, le restaurant gastronomique géré par le chef Jorge Ildefonso, propose une belle carte basée sur des produits régionaux. On recommande vivement.

PARQUE NATURAL RÍO LAGARTOS ★★

À 100 km juste au nord de Valladolid, la frange de terre située à l'est du port de Río Lagartos est une zone de ponte des tortues marines et de reproduction de nombreuses espèces d'oiseaux, dont le flamant rose. C'est aussi l'habitat de nombreux mammifères en danger d'extinction, comme le jaguar, le singe-araignée et le tamanoir. Pour assurer la protection de la faune, la région a été déclarée réserve de biosphère en 1979. On peut la visiter dans le cadre d'une excursion organisée depuis Valladolid ou en se rendant directement dans l'un des villages côtiers à l'intérieur de la réserve : Río Lagartos, Las Coloradas et Cuyo. Ce sanctuaire est très prisé des ornithologues et des amoureux de la nature, mais on peut aussi profiter de ce paradis naturel simplement, en séjournant dans un hôtel du village, en campant et en se prélassant sur ses plages de sable blanc quasi désertes. Le village de Río Lagartos est une halte charmante, avec ses nombreux petits bateaux de pêche et son cimetière face à la mer. Attention, pas de distributeur automatique.

Transports

- **Les bus** directs pour le village de Río Lagartos partent du Terminal Autobuses del Noreste de Mérida (3h), à l'angle des rues 57 et 60. On peut aussi rejoindre la réserve depuis Valladolid (2h). Plusieurs bus à destination de Tizimín ont une correspondance avec ceux qui se rendent à la réserve.
- **En voiture**, la route 176 depuis Mérida vous mène d'abord à Tzimin (170 km) puis la route 295 vous mène tout droit à destination (50 km).

Iguane dans la réserve naturelle du Río Lagartos.

Rue historique de San Francisco Campeche.

SAN FRANCISCO CAMPECHE ★★★

L'actuelle ville de Campeche est sise sur l'emplacement d'un port maya du nom de Ah Kin Pech ou Can Pech, qui était alors une escale sur la route de commerce maritime préhispanique qui reliait le Golfe du Mexique à l'Amérique centrale. Dans cette capitale inscrite en 1999 au Patrimoine de l'Humanité, vous vous rendrez vite compte que la luminosité est intense et les couchers de soleil spectaculaires...

Histoire

C'est en 1540 que la ville est officiellement fondée par Francisco de Montejo « El Mozo », fils du premier conquérant de la péninsule. La ville ne tarde pas à devenir un port d'escale important entre le nouveau territoire conquis, les Caraïbes et l'Espagne. Durant deux siècles, il s'agira du seul port habilité pour le commerce transatlantique. Aux XVIe et XVIIe, les nombreuses attaques de pirates laissèrent faussement penser que la cité était prospère. Or les exportations du *palo de tinte* (arbre duquel on tira la teinte hématine, très en vogue en Europe) ne compensaient pas la faiblesse de la production agricole et l'absence de métaux précieux. Les butins des corsaires français ou des boucaniers et flibustiers anglais et hollandais étaient minimes, mais l'isolement de la ville en faisait une proie facile, comme l'illustre l'attaque d'envergure du célèbre Lorencillo en 1685 qui n'emporta qu'un maigre butin, mais commit de terribles ravages parmi la population. Ces attaques constantes forcèrent les Espagnols à édifier une muraille autour de la ville. Construite entre 1686 et 1704, on visualise encore très bien son tracé hexagonal irrégulier entre les huit bastions (*baluartes*). C'est la seconde moitié du XVIIIe qui marque l'évolution de l'architecture civile de Campeche : les fortifications rassurent les habitants et l'augmentation des productions régionales et des échanges commerciaux font progressivement souffler un vent de prospérité inédit jusqu'alors. Les fenêtres des maisons s'ouvrent et les lourdes portes en bois s'agrandissent pour laisser entrer les charrettes de marchandises dans les maisons cossues des commerçants. Les façades se parent tout d'abord de discrets atours baroques, avant que des détails néoclassiques n'apparaissent au XIXe siècle sous la forme de corniches et d'auvents ; les vestibules ne sont alors que le préambule des patios aux arches en plein cintre, construits autour de puits d'eau. Nous voici alors sous le régime de Porfirio Díaz, dont l'ouverture culturelle vers l'Europe et la France favorise l'introduction d'éléments Art déco et Art nouveau sur les façades. En parallèle, les maisons plus modestes voient leurs toits se couvrir de tuiles importées de France, créant une harmonie qui a tant bien que mal subsisté jusqu'à nos jours. Une harmonie caractérisée par les maisons aux couleurs pastel ornées de grandes fenêtres ou l'imposante cathédrale blanchâtre qui se détache du ciel au bleu profond des fins d'après-midi.

Quartiers

Le centre à proprement parler se trouve dans l'enceinte des fortifications. On y accédait par la Puerta de Mar au nord et la Puerta de Tierra au sud, que relie la rue 59, rue piétonne et cœur touristique de la ville où de nombreux cafés et terrasses s'animent en fin de journée. Les rues situées au sud (plus loin de la mer) offrent une ambiance un tantinet plus populaire, où fleurissent des commerces de proximité très couleur locale.

Quartiers historiques. Eloignez-vous du centre muraillé et vous découvrirez de petits quartiers coloniaux faits de ruelles et d'impasses, où l'ambiance vous paraîtra peut-être un peu plus authentique. Vers l'est, les rues aux numéros pairs (calle 10, 12 et 14) vous mèneront vers le barrio de Guadalupe, à la population créole et espagnole, mais dont les rues allaient être exclues du tracé des fortifications ; son église serait la première du pays vouée au culte de cette fameuse Vierge mexicaine. Plus loin on pénètre le barrio de San Francisco, le plus ancien de la ville, où se serait développé le port préhispanique de Kin Pech. La légende locale raconte que dans son église, construite sur les restes de ruines mayas, aurait été célébrée la première messe sur le continent américain. Vers l'ouest, la calle 10 mène au Parque San Román, au cœur du quartier du même nom, dont l'église est dédiée au Cristo negro, célébré en grande pompe depuis plus de 450 ans lors de la deuxième quinzaine de septembre. A l'origine, ce quartier accueillait les soldats *mexicas* et *tlaxcaltecas* qui avaient été enrôlés pour conquérir la Péninsule. Enfin, le barrio Santa Ana au sud, de l'autre côté de la Puerta de Tierra, était celui où s'installa la nombreuse population d'origine africaine destinée à être exploitée sans vergogne dans tout le Yucatán.

A l'ouest et à l'est, sur des petites collines se trouvent les Forts de San Miguel et de San José.

Transports

Il existe un petit aéroport, deux gares routières et de nombreux *colectivos* (minibus) aux destinations multiples.

Les bus pour les Fuertes San Miguel et San José se prennent devant le marché, juste à côté de la Puerta de Tierra.

Aux alentours du marché et du parque Alameda se trouvent les stations informelles des nombreux *colectivos* qui desservent les villages de la région : Edzná, Hopelchén, Champotón, Hecelchakán, etc.

EDZNÁ ★★★

Cette magnifique métropole maya est connue comme la *Casa de los Itzáes*, en référence à une lignée de gouvernants d'origine *chontal* qui géra la cité entre 800 et 1000 apr. J.-C. Sa richesse architecturale, fruit de quinze siècles d'histoire, s'accompagne d'une étonnante diversité de styles architecturaux, faisant écho aux modes régionales : depuis le style monumental propre au style Petén en passant par les décorations de style Chenes ou les colonnades style Puuc.

Histoire

L'histoire du site fut d'une grande importance durant la période formative de la civilisation maya (préclassique). Il est occupé dès 600 av. J.-C. par une petite communauté rurale qui croît progressivement pour devenir le siège d'un pouvoir centralisé peu avant le début de notre ère. Dans cette plaine inondable en saison des pluies, les habitants construisent un ingénieux système de captation, stockage et redistribution des eaux de pluie, via de nombreux canaux. Peu à peu, Edzná devint une véritable capitale régionale, à l'activité d'abord commerciale (entre 600 et 900, on estime sa population à 30 000 habitants) avant que ne s'y rajoute sa puissance agricole alors que s'achèvent au début du Xe siècle les travaux hydrauliques : certains avancent alors que la population passe à 60 000 habitants pendant les trois siècles qui suivent, son étendue approchant des 30 ou 35 km². Puis le site décline pour être définitivement abandonné à la moitié du XVe siècle. Redécouvert en 1907, il est exploré à partir de 1928, mais la période des grands travaux de restauration et de réhabilitation ne débute que dans les années 1950. À partir des années 1980, un programme international permet l'embauche de réfugiés guatémaltèques pour travailler sur le site. Seuls 10 % des bâtiments ont été dégagés et fouillés, sur un total de 200 structures identifiées à ce jour, entre soubassements, plateformes, édifices monumentaux et ensembles résidentiels.

Transports

C'est le site le plus proche de Campeche, à 45 minutes de route. Plusieurs agences organisent des tours en matinée dans le cadre d'excursion d'une demi-journée. Autre solution, prendre un des combis direction Edzná/Bonfil au départ de la rue Tabasco, face au marché (toutes les heures à partir de 7h). N'arrivez pas à midi, car avec la chaleur et le soleil, la visite risque de se transformer en un véritable cauchemar…

Église à San Francisco Campeche.

ZONA ARQUEOLÓGICA DE EDZNÁ ★★★

A 55 km à l'est de Campeche.
✆ +52 981 816 9111
Ouvert du lundi au samedi de 9h à 15h.
Entrée : 65 $. Son et lumière en fin de journée. Se renseigner.

On y pénètre par le *Patio de los embajadores* en hommage au financement de restauration du site dans les années 80. Puis on arrive à la *Plataforma de los Cuchillos*, référence aux couteaux en silex retrouvés à cet emplacement, dont certains éléments sont caractéristiques du style Puuc (pierres taillées et assemblées avec précision, colonnes monolithiques) et d'autres plus tardifs. Sur la *Plaza principal* trône l'imposante *Nohochná*, la grande maison, un édifice de 135 m sur 31, orienté nord-sud, dont le volume s'apparente davantage au style plus précoce du Petén. Ce bâtiment auquel on prête un usage administratif a une particularité acoustique : en claquant des mains à son sommet, on entend l'amplification du son se répandre sur toute la place. On imagine bien les dirigeants s'adressant d'ici à la foule amassée plus bas sur la place. Le *juego de pelota* s'y tient aussi. Face à la *Nohochná*, la *Gran Acrópolis* est l'ensemble le plus représentatif, accusant une grande influence du Petén guatémaltèque et un patio avec pas moins de 12 constructions de style Puuc. Sur son côté, les envoûtantes moulures du *Templo de los Mascarones* et, derrière la *Pequeña Acrópolis,* avec son soubassement de 200 av. J.-C. et les stèles et céramiques les plus anciennes du site. Non loin de l'entrée du site, un chemin de quelques centaines de mètres permet une jolie balade à la découverte de la *Vieja Hechicera*, une pyramide aux angles arrondis encore partiellement enfouie sous la végétation.

HACIENDA UAYAMÓN €€€

Carretera Uayamón Chiná Edzná km 20
✆ +52 981 813 0530
Suite à partir de 350 US$. Restauration.

Fondée au XVIe, l'hacienda est tombée aux mains du pirate Laurens de Graff avant de devenir l'une des plus prospères de la région grâce à la diversité de sa production : élevage, maïs, canne à sucre, *palo de tinte, henequén*. À l'aube du XXe, sous l'impulsion de la famille Carvajal, l'exploitation s'est métamorphosée : électricité, école, clinique et une des premières stations de train de l'Etat. Puis la Révolution libère les travailleurs, l'ensemble est saccagé puis tombe dans l'oubli avant d'être transformé en un magnifique hôtel de luxe de la chaîne Marriott.

TABASQUEÑO ★★

Enclavée au centre de la région Chenes, cette cité maya sise sur une colline connut son apogée durant le Classique tardif (750-900) mais ne fut abandonnée que tardivement, aux alentours des XIIe et XIIIe siècles. Le site de Tabasqueño a été découvert par Teobert Maler, un explorateur austro-allemand qui rédigea les premiers rapports scientifiques sur la zone en 1887. Il la nomma ainsi en l'honneur du propriétaire du ranch voisin, originaire de l'État de Tabasco. On retiendra de ce site la structure du *Palacio-Templo*, de toute beauté, à l'origine couvert de peinture rouge intense et d'une crête imposante dont il ne reste qu'une partie.

PÉNINSULE DU YUCATÁN

© BARNA TANKO - SHUTTERSTOCK.COM

Site archéologique de Edzná.

DZIBILNOCAC ★

Cette cité maya, dont le nom signifie « voûte peinte », a été décrite en 1842 par l'explorateur John LLoyd Stephens, en même temps qu'elle était croquée par son acolyte et illustrateur Frederick Catherwood. Ensuite, de nombreux autres aventuriers et passionnés sont passés par là et se sont succédé, comme Teobert Maler qui fut à l'origine de la découverte du site de Tabasqueño. Les véritables travaux de restauration et de consolidation ne débutèrent qu'au milieu des années 1980 à l'initiative de l'Institut national d'anthropologie et d'histoire mexicain. Une mission qui peut se poursuivre tant il reste à fouiller et mettre en valeur.

HOCHOB ★★

Hochob a également été décrite par Teobert Maler en 1887 et c'est lui-même qui lui donna son nom maya « lieu des épis de maïs », alors que les habitants aux alentours se servaient des temples pour y stocker le fruit de leurs précieuses récoltes. Quelque 1 500 ans auparavant, les premiers habitants s'installent sur une colline d'une trentaine de mètres de hauteur qu'ils nivellent pour édifier en son sommet leurs premières résidences que peu à peu allaient venir remplacer temples et édifices publics. Les flancs sont aménagés en terrasse où sont édifiées des unités domestiques en matériaux périssables, mais aussi un système de gestion des eaux de pluie.

SANTA ROSA XTAMPAK ★★★

Au nord-est de la zone *chenes*, Santa Rosa Xtampak (« vieux murs » en maya) fut la cité la plus importante durant le Classique tardif. Ses 9 km^2 comptait dix places cérémoniales et une dizaine de milliers d'habitants. Les premiers hommes s'installèrent quelques siècles avant notre ère sur cette élévation naturelle d'une quarantaine de mètres de hauteur, peu à peu aplanie et dont les versants furent aménagés en terrasses. Les édifices qui ont subsisté à l'invasion végétale ont de magnifiques ornements au style *chenes* très marqué, bien que certains dénotent par leurs influences *puuc*. Des *chultunes*, réservoirs d'eau artificiels, sont éparpillés sur le site.

ZONA ARQUEOLÓGICA XTAMPAK ★★★

On y accède par la route 261 en direction de Umán. Quelques kilomètres après avoir dépassé Hopelchén, une déviation sur la droite est indiquée. Ce sont en tout 40 km d'une route secondaire et sinueuse qu'il vous faudra parcourir durant un peu plus d'une heure.

Ouvert tous les jours de 8h à 17h. Entrée : 45 $.

On pénètre le site archéologique de Santa Rosa Xtampak après avoir grimpé quelques centaines de mètres d'un chemin encombré de pierres qui sont constamment remuées par les pluies torrentielles de saison. On débouche derechef sur la place principale du site, où l'on tombe alors sur l'un des côtés latéraux de la plus mémorable structure de ce vaste lieu, le *Palacio*. Le palais est un édifice imposant qui est construit sur trois niveaux et qui comprend quarante pièces au total : vingt-huit au premier niveau, douze au second et cinq au troisième, connectées entre elles par des escaliers intérieurs. Fait rare, le bâtiment a été réalisé tel quel dès sa construction. Il n'a absolument pas fait l'objet d'ajouts successifs et il est aujourd'hui considéré comme l'un des édifices les mieux conçus, mais aussi les mieux exécutés de toute l'aire maya. Sur l'un des autres côtés de cette place centrale se trouve encore un nouvel édifice intéressant, l'*Edificio con boca de serpiente* (l'édifice à la gueule de serpent), dont le temple présente cette façade zoomorphe si caractéristique de la région : des pierres taillées, imbriquées et enchevêtrées, forment autour de la porte d'accès un masque gigantesque représentant un être de l'inframonde, ou monde souterrain. Ce n'est pas, et de loin, le meilleur exemple de ce type de sculpture dans la région, mais c'est le mieux conservé de ce site. Si vous souhaitez prendre de la hauteur, rendez-vous ensuite en haut du *cerro de la estrella* (la colline de l'étoile), une ancienne pyramide sur laquelle ont été retrouvées les uniques stèles de la cité. Enfin, pour compléter votre visite, dirigez-vous vers le *Cuadrangulo del Sureste* (le quadrilatère du sud-est), dont l'agencement et les caractéristiques architecturales des quatre édifices qui se font face sont davantage associés au style *puuc*. En continuant vers la sortie par le chemin alternatif (c'est-à-dire sans repasser par la place centrale), on tombe une fois encore sur un très joli ensemble, le *cuartel*, une grande place de cinquante mètres sur quarante, dont les bâtiments présentent toutes les caractéristiques architecturales du style *chenes*. Pourtant, si l'on observe bien, l'agencement des remarquables décorations zoomorphes superposées autour des portes et qui couvrent certaines parties des murs extérieurs fait plus écho au style d'agencement décoratif *Río Bec* qu'aux temples *chenes*, chez qui les masques se superposent à l'angle même des bâtiments.

XPUJIL ★★

Xpujil est le village le plus important sur la route 186, entre le tronçon Escárcega et Nicolás Bravo ; c'est ici que convergent les lignes de bus qui relient l'Etat de Campeche à celui du Quintana Roo (Chetumal, Bacalar, Tulum, etc.). C'est là que vous pourrez aisément louer une voiture et que vous trouverez le plus grand nombre d'hôtels où passer la nuit pour visiter les zones archéologiques de la région. Celles de la route Río Bec (Xpujil, Becán, Chicanná, Hormiguero, Río Bec) se trouvent toutes à proximité ; Calakmul se trouve en revanche assez éloigné (une centaine de kilomètres, 2h de route) mais beaucoup de voyageurs le rejoignent sans souci depuis Xpujil. Le village est aussi une halte formidable si vous êtes amateur d'écotourisme, car c'est de là que partent les routes qui mènent à différentes communautés mayas situées à proximité, et qui offrent aussi différents services touristiques (attractions naturelles, activités communautaires ou même hébergement alternatif). Pour cela, rien de tel que de s'appuyer sur ces communautés locales. Nous vous recommandons d'annoncer votre visite : les communautés ne vivent pas uniquement du tourisme et vaquent aussi à leurs occupations quotidiennes. Le plus pratique, c'est de vous rendre au *Centro de Información Turistica*, qui pourra vous arranger les visites et vous renseigner sur les tarifs en cours.

Se loger

Si vous choisissez de vous loger à Xpujil, sachez qu'il vous sera très facile de trouver un hébergement dans de petites *cabañas* rustiques dans le centre du village, au confort rudimentaire et souvent très bon marché.

Transports

Pour rejoindre la ville de Campeche ou Chetumal, les bus de la compagnie ADO sont les plus confortables et la meilleure option. Le Terminal ADO se situe *avenida* Calakmul. Ceux de la compagnie Sur sont de deuxième classe, plus économiques, moins confortables et plus lents puisqu'ils s'arrêtent en chemin. Pour rejoindre Chetumal, des taxis collectifs partent depuis le feu de signalisation sur la route principale, en centre-ville, entre 7h et 10h du matin, dès que quatre personnes remplissent la voiture (tarif : 150 $). Pour Campeche, idem, sauf qu'ils partent alors à l'aube et coûtent 220 $.

ZONA ARQUEOLÓGICA XPUHIL ★★

Ouvert du lundi au samedi de 9h à 15h. Entrée : 55 $.

De même que le village, le site porte le nom maya de cette fleur rouge qui pousse autour des retenues d'eau (*aguadas*) qui se forment lors de la saison des pluies. Comme les sites alentour dépendants de la capitale Becán, il est occupé depuis le IVe av. J.-C. jusqu'au XIIIe, son apogée se situant là-encore au Classique Tardif (600-900). Des 17 ensembles architecturaux, seuls 4 se visitent aujourd'hui, tous empreints des règles architecturales et ornementales du style *Río Bec*. La structure I (*Edificio de las Tres Torres*) vaut largement le détour.

HOTEL MAYA BALAM €

Calle Xpujil #10, entre Silvituc et Xnantun
✆ +52 983 835 7527
http://mayabalam.blogspot.com
Chambre double à partir de 540 $. Avec lit king size à partir de 760 $. Restauration.

Si vous préférez vous baser à Xpujil, près des jolies ruines éponymes et de Becán, cet hôtel un peu en retrait du centre-ville est idéal. Construit en dur, il offre un peu plus de confort que les petites cabanes en bois qui ont poussé ici et là dans les environs, et a l'avantage de proposer l'air conditionné : pas glauque pour un sou, il offre des chambres coquettes avec parquet, mobilier en bois, eau chaude et service de nettoyage tous les jours. Le personnel est en plus très serviable. On peut y prendre ses repas sous un joli toit de palme dans le jardin.

BECÁN ★★

A 8 km de Xpuhil, Becán fut la cité maya la plus importante du Río Bec, probablement sa capitale, durant le Classique tardif et le Post-Classique ancien de 600 à 1 000 ap. J.-C. Sa séquence architecturale couvre plus d'un millénaire : de 100 à 1 200 ap. J.-C. Le cœur de cette vaste cité de 18 ha a la particularité unique, dans toute la péninsule, d'être entouré par un fossé de 16 m de large et 2,5 m de profondeur, à l'époque rempli d'eau. Sept entrées et ponts y avaient été aménagés pour accéder à la cité. En 1934, les explorateurs imaginent derechef une fonction défensive à cet ouvrage, bien que l'on penche désormais aussi pour une fonction hydraulique.

ZONA ARQUEOLÓGICA DE BECÁN ★★

Carretera Xpujil - Escárcega km 9
Ouvert tous les jours de 8h à 17h.
Entrée : 65 $.

Le site comprend une vingtaine de structures monumentales : places et palais aux passages couverts et escaliers labyrinthiques. En pénétrant sur le site par l'accès principal, on tombe sur la *Plaza Este*, délimitée par des structures qu'il est aisé et agréable d'explorer ; la Structure IV, de quatre niveaux, est dotée de nombreuses petites pièces et décorée de détails appréciables alors que la Structure I conserve encore ses deux tours d'une quinzaine de mètres. D'autres structures de moindre importance ferment la place alors qu'un autel de forme circulaire marque le centre de la place. En continuant son chemin on débouche sur la grande *Plaza Central* et la Structure X, un grand palais avec patio intérieur qui accueille des arbres de *chicozapote* pourvoyant l'ombre nécessaire au voyageur ensoleillé. Sa face sud possède un grand masque en stuc représentant une figure anthropomorphe, et son intérieur un réseau de passages couverts et d'escaliers qui apparaissent et disparaissent ici et là. La Structure IX est l'unique structure pyramidale, qui culmine tout de même à 32 mètres de hauteur : on peut accéder à son sommet en empruntant un escalier très raide doté d'une corde pour éviter la chute. De là-haut, la vue sur la jungle impressionne, tout autant que le panorama sur la Structure VIII, dotée de deux tours latérales et de colonnes qui soutenaient un système de chambres en son sommet. A l'horizon se détachent également les trois tours de la zone archéologique de Xpuhil.

CHICANNÁ ★★

La zone archéologique est installée sur une petite élévation naturelle, et sa richesse décorative et ornementale a fait que l'on a vite supposé qu'il s'agissait d'une zone destinée à la résidence de hauts dignitaires de la capitale *Becán*, ainsi qu'à la réalisation d'activités cérémonielles. Son nom lui a été donné en 1966, lors de sa découverte : Chicanná signifie en maya « maison de la bouche du serpent », et évoque ces représentations zoomorphes du Monstre de la Terre, qui ornent les façades de certains édifices, dont celles de la mémorable Structure II de la *plaza principal*. Deux hébergements, à proximité des ruines, peuvent s'avérer fort pratiques.

ZONA ARQUEOLÓGICA CHICANNÁ ★★

Carretera Xpujil - Escárcega km 11
Ouvert tous les jours de 8h à 17h.
Entrée : 55 $.

Occupé du IVe siècle av. J.-C. jusqu'au XIIIe siècle, ce site vous plongera dans les méandres décoratifs de l'architecture maya. Ses édifices présentent en effet des caractéristiques architecturales que l'on associe au style *Río Bec*, ainsi que des éléments décoratifs typiques des *Chenes*, à savoir les grands masques zoomorphes en pierres assemblées qui couvrent la façade des temples. C'est le cas de la façade de la structure XX, que l'on découvre tout d'abord. C'est l'édifice le plus haut du site ; composé de deux étages, son intérieur renferme pas moins de quatorze petites pièces dont certaines présentent quelques décorations qui valent également le coup d'œil. Les reste de ce qui devait être une imposante crête sont visibles en son sommet. Plus loin, l'accès à la place centrale se fait par le plus ancien bâtiment du site (structure XI), également peut-être même de la région, aujourd'hui en ruines : il présente des indices d'un style *Petén*, antérieur à celui de *Río Bec*. Sur la *Plaza central*, la structure I représente le meilleur exemple de l'architecture *Río Bec* sur ce site : la plateforme flanquée de deux rangées de trois chambres est entourée de deux imposantes tours dont les côtés arborent des décorations de mosaïques de pierres qui forment des motifs entrelacés. La structure II est finalement la plus ostentatoire de toutes, celle qui rend la visite de ce site indispensable : le masque zoomorphe du très long bâtiment est dans un état de conservation remarquable.

RÍO BEC ★★★

Le mythique site de Río Bec, à proximité de la communauté 20 de Noviembre, n'est pas une zone archéologique dite officielle puisqu'elle n'est pas gérée par l'Institut National d'Anthropologie et d'Histoire, mais par les habitants du village. A ce jour pas moins de 80 structures y ont été recensées, mais seuls deux groupes ont été dégagés des entrailles de la jungle, ayant fait l'objet de fouilles et d'une relative restauration par l'équipe de l'archéologue française Dominique Michelet (groupes A et B, les plus facilement accessibles). La visite est donc à la charge de la charmante communauté rurale maya originaire du *Camino Real* qui relie Campeche à Mérida ; le village est par ailleurs réputé pour sa production textile, qui s'expose dans les ateliers des artisans.

Pratique

Pour visiter le site, il peut être utile de contacter le *Centro de Información Turística* de Xpujil pour la mise en lien avec les guides locaux. La qualité de votre visite dépendra avant tout de la qualité de votre guide ; ceux sans connaissances historiques particulières font payer 400 $ environ, ce montant pouvant doubler avec des guides expérimentés. Le site est difficilement accessible puisque les 15 km de sentiers en terre à parcourir sont aussi empruntés par des camions qui extraient des bois précieux de la jungle. Les ornières sont impressionnantes, voire difficilement franchissables en cas de pluies, même en 4x4. Les guides louent des motos et des quads, rendant l'accès plus aisé. À vous de négocier (la fameuse loi de l'offre et de la demande en haute saison).

ZONA ARQUEOLÓGICA EL HORMIGUERO ★★

Eugenio Echeverría Castellot

Ouvert du lundi au samedi de 9h à 15h.

Entrée libre.

Ce site mérite une visite tant pour la balade qu'il permet que pour les tours aux contours arrondis qui imposent une présence monolithique à la végétation frondeuse ; les restes d'ornementation (pierres assemblées ou moulage en stuc) sont à voir. C'est le cas de la Structure II, longue de 50 mètres, dont la façade est ornée de la représentation zoomorphe du fameux Monstre de la Terre ou encore du temple de la Structure V dont les coins arrondis présentent de beaux restes sculptés.

CONHUÁS ★

C'est un petit village paisible, à 55 kilomètres de Xpujil, qui est fait de maisons traditionnelles en bois. On y trouve quelques petites *cabañas* où se loger à bon prix, car c'est surtout sa proximité avec le site de Calakmul qui est séduisante. Conhuás est à seulement 2 kilomètres de la déviation pour pénétrer dans la forêt vers le site de Calakmul. Il reste ensuite 1h30 de route pour atteindre le site archéologique. Y passer la nuit permet ainsi de décoller très tôt le matin, à la fraîche, quand la nature se réveille et donc d'effectuer en route quelques haltes pour observer la faune sauvage à l'aube, un spectacle aussi bien sonore que visuel.

HORMIGUERO ★★

Redécouverte en 1933, ce n'est qu'en 1979 que les travaux de conservation débutent. Cette petite zone archéologique est nichée au cœur de la forêt, ce qui fera le bonheur des amateurs du silence et de la tranquillité. Du fait de son isolement, elle est relativement peu visitée mais mérite le détour. Vous ne découvrirez certes rien de plus au niveau architectural ou ornemental que sur les sites principaux de style *Río Bec*, mais la quiétude n'a pas de prix... et permet de ressentir les énergies du lieu différemment, d'autant que le climat chaud et humide a invité la végétation à recouvrir certains passages. A vous d'explorer cette fenêtre vers l'inframonde.

BALAMKÚ ★★

Voilà un site original, puisqu'il n'a été découvert et déblayé partiellement que depuis 1990, alors qu'il était allègrement saqué par des pilleurs en tous genres. Son nom d'adoption signifie « temple du jaguar » en maya, en référence aux félins représentés en nombre sur sa grande fresque en stuc, motif de votre visite et que l'on surnomme « la frise de l'univers ». Sa période d'occupation est longue (depuis 600 av. J.-C. jusqu'au XIIIe siècle) et la cité a subi l'influence des cités du Petén entre 250 et 600 ap. J.-C. (Calakmul, Nakbé, El Mirador, Uaxactun, Tikal) avant de tomber sous le charme du style *Río Bec* (600-800 ap. J.-C).

PÉNINSULE DU YUCATÁN

ZONA ARQUEOLÓGICA BALAMKÚ ★★

À 3 km de Conhuás en direction de Escárcega.
Ouvert du lundi au samedi. Entrée : 45 $.

Si le site en lui-même est tout petit, il se distingue surtout par une grande frise en stuc de 16,5 mètres de long, extrêmement bien conservée dans les soubassements du *Templo de los Reyes*. On y découvre la cosmovision des anciens Mayas et la vue s'y perd à mesure que le regard vagabonde dans les détails des scènes fantastiques représentées. À visiter après votre expédition sur le site de Calakmul, dont la route d'accès n'est qu'à quelques kilomètres.

CALAKMUL ★★★★

Calakmul signifie en maya « deux monticules adjacents », nom sous lequel les guides du botaniste américain Cyrus Longworth le lui firent découvrir au début des années 1930, en référence aux deux pyramides quasi jumelles recouvertes de verdure (les Structures I et II), dont la cime dépassait de la futaie.

Histoire

Dès 1932, des fouilles sont menées sur le site par l'Américain Sylvanus Griswold Morley, mais ce n'est qu'en 1982 que commencent ses exploration et étude systématiques. Sur les 70 km² que couvre la cité, plus de 6 000 structures ont été identifiées. Grâce au déchiffrage des quelque 120 stèles découvertes à ce jour, on sait que le nom originel de la cité fut en réalité *Uxte'Tuun*, le lieu des trois pierres. Son existence s'étend entre 400 av. J.-C. et le Xe siècle, et elle est l'une des protagonistes méconnues de la splendeur maya à l'époque classique (250-600 apr. J.-C.). A son apogée (562-695 apr. J.-C.) elle maintenait des relations et liens avec toutes les grandes cités de l'aire maya, prenant la tête d'une alliance locale connue comme le Royaume de Kaan (Royaume de la Tête de Serpent). Au long de son histoire, elle réussit à soumettre Tikal et Palenque et à prendre le contrôle des routes fluviales et commerciales, lui assurant un approvisionnement ininterrompu en pierres précieuses et plumes rares. A la fin du VIIe siècle, la défaite contre Tikal, l'ennemi juré, allait entraîner le déclin de la cité qui ne contrôle plus le Petén, mais réoriente son hégémonie vers le nord de la Péninsule. On estime qu'elle est abandonnée au début du deuxième millénaire, mais on a néanmoins retrouvé des traces d'une activité cérémonielle qui y perdure jusqu'au XVe, la cité devenant alors peut-être un lieu de pèlerinage.

Pratique

La zone de Calakmul se distingue par ses patrimoines culturel et naturel et il serait dommage de négliger le second.

▶ **On peut apercevoir des singes et des oiseaux** en visitant la zone archéologique. Mais pour ceux qui souhaitent véritablement écouter les bruits de la forêt et approcher ses habitants, des sentiers écotouristiques ont été aménagés autour de la route sinueuse qui mène aux ruines après l'entrée de la Réserve. Ceux-ci partent directement de la route : il est donc possible de se garer sur le chemin et de continuer à pied dans la forêt sur quelques kilomètres.

▶ **Le mieux est d'arriver à l'aube** pour augmenter vos chances d'observer oiseaux et mammifères (cervidés, sangliers, singes araignées et singes hurleurs, etc.) se réunir autour de points d'eau. Si les sentiers sont indiqués et balisés, il est néanmoins bien plus efficace de disposer des services d'un guide certifié pour rendre la visite plus intéressante (aussi bien de la forêt que des ruines) et vous éloigner des sentiers battus pour découvrir des recoins privilégiés.

▶ **Guides.** On les trouve juste au péage de la route principale (on s'arrange sur le prix et vous les emmenez en voiture – à partir de 600 $, selon l'expérience du guide) ou encore à l'entrée de la réserve. Vous pouvez aussi contacter directement le Campamento Yaaxc'he ou encore Ezequiel Cauich, guide très réputé localement pour l'observation des animaux (ezequielcauich@hotmail.com / +52 983 836 6467). Tous les hôtels vous suggéreront aussi des visites guidées. Le site du *Centro de Información Turística* de Xpujil (www. visitcalakmul.com) fournit une liste des guides spécialisés et peut vous mettre en relation.

Se loger

Il n'existe pas d'hôtels directement à proximité de la zone archéologique. L'option la plus proche est l'hôtel Puerta Calakmul, au niveau du croisement de l'autoroute 186 et de la route qui mène aux ruines (donc à 60 km). Ne pas négliger le Campamento Yaax'che qui loue des tentes équipées et offre de superbes visites guidées. À quelques kilomètres sur la route 186 vers Escárcega, plusieurs familles dans le village de Conhúas louent des *cabañas* au confort suffisant et rudimentaire. Sinon, il faut chercher dans et autour de Xpujil.

Se restaurer

Attention, il est indispensable de venir avec sa bouteille d'eau et un petit pique-nique. Vous pouvez toujours acheter une bouteille d'eau aux vendeurs ambulants à l'entrée des ruines mais ils ne sont pas légion et il serait dommage de gâcher votre visite par une insolation. Le musée (à l'entrée de la Réserve, à 40 km des ruines) vend quelques en-cas mais rien de consistant. Le restaurant le plus proche se trouve à quelques kilomètres de l'intersection avec l'autoroute 186 qui relie Escárcega et Chetumal, soit à 60 km du site archéologique.

Transports

La distance totale entre Campeche et le site archéologique est de 300 km, soit à un peu plus de 4 heures. C'est un petit peu plus court depuis Chetumal : 235 km (l'autoroute 186, puis la route escarpée à travers la forêt), soit 3h30 de trajet. Des tours opérateurs depuis Campeche ou Chetumal proposent des excursions incluant généralement une nuit dans les environs. C'est de loin la meilleure solution, même si vous voyagez par vos propres moyens.

Voiture. Le site archéologique n'est pas facile d'accès et la meilleure solution, de loin, est de disposer d'une voiture. L'accès à la déviation (*la pluma*) qui mène aux ruines se trouve à proximité de Conhúas, à 55 km de Xpujil sur la route principale en direction de Escárcega. Là, il faut payer un droit d'entrée (50 $, ouvert à partir de 5h du matin) pour emprunter les quelque 20 km de ligne droite qui mènent à l'entrée de la Réserve. C'est ici que se trouve le petit musée du site (dernière chance de boire un café et d'acheter de l'eau). Il faut repayer (70 $, ouvert à partir de 6h) pour le droit d'entrée dans la réserve proprement dite et c'est ici que l'aventure commence, le long des 60 km de cette petite route sinueuse qui serpente à travers la jungle. C'est cet isolement au milieu de la forêt tropicale qui donne au site son charme.

Transport public. L'année 2018 a vu l'ouverture d'une ligne de minibus qui part tous les matins de Xpujil (voir ci-dessous), une véritable aubaine puisque le site n'était alors accessible que par trois biais : avoir sa propre voiture, organiser la visite avec une agence ou se faire déposer en bus (compagnie Sur) à *la pluma* et de là s'arranger avec d'autres visiteurs pour qu'ils vous emmènent jusqu'au site.

ZONA ARQUEOLÓGICA DE CALAKMUL ★★

Ouvert tous les jours de 8h à 17h. Entrée : 80 $.

L'aire centrale de Calakmul, qui correspond aux 25 km^2 de la zone archéologique, est formée par cinq complexes architecturaux majeurs organisés de manière dispersée autour d'une place centrale qui reflète à travers ses styles et constructions la longue durée d'occupation de la cité. Pour accéder aux différents ensembles architecturaux, il faut marcher environ 1,5 km à travers la jungle depuis l'entrée. Puis, des panneaux indicatifs vous donnent l'option d'aller dans différentes directions, correspondant à plusieurs circuits : un circuit long, un circuit moyen et un circuit court. Il est conseillé de prévoir un minimum de trois heures sur place, voire la journée toute entière pour ceux qui souhaitent découvrir la totalité des groupes architecturaux dans le détail. Le circuit court ne permet de visiter que les principaux édifices de l'ensemble architectural de la *Plaza Central*, alors que le circuit moyen vous emmène jusqu'à la *Gran Acropolís* et sa *Plaza Norte* dotée du traditionnel terrain de Jeu de balle ; le circuit long propose un parcours jusque dans les zones résidentielles annexes. Néanmoins, les panneaux indicatifs sont parfois confus, et on sort facilement du circuit choisi. La visite se transforme alors en déambulation où l'on laisse libre cours à son instinct ; on rejoint toujours sans souci la place centrale, flanquée de la structure VII sur son côté nord. C'est là qu'a été découvert le fabuleux masque de Jade désormais exposé au *Museo Fuerte San Miguel* de la ville de Campeche. Du haut de cette pyramide de 24 mètres de hauteur on aperçoit, quelques centaines de mètres plus loin, les hauteurs des structures I et II, cette dernière étant considérée comme l'édifice emblématique de la région.

Le style *Petén* : il caractérise l'architecture civile et religieuse correspondant à la région éponyme, à cheval sur le Guatemala et le Mexique. Son époque est antérieure à celle des autres styles architecturaux de l'Etat de Campeche (*Río Bec*, *Chenes* et *Puuc* se développent à partir de 600 ap. J.-C.), puisque le style Petén atteint sa plénitude entre 250 et 600 ap. J.-C.. Cette architecture se distingue par son caractère monumental : les murs sont formés de corps échelonnés et les édifices les plus imposants sont surmontés de temples de grande taille, d'une seule pièce, surmontés de crêtes démesurées. Des stèles et des autels particulièrement bien ouvragés et sculptés se trouvent généralement devant les bâtiments emblématiques.

HOTEL PUERTA CALAKMUL €€€

Carretera Escárcega - Chetumal km 98
✆ +52 998 892 2624 - www.puertacalakmul.com
15 villas thématiques à partir de 220 US$ la nuit pour deux personnes. Restauration.

Sans nul doute la meilleure halte pour partir à la découverte des ruines de Calakmul. C'est l'hôtel le plus proche, plus d'autoroute à emprunter, il ne reste qu'à parcourir 60 km à travers la forêt ! Les villas, construites en matériaux naturels (feuilles de palme, bois), invitent à une immersion totale dans la nature tropicale. Le confort est néanmoins au rendez-vous pour ceux qui ne sont pas prêts à renoncer aux avantages de la vie moderne : électricité, eau chaude et même un accès Internet. Un vrai petit coin de paradis qui peut aussi organiser vos excursions.

CHAMPOTÓN ★

En bordure du Golfe du Mexique, cette petite ville est le fruit d'une longue histoire qui remonte aux temps préhispaniques. Elle est occupée bien avant le début de notre ère par des pêcheurs, puis les Itzáes envahissent la zone durant la Période Classique, avant qu'elle ne passe sous la domination de la Ligue de Maypan au Postclassique et de se réorganiser autour de chefferies locales. Sa zone d'influence s'étendait alors depuis Seybaplaya au nord jusqu'à la Laguna de Terminós au sud. L'esprit guerrier de ce peuple de pêcheurs se manifeste quand Francisco Hernández de Córdoba entreprend l'exploration de la péninsule en 1517 et 1518 : il est par deux fois repoussé ; la baie de Champotón est depuis surnommée la *bahia de la mala pelea*, la baie du mauvais combat. C'est la première ville fondée par les Espagnols dans la péninsule, dès 1538.

Elle n'abrite plus aujourd'hui que quelques édifices historiques, mais il existe plusieurs jolies balades à faire dans les environs, comme explorer les rives du Río Champotón. Certaines très belles plages au sud, comme *Punta Chen* et *Chencán*, sont pratiquement vierges et constituent une zone de ponte pour de nombreuses espèces de tortues marines.

Transports

En voiture depuis Campeche (62 km), il faut emprunter l'autoroute 180 qui longe la côte. Depuis le site archéologique d'Edzná, prendre la départementale 261, puis la déviation pour rejoindre l'autoroute 180 en direction du sud.

CIUDAD DEL CARMEN ★

Ciudad del Carmen est à l'extrême ouest d'Isla del Carmen, une petite île de 37 km de long et de 7 m de large, reliée à la péninsule par deux ponts, Puente el Zacatal et Puente de la Unidad. Découverte par l'Espagnol Antón de Alaminos en 1518, elle n'était peuplée que de peu de natifs et les Espagnols n'y prêtèrent guère attention. Elle devint vite un repaire de corsaires anglais qui s'adonnèrent au juteux commerce du bois précieux qui arrivait en barge depuis le sud de l'actuel Etat. Les pirates furent finalement expulsés par Don Felipe de Andrade le 16 juillet 1717, jour de la Virgen del Carmen, célébrée chaque année du 15 au 31 juillet. Alors les Espagnols reprirent l'exportation vers l'Europe des bois précieux et du *palo de tinte* : les toits de la ville, à l'instar de Palizada, se couvrirent de tuiles importées de France, que les navires utilisaient aussi comme contrepoids. A la fin du XIXe siècle apparut une nouvelle activité autour du produit de l'arbre *chicozapote* : le *chiclé*, utilisé dans la fabrication de la gomme à mâcher. Son commerce allait chuter dans les années 1940 quand les substituts chimiques rendirent caduque la sève naturelle. Un temps, l'industrie de transformation de la noix de coco (savon, huile) allait compenser les pertes mais c'est surtout la pêche à la crevette qui allait impulser un nouvel âge d'or, avant la découverte du pétrole en 1971... Dès lors, la ville s'est surtout développée autour de l'or noir, extrait depuis les plateformes pétrolières qui affectent quelque peu l'environnement. L'île possède pourtant quelques belles plages et est surtout entourée par le riche écosystème lagunaire de Términos.

Si son centre historique n'est pas aussi ostentatoire que celui de Campeche, la sinueuse calle 22, qui relie le Parque Ignacio Zaragoza au Parque Benito Juárez, compte d'élégantes maisons dont les façades conservent des traits francisés, victoriens et Art déco. Et l'on pourra être séduit par son charme de ville portuaire en se promenant sur le Malecón ou dans le quartier Del Guanal.

Se loger

Du fait de l'activité économique, il existe de nombreux hôtels modernes et fonctionnels ; pour les hôtels de charme destinés au tourisme, ce n'est pas gagné. Il est possible de dormir sur l'Isla Aguada, de l'autre côté du pont, qui offre un cadre un peu plus sauvage.

PÉNINSULE DU YUCATÁN

Ciudad del Carmen.

NORD DU MEXIQUE

Lors de vos escapades dans le nord, vous découvrirez certes des déserts grandioses mais aussi de précieuses villes, des vallées tropicales transpercées de cours d'eau couleur émeraude et de cascades, des espaces montagneux et verdoyants, sans oublier des zones archéologiques. On connaît surtout Chihuahua comme étant le point de départ d'une des plus fabuleuses lignes de chemin de fer de l'histoire du rail, El Chepe. Au nord-est, dans l'Etat du Sonora, se trouve le Grand Désert d'Altar et la réserve du Pinacate, qui possède un cratère offrant un paysage lunaire. Plus à l'ouest, l'Etat de Coahuila recèle l'un des plus fabuleux trésors du continent : la réserve de Cuatro Cienegas, peuplée d'espèces endémiques et de paysages hallucinants. Enfin, n'oublions pas la mégapole de Monterrey, centre économique et artistique dont les alentours sont propices à la pratique de l'écotourisme et des sports de montagne.

SAN DIEGO
ETATS-UNIS
MEXICALI
TIJUANA
ENSENADA
San Luis Rio Colorado
P.N. Constitucion de 1857
P.N. del Gran Desierto del Pinacate
TUCSON
Colombus
PUERTO PEÑASCO
NOGALES
SAN FELIPE
Asencion
Janos
BAJA CALIFORNIA NORTE
Caborca
SONORA
Parc national Isla Angel de la Guarda
P.N. del Desierto central de B.C
ISLA DEL TIBURÓN
Presa Plutarco Ellias-Calles
HERMOSILLO
BAHIA KINO
Rio Yaqui
Isla Cedros
GUERRERO NEGRO
P.N. ISLA TIBURON
LA PINTADA
EL HIMALAYA
SAN CARLOS
GUAYMAS
CEROCAHUI
DIVISADERO
Res. de la Biosphére del Vizcaino
CIUDAD OBREGON
CREEL
SANTA ROSALIA
ALAMOS
Navojoa
EL COLORADO
BARRANCAS
GOLFE DE CALIFORNIE
LORETO
R. FUERTE
Topolobampo
LOS MOCHIS
BAJA CALIFORNIA SUR
SINALOA
Ciudad Constitucion
Isla San José
Isla Magdalena
CULIACA
Isla Cerralvo
Isla Sta. Margarita
MER DE CORTES
LA PAZ
Los Barriles
Todos Santos
La Ribera
LAS TRES ISL
CABO SAN LUCAS
SAN JOSÉ DEL CABO
OCEAN PACIFIQUE
220 KM

Nord du Mexique
NUEVO MEXICO
EL PASO
ETATS-UNIS
TEXAS
Rio Grande
El Barreal
Villa Ahumada
El Sueco
Ojinaga
Coyame
CHIHUAHUA
Parc International del Rio Bravop
Piedras Niegras
Nueva Rosita
SAN ANTONIO
Nuevo Laredo
RRANCA DEL COBRE
RRA TARAHUMARA
SÁRARE
ALTIPLANICIE
CUATRO CIÉNEGAS
MONCLOVA
COAHUILA
Reynosa
MATAMOROS
MAPIMÍ
TORREON
PARRAS
Sta. Catarina
ARTEAGA
MONTERREY
PARQUE ECOLÓGICO CHIPINQUE
LA ESTANZUELA
VILLA DE SANTIAGO
VIESCA
SALTILLO
CAÑÓN DE LA HUASTECA
DURANGO
LA COYOTADA
TAMAULIPAS
Presa de las Adjuntas
SIERRA MADRE ORIENTAL
MEXIQUILLO
TECUAN ET EL SALTO
CASCADE
EL SALTITO
NOMBRE DE DIOS
LA FERRERIA
ZACATECAS
CIUDAD VICTORIA
Fresnillo de Gonzalez
MAZATLAN
TONALA
ISLA DE LA PIEDRA
CHAMETLA
SAN LUIS POTOSÍ
Ciudad Mante
Golfe du Mexique
TEACAPAN
Jerez de Garcia Salinas
AGUACALIENTES
AGUASCALIENTES
Tamuin
TAMPICO
NAYARIT
SAN BLAS
CIUDAD VALLES
VERACRUZ
TEPIC
GUANAJUATO
TAMAZUNCHALE
BOCA TOMATLÁN
Lagos de Moreno
LEON
Dolores Hidalgo
Sayulita
Bucerias
GUADALAJARA
HIDALGO
Tuxpan
PUERTO VALLARTA
ZAPOPAN
TLAQUEPAQUE
QUERETARO
POZA RICA DE HIDALGO
PACHUCA DE SOTO
Celaya
Lago de Chapala
JALISCO
Ciudad Guzman
Sahuayo
MEXICO
PUEBLA
MORELIA
Patzcuaro
MEXICO
Vers Tequila
COLIMA
TOLUCA
URUAPAN
Manzanillo
Tecoman
MICHOACAN

PAGES

463 ## ●● ÉTAT DE SONORA

Deuxième Etat du pays par sa superficie, le Sonora compte plusieurs villes frontières avec les Etats-Unis : Nogales, importante porte commerciale ; San Luis Río Colorado, à la vie nocturne particulièrement animée ; Sonoyta, par où transitent de nombreux camions. S'y trouve également Hermosillo, capitale de l'Etat et qui servira très certainement de point de départ à de nombreuses excursions.

463 NOGALES ★
463 HERMOSILLO ★
465 PUERTO PEÑASCO ★
465 BAHIA KINO ★
466 ISLA DEL TIBURÓN ★★
467 LA PINTADA ★
467 EL COLORADO ★★
467 EL HIMALAYA ★★
467 GUAYMAS ★
468 ALAMOS ★★

469 ## ●● ÉTAT DE CHIHUAHUA

L'Etat de Chihuahua est absolument magnifique, c'est une destination inoubliable. C'est aussi le plus grand du pays, puisqu'il s'étend sur plus de 247 000 km², une superficie équivalente à celle du Royaume-Uni. A l'ouest, il est frontalier des Etats de Sonora et Sinaloa, à l'est de l'Etat de Coahuila et au sud de l'Etat de Durango. Il partage également des frontières avec les Etats du Texas et du Nouveau-Mexique aux Etats-Unis. De fait, son histoire préhispanique est intimement liée à celle de son actuel voisin du nord, puisque les peuples du nord du Mexique sont culturellement apparentés à ceux du sud des actuels Etats-Unis. La cité antique de Paquimé témoigne du statut de zone tampon et centre commercial de la région, reliant les civilisations de la mésoamérique à celles des grands espaces nord-américains.

469 CHIHUAHUA ★★

La région montagneuse autour de la capitale de l'Etat abrite des canyons dont la profondeur dépasse celle du Grand Canyon aux Etats-Unis. La région se découvre via le train Chepe, qui relie la ville de Chihuahua à Los Mochis, sur la côte Pacifique. Les paysages sont tout simplement uniques.

472 CASAS GRANDES ★★
472 CUAUHTÉMOC ★
473 CREEL ★★★
476 BASASEACHI ★★★
477 CUSARARE ★★
477 BATOPILAS ★★★
478 DIVISADERO ★★★
479 BARRANCAS ★★★
480 CEROCAHUI ★★★
480 URIQUE ★★★

PAGES

481 ## ●● ÉTAT DU SINALOA

Le Sinaloa, bordé par l'océan Pacifique, est entouré par les Etats de Sonora et Nayarit sur son côté océanique. Vers l'intérieur des terres, il offre une connexion avec les grands espaces du nord du pays : Durango et Chihuahua. Les deux principales zones archéologiques de l'Etat sont des sites de pétroglyphes, l'un au nord proche de la ville d'El Fuerte, l'autre situé à proximité de Mazatlán. Dans les plaines du nord, le climat est chaud et aride alors que le Sud propose un climat typique de la côte pacifique mexicaine, bien plus humide et arrosé en saison des pluies. Les deux principales destinations touristiques de l'Etat de Sinaloa sont Mazatlán, grande station balnéaire, et Los Mochis.

481 LOS MOCHIS

483 EL FUERTE ★★

484 MAZATLÁN ★

488 LAS TRES ISLAS ★

488 ISLA DE LA PIEDRA ★

488 TEACAPAN ★

489 ## ●● ÉTAT DE DURANGO

D'une extension équivalant à un peu moins d'un quart de la France métropolitaine, Durango est le quatrième plus grand Etat du Mexique, royaume des hauts plateaux et d'immenses espaces. Bénéficiant d'une grande diversité de paysages (espaces semi-désertiques et pitons rocheux, Sierra d'altitude hérissée de forêts de pin et percée de canyons à l'ouest), l'Etat est très connu des milieux cinématographiques hollywoodiens et européens, qui y ont tourné de nombreux westerns. Durango offre au voyageur intrépide de nombreux sites dignes d'intérêt, comme la ville de Durango, parsemée de nombreux monuments historiques datant de l'époque coloniale et du Porfiriato, la zone archéologique de la Ferrería, les contreforts de la sierra Madre Occidentale et de ses forêts, et bien sûr l'énigmatique réserve de la biosphère de Mapimi, dont la fameuse Zone du silence où s'interrompent les ondes électromagnétiques. Disposer d'un véhicule n'est pas du luxe pour parcourir ses immenses espaces.

Cathédrale de Chihuahua.

PAGES

489 **DURANGO ★★**

La ville de Durango, dont la beauté coloniale est méconnue aussi bien des Mexicains que des étrangers, fait désormais partie du patrimoine mondial de l'Unesco. Et pour cause : elle renferme près d'un millier d'édifices historiques, qui lui valent le surnom de « Perle du Nord ».

492 **NOMBRE DE DIOS ★**

493 **RESERVA DE LA BIÓSFERA DE MAPIMÍ ★★**

493 **MEXIQUILLO ★★**

495 **●● ÉTAT DE COAHUILA**

Gigantesque et très peu peuplé, troisième Etat du Mexique par sa superficie, l'Etat de Coahuila partage 512 km de frontière avec les Etats-Unis. Si cette terre abrite les plus anciens vignobles d'Amérique, on y trouve surtout d'uniques et merveilleux paysages désertiques où abondent fossiles de dinosaures, animaux et cactacées de toutes sortes : les lagunes de Cuatro Ciénagas et la réserve de la biosphère de Mapimi (dont le territoire est partagé avec l'Etat de Durango) sont notamment deux sites d'une beauté extraordinaire, où les espèces endémiques proviennent des rebuts de l'ancienne mer de Théthys, qui recouvrait l'ensemble du territoire il y a plusieurs centaines de millions d'années.

495 **SALTILLO ★**

497 **ARTEAGA**

497 **PARRAS ★★**

499 **TORREON**

499 **CUATRO CIÉNEGAS ★★★**

Cette ancienne mer intérieure est située au cœur de l'Etat de Coahuila. Une plongée fascinante dans un monde de sable blanc constellé de points d'eau peuplés d'espèces qui y ont évolué en relative autonomie depuis des millions d'années. Unique.

501 **●● ÉTAT DU NUEVO LEÓN**

L'Etat du Nuevo León se situe au nord-est du Mexique. Il partage des frontières avec les Etats de San Luis Potosí au sud, Coahuila à l'ouest et Tamaulipas à l'est, et avec l'Etat du Texas, aux Etats-Unis. D'ailleurs, la culture de l'Etat est beaucoup plus proche de celle du Texas que des Etats du sud du Mexique. La municipalité de San Pedro Garza García, intégré à la ville de Monterrey, dispose du niveau de vie le plus élevé d'Amérique latine.

501 **MONTERREY ★**

507 **VILLA DE SANTIAGO ★★**

NOGALES ★

Nogales est né en 1880, grâce à la compagnie de Ferrocarril de Sonora. Dans cette ville frontière plutôt hideuse, la traversée de la douane est rapide. Par sa situation géographique, la ville est la principale porte d'entrée des touristes nord-américains provenant de l'Arizona. Certains traversent même la frontière à pied. Les hôtels, tout proches du poste-frontière, sont concentrés dans la *calle* Obregón, tout comme les banques et les pharmacies. Pour se rendre à la gare routière, prendre le bus au coin de la rue Juárez. Il n'y a pas vraiment de raison de s'attarder à Nogales, qui est avant tout une ville de passage pour les touristes.

HERMOSILLO ★

Capitale de l'Etat de Sonora construite en lieu et place du fief des indigènes *pimas*, la ville fut fondée en 1700 sous le nom de Santísima Trinidad del Pitic, avant d'être rebaptisée Hermosillo en 1828. Elle compte un peu moins de 900 000 habitants et sa superficie est assez étendue, lui donnant des airs de ville américaine, typique des villes du nord du Mexique. Il ne subsiste que très peu de bâtiments anciens dans la ville, à l'exception peut-être du quartier *Villa de Seris*, accessible à pied depuis le centre-ville ; ne vous attendez pas non plus à des merveilles architecturales. Les plus motivés grimperont le *cerro de la Campana* pour admirer un coucher de soleil somptueux sur la cité. Attention, il y fait très chaud toute l'année et les températures en été sont éprouvantes (plus de 40 °C).

Se restaurer

La gastronomie de Sonora est très axée sur la viande de bœuf. Hermosillo s'illustre plus particulièrement par ses burritos et ses tacos. Ne manquez pas les nombreux *puestos* ambulants qui proposent du succulent bœuf de la région ; ils sortent à partir de 17h dans les rues du centre, installent des chaises sur le trottoir et vous invitent à manger à la bonne franquette. On y trouve aussi quantité de fruits de mer très frais, dont les fameux *callo de hacha* (pétoncle). Pour un bon jus de fruits rafraîchissant, rendez-vous à la Michoacana, qui donne sur le jardin central.

CATEDRAL DE LA ASUNCIÓN DE HERMOSILLO ✝ ★

Sur la Place Zaragoza

Cette majestueuse cathédrale de 30 mètres de hauteur est l'un des bâtiments les plus emblématiques de la ville. Elle se trouve sur une place très agréable dotée d'un joli kiosque. Elle fut construite à partir de 1877, bien qu'une plus petite chapelle avait déjà été érigée ici dès le XVIIIe siècle. Trop petite pour accueillir une congrégation grandissante, celle-ci fut détruite et on bâtit à la place cette imposante cathédrale, dont le dôme fut achevé en 1963.

CERRO DE LA CAMPANA ★

Cette colline rocheuse qui attire les touristes offre un mirador, d'où s'étend une vue panoramique sur la ville et qui est connu sous le nom de *El Caracol*. La colline doit son nom à sa forme caractéristique, qui ressemble à une cloche (*campana*). Pour atteindre le sommet, qui culmine à 319 mètres de haut, il faut emprunter la rue Cucurpe. A rejoindre absolument en fin de journée, en voiture ou à pied, quand le soleil se couche sur la ville. Si vous décidez de parcourir le chemin à pied, prévoyez une casquette et de la crème solaire.

COOPERATIVA DE ARTESANÍA INDÍGENA ★

Comonfort #50

✆ +52 662 210 4081

www.lutisuc.org

Ouvert du lundi au vendredi de 9h à 13h.

Cet espace est à la fois un musée, une boutique et un centre d'information sur les cultures indigènes de l'État. Géré par l'association Lutisac, il distribue en effet tous les objets traditionnels des nombreux peuples ayant élu domicile dans le Sonora (dont les sculptures en *barro fierro*, des objets rituels, des bijoux, tissus et attrape-rêves). Il fournit en outre toutes les informations nécessaires si vous souhaitez leur rendre visite dans les villages.

MUSAS - MUSEO DE ARTE DE SONORA ★

Agustín de Vildósola s/n
✆ +52 662 254 6397
www.museodeartedesonora.gob.mx
Ouvert du mardi au vendredi de 10h à 19h ; le week-end de 10h à 17h. Entrée : 30 $.

Après quelques années de tâtonnements, ce qui ressemblait alors à un éléphant blanc semble enfin atteindre un rythme de croisière, en accueillant certaines expositions d'art actuel d'envergure nationale ou internationale. Le musée fait la part belle à des œuvres d'art moderne et contemporain, en particulier réalisées par des artistes mexicains. Petit plus : l'endroit est climatisé et est un excellent refuge lorsque la chaleur devient trop étouffante !

PALACIO DE GOBIERNO SONORA ★

Sur la Place Zaragoza

Un bel édifice sur une jolie place, de style porfirien. Fréquemment remanié depuis sa fondation en 1879, il possède quelques intéressantes peintures – œuvres d'Hector Martinez Arteche au rez-de-chaussée, d'Enrique Estrada et de Teresa Moran à l'étage – qui représentent des moments décisifs de l'histoire de Sonora : la lutte livrée par les indigènes contre les conquistadors, la légende des Cinq Soleils reflétant l'évolution de l'humanité, l'esclavage, la libération, la victoire.

HOTEL SAN SEBASTIAN €€

Periférico Sur #96
✆ +52 662 259 9550
www.hotelsansebastian.com.mx
170 chambres, à partir de 1 100 $.

L'hôtel San Sebastian est quelque peu excentré (compter environ 5 minutes de voiture pour le rejoindre depuis Plaza Bicentenario) mais cela reste une très bonne affaire. L'endroit est propre comme un sou neuf et affiche un excellent standing : piscine et bar en extérieur ne sont pas des avantages à délaisser étant donné la chaleur ambiante. Les chambres sont spacieuses et ultra confortables. L'hôtel propose également des suites avec coin salon et kitchenette. Pour un cadre reposant, demandez une chambre qui donne sur le jardin. Restaurant sur place.

HOTEL SUITES KINO €€

Pino Suárez #151
✆ +52 662 213 3131
www.hotelsuiteskino.com
Chambres à partir de 750 $.

Cette jolie façade de style colonial accueille un hôtel, situé juste en face du Cerro de la Campana, non loin du centre-ville. Il comprend une petite piscine, un sauna, un restaurant, une agence de voyage et un grand parking où l'on peut garer sa voiture gratuitement. L'établissement est certes un peu vieillot mais confortable néanmoins. Les chambres n'ont rien d'exceptionnel, mais elles sont spacieuses et la literie est de bonne qualité. C'est l'un des rares hôtels de la ville à avoir du caractère. Petit plus, le personnel charmant.

SONORA STEAK €€

Boulevard Eusebio Kino #914
✆ +52 662 210 0313
www.sonorasteakhouse.com
Ouvert tous les jours de midi à 2h du matin. Viandes entre 350 et 600 $.

Cet excellent restaurant de viande est installé dans une grande maison,. La spécialité de la maison est le *Rib Eye Añejo*, à moins que vous ne préfériez un petit chateaubriand ou un *New York Steak*. Ici, il y en a pour toutes les langues. Quel que soit le lieu où votre cœur (et votre appétit) vous mène, vous aurez dans votre assiette une belle pièce de viande avec une cuisson parfaitement respectée. Petits légumes et pommes de terre au four en accompagnement. Aucune chance que vous soyez déçu : c'est l'une des meilleures tables de la ville.

COYOTAS DOÑA MARÍA

Sufragio Efectivo #37
✆ +52 662 250 5883
www.coyotasdonamaria.com
Ouvert du lundi au samedi de 7h à 20h ; le dimanche de 7h à 19h.

Fondée en 1954, cette boulangerie qui utilise encore un four en pierre s'est fait une spécialité des *coyotas*, petites galettes de blé et panelas (*piloncillo*) typiques de la région. Elles sont désormais également confectionnées avec tout un tas d'ingrédients tels qu'amandes, noix, coco, dattes, etc. L'autre spécialité, ce sont bien sûr les immenses et très fines *tortillas de harina*. La boutique vend également des fromages régionaux et de la *machaca* (viande séchée à faire revenir dans une décoction de tomates et de condiments).

PUERTO PEÑASCO ★

Puerto Peñasco se trouve sur la côte nord de l'Etat, à une heure seulement de la frontière américaine. C'est une ville portuaire dont le paysage de mer et de désert est dominé par El Pinacate, une région volcanique aux cratères gigantesques ressemblant à la surface lunaire, qui a été déclarée Réserve de la Biosphère. C'est aussi une grosse station balnéaire à l'américaine, où resorts et buildings ont poussé comme des champignons le long d'une magnifique plage de sable blanc aux eaux turquoise.

Pratique

Pour l'hébergement et les informations diverses, rendez-vous sur le site : www.puerto-penasco.com (version anglaise).

EL PINACATE Y GRAN DESIERTO DE ALTAR SONORA ★★

A 55 kilomètres de Puerto Peñasco
✆ +52 638 108 0011
www.elpinacate.com.mx
Entrée : 25 $ par voiture, valide 7 jours.

Ce parc naturel, déclaré réserve de la biosphère et patrimoine mondial de l'humanité, est situé dans le grand désert de Sonora. Il y a 100 000 ans, une gigantesque éruption volcanique aurait ouvert le golfe de Californie et levé les chaînes montagneuses de la région du Pinacate à une hauteur de 1 400 m. Les vestiges archéologiques retrouvés sur place racontent les péripéties de groupes humains il y a quelque 20 000 ans, alors que les ancêtres des Tohonos O'dham (ou *papagos*) vivaient sur les hauteurs de la Sierra Blanca (formation granitique vieille de 200 millions d'années), chassant des mammifères et récoltant des graines et des fruits. Dans cette zone miraculeusement désolée, vous découvrirez volcans et gigantesques cratères, champs de dunes de sable, vallées, ruisseaux et cours d'eau ; un environnement hostile mais incroyablement varié, où vivent 250 espèces végétales et 230 espèces animales. Attention, les conditions climatiques sont ici extrêmes : dans la vallée de l'Enfer (*El Valle del Infierno*), les températures oscillent entre 50 °C en été et -7 °C en hiver : disposer de la climatisation dans sa voiture n'est pas du luxe. Sachez d'ailleurs qu'il faut disposer de son propre véhicule pour parcourir le circuit de 80 km. Le chemin est balisé et les visiteurs dûment recensés, mais pensez tout de même à emporter de l'eau en quantité et quelques snacks au cas où vous auriez un souci mécanique. Les astronautes de la NASA y viennent s'entraîner régulièrement.

BAHIA KINO ★

A 100 kilomètres à l'ouest d'Hermosillo, Bahía Kino est un ensemble de baies s'étalant sur 60 kilomètres de côte, entre Punta Chueca et Punta San Nicolás. Les services touristiques se répartissent autour de deux zones distinctes : la moderne (Kino Nuevo) est une bande de plage de 10 kilomètres sur laquelle se sont édifiées des maisons individuelles, que certains jugeront un peu trop près du rivage. C'est aussi une destination privilégiée des habitants d'Hermosillo qui y viennent en fin de semaine (vous en verrez alors beaucoup repartir sans vergogne en laissant leurs canettes de bière et autres détritus sur la plage…). L'ancienne (Kino Viejo), poussiéreuse et populaire, est un village de pêcheurs dont l'activité se concentre autour de l'embarcadère (*muelle*). Mais partout le paysage est surprenant et célèbre l'alliance du désert et de la mer. En face de la baie, trois îles rocheuses aux teintes rougeâtres attirent pêcheurs et plongeurs : les îles d'Alcatraz et San Estebán et surtout l'île du Requin (Isla del Tiburón), plus grande île du pays. Des milliers de poissons peuplent la zone (de même que raies, tortues et dauphins), notamment dans le *canal del Infiernillo*.

Se restaurer

Pour les amateurs de coquillages frais à déguster debout autour d'un stand, rendez-vous aux alentours du muelle de Kino Viejo, où arrivent quotidiennement les pêcheurs vers le milieu et la fin de la matinée.

MUSEO COMCAAC ★

Av. Mar de Cortés s/n
✆ +52 662 217 0691
Ouvert du mercredi au dimanche de 9h à 18h.
Entrée : 10 $.

Les Seri (ou Comcaac) sont des indigènes semi-nomades originaires de la région. Le musée présente une excellente synthèse de l'histoire de l'ethnie et de sa résistance à l'envahisseur espagnol et jésuite. Il propose aussi quelques magnifiques pièces de bois sculptées en *palo fierro*. Pour en savoir plus sur cette ethnie, ailleurs que dans les musées, le mieux est encore d'aller rencontrer certains de ces membres. Les Seris habitent aujourd'hui autour de deux pôles majeurs dans le Sonora, le long de la côte à Desemboque et Punta Chueca (à 30 km de Bahía Kino).

PLAYA SAN NICOLÁS ★★

Depuis Bahia Kino, prendre la route vers Hermosillo et tourner à droite au km 28 à l'arrêt de bus bleu. Vous traverserez des fermes d'élevage de crevettes et pourrez alors demander votre chemin.

Vous voici arrivés dans un endroit sauvage, libre de prestataires touristiques : sur 5 000 hectares, à perte de vue, des dunes de sable blanc font face à la mer. Les plus hautes peuvent atteindre 65 mètres de hauteur. Certains s'amusent à les descendre sur un surf. Si vous souhaitez faire du *sandboard*, vous aussi, il faudra louer votre planche à Hermosillo (auprès de l'agence Nauchi par exemple). Une superbe balade, en particulier d'octobre à mai lorsque la chaleur est moins étouffante. Pensez à prendre de l'eau et des provisions, au cas où.

ECOBAY HOTEL €€

Calle Guaymas y Tampico
✆ +52 662 2420491
www.ecobayhotel.com
Chambres à partir de 1 000 $.

Idéalement situé dans le centre et à quelques rues de la plage, voici un hôtel qui fait largement l'affaire – d'autant plus qu'il n'y en a pas des tonnes à Bahia Kino. L'établissement rénové est impeccable de propreté et n'est pas sans rappeler les motels américains, avec ses chambres qui donnent sur l'extérieur, le côté balnéaire en plus. Les chambres sont décorées très simplement. Elles possèdent toutes la télévision, l'air conditionné et un coin pour s'attabler. Sur place, on trouve aussi une piscine et un restaurant. Idéal pour passer la nuit.

MARISCOS BAHÍA €

Longer la côte vers le sud depuis l'embarcadère de Kino Viejo, en direction de l'estuaire (estero). Le restaurant se trouve à 1 km.
✆ + 52 662 242 0942
www.mariscosbahia.com.mx
Ouvert tous les jours de 9h à 21h.
Plats autour de 150 $.

À l'écart de l'agitation du village, voici un très joli restaurant qui possède une agréable terrasse en palapa avec une vue imprenable. Il surplombe la baie offre tous les délicieux poissons et coquillages que celle-ci renferme. Au menu, on a le choix entre les excellentes *tostadas* de fruits de mer frais et *jaibas* (crabe), les poissons grillés servis entiers, les crevettes sautées avec de la sauce, les tacos de poisson, etc. Egalement quelques plats de viande. Visite obligatoire, tant pour la vue que pour la fraîcheur des produits.

ISLA DEL TIBURÓN ★★

Plus grande île du Mexique, elle est séparée du continent par un détroit d'à peine trois kilomètres de large, appelé *estrecho del infernillo*. On y accède depuis le village continental de Punta Chueca, à 35 km au nord de Bahia Kino. L'île est officiellement non habitée, bien qu'elle abrite une base militaire sur sa partie orientale ; elle est administrée par le peuple Seri, qui la considère comme une terre sacrée et comme le berceau de sa civilisation.

Au niveau topographique, retenons tout d'abord qu'il s'agit en fait d'un archipel, qui comprend trois autres îles aux dimensions anecdotiques : San Esteban, Turner et Patos. Bien qu'à première vue l'endroit donne l'impression de n'être qu'un gros rocher planté là, elle dispose d'intéressants attraits naturels. L'île est fendue de deux bandes montagneuses (*sierras La Menor et Kuumkaak*) qui la traversent de part en part et débouchent sur la voluptueuse *Valle del Tecomate*. On y observe de nombreuses espèces animales et végétales, de belles colonies d'oiseaux, des reptiles et des mammifères à l'état sauvage dont le *borrego cimarrón* et le *borrego cola blanca*.

Pratique

Le point de départ se situe à Punta Chueca. Pour accéder à ce territoire administré par la tribu Seri, il est indispensable de se munir d'un permis que vous pouvez demander à Bahia Kino, au musée Comca'ac. L'autre solution consiste à prendre contact avec l'agence Ecoturismo del Noroeste, basée à Hermosillo.

ECOTURISMO DEL NOROESTE ★★★

Circuito de los Cedros #141
✆ +52 1 662 202 6937

Spécialisée dans l'écotourisme, l'agence Ecoturismo del Noroeste organise des voyages de 2 ou 3 jours vers la Isla Tiburón. C'est d'ailleurs l'une des seules à avoir les autorisations nécessaires. En plus de cela, elle propose une multitude d'activités et d'excursions dans la région, en particulier liées au tourisme sportif et d'aventure : kayak, snorkeling, *sandboard*, randonnée, etc. Si vous souhaitez découvrir les dunes de San Nicolas autrement, ils pourront vous y emmener depuis Hermosillo et vous apprendre à faire du *sandboard*.

LA PINTADA ★

A 50 km au sud de Hermosillo se trouve la plus grande exposition naturelle d'art rupestre du Sonora : La Pintada. Vous pourrez y découvrir quelque 2 000 pétroglyphes et pictogrammes. Selon les spécialistes, les dessins des mains et des pieds sont les représentations les plus anciennes. Mais certaines peintures rupestres sont plus récentes, puisque sont également représentés des chevaux et cavaliers, qui n'étaient pas connus des artistes indigènes avant le XVIe siècle.

Pratique

Se renseigner auprès de l'office de l'INAH de Sonora car le site ne peut se visiter qu'en étant accompagné : ✆ +52 662 217 2580.

GUAYMAS ★

La baie de Guaymas fut découverte au XVIe siècle. Ce n'est qu'en 1701 que les pères jésuites Eusebio Kino et Juan Salvatierra y fondent une première mission dans le dessein d'évangéliser et de sédentariser les natifs de la côte continentale de la mer de Cortés : Seri, Guayma et Yaqui. Face à leur farouche résistance, la Couronne lance en 1767 une expédition militaire pour les soumettre. Déclarée ville en 1769, Guaymas est aujourd'hui le plus important port du Sonora, qui offre notamment un passage en ferry vers Santa Rosalia, en Basse-Californie. Guaymas comprend plusieurs baies, dont celle de Bacochibampo, la plus agréable pour les visiteurs.

EL COLORADO ★★

Avec à peine une trentaine d'habitants permanents, El Colorado se veut des plus pittoresques et des plus retirés, bien que de plus en plus de résidences secondaires voient le jour. Ce petit village côtier situé entre Guaymas et Kino doit son nom au mont recouvert de pierres de couleur rouge qui le domine. Depuis peu, les locaux ont pris conscience du charme de l'endroit et proposent des balades en canoë dans leur baie. Les amateurs de calme apprécieront d'autant plus les lieux que la plage est très agréable, même s'il faut se méfier des *aguas malas*. L'endroit est encore bien sauvage, mais vous trouverez des services d'hébergement et de restauration.

© SYLVIE LIGON

Guaymas au coucher du soleil.

EL HIMALAYA ★★

Située entre Ensenada Chica et Peña Blanca, c'est un éden d'une tranquillité absolue, dépourvu d'infrastructures, bordé de falaises de couleur jaune orangé qui surplombent la mer turquoise. Un véritable paradis et l'un des plus beaux endroits du Sonora.

Transports

Depuis Guaymas, prendre l'autoroute en direction de Hermosillo. Au km 34 (Los Arrecifes), prendre à gauche la route 61 en direction de Galván. Au village El Bajío, prendre sur votre gauche le chemin de 23 km et vous y êtes. Compter une heure de trajet depuis Guaymas.

PERLAS DEL MAR DE CORTÉS ★★

Lomas de Cortés ✆ +52 622 221 0136
www.perlas.com.mx

Boutique ouverte du lundi au samedi de 9h à 17h, jusqu'à 13h le dimanche. Visite guidée du lundi au samedi de 9h à 12h.

C'est une ferme d'élevage de perles de culture, unique sur le continent américain. Elle utilise un coquillage original, qui permet de produire en quatre ans des perles d'une incroyable qualité, très prisées sur le marché international : seules 4 000 perles sont mises en vente chaque année et leur production répond à de strictes contraintes de protection de l'environnement (respect des cycles naturels). Les visites sont plus intéressantes en automne et en hiver. Sur place, vous trouverez également une boutique avec de jolis bijoux réalisés avec ces perles.

ALAMOS ★★

Située à 400 kilomètres au sud d'Hermosillo, à la frontière avec l'Etat de Sinaloa (elle est plus proche de la ville de Los Mochis), Alamos doit son essor à la fièvre de l'argent, qui en fit l'un des principaux centres miniers du Mexique au XVIIIe siècle. C'est ici qu'est née l'actrice María Félix (1914-2002), connue comme la Doña, qui fut l'un des symboles de l'âge d'or du cinéma mexicain. Aujourd'hui, c'est une jolie et paisible petite ville de style colonial. La beauté de son architecture d'influence mauresque lui a valu d'être classée au patrimoine national : les bâtiments, de belle allure, sont souvent fleuris de bougainvillées. Les environs sont également à visiter, ce petit village se trouvant à la croisée de deux écosystèmes, le désert du Sonora dans le nord, et les jungles tropicales du Sinaloa au sud ; on y pratique la randonnée et le rappel. La région possède une riche biodiversité et est réputée pour être un sanctuaire d'oiseaux.

Tourisme

Le village regorge de bâtiments d'époque, tel le magnifique Palacio Municipal, qui offre une très belle vue sur la ville depuis ses baies vitrées, la Casa de la Moneda ou la Casa de la Cultura, installée sur les hauteurs dans une ancienne prison. Beaucoup de bâtiments accueillent aussi désormais hôtels ou restaurants, comme la Casa de María Félix ou l'Hacienda de los Santos.

MUSEO COSTUMBRISTA DE ALAMOS ★

Sur la place ✆ +52 647 428 0053

Ouvert du mercredi au dimanche de 9h à 18h. Entrée : 10 $.

Un petit musée éclectique installé dans cette magnifique demeure du XVIIIe siècle. Il présente différents objets liés à l'histoire minière du village : photographies, meubles, costumes, outils agricoles, monnaie. Egalement une salle dédiée aux activités minières et une autre aux grands personnages qui ont marqué l'histoire de l'Etat de Sonora. Expositions temporaires parfois intéressantes. Il propose également des représentations de danse et théâtre.

RESERVA ECOLÓGICA DE CUCHUJAQUI ★★

à 10 km du centre-ville.

Ce sont près de 100 000 hectares dédiés à la conservation d'espèces animales et végétales. C'est un paysage de montagne qui vous attend, passant de la forêt caducifoliée à la forêt de conifères, entre climat tropical et tempéré. On y pratique de nombreuses activités telles que randonnées, balades à cheval, pêche ou observation d'oiseaux et d'animaux (tortues, cervidés, sangliers, etc.). Vous trouverez facilement des guides en ville pour vous y emmener.

LA ADUANA ★

À 8 km à l'ouest d'Alamos.

C'est dans ce lieu tapi dans la sierra, à 11 km d'Alamos, qu'était exploitée la fameuse mine La Libertad de la Quintera. On le rejoint en empruntant un petit chemin qui bifurque de la route principale, très justement appelé A la Aduana. Le conquistador Vasquez de Coronada s'était installé ici en 1540 dans l'espoir de trouver de l'or. La mine a fermé ses portes en 1906, mais elle conserve aujourd'hui quelques vestiges architecturaux de ces temps prospères. La visite du site et des environs au coucher du soleil est fortement recommandée.

HACIENDA DE LOS SANTOS €€€

Calle Molina # 8 ✆ +52 647 428 0222

www.haciendadelossantos.com

34 suites et villas, de 3 700 à 14 500 $. Formules incluant repas et spa.

Voici un hôtel grand luxe à 2 cuadras du Zócalo, fruit de la rénovation durant plus de deux décennies de trois bâtiments coloniaux et d'un moulin à sucre. Connectés par des chemins de pierre, des passages voûtés en briques et même un petit pont de pierre, les différents ensembles sont décorés d'antiquités et de pièces d'art religieux de grande qualité. Un souci du détail que l'on retrouve avec passion dans les chambres, suites et villas, équipées de cheminées et meubles d'époque. Piscine, jardin, spa et très bon restaurant. Belle adresse.

CHIHUAHUA ★★

Chihuahua est la capitale de l'Etat éponyme. Cette ville qui compte aujourd'hui près d'un million d'habitants est située dans la Sierra Madre occidentale, à 1 420 m d'altitude. Le vocable Chihuahua signifie en náhuatl « zone aride et sablonneuse ». Récemment remodelé, le centre de la ville de Chihuahua ne présente pas une architecture uniforme. La ville ne vous laissera peut-être pas un souvenir mémorable, mais quelques édifices et musées valent néanmoins sacrément le détour.

Histoire

Les premiers occupants espagnols étaient des mineurs à la recherche d'argent, avant que ne s'y ajoutent les missionnaires jésuites et franciscains, qui installèrent un grand nombre de missions dans la région. La ville elle-même fut fondée en 1709 par Antonio Deza y Ulloa et les traces architecturales de ses premières décennies sont encore visibles dans le centre d'aujourd'hui : la cathédrale (XVIIIe siècle) mais aussi un certain nombre de maisons et de palais des époques coloniale puis porfirienne. Si la ville compte ainsi quelques beaux édifices qui valent le détour, elle ne constitue souvent qu'une étape pour les voyageurs qui souhaitent emprunter le célèbre train du Chepe qui traverse la sierra Tarahumara. La ville a joué un rôle commercial et politique important dans l'histoire du pays. C'est ici que le curé Miguel Hidalgo fut emprisonné et assassiné par les Espagnols pendant la guerre d'Indépendance. Plus tard, le président Benito Juárez y installa son gouvernement sous l'occupation française. Puis Porfirio Díaz l'a dotée d'un chemin de fer, contribuant à consolider le pouvoir et la fortune de grands propriétaires terriens. Pancho Villa s'est également installé à Chihuahua vers 1910. Ce bandit légendaire avait vécu dans sa jeunesse d'un commerce de chevaux et de viande avant de rejoindre le mouvement révolutionnaire qui cherchait à renverser le dictateur Díaz. Il devint vite célèbre et, en 1913, ses troupes s'emparèrent de la ville où il installa son quartier général.

Shopping

Que ceux qui rêvent de s'acheter toute la panoplie du parfait petit cow-boy ou vaquero, depuis le sombrero jusqu'à la paire de bottes en passant par la chemise, la selle et les étriers, fassent escale dans le centre-ville et notamment au niveau de l'intersection entre Ocampo et Libertad.

CASA CHIHUAHUA ★

Libertad #901

✆ +52 614 429 3300 11702

www.casachihuahua.org.mx

Ouvert du mercredi au lundi de 10h à 17h.

Entrée : 50 $.

Installé dans un édifice de 1908, ce musée moderne sert de point de référence pour toutes les personnes qui s'intéressent au patrimoine de l'État de Chihuahua. Des objets, photographies, vidéos relevant du patrimoine naturel, culturel, ethnographique et historique de l'Etat sont exposés. Le sous-sol du musée retrace quant à lui l'histoire du bâtiment. Outre la présence d'un magnifique coffre-fort, on peut également visiter le cachot dans lequel a été enfermé le leader indépendantiste Miguel Hidalgo en attendent son exécution le 30 juillet 1811.

CATEDRAL METROPOLITANA DE CHIHUAHUA ✝ ★

Plaza de Armas

Harmonieuse, raffinée et équilibrée, cette cathédrale de style baroque mit presque un siècle à voir le jour, depuis le début des travaux de construction en 1725. Sa façade, qui illumine la Plaza de Armas de nuit, est un délice. L'intérieur, de style dorique, avec tout de même seize colonnes corinthiennes, est un modèle de simplicité. Pour beaucoup, la cathédrale de Chihuahua est l'un des plus beaux exemples d'architecture coloniale dans le nord du Mexique.

GRUTAS NOMBRE DE DIOS ★

A 5 kilomètres à l'est du centre ville

✆ 01 800 147 8827

Ouvert de mardi à vendredi de 9h à 15h et le week-end de 10h à 16h. Entrée : 50 $.

A environ 200 mètres du fleuve Sacramento, voici un impressionnant système de grottes qui a été découvert au XVIe siècle. La visite du site s'étale sur environ 1 600 m et permet d'admirer des formations géologiques originales ; on visite 7 salles distinctes, le tout en immersion dans une température ambiante de 27 à 33 °C et une humidité qui atteint les 70 %. On pense aujourd'hui que le site servait, il y a quelques siècles de cela, de centre cérémoniel pour les tribus indigènes locales, notamment les Apaches et les Comanches.

MUSEO DE LA REVOLUCIÓN ★

Calle 10A #3010
✆ +52 614 416 2958
Ouvert du mardi au samedi de 9h à 13h et de 15h à 19h ; le dimanche de 9h à 17h. Entrée : 10 $.

Ce musée de la révolution mexicaine se trouve dans le siège des anciens quartiers généraux du révolutionnaire Pancho Villa, chef de la légendaire División del Norte, assassiné en 1923. Lui-même n'y aura pas vécu longtemps, mais sa veuve y a fini ses jours, en 1981. Le musée rassemble un grand nombre d'effets personnels (meubles du couple, de nombreuses armes, d'intéressantes photos sur la révolution, etc.). On peut également approcher la voiture dans laquelle il a été assassiné. Le masque mortuaire de Villa, effectué 3 heures après sa mort, s'y trouve exposé.

PALACIO DE GOBIERNO ★

Face à la Plaza Hidalgo, sur Aldama, entre Carranza et Guerrero
Ouvert tous les jours de 9h à 18h.

Elégant édifice emblématique du XIXe siècle, du style architectural mexicain, inauguré en 1892 après 10 ans de travaux. Partiellement consumé par les flammes, on lui ajoutera un deuxième étage en 1941, sans que l'harmonie générale n'en souffre. Sa vaste et lumineuse cour est entourée de colonnes et d'arcs et ses murs sont couverts de fresques sur l'histoire de la région, réalisées par Piña Mora entre 1956 et 1962. Au rez-de-chaussée, le modeste Museo de Hidalgo retrace timidement l'histoire de l'Indépendance mexicaine, ainsi que celle de la ville de 1530 à 1910.

QUINTA GAMEROS ★★

Paseo Bolivar #401, à l'angle de la calle 4a
✆ +52 614 416 6684
Ouvert du mardi au dimanche de 11h à 19h. Entrée : 30 $.

L'histoire raconte que Manuel Gameros a commencé à construire ce merveilleux palais en 1907 pour l'offrir à sa fiancée en cadeau de mariage. La jeune femme eut le temps de s'énamourer de l'architecte avant la fin des travaux. Le gentleman demeura cependant fidèle à sa promesse. L'édifice, d'inspiration Art nouveau, est somptueux. La salle à manger est magnifique et l'ensemble est harmonieux, très riche. Une belle collection de meubles d'époque, style Art nouveau, est à découvrir au travers de la déambulation dans ses différentes salles.

EL CHEPE REGIONAL

Intersection des rues Mendez et 24a
✆ +52 614 439 7212
www.chepe.mx
Départ de Chihuahua les mercredi et samedi à 6h. Aller simple jusqu'a Creel : 1 630-3 000 $ selon la classe.

Pour rejoindre Creel en train, il faut emprunter le Chepe Regional et éventuellement changer pour le Chepe Express à Creel ou continuer avec celui-ci (plus économique). L'avantage, ici, c'est que les portes restent ouvertes entre les wagons et on peut donc se pencher pour respirer l'air frais et prendre de belles photos... On paie son ticket uniquement jusqu'à la station d'arrêt choisie puis un autre ticket pour rejoindre la suivante. On peut payer directement dans le train, mais il est tout de même recommandé de réserver son billet à l'avance.

LA DECIMA GUESTHOUSE €

Decima y de la Llave #1610
✆ +52 1 614 496 0761
3 chambres, tarif standard 350 $ pour deux personnes, salle de bains partagée.

A deux pas du Parque Lerdo, cet hôtel installé dans une sympathique maison d'angle propose de loin le meilleur rapport qualité-prix de la ville. Ici, on est comme chez un lointain ancêtre, où le sol carrelé de couleur contraste avec le mobilier ancien. Au mur du salon, de vieilles photos en noir en blanc sont encadrées. Les chambres et parties communes ont un petit côté vintage très sympa. On trouve aussi un petit restaurant au rez-de-chaussée ; et l'accueil y est absolument parfait : sympathique, serviable et souriant. Un vrai plaisir.

HOTEL SAN FELIPE EL REAL €€

Calle Ignacio Allende #1005 ✆ +52 614 437 2037
www.hotelsanfelipeelreal.com
6 chambres, à 1 200 $ pour 2 personnes et 1 350 $ pour 4 personnes. Petit déjeuner inclus.

Excellente adresse, pleine de charme dans cette vieille maison restaurée datant de 1882. Ce petit hôtel-boutique à l'accueil très sympathique et personnalisé ne compte que 6 chambres réparties autour d'un joli patio, avec assez d'atouts pour en faire l'adresse la plus attirante de la ville. Chacune des chambres possède un nom qui renvoie à un quartier de la ville. A l'intérieur, mobilier ancien, décoration coloniale, carrelage ancien, salle de bains moderne et épurée. Le matin, le petit déjeuner est servi à base de produits locaux dans la très belle cuisine.

CENTRAL HOTEL BOUTIQUE €€€

Calle Victoria #202
✆ +52 614 415 6466
www.centralhb.com
Chambres doubles à partir de 4 000 $.

En plein cœur de la ville, cette très ancienne *finca* de la moitié du XIXe accueille l'hôtel le plus élégant en ville, joyeux syncrétisme de vieilles pierres chargées d'histoire et décoration contemporaine. Les chambres sont spacieuses pour un bâtiment si ancien, et mélangent allègrement sols en parquet et marbre dans les salles de bains. Pour ne rien gâcher, l'établissement possède une terrasse pour prendre le soleil allongé face à la cathédrale, un bain à remous pour se rafraîchir, un bar lounge pour se détendre et un très bon resto.

BURRITOS EL ARRANCON €

Blvrd Gustavo Díaz Ordaz #1203
✆ +52 614 416 0061
Ouvert du lundi au samedi de 8h à 15h. Burritos et montados à moins de 40 $.

En apercevant la façade, s'il n'y avait pas quelques signes qui ne trompent pas quant à la popularité de l'endroit, beaucoup feraient l'erreur de passer sans s'arrêter. Si l'on vient au petit matin, on aperçoit déjà aux abords de la devanture quelques silhouettes attendant impatiemment l'ouverture. Les travailleurs viennent ici prendre des forces à base de *burritos* et de *montados* on ne peut plus onctueux et copieux, avec le soda qui va bien. Protéines animales en quantité. C'est savoureux et extrêmement bon marché, n'hésitez pas.

EL HOJALDRE €€

Allende #200
www.el-hojaldre.com
Ouvert le dimanche et le lundi de 8h à 15h ; du mardi au samedi de 8h à 21h30. Plats 150-200 $.

Une cuisine artisanale et créative, de grand-mère s'il vous plaît, et servie dans les salles d'une agréable maison ancienne. Ici, les spécialités se préparent à la pâte feuilletée (les désormais fameux *cuadripastes*, sorte d'*empanadas* repliées en quatre), et l'endroit fait aussi office de boulangerie. Tout ici respire le goût des choses bien faites : *huevos norteños* et plat de fruits au petit-déjeuner, tapas de jambon Serrano, salades *caprese*, poisson en papillote et pizzas maison de très bonne facture. Un endroit sympa, en plus.

LA CASONA €€

Aldama #430
✆ +52 614 410 0043
www.casona.com.mx
Ouvert du lundi au mercredi de 8h à 0h ; du jeudi au samedi de 9h à 0h ; le dimanche de 13h à 18h. Plats de 250 à 500 $.

Installé dans la cour intérieure d'un beau bâtiment du XIXe siècle, ce restaurant ne cesse de faire sensation, en partie grâce à sa salle exceptionnelle, avec ses arcades, ses objets d'art et sa coupole. Mais dans l'assiette, le résultat n'est pas mal non plus : c'est la cuisine la plus sophistiquée de la région, avec des plats d'inspiration locale et internationale. Après une très belle soupe à l'oignon, les juteux morceaux de viande régionale vous laisseront pantois... Ne manquez surtout pas les *escamoles* (larves de fourmis), connus comme le caviar mexicain.

LA ANTIGUA PAZ

Calle 12-A, Centro
✆ +52 614 410 1466
Ouvert du mardi au dimanche de 12h à 1h.

Ouverte dans les années 1930, c'est la *cantina* la plus ancienne de la ville. Contrairement à l'usage qui prévaut encore dans certains endroits reculés du Mexique, les femmes y sont admises, car l'endroit est relativement tranquille. On n'y vient pas nécessairement pour se saouler, mais plutôt pour jouer aux dés ou aux dominos entre amis, avec une tequila de temps en temps. La Antigua Paz accueille une clientèle assez diverse composée autant d'étudiants que de cowboys. Sur les murs sont exhibés des vestiges de la révolution. Authentique.

TALABARTERIA CASA GARDEA

Av. Melchor Ocampo #211
✆ +52 614 410 3666
Ouvert du lundi au samedi de 10h à 19h. Du lundi au samedi de 10h à 17h.

Cet atelier-boutique qui fonctionne depuis 1907 vaut réellement le détour ; on fabrique ici de manière artisanale et sur mesure tout ce dont les cow-boys du coin ont besoin : bottes de travail en cuir, selles, rênes, licols, etc. Les machines d'antan sont encore utilisées, et on peut observer sans souci les maîtres artisans au travail. Leurs articles, s'ils sont disponibles sur place, sont pour la majorité vendus de l'autre côté de la frontière, aux États-Unis. On trouve également de très jolis étuis pour téléphone portable en cuir... À vos bourses.

CASAS GRANDES ★★

Ce petit village de 5 000 habitants abrite l'une des plus grandes zones archéologiques du nord du pays, Paquimé. C'était à l'époque préhispanique la ville la plus importante du nord du Mexique et l'une des plus grandes villes de la Grande Chichimèque. Edifiée en 1 200, la ville atteignit son apogée entre 1 300 et 1 450. Les Paquimés ont laissé d'impressionnantes constructions qui témoignent d'un extraordinaire système de distribution et de conduction d'eau à l'intérieur de ses murs. L'architecture des zones de résidence et des centres cérémoniels témoigne d'une société bien organisée, où les artisans sont parvenus à un haut degré de spécialisation.

ZONA ARQUEOLÓGICA DE PAQUIMÉ ★★

A 5 km de Casas Grandes.
✆ +52 636 692 4140
Ouvert du mercredi au dimanche de 10h à 16h. Entrée : 80 $.

Inscrite en 1998 au patrimoine de l'humanité par l'Unesco, Paquimé (que l'on appelle parfois Casas Grandes par défaut, comme le village qui l'abrite) n'a pourtant pas encore dévoilé tous ses secrets : il reste certaines zones encore non explorées sur les 50 hectares du site ; et ce site n'est que le centre culturel de la vaste culture de Casas Grandes, qui s'étendait dans tout le nord-ouest de Chihuahua. Ce centre cérémoniel commence son activité principale à partir de l'an 900 de notre ère : l'endroit est alors occupé par de petits bourgs aux maisons faites de matériaux périssables. Il allait pourtant vite devenir un point de jonction entre les routes commerciales de Mésoamérique et celles d'Amérique du Nord. Vers 1200, les maisons sont désormais construites en dur (terre), disposent de poutres en bois pour soutenir les toits et atteignent jusqu'à quatre étages. Le système hydraulique de la ville est complexe, puisqu'il inclut aussi les montagnes alentour : canaux d'irrigation pour les cultures et système de drainage et d'évacuation des eaux usées étaient reliés à travers les murs et les ruelles de la ville. On retrouve dans les bâtiments cérémoniels des éléments culturels propres à la Mésoamérique (jeu de balle) et aux cultures des déserts du Nord. On estime que le site a été abandonné autour de 1450, bien qu'on ignore aujourd'hui encore les raisons. Pour ne rien gâcher, le site archéologique jouit de magnifiques paysages aux alentours.

CUAUHTÉMOC ★

A 107 kilomètres à l'ouest de Chihuahua, c'est une ville agricole et commerçante de 160 000 habitants située à 2 100 m d'altitude ; la région de Cuauhtémoc est connue pour sa production de pommes et de fromages, distribués dans tout le Mexique et au-delà des frontières. C'est surtout là qu'habite l'une des plus grandes communautés mennonites du monde, un groupe ethnico-religieux d'origine allemande et néerlandaise qui vit en communauté fermée depuis le XVIe siècle : ils parlent leur propre langue (un dérivé de flamand et d'allemand ancien), pratiquent une religiosité austère et insistent pour vivre à l'écart des systèmes éducatifs des pays où ils émigrent ou sont invités. Ils sont à l'heure actuelle plusieurs dizaines de milliers dans une autre dimension, avec leur propre langue et des habits traditionnels, répartis en 60 fermes au nord de la ville. Aujourd'hui, s'il s'organise encore en vase clos, avec ses propres commerces et banques, ce groupe ethnique aux contours marqués ne vit pourtant plus du tout de manière traditionnelle et la plupart – à divers degrés – se sont convertis en redoutables acteurs du business agroalimentaire, intégrant peu à peu le modernisme depuis la seconde moitié du XXe siècle, tout d'abord en ce qui concerne les outils de travail puis ensuite dans leur vie quotidienne : machines agricoles, voitures, électricité, téléphone portable et études à l'université sont à l'ordre du jour pour la quasi-totalité d'entre eux. On distingue ainsi toute une gamme de pratiques, allant des traditionnels aux libéraux. Seule une communauté véritablement traditionnelle subsiste, à trois heures de route de la ville.

Histoire

Installés en Prusse (au bord de la Vistule) puis en Ukraine, les mennonites sont connus pour être d'infatigables agriculteurs, transformant partout des terres réputées incultivables en édens de prospérité. A la fin du XIXe siècle, 18 000 d'entre eux quittent l'Europe pour émigrer au Canada et aux Etats-Unis, alors que le service militaire devient obligatoire en Russie. Mais là encore, face à la volonté du gouvernement canadien d'éliminer l'usage de leur dialecte à l'école, une délégation de mennonites décide alors de chercher des terres dans diverses régions du Mexique en 1921. Les grands propriétaires mexicains souhaitent vendre leurs terres plutôt que d'avoir à les céder aux paysans à la suite de la réforme agraire post-révolutionnaire… Après un accord passé avec le président Alvaro Obregon (maintien de leurs écoles traditionnelles, liberté religieuse, exemption du service militaire), les mennonites décident donc de s'implanter à Chihuahua, sur ce plateau désertique où tout reste à faire. Au total 36 trains passent la frontière, avec à leur bord 9 263 personnes. Les familles emportent voitures, chevaux de trait, vaches laitières, poulets, cochons, graines à semer, ainsi que le bois et les matériaux nécessaires à la construction de leurs futures maisons. Deux colonies se sont organisées à l'époque : Manitoba formée de 42 camps numérotés de 1 à 42 et Swift Current avec 17 camps numérotés de 101 à 117.

MUSEO Y CENTRO CULTURAL MENONITA ★

Carretera estatal Cuauhtémoc-Álvaro Obregón km 10
www.museomenonita.com
Ouvert du lundi au samedi de 9h à 18h.
Entrée : 35 $.

Le musée est la reconstitution d'une maison mennonite traditionnelle. La visite guidée a lieu à heure fixe, et débute par la projection d'images d'archives reconstituant le parcours de cette communauté depuis ses origines jusqu'à son arrivée au Mexique. Puis on file de pièce en pièce pour découvrir la vie quotidienne de ces familles, incluant explications sur les coutumes, meubles et ustensiles quotidiens. Boutique avec artisanat et produits mennonites.

RESTAURANT Y CAFETERIA EL DEN €

En ville, en haut de la place centrale.
✆ +52 625 582 3843
Ouvert tous les jours de 7h30 à 21h.
Plats autour de 150 $.

Voilà une cafeteria dont le décor évoque les grands espaces nord-américains : on s'y attable sur de bons fauteuils tournicotants et la palette de couleurs tire allègrement vers les années 1970. Pas de surprise niveau menu, tous les classiques à découvrir sont là : tacos, morceaux de viande déclinés à l'américaine, plats mexicains plus traditionnels et l'inébranlable *machaca con huevo*. Ce n'est pas la cuisine la plus raffinée qui soit, mais ça fait l'affaire.

CREEL ★★★

Le petit village de Creel voit le jour durant la première phase de construction du chemin de fer en 1907. Situé à 2 300 m d'altitude, c'est une première étape qui est une base arrière idéale pour passer quelques jours à la découverte de la superbe *barranca del cobre* et de ses merveilles naturelles. Sa position stratégique le place au centre d'un éventail d'attractions. Pour ceux désireux d'en savoir plus sur les peuples indigènes du nord du Mexique, ce sera peut-être l'occasion d'échanger avec les Raramuris, dont les plus proches sont installées à moins d'une dizaine de kilomètres de Creel, dans la vallée de San Ignacio Arareko.

Tourisme

Les excursions classiques d'une journée au départ de Creel débutent par la visite de la grotte habitée de San Sebastián (on estime que 7 % des Raramuris vivent dans des petites maisons installées sous des abris naturels), puis on accède aux premières formations rocheuses et à la mission de San Ignacio Arareko. On passe ensuite découvrir la Valle de los Monjes puis enfin le lac Arareko ; là, on conseille fortement d'en profiter pour aller voir un peu plus loin la communauté et la cascade de Cusárare. Ces sites sont accessibles en voiture, vélo, cheval ou quad, à vous de choisir. Pour le reste, on peut tout aussi bien se rendre à la cascade de Rukiraso et pousser un peu plus loin vers les eaux thermales de Recowata. Les possibilités de balades et de points de vue sont infinies... La visite de Basaseachi prend une journée complète au départ de Creel. La ville est aussi considérée comme la porte d'entrée des Barrancas del Cobre. C'est depuis ici que les possibilités d'excursions plus diverses les unes que les autres s'organisent vers toute la région : en plus des excursions d'une journée, on peut choisir un tour de plusieurs jours en voiture, à cheval ou même une expédition au long cours à pied, les formules incluant alors le transport, l'hébergement (hôtel ou camping) et les repas. Une excursion de plusieurs jours à dos de mulet permet de voir une succession de canyons qui communiquent entre eux et permet d'évoluer au contact des communautés raramuris. Vous pouvez faire confiance aux agences listées ci-dessous pour engranger de magnifiques souvenirs.

Les hôtels et agences organisent de nombreuses balades dans les environs, d'une demi-journée ou d'une journée au départ de Creel : San Ignacio Arareko, les bains thermaux de Rekowata, la cascade Cusárare (30 m), la cascade de Basaseachi (246 m), très belle, surtout à la saison des pluies, etc.

NORD DU MEXIQUE

L'incontournable village de Batopilas à 118 km au sud de Creel, par une piste de montagne, soit 4 heures de voiture ou un peu plus en bus. En quelques kilomètres, on passe de 2 300 m à 500 m d'altitude. Batopilas, village encore très traditionnel, est situé au bord de la rivière aux eaux tempérées du même nom, où croissent manguiers et avocatiers.

Transports

Les trains circulent alternativement tous les jours sauf le mercredi. Le Chepe Express de Creel part le mardi, le vendredi et le dimanche à 8h. Le Chepe Regional arrive de Chihuahua en matinée le lundi, le jeudi et le samedi. Bien se renseigner, les horaires peuvent être changeants pour ce dernier. Il est tout à fait normal d'avoir à attendre une heure que le train arrive...

Le terminal des bus se trouve juste en face de la gare ferroviaire, derrière le musée de Creel. Il suffit de traverser les rails. Huit bus quotidiens se rendent à Chihuahua (4h30 de trajet). Six bus par jour se rendent à Divisadero pour ceux qui souhaitent économiser quelques sous (1h30).

Les bus pour Batopilas partent depuis la rue Adolfo López Mateos au niveau de l'hôtel Towi ; le lundi, le mercredi et le vendredi à 9h30 ; le mardi, le jeudi et le samedi à 7h30. Départ de Batopilas pour Creel à 5h.

Les agences d'excursions proposent toutes un service de transfert depuis Chihuahua ou Divisadero/Barrancas. Ces trajets sont aussi l'occasion de faire des arrêts pour découvrir des points d'intérêt en route.

AGUAS TERMALES DE RECOWATA ★

À une quinzaine de kilomètres de Creel.
En voiture, laissez votre véhicule en haut, ne tentez même pas de descendre, c'est très très dangereux. Des agences peuvent aussi vous y emmener pour la journée ou bien demandez à un taxi de San Ignacio et fixez un horaire pour le retour.
Tous les jours. Entrée : 30 $.

Ces piscines désormais artificielles sont alimentées par des eaux à la température constante de 35 °C. La descente à pied dans le fond de la *Barranca de Tararecua* est aussi fatigante que la montée (compter une heure pour la descente) mais la balade vaut vraiment le détour... Pensez à prendre boissons et pique-nique car on ne trouve rien sur place, sauf en période de vacances. A faire en semaine de préférence, il y a moins de monde. Très rafraîchissant.

CASCADA DE RUKIRASO ★

À une dizaine de kilomètres de Creel.
On peut y aller en quad, en vélo, à cheval ou en buggie. S'attacher les services d'un guide.

Peu visitée, cette cascade d'une trentaine de mètres permet d'effectuer une jolie balade au départ de Creel, avant de pousser un peu plus loin pour se baigner dans les eaux thermales de Recowata. On peut s'y rendre en quad, à vélo, à cheval ou encore en buggy. En chemin, les paysages offrent de très beaux points de vue et, si vous disposez d'un guide compétent, vous pourrez visiter quelques grottes et découvrir des peintures rupestres. La cascade se trouve à une dizaine de kilomètres de Creel, au beau milieu d'une forêt de pins.

MISION SAN IGNACIO ★★

Adolfo López Mateos
✆ +52 635 456 0126
Droit d'entrée : 40 $ pour la journée.
Location de barques sur le lac d'Arareko.

Il s'agit de la communauté raramuri la plus proche de Creel. Les Raramuris, traditionnellement, ne vivent pas regroupés en village. Ils considèrent que la promiscuité est source de conflits et donc de « maladies de l'âme » : ils ne se réunissent qu'une fois par semaine, le dimanche. Cette mission regroupe néanmoins quelques fermes espacées dans cette grande vallée, où trône une petite église en pierre à visiter lors de votre passage : vous noterez que les bancs ne sont pas face à l'autel, mais sur les côtés car les raramuris aiment s'asseoir en tailleur.

LAGO ARAREKO ★

À 8 km de Creel.

C'est un très joli lac aux eaux cristallines, entouré de conifères et situé en bordure de la communauté raramuri de San Ignacio. Ceux qui souhaitent y camper ou louer des cabanes doivent réserver directement dans les bureaux de la coopérative Arareko à Creel. Possibilité d'organiser des randonnées pédestres ou équestres avec des guides locaux. En hiver, la température peut descendre largement en dessous de zéro. La plupart des excursions d'une journée au départ de Creel s'y arrêtent quelques minutes avant de poursuivre vers Cusarare.

VALLE DE LOS MONJES ★★★

À 10 km de Creel, par la route qui traverse San Ignacio Arareko. Excursions depuis Creel en voiture, à cheval, en quad ou à vélo.

Droit d'entrée : 15 $.

C'est le site le plus énigmatique et spectaculaire des environs de Creel, un océan de silence pétrifié. Sur cette élévation se dressent ces roches majestueuses façonnées par l'érosion depuis des millions d'années. Certaines d'entre elles semblent de véritables tours de vigie de plus de soixante mètres de hauteur, dont les formes aussi bien arrondies que saillantes donnent la sensation d'être face à une armée de divinités. Cela en fait un endroit parfait pour votre pique-nique. On peut facilement y passer deux heures à déambuler.

MUSEO CASA DE ARTESANIAS DE CREEL ★

Sur la place centrale, devant la voie de chemin de fer.

✆ +52 635 456 0080

Ouvert du lundi au samedi de 9h à 18h, le dimanche de 9h à 13h. Entrée : 15 $.

Ce musée retrace la vie quotidienne des Raramuri au travers d'expositions d'objets artisanaux, de photos de Gérard Tournebize, un Français qui vécut avec eux dans les hauteurs, et des textes d'Artaud sur le cycle annuel des cérémonies religieuses. Les panneaux explicatifs sont en espagnol et en anglais. Très riche et instructif. Après votre visite, vous aurez l'occasion d'acheter des objets artisanaux dans la petite boutique qui se trouve sur place.

PASEOS CABALLO VAQUERO ★★★

✆ +52 1 635 106 3649

Excursions courtes à 150 $ de l'heure ; expéditions entre 2 et 8 jours, 2 500 $ la journée.

José Luis est un véritable passionné de son activité, à tel point qu'il est devenu l'incontournable référence pour tout ce qui touche aux excursions à cheval au départ de Creel. Les balades les plus courtes (3 heures) vous emmèneront au petit trot vers la plaine de la Mission de San Ignacio pour découvrir les Valles de las Ranas et Hongos, en revenant par la cime des montagnes. Une autre balade consiste à aller dormir une nuit dans son ranch à une heure et demie de Creel, pour prendre le lendemain la direction de Creel en passant par les plus beaux spots du coin.

TARAHUMARAS TOURS ★★★

Sur la place centrale du village.

✆ +52 1 635 199 9803

Excursions : 1 800 $ par jour pour découvrir les principales attractions des environs.

Cette coopérative rassemblant une trentaine de guides, tous originaires de la région. Les excursions incluent des visites d'une journée : San Ignacio Arareco, Valle de Los Monjes, Cusarare, Basaseachi, Sisoguichi, Recowata, etc. Il est aussi facile d'organiser avec eux votre transfert en voiture depuis Chihuahua (contactez-les par WhatsApp) en passant par les camps mennonites, ou même votre transfert vers Divisadero en vous arrêtant en route découvrir quelques petites merveilles. À noter qu'ils disposent de gros buggies pour aller visiter les cascades de Rukiraso

CHEPE EXPRESS

✆ 01 800 1224 373

www.chepe.com.mx

Départ à 8h les mardi, jeudi et dimanche vers Los Mochis. Aller simple jusqu'à Divisadero : 750-1 300 $ selon la classe.

Voici le dernier-né des trains Chepe, destiné au tourisme, qui ne dessert que cinq stations parmi les plus visitées : Creel - Divisadero - Bahuichivo - El Fuerte - Los Mochis. Les vitres sont ici panoramiques, pour profiter un maximum des paysages, et celles de la « terrasse » vont du sol au plafond. Pour les passagers, on distingue les classe « Ejecutivo » et « Turista ». C'est le moyen de transport idéal pour visiter les principales attractions des *barrancas*, à combiner avec le Chepe Regional selon les destinations secondaires auxquelles vous souhaitez accéder.

LA TROJE DE ADOBE €

Francisco Villa #13

✆ +52 635 102 1011

www.lodgeatcreel.com

7 chambres, entre 800 (2 personnes) et 1 000 $ (4 personnes).

Cette belle maison de montagne accueille sept chambres réparties dans les étages, cosy et chaleureux puisque le bois y est partout présent ; la literie et les couvertures sont un délice de confort. Les chambres sont spacieuses et certaines peuvent accueillir jusqu'à 4 personnes. C'est un hôtel intimiste et accueillant, dont les propriétaires se feront un plaisir de vous renseigner (ou vous guider) sur tout ce qu'il y a à faire dans le coin. Cafétéria au rez-de-chaussée avec le meilleur café du coin et un très bon petit déjeuner (en supplément).

HOTEL LA ESTACIÓN €€

Entre la station de train et la place centrale.
✆ + 52 635 456 0472
9 chambres, à partir de 1 500 $.
Petit déjeuner compris.

Cette magnifique maison colorée au porche et balcon en bois est on ne peut plus centrale (vous ne risquez pas de rater votre train !). L'intérieur évoque les chalets rustiques tout en ayant une déco épurée et lumineuse : un excellent compromis entre confort et tradition. Le petit-déjeuner, que l'on prend dans la belle salle de réception autour de grandes tables en bois, vous laissera un excellent souvenir, de même que le chocolat chaud sur le porche en fin de journée. Accueil chaleureux et super attentif pour ce qui est l'établissement le plus *cosy* en ville.

VILLA MEXICANA €€

Calle Adolfo Lopez Mateos s/n
✆ +52 635 456 0665
www.vmcoppercanyon.com
Cabanes à partir de 2 500 $.
Prix variables selon la saison.

Plus qu'un hôtel, la Villa Mexicana se veut être un véritable petit village de vacances. Un peu excentré du centre-ville, il offre des bungalows très bien aménagés et très confortables entièrement construits en bois : cafetière, salle de bains très propre, télévision avec écran plat, wi-fi pour les chambres les plus proches de la réception. Et pour ceux qui veulent rester sur place, un restaurant assure les trois repas à des prix intéressants. Tous les jours, le minibus de l'hôtel passe chercher les nouveaux arrivants au terminal de train du Chepe.

EL TUNGAR €

Tout près de la gare,
le long de la voie de chemin de fer.
✆ +52 635 456 0130
Ouvert du lundi au samedi de 8h à 17h ;
le dimanche de 8h à 13h. Entre 50 et 100 $ le repas.

Sur l'une des façades en bois de ce petit restaurant rustique, un dessin complété d'un slogan semble vouloir tout dire : « *hospital para crudos* », autrement dit « hôpital pour ceux qui ont trop bu » ; autant dire qu'on y sert ici un excellent *pozole* au maïs et au porc. Assis au comptoir de cette institution locale, il est très facile de se mêler aux locaux. La maison sert essentiellement des plats de viande comme des burritos de porc ou de bœuf, *montados* de *barbacoa* (mouton cuit à l'étouffé), de langue de bœuf, *picadillo*, etc.

LUPITA €

Adolfo López Mateos #44
✆ +52 635 456 1001
Ouvert tous les jours de 7h à 21h.
Repas entre 100 et 150 $.

Plus traditionnel et local, il n'y a pas dans la région ! Ici, la salle n'est pas folklorisée, et on vous reçoit comme à la maison du matin au soir. En soirée, alors que les températures baissent farouchement, rien de tel qu'un bon gros bol de soupe ou de potage de viande pour démarrer le festin. Puis pourquoi pas se lancer sur quelque chose de typique : *quesadilla, entomatadas, enchiladas, chilaquiles* avec un petit *guacamole* pour rafraîchir le palais. Le *burrito de deshebrada* est aussi à tomber par terre. Excellente adresse.

BASASEACHI ★★★

C'est dans les environs de cette petite communauté, aux confins et à la frontière de l'espace tarahumara, que se trouvent les cascades les plus hautes du pays. Parmi elles, la cascade de Basaseachi (256 mètres) est la plus connue ; on peut y descendre par des sentiers abrupts et observer se former un canyon non relié aux Barrancas del Cobre, la Barranca de Cadameña, alimentée par le río Mayo. On a longtemps pensé que cette chute d'eau était la plus élevée du pays, jusqu'à ce que soit reconnue en 1995, à 8 kilomètres de là sur le cerro de la Corona, une autre cascade qui présente un dénivelé de 453 mètres, mais que l'on observe uniquement à certaines époques de l'année (connue sous le nom de Piedra Bolada). L'ensemble de la zone est désormais un parc national où l'on pratique l'escalade, le rappel et la randonnée. On peut y camper et on y trouve aussi quelques cabanes à louer pour passer la nuit.

Transports

En voiture depuis Chihuahua, vous pouvez y arriver par une route relativement directe (compter tout de même 4 heures). Il est sûrement préférable de choisir de passer la nuit sur place avant de prendre la route vers Creel le lendemain : on se dirige alors vers San Juanico par une route secondaire avant de rejoindre Creel.

Depuis Creel, toutes les agences organisent des excursions d'une journée vers le site. Certaines d'entre elles qui se proposent de vous transporter depuis Chihuahua jusqu'à Creel peuvent également faire un long détour en route pour vous permettre de visiter la cascade.

CUSARARE ★★

A 25 km de Creel, sur la route de Batopilas, se trouvent la communauté raramuri et la très belle cascade du même nom. L'accès au village proprement dit se fait par un chemin de terre sur votre gauche en venant de Creel. Il est, à l'image du mode de vie des raramuris qui ne s'y réunissent en nombre que le dimanche, plus un ensemble de maisons éparses dont le centre est constitué par une église qui est ici une mission jésuite datant de 1744 et récemment remodelée : on appréciera le plancher ancien qui couvre le sol et les motifs indigènes qui ornent les murs. A côté se trouve un petit musée communautaire qui vaut le détour lorsqu'il est ouvert.

CUSARARE RIVER SIERRA LODGE €€

Sur la route de Cusarare au km 20.
✆ +52 614 417 3804
www.coppercanyonlodges.com
18 chambres, pour deux personnes à 90 US$, 4 personnes à 140 US$, petit déjeuner et dîner inclus.

C'est un très beau chalet qui peut accueillir tous ceux qui souhaitent se loger confortablement au milieu de la nature. Ici, point d'électricité, mais des lampes à huile pour s'éclairer et des cheminées dans les chambres pour se réchauffer. Les balcons des chambres offrent une jolie vue sur la rivière et il est aisé de se rendre à pied aux cascades situées à quelques kilomètres de là. Pour ceux qui arrivent en train, l'hôtel organise gratuitement votre transfert depuis Creel.

CASCADA DE CUSÁRARE ★★

Juste après la déviation pour le village de Cusarare, prendre à droite sur la route principale, traverser la rivière et la longer sur quelques kilomètres. Attention aux crues durant la saison des pluies !
Tous les jours. Entrée : 30 $.

Voilà une balade que vous ne devez pas manquer depuis Creel ou sur votre route pour Batopilas. Une fois garés, vous marcherez environ 500 mètres sous la pinède avant d'arriver à un petit mirador d'où l'on observe les chutes d'eau plonger une trentaine de mètres plus bas sur des routes de couleur rougeâtre. Puis on descend patiemment les 240 marches pour le point de vue inverse. La cascade est alimentée en eau tout au long de l'année, mais c'est surtout en saison sèche que la couleur turquoise de l'eau pourra être appréciée…

MUSEO LOYOLA ★

✆ +52 635 456 0150
Ouvert tous les jours de 7h à 17h.
Entrée : 25 $.

Ce petit musée de quatre salles présente quelques joyaux de l'histoire de l'art local et de l'art sacré : des peintures datant des XVIe, XVIIe et XVIIIe siècles qui, après avoir été dispersées dans différentes missions de la région, ont été rendues aux Tarahumara et rassemblées dans ce musée communautaire. Certaines des peintures sont anonymes, d'autres d'auteurs plus connus. En principe, le musée est ouvert tous les jours, mais il est souvent fermé hors-saison si personne de la communauté n'est disponible pour faire les visites guidées.

BATOPILAS ★★★

A 130 kilomètres de Creel, ce petit village est encastré dans une vallée chaude et humide où abondent fleurs, agrumes, goyaves et avocats. Traversé par une rivière aux eaux tièdes toute l'année, Batopilas est un véritable joyau, une oasis tropicale en contrebas des hautes terres qui le surplombent.

Histoire

Le village voit le jour suite à la découverte de gisements de métaux précieux en 1708. Constamment exploités, les gisements d'argent donnèrent leur pleine mesure sous le régime de Porfirio Díaz, qui en relança l'exploitation en donnant une concession à un ancien gouverneur du District de Columbia aux Etats-Unis. Celui-ci vint s'installer sur place en attirant dans son sillage toute une population qui allait vivre dans un confort tout à fait unique pour la zone ; après la ville de Mexico, on raconte que c'est le second endroit du pays à obtenir l'électricité. Les frasques de la Révolution mexicaine allaient mettre fin aux rêves de grandeur du village, qui allait être redécouvert dans les années 1970.

Pratique

La zone est réputée pour être sous le contrôle exclusif de trafiquants et les autorités mexicaines ne s'y aventurent pas. Pour autant, la visite du village est réputée sûre pour les visiteurs, bien que l'on puisse être surpris d'y découvrir des jeunes déposer armes et bagages pour faire une petite plongée dans la rivière à vos côtés. Être accompagné d'un guide depuis Creel peut être une bonne idée…

CASA REAL DE MINAS €€

Donato Guerra #1
✆ +52 1 614 427 3097
Chambres aux alentours de 1 500 $.

Cet hôtel est installé dans une belle et tranquille maison construite autour d'un paisible jardin intérieur. Quelques chaises à bascule invitent le voyageur à se détendre en profitant du clapotis reposant de la fontaine et de la vue des belles plantes. On se sent ici comme chez soi, bien aidé par un accueil sympa et attentif... Les chambres sont simplement et joliment décorées de touches colorées et la lumière du jour y entre aisément. On y dort très bien grâce à une literie confortable. L'établissement est impeccablement tenu, rien à redire.

COPPER CANYON RIVERSIDE LODGE €€€

✆ +52 614 427 3097
www.coppercanyonlodges.com
14 chambres, aux alentours de 200 US$, petit déjeuner inclus.

Propriété de la famille Bigler dans les années 1800, cet imposant ensemble, qui couvre la totalité d'un pâté de maisons et dispose de jardins privés, s'est transformé en cet incroyable hôtel-boutique pendant les années 1990. Portes et fenêtres de style mauresque, peintures murales, mobilier antique et baignoires sur pieds vous feront plonger dans un autre monde. Une atmosphère unique et une attention inégalable de la part de votre hôte. Un véritable conte de fées.

CAROLINA'S €

Ouvert du lundi au samedi de 8h à 22h ; le dimanche de 8h à 15h. Plats autour de 100 $.

C'est dans la maison de Carolina, où s'affairent souvent plusieurs générations en cuisine, que vous trouverez quelques-uns des meilleurs plats familiaux des environs. Outre les petits déjeuners copieux, ne lésinez pas sur les *tacos* ou la truite pêchée en eau vive. Côté décoration, on peut difficilement faire plus typique : sur les murs colorés, les sombreros côtoient les fusils de chasse et quelques babioles artisanales. La terrasse, juste à l'entrée du restaurant, est très agréable. Ambiance familiale et authentique garantie.

DIVISADERO ★★★

A 2 400 mètres, c'est de ce point, situé approximativement à mi-chemin entre la ville de Chihuahua et la ville de Los Mochis, que l'on a l'une des plus belles vues sur la jonction entre trois canyons (Mirador de Piedra Volada). Le train Express effectue l'arrêt ici, où votre hôtel viendra vous chercher. Ceux qui voyagent avec le train régional et souhaitent rejoindre leur hôtel à Areponapuchi préféreront descendre à la station de Barrancas, à une dizaine de minutes de là. Là, vous pourrez vous arrêter dormir et revenir le lendemain pour faire des balades un peu plus longues. Pour couronner le tout, on trouve de très bons hôtels ici, dans le petit village de Areponuchi ou sur ses hauteurs.

Se restaurer

Que votre hôtel propose, ou non, la pension complète, il est relativement aisé de se rendre à pied dans le centre du village pour trouver un petit truc à manger et des supermarchés pour vos casse-croûtes.

Tourisme

Regardez, respirez intensément et profitez à chaque instant du vertige des sens face à l'immensité du paysage... A pied, la balade la plus pratique consiste à emprunter depuis l'hôtel Mirador le sentier qui descend sur la gauche en direction de la falaise ; vous passez un petit groupe de maisons raramuris accrochées à la roche et poursuivez durant trois quarts d'heure jusqu'au Parque de Aventuras, où l'on trouve des guides à pied ou à vélo pour quelques balades inoubliables.

PARQUE DE AVENTURAS BARRANCAS DEL COBRE ★★★

À pied ou en minivan : chaque hôtel organise l'aller-retour pour un prix compris entre 300 et 500 $ par personne.
Ouvert tous les jours de 9h à 17h. Téléphérique : 250 $ AR. Ziprider 1 000 $. Via Ferratta 600 $.

C'est l'attraction du coin. Le téléphérique qui culmine à 450 mètres du sol vous emmène vers une élévation située au carrefour de trois *barrancas*. De là, il est possible de s'attacher les services de guides d'*Experiencias Raramuri*. Si vous êtes aventurier, rien ne vous empêche pourtant de vous rendre au même endroit sans emprunter le téléphérique. Il existe aussi une tyrolienne (Ziprider) qui descend en parallèle de la ligne du téléphérique et en ligne droite durant 2 650 mètres...

© SYLVIE LIGON

Train à Divisadero.

EXPERIENCIAS RARAMURIS

Dans le Parque Aventuras Barrancas del Cobre.
✆ +52 1 635 110 9872
www.experienciasraramuri.com
Tarifs selon les excursions.
Se référer au site Internet.

C'est une organisation locale qui rassemble les habitants des petites communautés de Bacajipare et Huetosachi. Lorsque vous descendez du téléphérique dans le Parque de Aventures Barrancas del Cobre, vous posez le pied sur le territoire de Bacajipare. Là, vous devez obligatoirement vous attacher les services d'un guide local pour aller découvrir les miradors, peintures rupestres, cimetière et autres réjouissances. Sans aucun doute la meilleure option pour connaître les habitants et en profiter pour découvrir des lieux que vous ne verrez pas avec d'autres guides.

HOTEL MIRADOR €€€

✆ +52 635 5783020
www.hotelmirador.mx
Chambres entre 4 500 et 6 500 $.
Petit déjeuner inclus.

Cet hôtel désormais légendaire est littéralement construit à flanc de falaise… et la salle de restaurant aux grandes baies vitrées et à la terrasse avec vue plongeante est absolument immanquable (que vous choisissiez de vous héberger ici ou non). L'avantage de dormir ici est la vue sur le vide, omniprésente et aussi loin que porte l'horizon. Les chambres sont de deux types ; les plus simples ne disposent pas de balcon privé alors que celles dites « miradors » proposent chacune une petite terrasse privée avec chaises où se prélasser.

LOS MAGUEYES €

Le long de la route principale,
non loin de l'église.
✆ + 52 635 117 9123
Ouvert tous les jours de 8h à 21h.
Plats à 100 $.

Voici un endroit très charmant, de pierres et de bois, où l'on s'installe aussi bien dehors qu'en intérieur, en fonction du passage des saisons. Ici, la Señora Vanesa concocte une vraie cuisine locale, dont un petit déjeuner mémorable : à choisir entre haricots au fromage, plats aux œufs ou *chilaquiles,* café et jus inclus. Autant dire qu'après un tel repas, on est d'attaque pour une bonne journée de marche ! En journée ou en soirée, on dégustera enchiladas, poisson, poivrons farcis et autres escalopes de poulet qui figurent au menu.

BARRANCAS ★★★

C'est une étape obligée le long du parcours, où il est aisé de passer la nuit ; certains hôtels sont construits à flanc de canyon. On y trouve surtout des guides pour partir à la découverte des communautés locales et des aventures pour faire le plein d'adrénaline à proximité. Car les attractions ne manquent pas dans les environs : on peut partir explorer les villages et communautés raramuris (dont Bacajipare et Huetosachi), entreprendre de descendre au fond du canyon à pied ou à cheval, faire un parcours de VTT et même découvrir le fameux Parque de Aventuras où vous pourrez tester votre résistance au vertige. Sensations fortes garanties !

CEROCAHUI ★★★

Fondé en 1788 par le célèbre jésuite Juan María Salvatierra, colonisateur de la Basse-Californie, on y visite entre autres l'église de San Francisco Javier, héritière plusieurs fois reconstruite des premières et sommaires missions jésuites. Accessibles à pied ou à cheval, ses alentours sont parsemés de mines abandonnées et de cascades de saison ; les paysages depuis les miradors sur le canyon sont superbes. Le village peut aussi constituer une excellente base pour visiter le village d'Urique, situé à 40 kilomètres. Pour ceux qui continuent jusqu'à El Fuerte ou Los Mochis en train, c'est à partir d'ici que le plus spectaculaire du trajet vous attend.

URIQUE ★★★

C'est ici, en plein cœur du canyon d'Urique, que la verticalité des parois devient vertigineuse : jusqu'à 1 879 mètres ! Autant vous dire que le trajet est à couper le souffle et qu'il vaut à lui seul le détour. On découvre encore ici des maisons majestueuses de style porfirien, situées de part et d'autre de l'unique rue du village. Bien que de taille plus que modeste, on y trouve quelques petits hôtels où passer la nuit ; la région étant des plus isolées, il peut être opportun d'y aller avec des guides locaux au départ de Divisadero ou Cerocahui. Pensez à réserver votre chambre durant la période de l'Ultramaratón (première semaine de mars).

MIRADOR CERRO DEL GALLEGO ★★★

À 1h30 de Cerocahui ou 3h depuis Divisadero.

Il s'agit ni plus ni moins du plus haut point de vue qu'offre cette magnifique région : depuis ce mirador, on observe le petit village d'Urique, 1 879 mètres plus bas, soit une hauteur presque deux fois supérieure au canyon le plus visité de Divisadero/Barrancas. L'excursion vaut réellement la chandelle puisqu'elle peut aussi inclure la visite guidée du village en lui-même, la petite communauté de Paraiso del Oso et la Cueva del Agua. À ne pas manquer.

HOTEL PARAISO ESCONDIDO €

✆ +52 1 635 592 7404

13 chambres, à partir de 400 $.

Voici un agréable petit hôtel, à l'emplacement on ne peut plus central puisqu'il est situé à 50 mètres de la rivière et à côté de tous les restaurants et services qu'offre le village. Les chambres disposent de l'air conditionné et de chauffage, pour faire face aux petits inconvénients climatiques qu'offrent les saisons. Chaque chambre possède une salle de bains privée, et l'établissement est en outre doté d'un service de laverie, de l'eau chaude 24h/24 et de toute la chaleur de l'accueil local. Une adresse efficace à des prix attractifs.

CABAÑA SAN ISIDRO LODGE €€

Carretera Cerocahui-Urique

✆ +52 635 456 5257

www.coppercanyonamigos.com

15 petites cabanes de style rustique, à partir de 1 500 $ pour 2 personnes et 1 100 $ pour une personne.

Vous souhaitez vous isoler quelque peu de la civilisation ? C'est donc ici que ça se passe (ou pas). En plus du logement au grand air mais en plein confort, vous trouverez des excursions pour vous occuper toute la journée : vers les miradors, vers le village d'Urique et les petites fermes familiales éparpillées dans les montagnes. Pour les furieux, on peut vous mettre en relation avec des coureurs de fond tarahumaras qui vous feront grimper et dévaler des sentiers à toute berzingue. Pour les autres, randonnées équestres et observation d'oiseaux.

RESTAURANT PLAZA €

Sur la place principale.

✆ +52 635 456 6003

Ouvert tous les jours de 7h à 21h.
Repas complet autour de 100 $.

C'est le grand classique du village, bichonné par ses propriétaires depuis plus de trente ans. L'étage propose une jolie terrasse couverte et l'on pourra goûter ici à une petite curiosité originaire du Sinaloa, dont Urique est finalement relativement proche : *el aguachile de camarón*. Il s'agit d'un plat de crevettes marinées et cuites dans du jus de citron, traditionnellement assorti de piments. Dans la sierra, on le prépare avec de l'origan et de l'*ari*, une sorte de gomme produite par les fourmis et ramassée patiemment en petites quantités.

LOS MOCHIS

La ville ne servira que de point de passage obligé sur la route des Barrancas del Cobre ou comme point de connexion avec la Basse-Californie. Construite sur un modèle urbanistique proche de celui des villes des Etats-Unis, elle est cependant loin d'être désagréable : larges rues arborées, édifices de plain-pied, infrastructures modernes et propreté surprenante.

Histoire

Los Mochis a été fondé par l'Américain Albert Kimsey Owen à la fin du XIXe siècle. C'est à cet ingénieur ferroviaire que l'on doit la conception du chemin de fer « Chihuahua-Pacifico », alors qu'il voulait établir une connexion avec les marchés bovins de Kansas City. En découvrant la baie d'Ohuira, le visionnaire imagine alors l'implantation d'une ville du futur, connectée au reste du monde à la fois par mer, par terre et par les airs. Sa ville rêvée n'est autre que l'actuel Topolobambo, port de départ des ferries à destination de La Paz, à 22 kilomètres de Los Mochis. Au début du XXe siècle, un autre Américain, Benjamin F. Johnston, est attiré par les rêves de grandeur qui se dessinent ; il sera à l'origine du boom de l'industrie sucrière de la région. En peu de temps, une raffinerie de canne à sucre amorce le développement agricole (canne, mais aussi légumes, maïs et haricots) qui est aujourd'hui le moteur de la prospérité et du développement démographique de la ville. Très sincèrement,

Se loger

L'hébergement est relativement cher à Los Mochis, alors qu'il ne s'agit pas vraiment d'une ville touristique. Le manque d'offre et l'adéquation à une clientèle d'affaires, sûrement, poussent les prix vers le haut. On peut aussi choisir de se loger en bord de mer, à proximité du port de Topolobampo, d'où il est également facile de rejoindre l'aéroport de Los Mochis.

Se restaurer

De nombreuses gargotes ont élu domicile le long du marché populaire. Dans le centre, certaines restent ouvertes jusqu'à 23h. Sur la Plaza del Encuentro, un groupe de restaurants ouverts tous les soirs attire la jeunesse de la ville. Les poissons et fruits de mer sont bien sûr la spécialité locale, tout comme à Topolobampo, où l'on se presse le long du Malecón.

Transports

A Los Mochis, il n'existe pas de gare routière majeure, même si trois compagnies (TAP, Elite et Futurama) se rejoignent à la station qui se trouve à l'intersection du boulevard Castro avec la rue Constitución (✆ +52 668 812 5749). Ce sont les compagnies les moins chères pour voyager, mais pas forcément les plus confortables.

- La station Estrella Blanca (✆ +52 668 812 1757) se trouve à l'intersection des rues Juárez et Degollado. Enfin, Tufesa, probablement la ligne la plus sûre et rapide du coin, tient sa centrale sur la rue Zapata, entre Juárez et Morelos (✆ +52 668 818 2222).
- Pour les distances : Guadalajara (995 km, 16 heures de trajet), Guaymas (349 km, 5 heures), Hermosillo (460 km, 7 heures), Mazatlán (427 km, 6 heures), Mexico (1 583 km, 24 heures).

MUSEO REGIONAL DEL VALLE DEL FUERTE ★

A l'angle des rues Antonio Rosales et Alvaro Obregón
✆ +52 668 812 4692
Mardi au samedi de 9h à 18h.
Dimanche de 10h à 13h. Entrée : 15 $.

Installé dans une belle masure sur deux étages elle-même nichée dans un jardin tropical, ce petit musée revient sur l'histoire de l'Etat de Sinaloa des temps préhispaniques jusqu'à aujourd'hui. Les six salles présentent les traditions et les cultures originelles – encore vivaces aujourd'hui – de la Valle del Fuerte. Une section est consacrée à Los Mochis et à son importance économique grâce à l'industrie sucrière. Le musée fonctionne également comme centre culturel.

PLAGES ★

Les plages de Sinaloa n'ont pas la réputation de celles des côtes de Jalisco, Michoacán, ou Nayarit, mais pourtant...il existe de très belles plages où se prélasser et déguster un poisson à seulement 20 minutes de Los Mochis. Mentionnons notamment Topolobampo, populaire auprès des surfeurs, et Playa Maviri, qui offre quelques restaurants. Vous remarquerez les étranges coutumes des autochtones, typiques du nord du pays, qui aiment stationner leurs camionnettes pick-up sur la plage, en écoutant la musique à tue-tête et savourant une bière...

BAJA FERRIES

Bahia de Topolobampo
✆ +52 668 817 3752
www.bajaferries.com
Compter entre 1 100 et 1 800 $ par adulte selon la classe choisie. Voiture de taille moyenne 2 800 $.

C'est la solution la plus pratique pour rejoindre la Basse-Californie (La Paz) si vous souhaitez également transporter votre véhicule (cela vous coûtera un supplément). La traversée se fait de nuit et on a le choix entre des sièges confortables, mais simples ou un voyage en cabine avec lit-couchette. Les jours de départ sont extrêmement volatiles selon les saisons, mais se font en général les lundis, mercredis et jeudis. Bien vérifier sur la page web au moment de réserver, voir même leur passer un petit coup de téléphone avant le départ.

EL CHEPE

✆ +52 800 1224 373
www.chepe.mx
Jours de circulation, tarifs et horaires actualisés sur la page web.

▶ **Chepe Express**. Le tout nouveau train Chepe Express, plus spacieux et luxueux, est entièrement dédié aux touristes. Il ne part que certains jours et ne dessert que les stations Bahuichivo, El Fuerte, Divisadero et Creel. Réservation préalable indispensable.

▶ **Chepe Regional.** Ne part également que certains jours, très tôt le matin. Celui-ci continue de desservir toutes les stations sur la ligne, idéal pour visiter les villages intermédiaires. C'est la solution la plus économique. La réservation n'est pas indispensable, on peut payer en montant dans le train.

MOCHIS INTERNATIONAL AIRPORT

Route nationale 15 Mexico-Nogales
✆ +52 668 818 6870

L'aéroport international de Los Mochis reçoit des vols quotidiens de l'intérieur du pays (Mexico, Oaxaca, Guadalajara, etc.), la Basse-Californie et les Etats-Unis. Pour se rendre à l'aéroport qui est situé à une quinzaine de kilomètres, prendre un taxi ou un bus sur l'avenue Obregón dans le centre. Il est également possible de rejoindre directement l'aéroport depuis El Fuerte, par un service public de bus, en taxi ou en navettes organisées par les hôtels.

CASA DE LA ADUANA HOTEL BOUTIQUE €€€

Calle Lazaro Cardenás
✆ +52 668 862 0100
www.casaaduana.com
Chambre double à partir de 4 000 $.

Voilà l'endroit idéal lors de votre retour des Barrancas del Cobre, lorsque vous souhaitez atterrir en douceur de ce merveilleux voyage. La Casa de la Auana est une belle et spacieuse villa qui fait face à la mer. Elle dispose d'une petite plage privée et d'une belle piscine extérieure, avec terrasse et jardin. Les chambres, soignées et coquettes, offrent calme et confort. Les suites avec vue sur mer sont tout simplement à couper le souffle. Très belle adresse.

LA CABAÑA DE DOÑA CHAYO €

Álvaro Obregón Poniente #99,
✆ +52 668 818 5498
Ouvert tous les jours de 7h à 0h.
Tacos et quesadillas de 25 à 35 $.

Voici un incontournable de Los Mochis auprès des locaux. La *Cabaña* est notamment reconnue pour ses *tacos* et *quesadillas* maison. Les autres spécialités sont tout aussi copieuses et authentiques, des *tortillas* à la délicieuse *carne asada* en passant par les *fajitas* au poulet, petite entorse à la cuisine traditionnelle autrement proposée. Le moins que l'on puisse dire, c'est que la cuisine est nourrissante – à base de viande locale – et typique. L'ambiance est conviviale ; quant au cadre, il se veut décontracté et sans chichis – pari réussi.

STANLEY'S BAR & GRILL €€

Sur la colline, face à la baie de Ohuira.
✆ +52 668 165 3728
Ouvert du mardi au dimanche de 13h à 21h.
Plats autour de 200 $.

Elégant restaurant sur les hauteurs, dont la terrasse offre une vue magnifique sur la baie. Dans l'assiette, on se délecte facilement des spécialités régionales et de saison : huîtres fraîches, palourdes, *callo de hacha* et autres plateaux de fruits de mer à partager, préparés au naturel ou en *aguachile*. Les plats de crevettes et autres poissons du cru sont préparés à la mode locale. Pas besoin d'être devin pour comprendre que chez Stanley, on trouve aussi quelques plats américanisés comme le burger, les nuggets et la salade César. Très bonne table.

EL FUERTE ★★

Cette petite ville coloniale fondée en 1564 par Francisco de Ibarra fut un comptoir commercial important et la capitale de l'Etat d'Occident (Sinaloa et Sonora) quelques années : il s'est établi sur le territoire d'Indiens dont les cultures sont apparentées à celles du sud des Etats-Unis (Apaches et Navajos), notamment les Mayos qui ont conservé danses et cérémonies traditionnelles jusqu'à nos jours. Profitez de l'heure de la sieste pour parcourir les rues pavées ou se laisser aller à flâner sur l'un des nombreux bancs de la Plaza de Armas, qui accueille le Templo del Sagrado Corazón (1854). L'autre édifice religieux d'importance est le Templo de San Juan de Carapoa (milieu du XVIIIe siècle), ancienne mission jésuite à la décoration austère. Le long des jolies rues du village, les maisons coloniales rivalisent avec l'architecture porfirienne : la Casa del Congreso Constituyente, la Casa Colorado, la Casa del General Pablo Macías, la Casa de las Arcadias et la Mansión de la Familia Orrantia. Beaucoup sont désormais des hôtels ou des restaurants. C'est l'un des lieux forts de la pêche et de la chasse (novembre-février), qui se pratiquent autour des deux retenues d'eau situées à 10 kilomètres du village, comme en témoignent les trophées accrochés aux murs des haciendas. A cet effet, il sera intéressant de visiter la Posada del Hidalgo, l'un des plus beaux hôtels de la ville.

Tourisme

Outre les déambulations dans le village et sur les berges du fleuve (il est possible de le remonter à pied durant quelques kilomètres), l'observation des oiseaux est une activité incontournable. Certains opteront également pour la découverte des traditions locales des villages avoisinants, spécialement aux dates festives : Los Capomos, Tehueco et Mochicahui.

Transports

Situé à 80 km de Los Mochis, El Fuerte est facilement accessible par des autobus qui partent toutes les demi-heures depuis le Mercado Independencia (rues Independencia et Degollado). On peut aussi s'y rendre par le train du Chepe ; c'est la première station après Los Mochis ou l'avant-dernière si vous venez depuis Chihuahua.

CERRO DE LA MÁSCARA ★★

À 5 km au nord d'El Fuerte

S'attacher les services d'un guide est obligatoire.

Sur près de 2 hectares et répartis sur différents monticules, pas moins de trois cents pétroglyphes datant de huit cents à deux mille cinq cents ans sont observables dans cet ancien centre cérémoniel. On visite le site dans le cadre d'une descente en barque de la rivière, idéale pour observer les oiseaux grâce aux jumelles mises à votre disposition : on vous emmène en voiture depuis El Fuerte en amont du fleuve, on descend un moment puis on débarque pour observer les pétroglyphes, puis on rembarque et la balade continue... Très sympa.

MUSEO MIRADOR EL FUERTE

Montes Claros #119

Du mardi au dimanche de 8h à 18h. Entrée : 20$.

Le musée est établi sur les hauteurs, et on a une jolie vue du village et du fleuve depuis le chemin de ronde. Bien que cela soit une reconstitution du fort érigé au XVIIe siècle, l'édifice est très agréable et offre un bric-à-brac d'informations sur la région : cultures locales, faune et flore et histoire. Le musée fait la part belle aux Mayos, tribu historiquement installée dans les Etats de Sinaloa et Sonora. Des photos, documents et vestiges permettent de mieux comprendre leur mode de vie. La visite est sympa, bien qu'assez rapide.

HOTEL POSADA DEL HIDALGO €€

Hidalgo #101

✆ +52 698 893 1194

www.hotelposadadelhidalgo.com

65 chambres et 3 suites de 1 800 à 2 800 $.

Ce très agréable hôtel est installé dans une belle demeure de style colonial de la fin du XIXe siècle. Il possède deux sections : la Casa Vieja, qui comprend les chambres originales de la résidence ; et une nouvelle section où les chambres donnent sur un beau jardin. L'hôtel, qui est joliment décoré, est fort agréable puisqu'il dispose de nombreux patios autour desquels se répartissent les chambres. On y trouve également une piscine, un service de massage et d'excursions ainsi qu'un bar très bien fourni et un restaurant réputé.

HOTEL TORRES DEL FUERTE €€

Rodolfo G. Robles #102
✆ 52 698 893 1974
www.hotelestorres.com
25 chambres, aux alentours de 2 500 $.

Cet hôtel familial est installé dans une très belle maison coloniale. Celle-ci se trouve au milieu de jardins dans lesquels il est délicieux de se prélasser. L'endroit est décoré d'une multitude de détails et d'œuvres d'art. Les chambres sont on ne peut plus cosy ; chacune possède une décoration unique, le plus souvent dans les tons chauds. Détail important ; certaines chambres n'ont pas de fenêtre, pensez à poser la question au moment de faire votre réservation. Tout y est pour une escapade romantique. Egalement bar et restaurant.

EL MESON DEL GENERAL €

Benito Juárez #202
✆ +52 698 893 0260
Ouvert tous les jours de 11h à 21h.
Plats entre 100 et 200 $.

Dans le centre historique, voici l'endroit le plus populaire pour manger poissons et fruits de mer *al estilo sinaloense*. Les touristes y sont aussi nombreux que les locaux. Ce restaurant traditionnel sert, entre autres, diverses préparations à base de poulpe. Pour les amateurs ! Sinon, les poissons d'eau douce sont très recommandables. Ne manquez pas le *Callo de Lobina*, plat à base de bar péché dans le fleuve El Fuerte, qui circule juste là. On peut difficilement faire plus local ! Une adresse incontournable à El Fuerte, ni plus ni moins.

MANSIÓN DE LOS ORRANTIA €€

Antonio Rosales #103
Ouvert tous les jours de 12h à 21h.
Plats entre 150 et 250 $.

La Mansion de Los Orrantia est la table la plus élégante de la ville, spécialisée en poisson et fruits de mer, installée dans une agréable maison ancienne dont l'élément central est le patio. Nous ne pouvons que vous recommander l'*aguachile de camarón* (crevettes cuites dans un jus de citron et piments) ou le filet de poisson César Alejandro. Au menu figurent également quelques plats de viande grillée ou en sauce. Les assiettes sont raffinées et pleines de couleurs. Le tout se déguste dans l'agréable patio rempli de plantes, on adore.

MAZATLÁN ★

Surnommée « la perle du Pacifique », Mazatlán fut fondée en mai 1531 par vingt-cinq Espagnols. En 1821, son port est considéré comme étant « le premier port en eau profonde » de la côte pacifique mexicaine, le convertissant derechef en destination commerciale de premier plan. Brièvement occupée par les troupes américaines en 1847, elle vit aussi son port pris d'assaut en 1864 par deux frégates françaises : la *Cordellière* et l'*Assas*. C'est d'ailleurs non loin d'ici que les résistants mexicains au régime de Maximilien (soutenu par les troupes de Napoléon III) allaient remporter la victoire décisive contre l'envahisseur.
Cette ville portuaire constitue une importante destination touristique depuis les années 1960, aussi bien pour tous les Mexicains du nord du pays, mais aussi pour les Américains et les Canadiens de l'ouest qui viennent y passer les mois d'hiver ; elle est visitée chaque année par plus d'un million de personnes. Située à 21 km du tropique du Cancer, elle connaît des températures allant de 22 à 27 °C et, comble de bonheur, elle bénéficie d'une plage longue de 17 km. Comme toutes les villes du front de mer, chacun veut son morceau de plage et, du coup, la ville s'étire à n'en plus finir. Mais ne vous méprenez pas, il s'agit avant tout d'une ville en bord de mer, et c'est finalement son vaste et magnifique centre historique qui mérite une visite, bien que la présence de la plage soit un plus indéniable. La pêche (thons et crevettes en tête) est l'activité par excellence, le poisson est alors conditionné en boîtes ou distribué frais dans tout le pays.

Pratique

La ville a une configuration de forme lunaire, avec un réseau routier qui borde la côte sur une vingtaine de kilomètres. A l'intérieur de la cité, on peut emprunter les *pulmonías*, petits véhicules découverts qui permettent de profiter pleinement du paysage : on les trouve partout le long de la côte, au plus près des endroits touristiques. Les *aurigas* sont, quant à elles, des camionnettes aménagées dans leur partie postérieure en banquettes latérales. C'est le moyen de transport le plus typique de la ville. Les *urbanos*, minibus (jaunes, gris, bleus et verts), parcourent toute la ville de 6h à 23h.

Quartiers

- Tout au sud se trouve le port (de pêche, de commerce et touristique) ainsi que le phare de la ville installé sur un promontoire rocheux.
- En remontant vers le nord (on peut le faire à pied par le *paseo centenario* qui longe la côte), on trouve le centre historique de la

ville, entièrement et très joliment rénové : c'est le quartier de prédilection des Canadiens et Nord-Américains, avec restaurants et hôtels qui disposent d'un certain cachet. La cathédrale marque la limite avec le centre plus populaire et commerçant, notamment autour du marché Pino Suárez. La plage située en bordure du centre historique se nomme Olas Altas, en hommage aux surfeurs locaux qui se frottent aux vagues en matinée et en fin de journée. Sur la côte, c'est d'ici que débute le Malecón (bordé par la route côtière) qui s'étire sur 7km et embarque la Playa Norte jusqu'à la Zona Dorada.

▸ La baie suivante est longée par l'Avenida del Mar, et s'étire approximativement entre le Monumento al Pescador et l'Aquarium de la ville. C'est un quartier central et populaire, local, bordé par la Playa Norte qui accueille encore et toujours quelques petits restaurants au toit de palme.

▸ La Zona Dorada est la zone exclusivement touristique ; là, la route côtière s'éloigne et les grands hôtels squattent le bord de mer. Les plages (Gaviotas et Camarón) sont pourtant facilement accessibles aux visiteurs. Elles font ici face aux *tres islas* et sont donc relativement plus protégées des courants marins, rendant la baignade plus sûre.

▸ Encore plus au nord, le développement urbain continue de s'imposer aux paysages et les hôtels et complexes résidentiels poussent aussi bien en bord de mer qu'autour de la marina et du club de golf. L'ultime plage que l'on considère comme faisant partie de la ville est celle de Cerritos.

Se loger

Les hôtels abondent dans cette ville, les plus économiques se trouvant à la Playa del Norte, les plus luxueux à la Zona Dorada et les plus charmants dans le centre historique. Il n'y a que l'embarras du choix. Attention, les prix varient beaucoup selon la saison.

Se restaurer

Mazatlán, entre traditions locales et restaurants trendy du centre historique, est une destination gastronomique plus qu'intéressante. Ici, pas de chichis avec les poissons et *mariscos*, le Sinaloa étant le berceau de la gastronomie maritime nationale : thon et crevettes font partie de l'activité de pêche locale (essentiellement entre septembre et mars), donc ils feront un passage obligé par votre assiette. On trouvera certes des coquillages nature, mais sachez que la gastronomie sinaloense se distingue par un usage immodéré de sauces et assaisonnements (même les carpaccios de thon, par exemple). Pour le reste, le plat régional populaire est le *chilorio*, viande de porc frite abondamment épicée et tortillas de farine. Il se déguste au petit déjeuner, cuisiné avec des œufs. Goûter aussi les *tamales borbones* farcis aux crevettes.

Tourisme

Outre la plage, la visite du centre historique est un passage obligé. Aux alentours de la plazuela Machado, les rues aux édifices coloniaux colorés de tons pastel accueillent cafés et restaurants à découvrir absolument.

Transports

Mazatlán est un véritable carrefour. Vers le nord l'autoroute permet de rejoindre Culiacán et Los Mochis, alors qu'au sud elle plonge vers les très belles plages de l'Etat de Nayarit. Une nouvelle autoroute permet maintenant de rejoindre la ville de Durango en un peu plus de trois heures (plus du double si vous empruntez l'ancienne route sans péage). Mais sachez que l'on rejoint aussi directement La Paz en Basse-Californie par ferry. Enfin, cette station balnéaire est bien évidemment connectée à toutes les grandes villes du pays (et des Etats-Unis et du Canada aussi) par avion.

ART WALK

Le premier vendredi de chaque mois de 16h à 20h.

De novembre à avril, le premier vendredi de chaque mois, voici un événement à ne pas manquer dans le centre historique rénové et revivifié de la ville. Le Art Walk permet de montrer le meilleur de l'artisanat et des objets d'art aux visiteurs : Gallery Uno, Gallery Macaws, Casa Etnika, Gandarva Bazar, El Recreo, Nidart, Livier Rojas, Nodo, Eva Pratt Realty, Pelicano, La Querencia, Colores Latina, Casa Bonita, etc. L'événement a lieu de 16h à 20h. Une manière très sympathique de découvrir la ville et de se frotter à ses habitants.

Champs d'agaves.

BASILICA DE LA INMACULADA CONCEPCION ★

Calle 21 de Marzo

Commencée en 1856, la Basilique de l'Immaculée Conception fut consacrée en 1937 à la Purísima Concepción, la patronne de la ville. Sa façade est d'inspiration gothique, et elle domine la Plaza Central. L'intérieur offre une mosaïque de styles architecturaux où se combinent le gothique (au centre), le néoclassique (sur les côtés latéraux) et le baroque, exubérant dans la décoration. Avec ses deux tours de la couleur du soleil, elle est l'emblème de la ville.

MUSEO ARQUEOLÓGICO DE MAZATLÁN ★

Sixto Osuna #76

✆ +52 669 981 1455

Ouvert du mardi au dimanche de 9h à 18h.

Entrée : 45 $.

Le musée archéologique de la ville est installé dans un édifice néoclassique qui date du début du XXe siècle. Les quatre salles de ce musée (un peu vieillottes et tristounettes) abritent d'intéressantes pièces archéologiques de la région sud de l'Etat, faisant partie du groupe de cultures connues comme celles de l'*Occidente*. On remarquera notamment les belles poteries, datant de 900 à 1 200. A l'entrée, un squelette de mammouth nous plonge tout de suite dans l'ambiance.

FARO ★

Sur l'île Crestón, proche du port, à 157 mètres d'altitude. Depuis 1571, il s'acquitte de ses fonctions de phare naturel le plus élevé du monde après celui de Gibraltar. La tour qui se trouve à son sommet ne prend sa forme actuelle qu'en 1930, une dizaine d'années après que les lampes à gaz n'aient laissé leur place au filament électrique. On y accède en moins de vingt minutes à pied depuis le centre historique, en passant par la promenade en bord de mer connue comme le *Paseo Centenario*. Magnifique vue sur le port et la ville de la colline.

BLUE FOOT

Avenida del Mar #1111

✆ +52 1 669 270 8212

Excursions à la demi-journée ou à la journée.

C'est sans aucun doute l'agence la plus originale du coin. Les excursions peuvent se faire à vélo en ville (depuis le port jusqu'à la vieille ville, en passant par le fameux *malecón*) ou dans le bocage tropical de la *Isla de Piedra*. Une autre option consiste à prendre place dans un vieux van volkswagen pour vous rendre sur les hauteurs de la ville (phare compris) pour en découvrir un autre aspect. La marche n'est pas exclue non plus avec cette belle excursion vers une très belle hacienda de la fin du XIXe, qui produit aujourd'hui encore une délicate tequila.

BAJAFERRIES

Muelle Turístico
✆ 01 800 337 7437
www.bajaferries.com.mx
Départ à 17h les dimanches, mercredis et vendredis ; arrivée à 9h du matin. C ompter 1 500 $ pour un adulte.

C'est la solution la plus pratique pour rejoindre la Basse-Californie si vous souhaitez également transporter votre véhicule (cela vous coûtera un supplément). Les ferries filent vers La Paz en Basse-Californie. La traversée se fait de nuit et on a le choix entre des sièges confortables, mais simples ou un voyage en cabine avec lit-couchette. Les jours de départ sont extrêmement volatiles selon les saisons, mais se font en général les mercredis, vendredis et dimanches. Passer un coup de téléphone avant de réserver pour confirmer.

CASA DE LEYENDAS €€€

Venustiano Carranza #4
✆ +52 669 981 6180
www.casadeleyendas.com
10 chambres entre 1 500 et 3 500 $, petit déjeuner compris.

Être hébergé à la fois dans le centre historique sur une petite place arborée et à 100 mètres des vagues est une vraie aubaine. Cette jolie maison à l'architecture authentique propose de très grandes chambres, joliment décorées, dont certaines disposant d'une cuisine entièrement équipée. Deux se trouvent au rez-de-chaussée et les autres à l'étage. On retiendra forcément les très agréables espaces communs : salon avec canapés, bibliothèque et balcon ; solarium sur le toit ; cave à vin abondamment fournie et petite piscine où se rafraîchir dans la cour intérieure.

PUEBLO BONITO BEACH RESORT €€€

Avenida Camaron Sabalo #2121
✆ +52 669 989 8900
www.pueblobonito.com
Suites à partir de 8 400 $. Formules all-inclusive disponibles.

Un hall d'entrée impressionnant, plage privée, deux piscines, bains à bulles et chambres luxueuses face à l'océan. Quitte à être au bord de la mer, autant en profiter, et cet établissement est considéré comme l'un des *resorts* les plus luxueux du Mexique depuis presque trente ans. Disposant de plus d'une centaine de chambres, l'ensemble est actuellement en révocation progressive et les travaux seront terminés au printemps 2020. D'ici là, l'hôtel restera ouvert.

LA CORRIENTE €

Sur la plage, entre les rues Hamm et av. Flamingos.
✆ +52 669 910 1040
Ouvert tous les jours de 11h à 22h. Plats 180-250 $.

En remontant la côte après le *Monumento al pescador*, il reste quelques petites gargotes de toit de palme installées sur la plage, derniers vestiges de ce qu'était cette portion de plage avant l'urbanisation de l'ensemble. Celle-ci se distingue par sa décoration et ses espaces charmants qui nous font sentir en bord de mer : espace de restaurant sur des petites tables en bois colorées, club de plage et bar. Les préparations typiques de la côte se dégustent donc avec le bruit des vagues ; l'endroit est aussi agréable pour boire un petit cocktail à base de mezcal.

LA PUNTILLA €

Interior Muelle Turistico
✆ +52 669 982 8877
Ouvert tous les jours de 8h à 19h. Plats 150-200 $.

Encore une adresse à retenir à Mazatlan ! Situé sur le bassin où mouillent ferrys, bateaux et cargos qui partent au large, le restaurant évoque bien entendu les douceurs de la mer. Le poisson et les crustacés qui débarquent en cuisine sont des plus frais, et les propositions sont infinies, comme il se doit ; on trouve même des huîtres et des pétoncles au naturel. Puisque vous êtes là, profitez-en pour vous rendre là où mouillent les dizaines de chalutiers un peu plus loin, les propriétaires sont très sympas et vous laisseront volontiers visiter leurs bateaux.

CASA 46 €€

Calle Constitución #79 ✆ +52 669 136 0545
www.casa46.com.mx
Ouvert du dimanche au jeudi de 13h30 à 23h ; le vendredi et le samedi de 13h30 à 0h. Plats 200-400 $.

Voilà un endroit dont la terrasse offre une vue plongeante unique sur la place Machado et son jardin. Ici, la cuisine est un peu plus sophistiquée qu'ailleurs, bien qu'élaborée à base de produits régionaux ; ses recettes sont une adaptation contemporaine de la gastronomie locale alors que d'autres regardent plus vers une gastronomie urbaine. Retenons derechef l'original confit de cochon de lait (*lechón*), le *calamar tatemado* ou encore le *chilorio de cangrejo* (crabe). Poisson frais, soupes et salades pour les timides. Excellente cave à vin pour un dîner élégant.

HECTOR'S BISTRO €€

Mariano Escobedo #409
✆ +52 669 981 1577
www.hectorsbistro.mx
Ouvert tous les jours de 12h à 23h.
Plats entre 200 et 300 $.

Voilà un bistro au décor un tantinet contemporain, installé dans une vieille maison du centre. La cuisine est attrayante, puisqu'on retrouve des plats typiques des brasseries tels que carpaccio de bœuf, bavette (*vacio de res*) accompagnée de salade (organique, s'il vous plaît), côtelettes de porc, pâtes et salades. Côté mer, les plats sont plutôt soignés et d'inspiration internationale : poulpe grillé en sauce aïoli et gingembre ou saumon au pesto de tomates séchées. Bonne surprise, les desserts tels que panna cotta aux fruits rouges ou gâteaux au chocolat.

EL PRESIDIO

Niños Héroes #1511
✆ +52 669 910 2615
www.elpresidio.mx
Ouvert tous les jours à partir de 13 jusqu'à tard.
Plats de 200 à 400 $.

Construite en 1876, cette ancienne *finca* date de l'âge d'or du port de Mazatlan et offre un magnifique cadre. En 2010, l'endroit est reconverti en (excellent) restaurant à l'ambiance surannée : on s'y installe dans la grande cour intérieure où les arbres ont depuis longtemps repris possession des vieilles pierres et des lieux. Le grand bar aéré par de nombreux ventilateurs donne quant à lui la sensation d'être ici depuis des lustres. Idéal pour un cocktail à toute heure de jour. Les plats, fruits d'une création culinaire originale, sont à découvrir.

TEATRO ANGEL PERALTA

Carnaval #1024
✆ +52 669 982 4446
www.culturamazatlan.com
Ouvert du lundi au vendredi de 10h14 à 16h18 ; le samedi à partir de 10h14. Entrée : 20 $.

Inauguré en 1874 sous le nom de Teatro Rubio, le théâtre fonctionna comme tel jusqu'en 1940, date à laquelle il fut reconverti en cinéma jusqu'en 1963 ; laissé à l'abandon, il est détruit par un cyclone en 1975. Ce n'est qu'en 1992 qu'il ouvre ses portes de nouveau, dans le respect du design original. Sur trois niveaux, il peut accueillir jusqu'à 1 366 personnes. Il offre une belle programmation de théâtre, qui en fait le fleuron de la culture sinaloense, ainsi que des expositions artistiques temporaires et des événements liés au Festival Cultural Mazatlán.

LAS TRES ISLAS ★

Trois îles font face à la baie de Mazatlán : l'Isla de Pájaros (oiseaux), l'Isla de Venados (cerfs) et l'Isla de Lobos (loups). Elles ont été déclarées réserve écologique et zone de refuge pour les oiseaux marins. On y accède par petites barques, qui partent depuis les plages de la Zona Dorado. L'île de Venados, la plus grande des trois, se trouve à 2,3 km de la pointe de Sábalo. C'est la seule île ouverte aux visiteurs. L'île comprend une très belle plage de sable blanc qui fait face à la baie. On y trouve à louer des chaises longues et même restauration de fruits de mer. Idéal pour prendre un pique-nique et se faire déposer sur place pour la journée.

ISLA DE LA PIEDRA ★

Il s'agit en fait d'une péninsule située de l'autre côté du phare, après l'entrée du port, mais bien plus facilement accessible par voie de mer que par terre depuis la ville de Mazatlán. Le long de la place principale, c'est un véritable village qui vous attend, où les petits restaurants typiques ne manquent pas.

Transports

Il existe deux embarcadères d'où emprunter les taxis aquatiques qui s'y rendent. Vous les trouverez sur l'avenue Emiliano Barragán, à l'angle avec Miguel Hidalgo ; sinon, une autre option consiste à vous rendre directement à proximité de l'endroit d'où partent les ferries pour Mazatlán (La Puntilla).

TEACAPAN ★

Situé non loin de l'Etat de Nayarit, à 150 kilomètres au sud de Mazatlán, Teacapan est un petit village de pêcheurs de 4 000 habitants, entouré par une faune et une flore abondante, qui vit essentiellement de la production de crevettes et de mangues. Ce petit éden ne manquera pas d'attirer l'attention des amoureux. Ici, le fleuve Cañas termine sa course dans le Pacifique. De fait, la luxuriante végétation résiste à la salinité. Teacapan est une escale qui ravira particulièrement les passionnés des oiseaux, qui pourront s'adonner à leur observation à loisir. Les autres activités les plus populaires sont les excursions en kayak et la pêche.

DURANGO ★★

Surnommée « la Perle du Nord », la ville est désormais inscrite au Patrimoine mondial de l'Unesco dans le cadre de la valorisation du Camino Real de Tierra Adentro. Son patrimoine architectural comprend pas moins de 1 000 édifices historiques dont l'édification s'étend du XVIe au XIXe siècle. Sa fondation remonte à 1563 alors que les Espagnols, à la recherche d'une montagne d'argent, tombent avant tout sur une montagne de fer (le *Cerro de Mercado*, situé dans le centre de l'actuelle ville de Durango), avant de découvrir d'autres gisements de métaux nobles, essentiellement argentifères. Son urbanisme originel respecte les canons ségrégationnistes de l'époque : Espagnols, Tepehuanes de la région et Indiens du centre du Mexique sont installés dans des quartiers respectifs. L'anniversaire des quatre cent cinquante ans de la fondation de la ville donne lieu à une mise en valeur sans précédent de son centre historique : téléphérique, zones piétonnes, places remodelées et inauguration de nouveaux musées en font une destination plus qu'intéressante, originale et peu visitée malgré sa grande beauté.

Tourisme

La Plaza de Armas (face à la cathédrale) et celle attenante dite du Centenario, accueillent des services de bus touristiques qui offrent des parcours de moins d'une heure et permettent de découvrir l'ensemble du centre et des environs (dont l'ancienne gare de train, largement excentrée) d'une manière un peu plus reposante.

CASA DEL CONDE DEL VALLE DE SUCHIL ★★

A l'angle des rues 5 de Febrero et Madero
✆ +52 618 811 7136
Ouvert du mardi au samedi de 10h à 19h ; le dimanche de 10h à 18h. Entrée libre.

La beauté et l'harmonie du bâtiment, inauguré en 1764 et qui a appartenu au riche concessionnaire minier et propriétaire terrien Joseph Campo Soberón y Larrea, en font le joyau architectural de Durango et l'un des plus beaux édifices du nord du pays. Le hall principal est surmonté d'une verrière protégeant la cour. A la porte suivante, qui donne sur l'ancienne salle des coffres privés, s'ouvre un jardin avec des colombages. Son intérieur est baroque avec d'infinis motifs rococo.

CORREDOR CONSTITUCIÓN ★

C'est une voie piétonne qui passe devant la cathédrale sur un axe nord-sud. La parcourir vous permettra d'admirer nombre d'édifices civils et religieux ainsi que les jolies petites places atour desquelles certains sont édifiés : le Jardín Hidalgo et la Parroquia Santa Ana, el Antiguo Colegio de la Compañía de Jesús et la Plaza del Cuarto Centenario, entre autres réjouissances architecturales. Si vous souhaitez avoir un aperçu de la ville, empruntez l'un des petits trains touristiques stationnés sur la Plaza de Armas, non loin de là.

NORD DU MEXIQUE

© AURÉLIEN LEMOINE

L'état de Durango est réputé pour ses grands espaces et la pureté de son ciel.

MUSEO DE ARTE SACRO ✝ ★

Plaza de Armas

Ouvert du lundi au vendredi de 10h à 17h ; le week-end de 10h à 12h. Entrée : 15 $.

La construction de la cathédrale qui abrite le musée débute en 1635, mais c'est au siècle suivant qu'elle acquiert ses attributs baroques notables. Consacrée en 1844, elle se distingue par les sculptures de ses portiques, la décoration de ses trois nefs, son orgue monumental et l'abondance d'objets liturgiques. Sur la même place se dressent la Casa de las Rosas et le Palacio de las Lagrimas, au style plus porfirien. Le Museo de Arte Sacro permet de découvrir 500 pièces des XVIIe et XVIIIe siècles, avec des œuvres de peintres reconnus de la Nouvelle-Espagne.

MUSEO DE LA CIUDAD 450 🏛 ★★

20 de noviembre SN

✆ +52 618 137 8490

Ouvert du mardi au samedi de 9h à 20h ; le dimanche de 11h à 20h. Entrée : 27 $.

Ce musée est installé dans un édifice de style néoclassique également connu comme le Palacio de Escarazaga, construit à l'extrême fin du XIXe, autour de deux grands patios. Le très beau parcours retrace l'ensemble de l'histoire de la région. On débute donc à l'époque préhispanique pour finir à celle des tournages de cinéma dans les environs de la capitale, en passant par une très belle présentation des habits traditionnels. Petit plus, l'exposition des fameux scorpions de l'état de Durango, et l'explication sur la découverte de leur antidote en 1927.

MUSEO REGIONAL DE DURANGO 🏛 ★

Calle Victoria #100 Sur ✆ +52 618 812 5605

www.museo.ujed.mx

Ouvert le lundi de 8h à 15h ; du mardi au vendredi de 8h à 18h ; le week-end de 11h à 18h. Entrée : 10 $.

Aussi connu comme la « Casa del Aguacate », ce musée retrace l'histoire de l'Etat de Durango et présente une collection de peintures religieuses du fameux peintre Miguel Cabrera. Au total, 1 400 pièces sont réparties dans les 16 salles du musée, dont le bâtiment datant du XIXe siècle est caractéristique d'un style considéré comme « francisé » au Mexique. Le bâtiment et son intérieur en eux-mêmes valent le détour. Une bonne escale pour une introduction à l'histoire de la région.

MUSEO FRANCISCO VILLA 🏛 ★★★

Avenida 5 de Febrero #800

✆ +52 618 811 4793

Ouvert du mardi au vendredi de 10h à 18h ; le week-end de 11h à 18h. Entrée : 25 $.

C'est un édifice emblématique de l'âge d'or de l'exploitation minière (édifié entre 1785 et 1798), construit dans un discret style baroque comme résidence de Juan José Zambrano, où ce riche exploitant minier vécut jusqu'à sa mort en 1816 ; à l'époque, cet édifice encore imposant aujourd'hui par ses dimensions occupait la totalité du pâté de maisons. Après l'indépendance, les descendants du richissime Zambrano doivent se résoudre à le louer par partie avant que leur précieux bien ne soit exproprié par le gouverneur en 1857 ; l'édifice devient rapidement le siège du pouvoir exécutif et la résidence des gouverneurs. Il accueille en son sein des fresques relatant l'histoire du pays et de l'État, réalisées par don Francisco Montoya de La Cruz, Manuel Guillermo de Lourdes et José Luis Sandoval durant toute la seconde moitié du XXe siècle. Depuis 2013 y est installé un magnifique musée retraçant la vie du révolutionnaire Pancho Villa, né en 1878 au nord de la ville de Durango. Ce musée est sans aucun doute le plus réussi de la ville. Dès l'entrée, la chaleur de son patio accueille les visiteurs et le mieux est de se rendre derechef dans la salle du fond détaillant l'histoire du bâtiment. Puis le parcours de seize salles dédié à la révolution à travers le prisme du personnage Pancho Villa se déroule entre les deux patios du rez-de-chaussée et l'étage. L'ensemble est magnifiquement agencé, et l'on trouve aussi bien des objets personnels, des photographies, des cartes, des textes et tout un tas d'informations passionnantes.

ZONA ARQUEOLÓGICA LA FERRERIA 📷 ★

A 7 km au sud de la ville de Durango, en empruntant la route qui mène au village de La Flor.

Ouvert tous les jours de 9h à 17h. Entrée : 55 $.

Selon l'archéologue Charles Kelley, ce site appartient à la culture *Chalchihuites*, qui l'aurait édifié et occupé entre 600 et 1 300 ap. J.-C., avant que la culture *Tepehuan* ne prenne le dessus. On y observe notamment les restes d'une pyramide et d'un jeu de balle, et deux grandes roches qui portent des gravures. L'une d'elles, la représentation d'un chasseur doté d'une lance et entouré de cervidés, s'illumine aux premiers rayons du soleil lors des équinoxes d'automne et de printemps.

AVENTURA PANTERA ★★★

Pino Suarez #436

✆ +52 618 813 9875

www.aventurapantera.com

Tout peut commencer par la ville de Durango et ses environs : quartiers historiques, haciendas, le village de Nombre de Dios. Après cela, vous voulez en voir plus, beaucoup plus. Ça tombe bien, car la spécialité de cette agence est justement l'ensemble du vaste territoire de Durango : on peut tout dabord vous emmener dans les environs immédiats de la ville pour une bonne grosse journée de VTT. Et loin, beaucoup plus loin, le long du Camino Real Tierra Adentro, vers le village de Mapimi et la Zona del Silencio, pour des excursions de plusieurs jours.

DURANGO EXTREMO ★★★

Fernando Carrillo # 196

✆ +62 618 121 5879

www.durangoxtremo.com.mx

Bureaux ouverts du lundi au vendredi de 9h à 13h. Contacter en amont.

Durango Extromo est une excellente agence qui dispose de toutes les certifications nécessaires pour vous emmener camper dans la Sierra Madre, visiter les villages de Nombre de Dios et Mapimi, pratiquer le rappel ou encore faire du VTT à droite à gauche. Là aussi, on n'oublie pas l'aspect culturel et historique de l'Etat, à travers des formules prédéfinies ou des voyages à la carte. L'agence organise également l'Ultra-trekking de Durango, qui consiste en deux journées mémorables de trekking (50 km) dans la Sierra Madre Occidentale.

HOTEL ROMA €€

20 de Noviembre #705

✆ +52 618 812 0122

www.hotelroma.com.mx

40 chambres, à partir de 750 $ pour deux personnes. Suite autour de 1 000 $.

Tout un symbole de la ville, ce bel immeuble est un condensé de l'histoire architecturale du pays au temps du *porfiriato* (fin XIXᵉ). Ouvert en 1918, c'est notamment ici, dans la chambre 206, que Pancho Villa a été vu pour la dernière fois vivant dans la ville de Durango, avant d'être assassiné dans l'état de Chihuahua... De nombreuses autres célébrités, de Cantinflas à Pedro Infante, y ont séjourné en leur temps. Les chambres, simples et agréables, sont situées aux deuxième et troisième étages disposent d'un balcon donnant juste sur le théâtre.

POSADA SAN JORGE €€

Calle Constitución #103,

✆ +52 618 813 3257

www.posadasanjorge.com

22 chambres et suites, à partir de 600 $.

Il s'agit d'une une bâtisse coloniale édifiée en 1778, construite comme demeure privée avant de devenir au début du XIXᵉ le siège de la *Caja Real* de la région. Après l'indépendance, elle devint le siège de pouvoirs locaux avant d'être reconvertie en hôtel dans les années 50. Il s'agit d'une belle masure, joliment construite autour d'un patio autour duquel, le long du balcon supérieur, se déploient les portes des chambres ; fleuri, propre, sobre et chaleureux à la fois. Le tout est un peu vieillissant mais sa situation est idéale.

HOTEL GOBERNADOR €€€

Avendia 20 de Noviembre #257 Oriente

✆ +52 618 827 2500

www.hotelgobernador.com.mx

90 chambres, entre 1 200 et 2 500 $.

Ce vaste hôtel est situé sur ce qui fut un temps le pénitencier de la ville. Le hall, tout simplement magnifique, se distingue par des lustres massifs qui distillent une lumière chaleureuse jusque dans la belle salle de restaurant. Ici, en plein cœur de la ville, le vert des plantes est omniprésent. Les bâtiments de style *hacienda* se répartissent autour d'un grand jardin central orné d'une piscine. Les chambres, elles, donnent sur ce jardin ou sur l'arrière des bâtiments, et n'ont rien à envier aux grandes chaînes internationales, charme historique en plus.

CREMERIA WALLANDER €€

Independencia #128

Ouvert du lundi au samedi de 8h à 21h30 ; le dimanche de 9h à 15h30. Sandwichs et salades : 100 $.

Boulanger, fromager, épicerie fine et restaurant, voilà le combo gagnant. Ne parlons pas du cadre, tout simplement parfait : maison à l'ancienne dotée de divers espaces : on entre par la boutique, où les étals font saliver puis on s'installe dans la grande salle aux poutres apparentes ou bien, pour un instant privé, dans une plus petite tout aussi jolie ; ceux qui adorent les grosses chaleurs peuvent toujours s'attabler sous les arbres dans la cour. Et après le croque-monsieur au petit-déjeuner, on peut avoir une gaufre et un jus de fruits frais pour le goûter.

FONDA DE LA TIA CHONA €€

Nogal #110, Barrio del Calvario
✆ +52 618 811 7748
Ouvert du mardi au samedi de 17h à 23h ; le dimanche de 13h à 17h30.
Plats de 150 à 250 $.

Carburant 100 % mexicain pour faire tourner la boutique depuis plus de trois décennies maintenant : la décoration du sol au plafond, les produits et les techniques culinaires, tout se fait ici dans le respect du dogme national. Il ressemble d'ailleurs à s'y méprendre au fameux restaurant de Zacatecas Los Dorados de Villa, puisqu'il semble s'en être inspiré jusque dans la présentation de son menu. Niveau assiette, les portions sont généreuses et votre visite est l'occasion de découvrir ou réviser vos classiques, avec quelques suggestions régionales en prime.

CENTRO REVUELTAS CORE

Av. Independencia #110
✆ +52 618 813 2691
Ouvert du lundi au samedi de 17h à 21h30.

Voilà le café culturel qui dynamite la jeune scène artistique et culturelle locale : y sont organisés un grand nombre d'événements, des cycles de ciné, théâtre, concerts, lectures, performances artistiques en passant par des expositions en tout genre. Pour goûter les mezcals et bières régionales, c'est également ici que c'est permis. Pour le reste, ce sera café et vin. On adore l'ambiance bohème des lieux, avec les murs colorés, le mobilier dépareillé, les sculptures et peintures modernes et la petite fontaine qui émet un agréable gazouillis.

PASEO DEL VIEJO OESTE

Carretera Durango-Parral km13
✆ +52 618 137 4386
Ouvert du mardi au dimanche de 11h à 19h.
Entrée : 40 $.

C'est à l'origine un décor de tournage cinématographique construit au beau milieu d'un paysage semi-désertique, entouré de montagnes rocheuses qu'on associe volontiers aux westerns hollywoodiens des années 1970. Le premier long-métrage de qualité à être tourné ici est *Buck et son complice*, avec Sydney Poitiers et Harry Belafonte. Suivront une douzaine de productions hollywoodiennes notables puis des tournages de moindre qualité. Aujourd'hui, il s'agit d'une sorte de parc de divertissement construit autour de la traditionnelle rue unique des villages western.

NOMBRE DE DIOS ★

On raconte que lorsque Dieu était en train de répartir les richesses de par le monde, il fit tomber son panier à cet endroit et le laissa sur place... La sagesse populaire n'est pas fortuite, puisque la région est traversée de rivières et de nombreux ruisseaux bordés de cyprès (la *Barranca de San Quintin* !), de sources d'eau et même d'une très jolie cascade d'une vingtaine de mètres de hauteur (*El Saltito*, dont les eaux sont néanmoins contaminées par l'usine de papier située en amont). L'endroit dispose de véritables oasis dans le paysage semi-désertique qui caractérise la région : au détour d'un chemin, les champs de culture situés à proximité des canyons, toujours bien irrigués, apportent une vive touche de vert aux paysages par ailleurs sablonneux et parsemés d'arbustes. Ajoutez à cela le village dont les clochers des cinq églises transpercent le ciel et le décor est planté : Nombre de Dios est tout simplement le premier village à avoir été fondé (1562) et accueillit un office religieux dans la partie nord du Mexique. Pour les réjouissances, ne manquez pas de goûter au mezcal que l'on produit sur place depuis de nombreuses générations.

Transports

On s'y rend aisément en bus depuis la gare routière de Durango, située à 60 km de là. En voiture, c'est plutôt pratique car il se trouve à mi-chemin entre la ville de Durango et le village de Sombrerete, dans l'Etat de Zacatecas.

La Barranca de San Quintin.

GORDITAS DOÑA ALEJA €

Calle Francisco Zarco #453
+52 675 878 0172
Ouvert tous les jours de 9h à 17h.
Gorditas 15 $.

Doña Aleja a commencé à préparer les fameuses *gorditas* (galette de maïs fourrée de différentes préparations) en 1957, avant de nous quitter en juin 2019, à l'âge de 89 ans. Véritable icône de la ville, de l'état de Durango et du pays tout entier, on se presse de très loin pour goûter à ses préparations légendaires, puisque sa famille a repris le flambeau : *picadillo cerde o rojo* (viande hachée), *huevo con chile*, *chihcarrón prensado*... le tout est très relevé mais absolument délicieux. Un petit restaurant qui vaut à lui seul le détour.

RESERVA DE LA BIÓSFERA DE MAPIMÍ ★★

A 300 kilomètres au nord de la capitale Durango, mais à seulement 80 km de Torreón (Coahuila), ce village enclavé sur de hauts plateaux désertiques naît autour d'une mission jésuite en 1598, avant de devenir une étape septentrionale importante le long du *Camino Real Tierra Adentro* qui serpentait jusqu'à la ville de Chihuahua depuis la capitale Mexico ; durant les deux siècles suivants, il allait subir les attaques constantes des différentes tribus très mobiles qui refusaient la soumission. De son âge d'or minier (c'est ici que l'on transformait le métal provenant des montagnes alentour), il conserve une surprenante architecture des XVIIIe et XIXe siècles, dont les anciens immeubles du Departamento del Commercio, du Servicio Postal et de l'église baroque de Santiago Apostól (1772). Aujourd'hui, ce village est surtout une intéressante base pour découvrir quelques beautés naturelles des environs, et l'impressionnant village fantôme de Ojuela, auquel on accède par un pont suspendu.

Transports

Pas facile de s'y rendre, puisqu'il n'existe plus depuis 2019 de ligne de bus qui relie le village à la ville de Gómez Palacios, à une heure de route de là ; désormais, les habitants prennent le taxi. Du coup, c'est tout de même mieux d'avoir une voiture ou d'y aller dans le cadre d'une excursion depuis Torreón (Etat de Coahuila) ou Durango.

MEXIQUILLO ★★

Le centre des activités de la Sierra Madre est le village de La Ciudad (parfois désigné tout simplement par le nom de son parc naturel, Mexiquillo) village extensif dédié à l'exploitation (parfois abusive) du bois ; autour, c'est un peu le royaume du tourisme dédié à la nature : omniprésente, sauvage et grandiose. Au programme : des miradors donnant sur de profonds canyons, d'anciens tunnels ferroviaires (qui n'ont jamais accueilli de train du fait de la construction de la route), des cascades, des balades à pied, des randonnées à vélo et surtout un grand bol d'air frais. Visiter l'endroit durant la saison des pluies (de juillet à octobre) permet de se promener parfois au-dessus des nuages, immergé dans un petit brouillard enchanteur. Le reste de l'année, les senteurs des pins sont également omniprésentes.

Transports

- **En voiture** depuis Mazatlán, on y accède en empruntant la nouvelle autoroute à péage en direction de Durango ; en chemin, à la limite entre les deux Etats, vous passerez sur le pont Baluarte (1,2 km de long, 400 mètres au-dessus du ravin qu'il enjambe). La déviation pour La Ciudad se trouve quelques kilomètres avant d'arriver à la petite ville El Salto (180 km au total, compter trois heures de route). On peut aussi bien choisir d'emprunter la très sinueuse route nationale (*libre*), qui offre certes de bien plus jolis paysages à travers la Sierra, mais qui est aussi beaucoup plus longue en raison de son extrême sinuosité. Peu après avoir passé la frontière entre les deux Etats, on trouve le mirador *Espinazo del Diablo* en bord de route. Depuis la ville de Durango, les 140 kilomètres, bien plus paisibles, là encore via El Salto, se parcourent en deux heures environ.
- **En bus** depuis Mazatlán, un direct qui emprunte la *libre* part tous les matins peu après 6h ; le temps de trajet est de cinq à six heures. L'autre solution consiste à partir à 11h par le bus qui emprunte l'autoroute en direction d'El Salto (trois heures de trajet, mais attention au décalage horaire d'une heure entre les Etats de Sinaloa et Durango) ; un bus en provenance de Durango s'arrête à El Salto à 16h direction La Ciudad. Depuis Durango, les bus partent en matinée depuis la *central camionera*.

NORD DU MEXIQUE

LOS LAURELES ★★

La balade depuis le village dure entre 4 et 5 heures aller-retour (12 km en tout).

Voilà une belle balade comme on les aime, que l'on peut effectuer ou à pied ou à vélo. Depuis le village, on part en direction d'une portion de forêt en cours de régénération. On peut d'abord se rendre vers un joli mirador qui offre une vue spectaculaire sur le canyon en contrebas ; avec un peu de chance, on peut apercevoir oiseaux, aigles et *guacamayas*. On peut ensuite longer le précipice, toujours sous la futaie, et découvrir une petite cascade qui a l'avantage d'être alimentée en eau toute l'année grâce à des sources situées un peu plus haut.

HOSTAL MEXIQUILLO €€

Parque central

✆ +52 1 618 138 5059

www.hostalmexiquillo.com

10 chambres, avec ou sans salle de bains, à partir de 700 $. Lit en dortoir à 250 $.

Si vous venez visiter cette région à l'écart des sentiers battus, c'est vraiment ici qu'il vous faut loger. Premièrement, la maison de famille est vraiment sympa : sur deux étages, on trouve un porche pour regarder passer les vaches. Le copieux petit déjeuner (en supplément) est idéal pour les excursions à venir. Les chambres sont situées à l'étage et sont tapissées de bois du sol au plafond afin de maintenir une température agréable, même si les épaisses couvertures ne sont pas de trop durant les nuits (il fait froid, quelle que soit la saison).

PARQUE NATURAL MEXIQUILLO ★★★

À 2 km du village.

✆ +52 1 675 87 700 48

Ouvert tous les jours. Entrée : 50 $. Location de VTT et visites guidées en quad.

Ce très grand parc sis sur les hauteurs de la Sierra Madre ne manque pas d'attraits, aussi bien pour ses formations naturelles que pour ses balades à n'en plus finir. On y pénètre par une vallée de pâtures qui laissent peu à peu place à des énormes formations rocheuses aux contours arrondis, dont les roches semblent avoir été posées les unes sur les autres : c'est le fameux *jardin de piedras* ou *piedras encimadas* ; plus vous vous éloignez de l'entrée, plus l'endroit est sauvage et les roches entremêlées. L'autre attraction facilement accessible du lieu, c'est une belle et large cascade qui fait face à un défilé offrant de belles vues sur la Sierra et les canyons en contrebas. De là part un sentier. A l'abri de la haute futaie de pins, le premier tunnel construit à l'époque se trouve à 4 km ; on continue et on traverse deux autres petits tunnels avant d'arriver au plus important, long de plus d'un kilomètre. Au bout de celui-ci, montez le sentier sur votre droite pour observer la cascade ; si vous vous y rendez à pied, pensez à prendre une lampe de poche car il est très sombre et jonché de pierres. Jusque-là, ce sont en tout 14 kilomètres que vous aurez parcourus, soit six heures aller-retour à pied. Vous pouvez aussi vous y rendre à vélo ou opter pour louer un quad et vous faire accompagner d'un guide sur des parcours plus ou moins longs. Sachez que le site dispose de six cascades, plus ou moins accessibles. En saison sèche, les nuits étoilées y sont absolument sublimes.

Los Laureles.

SALTILLO ★

Fondée en 1577 sous l'appellation Villa de Santiago del Saltillo, la ville se trouve à l'intersection de la route 10, la principale voie est-ouest au nord du Mexique, et de la 57, la plus importante route des Etats-Unis en direction de Mexico. A l'époque où elle brisait ses liens avec le Mexique, la vaste étendue connue sous le nom de Texas avait Saltillo pour capitale administrative. Elle est encore aujourd'hui la capitale de l'Etat de Coahuila, mitoyen avec la frontière américaine à Del Río-Acuña et à Piedras Negras, « Eagle Pass » (la passe de l'aigle). Elle est donc installée juste de l'autre côté des montagnes qui dominent les gratte-ciel de Monterrey. Le contraste est grand entre la métropole de plus de 4,5 millions d'habitants et cette ville de 900 000 âmes. Tandis que l'architecture de Monterrey a le tranchant aigu du modernisme, la ville de Saltillo conserve quelques bâtiments coloniaux, bien que l'impression générale soit globalement celle d'une ville sans grand intérêt. C'est surtout d'ici que proviennent les fameux *sarapes*, tissus multicolores fabriqués à l'origine en laine et qui ont fait la réputation de la ville. A 1 600 mètres d'altitude, Saltillo jouit d'un agréable climat toute l'année. Au printemps, les nuits sont parfois très fraîches, et il arrive que la neige tombe en hiver.

CATEDRAL DE SANTIAGO ★

A l'angle des rues Hidalgo et Juárez

Construite entre 1745 et 1800, la très belle cathédrale catholique de Saltillo se distingue par ses quatre styles différents : roman, baroque, plateresque et churrigueresque. La place pavée, agrémentée d'une fontaine, est entourée par une arcade couverte au nord, au sud par l'Instituto Coahuilense de Cultura, et à l'opposé, par le palais du gouvernement ou, plutôt, par l'arrière de ce bâtiment, puisque sa façade principale se situe de l'autre côté, face à la statue de Cuauhtémoc, le dernier empereur aztèque du Mexique. Superbe.

CENTRO CULTURAL CASA PURCELL ★

Hidalgo #231

✆ +52 844 414 5080

Ouvert du mardi au dimanche de 10h à 18h. Entrée libre.

Ce centre culturel est installé dans une villa du début du XXe siècle dont le style est inspiré des manoirs irlandais de l'époque (très austère comparé à l'architecture mexicaine traditionnelle). Le portique de style Tudor et les boiseries d'acajou sont maintenant caractéristiques du legs laissé à la ville par l'homme d'affaires et mécène d'origine irlandaise Guillermo Purcell. Le centre culturel présente notamment des expositions d'art actuel réalisé par des artistes locaux.

PALACIO DE GOBIERNO DE COAHUILA ★

Calle Ignacio Zaragoza #200

✆ +52 844 411 8500

Installé dans un édifice néoclassique qui a subi de nombreuses interventions architecturales au fil de deux siècles d'histoire, l'hôtel de ville est le siège administratif de l'Etat de Coahuila. En plus de ses bureaux, il accueille des salles qui présentent plus de 450 pièces (XVIIIe-XXIe siècle) qui invitent à découvrir l'ensemble du patrimoine historique et culturel de l'Etat. Fresques de Salvador Tarazona (1929), et de Salvador Almaraz (1979).

HOTEL COLONIAL SAN MIGUEL €€

Gral. Victoriano Cepeda Sur #410

✆ +52 844 410 3044

www.hotelcolonialsaltillo.com

Chambres pour 2 personnes à 660 $.

Dans le centre de la ville, voici un hôtel moderne et de style ancien (voire néoclassique par endroits, allez comprendre), confortable et disposant d'une indispensable piscine. Celle-ci est entourée de transats et de quelques tables avec parasol, pour se prélasser à l'ombre après la baignade. Les chambres sont spacieuses et bien entretenues. Certaines comprennent deux lits doubles, parfait pour les familles. Un très bon deal étant donné l'emplacement et les installations.

RANCHO EL MORILLO €€

Domicilio conocido
✆ +52 844 417 4376
www.ranchoelmorillo.com
Chambres à partir de 1 600 $, selon le nombre d'occupants.

Cette ancienne hacienda vous invitera à un rafraîchissant plongeon dans le temps. Ses 14 chambres sont enveloppées dans un beau et luxuriant jardin, dont le potager alimente les bons petits plats proposés. La propriétaire des lieux est très attentive au bon déroulement du séjour de ses clients et supervise la préparation des petits déjeuners (à la carte) ; vous pouvez également réserver un déjeuner ou un dîner. Les chambres sont propres et confortables, et la piscine vous fera le plus grand bien lors des fortes chaleurs. Très bonne adresse.

LOS PIONEROS €

Carretera Monterrey-Saltillo #2500
✆ +52 844 485 4453
www.lospionerosdesaltillo.com
Ouvert tous les jours de 7h à 14h. Petit déjeuner entre 100 et 200 $.

Allez, on ne vous le cache pas, c'est notre endroit préféré pour le petit-déjeuner couleur locale : jus d'oranges pressées et surtout, surtout, viande de porc en *tacos* (dont une très belle joue) ou en *barbacoa* (sauce épicée), le tout à accompagner de quesadillas et nopals. A ne manquer sous aucun prétexte. L'enseigne dispose d'autres succursales plus centrales mais celle-ci est de loin la plus agréable : une petite cabane en bois dont le toit est transpercé d'un arbre autour duquel elle est construite. Charmant et succulent.

DON ARTEMIO €€

Boulevard Venustiano Carranza #8550
✆ +52 844 432 5550
www.donartemio.com
Ouvert du lundi au vendredi de 12h à 1h ; le samedi de 9h à 1h ; le dimanche de 9h à 18h. Plat : 200-400 $.

Don Artemio est un très bon restaurant de cuisine actuelle dans un décor qui ne l'est pas moins. On y sert des plats mexicains et fusion, bien plus originaux que dans la plupart des établissements du coin, comme les crevettes au beurre et à l'échalote, les lasagnes aux tomates séchées, ou les piments fourrés au thon et à la coriandre. Les assiettes sont raffinées ; mention spéciale pour les viandes, de belle qualité. Pour accompagner le tout, on optera pour l'un des vins régionaux ou une infusion maison à base d'herbes du désert…

EL TAPANCO €€

Calle Allende Sur #225,
✆ +52 844 414 4339
Ouvert du lundi au samedi de 13h à 2h ; le dimanche de 13h à 18h. Plats à partir de 200 $.

Ce restaurant aux saveurs internationales propose un cocktail d'huîtres et des bouquets de crevettes, à déguster dans un patio du XVIIIe siècle d'une grande élégance coloniale. Si les produits de la mer sont savoureux, la spécialité de la maison n'en demeure pas moins le filet de bœuf (ou les tacos de lapin…). Des habitués n'hésitent pas à faire des dizaines de kilomètres pour venir le savourer dans ce restaurant, devenu une véritable institution. Incontestablement l'une des meilleures tables de la ville, dotée d'une atmosphère très élégante.

TABERNA EL CERDO DE BABEL

Ocampo #324
Ouvert du lundi au samedi de 15h à 2h.

Vinum ac musica laetificant cor hominis (« le vin et la musique réjouissent le cœur de l'homme »). Telle est la devise de ce très sympathique bar, installé dans une maison ancienne et chaleureuse en plein centre de la ville. On y sert des pressions et des bières artisanales, ainsi que des *tapas* en tous genres ; on peut consommer le tout assis au bar. Un endroit alternatif à l'ambiance détendue, pétri d'événements musicaux et culturels divers et variés.

EL SARAPE DE SALTILLO

Hidalgo Sur #305
✆ +52 844 412 4889
Ouvert du lundi au samedi de 10h à 13h45 et de 15h30 à 19h30.

Saltillo est célèbre pour ses couvertures aux rayures colorées, appelées *sarapes*. Malheureusement, les Mexicains ont aujourd'hui une préférence marquée pour les tissus colorés synthétiquement et, face au peu de demandes, la plupart des ateliers traditionnels de fabrication de *sarapes* de Saltillo ont fermé leurs portes. Mais des endroits continuent à enseigner et à commercialiser ces produits typiques du savoir-faire local, comme cette boutique, créée il y a plus d'un siècle ! Elle propose aussi de l'artisanat d'autres régions du pays.

ARTEAGA

A 20 kilomètres à l'est de Saltillo et 90 km au sud-ouest de Monterrey, cette zone de la Sierra de Coahuila, connue comme les Bosques de Monterreal, est affectueusement surnommée « la Suisse du Mexique ». Il est vrai que l'on y découvre des forêts de pins d'altitude et des cabanes en bois qui accueillent les régionaux avides de se remplir d'air frais. Le village, qui se prête à la flânerie, recèle plusieurs édifices utilisés à l'époque par le révolutionnaire Venustiano Carranza et son armée. Avec une température moyenne annuelle de 23 °C, Arteaga s'est autoproclamée « ville avec le climat le plus agréable d'Amérique du Nord ». Rien que ça !

PARRAS ★★

Au sud-ouest de l'Etat, Parras de la Fuente est bâtie à 1 600 m d'altitude. En août, les nuits peuvent être froides, en hiver un mince manteau de neige recouvre parfois le paysage. Mais à la différence de Saltillo, Parras est une oasis dans le désert de Coahuila. La Sierra Madre, luisante de bleu à l'arrière-plan, arrête les nuages occasionnels et récolte leurs pluies. L'eau, facilement absorbée par les montagnes nues, court de manière souterraine vers le bassin où se situe Parras. Profitant de cette situation, c'est ici, en 1596, deux ans avant la fondation de Parras, que le frère Juan de Espinoza planta les premiers vignobles du continent américain. Lieu de villégiature des classes moyennes de Monterrey et de Torreón, Parras est une petite ville tranquille et paisible où il est agréable de se promener parmi les vignes, de flâner dans ses rues qui convergent vers la belle église Santa María de las Parras, construite en 1648. Entourée d'innombrables puits d'eau, dotée d'un aqueduc, cette terre qui a vu la naissance de Francisco I. Madero abrite une incroyable colonie de chauves-souris. Les deux principales industries de la ville sont la viniculture et le traitement de la toile Denim. Vous pouvez voir les champs de coton à l'extérieur de la ville, du côté ouest. Le coton est expédié à Parras pour y être transformé en toile, dont la majeure partie est exportée aux Etats-Unis, avant d'être réimportée au Mexique sous forme de jeans.

Balade

Une petite balade dans le centre de Parras permet de vite entrer dans un monde enchanté. Sur la Plaza de Armas, l'église et le collège San Ignacio de Loyola conservent une collection de peintures coloniales des XVIe et XVIIIe siècles et des documents originaux. Un vieil aqueduc du début du XXe siècle destiné à la production d'électricité se dresse non loin. Le site le plus important de la ville demeure le Recinto Madero, la maison natale de Francisco Madero. La famille du premier président de la République du Mexique avait accepté de léguer cette maison à l'Etat en échange d'un immeuble de même valeur, sinon d'égale signification historique. Finalement, la famille a repris possession de la maison, qui est désormais fermée au public.

Se restaurer

Au petit déjeuner, les tacos de tête de bœuf ainsi que la barbacoa de langue (préparation en sauce) sont à l'honneur. Vous croiserez plusieurs *puestos* dans les rues de la ville. Pour les repas, le porc est un délice qu'il soit grillé, emmitouflé dans de la pâte de maïs (tamales) ou mijoté avec légumes et fines herbes, à accompagner avec un bon vin local, tel celui que préparent Las Bodegas el Vesubio. Dans la calle Reforma, la rue principale, se succèdent quelques établissements qui servent une cuisine mexicaine typique, dont de bons fruits de mer ou des *antojitos*. Par ailleurs, la plupart des posadas possèdent un *comedor* ou un petit restaurant.

CAÑON DE LA LIMA ★★

À 8 km au sud-ouest du centre.

Voilà un lieu idéal pour une jolie promenade le long de parois aux reflets bleutés, dont certaines dominent le cours d'eau d'une quarantaine de mètres. En chemin, vous passerez devant plusieurs points d'eau, observerez des fossiles de mollusques et pourrez toucher des pupilles des peintures rupestres vieilles de deux mille ans. L'aller-retour dure environ 6 heures, au cours desquelles il vous faudra marcher, grimper, marcher et probablement aussi sauter. Prévoyez de bonnes chaussures de marche. A faire avec un guide ou seul (attention aux serpents !).

HACIENDA DE SAN LORENZO [CASA MADERO] ★

Carretera Parras-Paila km. 8,5
✆ +52 842 422 0111
www.madero.com.mx
Ouvert tous les jours de 10h à 17h30. Entrée : 15 $.

Terre historique de Cabernet Sauvignon au Mexique et fondée en 1597, l'hacienda San Lorenzo s'étend sur 450 hectares. La région de Parras se devait d'avoir un musée consacré au vin, finalement accueilli au sein de cette hacienda qui produit du vin depuis maintenant quatre cents ans et dont certains ceps sont centenaires. Ce musée retrace l'histoire de la vigne dans cette partie du nord du pays, et propose des explications sur la production actuelle. Dégustations et visite des vignes.

SAN RAFAEL DE LOS MILAGROS ★★

Carr. Torreón - Saltillo km 163

A environ 160 km de Parras, dans la petite ville de San Rafael qui se trouve à la frontière avec l'Etat de Durango, le désert cache ces formations rocheuses littéralement creusées de pétroglyphes par les tribus. On peut admirer un joyau de lignes brisées et circulaires à la signification incertaine. En y regardant d'un peu plus près, on croit parfois y reconnaître des symboles universels tels que l'eau ou le soleil et des figures anthropomorphiques.

PARRAS ADVENTURE TOUR

Calle Múzquiz
✆ +52 842 108 2594

Cette agence très sympathique propose des excursions pour partir à la découverte des sites touristiques de Parras et des environs. Au programme, découverte de vignobles, du canyon de Lima et de points d'eau, des dunes de sable de Viesca, des peintures rupestres et pétroglyphes qui abondent dans la région. Certaines des excursions comprennent des activités sportives, telles que le canyoning. Les équipements nécessaires sont fournis par l'agence. La sécurité est totalement respectée. Grand professionnalisme de la part de cette agence locale.

HOSTAL EL FAROL €€

Ramos Arizpe #301
✆ +52 842 422 1113
www.hostalelfarol.com
25 chambres. Compter 1 000 $ la chambre pour 2 personnes.

Voici un petit hôtel de style colonial idéalement situé dans le centre de Parras. Dotées de hauts plafonds et de grandes fenêtres en bois, les chambres sont un peu simples, mais agréables. Certaines chambres laissent entrer le soleil par leurs grandes fenêtres et sont plus lumineuses que d'autres. Coup de cœur pour le beau patio et son jardin verdoyant. Il est très agréable de s'installer à l'ombre et de profiter du calme. L'hôtel propose un bon petit déjeuner, mais il faut payer un petit supplément. Piscine pour se rafraîchir.

LA CASONA DEL BANCO €€€

Avenida Ramos Arizpe #285
✆ +52 842 422 1954
www.lacasonadelbanco.com.mx
Chambres et suites entre 3 000 et 4 000 $. Petit déjeuner inclus.

Voici une ancienne *hacienda* qui a été restaurée dans le respect de l'environnement (le bois utilisé pour les poutres provient de forêts qui sont la propriété des habitants de la région et qui font l'objet d'une politique de reboisement). Le sol en mortier centenaire a été entièrement enlevé pour être réhabilité puis reposé et la majorité des portes et fenêtres sont d'époque. Un magnifique travail pour un résultat sans faille : accueil, confort moderne et restaurant de grande qualité. Les chambres sont élégantes et décorées avec goût. Un sans faute.

CASA VIEJA €

Francisco I. Madero #113
✆ +52 842 422 2377
Ouvert tous les jours de 8h à 16h30. Plats autour de 100 $.

Excellente attention dans ce petit restaurant familial aux poutres en bois apparentes, qui ne paye pas de mine, mais qui vous accueille dans une ambiance chaleureuse et décontractée. L'établissement vous invite à déguster de bons petits plats de cuisine typiquement régionale. Ces derniers sont confectionnés essentiellement à base de bonne viande, depuis les premières heures du jour. Comme souvent au Mexique, les portions sont extrêmement généreuses, ne vous emportez pas en découvrant le menu, vous ne pourrez pas tout manger...

TORREON

Torreón, situé à 2 134 m d'altitude, est fondamentalement une ville carrefour qui s'est développée au point d'abriter aujourd'hui près d'un million d'habitants. Le coton est à l'origine de la prospérité de la ville. Il s'étale en abondance avant d'entrer dans Torreón, puis sous la forme de grosses balles empilées sur des camions ou dans des hangars. Le reste est du pur désert. La ville de Torreón n'a rien d'exceptionnel, mais elle compte néanmoins quelques musées intéressants. En provenance de l'Etat de Durango, c'est surtout une halte pour visiter la plus grande attraction naturelle de la région : Cuatro Ciénegas. Sinon, passez votre chemin.

Tourisme

La vallée alentour est une ancienne mer intérieure disparue il y a des centaines de millions d'années, la mer de Théthys, entourée de hautes montagnes, classée Réserve naturelle ; elle abrite quelque 70 espèces animales et végétales uniques au monde (reptiles, mollusques, poissons, insectes et cactus) qui en font un écosystème unique. Une chaîne de petites lagunes d'eau salée parsème désormais ce désert de sable fin et de dunes, et offre la possibilité de nager, de s'adonner au snorkeling ou au kayak. Ne manquez pas l'observation de la voûte céleste en nocturne, c'est un spectacle proprement hallucinant.

CUATRO CIÉNEGAS ★★★

Cuatro Ciénegas de Carranza est située à 200 km au nord-est de Torreón, sur la route 30. Fondée en 1800 sur les ruines de la mission jésuite de l'ordre de San Pedro, c'est une ville qui offre un surprenant mélange de culture mexicaine et de paysages à couper le souffle. Dans le village, en plus de l'église San José (1825) présentant à la fois des détails mauresques et gothiques, la présidence municipale de style néoclassique (1918) attirera l'œil du voyageur ; le Museo Casa Carranza et la Casa de la Cultura sont des édifices directement liés à Venustiano Carranza, le révolutionnaire et président mexicain qui naquit ici au XIXe siècle.

ÁREA NATURAL PROTEGIDA DE CUATRO CIENEGAS ★★★

A 10 km du village.

La vallée de Cuatro Cienegas faisait partie de l'ancienne mer de Téthís, et son isolement entre de hautes montagnes, l'a fait évoluer à un rythme distinct et relativement à part de celui du reste du monde. En plein désert, on y trouve aussi bien des zones humides que des rivières, des lagunes et surtout plus de 70 espèces animales et végétales endémiques : bactéries, reptiles, poissons, mollusques, insectes et cactées. Cette particularité en fait un écosystème unique et très ancien.

Aire naturelle protégée de Cuatro Cienegas.

DUNAS DE YESO ★★★

A 21 km du village.

D'un blanc incandescent, cet ensemble de dunes qui s'étire sur plus de 800 hectares faisait partie de la mer de Téthys il y a des centaines de millions d'années. En s'asséchant, elle laissa place petit à petit à ce désert de sulfate de calcium hérissé d'étranges sculptures dues à l'érosion. De loin, on pourrait presque croire que l'on se trouve face à un paysage enneigé ! Mais non, c'est le bien désert qui nous entoure, et la chaleur se charge de nous le rappeler. Lunettes de soleil obligatoires, sans oublier la crème solaire, indispensable dans la région.

LAS PLAYITAS ★★★

A 14 km après le commencement des Dunas de Yeso.

Pour atteindre les Playitas, il faut rouler plus de 14 km sur un chemin de sulfate de calcium, où la lumière aveuglante devient un compagnon de voyage. L'ambiance est magique, entre cactus en fleurs et ruisseaux dans lesquels viennent se désaltérer des familles de chevaux sauvages et des libellules bleu ou rouge métallisé. On arrive finalement sur une lagune d'eau cristalline et verte de six hectares, une petite mer avec des plages de sable blanc… Le site a rouvert en 2015 après dix ans de fermeture afin d'atténuer les dommages provoqués par le tourisme.

POZAS ★★★

A 10 km du village.

Près de 400 puits d'eau font partie d'un réseau de torrents souterrains qui ouvrent les portes d'un monde fascinant. Les minéraux de la *Poza Azul,* cristalline et d'une profondeur de cinq mètres, favorisent le déploiement d'une gamme de couleurs qui va du bleu saphir au turquoise. A quelques encablures, un autre point d'eau héberge la tortue *bisagra*. Plus loin, la *Poza Las Mojarras* regorge de cette espèce de poisson endémique de la zone. Du fait de la fragilité du milieu, la baignade n'est autorisée qu'en des points précis, comme dans la zone du *Río Mezquites*.

HUMBERTO HUERTA - TOURS

Contact via Whatsapp.

✆ +52 1 869 100 9223

Humberto, connu sous le nom d'*El Tigre*, est la référence pour ce qui est de la découverte des magnifiques espaces naturels de Cuatro Cienegas. Il offre des excursions à la journée (de 4 à 6 h) ou des formules de deux ou trois jours permettant de découvrir l'ensemble des sites, de la partie considérée comme l'oasis ou le désert (*mina de marmol, dunas de yeso*) ; on en redemande encore un peu pour découvrir l'histoire du village, ses vignobles et le musée du coin. Possibilité de faire les excursions à bord de son propre véhicule ou dans le véhicule du *Tigre*.

PLAZA HOTEL €€

Hidalgo #202

✆ +52 869 696 0066

www.plazahotel.com.mx

14 chambres, compter 1 200 $ la nuit.

Cet hôtel dispose du plus bel emplacement à une *cuadra* de la place principale. Les chambres sous toutes équipées de l'air climatisé (un indispensable dans la région !). Elles offrent confort et calme, et une décoration simple, bien que colorée. Vous disposerez également d'une aire de repos sous un toit de paille, d'une grande piscine et d'un excellent restaurant. La table de ping-pong dans le jardin occupera vos débuts de soirée. Le petit déjeuner est inclus. Des guides sont disponibles sur place pour vous faire découvrir les merveilles alentour.

LA MISION €€

Miguel Hidalgo #200

✆ +52 869 696 1152

Ouvert tous les jours de 7h30 à 22h30. Plats de 50 à 100 $.

Le restaurant la Misión est situé dans le centre-ville. Dans la salle de cette finca du XIXe siècle, qui fait également figure d'hôtel, vous trouverez une cuisine un peu plus variée que dans d'autres endroits du village : le *Chile Relleno Doña Toya* et la salade *La Misión* sont parmi les plus appréciés. A moins que vous ne vous laissiez tenter par une belle grillade de viande. On déguste le tout dans un cadre agréable, au parfum historique, installé entre la vieille cheminée en pierres et les arches qui épousent les murs. Faites vos jeux !

MONTERREY ★

Monterrey, métropole de 6 millions d'habitants, est la troisième plus grande agglomération du Mexique, après Mexico et Guadalajara. La ville a été fondée en 1596 par Diego de Montemayor. Ce n'est qu'après l'Indépendance du Mexique que la ville commence réellement à se développer, autour des activités manufacturières. Du fait de son essor économique, la ville est devenue plus touristique et les espaces culturels se sont multipliés ces dernières années : centres d'exposition, salles de concert, bars musicaux... Même si la ville n'a pas l'attrait des grandes villes coloniales comme Guanajuato ou Zacatecas, on peut facilement y passer un ou deux jours sans avoir peur de s'ennuyer.

Quartiers

Les principaux quartiers touristiques de Monterrey sont :

- **La Macro Plaza (la Plaza Zaragoza et la Plaza Hidalgo)** correspond au centre historique de Monterrey, qui se déploie de part et d'autre. C'est là que Diego de Montemayor fonda la ville Monterrey il y a 400 ans. On y trouve les principaux monuments et musées de la ville.
- **Le Barrio Antiguo,** au sud-est de la Macro Plaza, est le seul quartier de la ville qui conserve encore quelques rues bordées de vieilles maisons coloniales. C'est un quartier bohème doté de nombreux bars et restaurants, qui s'anime le dimanche autour d'un marché d'art et d'artisanat.
- **Au nord-est de la Macro Plaza, commence le Paseo de Santa Lucía**, un canal artificiel apte à la navigation et qui mène au Parque Fundidora, à l'est de la ville. Le **Parque Fundidora,** ancienne aciérie qui fait la richesse de la ville, regroupe le Centro Internacional de Negocios, le musée de l'Industrie, des centres d'art, un parc d'attractions et un grand espace vert. Il est à découvrir.
- **La Colonia del Valle et San Pedro Garza García, au sud-ouest de la ville**, sont les quartiers chics et les zones résidentielles les plus aisées du pays. On y trouve de nombreux hôtels et restaurants, de même que boutiques de luxe et bars branchés.

Transports

Outre les bus urbains, Monterrey dispose de trois lignes de métro, connues sous le nom de Metrorrey. Celui-ci est un moyen de transport assez pratique pour se déplacer puisqu'il emprunte la calle Colón, l'une des artères principales de la ville.

BASILICA DE NUESTRA SEÑORA DEL ROBLE ✞ ★

A l'angle des rues 15 de Mayo et Juárez
www.basilicadelroble.org

Visible des quatre coins de la ville, cette imposante basilique possède une structure néoclassique parfaite, avec une porte très intéressante et des mosaïques modernes, ainsi que des ornements boisés. Elle doit son nom à l'intervention d'un moine franciscain qui protégea des attaques indigènes en 1592 une représentation de la vierge derrière le tronc d'un chêne. L'arbre servit de point de repère pour la construction de l'édifice en 1854. Le symbole de la ville.

BOCA DE POTRERILLOS ★★

À 50 km au nord-ouest de Monterrey.
Ouvert du vendredi au dimanche de 10h à 16h. Entrée libre.

Cette zone vallonnée au climat semi-aride accueille l'un des plus importants gisements de pétroglyphes du continent, puisqu'on en dénombre près de 3 000, gravés dans les roches sur environ 6 km^2. Leur analyse a permis de découvrir que les anciens peuples de la région ont utilisé le site durant près de 8 000 ans consécutifs, vivant de la pêche, de la chasse et de la collecte. L'iconographie est typique du culte aux éléments naturels : le soleil, la lune, cycles biologiques des plantes et des animaux, instruments de chasse et de scarification.

CANYON DE LA HUASTECA ★★

Le canyon se situe à environ 18 km de Monterrey.
A la sortie de la ville, prendre la route 40
en direction de Saltillo.
http://www.parquelahuasteca.com

Ce superbe canyon, qui se trouve au cœur du Parque Ecológico La Huasteca, comporte des falaises de plus de 300 m de hauteur, dont les parois sont parsemées de glyphes préhispaniques. Il existe plusieurs sentiers et routes où se promener, ainsi que près de 180 voies d'escalade, mais celles-ci sont réservées aux grimpeurs expérimentés (Cueva de la Virgen notamment). Le village de Santa Catarina au nord du canyon est célèbre pour son festival de la Vierge de San Juan de los Lagos, avec danses et feu d'artifice du 10 au 15 août.

CATEDRAL DE MONTERREY ★

Juan Zuazua #1100

L'édification de la cathédrale symbolise à elle seule la difficulté et l'abnégation des premiers colons à s'implanter dans la région au détriment des autochtones. Débutée en 1626, ce n'est qu'en 1800 que seront terminés le portique de style baroque et le premier corps de la tour. La sacristie présente de belles peintures liturgiques des XVIIe et XVIIIe siècles. Les murs du presbytère sont décorés d'une fresque datant de 1946, dont le caractère général se situe entre le style byzantin et celui de Simone Martini, à l'exception d'une remarquable base de turquoise.

CENTRO DE LAS ARTES PINACOTECA DE NUEVO LEON ★

Centro cultural universitario

✆ +52 81 1340 4358

Ouvert du mercredi au lundi de 10h à 20h. Entrée libre.

Ce très beau musée expose les œuvres des artistes les plus renommés de l'Etat de Nuevo León, grâce à la rotation des œuvres de sa collection (1 700 pièces), qui ne cesse de croître depuis les années 60. Il met vraiment à l'honneur l'héritage artistique du nord du pays. Ne manquez pas d'admirer les œuvres de Guillermo Ceniceros, originaire de Durango. Demandez à l'accueil si un guide est disponible pour vous faire la visite. Egalement des expositions temporaires de qualité.

CERRO DE LA SILLA ★

Située au sud-est de la ville, cette montagne est emblématique de Monterrey. Cataloguée parc naturel dans les années 1990, on y trouve plusieurs routes d'ascension, qui offrent l'occasion de réaliser d'agréables balades. Le sentier de randonnée principal fait 10 kilomètres aller-retour et permet d'atteindre le sommet. La randonnée est de difficulté moyenne à élevée, à cause de la forte inclinaison. Compter environ 6 heures. Du sommet du Cerro de la Silla, situé à 1 820 d'altitude, on a une très belle vue panoramique sur la ville.

GRUTAS DE GARCIA ★

Carretera Villa de García-El Potrero km 10

✆ +52 81 8347 1533

Ouvert du mardi au dimanche de 9h à 18h. Entrée : 80 $ par téléphérique) ou 45 $ par le sentier.

Ces merveilleuses grottes ont été découvertes en 1843 par le curé de Villa de García, et ont fait l'objet de nombreux aménagements qui rompent quelque peu le charme (illuminations, sentiers et escaliers en dur). Elles sont situées à l'intérieur du Cerro del Fraile, à une altitude de 1 100 mètres. Pour les rendre plus accessibles au public, le gouvernement a construit un téléphérique qui laisse les visiteurs directement à l'entrée des grottes, mais les plus courageux peuvent toujours prendre le sentier et s'y rendre en marchant.

MACROPLAZA ★

La Macroplaza constitue le cœur de la ville de Monterrey. Il s'agit en fait de deux places : la Gran Plaza au nord, et la Plaza Zaragoza au sud. La Gran Plaza a été construite dans les années 1980 à l'initiative du gouverneur Alfonso Martínez Domínguez, pour décongestionner le centre historique. A cette époque, les travaux ont fait l'objet d'une importante controverse, car de nombreux édifices historiques ont été rasés pour ouvrir cet espace. La Plaza Zaragoza, quant à elle, est bien plus ancienne puisque son origine remonte à l'époque coloniale. De son côté est se déploie le Barrio Antiguo. La Macroplaza est un espace très dense où se mêlent édifices historiques et créations contemporaines. Au nord, se trouve le Palacio de Gobierno : il abrite un petit musée qui retrace l'histoire de l'Etat de Nuevo León ; au sud, le Palacio Municipal, un édifice en acier dont la construction s'est achevée en 1976. Du côté est, en remontant la place, on rencontre successivement le musée d'Art contemporain, la cathédrale, le casino, le Théâtre et la bibliothèque centrale. Du côté ouest, tout au sud, se trouvent l'ancien Palais municipal, qui abrite aujourd'hui le musée Metropolitano de Monterrey, et le Palais de justice. Plusieurs sculptures d'artistes renommés – parmi lesquels Rufino Tamayo, Fernando Botero et Francisco Toledo – ornent la place. Néanmoins, le monument le plus emblématique reste le Faro del Comercio, une énorme structure de couleur orange et d'environ 70 m de hauteur, œuvre du célèbre architecte mexicain Luis Barragán.

MUSEO DE ARTE CONTEMPORANEO DE MONTERREY ★★

Zuazua y Jardón S/N, Centro.
✆ +52 81 8262 4500
www.marco.org.mx
Ouvert du mardi au dimanche de 10h à 19h.
Entrée : 45 $.

Le plus grand centre d'art contemporain du pays : 16 000 m² de construction, dont 5 000 m² d'exposition distribués en 11 salles. Le musée est enthousiasmant autant pour la qualité des expositions que pour l'atmosphère qui se dégage du bâtiment, création de l'architecte mexicain Ricardo Legorreta. L'art y est exposé dans un environnement naturel très agréable. Le visiteur est accueilli par une imposante sculpture de l'artiste mexicain Juan Soriano (1920-2006), *La Paloma*.

MUSEO DE HISTORIA MEXICANA ★★

Dr Coss #445 Sur
✆ +52 81 2033 9898
www.3museos.com
Ouvert de mercredi à samedi de 10h à 18h.
Mardi et dimanche de 10h à 20h. Entrée : 40 $.

Il s'agit du plus grand musée du nord du pays dédié à l'histoire mexicaine : 1 200 œuvres et objets y sont distribués sur 15 000 m² construits dans ce but et inaugurés en 1994. Absolument magnifique. Le musée donne à voir des pièces qui illustrent les différents aspects de la vie au Mexique depuis l'époque préhispanique. Il fait partie du même complexe muséal que le Museo del Noreste. Acheter un billet pour l'un de ces deux musées permet d'accéder gratuitement à l'autre le jour même.

MUSEO DEL NORESTE ★

Dr. Coss #445 Sur
✆ +52 81 2033 9898
www.3museos.com
Ouvert de mercredi à samedi de 10h à 18h.
Mardi et dimanche de 10h à 20h.
Entrée : 40 $ avec accès au Museo de Historia.

Inauguré en 2007, ce musée retrace l'histoire de la région nord-est du Mexique (Coahuila, Nuevo León et Tamaulipas) et du Texas. Cela peut sembler ennuyeux dit comme ça, mais en fait l'exposition est super interactive, le parcours dans ce très beau bâtiment est fait de passerelles et de demi-niveaux, du coup ça passe très bien et on finit par apprendre plein de choses… Le deuxième niveau est consacré aux expositions temporaires. Sur le toit, on trouve un auditorium à l'air libre qui accueille des concerts et des conférences.

MUSEO DEL PALACIO DE NUEVO LEON ★

Macroplaza
Ouvert le mardi et le dimanche de 10h à 20h ; du mercredi au samedi de 10h à 18h.
Entrée libre.

Voici l'hôtel de ville, installé sur Macroplaza, qui constitue en quelque sorte le cœur de Monterrey. Il est le siège du gouvernement de Nuevo León et il abrite les bureaux du gouverneur de l'Etat. Sa construction en 1895 est l'un des plus grands legs du général Bernardo Reyes. Le rez-de-chaussée de ce bâtiment de style néoclassique abrite dans ses anciens salons quelque 400 pièces historiques, complémentaires de la collection exposée dans le Museo de Historia Mexicana.

MUSEO METROPOLITANO DE MONTERREY ★

A l'angle de Zaragoza et Corregidora
✆ +52 81 8344 2503
Ouvert du mardi au dimanche de 10h à 18h.
Entrée libre.

La construction du premier édifice situé à cet emplacement débute en 1653, pour prendre sa forme actuelle en 1887 après de constantes actualisations architecturales. Le bâtiment fut tour à tour siège des *Casas Reales*, du tribunal et de la présidence municipale. En 1989, il est converti en Musée d'histoire de Nuevo León puis remodelé en 1995. Sa collection présente l'histoire de la ville alors que son patio est dédié à divers événements culturels locaux.

PALACIO Y MIRADOR DEL OBISPADO ★

Cerro del Obispado
✆ +52 81 8346 0404
Ouvert du mardi au dimanche de 9h à 18h.
Entrée : 50 $.

Le Palais de l'Evêché – Palacio del Obispado – a été construit à la fin du XVIIIe siècle sur ordre de l'évêque Rafael José Verger, qui en fit sa résidence. Lieu de bataille durant l'Invasion américaine au XIXe, il abrite aujourd'hui le Museo Regional de Nuevo León, qui expose de nombreux objets historiques (armes, sculptures, peintures, art religieux, outils). Le mirador offre une vue panoramique sur la ville de Monterrey. Y est exposé le plus grand drapeau mexicain du pays !

PARQUE ECOLOGICO CHIPINQUE ★

Carretera a Chipinque km 2,5
✆ +52 81 8303 2190
www.chipinque.org.mx
Ouvert tous les jours de 6h à 18h.
Entrée : 70 $.

Dans la Sierra Madre orientale, 1 625 hectares de forêts de pins sont gérés par une association privée, sur une altitude allant de 800 à 2 200 m. L'idéal pour la randonnée, le mountain bike, ou le vol libre. Ceux qui souhaitent grimper jusqu'en haut d'un des quatre sommets (entre 3 et 4 km de sentiers ascendants) devront au préalable solliciter un permis (s'y prendre bien à l'avance). Les randonneurs doivent débuter l'ascension dès l'ouverture du parc.

PLAZA HIDALGO ★

À l'extrême sud-ouest de la Macro Plaza

La Plaza Hidalgo se trouve à quelques encablures de Macroplaza. Le tracé de la place date de l'époque coloniale, quand y fut installé le Palais municipal de la ville, aujourd'hui devenu le musée Metropolitano de Monterrey. Connue autrefois sous le nom de *Plaza de la Carne*, puis *Plaza del Mercado* pour les marchandises qui s'y vendaient, la Plaza Hidalgo est aujourd'hui une tranquille place arborée. Au centre se trouve la statue d'un des leaders de l'indépendance mexicaine, Miguel Hidalgo. Quelques bancs permettent de se reposer.

PARQUE NATURAL LA ESTANZUELA ★

Carretera Nacional 85, camino a Valle Alto
✆ +52 81 2033 1203
Ouvert du mercredi au dimanche de 7h à 16h.
Entrée : 20 $.

Voici un très agréable parc naturel où l'on peut aisément se reposer de la folie citadine sous une *palapa,* jardin d'enfant en prime. C'est un endroit très fréquenté le week-end mais les amateurs apprécieront l'endroit en semaine, puisque l'on peut emprunter un sentier pavé durant quelques trois kilomètres pour remonter le cours de la rivière qui parfois se jette par cascades dans de jolis bassins. Idéal pour se balader, pique-niquer et se détendre.

POTRERO CHICO ★★

Depuis Monterrey, prendre la route 53 qui va à Monclova et s'arrêter au village d'Hidalgo. Compter 40 minutes de route.
www.potrerochico.org

Le parc de Potrero Chico, dans la Sierra Madre Oriental, est considéré comme l'un des 10 meilleurs sites d'escalade du monde. Il comprend de nombreuses parois, certaines dépassant les 610 mètres de dénivelé vertical. Il existe des dizaines de routes, aussi bien pour grimpeurs avancés que pour débutants. Les paysages qui entourent le canyon sont sublimes : ceux qui ne souhaitent pas escalader peuvent toujours aller se faire une petite frayeur en observantles mammifères accrochés aux parois. Possibilité de se loger dans les environs.

PASEO DE SANTA LUCIA ET PARQUE FUNDIDORA ★

www.parquefundidora.org

Le Paseo de Santa Lucía est un canal artificiel qui a été inauguré en 2007. Avec ses nombreuses fontaines et sa belle illumination, c'est l'endroit idéal pour une balade à pied ou en barge. Le canal part de la *Plaza de Los 400 Años* et mène jusqu'au *Parque Fundidora*, une ancienne aciérie qui a été reconvertie en un grand parc qui accueille centres de création et diffusion artistiques et activités de loisir. C'est l'un des lieux emblématiques de la ville pour les familles du cru.

CIRCUITOS POR MEXICO

Blvd. Antonio L. Rodríguez #1888
✆ +52 1 811 556 5847
www.circuitospormexico.com

Voilà 15 ans que cette entreprise familiale offre des excursions et circuits organisés dans tout le Mexique. Il suffit de discuter avec eux une demi-heure pour comprendre à quel point ils aiment leur pays et le connaissent sur le bout des doigts. Ici, tout est possible : une visite d'une journée à partir de la ville de Oaxaca, un circuit de 15 jours dans la Péninsule du Yucatan, 5 journées à la découverte des villes coloniales au départ de Mexico City... ils savent tout faire ! Vous pouvez les contacter les yeux fermés et les oreilles grandes ouvertes.

LA CASA DEL BARRIO €

Diego de Montemayor #1227
✆ +52 81 8344 1800
www.lacasadelbarrio.com.mx
Lit en dortoir : 260 $ par personne. Chambre pour 2 personnes : 620 $.

Installée dans une grande maison de type colonial, cette auberge est idéalement placée au sein du Barrio Antiguo, dans le centre-ville. Les chambres sont propres et coquettes et possèdent leur propre salle de bains. L'établissement propose également des lits dans des dortoirs mixtes. Egalement salle commune très agréable, wifi gratuit et cafétéria. La Casa del Barrio propose aussi des cours de langue et possède une petite agence qui organise des excursions dans la ville et les environs (culturelles, écotouristiques ou sportives).

GAMMA MONTERREY GRAN HOTEL ANCIRA €€€

Ocampo # 443 Ote
✆ +52 81 8150 7000
www.hotel-ancira.com
261 chambres. A partir de 1 600 $ pour 2 personnes.

Cet hôtel est installé dans un très bel édifice dont la construction date du début du XXe siècle et qui a été catalogué monument artistique et patrimoine culturel de la nation. L'hôtel, qui a vraiment plus de cachet que la plupart des autres en ville, dispose (outre son magnifique lobby à damiers) des chambres modernes et récemment rénovées et des espaces communs de toute beauté. L'établissement est, en plus, très bien situé dans le centre de Monterrey.

LIVE AQUA URBAN RESORT €€€

Av Lázaro Cárdenas #2424
✆ +52 81 1646 7000
www.liveaqua.com
Chambres à partir de 6 000 $.

Pour un séjour sous le signe du raffinement et de l'élégance, pourquoi ne pas passer une nuit dans cette tour de verre située dans le quartier le plus chic de la ville ? Dans le lobby comme dans les chambres et le restaurant, les grandes baies vitrées laissent entrer la lumière et offrent une vue dégagée sur la ville et au-delà. Les chambres sont spectaculaires, avec leur décoration épurée, leur grande baignoire, leur matelas ultra moelleux... L'établissement comprend également un spa (soins en supplément). Le luxe à l'état pur.

SAFI ROYAL LUXURY TOWERS €€€

Avenida Pino Suárez #444
✆ +52 81 8399 7000 - www.safihotel.com
244 chambres. Chambre pour 2 personnes à partir de 1 800 $.

Le plus de cet hôtel 5 étoiles, qui se trouve à seulement quelques pâtés de maisons de la Macro Plaza, est son aire de jardin, avec sa piscine et ses hauts palmiers qui nous font presque oublier que l'on est dans la troisième plus grande ville du Mexique. Une partie des chambres (très confortables, cela va de soi) donne sur le jardin, et les autres sont situées dans une tour. A vous de choisir l'ambiance qui vous sied le plus, bien que vous vous sentirez de toute façon bien plus aux Etats-Unis qu'au Mexique : dépaysement sympa, du coup.

BOTANERO MORITAS €

Independencia #143
✆ +52 81 8338 8374
www.botaneromoritas.com
Ouvert du lundi au samedi de 13h à 23h ; le dimanche de 13h à 17h. Entre 150 et 250 $ par personne.

Au cours du XXe siècle, l'édifice a successivement accueilli une *cantina* populaire (le bar Moritas, ouvert en 1939), un club de boxe, des combats de coq, une salle de billard. Ce lieu branché et sobrement décoré avec meubles et objets d'époque est nourri de l'inspiration de trois jeunes chefs qui préparent des petits plats traditionnels et sophistiqués, avec un certain savoir-faire pour exalter la saveur des légumes. On peut déguster au bar, en salle ou en terrasse, des petits plats à placer au centre de la table et à partager.

CAFE TIERRA LIBRE €

Matamorros #929
✆ + 52 81 1969 0209
www.tierralibre.com
Ouvert du mardi au dimanche de 13h à 22h. Plats autour de 90 $.

A quelques rues du Palacio de Gobierno, voici un endroit rafraîchissant et lumineux. Il propose de délicieux cafés (expresso, cappuccino, latte, c'est vous qui voyez !) et smoothies aux fruits naturels, ainsi que quelques pâtisseries maison. Surtout fréquenté par des étudiants, ce petit café convient parfaitement pour une escale à l'heure du déjeuner. On peut y manger léger, les entremets y sont préparés avec amour et produits frais. Au menu : une grande variété de sandwiches, burgers et bagels, à accompagner de frites ou salades. Plaisant.

FONDA EL LIMONCITO €

Guillermo Prieto #938

✆ +52 1 81 1582 5311

Ouvert du lundi au jeudi de 9h à 16h ; le vendredi et le samedi de 9h à 0h ; le dimanche de 9h à 18h. Repas : 150-200 $.

Voici une très bonne petite fonda installée dans une maison aux murs en pierres apparentes, qui permet de faire le tour du pays à travers des plats traditionnels : *asado de puerco* (typique de la région), *albondigas* (boulette de viande) en sauce, poulet au *mole*, *tostada de tinga*, filet de poisson et salade de nopal entre autres propositions plutôt classiques, mais très très bien confectionnées. On ne s'en lasse pas, puisque tous les jours le menu change. Ambiance chaleureuse et authentique garantie, on adore (et les locaux aussi !).

EL REY DEL CABRITO €€

Calle Constitución #817 Oeste

✆ +52 81 8345 3232

www.reydelcabrito.com

Ouvert tous les jours à partir de 11h30.

L'établissement est désormais légendaire, spécialisé dans le plat fétiche du nord du pays : le chevreau grillé. Tous les morceaux sont au même prix, sauf les abats qui sont plus chers. Dîner dans cet établissement est une expérience étrange du fait de la méthode de cuisson et de la présentation des plats. Le spectacle des chevreaux coupés en morceaux, écartelés et empalés sur des broches de fer et mis à cuire sur des braises, rappelle la route ponctuée de lions crucifiés dans *Salammbô* de Flaubert. Et malgré cela, c'est délicieux.

LA NACIONAL €€

Avenida Madero #1160

✆ +52 818 375 3890

Ouvert du lundi au samedi de 13h à 0h. Plats autour de 200 $.

Ce restaurant-*cantina* propose une cuisine régionale unique, chaleureuse et consistante. Les plats sont préparés à base de saveurs simples puisées dans la tradition populaire. Terre, ciel et mer sont au programme. Vous ne vous tromperez pas en choisissant les artichauts grillés (*alcachofa asada*), le *rib-eye a la sal* ou *les tacos de pescado al pastor* (poisson) ; et on trouve même des plats présentés dans des *molcajetes*, ces bols en pierre traditionnels. Desserts savoureux et excellent choix de boissons. Le cadre est très plaisant.

PANGEA €€€

Avenida Roble #660

✆ +52 81 8378 0412

www.grupopangea.com

Ouvert du lundi au samedi de 13h à 0h ; le dimanche de 13h à 18h. Plats 400 $. Menu dégustation : 1 600 $.

Dans son tout nouvel écrin, ce restaurant du chef à succès Guillermo Gonzalez propose un style et menu contemporain qui ont gagné plusieurs prix, notamment celui de la meilleure carte de vin du Mexique. Il figure fréquemment dans les listes recensant les meilleurs restaurants d'Amérique latine. Pangea propose un menu très innovant, type cuisine nouvelle, avec un mariage de saveurs tout à fait singulier. Le menu dégustation vous permettra de faire un tour d'horizon des talents du chef. L'une des plus belles tables de la ville, sans aucun doute.

CALLEJON DEL ARTE

Calle Mina

Ouvert le dimanche de 10h à 19h.

Callejon del Arte est un marché d'art et d'artisanat installé dans le Barrio Antigo. Il propose des antiquités, des peintures et sculptures d'artistes contemporains, ainsi que des pièces d'artisanat de différentes régions du Mexique. Vous y trouverez sans doute quelques bijoux ou objets de seconde main à ramener dans votre valise... Une superbe balade qui vous permettra, dans le même temps, de découvrir les bars et les restaurants qui peuplent la rue. Vraiment, on adore l'atmosphère familiale qui règne dans la rue Mina les dimanches !

EMOCIÓN EXTREMA 2.0

✆ +52 81 1873 9887

www.emocionextrema.com

Cette agence propose des excursions dans tout l'État autour de deux axes : écotourisme (randonnées, VTT, kayak, cheval) et sports extrêmes (escalade, rappel, canyoning, chute libre, spéléologie, parapente, tour d'hélicoptère). Elle se rend dans tous les sites naturels d'intérêt autour de Monterrey. Très pratique, car l'agence dispose de tout le matériel et des guides qualifiés. De quoi faire monter l'adrénaline en se sentant en sécurité à chaque instant ! On peut également passer par l'agence pour louer des cabanes dans les environs de Monterrey.

VILLA DE SANTIAGO ★★

Gros village situé à l'extrême nord de la Sierra Madre Orientale, Santiago n'est distant que de 40 kilomètres du centre de Monterrey. C'est une destination de fin de semaine privilégiée pour les habitants de la ville, qui viennent s'y ressourcer en partant à la découverte de cascades, de vues panoramiques époustouflantes et d'oiseaux de mille couleurs qui parcourent la région : c'est l'une des portes d'entrée du Parque Nacional Cumbres de Monterrey, dont le petit village de Potrero Redondo est la base pour explorer les canyons de la région. Outre la randonnée, les environs offrent en effet de multiples (et uniques) possibilités de pratiquer des sports extrêmes : escalade, canyoning, saut à l'élastique, etc. Le village en lui-même jouit d'une architecture intéressante des XVIIIe, XIXe et XXe siècles, que l'on découvrira aux alentours de Plaza Ocampo. L'église baroque Santiago Apóstol est un des plus intéressants monuments religieux de l'extrême nord du pays.

Se loger

Pour se loger, on peut choisir le village en lui-même, à partir duquel on peut réaliser des excursions ; restaurants et cafés s'animent en fin de semaine. Pour les amants de l'écotourisme, de nombreux chalets font office d'hôtel à proximité des sites naturels les plus emblématiques.

Sports / Loisirs

Les voyageurs en mal de dépaysement, de grands espaces et d'aventure se rendront bien volontiers à Potrero Redondo, dans les montagnes à deux heures de route de Villa de Santiago, par un chemin en terre extrêmement délicat à parcourir : les précipices sont vertigineux, il est très difficile de croiser un autre véhicule et il n'existe évidemment pas de rambarde de sécurité. Les visiteurs s'y font accompagner par une agence spécialisée, souvent pour une visite d'une journée : on part à l'aube pour faire la route et arriver tôt le matin afin de redescendre à pied à travers le fameux canyon de Matacanes. Il est pourtant plus intéressant de partir la veille, dormir sur place et redescendre le lendemain ; on peut aussi rester plusieurs jours sur place, car il existe d'autres attractions : cascades et canyons moins connus à parcourir.

Paysage de Potrero Redondo, porte d'entrée des canyons de la région.

CASCADE COLA DE CABALLO ★

Carretera 20 a Laguna de Sánchez km 6

La cascade Cola de Caballo, haute de 25 mètres, doit son nom à la forme que prend l'eau en tombant, qui rappelle celle d'une queue de cheval. Différents types d'activités sont possibles : promenades à cheval ou, pour les plus téméraires, point de saut à l'élastique près de la cascade, et redescente en tyrolienne. Un lieu emblématique de la région, aménagé et très touristique. Ceux qui souhaitent un véritable dépaysement trouveront des cascades bien plus sauvages à deux heures de là, autour du petit village de Potrero Redondo.

CUEVA DE LA BOCA ★

Sur la rive orientale de la Presa de la Boca

A une vingtaine de kilomètres de Santiago, ne manquez pas de jeter un œil à cette grotte à l'allure pittoresque, qui forme une ouverture béante en haut d'une colline. On l'a baptisée la « grotte des chauves-souris », car elle constitue un sanctuaire pour des millions de ces animaux. Six espèces de chauves-souris cohabitent dans cette grotte, qu'il est interdit de visiter. Tous les jours au coucher du soleil, on aperçoit des milliers et des milliers d'entre elles qui sortent de leur repos diurne pour aller sucer le sang des voyageurs intrépides...

MATACANES - AVENTURS ★★★

Carretera a Cola de Caballo #135
✆ +52 1 81 19 77 51 59
www.aventurs.com
Formules à la journée, incluant une ou plusieurs nuits et la découverte de divers canyons et sites naturels.

Depuis 1997, les professionnels de cette agence sont les pionniers de la visite des canyons dans la région, au point que leur nom (Matacanes) a été confondu avec l'attraction la plus connue de la région. On vous emmène l'explorer au cours d'une seule journée (départ à l'aube), mais il est tout de même vivement conseillé de passer la nuit dans leur campement de base à Potrero Redondo. Ici, les cabanes (privatives ou de type refuge avec plusieurs lits accueillant des groupes) sont toutes en bois et parfaitement intégrées à la forêt de conifères. Le bar-restaurant du lieu est tout simplement hyper chaleureux et les espaces communs impeccables : hamacs, espace pour feu de camp pour faire griller de la viande et même un bain bouillonnant à l'air libre. À la tombée de la nuit, on peut descendre dans la plaine située en contrebas, où une plateforme en bois a été aménagée pour s'allonger regarder les étoiles : celles-ci scintillent certes dans le ciel, mais aussi autour des arbres sous la forme de centaines de lucioles qui y clignotent en saison des pluies. Un endroit magique, dépaysant et terriblement attachant. Les formules proposées incluent toutes le transport vers Potrero Redondo, l'équipement pour la descente des canyons (quatre options différentes, qui font qu'on peut y rester quatre nuits puisque chacune des activités dure une journée entière), l'hébergement et les repas. Cette agence très pro organise, outre le canyoning, de nombreuses autres activités sportives dans la région. À découvrir sans modération.

LAS PALOMAS DE SANTIAGO €€

Abasolo #101
✆ +52 81 2285 4332
www.laspalomasdesantiago.com
27 chambres tout confort. Chambres à partir de 1 200 $ et suites à partir de 1 650 $.

Voici l'hôtel le plus central de la ville, installé dans un bâtiment récent de style colonial, qui s'insère parfaitement sur la place principale. Il offre de spacieuses et très agréables chambres. Le matin, vous serez peut-être réveillés par le son des cloches de l'église adjacente. A savoir que le week-end, il y a parfois des événements ou des groupes, et l'hôtel n'est plus aussi calme. On peut profiter d'une très belle vue alentour depuis la terrasse. L'établissement est également très réputé pour son délicieux restaurant.

LA CASA DE LA ABUELA €

Morelos #114
✆ +52 81 2451 4311
Ouvert du lundi au vendredi de 7h30 à 19h30 ; le week-end de 7h30 à 20h30. Plats entre 100 et 200 $.

Santiago, comme destination à la journée pour les habitants de la ville de Monterrey, offre toute la palette de cuisine imaginable – à l'image de cet accueillant restaurant qui offre l'essentiel de la gastronomie locale et nationale, dont le fameux *asado de puerco* (viande porc en sauce), et les petits desserts tels que les *pay de elote* (gâteaux de maïs) sont très bien confectionnés. L'avantage, c'est qu'on peut commander ses plats en demi-portion en cas de petit appétit ou si l'on souhaite juste en goûter plusieurs et les partager.

CAÑON DE MATACANES

Potrero Redondo

Les plus intrépides se rendront sans hésiter dans ce magnifique canyon situé dans le Parque Nacional Cumbres de Monterrey ; le parcours. Depuis les hauteurs, on commence derechef par une petite marche sur sentier escarpé avant de débuter par une descente verticale en rappel d'une trentaine de mètres avant de se glisser dans l'eau fraîche pour la suite des hostilités qui nécessite tout de même une très bonne condition physique : marche et nage dans une rivière souterraine, sauts par-dessus les cascades et chutes d'eau et de nombreux autres obstacles à franchir.

CASCADA EL CHIPITIN

Potrero Redondo

Cette cascade aux eaux très rafraîchissantes est relativement facile d'accès pour les marcheurs, bien que le sentier soit plutôt escarpé. Cette chute d'eau de 90 mètres de hauteur, l'un des joyaux de Nuevo León qui tombe dans une lagune turquoise, peut faire l'objet d'une simple visite de courtoisie ou bien d'une exploration un peu plus mouvementée. On peut en effet atteindre sa base par une succession de sept rappels, mais elle constitue aussi le point de départ d'un parcours de canyoning dénommé *Hidrofobia*. À vous de voir !

BASSE CALIFORNIE

La péninsule de Basse-Californie se découpe administrativement en deux Etats : la Basse-Californie et la Basse-Californie du Sud (Baja et Baja Sur), avec respectivement Mexicali et La Paz pour capitales. Au sud, sur la route nationale 1, un monument marque le croisement de la latitude du tropique du Cancer. La péninsule offre un étrange contraste entre les déserts immaculés et les eaux de la mer de Cortés et de l'océan Pacifique : on y recense 3 000 km de côtes et plus de 500 îles. Mais outre la richesse de sa faune marine qui fait son succès auprès des voyageurs, on trouve aussi une chaîne de montagnes qui fend la péninsule sur nord au sud : la sierra de Juárez. La Basse-Californie est une terre riche en surprises, floquée d'oasis et de lagunes et habitée d'espèces végétales et animales uniques au monde ; le voyage peut vite prendre des allures d'exploration et les amateurs d'écotourisme et de camping sauvage y trouveront leur bonheur.

LOS ALGODONES
LA RUMOROSA
MEXICALI
San Luis Rio Colorado
ROSARITO
PARC NATIONAL CONSTITUCIÓN DE 1857
VALLE DE GUADALUPE
ENSENADA
Agua Flores
ETATS-UNIS
Tucson
Parc national du Grand Désert
SAN VICENTE
El Chinero
Sonoyta
SAN ANTONIO
PARC NATIONAL SIERRA DE S. PEDRO MARTIR
PUERTO PEÑASCO
SAN FELIPE
VICENTE GUERRERO
NOGALES
SAN QUINTÍN
Sierra de San Pedro Martir
Fort Alamo
EL ROSARIO
Caborca
GOLFE DE CALIFORNIE
El Rosario de Abajo
Cerro Azul 2450 m
PUERTECITOS
San Augustin
SONORA
BAHIA LUIS GONZAGA
CATAVINHA
Calamajué
Puerto Libertad
BASSE-CALIFORNIE NORD
Isla Angel de la Guarda
Isla Tiburon
HERMOSILLO
BAHIA DE LOS ANGELES
Parc naturel Isla Tiburon
Sonora
Baie de S. Vizcaino
Isla S. Lorenzo
Rancho
Sierra de San Boria
Isla Cedros
GUERRERO NEGRO
El Arco
Bahia Tortugas
GUAYMAS
Sanctuaire des baleines grises
Isla Tortuga
SAN IGNACIO
SANTA ROSALIA
Isla San Marcos
Laguna de S. Ignacio
Cerro del Aquila 2012 m.
Site des baleines grises
MULEGÉ
Sierra de Santa Lucia
BASSE-CALIFORNIE SUD
OCÉAN PACIFIQUE
GOLFE DE CALIFORNIE
SAN JUANICO
LORETO
Primer Agua
Isla El Carmen
SAN JAVIER
Isla S. Catalina
PUERTO ADOLFO LÓPEZ MATEOS
Sierra de la Giganta
Isla Sta. Cruz
Isla Magdalena
Ciudad Constitución
Baie Magdalena
PUERTO SAN CARLOS
Isla San José
Baie de la Paz
San Pedro
Basse-Californie
ISLA ESPIRITU SA
Isla Santa Margarita
Pichilingue
EL TECOLOTE
Isla Ce
LA PAZ
Playa Corom
BALANDRA
LA VENTANA
SANTIAGO
EL TRIU
TODOS SANTOS
PLAYA LOS CERRITOS
PLAYA SAN PEDRO LAS PALMAS
CA
EL PESCADERO
PU
SIERRA DE LA LAGUNA
SAN JOSÉ DEL CABO
CABO SAN LUCAS
Ville
Sommet
Autoroute
Route principale
Route secondaire
Zone protégée
100 KM

PAGES

●● SUD DE LA BASSE-CALIFORNIE

513

La péninsule de Basse-Californie se découpe administrativement en deux Etats : la Basse-Californie et la Basse-Californie du Sud (Baja et Baja Sur), avec respectivement Mexicali et La Paz pour capitale. De même que le nord, la partie sud attire un nombre important d'immigrés d'autres Etats plus pauvres de la République mexicaine (Sinaloa et surtout Michoacán, Oaxaca et Guerrero, entre autres) qui constituent une main-d'œuvre captive et parfois surexploitée. Les activités de la Basse-Californie du Sud sont essentiellement liées à l'essor des activités touristiques, et les migrants viennent à la fois y chercher du travail, mais aussi une qualité de vie plus douce que dans leurs Etats d'origine.

513 **LA PAZ ★★**

La Paz, la capitale, est une petite ville côtière à l'ambiance décontractée et agréable. La rue qui longe la mer (Malecón) est jonchée de palmiers et est une promenade très appréciée des habitants en fin de journée. À 30 minutes de La Paz, la magnifique plage de Balandra est sise dans une anse cernée de sable fin et de mangroves.

516 **ISLA DE ESPÍRITU SANTO ★★**

517 **EL TECOLOTE ★**

517 **BALANDRA ★★**

517 **LA VENTANA ★**

517 **EL TRIUNFO ★★**

518 **SIERRA LA LAGUNA ★★**

518 **SANTIAGO ★**

519 **CABO PULMO ★★**

520 **SAN JOSÉ DEL CABO ★**

San José del Cabo est une jolie et très agréable petite ville à l'architecture et aux couleurs coloniales, située quelques kilomètres à l'intérieur des terres.

523 **CABO SAN LUCAS ★**

526 **TODOS SANTOS ★★★**

C'est un petit village à l'architecture magnifique, situé à côté de plages où il est aisé de pratiquer et d'apprendre le surf. Il sert aussi de base commode pour visiter la sierra de la Laguna, du haut de laquelle on aperçoit aussi bien l'océan Pacifique que la mer de Cortés.

527 **PLAYA SAN PEDRO LAS PALMAS ★★★**

527 **EL PESCADERO ★★**

528 **PLAYA LOS CERRITOS ★**

528 **PUERTO ADOLFO LÓPEZ MATEOS ★★★**

529 **SAN JUANICO ★**

529 **LORETO ★★★**

Le petit village tranquille de Loreto fut le siège de la première mission jésuite de la péninsule. Depuis la baie, on observe les îles qui forment le Parc national Bahía de Loreto, dans les eaux duquel pullulent dauphins, raies mantas et des milliers de petits poissons jusque sur le rivage.

531 **SAN JAVIER ★★**

PAGES

532 MULEGÉ ★★★

Situé à l'embouchure de Bahía Concepcíon, Mulegé est une oasis dans le désert. A quelques kilomètres de ce petit village niché entre deux collines, les Siete Ensenadas sont de très belles plages d'eau cristalline sur lesquelles il est aisé de camper.

534 SANTA ROSALÍA ★★★

535 SAN IGNACIO ★★★

San Ignacio est une petite oasis qui se distingue par sa mission, dont la construction commencée par les jésuites fut finalement achevée par les dominicains. C'est aussi le point de départ pour visiter San Francisco de la Sierra, village perché dans les montagnes qui sont le théâtre de superbes excursions naturalistes et archéologiques.

536 GUERRERO NEGRO ★★★

538 ●● NORD DE LA BASSE-CALIFORNIE

Dans la péninsule, de même que pour le Mexique continental, plus on s'approche de la frontière avec les Etats-Unis, plus l'influence de la culture américaine est visible, aussi bien dans les habitudes quotidiennes que l'aménagement urbain. Du fait de l'histoire de la conquête et de la colonisation, bien plus tardives que pour la partie sud, on trouve très peu de bâtiments anciens, et l'on peut être un peu nostalgique des centres-villes de type colonial. Ce n'est qu'à l'extrême sud de cet Etat que l'on peut visiter deux missions jésuites du XVIIe siècle encore sur pied : San Borja et San Gertrudis. Pour le reste, les édifices religieux construits successivement par les Franciscains et les Dominicains, généralement en matériaux périssables, sont aujourd'hui en ruine. C'est donc un Etat un peu hybride, sorte de zone tampon entre les Etats-Unis et le Mexique. Pourtant, les beautés naturelles et lieux à visiter sont nombreux : Tijuana est une ville fascinante et la route des vins et de la gastronomie aux alentours d'Ensenada est une destination en plein boom ; sur la mer de Cortés, les baies offrent une belle occasion d'observer des espèces animales rares sous nos latitudes. D'une manière générale, la moitié sud de la péninsule est un vaste désert hérissé de plantes plus étranges les unes que les autres, où l'on peut aussi visiter quelques sites intéressants de peintures rupestres.

538 TIJUANA ★★
542 ROSARITO
542 ENSENADA ★
545 VALLE DE GUADALUPE ★★
546 SAN VICENTE ★★
547 LA RUMOROSA ★
547 PARQUE NACIONAL CONSTITUCIÓN DE 1857 ★
547 MEXICALI
548 LOS ALGODONES ★
548 SAN FELIPE ★
548 PUERTECITOS ★
548 PARQUE NACIONAL SAN PEDRO MARTIR ★
548 SAN QUINTÍN ★
548 EL ROSARIO ★
549 CATAVIÑA ★
549 BAHÍA SAN LUIS GONZAGA ★
549 BAHÍA LOS ANGELES ★

LA PAZ ★★

Terre originelle des Guaycura, ceux-ci allaient mener dans un premier temps la vie dure aux Espagnols, coupables de viols répétés et du saccage des ressources de la région (notamment des perles noires). La Paz, objet d'une visite furtive de la part de Cortés qui la baptisa Santa Cruz en 1535, reçut son nom actuel du navigateur Vizcaíno qui y établit un bref établissement avant de rebrousser chemin faute de provisions. L'établissement fut ensuite occupé par les Jésuites avec des abandons successifs, dans cette zone notamment peuplée de pêcheurs de perles noires, dont l'existence entre pauvreté et rêve de richesse est magnifiée dans le roman *La Perle*, de John Steinbeck (1947). Plus tard, la région sera occupée par les troupes américaines pendant la guerre avec le Mexique (1846-1848). Un personnage très original, William Walker, y proclame « la république de Basse-Californie » en 1853, mais doit vite rebrousser chemin. Le déclin de la ville s'accentue davantage avec la révolution mexicaine de 1910. De nos jours, La Paz doit surtout son essor aux activités touristiques ; capitale de 250 000 habitants, c'est une ville calme et agréable, dotée d'une magnifique baie. Les couchers de soleil y sont magnifiques. Les ferries en provenance de Mazatlán et de Topolobampo y déversent de nombreux visiteurs, autochtones et étrangers, mais la ville est loin de connaître les horreurs d'une région comme Los Cabos, où un tourisme de masse a eu pour conséquence de défigurer des paysages somptueux.

Sports / Loisirs

Les eaux de La Paz sont réputées pour accueillir chaque année nombre d'espèces et de mammifères marins. Attention, les dates indiquées pour la présence de chaque espèce sont indicatives, mais sachez qu'il peut y avoir des variations d'un à trois mois selon les années. Le requin-baleine (octobre à mars) est facile à chercher et observer depuis une embarcation. Sur l'île Espíritu Santo, on peut nager ou plonger avec des colonies de lions de mer tout au long de l'année, de même qu'avec les dauphins. Les eaux de La Paz accueillent aussi nombre d'autres espèces, mais leur observation est plus hasardeuse et aléatoire : requins-marteaux (septembre-février), baleines bleues ou à bosse (décembre-mars) ou encore raies mantas (août et septembre). Des excursions d'une journée sont possibles vers la baie Magdalena pour observer les baleines grises (décembre à mars).

CENTRO CULTURAL LA PAZ ★

Avenida 16 de Septiembre #120
✆ +52 612 122 0065
Ouvert du lundi au vendredi de 8h à 20h ; le samedi de 10h à 20h. Gratuit.

Inauguré en 1910, le centre culturel de La Paz est l'un des plus beaux édifices historiques de la ville, reconnaissable à sa magnifique façade en pierre. Il fut inauguré en 1910 dans le cadre des festivités pour célébrer le centenaire de l'indépendance du Mexique. L'édifice accueille désormais sur deux étages une des salles dédiées à l'expression artistique contemporaine : expositions, présentations littéraires, théâtre, ateliers et conférences. Pour couronner le tout, un sympathique petit café dispose de quelques tables dans le patio.

MUSEO REGIONAL DE ANTROPOLOGÍA E HISTORIA ★

5 de Mayo et Ignacio Altamirano
✆ +52 612 122 0162
Ouvert tous les jours de 8h à 18h. Entrée : 45 $.

Le musée d'anthropologie de la ville retrace l'histoire de la péninsule, de la Préhistoire jusqu'à la révolution de 1910. Les vestiges archéologiques que l'on peut admirer donnent une idée de la façon dont vivaient les premiers habitants de la région. L'endroit dispose aussi d'une salle d'expositions temporaires et d'une bonne librairie proposant de nombreux livres en espagnol sur la région. À côté se trouve une belle bibliothèque publique installée dans un édifice historique.

PLAGES ★

La Paz bénéficie de jolies plages ; l'eau y est transparente et les couchers de soleil sont magnifiques. À 5 kilomètres au sud de la ville, Coromuel est la plus fréquentée pour sa proximité à la ville et ses aménagements modernes. Un peu plus loin, les plages La Concha et El Caímancito vous offrent une autre alternative. Pour le dépaysement, rendez-vous à Balandra, qui offre des paysages magnifiques et un calme... retentissant, uniquement perturbé par le bruit des vagues. Enfin, El Tecolote possède quelques restaurants et de quoi faire des activités aquatiques.

© PIETRO CANALI

La plage Balandra dans la péninsule de Pichilingue.

GOTBAJAMAPS

Madero # 1240 entre 5 de Mayo et Constitución
✆ +52 612 125 5991
www.gotbaja.mx

Cette petite entreprise publie des cartes que vous trouverez gratuitement tout au long de votre parcours : La Paz, Todos Santos, Los Cabos, Mulegé, East Cape, Loreto, Rutas del Vino (Basse-Californie du Nord), etc. Les destinations les plus importantes et touristiques de Basse-Californie figurent sur la page Internet. Les cartes interactives permettent de choisir la ville de son choix et de cliquer sur l'attraction ou le site qui nous intéressent. Certaines cartes sont même téléchargeables depuis la page Internet. Très bien fait.

ECO MIGRATIONS

Calle de los Constructores #8
✆ +52 612 124 6755
www.ecomigrations.com

Journée d'observation des baleines : 180 US$, tour en kayak Espiritu Santao : 135 US$.

Ici, c'est le contact avec la nature et ses habitants les plus fidèles qui compte ; l'agence dispose de campements temporaires dans de nombreux endroits de la Péninsule : La Giganta, Espiritu Santo, Bahia Almejas, le long de la côte jusqu'à Loreto. On fait de longues distances en kayak, certes, mais l'agence les mixe aussi avec des expéditions de plongée (de mi-août à mi-novembre) et de VTT, d'observation des baleines (de mi-février à mi-mars). Leurs offres incluent également les nuits d'hôtel à La Paz, et les campements sont confortables.

RED TRAVEL MEXICO

Mutualismo 334
✆ +52 612 122 6057
www.redtravelmexico.com

Excursions à la journée ou au long cours. Transferts.

Cette organisation peut vous emmener ou organiser à la carte différents séjours dans toute la péninsule de la Baja California (montagne, mer et désert), toujours au plus proche de la nature et des espèces animales, dans le souci de limiter l'impact des visites sur l'environnement. Indispensable : snorkeling à la Isla de Espiritu Santo, nage avec les requins-baleines à proximité de La Paz et Balandra, plongée à Cabo Pulmo, observation des baleines grises à Bahia Magdalena, visite de Todos Santos, fermes de l'arrière-pays, campements de protection des tortues, etc.

AEREO CALAFIA

✆ +52 624 143 4302
www.calafiaairlines.com

Voici une compagnie locale qui offre des services de taxi aérien, charters et vols touristiques dans toute la péninsule (Cabo San Lucas, La Paz, Loreto, Santa Rosalia, Ciudad Constitución, Guerrero Negro). Le tout se révèle très pratique pour les voyageurs pressés, mais aussi parfois plus économique que le bus ! La compagnie dessert également plusieurs destinations de la côte pacifique (de Puerto Vallarta jusqu'à Guacaymas dans la Sonora, en passant dans le Sinaloa), ainsi que les villes de Tijuana, Chihuahua et Guadalajara.

BAJA FERRIES

Ignacio Allende #1025
✆ +52 612 123 6600
www.bajaferries.com
Voyage jusqu'à Topolabombo et Mazatlán, avec ou sans voiture.

C'est la solution la plus pratique pour rejoindre la Basse-Californie si vous souhaitez également transporter votre véhicule (cela vous coûtera un supplément). Les ferries partent de Mazatlán et Topolobampo, dans le Sinaloa. La traversée se fait de nuit et on a le choix entre des sièges confortables, mais simples ou un voyage en cabine avec lit-couchette. Les jours de départ sont extrêmement volatiles selon les saisons, mais se font en général les lundis, mercredis, vendredis et dimanches. Passer un coup de téléphone avant de réserver pour confirmer.

PENSION BAJA PARADISE €

Francisco I Madero #2166
✆ +52 612 128 6097
Chambre pour une personne à partir de 400 $, pour deux à partir de 500 $.

C'est un petit bâtiment accueillant au toit de palme, dont toutes les chambres ont l'immense avantage de disposer de l'air conditionné. Celles pour une personne peuvent être de taille assez réduite, mais les agréables espaces communs compensent largement : cuisine, terrasse, barbecue. Si la décoration dans les chambres n'est pas des plus modernes, le tout est très propret et fait parfaitement l'affaire. Les mots d'ordre : simplicité et confort. L'établissement, qui est très bien entretenu et équipé, offre un rapport qualité-prix inégalable.

HOTEL CATEDRAL LA PAZ €€

Independencia 411
✆ +52 612 690 1000
www.hotelcatedrallapaz.mx
Compter 2 000 $ pour une chambre pour deux personnes, copieux petit-déjeuner compris.

C'est un hôtel de création récente, mais dont la façade a su s'habiller de pierres de la région, pour s'intégrer parfaitement à son environnement. À l'intérieur en revanche, le blanc immaculé domine les contours de cette vaste cour où se dressent les édifices de trois étages, agrémentés d'un ascenseur extérieur translucide. Le confort est bien entendu de mise dans les chambres, et le solarium ainsi que la piscine à débordement sur le toit offrent une vue inégalée sur la tour de la petite cathédrale. Idéalement situé à proximité des restaurants et du bord de mer.

POSADA DE LAS FLORES €€€

Alvaro Obregón #440
✆ +52 612 122 7463
www.posadadelasflores.com
Chambre double à partir de 3 000 $.

Ce petit boutique-hôtel, entièrement rénové en 2017, est très bien situé, face au Malecón de la ville. On peut jouir d'une magnifique vue sur l'océan depuis la terrasse et le restaurant. Les chambres sont très élégantes ; on voit dans la manière dont elles ont été décorées qu'une grande attention a été apportée aux détails. L'établissement comprend aussi un solarium, un bar et une agence de voyages, qui pourra vous aider à planifier vos activités et excursions dans les alentours. Un grand classique à la décoration soignée et au confort moderne.

CAPUCHINO CAFE €

Mutualismo #314
✆ +52 612 125 8872
www.capuchinocafe.com
Ouvert tous les jours de 13h à 21h. Plats autour de 100 $.

Ne manquez pas de faire une halte dans ce sympathique café, dont la façade et la cour sont décorées de fresques colorées. On y mange très bien à toute heure, des plats simples mais agréablement confectionnés : les falafels sont notamment un succès quotidien. La proposition de cafés, thés et boissons aux fruits frais font aussi la réputation du lieu. Quand aux limonades tropicales, elles sont tout indiquées pour une pause désaltérante ! Terrasse agréable. Activités culturelles en prime : cours de dessins, projections de films, etc.

MARIA CALIFORNIA RESTAURANTE €

Benito Juárez #105
✆ +52 1 612 140 0342
www.mariacalifornia.com
Ouvert du mercredi au lundi de 8h à 14h. Autour de 150 $ par repas.

Voici un charmant restaurant au décor on ne peut plus mexicain, qui dispose de quelques tables en terrasse, abritées sous un joli bougainvillier. C'est une excellente adresse pour des petits déjeuners copieux : omelettes, *enchiladas*, *hotcakes* et quelques petits plats typiques du nord du pays tels que la *machaca*. Jolie présentation des assiettes. Le service est à la hauteur de la cuisine : impeccable. Une adresse où l'on devient bien vite un habitué.

NIM €€

Revolución #1110
✆ +52 612 122 0908
www.nimrestaurante.com
Ouvert du lundi au samedi de 13h à 22h30.
Plats de 200 à 300 $.

Dans une jolie maison, ce très agréable restaurant offre un cadre spacieux en intérieur et en extérieur, dont le décor est à la fois minimaliste et contemporain. Les plats sont élégants et savoureux, d'inspiration aussi bien européenne qu'asiatique ou nord-africaine, et leur présentation est à la hauteur de l'ambiance : carpaccio de bœuf, cannelloni de fruits de mer, tajines de mouton et d'autres délices qui se renouvellent constamment. Parfait pour une petite halte gastronomique aux accents internationaux, pour changer un peu.

SORSTIS €€

Revolución # 385
✆ +52 612 128 8985
Ouvert du lundi au jeudi de 14h à 23h ;
le vendredi et le samedi de 14h à 2h ;
le dimanche de 10h à 22h. Plats : 250 $.

Ce chef italien s'est installé dans l'agréable cour d'une ancienne bâtisse et, bien que relativement nouveau dans l'univers gastronomique local, l'endroit est vite devenu incontournable. Il faut dire que la cuisine méditerranéenne qui y est proposée répond à toutes les attentes. Les plats sont raffinés et inspirés : poisson du jour et fruits de mer ultra frais, salades et légumes accompagnent des petits plats à la présentation colorée et soignée. Le tout est rafraîchissant et élégant à la fois. Desserts à ne surtout pas oublier.

LA MISERABLE

Belisario Domínguez #274
✆ +52 612 157 3217
Ouvert du lundi au samedi de 17h à 0h.
Verres de mezcal à partir de 80 $.
Bières artisanales.

Nous n'avons rien trouvé de misérable dans cet endroit charmant ! Son décor soigné reconstitue l'ambiance des *cantinas* mexicaines des années 1930, lui donnant par la même un petit air *British*. Le bar est spécialisé dans le mezcal, cet alcool traditionnel désormais à la mode dans tout le pays : vous pourrez en goûter une grande variété provenant de toutes les régions. Pour les fumeurs, installez-vous sur la terrasse à l'air libre, très agréable avec son atmosphère bohème et ses loupiotes. Un peu de douceur dans ce monde de brutes…

NEVERIA Y PALETERIA LA FUENTE

Álvaro Obregón
Ouvert tous les jours de 9h à 0h.

Quoi de mieux pour se désaltérer et affronter la chaleur de la péninsule que de déguster une délicieuse glace ? C'est ici, à la Fuente, que vous trouverez meilleures glaces artisanales de la ville. Originaire de Tocumbo au Michoacán (tout comme la plupart des glaciers du pays !), la grande spécialité reste la glace de *chongos zamoranos*, préparation au lait fermenté inventée dans les couvents de l'époque coloniale. Pour les puristes : glace aux pétales de rose.

CORTEZ CLUB

Carretera a Pichilingue km 5
✆ +52 612 121 6120
www.cortezclub.com
Plongée : 188 US$ les deux bouteilles, équipement et déjeuner. Tour de snorkel : 130 US$.

Un club 5 étoiles qui vous emmènera plonger et faire du snorkel aux alentours de l'archipel, notamment en compagnie des lions de mer. Pour ceux qui souhaitent accéder à des sites plus lointains pour plonger dans une épave (Salvatierra Wreck) ou avec des milliers de poissons tourbillonnant (La Reina et La Reinita), il vous faudra réunir trois personnes au minimum. Propose également des sorties pour observer le requin-baleine (octobre-mars) et des excursions d'une journée vers la Bahía Magdalena pour observer la baleine grise (de décembre à mars).

ISLA DE ESPÍRITU SANTO ★★

Plus encore qu'une île, il s'agit d'un archipel à 25 km au nord de la ville de La Paz. Il sert de refuge à de nombreuses espèces d'oiseaux et de mammifères marins, notamment des loups de mer et des dauphins. Le requin-baleine, plus gros poisson connu, est visible dans ses environs entre les mois d'août et de février. Entourée par une mer d'un bleu intense qui vire au turquoise à l'approche des criques de sable fin, c'est un endroit idéal pour s'adonner à la randonnée, pratiquer le kayak, la plongée et le snorkeling. L'île a été déclarée zone naturelle protégée, mais on peut néanmoins s'y rendre dans le cadre d'excursions organisées.

BAJA OUTDOORS ACTIVITIES

À côté du restaurant El Molinito.
+52 612 125 5636
www.kayactivities.com
Tour de kayak de 4 jours et 3 nuits : 700 US$. Liste des tours, tarifs et réservations sur la page web.

C'est le grand spécialiste des virées en kayak aux alentours de La Paz. Selon votre expérience, vous passerez entre 2h et 4h par jour à ramer. En route, vous explorerez aussi bien les rivages que les îles, dont l'ascension vous offrira des points de vue magnifiques. Les excursions incluent la nourriture et le campement ; une partie du matériel est également louable sur place (sac de couchage, snorkel et palmes). L'agence vous emmène également jusqu'à Loreto (12 jours), sur la Isla del Carmen (12 jours) et la Isla San José (10 jours). Une expérience inoubliable.

EL TECOLOTE ★

A 27 km de La Paz, en face l'île Espíritu Santo : une longue plage de sable blanc baignée par une mer bleu turquoise. La mer y est très calme, et la plage est donc très appréciée des Paceños qui viennent y passer la journée en famille le week-end ou durant les vacances scolaires ; l'endroit peut être alors un peu bruyant du fait de la diffusion massive de musique à plein volume par les bars et restaurants (plus tranquille en semaine). De nombreux services et activités aquatiques sont proposés.

Transports

Des bus de la compagnie Aguila la desservent tous les jours depuis le terminal situé sur le Malecón.

BALANDRA ★★

A 25 km de La Paz, juste avant la plage de Tecolote, se trouve cette magnifique lagune d'eau salée qui accueille huit petites baies aux eaux turquoise et cristallines. Du fait des eaux peu profondes, on peut marcher durant des centaines de mètres dans cette mer turquoise dont la température descend rarement en dessous de 30 °C. L'endroit est magnifique et vierge d'infrastructures. Au mieux, on trouve quelques *palapas* où s'abriter du soleil et une cabane qui vend quelques aliments et loue des kayaks.

Transports

Le bus qui se rend à la Playa El Tecolote peut vous laisser en bord de route pour vous y rendre à pied.

LA VENTANA ★

A 40 minutes de La Paz, c'est un petit village de pêcheurs tout en longueur, dont la baie dispose de plusieurs plages de sable blanc sur lesquelles il est possible de camper. De novembre à mars, les vents qui soufflent fort la convertissent en une destination reconnue pour pratiquer le kitesurf. Il est aussi possible de pratiquer ce sport plus au sud, dans le plus gros village de Los Barriles (également réputé pour la pêche sportive). Pour ceux qui apprécient son calme et souhaiteraient passer la nuit sur place dans un certain confort, Ventana comprend également quelques établissements hôteliers répartis autour de sa rue principale.

EL TRIUNFO ★★

Le village se trouve à une quarantaine de kilomètres au sud de La Paz, sur la route qui mène à Cabo San Lucas. Son histoire minière remonte aussi loin que 1748, lorsque furent découverts les premiers gisements d'argent, qui allaient être exploités jusqu'en 1786 ; leur accès difficile provoqua peu à peu leur abandon. Ce village n'était donc qu'un hameau isolé jusqu'à ce que la compagnie anglaise El Progreso Mining Company obtienne en 1878 la concession sur les gisements d'or et d'argent alentour. L'activité minière prit une telle ampleur qu'en quelques années le village devint le principal centre de population de la péninsule, le plus cosmopolite (des Chinois y travaillaient), le plus riche et le premier à disposer de l'électricité et du téléphone : le hameau s'urbanisa peu à peu et d'imposants édifices furent construits. Après l'éclatement de la Révolution, l'entreprise décida de mettre fin à ses activités et le village d'El Triunfo retomba dans l'oubli. Aujourd'hui, seules 500 personnes y habitent mais les édifices, symboles de la prospérité d'autrefois, perdurent toujours, donnant à cet endroit un aspect de village fantôme. Aujourd'hui subsistent, à l'abandon, les restes de l'infrastructure minière, dont l'imposante cheminée « La Ramona », qui aurait été dessinée par Gustave Eiffel.

MUSEO RUTA DE LA PLATA

Calle Ayuntamiento
✆ +52 1 612 229 5587
www.museorutadeplata.com
Ouvert du mercredi au lundi de 10h à 17h.
Entrée : 100 $.

Au cœur du village, le musée de l'histoire minière est abrité dans un ancien bâtiment. L'endroit dispose de nombreux espaces dédiés à la diffusion de l'histoire de l'exploitation minière dans cette partie sud de la péninsule ainsi qu'à sa colonisation. L'exposition se veut volontiers moderne et interactive, les vidéos et autres supports multimédias étant disponibles en anglais. On y trouve aussi un très joli restaurant de style victorien ainsi qu'une cave à vin ouverte les week-ends. Visite très sympathique et très belles vues alentour.

CAFE EL TRIUNFO €

Dans le centre.
✆ +52 1 612 157 1625
Ouvert tous les jours de 9h à 17h.
Plats entre 100 et 150 $.

Installé dans une maison d'époque à la décoration un tantinet vintage, ce petit restaurant très fréquenté dispose d'un joli patio. On peut y déguster le délicieux pain fait maison (le chef est un boulanger autodidacte qui s'est familiarisé avec la confection du pain pendant un voyage à Paris) pour accompagner une omelette et un café au petit déjeuner, ou encore une excellente pizza au feu de bois pour les lève-tard. Egalement de copieuses salades, des sandwiches, un hamburger. À ne pas manquer avant ou après la visite du village.

SIERRA LA LAGUNA ★★

La Sierra La Laguna est la chaîne de montagnes que vous apercevrez partout depuis le bout de la péninsule dès que vous tournez le dos à la mer ou à l'océan. C'est un havre de fraîcheur et d'humidité au milieu de la sécheresse : sur les flancs poussent des forêts de chênes et de pins et de nombreuses espèces de plantes endémiques s'y reproduisent. La vue depuis les sommets est époustouflante : assis sur un rocher à quelque 1 800 mètres d'altitude, vous surplombez à la fois la mer de Cortés et l'océan Pacifique. Pour les excursions, trekkings et autres balades de découverte, les points de départ les plus courants sont Santiago, Todos Santos et Los Cabos.

SANTIAGO ★

Santiago est une communauté implantée autour d'une oasis et d'une lagune. Elle est connue pour sa production de mangues, de pamplemousses et d'oranges. Aux alentours, sur les contreforts de la sierra de La Laguna, se déploient une grande quantité de *ranchos*, ces petites exploitations familiales qui offrent des produits régionaux. Les principaux attraits de Santiago résident dans ses environs parsemés de sites naturels ; à 24 kilomètres nord, San Dionisio est considéré comme une bonne base pour les promenades pédestres ou cyclistes. Mais c'est peut-être un peu plus près, dans le canyon de la Zorra ou l'ejido el Chorro, que vous trouverez votre bonheur…

AGUA CALIENTE ★★

Ejido el Chorro
Ouvert tous les jours. Entrée : 60 $.
Camping : 80 $ par personne. Bungalows : 500 $.

Les eaux brûlantes et sulfureuses qui suintent des montagnes sont très réputées et l'endroit est magnifique ; il est géré par les habitants des environs. Le site ne paie pas de mine à l'arrivée, notamment en raison du passage fréquent d'ouragans, et il vous faudra remonter une trentaine de minutes le lit de la rivière pour trouver les meilleurs endroits où vous délecter de la vue alentour tout en étant submergé dans une baignoire naturelle. Il est possible de loger sur place, dans des bungalows confortables ou en sortant sa tente pour camper.

RANCHO ECOLÓGICO CASCADA SOL DE MAYO ★★

Canyon de la Zorra
✆ +52 1 1624 191 8024
Entrée : 40 $ par jour. 8 bungalows pour deux personnes : 1 000 $.

Le *rancho* se distingue par sa magique cascade accessible par un sentier qui descend une abrupte falaise. La visite est recommandée les nuits de pleine lune… Le ranch dispose aussi de télescopes et fait venir régulièrement des astronomes pour une petite balade sidérale. Surtout, il propose d'organiser des séjours de plusieurs jours dans la sierra ; le plus recommandé est celui qui dure de cinq à six jours. En plus de la location de bungalows, possibilité de camper sur place.

CABO PULMO ★★

Cabo Pulmo est un petit village d'environ 250 habitants, mais c'est surtout une réserve naturelle marine qui abrite un des récifs de corail les plus septentrionaux de la planète. Depuis plus de vingt ans, ses habitants ont peu à peu abandonné la traditionnelle activité de pêche commerciale pour la remplacer par la promotion d'un tourisme respectueux envers les espèces marines. Le résultat est plus qu'encourageant puisque de nombreuses espèces sont revenues peupler le récif : elles sont en constante augmentation, dont la population de tortues qui est l'objet d'une attention particulière de la part de la communauté. Le récif de Cabo Pulmo est depuis 1995 considéré comme parc national et depuis 2005 comme patrimoine naturel de l'humanité. Mais il semble que ces reconnaissances ne freinent pas l'appétit des spéculateurs. Réunis en association et soutenus par de nombreuses ONG, les habitants ont jusqu'à présent réussi à freiner des mégaprojets de tourisme de masse, successivement américains, espagnols et chinois. Cabo Pulmo, c'est un peu ce petit village qui résiste encore et toujours à l'envahisseur… Sur place, outre la plongée et le snorkeling, vous pourrez aussi vous adonner à la randonnée à l'aide de guides locaux.

Se loger

Plusieurs petits hôtels ou *cabañas* de divers standings sont disponibles. Pour ceux qui souhaitent faire du camping, dirigez-vous un peu plus loin vers la plage Arbolitos.

EL ENCANTO DE CABO PULMO €€

www.encantopulmo.com
3 suites à 105, 125 et 195 US$.
Tarif à la semaine ou au mois.

À l'écart du village, vous voici dans le côté nord-américain de la Force, avec un design et une déco inspirés des clichés les plus tenaces sur l'esthétique du pays, mais avec une évocation de territoires plus lointains tels que la Comté (oui oui là où habitent les Hobbits). Le tout est évidemment *cosy* et confortable, et le souci du détail bien présent. On appréciera les jolies vues sur la mer depuis l'une des trois suites, alors que la maison principale arbore salon, cuisine et toute une foule d'équipements annexes. Belle adresse.

LA PALAPA €

Tout au bout de la route, face à la mer.
Ouvert tous les jours de 7h30 à 20h30.
Plats entre 100 et 200 $.

C'est le restaurant du village qui dispose du meilleur emplacement : il est caressé par la brise du matin au soir et fait face à la mer turquoise. Au menu, évidemment, les poissons et fruits de mer sont à l'honneur. Les filets de poisson se déclinent sous plusieurs saveurs, tout comme les incontournables tacos, dont certains sont tout de même à la viande. Pour un repas plus léger, on peut se rabattre sur les salades. Le service est un peu lent parfois, mais au lieu de râler, on peut toujours profiter de l'attente pour admirer la vue…

CABO PULMO SPORT CENTER BUNGALOWS €

Accueil sur la plage, cabanes juste derrière Cabo Pulmo Dive Center.
✆ +52 1 624 158 8981
www.cabopulmosportcenter.com
Petite maison de de 60 à 95 US$.

Les petites maisons mises à la disposition des voyageurs et peuvent accueillir 4 à 5 personnes. Elles sont toutes équipées d'une salle de bains, et certaines disposent d'une cuisine et d'une terrasse. Elles sont d'une propreté impeccable, tout comme l'accueil que vous recevrez. Cette agence (partenaire de Cabo Pulmo Divers) est spécialisée dans les tours de snorkel et la pêche. C'est à eux qu'il s'adresser pour organiser des excursions dans les environs.

CABO PULMO DIVERS

Presque au bout de la route, 100 m avant d'arriver à la plage.
✆ +52 1 612 157 3381
www.cabopulmodivers.com
Sortie en plongée : 115 US$ pour deux bouteilles, équipement inclus. Cours de certification PADI.

La famille de Mario Castro est installée ici depuis un siècle, inutile donc de préciser que l'enfant du pays connaît la région comme sa poche, sur la terre comme dans les mers. En 1990, il est passé de la pêche commerciale à la plongée, en voyant peu à peu l'extinction des espèces sous-marines. Depuis, il est devenu un des leaders de la protection de Cabo Pulmo aux côtés d'autres membres de sa famille. C'est le seul club de plongée 100 % local et mexicain. L'organisation est très professionnelle, vous n'aurez aucun souci à vous faire.

SAN JOSÉ DEL CABO ★

Dans le langage courant, Los Cabos désigne l'ensemble de la zone regroupant San José del Cabo et Cabo San Lucas, séparés d'à peine 30 kilomètres. Les quatre voies qui relient les deux villes offrent un accès à 17 plages, quasiment toutes hérissées d'infrastructures touristiques. Les températures moyennes annuelles avoisinent les 27 °C, les plus tempérées en janvier (18 °C) et les plus hautes en août (29 °C). Le tout s'accompagne de brises fraîches salvatrices. Dans les eaux, on trouve plus de 800 types de poissons, dont les fameux *marlins* qui peuvent mesurer jusqu'à 4 m et peser 230 kg. C'est malheureusement le royaume de la pêche sportive des Nord-Américains. Qu'il est loin le temps du *Vieil homme et la mer...* San José del Cabo se compose de deux zones distinctes : d'une part la charmante ville coloniale fondée en tant que mission jésuite en 1730 après n'avoir été qu'un simple port de ravitaillement des navires espagnols sur la route des Philippines, ainsi qu'un refuge de corsaires ; de l'autre, la frange côtière sur laquelle les établissements modernes et imposants ont remplacé les petits établissements des pêcheurs.

Sports / Loisirs

Pour les sportifs, San José del Cabo offre de nombreuses activités : randonnée à VTT, à cheval, surf, plongée, pêche, golf... Des sorties en mer peuvent être organisées par plusieurs opérateurs. Pour les amateurs d'observation des oiseaux et de mammifères marins, ou les passionnés de peintures rupestres, d'excellentes excursions sont également organisées depuis San José.

ART DISTRICT ★

www.artcabo.com

Entre novembre et juin.
Ouvert le jeudi à partir de 17h.

Le centre historique de San José est devenu un véritable quartier culturel. Il abrite aujourd'hui une quinzaine de galeries d'art, qui exposent aussi bien des artistes mexicains qu'internationaux. Les galeries d'art se sont mises d'accord pour ouvrir leurs portes au grand public les jeudis pour promouvoir les balades culturelles et dynamiser la vie du quartier. Une vraie réussite ! Après avoir flâné dans les galeries, vous pouvez aller dîner ou prendre un verre dans les restos du coin. Le jour de la semaine le plus sympa pour visiter la ville.

ESTERO SAN JOSÉ ★

Estero San José

La ville de San José del Cabo s'est développée en tâchant de ne pas porter atteinte à l'estuaire. Celui-ci représente l'embouchure du fleuve San José qui naît dans la Sierra La Laguna et finit sa course dans la mer de Cortés. C'est ici qu'avait été implantée la première mission jésuite, avant d'être réinstallée à l'écart des milliards de moustiques qui peuplent l'endroit. L'estuaire couvre une superficie de 140 hectares et sert de refuge à de nombreuses espèces d'oiseaux, à la fois endémiques et migratoires ; l'hiver est la période propice pour les observer.

MISIÓN DE SAN JOSÉ DEL CABO ANUITI

Plaza San Jose

La mission de San José del Cabo Añuití est fondée en 1730 par les missionnaires jésuites Nicolás Tamaral et José Echevarría. Quatre ans plus tard, le père Tamaral y est tué à coup de pierres et de flèches par les indiens Pericúes, en réponse aux abus en tout genre commis par les missionnaires et leurs acolytes. C'est cette scène qui est aujourd'hui représentée sous forme de mosaïque au-dessus de l'entrée principale de l'église actuelle, qui date de 1940.

PALACIO MUNICIPAL

Boulevard Mijares
✆ +52 624 142 3310
Ouvert tous les jours de 8h à 20h.

Ornementé d'éléments néoclassiques discrets, ce vaste bâtiment a été construit en 1831 afin d'accueillir le conseil municipal. Le long de ses couloirs intérieurs s'écoulent d'intéressantes fresques sur le passé de la ville. La visite est rapide, mais sympathique et gratuite. Le Palacio Municipal accueille parfois des événements et des expositions artistiques temporaires, notamment dans son agréable patio fleuri. On ne peut pas accéder à toutes les parties du bâtiment puisque celui-ci abrite toujours des bureaux administratifs.

PLAGES ★★

San José abrite quelques plages idéales pour pratiquer le surf, dont celle de Costa Azul, qui accueille une compétition internationale en été. La playa Palmilla, un peu plus loin au sud, est plus propice aux visites familiales. Les plages Nuevo Sol et California sont idéales pour se prélasser mais faites tout de même attention aux courants. Comme partout ailleurs, renseignez-vous sur les conditions de baignade. Pour les aventuriers, vous trouverez des endroits vierges le long de la route de terre qui longe la côte en direction de Cabo Pulmo.

BIRDING LOS CABOS ★★★

Los Cabos
✆ +52 624 144 3539
www.birding-loscabos.com

Cette super agence propose d'innombrables excursions pour aller observer les oiseaux, mais aussi de partir à la découverte des peintures rupestres alentour ou de vous plonger dans la culture locale en étant accueillis au sein de fermes familiales de la sierra. Du 15 décembre au 15 avril, vous pourrez pister baleines bleues, baleines à bosse, cachalots, orques, de janvier à mars, la baleine grise vous attend un peu plus au nord, dans la Bahía Magdalena. Enfin, de juin à mars, l'agence propose de se familiariser avec plusieurs espèces de tortues de la région.

AEROPUERTO INTERNACIONAL LOS CABOS

Carretera Transpenínsular km 43,5
✆ +52 624 146 5111
www.aeropuertosgap.com.mx

Voici le principal aéroport de la Basse-Californie. Outre Aeromexico, Interjet, Volaris et Vivaaerobus qui desservent un grand nombre de villes mexicaines (Mexico, Tijuana, Guadalajara, Toluca et Monterrey), de nombreuses compagnies nord-américaines sont présentent pour assurer les liaisons avec le principal fournisseur de touristes : Alaska Airlines (Californie), American (Dallas et Los Angeles), United (Denver, Houston, Californie), Delta (Salt Lake City), USA (Phoenix).

EL DELFIN BLANCO €€

✆ +52 624 142 1212
www.eldelfinblanco.net

Cabanes et bungalows entre 60 et 100 US$.

Ce petit hôtel est situé à 3 kilomètres du centre de San José, dans un petit village dénommé La Playa. Il est relié par bus au centre-ville durant la journée. Il comprend cinq chambres réparties en deux catégories ; dispersées dans un agréable jardin, elles peuvent accueillir entre 2 et 5 personnes et disposent toutes d'un frigo. L'établissement se prête au dépaysement avec ses hamacs, son jardin, et le bruit des vagues que l'on entend jusque dans son lit, car la mer et la plage ne se trouvent qu'à 300 mètres. Ici, vous êtes bichonnés.

CABO SURF HOTEL €€€

Carr. Transpeninsular km 28
✆ +52 624 1422676
www.cabosurf.com

36 chambres et suites, entre 6 500 et 10 000 $.

A dix minutes en voiture du centre, voici un magnifique hôtel qui semble se fondre dans son environnement. Vous venez de mettre les pieds dans le paradis des surfeurs, il va falloir vous mettre à l'eau si vous ne voulez pas dénoter ! Avant ça, vous aurez tout le loisir de vous reposer face à l'océan rugissant dans ce bâtiment au style très californien : petit déjeuner face à l'océan, piscine face à l'océan, balcon face à l'océan ; à moins que vous ne préfériez le côté jardin, c'est selon. Une adresse parfaite pour en prendre plein les yeux et les oreilles.

HOTEL CASA NATALIA €€€

Boulevard Mijares #4
✆ +52 624 146 7100
www.casanatalia.com

Compter entre 150 US$ pour une chambre standard et 330 US$ pour une suite.

En plein centre de San José del Cabo, voici un établissement de charme, qui propose des chambres de caractère, décorées d'artisanat mexicain et d'œuvres contemporaines. Les habitats sont spacieux, dotés d'un balcon et d'un coin salon ; les suites ne manqueront pas de rendre votre séjour divin. L'hôtel possède une piscine, mais pour ceux qui veulent profiter de la mer, le prix de la chambre comprend l'accès à un club de plage situé à Puerto Los Cabos, à 5 minutes de la ville ; différentes activités sont offertes sur place, dont la possibilité de louer une voiture.

EL MERKADO €

Carretera Transpeninsular km 24,5
www.elmerkado.mx
Ouvert tous les jours de 8h à 23h.

El Merkado est un grand entrepôt à l'ancienne, de 3 500 mètres carrés, sur deux étages, typique de la mode des marchés *trendy* dont raffolent les *foodies*. On y trouve toutes sortes de propositions : viandes, poissons et bar à huîtres, fruits. légumes, boulangerie, jus de fruits pressés, pizzas artisanales, pâtes fraîches, café, bières artisanales, etc. Il faut être difficile pour ne pas trouver son bonheur ! On peut emporter les produits ou les déguster sur place. Ceux qui souhaitent un repas un poil plus formel trouveront aussi ce dont ils rêvent.

HBISTRO €€

Calle Vicente Guerrero
✆ +52 624 105 2974
www.hbistro.com
Ouvert du lundi au samedi de 17h à 22h.
Plats aux alentours de 35 US$.

Beau et chaleureux restaurant au petit air rustique, qui propose des spécialités telles que le *lenguado*, un assemblage de deux filets de poisson en sauce de maïs, incrustés de graines de tournesol qui lui assurent une touche croustillante. Au niveau de la viande, ne manquez pas la côte de bœuf marinée. Le restaurant dispose de son propre vin élaboré au nord de la péninsule, dans la vallée de Guadalupe. On déguste le tout dans un cadre raffiné, avec nappes blanches et lumières tamisées. Une touche traditionnelle bienvenue à Los Cabos.

CLARO FISH JR. €

Boulevard Mijaras à l'angle
avec Valerio González
✆ +52 624 131 5090
Ouvert tous les jours de 9h à 21h.
Tacos : 25 à 40 $.

Pas de doute à avoir, la spécialité de la maison, ce sont les tacos au poisson et ils se déclinent sous diverses délicieuses formes : crevette et noix de coco, crevette à la plancha, poulpe épicé, huîtres, etc. Mais aussi des poissons grillés, des *tostadas* et, pourquoi pas, plusieurs types de hamburgers. L'endroit ne désemplit pas, ce qui assure un débit et une belle fraîcheur des poissons et coquillages. Ne manquez pas de goûter les *toritos*, que vous assaisonnerez à votre goût grâce à une copieuse barre de sauces et de condiments.

NICK-SAN €€

Las tiendas de la Palmilla
✆ +52 624 14 462 62
www.nicksan.com
Ouvert du mardi au dimanche de 12h30 à 22h30.
Sashimi du jour : 15 US$; sushi : 25 US$.

Manger japonais en Basse-Californie... Et pourquoi pas, quand c'est aussi délicieux ? S'il y a bien une chose dont la région ne manque pas, c'est de poisson frais ! Un chef mexicain et un chef japonais, unanimement salués pour la fraîcheur de leurs produits, se sont lancés dans cette aventure culinaire pour un résultat exquis. La présentation des assiettes est raffinée et colorée. Et ça fait plus de vingt ans que ça dure ! Un succès durable et mérité. Ce serait quand même dommage de quitter la région sans goûter leurs sashimis...

LA SIRENA €

Manuel Doblado #7
✆ +52 624 146 9622
Ouvert du lundi au samedi de 8h à 17h ;
le dimanche de 8h à 14h. Repas complets pour 100 $.

Un petit restaurant qui ne paye pas de mine, avec sa façade un peu défraîchie et son mobilier dépareillé, mais qui saura vous régaler ! Le menu, vous l'avez deviné, est conçu en fonction de la pêche du jour et l'on y trouve une véritable cuisine familiale où les légumes ne manquent pas, à des prix très raisonnables. L'ambiance est conviviale et décontractée, si bien qu'on se sent vraiment comme à la maison. Une belle adresse authentique et tellement mexicaine que c'est une véritable exception dans cette zone très touristique.

BAJA BREWING COMPANY

Morelos #1277
✆ +52 624 142 1292
www.bajabrewingcompany.com
Ouvert tous les jours de 12h à 1h. Pinte (600 ml) à 60 $.

Vous avez votre dose de mezcal et de tequila ? Voilà un endroit pour vous ! Cette fabrique de bière en propose une dizaine de variétés (blonde, rousse, stout, pale ale…), brassées sur place et de manière artisanale, ainsi que des variations saisonnières à la mangue et autres fruits. Avis aux curieux du palais : ne prévoyez pas grand-chose le lendemain matin. Pour éponger, *fish & chips*, énormes *burritos*, burgers, pizzas et tacos qui vont bien. L'endroit organise régulièrement des concerts. Très agréable cour illuminée en soirée.

BASSE CALIFORNIE

CABO SAN LUCAS ★

Au début des années 1980, Cabo San Lucas était encore un paisible village de pêcheurs... Et c'est aujourd'hui l'un des plus importants centres touristiques du pays, le royaume du *all inclusive*. L'endroit est fréquenté par de nombreuses stars américaines qui peuvent satisfaire leurs caprices dans les hôtels de très haut standing du coin, golfer sur des parcours dessinés par Jack Nicklaus ou Robert Trent Jones, s'adonner à la pêche au marlin, et s'étourdir dans un des nombreux centres de divertissement nocturnes de la ville, tout ça face à une mer bleu turquoise et sur un fond de décor de far-west. Cabo San Lucas subit surtout les effets pervers des grands centres touristiques : béton à outrance, prix élevés et dollarisation, harcèlement commercial, caractère surfait de tout ce qui s'y produit ou s'y vend... C'est donc une ville qui ne plaira pas à tout le monde : la beauté naturelle de la baie est quelque peu entachée par la constante quantité de touristes. L'attraction la plus courue reste l'arche de pierre, l'« Arco », qui marque la fin de la terre, l'endroit où s'achève la péninsule et se rejoignent les eaux de la mer de Cortés et l'océan Pacifique...

Transports

Ici, n'importe quel hôtel ou commerçant disposera de brochures avec des offres pour des compagnies de vans avec air conditionné pour vous rendre aux quatre coins de la région. Tout pour vous éviter de vous mêler aux locaux...

ARCO ET PLAYA DEL AMOR ★

© LKOZLOFF - ISTOCKPHOTO

C'est la véritable attraction du lieu : l'arche de pierre et la Playa del Amor marquent la rupture entre la mer de Cortés et l'océan Pacifique. Le site est superbe mais quelque peu galvaudé par le nombre d'embarcations qui s'y pressent. Plusieurs options sont possibles pour découvrir le site, depuis une visite en journée ou pour le coucher du soleil. Vous pouvez prendre un bateau-taxi le long de la plage Medano (100 $ par personne), qui peut vous laisser sur place et vous reprendre plus tard. Le site est apprécié pour le snorkel et la plongée.

BASSE CALIFORNIE

PLAGES ★★

- **El Medano :** sable blanc, eaux turquoise, avec musique et *gringos* qui boivent jusqu'à plus soif. C'est la plage la plus fréquentée de Cabo San Lucas. On peut y pratiquer de nombreuses activités nautiques.
- **À l'est de Cabo San Lucas, la Playa El Chileno.** Elle est située à mi-chemin entre Cabo San Lucas et San José del Cabo. La mer y est très calme, car la baie est protégée par une barrière de corail. C'est donc un site idéal pour pratiquer le snorkeling et/ou venir se baigner avec des enfants en bas âge. Quelques restaurants et stands de location de matériel nautique.

BIRDING LOS CABOS ★★

✆ +52 624 144 3539
www.birding-loscabos.com

Cette agence très professionnelle propose des excursions pour aller admirer les nombreux oiseaux qui peuplent la région, mais aussi des sorties en mer pour aller à la rencontre des baleines avec des guides compétents et formés. Elle offre également de nombreuses excursions à connotation naturaliste et culturelle, qui marquent une différence certaine avec les attractions proposées en ville : peintures rupestres, observation d'oiseaux, visite et immersion dans des fermes familiales de la sierra. Pour une autre perspective sur la région.

CABO VISTA HOTEL €€

Av. Cabo San Lucas
✆ +52 624 143 5756
www.cabovistahotel.com
23 chambres à partir de 1 100 $.

Petit hôtel de style colonial où les plantes vertes ne font pas défaut, et dont les chambres sont superbement équipées et très bien décorées en comparaison des grands hôtels du bord de mer : air conditionné, balcon, meubles en bois, kitchenette, télévision, placards, etc. En somme, l'établissement est charmant et tout proche de tout ce que la station balnéaire a à vous offrir. Un excellent deal, particulièrement populaire auprès des couples pour un séjour romantique (détail important, les enfants ne sont pas admis au sein de l'hôtel).

LOS TRES GALLOS RESTAURANT €€

20 de Noviembre SN
✆ +52 624 130 7709
www.lostresgallos.com
Ouvert du lundi au samedi de 17h à 22h.
Plats aux alentours de 200 $.

Ce petit restaurant familial sert une délicieuse et authentique cuisine du centre du Mexique, plutôt originale étant donné l'endroit. On hésite entre les *carnitas*, les *enchiladas* au mole ou le *chile relleno*. Les plats de viande ne déçoivent pas non plus. Les tables sont disposées dans un joli patio ombragé, où l'on sert tout un tas de margaritas aux saveurs enivrantes ; une adresse charmante. Accueil et service impeccables. Concerts de musique certains soirs.

ESPERANZA, AUBERGE RESORTS COLLECTION €€€

Carretera Transpeninsular km7
✆ +52 624 14 56470
www.aubergeresorts.com
A partir de 25 000 $.

Ce resort fait partie des deux ou trois meilleurs hôtels-spas de la côte. Son emplacement est idéal et surplombe de la mer, dans une zone où elle s'échoue sur les rochers et le sable blanc. Comme il se doit, les aménagements et le service sont au top… Il propose un très vaste choix d'hébergement, puisqu'on peut y louer des maisons, suites, villas, résidences… Quel que soit votre choix, vous ne serez pas déçus, entre les chambres spectaculaires et les panoramas sur l'océan.

MANTA €€€

Carret. Federal Libre Transpeninsular km. 5
✆ +52 624 163 00 00
www.mantarestaurant.com
Ouvert tous les jours de 17h30 à 23h30.
Compter 100 US$ par personne pour dîner complet, boissons non comprises.

Voici un projet du célèbre chef mexicain Enrique Olvera (New York, Mexico, Oaxaca), qui se distingue des autres pour délaisser les traditions ancestrales (le maïs) et se recentrer sur une cuisine inspirée du Sud-Est asiatique (Japon, Thaïlande) et du Pérou. Mais la cuisine respecte les arômes et les frontières importent peu. On retrouve ici une simplicité des ingrédients qui raviront les palais les plus exigeants et les plus pointus. Le tout se trouve dans un des hôtels les plus tendance de la ville, réalisé par l'architecte mexicain Javier Sánchez. À visiter.

CAMPESTRE €

Salvatierra s/n entre López Mateos
et Camino al Faro
✆ +52 624 143 8830
www.restaurantcampestreloscabos.com
Ouvert du lundi au vendredi de 7h30 à 21h ;
le dimanche de 7h30 à 14h. Plats : 150 $.

Légèrement excentré du cœur touristique de la ville, ce petit restaurant populaire ne désemplit pas du matin au soir, preuve de son excellent rapport qualité/prix. Essentiellement fréquenté par des employés et fonctionnaires locaux, il accueille quelques touristes à la recherche de saveurs typiquement mexicaines. C'est l'endroit idéal pour un petit déjeuner authentique et qui tient au ventre ; bien que les plats proposés au déjeuner et au dîner soient aussi savoureux. Le menu change tous les jours. La seule constante, c'est la taille des portions…

EL SQUID ROE

Av. Lazaro Cardenas s/n
✆ +52 624 143 0655
www.elsquidroe.com
Ouvert tous les jours de 9h à 1h.

Cet établissement au style très américain et au décor de fête foraine fait à la fois bar, restaurant, et discothèque. Mais il est surtout à fréquenter en soirée comme club, lorsque l'ambiance bat son plein et que les deux étages de la discothèque sont noirs de monde. On y fait venir des DJ, plus ou moins connus, et on se trémousse sur les tables et partout ailleurs. L'endroit jouit d'une petite notoriété et il arrive que l'on y croise des célébrités. Un très bon endroit pour faire la fête jusque tard dans la nuit ; les fêtards n'y dérogeront pas.

Formations rocheuses sur la plage Solmar.

TODOS SANTOS ★★★

Ce très joli village, à mi-chemin entre La Paz et Los Cabos, est situé à trois kilomètres de la mer, dans une oasis riche en eau douce. Todos Santos abrite de nombreuses galeries d'art et s'est converti en un petit pôle touristique, qui attire des voyageurs à la recherche d'une gastronomie réputée et d'une atmosphère plus tranquille. Les plages des environs se prêtent à la pratique de l'écotourisme et du surf, mais Todos Santos est aussi une excellente base pour partir à l'assaut de la sierra de La Laguna (depuis le rancho La Burrera). La haute saison s'étale de novembre à mars.

Balade

Il est très agréable de cheminer dans les petites rues du village. N'hésitez pas à faire un détour par le Centro Cultural, l'église ou encore le théâtre municipal. Chaque bâtiment du centre, bien que reconverti en hôtel ou en restaurant, est un lieu chargé d'histoire.

Histoire

Terre des Indiens Guaycura avant la conquête, les jésuites y installent une mission au début du XVIIIe siècle ; nommée Santa Rosa de Las Palmas de Todos Santos, son nom entend rendre hommage à une riche donatrice, Doña Rosa de La Peña, qui avait envoyé des fonds pour consolider les missions en Basse-Californie. Au cours des décennies suivantes, la mission en vient à supplanter celle de La Paz du fait de ses réserves en eau. A partir du milieu du XIXe siècle, le village commence à prospérer et à se développer grâce à l'exploitation de la canne à sucre et plusieurs magnifiques édifices coloniaux sont construits (aujourd'hui, pour la plupart reconvertis en hôtels). Mais la baisse du cours du sucre après la Seconde Guerre mondiale change la situation. De nombreux habitants quittent le village, tandis que d'autres choisissent de se reconvertir dans la culture de la papaye, de la mangue et de l'avocat ; le village tombe à l'abandon. A partir des années 1980, de nombreux Américains rachètent les bâtiments anciens pour une bouchée de pain et viennent s'installer à Todos Santos, notamment des artistes de Santa Fe. Cet afflux d'étrangers transforme alors complètement la physionomie du village.

TODOS SANTOS ECO ADVENTURES ★★★

À l'intérieur de l'hôtel Los Colibris.
✆ +52 612 145 0189
www.tosea.net

C'est l'agence de référence à Todos Santos. Elle propose un vaste de choix d'excursions et d'activités, d'un à plusieurs jours. Retenons les trekkings dans la sierra de La laguna et la découverte de peintures rupestres, les balades à cheval, l'escalade, les activités en mer, les visites guidées du centre historique ou encore l'invitation à participer à un programme de sauvegarde des tortues. Très sympathique et hyper professionnel. Allez-y les yeux fermés.

TODOS SANTOS HOSTEL €

Francisco Bojorquer Vidal #112
✆ +52 1 646 124 2320
www.todossantoshostel.com
Chambre double 1 000 $, lit en dortoir 400 $, grande tente de type safari pour deux personnes 900 $.

Voilà un très agréable hôtel, idéalement situé entre le centre et la plage de Todos Santos. D'ailleurs, les jolies tentes circulaires qui peuvent accueillir deux personnes dans un grand lit sont posées sur le sable, à l'ombre des nombreux manguiers qui égaient l'accueillant terrain. Si le *glamping* (camping façon glamour) ne vous dit pas, vous pouvez passer la nuit dans l'une des chambres privatives ou dans un dortoir. Les espaces communs sont de grande qualité : cuisine, hamacs, salles de bains et petits coins salon en extérieur. Que demande le peuple ?

LOS COLIBRIS €€

Calle Guaycura #88
✆ +52 612 145 0189
www.loscolibris.com
Chambres doubles à partir de 2 500 $; villas à partir de 5 000 $.

Face à l'océan, en surplomb de l'oasis, cet hôtel avec piscine offre une vue unique à Todos Santos. On peut passer la nuit dans l'une de ses belles chambres avec vue sur l'océan et, en fonction de la gamme, balcon ou spacieuse terrasse. Il est également possible de louer une petite villa entière, avec salon et cuisine tout équipée. Le jour, vous pourrez regarder les pêcheurs tirer leurs filets au loin ; la nuit offre de belles perspectives sur la voûte céleste. L'établissement est également spécialisé dans l'observation des oiseaux.

THE TODOS SANTOS INN €€

Centro
✆ +52 612 145 0040
www.todossantosinn.com
Chambres doubles à partir de 2 700 $.

L'hôtel est installé dans une magnifique hacienda, construite au XIXe siècle par un baron de la canne à sucre. L'endroit est magnifique et décoré de fresques des années 1930. Les chambres, soigneusement entretenues et décorées, sont ravissantes et d'un calme absolu. Certaines possèdent une terrasse. L'établissement comprend aussi des jardins, une piscine et un bar restaurant. Le petit déjeuner est délicieux (en supplément). Probablement l'hôtel avec le plus de cachet de Todos Santos, idéalement situé dans le centre du village.

CAFFE TODOS SANTOS €€

Centenario #33
✆ +52 612 145 0300
Ouvert le lundi de 7h30 à 14h ; du mardi au dimanche de 7h30 à 21h. Plats autour de 150 $.

Situé au rez-de-chaussée de l'ancienne maison de l'emblématique commerçant local M. Wang, c'est l'endroit idéal pour déguster un petit déjeuner. On apprécie les quelques tables ombragées qui sont installées sur le trottoir. À partir de 14h, le menu change et est signé de l'établissement Tre Galline, qui propose des plats italiens d'inspiration familiale : grande variété de pâtes fraîches, four à bois pour les pizzas et vin de Basse-Californie. Vous pourrez alors déjeuner dans un charmant patio situé à l'arrière de l'établissement.

LANDIS €€

Calle Juarez
✆ +52 612 176 1275
www.landis.mx
Ouvert du lundi au samedi de 12h à 21h.
Plats entre 150 et 250 $.

Ce restaurant a un charme fou. Situé dans une des plus vieilles maisons du village, il offre une vue incroyable sur l'oasis et l'océan. Sa terrasse verdoyante, aménagée sur son toit, est illuminée une fois la nuit tombée. Quant à la cuisine, elle revisite les classiques mexicains avec cœur et générosité : *sopa de tortilla*, *cochinita pibil*, *arrachera* et options végétariennes, sans oublier le poisson *a la veracruzana*. Vous aurez largement de quoi faire entre les plats de viande, les assiettes de poisson et les options végétariennes.

JAZAMANGO €€€

Fraccionamiento Las Huertas
✆ +52 612 688 1501
www.jazamango.com
Ouvert du mardi au dimanche de 13h à 21h.
Plats à partir de 400 $, pizza à 270 $.

Ce restaurant est le projet du réputé chef Javier Placencia, qui a fait des plantes et légumes de son jardin l'axe de son projet culinaire : ici, tout est organique, et cela inclut aussi les viandes qui y sont à l'honneur. Car on retrouve, outre la pêche du jour et les salades, du cochon de lait, du poulet fermier, de l'agneau (*barbacoa*) ou même du lapin. Ou comment faire du local avec des techniques universelles. Probablement la meilleure table de Todos Santos, dans un décor bohème très agréable. Si vous ne deviez tester qu'un restaurant, ce serait celui-là.

PLAYA SAN PEDRO LAS PALMAS ★★★

A 7 kilomètres au sud de Todos Santos, sur la route de Cabo San Lucas qui se trouve à une soixantaine de kilomètres, vous trouverez une déviation sur la droite ; le chemin s'arrête à l'entrée d'une palmeraie, que vous traverserez sur quelques centaines de mètres pour finalement découvrir une jolie baie vierge de toute construction. Vous trouverez un parking à moins de 200 mètres de la plage pour garer votre véhicule. Protégée de chaque côté par des rochers, cette belle plage de sable fin en forme de croissant s'étend sur environ 400 mètres. A part une armée de palmiers, vous n'y verrez pas grand monde ! Pour une escale rafraîchissante.

EL PESCADERO ★★

A 12 km au sud de Todos Santos, après la petite plage désertique de San Pedro Las Palmas et celle de Cerritos (idéale pour débuter le surf), Pescadero est un petit village que traverse la route vers Los Cabos. En prenant la piste sur votre droite en direction de la mer, vous traverserez un joli paysage de champs de cultures vivrières. A mi-chemin vous croiserez un délicieux et original petit jardin-restaurant et, en bordure de plage, un très bel hôtel (actuellement en cours de rénovation, il doit rouvrir fin 2020), idéal pour se reposer en toute quiétude. À une extrémité de sa grande bande de sable se trouve San Pedrito, un spot de surf reconnu.

PESCADERO SURF CAMP €

Sur la gauche au km 64 en venant de Todos Santos, un peu plus haut sur la colline.
✆ +52 1 612 134 0480
www.pescaderosurf.com
Camping : 10 US$ par personne.
Bungalow : 60 US$. Maison : 85 US$.

Ce bel hôtel est un excellent camp de base pour partir à la découverte des vagues des plages environnantes (San Pedrito et Cerritos). Il propose en plus des options d'hébergement si variées qu'il favorise un bon mélange des genres : camping avec sa propre tente ; petites cabanes au bord de la piscine avec coin kitchenette et deux lits doubles ; petite maison entière pouvant accueillir jusqu'à 5 personnes, avec salon et cuisine équipée. Piscine, cuisine commune et bar en extérieur en prime. Egalement location de planches et cours de surf.

CARLITO'S PLACE €€

Camino a San Juan SN
✆ +52 612 130 3341
Ouvert du mardi au dimanche de 13h à 21h.
Menu en six temps pour 60 US$.

Dans cette grande *palapa* carrelée de blanc, on s'évertue à démystifier la cuisine d'auteur en mettant en avant la fraîcheur des produits. Les recettes sont d'inspiration japonaise, notamment dans la préparation des poissons et fruits de mer ; les sushis sont très recommandables. On a aussi envie de se laisser tenter par le canard rôti et les crevettes servies avec une sauce aigre-douce. Pour avoir un tour d'horizon des talents du chef, laissez-vous tenter par le menu dégustation en six temps. C'est l'endroit parfait pour très bien déjeuner en toute simplicité.

HIERBA BUENA €€

La Paz
✆ +52 612 149 2568
www.hierbabuenarestaurante.com
Fermé en septembre. Ouvert du mercredi au lundi de 13h à 21h. Plats de 150 à 300 $.

Coup de cœur pour ce merveilleux petit endroit entièrement à l'air libre, puisqu'il s'agit d'un jardin au milieu du désert où poussent les légumes que vous retrouverez dans votre assiette. Un concept novateur, en particulier au Mexique, qui mise sur la mise en valeur du potager, des volailles et des poissons. Les produits sont bios, pour l'essentiel. La salle est abritée mais elle est ouverte sur l'extérieur, ce qui permet de profiter de la vue sur la nature environnante. Très sympa pour voir un verre également. Exquis et diablement rafraîchissant.

PLAYA LOS CERRITOS ★

A 16 kilomètres au sud de Todos Santos, sur la route de Cabo San Luca, Cerritos est une plage idéale à la fois pour surfer ou pour passer la journée en famille. Les fonds sont de sable et la vague casse suffisamment loin du rivage pour éviter les forts courants que l'on retrouve ailleurs sur la côte ; on peut dont assez facilement s'y baigner avec des enfants. Il y a différents prestataires le long de la plage pour louer des *boards* ou prendre des cours de surf (pour tous les niveaux). On trouve des hôtels sur place, mais étant donné leur qualité (ou leur réputation), préférez plutôt loger à Todos Santos ou Pescadero. Une pause agréable, tout de même.

PUERTO ADOLFO LÓPEZ MATEOS ★★★

Situé dans la partie nord de la Bahia de Magdalena, Adolfo López Mateos est installé sur une jolie côte parsemée de dunes de sable blanc et dotée de larges estuaires entourés de mangroves, habitat privilégié de milliers d'oiseaux résidents et migrateurs. Le village compte 2 500 habitants et son activité principale est avant tout la pêche : sardines, ormeaux (*abulón*) et homards.
La baie étant moins large à cet endroit, le port Adolfo López Mateos est un point de départ idéal pour partir à l'observation des baleines grises, qui y trouvent un refuge propice à leurs rituels d'accouplement et de mise au monde (essentiellement de janvier à mars).

Tourisme

Du fait de sa relative proximité avec La Paz et Los Cabos (3 à 5h), c'est de là que certaines des agences touristiques réalisent les excursions d'une journée pour l'observation des baleines, même si la plupart se rendent directement à Puerto San Carlos plus au sud. Vous pouvez bien entendu aussi vous y rendre seul et passer la nuit sur place. Des sorties sont organisées au port ; compter environ 100 US$ pour un bateau de six personnes. Au mois d'août se célèbre également un festival de la tortue, puisque la baie accueille des spécimens qui réalisent également une longue migration en provenance du Japon.

SAN JUANICO ★

Située à 220 kilomètres au nord de Ciudad Constitución, San Juanico est une petite localité de 500 âmes qui se dédie à la pêche. En été et en hiver, quand les vents du nord-est soufflent fort et que les vagues augmentent en intensité, la population triple avec l'accueil de surfeurs de tous les pays qui foncent sur le village pour surfer sur une des vagues les plus longues au monde. Certains prétendent que c'est l'un des dix meilleurs spots de surf de la planète. Possibilité de camper sur place, même si les hébergements sont assez sommaires : ici, c'est la vague qui compte. Le village compte quelques restaurants et une supérette pour vous ravitailler.

© SYLVIE LIGON

Fronton à Loreto.

LORETO ★★★

Loreto, aussi appelé « La Madre de las Californias », est le village le plus ancien de Basse-Californie. Les paysages alentour sont splendides : les montagnes de la sierra Giganta, recouvertes de cactus, font face à une mer bleue obscure et parsemée d'îles, aujourd'hui rassemblées dans un parc national maritime. Si Loreto est un village qui dispose d'une jolie place bordée de quelques édifices historiques, un nouveau centre touristique moderne s'est récemment construit un peu plus au sud à Napolo (Loreto Bay). Un peu plus loin encore, Puerto Escondido est un très joli port naturel où viennent mouiller de nombreux yachts.

Histoire

C'est dans les environs, à San Bruno, que fut créé le plus ancien établissement jésuite de la Péninsule par Eusebio Kino (1685). Peu après, la Couronne d'Espagne offre aux Jésuites la concession définitive sur l'évangélisation de la Basse-Californie et Juan María Salvatierra y fonde sa première mission en 1697. C'est de cette première grande mission jésuite en Nouvelle-Espagne que s'étend l'œuvre évangélisatrice de toute la région : Loreto allait être le centre économique, politique et militaire des Californies jusqu'en 1777, année où fut fondée la mission de *San Carlos Borromeo,* aujourd'hui ville de Monterey, aux Etats-Unis, qui devint la capitale des Californies. En 1804, les provinces de Haute et Basse Californie furent divisées pour des questions administratives et Loreto redevint capitale de la province jusqu'en 1829.

MISION NUESTRA SEÑORA DE LORETO ✝ ★

Calle Salvatierra

Ouvert tous les jours de 7h à 20h.

Si la mission fut fondée en 1697 par le père Juan María Salvatierra, la construction de l'église actuelle dura douze ans, de 1740 à 1752. L'inscription : « Tête et mère des missions de Basse et Haute Californie », que l'on peut lire à l'entrée, témoigne du passé prestigieux de cette institution religieuse. Parmi ses ornements, retenons la charpente en bois sculpté, de nombreuses peintures et surtout le magnifique retable de style baroque, peint de bleu et d'or.

MUSEO DE LAS MISIONES JESUITICAS DE LORETO 🏛 ★★

Calle Salvatierra #16,
à l'angle de la rue Misioneros
✆ +52 613 135 0441

Ouvert du mardi au dimanche de 9h à 13h et de 14h à 18h. Entrée : 55 $.

Voici un magnifique petit musée installé dans ce bâtiment qui a servi de caserne, de prison ou encore d'école jusque dans les années 1970. Ses sept salles relatent aussi bien l'histoire précolombienne de la péninsule que celle des missions et nombreux *ranchos* de la région. A voir également : quelques curiosités, comme ces pièces d'art chinois qui étaient échangées par les navires contre les victuailles fournies par les missions de la côte pacifique.

PARQUE MARINO NACIONAL BAHÍA DE LORETO ★★★

L'excursion de base à Isla Coronado coûte 2 000 $ (environ 5h).

Sublime, nous n'avons pas d'autres mots pour qualifier ce parc national et les richesses qu'il renferme. C'est peut-être avec l'unique motif de visiter la baie et ses îles que certains se rendent à Loreto. La baie comprend cinq îles majeures : Danzante, Monserrat, Catalina, del Darmen (la plus grande) et Coronado, les deux dernières étant les plus visitées. La richesse de la faune sous-marine et la beauté des plages de ces îles sont impressionnantes ; vous y rencontrerez des colonies de loups de mer, des groupes de dauphins, des raies, des tortues de mer et un grand nombre de poissons multicolores. Voilà qui est plutôt représentatif de l'incroyable biodiversité du Mexique ! En février et mars, vous avez de grandes chances de croiser au large des baleines bleues ou même des orques. Sans oublier les colonies d'oiseaux, locaux ou migrateurs que vous pourrez observer surtout en hiver. En plus de la coopérative sur le port, de nombreuses agences proposent des sorties d'une demi-journée pour aller visiter l'île Coronado ; les services incluent la location du matériel de snorkeling, les boissons et un en-cas pris sur une plage. D'autres vous proposent de plonger dans les nombreux sites à découvrir dans la baie. Mais vous pourrez aussi partir à la découverte des îles en kayak. Vous pouvez tout aussi bien demander à être déposé le matin sur la plage de l'île Coronado, puis qu'on revienne vous chercher l'après-midi : pensez à emporter boissons et nourriture.

POSADA DEL CORTES €€

Callejon Pipila #4
✆ +52 613 135 0258
www.posadadelcortes.com

8 chambres et suites, à partir de 2 000 $.
Prêt de vélos.

La Posada del Cortes est une excellente adresse, pour ne pas dire la meilleure de cette catégorie. C'est un petit hôtel-boutique très joli, construit dans un style colonial et idéalement placé. Il dispose d'une belle terrasse. Les chambres, spacieuses, sont dotées de la climatisation ; les studios comprennent un petit coin cuisine et, pour l'un d'entre eux, une agréable terrasse. Si vous le pouvez, demandez une chambre à l'étage, vous serez plus que surpris par le rapport qualité/prix, imbattable à Loreto. A deux pas de la plage et des restaurants.

POSADA DE LAS FLORES €€€

A l'intersection de l'avenida Salvatierra et Francisco I. Madero
✆ +52 613 135 1162
www.posadadelasflores.com

Compter 3 000 US$ pour une chambre standard, 6 000 US$ pour une suite.

Idéalement située sur la place principale, cette *posada* propose de magnifiques installations. Les chambres sont parfaitement équipées pour le plus grand confort des hôtes : TV à écran plat, climatisation, produits de beauté, sèche-cheveux, lit large... Elles sont très soignées et joliment décorées dans des tons clairs et ensoleillés. Un vrai effort a été fait sur la décoration, très éclectique. La literie est incroyablement confortable. L'établissement comprend en outre une piscine aérienne et un centre de massage, propices à la détente. Impeccable.

ASADERO SUPER BURRO €

Guillermo Fernández #12
✆ +52 613 135 1243

Ouvert tous les jours de 16h à 22h.
Compter 100 $ pour un plat.

Une excellente adresse qui, si elle ne paye pas de mine, est idéale pour un dîner simple et copieux et est aussi bien fréquentée par les locaux que les étrangers. La spécialité est la viande grillée, accompagnée de tortilla faite maison (assez rare sur la péninsule pour le souligner). Au menu, on trouve également des *burritos*, pommes de terre fourrées et un *molcajete* (bol en pierre) à goûter absolument. On a l'eau à la bouche en regardant les cuistots s'affairer dans la petite cuisine ouverte, sans parler des odeurs... Indémodable à Loreto, et souvent bondé.

LOS OLIVOS €€

Rosendo Robles s/n
✆ +52 613 134 0350
www.lamisionloreto.com

Ouvert tous les jours de 6h à 22h30.
Plats entre 150 et 400 $.

Au sein de l'hôtel la Misión de Loreto, voici un restaurant qui ne s'affirme pas par un charme local, mais qui reste néanmoins une valeur sûre de la gastronomie du coin. On y trouve à la carte des plats très corrects, inspirés de la cuisine internationale : filet mignon, crevettes à la coco, salades, ceviche, risotto, etc. Le jeudi soir, c'est pizza à volonté ! La salle est vaste et aérée et on dispose même d'une terrasse face à la mer. Depuis la spacieuse terrasse, on profite d'une magnifique vue dégagée sur le bord de mer. Service de qualité.

GASTROTECA AZUL €€€

Paseo Misión de Loreto AV158
✆ +52 613 133 0147
www.gastrotecaazul.com
Ouvert du mercredi au samedi de 18h à 21h30. Ferme l'été. Plats de 300 à 400 $.

Les gastrothèques sont un concept méditerranéen (Espagne et Italie, surtout) désignant ces restaurants qui servent une cuisine artisanale et créative, inspirée des arrivages de produits locaux et d'une qualité irréprochable (pas de fruits et légumes chimiques, bien entendu). Après une petite soupe ou salade, le chef s'arrange pour proposer divers plats afin de satisfaire chaque envie : poissons et fruits de mer du jour mais, aussi et souvent, porc, poulet et viande de bœuf. L'endroit a l'allure d'un bistrot élégant et l'on peut y dîner en terrasse.

DOLPHIN DIVE BAJA

Benito Juárez s/n
✆ +52 613 135 1914
www.dolphindivebaja.com
Excursion de base : 2 bouteilles, équipement, lunch pour 170 US$. PADI Openwater : 550 US$.

On recense pas moins de 50 sites de plongée autour des îles del Carmen, Danzante et Coronado. Cette agence propose des excursions pour découvrir certains d'entre eux. D'une durée de 5h ou 6h, elles incluent également l'observation de dauphins et raies mantas et, en hiver, des baleines qui pourraient se trouver à proximité. Des sorties plongée ont aussi lieu pendant la nuit. Egalement possibilité de faire du snorkeling et de prendre des cours pour obtenir sa certification de plongée PADI. C'est une agence très sérieuse, vous pouvez leur faire confiance.

SEA KAYAK BAJA MÉXICO

Hidalgo #25
✆ +52 613 113 8262
www.seakayakbajamexico.com
Excursion de 4 jours 3 nuits en kayak : 1 400 US$ par personne.

Cette agence, qui est spécialisée dans le kayak en mer, est certifiée BCU et sa propriétaire est biologiste marine. Les guides et instructeurs pourront vous fournir tout type d'information concernant la géologie des lieux visités. Elle propose une grande variété d'excursions pour découvrir les îles de la baie, incluant le camping et des séjours de plusieurs jours. Peut également vous guider jusqu'à La Paz en kayak si vous le souhaitez. Excursions jusqu'à San Javier et, d'octobre à mars, observation des baleines bleues et grises.

SAN JAVIER ★★

San Javier est un très joli village installé dans une oasis perchée dans les montagnes à 35 kilomètres en amont de Loreto. Sur la magnifique route qui y mène, on croise quelques *ranchos* familiaux qui ouvrent leurs portes aux visiteurs. Le village est très connu pour disposer d'une très belle mission jésuite, et aussi un olivier vieux de quatre cents ans (on dit, comme on le fait ailleurs, que c'est le plus vieux d'Amérique...). Le détour vaut vraiment la peine, tant l'atmosphère du village, bordé de champs de culture et de canaux d'irrigation depuis le temps des missionnaires, est propice à la détente. Il s'anime néanmoins une fois par an, en accueillant des milliers de visiteurs pour sa fête patronale (début décembre). San Javier est aussi un point de départ pour de longues excursions en mule et à pied dans la sierra.

Transports

De nombreuses agences de Loreto peuvent vous y emmener à San Javier. Il n'y a aucun souci pour vous y rendre seul en voiture ; d'août à octobre, nous vous recommandons néanmoins de vous renseigner sur l'éventuelle présence de cours d'eau qui traversent la route (un véhicule de petite taille pourrait s'y retrouver bloqué).

MISIÓN SAN FRANCISCO JAVIER ✝ ★

Très beau bâtiment en pierre de taille et charpente de bois, construit en croix latine et qui possède trois magnifiques retables baignés d'or, importés à dos de mulet au XVIIIe siècle depuis Tepotzotlán. Débutée en 1730, la construction de l'église actuelle fut achevée en 1744, grâce à l'« aide » de 4 000 Indiens Cochimi. Un petit musée se trouve à l'arrière ; il n'est ouvert que lors de certaines excursions, ou sinon durant la Semaine sainte ou les fêtes patronales.

BASSE CALIFORNIE

MULEGÉ ★★★

De Mulegé, on dit que c'est une oasis près de la mer. Ce joli petit village est en effet situé entre deux collines, dans une vallée où coule une rivière qui se jette dans la mer ; il est entouré d'immenses palmiers, de vergers et de prés où s'entremêlent des bougainvilliers de toutes les couleurs. Lors du passage de l'ouragan Odile fin 2014, toutes les constructions le long de l'estuaire ont été ravagées ou emportées par un torrent... La zone s'en remet peu à peu. Outre la découverte de son histoire, Mulegé est une base idéale pour pratiquer le tourisme de plage. Au sud de Mulegé, dans la bahía Concepción se trouvent en effet quelques-unes des plus belles plages de Basse-Californie : on peut les découvrir en faisant l'aller-retour dans la journée mais aussi dormir sur place : pour ça, il faut aimer le camping sauvage car certaines plages ne sont dotées d'aucune infrastructure, si ce n'est une palapa au-dessous de laquelle installer la tente. Si vous rêvez de dormir entouré d'oiseaux et de poissons, vous voilà arrivé au paradis !

Histoire

Le site, parcouru comme le reste de la région par des tribus qui y léguèrent de nombreux peintures rupestres, est découvert par le jésuite Juan Maria de Salvatierra en 1702. En 1705 est fondée la très belle mission Santa Rosalia de Mulegé, dont l'église ne sera terminée qu'en 1766. La ville jouera un rôle important lors de l'occupation nord-américaine puisqu'un petit nombre de soldats réussit grâce à un stratagème à faire fuir l'armée *yankee* le 2 octobre 1847 : des dizaines de petits chapeaux disposés sur des bouts de bois en haut des collines ont fait croire à une présence massive, faisant reculer les forces d'invasion.

Tourisme

En plus de la visite de sites archéologiques et coloniaux, les environs de Mulegé sont bordés de jolies plages que l'on peut rejoindre à cheval et explorer en bateau ; la tranquillité des eaux est idéale pour réaliser des activités telles que plongée ou kayak. A 3 kilomètres au sud, les dunes El Gallito offrent un paysage surprenant

Transports

Il n'y a pas de gare routière proprement dite. Néanmoins, tous les jours s'arrêtent les bus sous l'arche qui marque l'entrée du centre-ville.

CAÑON LA TRINIDAD ★★

À 27 km à l'ouest de Mulegé,
par un chemin de terre.
Entrée : 100 $.

Le canyon de la Trinidad permet d'observer des peintures datées de cinq mille ans, qui représentent des shamans, des biches et des baleines. Outre ces dessins pré-hispaniques, on y observe une curiosité : des empreintes de mains d'enfant. On suppose qu'il s'agirait d'une sorte de registre civil pour les fils des chefs des tribus cochimi. Une fois arrivé sur cette propriété privée, il vous faudra marcher quelques kilomètres pour atteindre les peintures. Louer les services d'un guide spécialisé n'est pas du luxe, pour une balade d'une demi-journée.

CUEVA DE SAN BORJITA ★★

Rancho San Borjita

La Cueva de San Borjita est une cavité de 4 mètres de haut et 30 de large qui conserve des peintures rupestres datant de sept mille cinq cents ans. On y observe des figures humaines d'ocre et de noir, parfois percées de flèches, ainsi que de multiples animaux (antilopes, coyotes, baleines et poissons). La cavité se trouve au milieu d'une étendue désertique transpercée de cactus centenaires. Le site est difficile d'accès lorsqu'on ne connaît pas le coin et qu'on ne conduit pas un 4x4 ; le mieux est encore de le découvrir avec un guide de l'INAH.

MISIÓN SANTA ROSALÍA DE MULEGÉ ✝ ★

Fondée en 1705, Mulegé est la troisième mission de Basse-Californie. Construite en haut d'une colline qui surplombe l'oasis, son église en pierre fut finalement achevée en 1766. Protégée et très bien restaurée, elle se caractérise par sa forme en L et possède encore une cloche et la peinture de saint Rosalie datant du XVIIe siècle. Juste à côté se trouve un petit mirador qui offre une vue plongeante sur la rivière. On peut s'y baigner en contrebas.

MUSEO COMUNITARIO DE MULEGE - ANTIGUA CARCEL ★★

Cananea SN

✆ +52 615 153 00 56

Ouvert le lundi de 9h à 14h ; du mardi au vendredi de 9h à 18h. Certains week-ends jusqu'à 13h. Entrée libre.

Au début du XXe siècle, de nombreux prisonniers étaient transférés vers cette prison depuis le sud de la péninsule. Seuls les plus dangereux étaient réellement mis sous clé. Étant donné l'isolement du lieu, les portes de la prison restaient ouvertes la journée et les prisonniers allaient travailler avant d'y rentrer passer la nuit : le lieu est depuis connu comme la prison sans barreaux. C'est aujourd'hui un musée communautaire qui renferme quelques trésors sur l'histoire de la région.

PLAYAS DE BAHÍA DE CONCEPCIÓN ★★★

À 15 kilomètres au sud de Mulegé, ces sept plages de sable blanc aux eaux caribéennes comptent parmi les plus belles de la Basse-Californie : El Requesón, Playa Santispac, Playa Los Cocos, Playa El Burro, Playa El Coyote… Sur ces plages, des *palapas* sont à disposition pour installer votre tente en-dessous et ne pas cuire au soleil dès 7h du matin. Une contribution est généralement exigée (entre 50 et 100 $), mais il arrive très souvent que personne ne passe encaisser l'argent.

MULEGÉ TOURS ★★★

✆ +52 615 153 0232

Excursions à la Trinidad 1 500 $ (4-5h AR) ; excursion à San Borja 3 000 $ (8h AR).

Salvador Castro a plus de vingt ans d'expérience dans les excursions vers les sites de peintures rupestres et de pétroglyphes de la région. Il assure le transport, l'obtention des permis nécessaires ainsi que les explications sur l'histoire naturelle et culturelle des sites visités : Rancho San Borjita, Piedras Pintas, La Trinidad et San Patricio. Il peut aussi vous arranger des sorties en kayak et en mer pour faire du snorkeling. Organise également des visites de Santa Rosalía et de la lagune de San Ignacio (observation des baleines grises en hiver). Précieux.

HISTÓRICO LAS CASITAS €

Calle Madero #50

✆ +52 615 153 0019

8 chambres. Aux alentours de 600 $. Restaurant et excursions en tout genre.

Ne cherchez pas plus loin, c'est probablement l'adresse la plus sympa du village (depuis 1962). Les chambres simples et proprettes sont toutes pourvues de salle de bains et de l'air conditionné. Il n'y en a que 8 alors il est conseillé de réserver en avance. Le restaurant est délicieux et le patio, très vert et où l'on peut se reposer dans un coin ombragé, change de configuration régulièrement ; charmant. Peut vous organiser tout une série d'excursions : plongée, balades à cheval, peintures rupestres, balades en bateau, etc.

CASA GRANADA €€

Estero de Mulege #1

✆ +52 615 153 0688

www.casagranada.net

4 chambres (2 maisonnettes, 3 nuits minimum). Compter à partir de 55 à 75 US$ pour 2 et 4 personnes.

Ce petit hôtel est très bien placé, sur la rive de l'estuaire de la rivière Mulegé et face à la mer de Cortés. Les chambres offrent toute une vue imprenable. Elles sont décorées simplement, mais restent coquettes, et toutes sont dotées de l'indispensable air conditionné. Deux petites maisons, avec cuisine et terrasse, sont également mises à la disposition des visiteurs. Wifi, table de ping-pong et kayak. Les propriétaires, un couple d'Américains, sont charmants et vous réservent un accueil chaleureux. Ils pourront également vous aider à réserver vos excursions.

LOS EQUIPALES €€

Moctezuma s/n

✆ +52 615 153 0330

Ouvert tous les jours de 8h à 22h30. Plats aux alentours de 200 $.

Los Equipales est une excellente adresse pour tous ceux qui veulent se régaler avec une cuisine internationale copieuse : langoustes, steaks, côtes de porc… Pour le petit déjeuner aussi, on peut s'attendre à un large choix de plats à base d'œufs, de céréales, de pancakes, de *chilaquiles* et de jus de fruits frais. Les repas se prennent à l'étage, avec un bel aperçu de la ville et un peu d'air frais pour accompagner les margaritas... ou le café bien serré du matin. Il y règne une ambiance familiale très agréable et les patrons sont charmants.

SANTA ROSALÍA ★★★ ...

L'architecture française de la petite ville en fait un lieu unique dans toute la région : les principaux vestiges en sont le magnifique musée, le palais municipal, la société mutualiste et les maisons en bois des anciens employés français de la mine. Sans oublier l'emblématique église conçue et fabriquée en pièces détachées par l'atelier de Gustave Eiffel (ou l'un de ses contemporains…).
La mine restera en activité jusqu'en 1954, date à laquelle elle est considérée comme épuisée. Un exode important s'ensuit et c'est le gouvernement mexicain qui, en 1957, impulse à nouveau une exploitation qui se terminera avec ses dernières réserves en 1972.

© SYLVIE LIGON

Mexicains dans un petit village près de Santa Rosalia.

IGLESIA SANTA BARBARA ✞ ★★

Fleuron de Santa Rosalía, cette petite église dotée de quelques beaux vitraux a une histoire peu banale, liée à la France. Dessinée par Gustave Eiffel en 1884, construite en 1887, cette église fut exposée à Paris, à l'occasion de l'Exposition Universelle de 1889, avec la tour Eiffel. C'est lors d'une exposition à Bruxelles qu'elle fut acquise par la compagnie minière du Boleo, alors qu'elle devait originellement prendre la direction de l'Afrique. Démontée et transportée à Santa Rosalía, elle y fut installée entre 1895 et 1897.

MUSEO DE HISTORIA DE LA MINERÍA ★★

Domicile connu, col. Mesa Francia

Ouvert du lundi au samedi de 9h à 15h.
Coopération volontaire.

Indispensable, cette visite permet d'en apprendre plus sur l'histoire minière de la ville. Ce musée, modeste mais attachant, est logé dans un très beau bâtiment en brique et en bois qui surplombe la ville ; il était autrefois le siège de la Compagnie El Boleo. Tout est d'époque, depuis les interrupteurs jusqu'aux ventilateurs. Les anciens registres des employés y sont encore consultables, bien que maintenant gardés dans les anciens coffres-forts. Un agréable voyage dans le temps.

FERRY SANTA ROSALÍA

Carretera Transpeninsular, km 196-000

✆ +52 615 152 1246

www.ferrysantarosalia.com

Départs pour Guaymas mercredi et vendredi à 8h30 ; le dimanche à 20h. 1 000 $ par passager.

Guaymas, dans le Sonora, offre un passage privilégié en ferry vers Santa Rosalia. En principe, il y a des départs de Santa Rosalia plusieurs fois par semaine, les mercredi et vendredi à 8h30 et le dimanche à 20h (pas mal pour économiser une nuit d'hôtel). Il peut y avoir des changements en fonction, entre autres, de la météo. La traversée prend pas mal de temps : on passe la nuit ou la journée sur le bateau et on arrive à Guaymas 10 heures plus tard. Possibilité d'effectuer la traversée avec une voiture, mais cela coûte plus cher.

HOTEL FRANCES €€

Avenida Jean Michel Costeau #15

✆ +52 615 152 2052

17 chambres. Aux alentours de 900 $ pour une chambre pour 2 personnes.

Construit en 1886, le prestigieux Frances était, selon les versions, un club pour les cadres de la compagnie minière ou une maison close. Une partie de la décoration originale a été préservée, ce qui confère un charme singulier à l'établissement (tapisseries des parties communes, fauteuils). C'est donc un lieu chargé d'histoire, doté d'une belle vue sur la mer et d'anciennes machineries, qui reste votre meilleure option pour passer la nuit malgré son entretien défaillant. Piscine et restaurant pour le petit déjeuner. Insolite.

SAN IGNACIO ★★★

A l'entrée de la réserve naturelle du Vizcaíno, cette petite et paisible palmeraie contraste superbement avec l'aridité du désert et des montagnes environnantes. C'est le point de départ obligé pour visiter les peintures rupestres de la Sierra de San Francisco puisqu'il vous faudra obtenir une autorisation de la *Unidad de Información y Manejo de la Sierra de San Francisco*, installée tout près de la Mission de San Ignacio de Kadakaaman. De San Ignacio, on peut aussi facilement se rendre à la Laguna de San Ignacio, l'une des trois lagunes où se concentrent les baleines grises en Basse-Californie (entre décembre et avril, avec un pic en février et mars).

LAGUNA DE SAN IGNACIO ★★★

Laguna de San Ignacio

La Laguna de San Ignacio se trouve à 55 kilomètres à l'ouest du village de San Ignacio. C'est l'un des sanctuaires où la baleine grise se reproduit et donne naissance aux baleineaux (de mi-décembre à avril). Elle fait partie de la Réserve de la Biosphère de Vizcaino et sert également de refuges à de nombreuses espèces d'oiseaux et de mammifères. C'est donc un endroit idéal où pratiquer l'écotourisme. Plusieurs agences à San Ignacio organisent des excursions à la lagune ; sinon, rendez-vous directement sur place pour trouver une embarcation. Possibilité de camper.

MISIÓN DE SAN IGNACIO DE KADAKAAMÁN ✞ ★

Plaza de San Ignacio

Cette église (parfois appelée Misión de San Ignacio de Loyola), qui fut fondée en 1728 est l'un des plus beaux édifices religieux de Baja California. Pour sa construction, on utilisa des blocs de roche volcanique d'une épaisseur de 1,20 m. Cette caractéristique a permis au temple de survivre au passage des siècles, à différence de la plupart des autres missions de la région, qui ont été reconstruites. Le mot *kadakaamán* provient des Guatchimis et signifie rivière de roseaux.

PEINTURES RUPESTRES SIERRA DE SAN FRANCISCO ★★★

Renseignements au musée de San Ignacio.

La sierra de San Francisco est une chaîne de montagne dotée d'un climat sec et désertique : en été d'un soleil brûlant et en hiver d'un climat plutôt frais. Les plus anciens *ranchos* de la sierra datent du milieu du XIXe siècle ; ils se dédient à l'élevage extensif de chèvres et à la fabrication de fromage. L'ensemble de la sierra abrite quelque 300 sites de peintures rupestres et de pétroglyphes et a été reconnu patrimoine mondial de l'humanité par l'Unesco. D'après la légende, ces peintures, dont certaines sont immenses, ont été réalisées par des géants ! Plus vraisemblablement, elles sont l'œuvre des Gatchimis. La sierra était jusqu'au XVIIe siècle habitée par ce peuple indigène, qui a peu à peu disparu après avoir occupé la zone pendant dix mille ans. Les témoignages des missionnaires jésuites qui se sont installés dans la région au XVIIIe siècle nous permettent d'en savoir plus sur le mode de vie des membres de cette tribu. D'après les recherches, certaines de ces peintures auraient plus de 7 000 ans, tandis que les plus récentes dateraient du XVIIIe siècle. Les sites sont classés selon leur degré de difficulté d'accès ; vous pourrez accéder à certains en quelques heures de marche. Pour d'autres excursions plus complètes, il faut être en bonne condition physique pour supporter le voyage de plusieurs jours à dos de mule, mais aussi bien les paysages traversés que les sites en valent la chandelle. Les sites sont accessibles depuis San Francisco ou Santa Marta.

ECOTURISMO KUYIMA ★

Morelos #23

✆ +52 615 154 0070

www.kuyima.com

Excursion de 2 heures pour voir les baleines : 55 US$.

Cette petite coopérative peut vous amener voir les peintures rupestres près de San Francisco et Santa Marta, au cours d'excursions pouvant durer d'une journée à quatre jours. Possibilité également d'aller voir les baleines à la Laguna de San Ignacio en partant la journée ou en embarquant pour une excursion de quatre jours et trois nuits (uniquement en saison, de janvier à avril). L'agence organise également des excursions éco-touristiques dans la réserve Desierto del Vizcaino. Professionnel et responsable, allez-y les yeux fermés.

DESERT INN SAN IGNACIO €€

Camino a San Ignacio km 72
✆ +52 615 154 0455
Chambres pour 2 personnes entre 800 et 1 200 $.
Voici un petit hôtel rustique installé le long de la route qui mène à San Ignacio. Les offres de logement sont peu nombreuses (ou attrayantes) à San Ignacio. Le Desert Inn n'est pas donné mais le cadre est agréable, avec le petit patio bien garni de fleurs, l'agréable piscine et les grandes chambres. Celles-ci sont décorées simplement, mais elles sont calmes et on y dort bien. L'hôtel comprend aussi un restaurant. Un bon pied-à-terre pour découvrir le coin, d'autant qu'on peut marcher jusqu'au village et ses quelques sites d'intérêt.

© SYLVIE LIGON
Découverte de la réserve de Guerrero Negro.

GUERRERO NEGRO ★★★

La ville doit son nom à un événement qui nous renvoie aux heures sombres de la chasse à la baleine grise : en 1857, Charles Scamoon découvre l'entrée de la lagune et le massacre des baleines grises commence. En novembre 1858, le baleinier *Black Warrior* s'échoue à l'entrée de la lagune. Durant des décennies, ses restes allaient attirer l'œil des voyageurs de passage, la traduction du nom du baleinier à l'espagnol laissant cette empreinte toponymique. Site urbain sans charme, l'activité économique de Guerrero Negro tourne autour de l'exploitation du sel : ses salines naturelles sont connues depuis la conquête. La visite de la ville n'offre néanmoins d'intérêt que pour les mordus d'écotourisme : elle est le point de départ de la visite de l'une des plus grandes réserves naturelles du Mexique, le Vizcaíno. Les alentours regorgent de curiosités naturelles : dunes de sable, désert qui abrite les réserves des antilopes endémiques, baies et estuaires balayés par les vents et les courants qui charrient des raretés en provenance d'Asie, mais surtout le complexe lagunaire Ojo de Liebre où viennent s'accoupler et mettre bas les baleines grises. Les sites de peinture rupestre de la sierra San Francisco font aussi l'objet d'excursions au départ de la ville. Celle-ci marque aussi la frontière entre la Basse-Californie du Sud et celle du Nord : en quittant la ville, on change de fuseau horaire.

LAGUNA OJO DE LIEBRE ★★★

La lagune Ojo de Liebre attire les baleines en raison de la température de ses eaux et de leur haut degré de salinité, qui facilite leur flottaison. La période d'observation des baleines est située entre la mi-décembre et la mi-avril. Un festival de la baleine est organisé à Guerrero Negro depuis 1991 (de la fin janvier à la mi-février). A cette occasion, quelques activités culturelles et artistiques sont proposées à un public plutôt autochtone : films, danses, théâtre, musique, concours de peinture sur le thème de la baleine.

AEREO SERVICIOS GUERRERO

Blvd Emiliano Zapato s/n
✆ +52 615 157 0137
www.asg.com.mx/
Cette compagnie aérienne régionale dessert la Basse-Californie avec ses petits avions de type Cessna, et permet de relier les Etats de Sonora et de Sinaloa. De Guerrero Negro, on peut se rendre à Ensenado, Guaymas et Hermosillo (Sonora), avec quelques vols par semaine pour ces destinations. Il existe également des vols à destination de Isla Cedros, réputée pour la pêche et où se trouve le port de chargement du sel à l'exportation. Les vols se prennent à l'aéroport régional de Guerrero Negro, à 10 kilomètres au nord de la ville.

RESERVA DE LA BIOSFERA DESIERTO DE VIZCAINO ★

Domingo Carballo y Ruíz Cortinez s/n

Guerrero Negro est la porte d'entrée de la réserve Desierto de Vizcaino. Cette réserve, créée en 1988, a pour finalité de protéger et de conserver la flore, la faune et l'écosystème du désert côtier. Elle s'étend sur 2 700 000 hectares, soit 36 % de la surface de Basse-Californie.

Le désert d'El Vizcaino joue un rôle de barrière biogéographique pour les espèces migrantes du nord vers le sud et vice-versa. Les lagunes d'Ojo de Liebre et San Ignacio, qui font partie de la réserve, sont des sanctuaires pour les oiseaux migrateurs et les baleines grises, protégées depuis 1972. On estime au nombre de 308 les différentes espèces d'animaux terrestres et marins (poissons non compris) qui y trouvent refuge : 4 espèces d'amphibiens, 4 de tortues marines, 43 de reptiles et 69 de mammifères, dont une espèce d'antilope en danger d'extinction, plus de 256 000 oiseaux, 38 espèces de mammifères marins.

▸ **Les *berrendos*,** antilopes endémiques de la péninsule, font l'objet d'un vaste programme de conservation ; les quelques dizaines de spécimens qui subsistent sont regroupés dans de vastes enclos à la fois pour assurer leur protection mais aussi favoriser leur reproduction en évitant le croisement entre animaux aux patrimoines génétiques trop proches. Il existe deux aires où ils sont regroupés : de l'autre côté de la frontière, dans l'État du Nord, et dans les salines. Pour leur rendre visite et recevoir des explications, prenez contact avec le centre de recherche (+52 615 157 2849).

SALINES ★

Exportadora de Sal SA de CV

✆ +52 615 157 5100

www.gob.mx/essa

A Guerrero Negro, au sein de la réserve Desierto de Vizcaino, ces salines à l'origine naturelles étaient déjà connues des navigateurs espagnols et anglais. La configuration du terrain et le climat favorisent en effet le dépôt du sel sur de vastes superficies : couche d'eau salée qui pénètre une superficie plane et imperméable, soleil, vent et absence de précipitations. L'entreprise actuelle qui exploite le sel trouve son origine dans les années 1950, lorsque des navires américains partent à la recherche de gisements exploitables pour fournir l'industrie du papier de Californie. En 1954 naît l'entreprise Exportadora de Sal, qui sera finalement nationalisée en 1973 ; elle fonctionne désormais en partenariat avec une entreprise japonaise, principal marché d'exportation. La visite de ce site immense (90 000 hectares dont 35 000 de zones de production) vous permettra de découvrir de superbes paysages, aussi bien ceux des salines qu'une partie du désert et de la lagune ; l'observation d'oiseaux est un plus non négligeable. La dimension des installations et la machinerie d'exploitation sont aussi ahurissantes. A ne manquer sous aucun prétexte.

▸ **La visite :** pour des raisons de sécurité, un guide de l'entreprise spécialisé dans la protection de l'environnement prendra le volant de votre véhicule pour vous faire réaliser le tour ; celui-ci peut durer de 1h30 à plus de 3h, selon les sites parcourus. Vous pouvez au préalable réserver ou passer directement à la guérite (du lundi au samedi de 8h à 15h).

BASSE CALIFORNIE

MOTEL MALARRIMO €

Blvd Zapata,

✆ +52 615 157 0100

www.malarrimo.com

18 chambres. Entre 800 et 1 000 $.

C'est un motel sympathique en service depuis plus de trente ans. L'entretien est impeccable et le confort de mise. Il dispose en outre d'un des meilleurs restaurants de la ville, dont le décor ne laissera pas d'attirer votre curiosité. Au plafond sont accrochés des objets insolites que transportent les courants marins qui partent depuis le Japon, remontent vers la mer de Béring et redescendent le long de la côte nord-américaine pour enfin venir frapper la baie de Sebastián Vizcaíno ; ils sont récupérés sur ses plages par la famille des actuels propriétaires.

MARIO'S TOUR AND RESTAURANT €€

Carretera Transpeninsular km 217,3

✆ +52 615 157 1940

www.mariostours.com

Ouvert tous les jours de 7h à 22h.
Plats aux alentours de 150 $.

Voici un sympathique petit restaurant de style rustique, à l'intérieur vêtu de bois. Vous y mangerez les pieds dans le sable ! L'endroit offre des bons plats de fruits de mer et de viande depuis une trentaine d'années. Ne manquez pas le délicieux homard, servi entier avec du beurre et du citron… On en redemande. C'est aussi le siège de l'agence du même nom, qui organise des excursions pour observer les baleines et découvrir les peintures rupestres.

TIJUANA ★★

Ville de 2,1 millions d'habitants, Tijuana fait partie du complexe urbain Tijuana-San Diego et marque un passage frontière important avec les États-Unis. Son nom ferait référence à Tía Juana, propriétaire du ranch qui constituait l'embryon de la ville.

Surnommée « la fenêtre du Mexique », cette première ville frontière connaît une incessante agitation (tourisme, mouvements migratoires, vie nocturne…). Malgré sa mauvaise réputation, c'est l'une des villes les plus visitées au monde : plus de 20 millions de visiteurs par an. Parmi ses attractions : son climat méditerranéen, sa plage coupée en deux par un rideau de fer, la pelote basque à la mode mexicaine, les corridas, les courses de lévriers et bien sûr les bars et clubs pour danser toute la nuit. On profitera de la visite de Tijuana pour réécouter le superbe et impérissable *Tijuana Moods* de Charlie Mingus ou *Welcome to Tijuana* de Manu Chao.

Histoire

En 1848, lorsque le Mexique perd la Haute-Californie au profit des États-Unis, la vallée de Tijuana devient une partie de la frontière internationale. D'aire de pâturage, la zone évolue pour devenir un poste de douane, puis une métropole. Les années 1920 sont cruciales pour son développement : la prohibition américaine a pour conséquence de susciter chez les Américains un intérêt accru pour l'autre côté de la frontière, où l'alcool est facilement accessible. Par ailleurs, les jeux (*gambling*) étant légaux au Mexique, on assiste à l'ouverture de nombreux casinos. Le nombre d'habitants croît rapidement, passant de 22 000 en 1940 à 65 000 en 1950. De nos jours, Tijuana est la quatrième ville la plus peuplée du pays après Mexico, Monterrey et Guadalajara.

Quartiers

Trois espaces distincts accueillent les visiteurs à Tijuana :

- La Revu, pour Avenida Revolución, est dotée de tout ce qui peut attirer – et parfois faire fuir – le touriste : bars, boîtes de nuit, restaurants, galeries d'art, bijouteries, marchés d'artisanat, boutiques de souvenirs et vendeurs ambulants proposant tout type de marchandises.
- Le Paseo de los Héroes est une avenue moderne qui se veut plus chic ; elle regroupe également hôtels et restaurants. C'est ici que se déploie le centre culturel de Tijuana (CECUT).
- El Malecón, qui commence au mur marquant la frontière, est une balade piétonne le long de la plage.

Se restaurer

La ville vit depuis quelques années un véritable renouveau gastronomique. On trouve certes de très bons restaurants aux mains de chefs reconnus, mais vous ne pouvez pas la quitter sans avoir au préalable fait un large détour par les puestos callejeros (stands de rue), les nombreux *food trucks*, les cafétérias trendy ou les brasseries artisanales.

Transports

Tijuana possède plusieurs gares routières. La plus complète est la Central de Autobuses qui se trouve sur le boulevard Lázaro Cárdenas, à environ 5 km au sud-est du centre-ville.

CENTRO ★

Une des traditions kitsch de la ville est de proposer aux touristes de se faire prendre en photo avec un grand sombrero mexicain et à côté d'un âne peint en zèbre. C'est un peu le symbole des attractions touristiques du centre de Tijuana.

Pour une petite plongée une peu alternative, rendez-vous dans le pasaje Rodríguez, qui relie la Revu à Constitución entre les Calle 3 et 4. C'est un passage couvert qui accueille quelques endroits sympa pour se restaurer, une jolie librairie et quelques galeries de design contemporain. Le dimanche s'y tient un marché organique.

CENTRO CULTURAL TIJUANA ★

Paseo de Los Héroes #9350

✆ +52 664 687 9600 - www.cecut.gob.mx

Ouvert tous les jours de 10h à 21h.

C'est pour renforcer l'identité mexicaine des populations vivant à la frontière du grand voisin que le gouvernement fédéral a décidé la construction de cet édifice moderne. Culture populaire et expressions contemporaines y sont représentées à part égale. On y trouve le Museo de Las Californias, le jardín Caracol où sont exposées des répliques de statues précolombiennes, un centre d'art contemporain (El Cubo), un théâtre et un Dôme Imax, connu sous le nom de « La Bola » (la boule) en raison de sa forme de globe, où sont projetés des films sur un écran géant en 3D.

MALECÓN DE PLAYAS DE TIJUANA ★

S'il y a un endroit à visiter à Tijuana, c'est celui-ci. La promenade possède une particularité, puisqu'elle commence par le mur de la frontière, un rideau de fer rouillé qui plonge jusque dans la mer. De nombreux messages sont adressés aux défunts migrants qui ont tenté de le franchir. Glaçant. De là, une promenade piétonne surplombe la plage, hérissée de cafés et de restaurants. L'endroit est aussi connu pour accueillir des festivals en plein air.

AEROPUERTO INTERNACIONAL DE TIJUANA

Carretera aeropuerto s/n
✆ +52 664 607 8200

L'aéroport se situe à une dizaine de kilomètres seulement du Centro. Depuis l'aéroport, le trajet coûte environ 300 $ et prend moins de 20 minutes. Il dessert La Paz, Loreto et San José del Cabo en Basse-Californie ; le nord du pays (Monterrey, Los Mochis, Ciudad Juárez, Zacatecas), le centre (Mexico, Puebla, Morelia), le sud (Cancún, Oaxaca) et la côte Pacifique (Guadalajara, Puerto Vallarta). Les compagnies Aéromexico, Calafa Airlines, VivaAerobús et Volaris proposent ces liaisons.

SECRETARIA DE TURISMO DE BAJA CALIFORNIA

Avenida Revolución #868-1
✆ +52 664 682 3367
www.bajacalifornia.travel

Idéalement situé dans la zone du Centro, cet office de tourisme sera l'endroit où faire le plein de brochures et de renseignements. Le personnel est sympathique et pourra vous aider dans l'organisation de vos excursions dans la péninsule. Le secrétariat du tourisme possède aussi des centres d'information dans d'autres ville de Basse-Californie, notamment Ensenada, Mexicali, Tecate et San Felipe. Le site web est très complet et vous donnera quelques idées d'activités.

CENTRAL DE AUTOBUSES DE TIJUANA

Boulevard Lázaro Cárdenas #15751
✆ +52 664 621 2982
Ouvert tous les jours. 24h/24.

Cette gare routière est un un gros pôle de transport. Une quinzaine de compagnies de bus la rejoignent et en partent. En permanence, des cars se rendent aux quatre coins du pays, dont les proches États de Sonora et de Chihuahua, mais aussi Mexico, la capitale. S'y trouvent notamment les compagnies ABC (www.abc.com.mx) et Aguila (www.autotransportesaguila.com), qui desservent la péninsule. La compagnie Greyhound dessert plusieurs destinations aux États-Unis.

BAJAVIAJES.COM

AV. Benito Juarez #7971
✆ +52 664 290 5162
www.bajaviajes.com

Cette agence basée à Tijuana, organise des excursions d'1 à 5 jours pour découvrir les vignobles de la Valle de Guadalupe. Au programme, visite des domaines vinicoles et dégustation de vin. Un peu plus loin vers le sud, parmi les nombreuses activités proposées : excursions pour observation des baleines à Guerrero Negro et découverte des peintures rupestres de San Ignacio. Visite guidées des villes, également. D'une manière générale, l'agence peut organiser votre transport dans toute la péninsule, par exemple depuis les différents aéroports jusqu'à votre hôtel.

HOTEL QUINTA €

Av. revolución #1080
✆ +52 664 688 1760
Chambres doubles à 700 $.

Alors voilà, vous êtes dans le centre, dans un petit bâtiment en béton typique de la ville, mais néanmoins peint. Tout est propret et est bien entretenu ; vous aurez du mal à trouver un meilleur rapport qualité-prix, surtout vu l'emplacement qui vous permettra de vous déplacer à pied jusqu'aux attractions et restaurants. Autre atout non négligeable : toutes les chambres disposent de la climatisation. L'efficacité est au rendez-vous dans ce petit hôtel, et le personnel est agréable. Si vous ne souhaitez pas vous ruiner... foncez !

HOTEL TICUAN €€

Calle Octava

✆ +52 664 685 8078

www.hotelticuan.com

Chambre standard et suites entre 1 850 $ et 2 500 $.

Ce grand hôtel presque flambant neuf est sans aucun doute l'établissement le plus confortable du centre de Tijuana : on vous y accueille dans une large déclinaison de chambres et suites dont le confort et l'amplitude vont crescendo. Idéal pour s'assurer un certain niveau de repos tout en étant à deux pas de la « Revu »... L'établissement dispose en outre d'un restaurant, Albahaca, qui propose une cuisine simple d'inspiration américaine (salades, sandwiches, steaks, etc.), d'un bar, d'un gymnase et d'un spa. Le personnel est très serviable.

HOTEL LUCERNA €€€

Paseo de los Héroes #10902

✆ +52 664 633 3900

www.hoteleslucerna.com

Chambres et suites entre 2 500 et 3 500 $.

Voici un grand hôtel moderne et chic non loin du centre-ville, dans ce quartier d'affaires plutôt arboré comparé au reste de la ville. L'endroit compte deux restaurants (dont l'un propose un petit déjeuner buffet) et un bar, une piscine extérieure ainsi qu'une salle de gym. Les chambres sont confortables et décorées avec sobriété, dans les tons clairs. L'établissement se trouve à proximité du centre commercial Plaza Río et les discothèques et les bars nocturnes ne sont pas loin. Une adresse très sérieuse à Tijuana, pour un confort optimum.

LAS AHUMADERAS €

Avenida Guillermo Prieto #9770

Ouvert tous les jours de 8h à 4h.

Las Ahumaderas est un véritable cabinet de curiosités fait de différents locaux qui offrent *tortas, burritos* et surtout *tacos*, à tel point que l'endroit est surnommé « l'Allée des Tacos » par les Américains de passage en quête des *tacos* les plus savoureux de la ville. Installés en rang d'oignon, ces stands mettent l'eau à la bouche et attirent les passants avec leurs enivrantes odeurs de viande grillée. Le plus difficile reste de faire un choix ! Ensuite, on s'installe sur un tabouret le long du comptoir, en toute simplicité. Populaire et indémodable depuis 1960.

MARISCOS RUBEN €

Av. Andrès Quintana Roo #740

✆ +52 664 566 0965

Ouvert tous les jours de 9h à 21h.

Les propriétaires proposent depuis 20 ans leurs spécialités de poissons, fruits de mer et coquillages très réputées à une clientèle connaisseuse et fidèle. Les prix sont à la hauteur de la qualité : tacos de marlin, pinces de crabe, soupe de cahuamanta, etc. Déception impossible. L'endroit est également populaire auprès des Américains, depuis que le prestigieux magazine *Food & Wine* a désigné Mariscos Ruben comme l'un des meilleurs restaurants du monde en 2019. On n'irait peut-être pas jusque-là, mais allez-y pour le côté authentique.

TELEFONICA GASTRO PARK €

Avenida Melchor Ocampo

✆ +52 664 684 8782

www.telefonicagastropark.com

Ouvert du dimanche au mercredi de 9h à 22h ; du jeudi au samedi de 9h à 0h.

Ces camions font preuve d'une grande inventivité dans leurs créations culinaires à la fois simples et originales. Parmi ceux à ne pas manquer, essayez Humo, qui propose des spécialités de charcuterie et de saucisses faites maison. Le tout est grillé au charbon pour des hot-dogs comme on n'en fait plus ! D'autres *food trucks* sont regroupés au Food Garden ou à El Punto Foodtrucks. Certains sont itinérants mais ils sont en général non loin de l'avenue Aguacaliente ou du Club Campestre. L'idéal pour manger en extérieur, et goûter les bières artisanales du coin.

MARISCOS LA CACHO €

Boulevard Aguacaliente #3120

Ouvert tous les jours de 10h à 0h. Ferme plus tôt le dimanche. Aguachile à 175 $.

L'endroit est littéralement bondé le mercredi, jour où la bière est à moitié prix. C'est hyper-bruyant et la clientèle hétéroclite se dispute le micro du karaoké : ça vaut vraiment la peine d'aller y jeter un œil ce jour-là ! Si la bière n'est pas votre boisson de prédilection, sachez que l'endroit propose également des cocktails. Au menu, on déguste des fruits de mer sous toutes leurs formes. Les plats sont simples mais réussis. Les assiettes manquent peut-être un peu de raffinement, mais l'avantage est qu'on ne repart pas avec la faim au ventre !

TACOS EL FRANC €

Blvrd Gral Rodolfo Sánchez Taboada #9257
Ouvert du lundi au jeudi de 15h à 1h ; le vendredi et le samedi de 15h à 3h. Repas complet : 150 $.

Tacos de cabeza, al pastor, tripas, adobada, asada... le tout accompagné de généreuses portions de guacamole et de sauces à tomber par terre. Une véritable institution, qui se targue d'ailleurs d'être l'une des taquerías les plus anciennes de Tijuana. Rien que ça ! On ne sait pas si c'est véridique, mais en tout cas, les tacos sont délicieux et valent amplement le détour. La grande salle de restaurant à la déco très minimaliste (pour ne pas dire inexistante) est ouverte sur l'extérieur et comprend quelques tables en terrasse.

MISION 19 €€€

Misión San Javier #10643
✆ +52 664 634 2493
www.mision19.com
Ouvert du lundi au jeudi de 13h à 22h ; le vendredi et le samedi de 13h à 23h. Plats 300-650 $.

Voici un restaurant chic et élégant, à grand renfort de fauteuils rouges et de nappes blanches, doté de grandes baies vitrées qui permettent d'observer la ville de Tijuana tout en découvrant cette belle cuisine d'auteur. La conception des plats est assurée par le chef Javier Plascencia qui se réclame du mouvement *slow-food* : ingrédients organiques de la région, qui changent en fonction des saisons. Propose des dégustations pour découvrir les mets emblématiques de la carte : thon, poulpe, oursin, langouste et desserts travaillés.

CAESAR'S €€

Av. Revolución
✆ +52 664 685 1927
www.caesarstijuana.com
Ouvert du dimanche au mercredi de 12h à 21h ; du jeudi au samedi de 12h à 22h. Plats à partir de 250 $.

Voici le restaurant le plus ancien de la « Revu », puisqu'il a ouvert ses portes en 1927. Il est situé dans l'hôtel du même nom. Le cadre de cette brasserie à l'ancienne est très élégant (carrelage en damier, boiseries) et les plats recherchés. On dit que c'est ici qu'a été inventée la fameuse salade César, par un groupe de pilotes d'avion qui aurait préparé son repas en mélangeant les restes du frigo. A l'heure actuelle, c'est toujours la spécialité de la maison. Un serveur vient préparer la salade devant vous. Assez impressionnant !

DANDY DEL SUR

Calle Sexta 2030
✆ +52 664 688 0052
Ouvert tous les jours de 10h à 3h.

La plus vieille *cantina* du centre (elle a ouvert ses portes en 1957), que l'on reconnaît à sa façade bleue délavée qui ne paye pas de mine. Pourtant, nous vous conseillons véritablement de vous y arrêter : l'endroit est le traditionnel refuge des intellectuels de la ville, qui trouvent sûrement dans son ambiance chaleureuse et atemporelle un réconfort des plus agréables. A l'intérieur, lumières rouges tamisées, juke-box, déco vintage, bar interminable le long duquel certains clients restent installés pendant de longues heures.

LA QUERENCIA €€

Av. Escuadrón 201 # 3110
✆ +52 664 972 99 35
Ouvert du lundi au samedi de 13h à 23h.

Le chef Miguel Ángel Guerrero est depuis une grosse décennie l'une des figures de proue de la tendance culinaire BajaMed (raccourci pour Basse-Californie Méditerranéenne). Dans ce décor cosy à la cuisine ouverte sur la salle, il envoie des plats improvisés et artisanaux en fonction des cueillettes et du marché du jour ; on retrouve viandes et volailles cuites dans un four à bois et au charbon ou bien salades, fruits de mer, carpaccios et ceviche pour ceux qui souhaitent juste se rafraîchir le palais. Une véritable expérience.

LA MEZCALERA

Calle Sexta #8267
✆ +52 664 688 0384
Ouvert du jeudi au samedi de 18h à 2h.

Un bar sympa qui dispose d'espaces différents, selon qu'on souhaite boire un bon mezcal au calme ou se trémousser dans une petite salle disco un peu kitsch. Si le cœur vous en dit, vous pouvez vous prêter à une dégustation de mezcals purs, aromatisés ou de *cremas de mezcal*. Une sélection de cocktails (à base de mezcal, bien sûr !) est également proposée, ainsi que quelques bières. Le week-end, la terrasse à l'arrière du bâtiment accueille également concerts et DJ. L'endroit propose l'une des meilleures programmations musicales de la ville.

TEOREMA/LUDICA CO-TASTING ROOM

Ave. Revolución #1332

Ouvert le mardi et le mercredi de 16h à 0h ; du jeudi au samedi de 12h à 0h ; le dimanche de 13h à 21h.

Un endroit propre comme un sou neuf pour tester les bières artisanales de deux brasseries du coin qui se sont réunies pour créer cette *tasting room*. Chacune d'entre elles propose au moins une demi-douzaines de bières artisanales, que l'on peut goûter en prenant part à une dégustation. Certaines sont fruitées, d'autres ont une saveur très herbacée, sous oublier les IPA, ces bières à fort houblonnage. Un bon début avant de passer aux choses sérieuses.

MERCADO HIDALGO

Boulevard Sánchez Taboada #9011

Ouvert tous les jours de 6h à 17h.

Le marché local de la ville est un endroit intéressant à plus d'un titre. Tout d'abord, vous y trouverez tous les plats et ingrédients de la gastronomie du centre du pays. Vous y verrez aussi beaucoup d'immigrés mexicains qui y emmènent leurs enfants ou petits-enfants (qui souvent ne parlent pas espagnol) pour leur faire découvrir les saveurs régionales de leur enfance. Une belle plongée dans la problématique culinaire frontalière. Entre les stands de nourriture et les étals de fruits frais et *queso*, vous remarquerez quelques boutiques d'artisanat.

ROSARITO

Tout proche de Tijuana, à seulement 25 minutes de voiture en plongeant vers le sud, Rosarito attire les citadins en quête de plages. Sa réputation remonte à 1927 et à l'ouverture de l'hôtel Rosarito Beach, où se pressaient les célébrités. L'établissement est encore ouvert de nos jours et accueille un grand nombre de mariages et événements. Le Rosarito d'aujourd'hui a toutefois bien changé depuis l'âge d'or, quelque peu révolu au fur et à mesure de l'urbanisation de la frange côtière. Aujourd'hui, il s'agit d'une ville côtière plutôt paisible, qui se remplit de *gringos* pendant les périodes de vacances et longs week-ends de l'autre côté de la frontière.

ENSENADA ★

Ensenada est connue comme étant la station balnéaire de la partie nord de la Basse-Californie ; elle accueille aussi bien des touristes mexicains (de Tijuana ou Mexicali) que des Californiens. Son essor au début du XXe siècle fut lié à la prohibition américaine. Ces derniers y importèrent quelques activités interdites chez eux. Ils furent à l'origine de l'ouverture d'un grand casino – qui faisait la réputation de la ville – et de l'important développement de la production vinicole. Encore aujourd'hui, son ambiance est plutôt américaine. La ville héberge l'un des plus grands ports du pays, équipé d'immenses entrepôts qu'il est possible de visiter. Elle accueille en outre quelques manifestations sportives renommées comme la régate Newport-Ensenada, les courses hors-piste Baja 1000 et Baja 500, et favorise la pratique du surf, de la plongée et de la voile. La Bahia de Todos Los Santos a des eaux fraîches très poissonneuses : vous voilà au paradis des fruits de mer. Quelques plages pour le farniente, même si le ciel est souvent couvert dans la région.

Sports / Loisirs

A Ensenada, ne pas manquer de se promener sur le Malecón et découvrir la zone portuaire. Plusieurs prestataires proposent des balades en bateau pour découvrir la baie Todos Santos depuis la Terminale Maritime (Blvd. Lázaro Cárdenas y Av. Castillo). Avec de la chance, vous apercevrez des baleines ou des dauphins.

BUFADORA ★

A environ 35 km au sud d'Ensenada, sur le promontoire rocheux de Punta Banda, la Bufaradora est l'un des trois geysers marins connus dans le monde (un autre se trouve à Hawaï, un autre encore sur les côtes orientales africaines). A marée haute, l'eau s'élève en un jet qui atteint parfois 20 m de hauteur. On peut aussi observer ce phénomène depuis la mer, en faisant une excursion en kayak. C'est lorsque l'air qui s'engouffre et se retrouve piégé dans une grotte marine est rejeté par la force des vagues que le phénomène se produit.

CENTRO CULTURAL RIVIERA

Boulevard Costero #1421
✆ +52 646 176 4310
www.rivieradeensenada.com.mx
Ouvert du mardi au dimanche de 9h à 17h.
L'entrée du Musée d'Histoire d'Ensenada coûte 30 $.

Cet hôtel-casino construit au début des années 1930 fait aujourd'hui office de centre culturel. Ce très joli édifice abrite désormais des expositions sur l'histoire régionale et accueille des projections de films. On y trouve également un théâtre à l'air libre, un bar et on peut découvrir les anciennes salles du casino. Après la visite, prenez le temps de vous balader dans l'agréable jardin, à l'extérieur. Y est installé le musée d'Histoire d'Ensenada qui rend hommage aux natifs de la Basse-Californie, aux explorateurs européens et aux missionnaires.

ISLA DE GUADALUPE

Au sud-est d'Ensenada, à 24h de bateau de Ensenada. Y aller dans le cadre d'une excursion de plongée planifiée longtemps à l'avance.
Compter aux alentours de 3 000 US$ le voyage.

Au large d'Ensenada, seulement occupée par une base militaire mexicaine, cette île rocheuse aux eaux cristallines est connue pour être le meilleur spot de plongée au monde pour observer les fameux requins blancs. Le voyage, au départ d'Ensenada, dure cinq jours dont trois d'immersion : les places sont vite prises et il est important de bien réserver à l'avance. On peut le faire avec une compagnie mexicaine ou américaine, au choix, toutes disposent de cages de surface ou de plongée (ces dernières étant réservées aux plongeurs certifiés).

MUSEO HISTORICO REGIONAL DE ENSENADA

Av. Gastelum #56
✆ +52 646 178 3692
Ouvert du mardi au dimanche de 9h à 17h.
Entrée libre.

C'est le plus ancien édifice civil de Basse-Californie. Construit en 1886, il servit comme base militaire, prison, hôpital et école. Aujourd'hui, il abrite un intéressant musée, dont la collection n'est pas très grande mais relativement complète. Deux salles nous renseignent sur le mode de vie des premiers habitants de la péninsule, une autre sur l'histoire de la fondation d'Ensenada. A voir : les cellules où l'on peut observer les peintures réalisées par d'anciens détenus.

CENTRAL DE AUTOBUSES ABC ENSENADA

Avenida Riveroll #1075
✆ +52 646 178 1067

La compagnie ABC assure la plupart des liaisons avec les villes de la région : Tijuana (1 heure 30 de trajet) et Mexicali (3 heures 30). Ses confortables bus desservent aussi le sud de la péninsule. Pour éviter l'attente sur place (de nombreux locaux achètent leurs tickets directement au guichet), nous vous recommandons de faire votre réservation à l'avance, sur le site Internet de la compagnie ABC ou sur un site de réservation dédié. Peu de commerces sur place, emmenez des provisions.

CORONA HOTEL & SPA €€

Boulevard Costero Lazaro Cardenas #1442
✆ +52 646 176 0901
www.hotelcorona.com.mx
Chambre standard à partir de 1 700 $.
Le tarif comprend l'accès à certaines installations du spa (jacuzzi).

Bon standing dans ce grand hôtel 4-étoiles qui ne déçoit pas. L'hôtel jouit d'un emplacement idéal, face à la Marina Ensenada et à une vingtaine de minutes à pied de Zona Centro. Il y a tout ce qu'il faut pour passer un excellent séjour : bain bouillonnant, piscine, climatisation, salle de gym... Les chambres sont dignes d'une chaîne au standing international. Elles sont confortables, spacieuses et d'une propreté impeccable. Certaines sont dotées d'un agréable balcon. Le petit déjeuner, en supplément, peut être servi dans les chambres.

LA GUERRERENSE €

Av Adolfo López Mateos
✆ +52 646 174 0006
www.laguerrerense.com
Ouvert du mercredi au lundi de 10h à 17h.

D'aucuns prétendent que la Guerrerense est le meilleur restaurant d'Ensenana... En tout cas, on y mange sans aucun doute les meilleurs fruits de mer de toute la ville, servis sur des *tostadas* (petites galettes de maïs croquantes) que vous dégusterez debout autour du stand. Il faut dire que cette famille travaille ses préparations et ses sauces originales depuis 1960 ! La palme reviendra peut-être à la *tostada de erizo y almeja* (oursin et clovisse), primée à Pasadena lors du festival de la cuisine de rue. À ne manquer sous aucun prétexte.

BOULES €€

Av Moctezuma 623
✆ +52 646 175 8769
Ouvert du mardi au jeudi de 14h à 22h ; le vendredi et le samedi de 14h à 0h. Plats aux alentours de 200 $.

C'est un restaurant en extérieur, très joliment aménagé et à l'accueil on ne peut plus sympathique. C'est l'endroit idéal pour se retrouver entre amis, boire de bons vins et déguster des plats soignés. Boules sert une bonne cuisine aux accents internationaux, ne manquez pas le *pulpo al achiote* ou l'excellente viande rouge. Entre deux gorgées de nectar, n'hésitez pas à jouer à la pétanque sur un des deux terrains à disposition. Le patio est extrêmement plaisant. Et si vous souhaitez un pastis, c'est aussi l'endroit indiqué. Soirées et grosses fêtes.

EL MUELLE TRES €€

Teniente Azueta #187
✆ +52 646 174 0318
Ouvert du mardi au samedi de 12h à 18h. Plats 150-250 $.

Au bout du bout du Malecón, face au port, quelques agréables petites tables sont exposées à la brise. À l'intérieur, la cuisine bat son plein : l'attente pour s'installer n'y est pas rare. C'est un signe que cette adresse a su se faire un nom plus mérité pour la qualité de ses produits et de ses recettes. Ici, les plats sont communs et se partagent souvent entre convives. Que dire de plus ? Peut-être de ne pas oublier le sashimi, de goûter aux coquillages frais et de découvrir les moules à la vapeur. Bref, faites-vous plaisir.

MANZANILLA €€€

Teniente Azueta #139
✆ +52 646 175 70 73
www.rmanzanilla.com
Ouvert du mercredi au samedi de 13h à 1h ; le dimanche de 9h à 18h. Plats 300-500 $.

Ce très bon restaurant de fruits de mer (un de plus !) a été créé il y a une quinzaine d'années par Benito Molina et Solange Muri. Depuis, sa réputation a dépassé les frontières ! Vous voici en effet dans l'une des meilleures tables de la péninsule. Ici, les saveurs sont dédiées à la mer et tout spécialement aux coquillages : huîtres, clovisses, ormeaux et moules, servis dans des assiettes dressées avec beaucoup de raffinement. Le cadre est élégant, et le patio ombragé très agréable. Fermez les yeux pour faire valser vos papilles...

HOGAZA HOGAZA

Adolfo López Mateos #1090
✆ +52 646 177 9210
Ouvert tous les jours de 7h30 à 21h.

Voici une boulangerie de pains à l'européenne, avec des céréales locales. Elle propose de nombreux (et copieux !) desserts et pâtisseries : tartes au citron, tartes aux fruits, tiramisu, crème brûlée, etc., ainsi que des viennoiseries et des macarons. On y prend de très bons petits déjeuners (les jus de fruits et le café sont réussis) mais aussi d'excellents déjeuners avec les sandwiches et les soupes. Hogaza Hogaza est une chaîne, il y a deux autres adresses à Ensenada. Il y a quelques tables à l'intérieur et une terrasse sympa. À vos marques !

HUSSONG'S CANTINA

Avenida Ruiz #113
✆ +52 646 178 3210
Ouvert du mardi au dimanche de 13h à 23h30.

Fondé en 1892, cet établissement est le bar le plus ancien de la ville... et de toute la péninsule de Basse-Californie. Vous voici donc dans une institution, qui conserve encore en grande partie sa décoration originale, notamment son plafond en bois. A l'époque de la prohibition américaine, il accueillait de nombreux Américains qui venaient y boire tout leur saoûl. Aujourd'hui, les choses n'ont pas vraiment changé et on y croise encore de nombreux Américains qui viennent s'amuser de l'autre côté de la frontière. Authentique et forcément touristique.

INSTITUTO DE CULTURAS NATIVAS DE BAJA CALIFORNIA

Calle Octava #812
✆ +52 646 178 8780
Ouvert du lundi au vendredi de 10h à 18h.

Cette ONG travaille en étroite collaboration sur les thèmes de la santé, de l'éducation, de la culture et du développement durable avec les groupes natifs de la région : Kumiay, Paipai, Kiliwa, Pucapá. Sa boutique offre une sélection du meilleur de l'artisanat de ces peuples autochtones. La visite est rapide mais instructive. Si vous souhaitez ramener des objets artisanaux en souvenir, achetez-les ici car les profits reviennent directement aux artisans indigènes.

VALLE DE GUADALUPE ★★

La vallée de Guadalupe, à 30 minutes d'Ensenada, est une destination à la mode pour les passionnés de vins et de gastronomie. De nombreux projets culinaires et vinicoles voient le jour chaque année dans cette vallée enclavée entre les collines et dotée d'un climat plutôt frais en soirée. L'endroit est charmant et agréable, il constitue une pause verdoyante pour qui revient d'une plongée dans le désert sud californien. Au niveau de l'élaboration des vins, la région jouit d'une grande liberté d'interprétation : les procédés ne sont pas limités par des appellations d'origine contrôlée. Dans les petites exploitations, la règle est l'expérimentation. On recense environ 90 exploitations dans la zone, depuis la grosse affaire industrielle qui distribue ses vins dans les supermarchés de tout le pays jusqu'à la petite exploitation familiale. Toutes ne sont pas ouvertes aux visites, mais beaucoup ouvrent leurs portes, en semaine ou en fin de semaine ; n'hésitez pas à prévenir de votre visite.

Pratique

On désigne par Valle de Guadalupe la route des vins à proximité d'Ensenada. Mais l'implantation des viticulteurs dépasse son cadre toponymique : la route des vins comprend donc aussi bien la vallée de Guadalupe à proprement parler que San Antonio de Las Minas, El Porvenir et Francisco Zarco.

CAVAS DEL MOGOR ★

San Antonio de las Minas
✆ +52 646 156 8156
www.deckmans.com
Dégustations tous les samedis et dimanche de 10h à 17h. Visite guidée.

C'est un vignoble qui est né dans les années 1950, sur l'intuition et l'envie de créer une ferme dédiée à l'agriculture organique. Depuis, les générations se succèdent et l'on y élabore désormais trois vins distincts : le classique Mogor Badan, issu d'un mélange de cépages bordelais, le Chasselas del Mogor, vin sec et frais idéal pour accompagner les fruit de mer, et le Pirineo, mélange de syrah et de grenache, un vin contemporain aux saveurs de fruits rouges. Lors de festivités autour des vendanges (au mois d'août), l'endroit organise un festival de jazz.

CENTRO ECOTURISTICO SIÑAW KUATAY

Canyon de los Encinos
✆ +52 1 646 124 4247
Ouvert le week-end de 10h à 17h.

Le village de San Antonio Necua est farouchement attaché à sa culture originelle Kumiai. On y visite un petit musée communautaire ainsi qu'un atelier d'artisanat, qui donne à voir des pièces en fibre de roseau typiques de la région, après bien sûr avoir fait une belle marche guidée dans les montagnes alentour. Le centre est situé à environ 20 minutes de Valle de Guadalupe. Une visite éclairante et rafraîchissante. Contactez-les pour découvrir le site avec un guide.

VINICOLA ROA ★

Km 13 Carretera Ensenada-Tecate
✆ +52 646 135 2818
www.vinicolaroa.com
Ouvert tous les jours.

Vous voici partis à la découverte d'une petite exploitation on ne peut plus familiale. Ici, pas de chichis, juste le plaisir d'accueillir, de partager et de faire déguster. Sara et Nicolás bichonnent ce petit coin de paradis et d'expérimentations aussi bien vinicoles que fruitières et potagères. Les confitures maison sont un délice et vous serez probablement surpris par ce petit rouge pétillant que vous servira le patron.Tous les vins sont produits de manière 100 % organique et artisanale. Un peu de simplicité dans ce monde sophistiqué...

LA RUTA VCC

www.larutavcc.com

C'est une carte publicitaire (les adresses mentionnées sont celles des établissements qui ont payé leur droit d'entrée) recensant bon nombre de vignobles, restaurants et brasseries locales. Vous n'y trouverez donc pas les adresses les plus familiales ou discrètes, mais une consultation vaut la peine, car le nombre de points d'intérêt est plutôt important. C'est une ressource utile pour se repérer. La nouvelle carte est actualisée 4 fois par an et distribuée dans la vallée de Guadalupe. On trouve également des cartes et parcours sur la page web.

ENCUENTRO GUADALUPE €€€

Carretera Tecate-Ensenada, km 75
✆ +52 646 155 2775
www.grupoencuentro.com.mx
20 cabanes de luxe, à partir de 7 000 $.

Vous voici arrivés dans un bel hôtel de très haut standing, au style épuré et contemporain, dont les cabanes de couleur ocre sont parfaitement fondues dans la roche sur laquelle elles sont construites. Malgré leur design en apparence minimaliste, les cabanes sont dotées de chambres hautement confortables, à la décoration moderne et épurée. Le soir, on peut se prélasser sur sa terrasse privée, au coin du feu. L'ensemble domine la vallée et les vignobles, dont la magnifique piscine. Restaurant, vignoble et cave à vins, comme il se doit.

ADOBE FOOD TRUCK €

Adobe Guadalupe Vineyard
✆ +52 1 646 117 0627
Ouvert du jeudi au mardi de 11h30 à 18h. Déjeuner pour 150 $.

Un petit camion posé au milieu d'un jardin improvisé avec quelques tables de pique-nique, où la simplicité de la carte fait écho à la primauté des produits sur la sophistication des préparations : tapas, *croquetas de jamon serrano* et *patatas bravas* sont aussi ici pour nous rappeler les saveurs de la péninsule ibérique. Et dire qu'on y trouve un sandwich au canard… Pour accompagner ce repas sur le pouce, vin ou bière artisanale sont à votre disposition. Voilà de quoi varier les plaisirs et en faire un des meilleurs spots pour déjeuner simplement dans la région.

LA COCINA DE DOÑA ESTHELA €

Km 13 Carretera Ensenada-Tecate
✆ +52 646 156 8453
Ouvert du mardi au dimanche de 8h à 17h. Petits déjeuners entre 60 et 95 $. Plats de 80 à 100 $.

Ce restaurant toujours plein à craquer est très apprécié pour ses petits déjeuners : il est même devenu une sorte de référence en la matière. Le pain est fait maison, dans un four en terre dans un coin de la salle. Les plats sont traditionnels, avec une préférence marquée pour la cuisine du Sinaloa, d'où est originaire cette famille qui a su se faire une réputation en ne reniant pas la simplicité de l'accueil. Un rapport qualité/prix imbattable dans la vallée.

TRE GALLINE €€

Carr. Emiliano Zapata km 12.5
✆ +52 612 119 9718
Ouvert du mardi au dimanche de 13h à 19h. Plats 300-400 $.

Ce restaurant offre une terrasse au décor épuré qui donne sur la campagne. Les vues sont panoramiques et reposantes ; on peut notamment admirer les vignes qui s'étalent sous nos pieds. On se régale avec de très beaux plats inspirés de la cuisine familiale italienne, délicats à souhait : carpaccio de bœuf, viande et poisson aux légumes, pâtes fraîches et splendides desserts pour couronner le tout. A la dégustation, on comprend très vite que le chef nous vient bel et bien d'Italie. Un accueil simple et personnel pour un vrai déjeuner méridional.

RESTAURANTE LAJA €€€

✆ +52 646 155 2556
www.lajamexico.com
Ouvert du mercredi au dimanche de 13h30 à 20h30. Compter 1 000 $ par personne, 1 600 $ avec les vins.

En plein cœur de la vallée de Guadalupe, ce restaurant propose un menu de 4, 6 ou 8 plats élaborés à partir des produits du potager et de la ferme d'élevage qui se trouve sur la propriété. Pour une expérience encore plus mémorable, nous vous conseillons d'opter pour l'accord mets et vins ; ces derniers étant bien sûr concoctés sur place. Le cadre est rustique et l'atmosphère chaleureuse. Une table qui compte parmi les meilleures d'Amérique latine et dont l'implantation a été à l'origine du développement gastronomique de la région.

SAN VICENTE ★★

Avec les vallées de Santo Tomás et de la Grulla, San Vicente fait partie de la *Antigua Ruta del Vino*, un ensemble d'exploitations vinicoles dont certaines remontent au XIXe siècle, autour de l'implantation des missions dominicaines dans la région.

Histoire

La mission de San Vicente a été fondée en 1780. Installée sur des terres fertiles et avec un accès privilégié à l'eau, elle a longtemps été l'une des plus importantes et imposantes missions dominicaines de la région. Elle fut finalement abandonnée en 1833.

RINCÓN DE GUADALUPE ★★

✆ +52 646 177 0577

www.rincondeguadalupe.com

C'est un endroit perdu entouré de montagnes, une exploitation agricole montée dans les années 1940 par un général de l'armée qui délaisse alors Mexico après être tombé amoureux de la région. Si les vignobles datent de cette époque, le vin n'y est produit que depuis quelques années. Il est le fruit des recherches et expérimentations passionnées de son propriétaire, pour un résultat original et très réussi : grenaches, palominos et sauvignons. Le lieu est un havre de paix dédié au vignoble, à la culture vivrière et aux oliviers. A ne manquer sous aucun prétexte.

LA RUMOROSA ★

Située entre Mexicali et Tecate, La Rumorosa est une sierra qui culmine à 1 200 mètres. Les montagnes parsemées de blocs rocheux empilés renferment des peintures rupestres (*El Vallecito*) et offrent surtout des points de vue uniques sur la Basse-Californie en contrebas. Une belle tyrolienne n'attend que vous et les fanatiques pourront y pratiquer le rappel.

Sports / Loisirs

Pour les sports d'aventure, contactez l'agence Adixion Tours à Mexicali (www.adixiontour.com), sérieuse et hyper professionnelle.

PARQUE NACIONAL CONSTITUCIÓN DE 1857 ★

C'est un parc naturel créé dans les années 1960, une drôle de pause vert et bleu dans le paysage de la région. La grande Laguna Hanson est entourée de conifères et de pics rocheux, et l'altitude du parc (entre 1 600 et 1 800 m) favorise le gel de ses eaux en hiver ; la neige y tombe parfois en fin d'année. De nombreux animaux à plume s'y repaissent : canards, cygnes, pics-verts, faucons, aigles royaux… Les natifs Kiumay et Paï-Paï, qui vivent dans des communautés à quelques dizaines de kilomètres au nord, s'y rendent régulièrement récolter pignons et glands. C'est l'endroit idéal pour de belles balades à pied ou à vélo. Bungalows à louer sur place.

MEXICALI

Capitale de la Basse-Californie et point d'union entre la péninsule et le reste du pays, son nom est une combinaison des termes Mexico et California ; de l'autre côté du miroir frontalier, sa fausse jumelle américaine s'appelle Calexico. Le mur frontalier qui sépare les deux Etats est sans doute le plus frappant : en le longeant, on peut voir à travers ce qu'il se passe dans l'autre pays, et de nombreuses familles déchirées par la migration s'y rejoignent en fin de journée pour échanger avec leurs proches. D'autres tentent le passage en se lançant en courant avec des échelles, en espérant ne pas se faire attraper juste après s'être écrasé de l'autre côté…

Histoire

Mais l'histoire migratoire de la ville débute bien avant. A la fin du XIXe siècle, des migrants chinois arrivent en effet sur le continent pour participer à la construction du chemin de fer et des canaux d'irrigation de la Colorado River Company, d'abord aux Etats-Unis puis ensuite au Mexique. Une fois les travaux finis dans la vallée de Mexicali, des travailleurs chinois louèrent des terrains à cultiver à l'entreprise alors que d'autres décidèrent de participer à la croissance de la ville-frontière. Au début du XXe siècle, Mexicali était surtout une ville plus chinoise que mexicaine (10 000 Chinois y résidaient, pour moins de 1 000 Mexicains). Durant les années 1920, la communauté tira profit de la prohibition d'alcool de l'autre côté de la frontière pour développer un réseau de caves souterraines reliées par des tunnels (la *Chinesca*, véritable ville sous la ville) jusque de l'autre côté de la frontière ; ce réseau permettait aussi bien de trafiquer de l'alcool que de rejoindre discrètement bars, fumeries d'opium et maisons closes cachées sous terre. A partir de 1934, le programme nationaliste du président Lazaro Cardenas allait déclencher une vague d'hostilité contre la communauté chinoise dans le pays (notamment Sinaloa, Sonora et Basse-Californie), dont les membres allaient être massacrés ou violemment expulsés de leurs terres au profit des citoyens mexicains. Des milliers de ressortissants chinois fuient alors vers Mexicali pour trouver refuge dans les souterrains de la ville, où l'activité humaine et économique se poursuivit jusqu'à de fortes inondations dans les années 70. Aujourd'hui, l'influence de la communauté chinoise est visible à travers plus de 200 restaurants qui offrent des spécialités culinaires originaires de l'Empire du Milieu.

LOS ALGODONES ★

Los Algodones compte moins de 6 000 habitants. C'est un petit village très connu des Canadiens et Américains, puisque pas moins de 500 dentistes offrent leurs services à prix cassés ! Mais l'intéressant ici, hormis les soins dentaires pour Nord-Américains sans assurance, ce sont les grandes dunes de sable aux alentours (Los Cuervitos), dont les motifs parallèles sont dessinés par le vent. On les parcourt à pied ou à moto, mais on les dévale surtout en surf. Une compétition internationale y a lieu chaque année. Laissez-vous tenter par l'expérience ; vous pouvez prévoir l'excursion avec Adixion Tours (www.adixiontours.com), agence basée à Mexicali.

PARQUE NACIONAL SAN PEDRO MARTIR ★

Le Parque Nacional San Pedro Mártir est une curiosité qui fait le bonheur des habitants de Basse-Californie, grands habitués de la sécheresse du désert. Culminant à plus de 3 100 mètres (*Pico del Diablo*), ce complexe montagneux est couvert de forêts de conifères qui se recouvrent de neige en hiver. Il est le refuge de nombreuses espèces : condor de Californie, aigle royal, *borrego cimarón*, puma, etc. On y pratique le rappel, la randonnée à cheval ou à vélo. Quelques options d'hébergement et de camping sont disponibles sur les hauteurs. Un observatoire astronomique y est installé depuis les années 1970 : les nuits étoilées sont grandioses.

SAN FELIPE ★

A quelque 257 kilomètres au sud-est d'Ensenada, posé sur la mer de Cortès, San Felipe est une petite ville dont le développement touristique remonte à une vingtaine d'années. San Felipe attire de nombreux touristes américains (il faut dire que la ville n'est qu'à 5 heures de route de San Diego) en raison de ses nombreuses plages de sable blanc. Aux alentours se déploie la vallée des Géants (*El Valle de los Gigantes*), peuplée de centaines de hauts et vieux *sahuaros*, des cactus géants spécifiques de la région. L'un d'eux fut déraciné et envoyé à l'exposition de Séville en 1992, pour le 500e anniversaire de l'existence hispano-américaine.

SAN QUINTÍN ★

A 200 kilomètres au sud d'Ensenada, San Quintín est un bourg sans charme, qui se dédie sans relâche à l'agriculture intensive reposant sur l'exploitation éhontée de la main-d'œuvre originaire de Oaxaca et Guerrero. En 2014, leur grève allait être durement réprimée par la police, aux ordres de quelques familles millionnaires. Pourtant, il y a quelques attractions qui peuvent mériter une incursion d'une demi-journée : le joli restaurant et le musée Le Molino Viejo et la Bahía Falsa. Cachées derrière de vieux volcans et le long d'une côte sauvage, trente fermes d'huîtres y sont installées. Vous n'en trouverez pas de plus fraîches dans la région !

PUERTECITOS ★

A 75 kilomètres au sud de San Felipe, Puertecitos est un village quasi fantôme qui est surtout connu pour abriter des eaux thermales sur la plage, en bord de mer. La température de ces eaux sulfureuses est très élevée, c'est pourquoi il est préférable de laisser les vagues lécher ces piscines naturelles avant d'y jeter ses orteils. Voilà une bien jolie halte pour reposer le corps et l'âme. Il n'y a pas d'établissements hôteliers à Puertecitos, mais il est possible de camper sur place. Apportez des provisions. Un conseil : faites le plein d'essence avant de prendre la route ; la seule station essence du coin n'est pas toujours ravitaillée dans les temps.

EL ROSARIO ★

A environ 50 kilomètres au sud de San Quintín, El Rosario est un petit village qui peut mériter une halte pour ceux qui se dirigent plus au sud ou remontent vers le nord. On y trouve un très bon restaurant familial servant crabes et langoustes qui est ouvert depuis les années 1930 (une véritable institution dans la région) et, en face, un petit musée informel où sont réunis des dizaines de fossiles collectés dans la région. Pour ceux qui souhaitent prendre l'air, le bord de mer n'est qu'à quelques centaines de mètres. À une dizaine de kilomètres au nord, la Lobera est une petite plage souterraine où se prélasse une colonie d'otaries.

BASSE CALIFORNIE

LA LOBERA ★

Déviation vers la côte à 10 km au nord d'El Rosario.

A une dizaine de kilomètres au nord d'El Rosario, la Lobera est un site naturel qui se présente sous la forme d'un cratère. Au bord de l'eau, il s'agit d'un petit gouffre qui renferme une plage souterraine alimentée en eau par les vagues de l'océan, qui y pénètre par un tunnel naturel. On peut l'observer de haut et découvrir ainsi de nombreuses familles d'otaries qui se prélassent à longueur de journée. D'avril à mai, c'est la saison des naissances ! Attention à ne vous en approcher que depuis la plateforme aménagée, le sol alentour n'étant pas très stable.

MAMA ESPINOZA'S €

✆ +52 616 165 8770

Ouvert du mardi au dimanche de 6h à 22h. Plats : 150 $.

Disparue à l'âge de 109 ans en mars 2016, Mama Espinoza avait ouvert son restaurant en 1930, le convertissant en véritable institution dans la région. Il se distingue pour avoir été le premier check-point de la mondialement connue course de moto « Baja 1000 » en 1967. On y sert des spécialités à base de langoustine (de septembre à mars) et de crabe : soupes, *burritos* et omelettes, entre autres réjouissances. Les petits déjeuners sont accompagnés de jus de fruits frais. L'endroit est aussi un motel bien pratique pour les voyageurs s'y arrêtant en fin d'après-midi.

CATAVIÑA ★

Placé entre Guerrero Negro et Ensenada, beaucoup de voyageurs y font une halte pour la nuit. Il y a quelques jolies visites à effectuer dans les environs : à quelques kilomètres au nord, le paysage est formé de grosses pierres arrondies superposées, propices à de belles balades. Vous trouverez un premier site de peintures à 10 minutes du village (km 176). Encore plus au nord, à 45 minutes, au lieu-dit El Progreso, une déviation vous emmène vers les ruines de la première mission franciscaine de la péninsule (San Francisco Velicata) ; continuez environ 1 kilomètre plus loin et d'autres peintures rupestres sont visibles le long de la paroi rocheuse.

GEOTURISMO LA BOCANA ★

En face de l'hôtel Santa María.

✆ +52 664 231 3506

Cette agence qui promeut le tourisme écoresponsable propose deux types d'excursions. L'une vous emmène camper aux alentours d'une jolie oasis (La Esscuadra) un peu plus loin que la Misión Santa María. L'autre vous propose de partir dans la direction opposée pour découvrir des sites de fossiles et de peintures rupestres ; vous logerez alors dans une jolie cabane en haut d'une colline. Tout au long de l'excursion, vous serez accompagné d'un guide qui saura vous renseigner sur la faune et la flore de la région. Egalement des activités autour de thématiques.

BAHÍA SAN LUIS GONZAGA ★

C'est une jolie baie qui est divisée selon les concessions offertes par le gouvernement à quelques personnes. La plage est encore relativement vierge, puisque seule une partie est bordée de petites maisons « temporaires » construites par des Nord-Américains. De nombreux Américains et Mexicains du nord de l'Etat viennent se reposer et profiter de la beauté des lieux.

Transports

Il existe une déviation sur l'axe principal nord-sud, à 15 kilomètres au nord de Punta Prieta. La route est magnifique. Une nouvelle route descendant directement de Mexicali par la côte rend la baie plus accessible.

BAHÍA LOS ANGELES ★

Ici se love un village de pêcheurs, installé sur une baie parsemée de belles îles, idéales pour pratiquer le snorkeling ou la plongée. Ses eaux aux reflets bleu-vert regorgent de vie sous-marine : requins-baleines (de mai à novembre), dauphins, étoiles de mer, raies mantas et bancs de poissons. Pour les plus chanceux, baleines à bosse, orques, baleines bleues et cachalots régaleront vos pupilles. Beaucoup de Nord-Américains pratiquent ici la pêche sportive. La route qui y mène depuis l'axe nord-sud principal vous permettra aussi, moyennant quelques déviations à travers le désert, de découvrir une belle mission jésuite et un site de peintures rupestres.

MISIÓN SAN BORJA ★

C'est, avec San Gertrudis, une des deux missions fondées par les Jésuites dans cette partie nord de la Basse-Californie. Le bâtiment originel était constitué de briques de glaise ; ce sont finalement les dominicains qui reconstruisirent la bâtisse en pierre. La mission est abandonnée depuis 1820. C'est une superbe balade qui vous attend sur la route ce cette mission, en plein dans la réserve Valle de los Cirios. À 22 kilomètres en venant de Bahía Los Angeles, une déviation vous emmène sur 35 kilomètres de piste jusqu'à la mission (1h30).

PINTURAS RUPESTRES DE MONTEVIDEO ★

Accessible par une déviation sur la route qui mène à Bahia Los Angeles depuis l'axe nord-sud.

Très beau site naturel à découvrir, auquel on accède par une superbe route désertique. C'est une sorte de barre rocheuse aux tons rougeâtres, plantée dans une plaine entourée de montagnes. Le site n'est pas aménagé, ce qui lui confère un charme particulier. On peut grimper sur la roche pour avoir une belle vue des environs. Le site n'est pas indiqué et se trouve à environ 1h30 par un chemin guère praticable avec une petite voiture, nous vous conseillons d'y aller avec un guide.

LOS VIENTOS HOTEL €€

Carretera Bahia de los Angeles

✆ +52 664 391 1123

www.losvientoshotel.com

12 chambres. Entre 2 000 et 3 000 $ selon la vue.

C'est un hôtel récent qui a l'avantage d'être discret – construit selon l'archétype de l'architecture du nord du pays – et directement posé sur la plage. Il se fond véritablement dans son environnement naturel. Ceux qui n'aiment pas le sable pourront toujours se rabattre sur la piscine à l'arrière du bâtiment... Les chambres sont lumineuses et spacieuses (carrelage, meubles en bois et murs blancs) avec bien entendu un petit coup de cœur pour celles donnant sur la mer. L'établissement comprend en outre un très bon restaurant de fruits de mer.

LAS HAMACAS €

Sur la route principale.

✆ +52 200 124 9114

Ouvert tous les jours de 6h à 21h. Petit déjeuner autour de 100 $. Plats autour de 200 $.

Ne manquez pas de faire un arrêt dans ce sympathique restaurant posé au bord de la route, où vous pourrez, dès le petit déjeuner, goûter la fameuse omelette aux crevettes. L'endroit propose également une préparation maison, *el pescado a las hamacas* : un *jurel* (chinchard) en papillote, décoré de crevettes, bacon, poulpe et jus d'huîtres. Tout simplement délicieux. Essayez aussi la *combinación de mariscos*, histoire de ne pas laisser l'opportunité à votre palais de vous faire culpabiliser. Simple, authentique et excellent, on en redemande.

JOEL'S SPORTFISHING & ECOTOURS

En face du musée, un peu plus haut dans la rue.

✆ +52 200 124 9160

Tour des îles : 3 000 $ pour 6 personnes (4h).

Voilà un bonhomme fort sympathique qui vous concoctera un petit tour sur mesure. Il est originaire de la région et la connaît comme sa proche. Avec son agence, il propose divers types d'excursions en mer, pour pêcher ou observer la faune marine. Hyper disponible et à l'écoute de vos envies, il n'hésitera pas à faire les détours nécessaires s'il apprend par radio la présence de quelque mammifère marin ou poisson de grande taille. Avec Joel, vous êtes entre de bonnes mains.

RICARDO'S DIVING TOUR

✆ +52 1 200 124 9264

www.scubadivingbaja.com

Plongée avec bouteille ou apnée, expéditions et camping.

Avec plus de vingt ans d'expérience dans la plongée commerciale, Ricardo est votre homme pour découvrir les fonds marins de la baie : hippocampes, murènes, poulpes, requins marteaux, etc. Six très beaux sites de plongée à découvrir. Fin connaisseur de la faune et de la géologie, il peut également organiser des sorties de plusieurs jours pour passer la nuit sur les îles. De juin à novembre, il organise les sorties pour aller nager avec les requins-baleines. Son agence est l'une des plus sérieuses et professionnelles de la région.

ORGANISER SON SÉJOUR

Même sans parler couramment espagnol, il est assez facile d'organiser un voyage au Mexique. Ce pays touristique est plutôt bien desservi depuis l'Europe et l'Amérique du Nord. Si le billet d'avion peut représenter un certain coût, la vie sur place est bon marché et tous les budgets trouveront de quoi se nourrir et se loger correctement. Le choix d'hébergements est très vaste, de l'auberge de jeunesse conviviale avec ses lits en dortoirs à l'hôtel-boutique branché en passant par la cabane sur la plage. Pour se déplacer au sein du pays, là encore les options ne manquent pas. Le réseau de bus est excellent et très fiable, et les compagnies d'avion *low cost* proposent des vols réguliers entre les différentes régions. Malgré tout, ceux pour qui l'organisation d'un tel voyage paraît inaccessible pourront toujours se tourner vers les tour-opérateurs sérieux qui proposent des circuits dans le pays et en connaissent les moindres recoins.

ARGENT

La devise du Mexique est le peso, représenté par le symbole $ (écriture bancaire MXN). Attention, le symbole $ est le même que celui utilisé pour le dollar américain. Dans ce guide, pour éviter toute confusion nous utilisons $ pour peso et US$ pour le dollar nord-américain. La monnaie en circulation se présente sous forme de billets (20, 50, 100, 200, 500 pesos) et de pièces (10, 20, 50 centavos et 1, 2, 5, 10 pesos). Les billets de 500 pesos sont souvent difficiles à utiliser, surtout pour des petits achats. Les chauffeurs de taxi ont souvent peu de monnaie par exemple. Il faut donc penser à récupérer des billets de 50 ou 100 pesos.

Le taux de change en octobre 2021 : 1 € = 23,50 $; 100 $ = 4,25 €. 1 US$ = 20 $; 100 $ = 5 US$. Il est plus facile de changer des dollars que des euros, mais on peut tout de même facilement changer ses euros dans les grandes villes et centres touristiques importants, dans les banques ou *casas de cambio* (bureaux de change). Pour les retraits et paiements par carte, le taux de change s'avère généralement plus intéressant que les taux pratiqués dans les bureaux de change, mais il faut tenir compte des frais bancaires, renseignez-vous auprès de votre banque.

BUDGET / BONS PLANS

Le Mexique est un pays relativement bon marché. Le niveau de vie au Mexique est globalement bas, avec de grandes inégalités : la différence de niveau entre les personnes qui ont de l'argent et celles qui n'en ont pas est frappante. Le Mexique est un pays riche avec une immense majorité de la population très pauvre. La classe moyenne est minoritaire et le voyageur occidental est souvent considéré par les Mexicains comme une personne riche. En effet, le budget moyen des vacances des étrangers est souvent supérieur au salaire mensuel (voire annuel) d'une grande majorité de Mexicains.

Budget. Il est facile de trouver des chambres partagées très correctes dans des auberges de jeunesse pour une petite somme (aux alentours de 10 € par personne). Des hôtels de qualité supérieure offrent également des chambres à des prix très intéressants (entre 40 et 60 € pour deux personnes), même si Mexico D.F. et les stations balnéaires branchées contredisent un peu la donne. Sachez que voyager en dehors des vacances scolaires et en semaine permet de réaliser de jolies économies au niveau logement.
Côté repas, même topo. Il est très facile de manger « local » pour moins de 5 €. Finalement, la plus grande part du budget passera très certainement dans les transports. De fait, avec l'apparition de compagnies aériennes *low cost*, sur certains trajets longs, il est aujourd'hui aussi intéressant de prendre l'avion que le bus. Quant à la location d'une voiture, il faut y consacrer le même budget que s'il s'agissait d'une destination européenne, même si l'essence est moins chère au Mexique.

Pourboire. L'usage au Mexique est de laisser un pourboire pour les services reçus, que ce soit au restaurant, dans les hôtels, chez le coiffeur ou auprès d'un prestataire (guide touristique, par exemple). La *propina* peut être de l'ordre de 10 à 20 % de la note.

PASSEPORT ET VISAS

Tout voyageur se rendant au Mexique doit être en possession d'un passeport valide au moins six mois à la date d'entrée sur le territoire, et un billet retour est généralement exigé. Pas besoin de visa pour les voyages à des fins touristiques pour les Européens et Canadiens, mais chaque personne majeure entrant sur le sol mexicain se verra octroyer une carte de touriste, la FFM (*Forma Migratoria Múltiple*). Ce document qui doit être tamponné (avec la date d'entrée) est à garder à portée de main tout au long de votre séjour. Il vous sera exigé en cas de contrôle et à la sortie du territoire. La FFM permet de rester un maximum de 180 jours sur le territoire mexicain, mais il arrive que les agents de migration inscrivent sur la carte une durée de séjour plus courte (90 jours généralement) ; si vous souhaitez séjourner entre 90 et 180 jours, n'hésitez pas à en faire la demande à l'agent de migration. Pour les entrées au Mexique par voie terrestre, faire attention à ce que les douaniers vous tamponnent votre passeport, tout comme le formulaire FFM. A certains endroits, on entre au Mexique sans avoir à montrer son passeport, ce qui peut s'avérer préjudiciable au moment d'en sortir... Pour rester au-delà des 180 jours en tant que touriste, on peut simplement sortir du pays et y rentrer à nouveau, par le Belize ou le Guatemala par exemple. Sinon, vous pouvez demander une prolongation de séjour à l'Instituto Nacional de Migración, l'INM (www.gob.mx/inm).

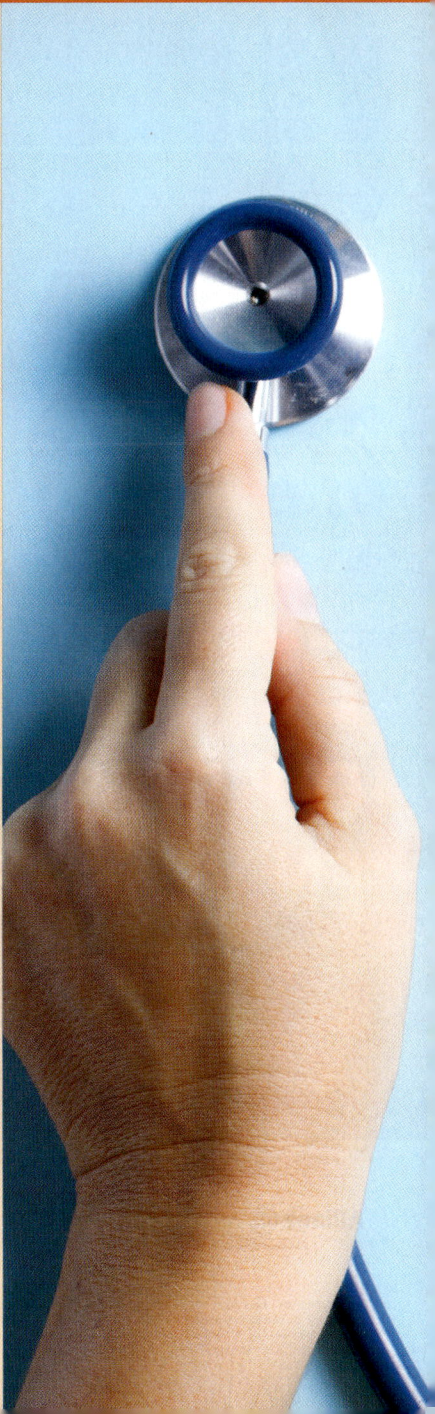
© NEIRFY

L'ASSURANCE VOYAGE, LE MEILLEUR MOYEN POUR PROTÉGER SA SANTÉ À L'ÉTRANGER

avec le DR MICHEL NAHON,
directeur médical d'Allianz Travel

En cas de souci de santé sur place, que faut-il faire ?

Si l'on se trouve dans une situation urgente (accident grave, morsure d'animaux…), il est conseillé d'appeler les numéros d'urgence locaux. Une fois à l'hôpital, appeler son assisteur pour déclencher les procédures de prise en charge.

Est-il possible d'entrer en contact avec un professionnel de santé en cas de besoin ?

Allianz Travel dispose d'un service de téléconsultation médicale accessible en visio qui permet de s'entretenir avec un médecin français 24h/24, 7 jours sur 7. La consultation se fait en français et des conseils sont donnés sur les démarches à effectuer. Une ordonnance peut également être délivrée.

S'agissant des frais médicaux, est-on forcément couvert par son assurance maladie et sa mutuelle à l'étranger ?

La sécurité sociale et la mutuelle fonctionnent en France et dans les pays de la Communauté économique européenne, à condition d'avoir fait une demande d'extension de garantie avec la carte européenne d'assurance maladie (CEAM). Il est malgré tout conseillé de souscrire une assurance voyage, car la prise en charge des frais ne sera pas la même qu'en France.

Quel est le meilleur moyen de voir ses frais médicaux pris en charge ?

Dans les pays hors Europe, il est recommandé de souscrire à un contrat d'assistance avec un bon niveau de couverture des frais médicaux. Il est également important de choisir un acteur solide, qui dispose d'un important réseau international dans le domaine médical.

L'assurance voyage prévoit-elle le rapatriement ?

Le rapatriement n'est pas systématique. Il faut un réel intérêt médical. Si le patient peut être traité sur place, l'assisteur oriente vers un médecin ou une structure médicale adaptée localement. De même qu'en cas d'accident dans une zone désertique, le patient sera d'abord orienté vers l'hôpital le plus proche pour stabiliser la situation, avant d'envisager le rapatriement.

ET VOUS,
QUI ÊTES-VOUS
EN VOYAGE ?
Assurez celui ou celle
que vous serez en voyage
www.allianz-voyage.fr - 01 73 29 06 10*
Allianz
Assureur Officiel
Allianz Travel
AWP FRANCE SAS - Siège social : 7, rue Dora Maar - CS 60001 - 93488 Saint-Ouen cedex - Société par Actions Simplifiée - au capital de 7 584 076,86 € - 490 381 753 RCS Bobigny - Siret : 490 381 753 00055 - Société de courtage d'assurances - immatriculée à l'Orias (www.orias.fr) - sous le n°07 026 669
*du lundi au vendredi de 9h à 19h et le samedi de 10h à 18h, sauf jours fériés. Octobre 2019
Photographie : Eric Vernazobres / Favorite production - Conception : Insign 2019

PERMIS DE CONDUIRE

Le permis de conduire français suffit pour conduire et louer une voiture au Mexique. L'âge légal pour conduire est de 18 ans, mais il faut avoir au moins 21 ans pour pouvoir louer une voiture.

SANTÉ

Le principal problème de santé auquel vous risquez d'être confronté est la diarrhée du voyageur, ou la revanche de Montezuma (en référence au souverain aztèque Moctezuma II). Pour éviter d'attraper la *turista*, il est impératif de suivre quelques règles d'hygiène élémentaires : ne buvez pas l'eau du robinet, évitez les glaçons et les boissons coupées à l'eau. Si vous décidez de commander à manger dans les marchés ou dans la rue, sachez que la nourriture est rarement réfrigérée et que les légumes et crudités peuvent avoir été nettoyés avec une eau souillée. Veillez à ce que les plats soient bien cuits, en particulier la viande. Ce genre de problèmes est peu fréquent dans les établissements plus formels.
Les moustiques peuvent également être porteurs de certaines maladies exotiques, notamment la dengue et, plus rarement, le paludisme, Zika et le Chikungunya. La prévention reste le meilleur moyen de se prémunir contre celles-ci, en utilisant un antimoustique et en portant des vêtements couvrants dans les zones particulièrement à risque.

▶ **En cas de forte fièvre ou de maladie**, consultez un médecin sans tarder. Autre réflexe à avoir : contacter le consulat de France (tél. +52 55 9171 9700). Il se chargera de vous aider, de vous accompagner et vous fournira la liste des médecins francophones dans la région où vous vous trouvez. En cas de problème grave, c'est aussi lui qui prévient la famille et qui décide du rapatriement. Pour connaître les urgences et établissements aux standards internationaux : consulter les sites www.diplomatie.gouv.fr et www.pasteur.fr.

VACCINS OBLIGATOIRES

Aucun vaccin n'est exigé pour les voyageurs venant de France et d'Europe ; cependant, en plus des vaccins universels qui doivent être à jour (tétanos, diphtérie, poliomyélite, hépatite B et coqueluche), il est fortement recommandé de se faire vacciner contre l'hépatite A, la fièvre jaune et la typhoïde, notamment en cas de séjour prolongé ou dans des zones reculées.

SÉCURITÉ

Le Mexique est un pays globalement sûr pour les touristes, malgré un niveau de violence élevé lié au trafic de drogue. Le territoire mexicain se trouve depuis longtemps déjà sous le contrôle des cartels de la drogue, eux-mêmes étroitement liés aux acteurs institutionnels. Les cartels de la drogue mexicains contrôlent d'importantes zones de culture de stupéfiants, notamment dans l'État de Guerrero et la zone connue comme le *Triangulo de Oro*, à la frontière des États Chihuahua, Durango, Sinaloa. Néanmoins, le visiteur ne fait généralement pas l'expérience de cette violence. Les régions touristiques sont sûres, et il n'y aucune raison de mettre les pieds dans les zones contrôlées par les cartels. En plus du *Triangulo de Oro*, il convient d'éviter les régions frontalières avec les États-Unis (à l'exception de la Basse-Californie, qui est touristique), et de faire attention dans les États de Veracruz et du Michoacán dès lors que l'on s'éloigne des zones fréquentées par les touristes. Partout ailleurs, il faut rester vigilant et exercer les règles élémentaires de prudence.

▶ **Pour connaître les dernières informations sur la sécurité sur place,** consultez la rubrique « Conseils aux voyageurs » du site du ministère des Affaires étrangères : www.diplomatie.gouv.fr/fr/conseils-aux-voyageurs. Prendre en compte cependant que le site dresse une liste exhaustive des dangers potentiels, ce qui donne parfois une image un peu alarmiste de la situation réelle du pays.

DÉCALAGE HORAIRE

Le Mexique s'étend sur trois fuseaux horaires. Pour la zone comprise entre Mexico et le Yucatán, le décalage avec la France est de sept heures en moins. Pour le sud de la Basse-Californie, le Sonora, le Nayarit et le Sinaloa, il faut soustraire huit heures. Le nord de la Basse-Californie a le même décalage avec la France que la Californie (moins neuf heures). Le Mexique ayant adopté l'heure d'été pour s'aligner sur la Bourse de New York, le décalage est le même en été qu'en hiver. Seules exceptions : l'État du Quintana Roo (Riviera Maya) conserve le même horaire toute l'année, tout comme les États de Basse-Californie et Sonora.

© FG TRADE - ISTOCKPHOTO.COM

Visite de San Miguel de Allende.

LANGUES PARLÉES

L'espagnol est parlé par 99 % des Mexicains. On trouve également 68 langues indigènes, dont le maya pratiqué dans la péninsule du Yucatán, qui dispose de nombreux dialectes. Dans le secteur du tourisme, de plus en plus de Mexicains parlent anglais et quelques-uns français.

COMMUNIQUER

La couverture téléphonique et le réseau Internet sont globalement bons dans les grandes villes et les stations balnéaires touristiques. La grande majorité des hôtels offrent le wifi gratuit, bien que celui-ci ne soit pas toujours très performant. Dans les villes, de plus en plus de cafés et restaurants sont également dotés d'un réseau wifi sur lequel il est possible de se connecter en demandant le mot de passe. A noter que nombre d'hôtels sont aussi facilement joignables par Facebook. L'application WhatsApp est également indispensable : les Mexicains ont beaucoup plus recours à cette application mobile qu'au réseau téléphonique classique. WhatsApp est parfois le meilleur moyen de contacter un hôtel ou un prestataire pour réserver une activité.

ÉLECTRICITÉ ET MESURES

Les prises électriques locales fournissent du 110 volts, 60 cycles, du type nord-américain. Il faut donc prévoir un adaptateur, car les prises sont pourvues d'un écartement et d'un type différents de celles rencontrées en Europe. On en trouve facilement sur place (et moins cher) dans les magasins de grande distribution et chez les électriciens. Les coupures de courant peuvent se produire en cas de fortes pluies, mais ne durent rarement plus de quelques heures. Côté poids et mesures, le Mexique applique le système métrique et celui des kilogrammes.

BAGAGES

D'une manière générale, nous vous recommandons de ne pas trop vous charger, les déplacements seront plus faciles et vous garderez ainsi quelques kilos disponibles pour rapporter des souvenirs. Sachez que la plupart des hôtels proposent un service de laverie très rapide. En raison de la chaleur et de l'humidité, prévoir des vêtements légers et amples qui sèchent facilement, dont des t-shirts ou chemises à manches longues (pour se protéger des moustiques),

et un t-shirt anti-UV pour le snorkeling. Si vous avez oublié votre maillot de bain ou vos tongs, vous aurez l'embarras du choix dans les boutiques locales. Mais n'oubliez pas votre petite laine préférée et un chèche, bien utiles dans les bus à la clim glaciale.
Quelques accessoires toujours utiles : lampe frontale, couteau suisse, briquet, cadenas, adaptateur électrique, boules Quies®, chapeau et lunettes de soleil, parapluie léger (aussi bien pour la pluie que pour le soleil), hamac léger de randonnée, sac étanche pour appareil photo ou smartphone, carte SD de rechange et clef USB pour stocker vos photos au fur et à mesure, jumelles... Ne pas oublier masque et tuba, ou les acheter sur place, pour éviter d'en louer à chaque fois.
Pour la trousse à pharmacie, prévoir des solutions pour problèmes intestinaux et aigreurs (telles qu'Imodium, l'idéal pour les longs trajets en bus, ou Spasfon Lyoc par exemple ; les Mexicains, eux, utilisent le sirop Pepto Bismo, en vente libre, qui fonctionne très bien aussi). On trouve aussi dans les grandes villes et les centres touristiques de la crème solaire biodégradable et des répulsifs naturels contre les moustiques (souvent plus efficaces que ceux vendus en Europe). Pensez tout de même à prendre un tube de Biafine pour les coups de soleil.

LES PHRASES CLÉS

Bonjour, je voudrais réserver un billet aller/retour pour...
Hola, me gustaría reservar un billete de ida y vuelta para....

J'ai raté mon avion. Je voudrais échanger mon billet s'il vous plaît.
Perdí el avión. Me gustaría cambiar mi billete, por favor.

Mon vol est très en retard. Ma correspondance sera bien assurée ?
Mi vuelo llega con retraso. ¿Llegaré a tiempo para coger el próximo vuelo?

Mes bagages ont été égarés, à qui dois-je m'adresser ?
Han perdido mi equipaje, ¿a quién debo dirigirme?

Louez-vous des voitures avec chauffeur ?
¿Alquilan coches con chófer?

Je n'ai presque plus d'essence. Où se trouve la station-service la plus proche ?
Apenas tengo gasolina. ¿dónde está la gasolinera más cercana?

S'Y RENDRE

Le Mexique est facilement accessible depuis l'Europe et le Canada, en particulier Mexico. Plusieurs compagnies proposent des vols directs vers la capitale tous les jours depuis les grandes villes européennes, notamment Paris. Si vous empruntez une compagnie américaine, il est fort probable que votre voyage comporte une escale aux Etats-Unis (ESTA obligatoire). Quant à la péninsule du Yucatán, zone la plus touristique du pays, elle est accessible depuis l'Europe via Cancún, l'aéroport principal de la région. Plusieurs compagnies desservent la station balnéaire avec une escale à Mexico, mais on trouve aussi quelques vols directs, plusieurs fois par semaine, depuis Paris, Bruxelles, Zurich et Montréal. Depuis Mexico, on trouve de nombreuses liaisons quotidiennes vers la plupart des régions du pays. Si vous faites escale à Mexico, vous n'aurez ensuite aucun mal à trouver un vol avec une compagnie locale vers votre destination finale.

AEROMEXICO

✆ 08 00 91 67 54

www.aeromexico.com

La compagnie aérienne nationale du Mexique Aerovías de México, ou Aeroméxico, assure un vol quotidien direct entre Paris et Mexico. Départ de l'aéroport Roissy-Charles-de-Gaulle à 23h25 et arrivée à México le lendemain à 4h20, heure locale. Le vol dure 12 heures et 15 minutes. Plusieurs autres vols sont possibles avec escale à Amsterdam ou Madrid, en partenariat avec la compagnie Air France-KLM.

AIR FRANCE

✆ 09 69 39 36 54

www.airfrance.fr

Réservations en ligne ou par téléphone, tous les jours de 6h30 à 22h.

Toute l'année, la compagnie nationale française propose de nombreux vols tous les jours au départ des aéroports de Paris : plusieurs destinations en France, en Europe et à l'international. La compagnie, qui existe depuis 1933, est synonyme de qualité, de service et de confort. Sa flotte est majoritairement constituée d'Airbus âgés d'une dizaine d'années seulement. La compagnie aérienne assure deux vols directs par jour à destination de Mexico. Il existe aussi un vol direct pour Cancún les mercredis, vendredis et dimanches.

AIR EUROPA

✆ 01 42 65 08 00

www.aireuropa.com

Cette compagnie aérienne espagnole, fondée en 1986, possède une agence à l'aéroport d'Orly. Air Europa assure un vol par jour vers Mexico via Madrid. Deux ou trois vols par semaine vers Cancún sont proposés via Madrid. Membre de l'alliance SkyTeam, elle opère des liaisons en partenariat avec Air France. Les vols sont réguliers et partent relativement à l'heure. Un service de « Priority Boarding » est disponible au moment de la réservation pour les personnes qui souhaitent éviter les files d'attente à l'enregistrement des bagages ou bien à l'embarquement.

IBERIA

✆ 0 825 800 965

www.iberia.com

Iberia propose de nombreux vols chaque jour pour Mexico. Départ de Paris-Charles-de-Gaulle ou d'Orly, de Marseille, Toulouse (+ vols occasionnels de Bordeaux, Strasbourg, Clermont-Ferrand, Nantes, Lyon, Montpellier), avec une escale en Espagne. Iberia assure aussi la liaison vers Cancún. La compagnie aérienne espagnole est très présente sur les dessertes latino-américaines, et elle propose souvent des tarifs très compétitifs.

SÉJOURS ET CIRCUITS

Le Mexique est un très vaste pays aux multiples facettes ; y organiser un voyage peut avoir quelque chose d'intimidant. La bonne nouvelle, c'est que le Mexique est une destination phare des agences de voyages. Celles-ci sont nombreuses à proposer des circuits hors des sentiers battus, des séjours en immersion totale, des voyages thématiques (villes coloniales, sites archéologiques, sports extrêmes, écotourisme, etc.) à travers différentes régions. Leurs équipes de passionnés connaissent très bien le terrain et pourront aussi vous aider à organiser un circuit sur mesure en fonction de vos envies et de votre budget. Vous trouverez ici les tour-opérateurs spécialisés dans le Mexique. Ils produisent eux-mêmes leurs voyages et sont généralement de très bon conseil, car ils connaissent la région sur le bout des doigts. A noter que leurs tarifs se révèlent souvent un peu plus élevés que ceux des généralistes.

ALTIPLANO VOYAGE

Route de la Bouvarde - **EPAGNY METZ-TESSY**
✆ 04 50 46 90 25
www.altiplano-voyage.com
Ouvert du lundi au vendredi de 8h à 13h et de 14h à 18h.

Passionnée depuis plus de 15 ans par l'Amérique centrale et le Mexique, l'équipe de spécialistes vous écoute et vous conseille pour vous proposer un voyage inédit. Itinéraire découverte ou « hors des sentiers battus », votre expert met toute sa créativité à votre service et vous confie aussi ses bons plans. Parce que la conception du voyage n'a pas de frontière chez Altiplano, ils sont aussi spécialisés dans les circuits multi-destinations (Guatemala, Belize...). Vous pouvez vous inspirer des exemples de circuits 100 % personnalisables proposés sur leur site web.

CLUB FAUNE VOYAGES

50, rue de Passy - **PARIS** (16e)
✆ 01 42 88 31 32
www.club-faune.com
Ouvert de 9h à 19h en semaine. Le vendredi ouvert de 9h30 à 18h et les samedsi de 9h à 13h et de 14h à 18h30.

Depuis 30 ans, Club Faune réalise des voyages sur mesure selon vos envies. Découvrez les incontournables du Mexique à l'aide de leurs spécialistes qui ont une connaissance pointue de la destination. Pique-niquez dans un *cenote* privé en toute intimité, visitez les vestiges mayas, dormez dans une *hacienda*, partez à la découverte de la population locale pour découvrir sa cuisine ancestrale et ses traditions…

Différents circuits sont proposés dont « La migration des papillons monarques », « Éveil des papilles » et « Archéologie maya » !

EMOTIKA VOYAGES

178, Rue Jean-Jacques Rousseau
BANDOL
✆ 06 48 36 76 28
www.emotikavoyages.fr
Ouvert du lundi au samedi de 8h à 20h.

Emotika Voyages est l'option idéale pour ceux qui souhaitent vivre une expérience inoubliable, hors des sentiers battus, sans pour autant passer à côté des incontournables. La particularité de cette agence est de faire découvrir en toute sécurité des destinations hautes en couleur, en rencontrant la population ou en immersion au cœur de la nature, avec des visites originales et de qualité. Spécialiste des voyages sur mesure, l'agence organise des circuits cousus main dans tous les pays d'Amérique latine. Un autotour de 15 jours au Mexique est possible.

NOSTALATINA

19, rue Damesme
PARIS (13e)
✆ 01 43 13 29 29
www.ann.fr
Ouvert du lundi au samedi de 10h à 13h et de 14h à 18h.

NostaLatina, fidèle à sa tradition depuis 1994, met tout en œuvre pour trouver les meilleures solutions adaptées aux voyageurs individuels en Amérique Latine. Ses formules s'adaptent au rythme et au style de chaque voyageur pour apporter exactement la « dose » d'organisation qu'il lui faut : Estampe vous propose les grands transferts de ville en ville et quartier libre, tandis qu'Aquarelle le renforce avec guides et visites. De nombreux circuits sont proposés au Mexique, avec des extensions possibles comme le voyage à bord du train Chepe.

BRAVO CLUB

✆ 08 21 23 26 26

www.bravoclub.com

Bravo Club propose, dans le monde, une vingtaine d'hôtels très confortables et idéalement situés, avec des formules *all-inclusive* comprenant vols, transports, hébergement, restauration et boissons mais aussi spectacles et activités sportives encadrées par des animateurs enthousiastes. Toujours à taille humaine pour conserver un esprit « club » familial et convivial, les Bravo Clubs sont idéals pour découvrir des destinations traditionnelles en Europe ou plus atypiques et lointaines, avec les enfants, sans stress ni mauvaise surprise.

XPLORE MEXIQUE - VOYAGEZ AVEC UN LOCAL

✆ +33 4 13 41 93 53

https://mexique.xplore-voyages.com

Devis sur mesure et gratuits par téléphone, mail ou via le site internet.

Xplore est une agence locale au Mexique avec un relais en France, qui propose des voyages sur-mesure et sans intermédiaire. Vous êtes en contact sur place avec des « Xplorers », des professionnels locaux et francophones dont l'objectif est de rendre votre voyage unique et inoubliable. Toutes les facettes de ce pays extraordinaire sont couvertes : road-trips, immersions, séjours balnéaires, circuits accompagnés, etc, de la péninsule du Yucatán jusqu'en Basse Californie.

LASTMINUTE

✆ 08 92 58 61 32

www.lastminute.com

Des vols secs à prix négociés, dégriffés ou publics sont disponibles sur Lastminute, agence de voyage en ligne. créée il y a plus de 20 ans. On y trouve également des week-ends, des séjours, de la location de voiture... Mais surtout, Lastminute est le spécialiste des offres de dernière minute permettant ainsi aux vacanciers de voyager à petits prix sans avoir à s'y prendre plusieurs semaines à l'avance. Que ce soit pour un week-end ou une semaine, une croisière ou simplement un vol, des promos sont proposées et renouvelées très régulièrement.

HIGH GUIDING MEXICO

Calle Luna #8

MÉXICO

✆ +52 55 5608 2770

www.hgmexico.com

Cette agence est spécialisée dans les sports extrêmes et les loisirs d'altitude. C'est l'agence à contacter si vous voulez faire de l'alpinisme en haute montagne, de la marche, du trekking, de l'escalade, ou encore approcher les fameux volcans du Mexique. Aux environs de Mexico, selon la saison, l'agence pourra vous amener au Nevado de Toluca, au volcan Iztaccíhuatl, au pic d'Orizaba, etc. L'excursion appelée The Trilogy vous permettra de partir à l'assaut de ces trois sommets pendant sept jours, accompagné d'un guide de montagne expérimenté.

PROMOVACANCES

✆ 08 99 23 00 16

www.promovacances.com

Promovacances est une agence de voyage en ligne qui propose de nombreux séjours touristiques, des week-ends, ainsi qu'un très large choix de billets d'avion à tarifs négociés sur vols charters et réguliers, des locations, des hôtels à prix réduits. En plus de cette importante offre, n'hésitez pas à guetter en ligne des promotions de dernière minute et les bons plans du jour. Enfin, des informations pratiques sont à consulter en ligne pour préparer votre voyage : santé, formalités, aéroports, voyagistes, compagnies aériennes.

MAYAN HERITAGE

Calle 79 # 518-D, entre calles 64 et 64 - A -

MÉRIDA ✆ +52 999 924 8284

www.mayanheritage.com.mx

Organisation d'excursions et de transports touristiques, sur demande et sur mesure.

Mayan Heritage est un acteur du tourisme respecté dans la péninsule du Yucatan. Depuis plus de 15 ans, leur proposition est la même : offrir le meilleur du monde Maya aux visiteurs étrangers et locaux, avec une très haute exigence. Le groupe organise des excursions en groupes à la journée, au départ de Mérida, de Cancún ou de Valladolid ; mais aussi des voyages privés sur mesure de plusieurs journées, autour de la culture, de l'archéologie, de la nature, de la plongée, de l'activité sportive. De véritables experts de la péninsule, vous pouvez tout leur demander !

© STOCKVAULT
© CARLOS DAVILA CEPEDA

MEXIKOO

Etla #26
MÉXICO
✆ 08 05 32 10 78
www.mexikoo.com

L'agence réceptive Mexikoo est aujourd'hui un des moteurs du tourisme responsable au Mexique. Depuis 2017, cette agence francophone basée à Ciudad de Mexico organise des voyages sur mesure à travers tout le pays, avec pour colonne vertébrale le respect et la protection de l'environnement. Après beaucoup d'efforts, l'équipe a même lancé en 2020 un itinéraire zéro déchet dans la péninsule du Yucatan. Il s'agit-là définitivement de l'une des meilleures agences pour voyager dans cette magnifique région avec un esprit vert et responsable.

MEXIQUE AUTREMENT

MÉXICO
✆ +521 55 22 45 70 39
www.lemexiqueautrement.com.mx

Mexique Autrement est une agence franco-mexicaine qui organise des séjours à la carte dans tout le Mexique depuis plus de dix ans. Pour l'inspiration, ils proposent sept circuits (qui sont entièrement modulables), avec une approche durable pour chacun d'entre eux : la Ruta Mágica vous fera découvrir l'essentiel du Mexique, de la capitale à la péninsule du Yucatán ; la Ruta Colonia vous emmènera dans les plus belles villes coloniales du pays, etc. Benjamin et Diana, qui sont à la tête de l'agence, sont amoureux du Mexique et ça se ressent. Une excellente option !

RED TRAVEL MEXICO

Mutualismo 334 - **LA PAZ**
✆ +52 612 122 6057
www.redtravelmexico.com
Excursions à la journée ou au long cours.
Transferts.

Cette organisation peut vous emmener ou organiser à la carte différents séjours dans toute la péninsule de la Baja California (montagne, mer et désert), toujours au plus proche de la nature et des espèces animales, dans le souci de limiter l'impact des visites sur l'environnement. Indispensable : snorkeling à la Isla de Espiritu Santo, nage avec les requins-baleines à proximité de La Paz et Balandra, plongée à Cabo Pulmo, observation des baleines grises à Bahia Magdalena, visite de Todos Santos, fermes de l'arrière-pays, campements de protection des tortues, etc.

ROLAN TOURS

Guadalupe Victoria, San Juan Chapultepec, La Cuevita
OAXACA
✆ +52 951 512 1674
www.rolantours.com.mx

Depuis 35 ans, cette entreprise familiale propose des excursions dans l'Etat de Oaxaca et des circuits organisés dans tout le pays. Autant vous dire qu'ils connaissent le métier, et qu'ils le font à la perfection ! L'agence peut s'occuper de tout : hébergements, transport avec chauffeur, restauration, guides... en groupe ou en circuit privé. Quels que soient le temps et le budget dont vous disposez, on pourra vous proposer un circuit sur mesure. Ce sont d'excellents professionnels : vous pouvez les contacter la fleur au fusil.

TERRA MAYA

Plan de Ayala - **MÉRIDA**
✆ +52 999 481 9576
www.mexique-voyages.com
Agence réceptive francophone spécialiste des circuits sur-mesure. Membre de Terra Group.

Installée au cœur du Yucatán, Terra Maya est une agence francophone spécialiste du voyage à la carte au Mexique et au Guatemala. Elle connaît bien le terrain qu'elle explore depuis des années. Que ce soit pour un circuit autour des sites incontournables, ou hors sentiers battus, un séjour purement culturel ou encore balnéaire, votre voyage est 100 % personnalisé, construit en fonction de votre budget, de votre rythme et de vos envies : sites archéologiques, séjour plongée, rencontre avec des communautés mayas, découvertes de réserves naturelles, etc.

JPM TOURS

Presa el Azucar Colonia Irrigación
MÉXICO
✆ +52 55 5395 6546
www.jpmtours.com
Agence mexicaine créée et dirigée par un Français vivant au Mexique depuis une vingtaine d'années avec une excellente connaissance de ce pays.

L'équipe de JPM Tours, forte de son professionnalisme reconnu dans le voyage sur mesure, trouve pour chaque voyageur la formule qui lui convient le mieux : voyages « découverte », culturels, tours guidés ou tout simplement voyages de dépaysement et de farniente (hôtels de bon goût, vols intérieurs, voiture, etc.). Sur place, l'agence assure une totale assistance en français et est garante du bon déroulement de votre séjour.

MEXIQUE DÉCOUVERTE

8 Calle rinconada Punta Allen - **CANCÚN**
✆ +52 55 4548 0866
www.mexique-decouverte.com

Agence francophone sur site et service de conciergerie. Site web avec des idées de circuits, des astuces et devis.

Brigitte et Jean-Charles, un charmant couple de professionnels du tourisme, organisent des circuits, *road trips* et autotours dans tout le Mexique, de la péninsule du Yucatán jusqu'en Basse-Californie. Forts d'une grande connaissance du pays, d'un service personnalisé et très attentifs aux moindres détails, vous pouvez les contacter les yeux fermés pour dessiner votre circuit sur mesure et connaître en profondeur ce magnifique pays. Idéal pour ceux qui veulent s'offrir un beau voyage en famille ou en lune de miel et laisser les soucis à la maison.

ILLICOTRAVEL

www.illicotravel.com

Illicotravel permet de trouver le meilleur prix pour organiser vos voyages autour du monde. Vous y comparerez billets d'avion, hôtels, locations de voitures et séjours grâce à un métamoteur de recherche en temps réel. Ce site offre des fonctionnalités très utiles comme le baromètre des prix pour connaître les prix les plus compétitifs sur les vols à plus ou moins 8 jours. Le site propose également des filtres permettant de trouver facilement le produit qui répond à tous vos souhaits (escales, aéroport de départ, circuit, voyagiste…).

QUOTATRIP

www.quotatrip.com

QuotaTrip est une nouvelle plateforme de réservation de voyage en ligne qui met en relation des voyageurs à la recherche d'expériences authentiques et uniques et des agences de voyages locales sélectionnées pour leurs compétences et leur sérieux. Le réseau de QuotaTrip couvre près de 200 destinations du monde entier. Le but de ce rapprochement est simple : proposer un séjour entièrement personnalisé aux utilisateurs. QuotaTrip promet ainsi l'assurance d'un voyage serein, sur mesure, sans intermédiaires et sans frais supplémentaires.

INTERVIEW

LE VOYAGE-SUR-MESURE

AVEC STEVEN LE CHEVALIER ET MATHIEU VALLY DE QUOTATRIP

Quel est le concept de l'agence QuotaTrip ?

Quotatrip est la première plateforme de mise en relation entre voyageurs et agences locales. Grâce à elle, les voyageurs peuvent enfin échanger en direct avec des agences qui sont sur place et concevoir un voyage unique, au meilleur prix et 100% personnalisé.

Pourquoi voyager avec des agences locales ?

À l'inverse des agences traditionnelles, les agences locales sont des expertes de la destination choisie. Ce sont aussi les mieux placées pour concevoir des séjours qui sortent des sentiers battus. Elles sont ainsi en mesure de répondre à l'ensemble des envies, le voyageur rentre dans l'univers de l'equi-tourisme = le tourisme sans intermédiaire.

Quels sont les autres avantages pour les voyageurs ?

Il y a une multitude d'avantages. Cela permet notamment de ne pas voyager comme tout le monde, d'organiser de manière simple et rapide un séjour sur mesure et au meilleur prix. Fini les mauvaises surprises, les voyageurs posent toutes les questions qu'ils souhaitent et bénéficient d'un accompagnement sur mesure, de la conception du projet jusqu'à sa réalisation en toute sécurité car les agences référencées sont sélectionnées et recommandées par les journalistes des guides du Petitfute en toute impartialité.

Les démarches sont-elle simples à effectuer ?

Les sites de voyage en ligne font perdre beaucoup de temps aux internautes sans pour autant répondre entièrement à leurs désirs. QuotaTrip propose un formulaire simple et rapide qui permet de décrire les souhaits, les envies et les besoins. L'internaute reçoit aussitôt gratuitement et sans engagement les offres de trois ou quatre agences locales avec qui il peut ensuite échanger afin de personnaliser son projet grâce à la messagerie mise en place.

Quelles sont les destinations proposées ?

Notre plateforme propose plus de 21 000 projets de voyage sur plus de 100 destinations à travers le monde. De l'Amérique latine en passant par l'Asie et l'Afrique, nos mille agences partenaires sont là pour répondre à vos projets de voyage.

Décrivez votre projet de voyage. Échangez en direct avec les agences locales et partez au meilleur prix.

***Plus d'informations** : quotatrip.com*

© D.R

© D.R

© D.R

SE LOGER

Quel que soit votre budget, vous n'aurez aucun mal à vous loger au Mexique. L'offre d'hébergement est pléthorique : auberges de jeunesse (*hostels*), hôtels conventionnels, chambres d'hôtes avec petit déjeuner inclus, hôtels-boutiques dans des maisons coloniales ou d'anciennes haciendas, *resorts* tout compris à la plage, hôtels réservés aux adultes, campings, location d'appartements... Si l'on organise son séjour en haute saison ou si l'on part vers une destination touristique, il est vivement recommandé de s'y prendre bien à l'avance pour réserver son hébergement. A noter qu'au Mexique, il arrive parfois qu'un hôtel n'ait pas de site Internet. Dans ce cas, il convient de les joindre par téléphone ou de passer par une plateforme de réservation, de type Booking ou Expedia. Lorsque vous pouvez réserver directement sur le site de l'hôtel, faites-le : les tarifs sont souvent un peu plus avantageux.

HOME EXCHANGE €€

www.homeexchange.fr

Abonnement annuel 130 €.

Désormais affilié à HomeExchange, le leader mondial de l'échange hébergement, Troc Maison avait ce slogan : « Échangez… ça change tout ». L'idée reste la même : un site Internet pour échanger son logement (studio, appartement, villa…) moyennant un abonnement annuel à l'agence en ligne, qui se charge de la présentation du bien et de la mise en contact des intéressés. Quand 50 % du budget vacances des Français passent dans le logement, le principe ne peut que fonctionner. Le choix est large avec plus de 400 000 offres dans 187 pays.

CASAI €€

Calle de Durango #357

MÉXICO

✆ +52 1 415 358 0084

www.casai.com

Le concept génial de Casai : offrir des locations avec le *design* d'un hôtel-boutique et le confort d'un appartement particulier dans de superbes *condos* à Mexico. Les logements sont spacieux et modernes ; ils comprennent une cuisine tout équipée, un salon et de 1 à 3 chambres. Casai propose des locations dans les quartiers les plus désirables de la capitale (Polanco, Roma Norte, Condesa…). Les instructions sont envoyées par email et, à votre arrivée, vous n'aurez qu'à vous présenter au gardien qui vous attend. Idéal pour découvrir la ville comme un local.

WORKAWAY €€

www.workaway.info

Ici, le système est simple : être nourri et logé en échange d'un travail. Des fermes, des maisons à retaper, ou plus simplement des vendanges ou cueillettes… Une expérience unique en son genre où l'on ne paye pas son hébergement avec de l'argent mais en rendant des services. Ce mode de logement alternatif, s'il n'est pas de tout repos, est de plus en plus populaire. Lors de notre dernière visite, des hôtes proposaient le gîte et parfois le couvert, majoritairement en échange de la pratique de l'anglais avec eux... Un bon deal !

VIAMEXICO €€

www.viamexico.mx

ViaMexico est un site qui offre de nombreux conseils et bons plans pour organiser son séjour au Mexique. Parmi les rubriques, la catégorie « Hoteles » recense différents types d'hébergements selon des thématiques spécifiques, et donne la part belle aux logements insolites, notamment au *glamping* (pour camper de façon glamour) : passer la nuit dans un igloo à Huasca de Ocampo, dans une bulle à Monterrey, dans un tipi à Xilitla, dans une cabane dans les arbres à Zacatlán... Un incontournable pour dénicher des logements hors des sentiers battus partout au Mexique !

SE DÉPLACER

Les transports aériens permettent de gagner un temps précieux dans un pays aussi étendu. Avec l'apparition des compagnies low-cost, ce mode de transport n'est plus aussi coûteux que par le passé. Sur certains trajets longs, l'avion revient parfois moins cher qu'un bus de première classe. Toutefois, pour des distances plus courtes, le bus reste une option extrêmement fiable et confortable, en particulier les bus de première classe qui sont équipés de télévisions, toilettes et air conditionné. S'ils sont moins confortables, les *colectivos* sont très pratiques et permettent de se rendre presque partout. La location d'une voiture peut être une bonne idée, mais renseignez-vous en amont sur l'état des routes dans la région où vous souhaitez conduire. S'il est globalement bon dans le pays, l'entretien peut être défaillant et certaines routes sont très sinueuses. Enfin, en ville, les taxis sont nombreux et bon marché.

VIVAAEROBUS

✆ +52 55 4000 0180
www.vivaaerobus.com

Fondée en 2006, la compagnie *low cost* VivaAerobús couvre l'ensemble du territoire mexicain. Elle offre notamment des liaisons directes entre Tijuana (Basse-Californie) et Morelia (Michoacán), Cancún (Quintana Roo) et Chihuahua (Etat de Chihuahua), Monterrey (Nuevo León) et Toluca (México), Guadalajara (Jalisco) et Puebla (Etat de Puebla).

VivaAerobús propose également des liaisons à destination des Etats-Unis, notamment les villes de Los Angeles, Las Vegas et New York, principalement depuis Guadalajara, Monterrey, Cancún et México.

TOURACANCUN

Aéroport International de Cancun - **CANCÚN**
✆ +52 998 287 0528 - www.touracancun.com
info@touracancun.com

Tarifs compétitifs et prestations optimales. Zéro franchise, réservation sans CB, conducteur additionnel gratuit.

Des milliers de voitures louées par an sans aucun problème. Au niveau du rapport prix-prestations, difficile de faire mieux. Gage de sérénité pour les clients, TouraCancun loue des voitures 100 % assurées zéro franchise. Assistance en français 24/7 par téléphone, WhatsApp, Live Chat et email. N'hésitez pas à réserver online sans CB, pas de mauvaises surprises à l'arrivée au Mexique, le prix annoncé ne change plus. En cas de problèmes avec la police, une assistance anti-corruption, unique ! Possibilité de passer les voitures au Guatemala et au Belize. Recommandé.

VOLARIS

✆ +52 55 1102 8000
www.volaris.mx

Opérationnelle depuis 2006, Volaris est l'une des compagnies aériennes low cost du Mexique. Elle propose des vols dans tout le pays et dessert également quelques villes aux États-Unis. Les tarifs proposés sont très abordables et permettent de traverser le Mexique à moindres frais (Volaris propose notamment un vol direct entre Tijuana et Cancún ; le trajet prend environ 5 heures) ; d'autant que la compagnie offre différentes grilles tarifaires selon les options de bagages ou les possibilités de changement de date ou de destination.

TAXIMEX

MÉXICO
✆ +52 55 9171 8888
www.taximex.com.mx

App. téléchargeable sur la page web.

Très pratique : ils viennent vous chercher n'importe où dans la ville. Pour être une compagnie donnant un service haut de gamme, ils sont bien sûr plus chers que les taxis que l'on trouve dans la rue, mais bien moins chers que les taxis qui offrent leurs services devant les hôtels. Le prix de la course dépend du temps du trajet (les taxis fonctionnent avec un compteur), sauf pour aller aux différentes gares routières de Mexico et à l'aéroport, auquel cas le prix est fixe. Parfait si vous devez circuler dans Mexico avec des objets de valeur.

S'INFORMER

Avant le départ, Internet et ses forums de discussion, ses sites spécialisés et ses blogs vous permettront de trouver des informations utiles, bien qu'elles soient à prendre avec des pincettes car elles sont parfois datées. Une fois sur place, sachez que toutes les villes touristiques possèdent un office de tourisme, et parfois même des modules d'information dans plusieurs quartiers. N'hésitez surtout pas à vous y arrêter avant de commencer votre visite : vous y ferez le plein de brochures et pourrez poser vos questions aux personnes compétentes, qui pourront parfois vous aider à réserver des excursions. Le personnel de votre hôtel constitue également une ressource précieuse pour en savoir plus sur les sites touristiques des environs. Enfin, pour un long voyage ou des projets d'installation, rien de mieux que de consulter les sites Internet locaux, sans oublier d'aller faire un tour sur le site de l'ambassade de France au Mexique.

SECRETARÍA DE FOMENTO TURÍSTICO DE YUCATÁN

Calle 61, entre calle 60 et 62
MÉRIDA
✆ +52 999 930 3760
www.yucatan.travel

L'organisme de promotion touristique de l'État du Yucatán, pour tout savoir sur les attractions touristiques de Mérida et sa région. Le personnel est compétent et sympathique, et pourra vous donner un plan de la ville et des infos précieuses. Le site Internet est bien fait et dispose d'une version en français. Les réseaux sociaux habituels sont également intéressants à consulter pour suivre l'actualité touristique et les évènements culturels à venir.

SECRETARÍA DE TURISMO FEDERAL

Av. Presidente Masaryk #172
MÉXICO
✆ +52 55 3002 6300
www.visitmexico.com

Pas de module d'information touristique à proprement parler, mais un site web très bien fait, que l'on peut consulter en anglais et en espagnol. Il donne un excellent aperçu du Mexique et permet d'organiser son séjour au mieux. Chaque Etat dispose de sa propre page détaillée, qui recense ses principaux attraits touristiques. Il est également possible de parcourir le site selon des centres d'intérêt spécifiques : écotourisme, sites archéologiques, plages, etc.

VISITA YUCATÁN.COM

Calle 58 #487, à l'angle de la rue 57
MÉRIDA
✆ +52 999 928 2279
www.visitayucatan.com

Un détour par le site Internet de Visita Yucatán vous présentera la palette infinie d'excursions dans la péninsule. En fonction du temps dont vous disposez, vous trouverez une formule adaptée à vos envies d'escapades et à votre budget, qu'il s'agisse de circuits thématiques avec un focus histoire (à la découverte du monde maya ou des villages magiques), biodiversité (aventure aquatique dans les *cenotes*) ou culture et nature (qui compile visite de sites archéologiques et plongée dans le centre-ville de Mérida ou dans les trous d'eau).

DESINFORMEMONOS

www.desinformemonos.org

Désinformons-nous ! Cette page d'information sans but lucratif diffuse une information indépendante à base d'enquêtes de terrain effectuées auprès de catégories de la population oubliées des médias. Une sorte de « vision des vaincus », chère à Eduardo Galeano. Jetez-y un œil, c'est très bien pour s'informer autrement et avoir une vision différente de celle présentée par les sites touristiques. L'agenda recense les événements et rassemblements prévus semaine par semaine. Le site est disponible en plusieurs langues, dont le français.

RESTER

Vous vous verriez bien couler des jours heureux sous le soleil du Mexique ? Les raisons de s'installer dans le pays ne manquent pas, que ce soit pour faire des études, dans le cadre d'une opportunité professionnelle, pour lancer une entreprise, faire du volontariat ou tout simplement prendre sa retraite. Les possibilités sont nombreuses, mais toutes requièrent un minimum de préparation. Sachez tout d'abord que pour les séjours longs ou pour faire des activités rémunérées, vous devez obtenir un visa auprès de la section consulaire de l'ambassade du Mexique. Une fois votre visa en poche, il va falloir vous confronter à la réalité de votre nouveau pays, découvrir un nouveau mode de vie et une nouvelle société, parler espagnol au quotidien et affronter quelques chocs culturels. Plusieurs organismes pourront vous accompagner dans vos démarches et vous aider à mener votre projet à bien. En voici une liste non-exhaustive.

ACTION CONTRE LA FAIM

14, boulevard de Douaumont
PARIS (17e)
✆ 01 70 84 70 70
www.actioncontrelafaim.org/
Par téléphone de 9h à 13h et de 14h à 18h.

ONG internationale spécialisée dans la lutte contre la faim dans le monde, active dans les domaines de la nutrition, santé, sécurité alimentaire, de l'eau, de l'assainissement. L'association intervient dans des situations de crise. Le but étant de rendre les populations autonomes d'un point de vue de la nutrition, en apportant une aide concrète et en formant les intervenants locaux qui prendront le relais. Ses missions de volontariat durent de trois mois à un an en Afrique, Asie, Amérique, Europe centrale, dans le Caucase, au Moyen-Orient et dans les Caraïbes.

AGENCE POUR L'ENSEIGNEMENT FRANÇAIS À L'ÉTRANGER

23, place de Catalogne
PARIS (14e)
✆ 01 53 69 30 90
www.aefe.fr

Cette agence, sous tutelle du ministère des Affaires étrangères, anime et gère un réseau de près de 500 établissements d'enseignement français à l'étranger, dans près de 140 pays. 370 000 élèves, dont 40 % de Français, fréquentent ces établissements. Offres d'emploi à l'international pour les titulaires de la fonction publique (Education nationale principalement) et informations sur la politique pédagogique, la scolarité et l'orientation émaillent le site Internet de cet organisme.

CIDJ

www.cidj.com

Le Centre d'Information et de Documentation Jeunesse a été créé en 1969, sous la tutelle du ministère de la Jeunesse et des Sports. Le site Internet est bien fait et très complet. La rubrique « Partir à l'étranger » fournit des informations pratiques aux jeunes qui ont pour projet d'aller vivre à l'étranger. Il y a une rubrique spécifique dédiée à chacun des thèmes suivants : travail, étude, stage, volontariat international et séjours linguistiques. Pour vous aider dans vos démarches, vous pouvez avoir un entretien gratuit avec un conseiller du CIDJ.

ÉDUCATION NATIONALE

www.education.gouv.fr
Modalités sur www.france.diplomatie.fr/mfi.

Vous êtes enseignant ou fonctionnaire d'État, vous souhaitez travailler à l'étranger ? Consultez le site du ministère de l'Éducation nationale, il informe sur les conditions de mobilité dans le monde. Cette initiative peut s'inscrire dans un parcours professionnel. Elle permet d'exercer son métier dans des conditions spécifiques, ou un autre métier et diversifier ainsi son expérience en enrichissant ses compétences. Les personnels d'encadrement peuvent aussi postuler dans des organismes internationaux ou de l'Union européenne.

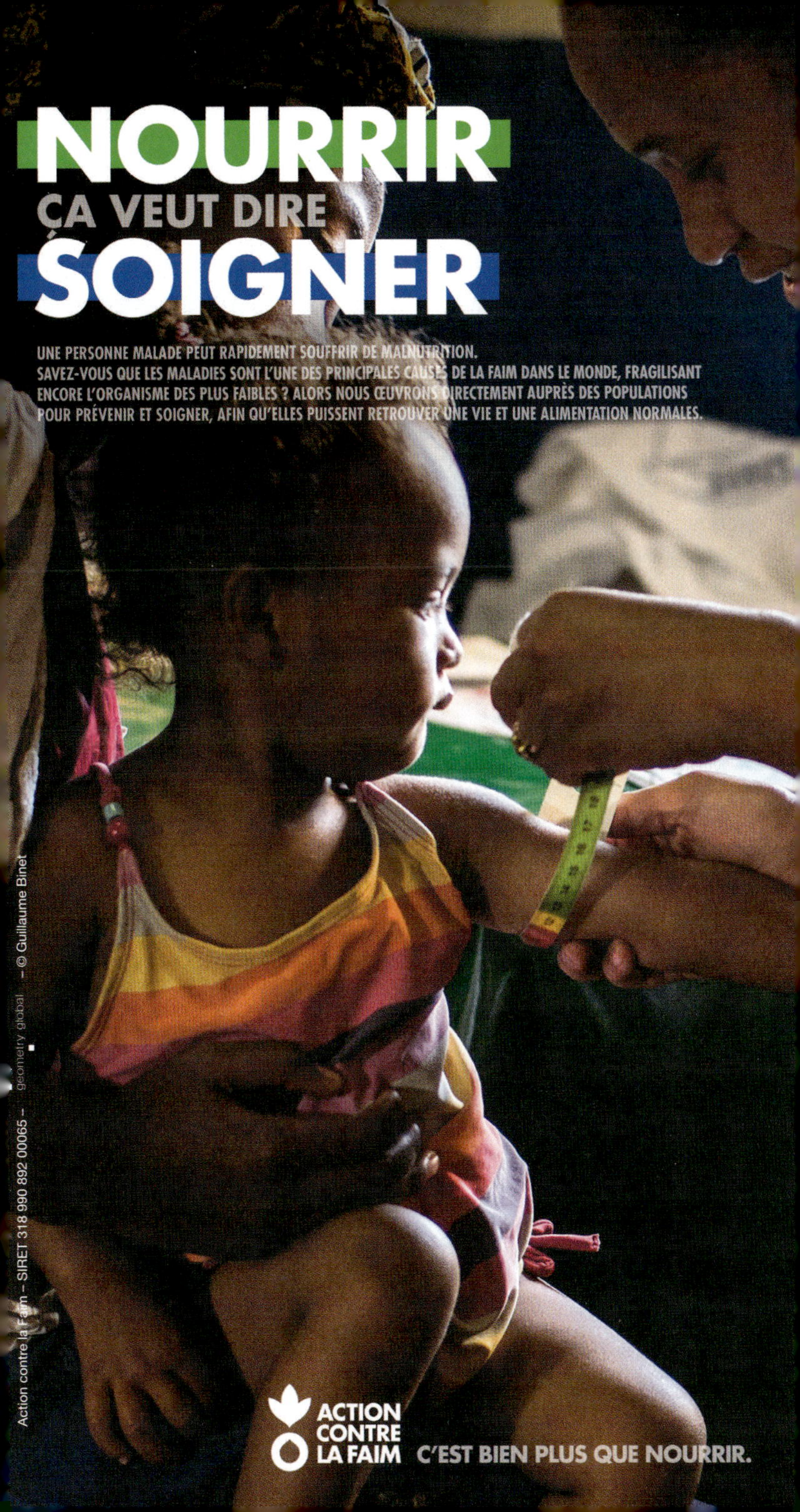
NOURRIR
ÇA VEUT DIRE
SOIGNER
UNE PERSONNE MALADE PEUT RAPIDEMENT SOUFFRIR DE MALNUTRITION.
SAVEZ-VOUS QUE LES MALADIES SONT L'UNE DES PRINCIPALES CAUSES DE LA FAIM DANS LE MONDE, FRAGILISANT ENCORE L'ORGANISME DES PLUS FAIBLES ? ALORS NOUS ŒUVRONS DIRECTEMENT AUPRÈS DES POPULATIONS POUR PRÉVENIR ET SOIGNER, AFIN QU'ELLES PUISSENT RETROUVER UNE VIE ET UNE ALIMENTATION NORMALES.
ACTION CONTRE LA FAIM
C'EST BIEN PLUS QUE NOURRIR.
Action contre la Faim – SIRET 318 990 892 00065 – geometry global – © Guillaume Binet

MINISTÈRE DES AFFAIRES ÉTRANGÈRES

www.diplomatie.gouv.fr

Il est bon d'y jeter un œil avant votre départ pour connaître les formalités de départ et y glaner de bons conseils. Dans la rubrique « Services aux citoyens » vous trouverez un guide de l'expatriation, les démarches à effectuer, les modalités de demandes de documents officiels. Les informations mises à disposition dans l'espace politique, économie et socio-culturel, sont fort utiles pour les personnes qui s'intéressent aux enjeux et réalités du pays.

CAPCAMPUS

www.capcampus.com

CapCampus fut l'un des premiers portails étudiants français en ligne. Dans la rubrique dédiée aux stages et aux premiers emplois, vous trouverez aussi des offres pour l'étranger, classées par pays. Celles pour les Etats-Unis ne sont pas très nombreuses, le mieux est de consulter le site régulièrement pour ne pas passer à côtés des offres intéressantes. Le site est également utile pour se familiariser avec la vie aux Etats-Unis, car il propose également toutes les informations pratiques pour bien préparer son départ et son séjour à l'étranger.

WEP FRANCE

95, avenue Ledru Rollin

PARIS (12e)

✆ 01 48 06 26 26

www.wep.fr

WEP propose plus de 50 projets éducatifs et séjours linguistiques dans une trentaine de pays pour une durée allant de une semaine à 18 mois. Quel que soit votre projet d'études aux Etats-Unis, vous trouverez sur le site de WEP une rubrique qui y sera consacrée : étudier au lycée, dans une université, partir en séjour linguistique, faire une expérience professionnelle dans le cadre d'un stage ou vivre en immersion dans une famille américaine. Possibilité également de planifier des programmes combinés (études et projet humanitaire par exemple).

CLUB TELI

Les Clarets

SAINT-PIERRE-D'ENTREMONT

✆ 04 79 85 24 63

www.teli.asso.fr

Le Club Teli est une association d'aide à la mobilité internationale créée voici bientôt 30 ans, forte de 4 000 adhérents en France et dans 65 pays. Si vous souhaitez séjourner à l'étranger, quel que soit votre projet, vous trouverez par le biais de ce club des infos et des offres de stages, de jobs d'été et de travail pour francophones. Si vous avez besoin d'aide pour envoyer des candidatures, le Club peut vous aider à mettre votre CV aux normes du pays où vous souhaitez partir. Pour bénéficier de ces aides et informations, il faut adhérer.

BUSINESS FRANCE

77, Boulevard Saint-Jacques

PARIS (14e)

✆ 01 40 73 30 00

L'Agence pour le développement international des entreprises françaises travaille en étroite collaboration avec les missions économiques. Le site Internet recense toutes les actions menées, les ouvrages publiés, les événements programmés et renvoie sur la page du Volontariat International en Entreprise (VIE). Fondée en 2015, cette structure est née de la fusion entre Ubifrance et l'Agence française pour les investissements internationaux. Elle est affiliée au Ministère de l'Europe et des Affaires étrangères et au Ministère de l'Économie et des Finances.

VIE - VOLONTARIAT INTERNATIONAL EN ENTREPRISE

www.civiweb.com

Si vous avez entre 18 et 28 ans et êtes ressortissant de l'Espace économique européen, vous pouvez partir en volontariat international en entreprise (VIE) ou en administration (VIA). Il s'agit d'un contrat de 6 à 24 mois rémunéré (avec un renouvellement de 24 mois possible) et placé sous la tutelle de l'ambassade de France. Tous les secteurs et métiers sont concernés et vous bénéficiez d'un statut public protecteur. Offres à consulter sur le site Internet.

INDEX

A

ACAPULCO ★........... 294
AGUA AZUL ★★......... 370
AGUA SELVA ★★★....... 347
AGUASCALIENTES ★.... 235
AKUMAL ★★........... 405
ALAMOS ★★........... 468
ANGANGUEO ★★........ 281
ARCO
DEL TIEMPO ★★........ 356
ARTEAGA 497
ATLIXCO ★............. 195
ATZOMPA ★............ 309
AVEC AMOUR............. 428

B

BAHIA KINO ★.......... 465
BAHÍA
LOS ANGELES ★........ 549
BAHÍA SAN LUIS
GONZAGA ★............ 549
BAHIAS
DE HUATULCO ★★...... 324
BALAMKÚ ★★.......... 452
BALANDRA ★★......... 517
BARRA DE NAVIDAD ★... 270
BARRANCAS ★★★...... 479
BASASEACHI ★★★...... 476
BATOPILAS ★★★....... 477
BECÁN ★★............. 451
BOCA DEL CIELO ★★.... 383
BOCA TOMATLÁN ★★.... 268
BONAMPAK ★★★....... 375

C

CABO PULMO ★★....... 519
CABO SAN LUCAS ★..... 523
CACAXTLA –
XOCHITECATL ★........ 189
CADEREYTA ★.......... 209
CALAKMUL ★★★★...... 453
CALETA DE CAMPOS ★... 291
CAÑADA DE LA VIRGEN ★★. 221
CANCÚN ★............. 391
CANTONA ★★.......... 196
CASAS GRANDES ★★.... 472
CASCADA WELIB'JA ★★.. 373
CATAVIÑA ★............ 549
CATEMACO -
LOS TUXLAS ★★★...... 343
CELESTÚN ★★★........ 430
CEMPOALA -
ZEMPOALA ★........... 340
CENOTILLO ★★......... 440
CEROCAHUI ★★★....... 480
CERRO
SAN PEDRO ★★........ 229
CHACALA ★★.......... 260
CHACHALACAS ★★...... 340
CHALCATZINGO ★★..... 182
CHALMA ★★........... 174
CHAMPOTÓN ★......... 455
CHANKANAAB ★........ 416
CHETUMAL ★.......... 418
CHICANNÁ ★★......... 451
CHICHÉN ITZÁ ★★★★... 438
CHIHUAHUA ★★........ 469
CHILAPA ★............. 298
CHINKULTIC ★★........ 380
CHOCO-STORY
VALLADOLID 441
CHOCOHUITAL ★........ 383
CHOLULA ★★........... 195
CHULTOT VIAJES
TURISTICOS............... 359
CIUDAD
CUAUHTÉMOC 382
CIUDAD
DEL CARMEN ★......... 455
CIUDAD VALLES ★...... 231
COATEPEC ★★.......... 334
COBÁ ★★★............ 412
COLIMA ★★............ 271
COMALA ★★........... 273
COMALCALCO ★........ 348
COMITÁN
DE DOMÍNGUEZ ★...... 379
CONHUÁS ★............ 452
CÓRDOBA................ 336
COSTA ESMERALDA ★... 341
CREEL ★★★........... 473
CUATRO
CIÉNEGAS ★★★........ 499
CUAUHTÉMOC ★........ 472
CUERNAVACA ★........ 178
CUETZALÁN ★★........ 197
CUILAPÁM
DE GUERRERO ★★...... 309
CUITZEO ★★........... 281
CUSARARE ★★......... 477
CUYUTLÁN ★........... 277
CUZAMA ★★........... 435

D

DEL MUNDO TOURS........ 402
DIVISADERO ★★★...... 478
DUNE MEXICO
COZUMEL................. 415
DURANGO ★★......... 489
DZIBILCHALTÚN ★...... 429
DZIBILNOCAC ★........ 449
DZITNUP ★★★......... 442

E

ECO HOTEL EL REY
DEL CARIBE............... 393
EDZNÁ ★★★........... 446
EK' BALAM ★★★........ 443
EL CEDRAL ★★......... 416
EL CERRITO ★.......... 207
EL COLORADO ★★...... 467
EL CÓPORO ★★........ 224
EL FUERTE ★★......... 483
EL HIMALAYA ★★....... 467
EL MADRESAL ★★...... 383
EL NARANJO ★★★...... 233
EL OCOTE ★★.......... 238
EL PESCADERO ★★..... 527
EL ROSARIO ★.......... 548
EL TECOLOTE ★........ 517
EL TRIUNFO ★★........ 517
ELITE DIVERS
INTERNATIONAL........... 403
ENSENADA ★........... 542
ESPITA 444

F

FARO DE BUCERÍAS ★★ . . 292
FELIPE CARRILLO PUERTO ★ 418

G

GRUPO IZAMAL 424, 438
GRUTAS DE CACAHUAMILPA ★★★ . . . 298
GRUTAS DE LOLTÚN ★★★ 435
GRUTAS DE TOLANTONGO ★★ 188
GUADALAJARA ★★ 263
GUANAJUATO ★★★ 212
GUAYMAS ★ 467
GUERRERO NEGRO ★★★ 536

H

H&L TOURS 401
HERMOSILLO ★ 463
HIERVE EL AGUA ★★ 311
HOCHOB ★★ 449
HOMÚN ★★ 436
HORMIGUERO ★★ 452
HOTEL CON CORAZÓN 303
HOTEL HACIENDA MERIDA . . 423
HOTEL OAXACA REAL 305
HUAMANTLA 189
HUASCA DE OCAMPO ★★ 184
HUICHAPAN ★ 188

I

IHUATZIO ★ 288
ISLA CONTOY ★★ 396
ISLA DE ESPÍRITU SANTO ★★ 516
ISLA DE LA PIEDRA ★ 488
ISLA DEL TIBURÓN ★★ . . 466
ISLA HOLBOX ★★★ 396
ISLA MUJERES ★★ 394
IXTAPA ★ 295
IXTAPILLA ★★ 293
IXTLAN DEL RIO ★ 257
IZAMAL ★★★ 436

J

JAGUAR ADVENTOURS 361
JALPAN DE SERRA ★★ . . . 210
JEREZ DE GARCÍA SALINAS ★★ 245

K

K & K DIVING 403
KABAH ★★ 433

L

LA ANTIGUA ★ 340
LA BOQUILLA ★★ 323
LA ESCOBILLA ★★★★ . . . 319
LA PAZ ★★ 513
LA PINTADA ★ 467
LA QUEMADA ★★★ 245
LA RUMOROSA ★ 547
LA TICLA ★ 293
LA TOZI GALERIA HOTEL 360
LA VENTANA ★ 517
LA VENTA ★ 347
LA YERBABUENA ★★ 275
LABNÁ ★ 434
LACANJA ★★★ 374
LAGO DE PÁTZCUARO ★★★ 286
LÁGOS DE COLÓN ★★ . . . 382
LAGOS DE MORENO ★★ . . 264
LAGUNA DE BACALAR ★★★ 419
LAGUNA DE MANIALTEPEC ★★ 317
LAGUNA MIRAMAR ★★★ 378
LAGUNAS DE CHACAHUA ★★★ 317
LAGUNAS DE MONTEBELLO ★★★ . . 380
LAS ESTACAS ★★ 180
LAS GUACAMAYAS ★★★ . 377
LAS NUBES ★★★ 378
LAS TRES ISLAS ★ 488
LAZARO CARDENAS 291
LO DE MARCOS 261
LORETO ★★★ 529
LOS 7 CENOTES SAN GERONIMO ★★ 424
LOS ALGODONES ★ 548
LOS AZUFRES ★★ 281
LOS MANANTIALES ★★ . . 182
LOS MOCHIS 481

M

MAHAHUAL ★★★ 420
MALINALCO ★ 174
MANSIÓN MÉRIDA 424
MANZANILLO ★ 277
MARUATA ★★ 292
MASCOTA ★★ 269
MAYAN HERITAGE 424, 560
MAYAPAN ★ 436
MAZATLÁN ★ 484
MAZUNTE ★★★ 317
MELI-MELO P&B TULUM . . . 409
MÉRIDA ★★★ 422
MESÓN DEL MARQUÉS 442
MESONES DE VALLADOLID 424, 442
MEXCALTITÁN ★ 260
MEXICALI 547
MEXIQUE DÉCOUVERTE 393, 563
MEXIQUILLO ★★ 493
MICOS ★★ 232
MINERAL DE POZOS ★★★ 222
MINERAL DEL CHICO ★★ . 185
MISOL-HÁ ★★ 370
MITLA ★★ 311
MONTE ALBÁN ★★★ 307
MONTERREY ★ 501
MORELIA ★★ 278
MULEGÉ ★★★ 532
MUYIL ★★★ 411

N

NEVADO DE TOLUCA ★ . . . 174
NEXPA ★★ 291
NOGALES ★ 463

NOGUERAS ★★......... 274
NOMBRE
DE DIOS ★............. 492

O

OAXACA ★★★.......... 299
OCOSINGO ★........... 371
OCOTLÁN
DE MORELOS ★......... 312
OH LA LA PASTELERÍA
FRANCESA................ 355
OH LA LA PASTELERIA 363
ORIZABA ★ 335
OXKUTZCAB ★★........ 435

P

PAAMUL ★★ 404
PALENQUE ★★★........ 366
PALMA SOLA ★......... 293
PAPANTLA ★★.......... 341
PARQUE NACIONAL CAÑON
DEL SUMIDERO ★....... 356
PARQUE NACIONAL
CONSTITUCIÓN
DE 1857 ★............. 547
PARQUE NACIONAL NEVADO
DE COLIMA ★★★........ 276
PARQUE NACIONAL SAN
PEDRO MARTIR ★....... 548
PARQUE NATURAL
RÍO LAGARTOS ★★...... 444
PARRAS ★★............ 497
PÁTZCUARO ★★★....... 283
PEÑA DE BERNAL ★★... 208
PERALTA ★............. 224
PICHILINGUILLO ★...... 291
PINAL DE AMOLES ★★... 209
PINOS ★............... 248
PLAYA AZUL............ 291
PLAYA DEL CARMEN ★★. 400
PLAYA LOS CERRITOS ★.. 528
PLAYA PALANCAR ★★★.. 417
PLAYA PARAÍSO ★★..... 416
PLAYA SAN MARTÍN ★★.. 418
PLAYA SAN PEDRO
LAS PALMAS ★★★...... 527
PLAZUELAS ★★........ 225
PROGRESO ★★......... 430
PUEBLA ★★............ 190
PUERTECITOS ★........ 548
PUERTO ADOLFO LÓPEZ
MATEOS ★★★.......... 528
PUERTO ANGEL ★★..... 322
PUERTO AVENTURAS ★.. 405
PUERTO ESCONDIDO ★★ 313
PUERTO MORELOS ★★.. 398
PUERTO PEÑASCO ★.... 465
PUERTO VALLARTA ★.... 267
PUNTA DE MITA ★★ 262
PUNTA SUR ★★......... 417

Q

QUIAHUIXTLÁN ★....... 340
QUOTATRIP................ 563

R

RANAS
Y TOLUQUILLA ★★...... 209
REAL DE CATORCE ★★★. 229
REAL DEL MONTE ★★... 183
RESERVA
DE LA BIOSFERA BANCO
CHINCHORRO ★★....... 421
RESERVA DE LA BIÓSFERA
DE MAPIMÍ ★★ 493
RESERVA DE LA BIOSFERA
LA ENCRUCIJADA ★★ ... 383
RESERVA DE LA BIOSFERA
MARIPOSA
MONARCA ★★★★....... 282
RESERVA DE LA
BIOSFERA MONTES
AZULES ★★★.......... 373
RESERVA DE LA BIOSFERA
SIAN KA'AN ★★★....... 411
RESERVA DE LA BIOSFERA
SIERRA
DE MANANTLÁN ★★..... 277
RESERVA PANTANOS
DE CENTLA ★★......... 348
RINCÓN DE GUAYABITOS . 260

RÍO BEC ★★★ 452
RÍO VERDE ★★ 230
ROBERTO BARRIOS ★★ 371
ROSARITO 542
RUTA DEL CAFE ★★ 384

S

SALTILLO ★ 495
SAN AGUSTINILLO ★★ ... 320
SAN ANDRÉS LARRAÍNZAR ★★ 365
SAN ANTONIO ★ 276
SAN BARTOLO COYOTEPEC ★★ 312
SAN BLAS ★★ 257
SAN CRISTÓBAL DE LAS CASAS ★★★★ ... 357
SAN FELIPE ★ 548
SAN FRANCISCO CAMPECHE ★★★ 445
SAN IGNACIO ★★★ 535
SAN JAVIER ★★ 531
SAN JERÓNIMO TLACOCHAHUAYA ★ 310
SAN JOSÉ DE GRACIA ★ 238
SAN JOSÉ DEL CABO ★ .. 520
SAN JUAN CHAMULA ★★ 364
SAN JUAN DEL RÍO ★ 207
SAN JUANICO ★ 529
SAN LUIS POTOSÍ ★★ ... 226
SAN MARTÍN TILCAJETE ★★ 312
SAN MIGUEL DE ALLENDE ★★ 217
SAN MIGUEL DE COZUMEL ★★ 413
SAN PANCHO ★★★ 260
SAN PATRICIO MELAQUE 270
SAN PEDRO CHENALHÓ ★ 365
SAN QUINTÍN ★ 548
SAN SEBASTIÁN DEL OESTE ★★ 268
SAN VICENTE ★★ 546
SANTA CLARA DEL COBRE ★★ 289
SANTA MARÍA DEL RÍO ★ 229
SANTA MARÍA EL TULE ★ 310
SANTA MARÍA TONANTZINTLA ★★ 196
SANTA ROSA XTAMPAK ★★★ 449
SANTA ROSALÍA ★★★ ... 534
SANTIAGO DE QUERÉTARO ★★ 206
SANTIAGO ★ 518
SANTO TOMÁS JALIEZA ★ 312
SANTUARIO DE ATOTONILCO ★ 221
SANTUARIO DE LAS LUCIERNAGAS ★★ 189
SAYIL ★★ 434
SAYULITA ★★ 261
SIERRA DEL NAYAR ★★ .. 259
SIERRA LA LAGUNA ★★ .. 518
SIMA DE LAS COTORRAS ★★ 355
SIMOJOVEL ★★ 365
SOMBRERETE ★★ 247
SÓTANO DE LAS GOLONDRINAS ★★★ 233
SÓTANO DEL BARRO ★★★ 211
SUCHITLÁN ★★ 275

T

TABASQUEÑO ★★ 448
TAMASOPO ★★ 232
TAMUIN ★★ 232
TAMUL ★★ 233
TAPACHULA 384
TAPALPA ★★★ 265
TAPIJULAPA ★★ 348
TAXCO ★★★ 295
TEACAPAN ★ 488

© BYELIKOVA_OKSANA - ISTOCKPHOTO.COM

La ville de Taxco.

ÉDITION

Directeurs de collection et auteurs : Dominique AUZIAS et Jean-Paul LABOURDETTE

Auteurs : Vanessa RICHARD, Juliette COURTOIS,Aurélien LEMOINE, Martin FOUQUET, Corentin LAPLACHE-TSUTSUI, Baptiste THARREAU, Mathias DESHOURS, Sylvie DEL COTTO, Romain RISSO, Amandine GLEVAREC, Jade LATARGERE, Maxence GORREGUES, Jean Paul SANCHEZ, Laurent BOSCHERO, Jean-Paul LABOURDETTE, Dominique AUZIAS et alter

Directeur Editorial : Stéphan SZEREMETA

Rédaction Monde : Laure CHATAIGNON, Morgane VESLIN, Pierre-Yves SOUCHET, Natalia COLLIER

Rédaction France : Briséis CREAC'H-MENUT, Tony DE SOUSA, Mélanie COTTARD, Audrey VEDOVOTTO

FABRICATION

Maquette et Montage : Romain AUDREN, Julie BORDES, Delphine PAGANO

Iconographie et Cartographie : Anne DIOT, Julien DOUCET

WEB ET NUMÉRIQUE

Directeur Web : Louis GENEAU de LAMARLIERE

Développeurs : Guillaume BARBET, Adeline CAUX et Roland SPOUTIL

Intégrateur Web : Mickael LATTES, Antoine DION

Webdesigner : Caroline LAFFAITEUR

Community Traffic Manager : Alice BARBIER, Mariana BURLAMAQUI et Noémie LE SAUX

DIRECTION COMMERCIALE

Directeur commercial : Guillaume VORBURGER

Coordinatrice des Régies commerciales : Manon GUERIN

Account Manager Marketplace : Leila ROUGEOT assistée de Lola FAVRE-MOT

Responsable Régies locales : Michel GRANSEIGNE

Responsables Développement régie inter : Jean-Marc FARAGUET et Guillaume LABOUREUR

Chefs de Publicité Régie internationale : Camille ESMIEU

Chefs de Publicité Régie nationale : Caroline AUBRY, François BRIANCON-MARJOLLET, Perrine DE CARNE MARCEIN, Yannick LE MARRE

Régie MEXIQUE : Alexandre GALLEE **avec la collaboration de** METZ Lucas

DIFFUSION ET PROMOTION

Directrice des Ventes : Bénédicte MOULET assistée d'Aissatou DIOP

Responsable des ventes : Jean-Pierre GHEZ assisté de Nelly BRION

Relations Presse-Partenariats : Jean-Mary MARCHAL

ADMINISTRATION

Président : Jean-Paul LABOURDETTE

Directrice des Ressources Humaines : Dina BOURDEAU assistée de Sandra DOS REIS et Eva BAELEN

Directrice Administrative et Financière : Valérie DECOTTIGNIES

Comptabilité : Guillaume PETIT, Aminata BAGAYOKO, Jeannine DEMIRDJIAN

Recouvrement : Fabien BONNAN assisté de Sandra BRIJLALL

Responsable informatique : Elie NZUZI-LEBA

PETIT FUTE MEXIQUE

LES NOUVELLES EDITIONS DE L'UNIVERSITE
18, rue des Volontaires - 75015 Paris.
✆ 01 53 69 70 00 - Fax 01 42 73 15 24

Internet : www.petitfute.com

SAS au capital de 1 000 000 € - RC PARIS B 309 769 966

Couverture : Palenque, Chiapas © ferrantraite

Impression : CORLET IMPRIMEUR 14110 Condé-en-Normandie

Achevé d'imprimer : Novembre 2021

Dépôt légal : 13/12/2021

ISBN : 9782305044934

Pour nous contacter par email, indiquez le nom de famille en minuscule suivi de @petitfute.com
Pour le courrier des lecteurs : info@petitfute.com

IMPRIMÉ EN FRANCE

TEHUACAN ★ 200
TELCHAC PUERTO ★★ ... 430
TENAM PUENTE ★ 380
TENEJAPA ★ 365
TEOTIHUACÁN ★★ 172
TEOTITLÁN DEL VALLE ★. 310
TEPIC ★ 256
TEPOTZOTLÁN ★ 175
TEPOZTLÁN ★ 180
TEQUILA ★★ 264
TEQUISQUIAPAN ★ 207
TEUCHITÁN ★ 265
THE REEF MARINA 403
TICUL ★ 436
TIJUANA ★★ 538
TLACOLULA ★★★ 310
TLACOTALPAN ★★ 344
TLALPUJAHUA ★★★ 282
TLAQUEPAQUE ★★ 263
TLAXCALA ★ 189
TODOS SANTOS ★★★ 526
TONALA ★ 263
TONINÁ ★★★ 371
TORREON 499
TOURACANCUN 392, 566
TRATTORIA LA PASTA 427
TULA ★★ 187
TULUM ★★★ 406
TUXTLA GUTIÉRREZ ★ ... 354
TZIMOL ★★ 379
TZINTZUNTZÁN ★★ 288

U

UNIVERS MAYA 400
URIQUE ★★★ 480
URUAPÁN ★ 289
UXMAL ★★★★ 431

V

VALLADOLID ★★★ 440
VALLE DE BRAVO ★★ 175
VALLE DE GUADALUPE ★★ 545
VERACRUZ ★★ 336
VILLA DE SANTIAGO ★★ . 507
VILLAHERMOSA ★★ 345
VOLCÁN PARICUTÍN ★★★ 290
VOLCANS POPOCATÉPETL ET IZTACCÍHUATL ★★★ .. 176
VRM VIVIENDO LA RIVIERA MAYA 401

X

XALAPA - JALAPA ★★ 331
XCACEL ★★ 406
XCARET ★★ 404
XEL-HÁ ★★ 406
XILITLA ★★★ 233
XLAPAK ★★ 434
XOCHICALCO ★★ 181
XPLORE MEXIQUE - VOYAGEZ AVEC UN LOCAL 560
XPUJIL ★★ 450

Y

YAXCHILÁN ★★★ 376
YELAPA ★★ 268
YUCATAN UNICO 425

Z

ZAACHILA ★ 309
ZACATECAS ★★★ 239
ZACATLAN ★★ 199
ZAMORA ★ 290
ZAPOPAN ★ 264
ZIHUATANEJO ★ 295
ZINACANTÁN ★★ 364
ZIPOLITE ★★ 321
ZIRAHUEN ★★ 289